2024 世界交通运输大会（WTC2024）论文集

（运输规划与航空运输）

世界交通运输大会执委会　编

人民交通出版社

北京

内 容 提 要

本书为2024世界交通运输大会（WTC2024）论文集（运输规划与航空运输），是由中国公路学会、世界交通运输大会执委会精选的132篇论文汇编而成。此论文集重点收录了运输规划与航空运输领域的前沿研究及创新成果，可供从事交通运输工程等领域工作的人员参考，也可供高等院校相关师生学习。

图书在版编目（CIP）数据

2024世界交通运输大会（WTC2024）论文集. 运输规划
与航空运输 / 世界交通运输大会执委会编. — 北京：
人民交通出版社股份有限公司，2024.6. — ISBN 978-7-
114-19576-1

Ⅰ. U-53

中国国家版本馆 CIP 数据核字第 2024G7X301 号

2024 Shijie Jiaotong Yunshu Dahui（WTC2024）Lunwenji（Yunshu Guihua yu Hangkong Yunshu）

书　　名：	**2024世界交通运输大会（WTC2024）论文集**（运输规划与航空运输）
著 作 者：	世界交通运输大会执委会
责任编辑：	郭晓旭　姚　旭
责任校对：	赵媛媛　龙　雪　魏佳宁
责任印制：	刘高彤
出版发行：	人民交通出版社
地　　址：	（100011）北京市朝阳区安定门外外馆斜街3号
网　　址：	http://www.ccpcl.com.cn
销售电话：	（010）59757973
总 经 销：	人民交通出版社发行部
经　　销：	各地新华书店
印　　刷：	北京虎彩文化传播有限公司
开　　本：	889×1194　1/16
印　　张：	54
字　　数：	1630千
版　　次：	2024年6月　第1版
印　　次：	2024年6月　第1次印刷
书　　号：	ISBN 978-7-114-19576-1
定　　价：	148.00元

（有印刷、装订质量问题的图书，由本社负责调换）

编 委 会

目　　录

运 输 规 划

航 空 运 输

运输规划

浙江构建现代化交通基础设施体系路径研究

张 敏* 何佳伟 戴美伟

（浙江数智交院科技股份有限公司）

摘 要 现代化是衡量一个国家或地区发展水平的重要因素。党的二十大报告指出当前我国正处于全面建设社会主义现代化国家新征程的新阶段。全面推动高质量发展，要牢牢把握交通"先行官"定位，充分发挥交通的基础性、先导性、战略性、服务性作用，为中国式现代化当好开路先锋。浙江作为共同富裕的示范区，更应该在推进现代化交通基础设施体系建设方面走在前列，做好示范。浙江构建现代化交通基础设施体系路径研究全面对标现代化发展要求，深刻解读现代化交通基础设施发展的内涵意义，系统梳理浙江交通基础设施发展现状，对标现代化开路先锋、共同富裕示范区发展要求，深度剖析浙江推进现代化交通基础设施发展存在的短板和问题。聚焦提升基础设施网络布局、优化现状网络结构、发挥综合集成功能价值、提升设施设备效率、推动可持续发展五个方面，提出针对性的措施建议。

关键词 现代化 交通基础设施 网络结构 可持续发展

0 引言

当前，我国已进入建设社会主义现代化国家的重要阶段，更高质量推动省域现代化先行，深刻践行交通先行发展路径，奋力谱写中国式现代化浙江新篇章，需要浙江走在前列、先行示范。

延明围绕"现代化""中国的现代化""中国式现代化新道路"等概念，进行系统研究，提炼形成"中国式现代化新道路"独特内涵并对其世界意蕴进行凝练提升[1]。牛晓春围绕新时代交通强国建设需求，提出中国式现代化为新时代交通强国建设提供战略指引[2]。苏志欣等人从理论层面上解释了中国式现代化进程中交通运输高质量发展的新内涵新要求，从实践层面针对性地提出了中国式现代化进程中交通运输高质量发展的关键路径和保障措施[3]。李小鹏围绕高效支撑中国式现代化发展提出要以现代化交通运输服务保障中国式现代化建设[4]。陈胜武从打造水运江苏角度出发，对港航支撑中国式现代化江苏实践方案进行探索[5]。张联君等人从时代需求、理论基础以及现实状况三个角度出发，对中国西南地区交通网络建设的路径和发展策略进行探索[6]。综上所述，在构建现代化交通发展理论体系、现代化综合交通发展方面已形成大量研究成果，但在构建现代化交通基础设施方面相关研究还有所欠缺。

基于此，本研究聚焦交通基础设施体系，以浙江为例，从完善设施布局、提升网络结构、发挥功能价值、提高设施效率、建立可持续发展模式等五个方面提出构建现代化交通基础设施体系的路径。

1 现代化交通基础设施内涵意义

现代化交通基础设施是一个地区或国家综合交通发展水平的基础体现，关键是"综合一体"和"优化提升"[7]。其中，"综合一体"是理念指引，包括实现主要通道交通方式的协同化、交通枢纽的一体化、交通与土地等要素资源的一体化。"优化提升"是手段措施，其核心是优配置、补短板、强弱项、调结构、提品质，构建供给适度超前、规模合理、布局科学、结构均衡、衔接一体、可持续发展的基础设施网络。

全力推进现代化交通基础设施体系发展是建设现代化交通强国的关键环节，是满足人民美好生活需要、实现共同富裕的基本前提，是建设社会主义现代化先行省的重要支撑，也是贯彻新发展理念、构建全国领先的交通系统的必由之路。

2 发展现状及存在问题

党的十八大以来，浙江加快推进交通基础设施建设，交通发展在初步实现"总体适应"基础上逐步转向"先行引领"，为实现高水平全面小康提供有力支撑。

2.1　发展现状

2.1.1　基本建成覆盖广泛的设施网络

近年来,浙江交通基础设施建设步伐加快,"六纵六横"综合运输大通道加快推进,交通基础设施网络持续加密,线网覆盖面持续扩大,交通网络通达深度大幅提升,长三角、四省边际等区域交通网络一体联通,杭州、宁波、温州、金义都市圈加速成网。截至2023年底,浙江综合交通线网里程突破14.6万km,线网密度达1.38万km/百km²,省域、市域、城区3个"1h交通圈"加快形成。

2.1.2　初步形成层次分明的网络结构

近年来,浙江省加快完善多层级交通基础设施网络,已初步形成以干线网为骨架、以快速网为支架、以基础网为补充的网络结构。基础设施网络结构优化升级,高等级、快速化基础设施占比不断增多。截至2023年底,高速公路实现"县县通",里程超5200km;高铁实现陆域"市市通",里程超1700km;内河航道实现所有地市"通江达海",高等级航道里程超1600km;机场旅客吞吐量超8700万人次,成为全国第二个拥有三大千万级机场省份。

2.1.3　基础设施系统集成理念渐成

交通一体化发展纵深推进,高质量协同发展走出新路径,"交通+"融合发展理念基本形成,共建共享新业态蓬勃发展。截至2023年底,全省设区市城区30min进机场、高铁站比率达81%,设区市中心城区15min上高快速路比率达81%,综合客运枢纽平均换乘时间10min。

2.1.4　基础设施功能效益不断提升

交通基础设施服务功能明显提升,公众便捷化出行服务持续优化,客货运输效率大幅提升,交通物流降本提质增效。全省交通基础设施投资持续增长,在促进经济稳定增长、推动技术革新等方面具有积极作用。

2.1.5　基础设施发展模式有序转变

交通基础设施建设逐步关注空间立体廊道、资源等高效利用,集约式发展理念深入人心。交通数字化应用成效显著,交通基础设施智慧升级加快推进。截至2023年底,浙江省已建成智慧高速公路500km、智慧航道104km、智慧机场2个、智慧枢纽38个。交通领域生态优先、绿色发展理念深入人心,绿色发展模式广泛应用。

2.2　短板问题

对标高质量、现代化发展要求,浙江交通基础设施发展仍然存在部分制约因素和短板问题。具体如下。

2.2.1　网络布局须优化完善,可达性有待提升

浙江交通基础设施网络规模效益有待提升,公铁水综合网络密度仍然偏低,低于江苏、山东等省份。城市群、都市圈城际铁路和市域(郊)铁路发展不均衡现象突出,浙西南、海岛区域仍无铁路覆盖。农村地区交通网络通达深度不够,仍有12%乡镇不通三级以上公路。

2.2.2　网络结构功能性短板突出,均衡发展有待加强

综合交通枢纽衔接中转能力相对滞后,高等级基础设施网络结构均衡性不强,高效率交通基础设施覆盖率依旧不高。铁路网密度偏低,以占全国2%的路网规模支撑起占全国6.5%的客运量[8];六车道及以上的高速占比仅30%,内河三级及以上航道占比仅为3.4%。

2.2.3　系统集成略显不足,协同水平有待提升

多种交通方式的组合效率尚未充分发挥,交通系统集成功能略显不足,各种运输方式并行发展、联动不足,公路、铁路、水路、航空衔接问题突出,集多种交通方式为一体的综合客运枢纽相对较少。重要枢纽之间及重要港站枢纽间"连而不畅""领而不接"。

2.2.4　设施功能短板明显,网络效益有待提高

交通基础设施功能提升关注不够,交通运输总体效率和服务质量不高。人本化、适老化等客运设施功能不足,多样性、个性化的服务方式缺乏。专业化、精准化等货运装备有所欠缺,高端化、定制化货运需求难以得到满足。

2.2.5　发展模式仍显粗放,持续发展有待加强

当前交通基础设施建设依旧处于加速发展阶段,现有交通发展模式相对粗放。随着土地、空间、要素等外部因素制约,既有发展模式难以维系。绿色低碳基础设施供给相对不足,大容

量、便捷化出行设施与交通系统衔接性还有待加强。新型交通基础设施发展仍处于起步阶段，基础设施与路网运行联动效能还未充分发挥。

3 发展形势

加快建设交通强国需要高水平建设现代化交通强省。党的二十大作出建设交通强国的战略部署，要求交通为强国建设当好"先行官"。浙江作为首批交通强国试点单位，要聚焦高水平交通强省建设，聚力"人民满意、保障有力、世界前列、一体融合、优质高效"，更进一步、更快一步建成具有示范性的现代化综合交通体系，为强国建设提供浙江方案。

争创现代化先行省需要交通发挥先行引领作用。"十四五"时期，浙江确立了争创社会主义现代化先行省的主要目标，要求充分发挥交通领域先行作用。交通基础设施作为区域发展的基础性支撑，应强化有效供给，优化资源要素配置，发挥重要驱动作用。

建设共同富裕示范区需要配置优质交通基础设施。十九届五中全会对扎实推动共同富裕作出重大战略部署，明确表示浙江具备开展共同富裕示范区建设的基础和优势[9]。交通作为促进经济发展、提升人民生活品质的重要支撑，应充分发挥先行引领和兜底保障作用，为高质量建设共同富裕示范区提供高品质、快速化、便捷化的基础服务[10]。

贯彻新发展理念要求推动基础设施高质量发展。十九届六中全会强调要贯彻创新、协调、绿色、开放、共享新发展理念。交通要全面、准确、完整贯彻落实新发展理念，把推动绿色交通发展，加强创新驱动、推进数字化改革作为推动交通行业高质量发展的重要抓手，把绿色发展理念融入交通基础设施发展全过程，加速推进行业绿色低碳转型发展。

综合判断，当前和今后一个时期是浙江交通发展的"重要窗口期"。新的历史背景下，现代化开路先锋、社会主义现代化先行省、共同富裕示范区建设赋予了交通新的坐标。建设交通强国、构建新发展格局等重大战略对交通基础设施发展提出了更高的要求。技术变革和数字赋能为交通基础设施高质量发展提供了广阔空间。

4 发展思路及战略路径

4.1 发展思路

全面对标"两个先行"发展要求，以交通基础设施提质增效为基础，以加快交通网络融合和系统功能提升为主线，以推进科技创新为主攻方向，统筹优化基础设施布局，合理布设基础设施网络结构，完善提升基础设施服务效率，推动建立可持续发展模式，全方位推进现代化交通基础设施高质量发展，为当好现代化开路先锋打好基础。

4.2 战略路径

4.2.1 构建精准有效、保障有力的设施布局

高效支撑国家综合立体交通网主骨架。以联网、补网、强链为重点，高效衔接国家"6轴7廊8通道"，加快推进"六纵六横"综合运输通道建设，重点强化与京津冀、粤港澳、成渝之间的联系，推动形成现代化的综合立体交通网。

有序推进区域综合交通网络互联互通。依托长三角一体化、长江经济带等重大战略平台优势，有序推进区域综合交通网络高效联动，着力提升省际互联互通水平。协同推进世界级港口群和机场群建设。

全力推进四大都市圈协同联动发展。以四大都市区、大湾区等高质量发展区域为中点，以增强网络覆盖和空间可达为目标，完善快速、便捷出行基础设施网络，分对象、分功能、分方式精准布局综合立体交通网络，引导基础设施向中心区域集聚，进一步加密优化高速铁路、高速公路等骨干网络，推动城市群和都市圈交通率先实现现代化。

推进以县城为载体的城镇化网络建设。以县域为基本单元推进城乡融合发展，发挥县城连接城市、服务乡村作用，增强对乡村的辐射带动能力[11]。促进县城基础设施和公共服务向乡村延伸覆盖，强化县城与中心城市发展的衔接配合。

4.2.2 布设层级清晰、功能适配的网络结构

全面优化交通基础设施网络结构。推动交通基础设施结构优化、功能升级，加大力度完善浙中、浙南联通内陆、南北的高速铁路通道，释放既有铁路通道的货运能力，实现与主干通道的顺畅

衔接,提升交通基础设施供需适配能力。

深化完善交通集疏运网络布局。强化枢纽集疏运网络建设,推动铁路、轨道交通、公路、水运、航空等多种交通方式接入枢纽场站,建设环射结合的高快速路内外交通转换系统,补强货运集疏运专用通道,打造立体开发、功能融合的枢纽综合体。

补齐山区海岛交通基础设施短板。加快畅通对外高等级通道,提升山区海岛外联水平,加快建设铁路、高速公路等通道,推进山区海岛县快速融入省域"1h交通圈"。推进高速铁路网向山区海岛县延伸覆盖,补齐"市市通高铁"最后一块短板。推进山区海岛县全面融入全省高速公路网。持续加密山区海岛内部路网,畅通县域交通微循环[12]。

4.2.3 发挥集约高效、多跨融合的功能价值

持续发挥综合交通枢纽带动作用。加快国际性综合交通枢纽集群建设,全面提升杭州、宁波两大国际性综合交通枢纽能力,推进温州、金华(义乌)两大国际性综合交通枢纽建设,构建多层一体的综合客货运枢纽。

统筹综合廊道内跨方式融合发展。迭代重构交通融合发展新模式,推动实现交通基础设施资源的高效配置,节约、集约利用通道立体空间资源,推进交通通道内各种运输方式由单一向综合、由平面向立体发展,实现通道内交通资源高效合理配置,提高国土空间利用效率。

强化存量与增量跨阶段协同发展。深度挖掘存量潜能,推进交通行业供给改革,加强现有基础设施调整更新、功能转换和断面重置。持续推进大容量、快速轨道交通建设,加强在城市化密集区域适度加密高速公路互通,推进差异化收费政策实施。

4.2.4 提升先进适配、便捷高效的设施效率

推进客货交通装备精准供给。满足消费升级和人口老龄化发展需求,更加注重运输服务的人本关怀和出行体验[13]。加强人本化、适老化客运装备布设,完善交通基础设施无障碍建设和改造。加强自动化智能共享出行研究,探索供给无人驾驶等共享交通装备。补齐专业化、精准化货运短板,大力培育和发展航空货运、高铁快运等高端快运产品专列,推广无人集卡、无人配送车、共享集

装箱、共享托盘等无人化、共享型装备。

加强交通设施设备技术创新。更加注重基础设施和运输设备技术创新,深化推进高速磁悬浮、真空管道、地下交通等技术创新发展,因地制宜发展跨坐式单轨、有轨电车等轨道交通新制式,探索开展600km高速磁悬浮、400km高速轮轨试验线应用研究。加快推进智慧公路联网成环,探索打造立体无人智能交通系统系统,适时开展货车编队行驶场景测试,形成智慧化的道路交通环境。

4.2.5 建立生态绿色、智慧便捷的发展模式

推进绿色低碳循环交通发展。增强交通基础设施可持续发展动能,将绿色生态理念贯穿交通基础设施建设全过程,推动交通基础设施绿色低碳发展。加快推动交通与能源融合发展,推动能源—交通—信息—物流四网融合,助推交通减碳战略实施。

推进交通基础设施智慧安全升级。强化推进交通基础设施、装备、技术等优化升级,有序推进传统交通基础设施智慧化改造,全力推进新型交通基础设施发展。聚焦交通基础设施安全升级,加快提升交通基础设施产品质量和耐久性。

5 结语

本文以交通基础设施为重点,按照内涵解析、思路谋划、路径重构的总体脉络搭建形成浙江构建现代化交通基础设施体系的逻辑框架。研究成果以点带面,从网络、结构、功能、集成、可持续五个角度系统阐述了现代化交通基础设施体系的发展路径,为交通服务省域现代化先行和共同富裕示范区建设提供参考。

参考文献

[1] 延明.梳理与辨明:党的十八大以来"中国式现代化新道路"的阐释[J].西安财经大学学报,2023,36(5):3-12.

[2] 牛晓春.中国式现代化为新时代交通强国建设提供战略指引[J].理论学习与探索,2023(4):14-16.

[3] 苏志欣,朱军,程婕.中国式现代化背景下进一步推动交通运输高质量发展的思考[J].交通运输部管理干部学院学报,2022,32(4):20-23,27.

[4] 李小鹏.以交通运输高质量发展支撑中国式现代化[J].中国水运,2023(10):5-8.

[5] 陈胜武.为中国式现代化江苏新实践提供交通港航有力支撑[J].中国水运,2023(5):5-7.

[6] 张联君,张智勇,方刘花,等.构建西南地区现代化综合交通体系的逻辑思路与策略考量[J].大连民族大学学报,2023,25(2):157-162.

[7] 刘芳,杨雪英,周紫君,等.交通运输现代化的内涵、特征及发展路径[J].交通运输部管理干部学院学报,2021,31(4):16-21.

[8] 胡向敏.发展现代化高质量综合交通基础设施[J].浙江经济,2019,(20):17-18.

[9] 李包庚,孔维洁.中国共产党探索共同富裕的历史逻辑与基本经验[J].国外社会科学,2022,(1):4-12,195.

[10] 魏守月,阮泽景,王倩倩,等.交通服务共同富裕水平评价指标体系构建及应用——以浙江省为例[J].交通运输研究,2023,9(3):132-141.

[11] 高妍蕊.新型城镇化要因地制宜推进县域城镇化建设[J].中国发展观察,2022,(5):96-99.

[12] 王倩倩,白鸿宇,徐杭.实现共同富裕背景下山区县交通圈构建及实施路径研究[J].价格理论与实践.2023,(4):31-35.

[13] 刘晓菲,陈徐,梅路熙.我国城市交通适老出行服务体系的问题和对策[J].交通建设与管理,2020(4):90-104.

农村路高质量发展助力乡村振兴
——以滕州市农村公路发展为例进行初步探讨

刘真华* 龙亚洲

（山东省滕州市交通运输局）

摘 要 实现振兴乡村,基础设施建设是先导工程,"一路通"方可"百业兴",再好的农产品,没有可供运输的乡村公路,难以走出大山;再好看的"青山绿水",没有可供游客进来的农村公路,也只能是埋没深山。无论进城还是下乡,农村公路是上下流动的要素与渠道,科学规划的先进路网,如果没有好的造价控制手段,资金得不到良性管控,也可能半途而废,即便已实施完成的工程,可能因超过预算造成亏损,项目缺乏可持续性。本文基于滕州市农村公路发展现状,结合具体工程实例,探讨农村公路高质量发展,助力乡村振兴战略实施。

关键词 农村公路 规划先行 事前控制 造价控制 乡村振兴

0 引言

实现城乡之间的互联互通,农村公路是必不可少的连通纽带。亚当·斯密在《国富论》中提出:流通设施对交易市场规模起决定性作用。想要让农村公路这条连通纽带更好地发挥作用,就必须提高公路质量。从投资决策、设计、施工、决算等阶段,全过程严格管控,把造价控制在批准的限额之内,随时纠正偏差,让所投入的资金发挥最大价值,让农村公路健康、可持续发展,切实为乡村振兴战略的实施保驾护航。本文对滕州市农村公路运行现状进行探讨,通过农村公路的高质量发展助力乡村振兴。

1 提高规划设计质量

行业专家指出,可持续发展的重要保障是科学规划,应把规划放在重要位置,从本地区全局出发进行科学规划。科学规划应遵循以下原则:

1.1 根据当地特色,因地制宜规划设计

充分考虑本地区农村特点、资源禀赋、产业发

展、村民实际需要，合理连接重要乡镇村庄，根据各地不同产业、生态文化特色规划不同的道路建设标准，促进农村地区物流体系形成，以畅通农产品和消费品的双向流通，更好服务当前流行的民宿、农家乐、直播带货等新农经济。必须坚持因地制宜，就地取材，以不破坏当地生态为原则，融入绿色环保理念。近年来，滕州市农村公路建设积极探索，成功打造了以下典型案例：①龙山人行道路面铺设，全部采用块石修建，就地取材，道路与两侧山石融为一体，不仅节约了造价，也达到了美观与协调的效果；②中联大道提升运用"白改黑"技术，对旧水泥路面进行改造；③农村危桥（马河石拱桥）改造中采用套拱加固技术，既节约了建设资金，又保护了拱桥工艺；④县道东木公路改造推广利用原路面进行"冷再生"技术，实现了废旧材料循环利用；⑤滕州微山湖红荷湿地附近区域美丽乡村建设中，结合通村公路提升修建美丽渔村路；⑥马河水库修建环湖农村路，开发环湖旅游、露营基地等农村旅游项目；⑦莲微绿道旅游公路建设，东西贯穿莲青山下和微山湖，修建穿行在"一城、两湖、三山"之间的莲微绿道，贯穿 5 镇，惠及沿线 20 万群众，带活多个工农业园区，连通 7 个旅游景区。沿线群众将依托该路的便利条件，建设万亩荷塘、千亩垂钓园，以及采摘园、现代农业示范园。原本一条普普通通的农村公路，一跃成为群众增收致富的康庄大道，也成为县域经济腾飞的大动脉，助力乡村振兴跑出了"加速度"，实现了"弯道超车"。

1.2　坚持服务农业原则

根据调查摸底的数据资料综合评估结果，优先规划对农业经济发展有重要意义的路段，保障投入。路网规划还要充分考虑农田支路网，充分连接农田，方便农民耕作与农产品运输。滕州市是"中国马铃薯之乡"，针对东郭镇、龙阳镇、界河镇大量种植土豆的产业特点，修建了一条贯穿东西连入国道的农业调整示范路，为农民群众的农产品外运提供了极大便利。

1.3　结合经济指标优化方案设计

在选择设计施工方案时，要综合考虑当地的人口状况、收入水平等经济指标，对于闲置人口较多和偏远的地区，可选择机械化程度相对较低但人工需求较大的工艺，以增加当地农民

收入。还可以开发更多与农村公路有关的工作岗位。

1.4　严格把控设计阶段工作质量

设计阶段应该选择有充分理论知识和实践经验的专业队伍。当前不少设计单位人员认为农村公路等级低、标准要求不严，在勘察时不到位，设计方案敷衍。设计人员勘察时应向当地村民充分了解他们的需求，让所修的农村公路真正使农民生产生活更便捷，让农村公路为农民所用，以方便农民群众生产生活为基本原则。农村公路事业更是需要走群众路线。比如设置过路管涵以方便村民对农田进行灌溉；设置挡墙防止雨季冲刷较大。调查研究不到位会造成后期施工变更频繁，还可能在使用时对道路进行开挖破坏，造成较大损失与不便。统计数据指出，虽然设计费只占项目资金的 1% 左右，但对工程造价影响却在 75% 以上。产品质量首先是设计出来的，其次才是制造出来的。可见设计阶段是影响工程质优价廉的关键环节，必须高度重视，事前控制，做得好可事半功倍。据测算，滕州市的土工格栅在"白改黑"技术中的应用中，每平方米相比新建路面节约 70% 的工程费用，且运行了 6 年左右效果良好；在采用套拱加固技术改造危桥项目中，相比新建桥梁节约资金 50% 以上，且节约了大量的水泥、钢材与石料，达到了节能与经济的目的；在使用"冷再生"技术将旧路面材料重复利用项目中，减轻了破除旧路面产生的大量建筑垃圾对环境的污染，达到了环保的目的，且应用效果良好。还有的设计单位将取土坑设计成鱼塘，以方便当地居民养鱼，增加农民收入。

1.5　注重既有道路的安全提升设计

随着经济的不断发展，人们生活水平不断提高，汽车进入了千家万户，农村公路原有的路宽越来越无法满足现状，原有道路的安全性得不到保障，因此必须对既有道路进行调查分析，完善公路安全。滕州市自 2015 年以来，将全市的农村公路护栏、警示标志、标线、行车视觉盲区等安全隐患进行了整治提升，加快交通安全设施完善与改造，使事故率大大降低，得到了人民群众广泛好评。

1.6　注重将科技元素融入道路设计

随着劳动资料的科技含量不断提高，在基础

设施层面,需要通过深度融合 BIM、大数据、云计算等新一代信息技术,实现智能建造与智能运营的新型交通基础设施深度改造与广泛应用,可考虑在设计时部署一系列先进设施,如路侧感知系统、车用无线通信网络(V2X)、精准定位导航设施、智能化交通云控平台、数字航标系统以及沿海5G 通信基站等,更有力地推进新型基础设施体系的构建和完善。以满足运输工具和技术装备自动化、智能化和无人化水平的不断提升,为产业升级和效率提升提供强大支持。滕州市打造农村公路智慧管理平台,实现农村公路管理信息化、智能化。道路、桥梁监控设备安装调试已完成,共设置数据采集点 56 处,视频监控 73 处;82 座大中桥布设数据传感器,实时监测桥梁结构变形、挠度变化和应力应变等风险隐患

2 寻找新的融资模式,建立造价控制体系

2.1 广泛拓展融资渠道,做好资金保障

当前,经济下行压力大,财政收入减少,这样势必导致农村公路投入资金日益减少,所以必须摒弃传统的靠财政投入的资金来源方式。运用新的筹资融资手段,为农村公路建设筹集资金。对于大型工程,当前有 BOT、TOT、ABS、PFI 以及使用较多的 PPP 等多种融资模式,还可以通过发行地方政府一般债和地方政府专用债来融资,这些筹融资方法各有优缺点与使用环境。对于一般农村公路,山东省近 10 年来先后推行了"村村通""户户通""安全与生命防护工程""四好农村路"提质增效等政策。将上级补助资金以奖代补、乡镇政府补助,村级组织自筹等途径结合,多渠道发力,充分保障农村公路的建设资金,让滕州市农村公路的建设与运营高效发展。除探索应用各种新的筹融资模式外,还应该广泛开发利用农村资源要素,"靠山吃山,靠水吃水",做到既不破坏当地环境,又能尽力开发利用,引入有实力且社会责任感比较强的大型企业,联动发展农村集体经济。探索资源发包、物业出租、居间服务、资产参股等多样途径,将广大农村的资源进行开发,既可以给当地农民带来经济收入,让项目拥有群众基础,又可以给企业带来切实收益,进而"愿意投资、乐于投资",保证资金来源充分。比如滕州市在农村公路建设中,利用山东高速集团改造滕州市内高速公路的契机,利用闲置土地与企业合作,将滕州市

农村公路改造任务交由对方实施,又好又快地推进了滕州市的改造任务,改造过程中,施工方将办公环境较差的村委会进行升级改造,前期作为自己的项目部,工程完工后将一个全新的村委会交给当地村庄使用,一举两得,得到当地村民的广泛赞赏。

2.2 注重过程控制,保障资金用处

要将农村公路有限的资金管理得当,做到"少花钱,多办事",从公路工程实施的全过程的各个不同阶段,运用技术和经济手段,根据工程建设的基本规律,在优化建设方案、设计方案、施工方案的基础上,有效控制农村公路项目的实际费用支出。在滕州市实践中,对于里程短、项目小的工程,将多个项目按"打捆招标,打捆发包"的模式,以降低建设资金的支出。在不同的运行阶段探索不同的控制手段:①工程项目策划阶段:按照有关规定编制和审核投资估算,经有关部门批准,作为拟建工程项目的控制造价;②工程设计阶段:在限额设计、优化设计方案的基础上,编制和审核工程概算、施工图预算。对于政府投资工程而言,经有关部门批准的工程概算,将作为在建工程项目造价的最高限额;③工程发承包阶段:进行招标策划编制和审核工程量清单、招标控制价或标底,确定承发包合同价;④工程施工阶段:进行工程计量及工程款支付,管理实施工程费用动态监控处理、工程变更和索赔;⑤工程竣工阶段:编制和审核工程概算编制,竣工决算处理工程保修费等。

3 科学管控,层层把关

3.1 推广先进管理手段与控制措施

应充分运用这些先进技术手段与管理措施,在项目实施阶段通过质量、进度、成本的控制及安全、合同和信息的管理,项目完成后决算阶段的偏差分析,确保前期制定的目标能够得到有效实现,让有限的财力、人力及物力得到更好的使用,从而获得更高的社会和投资效益。充分总结分析,为农村公路的健康发展赋能。在滕州市的农村公路资金管理中,项目建设之初引入专业的第三方审计机构,同市财政局、交通运输主管部门、建设单位、监理单位一起进行全过程审计监管,确保建设资金管好用好。

3.2 政府主导,部门合作

建立以政府主管部门、建设单位、监理单位、设计单位、施工单位、造价控制单位等干系单位的联合控制网络,层层把关,分级管控。同时注重调查研究,广泛联系群众。加强督促与指导,明确政府责任,组建强大的专业队伍,严格管控农村公路运行机制。在滕州市的农村公路建设中,组织了以市长为组长,相关科局局长、乡镇党委书记为成员的农村公路建设领导小组。在交通运输局又下设农村公路事务中心为专业机构,全面协调建设、监理、设计、施工等单位,从资金、质量、进度、安全、环保等方面全面管理与控制,较好保障了近几年来本地农村公路的建设数量与质量,让四通八达的农村公路网和舒适的路面通行能力更好地助力了乡村振兴。同时,滕州市召开相关会议,坚持将农村公路建设与乡村振兴的相关目标结合起来,针对农村公路建设中出现的问题及时研究解决。2023 年,滕州市交通运输局围绕枣庄市交通强国"四好农村路"建设试点市和深化农村公路管理养护体制改革试点市创建任务,启动了"美丽农村路"建设工作。该项目旨在以美丽农村路为纽带,以镇(街)为单位,按照"农村公路 + 乡村旅游""农村公路 + 生态产业""农村公路 + 党建示范"的思路,将乡村民宿、旅游景区、农业观光、休闲驿站、电商物流等沿路产业和沿线项目深度融合,串珠成线、连线成面,集中成片打造美丽农村路示范样板区,丰富乡村道路内涵,巩固乡村振兴建设成果。

3.3 多点发力,强化管养

要让建设好的农村公路长期有效的保障农村经济发展,后期的管理与养护是关键。滕州市交通运输局秉持"建好是基础,管好、护好是关键"的理念,全力推进"路长制",滕州市政府出台了《滕州市交通强国"四好农村路"建设和深化农村公路

管理养护体制改革试点工作方案》《滕州市农村公路"路长制"实施方案》,初步构建了覆盖县、乡、村道的领导分工负责、部门高效协同的"路长制"管理新机制,明确了市长担任总路长,8 名副县级领导担任 17 条 232.2km 县级路长;21 个镇街主要负责人担任镇域总路长;镇街科级干部分别担任县道镇级路长和 39 条 239.5km 乡道路长;分管镇长和农村公路管理站长担任镇级村道路长,以村为单位明确村干部分别担任 2619.5km 村级路长,实现了农村公路管养责任全覆盖。

4 结语

综上所述,加快"四好农村路"建设,推进农村公路提质增效,是高质量发展的具体体现。加强农村公路建设的策划与控制,注重事前、事中、事后监管与总结评价,强化事前以及事中的控制,从规划设计、资金筹集与控制、建设过程与管理机制控制等方面入手深入探讨,是实现农村公路高质量发展的有效途径。滕州市抢抓创建全国"四好农村路"示范县契机,总结以往成功经验与较好做法,不断改进农村公路发展短板与不足,扬长避短,注重创新,发挥示范和引领作用,当好交通运输服务乡村振兴的开路先锋,使农村公路建设管养长效机制得到发展和健全,推动了农村公路从规模速度型向质量效益型转变,必将有力促进乡村振兴和群众满意度提升,让农村公路这个基础设施和桥梁纽带更好地助力乡村振兴战略,让农民群众的生活质量越来越好。

参考文献

[1] 叶慧慧.建设工程造价管理[J].科技与经济发展,2008,10:42-46.

[2] 吴绍明.关于农村公路建设中存在的一些问题的思考[J].建材与装饰,2017;238-239.

交通基础设施、数字经济与产业结构升级的空间效应及调节机制研究

余　沛* 　刘卫华　夏新海　孙战秀　阮晶晶

（广州航海学院港口与航运管理学院）

摘　要　本研究旨在通过空间计量模型深入探究交通基础设施与数字经济在产业结构升级中的空间效应及调节机制。采用2012—2021年中国省级面板数据，研究发现数字经济发展水平和交通基础设施对产业结构高级化具有显著影响，并存在空间相关性。数字经济在不考虑空间效应时对产业结构升级呈现负向影响，但在考虑空间滞后效应后转为正向影响，表明其对本地及相邻地区产业结构升级均有积极推动作用。交通基础设施的完善不仅促进本地产业结构升级，还对周边地区产生正向溢出效应。进一步分析显示，交通基础设施与数字经济发展水平之间存在负向调节效应，两者同时提高时，对产业结构升级的正向影响相互减弱，暗示资源分配上存在竞争关系。研究结论为制定交通基础设施智能化、网络化及数字经济与产业结构深度融合的政策提供了重要参考，强调产业政策的空间协同与跨区域合作，优化资源配置以最大限度地促进产业结构升级的效果。

关键词　交通基础设施　数字经济　产业结构升级　空间计量模型　调节效应

0　引言

在全球数字化和经济深度融合的背景下，数字经济与交通基础设施的联合成为推动产业结构升级的关键动力。数字经济为传统产业注入新活力，而交通基础设施则确保资源流动和市场响应，对区域均衡发展至关重要。因此，深入研究这两者在产业结构升级中的作用机制对经济发展意义重大。

已有研究从不同层面和角度对数字经济与产业结构升级的关系进行了深入探讨。李治国等[1]、韩健和李江宇[2]基于省级或城市面板数据的实证研究，揭示了数字经济对产业转型与结构优化的显著推动作用。曹张龙[3]的研究进一步证实了数字经济在促进产业结构升级中的积极作用。同时，刘和东和纪然[4]的研究则强调了数字经济对产业结构升级影响的区域差异与门限效应，为理解这一关系的复杂性提供了有益视角。

交通基础设施在产业结构升级中的重要性也日益凸显。李祯琪和欧国立[5]、赵霞和高晨蕊[6]等揭示了交通基础设施通过降低流通成本、提升市场效率等途径间接促进产业结构调整的内在机制。俞峰等[7]和孙伟增等[8]的研究则从不同维度证实了交通基础设施建设与完善对产业结构优化升级的直接贡献。

近年来，将数字经济与交通基础设施相结合以探究其对产业结构升级联合效应的研究逐渐兴起[9]。这类研究不仅为我们提供了新的分析框架和研究思路，还有助于更全面地揭示数字经济、交通基础设施与产业结构升级之间的内在联系与互动机制。然而，现有研究在理论深度、方法创新等方面仍存在不足，亟待进一步拓展与深化。

本研究基于空间计量模型，旨在深入剖析交通基础设施与数字经济对产业升级的空间效应及调节机制。本研究期望通过综合运用多种研究方法和技术手段，揭示这两者在推动产业结构升级过程中的协同作用与影响路径，为相关领域的研究提供新的视角和思路，并为推动我国产业结构优化升级和经济高质量发展提供决策参考

基金项目：2022年度广东省重点建设学科科研能力提升项目（2022ZDJS097），广州市哲学社会科学发展"十四五"规划一般项目（2023GZYB73）

与智力支持。

1　理论假设

基于上述文献综述,本文提出以下理论假设:

假设一:数字经济对产业结构升级具有正向促进作用。

假设二:交通基础设施对产业结构升级具有正向影响。

假设三:数字经济在交通基础设施与产业结构升级之间发挥着重要的调节作用。

这些理论假设构成了研究的基础框架,为进一步的实证分析提供了指导。通过验证这些假设,可以深入探讨数字经济、交通基础设施与产业结构升级之间的复杂关系和互动机制。

2　实证分析

2.1　变量选择

被解释变量:产业结构高级化(AIS)。

参考袁航和朱承亮[10]的研究,产业结构高级化用产业结构层次系数表示,从份额比例上的相对变化刻画三大产业在数量层面的演进过程,具体计算公式为:

$$AIS_{i,t} = \sum_{m=1}^{3} y_{i,m,t} \times m \quad (m=1,2,3) \quad (1)$$

式中:$y_{i,m,t}$——i 地区第 m 产业在 t 时期占地区生产总值的比重,是产业结构高级化的衡量指标。

解释变量:交通基础设施(TRAN),采用每年交通运输业固定资产投资额的数量。

调节变量:数字经济发展水平(DIGE),通过构建包括数字基础、数字发展与数字应用指标在内的综合指数。

控制变量:本研究还引入了公路网长度(RODE)、货运量(FREIGHT)等重要的交通运输指标作为控制变量。如表 1 所示。

变量说明及测量方法　　表 1

变量名称	符号	测量方法	单位
产业结构高级化	AIS	公式(1)	无量纲
交通基础设施	TRAN	交通运输固定资产投资额	亿元
数字经济发展水平	DIGE	数字经济发展指标体系	无量纲
公路网长度	RODE	公路里程	千米
货运量	FREIGHT	货运量	万吨

2.2　模型设定

基于理论假设和数据特征,设定如下空间计量经济模型:

$$\ln AIS = \alpha + \beta_1 \times TRAN + \beta_2 \times DIGE + \beta_3 \times$$
$$(TRAN \times DIGE) + \gamma \times Controls + \varepsilon \quad (2)$$

式中:
α——常数项;

β_1、β_2、β_3、γ——待估参数;

ε——随机扰动项;

$TRAN \times DIGE$——交通基础设施与数字经济的交互项,用于检验数字经济在交通基础设施与产业结构升级中的调节效应;

$Controls$——控制变量集合。

2.3　数据来源与描述性统计

由于数据可得性以及研究需要,采用 2012—2021 年中国不含港澳台和西藏自治区的省级面板数据作为研究样本。这一样本范围能够较好地反映中国交通基础设施、数字经济与产业结构升级的时空变化特征。如表 2 所示。

变量描述性统计　　表 2

变量	样本量	均值	标准差	最小值	最大值
AIS	300	0.8760	0.0486	0.7572	1.0418
TRAN	300	7.1466	0.7885	4.7298	8.6924
DIGE	300	0.1232	0.0954	0.0174	0.5519
RODE	300	11.7045	0.8499	9.4368	12.8965
FREIGHT	300	11.6399	0.8329	9.5009	12.9815

3　实证检验与机制分析

3.1　空间相关性检验

省域产业结构高级化是否存在空间异质性,需进行空间相关性检验。以省份为空间分析单元时,邻接矩阵(contiguity matrix)常被使用,考虑到本研究关注的是更广泛的空间关系,本研究以空间距离矩阵作为权重矩阵,采用 Moran's I 指数对全局相关性进行检验。如表 3 所示。

省域产业高级化指数 Moran's I 检验　表 3

年度	Moran's I	Z 值	P 值
2012	0.174	1.850	0.032
2013	0.186	1.960	0.025
2014	0.187	1.976	0.024
2015	0.188	1.987	0.023
2016	0.187	1.959	0.025
2017	0.195	2.035	0.021
2018	0.216	2.249	0.012

续上表

年度	Moran's I	Z 值	P 值
2019	0.264	2.662	0.004
2020	0.306	3.015	0.001
2021	0.343	3.309	0.000

全局 Moran's I 指数均为正，通过 5% 显著性水平检验，说明省域产业结构高级化呈现出较强的空间相关关系，这些省域在空间上表现为相互依赖与相互集聚，对周围地区产生正向带动作用。

3.2 空间计量模型选择

在进行空间回归分析之前，采用空间分析模型的具体形式进行检验。采用空间距离需要对模型的适用性进行 LM 检验。如表 4 所示。

空间模型选择的 LM 检验　　表 4

检验	数值	df	p-value
Spatial error			
Moran's I	156.981	1	0.000
Lagrange multiplier	21.107	1	0.000
Robust Lagrange multiplier	18.716	1	0.000
Spatial lag			
Lagrange multiplier	26.261	1	0.000
Robust Lagrange multiplier	23.870	1	0.000

LM 检验结果显示，空间误差与空间滞后均通过检验，因此选择空间杜宾模型（Spatial Durbin Model, SDM）进行估计。

空间杜宾模型公式为：

$$Y = \rho W_Y + X\beta + \theta W_X + \alpha l_n + \varepsilon \qquad (3)$$

式中：ρ——空间自相关系数；
W——空间权重矩阵；
W_Y、W_X——因变量、自变量的空间滞后项；
α——常数项；
l_n——一个 $n \times 1$ 阶单位矩阵；
β、θ——回归系数；
ε——误差项。

3.3 模型估计与结果分析

3.3.1 模型诊断

首先利用空间距离矩阵，进行空间杜宾模型分析。如表 5 所示。

空间杜宾模型分析结果　　表 5

变量	系数	标准误	Z 值	P 值
Main				
TRAN	0.0016	0.0019	0.8300	0.4050
DIGE	−0.0242	0.0150	−1.6200	0.1060
RODE	0.0006	0.0099	0.0600	0.9530
FREIGHT	−0.0079	0.0049	−1.5900	0.1120
W_X				
TRAN	0.0322	0.0070	4.5900	0.0000
DIGE	0.2270	0.0505	4.5000	0.0000
RODE	−0.1197	0.0338	−3.5400	0.0000
FREIGHT	0.0198	0.0110	1.7900	0.0730
Spatial				
rho	0.5088	0.0944	5.39	0.000
Direct				
TRAN	0.0031	0.0019	1.5700	0.1150
DIGE	−0.0158	0.0125	−1.2600	0.2080
RODE	−0.0046	0.0101	−0.4500	0.6530
FREIGHT	−0.0067	0.0052	−1.2900	0.1970
Indirect				
TRAN	0.0651	0.0125	5.2300	0.0000
DIGE	0.4411	0.0885	4.9800	0.0000
RODE	−0.2433	0.0787	−3.0900	0.0020
FREIGHT	0.0298	0.0221	1.3500	0.1770
Total				
TRAN	0.0682	0.0128	5.3100	0.0000
DIGE	0.4253	0.0891	4.7700	0.0000
RODE	−0.2479	0.0796	−3.1100	0.0020
FREIGHT	0.0231	0.0219	1.0500	0.2920

注：Main Coefficient 为不考虑空间效应的系数，即直接通过 OLS 估计得到的系数。

WX Coefficient 为表示空间滞后变量的系数，衡量相邻地区的自变量对当前地区因变量的影响。

Direct Coefficient 表示直接效应，即自变量对本地区因变量的影响。

Indirect Coefficient 表示间接效应，即自变量对相邻地区因变量的影响（又称为空间溢出效应）。

Total Coefficient 表示总效应，即直接效应和间接效应之和。

3.3.2 结果分析

本研究采用具有个体固定效应的空间杜宾模型来探究变量之间关系。模型中包含了因变量

AIS 和四个自变量：TRAN、DIGE、RODE、FREIGHT。空间权重矩阵采用距离矩阵,考虑空间滞后效应。

估计结果显示,模型的整体拟合度(R-squared)在组内为0.8188,组间为0.1521,整体为0.2514。这表明模型在解释组内变异方面表现较好,但在解释组间变异方面表现较弱。

从系数估计结果来看,主要解释变量中,TRAN、RODE 和 FREIGHT 的系数均不显著,而 DIGE 的系数在10%的水平上显著为负。这表明,在不考虑空间效应的情况下,DIGE 对 AIS 具有显著的负向影响。

在考虑空间滞后效应(W_x 部分)后,我们发现 TRAN、DIGE 和 RODE 的空间滞后项系数均显著,且分别在1%、1%和5%的水平上显著。这表明这些变量的空间滞后项对 AIS 具有显著的影响。其中,TRAN 和 DIGE 的空间滞后项对 AIS 具有正向影响,而 RODE 的空间滞后项对 AIS 具有负向影响。

此外,模型的空间自相关系数(rho)为0.5088,且在1%的水平上显著。这表明存在显著的空间自相关性,即相邻地区的观测值之间存在相互影响。

在直接效应(Direct 部分)和间接效应(Indirect 部分)方面,我们发现 DIGE 和 RODE 的直接效应和间接效应均显著。其中,DIGE 的直接效应为负向显著,间接效应为正向显著;而 RODE 的直接效应虽然不显著,但其间接效应为负向显著。这表明这些变量不仅对本地区的 AIS 有影响,还对相邻地区的 AIS 产生影响。

综上所述,本研究发现数字经济发展水平和公路网长度是影响产业高级化的重要因素,且存在显著的空间效应。未来研究可进一步探讨这些变量之间的空间互动机制以及它们对产业高级化的具体影响路径。

3.4　调节效应

首先构建线性回归模型,lny 是因变量,TRAN、DIGE 是自变量。然后创建交互项 inter,它是 TRAN 和 DIGE 的乘积,在第二个回归模型中同时包含了 TRAN、DIGE 和 inter。为消除多重共线性,对数据进行去中心化处理。如表6所示。

调节效应分析结果　表6

模型	变量	系数	标准误差	t 值	P 值
模型1	TRAN	−0.0190	0.0028	−6.6900	0.0000
	DIGE	0.3911	0.0235	16.6800	0.0000
模型2	TRAN	0.0055	0.0036	1.5400	0.1250
	DIGE	2.1539	0.1857	11.6000	0.0000
	inter	−0.2351	0.0246	−9.5500	0.0000
模型3	TRAN	−0.0235	0.0025	−9.2800	0.0000
	DIGE	0.4737	0.0223	21.2600	0.0000
	inter	−0.2351	0.0246	−9.5500	0.0000

在模型1中,TRAN 和 DIGE 对 AIS 的影响分别是显著的,TRAN 的系数为负,DIGE 的系数为正。

在模型2中,我们加入了交互项 inter(TRAN×DIGE),发现交互项对 AIS 的影响是显著的,并且为负。同时,加入交互项后,TRAN 和 DIGE 的系数大小和显著性都发生了变化。这说明 TRAN 和 lnx2 对 AIS 的影响可能受到彼此的调节。

为了进一步验证调节效应,我们对 TRAN 和 DIGE 进行了去中心化处理,并重新构建了交互项 inter($c\_TRAN×c\_DIGE$)。在模型3中,我们可以看到,去中心化后的 TRAN 和 DIGE 以及交互项 inter 都对 AIS 有显著的影响。交互项的系数依然为负,与模型2中的结果一致。

综上所述,我们可以得出结论:交通基础设施和数字经济发展水平对产业结构升级的影响受到彼此的调节,且调节效应为负。当交通基础设施投资和数字经济发展水平同时增加时,它们对产业结构升级的正向影响会相互减弱。

3.5　稳健性检验

为了确保研究结论切实可靠,研究采取了多种稳健性检验手段。

在进行空间误差分析时,通过选择经济距离矩阵、邻接矩阵等不同的空间权重矩阵进行替换,以全面验证分析结果的稳定性。此外还通过将解释变量替换为货运量、货运周转量等数据来进行分析。在采取了这些不同的检验方法后,研究结果并没有发生实质性的变化。

在分析调节效应的过程中,运用了数据去中心化的处理方法,有效地消除了潜在的多重共线性问题,确保了分析结果的严谨性和稳定性。

这些综合性的措施不仅提升了研究的可信度和科学性,也为研究结论提供了有力的支撑。

4　结语

4.1　研究结论

数字经济发展水平对 AIS 具有显著影响。在不考虑空间效应时,数字经济对 AIS 表现出负向影响。研究发现,数字经济在某些情况下对产业结构升级具有负效应,这与部分已有文献的结论相悖。需要注意的是,数字经济对产业结构升级的影响可能受到多种因素的调节,包括交通基础设施的发展水平、地区经济发展水平、政策环境等。因此,本研究的结果并不一定与所有文献的结论完全一致。

在考虑空间滞后效应后,其影响转为正向。这表明数字经济的发展在促进本地区产业结构升级的同时,也对相邻地区产生了正向的溢出效应。

交通基础设施的空间滞后项对 AIS 具有显著的正向影响,意味着交通基础设施的完善不仅促进了本地区的产业结构升级,还对周边地区的产业结构升级起到了积极的推动作用。

调节效应分析表明,交通基础设施和数字经济发展水平之间存在显著的负向调节效应。当两者同时提高时,它们对产业结构升级的正向影响会相互减弱。这可能是因为资源在两者之间的分配存在竞争关系,导致单一要素的增加不能最大化地促进产业结构升级。

4.2　对策建议

交通基础设施智能化与网络化。优先投资关键经济走廊和交通干线,促进资源、信息和人员的高效流动。整合数字技术,如智能交通系统、物联网技术,提升交通网络智能化水平,以支持数字经济发展。

数字经济与产业结构深度融合。鼓励各地区发展特色数字经济产业,避免同质化竞争。加快数字经济与传统产业融合,推动产业结构向高端、智能化发展。

产业政策空间协同与跨区域合作。制定考虑空间效应和区域互动的产业政策,确保政策协同性。实施跨区域协调政策,如共建产业园区、共享创新资源,促进产业合理布局和协同发展。

优化资源配置与缓解竞争。研究交通基础设施与数字经济资源分配机制,确保平衡协调。通过政策引导和市场机制优化资源配置,避免浪费和效率低下,促进产业结构升级。

参考文献

[1] 李治国,车帅,王杰.数字经济发展与产业结构转型升级——基于中国 275 个城市的异质性检验[J].广东财经大学学报,2021,36(5):27-40.

[2] 韩健,李江宇.数字经济发展对产业结构升级的影响机制研究[J].统计与信息论坛,2022,37(7):13-25.

[3] 曹张龙.数字经济驱动产业结构升级的理论机制及其门限效应[J].统计与决策,2023,39(22):18-23.

[4] 刘和东,纪然.数字经济促进产业结构升级的机制与效应研究[J].科技进步与对策,2023,40(1):61-70.

[5] 李祯琪,欧国立.交通对要素价格、人口流动和产业结构的影响分析[J].经济问题探索,2019(5):13-21.

[6] 赵霞,高晨蕊.交通基础设施对中部地区产业结构的影响[J].社会科学动态,2023(6):77-84.

[7] 俞峰,梅冬州,张梦婷.交通基础设施建设、产业结构变化与经济收敛性研究[J].经济科学,2021(5):52-67.

[8] 孙伟增,牛冬晓,万广华.交通基础设施建设与产业结构升级——以高铁建设为例的实证分析[J].管理世界,2022,38(3):19-41,58.

[9] 马永腾,蒋瑛,鲍洪杰.交通基础设施、数字经济与贸易增长——基于西部陆海新通道沿线区域的实证分析[J].改革,2023(6):142-155.

[10] 袁航,朱承亮.国家高新区推动了中国产业结构转型升级吗[J].中国工业经济,2018,(8):60-77.

Short-time Traffic Flow Prediction Based on Bayesian optimisation BiGRU-Attention Model

Junyu Chen　　Kefeng Wang[*]

(Henan University of Science and Technology College of Energy Science and Engineering)

Abstract　A novel traffic flow prediction model, integrating Bayesian optimization with bidirectional gated recurrent unit (BiGRU) and self-attention mechanisms, is proposed to enhance the accuracy of traffic flow predictions on motorways across diverse weather conditions. The model leverages the BiGRU neural network kernel, amalgamating the recurrent neural network architecture of the Gated Recurrent Unit (GRU) with the bidirectional model's proficiency in capturing intricate patterns and dependencies within input sequences. To facilitate the model in capturing long-range dependencies effectively, a self-attention mechanism layer is incorporated. Furthermore, Bayesian optimization is applied to automatically determine the optimal hyperparameter configuration, thereby enhancing overall model performance. Training and validation are conducted using traffic flow and weather data obtained from the PEMS and MesoWest websites, respectively, both sourced from the same location. The results demonstrate that, in comparison to traditional GRU, BiGRU, and Bidirectional Long Short-Term Memory (BiLSTM) models, the proposed model exhibits superior prediction accuracy and a more robust response to fluctuations in traffic flow patterns.

Keywords　Traffic flow prediction　Deep learning　Gated circulation units　Two-way models

0　Introduction

The anticipation of short-term traffic flow stands as a pivotal responsibility in traffic management and planning, focusing on the forecast of traffic conditions within the upcoming minutes to a few hours. This task holds paramount significance in the realm of urban traffic management and planning.

Precise predictions empower urban traffic management departments to enact measures, including the adjustment of signal timing, traffic guidance, and diversion, thus enhancing the efficiency of road traffic. Additionally, urban traffic planning departments leverage accurate forecasts to craft more effective urban traffic plans and policies that align with dynamic traffic demands. Intelligent transport systems, guided by accurate predictions, optimize navigation systems, offering drivers sensible routes and refined traffic information, thereby elevating the overall travel experience for both drivers and passengers. Real-time, accurate short-term traffic flow forecasts play an instrumental role in expediting the deployment of functions such as autonomous driving and intelligent intersection control.

1　Current status of research

In the recent decades, machine learning techniques, such as Support Vector Regression (SVR), k-Nearest Neighbours (KNN), Support Vector Machine (SVM), and Random Forest Regression (RFR), have found widespread application in traffic forecasting. These models demonstrate

Funding: Special Fund of Basic Scientific Research and Operation of universities in Henan Province: "Research on the Design and Operation Mechanism of Rural Shared Logistics Network in Central and Western China ", Project No. NSFRF230425.

Soft Science Research Project of Science and Technology Department of Henan Province: "Research on Spatial Layout Planning of Central Plains Regional Emergency Logistics Network", Project No. 242400410292.

superior adaptability to structurally complex data and exhibit greater ease of implementation compared to traditional statistical approaches. Nevertheless, they encounter limitations, particularly in handling intricate and dynamic traffic data, especially in the presence of non-linear relationships. It is imperative to address these limitations and enhance their predictive capabilities.

In recent years, deep learning techniques have demonstrated notable achievements in time series forecasting, particularly in the realm of short-term traffic prediction. Early endeavors encompass Backpropagation (BP)[1], Recurrent Neural Network (RNN)[2], and its derivatives, including Long Short-Term Memory (LSTM)[3], Gated Recurrent Neural Network (GRU)[4], and Bidirectional LSTM[5~8]. While these models excel in capturing the dynamic temporal correlation inherent in time series data, they exhibit increased computational demands, particularly noticeable when dealing with extended time series.

To address the challenge of high computational resource consumption in longer time series, this paper employs BiGRU as the fundamental component of the network structure. BiGRU[9~13], a variant of recurrent neural networks (RNNs), integrates a bidirectional structure and a gating mechanism, showcasing commendable performance in time series prediction tasks. Leveraging its bidirectional nature, BiGRU adeptly captures both long-and short-term dependencies within time series data, while the gating mechanism enhances the model's ability to discern crucial information within the series. This strategic selection contributes to the heightened accuracy and efficiency of the model, particularly in short-term traffic flow prediction tasks.

Beyond the exploration of predictive models, an expanding body of research focuses on hyperparameter optimization[14,15]. Hyperparameter optimization constitutes a crucial aspect of machine learning, entailing the judicious selection of hyperparameters within a model, algorithm, or neural network structure to enhance overall model performance. Hyperparameters, distinct from parameters learned

during training, are predetermined settings that require manual or automated tuning. This task is integral to refining the model's capabilities.

Various optimization strategies, including genetic algorithms, sparrow search algorithms[16], and PSO particle swarm algorithms[17,18], have been explored. Nonetheless, these algorithms often encounter challenges in converging to local optimal solutions in complex and high-dimensional optimization problems. Their performance is intricately linked to numerous parameters, such as the number of particles, maximum speed, learning factor, etc. Improper settings of these parameters may result in performance degradation.

In contrast, Bayesian algorithms[19,20] employ Bayesian models to characterize the correlation between hyperparameters and performance. The optimization process involves selecting the most promising parameters at each step, thereby reducing the search space and enhancing search efficiency. This adaptive approach distinguishes Bayesian algorithms from traditional counterparts, enabling adjustments in the subsequent search steps based on observed data. Consequently, it converges more efficiently on the optimal parameter combination compared to traditional algorithms.

Building upon the aforementioned context, this study employs the Bayesian optimization algorithm for hyperparameter optimization. Subsequently, the BiGRU network structure model, integrated with the self-attention mechanism based on optimal parameter combinations, is established. The reliability of the parameter optimization algorithm and the predictive model's accuracy is validated using traffic flow data and weather data sourced from the PEMS website and the MesoWest website, respectively, both acquired from the same location.

2 BiGRU-Attention model building

2.1 Structure of BiGRU neural network model

The Gated Recurrent Unit (GRU) is an architecture within the family of recurrent neural networks （RNNs），introduced as a variant of the conventional RNN model. Specifically designed to address the challenges of gradient vanishing and explosion encountered by traditional RNNs when handling lengthy sequences, GRU enhances the overall performance. The internal structure, depicted in the figure below, encompasses key components such as hidden states, update gates, and reset gates：（Figure 1）

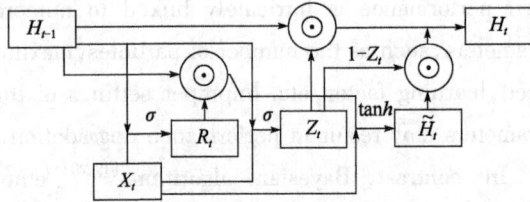

Figure 1　Demonstration of GRU data flow

The update gate Z_t, which can be thought of as a control switch, determines how much of the state information from previous moments is retained. It is formulated as follows, where H is the hidden cell, t is the time step, X_t is th H e input, W is the weight parameter, b is the bias parameter σ is the sigmoid function,

$$Z_t = \sigma(X_t W_{xz} + H_{t-1} W_{hz} + b_z) \quad (1)$$

The reset gate R_t determines how the information in the state of the previous moment is transferred to the candidate value of the current moment. Its formula is as follows,

$$R_t = \sigma(X_t W_{xr} + H_{t-1} W_{hr} + b_r) \quad (2)$$

Hidden state H_t, is used to capture and represent the information learned by the model in the sequence. It is divided into the current hidden state and the candidate hidden state $\widetilde{H}_t$ and the candidate hidden state is formulated as follows, where $\tan h$ is the hyperbolic tangent activation function,

$$\widetilde{H}_t = \tanh(X_t W_{xh} + (R_t \odot H_{t-1}) W_{hh} + b_h) \quad (3)$$

Finally, the hidden state of this moment is calculated based on the candidate hidden state and the hidden state of the previous moment, where $\odot$ is the Hadamard product （product by element） operator.

$$H_t = Z_t \odot H_{t-1} + (1 - Z_t) \odot \widetilde{H}_t \quad (4)$$

Leveraging the distinctive gating mechanism elucidated earlier, the GRU model exhibits enhanced flexibility in learning and retaining sequential information, efficiently managing dependencies within lengthy sequences. In contrast to Long Short-Term Memory （LSTM） networks, GRUs boast a relatively simpler structure characterized by fewer parameters, leading to generally more efficient training processes.

BiGRU represents an extension of GRU, encompassing two directional GRU modules：one dedicated to the forward direction of the sequence and the other to the backward direction. This configuration enables the model to incorporate both past and future information within the sequence. The update process of BiGRU involves computing GRUs in both forward and backward propagation directions, followed by their amalgamation at each time step to construct a bi-directional hidden state representation.

In contrast to standard GRUs, BiGRU exhibits enhanced modeling capabilities and a heightened capacity to comprehensively capture dependencies within sequences. This characteristic renders BiGRU well-suited for tasks demanding extensive contextual understanding and heightened model representation. Hence, BiGRU is selected as the principal component of the network structure in this study.

2.2　Attention mechanisms

The Attention Mechanism （AM） stands as a crucial component in deep learning, enabling a model to selectively concentrate on various segments of the input sequence during the processing of sequential data. This capability facilitates a more flexible capture of pertinent information within the sequence. Specifically, the self-attention mechanism represents a distinctive variant of the attention mechanism. In this form, the model autonomously computes attention weights within the sequence during the processing of sequential data, eliminating the dependence on external information.

In the self-attention mechanism, each element x_i in the input sequence interacts with other elements x_j by first calculating its correlation score $score(x_i, x_j)$ with the other elements using the following formulae, where W_q and W_k is the weight matrix obtained by learning and d_k is the dimension of the query term,

$$score(x_i, x_j) = \frac{(W_q x_i) \cdot (W_k x_j)}{\sqrt{d_k}} \quad (5)$$

The relevance scores are then normalised using the softmax function and the attention weights are obtained using the following formula:

$$attention(x_i, x_j) = \frac{\exp(score(x_i, x_j))}{\sum_{k=1}^{n} \exp(score(x_i, x_k))} \quad (6)$$

The value of each element is then multiplied by its corresponding attention weight, and the result is weighted and summed to produce the final output:

$$output_i = \sum_{j=1}^{n} attention(x_i, x_j) \cdot x_j \quad (7)$$

These weights indicate which parts of the sequence the model should pay more attention to when processing the current element. Based on this mechanism, the model is able to better capture long-range dependencies while processing sequences with greater flexibility.

2.3 Bayesian optimisation

Bayesian Optimization (BO) is an iterative optimization method employed to enhance an objective function. The fundamental concept involves strategically choosing the next test point within the search space to maximize the probability of identifying the optimal solution for the objective function.

The sequential steps are as follows: initially, several points are chosen within the search space to form the foundation for constructing the initial probability model. Subsequently, a Gaussian process is employed to fit the objective function and estimate the probability distribution across the entire search space. Building upon the current probability model, the subsequent trial point is determined, typically selecting the point with the highest standard deviation within the probability distribution. The objective function is then evaluated at the chosen trial point to acquire the true objective function value. Finally, the probability model is updated with the newly obtained observations. This iterative process is reiterated until a predetermined number of iterations is reached or

the stipulated stopping condition is met.

In this study, the Bayesian optimization algorithm is selected for hyperparameter optimization due to its capacity to intelligently determine the location for the next trial, resulting in the identification of improved solutions within a relatively small number of iterations. This approach contrasts with uniform sampling over the entire search space. The pseudocode for this is as follows:

Initialisation:

– Select the a priori probability model and the initial observation data set D as an empty set.

Iterative optimisation:

– for $t = 1, 2, \cdots$:

– Fit the a priori probability model:

– Use the upper training prior model on D to obtain the posterior distribution.

– Select the next sample point x_{t+1}.

– Select by maximising the probability maximum.

– Evaluate the objective function:

– Calculate $y_{t+1} = f(x_{t+1})$.

Where the objective function is f.

– Add a new observation point:

– Add (x_{t+1}, y_{t+1}) to the observation data set D.

– Update the posterior probability model:

– Update the posterior distribution with the new observations.

– Exit the loop based on the convergence condition.

Output:

– Return an estimate of the optimal solution.

2.4 BiGRU-Attention model based on Bayesian optimisation

Building upon the aforementioned research, this study formulates a Bayesian-based BiGRU attention model, illustrated in Figure 2.

The data preprocessing involves initial cleaning, aligning traffic flow data every 5 minutes with hourly weather data. Subsequently, Z-score normalization is applied. The formatted data are then input into the network model following the supervised learning format. The Bayesian optimization layer defines the parameter space and the number of iterations for optimization. The data, along with initial parameter combinations, are input into the BiGRU layer for computation. A dropout layer is employed to mitigate overfitting, and a fully connected layer integrates the computational results. The BiGRU attention model further processes the data. The dropout layer, preventing overfitting, and the fully connected layer, integrating results, return the set of training outcomes to the Bayesian optimization algorithm for iteration. This process iterates until a predetermined number of iterations are reached, ultimately returning the best combination of hyperparameters.

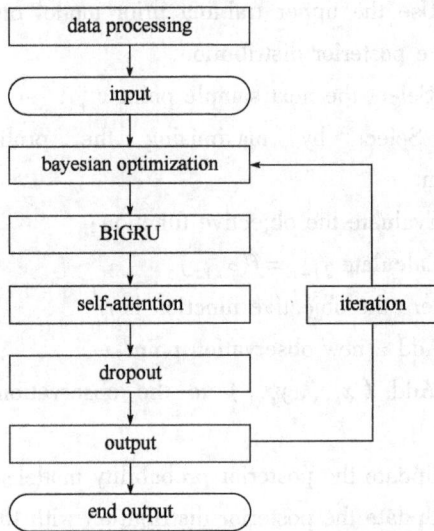

```
data processing
input
bayesian optimization
BiGRU
self-attention        iteration
dropout
output
end output
```

Figure 2   Model structure

The model training parameters are as follows: the number of units in the GRU layer is 114, the dropout rate is 0.1, the number of units in the fully connected layer is 32, the activation function is ReLU, the number of units in the output layer is 1, the loss function is mean square error, the optimizer is Adam with a learning rate of 0.01, the number of training epochs is set to 250, and the training batch size is 23. Notably, the parameters specifying the number of units in the GRU layer, the number of units in the fully connected layer, the dropout rate, the learning rate, and the training batch size represent the optimal combination acquired through Bayesian optimization.

3   Experimental verification

3.1   Data handling

The traffic flow data utilized in this study were sourced from the PeMS database, while the weather data were obtained from MesoWest. Specifically, we focused on vehicle inspection site number 718416 in the Los Angeles area, where comprehensive traffic flow and meteorological data were collected over a four-month period from August 1st to November 31st, 2018. The considered weather factors encompassed air temperature, humidity, wind speed, visibility, and atmospheric pressure. Traffic flow data were gathered at five-minute intervals, while weather data were recorded hourly.

The weather and traffic data undergo an initial matching process, followed by the removal of outliers. Subsequently, Z-score normalization is applied to the data, accelerating model training and contributing to a certain extent to enhanced model accuracy. The normalization formula is as follows:

$$Z = \frac{x - \mu}{\sigma} \quad (8)$$

Where Z represents the normalised value, x represents the value of the original data point, μ represents the mean of the dataset, and σ represents the standard deviation of the dataset.

The data were subsequently transformed into a supervised learning format by incorporating the traffic flow at the next time step with the current data to predict the value at that specific point in time.

In the final step, the data from the initial two months are designated for the training set, whereas the data from the third month are employed for cross-validation. The data from the fourth month are reserved for testing, forming the basis for subsequent model evaluation.

3.2   Training environment and settings

This paper outlines the training environment, which is built on the Ubuntu 22.04 system. The hardware configuration includes a graphics card with the 4060TI16G version, accompanied by the graphics card driver version 535. 86. 05. The software components consist of CUDA version 12. 2, cuDNN version 8.9.5.30, and Python version 3. 9. TensorFlow version 2. 6. 0 is employed as the deep learning framework. Details of the versions for other libraries utilized are presented in the Table 1.

Other library versions of the training environment

Table 1

Function Library	Version
joblib	1.3.2
keras	2.6.0
matplotlib	3.3.4
numpy	1.19.5
pandas	1.3.5
protobuf	3.20.0
scikit-learn	1.0
tensorboard	2.15.1
tensorflow-gpu	2.6.0

3.3 Training environment and settings

This paper assesses the efficacy of a regression algorithm using two primary evaluation indices: Mean Absolute Error (MAE) and Root Mean Square Error (RMSE). The formulas for these indices are as follows:

$$MAE = \frac{1}{n}\sum_{i=1}^{n} |\hat{k}_i - k_i| \tag{9}$$

$$RMSE = \sqrt{\frac{1}{n}\sum_{i=1}^{n} (\hat{k}_i - k_i)^2} \tag{10}$$

Where n is the sample size, k_i is the actual value, $\hat{k}_i$ is the predicted value.

3.4 Forecast Results and Comparison

To appraise the reliability of the predictions made by the BiGRU-attention model under Bayesian optimization, this study compares it with single-layer GRU, BiGRU, and BiLSTM models. Bayesian optimization is subsequently applied to optimize the parameters of each model, enhancing their accuracy and striving for optimal results.

Figure 3 illustrates the prediction results of the Bayesian-based BiGRU-attention model alongside the other three deep learning models for random working days in the test set.

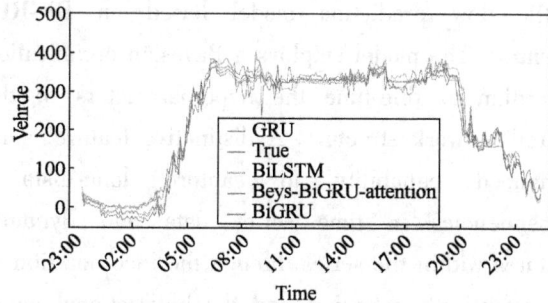

Figure 3　Prediction results of the four models

The figure depicts traffic flow at two-hour intervals on the horizontal axis and at 100-vehicle intervals every five minutes on the vertical axis. The red curve in the graph represents the model proposed in this paper, with its prediction results closely aligning with the actual data represented by the yellow curve. This observation substantiates that the model proposed in this paper exhibits superior prediction accuracy compared to other models.

To quantify prediction accuracy, two error indicators, Mean Absolute Error (MAE) and Root Mean Square Error (RMSE), were employed to assess the prediction performance of the four models. To mitigate randomness, each model underwent 10 training iterations, and the average was calculated as the final result. The outcomes are presented in the table below (Table 2).

Indicator parameters of the four models

Table 2

Erhr	GRU	BiLSTM	BiGRU	Beys-BiGRU-attention
MAE	6.671	3.654	3.283	2.914
RMSE	7.329	4.596	4.365	3.671

The table indicates that the Bayesian-based BiGRU-attention model exhibits a lower prediction error than the other three deep learning models, underscoring the superior prediction accuracy of the model proposed in this paper. Notably, its accuracy is enhanced by 11. 23% and 15. 91% compared to the baseline BiGRU model in both metrics, respectively.

4　Conclusions

This paper introduces a short-duration highway traffic flow prediction model based on BiGRU-attention. The model employs a Bayesian optimization algorithm to fine-tune the hyperparameters of the neural network structure. A distinctive feature is its enhanced capability to capture long-distance dependencies in time series data and dynamic features within the series through the incorporation of the attention mechanism and the bidirectional gated recurrent unit (BiGRU). Concurrently, the Bayesian optimization algorithm automatically adjusts key model parameters, improving adaptability to diverse data scenarios. The model's viability is subsequently validated using real traffic flow data and compared against three benchmark models. The prediction results underscore the superior traffic flow prediction accuracy of the proposed model compared to the other benchmark models.

The paper introduces a BiGRU-attention model based on Bayesian optimization, showcasing notable enhancements in the performance of highway traffic flow prediction. This model serves as a valuable reference for both research and practical applications within the domain of traffic flow prediction.

References

[1] SUN H J. Short-time traffic flow prediction based on hybrid neural network of Bmo algorithm[J]. Information and Computers (Theoretical Edition), 2023. 35(03):108-112.

[2] SONG K L,et al A Prophet-DCRNN traffic prediction method fusing multimodal information [J]. Journal of the Chinese Academy of Electronic Science,2021. 16(03):250-254,264.

[3] WANG Q,et al. Short-term traffic flow prediction based on SGA-KGCN-LSTM model[J]. Engineering Letters,2023. 31(3):261.

[4] YANG Z,WANG C Short-term traffic flow prediction based on AST-MTL-CNN-GRU[J]. IET Intelligent Transport Systems,2023.17(11):292-311.

[5] BHARTI N,POONAM R KRANTI K. MFOA-Bi-LSTM:An optimised bidirectional long short-term memory model for short-term traffic flow prediction[J]. Physica A:Statistical Mechanics and its Applications,2024. 634.

[6] ZHANG Y et al. Short-term traffic flow prediction model based on GCN-BiLSTM [J]. Journal of Wuhan University of Technology (Transportation Science and Engineering Edition),2023. 47(05):802-806.

[7] XING,X,et al. Short-term traffic flow prediction based on whale optimization algorithm optimized BiLSTM _ Attention [J]. Concurrency and computation:practice and experience, 2022. 34(10):71-78.

[8] DAWEN X,et al. SW-BiLSTM:a Spark-based weighted BiLSTM model for traffic flow forecasting [J]. Multimedia Tools and Applications,2022. 81(17):89-93.

[9] ZHANG X,HAO J. Application of EEMD + BiGRU combined model in short-term traffic flow forecasting [J]. Journal of National University of Defence Technology, 2023. 45(02):73-80.

[10] LI Z Y,LI Y M,LI C C. BiGRU-attention for continuous blood pressure trend estimation via single-channel PPG[J]. Computers in Biology and Medicine,2024. 168.

[11] WAN X,LI X,WANG X,et al. Deep Learning in Carbon Neutrality Forecasting:a Study of SSA-Attention-BIGRU Networks [J]. Journal of Organisational and End-User Computing: 2022,11.

[12] WEI G,ZHE L W and WEN C Z. Intelligent decision-making system for multiple marine autonomous surface ships based on deep reinforcement learning [J]. Robotics and Autonomous Systems,2024. 172.

[13] M F M A,et al. TimeNet:Time2Vec attention-based CNN-BiGRU neural network for predicting production in shale and sandstone gas reservoirs[J]. Energy,2024. 290.

[14] WU Y,H,ZHANG Z B. Bayesian optimisation-based CNN-GRU short-term power load

forecasting [J]. Modern Electronics, 2023. 46 (20):125-129.

[15] JING Z Y, LI P Q, LIN W T. A two-ended optimised time-sequential wind power prediction model combining Bayesian optimisation and channel attention[J]. Journal of Power Systems and Automation,2023:11.

[16] WANG S, et al. Improving sparrow search algorithm to optimise BP neural network for short-term traffic flow prediction[J]. Journal of Qingdao University of Technology,2024,45 (01):126-133,140.

[17] CHENG X Y, Optimisation of BP neural network using genetic and particle swarm algorithms for offshore small-scale oil spill modelling [D].

Hangzhou:Zhejiang Ocean University,2023.

[18] ZHENG H N. Study on wind power prediction based on sparrow search algorithm and gated recurrent unit neural network [D]. Lanzhou:Lanzhou University,2023.

[19] GAO J,et al. Automatic SWMM Parameter Calibration Method Based on the Differential Evolution and Bayesian Optimisation Algorithm[J]. Water,2023,15(20).

[20] BAO G,HOU K,SUN H. Rock Burst Intensity-Grade Prediction Based on Comprehensve Weighting Method and Bayesian Optimisation Algorithm-Improved-Support Vector Machine Model[J]. Sustainability,2023,15(22):121.

基于多功能车道设置的多模式出行选择模型

王子鸣[1]　金　辉[*1]　杨晓光[2]　沈哲豪[1]

(1. 苏州大学轨道交通学院;2. 同济济大学交通运输工程学院)

摘　要　为了评估高承载车辆准入条件和收费车费率调整对城市道路乘客出行选择的影响,以及多功能车道设置在城市交通系统优化中的贡献,需要构建基于多功能车道设置的多模式出行选择模型。综合考虑出行者选择常规车、公交车、高承载车和收费车的总行程时间和出行成本,以高承载车准入车内人数和收费车费率为决策变量,基于Logit型SUE模型描述乘客在多功能车道上的出行模式选择。为了求解所提出的模型,提出多功能车道的多模式出行选择的MSA算法。结果表明:通过优化高承载车辆准入条件和调整收费车费率,结合多功能车道设置,可以促进乘客使用公交车、高承载车和收费车等集约化和个性化的出行模式,优化城市交通系统,有助于解决交通拥堵问题。

关键词　多功能车道　多模式交通　模式选择　SUE　高承载车　收费车

0　引言

随着道路拥堵和公交专用道低效两大交通问题的出现,国内外学者为了充分挖掘专用道的作用,广泛探索了不同模式的管控车道,其中允许公交与某类或某些类车辆共享专用道的多功能车道得到广泛应用。最有代表性的管控车道有高承载率车道和高承载率收费车道[1]。

高承载率车道和高承载率收费车道提供了一种更稳定可靠、有利于引导绿色出行的模式。高承载率车道,是指为高承载车(车内乘客数超过一定限制的车辆)提供的专属通行空间的车道[2]。其起源于20世纪70年代的美国北弗吉尼亚高速路公路,该车道的平均载客率和通行时间分别为3.7人/车和29分钟,显著优于普通车道的1.1人/车和64分钟[3]。杨海[4]从系统层面评价小汽车与高承载率车辆的效益,确立高承载率车道布设依据。王连震[5]、户佐安等[6]的研究则进一步引入公交需求对布设高承载率车道的影响。但基于线圈实测数据的研究发现,80%的高承载率车

基金资助:多功能专用道适用性与优化方法研究(No.52002261)。

道利用率不足[7]。

为提升高承载率车道的利用率与运行效率,高承载率收费车道允许低承载车辆付费通行,即为收费车提供通行服务。相关研究已证明该类车道成功的关键是建立科学的收费机制[8]。例如,Tan和Gao[9]针对多入口的高承载率收费车道,使用混合整数线性模型预先计划并协调不同OD的动态付费方案。多功能车道通过对车辆类型和出行方式的限制及激励,影响乘客的出行模式选择。近年来,多种出行模式选择模型被提出和应用于评估高承载率车道和高承载率收费车道的效果及其对乘客出行行为的影响。多功能车道通过收费调节车道的通行效率。出行模式选择模型通常基于一系列因素,如出行时间[10,11]、成本[12,13]、便利性[14]和个人偏好[15]等,来预测乘客在不同出行条件下的选择行为。

综上所述,尽管现有研究已涵盖了多功能专用道的布局方案和使用机制,针对不同交通模式的需求进行了探讨,目前尚缺乏对综合高承载车道和收费车道的多功能车道设置的综合效果验证,特别是在如何协同优化高承载车内人数和收费车费率的管理策略以及模拟不同交通模式的分配效果方面的研究。此外,多功能专用道在动态交通需求条件下的时间适用性、动态管理机制,以及如何实现公交、高承载率车辆与其他优先交通模式的多模式组合优化,都是需要进一步深入讨论和研究的问题。

1　问题描述

为解决针对现有道路拥堵和公交专用道低效两大交通问题,本文提出了一种基于多功能车道设置的多模式出行选择模型。如图1所示,多功能专用道设在给定的车道布局和信号配时下,不同的运营管理决策会影响出行者的模式选择。

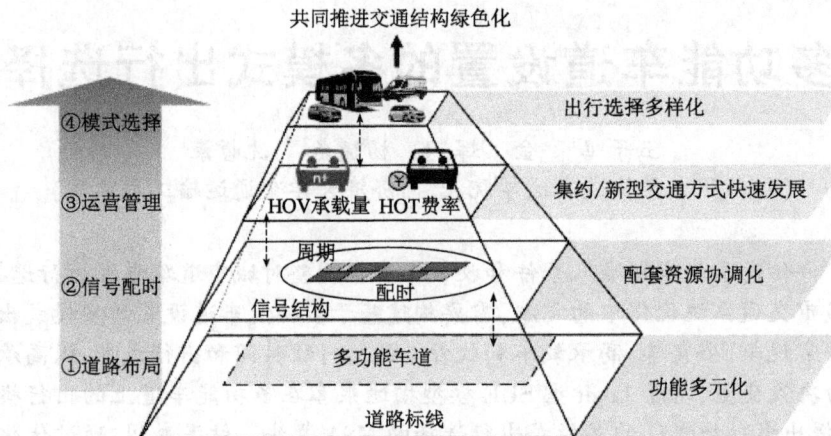

图1　基于多功能车道设置的多模式出行选择模型要素与关系

多功能车道中的出行者模式选择涉及车道布局、信号配时、运营管理和模式选择等多个方面。首先,车道布局关注如何在城市道路中合理选择车道类型,并分配和设计各条车道的功能,提高道路容量。其次,信号配时是调节交叉口通行效率的关键手段,影响着车辆的通过速度和等待时间,合理的信号配时策略能够减少交通拥堵,提高路网的整体运行效率。同时,运营管理涉及高承载车辆的准入人数和收费车的费率,对提升多功能车道服务吸引力和效率具有重要作用。最后,模式分配关注乘客的出行模式选择行为,乘客的出行选择会受到车道布局、信号配时和运营管理等因素的影响,进而影响交通流分布和各交通模式的使用率。

鉴于上述要素的复杂性和相互依赖性,本文考虑交通系统的宏观管理决策,如车道布局的优化、信号配时策略的制定和公交运营管理的改进。基于已有多功能车道设置决策模拟乘客的出行选择行为,分析不同的交通管理措施如何影响个体的出行决策和模式分配。

2　模型构建

2.1　模型假设

本文采用随机用户均衡模型(Stochastic User Equilibrium,SUE)模拟乘客的出行模式选择。为表征多功能车道设置的条件,本文做出以下假设:

（1）常规车道允许所有车辆行驶，多功能车道仅允许公交车、高承载车、收费车和应急车行驶。

（2）本文假设研究路段的公交停靠站类型为路侧式。路侧式公交停靠站是城市公交系统中最常见的设计形式，其因简单、直接且对现有城市交通基础设施的影响最小而被广泛采用。

（3）考虑到公交车与小汽车的异质性，在流量计算部分，需将各车型换算成标准单位。由于城市道路中以汽车与公交车两种车型为主，本文中的汽车特指常规车、高承载车与收费车，根据《道路通行能力手册》中的出行方式换算规范将公交车折算为2倍的标准小汽车，忽略其他车型的影响。

2.2 符号定义

基于上述问题，本文基于多功能车道的设置，构建了一个以最小乘客总出行负效用为目标的多模式出行选择模型，模型中的变量和参数示意如表1所示。

符号说明 表1

符号	定义
	索引
N_T	交叉口路段集合
$i,j \in N_T$	进口道和出口道编号
M	交通模式集合
$m \in M$	交通模式，$m=G、B、H、V$分别表示常规车、公交车、高承载车和收费车
K_i	进口道i的车道集合
$k \in K_i$	进口道i的车道编号
	参数
O_m	交通模式m的平均车内人数
Q_{ij}^m	进口道i驶向出口道j的交通模式m的总需求车辆数
q_{ij}^m	进口道i驶向出口道j的交通模式m的车辆承载的总人数
a_m,b_m,c_m	负效用公式系数
D	行程距离
L_i	进口道i的车道数
e_i	进口道i的多功能专用道条数
C	车道通行能力
C_i	进口道i车道组的通行能力
v_f	自由流车速
ε	公交车流量和小汽车流量的当量参数

续上表

符号	定义
β,α	行驶时间公式系数
PF	信号联动修正系数
T	分析时长，h
k	信控方式校正参数
R	每多载一个合乘小汽车出行的用时
I	车辆到达校正参数
p_b	公交票价
p_f	车道i每千米汽油费
p_k	车道i每千米停车费
O_V	高承载车的平均车内人数
p_l	收费车每千米费用
	决策变量
f_{ij}^m	进口道i驶向出口道j的模式m的实际人数

2.3 模型构建

给定一个可行的多功能车道布局和信号配时设计方案，在各转向出行总需求已知的情况下，模型可以预测出行者对常规车、公交车、高承载车和收费车出行模式的选择，进而预测各交通模式的流量分配。假设用户对各出行方式的选择服从Logit模型，而用户的出行路径选择服从SUE均衡准则，则用户出行行为模型如下所示。

$$\min \sum_{j=1}^{N_T-1} \sum_{i=1}^{N_T} (\sum_m \int_0^{f_{ij}^m} U_{ij}^m df_{ij}^m + \frac{1}{\theta} \sum_m f_{ij}^m \ln f_{ij}^m) \quad (1)$$

$$U_{ij}^m = a_m + b_m \times tt_{ij}^m + c_m \times p_{ij}^m \quad (2)$$

式中：U_{ij}^m——出行者使用模式m从进口道i驶向出口道j的出行负效用，其与进口道i驶向出口道j的模式m的总行程时间和出行成本tt_{ij}^m和p_{ij}^m有关。

（1）总行程时间

乘客的总行程时间由进口道i驶向出口道j的模式m的行驶时间t_{ij}^m和延误d_{ij}^m构成，如式（3）所示：

$$tt_{ij}^m = D \times (t_{ij}^m + d_{ij}^m) \quad (3)$$

其中，行驶时间t_{ij}^m和延误d_{ij}^m分别由式（4）和式（5）~式（7）计算得到：

$$t_{ij}^m = \begin{cases} \max \left\{ \begin{array}{l} \left[1+\beta\left(\dfrac{\sum\limits_{j=1}^{N_{T-1}}Q_{ij}^G}{(L_i-e_i)\times C}\right)^\alpha\right]\times \\ \dfrac{\min(1,e_i)}{v_f}, \\ \left[1+\beta\left(\dfrac{\sum\limits_{j=1}^{N_{T-1}}Q_{ij}^G}{L_i\times C}\right)^\alpha\right]\times \\ \dfrac{1-\min(1,e_i)}{v_f} \end{array} \right\} & (m=G) \\[2em] \max \left\{ \begin{array}{l} \left[1+\beta\left(\dfrac{\sum\limits_{j=1}^{N_{T-1}}(\varepsilon Q_{ij}^B+Q_{ij}^V+Q_{ij}^T)}{L_i\times C}\right)^\alpha\right]\times \\ \dfrac{\min(1,e_i)}{v_f}, \\ \left[1+\beta\left(\dfrac{\sum\limits_{j=1}^{N_{T-1}}(\varepsilon Q_{ij}^B+Q_{ij}^V+Q_{ij}^T)}{L_i\times C}\right)^\alpha\right]\times \\ \dfrac{1-\min(1,e_i)}{v_f} \end{array} \right\} & (m\in\{B,V,T\}) \end{cases} \qquad (4)$$

$$d_{ij}^m = d_{ac,ij}^m + d_{sw,ij}^m + d_{it,ij}^m + d_{rs,ij}^m \qquad (5)$$

$$d_{it,ij}^m = \frac{0.5C\left(1-\sum\limits_{j=1}^{N_{T-1}}\varphi_{ij}\right)^2}{[1-\min(1,\rho_{ij})\times]\rho_{ij}} \times PF + 900T \\ \left[(\rho_i-1)+\sqrt{(\rho_i-1)^2+\frac{8kI\rho_i}{P_iT}}\right] \qquad (6)$$

$$d_{rs,ij}^m = R\times(O_V-1) \qquad (7)$$

式中:$d_{ac,ij}^m$、$d_{sw,ij}^m$、$d_{it,ij}^m$、$d_{rs,ij}^m$——进口道 i 驶向出口道 j 的模式 m 的进出口、公交停靠站、信号交叉口和合乘的延误。

(2)出行成本

各交通模式由进口道 i 驶向出口道 j 的模式 m 的出行成本可由式(8)计算:

$$p_{ij}^m = p_m = \begin{cases} \dfrac{(p_f+p_k)\times D}{O_G} & (m=G) \\[1em] p_b\times D & (m=B) \\[1em] \dfrac{(p_f+p_k)\times D}{O_V} & (m=V) \\[1em] \dfrac{(p_f+p_k+p_T)\times D}{O_T} & (m=T) \end{cases} \qquad (8)$$

3　求解算法

当路段阻抗随流路段量变化时,求解 Logit 型

SUE 模型可以采用连续平均法(Method of Successive Averages, MSA)。所以本文采取 MSA 算法求解。MSA 算法的迭代步长序列是预先给定的一个正数序列 $\{\alpha_n\}$,$n=1,2,\cdots$,步长序列为:

$$\alpha_n = \left\{\frac{1}{n}\right\} \qquad (9)$$

式中:n——迭代次数。

则多功能车道上基于多模式选择的 MSA 算法的流程如图 2 所示,具体步骤如下:

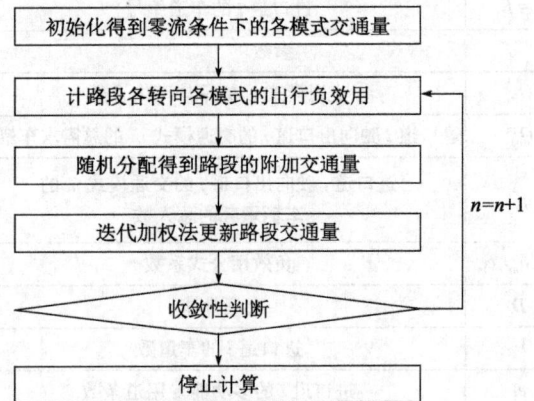

图 2　多功能车道的多模式出行选择的 MSA 算法流程

步骤 1:离散化高承载车的车内人数和收费车费率。

步骤 2:在交叉口各转向 (i,j),在零流交叉口

上根据 Logit 模型完成随机分配一次,取得各转向 (i,j) 各交通模式 m 的流量 $Q_{ij,o}^m$,设定迭代次数 $n=1$。

步骤 3:计算辅助流量。对各转向 (i,j) 各交通模式 m 的负效用 U_{ij}^m 进行计算,通过 Logit 模型进行流量加载取得各交通模式 m 的流量,以此为基础取得各转向 (i,j) 的辅助流量 $^m y_{ij,n}$。

步骤 4:更新各转向模式流量。根据下式计算各转向 (i,j) 各交通模式 m 的流量 $Q_{ij,n+1}^m$。

$$Q_{ij,n+1}^m = Q_{ij,n}^m + \frac{1}{n}(y_{ij,n}^m - Q_{ij,n}^m)$$

步骤 5:收敛性检查。判断是否满足 $\max|Q_{ij,n+1}^m - Q_{ij,n}^m| < \varepsilon$。是,算法结束。否,令 $n = n+1$,转入步骤 3。

4 算例分析

4.1 基础数据

为验证模型和算法有效性,以图 3 所示为例,在有四条路段的含有多功能车道的信号交叉口实验场景中对所提出的模型进行测试。图 3a) 为各方向上出行者需求流向图。图 3b) 为多功能车道布局,图中的红色箭头表示多功能车道的功能,黑色箭头表示常规车道的功能。可以看出,橘色区域车道,即路段 1 和 3 的第 2 条车道、路段 2 的第 1 条车道,以及路段 4 的第 3 条车道,被设置为多功能车道,服务于优先交通模式。图 3c) 给出了多功能车道布局下的最优信号配时方案,包括各进口道各转向的绿灯开始时间和绿灯持续时间。

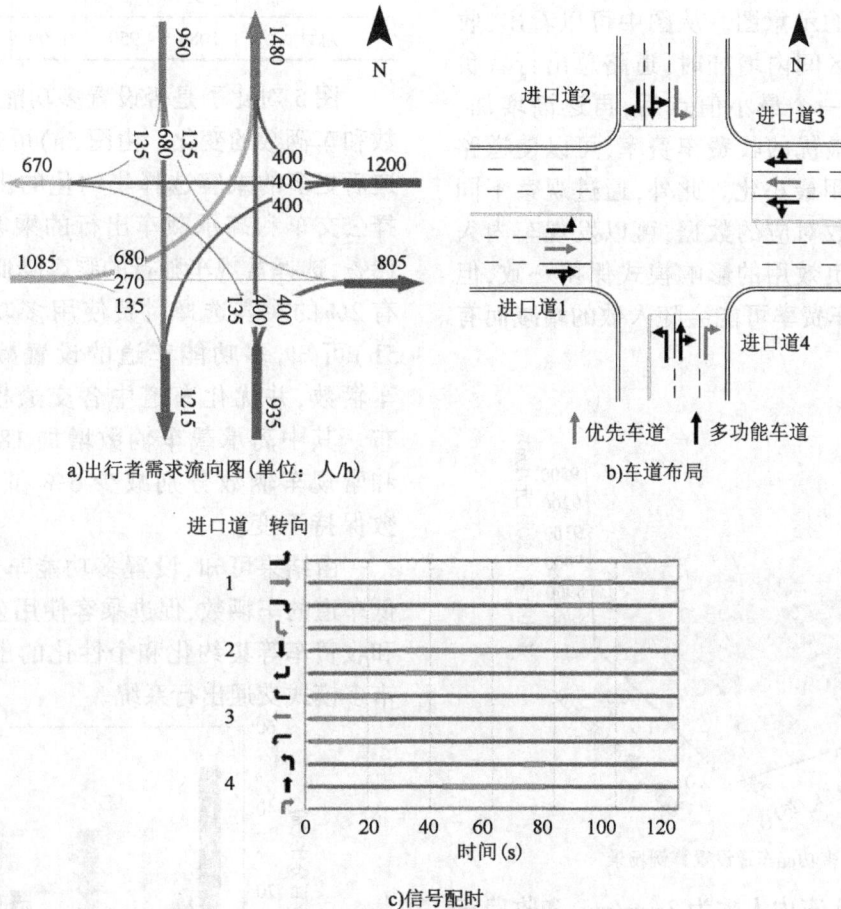

a)出行者需求流向图(单位:人/h)

b)车道布局

c)信号配时

图 3 多功能车道设置算例场景

表 2 总结了模型的参数值,参数参考了已发表的关于优先车道设计文献[15]。此外,高承载车准入车内人数的取值被设定为 2,3,4 人/车,收费车的费率设置在 0~2 元/km 之间,采用 0.1 作为调整的步长。

模型参数设置　　表 2

参数	取值	参数	取值
D	500m	a_m, b_m, c_m ($m \neq T$)	0,30,2
C	1200pcu/h/lane	a_m, b_m, c_m ($m = T$)	0,30,1.5
		α, β	4,0.15
ε	2	p_b	0.25 元/km
$\rho_{i,k}$	0.9	p_f, p_k	0.75,1.25 元/km
r_{ijk}	12m	d_{ac}, d_{sw}	20,60s/pcu
v_f	60km/h	R	72s/pcu/km
e	1s	O^G, O^B, O^V	1,30,1psg/veh

4.2　结果分析

下层模型通过 MSA 求解共迭代了 1551 次，如图 4 是迭代结果的示意图。从图中可以看出，收费车费率在特定区间内增加时，道路总出行者负效用先是减少到一个最小值点后，再逐渐增加。这表明存在一个最优的收费车费率，可以使道路总乘客出行负效用最小化。此外，通过观察不同高承载车车内人数对应的数据，可以发现车内人数的变化对总出负效用的影响模式保持一致，但具体的最优收费车费率可能会随人数的增减而有所不同。

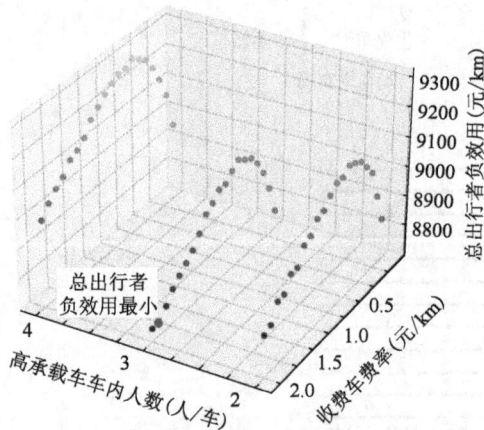

图 4　多功能车道设置算例场景

当高承载准入车内人数为 3psg/veh 和收费车费率为 1.9 元/km 时，目标最优。最优多功能车道设置方案下的乘客出行选择分配结果如表 3 所示。由结果可知，在多功能车道后，有 38% 和 35% 的乘客选择高承载车出行和公交车出行，25% 的乘客选择常规车出行，只有 2% 的乘客选择收费车出行。

设置方案下的乘客出行选择分配结果　表 3

模式	转向	路段 1	2	3	4	合计 人数	占比
常规车	左	170	33	97	31		
	直	66	170	98	98	1029	25%
	右	34	34	100	98		
公交车	左	237	48	141	49		
	直	94	236	140	140	1458	35%
	右	47	47	139	140		
高承载车	左	261	52	155	53		
	直	104	261	155	155	1606	38%
	右	51	51	153	155		
收费车	左	12	3	8	3		
	直	5	12	7	7	77	2%
	右	3	3	7	7		
总计		1084	950	1200	936	4170	100%

图 5 对比了是否设置多功能车道时车道乘客数和车辆数的变化。由图 5a) 可知，设置多功能车道后更多的乘客选择集约化的出行模式，其中选择公交车和高承载车出行的乘客增加了 25% 和 18%，选择常规车独行的乘客降低了 25%。同时，有 2% 的乘客选择付费使用多功能车道。由图 5b) 可知，多功能车道的设置减少道路 45% 的车辆数，并优化车道中各交通模式的车辆数分布。其中高承载车辆数增加 18%，收费车辆数和常规车辆数分别减少 6% 和 13%，公交车辆数保持不变。

由结果可知，设置多功能车道可以有效增降低车道的车辆数，促进乘客使用公交车、高承载车和收费车等集约化和个性化的出行模式，优化城市多模式交通出行系统。

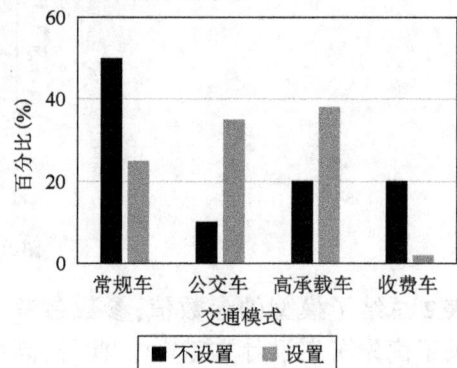

a)乘客数

图 5

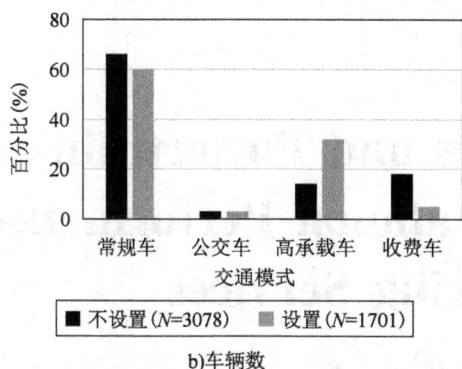

图 5　是否设置多功能车道时车道乘客数和车辆数对比

5　结语

本文提出了一个基于多功能车道设置的多模式出行选择问题,利用 Logit 型 SUE 模型描述乘客的出行模式选择,决策多功能车道的运营管理,并采用 MSA 算法对模型求解。通过算例分析得到以下结论:①出行模式转变:多功能车道促进了乘客向集约化出行模式的转变。38% 的乘客选择高承载车出行,35% 的乘客选择公交,而常规车出行比例下降至 25%。②交通拥堵缓解。设置多功能车道后,车道的车辆数减少了 45%,缓解了交通拥堵。③多功能车道的有效性。设置多功能车道后,更多乘客选择集约化出行模式,如公交和高承载车,减少常规车独行,从而有效降低了道路上的车辆数并优化了交通模式的车辆数分布。④促进集约化和个性化出行模式。研究结果强调,通过多功能车道的设置,可以促进乘客使用公交车、高承载车和收费车等集约化和个性化的出行模式,优化城市交通系统。

参考文献

[1] 杨旭,吴文静.快速路 HOV 车道收费策略优化[J].现代交通与冶金材料,2022,2(2):27-31.

[2] 况雪.HOV 车道选择模型及应用条件研究[D].成都:西南交通大学,2021.

[3] SAMUEL P. HOV lanes clogged with hybrids complicate toll plan[EB/OL]. http://www.tollroadsnes.com/node/972,2012-04-25.

[4] YANG H. When and how many lanes to set HOV[J]. Journal of Advanced Transportation,1998,32(2):242-252.

[5] 王连震,李亚茹,王宇萍.哈尔滨市和兴路 HOV 车道设置方案研究[C]//中国城市规划学会城市交通规划学术委员会.品质交通与协同共治——2019 年中国城市交通规划年会论文集.[出版者不详],2019:3054-3063.

[6] 户佐安,包天雯,蒲政,等.基于出行总效用的 HOV 车道设置可行性研究[J].综合运输,2017,39(8):62-67.

[7] KWON J,VARAIYA P. Effectiveness of California's high occupancy vehicle(HOV) system[J]. Transportation Research Part C:Emerging Technologies,2008,16(1):98-115.

[8] JANG K,SONG M K,CHOI K,et al. A bi-level framework for pricing of high-occupancy toll lanes[J].Transport,2014,29(3):317-325.

[9] TAN Z, GAO H O. Hybrid model predictive control based dynamic pricing of managed lanes with multiple accesses[J]. Transportation Research Part B,2018,112:113-131.

[10] 王瑜,李勇.基于模糊综合评价的 HOV 车道综合效益分析[J].公路交通科技,2020,37(9):148-158.

[11] 代洪娜,曾煜磊,侯梦圆,等.考虑碳排放的 HOV 车道综合效益评价[J].交通运输研究,2022,8(3):66-75.

[12] 姚文静.城市化地区高速公路改造模式研究[J].运输经理世界,2022(10):46-48.

[13] 周丽珍,张巧格,徐天东.合乘模式下 HOT 车道设置的演化博弈分析[J].重庆交通大学学报(自然科学版),2019,38(11):104-110.

[14] 户佐安,包天雯,蒲政,等.基于出行总效用的 HOV 车道设置可行性研究[J].综合运输,2017,39(8):62-67.

[15] XIE Z,JIN H,TENG J,et al. Design and management of multi-functional Exclusive Lane for the integrated service to various Vehicles with Priority[J]. Ksce Journal of Civil Engineering,2021,26(2):882-892.

How Relocation Resources and Powertrain Systems Determine the Operational Performance of One-Way Carsharing Services

Mengjie Li[1,2]   Chi Xie[*1,2,3]   Haoning Xi[4]

(1. Key Laboratory of Road and Traffic Engineering of the Ministry of Education, Tongji University;

2. School of Transportation Engineering, Tongji University;

3. Urban Mobility Institute, Tongji University;

4. Newcastle Business School, The University of Newcastle)

Abstract   Vehicle relocation poses an important daily operational task for one-way carsharing systems to address the imbalance between vehicle supply and passenger demand. The choice of relocation resources and powertrain systems has significant impacts on the operational efficiency and profitability of carsharing services. At present, this relocation task heavily relies on dedicated human operators, but the advent of autonomous driving technologies opens up opportunities for self-relocation operations. Meanwhile, many carsharing companies prefer to adopt electric vehicles rather than gasoline vehicles for economic and environmental benefits, albeit with potential management challenges from electricity charging. The objective of this paper is to analytically and numerically compare the operations performance of these existing and emerging types of carsharing systems with different relocation resources and powertrain systems. In a consistent modelling and solution framework, we constructed four linear network flow models to describe and optimize the operations of these different carsharing systems, the common parts of which are expressed by the same mathematical terms as much as possible. Various experiments are conducted to test these models and evaluate their operational performance. The optimal operations results in terms of multiple performance measures reveal that a carsharing system can achieve much higher efficiency and profit level if its human-driven vehicles are all replaced by autonomous vehicles, no matter these vehicles are gasoline or electric ones. Moreover, the utilization of electric vehicles significantly reduces the operational cost compared to gasoline vehicles, despite the slight reduction in the vehicle utilization rate due to the electricity-charging need.

Keywords   One-way carsharing systems   Electric vehicles   Autonomous vehicles   Vehicle relocation   Linear programming

0   Introduction

Carsharing, as an alternative to private cars and some public transportation modes, has received widespread attention in many metropolitan areas due to its economic and environmental benefits. According to a recent report by GMI (Insights, 2023), the global carsharing market reached a value of USD 2.9 billion in 2022, and it is expected to grow by more than 24% by 2026.

Carsharing service can be classified into station-based mode, requiring pick-up and return at designated stations, or free-floating mode, allowing parking flexibility within a specified operational area. This study focuses primarily on station-based carsharing, which encompasses two subcategories: round-trip and one-way. The round-trip service requires users to return the vehicle to the same location where it was picked up, whereas in the one-wayservice, users can deliver the vehicle to a different location than the one where the trip started. Although the round-trip return of the car reduces the management difficulty of the operator, it also limits the freedom of the rental user and reduces the flexibility of the system. Compared with the free-floating mode, the one-way mode is more convenient for operators to relocate vehicles and can ensure the convenience of parking for rental car users to a certain extent. This is especially crucial for shared electric vehicles, where parking spaces must also cater to the electricity-charging needs of the vehicle. Motivated by these advantages, many studies have focused on the one-way station-based carsharing service, which is the core of this study. However, when considering operational decisions, the supply-demand imbalance arising from the flexibility of the one-way service is arguably the most significant challenge.

One highly effective strategy for balancing supply and demand involves implementing a carefully devised vehicle relocation policy, which relies on dedicated human operators. However, it brings about challenges such as staff movement imbalances and increased human resource costs (Xu et al. 2018). With advancements in technology and the rise of autonomous vehicles (AVs), their integration into carsharing services has the potential to enhance vehicle relocation processes and overcome current limitations.

Additionally, the growing emphasis on electric vehicle (EV) adoption, driven by government initiatives, is expected to lead to increased utilization of EVs in carsharing operations (Li et al., 2023). EVs offer cost advantages compared to conventional gasoline vehicles (GV) in operating carsharing systems. However, EV charging characteristics, like limited range and longer charging times, can impact vehicle availability and introduce management challenges in carsharing services.

This paper aims to undertake an analytical and numerical assessment, focusing not only on the impact of different relocation resources but also delving into the implications of varied powertrain systems. In the rest of this section, we first review relevant previous work in the literature and highlight the contributions of the paper on this basis.

The dynamic and time-varying nature of passenger demand in a carsharing system makes it ineffective to address the supply-demand imbalance solely through strategic-level or tactical-level solutions. Vehicle relocation has become a crucial operations management task of carsharing systems, receiving substantial attention in recent years. Next, we explicitly elaborate on modelling and optimizing vehicle relocation decisions within carsharing systems.

These methodological approaches for vehicle relocation can be broadly categorized into two main streams: optimization and simulation (Illgen and Höck, 2019). Optimization modelling encompasses various approaches directed towards maximizing profits or minimizing costs, catering to both the optimization provider and users. These approaches are frequently embedded within mixed integer (linear) programming (MIP), which utilizes two primary concepts based on user relationships: collective modelling and individual modelling. In collective modelling, users belonging to the same usage period are grouped without assigning individual vehicles to each user. To capture the dynamics of system activities more effectively, researchers usually divide the operating period into equal time intervals, and a time-expended network representation is adopted, where nodes represent the station's state within a specific time interval, and links indicate vehicle, user, and operator activities (Xu et al., 2018; Huang et al., 2022; Lu et al., 2018; Zhao et al., 2018). The emergence of electrification and innovative concepts like V2G has led scholars to introduce time-electricity-expanded networks and incorporate additional attributes in the time-space dimension to represent node states (Zhang et al. 2019; Chen and Liu, 2023). In individual modeling, demand is represented at a finer level, considering each user individually along with their scheduling features such as departure time from the origin and recording the routing path of individual vehicles. In some studies, the vehicle relocation and operator rebalance problems are treated as multi-traveling salesman problems, where each relocation task and order are nodes in the problem Nourinejad et al. (2015). Some studies treat this problem as an individual vehicle-based relocation problem by considering the series of activities undergone by a vehicle as a trip chain (Xu and Meng 2019; Prencipe et al. 2022), which effectively tracks the states of each activity but may result in higher computational burden for large-scale carsharing systems with numerous vehicles and operators. Furthermore, simulation models are used in some studies, where the threshold setting is proposed to keep the number of vehicles at a station within an acceptable range (Boyacı et al. ,2017).

The involvement of human drivers in executing vehicle relocations adds complexity to operator management in carsharing systems. This complexity is in addition to the optimization of vehicle relocation tasks (Xu et al. ,2018; Zhao et al. ,2018; Liu et al. ,2022). In contrast to traditional human-driven carsharing services, shared autonomous vehicle (SAV) services offering automated driving, parking, and refuelling have attracted significant research attention. Existing research on SAV relocation primarily relies on heuristics such as proximity and accessibility and mainly focuses on assigning vehicles to customers based on certain rules (Levin, 2022). However, except for the vehicle assignment optimization, optimizing the empty rebalancing of SAVs, also known as "vehicle redistribution or repositioning", is an important subproblem. This optimization is similar to traditional vehicle relocation in one-way station-based carsharing systems, where excess vehicles are relocated from low-demand to high-demand areas (Hyland and Mahmassani, 2018; Guo et al. ,2022).

The incorporation of EVs into carsharing services has sparked research that delves into the charging dynamics of EVs and their integration within mathematical models. Several studies have investigated diverse approaches. For instance, some studies assumed that an EV had to be charged fully or

for a fixed period of time in a station after each rental operation or relocation task (Xu et al. , 2018). Others allow vehicles to move even when partially charged (Gambella et al. ,2018; Zhao et al. ,2018; Xu et al. ,2019). Studies such as those by (Zhang et al. , 2019; Chen and Liu, 2023) have introduced discrete battery methods for time-space networks, aiming to reduce the number of time-varying variables.

After reviewing existing literature, we found common usage of integer variables to represent shared vehicles and operators, which poses computational challenges for large-scale carsharing systems. Additionally, user waiting behavior during vehicle shortages is often overlooked. Simulation-based relocation models for SAV systems rely heavily on assumptions, potentially leading to impractical solutions. Integrating station-based carsharing with AVs offers a promising approach for efficient vehicle relocation and parking, especially in electric carsharing systems with charging needs. However, existing EV relocation models increase computational burden in large networks by tracking individual vehicle charging behavior. While extensive research exists on EVs, AVs, and carsharing separately, comprehensive comparative studies evaluating their operational performance in a shared context are lacking. Such comparisons could yield valuable insights for the development of more sustainable and efficient carsharing services.

The contributions of this study include the following key aspects: (1) Describing the dynamic relocation process of carsharing systems using different relocation resources and powertrains through four network flow models. These models consistently consider users' waiting behavior during vehicle shortages, vehicle relocation, and operator movement. (2) Relaxing integer decision variables and defining them as network flows to maximize system profit, improving model efficiency with minimal loss of solution accuracy. (3) Conduct a thorough assessment of the benefits offered by four carsharing systems using quantitative metrics and a case study to highlight their respective operational advantages.

1 Problem formulation

This paper conducts a comprehensive numerical comparative analysis aiming to evaluate the influence of different relocation resources and powertrain in carsharing systems on operational efficiency and profitability. We mainly focus on optimizing dynamic vehicle relocation, and operator movement to maximize the profit of the system. The analysis specifically delves into the dynamic vehicle relocation processes within four distinct one-way carsharing systems: (1) Autonomous gasoline vehicle (AGV) carsharing system with autonomous GVs capable of independent driving and relocation; (2) Human-driven Gasoline Vehicle (HGV) carsharing system hiring dedicated human operators to relocate GVs; (3) Autonomous electric vehicle (AEV) carsharing system with autonomous EVs that can autonomously drive and relocate themselves; (4) Human-driven electric vehicle (HEV) carsharing system employing human operators to relocate EVs.

1.1 Problem statement

We consider four one-way station-based carsharing systems that allow users to flexibly choose their drop-off stations. The locations and the number of stations are fixed, and each station has a limited capacity. At the beginning of daily operation, a certain number of supply resources (e. g., vehicles and staff) are initially allocated to each station. Owing to the time-varying nature of demand, the distribution of vehicles among stations gradually becomes imbalanced over time. While an abundance of vehicles and parking infrastructure could ideally meet all user needs, resource constraints, particularly notable in EV-based carsharing systems due to critical factors like driving range and recharging times, present a substantial challenge. To address this challenge, vehicle reallocation tasks can be performed either by human operators or autonomously by self-driving vehicles.

In the context of the AV-based carsharing system, the service area is divided into multiple non-overlapping regions each represented by a virtual centroid node as a cluster of demand locations. Specifically, AVs operate autonomously, traveling between regions with surplus vehicles and those facing shortages, while concurrently providing service for users. Each user may be assigned one of two vehicle types: an idle vehicle located at the user's pickup station, which can directly transport the user to their destination, or a vehicle near the user's pickup station. The latter type of vehicle might either be relocated to the pickup station or already in usage but able to arrive at the station within a specified time period since the pickup station is short of vehicles at this time. The waiting duration depends on the user's individual preference.

In contrast, within the human-driven carsharing system, vehicle relocation is exclusively handled by operators. Whenever a relocation task arises, operators receive notifications and instructions for moving vehicles between stations by another transportation mode. The operators promptly travel between stations, adhering to predefined routes, to fulfill the vehicle relocation needs. Similar to the AV-based system, the human-driven system also accommodates delayed service for users based on vehicle availability.

In addition to developing a unified modelling framework that encompasses all essential features of the aforementioned carsharing systems, we have proposed certain modelling assumptions. Table 1 summarizes the parameters, sets, and decision variables used in our formulation.

Notation	Table 1
Sets	
N	Set of GV-based network nodes
N_e	Set of EV-based network nodes
A	Set of GV-based network links
A_e	Set of EV-based network links
I	Set of stations, $i \in \{0,1,2,\cdots,i,\cdots|I|\}$
T	Set of time intervals, $t \in \{0,1,2,\cdots,t,\cdots|T|\}$
E	Set of SOC levels, $E = \{0,1,2,\cdots,e,\cdots|E|\}$

continued

Parameters	
c_i	Parking capacity of station i
c^u	Penalty cost for one user loss from station i to station j
c_i^s	Cost of a shared vehicle parking at station i for one-time interval
$c_{i,j}^p$	Travel cost of an operator moving from station i to station j
$c_{i,j}^v$	Relocation cost of a vehicle relocated from station i to station j
$c_{i,j}^r$	Vehicle usage cost by users from station i to station j at time interval t, i. e., cost of fuel consumption
$p_{i,j}^t$	Revenue from a user using a vehicle from station i to station j departing at time interval t
$\bar{u}_{i,j}^t$	Number of newly arrived users demand from station i to station j at time interval t
$t_{i,j}$	Shortest travel time from stations i to j
$e_{i,j}$	Electricity consumption from station i to station j

Decision variables	
$v_{i,j}^{t,t'}$	Vehicle flows relocated from station i to station j departing at time interval t and arriving at time interval t'.
$d_{i,j}^{t,t'}$	User flows serviced from station i to station j at time interval t and arriving time interval t'.
$d_{i'j}^{t,t'}$	User flows serviced after waiting who travelling from duplicate station i' of station i to station j at time interval t and arriving at time interval t'.
$d_{i''j}^{t,t'}$	User flows arriving at the station who can be serviced immediately, travelling from duplicate station i'' of station i to station j at time interval t and arriving at time interval t'.
$o_{i,j}^{t,t'}$	Operator flows moving from station i to station j at time interval t and arriving at time interval t'.
o_i^t	Idle operator flows at station i at the start of time interval t.
v_i^t	Parked vehicle flows at station i at the start of time interval t.
$v_{i,j}^{t,e,t',e'}$	Vehicle flows relocated heading to station j from station i at time interval t and arriving at time interval t' and the SOC level ranging from e to e', in which $t'=t+t_{i,j}$, $e'=e-e_{i,j}$.
$d_{i,j}^{t,e,t',e'}$	User flows serviced from station i to station j at time interval t and arriving at time interval t' and the SOC level ranging from e to e', in which $t'=t+t_{i,j}$, $e'=e-e_{i,j}$.
$d_{i'j}^{t,e,t',e'}$	User flows serviced after waiting who travelling from duplicate station i' of station i to station j at time interval t and arriving at time interval t' and the SOC level ranging from e to e', in which $t'=t+t_{i,j}$, $e'=e-e_{i,j}$.

continued

Decision variables	
$d_{i''j}^{t,e,t',e'}$	User flows arriving at the station who can be serviced immediately, travelling from duplicate station i'' of station i to station j at time interval t and arriving at time interval t' and the SOC level ranging from e to e', in which $t'=t+t_{i,j}$, $e'=e-e_{i,j}$.
$h_i^{t,e,t',e'}$	Vehicle flows charged at station i at time interval t and the SOC level ranging from e to e', in which $t'=t+1$, $e'=e+\Delta e \leqslant 1$, and in which Δe is indicated the SOC level that can be charged in a time interval. When $e'=e$, it is represented the parking vehicle flows at station i.

Initially, we assume uniform service prices per unit in each system, with all operational costs (excluding energy consumption) being considered identical. Fixed costs related to vehicle expenses (such as amortization, depreciation, insurance, and maintenance) and consistent professional operator salaries remain constant and are excluded from operational optimization considerations.

The travel time between any two stations in any interval of the optimization horizon is known or can be accurately predicted. Inaddition, no distinction is made between the efficiency and cost of movement of other transportation modes, and carsharing modes, and their impact on the system.

All EVs must be parked at the station for charging when idle, with each parking space at each station is equipped with a charging outlet. We do not consider the impact of the refueling process on system performance, as GVs can quickly replenish energy. EVs and charging facilities are homogeneous. Once the vehicle's electric charge reaches the upper limit of battery capacity, charging outlets automatically stops charging behavior.

1.2　Time-expanded network representation of GV-based carsharing systems

To capture the dynamic nature of the carsharing system, we divide the operational horizon into discrete time intervals, forming a time-expanded network denoted as $G(N,A)$. This network consists of nodes and links, where nodes $n_i^t \in N$ represent objects located at stations $i \in I$ during time period $t \in \{0, 1, \cdots, |T|\}$. The flow on the directed link $(i_t, j_{t'}) \in A$

represents the number of vehicles or operator traveling from station i in period t to station j in period t', where $t' = t + t_{i,j}$, $t_{i,j}$ denotes the shortest travel time between stations. At the start of period 0, each node $n0_i$ is allocated with an initial number of vehicles V_i or operators O_i. By the end of the operational horizon period $|T|$, all nodes are linked to the virtual node, ensuring conservation of the initial to final number of vehicles and operators.

Figure 1 depicts this network, where lines depict the movements of users, vehicles, and operators, and the numbers on the lines indicate the flow amount. In Figure 1a), there are three kinds of directional links in the AGV-based system, including vehicle relocation links, vehicle usage links, and vehicle parking links. Figure 1b) represents the vehicle relocation and operator assignment process in the HGV-based system. In addition to the vehicle-related links similar to those in the AGV-based system, two additional types of operator-related links are introduced: operator movement links, and operator idleness links.

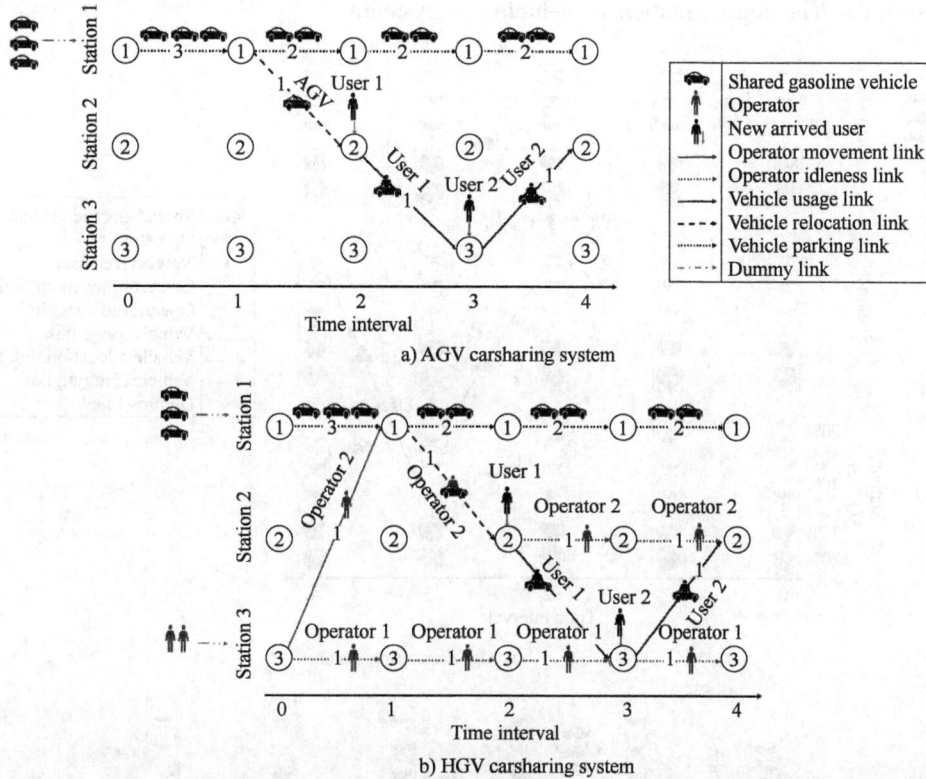

a) AGV carsharing system

b) HGV carsharing system

Figure 1　Illustration of the problem instances of two gasoline vehicle relocation systems

1.3 Time-electricity-expanded network representation of EV-based carsharing systems

In the EV-based carsharing system, we introduce a time-electricity-expanded network denoted as $G'(N_e, A_e)$ to address the limitations posed by driving range and battery capacity in EVs. This network is inspired by Zhang et al.'s (2019) work, and is designed to address the diverse states of EVs by discretizing SOC levels. Each node on the network represents a vehicle/operator state, with a node $n_i^{t,e} \in N_e$ defined by station i, time t and SOC level e. The directed link $(i_{te}, j_{t'e'}) \in A_e$ symbolizes the trips undertaken by vehicles from station i in period t with SOC level e to station j in period t' with SOC level $e' = e - e_{i,j}$, where $e_{i,j}$ denotes the electricity consumption between the stations. Considering practical factors like mileage anxiety, and battery health, we establish the upper (Δe) and ($l\Delta e$) lower bounds on the battery charge, creating a finite set of SOC levels denoted as $E = \{0,1,2,\cdots,e,\cdots|E|\}$, which are multiples related to the time intervals. This discretization enables effective modeling and management of EV charging behavior within the carsharing system. It's important to highlight that in this time-electricity-expanded network, the movement link of the operator $(i_{t0}, j_{t'0}) \in A_e$ remains unaffected by the SOC level. For simplicity, go forward, we'll directly us link $(i_t, j_{t'})$ to denote the operator's movement activity.

Figure 2 illustrates a simplified example of a vehicle relocation process within the two electric vehicle relocation systems, featuring 7 SOC levels and a 10% charging rate. This scenario involves six types of links: vehicle relocation, vehicle usage, vehicle parking, vehicle charging, operator movement, and operator idleness links. The representation of vehicle

links is the key distinguishing factor between the electric- and gasoline-powered carsharing systems. Notably, when vehicles achieve the maximum SOC level, they shift from a charging state to a parked state. A comparison between Figure 1 and Figure 2 reveals that the HEV-based system requires more operators to relocate vehicles from Station 3 to Station 1 at time instant 0, primarily due to the limitations imposed by SOC. This highlights the intricacies and considerations in managing vehicle relocations and charging behaviors within the HEV-based carsharing system.

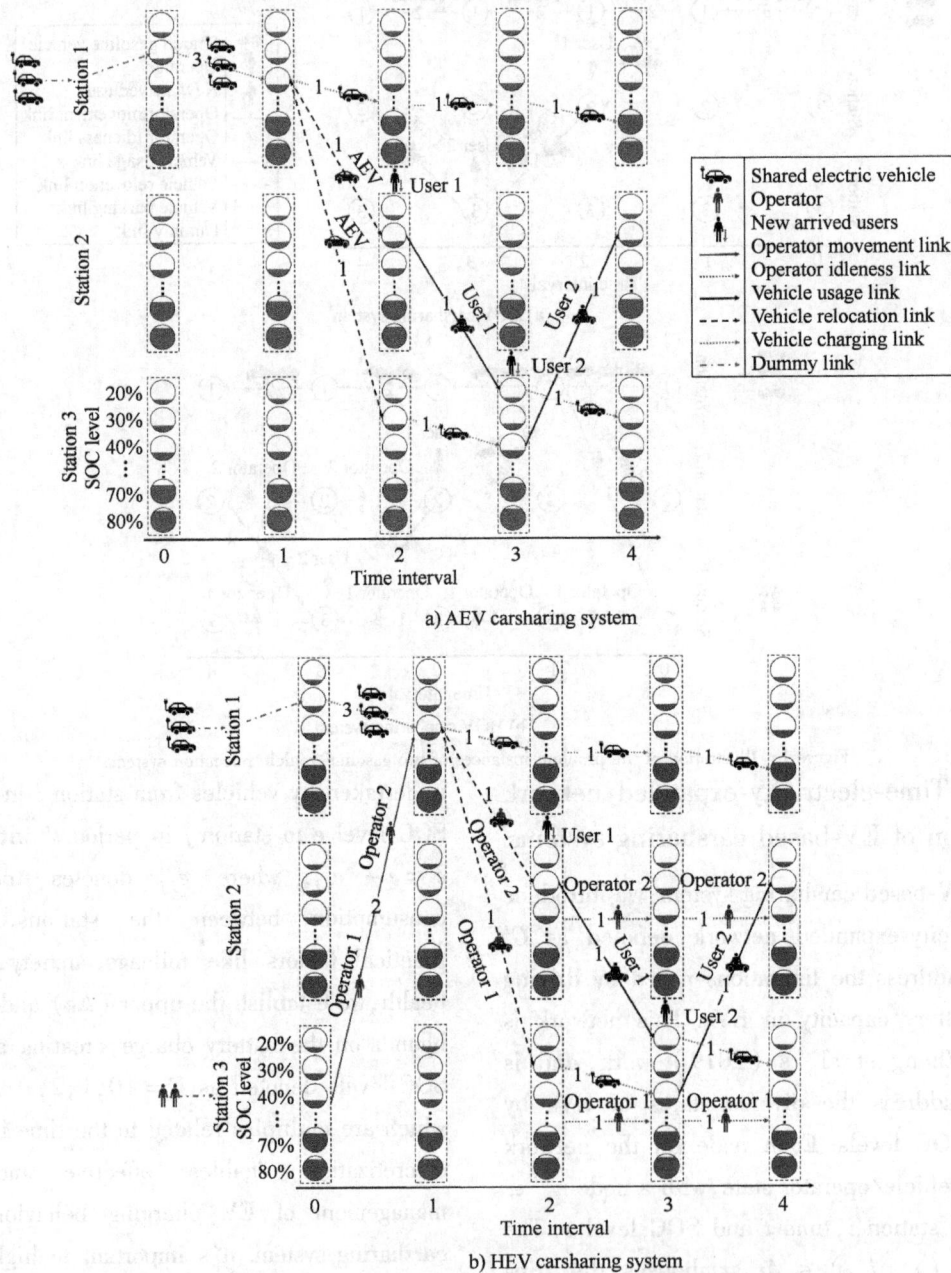

a) AEV carsharing system

b) HEV carsharing system

Figure 2   Illustration of the problem instances of two electric vehicle relocation systems

1.4 GV-based relocation models

1.4.1 AGV-based relocation model

Against the time-expanded network framework mentioned above, focusing on maximizing the system profit, the AGV-based relocation problem is formulated as a linear multi-commodity flow model using Eqs. (1)-(8). This optimization model considers user preferences for waiting time during vehicle shortages, aiming to maximize operational profit by optimizing both vehicle relocation and serviced user allocation. Typically, treating vehicles and users as integers results in an integer linear programming (ILP) problem for the network flow model. Some scholars (Zhang et al., 2020; Fu et al., 2018) have demonstrated relaxing the constraint of the integer variables that improves model efficiency with little loss of solution accuracy for a large-scale carsharing system.

$$\max \sum_{t \in T} \sum_{i \in I} \sum_{Ij \in I} p_{i,j}^t d_{i,j}^{t,t'} - \sum_{t \in T} \sum_{i \in I} \sum_{Ij \in I} c^u (\hat{u}_{i,j}^t - d_{i'',j}^{t,t'} - d_{i',j}^{t+1,t'}) - \sum_{t \in T} \sum_{i \in I} c_i^s v_i^t - \sum_{t \in T} \sum_{i \in I} \sum_{Ij \in I} c_{i,j}^v (v_{i,j}^{t,t'} + d_{i,j}^{t,t'}) \qquad (1)$$

subject to

$$v_i^0 = V_i \quad \forall i \in I \qquad (2)$$

$$\sum_{j \neq i} d_{i,j}^{t,t'} + \sum_{j \neq i} v_{i,j}^{t,t'} + v_i^{t+1} - \sum_{j \neq i} d_{j,i}^{t',t} - \sum_{j \neq i} v_{j,i}^{t',t} - v_i^t = 0 \quad \forall i \in N, t \in T \setminus \{0, |T|-1\} \qquad (3)$$

$$v_i^t \leqslant c_i \quad \forall i \in N, t \in T \qquad (4)$$

$$d_{i'',j}^{t,t'} \leqslant \overline{u}_{i,j}^t \quad \forall i \neq j \in N, t \in T \qquad (5)$$

$$d_{i',j}^{t+1,t'} \leqslant \overline{u}_{i,j}^t - d_{i'',j}^{t,t'} \quad \forall i \neq j \in N, t \in T \setminus \{|T|-1\} \qquad (6)$$

$$v_{i,j}^{t,t'}, d_{i',j}^{t,t'}, d_{i'',j}^{t,t'}, d_{i,j}^{t,t'}, v_i^t \geqslant 0 \quad \forall i \neq j \in N, t \in T \qquad (7)$$

where

$$d_{i,j}^{t,t'} = d_{i'',j}^{t,t'} + d_{i',j}^{t,t'} \quad \forall i \neq j \in N, t \in T \qquad (8)$$

The objective function (1) aims to maximize the overall profit of the carsharing system throughout the operating period, which is the difference between the revenue obtained from users and the total operating costs. The first term in the equation represents the revenue generated from users, the second term accounts for the penalties incurred by users, the third term represents the cost of parking vehicles, and the fourth term captures the energy cost associated with vehicles being rented and relocated. Constraints (2)-(3) ensure the conservation of vehicles at each node n_i^t. Constraints (4) guarantee that the number of parked vehicles at each station in each time interval is less than the capacity of the station.

The demand is accurately predicted during each time period between any two stations, enabling dynamic modeling. Assuming users are willing to wait for a single time interval at a station experiencing a shortage of vehicles. To modeling the process of user waiting during vehicle shortages, two duplicated nodes $n_{i'}^t \in N' = \cup_{i \in I} N_i[i', t]$ and $n_{i''}^t \in N'' = \cup_{i \in I} N_i[i'', t]$ are inserted into the time-expanded network, as shown in Figure 3, with the flow amounts indicated on the lines. The virtual node $n_{i'}^t$ stores the number of unserviced users from the previous time period, and the virtual node $n_{i''}^t$ accepts new arrivals of users in the current time period t. Constraints (5) ensure that the number of serviced users from station i'' to the other stations j at the beginning of each time interval does not exceed the number of new users entering the system during that time period. Constraints (6) show that the number of serviced users from station i' to other stations j in the current time interval cannot exceed the number of unserviced users waiting at station i'' in the previous time interval. In other words, the number of lost users in each time interval cannot be negative. Constraints (7) impose the requirement that all decision variables must be positive.

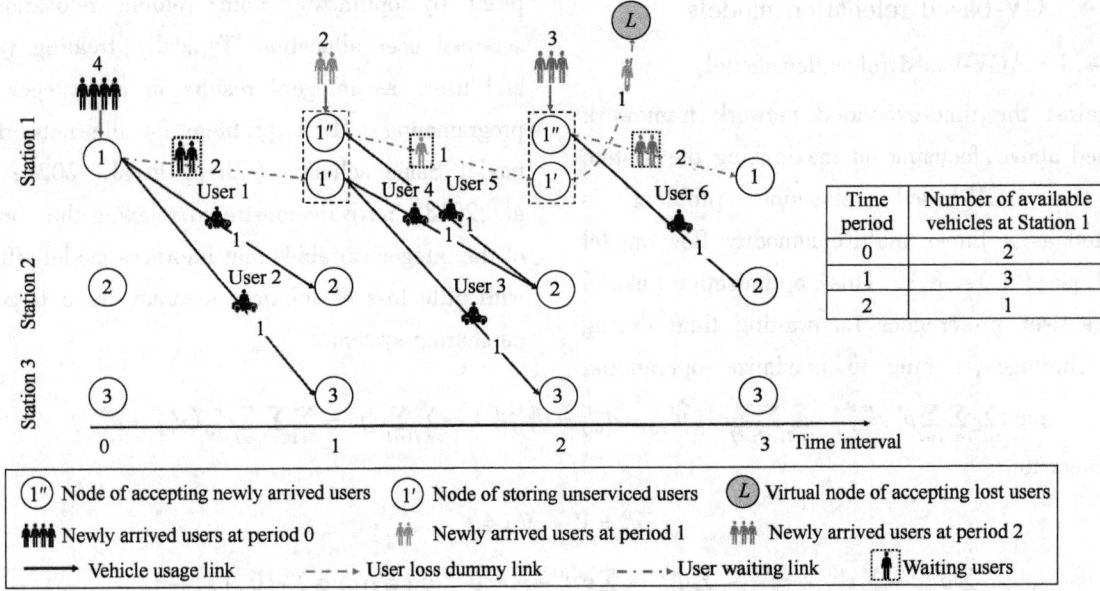

Figure 3   Illustration of the user waiting process during vehicle shortages using duplicated station nodes

1.4.2   HGV-based relocation model

The HGV-based relocation model is built upon the framework proposed by Fu et al. (2019). In this model, the relocation trajectory of human operators aligns with the vehicle trip, resulting in a consistent vehicle relocation cost term with the AGV-based model. Additionally, we do not factor in a separate payment to operators for the relocation task, presuming a fixed wage structure. This problem is formulated as a linear network flow problem using the following optimization model.

$$\max \sum_{t \in T} \sum_{i \in I} \sum_{j \in I} p_{i,j}^t d_{i,j}^{t,t'} - \sum_{t \in T} \sum_{i \in I} \sum_{j \in I} c^u (\hat{u}_{i,j}^t - d_{i',j}^{t,t'} - d_{i',j}^{t+1,t'}) - \sum_{t \in T} \sum_{i \in I} c_i^s v_i^t - \sum_{t \in T} \sum_{i \in I} \sum_{j \in I} c_{i,j}^v (v_{i,j}^{t,t'} + d_{i,j}^{t,t'}) - \sum_{t \in T} \sum_{i \in I} \sum_{j \in I} c_{i,j}^p o_{i,j}^{t,t'}$$

$$\tag{9}$$

subject to Constraints (1.2) - (1.8)

$$o_i^0 = O_i \quad \forall i \in I \tag{10}$$

$$o_i^{t+1} + \sum_{j \neq i} o_{i,j}^{t,t'} + \sum_{j \neq i} v_{i,j}^{t,t'} - o_i^t - \sum_{j \neq i} o_{j,i}^{t',t} - \sum_{j \neq i} v_{j,i}^{t',t} = 0 \quad \forall i \in N, t \in T \backslash \{ |T| - 1 \} \tag{11}$$

$$o_{i,j}^{t,t'}, o_i^t \geqslant 0 \quad \forall i \neq j \in N, t \in T \tag{12}$$

In contrast to the AGV-based relocation model, the objective function (9) of the HGV-based model incorporates an additional term representing the cost of moving operators to the station using alternative transportation modes (e.g., bike-sharing or buses). Constraints (11) denote the conservation of operator flows at initial. Additionally, along with Constraints (2)-(8), a new constraint is introduced to couple the relocation trajectories of operators and vehicles: Constraints (12) denote the conservation of operator flows, whereby the number of operators staying at each station in the next time interval $t+1$ equals the number of operators from the previous time intervalt plus the number of operators movement flows coming into the station and the number of vehicle flows entering the station by operators relocation, and minus all the outbound operator flows at this time interval, which also includes vehicle flow by operators relocation and operator movement flow coming out of the station. Finally, Constraints enforce that the decision variable must be positive.

1.5   EV-based relocation models

Different from the proposed EV assignment model by existing research (Boyaci et al., 2019; Zhang et al., 2019; Zhang et al., 2021), that focused solely on EV assignment, our model incorporates considerations of user service and waiting behavior, as well as the optimization of operator movement. Furthermore, to address charging and SOC level limitations, we propose two tractable linear models that continuously monitor the aggregate vehicles' real-time electricity status to assess its suitability for service user allocation and vehicle relocation. EVs parked at stations can be utilized even if they are not fully charged, as long as they have sufficient charge to support customer rentals or operator relocations for their intended trips.

1.5.1 AEV-based relocation model

The serviced user allocation mechanism in the electric carsharing system is similar to the gasoline-powered carsharing system, allowing a one-time interval delay for users. The AEV-based model is formulated as a linear network flow model, described by Eqs. (13) ~ (22). The objective function (13) aims to maximize the system's profit throughout the operational horizon. Within this model, AEVs can exist in one of four states: parked at a station, charged at a station, autonomously relocating, or servicing users.

$$\max \sum_{e \in E}\sum_{t \in T}\sum_{i \in I}\sum_{j \in I} p_{i,j}^t d_{i,j}^{t,e,t',e'} - \sum_{e \in E}\sum_{t \in T}\sum_{i \in I}\sum_{j \in I} c^u(\hat{u}_{i,j}^t - d_{i'',j}^{t,e,t',e'} - d_{i',j}^{t+1,e,t',e'}) - \sum_{e \in E}\sum_{t \in T}\sum_{i \in I}\sum_{j \in I} c_{i,j}^v(v_{i,j}^{t,e,t',e'} + d_{i,j}^{t,e,t',e'}) - \sum_{e \in E}\sum_{t \in T}\sum_{i \in I} c_i^s h_i^{t,e,t+1,e'} \tag{13}$$

subject to

$$h_i^{0,e,0,e} = V_i \quad \forall i \in I, e \in E \tag{14}$$

$$\sum_{j \neq i}(d_{i,j}^{t,e,t',e'} + v_{i,j}^{t,e,t',e'}) + h_i^{t,e,t+1,e'} - \sum_{j \neq i}(d_{j,i}^{t',e',t,e} + v_{j,i}^{t',e',t,e}) - h_i^{t-1,(e-\Delta e),t,e} = 0 \quad \forall i \in I, t \in T\backslash\{0,|T|-1\}, e \in E\backslash\{0,|E|\} \tag{15}$$

$$\sum_{j \neq i}(d_{i,j}^{t,e,t',e'} + v_{i,j}^{t,e,t',e'}) + h_i^{t,e,t+1,e} - h_i^{t-1,e,t,e} - h_i^{t-1,(e-\Delta e),t,e} = 0 \quad \forall i \in I, t \in T\backslash|T|-1, e=1 \tag{16}$$

$$h_i^{t,e,t+1,e} - \sum_{j \neq i}(d_{j,i}^{t',e',t,e} + v_{j,i}^{t',e',t,e}) = 0 \quad \forall i \in I, t \in T\backslash\{0,|T|-1\}, e=0 \tag{17}$$

$$\sum_{e \in E} h_i^{t,e,t+1,e'} \leqslant c_i \quad \forall i \in I, t \in T \tag{18}$$

$$\sum_{e \in E} d_{i'',j}^{t,e,t',e'} \leqslant \bar{u}_{i,j}^t \quad \forall i \neq j \in I, t \in T\backslash|T|-1 \tag{19}$$

$$\sum_{e \in E} d_{i',j}^{t+1,e,t',e'} \leqslant \bar{u}_{i,j}^t - \sum_{e \in E} d_{i'',j}^{t,e,t',e'} \quad \forall i \neq j \in I, t \in T\backslash|T|-1 \tag{20}$$

$$v_{i,j}^{t,e,t',e'}, d_{i',j}^{t,e,t',e'}, d_{i'',j}^{t,e,t',e'}, h_i^{t,e,t+1,e'} \geqslant 0 \quad \forall i \neq j \in I, t \in T, e \in E \tag{21}$$

where

$$d_{i,j}^{t,e,t',e'} = d_{i'',j}^{t,e,t',e'} + d_{i',j}^{t,e,t',e'} \quad \forall i \neq j \in I, t \in T, e \in E \tag{22}$$

Constraints (14)-(17) ensure the conservation of EVs at each node $n_i^{t,e}$. This conservation takes into account vehicles entering and leaving the station, as well as the charging of EVs during the same period. Constraints (18) ensure that the total number of parked and charged vehicles at each station in each time period is less than the capacity of the station parking spots. Constraints (19)-(20) extend the GV-based relocation model to incorporate SOC levels and energy consumption, which are crucial factors for representing user satisfaction.

1.5.2 HEV-based relocation model

Similarly, in the consistent modeling framework, the HEV problem is formulated as a linear network model joining user flows, operator flows and vehicle flows.

$$\max \sum_{e \in E}\sum_{t \in T}\sum_{i \in I}\sum_{j \in I} p_{i,j}^t d_{i,j}^{t,e,t',e'} - \sum_{e \in E}\sum_{t \in T}\sum_{i \in I}\sum_{j \in I} c^u(\bar{u}_{i,j}^t - d_{i'',j}^{t,e,t',e'} - d_{i',j}^{dt+1,e,t',e'})$$
$$- \sum_{e \in E}\sum_{t \in T}\sum_{i \in I}\sum_{j \in I} c_{i,j}^v(v_{i,j}^{t,e,t',e'} + d_{i,j}^{t,e,t',e'}) - \sum_{e \in E}\sum_{t \in T}\sum_{i \in I} c_i^s h_i^{t,e,t+1,e'} - \sum_{t \in T}\sum_{i \in I}\sum_{j \in I} c_{i,j}^p o_{i,j}^{t,t'} \tag{23}$$

subject to Constraints (11) - (12), (14) - (22)

$$o_i^{t+1} + \sum_{j \neq i \in I} o_{i,j}^{t,t'} + \sum_{e \in E}\sum_{j \neq i \in I} v_{i,j}^{t,e,t',e'} - o_i^t - \sum_{j \neq i \in I} o_{j,i}^{t',t} - \sum_{e \in E}\sum_{j \neq i \in I} v_{j,i}^{t',e',t,e} = 0 \quad \forall i \in I, t \in T\backslash\{0,|T|-1\} \tag{24}$$

subject to constraints (11), (14)-(22).

Constraints (24) are consistent with the specification of the GV-based relocation model, except that the vehicle variables need to be summed over the battery.

2 Numerical Analysis

We conduct a case study using the operational network data of a carsharing service company in Shanghai. The purpose is to assess and compare the impact and advantages of the aforementioned conditions in enhancing the quality of services and system profitability. All models developed for this study are implemented in Python 3.8.8, utilizing Gurobi (Academic Version 9.5.2) on a laptop with a 3.2GHz CPU and 16 GB RAM.

2.1 Experiment settings

The dataset used for this study is obtained from a carsharing company, comprising names, locations, and capacities of 25 large parking stations totaling 2822 parking spots. The capacity of these stations ranges from 90 to 150 spots. The analysis encompasses an operational horizon from 6:00 am to 11:00 am, divided into 20 intervals of 15 minutes each. The travel time between station pairs is obtained using the Baidu API, with the interval number ranging from 1 to 8. The total demand during this period is 8913, with a known pattern for demand distribution. To simplify, we approximate EV electricity consumption and charging as multiples of the travel time interval. In our analysis, we discretize a $50 \text{ kW} \cdot \text{h}$ battery into 7 SOC levels, ranging from 20% to 80%. We assume that each vehicle at a station starts in a fully charged state. Employing a faster charging rate is set at 20% per 15 minutes, and a trip consumes 10% of the SOC per 15 minutes.

Based on the cost settings proposed by Fu et al. (2019) during our designated operating period: the capital cost per vehicle for GVs and EVs is set at ¥3.4/15 min and ¥3.9/15 min, respectively. The fuel cost for GVs is ¥4.0/15 min, whereas for EVs, it is ¥1.0/15 min, one-fourth of the GV cost. The parking cost at each station is ¥2.0/vehicle. Operator salary costs are ¥5.0 per person/15 min, and operator movement costs are ¥2.0 per person. The out-of-service cost is ¥1.0 per order, and revenue from users is ¥12.0 per order for 15 min.

2.2 Effectiveness of integer variable relaxation

In this section, we compare four models with integer variables to their corresponding relaxed models using continuous variables. The integer model provides the optimization gap as the true optimal lower bound (LB), while the rounded continuous variable relaxation model yields a value that represents the true optimal upper bound (UB). The relative difference $|(UB-LB)|/LB \times 100\%$ indicates the ratio of the absolute value of the difference between the two objectives to the target value of the integer model. Table 2 presents the linear programming model's objective value as slightly higher than the integer programming model's, with a relative difference of less than 1%. This difference considered an empirical boundary for a case involving 25 stations, 20 time periods, 1500 vehicles, and 100 operators, remains within the range of ±1% and can be ignored for larger-scale networks. The relocation decision schemes of the two models exhibit a minor difference of only 2%, which can fine-tune to maintain flow conservation and ensure the overall consistency of vehicles and operators. As network size increases, such discrepancies become negligible, making the linear programming model with relaxed integer constraints a more reasonable alternative. In subsequent case analyses, rounding non-integer solutions ensures integer decisions without compromising solution accuracy.

2.3 Sensitivity analysis

We conduct a comprehensive comparative analysis of four different types of carsharing systems, with a specific focus on evaluating the impact of factors such as vehicle fleet size, number of operators, system revenue, cost structure analysis, and the quality of serviced demand.

Comparison between the AGV, HGV, AEV and HEV Models in their Integer and Liner Forms Table 2

Model	Linear programming				Integer programming		
	Relative difference (%)	UB (After Rounding)	Time (s)		LB	Optimization gap (%)	Time (s)
AGV	0.01	73160	0.28		73155	0.07	0.89
HGV	0.13	−10138	0.75		−10151	0.01	8.95
AEV	0.01	82724	2.84		82716	0.01	47.65
HEV	0.51	14380	93.76		14307	0.01	511.83

In a one-way carsharing system, certain costs related to vehicle capital and the salaries of operators are predetermined and fixed, not included in the optimization model's objective function. However, when assessing the system's performance, it becomes essential to calculate and consider these fixed costs.

We present two crucial performance metrics for the system: system profit and satisfied demand rate. This analysis provides valuable insights for carsharing companies to optimize vehicle fleet and staff size decisions and improve overall system profitability. Figure 4a) ~4d) show the sensitivity analyses on the number of vehicles and operators to study how system resources affect system performance and get some interesting insights (Observations 1 and 3).

Observation 1. Increasing fleet size initially boosts system profit, peaking before declining, regardless of the type of resources or powertrain used in these systems [Figure 4a) and 4c)]. Specifically, autonomous carsharing systems risk oversupply if fleet size continues to increase after satisfying all users, reducing system profit. Conversely, in human-driven systems, insufficient vehicles with a small number of operators can be profitable, but in scenarios with an adequate number of vehicles, an excess of operators negatively impacts system profit due to a shortage of idle operators available for vehicle relocation.

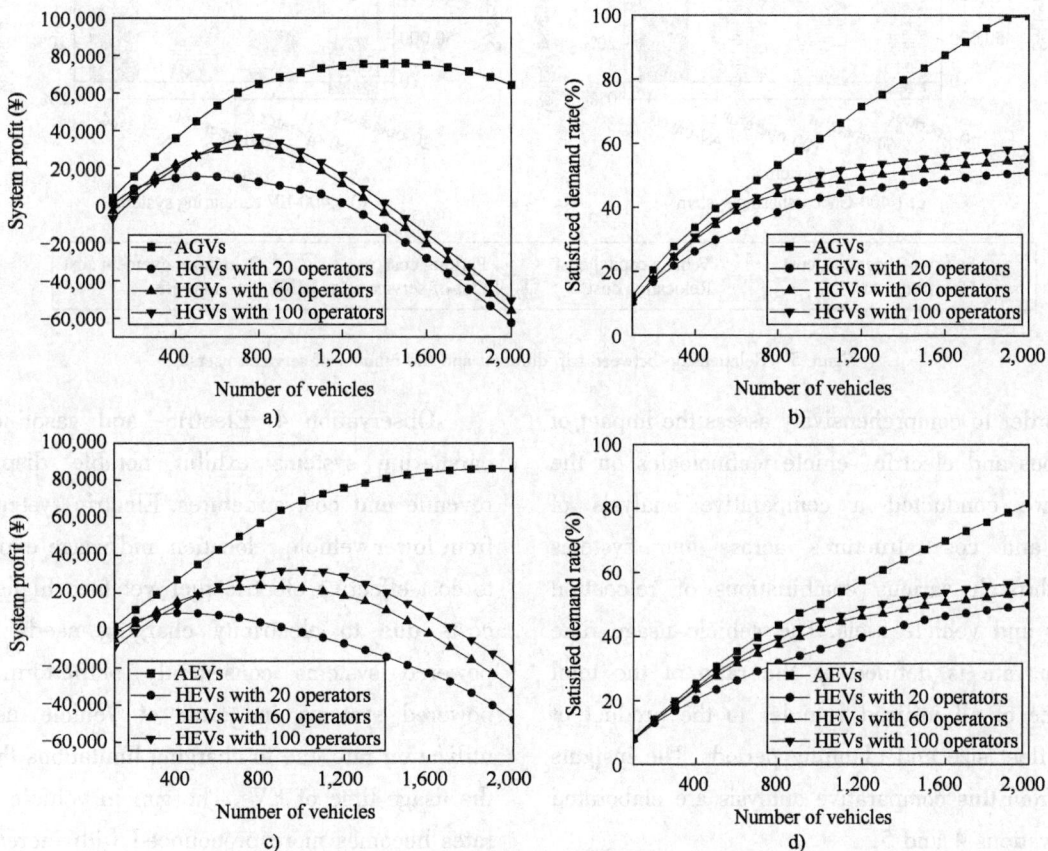

Figure 4 Impact of vehicle fleet size and operator number for system profit and satisfied demand rate

Observation 2. Autonomous carsharing systems have a greater potential to fulfill the total demand compared to human-driven systems, while both meet demand at a slower rate as fleet size increases. Adequate vehicle numbers allow autonomous carsharing systems to service all demand, while human-driven systems can only satisfy around 57% of the total demand [Figure 5b) and 5d)].

Observation 3. Electric-powered carsharing systems outperform gasoline systems in profitability, but attaining peak profitability deploys a larger fleet size and more operators to meet identical demand levels [Figure 5a) and 5c)].

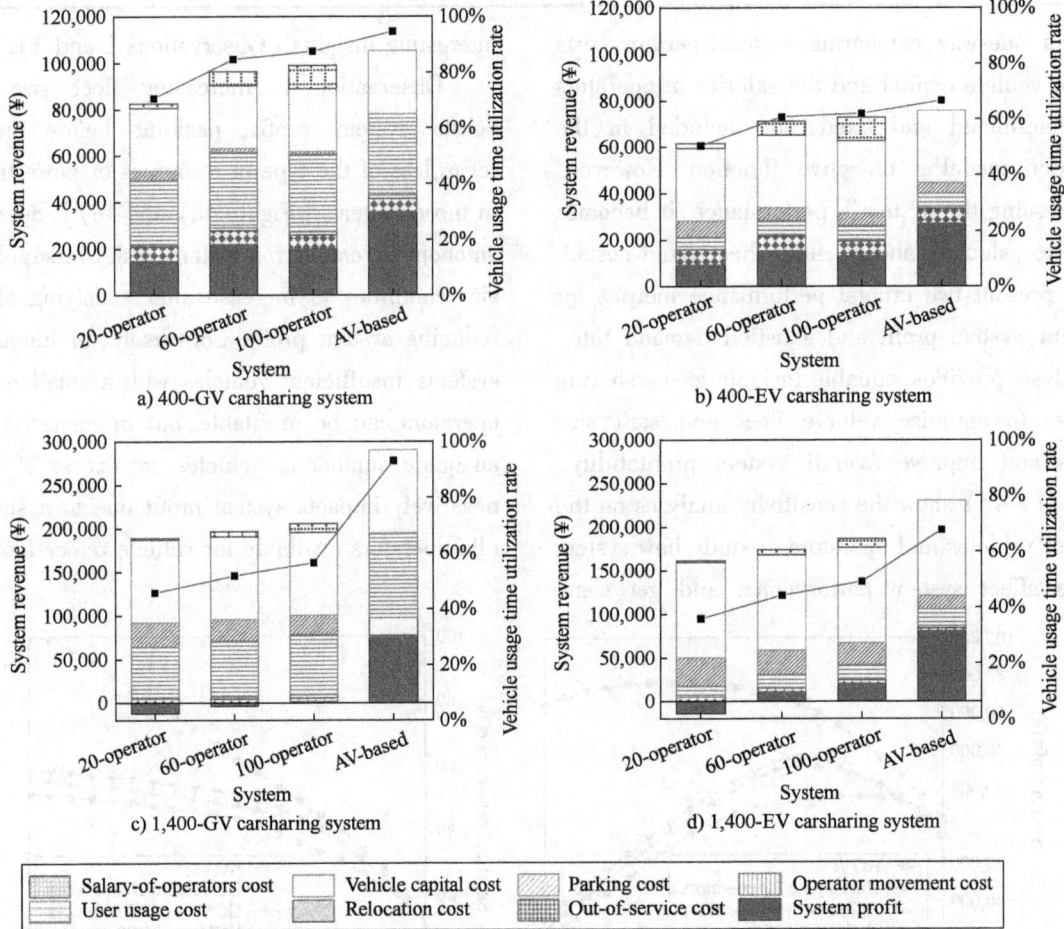

a) 400-GV carsharing system

b) 400-EV carsharing system

c) 1,400-GV carsharing system

d) 1,400-EV carsharing system

Salary-of-operators cost / User usage cost / Vehicle capital cost / Relocation cost / Parking cost / Out-of-service cost / Operator movement cost / System profit

Figure 5 Relationship between trip duration and the number of serviced users.

In order to comprehensively assess the impact of autonomous and electric vehicle technologies on the system, we conducted a comparative analysis of revenue and cost structures across four systems formed through various combinations of relocation resources and vehicle fuels. The vehicle usage time utilization rate is defined as the ratio of the total usage time of all utilized vehicles to the product of the total fleet size and planning periods. The insights derived from this comparative analysis are elaborated in Observations 4 and 5.

Observation 4. Electric- and gasoline-powered carsharing systems exhibit notable disparities in revenue and cost structures. Electric systems benefit from lower vehicle relocation and usage expenses due to cost-effective electric fuel, yet face higher parking costs due to electricity charging needs. Gasoline-powered systems consistently outperform electric-powered systems in terms of vehicle usage time utilization rate due to charging limitations that restrict the usage time of EVs. The gap in vehicle utilization rates becomes more pronounced with increasing fleet sizes.

Observation 5. As fleet sizes increase, the differences in the cost and revenue structure between AV and human-driven systems become more evident, accompanied by a growing divergence in vehicle usage time utilization rates. The substantial increase in vehicle usage time utilization rate, from 13.7% at a fleet size of 400 to 41.8% at a fleet size of 1400 for AV systems compared to the average of three operator systems, underscores the operational advantage of AV systems in efficiently utilizing vehicle time as fleets expand. Additionally, parking costs disproportionately affect human-driven systems, exacerbating idle fleet expenses due to operator shortages.

We delve deeper into user satisfaction by examining the demand distribution across various trip durations. Figure 6 illustrates the relationship between trip duration and the number of serviced demands for different carsharing systems. The following insights are derived from Observation 6.

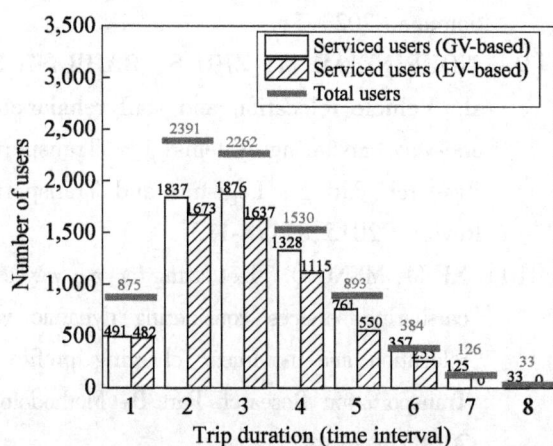

a)Autonomous vehicle-based system

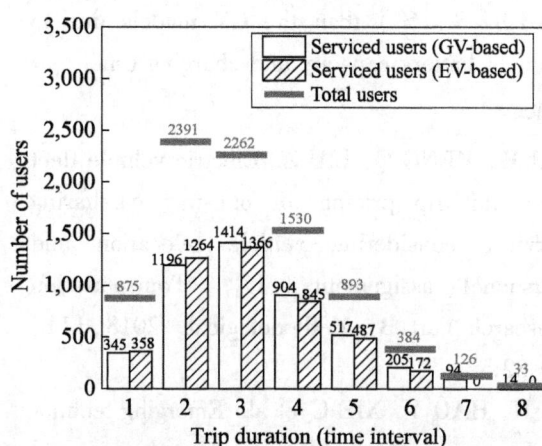

b)Human-driven vehicle-based system

Figure 6 Relationship between trip duration and the number of serviced users

Observation 6. Electric-powered carsharing systems excel in meeting short-distance travel demand, while autonomous vehicle systems demonstrate greater efficiency in satisfied overall demand, particularly for long-distance travel. Specifically, both HEVs and AEVs perform well in short-distance travel demand (15-60 minutes), with satisfaction rates exceeding 50%. As trip duration increases from 5 to 8 time periods, the satisfaction rate of electric-powered systems declines from over 54% to 0% due to limited range. In contrast, gasoline-powered systems, without the constraints of recharge times, can meet some long-distance travel demand. AGV-based system outperforms HGV-based system in demand satisfaction, particularly for long-distance travel (over 1 hour and 30 minutes), achieving a satisfaction rate exceeding 90%.

3 Conclusions

In this paper, we offer insights into the operational performance of electric and gasoline carsharing systems, considering both human-operated and AV-operated scenarios. We represent vehicle, user, and operator movements as network flows. Using a unified modelling and solution framework, we formulate four linear programming models to devise vehicle relocation and operator movement schemes aimed at mitigating the imbalance between vehicles and users.

These models areanalyzed in a case study of an operating carsharing network of 25 stations and 20 periods distributed across Shanghai. In the comparison between autonomous and human-driven models, the numerical analysis results under different vehicle fleets and staff sizes find that autonomous models have a few advantages over the human-driven models: (1) AGV-based model and AEV-based model can result in high average vehicle utilization (average increase of 62.1%), and high satisfied demand rate (avg. increased by 44.1%); (2) Reducing the time-consuming movement of professional operators and human resource costs. Then, a comparison of vehicle engine forms also reveals the strengths and weaknesses of EVs over GVs: (1) Using EVs as a carrier is more profitable for a carsharing system, taking into account the costs of vehicle purchase and energy consumption; (2) In the same deployment, the HEV-based model and AEV-based model have lower average vehicle utilization (avg. decreased by 36.4%), and lower satisfied demand rate (avg. decreased by 8.1%) than the GV models due to limitations of battery capacity and charging time.

References

[1] XU M, MENG Q, LIU Z. Electric vehicle fleet size and trip pricing for one-way carsharing services considering vehicle relocation and personnel assignment [J]. Transportation Research Part B: Methodological. 2018, 111: 60-82.

[2] LI H, HAO Y, XIE C, et al. Emerging technologies and policies for carbon-neutral transportation [J]. International Journal of Transportation Science and Technology. 2023, 12:329-334.

[3] ILLGEN S, HÖCK M. Literature review of the vehicle relocation problem in one-way car sharing networks [J]. Transportation Research Part B: Methodological. 2019, 120:193-204.

[4] HUANG W, HUANG W, JIAN S. One-way carsharing service design under demand uncertainty: A service reliability-based two-stage stochastic program approach [J]. Transportation Research Part E: Logistics and Transportation Review. 2022, 159.

[5] LU MS, CHEN Z, SHEN SQ. Optimizing the profitability and quality of service in carshare systems under demand uncertainty [J]. manufacturing & service operations management. 2018, 20:162-180.

[6] ZHAO M, LI X, YIN J, et al. An integrated framework for electric vehicle rebalancing and staff relocation in one-way carsharing systems: Model formulation and Lagrangian relaxation-based solution approach [J]. Transportation Research Part B: Methodological. 2018, 117: 542-572.

[7] ZHANG D, LIU Y, HE S. Vehicle assignment and relays for one-way electric car-sharing systems [J]. Transportation Research Part B: Methodological. 2019, 120:125-146.

[8] CHEN Y, LIU Y. Integrated optimization of planning and operations for shared autonomous electric vehicle systems [J]. Transporation Science. 2023, 51.

[9] NOURINEJAD M, ZHU S, BAHRAMI S, et al. Vehicle relocation and staff rebalancing in one-way carsharing systems [J]. Transportation Research Part E: Logistics and Transportation Review. 2015, 81:98-113.

[10] XU M, MENG Q. Fleet sizing for one-way electric carsharing services considering dynamic vehicle relocation and nonlinear charging profile [J]. Transportation Research Part B: Methodological. 2019, 128:23-49.

[11] PRENCIPE LP, VAN ESSEN JTH, CAGGIANI L, et al. A mathematical programming model for optimal fleet management of electric car-sharing systems with Vehicle-to-Grid operations [J]. Journal of Cleaner Production. 2022, 368.

[12] BOYACI B, ZOGRAFOS KG, GEROLIMINIS N. An integrated optimization-simulation framework for vehicle and personnel relocations of electric carsharing systems with reservations [J]. Transportation Research Part B: Methodological. 2017.

[13] LIU Y, XIE J, CHEN N. Stochastic one-way carsharing systems with dynamic relocation incentives through preference learning [J]. Transportation Research Part E: Logistics and Transportation Review. 2022, 166.

[14] LEVIN M W. A general maximum-stability dispatch policy for shared autonomous vehicle dispatch with an analytical characterization of the maximum throughput [J]. Transportation Research Part B: Methodological. 2022, 163:

258-280.

[15] HYLAND M, MAHMASSANI HS. Dynamic autonomous vehicle fleet operations： Optimization-based strategies to assign AVs to immediate traveler demand requests [J]. Transportation Research Part C. 2018, 92： 278-297.

[16] GUO H, CHEN Y, LIU Y. Shared autonomous vehicle management considering competition with human-driven private vehicles [J]. Transportation Research Part C： Emerging Technologies. 2022, 136.

[17] GAMBELLA C, MALAGUTI E, MASINI F, et al. Optimizing relocation operations in electric car-sharing [J]. Omega. 2018, 81： 234-245.

[18] FU H, XIE C, ZOU B, et al. Optimal vehicle relocation and operator assignment for one-way carsharing systems： model, algorithm, and numerical and computational evaluations [C]. Presented at 99th Annual Meeting of the Transportation Research Board, Washington, D. C. 2019.

高速与普速旅客列车协同开行案例分析与经验总结

张思琦[1]　付慧伶[*2]　聂博文[1]
（1. 北京交通大学交通运输学院；2. 北京交通大学智慧高铁前沿中心）

摘　要　随着高速与普速铁路网不断扩大，为提高旅客服务水平与铁路效益，对两种列车开行进行合理分工是亟待研究的问题。本文分析一些国家高速与普速列车开行规律及协同组织方法，列车开行方案层面考虑列车运距、起讫点分布、停站以及服务对象的分工合作模式，列车运行图层面考虑列车到发时刻的接续关系，总结高速与普速列车协同组织运营经验，为我国高速与普速列车技术优势与服务特色的发挥提供借鉴。

关键词　高速列车　普速列车　列车开行方案　列车时刻表　协同组织

0 引言

随着我国高速与普速铁路网日趋完善，如何协同组织高速与普速旅客列车的开行，针对不同服务对象合理分工，通过多样化服务方式实现优劣互补，从而提高铁路产品效益与旅客服务水平已成为亟待解决的问题。

既有研究从经济学角度分析高速与普速列车的博弈关系。文献[1]从旅客选择行为角度论述高速列车服务的介入对原有市场的影响。文献[2]从输送能力角度论证高速列车对普速列车服务的替代效应。文献[3]分析高速与普速列车在实现纳什均衡下的定价策略。文献[4]基于社会效益博弈模型，针对宝兰通道计算高速与普速铁路的最优票价及分担率。文献[5]针对产品设计与停站方案优化，指出随着高速路网不断完善，普速列车开行对数逐年降低，提出普速列车产品设计思路的转型与创新建议，如旅游列车、主题列车等。文献[6]针对高速与普速铁路并行的通道提出高速跨线列车停站方案的优化组织方法。

目前我国高速与普速列车运行图基本独立铺画，二者在产品设计、开行模式、时空分布等方面还有很多需要协同优化的工作。欧洲及日本铁路网较为完善，高速与普速列车的协同运营经验具有借鉴意义。本文主要基于欧洲列车时刻表数

基金项目：中国国家铁路集团有限公司科技研究开发计划课题（K2022X029）。

据[7]，针对高速下线运行、高速与普速混跑、全高速运行三种模式总结国外经验。

1　高速下线模式下高速与普速列车协同组织方案

1.1　高速与普速列车整体协同组织特征

高速下线模式指高速列车跨普速线路运行，普速列车不能在高速线路运行，代表国家是法国。

法国高速列车（TGV）高速路网以巴黎为中心放射、局部彼此相连。枢纽站间距较大，枢纽内车站更多，站间距小，其中巴黎—雷恩线路站间距为

182km。普速线车站更加密集，如巴黎—南锡平均站间隔 39km。

法国列车可分为五种类型：TGV 直达列车；TGV 停站列车；TGV 跨线列车；Intercity 城际列车，在普速线运行，运距较远，开行频次低；TER 区域列车，开行数量多，运距短。

1.2　高速与普速列车开行方案协同组织特征

高速与普速列车停站方案存在差异，体现分工互补的特征。以巴黎—波尔多线路为例，所有列车停站方案及日均开行频率如图1所示，可以看出以下特征。

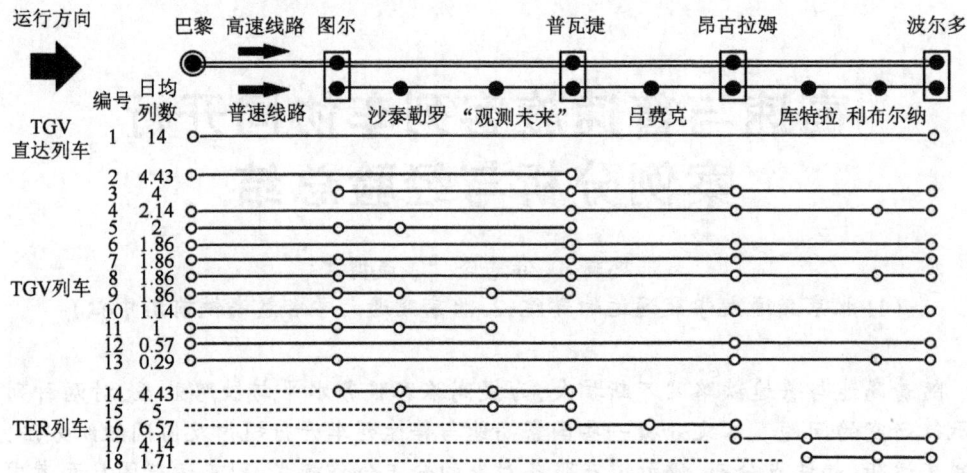

图1　巴黎至波尔多方向 TGV、TER 列车停站模式及日均列数

1）三种列车开行模式互补

TGV 直达列车具有较强的周期特征，速度快，服务大城市之间的直达客流。高频率的开行方便乘客在重要节点站换乘。

TGV 跨线列车无固定周期，运行里程较长，旅速低于 TGV 直达列车。非周期化开行模式降低了旅客换乘服务水平，但扩大了 TGV 列车直达服务范围。

法国省际列车（TER）非周期化开行，但开行频率大，始发时间均衡分布于各个时段，其运行里程和平均停站距离最短，服务中小城市之间的短途出行旅客。

2）TGV 跨线列车与 TER 列车在服务模式上分工清晰

对于中长途旅客，TGV 跨线列车提供低频率直达服务，搭乘 TER 列车则需多次换乘，相比 TGV 列车竞争力较弱。

对于短途旅客，基于不同 OD（起点和讫点）城市类型，列车分工存在差异。大中城市间客流，如昂古拉姆—波尔多，主要由 TGV 列车提供服务；对于中小城市间客流，如昂古拉姆—利布尔纳，TGV 跨线列车与 TER 列车服务频率相当，前者速度快，后者覆盖时段广，8 点之前仅有 TER 列车提供服务，体现不同产品特征；对于不设高铁站的中小城市，旅客仅能搭乘 TER 列车。

3）高速与普速列车服务网络在大城市节点衔接融合

大城市如波尔多、巴黎、里昂位于路网重要位置，通过高频率 TER 列车与周边城市连通，且有足够数量的 TGV 列车停站，有利于提高高速与普速列车接续水平，促进二者服务网络融合。

1.3　高速与普速列车时刻表协同组织特征

法国列车时刻表具有周期与非周期结合的特

征,从两方面具体分析。

1)高速与普速列车发车时段形成互补

如图2所示,图1中TGV编号1列车以1h为严格周期,发车时刻固定。TER列车周期性弱,发车时刻多变,但覆盖时段广,旅客选择多。距离始发站较远的旅客难以搭乘TGV跨线列车较早班次,TER列车则覆盖较早时段,与其形成互补,重点服务早通勤乘客。

	6	7	8	9	10	11	12	13	14	15	16	17	18	19	20	(时段)
1	47	47	47	47	47	47	47	47	47	47	47	47	47	47	47	
2		22					22			22			22			
15	50	33	33								35	33	33			
16	11	23	11			20					2	19	11	11		

(1图编号)

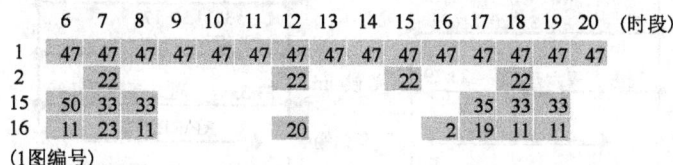

图2 部分具有周期性的TGV列车和TER列车的时刻表信息

2)部分车站高速与普速列车到发时刻形成接续

普速列车开行时刻无规律,因此不同线路或同一线路不同方向的高速与普速列车接续水平不同。以巴黎至库特拉为例,从巴黎出发的乘客,于昂古拉姆换乘普速列车,周一至周五每天可选择3个换乘方案,等待时间1~2h。

大城市高速与普速列车接续水平高。如从吕费克出发,在普瓦捷换乘高铁到达巴黎的旅客,一天最多5个换乘方案,平均等待27min;反方向有4个换乘方案,平均等待29min。

2 混跑模式国家高速与普速列车协同组织方案

2.1 高速与普速列车整体协同组织特征

高速与普速列车混跑模式,即高速线路既运行高速列车,又运行普速、货运列车,高速列车也跨普速线路运行。德国为典型代表。

德国高速与普速线路一体化成网,车站较法国密集,不同线路平均站间距为:高速干线如汉诺威—维尔茨堡82km,高速城际如科隆—法兰克福36km。普速干线如柏林—莱比锡42km,区域路网内如哈雷—哈尔伯施塔特仅10km。城际特快列车(ICE)为高速列车,IC/EC为城际列车,开行频率更高,可被归为普速列车,RE\RB为区域列车,运距最短旅速最慢。

2.2 高速与普速列车开行方案协同组织特征

开行方案层面,德国与法国类似的特征有:高速与普速列车的起讫点与停站互补特征明显;高速与普速列车在大中城市接续水平较高。

德国与法国的差异体现在以下两方面。

1)普速列车跨线比例更高

IC/EC列车在高速线上与ICE列车并行,并跨至各衔接线路。RE/RB列车跨线比例同样较高,科隆-法兰克福线路上,ICE与IC/EC列车大量直达法兰克福,RE/RB则在科布伦茨、宾根等站跨线,不直接到法兰克福,其运行区段见表1。

RE/RB跨线列车在科隆—法兰克福线运行区段及对数占比 表1

运行区段	开行对数占比
科隆—科布伦茨	52.5%
科布伦茨—美因茨	23.5%
科布伦茨—法兰克福	12.3%
科布伦茨—宾根	7.9%
宾根—美因茨	0.05%

2)普速列车站站停与跳停相结合

IC/EC中长途列车仅在部分区段站站停,以站站停为主的RE/RB列车仍有部分跳停,如科隆-法兰克福线路上有约20%的RE/RB列车在圣果阿-美因茨的停站密集区段跳停。

2.3 高速与普速列车时刻表协同组织特征

时刻表层面,德国与法国相似的特征有:高速与普速列车在发车时段形成分工,在繁忙干线早晚时段会穿插IC/EC中长途列车,天窗时段会穿插夕发朝至列车,其余时段则以ICE列车为主。

德国与法国的差异主要体现在:

(1)普速列车大量周期化运行,换乘服务水平更高,与ICE列车形成良好接续,见图3。

(2)普速路网密集,高速与普速列车能在多节点形成接续,组成多条换乘路径。法尔肯贝里至纽伦堡的旅客,在不绕行的情况下,换乘路径见表2。

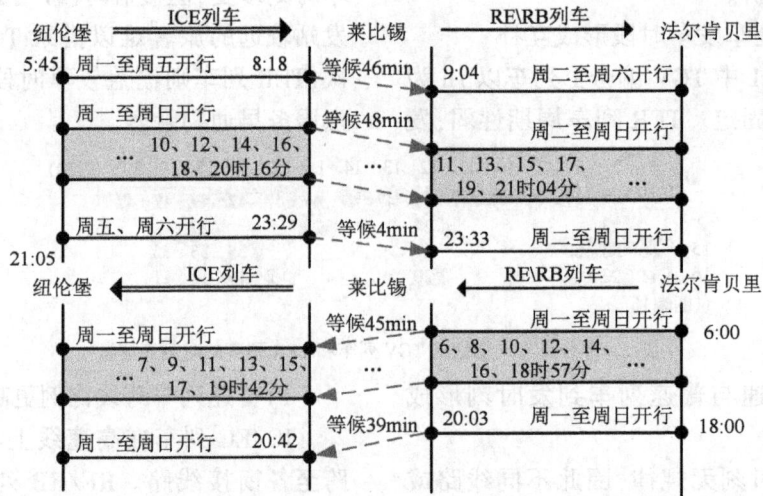

图3　纽伦堡—法尔肯贝里高速与普速列车换乘服务水平

法尔肯贝里—纽伦堡换乘路径　表2

编号	换乘站	换乘类型	特征
1	莱比锡	普速—高速	总时间最短,频率高
2	路德城威滕伯格	普速—高速	小站换乘,频率较低
3	德绍、哈雷	普速—普速—高速	总时间短,频率高,两次换乘

3　全高速运行模式下高速与普速列车协同组织方案

全高速模式,指高速列车仅在高速线路运行,普速列车仅在普速线路运行,日本是典型代表。日本高速与普速线路车站较德国更加密集,新干线平均站间距仅 32km,普速列车平均停站间距 3~6km。

日本高速与普速列车开行均有较强周期特征,高速列车在 6~19 时之间以 1h 或 2h 为周期高频开行,依据停站分为大站停、大站带小站、站站停等类型。

日本与欧洲各国高速与普速列车协同组织方法差异如下:

(1)高速与普速列车接续水平高。日本高速与普速列车均不跨线运行,跨两种铁路出行的旅客需换乘。基于强周期特征、高开行频率、规律停站结构与起讫点分布,日本高速与普速列车接续水平更高。

以东京—城崎为例,表3给出了可行的换乘路径。京都—城崎每日仅有 3 列车开行,全天却

形成超过 10 个换乘方案;途经大阪的换乘方案全天多达 40 个。

东京—城崎换乘路径　表3

换乘站	普速列车发车时间	提前 0~20min 到达高速列车(列)	提前 20~40min 到达高速列车(列)
京都	7 时 32 分	0	0
	11 时、13 时 25 分	4	3
大阪	8 时 8 分	0	0
	9 时 4 分	3	4
	10、12、14、15 时 5 分	4	5

(2)不同等级高速列车之间以及与普速列车在运距、停站层面形成分工与互补。"希望"号列车运距远、停站少、旅速快,为大站旅客提供高水平直达服务。"光"与"回声"号列车停站密集、运距较短,服务高铁沿线所有车站,与高等级列车形成分工。普速列车服务不通高铁的市镇,与高速列车形成互补,借助与高速列车高水平接续,扩大高速列车服务范围。

4　经验总结与借鉴

高速下线、混跑、全高速运行三种模式下,高速与普速列车协同组织方法存在共性与差异。

共性:①列车停站形成分工。②开行时段彼此互补。③在大站形成接续。

差异:①为中小站提供服务的方式不同。高速下线模式中,高速列车跨普速线开行可直接连

通大量中小站；混跑模式中，由普速列车站站停或跳站停提供小站间直达服务；全高速模式中，利用比例不高的站站停高速列车服务沿途中小站。②高速、普速列车接续水平不同。高速下线模式，高速列车与普速列车主要在路网分支站接续，旅客换乘路径的选择在一定程度上受限；混跑模式中，高速列车与普速列车之间形成网络，且具有接续性，旅客换乘选择多且方便性高；全高速模式中列车在高速与普速线路连接站接续，列车高度周期化开行保证换乘质量。

我国高速列车与普速列车协同组织主要存在问题如下：

（1）在停站角度，高速与普速线路并行的区段，部分 OD 没有直达服务或频率低。在服务时段角度，普速列车在高铁发车较少的早晚时段开行，但频率不高，20 时之后二者各时段的平均发车量均降低。

（2）市场分工方面，由于普速列车车站可达性高，短途客流是普速铁路的一块重要市场，但短途普速列车数量较低；普速夕发朝至列车是对高铁服务的有力补充，而一些长途 OD 间列车开行逐渐被日间高铁服务取代，不利于部分看重经济性的旅客出行。

（3）列车接续方面，高速与普速列车运行图基本独立铺画，二者接续地点和时间的协同规划具有提升空间，在部分重要路网节点的接续频率和规律性不高。

借鉴国外经验并结合我国路网与列车开行情况，可提出"充分互补，合理分工，高效融合"的建议：①在服务时段及停站层面形成充分互补关系。考虑我国铁路网状况复杂，应充分考虑区段上高速与普速线路是否并行、并行线路普铁客运能力是否紧张、服务运距长短等问题，调整不同场景的高速与普速列车开行模式及频率，提高总体服务水平。②在服务距离及乘客对象层面形成合理分工关系，调整列车运距与票价以发挥高速与普速列车产品特征及各自优势。③合理组织列车周期化开行，提升换乘接续质量，促进高速与普速列车服务网络高效融合。通过提高高速与普速列车分工合作水平，提升铁路综合产品效益与乘客满意度。

5 结语

基于欧洲、日本等地区和国家高速与普速路网条件及开行特征，总结了高速下线、高速普速混跑、全高速运行三种模式下高速与普速旅客列车协同组织特征，提出了"充分互补，合理分工，高效融合"的建议，以期提高旅客服务水平与铁路效益。

参考文献

[1] LI H, WANG K, YU K, et al. Are conventional train passengers underserved after entry of high-speed rail? -Evidence from Chinese intercity markets[J]. Transport Policy, 2020, 95:1-9.

[2] CHENG J M, CHEN Z H. Impact of high-speed rail on the operational capacity of conventional rail in China[J]. Transport Policy, 2021, 110: 354-367.

[3] HSU C W, LEE Y, LIAO C H. Competition between high-speed and conventional rail systems: A game theoretical approach [J]. Expert Systems with Applications, 2010, 37 (4):3162-3170.

[4] 唐子涵. 关于如何统筹运用普速客车车辆的探讨[J]. 铁道经济研究, 2019, (5):9-11,43.

[5] 赵若开. 普速铁路与高速铁路跨线旅客列车开行方案优化研究[D]. 成都: 西南交通大学, 2018.

[6] 孙冉. 高速铁路与普速铁路区域竞争博弈策略分析[D]. 兰州: 兰州交通大学, 2018.

[7] John Potter. European Rail Timetable: Summer [M]. CPI Group. 2019.

Cost Control of Closed-loop Supply Chain of Bridge Bulk Material Leasing under the Carbon Tax Policy

Qiaohong Zu　Chunkun An[*]　Xi Shi

(School of Transportation and Logistics Engineering, Wuhan University of Technology)

Abstract　In order to accelerate the construction of green transportation infrastructure such as steel structure bridges, carbon emission parameters were added to the closed-loop supply chain cost model of bridge bulk material leasing. This paper established a cost control and optimization model of the closed-loop supply chain of bridge bulk material leasing considering carbon emissions and obtained the impact of the change of carbon tax rate value on the closed-loop supply chain network planning. With the increase of carbon tax value, the closed-loop supply chain chooses to open more warehouses and maintenance centers. Compared with the high carbon tax rate, low-carbon tax rate can reduce the total carbon emissions without greatly increasing the total cost of the enterprise. It provides decision support for enterprise closed-loop supply chain network design.

Keywords　Closed-loop supply chain　Carbon tax policy　Network planning　Supply chain decisions

0　Introduction

The nation has actively promoted prefabricated construction to facilitate the establishment of a robust transportation network, resulting in an accelerated period of infrastructure development and widespread adoption of green transportation infrastructure such as steel structure bridges. With the increasing number and expanding scale of bridge projects, there has been a continuous upward trend in the demand for construction materials. As a flexible and efficient solution, construction material leasing has gradually garnered attention and application in bridge engineering projects.

Closed-loop supply chain network nodes that account for carbon emissions are complex. It needs to consider uncertainties in the forward and reverse chains, including the quantity and quality of recycled products, the expected and actual demand for new products, etc (Xu Hu et al., 2020). Many scholars have conducted extensive research on the closed-loop supply chain. Tiwari A utilizes a region-defined multi-objective algorithm to determine the the optimal number of facilities (A Tiwari et al., 2016). A. Yamzon develops a closed-loop supply chain model based on incentives and proximity of product returns (A. Yamzon et al., 2017). Long Zhao established a multi-objective fuzzy planning model supply chain network model with opportunity constraints (Long Zhao et al., 2018). Li Jing coordinated a closed-loop supply chain with dual-source supply (Jing Li et al., 2020). Zahra Homayouni designs CLSC networks under uncertainty (Zahra Homayouni et al., 2020). Many scholars add carbon emission factors to the closed-loop supply chain. Wang Yuyan examines the impact of government subsidies and remanufacturers' altruistic preferences (Yuyan Wang et al., 2020). Li Jian balances the cost and carbon emissions of a closed-loop supply chain (Jian Li et al., 2022). Xie Jianmin analyzes manufacturers' optimal recycling models considering both government subsidies and consumer low-carbon preferences (Jianmin Xie et al., 2022). Mondal Animesh explores the optimal pricing and collection strategies for three closed-loop supply chain models(Mondal Animesh et al. ,2023). While some scholars have examined the carbon emission factor, there is a lack of research on the closed-loop supply chain considering the carbon tax policy.

This paper incorporates carbon emission parameters into the traditional design of the closed-loop supply chain network for bulk bridge material leasing. This paper proposes a cost control and optimization model for the closed-loop supply chain of bulk bridge material leasing under the constraint of carbon tax policy. The model balances the relationship between the total cost of the closed-loop supply chain and the total carbon emissions at each stage, achieving overall gains for the closed-loop supply chain network.

1 Problem description and model assumptions

The costs incurred by the closed-loop supply chain comprise various components, and the extent of these costs is contingent upon the decisions that are made. This study focuses on the closed-loop supply chain network for bulk bridge material leasing, as depicted in Figure 1. The forward chain encompasses multiple warehouses and customer groups, while the reverse chain involves multiple customer groups, maintenance points, and warehouses. Additionally, it is imperative to take into account the constraints imposed by carbon tax policies within the supply chain network(Marco Simonetto et al. ,2022).

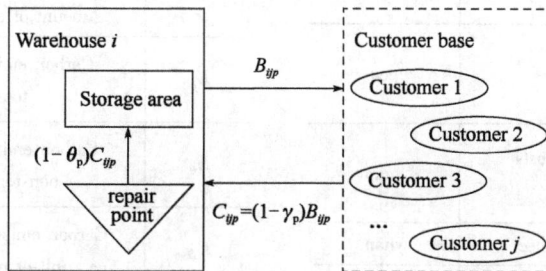

Figure 1　Bulk material leasing closed-loop supply chain network structure diagram

Within their respective responsible areas, the various warehouses i distribute B_{ijp} tons of leased materials based on the order situation of the p types of goods for customers j. Due to the frequent use of leased materials and potential loss characteristics, leased materials incur a percentage of the loss of goods in use. If the proportion of goods loss for the p type of goods is γ_p, Customer j returns C_{ijp} tons units of materials to maintenance point of the warehouse i. The returned materials are inspected by the maintenance point and classified into maintenance-free, repairable, and non-repairable parts. Suppose that the proportion of the non-repairable part of the material to the material returned by the customer is θ_p, the amount of goods returned to the warehouse storage at the maintenance point is $(1-\theta_p)C_{ijp}$ tons.

1.1 Statement of assumptions

The following assumptions are made about the model:

(1) Demand at each customer demand point is determined and relatively stable.

(2) There is no correlation between each customer's needs.

(3) All the required materials from the same customer at the same time are shipped from the same warehouse.

(4) There are sufficient vehicles available to complete both forward and reverse transportation tasks, and all vehicles are operational.

(5) The vehicle models, uniform unit distance delivery costs and maximum load capacity are the same.

(6) Special reasons such as seasons, weather, and traffic are not considered.

(7) The carbon emissions caused by the processing of products at each maintenance center are known.

(8) The carbon emissions generated by transportation between warehouses and customers are known and related to the distance and weight of transportation.

(9) The carbon emissions generated by warehouse inventory are negligible.

1.2　Basic parameters

Basic parameter interpretation are shown in the following Table 1.

Basic parameter interpretation table

Table 1

Parameters	definition	unit
i	i th warehouse $i = 1,2,3,\cdots,n$	pcs
j	j th customer demand point $j = 1,2,3,\cdots,m$	pcs
p	Goods group p $p = 1,2,3,\cdots,o$	pcs
h_p	Annual unit operating costs for goods group p	yuan
F_i	Rent of the i th warehouse	yuan
V_i	Capacity of the i th warehouse	m^2
ρ	Transportation costs per unit distance	yuan/ton/km
R_i	Management costs of warehouse i	yuan
d_{ij}	Distance between warehouse i and customer j	km
B_{ip}	Quantity of p th goods distributed from warehouse i	ton
B_{ijp}	Quantity of p th goods distributed from warehouse i to demand point j	ton
C_{ip}	Quantity of p th goods returned to warehouse i	ton
C_{ijp}	Quantity of p th goods returned to warehouse i at demand point j	ton
K_{ai}	Initial stock quantity in year a at warehouse i	ton
M_{ai}	Closing stock quantity in year a at warehouse i	ton

continued

Parameters	definition	unit
π	Inventory holding ratio	
∂	Round-trip with empty load factor	
γ_p	Percentage of p th products lost	
P_p	Unit cost of p th products	yuan
θ_p	Percentage of goods that cannot be repaired	
β_p	Percentage of goods that do not need to be repaired	
μ_p	Maintenance costs per unit of goods in p th	yuan
σ_p	Inspection costs per unit of goods in p th	yuan
ψ_p	Processing costs of p th unrepairable material	yuan
ε	Amount of carbon tax per unit	yuan
E_ρ	Carbon emissions per unit of ton-kilometer	ton
E_θ	Carbon emissions from unit of non-repairable goods	ton
E_ϑ	Carbon emissions from handling unit of repairable goods	ton
x_0	Whether the order was shipped from warehouse i	
τ_0	Whether the outbound time is current year	
ω_0	Whether the inbound time is current year	

The decision variables are B_{ip}、B_{ijp}、C_{ip}、C_{ijp}.

2　Model construction

2.1　Supply chain cost analysis

Costs incurred throughout the supply chain have multiple components, the size of which depends on the decisions made(Yigit Kazancoglu et al. ,2022). The total cost composition of the supply chain model is as shown in Equations 1.

$$Z = f_1 + f_2 + f_3 + f_4 + f_5 \qquad (1)$$

f_1 is warehouse operation and management costs. f_2 is warehouse transportation costs. f_3 is rental costs. f_4 is maintenance costs. f_5 is carbon tax costs. The specific cost components are shown below.

(1) Warehouse operation and management costs

Warehouse operating costs are divided into two parts in the model. One part is the total quantity of inbound and outbound goods for each type of goods in each warehouse multiplied by the unit operating cost for each type. The other part is the management expenses of each warehouse. The warehouse and management costs are shown in Equations 2.

$$f_1 = \frac{\sum_{i=1}^{n} h(B_{ip} + C_{ip})}{2} + \sum_{i=1}^{n} R_i \qquad (2)$$

(2) Transportation costs

The transportation cost includes two parts. One part is the freight transportation cost from the warehouse to the customer's demand point and the cost of the empty vehicle returning to the warehouse after delivery. The other part is the transportation cost of the empty vehicle from the warehouse to the customer's demand point and the cost of the vehicle returning to the warehouse. Based on the vehicle's own weight, the transportation cost involving an empty vehicle is the transportation cost multiplied by the round-trip empty load factor.

The total cost of transportation can be expressed in Equation 3.

$$f_2 = \sum_{i=1}^{n}\sum_{j=1}^{m}\sum_{p=1}^{o} \rho\, B_{ijp} d_{ij} \tau_0 \partial + \sum_{i=1}^{n}\sum_{j=1}^{m}\sum_{p=1}^{o} \rho\, C_{ijp} d_{ij} \omega_0 \partial \quad (3)$$

(3) Rental costs

The company has multiple warehouses, including owned warehouses and leased warehouses. The rental cost for owned warehouses is calculated based on the annual depreciation expense. The rental cost is as shown in Equation 4.

$$f_3 = \sum_{i=1}^{n} F_i \qquad (4)$$

(4) Maintenance costs

Maintenance costs includes the cost of lost goods, the cost of inspecting recovered goods, the cost of repairing recovered goods, and the cost of unrecoverable goods.

The loss of goods refers to the situation where customers lose the leased materials during use and are unable to return the corresponding items. The cost is $\sum_{i=1}^{n}\sum_{p=1}^{o} \gamma_p (B_{ip} - C_{ip}) P_p$.

All recovered materials returned to the warehouse need to be inspected to confirm whether they need repairing or not. The cost is $\sum_{i=1}^{n}\sum_{p=1}^{o} \sigma_p C_{ip}$.

The maintenance cost refers to the expenses incurred by the enterprise in maintaining and repairing goods. It includes replacing damaged or aging parts and components when maintaining large-scale assets, as well as the operational and maintenance activities performed by maintenance workers. The cost is $(1 - \theta_p - \beta_p)\sum_{i=1}^{n}\sum_{p=1}^{o} \mu_p C_{ip}$.

Some of the recovered materials cannot continue to be used due to quality issues or other reasons, and they cannot be repaired. They need to be scrapped. The cost is $\theta_p \sum_{i=1}^{n}\sum_{p=1}^{o} \psi_p C_{ip}$.

In summary, the maintenance cost is as shown in Equation 5.

$$f_4 = \sum_{i=1}^{n}\sum_{p=1}^{o} \gamma_p (B_{ip} - C_{ip}) + \sum_{i=1}^{n}\sum_{p=1}^{o} \sigma_p C_{ip} + (1 - \theta_p - \beta_p)\sum_{i=1}^{n}\sum_{p=1}^{o} \mu_p C_{ip} + \theta_p \sum_{i=1}^{n}\sum_{p=1}^{o} \psi_p C_{ip} \qquad (5)$$

(5) Carbon tax costs

The total carbon emissions in the supply chain are as shown in Equation 6.

$$E_s = \sum_{i=1}^{n}\sum_{j=1}^{m}\sum_{p=1}^{o} E_\rho B_{ijp} d_{ij} \tau_0 \partial + \sum_{i=1}^{n}\sum_{j=1}^{m}\sum_{p=1}^{o} E_\rho C_{ijp} d_{ij} \omega_0 \partial + \theta_p \sum_{i=1}^{n}\sum_{p=1}^{o} E_\theta C_{ip} + (1 - \theta_p - \beta_p)\sum_{i=1}^{n}\sum_{p=1}^{o} E_\vartheta C_{ip}$$

$$f_5 = \varepsilon\, E_s \qquad (6)$$

2.2 Objective functions and constraints

(1) Objective functions

The objective function of the supply chain is to minimize the total cost, as shown in Equation 7.

$$\min Z = f_1 + f_2 + f_3 + f_4 + f_5 = \frac{\sum_{i=1}^{n} h(B_{ip} + C_{ip})}{2} + \sum_{i=1}^{n} R_i + \sum_{i=1}^{n}\sum_{j=1}^{m}\sum_{p=1}^{o} \rho\, \frac{B_{ijp}}{Q} d_{ij} \tau_0 \partial + \sum_{i=1}^{n}\sum_{j=1}^{m}\sum_{p=1}^{o} \rho\, \frac{C_{ijp}}{Q} d_{ij} \omega_0 \partial + \sum_{i=1}^{n} F_i +$$

$$\sum_{i=1}^{n}\sum_{p=1}^{o}\gamma_p(B_{ip}-C_{ip})+\sum_{i=1}^{n}\sum_{p=1}^{0}\sigma_p C_{ip}+(1-\theta_p-\beta_p)\sum_{i=1}^{n}\sum_{p=1}^{o}\mu_p C_{ip}+\theta_p\sum_{i=1}^{n}\sum_{p=1}^{o}\psi_p C_{ip}+\varepsilon E_s \qquad (7)$$

（2）Constraint

The various types of goods distributed from each warehouse cannot exceed the warehouse capacity, as shown in Equation 8.

$$\sum_{i=1}^{m}\sum_{p=1}^{o}B_{ip}\le\sum_{i=1}^{n}V_i \qquad (8)$$

The total amount of goods distributed from the warehouse is equal to the amount of goods sent to each warehouse, as shown in Equation 9.

$$\sum_{i=1}^{n}\sum_{p=1}^{o}C_{ip}=\sum_{i=1}^{n}\sum_{j=1}^{m}\sum_{p=1}^{o}C_{ijp} \qquad (9)$$

The total amount of goods recovered by the warehouse is equal to the amount of goods recovered from each warehouse, as shown in Equation 10.

$$\sum_{i=1}^{m}\sum_{p=1}^{o}B_{ip}=\sum_{i=1}^{n}\sum_{j=1}^{m}\sum_{p=1}^{o}B_{ip} \qquad (10)$$

The sum of the shipment quantity, purchase quantity, and initial inventory of the warehouse does not exceed the warehouse capacity, as shown in Equation 11.

$$\sum_{j=1}^{n}\sum_{p=1}^{o}C_{ijp}-\sum_{p=1}^{o}B_{ip}+K_{ai}\le V_i \qquad (11)$$

The difference between the shipment quantity and the purchase quantity of the warehouse does not exceed the initial inventory, as shown in Equation 12.

$$\sum_{p=1}^{o}B_{ip}-\sum_{j=1}^{n}\sum_{p=1}^{o}C_{ijp}\le K_{ai} \qquad (12)$$

Apart from customer loss, there are no other material losses, as shown in Equation 13.

$$\sum_{i=1}^{n}K_{(a+1)i}=\sum_{i=1}^{n}K_{ai}-\sum_{j=1}^{m}\sum_{p=1}^{o}(d_j-q_j)-\sum_{j=1}^{m}\sum_{p=1}^{o}\beta q_{jp} \qquad (13)$$

To choose or not to choose this warehouse, as shown in Equation 14.

$$x_0=\{0,1\} \qquad (14)$$

The order sent out this year or not, as shown in Equation 15.

$$\tau_0=\{0,1\} \qquad (15)$$

The order recovered this year or not, as shown in Equation 16.

$$\omega_0=\{0,1\} \qquad (16)$$

3　Case study

The Building Materials Leasing Division of Company A focuses on the supply of large-scale materials for engineering construction, devoting to specialized turnover material management. Company A provides five warehouses as alternative points: Yangluo Warehouse, Chongqing Warehouse, Huizhou Warehouse, Zhenjiang Warehouse and Zhengzhou Warehouse. Company A can choose one or more warehouses to supply goods to its customers. Goods types include five types of bulk bridge materials: berries, tubes, profiles, supports and coiled buckles.

Based on the order data of Company A in 2022 and 2023, a closed-loop supply chain cost control model for leasing considering carbon emissions is developed. The model is capable of analyzing the minimum cost and the corresponding closed-loop supply chain network structure of Company A under the carbon tax policy. To mitigate the impact of varying carbon tax amounts on the results, ε values of 20, 40, 60, 80, 100, and 120 yuan per ton are considered. In this paper, pulp library is imported into python and integrated with CPLEX solver to solve integer programming model. The optimal closed-loop supply chain network structure for company A under different carbon tax amounts is shown in Table 2.

Closed-loop supply chain network structure under different carbon tax amounts　Table 2

Carbon tax amount	Warehouse	Maintenance points
20	W2 W3 W4	M2 M3 M4
40	W2 W3 W4	M2 M3 M4
60	W2 W3 W4	M2 M3 M4
80	W1 W2 W3 W4	M1 M2 M3 M4
100	W1 W2 W3 W4	M1 M2 M3 M4
120	W1 W2 W3 W4 W5	M1 M2 M3 M4 M5

Under the carbon tax policy, when the amount of carbon tax is at a low level, Company A will open fewer warehouses and maintenance points to reduce the total closed-loop supply chain cost. As the carbon tax increases, the number of companies choosing warehouse and maintenance points is gradually increasing. The total supply chain cost and total carbon emissions under different carbon tax amounts are shown in Table 3.

Total supply chain costs and total carbon emissions under different carbon tax　　Table 3

Carbon tax amount	Total supply chain cost ($)	Total carbon emissions (tons)
20	94202677	10044
40	94390723	9723
60	94565181	9390
80	95663970	8973
100	95828428	8823
120	96708487	8723

Under the carbon tax policy, the total cost of the closed-loop supply chain for company A continues to increase with the increasing carbon tax amounts, but the total carbon emissions of the closed-loop supply chain gradually decrease. The trend of the company's total supply chain costs and carbon emissions with the change in carbon tax is shown in Figure 2.

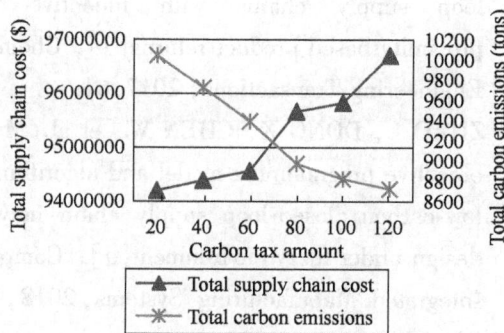

Figure 2　The trend of total supply chain costs and carbon emissions with different carbon tax

Figure 2 shows that the total cost of leasing closed-loop supply chain increases with the increase of carbon tax, while the total carbon emission decreases overall. With a carbon tax of between 20 and 60, the total cost of the supply chain rises less and total carbon emissions fall more. Carbon tax amounts between 80 and 120 are associated with larger increases in total supply chain costs and smaller decreases in total carbon emissions. As the amount of carbon tax increases, Company A chooses to open more warehouses and maintenance points to reduce carbon emissions, which accelerates the rate of increase in total supply chain costs. It can be concluded that the optimization of total cost and total

carbon emissions of Company A's closed-loop supply chain can be achieved when the amount of carbon tax is at a low state ($\varepsilon = 60$).

4　Conclusions

The paper incorporates carbon emissions parameters into traditional closed-loop supply chain network, establishing a cost control and optimization model for the closed-loop supply chain of bridge bulk material leasing considering carbon emissions. Through case analysis, the impact of the change of carbon tax on the closed-loop supply chain network planning of bridge bulk material leasing can be obtained. It can provide decision support for enterprise closed-loop supply chain network design. With the increase of carbon tax, the closed-loop supply chain chooses to open more warehouses and maintenance centers. Compared with a high carbon tax rate, a low carbon tax rate can reduce the total carbon emissions of the supply chain without significantly increasing the total cost of the enterprise.

However, the research process of this paper simplifies the operation activities of the whole supply chain. The paper dose not consider the uncertainty of product recovery, new product demand, lead times and so on. In the future, more detailed carbon constraints can be added to the model. The research on carbon tax policy constraints is extended from supply chain network design to supply chain full-cycle management.

Declaration: Supported by funding from the National Key Research and Development Program of China, under grant number (2021YFB1600401).

References

[1] ANIMESH M, RANJAN K J, DIPAK K J. Decision making in fuzzy closed loop dual channel supply chain [J]. Yugoslav Journal of Operations Research, 2023,14.

[2] HOMAYOUNI Z, PISHVAEE M S. A robust bi-objective programming approach to environmental closed-loop supply chain network design under uncertainty [J]. International

Journal of Mathematics in Operational Research, 2020,16:257-278.

[3] HU X, YANG Z, SUN J, et al. Carbon tax or cap-and-trade: Which is more viable for Chinese remanufacturing industry? [J]. Journal of Cleaner Production, 2020, 243:118606.

[4] KAZANCOGLU Y, YUKSEL D, SEZER M D, et al. A green dual-channel closed-loop supply chain network design model[J]. Journal of Cleaner Production, 2022,332:130062.

[5] LI J, GONG S. Coordination of closed-loop supply chain with dual-source supply and low-carbon concern[J]. Complexity, 2020, 2020 (5):1-14.

[6] LI J, LAI KK, LI Y. Remanufacturing and low-carbon investment strategies in a closed-loop supply chain under multiple carbon policies [J]. International Journal of Logistics: Research & Applications, 2022:1-23.

[7] SIMONETTO M, SGARBOSSA F, BATTINI D, et al. Closed loop supply chains 4.0: From risks to benefits through advanced technologies. A literature review and research agenda[J]. International Journal of Production Economics, 2022,253:108582.

[8] TIWARI A, CHANG P, TIWARI M, et al. A hybrid territory defined evolutionary algorithm approach for closed loop green supply chain network design [J]. COMPUTERS & INDUSTRIAL ENGINEERING, 2016, 99: 432-447.

[9] WANG Y, FAN R, SHEN L, et al. Recycling decisions of low-carbon e-commerce closed-loop supply chain under government subsidy mechanism and altruistic preference [J]. Journal of Cleaner Production, 2020,259:120 883.

[10] XIE J, JIANG M, QIN Q, et al. Recycling model of low-carbon and closed-loop supply chain considering government subsidies[J]. Energy Science & Engineering, 2022, 10: 4382-4396.

[11] YAMZON A, VENTURA V, GUICO P, et al. A mixed integer nonlinear model for closed-loop supply chains with incentive and proximity based product returns[J]. Chemical Engineering Transactions, 2017,61.

[12] ZHAO L, DONG X, CHEN W, et al. Multi-objective programming model and algorithm for low-carbon closed-loop supply chain network design under fuzzy environment[J]. Computer Integrated Manufacturing Systems, 2018, 24: 494-504.

城市公共交通多层网络重要节点识别方法

周凌风　蒋惠园*

(武汉理工大学交通与物流工程学院)

　　摘　要　近年来,各种自然灾害、公共卫生事件和其他突发事件频繁发生,对城市公共交通网络的正常运行带来巨大风险。重要的客运节点失去功能会导致交通效率下降,人们的出行受到严重影响。为了更好地应对各种突发事件,降低其对交通的影响,准确识别网络中的重要节点尤为关键。本文基于城市公共交通系统的特点,构建修正多层网络模型,并提出一种实际流量和拓扑结构的信息相结合的重要节点识别方法,在真实数据集上验证了方法的有效性,该方法对节点重要性的排序更为合理且在流量识别方面的能力比传统 PageRank 方法提升了44%。

　　关键词　多层网络　城市公共交通　PageRank　重要节点识别

0 引言

城市公共交通网络是现代城市运行的重要基础设施之一,它对于满足城市居民的出行需求、减少交通拥堵、降低环境污染、提高城市可达性等方面具有重要作用。然而,城市公共交通网络面临着各种内外部风险和挑战,如自然灾害、恶劣天气、恐怖袭击、技术故障等,这些因素可能导致交通系统瘫痪、服务中断及其他安全问题,严重影响城市的正常运行和居民的生活。交通网络中不同的节点发挥着不同作用,如何将节点进行重要度排序,在紧急情况下采取效率最高的补救方法变得尤为重要。

从网络的视角出发,学者们将节点的重要度用了不同的网络拓扑指标反映,如平均节点度、中介中心性、最大连通图等[1-4]来衡量,然而采用单一的静态指标通常很难衡量一个复杂系统的动态变化。Qiong 等[5]提出了一种基于节点偏心度的节点重要性评价方法,并在一张单层网络上验证了方法的有效性。He 等[6]提出了一种使用改进的 TOPSIS 算法融合指标的方法,计算节点的度值、接近中心性、中间中心性、去除节点后的网络效率降低等指标,对节点进行排序。这种度量方法在部分单层抽象网络上表现出较好的准确性,但由于缺乏现实内涵,在真实网络中显得较为片面。Zhang 等[7]提出了一种新的中心性指数,称为"弹性中心性",以准确量化节点对系统韧性的影响。通过在抽象网络和真实网络上的模拟,证明了该方法相对于先前的方法有更好的优越性。节点的重要性不应仅取决于其领域节点的数量,还会受到其领域节点的影响,即相互增强效应。Zhou 等[8]提出了一种 Notrolrank 指标来评价节点的重要性。索引可以帮助统一各种索引,这些索引只在具有特定拓扑结构的网络中有效。

尽管目前相关研究已经取得了较大进展,但现有的理论和实证研究仍存在以下几点不足,值得进一步深入研究:(1)缺乏从多层网络层面考虑城市公共交通韧性的研究。目前对交通网络的研究多集中于单一网络,或者仅在单层网络上验证了方法的有效性。城市公共交通系统是一个复杂的多层网络,包括公交、地铁、快速公交(BRT)等不同的出行方式。这些层面之间相互依赖、相互影响,构成了一个复杂的系统。将城市公共交通系统简化为单一的网络层面,忽略了不同层面之间的相互作用,这种简化可能导致对城市公共交通系统韧性的评估不准确,无法全面考虑系统的复杂性。(2)重要节点识别方法对客流起点和目的地(OD)的运用不足。公共交通在满足人们日常通行需求方面扮演着重要角色,通过一次运输就能实现大规模人流的转移。因此,在公共交通重要节点的识别中,客流 OD 是至关重要的因素。然而,传统的重要节点识别方法往往忽略了时间和空间的动态性。

因此本文在考虑了不同网络层的重要性的基础上,通过加入节点转移概率,提出了融合客流 OD 数据的 Multi-PageRank 方法,并在真实数据集上验证了方法的有效性,为更好地识别城市公共交通网络中的重要节点,提升交通系统的安全性提供借鉴。

1 基于张量表示的城市公共交通多层网络

1.1 多层网络的张量表示

基于 Domenico 等人做出的多层网络张量表示的开创性工作[9],沿用 M Wu[10]在 PNAS 上发表的文章中的表示方法,本文用张量概念来表述多层网络。在张量表述中,列向量是向量空间中的正则向量,其第 k 个分量为1,其他元素为0。在具有 N 个节点的多层网络中,采用克罗内克积来表示两个节点之间的相互关系。给定任意节点 k_1 和 k_2 之间的相互影响关系,张量可以表示网络中的所有连接,其中

$$U = \sum_{k_1,k_2=1}^{N} u_{k_1k_2}E(k_1k_2) \quad (1)$$

给出了单层网络的张量表述方法后,接着用四阶张量表述多层网络,相对于单层网络,多层网络多了层间连接。本文用英文字母 $\{i,j,k,\cdots\}$ 作为节点标记,希腊字母 $\{\alpha,\beta,\chi,\cdots\}$ 作为层标记。四阶张量 M 被称为邻接张量,其元素 $M_{j\beta}^{i\alpha}$ 表示从 α 层的节点 i 指向 β 层的节点 j 的有向连接的强度。为了描述多层网络不同层之间的影响,引入二阶影响张量 W_β^α,表示 α 层对 β 层的影响强度,如果预先知道了层间的作用强度,W 的值是可以确定的,即为常数。另外需要定义作用张量 H,其元素 $H_{j\beta}^{i\alpha}=W_\beta^\alpha M_{j\beta}^{i\alpha}$ 用以描述从 α 层的指向 β 层的实际作用强度。此定义包含了 Chen X[11]在论文中对多层网络之间竞争或者合作的定义,可以看到,当 W

的值大于1时,从α层对β层的影响会通过链路增强,反之亦然。

1.2 层间连边构建

单层网络和多层网络的主要区别在于多层网络不仅包含层内连接边,还包括层间连接边。节点可能同时与两种类型的边(即层内连接边和层间连接边)相连。从交通出行的角度来看,层内连接表示乘坐某种交通方式从一个地点到另一个地点,而层间连接则表示不同交通方式之间的换乘行为。若将这两者视为一体或忽略层间连接的存在,那么即使在形式上构成了交通多层网络,实质上它只是规模扩大了的单层网络,而非具备多层特性。

上述这种结构方式难以有效解决不同网络层之间的连接问题,无法明确确定层间节点之间的存在以及连接方式。特别是在考虑层间连接时,仅仅连接具有相同名称的地铁站和公交站点,就会失去那些在地铁站服务范围内的公交站点的连接边,而这些边实际上代表了真实的乘客换乘行为。忽视这些层间连接,将无法充分展现真实的交通行为。

解决这一问题的常用方法是根据不同站点的服务范围进行连接。例如将地铁站附近500m内存在的公交站都界定为可换乘站点,都建立公交站和地铁站的双向连接边。一般来说,人们可以接受的换乘距离在50~150m之间,《2022年北京市交通综合治理行动计划》中提到,2022年底轨道车站出入口换乘距离小于30m的公交站点占比达到45%,公共交通规划者们的规划必然是越来越便利人们生活的,因此,将地铁站周围100m作为一个边界,如果地铁站附近100m有公交站分布即可建立两张网络的层间连接,也就是说,对于轨道交通网络,一个节点可能连接着许多个公交站点,而一个公交站点最多只有一个轨道交通站点相连,并且许多站点并不能作为换乘节点,如图1所示。

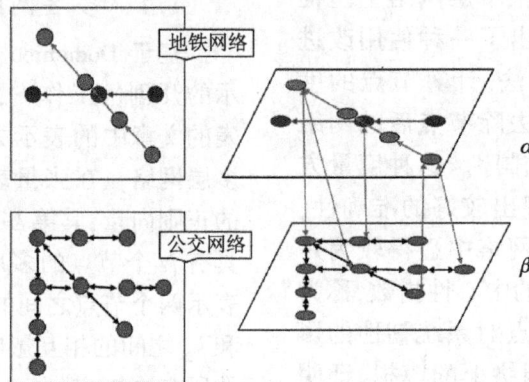

图1　多层网络构建方式示意图

2 基于中心性的多层网络脆弱节点识别方法

2.1 多层网络耦合方式构建

经典的PageRank算法主要面向单层网络,通过分析页面的链接结构和链接质量,搜索引擎可以更好地理解页面的权重和相关性,向用户更精确地展示搜索结果。学者在将PageRank方法扩展到多层网络的过程忽略了层间连接的非对称性,也就是说目前研究普遍将不同层间的连接作为无向连接处理,忽略了不同层节点影响的异质性。本文首先细化了通过换乘节点的流量,对不同方向的传递赋予不同权重,并加入不同层间重要度对节点转移的影响。层间转移概率与出发层和目标层的重要度有关,转移概率W_β^α计算公式如下:

$$W_\beta^\alpha = \frac{L_\alpha}{L_\beta} \qquad (2)$$

式中:L_α——α层的重要度;

L_β——β层的重要度。

而层重要度L_α又由每一个节点的重要度求和得到:

$$L_\alpha = \sum_1^{N_\alpha} c_i^\alpha \qquad (3)$$

式中:N_α——α层中节点的总个数;

c_i^α——该层中一个节点的重要度。

由该定义可以得知从重要层指向不重要层的转移概率,要大于不重要层指向重要层转移概率。多层网络内层间转移概率的加权矩阵W表示如下:

$$W = \begin{pmatrix} w_1^1 & \cdots & w_w^1 \\ \vdots & \ddots & \vdots \\ w_1^w & \cdots & w_w^w \end{pmatrix} \quad (4)$$

式中：w_α^β——α 层连接 β 层的加权值。

2.2 Multi-PageRank 脆弱节点识别方法构建

特征向量中心性，顾名思义，是根据特征向量来度量节点重要性的一种方法。多层网络节点 i 的特征向量中心性 $\Phi_{i\alpha}$ 为以下方程的解

$$M_{j\beta}^{i\alpha} \Phi_{i\alpha} = \lambda \Phi_{i\alpha} \quad (5)$$

式中：$M_{j\beta}^{i\alpha}$——邻接张量；

λ——特征值；

$\Phi_{i\alpha}$——α 层节点 i 的中心性。

在多层网络中，考虑到每个 α 层上的节点将其中心性传递给其 β 层邻居节点时，会乘以一个表示 α 层对 β 层影响的系数 W_β^α。当传递过程达到稳定状态时，只需对稳定状态下的中心性进行适当的标准化或归一化操作，就可以得到多层网络的特征向量中心性。这样做可以确保在多层网络中充分考虑不同层之间的影响，得出准确的中心性结果。定义作用张量 $H_{j\beta}^{i\alpha} = W_\beta^\alpha M_{j\beta}^{i\alpha}$，进一步将公式改进为

$$H_{j\beta}^{i\alpha} \Phi_{i\alpha} = \lambda_\beta \Phi_{i\alpha} \quad (6)$$

式中：$H_{j\beta}^{i\alpha}$——从 α 层的 i 节点指向 β 层 j 节点的实际作用强度；

λ_β——与层有关的系数。

PageRank 作为一种变体的特征向量中心性，主要区别在于 PageRank 算法将每个节点中心性沿出度平均分给临近节点，然后每个节点的 PageRank 中心性是在稳态下从其邻居节点获得的所有中心性之和。在单层网络 PageRank 算法中，因每个节点中心性沿出度平均分给临近节点，其中一个节点的出度为 n，那么每一个指向的出度的值均为 $1/n$。在构建随机矩阵时，每一列的和均为 1，这样节点的特征值可以由以下公式计算得到：

$$M \cdot r = 1 \cdot r \quad (7)$$

式中：r——节点的特征向量，其元素

$$r = \begin{pmatrix} r_1 \\ r_2 \\ \vdots \\ r_n \end{pmatrix}$$

描述了每个节点的特征向量中心性。

PageRank 是一个动态的过程，上述公式实际上描述了一个动态过程 $r_{(k+1)} = M \cdot r_{(k)}$，其值的计算是一个不断迭代的过程，下一阶段的中心性与上一阶段相关。

当网络不是强连通时，可以采取以下两个步骤来保证网络的强连通性和特征值为 1。首先在网络中找到没有出度的节点，并添加它们与其他所有节点的连接，其次引入一个介于 0 到 1 之间的阻尼系数 d，随机矩阵 M 变形为

$$M_d = d \cdot M + \frac{1-d}{N} \cdot 1_{N \times N} \quad (8)$$

这使得 M_d 不可约，根据 Paolo Boldi 等人[12]的工作可得主特征值 λ 是唯一的。

根据上文叙述，将 PageRank 方法推广至多层网络，并根据真实流量数据构建流量网络。因其将每个节点的中心性平均分给临近节点，在构造张量时，首先定义随机张量

$$T_{j\beta}^{i\alpha} = \frac{F_{j\beta}^{i\alpha}}{\sum F_{j\beta}^{i\alpha}} \quad (9)$$

满足 $v^{j\beta} T_{j\beta}^{i\alpha} = v^{i\alpha}$，其中 v 是所有分量等于 1 的张量。张量 F 将网络的真实流量数据与拓扑结构结合，在基本的拓扑结构基础上，根据真实流量对网络连接进行赋值。其元素 $F_{j\beta}^{i\alpha}$ 描述了从 α 层的 i 节点指向 β 层 j 节点的实际流量情况。与上文相同，定义作用张量 $H_{j\beta}^{i\alpha} = W_\beta^\alpha F_{j\beta}^{i\alpha}$，于是多层网络节点的 PageRank 中心性可以由以下公式求得：

$$H_{j\beta}^{i\alpha} \Phi_{i\alpha} = 1 \cdot \Phi_{j\beta} \quad (10)$$

同理，当多层网络不是强联通时，引入阻尼因子 $d \in [0,1]$ 以保证多层网络全局 PageRank 中心的存在和唯一性。

3 实证分析

3.1 数据来源与处理

本节以新加坡公共交通网络（Transit Multilayer Network of Bus and Railway，TMNBR）为例，验证了前文提出重要节点识别方法的准确性，包括了重要度排序方面和流量识别两方面。

1）数据来源

公交起止（Origin-Destination，OD）数据爬取自 LTA2023 年 7 月一整个月的公共交通出行量数据类型，由于时间间隔短，可以很好地与居民出行的 OD 数据信息匹配，因而可以直接使用（仅显示部分数据，完整数据包含公交数据 300 多万条，轨道

交通数据 70 多万条。公交站点数据来自可视化项目 busrouter-sg）。该项目提供数据处理后如图 2　所示,包含了公交站编号、站点名称、道路名称、经度、纬度。

BusCode	Description	RoadName	Latitude	Longitude
1012	Victoria St	Hotel Grand Pacific	1.296848255	103.8525359
1013	Victoria St	St. Josephs Ch	1.297709706	103.8532247
1019	Victoria St	Bras Basah Cplx	1.296989512	103.853022
1029	Nth Bridge Rd	Opp Natl Lib	1.296672985	103.8544142
1039	Nth Bridge Rd	Bugis Cube	1.298207841	103.8554914

图 2　数据来源图

2）数据处理

因获得的数据集将出行类型分为公交和轨道交通两种,如果乘客通过不同交通方式进行换乘,会被计算为两段 OD,此节的轨迹推断无须考虑不同方式之间的换乘。需要注意的是,数据集中每条 OD 最后有出行次数,意味着相同的 OD 出行次数,因此在最后进行计算时需要乘上该系数,用 $m=(f_i^a, f_j^a)$ 表示在 α 层的站点,从 f_i 到 f_j 的 m 次出行。

对于轨道交通而言,两个相邻站点之间的所需时间是确定的,乘客出行不存在堵车、交通管制等影响,因此根据出行时间最短原则进行乘客出行轨迹推断较为合理。对于同一条线路,用不同站点首班车的时间间隔计算相邻两站之间所需要的时间,输入出行数据,获得每一条 OD 所经过的路径,将程序运行结果与 moovit. com [1] 上的导航结果对比如图 3 所示（显示部分数据）。可以看出,在所选的 OD 中,轨迹推断方法基本可以覆盖导航软件所给线路,但是在检索过程中,该方法可能不是最优出行方式,比如 NS2→DT8,可以看到通过轨道交通出行的出行距离大幅提升,此处如果在非高峰时间采用公交出行会更加节约时间。

线路	Moovit 网页导航	轨迹推断	轨迹重合率
CC27→TE5	CC27→CC26→CC25→CC24→CC23→CC22→CC21→CC20→CC19/DT9→CC17/TE9→TE8→TE7→TE6→TE5	CC27→CC26→CC25→CC24→CC23→CC22→CC21→CC20→CC19/DT9→CC17/TE9→TE8→TE7→TE6→TE5	100%
EW9→DT8	EW9→EW10→EW11→EW12/DT14→DT13→NE7/DT12→NS21/DT11→DT10/TE11→CC19/DT9→DT8	EW9→EW10→EW11→EW12/DT14→DT13→NE7/DT12→NS21/DT11→DT10/TE11→CC19/DT9→DT8	100%
NS2→DT8	NS2→NS3→NS4/BP1→BP2→BP3→BP4→BP5→BP6/DT1→DT2→DT3→DT5→DT6→DT7→DT8	NS2→NS3→NS4/BP1→BP2→BP3→BP4→BP5→BP6/DT1→DT2→DT3→DT5→DT6→DT7→DT8	100%
SW8→NE1/CC29	SW8→NE16/STC→NE15→NE14→NE13→NE12/CC13→NE11→NE10→NE9→NE8→NE7/DT12→NS24/NE6/CC1→NE5→NE4/DT19→EW16/NE3/TE17→NE1/CC29	SW8→NE16/STC→NE15→NE14→NE13→NE12/CC13→NE11→NE10→NE9→NE8→NE7/DT12→NS24/NE6/CC1→NE5→NE4/DT19→EW16/NE3/TE17→NE1/CC29	100%

图 3　轨迹推断结果

对于公交而言,存在诸多影响正常运行的因素,在实际推断中可能有很大的误差,在此处进行 OD 推断时若采用时间最短过于理想,因此采用最短距离原则,根据站点的经纬度,计算每条线路相邻站点之间的欧式距离,同样输入公交出行数据,将代码的时间改成距离即可获得每一条 OD 所经过的路径,此处不再详细说明。

3.2　准确性分析

1）重要节点排序分析

按照前一节的方法对新加坡 TMNBR 进行重要节点排序,选取两种方法排名前十的节点,结果如图 4 所示。

图 4　重要节点排序结果图

结果显示在 Multi-PageRank 和单层 PageRank 中,文礼(22009)站是新加坡 TMNBR 中是最重要的一个节点。从网络结构看,22009 的度值是 24,在整个网络节点中同样排名第一,密集的公交线路穿过该站点。从客流角度看,22009 可以同站换乘 Boon Lay MRT(EW27),吸引了诸多换乘旅客,在该站点附近建有新加坡最大的商城,也可以从这里出发驾车去吉隆坡、马六甲,拥有巨大的客流量,因此文礼站在两种方法中排名均第一。

在单层 PageRank 中排名第二的盛港站(NE16/STC),在 Multi-PageRank 中排名第八,下降了六名。盛港站除地铁站外,还设有盛港轻轨站和盛港公交换乘中心。盛港 LRT 轻轨线路呈外发散"8 字形",总长 10.7km 的线路串联起总面积约 10km² 的盛港新城,平均每 500~700m 设有一个 LRT 站,以 LRT 站为中心发散出各个功能齐全、设施完善的邻里组团,可见虽然在网络结构上该节点处在关键位置,但实际上此处的客流量在整个网络中排名并不能匹配其结构优势,可能原因是附近密集的站点分散了原本几种到 NE16/STC 站的流量,各个社区居民更愿意就近选择公交站点。

两种方法的第三、第四名变化不大。值得注意的是,在单层 PageRank 方法中,排名前 10 的节点中,有 9 个是公交站点,仅有一个是轨道交通站点,这在很大程度上体现了传统方法的不足之处,因为公交线路较轨道交通密集得多,而以网络拓扑结构分析重要性的 PageRank 算法很难真正识别重要流量节点。在 Multi-PageRank 方法中,排名前 10 的站点有一半是轨道交通站点,因其考虑了轨道交通大客流的特点,在网络结构的基础上将更加现实的客流因素纳入考虑范围,在一定程度上可以更好地识别重要节点。

2)流量相关性分析

为了进一步研究 Multi-PageRank 在流量识别方面地性能,将该方法排序与节点真实流量排序进行了相关性分析,同时与单层 PageRank 方法进行对比,实验结果如图 5 和图 6 所示。

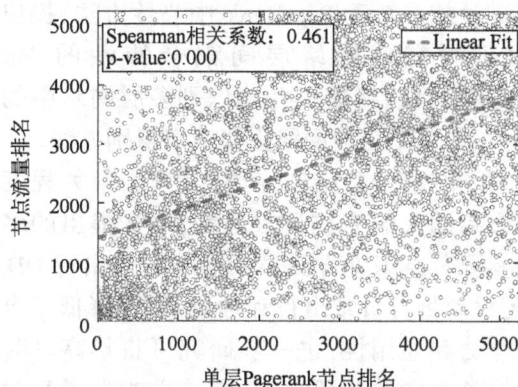

图 5　单层 PageRank 方法与流量耦合程度图

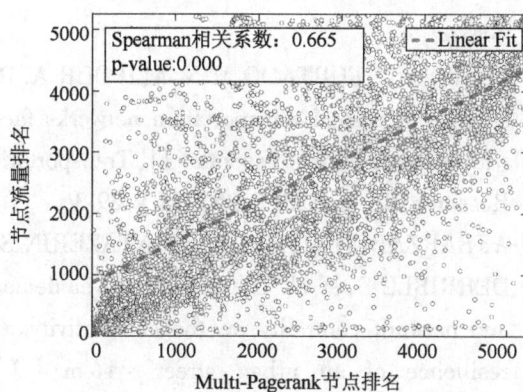

图 6　Multi-PageRank 方法与流量耦合程度图

Spearman 相关性分析不需要对数据做出分布假设,适用于各种类型的数据,属于非参数统计方法,可以发现变量之间的关系。其计算公式如下:

$$\rho = \frac{\sum (x_i - \bar{x})(y_i - \bar{y})}{\sqrt{\sum (x_i - x)^2 \sum (y_i - y)^2}} \quad (11)$$

ρ 为 Spearman 相关系数,其取值在 -1 到 1 之间,$|\rho|$ 越大,说明相关性越强。x_i 和 y_i 表示对应元素,$\bar{x}$ 和 $\bar{y}$ 表示了均值。

根据图 5 和图 6 中的结果可以看到,PageRank 算法与流量的相关系数 $\rho = 0.461$,而 Multi-PageRank 方法 $\rho = 0.665$,流量识别效果提升了 44%,展示了 Multi-PageRank 方法的准确性。因此,对于 TMNBR 来说,简单叠加不同方式的网络结构而进行重要节点排序,无法很好地识别该节点在网络中的作用。需考虑将网络结构和真实流量情况,进行进一步的评估。

4　结语

在已有的网络科学理论的基础上,本文从多层网络视角出发,将交通站点的实际客流量融入网络拓扑结构,兼顾影响交通的两大因素:交通流和基础设施。基于 PageRank 中心性方法,提出了考虑不同交通网络层间耦合特性的 Multi-PageRank 方法,能够更好地识别多层网络中的重要节点,丰富了当前网络重要节点识别方法。

对于城市公共交通来说,其作用很大程度上体现在帮助人们完成日常通勤,本文提出的多层网络重要节点识别方面虽聚焦于居民出行 OD 数据,但没有划分日常出行和通勤出行,降低了方法的说服力和通用性,进一步研究可将早高峰时段和晚高峰时段单独研究,补充该方法在通勤时段的重要节点识别准确度。

参考文献

[1] TESTA A C,FURTADO M N,ALIPOUR A. Resilience of coastal transportation networks faced with extreme climatic events [J]. Transportation Research Record,2015,2532(1):29-36.

[2] AKBARZADEH M,MEMARMONTAZERIN S,DERRIBLE S,et al. The role of travel demand and network centrality on the connectivity and resilience of an urban street system [J]. Transportation,2019,46:1127-41.

[3] DUNN S,WILKINSON S M. Increasing the resilience of air traffic networks using a network graph theory approach [J]. Transportation Research Part E: Logistics and Transportation Review,2016,90:39-50.

[4] AYDIN N Y,DUZGUN H S,WENZEL F,et al. Integration of stress testing with graph theory to assess the resilience of urban road networks under seismic hazards [J]. Natural Hazards,2018,91:37-68.

[5] QIONG Q,DONGXIA W. Evaluation method for node importance in complex networks based on eccentricity of node; proceedings of the 2016 2nd IEEE International Conference on Computer and Communications (ICCC),F,2016 [C]. IEEE.

[6] HE Y,LEI S,REN X. Importance calculation of nodes in complex network based on improved TOPSIS; proceedings of the 2019 2nd International Conference on Information Systems and Computer Aided Education (ICISCAE),F,2019 [C]. IEEE.

[7] ZHANG Y,SHAO C,HE S,et al. Resilience centrality in complex networks [J]. Physical Review E,2020,101(2):022304.

[8] ZHOU J,YU X,LU J-A. Node importance in controlled complex networks [J]. IEEE Transactions on Circuits Systems II: Express Briefs,2018,66(3):437-41.

[9] DE DOMENICO M,SOLé-RIBALTA A,COZZO E,et al. Mathematical formulation of multilayer networks [J]. Physical Review X, 2013, 3 (4):041022.

[10] WU M,HE S,ZHANG Y,et al. A tensor-based framework for studying eigenvector multicentrality in multilayer networks [J]. Proceedings of the National Academy of Sciences,2019,116(31):15407-13.

[11] CHEN X,LU Z-M. Measure of layer centrality in multilayer network [J]. International Journal of Modern Physics C,2018,29(06).

[12] BOLDI P,SANTINI M,VIGNA S. PageRank as a function of the damping factor; proceedings of the proceedings of the 14th international conference on world wide web,New York,NY,USA,F,2005 [C]. Association for Computing Machinery.

考虑周转筐回收的生鲜产品配送路径优化

雒得骅 张矢宇* 黎 晨 陈芷菱 王一帆
（武汉理工大学交通与物流工程学院）

摘 要 为了解决城市生鲜物流配送过程中出现的配送车辆利用率低、配送时效差、生鲜产品生鲜度损失度大等问题，本研究构建了考虑可折叠周转筐回收和生鲜配送损失的生鲜物流配送优化模型，采用遗传算法，利用 MATLAB 软件对模型进行求解，得出优化方案。结果显示：优化后，每日配送总运行时间减少了143min，车辆平均装载率提高了近20%，配送总里程下降了641.6km，配送总成本减少了2136元。优化方案对提升配送效率、降低成本，提升生鲜产品配送时效、降低损失有明显作用，优化效果显著。

关键词 生鲜配送 损失成本 时间惩罚成本 同时取送 遗传算法

0 引言

在社区生鲜店模式蓬勃发展的同时，生鲜商品供应链因发展时间较短，存在物流成本高、效率低等问题。城市生鲜物流配送是生鲜商品供应链的重要环节，提高城市生鲜物流配送合理化水平，一方面有助于降低居民生鲜商品采购成本和减轻居民"菜篮子"负担；另一方面推动生鲜企业简化供应链，优化车辆配置，减少过度包装，提高各类包材及周转筐利用水平，促进节能减排。因此，设计生鲜物流配送系统优化方案具有重要的理论和现实意义[1~5]。

宋志兰等[6]构建了一个考虑顾客时间要求的同时取送冷链配送优化模型。通过一个生鲜连锁超市案例，应用该模型进行路线改进，证实了其实用性，但该研究忽视了取货和送货的装卸操作对配送时间的影响。冀巨海[7]在传统的生鲜产品配送路径优化的基础上增加了软硬时间窗的约束，并通过算例证明了该模型的可行性。付朝晖[8]在城市生鲜产品配送"最后一公里"的研究中，将生鲜产品的新鲜度限制作为约束条件加入模型。赵志学[9]在研究中考虑了生鲜产品新鲜度限制、电动车电量约束，构建了时变路况下的城市生鲜产品配送优化模型。Zhang Tao[10]等人考虑软时间窗的同时取货车辆随机行程路径问题，并建立了优化模型，结合禁忌搜索算法与散射搜索算法，构造了混合散射禁忌搜索（HSTS）算法，基于经典的 Dethloff 实例和 Solomon 时间窗生成方法，分别生成 20 组包含 50 个客户的实例和 20 组包含 200 个客户的实例进行数值测试。结果验证了 HSTS 算法的有效性。

虽然众多学者已对城市生鲜配送进行了广泛探讨，但他们主要关注客户的时间要求，并把产品新鲜度作为一个硬性的约束条件。这虽然能够提高客户满意度，减少生鲜产品的损耗，但同时会大大提高配送成本，增加企业负担。本文将时间惩罚成本和生鲜产品损耗成本加入目标函数，并同时考虑空周转筐的回收作业。实证结果表明，该方案能显著降低企业配送成本，提升企业服务质量。

1 模型构建

1.1 问题描述

在某城市中分布着多个客户点，由一个物流配送中心负责对客户的生鲜产品进行加工、存储和配送，并在送货的同时将装载生鲜产品的周转筐回收至配送中心。配送中心和各个客户点的地理位置固定，并且每个门店需求量、退货量、回收周转筐数量已知。每次配送时，相同类型且额定载重量相同的冷藏车在规定时间从配送中心出发，尽可能在客户要求的时间范围内将货物运送

基金项目：武汉理工大学自主创新项目（项目编号236603002）。

到各个客户点。每个客户点有且仅有一辆冷藏车为其提供服务。本文旨在在满足所有约束条件的同时，寻找成本最低的配送线路。

考虑到生鲜产品配送的特殊要求，冷藏车在到达客户点后，先将该客户所需的货物卸下，再将客户待回收的货物装车，待该客户服务完成后再进行后续客户点服务，并考虑配送车辆最大载重限制和每次配送时长限制等一系列约束，将调用车辆固定成本、车辆行驶成本、产品生鲜度损失成本和时间惩罚成本四部分组成的总配送成本最低为目标函数。

1.2 条件假设

为了简化模型构建和问题分析，本研究将实际问题进行了理论化抽象，并建立了以下基本假设：

（1）每个客户点货物需求量和回收量已知。

（2）所有客户需求量与回收量均不能超过车辆最大装载量。

（3）每一个客户每日仅有一辆冷藏车为其提供服务。

（4）冷藏车数量充足且型号一致。

（5）客户点的地理位置以及配送时间窗要求已经确定。

（6）不考虑交通状况对车辆配送的影响，车辆保持匀速行驶。

（7）各车辆为客户提供的取货和送货服务不受特定顺序约束。

1.3 参数及变量说明

V 表示客户集合 $\{i\}(i=0,1,2\cdots,n)$，$i=0$ 表示配送中心，即 V_0；

K 表示配送中心拥有车辆数量；

i,j 表示需要服务的客户点；

Q 表示车辆最大装载量；

Q_k 表示车辆出发时的装载量；

s_i 表示第 i 个客户的送货量；

q_i 表示第 i 个客户的回收量；

d_{ij} 表示客户 i 与客户 j 之间的距离；

c 表示车辆运行费率，单位为元/km；

v_{ij} 表示车辆在 i 到 j 之间的行驶速度；

f_k 表示调用车辆的固定成本；

T_i 表示车辆到达客户点 i 的时间；

T 表示生鲜产品保质期；

t_{ij} 表示车辆从 i 出发行驶到 j 的时间；

t_i 表示车辆为客户 i 服务时间；

δ 表示产品生鲜度损耗系数；

α_1 表示车辆提前抵达客户地点并等待时，每单位时间产生的等待成本；

α_2 表示车辆延后客户设定时间窗口到达时，每单位时间将产生的超时成本；

$[a_i,b_i]$ 为客户的服务时间窗；

β^k 为 0,1 变量，β^k 为 1，表示调用了第 k 辆车，β^k 为 0，表示没有调用；

x_{ij}^k 为 0,1 变量，当 x_{ij}^k 等于 1，表示第 k 辆车经过路段 (i,j)，否则 x_{ij}^k 为 0；

y_i^k 为 0,1 变量，当车辆 k 为客户 i 服务时为 1，否则 y_i^k 为 0。

1.4 目标函数及约束条件

（1）固定成本

由于本文中调用的所有冷藏车均为同一型号，具有相同的固定使用成本。第 k 辆车的固定成本为 $f_k(k=1,2,\cdots,k)$，则配送所使用的全部冷藏车的总成本 C_1 如式（1）所示。

$$C_1=\sum_{k=1}^{K}f_k\beta_k \qquad (1)$$

（2）车辆行驶成本

通常车辆行驶成本与行驶距离成正相关。本文仅考虑车辆行驶距离以及每千米行驶费用对车辆行驶成本的影响。即车辆产生的总行驶成本 如式（2）所示。

$$C_2=\sum_{i=0}^{n}\sum_{j=0}^{n}\sum_{k=0}^{K}cx_{ij}^k d_{ij} \qquad (2)$$

（3）生鲜产品损失成本

生鲜产品在运输过程中的时间越长，其损耗的程度通常也就越大；此外冷藏车到达客户点后，由于大部分时间下冷藏车无法直接停在门店门口，需要将为该客户配送的货物从冷藏车卸下后搬运到门店内，在搬运过程中生鲜产品与外界环境接触，从而产生生鲜度损失。本文建模时，只考虑配送过程中时间和温度变化对产品生鲜度的影响。则货损的成本公式可以表示为：

$$C_3=\sum_{i=0}^{n}\sum_{k=1}^{K}y_i^k rm_i\varepsilon_1+\sum_{i=0}^{n}\sum_{k=1}^{K}y_i^k rm_i\varepsilon_2 \qquad (3)$$

式中：$\varepsilon_1=\left(\dfrac{T_i}{T}\right)^{\delta^1}$，$\delta^1$ 在配送中心储存和运输

中生鲜产品生鲜度敏感系数。$\varepsilon_2 = \left(\dfrac{t_i}{T}\right)^{\delta^2}$，$\delta^2$ 客户服务过程中生鲜产品生鲜度敏感系数。

（4）时间惩罚成本

本文将客户对生鲜产品的送达时间限制转化为时间延迟的惩罚费用。在其他约束条件相同的情况下，如果一条路线的时间延迟成本较低，则应优先考虑此路线。

所设定的弹性服务时间窗定义如下：如果配送车辆能够在客户指定的时间内抵达，便可使顾客满意度达到最佳，且不会产生任何时间惩罚成本；若配送延后，超出客户预期的服务时间窗，虽然客户仍可接受配送，但其满意度将随着延迟时间的增加而降低，同时时间惩罚成本会随着时间的流逝而增加。因此，在客户点 i 的时间惩罚成本函数 $P(t)$ 如式（4）所示。

$$P(t) = \begin{cases} \alpha_1(a_i - t_i) & (t_i < a_i) \\ 0 & (t_i \in [a_i, b_i]) \\ \alpha_2(t_i - b_i) & (t_i > b_i) \end{cases} \quad (4)$$

在配送过程中产生的总时间惩罚成本 C_4 如式（5）所示：

$$C_4 = \sum_{k=1}^{K}\sum_{i=1}^{n}\left(\alpha_1 \max\{a_i - t_i, 0\} + \alpha_2 \max\{t_i - b_i, 0\}\right)y_i^k \quad (5)$$

考虑送取一体化及配送最大时间限制等约束，以最小化配送车辆的总成本为目标，建立了配送路径优化模型。如式（6）~式（15）所示。

$$\mathrm{Min}Z = \sum_{k=1}^{K}f_k\beta_k + \sum_{i=0}^{n}\sum_{j=0}^{n}\sum_{k=0}^{K}cx_{ij}^k d_{ij}^k + \sum_{i=1}^{n}\sum_{k=1}^{K}y_i^k r\varepsilon_1 m_i +$$

$$\sum_{i=1}^{n}\sum_{k=1}^{K}y_i^k r\varepsilon_2 m_i + \sum_{k=1}^{K}\sum_{i=1}^{n}\left(\alpha_i \max\{a_i - t_i, 0\} +\right.$$

$$\left.\alpha_2 \max\{t_i - b_i, 0\}\right)y_i^k \quad (6)$$

s. t.

$$\max(s_i, q_i) \leqslant Q \quad (7)$$

$$(s_{ij} + q_{ij})x_{ij}^k \leqslant Q \quad (8)$$

$$\sum_{k=1}^{K}\sum_{i=0}^{n}\sum_{j=1}^{n}x_{ij}^k = 1 \quad (9)$$

$$T_j^k = \sum_{k=1}^{K}\sum_{i=1}^{n}\sum_{j=1}^{n}(T_i^k + t_i + t_{ij}) \quad (10)$$

$$\sum_{i=0}^{n}\sum_{j=0}^{n}\sum_{k=1}^{K}x_{ijk} - \sum_{i=0}^{n}\sum_{j=0}^{n}\sum_{k=1}^{K}x_{jik} = 0 \quad (11)$$

$$\sum_{i=0}^{n}\sum_{k=1}^{K}x_{0ik} = \sum_{i=1}^{n}\sum_{k=1}^{K}x_{j0k} \quad (12)$$

$$\sum_{i=0}^{n}q_{i0} = \sum_{i=0}^{n}q_i \quad (13)$$

$$\sum_{j=1}^{n}s_{oj} = \sum_{j=1}^{n}s_j = Q_k \quad (14)$$

$$\sum_{i=1}^{n}t_{ij}x_{ij} + \sum_{i=1}^{n}t_i \leqslant T_{\max} \quad (15)$$

其中，式（7）和式（8）表示配送车辆的装货总量不能超过车载的最大限制。式（9）表示对于每一个客户，都由唯一一辆冷藏车提供服务。式（10）表示车辆到达客户点 i 的时间。式（11）表示任意客户点都遵循这样的规则：如果一辆车为该点提供服务，则该车必须从该客户点驶出；反之，如果一辆车未向该客户点提供服务，则不会从该点驶出。式（12）表示所有冷藏车都从配送中心驶出并最终返回配送中心。式（13）表示所有冷藏车完成运输任务返回配送中心后，所回收的货物总量必须与所有客户的货物回收需求总和相等。式（14）表示所有冷藏车在配送中心装载的货物总量应等同于所有客户的配送需求总和。式（15）表示车辆每次配送时间不超过最大时间限制。

2 算法设计

步骤1：设定种群规模、交叉率 P_c、变异率 P_m，并设定迭代终止条件；生成初始种群。

步骤2：对于每个个体（配送路径），计算其适应度值。适应度值根据路径的成本、时间等因素进行评估。将适应度值与个体带有的时间窗进行对比，确保满足时间窗限制。

步骤3：根据适应度值，使用轮盘赌或其他选择策略从当前种群中选择出优秀的个体，为下一步提供基础。

步骤4：根据设定的交叉概率，随机选择两个个体进行交叉操作，产生新的个体。交叉操作采用单点交叉、多点交叉等策略，确保新个体具有一定的创新性。

步骤5：根据设定的变异概率，对种群中的个体进行变异操作，产生新的变异个体。变异操作可以是对个体的某一部分进行小的调整，以增加种群的多样性。

步骤6：重复步骤5，直到达到设定的迭代次数或达到满意的解。

步骤7：输出最佳个体，即最优的配送路径。可视化最佳配送路径，提供决策支持。

3　优化结果分析

基于构建的带时间窗的 VRP 模型,采用自适应遗传算法,在 MATLAB 软件上编写算法程序,实现对合肥 Z 公司城市生鲜物流配送线路的优化求解。通过对已有文献实例分析并进行实验测试,将遗传算法中涉及的参数设置为:种群规模 $S=200$,最大迭代次数 $N=200$,P_c 与 P_m 的取值分别为 0.9 和 0.05。

经过反复运行后,城市生鲜物流送取车辆的最佳行驶路线如图 1 所示。

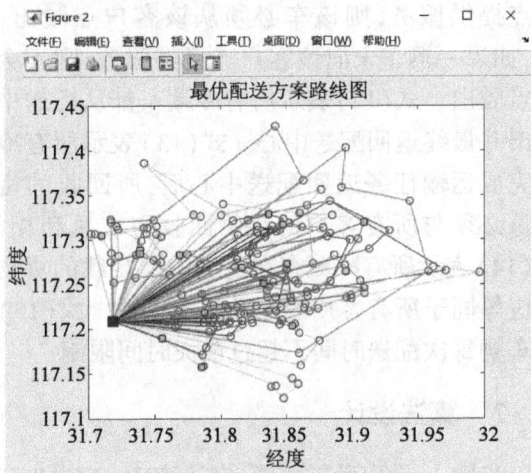

图 1　城市生鲜物流送取线路优化图

染色体种群进化过程如图 2 所示。

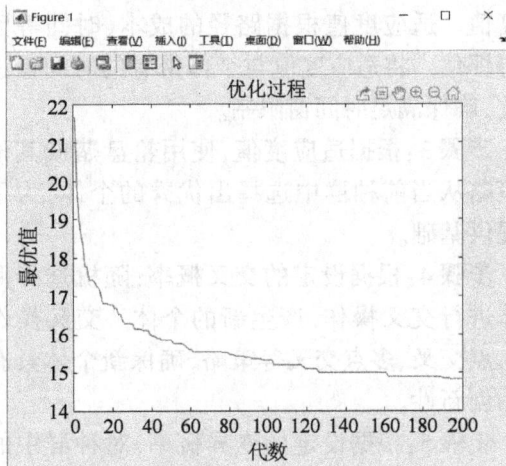

图 2　遗传算法染色体种群进化过程

图 2 显示,在遗传算法的执行初期,寻找最佳解的速度快且优化效率高;但随着迭代次数的增多,性能改善的速率逐渐减缓,表现为逼近最优解的速度变慢,直至算法逐步稳定并最终在第 193 次迭代时达到该问题的最佳解决方案,期间算法未遭遇过早收敛的问题。

根据原始配送路线与优化后的配送方案进行效果分析评价。本文主要从总成本、车辆行驶总里程、车辆工作总时间以及车辆装载率等因素进行对比。详细数据如表 1 所示。

原始路线与优化后配送路线信息数据对比表　表 1

因素	原始数据	优化后数据
车辆数(辆)	16	15
总里程(km)	2403.2	1761.6
工作总时间(min)	601.81	467.74
总成本(元)	12953	10817
装载率(%)	71.7	86.3

通过表 1 比较发现,原配送需要使用 16 辆冷藏车,而优化后的计划只需 15 辆,节约了配送资源;原方案平均装载率在 71.7%,经过优化后平均装载率提高至 86.3%,意味着每趟运输能够搭载更多商品,提高了运输效率;每日车辆配送总里程下降了 641.6km,且每日车辆工作总时间减少了 134.07min,有效提高了生鲜产品的送达速度,降低了产品变质的风险。这些指标的优化可为企业每日减少 2136 元配送成本,配送总成本大大降低。

4　结语

本文针对城市生鲜物流配送存在的问题,考虑可折叠周转筐回收和生鲜配送损失的生鲜物流配送优化模型,采用自适应遗传算法,通过 MATLAB 进行求解,得出优化方案。求得结果显示,该方案能够显著降低企业的配送成本,减少生鲜产品在途损耗。但在本文的研究中,配送优化建模未考虑天气因素和交通路况等外部条件对模型的影响,并始终将车辆视为匀速行驶。在未来的研究里,可以探讨将 GIS 等现代技术应用到生鲜送货车辆的实际行驶情况,如交通状况和道路条件,进而整合到生鲜物流配送的路径优化模型中,以求得更贴合现实路况的优化路径解决方案。

参考文献

[1] 刘会珍. 生鲜农产品城市配送发展路径与策略创新[J]. 物流工程与管理,2023,45(3):81-83,50.

[2] YANG B. Machine learning-based evolution model and the simulation of a profit model of agricultural

products logistics financing[J]. Neural Computing and Applications,2019,31(9):4733-4759.

[3] 王格,孟利清.生鲜农产品冷链物流网络研究——以昆明市为例[J].农业与技术,2023, 43(8):164-167.

[4] 李笑笑,陈健.我国农产品绿色物流体系的发展研究[J].物流工程与管理,2019,41(8): 9-12.

[5] 李蕊.生鲜冷链物流配送管理优化研究[J]. 运输经理世界,2022,(18):59-61.

[6] 宋志兰,黄欢,张壮.时间窗约束下带逆向物流的冷链物流车辆路径优化研究[J].物流技术,2016,35(3):118-122,131.

[7] 冀巨海,张璇.考虑取送作业的生鲜农产品配送路径优化模型与算法[J].系统科学学报, 2019,27(1):130-135.

[8] 付朝晖,刘长石.生鲜电商配送的开放式时变车辆路径问题研究[J].计算机工程与应用, 2021,57(1):271-278.

[9] 赵志学,李夏苗.时变交通下生鲜配送电动车辆路径优化方法[J].交通运输系统工程与信息,2020,20(5):218-225.

[10] ZHANG T,WANG C C. Stochastic travel-time vehicle routing problem with simultaneous pick-up and delivery considering soft time windows[J]. Tongji Daxue Xuebao/Journal of Tongji University,2023,51(8):1278-1287.

突发事件下高速公路网络脆弱性研究

陈景丽[1]　林杉[*1]　刘佳[1]　许宏科[1]　张恒[2]

（1.长安大学电子与控制工程学院；2.云南交通工程质量检测有限公司）

摘要　针对高速公路在不同突发事件下服务水平变化的问题，提出了一种新的脆弱性评估方法。该方法考虑突发事件严重程度，以路段通行能力变化率来衡量突发事件的影响，并将其转化为不同等级的攻击策略。同时，考虑高速公路的服务水平变化，提出以出行成本变化率、OD需求损失占比和隧道占比变化率的脆弱性评估模型，确定路网的关键路段。以陕西省高速公路为例，对网络中各路段依次施加攻击并进行脆弱性评估。结果表明，相比传统的失效策略，高速公路网络在不同攻击等级下各路段的脆弱性和关键路段存在差异。高速公路网络具有一定承受能力，研究其脆弱性需要结合路段通行能力和突发事件的严重程度。

关键词　脆弱性　攻击等级　高速公路网络　突发事件　通行能力

0 引言

高速公路网络作为联系城市间联系的重要基础设施，对促进地区经济发展与空间结构演变十分重要。近年来高速公路里程逐年上升，网络结构逐渐完善[1]，然而由于出行需求的增加，自然灾害频发，交通事故以及恶意破坏等突发事件占用或破坏高速公路行车道，路段通行能力降低，导致高速公路网络交通拥堵问题日益严重，其脆弱性逐渐显现[2-5]。

自20世纪70年代脆弱性概念的首次提出，

各种交通网络脆弱性的评估方法逐渐丰富，进一步可分为基于复杂网络和基于系统两类。前者结合复杂网络统计指标设计不同的攻击策略[6]，分析各种攻击策略下的结构脆弱性。常用的脆弱性指标有度、中心性、聚集系数、网络效率和最大连通子图等[7]。Ma L[8]研究了度攻击和介数攻击下的铁路网的脆弱性变化，研究发现基于度攻击对网络的影响更大。路庆昌等人[9]以上海市地铁网络为研究对象发现基于度中心性、介数中心性、紧密中心性和网络效率等方法得到的关键站点分布规律不同。李博等人[10]提出了改进度攻击和介

基金项目：湖南省交通运输厅科技创新计划项目(202303-4-2)。

数攻击两种攻击策略并对高速公路网脆弱性进行研究,结果表明改进的攻击策略可同时对网络的最大连通子图和网络效率产生影响。基于复杂网络的方法通过仿真方法得到路网的结构脆弱性变化,但由于没有考虑到路网的实际特点以及车辆对网络运行状态的影响,所得到的结果不具有动态特性,无法与现实匹配。鉴于此,许多研究通过考虑路网实际运行状况进行脆弱性分析。Xu 等人[11]考虑高速公路收费站容量、隧道和流量的影响,提出了一种同时兼顾概率和后果的高速公路网络级联失效模型,研究表明近 31% 的收费站都具有脆弱性。Almotahari A[12]在 150 个不同拓扑结构和拥堵水平的测试网络下发现网络效率和拥堵程度是确定路网关键路段的重要特征。考虑到季节性变化下出行需求的不同,Esfeh 等人[13]利用多年的出行时间数据推导出可以反映季节性变化的出行分布。在此基础上,Esfeh 等人[14]还利用事故数据,提出中断事件的时空脆弱性分析模型,该模型可以对道路网络中非当前事件所造成的行程延误进行评估。除了路网的运行状况,路网本身的物理属性对脆弱性的影响也不可忽略,Lu 等人[15]研究了事故条件下道路类型和线形对网络退化的影响,结果发现道路越弯曲,隧道和桥梁的比例越大,网络脆弱性越明显。基于系统的脆弱性研究主要从动态交通网络的不同角度入手,其脆弱性指标也考虑到动态属性,主要包括网络可达性[16]、出行成本变化[17]、OD 损失率[18]、行程时间变化[19]等。除了基于复杂网络和基于系统两类的研究,现有的脆弱性研究逐渐开始考虑突发事件的种类,包括地震灾害[20]、暴雨内涝[21]、山体滑坡[22]等。

综上所述,目前交通系统的脆弱性研究已经逐渐完整,且已经开始研究不同突发事件下的网络脆弱性,但忽略了突发事件严重程度对交通网络运行状态的影响。高速公路具有多车道和通行能力大等特点,突发事件的发生往往导致路段通行能力的下降而非失效,从而降低路段服务水平,以往常用的脆弱性研究思路并不适用高速公路网络。同时虽然现有的研究已经有许多对攻击策略的改进,但这些改进策略多是以复杂网络理论为依据,很少从突发事件角度考虑。另外,隧道作为高速公路网的重要组成部分,现有研究通常关注隧道对结构的影响,忽略其对服务水平的影响。针对上述问题本文提出一种基于事件严重

程度的攻击策略,研究高速公路网络的脆弱性并识别关键路段,为高速公路的运营管理提供理论基础。

1　高速公路网络脆弱性

交通网络脆弱性指面对外部干扰或攻击时所表现出的受影响程度和抗破坏能力,主要从网络结构和功能两个角度进行分析。随着高速公路通车里程的不断增加,网络结构更为复杂。高速路网与城市路网、轨道交通这两种常见的脆弱性分析对象不同,高速公路各路段长度较长,并且具有多车道、通行能力大的特点,当不同严重程度突发事件发生后,路段并不会立即失效,仅仅造成通行能力的降低,发生大范围路网失效的可能性较小,对路网的结构特性影响较小。因此,本文仅研究高速公路网络的功能脆弱性,并将其定义为突发事件影响下高速公路网络服务水平的降低程度。在研究高速公路网络的脆弱性时,需要考虑突发事件的严重程度和路段对突发事件的承受能力。

2　高速公路网络脆弱性评估方法

2.1　高速公路网络模型

考虑到高速公路路段长度较长且车道数较多,其本身的结构属性在网络构建过程中不能被忽略。同时高速公路多为双向且路段之间的距离和 OD 需求均存在差异,需要保留高速路网的基本物理属性,本文采用 Space L 方法构建有向有权的高速公路网络模型:

$$G = (V, E, W) \tag{1}$$

式中:V——高速公路网络中所有节点的集合;

　　　E——高速公路网络所有路段的集合;

　　　W——各路段的权重,包括长度和车道数。

2.2　基于突发事件严重程度的攻击策略

突发事件的严重程度常常用人员伤亡与财产损失来衡量,这种方法无法体现突发事件对路网服务水平的影响。突发事件的发生会造成路段的通行能力的下降甚至消失,对路网运行状态产生影响,而这种结果往往是通过影响路段行车道的数量而形成的。突发事件对路网的影响如图 1 所示。

a)原始网络   b)路段通行能力降低   c)路段失效

图1 突发事件影响结果

路段关闭车道的条数与其通行能力变化并不是简单的线性关系[23,24]，关闭的车道越多，驾驶行为受到的影响越大，从而增大车辆排队的可能性，影响高速公路路段的通行能力。本文使用突发事件前后的路段通行能力变化率 K_m 表征突发事件的严重程度：

$$K_m = C_n^m / C_n^0 \qquad (2)$$

式中：C_n^0——具有 n 条车道高速公路基本路段通行能力；

C_n^m——n 车道路段损失 m 条车道后的路段有效通行能力（$m \leqslant n$）。

根据通行能力变化率将突发事件的严重程度量化为 m 级攻击等级，并利用仿真软件得到攻击等级结果。本文以最大车道数为四车道为例，得到如表1的量化结果。

攻击等级量化结果   表1

车道数	最大通行能力	一级	二级	三级	四级
2	3600pcu/h*	0.44	0.00	0.00	0.00
3	5244pcu/h	0.62	0.30	0.00	0.00
4	7900pcu/h	0.71	0.47	0.23	0.00

注：* 车流量单位，单位路段每小时标准车辆数。

2.3 高速公路网络脆弱性评估模型

本文研究的高速公路网络脆弱性是指突发事件影响下高速公路网络服务水平的降低程度。道路服务水平是描述道路上交通流的运行条件及其对驾驶人、乘客所提供的服务程度的一种质量标准。本文选取以下三个指标衡量高速公路网络的脆弱性，脆弱性值越高，高速公路服务水平下降越明显。

1）出行成本变化率

出行成本是出行者出行过程中最关注的因素，出行者往往希望利用最少的时间和金钱完成出行活动。出行成本包括时间成本 $T(\mathrm{h})$ 和经济成本 $Eco(元)$。时间成本 T 指网络中所有用户的出行时间总和

$$T = \sum_{a \in E} q_a t_a(q_a) \qquad (3)$$

$$t_a(q_a) = t_a^0 [1 + \alpha (q_a/C_a)^\beta] \qquad (4)$$

式中：q_a——路段 a 上的实际流量；

$t_a(q_a)$——路段 a 的行驶时间；

E——路网所有出行者出行路径的路段集合；

$t_a(q_a)$——采用 BPR 函数；

t_a^0——路段 a 的自由行驶时间；

C_a——路段 a 的实际通行能力；

α，β——模型参数，分别取值 0.15 和 4。

经济成本 Eco 是指出行者在高速公路上行驶所需的通行费

$$Eco = \sum_{a \in E} L_a \times e \times q_a \qquad (5)$$

式中：L_a——路段 a 的长度（km）；

e——单位长度收取的通行费（元）。

使用单位时间价值将时间成本转为经济成本，可以得到网络出行总成本 $C(元)$

$$C = \delta \times T + Eco \qquad (6)$$

式中：δ——单位时间价值（元/h）。

用出行总成本变化率 TC_i 评估路段 i 受到攻击后的影响

$$TC_i = \frac{C_i - C_0}{C_0} \qquad (7)$$

式中：C_i——路网流量重新分配后的出行总成本；

C_0——路网原始出行总成本。

2）OD 需求损失占比

当路段受到攻击后造成路段失效，部分 OD 之间没有可替代路径，出行者的出行需求无法满足，服务水平下降。使用 OD 需求损失占比 D_i 量化路段受到攻击后的严重程度。当路段 i 受到攻击后，整个网络中 D_i 计算为

$$D_i = \frac{Q_0 - Q_{m,i}}{Q_0} \qquad (8)$$

式中：Q_0——路网可以满足的初始 OD 需求；

$Q_{m,i}$——路段 i 受到 m 级攻击后可以满足的 OD 需求，D_i 值越高，脆弱性越明显。

3）隧道占比变化率

隧道长度越长，脆弱性越明显[15]，这往往反映在路网结构上。对于驾驶人来讲，隧道的半封闭性和隧道路段的较低限速会造成驾驶人的心理压力增大，隧道路段越长，驾驶性能越低，对整个出行过程的影响越大[25]，这种脆弱性往往体现在驾驶人心理上，对评价路网服务水平有很大影响。隧道占比 tp_{all} 定义为路网中所有车辆在出行过程途经的隧道路段长度占全部出行路径长度的比例

$$tp_{\mathrm{all}} = \sum_{(o,d) \in \mathrm{OD}} q_{o,d} tp_{o,d} \qquad (9)$$

$$tp_{o,d} = \sum_{r=\text{path}} \frac{l_r^t}{l_r} \qquad (10)$$

式中：$tp_{o,d}$——起点 o 到终点 d 的隧道占比；

　　　　$q_{o,d}$——起点到终点的出行流量；

　　　　OD——路网全部出行集合；

　　　　path——路网中所有出行路径的集合；

　　　　l_r——路径 r 的长度；

　　　　l_r^t——其中隧道的长度，单位均为 km。

本文提出隧道占比变化率衡量隧道对路网服务水平的影响，定义为 TP_i：

$$TP_i = \frac{tp_{\text{all},i} - tp_{\text{all},0}}{tp_{\text{all},0}} \qquad (11)$$

式中：$tp_{\text{all},0}$——路网初始隧道占比；

　　　　$tp_{\text{all},i}$——路段 i 受到攻击后的隧道占比。

2.4　高速公路网络关键路段识别模型

高速公路网络关键路段是指路段受到攻击后因该路段的通行能力降低或失效对整个路网影响最大的路段,关键路段的识别对高速公路网络的运营管理和对潜在危险的评估具有重大意义。本文从脆弱性的角度,确定不同攻击等级下的关键路段。由于三个指标单位不同,计算脆弱性值时不能直接相加,需要进行归一化,本文采用 min-max 方法,得到关键路段识别模型为:

$$VUL_i = \lambda_1 D_i' + \lambda_2 TC_i' + \lambda_3 TP_i' \qquad (12)$$

$$\lambda_1 + \lambda_2 + \lambda_3 = 1 \qquad (13)$$

式中：D_i'、TC_i'、TP_i'——归一化后的结果。将计算结果进行排序,则可得到不同攻击等级下高速公路网络的关键路段。

2.5　高速公路网络脆弱性评估流程

高速公路发生突发事件,路段通行能力降低,不能采用失效的方式直接移除。在研究高速公路网络的脆弱性时需要考虑突发事件的严重程度。高速公路网络脆弱性评估流程如图 2 所示。

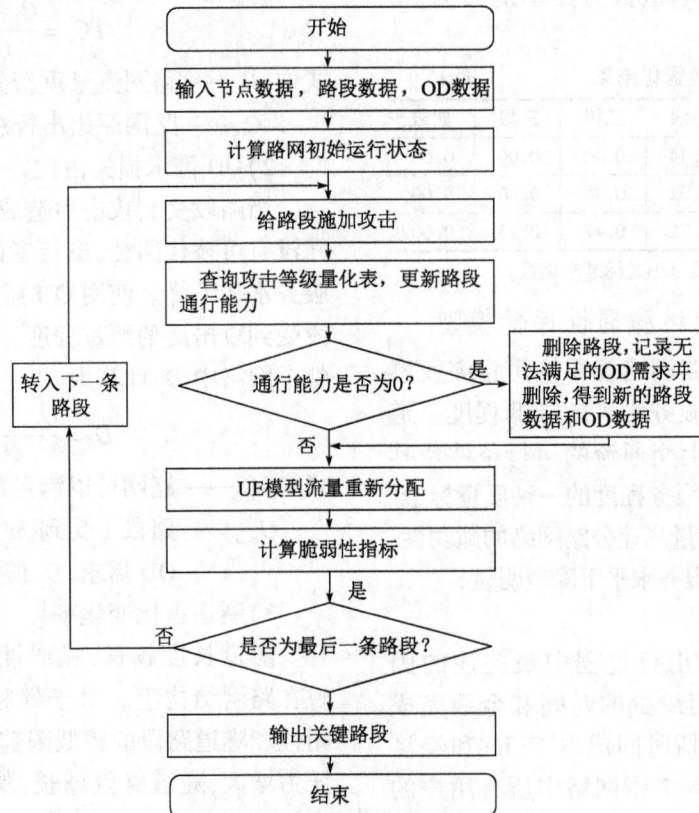

图 2　高速公路网络脆弱性评估流程

3　案例分析

3.1　案例路网

本文以陕西省高速公路网络为研究对象,采取 Space L 方法保留路网基本结构属性,以收费站作为网络节点,路段作为边,路段车道数和路段长度作为加权属性,利用 ArcGIS 软件构建有向有权的高速公路网络,如图 3 所示,包括 454 个节点和

972 条有向路段。所使用的数据是 2019 年 8 月某周末的 OD 数据,计算高速公路网络初始出行成本、OD 需求和隧道占比。

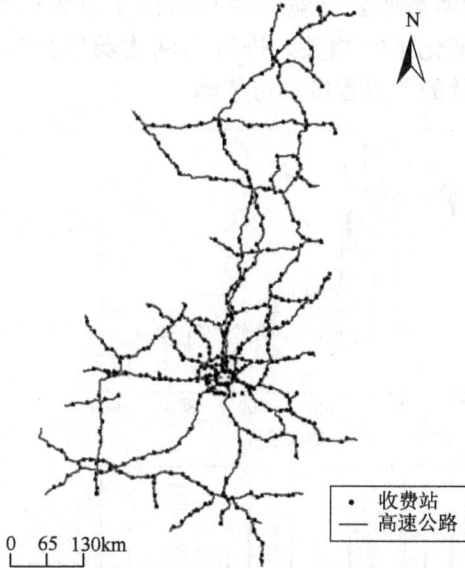

图3　陕西省高速公路网络图

3.2　结果分析

为了研究陕西省高速公路网络在四种攻击等级下的脆弱性,按照图 2 的评估流程,依次对全网 972 条有向路段施加攻击,分别计算路网的三个脆弱性指标,确定三个权重分别为 0.68、0.22 和 0.10,计算各路段的脆弱性结果。

1)一级攻击下的高速公路网络脆弱性分析

由于案例路网各路段车道数都大于 1,一级攻击仅造成通行能力的降低,路网中所有 OD 出行需求都能满足且出行路径几乎不会有变化,因此 OD 需求损失占比和隧道占比变化率几乎没有变化。受到攻击后通行能力的降低会造成路段行驶阻力发生变化,路段出行时间会发生变化。根据计算结果可知,一级攻击下,仅有 12.9% 的路段会造成总出行成本变化率大于 0.01%,最大仅为 0.088%,一级攻击下,由于高速公路有一定的承受能力,当攻击产生的影响小于其承受阈值时,高速公路网络的脆弱性是隐藏的,且服务水平基本未受影响。

2)二级攻击下的高速公路网络脆弱性分析

图 4 为二级攻击的脆弱性结果。二级攻击下,车道数为 2 的路段通行能力降为 0,部分 OD 无法满足,路网出行成本、隧道占比变化率和 OD 需求损失占比均会有所变化,路网的服务水平下降,脆弱性相比其他多车道路段更加明显;三、四车道路段在移除两条车道后仍保留部分通行能力,对网络影响较小。从图 4 的结果来看,二级攻击等级下最脆弱的两条路段是位于彬县收费站和下河立交之间的两条路段,分别损失了 1.61% 和 1.43% 的 OD 需求。这两条路段除方向相反,其他结构特征均相同,脆弱性结果不同是由于路段承担的车流量大小不同。

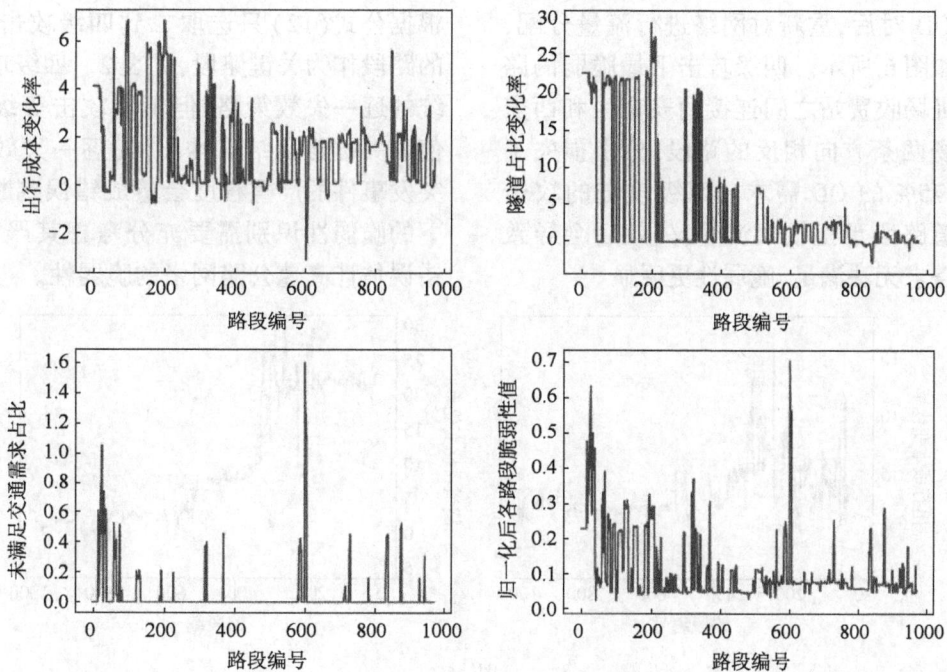

图4　二级攻击下的脆弱性结果

3）三级攻击下的高速公路网络脆弱性分析

对路网施加三级攻击,剔除无法满足的 OD 对,重新对网络进行流量分配,计算路段脆弱性,结果如图 5 所示。与二级攻击不同,三级攻击等级下的高脆弱性路段多为三车道高速路段,这是因为相比于双车道,三车道路段承担的流量相对更大,这些路段失效对路网服务水平产生的影响越大,但是最脆弱的路段与二级攻击下相同。三级攻击下,两车道和三车道路段均失效,其结果不同,说明高速公路脆弱性与路段车道数即通行能力的变化紧密相关。进行路网脆弱性分析时,突发事件的严重程度不可忽略。

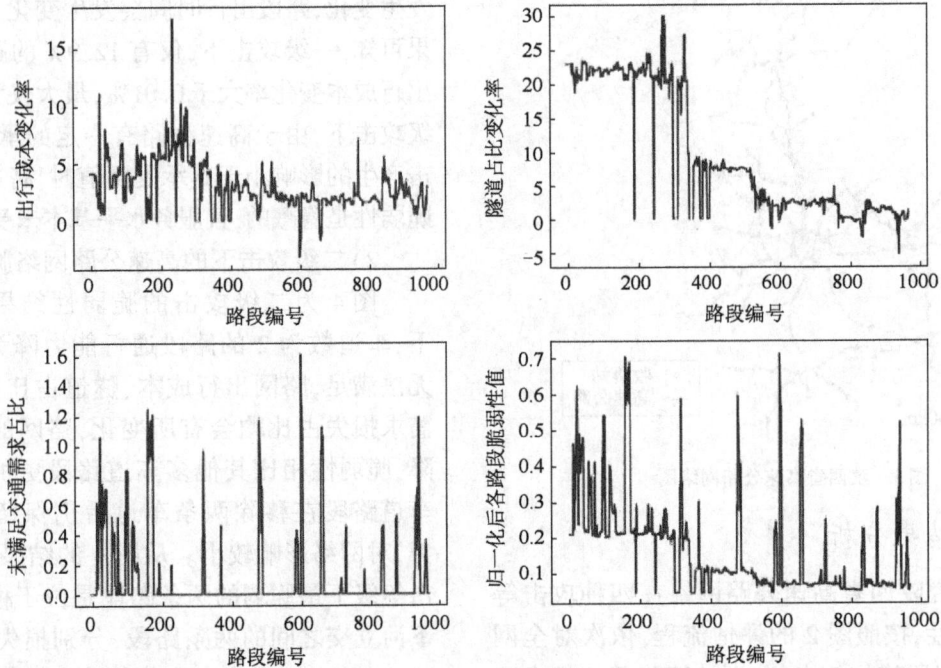

图 5　三级攻击下的脆弱性结果

4）四级攻击下的高速公路网络脆弱性分析

对陕西省高速公路网络实施四级攻击,剔除无法满足的 OD 对后,重新对网络进行流量分配,脆弱性结果如图 6 所示。四级攻击下最脆弱的路段是汉城和机场收费站之间连接西安市区和西安咸阳国际机场两条方向相反的路段,分别损失了 1.81% 和 1.75% 的 OD 需求。四级攻击的攻击下,三、四车道路段承担较大流量,失效后会导致大量的出行需求无法满足,脆弱性更明显。

5）不同攻击等级下的关键路段

由于一级攻击下路网脆弱性是隐藏的,本文根据公式(12)只选取二到四级攻击下排名前 10 的路段作为关键路段,见表 2。四级攻击相当于传统的逐一失效策略,但不同攻击等级下的脆弱性值和关键路段结果均不同,逐一失效策略不结合突发事件的严重程度会造成错误判断。突发事件下的脆弱性识别需要充分考虑其严重程度,以免错误估计高速公路网络的脆弱性。

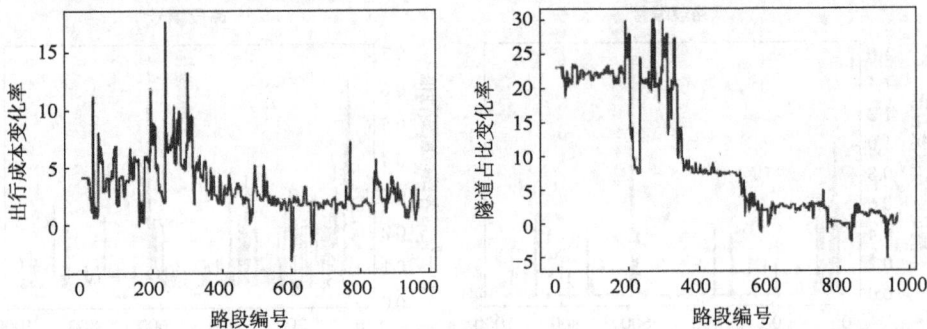

图　6

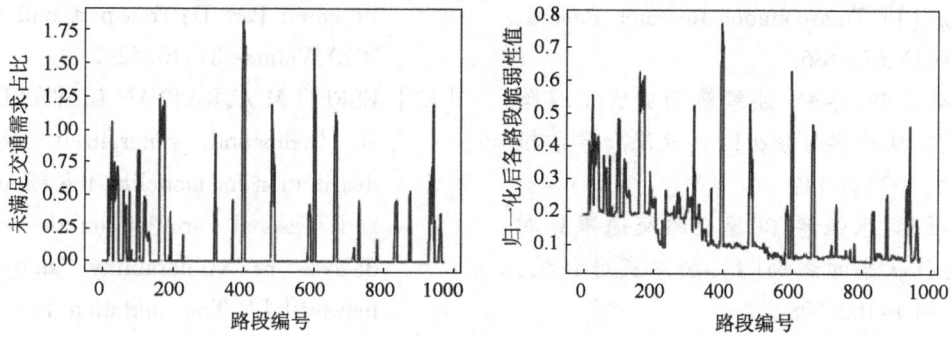

图6 四级攻击下的脆弱性结果

不同攻击等级下的关键路段编号　　　　　　表2

序号	二级攻击			三级攻击			四级攻击		
	路段编号	车道数	脆弱性	路段编号	车道数	脆弱性	路段编号	车道数	脆弱性
1	602	2	0.729	602	2	0.729	401	4	0.767
2	603	2	0.662	603	2	0.662	403	4	0.743
3	606	2	0.588	163	3	0.632	602	2	0.729
4	604	2	0.583	176	3	0.619	402	4	0.706
5	25	2	0.541	172	3	0.603	405	4	0.702
6	607	2	0.521	168	3	0.590	400	4	0.694
7	605	2	0.520	170	3	0.590	404	4	0.663
8	24	2	0.510	166	3	0.589	399	4	0.656
9	371	2	0.489	174	3	0.579	398	4	0.632
10	22	2	0.444	483	3	0.571	163	3	0.632

3.3 降低脆弱性的建议

结合陕西省路网在不同突发事件下的脆弱性结果,本文从以下几个方面提出降低脆弱性的建议。

(1)根据脆弱性结果,需要对路网中的关键路段如彬县收费站至下河立交段(602、603)、汉城至机场收费站段(401、403)等加强养护,完善对关键路段的监管与控制,实现突发事件的快速发现与控制。

(2)高速公路脆弱性与路段通行能力有关,在进行道路建设时要结合路段OD需求合理规划高速公路车道数,加强基础设施建设如道路边坡以及交通标志,提高高速公路抗风险能力,降低突发事件发生的可能性。

4 结语

(1)突发事件对路网运行的影响与路段通行能力有关,考虑高速公路网络的服务水平,提出使用出行成本变化率,OD需求损失占比评估路网脆弱性,为了衡量隧道变化对路网服务水平的影响,提出隧道占比变化率这一脆弱性指标,可以很好地刻画路网服务水平的下降程度。

(2)对陕西省高速公路网进行脆弱性分析结果表明,突发事件下路网脆弱性不仅与突发事件发生路段的通行能力有关,还与路段所承担的流量大小有关;不同攻击等级下的路网脆弱性不同,路网的脆弱性评估不可忽略突发事件的严重程度。

(3)文章在研究高速公路的脆弱性时仅考虑突发事件的影响结果,并没有考虑突发事件的对路网的影响过程。在未来的研究中可以进一步考虑突发事件演化过程,动态描述突发事件对高速公路脆弱性的影响。

参考文献

[1] 刘瑞,叶堃晖,张正丰.复杂网络视角下我国高速公路演变特征研究[J].项目管理技术,2020,18(10):26-33.

[2] GHOSH K, MAITRA B. Vulnerability assessment of urban intersections apropos of incident impact on road network and identification of critical

intersections[J]. Transportation Research Record, 2020,2674(8),672-686.

[3] 徐鹏程,路庆昌,李静.连续暴雨灾害下道路网络时变韧性建模与分析[J].武汉大学学报(工学版),2023:1-11.

[4] 郝亮,杨濯丞,张恒博.高速公路交通事故对交通流运行状态的影响[J].公路交通科技,2022,39(S1):102-108.

[5] 李彦瑾,罗霞.基于路网压缩的城市路网脆弱路段识别[J].公路交通科技,2019,36(5):104-112.

[6] HUANG W C,ZHOU B W,YU Y C,et al. Vulnerability analysis of road network for dangerous goods transportation considering intentional attack:based on cellular automata [J]. Reliability Engineering System Safety, 2021,Volume 214:107779.

[7] ZHANG M Y,HUANG T,GUO Z X,et al. Complex network based traffic network analysis and dynamics:a comprehensive review [J]. Physica A:Statistical Mechanics and its Applications,2022,Volume 607:128063.

[8] MA L. Vulnerability analysis of china's railway express freight transportation as a complex network problem [C]. 3rd International Conference on Computer Science and Application Engineering,Sanya,2019.

[9] 路庆昌,崔欣,谢驰.城市轨道交通网络关键站点识别方法对比与分析[J].北京交通大学学报,2022,46(3):18-25.

[10] 李博,李治政,刘慧甜.基于复杂网络的陕西省高速公路网络脆弱性分析[J].重庆交通大学学报(自然科学版),2023,42(8):86-95+124.

[11] XU J Q,HUANG H N,CHENG Y Q,et al. Vulnerability assessment of freeway network considering the probabilities and consequences from a perspective based on network cascade failure [J]. PLoS ONE, 2022, 17 (3):0265260.

[12] ALMTAHARI A,YAZICI A. Impact of topology and congestion on link criticality rankings in transportation networks [J]. Transportation

Research Part D:Transport and Environment, 2020,Volume 87:102529.

[13] ESFEH M A,KATTAN L,WILLIAM H K. ,et al. Compound generalized extreme value distribution for modeling the effects of monthly and seasonal variation on the extreme travel delays for vulnerability analysis of road network[J]. Transportation Research Part C:Emerging Technologies, 2020, Volume 120:102808.

[14] ESFEH M A,KATTAN L,WILLIAN H K. ,et al. Road network vulnerability analysis considering the probability and consequence of disruptive events:a spatiotemporal incident impact approach[J]. Transportation Research Part C:Emerging Technologies,2022,Volume 136:103549.

[15] LU Q C,XU P C,ZHANG J X,et al. Infrastructure based transportation network vulnerability modeling and analysis [J]. Physica A:Statistical Mech- anics and its Applications, 2021,Volume 584:126350.

[16] 陈亚雄,徐博,霍非舟.客流视角下轨道交通网络动、静态脆弱性分析[J].武汉理工大学学报(信息与管理工程版),2022,44(5):737-744.

[17] LENG J Q,ZHAI J,LI Q W. Construction of road network vulnerability evaluation index based on general travel cost[J]. Physica A:Statistical Mechanics and Its Applications, 2018,493:421-429.

[18] 马超群,张爽,陈权.客流特征视角下的轨道交通网络特征及其脆弱性[J].交通运输工程学报,2020,20(5):208-216.

[19] 路庆昌,崔欣,徐标.公交接驳场景下轨道交通网络脆弱性研究[J].中国安全科学学报,2021,31(8):141-146.

[20] TANG Y,HUANG S P. Assessing seismic vuln- erability of urban road networks by a bayesian network approach[J]. Transportation Research Part D:Transport and Environment,2019,77:309-402.

[21] 薄坤,杨正,赖雄飞.暴雨内涝下城市公交线

网应急点识别方法[J].交通运输工程与信
息学报,2022,20(3):57-67.

[22] SUGISHITA K, ASAKURA Y. Citation Network
Analysis of Vulnerability Studies in the Fields
of Transportation and Complex Networks[J].
Transportation Research Procedia, 2020, 47:
369-376.

[23] LILY A. The Highway Capacity Manual, 6th
Edition[J]. TR News:Transportation Research,

2016.(Nov./Dec. TN.306):16-21.

[24] 邵长桥,张兴宇,罗凯.高速公路施工区通行
能力研究综述[J].武汉理工大学学报(交
通科学与工程版),2021,45(2):207-212.

[25] QIN P, HE J, ZHANG C, et al. How Does an
Extralong Freeway Tunnel Influence Driving
Performance? A Comparative Study of Driving
Simulation[J]. KSCE J Civ Eng, 2023, 27:
4043-4059.

基于AHP的冷链物流中心三阶段选址研究

丁　涛[*1]　刘洋洋[1]　李嘉诚[2]　姜爱明[1]
(1.武汉理工大学交通与物流工程学院,2.大连海事大学交通运输工程学院)

摘　要　针对生鲜产业的特点和未来发展方向,本文提出一种涵盖灰色预测、层次分析法和整数规
划的冷链物流中心三阶段选址方法,以提高辽宁省的冷链流通率。以辽宁省冷链物流中心选址为研究对
象,第一阶段运用灰色预测模型对辽宁省草莓产量进行预测,得到未来几年辽宁省草莓产量预测值;第二
阶段选取对选址影响较大的因素,运用AHP(层次分析法)筛选出可选地点;第三阶段以总成本最小为目
标,建立0-1整数规划模型,并运用Lingo编程进行精确求解,得到物流中心的精确选址地点。最终确定
了辽宁省草莓冷链物流网络的选址方案,即在丹东、大连和沈阳分别建立物流中心。

关键词　冷链物流　灰色预测　AHP　整数规划　物流中心选址

0　引言

随着生鲜产业的迅速发展和冷链流通的重要
性逐渐凸显,物流中心选址是提高冷链流通率的
关键因素。2022年12月,国务院发布《"十四五"
现代物流发展规划》,明确提出完善冷链物流设施
网络、加强产销冷链集配中心建设、完善销地城市
冷链物流系统,以提高冷链物流质量效率。同时,
《辽宁省"十四五"海洋经济发展规划》明确要求
创建国家骨干冷链物流基地,打造东北亚水产品
冷链物流中心。相比于发达国家,国内果蔬冷链
物流技术的整体研究和应用还不够深入,还存在
果蔬冷却品质差,冷却效率低等问题[1]。蒋惠园
针对冷链物流强时效性特点,采用软时间窗来反
映顾客满意度,并结合T.T.T理论对货物损坏成
本进行折算,建立满足客户时间窗口的冷链物流
配送地点的二层规划模型和路径优化模型[2]。田
延飞基于传统AHP,建构港区船舶构建港区船舶
溢油应急设备库选址模型,以量化的权重来实现

备选方案的优选排序,为港区船舶溢油应急设备
库选址的综合决策提供依据[3]。合理的物流中心
(DC)有助于公司实现长期目标,大幅度降低物流
成本,还能实现生产端与消费端的平衡,对可能开
设新DC地点的评估可被视为一个MCDM(多标准
决策)问题[5]。Mehdi Keshavarz-Ghorabaee提出了
一种决策方法来评估DC位置,提出的方法基于逐
步权重评估比率分析II(SWARA II)、基于标准去
除效应的方法(MEREC)、加权聚合和积评估
(WASPAS)、模拟和分配模型,使用仿真和分配模
型,确定最终的聚合结果,通过一个物流中心位置
评估案例,说明了该方法的适用性[6]。Thi Nhu-
MaiNong提出一种综合的多目标决策模型以支持
物流中心选址,采用ANP和TOPSIS相结合的方法
解决物流中心的选择问题[7]。

现有的研究成果大多采用运筹学等方法对冷
链物流的决策体系结构和生产环节进行优化,但
采用综合分析或定性与定量相结合的方法对冷链
物流网络进行优化的研究相对较少。为此,本文

针对生鲜产业特点及其发展方向,提出了一种全新的选址方法,通过结合灰色预测、层次分析法和整数规划的三阶段方法,高效科学地确定冷链物流中心的最佳选址。辽宁省是我国草莓产业不可或缺的重要基地,研究其冷链物流网络优化具有重要的理论和现实意义。

1　符号说明及模型建立

为了便于建立数学模型,做出以下假设:

①由产品供应地到冷链物流中心、由冷链物流中心到产品需求地的单位运输价格和运输距是已知的;②各个产品供给地的总的供给能力已知;③冷链物流中心的仓储容量及个数有限;④各产品需求点的需求量已知;⑤冷链物流中心的固定费用、单位管理费用为已知。

1.1　灰色GM(1,1)模型

灰色系统理论[8]在"小样本"与"差信息"不确定性的基础上,通过对已知信息的产生和发展过程,提取有用的信息,从而准确地描述和监测整个系统的运行过程和演变过程。

灰色GM(1,1)模型的步骤如下:设现有的原始数据序列有N个观测值

$$X^{(0)} = \{X^{(0)}(1), X^{(0)}(2), L, X^{(0)}(N)\} \quad (1)$$

将原始数据序列一次累积加,生成一个新的序列:

$$X^{(1)} = \{X^{(1)}(1), X^{(1)}(2), L, X^{(1)}(N)\} \quad (2)$$

其中,

$$X^{(1)}(N) = \sum_{i=1}^{n} X^{(0)}(N) \quad (3)$$

利用累加生成新序列,减弱原始数据序列的不规则性并形成更规则的序列,是构建GM(1,1)方法的一阶灰色微分方程动态模型的过程。如公式(4)所示:

$$\frac{dX^{(1)}}{dt} + \alpha X^{(1)} = \mu \quad (4)$$

式中:α、μ——待定系数,α为发展灰数,μ为内生控制系数。

设$\hat{\alpha} = \begin{bmatrix} \alpha \\ \mu \end{bmatrix}$,使用最小二乘法估计参数$\hat{\alpha}$,则有$\hat{\alpha} = (\mathbf{B}^{\mathrm{T}}\mathbf{B})^{-1}\mathbf{B}^{\mathrm{T}}\mathbf{Y}$。

其中,

$$\mathbf{B} = \begin{bmatrix} -[X^{(1)}(2)+X^{(1)}(1)]/2 & 1 \\ -[X^{(1)}(3)+X^{(1)}(2)]/2 & 1 \\ L & L \\ -[X^{(1)}(m)+X^{(1)}(m-1)]/2 & 1 \end{bmatrix}$$

$$\mathbf{Y} = [X^{(0)}(2), X^{(0)}(3), L, X^{(0)}(M)]$$

通过求解一阶灰色微分方程动态模型,可以得到灰色预测离散时间响应函数为:

$$\hat{X}^{(1)}(k+1) = \left[X^{(0)}(1) - \frac{\mu}{\alpha}\right]e^{-\alpha k} + \frac{\mu}{\alpha}$$

$$(k = 1, 2, L, m) \quad (5)$$

预测值可以还原为:

$$\hat{X}^{(0)}(k+1) = \hat{X}^{(1)}(k+1) - \hat{X}^{(1)}(k)$$

$$= (1 - e^{\alpha})\left(X^{(0)}(1) - \frac{\mu}{\alpha}\right)e^{-\alpha k} \quad (6)$$

从上述的步骤中,我们可以获得未来的预测数据,但是,预测的可信度需要从两个方面来判定:

①根据灰色系统理论,灰色GM(1,1)预测模型具有一定的应用范围。当发展灰数的值$-\alpha \leqslant 0.3$时,模型适用于短期预测。如果得到的发展灰数与GM(1,1)预测模型的适用范围相吻合,则可以继续进行模型的残差检验。

②灰色GM(1,1)模型的残差检验。根据原始数据和预测值计算绝对误差$\hat{E}^{(0)}(i) = \hat{X}^{(0)}(i) - X^{(0)}(i)$,相对误差$F(i) = \frac{\hat{E}^{(0)}(i)}{\hat{X}^{(0)}(i)} \times 100\%$,平均相对误差$\overline{F(i)} = \frac{\sum_{i=1}^{n}|F(i)|}{n}$,$i = 1, 2, L, n$。

然后,根据预测模型的平均相对误差解释预测值的精度和可信度:模型的精度表示为:$\eta = (1 - \overline{F(i)}) \times 100\%$,其中,当$\eta > 80\%$时,模型的预测结果满足要求。

1.2　层次分析法

AHP层次分析法是一种综合了定性与定量分析的多目标决策方法[9]。基本思想是:

(1)建立层次结构模型。

通过研究需要解决的问题,分析了最终目标,列出影响因素,寻求公共属性因素,采用问题分解法,从下往上构建了方案层、准则层、目标层等多层结构模式。

（2）构建判断矩阵采用Saaty给出的9级标度法确定权重系数。判断矩阵具有如下性质：$a_{ij} = \dfrac{1}{a_{ij}}$。判断矩阵元素$a_{ij}$的标度方法如表1所示。

比例标度表　　　表1

因素i比因素j	量化值
同等重要	1
稍微重要	3
较强重要	5
强烈重要	7
极端重要	9
两相邻判断的中间值	2、4、6、8

经过比较分析，在各个准则层面上，建立了判定矩阵$\mathbf{X}$。决策者依据评判准则的重要程度来确定其相关权重。

$\mathbf{X} = [x_{nm}]$可知x_{nm}是正负反矩阵，且$x_{nm} > 0$，x_{nm}判断矩阵$= 1/x_{nm}$

$$X = \begin{cases} x_{11} & x_{12} & \cdots & x_{1n} \\ x_{21} & x_{22} & \cdots & x_{2n} \\ \vdots & \vdots & \ddots & \vdots \\ x_{n1} & x_{n2} & \cdots & x_{nn} \end{cases}$$

（3）计算判断矩阵的最大特征值λ_{max}和因素权重及特征向量$\mathbf{V}$。

已知模型中N个初选点，对模型中的N个初选点进行粗略判断，建立n个判断标准比较，形成n个$N \times n$矩阵，计作$Y_1 \cdots Y_n$。分别求$Y_1 \cdots Y_n$的$\lambda_{max}/\mathbf{V}$，并将特征向量按列组成矩阵$\mathbf{Z}_{N \times n}$。

$$\mathbf{Z}_{N*n} \times \mathbf{V}_{n*1} = (w_1, w_2, \cdots, w_n)^T = \mathbf{W} \quad (7)$$

通过上述公式选择出$w_1, w_2, \cdots w_n$中数值较大的h个，即为较优备选点。

（4）一致性检验和总评分。

专家和学者在构建评判矩阵时，往往会出现一些主观偏颇。为避免出现重要度A1比A2大、A2比A3重要、A3比A1重要的逻辑判断误差，必须确定判定矩阵的可信度CI。CI与矩阵的λ_{max}及矩阵的阶相关。

其中：

$$\mathrm{CI} = \frac{\lambda_{max} - n}{n - 1} \quad (8)$$

一般用CR法判定打分人的思想是否一致。通常认为，在CR值为10%的情况下，判定矩阵是比较理想的。

其中：

$$\mathrm{CR} - \frac{\mathrm{CI}}{\mathrm{RI}} \quad (9)$$

1.3　整数规划模型

1.3.1　规范变量

问题中涉及参数符号及含义如下：

T_{ij}：备选物流中心W_j向供应地F_i的运输费用；D_{jk}：备选物流中心W_j向需求地R_k的配送费用；W：仓储费用；P_{ij}：备选物流中心W_j向供应地F_i的单位运输费用；X_{ij}：供应地F_i到备选物流中心W_j的运输数量；M_{ij}：供应地F_i到备选物流中心W_j的运距；Q_{ij}：备选物流中心W_j向需求地R_k的单位配送费用；Y_{ij}：备选物流中心W_j向需求地R_k的配送数量；N_{jk}：备选物流中心W_j向需求地R_k的运距；H_j：备选物流中心W_j单位库存成本；S_j：备选物流中心W_j需要投资的固定费用；Z_j：混合变量，1表示建立物流中心；A_j：供应地F_i的供应总量；B_j：备选物流中心W_j的仓储容量；C_k：需求地R_k的需求量。

1.3.2　模型建立

通过以上对物流中心选址问题的研究，结合混合整数规划建立如下的模型。

（1）目标函数：

由上式可得目标函数如下：

$$\mathrm{Min}C = \sum_{i=1}^{I}\sum_{i=1}^{I} P_{ij}X_{ij}M_{ij}Z_j + \sum_{j=1}^{J}\sum_{k=1}^{K} Q_{ij}Y_{jk}N_{jk}Z_j + \sum_{i=1}^{I} H_jX_{ij}Z_j + \sum_{j=1}^{J}\sum_{k=1}^{K} W_{ij}W_kN_{jk}Z_j \quad (10)$$

（2）约束条件：

s.t：

$$T = P_{ij} \times X_{ij} \times M_{ij} \times Z_j \quad (11)$$

$$D = Q_{ij} \times Y_{jk} \times N_{jk} \times Z_j \quad (12)$$

$$W = W_i \times W_k \times N_{jk} \times Z_j \quad (13)$$

$$F = S_j \times Z_j = H_jX_{ij}Z_j \quad (14)$$

$$C = T_{ij} + D_{jk} + W + F \quad (15)$$

$$\sum_{i=1}^{I} X_{ij} \leq A_i \quad (i = 1,2,3,\cdots) \quad (16)$$

$$\sum_{i=1}^{I} X_{ij} \leq B_i \quad (j = 1,2,3,\cdots) \quad (17)$$

$$\sum_{i=1}^{I} Y_{ik} \geq C_k \quad (k = 1,2,3,\cdots) \quad (18)$$

$$\sum_{i=1}^{I} X_{ij} = \sum_{k=1}^{K} Y_{ik} \quad (19)$$

$$\sum_{j=1}^{J} X_{ij} - G \times Z_j \leq 0 \quad (20)$$

其中，式（10）表示备选物流中心需要的总费用,式(11)～式(14)依次表示运输费用、配送费用、仓储费用、固定费用,式(16)表示各供应地的草莓总量不应大于其供应能力;式(17)表示各物流中心运输量不应大于其仓储能力;式(18)表示各物流中心配送量不应小于需求地需求量;式(19)表示对每个物流中心运输的草莓总量等于配送的草莓总量;式(20)表示被淘汰的物流中心经中转的草莓总量为零,式中的 G 是一个相当大的正数。

2　算例分析

本文研究主题是辽宁省草莓冷链物流中心选址问题。根据相关数据初步统计,辽宁省草莓从产地流向市场,全程的损失量较高。辽宁省草莓冷链物流网络中存在的缺货、超负荷等问题,因此,合理的物流中心选址对于草莓物流网络是很有必要的。为确保数据的可信度,本文所选取的预测指标所涉及的数据来源于国家统计局辽宁省年度数据。

2.1　辽宁省草莓冷链物流产量预测

运用上述所述灰色 GM(1,1)预测模型对2012—2022年辽宁省统计年鉴公布的官方数据进行计算处理,得到辽宁省未来五年的草莓产量预测值,预测结果如表2所示。

辽宁省草莓产量的预测值　　表2

年份	2023	2024	2025	2026	2027
预测值(万 t)	46.579	48.671	50.811	53.001	55.243

通过计算得到,模型的 $-\alpha = -0.0231 \leqslant 0.3$,

与中长期预测相匹配,后验差比 C 值 < 0.35,小误差概率 p 值大于0.95,平均相对误差为3.48%,预测的精度为96.52%,大于95%,说明预测的精度较高,相对误差值最大值 $0.156 \leqslant 0.2$,级比偏差最大值 $0.151 \leqslant 0.2$,模型拟合效果达到要求。

根据《国家农产品冷链物流发展规划》,到2025年,将加快发展果蔬冷链物流,实现果蔬冷链物流的流通率提高到30%以上,结合辽宁省的实际情况,根据保守估计,设2023年辽宁省草莓冷链流通率为30%。结合上述预测的冷链草莓产量和草莓进入冷链环节的冷链流通率,可以粗略估计2023年辽宁省农产品冷链需求为:

$$G = 46.579 \times 30\% = 13.9737(万 t)$$

通过以上预测结果可以发现,辽宁省冷链草莓的需求较大,且在未来呈稳步上升的趋势。主要原因有以下几点:经济发展的促进、城市化的推动、不断完善农产品冷藏运输的法律法规以及冷链物流技术的完善。

2.2　初选地址筛选

辽宁省草莓冷链物流网络物流中心的主要战略目标是以草莓冷链为基础,面向辽宁省草莓相关企业。选址的目标是在满足客户物流需求的前提下,使企业物流中心得到效益最大化。

根据物流中心的战略目标和选址目标,总结出影响物流中心选址定性分析阶段的 4 个判断标准,分别为自然资源、基础设施条件、经营条件以及社会条件。物流中心选址评价指标体系如图1所示。

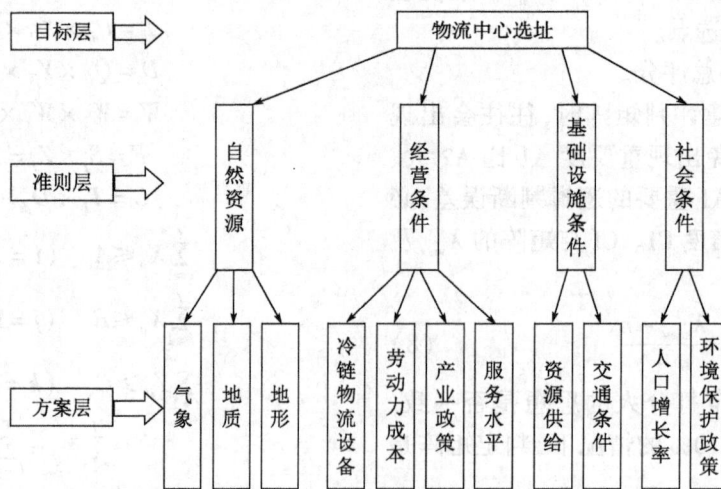

图1　物流中心选址评价指标体系

（1）确定准则层对目标层的判断矩阵，如表3所示。

确定准则层对目标层的判断矩阵　表3

影响因素	自然资源	经营条件	基础设施建设	政策条件
自然资源	1	1/2	2/5	1
经营条件	2	1	3	2
基础设施条件	5/2	1/3	1	3
政策条件	1	1/2	1/3	1

（2）运用 SPSS 软件层次分析结果，如表4所示。

（3）确定子准则层各因素对目标层的组合权重。

$$\omega_1^{(3)} = (0.3119, 0.4905, 0.1976, 0, 0, 0, 0, 0, 0, 0, 0)^T$$

$$\omega_2^{(3)} = (0, 0, 0, 0.3148, 0.1296, 0.3982, 0.1574, 0, 0, 0, 0)^T$$

$$\omega_3^{(3)} = (0, 0, 0, 0, 0, 0, 0, 0.3333, 0.6667, 0, 0)^T$$

$$\omega_4^{(3)} = (0, 0, 0, 0, 0, 0, 0, 0, 0, 0.6667, 0.3333)^T$$

以 $\omega_k^{(3)}$ 为列向量构成矩阵为：

$$\mathbf{W}^{(3)} = \left[\omega_1^{(3)}, \omega_2^{(3)}, \omega_3^{(3)}, \omega_4^{(3)} \right]$$

则子准则层对目标层的组合权向量为：

$$\omega^{(3)} = \mathbf{W}^{(3)} \omega^{(2)}$$

$$= \begin{pmatrix} 0.0464, 0.0730, 0.0294, \\ 0.1303, 0.0537, \\ 0.1649, 0.0652, 0.0973, \\ 0.1945, 0.0969, 0.0485 \end{pmatrix}^T$$

层次分析法结果　表4

影响因素	特征向量	权重值	最大特征值	CI 值	RI 值	CR 值	一致性检验结果
自然资源	0.595	14.885%					
经营条件	1.656	41.400%	4.262	0.087	0.890	0.098	通过
基础设施	1.167	29.183%					
政策条件	0.581	14.532%					

（4）确定方案层各方案的排序。

根据各城市经济发展状况等实际因素，粗略筛选建立8个初选点，分别为丹东、鞍山、沈阳、营口、大连、锦州、辽阳、盘锦。构造相应的判断矩阵，进一步计算组合权重向量并进行一致性检验，最终得到各方案层到目标层的权重和方案排序，如表5所示。通过计算，选择排名前四位的营口、丹东、大连、沈阳作为冷链物流中心的建设地点最合适。辽宁省部分城市之间的空间距离如图2所示。

方案层要素对决策目标排序　表5

排序	备选方案	权重
1	营口	0.1937
2	丹东	0.1705
3	大连	0.1492
4	沈阳	0.1284
5	鞍山	0.1087
6	盘锦	0.0988
7	辽阳	0.0770
8	锦州	0.0736

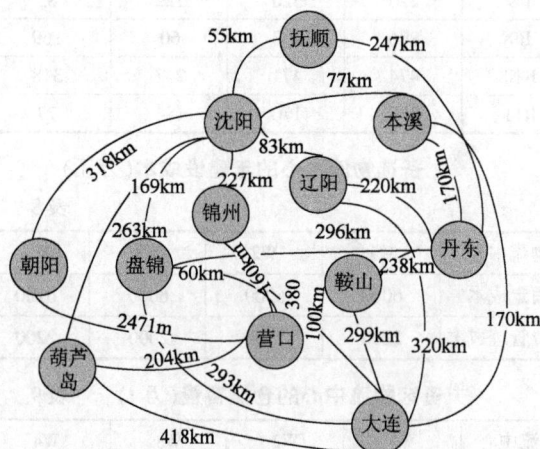

图2　辽宁省部分城市之间的空间距离

2.3 混合整数规划法求解模型

从上面可以看出，通过定性评价辽宁省草莓冷链物流中心，初步锁定在4个备选地址，W1丹东、W2大连、W3营口、W4沈阳。已知A企业主要有F1丹东、F2大连、F3营口、F4沈阳、F5盘锦、F6朝阳、F7辽阳7个供应地以及R1沈阳、R2大连、R3营口、R4葫芦岛、R5鞍山、R6锦州、R7抚顺、R8辽阳、R9盘锦、R10朝阳、R11本溪11个需求地,目的是在4个备选地点中选择最合适的位置作为企业的物流中心,确保企业在追求经济效益的同时更确保企业持续良好发展,充分利用资源,降低成本消耗。表6、表7分别给出了供应地至物流中心以及物流中心至需求地的距离,其余数据见表8~表11。

供应地到备选地址运距表(km)　表6

备选地	供货地						
	F1	F2	F3	F4	F5	F6	F7
W1	0	307	213	296	237	474	267
W2	307	0	320	293	391	471	220
W3	267	220	0	61	191	247	121
W4	237	391	83	0	169	318	191

备选地址到需求地运距表(km)　表7

备选地	W1	W2	W3	W4
R1	240	391	193	0
R2	310		221	391
R3	267	220	0	191
R4	421	418	204	263
R5	238	299	100	114
R6	383	380	166	227
R7	247	434	236	55
R8	220	320	122	83
R9	296	293	60	169
R10	474	471	247	318
R11	170	170	184	77

备选物流中心的年建设成本(万元)　表8

物流中心	W1	W2	W3	W4
固定成本	6000	6200	6000	6100
单位管理成本	2000	2100	2000	2200

备选物流中心的仓储容量(万t)　表9

物流中心	W1	W2	W3	W4
仓储容量	15	20	15	20

需求地的总需求能力(万t)　表10

需求地	R1	R2	R3	R4	R5	R6	R7	R8	R9	R10	R11
总需求	7.2	7.8	1.4	0.8	1.8	1.1	0.8	0.8	1.3	0.9	0.9

供给地的总供给能力(万t)　表11

供给地	F1	F2	F3	F4	F5	F6	F7
总供给	8.6	5.2	2.2	4.5	1.8	2.1	1.4

备注:由于辽宁省内的物流网络运距较短且主要使用公路运输,因此在本计划中将使用相同的运价,为150元/km。

2.4　Lingo 求解结果

运用Lingo11.0对上述模型进行求解[10],结果表明,W1(丹东),W2(大连),W4(沈阳)被选择,也即在丹东、大连与沈阳建立物流中心。

其中,各个物流中心负责供应地的物流量如表12所示。各个物流中心负责需求地的物流量如表13所示。

4个物流中心负责7个供应地的物流量(万t)
表12

供应地	物流中心			
	丹东	大连	营口	沈阳
丹东	9.8	0	0	6.8
大连	0	0	0	7.8
营口	5.2	0	0	0
沈阳	0	9.2	0	0.3
盘锦	0	4.8	0	0
朝阳	0	0	0	5.1
辽阳	0	4.4	0	0

4个物流中心负责11个需求地的物流量(万t)
表13

需求地	物流中心			
	丹东	大连	营口	沈阳
沈阳	0	0	0	5.8
大连	0	6.3	0	0
营口	6.9	0.8	0	2.6
葫芦岛	0	8.2	0	0
鞍山	2.5	0	0	0
锦州	2.3	0	0	0
抚顺	0	0	0	5.4
辽阳	0	0	0	6.2
盘锦	0	2.1	0	0
朝阳	1.2	1.0	0	0
本溪	2.1	0	0	0

从表中可以得到:

(1)物流中心的物流量。

①丹东物流中心负责的供应地物流量为9.8万t和6.8万t,需求地物流量为0。②大连物流中心负责的供应地物流量为7.8万t,需求地物流量为6.3万t。③沈阳物流中心负责的供应地物流量为9.2万t和0.3万t,需求地物流量为5.8万t。

(2)供应地和需求地之间的物流量。

①丹东和大连之间的物流量为9.8万t。②丹东和沈阳之间的物流量为6.8万t。③大连和沈阳之间的物流量为0.3万t。

(3)不同地区之间的物流量。

①沈阳和丹东之间的物流量为5.8万t。②大连和丹东之间的物流量为9.8万t。③营口和丹东之间的物流量为5.2万t。④大连和葫芦岛之间的物流量为8.2万t。⑤鞍山和沈阳之间的物流量为2.5万t。⑥锦州和沈阳之间的物流量为2.3万t。⑦沈阳和抚顺之间的物流量为5.4万t。⑧沈阳和辽阳之间的物流量为6.2万t。⑨大连和盘锦之间的物流量为2.1万t。⑩大连和朝阳之间的物流量为1.0万t。⑪沈阳和本溪之间的物流量为2.1万t。

这些结果可以帮助我们了解不同地区之间的物流关系和物流中心的作用。根据这些数据分析,可以进一步优化物流网络和资源分配,以提高效率和满足需求。

3 结语

本文主要研究成果如下:

(1)通过实际调查,结合辽宁省的区域特点、"十四五"规划和国家统计局辽宁省年度数据,采用灰色GM(1,1)模型,对辽宁省草莓产量进行了分析,并预测了未来的草莓产量。根据对辽宁省草莓冷链流通率的预测,推算出辽宁省2023年的草莓冷链物流总需求量为13.9737万t。

(2)将AHP层次分析法与0-1整数规划相结合,建立以成本最小、收益最大为目标的物流中心选址模型。利用模型对辽宁省草莓冷链物流网络进行实证研究,最终确定了辽宁省草莓冷链物流网络的选址方案,即在丹东、大连和沈阳分别建立配送中心。

本方法未来还需要进一步完善和改进,包括拓展选址因素的种类和数量、应用其他优化算法和模型等,以提高选址方法的准确性和实用性。

参考文献

[1] 伍景琼,郑露,巴雪琴,等.果蔬农产品冷链物流技术研究进展[J].北京交通大学学报(社会科学版),2023,22(3):119-135.

[2] 周梓渝,蒋惠园.基于双层规划模型的冷链物流网络多目标优化[J].物流技术,2020,39(2):65-70,145.

[3] 田延飞,黄立文,曹瑞.基于拓展标度AHP的港区船舶溢油应急设备库选址[J].武汉理工大学学报(交通科学与工程版),2015,39(1):88-91.

[4] 李东,晏湘涛,匡兴华.考虑路段失效的军事物流配送中心选址模型[J].武汉理工大学学报(交通科学与工程版),2011,35(6):1143-1146,1151.

[5] HISHAM M A,MAHY M E,ABDOULRAHMAN M A. A multi-objective optimisation algorithm for new distribution centre location[J]. International Journal. of Business Performance and Supply Chain Modelling,2015,7(4):338-359.

[6] KESHAVARZ GHORABAEE M. Assessment of distribution center locations using a multi-expert subjective-objective decision-making approach. [J]. Scientific reports,2021,11(1):19461.

[7] MAI P Q,THUY L T,QUYNH D H, et al. Distribution center location selection using a novel multi criteria decision-making approach under interval neutrosophic complex sets[M]. Decision Science Letters,2020.

[8] 何国华.区域物流需求预测及灰色预测模型的应用[J].北京交通大学学报(社会科学版),2008(1):33-37.

[9] 张洋,丘东元,张波,等.基于层次分析-熵值法的DC-DC变换器综合评价[J/OL].北京航空航天大学学报:1-14[2023-12-07].https://doi.org/10.13700/j.bh.1001-5965.2023.0291.

[10] 丁小东,姚志刚,程高.LINGO语言与0-1混合整数规划选址模型的再结合[J].物流工程与管理,2009,31(10):72-75.

铁路双高集装箱办理站仿真优化研究

何春贵[1]　蒋惠园[*1]　王博[2]　王寒[1]　张辉[1]

(1.武汉理工大学交通与物流工程学院;2.中铁第四勘察设计院集团有限公司线路站场设计研究院)

摘要 为研究双高集装箱办理站规划设计及运营组织相关问题,进一步提升办理站的运作效率,本研究以我国首个双高集装箱办理站为研究对象,基于FlexSim仿真平台,梳理S双高集装箱办理站作业流程,构建S双高集装箱办理站仿真模型,完成系统的可视化模拟和检验。通过多次系统仿真运行和结果输出,发现S铁路双高集装箱办理站作业系统瓶颈点,同时提出减少空箱堆场重复路径、交叉口环岛设施以及大门检测设备数量配置12台的优化措施。结果表明:优化措施有效提升了办理站的作业能力,提高了办理站内机械设备的利用率,降低了集卡拥堵率和大门排队长度,研究结果可为双高集装箱办理站建设和运营提供重要理论支持和决策指导。

关键词 双高集装箱办理站　FlexSim仿真　瓶颈识别　系统优化

0 引言

随着"一带一路"倡议的提出和中欧班列的开通,国际铁路运输量剧增,具有更高效率的铁路双层高集装箱(双层12.2m高箱堆叠形式,以下简称"双高集装箱")运输应运而生。铁路双高集装箱办理站是实现双高集装箱运输的枢纽节点,其运作能力对整个运输系统的生存能力和效率起着至关重要的作用。目前,大多数学者对双高集装箱的相关研究集中在双高集装箱运输的铁路条件标准[1-3]、双高集装箱列车货场作业组织模式[4]、双高集装箱装载技术[5,6]以及双高集装箱办理站等方面,在双高集装箱办理站研究方面,蒋惠园等[7]在考虑空重箱分区和内外部集卡分流的条件下,构建装卸设备配置优化的两阶段模型研究多设备调度问题。郑洪等[8]研究双高集装箱办理站的建立对外部集疏运系统的要求,目前以双高集装箱办理站为研究对象的文献仍然较少。双高集装箱办理站和普通集装箱办理站在作业系统上存在一定的共通性,在普通铁路集装箱办理站、中心站的研究中,从空间角度研究办理站网络的文献相对较多,主要集中在空箱调运[9]、办理站布局[10]等方面。聚焦到单个办理站内部系统的研究,大多数学者仅考虑办理站内单一子系统,其中李琦等[11]研究公铁联运多车程集卡集疏调度问题。常裤妹等[12]研究中心站机械设备协同调度问题。

王清斌等[13]研究中心站的装卸资源调度及作业顺序问题。Grebennik I等[14]研究铁路集装箱办理站采用双层装载不同类型集装箱时轨道吊移动优化问题。对整个站点的系统性、全局性研究亟须补充。铁路集装箱办理站具备集装箱的装卸、搬运、存储、流通加工和信息处理等服务功能,由集装箱、装卸区、堆场区、装卸设备、其他辅助设施以及人员、集卡等若干互相制约的动态要素构成。对于这样一个复杂的物流系统,无论是功能布局、设备配置与调度还是作业流程,各个作业环节环环相扣,若要使集装箱办理站合理、高效地运行,从系统的角度考察每一运作环节尤为必要。

此外,铁路双高集装箱办理站是一个复杂的离散系统,具有动态性、随机性等特点。同时,在前期建设和运营中存在可借鉴的经验较少、投资大、技术难度大等问题,很多技术和流程需要自行探索。为避免进行实际试验带来的高昂投入和损失,借助计算机仿真能够动态反映系统中的各种活动及特点,具有良好可控性、灵活性、经济性、可重复性。因此,本文以我国首个铁路双高集装箱办理站为研究对象,选择具有3D可视化效果的FlexSim仿真软件,模拟S双高集装箱办理站的运作,合理有效地检测办理站作业状态,从而提出相应措施优化系统薄弱环节,提升办理站整体运营效率,为决策者合理地进行资源规划和决策提供重要的理论依据。

1 S铁路双高集装箱办理站概况

1.1 基本情况

S铁路双高集装箱办理站（以下简称"S双高办理站"）位于金华至宁波铁路附近。由于义乌商贸的蓬勃发展，商品物流量不断增加，有强烈的双高箱集装箱运输需求，我国将S双高办理站作为双高集装箱运输的试点站，使其成为连接义乌港与宁波港的公铁联运的枢纽点。主要规划铁路列车到发作业区、装卸作业区、集装箱堆场区、大门等区域以及办理站内部线路用于集装箱在站的水平运输，如图1所示。各环节相互配合使办理站实现集装箱的到达、发送以及站内作业等功能。从调研情况了解到金华义乌地区发往宁波舟山港出口的集装箱将集中在S双高办理站办理。金华地区对外贸易主要以出口为主，集装箱箱型95%以上都是12.2m高箱，集装箱运输呈现"重箱进、空箱回"的特点。S双高办理站空箱大部分由宁波舟山港通过金华铁路调回。2030年，S双高办理站预计重箱作业量为30万FEU，空箱作业量为32万FEU。

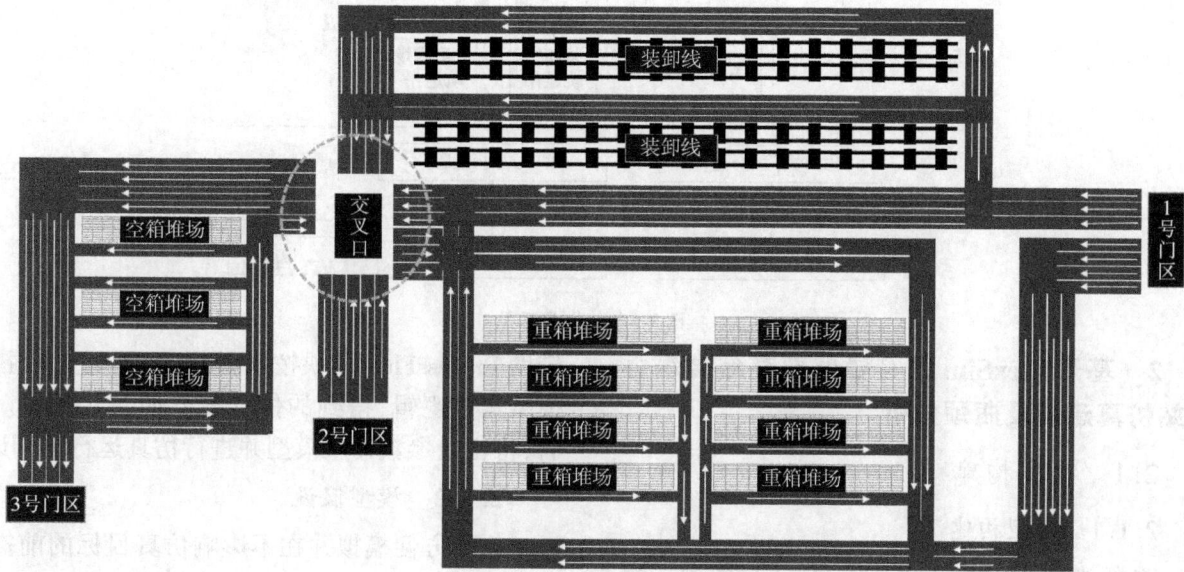

图1 S双高办理站集卡线路

1.2 作业流程

根据S双高办理站的基本布局、功能分析及文献总结，构建S双高办理站作业系统，作业系统由列车到发作业系统、列车装卸作业系统、堆场作业系统、内部交通作业系统以及大门作业系统构成，如图2所示。

整个系统的作业流程均围绕列车的到发作业进行，如图3为系统的整体作业流程。

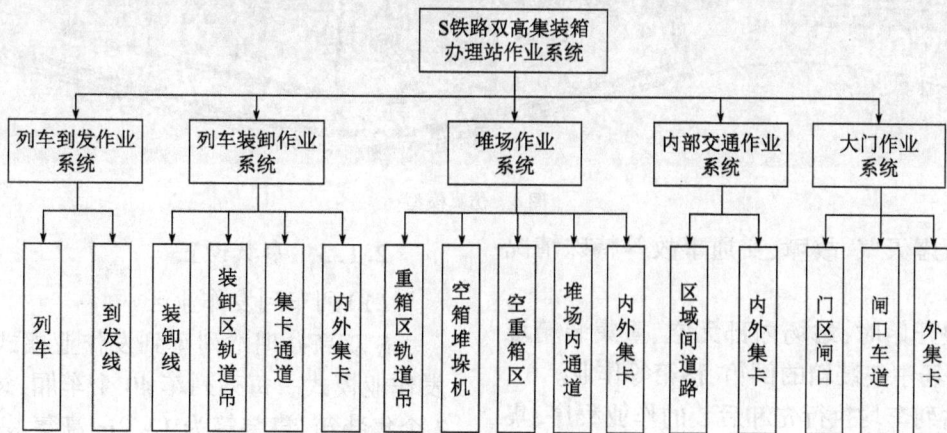

图2 S双高办理站作业系统结构

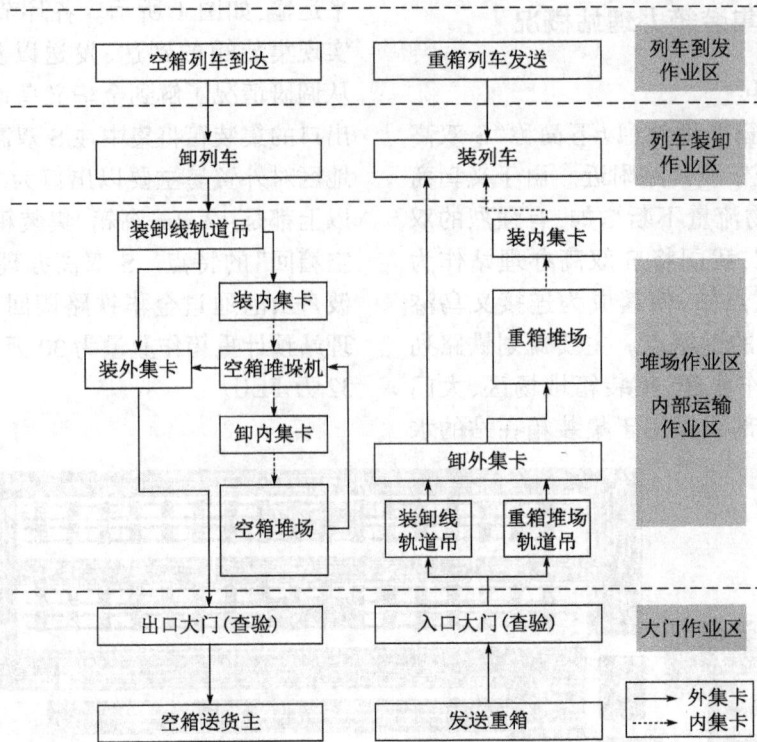

图 3　整体作业流程

2　基于 FlexSim 的 S 铁路双高集装箱办理站仿真建模及瓶颈分析

2.1　模型构建

2.1.1　模型构建

首先,将 S 双高办理站的 CAD 布局图导入软件。其次,按照 CAD 底图布置仿真实体。再次,借助 ProcessFlow 模块按照图 3 所述作业流程搭建模型运作逻辑,得到的仿真模型如图 4 所示。最后,将相应参数输入模型并进行仿真运行与调试。

2.1.2　模型假设

为了方便模拟并在不影响仿真目标的前提下进行有效分析,提出以下假设:

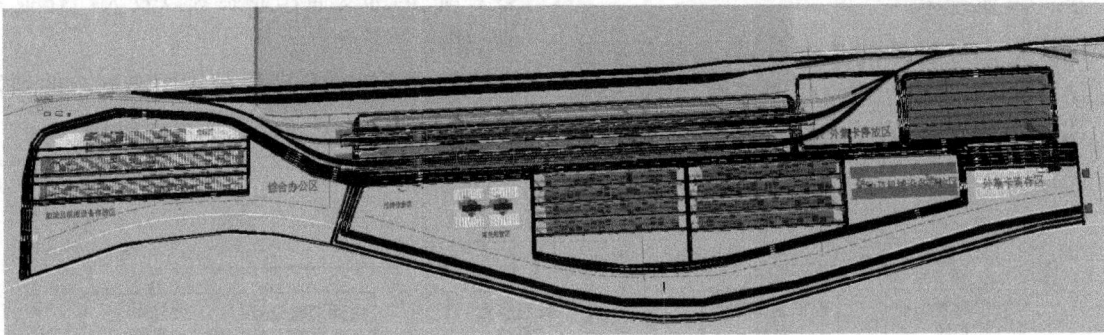

图 4　仿真模型

(1)不考虑天气、故障、交通事故等特殊情况的影响。

(2)模型开始时,站场内部无空、重集装箱堆存,不考虑堆场中集装箱的倒箱、移箱等作业。

(3)到站列车均执行先卸后装的作业程序,集卡每次只装载一个集装箱。

2.1.3　参数设置

(1)列车到发作业区

S 双高办理站列车到发作业模式采用直到直发作业模式。每列列车 40 个车厢,每个车厢装载 2 个集装箱,集装箱为 12.2m 高集装箱(12.2m × 2.44m × 2.9m)。

（2）装卸作业区

S 双高办理站装卸区按照 2 束 4 线布置，装卸设备为轨道式龙门吊（简称"轨道吊"），起吊高度是 26m，每束装卸线设置 4 台轨道吊，大车空载速度为 1.5m/s，满载速度为 1m/s；小车空载速度为 1.67m/s，满载速度为 1.33m/s；起升空载速度为 0.83m/s，满载速度为 0.42m/s。办理站共有集卡 40 台，速度为 4m/s。

（3）堆场作业区

重箱堆场每个堆区设置为 8 行 18 列 5 层，设置 8 个堆区，每个堆区设置 1 台轨道式龙门吊，重箱堆场轨道吊的起吊设置高度为 18m，空箱堆场设置为 10 行 16 列 7 层，设置 5 个作业区，每个作业区均布置 1 台空箱堆垛机，空载运行速度为 0.009m/s，重载速度为 0.008m/s，空载起升速度为 6.94m/s，重载速度为 6.94m/s。

（4）大门作业区

重箱货卡达到频率在时间分布上具有波动性，服从泊松分布。办理站有 3 个大门，1 号大门为进口通道，设置 7 台检测设备，2 号大门有 3 个入口通道、2 个出口通道，设置 5 台检测设备，3 号大门为出口通道，设置 4 台检测设备。空、重集卡进站检测项目不同，空集卡在大门闸口接受检测的时间服从正态分布（$\mu=30,\sigma=4$），重集卡服从正态分布（$\mu=40,\sigma=4$），车辆在出口大门处接受服务的时间相同，服从正态分布（$\mu=20,\sigma=4$）。

2.2 瓶颈分析

为更好地反映办理站运行状态，本文将仿真运行时间设定为一周，运行 10 次，得到运行结果的平均值进行分析。运行期间实时关注并记录各个实体对象，尤其是装卸设备和水平运输集卡的状态。结合数据分析和观察发现办理站在运作中存在以下问题。

2.2.1 空箱堆场路径重复

如图 5 所示，外集卡从右侧道路进入空箱堆场提取空箱，需绕一圈后取到空箱从右侧 3 号门区出场，而内集卡从右侧道路进入空箱堆场后需绕一圈将空箱卸载至堆场，再绕一圈从右侧离开空箱堆场。表明集卡在空箱堆场行驶存在重复路径，增加集卡运输空箱的时间，导致整体集卡调度效率下降。车辆花费更多时间在堆场内部移动，而不是执行实际的箱子装卸操作。同时导致交通拥堵和混乱，增加事故发生的风险，影响 S 双高办理站作业系统的流畅性。

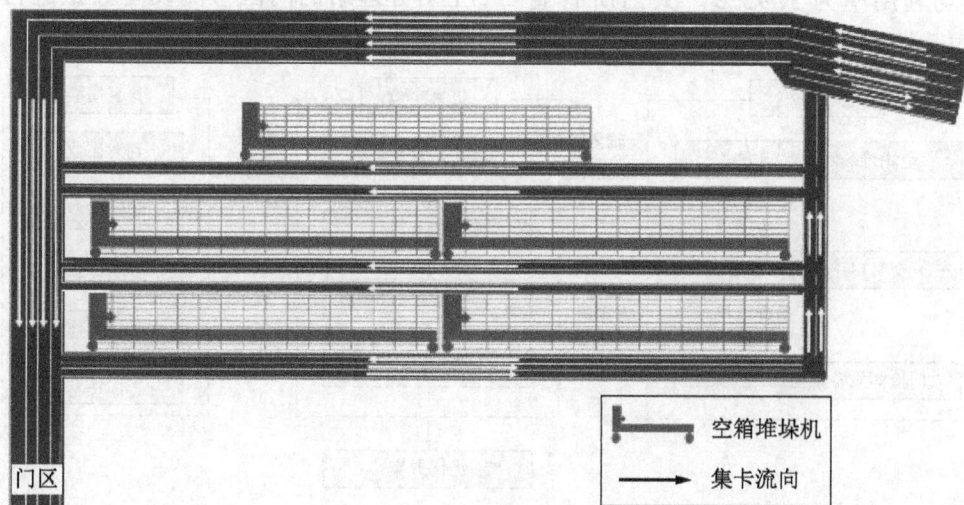

空箱堆垛机

集卡流向

图5　空箱堆场区路线

2.2.2 交叉口交通混乱拥堵

如图 6 所示为交叉口集卡行驶方向，交叉口有来自不同方向的车经过，如表 1 所示。车流量较大，并且内外集卡混流，集卡在此拥堵较严重。

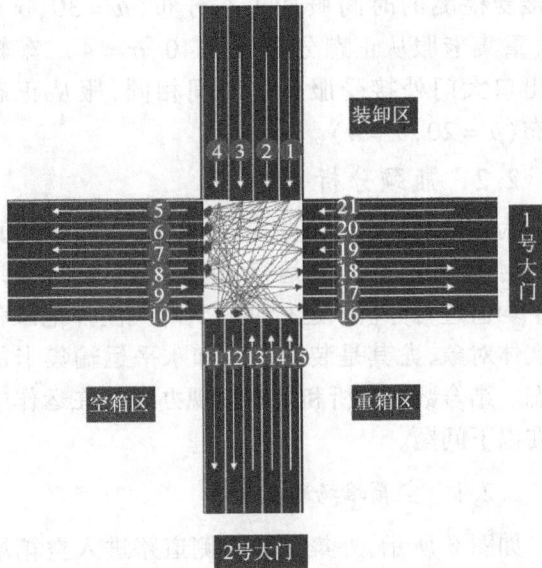

图 6　交叉口集卡行驶方向

2.2.3　大门检测设备利用不平衡

在大门检测设备利用率方面,mp1 至 mp4 为 1 号大门的 1～4 通道,平均利用率为 12.37%,mp5 至 mp7 为 1 号大门的 5～7 入口通道,平均利用率为 2.13%,mp8 至 mp10 为 2 号大门的 1～3 入口通道,平均利用率为 0.30%,mp11 至 mp12 为 2 号大门的 1～2 出口通道,平均利用率为 6.82%,mp13 至 mp16 为 3 号大门的 1～4 出口通道,平均利用率为 3.95%。大门所有通道的平均率为 5.39%,利用率偏低,进站大门

交叉口各通道车流流向情况　　　　　　表1

车道	任务	去向
1、2、3、4	装载空集装箱的内集卡需卸载至空箱堆场	5、6、7、8
	装载空集装箱的外集卡需直接出站	11、12
	完成卸载重集装箱至装卸线的内集卡	16、17、18
9、10	完成空集装箱卸载至空箱堆场的内集卡	16、17
13、14、15	前往空箱堆场取空集装箱的外集卡	5、6、7、8
19、20、21	送完重集装箱至重箱堆场需出站的外集卡	11、12
	送完重集装箱至重集装箱堆场需前往空箱堆场取空箱的外集卡	5、6、7、8

通道可能存在资源浪费,在后续可考虑对其数量配置进行优化。

3　S 铁路双高集装箱办理站作业系统优化

3.1　优化的目标及流程

本文以仿真实验的方式实现得到办理站作业最优方案,首先对空箱堆场路径进行更新,其次对交叉口路径进行优化,得到优化方案后,在此基础上对办理站的门区检测设备数量进行优化,得到其最优配置数量。图 7 为优化流程。

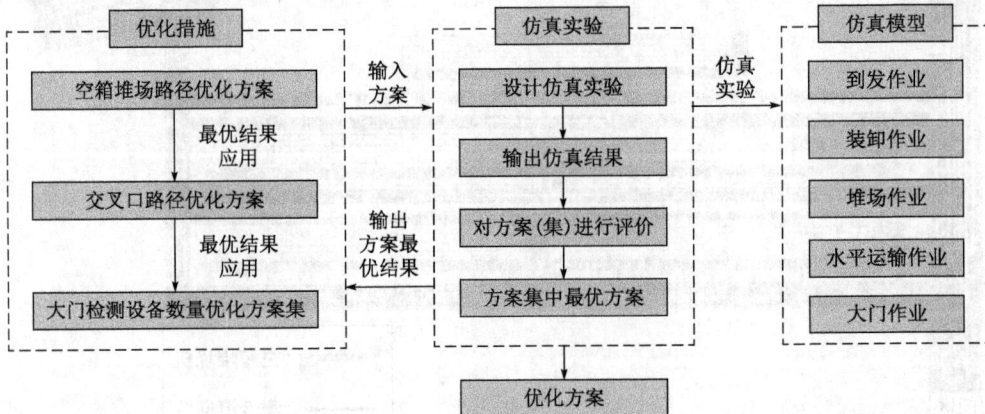

图 7　优化流程图

3.2　优化措施

3.2.1　空箱堆场路径优化

对空箱堆场的内部路径进行优化。优化后路径如图 8 所示,外集卡从右侧进入空箱堆场行驶

至相应的堆区,装载空箱后从左侧 3 号大门出站;内集卡从右侧携带空箱进入空箱堆场,行驶至指定堆区后,卸载空箱,再从右侧两车道离开空箱堆场,减少了重复路径。优化模型空箱堆场路径按照图 8 规划的空箱堆场路径构。

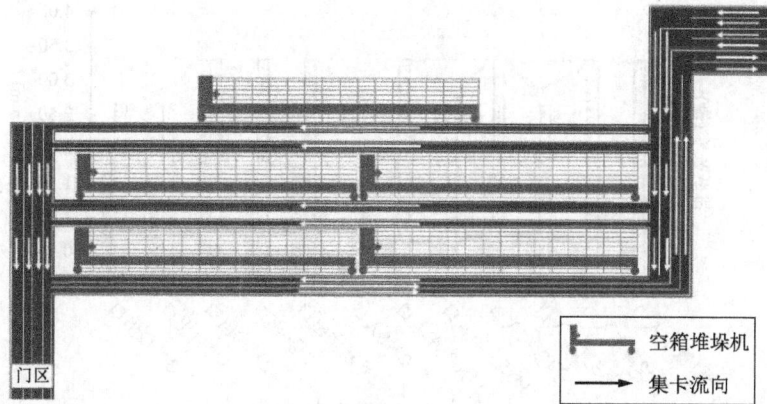

图 8　优化后大门路径

3.2.2　交叉口路径优化

环岛比十字路口有更少的交叉点,因此通过在交叉口设计环岛的方式解决交叉口的拥堵问题。环岛设置两条车道,保证集卡按照规划路径能够抵达目的地。优化模型交叉口路径按照图9规划的交叉口路径进行构建。

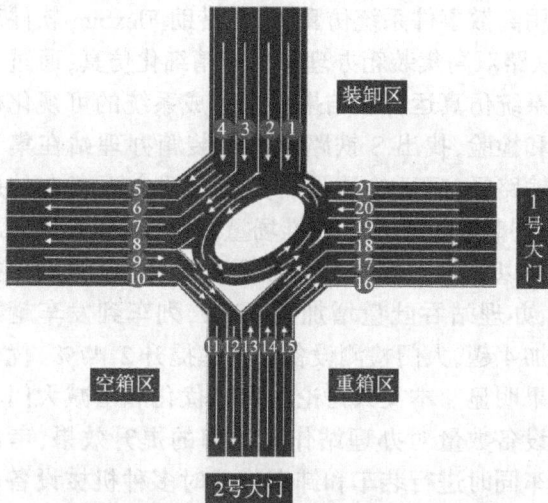

图 9　优化后交叉口路径

3.2.3　大门检测设备数量优化

S铁路双高集装箱办理站的大门根据进出站的集卡服务业务不同分为1号大门空箱进站入口、重箱进站入口、2号大门出口、入口、3号大门出口五个分区。通过不断进行仿真实验,得到大门检测设备最佳配置数量如表2所示。

大门检测设备最佳配置数量　　表2

通道	检测集卡数量(辆)	配置数量(台)
1号大门重车进站入口	7476	4
1号大门空车进站入口	1321	2
2号大门入口	161	1
2号大门出口	4049	3
3号大门出口	4899	2

按照表2配置大门检测设备数量,相对原方案减少4台,大门检测设备作业任务更加均衡,如图10所示,大门通道最大排队长度相较原方案减少8辆,最大排队时间相较原方案减少2.6min,平均排队长度减少0.51辆,平均排队时间相较原方案减少0.24分钟。

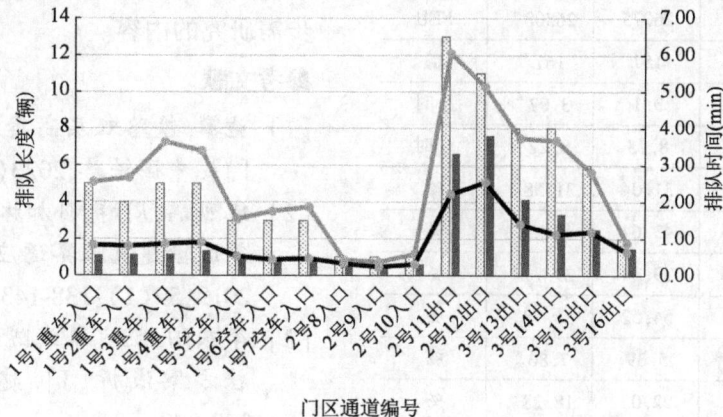

a)原方案

图 10

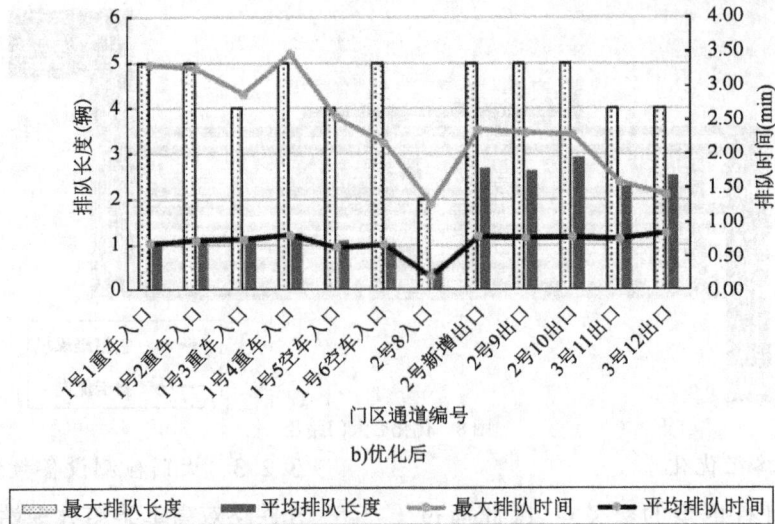

图 10　优化前后方案大门排队情况

3.3　优化前后对比

经过对 S 双高办理站内部路径、大门检测设备数量优化后，解决了集卡在空箱堆场重复路径问题，缓解了交叉口交通拥堵和交通混乱的现象，大门检测设备数量配置更加合理，使得 S 双高办理站的作业能力得到提升。办理站吞吐量相对于原方案增加 433FEU，到发列车趟数增加 4 趟，列车平均装卸时间减少 288s，列车在站平均停留时间减少 36s。装卸线龙门吊利用率提升 0.54%，重箱堆场龙门吊利用率提升 0.65%，空闲堆场堆垛机利用率提升 0.37%，内集卡利用率提升 0.26%，大门检测设备利用率提升 2.47%，集卡拥堵率降低 3.77%，各指标的具体数值如表 3 所示。

优化前后方案标准化结果对比　　表 3

指标	原方案	优化后	单位
检测设备数量	16	12*	台
吞吐量	26075	26508*	FEU
列车到发车趟数	157	161*	趟
列车平均装卸时间	3.1	3.02*	小时
列车在站平均停留时间	8.23	8.22*	小时
装卸线龙门吊利用率	31.04	31.58*	%
重箱堆场龙门吊利用率	43.64	44.29*	%
空箱堆场堆垛机利用率	29.34	29.71*	%
内集卡利用率	54.52	54.78*	%
大门检测设备平均利用率	5.39	7.86*	%
集卡拥堵率	22.05	18.28*	%

注："*"表示在该指标下较佳的方案

4　结语

在借鉴国内外相关研究成果的基础上，本文采用离散事件系统仿真方法，借助 FlexSim 软件对 S 铁路双高集装箱办理站进行精细化仿真，通过多次系统仿真运行和结果输出完成系统的可视化模拟和检验，找出 S 铁路双高集装箱办理站在集卡运输路径、门区检测设备数量配置方面存在的瓶颈，同时通过减少空箱堆场重复路径、交叉口环岛设施以及大门检测设备数量配置 12 台的优化措施，办理站吞吐量增加 433FEU，列车到发车趟数增加 4 趟，大门检测设备利用率提升 2.47%，优化效果明显。本文只讨论了路径优化和增减大门检测设备数量对办理站作业效率的提升效果，考虑列车同时进行装车和卸车作业时多种机械设备的协同调度问题进行研究以降低集卡空驶率，并借助仿真 + 智能算法相结合的方法进行求解是下一步需研究的内容。

参考文献

[1] 施攀.铁路双层高集装箱运输通道规划方案[J].中国铁路,2023(5):52-58.

[2] 凌烈鹏,周游,孙加林,等.甬金线双高箱集装箱运输建筑限界适应性分析[J].铁道建筑,2019,59(1):138-143.

[3] 李东阳.既有单线隧道双高箱运输接触网悬挂方案浅析[J].建材与装饰,2020(11):242-243.

[4] 苏华正.我国铁路集装箱作业站"直到直发"作业模式的思考[J].中国港口,2021(8):14-17.

[5] AWAI H T. Double-stack containers:changing the image of intermodalism[D].Monterey:Naval Postgraduate School,1992.

[6] MANTOVANI S,MORGANTI G,UMANG N,et al. The load planning problem for double-stack intermodal trains[J].European Journal of Operational Research,2018,267(1):107-119.

[7] 蒋惠园,戴婷艳,何春贵,等.双高箱列车到发装卸设备配置优化研究[J].武汉理工大学学报(信息与管理工程版),2023,45(4):607-611.

[8] 郑洪,王博,房杰,等.双高铁路集装箱办理站集疏运系统仿真研究[J].交通科技,2023(2):123-127.

[9] 袁雪丽,杨菊花.模糊条件下考虑低排放和可折叠箱的空箱调运优化研究[J].铁道运输与经济,2024,46(2):79-89.

[10] 赵娟,王龙,刘畅.资源集约化利用下铁路集装箱办理站布局优化研究[J].铁道学报,2021,43(6):17-22.

[11] 李琦,魏玉光.带时间窗的中心站多车程集卡调度优化研究[J].交通运输系统工程与信息,2024,24(1):272-281.

[12] 常祎妹,汪洋,朱晓宁.基于运载能力的铁路集装箱中心站轨道吊与集卡协同优化[J].交通运输系统工程与信息,2024,24(1):188-198.

[13] 王清斌,王翠萍,肖勤飞.基于博弈论的铁路集装箱中心站装卸作业研究[J].运筹与管理,2020,29(2):73-78.

[14] GREBENNIK I,KALAIDA N,URNIAIEVA I,et al. Placement of Different Types Containers at Railway Container Terminal Using Double-Stack[C]//2021 11th International Conference on Advanced Computer Information Technologies(ACIT).IEEE,2021:53-56.

基于流线结合的技术站直通列车运行线接续优化研究

李晟东 周 霞 施 莉* 郭垂江
(成都信息工程大学物流学院)

摘 要 为了避免技术站直通列车常出现的"有线无流"和"有流无线"的情况,使列车运行图更好地指导实际运输组织工作。本文基于"流线结合"的思想,在技术站直通列车运行线接续中,考虑"流"的运到期限,采用均值比例分配法,将运到期限分配至货物的直通列车运输环节,同时根据运到期限等级的不同,确保时限要求高的直通列车优先接续安排。以各直通列车总旅行时间赋权值的总和最小为优化目标,建立技术站直通列车运行线接续0-1整数优化模型。以京沪铁路为例进行验算,实验结果表明本文的模型及算法能够有效地为技术站直通列车安排运行线接续方案,同时满足其运到期限要求。

关键词 铁路运输 列车运行图 直通列车接续 技术站 运到期限

基金项目:中国物流学会、中国物流与采购联合会研究课题计划重点项目(2023CSLKT2-002);四川省教育厅职业教育人才培养和教育教学改革研究项目(GZJG2022-670);全国高校、职业院校物流教改教研课题计划培育课题(JZW2024002);成都信息工程大学科研基金(KYTZ202188)。

0 引言

铁路技术站直通货物列车运行线接续是运行图编制的重要环节。在编制货物列车运行图时,通常先按照区段铺画货物列车运行线,然后将区段运行线接续为直达或直通列车运行线,最后确定区段、摘挂等列车的运行线[1,2](本文的直通列车指直达和直通列车的统称)。现阶段技术站直通列车运行线接续方案的确定仅从运行线的角度考虑,以运行线接续时间最短为目标确定接续方案[3,4],然后实现直通列车的"组流上线",因此常常出现"有线无流"和"有流无线"的情况。

少数学者从"流线结合"的角度考虑了技术站直通列车运行线接续问题,田志强等考虑单个技术站运行线接续问题,以直通列车在站总停留时间最少为目标,构建网络流模型,并采用最小费用流算法求解[5];李建等考虑两个技术站之间开行直达列车,以各列车在途中停留时间加权值的总和最小为目标,构建整数规划模型,并设计粒子群算法求解[6]。上述文献在运行线接续中考虑了"流"的因素,但都是以列车在站总停留时间最小为优化目标,其本质也是运行线接续时间最短,并未深入考虑"流"的特性,真正做到"流线结合"。

"流线结合"中,"流"代表计划开行的货物列车,"线"代表列车运行图中的运行线,"流线结合"指为每一计划开行的货物列车选择合适的列车运行线,即将"流"融入反映列车运行时空变化的"线"中,从而形成具有流线结合特征的货物列车运行图。遵循"流线结合"的设计思想,不仅能够方便货主了解货物运送安排,而且能够加快货物的送达,确保运到期限,提升铁路货运的服务与运输质量。

因此,本文基于"流线结合"的思想,考虑"流"的时效性特征,构建技术站直通列车运行线接续的0-1整数优化模型,最后以京沪铁路济西—南翔段为例,验证模型及算法的有效性。

1 问题分析

"流"最重要的一个特性为时间性,即运到期限,是铁路向货主承诺的货物运输时间。保证运到期限能够提升铁路货物运输的质量以及竞争力。因此本文在接续运行线时,考虑"流"的运到期限并予以保证,从而确定流线结合特征的技术站直通列车运行线。

首先,在接续技术站直通列车运行线时,应保证直通列车旅行时间满足运到期限。而直通列车的重车流来源包括调车场集结的改编车流以及货场、专用线装车完毕的车流,其重车流去向包括继续改编中转,以及送往货场、专用线卸车,即对于直通列车运输的货物而言,直通列车的旅行时间不一定等于货物的运到期限。当直通列车的始发终到站与货物的装卸站一致时,直通列车的旅行时间等于货物的运到期限,当不一致时,直通列车的旅行时间小于货物的运到期限。

因而本文采用均值比例分配法,将运到期限分配到货物的直通列车运输环节,通过保证该环节的时限要求来保障运到期限。均值比例分配法指按货物运输各个环节的平均作业时间占总时间的比例分配运到期限,则直通列车运输环节的时限计算方法如公式(1)所示。

$$T_{zt} = \frac{\sum_{i=1}^{m} t_q^i + \sum_{j=1}^{m-1} t_s^j}{\sum_{i=1}^{m} t_q^i + \sum_{j=1}^{m-1} t_s^j + \sum_{k=1}^{n} t_o^k} \times T \quad (1)$$

式中:T_{zt}——直通列车运输环节的时限要求;

T——货物运到期限;

$t_q^i 、 t_s^j 、 t_o^k$——直通列车运输环节的区段运行、技术站中转以及其他作业环节的平均作业时间,可由《全国铁路统计资料汇编》等资料获取。

其次,不同货物对运输送达时间的要求不尽相同,一般鲜活、电子机械等货物相对于煤炭、矿石等货物对运输送达时间的要求较高。另外,不同货物运输办理方式对送达时间的要求也不尽相同,一般按快运办理的货物较普通货物对送达时间的要求高。因此本文提出以运到期限等级表示货物对运输时限的要求。因而对于运输时限要求高的货物,在运行线接续中应优先考虑,确保其快速送达,以进一步保障运到期限。

运输送达时间要求高与低是一个模糊概念,故本文利用模糊数学相关理论定量化确定运到期限等级评判方法。划分运到期限等级评语集 $V = \{V_1, V_2, V_3, V_4, V_5\} = \{$低,较低,一般,较高,高$\}$,对应模糊等级为 $D = \{1, 2, 3, 4, 5\}$,进而构建梯形隶属函数(隶属函数的构建不是绝对的,可根据实践信息调整修改,使其更符合实际情况)如下:

$$V_1(\eta) = \begin{cases} 1 & (\eta \leq 0.45) \\ \dfrac{7.5 - 10\eta}{3} & (0.45 < \eta \leq 0.75) \\ 0 & (\eta \geq 0.75) \end{cases} \quad (2)$$

$$V_2(\eta) = \begin{cases} 0 & (\eta \leq 0.45) \\ \dfrac{10\eta}{3} - 1.5 & (0.45 < \eta \leq 0.75) \\ 1 & (0.75 < \eta \leq 1.05) \\ \dfrac{4.5 - 10\eta}{3} & (1.05 < \eta \leq 1.35) \\ 0 & (\eta \geq 1.35) \end{cases} \quad (3)$$

$$V_3(\eta) = \begin{cases} 0 & (\eta \leq 1.05) \\ \dfrac{10\eta}{3} - 3.5 & (1.05 < \eta \leq 1.35) \\ 1 & (1.35 < \eta \leq 1.65) \\ \dfrac{6.5 - 10\eta}{3} & (1.65 < \eta \leq 1.95) \\ 0 & (\eta \geq 1.95) \end{cases} \quad (4)$$

$$V_4(\eta) = \begin{cases} 0 & (\eta \leq 1.65) \\ \dfrac{10\eta}{3} - 5.5 & (1.65 < \eta \leq 1.95) \\ 1 & (1.95 < \eta \leq 2.25) \\ \dfrac{8.5 - 10\eta}{3} & (2.25 < \eta \leq 2.55) \\ 0 & (\eta \geq 2.55) \end{cases} \quad (5)$$

$$V_5(\eta) = \begin{cases} 0 & (\eta \leq 2.25) \\ \dfrac{10\eta}{3} - 7.5 & (2.25 < \eta \leq 2.55) \\ 1 & (\eta \geq 2.55) \end{cases} \quad (6)$$

其中,$\eta = \dfrac{T - \hat{T}}{\hat{T}}$。$T$ 为货物运到期限;$\hat{T}$ 为货物最快送达时间,可根据文献[7]计算货物送达时间的方法,按可靠性为 0.05 计算取定。最后运到期限等级按最大隶属度原则确定。

2 模型构建

2.1 模型假设

（1）货物列车运行图已按区段运行线铺画好。

（2）已知开行直通列车的数量、发到站、运行径路、运到期限等级等信息。

（3）直通列车在技术站只进行无调中转作业,且列车的始发及终到时间不受限制。

2.2 模型符号说明

D——计划开行的直通列车集合;

e——计划开行的直通列车编号,$e = 1$, $2, \cdots, n$;

S——运行区段集合;

i——运行区段编号;

L_i——运行区段 i 可供选择的运行线集合;

j——可供选择的运行线编号;

α_e——计划开行的直通列车 e 的货物运到期限等级;

t_{ij}——运行区段 i 的运行线 j 的运行时间;

d_j^i——运行区段 i 的运行线 j 的到达时刻;

f_{j*}^i——运行区段 i 的运行线 j^* 的出发时刻;

t_{jj*}^i——第 j^* 条运行线接续上一区段第 j 条运行线的接续时间;

T_{jx}^i——直通列车无改编通过运行区段 i 的前方技术站的作业时间标准;

T_e——计划开行的直通列车 e 的运输时限;

x_{ij}^e——0-1 决策变量,表示计划开行的直通列车 e 是否选择运行区段 i 的运行线 j,是为 1,否为 0。

2.3 优化模型

基于流线结合的技术站直通列车运行线接续模型如下:

$$\min Z = \sum_{e \in D} \sum_{i \in S} \sum_{j \in L_i} \alpha_e t_{ij} x_{ij}^e + \sum_{e \in D} \sum_{i \in S} \sum_{j \in L_i} \alpha_e t_{jj*}^i x_{ij}^e x_{(i+1)j*}^e \quad (7)$$

s. t.

$$\sum_{j \in L_i} x_{ij}^e = 1 \quad \forall i \in S, \forall e \in D \quad (8)$$

$$\sum_{e \in D} x_{ij}^e \leq 1 \quad \forall i \in S, \forall j \in L_i \quad (9)$$

$$t_{jj*}^i = \begin{cases} f_{j*}^i - d_j^i & (f_{j*}^i - d_j^i \geq T_{jx}^i) \\ 1440 + f_{j*}^i - d_j^i & (f_{j*}^i - d_j^i < T_{jx}^i) \end{cases}$$
$$\forall i \in S^-, \forall j \in L_i, \forall e \in D \quad (10)$$

$$\sum_{i \in S} \sum_{j \in L_i} t_{ij} x_{ij}^e + \sum_{i \in S^-} \sum_{j \in L_i} t_{jj*}^i x_{ij}^e x_{(i+1)j*}^e \leq T_e$$
$$\forall e \in D \quad (11)$$

$$x_{ij}^e \in \{0, 1\} \quad \forall i \in S, \forall j \in L_i, \forall e \in D \quad (12)$$

模型中:式(7)为直通列车在技术站停留时间以及区段运行时间的加权和最小的目标函数;式(8)为唯一性约束,表示一列直通列车在一个区段当且仅能选择一条运行线;式(9)表示一条运行线至多被一列直通列车选择;式(10)表示运行线接续时间不能小于直通列车无改编通过技术站的作业时间标准;式(11)为运到期限约束,表示直通列车全程运行时间不能超过运输时限;式(12)为决策变量的 0-1 约束。

3　数值实验

以京沪铁路的济西站—南翔站为例，对本文构建的模型及算法作有效性验算分析。济西站—南翔站包含济西站、泰山站、兖州北站、徐州北站、蚌埠北站、南京东站、南翔站共 7 个技术站，6 个区段。本算例中需为 10 列直通列车安排运行线接续方案，直通列车的运输时限及运到期限等级分

别为 {2160,2160,2880,2880,3600,3600,4320, 4320,5040,5040} 和 {5,5,4,4,3,3,2,2,1,1}，每个区段皆铺画有 30 条运行线，各技术站无改编中转列车的接续时间标准都为 30min。

利用 CPU 为 Inter Core i7-6700HQ，内存为 16G 的个人电脑，在 Python 3.11 的环境中调用 Gurobi 10.0.3 直接求解本文模型，得到运行线接续方案如表 1 所示。

济西站—南翔站直通列车运行线接续方案　　　　　　　　　表 1

| 直通列车序号 | 区段运行线编号 | | | | | | 总旅行时间（min） | 总接续时间（min） |
	济西—泰山	泰山—兖州北	兖州北—徐州北	徐州北—蚌埠北	蚌埠北—南京东	南京东—南翔		
1	21	30	6	24	5	3	1761	658
2	13	3	15	3	10	18	1782	869
3	19	21	17	4	9	1779	1 009
4	3	14	5	10	13	25	1832	894
5	24	13	28	26	9	13	1942	830
6	9	22	27	18	29	11	2131	1145
7	10	11	4	13	3	6	2205	1387
8	6	29	7	9	1	21	2427	1494
9	11	7	30	28	11	26	2662	1762
10	14	20	18	1	22	4	2913	1585

由表 1 可知，优化后的直通列车运行线接续方案均满足运到期限约束，同时对于运到期限等级越高的直通列车，其总旅行时间与总接续时间均越小，在保证运到期限的情况下，同时保障了运到期限等级高的列车的优先。

为进一步分析说明本文提出的基于流线结合的技术站直通列车运行线接续模型及算法的有效

性，应用本文的模型及算法求解文献[5]中的算例，并作结果对比分析。该算例包含 4 列直通列车，3 个运行区段，每个区段有 10 条运行线，假定 4 列直通列车的运输时限及运到期限等级分别为 {2304,2016,1728,1440} 和 {1,2,3,4}。求解结果及对比情况如表 2 所示，其中方案 1、2 分别为本文及文献[5]所求结果。

直通列车运行线接续方案对比　　　　　　　　　表 2

| 直通列车编号 | 方案 1 | | | | | 方案 2 | | | | |
| | 区段运行线编号 | | | 总接续时间（min） | 总旅行时间（min） | 区段运行线编号 | | | 总接续时间（min） | 总旅行时间（min） |
	区段 1	区段 2	区段 3			区段 1	区段 2	区段 3		
1	3	7	9	202	1072	1	4	6	202	1064
2	1	4	6	202	1064	3	7	9	202	1072
3	4	8	10	144	1040	4	8	10	144	1040
4	8	1	3	137	1041	8	1	3	137	1041

表 2 中，两种直通列车接续方案皆满足运到期限。方案 1 中，运到期限等级越高的列车，其总接续时间和总旅行时间也越短，而方案 2 中，等级高的直通列车 2 的总旅行时间却长于等级低的直

通列车 1 的总旅行时间。以上试验结果说明了本文基于流线结合的技术站直通列车运行线接续模型及算法的有效性。

4 结语

本文在"流线结合"的思想下,考虑"流"的运到期限,采用均值比例分配法,将运到期限分配至货物直通列车运输环节,同时考虑货物运输时限要求的不同,构建0-1整数规划模型。算例分析表明,通过本文模型及算法得到的技术站直通列车运行线接续方案,保证了货物的运到期限,同时确保了时限要求高的列车的优先接续安排,既说明了本文模型及算法的有效性,也为铁路技术站直通列车运行线接续提供了一种新的思路与方法。

运到期限等级可以确保时限要求高的货物在运输组织中的优先,以进一步保障货物运到期限,就其本质而言,运到期限等级仍是一种权重。本文虽给出了确定运到期限等级的具体方法,但这不是唯一的,可对其影响因素及确定方法开展进一步研究。

参考文献

[1] 张小炳,李晟东,吕红霞,等.基于货物运到期限的列车运行线选择优化研究[J].铁道学报,2019,41(5):10-15.

[2] LI S D,LV H X,XU C G,et al. Optimized train path selection method for daily freight train scheduling [J]. IEEE Access, 2020, 8: 40777-40790.

[3] ZHAN S G,XIE J M,WONG S C,et al. Handling uncertainty in train timetable rescheduling: A review of the literature and future research directions [J]. Transportation Research Part E: Logistics and Transportation Review, 2024, 183:103429.

[4] NING J, PENG Q Y, ZHU Y Q, et al. Bi-objective optimization of last-train timetabling with multimodal coordination in urban transportation[J]. Transportation Research Part C,2023,154:104260.

[5] 田志强,张小炳,郭倩倩.铁路直通货物列车技术站接续方案优化研究[J].铁道货运,2010,28(3):14-18,53.

[6] 李建,林柏梁,田亚明,等.铁路货运直达列车运行线优化选择模型与算法[J].北京交通大学学报,2015,39(6):15-20.

[7] 李夏苗,朱晓立.铁路货物送达时间的估计与预测[J].交通运输系统工程与信息,2003,3(2):81-87.

Enhancing Goods Forwarding: A Strategic Approach to Transportation Planning for Enhanced Logistics Operational Performance with a Mediating Role of Postponement

Muhammad Ali Aslam　Zhaolei Li*　Hassan Nazir　Soukaina Mir
(Chang'an University Economics and Management)

Abstract　The recent COVID-19 pandemic,the surge in e-commerce,Omni-channels and the rapid shifts in client behaviors have prompted logistics organizations to enhance their responsiveness,delivery reliability,cost efficiency, and flexibility through tactical and strategic planning. This study aims to suggest improved transportation planning and assess its influence on the operational efficiency of goods forwarding facilities offered through roads by logistics organizations in Pakistan. In this research, we consider capacity, collaboration, and information sharing as independent variables in transportation planning whereas flexibility, responsiveness, delivery reliability and cost act as a core component of dependent variables which is logistics operational performance. Furthermore, this study also demonstrates the role of postponement as mediating variable and how capacity, collaboration and information sharing influence on operational performance of freight forwarding logistics companies. A quantitative methodology was employed to collect replies, resulting in 226 responses from a questionnaire. The respondents were affiliated with goods-forwarding companies in Pakistan. The data was interpreted and analyzed using structure equation modeling by smart PLS 4.0 software. Additionally, our analysis revealed that capacity, collaboration, and information sharing favorably influence logistics operational performance in terms of flexibility, responsiveness, delivery reliability, and cost. Moreover, our research findings have important implications for managers since adopting a postponement strategy can effectively address the scarcity of capacity.

Keywords Transportation capacity Collaboration Information sharing Postponement Logistics responsiveness and logistics operational performance

0 Introduction

As a result of economic uncertainty and globalization, product lifespans are getting shorter and shorter all the time. Businesses are being significantly affected by the rapid and dramatic changes in customer demand and requirements. Shortening response times and decreasing lead times are two organizational goals. The organization aspires to reduce response times and lead times. An organization's capacity to swiftly respond to changes in an ever-changing environment will likely determine its level of success in the future. This objective can only be achieved if the logistics companies operate with consistency, timeliness, and flexibility. Freight transportation refers to the process and system of gathering, conveying, and disseminating goods inside an urban setting[1]. Transportation is a crucial component of logistics that plays a critical role in ensuring that organizations successfully deliver the goods, in the appropriate quantity, and at the designated time [2] The primary goal of transportation is to optimize customer satisfaction within the upstream and downstream supply chain while minimizing costs [3]. The transportation of goods by goods has garnered increased focus during the 2000s. The process of globalization, together with the development of international trade, e-commerce, and online commerce has a substantial impact on the volume of transport. Thus, has influenced the operations, costs, and efficiency of goods transported over time [4]. At present time, logistics companies implement cargo transportation services by road, air, and water while adapting to the changing nature of economic patterns and digitization. As one of the backbones of international trade, the logistics industry worldwide had worth over 8.4 trillion euros in 2021 and will be expected to exceed 13.7 billion euros by 2027.

The transport and logistics business is currently experiencing a challenging situation characterized by a decrease in demand for goods and a simultaneous rise in capacity. BIMCO, the international shipping association, predicts that worldwide container volumes will experience a modest growth of 3% to 4% in 2024 whereas the ships fleet's growth is expected to be 7.8%, reaching an unprecedented 2.7 million TEU[5]. Several manufacturers and their supply chain networks are currently experiencing unforeseen difficulties, which have persisted for two years from the onset of the pandemic [6] Transport and logistics companies must create well-informed and inventive strategies, policies, and solutions to strengthen their ability to withstand challenges, retain their employees, and raise the quality of their logistical services despite limited resources [7]. The surge in e-commerce, driven by major players like Amazon and Walmart, has led to a heightened need for efficient logistics and transportation services to ensure the timely delivery of goods to clients [8]. The expansion of e-businesses and the dedication of venders to the timely delivery of crucial packages have posed challenges for logistics companies. These companies must develop strategic and tactical transport planning to ensure their immediate competitiveness and long-term viability [9]. Additionally, in the present highly competitive environment, there is a growing emergence of new prospects for the implementation of postponement techniques [10].

This area of study is vastly researched by different academicians due to the emergent significance of freight forwarding logistics. Elbert et al[11]. conducted a comprehensive examination and classification of models utilized for addressing issues about cost reduction and operational enhancement. Dai and Chen [12] examined several goods transport models, strategies, and procedures, specifically within urban and metropolitan settings. Shams et al[13]. examined theoretical and mathematical models associated to the value of time reliability (VOR). They found that differences in VOR can be attributed to differences in study methodology, reliability measurement, and the preferences of goods users, market segments, survey design, and analysis techniques. Demir et al[14]. found various elements that affect fuel consumption and vehicle emission models in road freight transport. The study indicated that the load and speed of vehicles are the most significant determinants. Lean thinking was used to eliminate waste, which resulted in a 40% decrease in transportation costs, a 75% reduction in total lead time, a 200% surge in truck productivity, and a 100% increase in truckload capacity utilization for the delivered project[15]. Wang et al[16]. studied transportation shortage capacity in terms of driver and its direct impact on logistics performance. Anwer AL-Shboul[17] researched transportation logistics approach to supply chin responsiveness with moderating variables of delivery dependability and delivery speed. Jafari et al. [18] studied the postponement and logistics flexibility in the retail industry to counter demand uncertainty and found both postponement and logistics flexibility help companies to mitigate demand uncertainty. So in above mentioned researches, we found that there are very less studies on transportation planning that include capacity, collaboration and information sharing. Moreover, direct impact of these variables and a mediating effect of postponement on freight forwarding logistics performance.

So above mentioned gap led us to formulate the following research questions.

RQ 1. What is the impact of transportation planning components capacity, collaboration and information sharing on freight forwarding logistics operational performance?

RQ 2. What is the mediating role of postponement in transportation planning and freight forwarding operational performance? How postponement affects performance.

The objectives of this study is to provide significant theoretical and managerial implications. Firstly, we investigate the relationship between the core components of planning which are capacity, collaboration and information sharing and freight forwarding logistics operations performance. We consider responsiveness, delivery reliability, cost and flexibility in operational performance. Secondly, we also investigate the mediating role of postponement on performance and postponement relation with independents variables.. This paper is also provide in depth analysis to help managers to effectively use postponement strategy to enhance driving components of planning to optimize operational performance. Our main contribution of this research, we find that capacity contributes more in enhancing performance whereas postponement helps to enhance capacity which can use as alternative of further expansion or can deal efficiently any shortage of capacity.

In order to find the answer of these question and objectives, we use questionnaire to collect data from 226 respondents who work in freight forwarding logistics companies of Pakistan and then interpret data through smart-pls 4.0 software. Our paper is organized as in section 2, we further describe transportation planning and operational performance in the literature review. Section 3, describes methodology. Section 4 presents a discussion on results and finally in section 5, we conclude our research.

1 Literature review

1.1 Transportation planning

Decisions about transportation planning and policies, meanwhile, pose significant challenges. The complexity of its structure and the engagement of multiple stakeholders contribute to its significance [19]. The transfer of goods may involve concealed elements inside the distribution process, such as shipping expenses and operating resources e. g. capacity, provided that the organization and operators exercise oversight and prioritize each task. The system will have the capability to manage transportation expenses and optimize resources such as collaboration and information sharing utilization for efficient operation [20].

1.1.1 Transportation capacity(TC)

The insufficiency in transportation capacity may hinder the ability of logistics services to function effectively [21]. For instance, Min and Lambert [22] discovered that logistics costs are negatively impacted by customer service issues and a shortage of drivers and vehicles. Driver scarcity is regarded as a deficiency in transportation capacity, which can lead to uncertainty and risk in the supply chain. Moreover, the scarcity of transportation capacity is a serious concern in the contemporary transportation and logistics industry [23]. Dawson [24] discovered that a scarcity of capacity can have a direct impact on both the cost and deliveries. Especially driver shortage, there is an increase in driver wages, which in turn greatly affects the entire fleet.

1.1.2 Collaboration(TCO)

The collaboration refers to the act of goods carriers, sharing shipments to optimize their overall profit by minimizing their entire operating cost. Dai and Chen [12] discovered that the objective of carrier collaboration is to enhance transportation operations by exchanging transportation demands and available cars, while Chan and Zhang suggested that collaboration has the potential to substantially decrease the overall cost and enhance the level of service

delivery. Ho et al [25] divided collaboration into two categories which are internal and external collaboration. Further By combining internal and external collaboration, an effective solution can be achieved [26]. Collaborative transportation management was employed to enhance the efficiency of vehicle capacity usage by minimizing the number of unoccupied return tours and reducing non-value-added tasks [27]. Adenso-Díaz et al [28] examined the impact of coalition size on cost savings in centralized planning among full truckload carriers.

1.1.3 Information sharing (TIN)

Lee and Ha [29] stated that production, orders, and delivery are examples of operational data, which relates to immediate, quantifiable information. However, with strategic knowledge, parties discuss and share logistical plans, market development initiatives, and long-term production plans. Crucial for developing commitment, this form of information exchange depends on mutual trust. Strategic Information Systems (IS) is the core cause of achieving process efficiency. Strategically implementing Information Systems (IS) can result in reduced delivery time and cost, improved quality, and ultimately, higher performance for firms [30]. Firms can improve their responsiveness to changing conditions by increasing the amount and variety of information shared among supply chain participants [31]. The sharing of information in real time has enhanced accurateness, speed, and timely delivery. It allows the organization to decrease the quantity of vehicles while increasing efficiency and reducing delivery expenses [15].

1.2 Postponement (TP)

Initially, the practice of postponement was introduced in the delivery channel deliberately delaying the movement of goods in the forward direction [32]. The advantage of postponement can be enhanced with a highly effective and efficient logistics integration, and a rapid distribution and supply chain [33]. The purpose of postponement is to decrease unpredictability in demand and/or provide clients with a greater degree of customization, while aligning with the waiting time that these customers are willing to tolerate and the economies of scale associated with each activity [10]. Postponement enhances an organization's flexibility in responding to evolving client demands by allowing for the creation of many product versions, customization of distribution strategies, and adjustment of demand levels based on cost[18].

1.3 Logistics operational performance (FLP)

As Huber et al[34] suggested logistics operational performance management is the systematic management of operations to ensure the efficient and effective transportation, storage, and information flow of goods, services, and associated information to meet client expectations. Logistics encompasses the complete transportation process, spanning from the origin of production to the final destination of consumption. This involves the movement of goods and services in both directions, within and outside of the organization. Logistics transportation performance encompasses the capacity to meet client requirements, guarantee product accessibility and punctual delivery, and uphold cost effectiveness [35]. There is a growing agreement that the transportation logistics system and its responsive strategy can refer to fast point-to-point transport, reliable and predictable journeys, the quickest means of moving products and goods freight, journeys that minimize time and cost, or other resources required to fulfill customer orders[36]. Irfani et al[3]. proposed that logistics performance can be assessed by considering factors such as speed, delivery reliability, delivery adaptability, responsiveness, and order fulfillment capacity.

Responsiveness refers to the level of customer service provided and logistics service providers who have a higher competence to give quality service are more likely to meet customers' expectations for different logistics services and achieve superior service performance[37]. Yang et al[38] defined delivery speed under responsiveness to meet demand, and achieving it in the lowest possible time entails executing functions and activities with great rapidity Flexibility is crucial for developing transportation alternatives to address the limited transportation capacity [21]. Increasing performance in today's time-based competitive climate could be achieved through logistics flexibility[33]. Delivery reliability refers to the capability to consistently provide the specific commodities that are needed in optimal conditions. This includes promptly shipping various requested orders and regularly updating the types and capacities of delivery methods. Ultimately, this leads to improved logistics operational performance. According to Seclen Luna et al[39], responsiveness was evaluated using three key factors: reliability, cost, and time. Cost is consistently utilized as a primary indication of logistics performance[16].

After reading the literature, we can construct hypothesis and framework of our research (Figure 1). Developed hypothesis are mentioned below:

H1. Transportation capacity is significantly associated with logistics operational performance.

H2. Transportation collaboration has a significant relationship with logistics operational performance.

H3. Transportation information sharing is significantly associated with logistics operational performance.

H4. Transportation capacity is significantly associated with logistics operational performance analyzing the mediating affect of postponement.

H5. Transportation collaboration has significant relationship with logistics operational performance analyzing the mediating affect of postponement.

H6. Transportation information sharing is significantly associated with logistics operational performance analyzing the mediating affect of postponement.

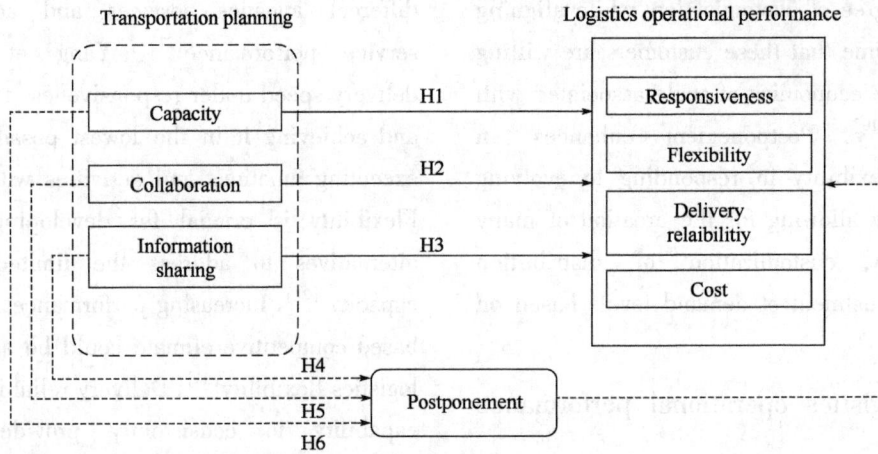

Figure 1　Framework of the research

2　Methodology

Our article was based on empirical research. We used structural equation modelling (SEM) to analyze the relationship among variables and test the hypothesis.

2.1　Measure instrument

As per our framework, the construct included independent variables capacity, collaboration, information sharing, mediating variable postponement and dependent variable logistics operational performance. We used a questionnaire to collect primary data. We formulated our questionnaire from previously used questionnaire of different articles. The questionnaire attached in appendix with reference. Our questionnaire consisted of Likert scale (strongly agree-5 to strongly disagree-1). The utilization of a 5-point Likert scale facilitated the researchers in

quantifying the diversity among the dimensions across different organizations in a consistent and standardized manner[40].

2.2　Data collection

Data was gathered from the forwarding companies of Pakistan. We collected data from 35 companies and 226 respondents. We sent questionnaire to the 226 respondents form which we collected 226 responses. It showed our response collection rate was 89.92%. We used non-probability sampling techniques to collect data where everyone do not have the equal chance to participate in sampling. The chosen criteria of the company was based on 15 years of working freight forwarding logistics field[41]. This data was collected from the supervisor to top management. A complete demographic analysis of respondents can be viewed in Table 1.

Demographic analysis　　Table 1

Demographic	Detail	No. of appearance	percentage	Total
Age	25-30	129	57.08	226
	30-35	57	25.22	
	35-above	40	17.7	
Gender	Female	37	16.37	226
	Male	189	83.63	
Qualification	BA/Undergraduate	19	8.41	226
	Master/Graduation	207	91.59	
	PhD	0	0	
Working experience	Less than 5 years	94	41.59	226
	More than 5 years	132	58.41	

Demographic	Detail	No. of appearance	Percentage	Total
Employment level	Supervisor	38	16.81	226
	Assistant Manager	74	32.74	
	Manager	57	25.22	
	Above Manager	57	25.22	
Number of employees	Less than 50	94	41.59	226
	50-100	112	49.56	
	More than 100	20	8.85	

2.3 Data analysis and results

We used SEM to interpret our collected data with the help of Smart - PLS 4.0 software. The versatility of PLS-SEM, suitable for both exploratory and predictive investigations, has been highlighted by Fan et al[42] contributing to its growing popularity in management research. This study used a meditative model to examine the connections between several constructs. This technique necessitated a thorough evaluation of the reliability and validity of the measuring items. The measurement model was undergo thorough examination to ensure the validity and reliability of the measuring scales. The evaluation entailed the utilization of the partial least square technique on a dataset consisting of 226 responses (Table 1).

2.4 Model measurement, validity and reliability

A robust and trustworthy measurement model has been found through the evaluations of convergent validity and internal consistency. The findings provide credence to the idea that the measurement instrument is legitimate. It is suggested, however, that the instrument be further examined and fine-tuned to enhance the model. We tested our model according to the following measurement Table 2, suggested by different authors.

Measurement criteria Table 2

Sr#	Criteria	Recommended values	Suggested
1	Factor loading	>0.70	
2	Composite reliability	>0.70	
3	The average variance extracted	>0.50	Reference[43]
4	Cronbach's alpha	>0.70	
5	HTMT ratio	<0.85	
6	p-value	<0.05	Reference[44]

Initially, we analyze the values factor loading of constructs of this research, which are given in Table 3. We find that the TC4's factor loading is 0.486 which is under 0.7 [43]. We also find that construct belongs to related to the market business situation and in the domain of top management. So we reject that question to maintain the robustness and credibility of our construct. Secondly, the assessment of internal consistency reliability is conducted by the utilization of Cronbach's alpha and composite reliability. The Cronbach's alpha values (0.87-0.946) and composite reliability values (0.876-0.95) exceed the recommended thresholds of >0.70 for both measures. The range of average variance extracted (AVEs) values used to assess convergent validity falls between 0.585 and 0.665, surpassing the recommended criterion of >0.50.

Thirdly, we evaluated the model's discriminant validity by applying two methods, the Fornell-Larcker standard in Table 4 and the Heterotrait-Monotrait

Ratio（HTMT）in Table 5. The Fornell-Larcker criteria are founded on the concept that the square roots of the AVE should exceed the correlations among different components of the model. The results from Table 4 demonstrate that the model meets the Fornell-Larcker criteria, thereby confirming its discriminant validity.

Factor loading   Table 3

Construct	Factor loading	α	CR	AVE
Logistics operational performance				
FLP 1	0.73			
FLP 2	0.784			
FLP 3	0.751			
FLP4	0.732			
FLP 5	0.835			
FLP6	0.861	0.946	0.95	0.653
FLP 7	0.763			
FLP 8	0.853			
FLP 9	0.832			
FLP 10	0.874			
FLP 11	0.851			
Transportation capacity				
TC 1	0.811			
TC 2	0.807			
TC 3	0.842			
TC 4	0.486	0.881	0.899	0.595
TC 5	0.818			
TC 6	0.846			
TC 7	0.726			
Transportation collaboration				
TCO 1	0.856			
TCO 2	0.86			
TCO 3	0.829	0.87	0.876	0.66
TCO 4	0.746			
TCO 5	0.764			
Transportation information sharing				
TIN 1	0.848			
TIN 2	0.86			
TIN 3	0.871			
TIN 4	0.74	0.898	0.901	0.665
TIN 5	0.764			
TIN 6	0.799			

continued

Construct	Factor Loading	α	CR	AVE
Transportation postponement				
TP 1	0.796			
TP 2	0.791			
TP 3	0.795			
TP 4	0.834	0.871	0.904	0.585
TP 5	0.82			
TP 6	0.852			
TP 7	0.833			

Discriminant validity   Table 4

Construct	FLP	TC	TCo	TIN
Fornell-Larcker criterion				
FLP	0.92			
TC	0.69	0.848		
TCO	0.656	0.808	0.816	
TIN	0.577	0.771	0.812	0.854

Discriminant validity   Table 5

Construct	FLP	TC	TCO	TIN
Heterotrait-monotrait ratio（HTMT）Matrix				
FLP				
TC	0.629			
TCO	0.6	0.83		
TIN	0.61	0.79	0.81	

Ensuring the fulfillment of the Fornell-Larcker criteria and HTMT is essential for demonstrating discriminant validity in a measuring model. The ramifications encompass heightened assurance in the purity of the concept, less likelihood of measurement error, bolstered credibility of the model, and enhanced interpretability of the structural linkages inside the model. Below, Table 4 displays the outcomes of the Fornell-Larcker validity test. The Table 4 indicates that the assessment of the FLP construct resulted in an AVE root value of 0.92. This value was greater than the cross-correlation distribution values between the FLP construct and other constructs such as TC, TOC and TIN, which are all less than 0.92. Therefore, it can be determined that the LOP construct is a valid discriminant（Table 4）.

The AVE value of 0.848 derived from the LOC construct is greater than the correlation between the

TC construct and the FLP, which is determined to be 0.690. The TC construct exhibited a correlation coefficient of 0.808 with TCO on the vertical side. Similarly, TC showed a correlation coefficient of 0.771 with TIN. According to the assessment of the diagonal cross-correlation distribution, the average root value (AVE) of the FLP construct remains higher than the correlation that may be formed between the FLP construct and other constructs. Hence, it may be inferred that the LOP construct is a valid discriminator.

By the methods outlined by Hair et al, we utilize HTMT ratios to evaluate the discriminant validity of the model. The measured HTMT ratios, which range from 0.600 to 0.830, imply that the constructs TC, TCO TIN and FLP all exhibit discriminant validity (Figure 2). These ratios are securely below the standard measure of 0.85, as described. To obtain comprehensive results, please consult Table 5.

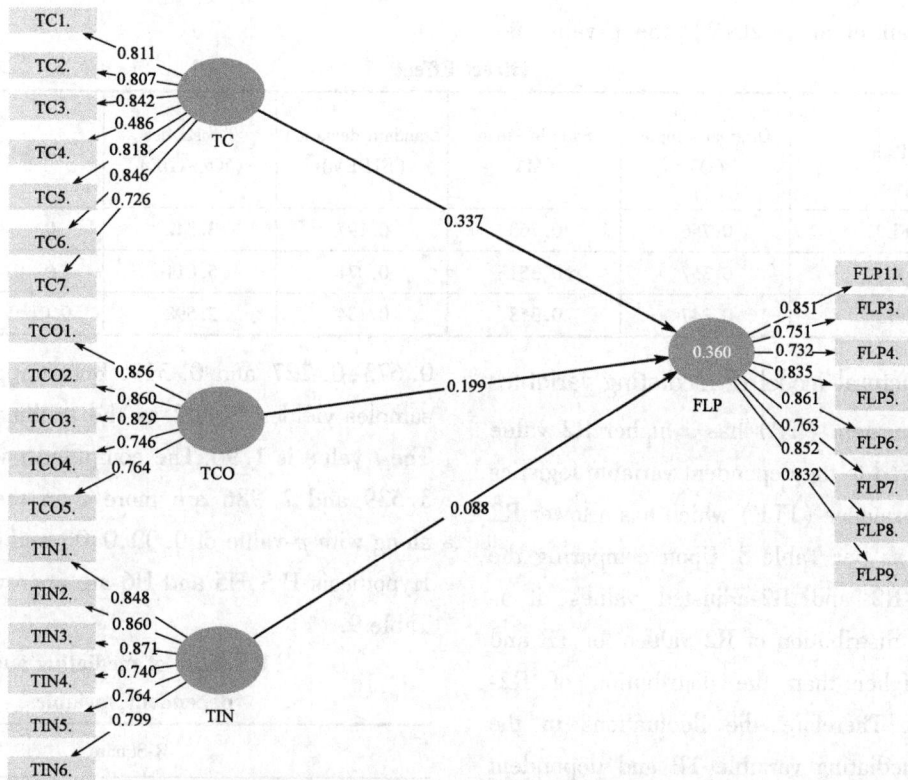

Figure 2   PLS-SEM Result with Factor Loading and R-Square

2.5   Structural model of direct variables

Now we proceed with the analysis and explanation of the structural model. The logistic operation performance (FLP) has a higher R2 value of 0.360 compared to R2-adjusted values of 0.351 (Table 6), it is evident that the distribution of R2 values FLP is still higher than the distribution of R2-adjusted values as per Table 6. Hence, the fluctuations in the values of the dependent variable FLP can be sufficiently elucidated by the Independent variables that influence it. According to Table 7, the connection between variables can be elucidated as follows: The impact of transport capacities (TC) was efficiently addressed, producing 0.756 prediction parameters. Bootstrapping with 5000 samples yielded 3.842 as the arithmetic value of t. The t-value is 1.96. The computed t-value of 3.842 surpasses the critical of value 1.96. This study shows that transport capacity (TC) improves logistics operational performance. In addition, the p-value is 0.000, below 0.05 (Hair et al 2019). Thus, our first research hypothesis is supported.

R- Square　　　　　　　Table 6

	R-Square	
Construct	R-square	R-square adjusted
FLP	0.36	0.351

Solving transport collaboration (TOC) yielded a 0.357 prediction parameter. The findings show that t is 5.011 using bootstrapping with 5000 samples. The computed t-value is 5.011 above 1.96. This study supports the premise that transport collaboration improves logistics operational performance (FLP). According to Hair et al., (2019), the p-value is 0.000, below the significance level of 0.05. Thus, second hypothesis is confirmed. The transport information (TIN) yielded a prediction parameter of 0.347. Bootstrapping with 5000 samples yielded 3.842 for the t-value. The calculated t-value is 2.593, above the essential 1.96. This study shows that information sharing improves logistics operational performance. The p-value is 0.01, below Hair et al. 0.05 significance criterion. This research's initial hypothesis is confirmed.

Direct Effect　　　　　　　　　　　　　　　　　　Table 7

Hypothesis Path	Original sample (O)	Sample Mean (M)	Standard deviation (STDEV)	T Statistics (IO/STDE)	P values	Support
H1. TC- > FLP	0.756	0.763	0.197	3.842	0	Supported
H2. TCO- > FLP	0.357	0.351	0.071	5.011	0	Supported
H3. TIN- > FLP	0.347	0.353	0.134	2.598	0.01	Supported

2.6　Structural model of mediating variables

The postponement (TP) has a higher R2 value of 0.733 compared to the dependent variable logistics operational performance (FLP) which has a lower R2 value of 0.485 as per Table 8. Upon comparing the distribution of R2 and R2-adjusted values, it is evident that the distribution of R2 values for TP and FLP is still higher than the distribution of R2-adjusted values. Therefore, the fluctuations in the values of the mediating variable TP and dependent variable FLP can be sufficiently accounted for by the exogenous variable that influences them (Figure 3). Furthermore, the impact of TC, TOC and TIN on FLP through the mediating effect of TP effectively contributed and produced prediction parameters 0.673, 0.227 and 0.319. Bootstrapping with 5000 samples yielded 3.842 as the arithmetic value of t. The t-value is 1.96. The computed t-values of 5.09, 3.539 and 2.986 are more than the critical 1.96 along with p-value of 0.00, 0.00 and 003. Hence our Hypothesis H $, H5 and H6 are approved as shown in Table 9.

R square of mediating and dependent variables　　　Table 8

	R-Square	
Construct	R-square	R-square adjusted
TP	0.733	0.729
FLP	0.485	0.483

Indirect effect　　　　　　　　　　　　　　　　　　Table 9

Hypothesis Path	Original sample (O)	Sample Mean (M)	Standard deviation (STDEV)	T statistics (IO/STDE)	P values	Support
H3. TC- > FP- > FLP	0.673	0.682	0.132	5.091	0	Supported
H4. TCO- > TP- > FLP	0.227	0.226	0.064	3.539	0	Supported
H5. TIN- > TP- > FLP	0.319	0.327	0.107	2.986	0.003	Supported

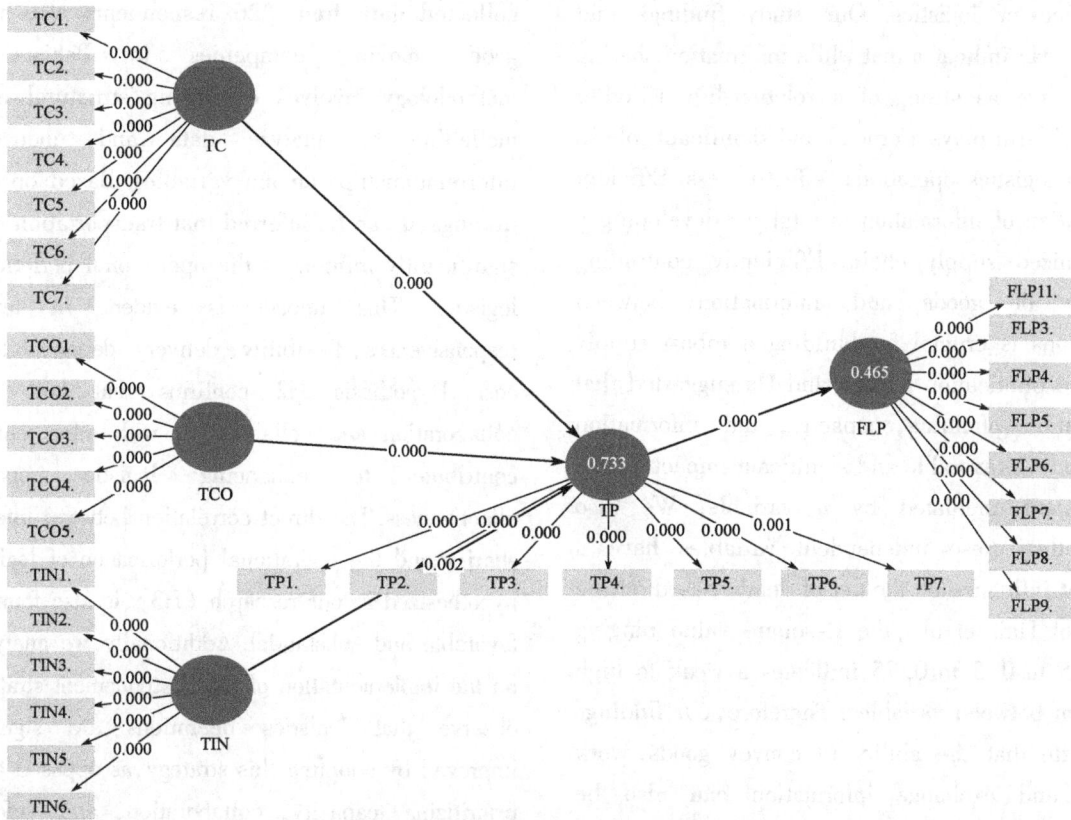

Figure 3   Bootstrapping Analysis of Mediator

3   Discussion

Our research indicates that the logistics operational performance is influenced by the logistics capacity. The initial hypothesis result also demonstrates that transportation capacity has a substantial favorable impact on logistics performance. The lack of vehicle capacity and shortage of drivers have a detrimental impact on the enterprise performance . Our statistical analysis reveals that transportation capacity has a stronger correlation with logistics operational performance compared to other components of transportation planning. This is confirmed by the mean value obtained from the data in Table 7, which indicates that a larger number of respondents agree that capacity has a significant impact on enhancing logistics operational performance. Furthermore, Fornell-Larcker Table 5, transportation capacity has stronger correlation with logistics operational performance. According to Reference [43] the correlation values from 0 to 1 show the strength of the correlation between variables.

Our study indicates the significance of collaboration in the planning process and its influence on logistics performance. The empirical findings also demonstrated a positive correlation between teamwork and logistics operational performance. Several publications explore the correlation between collaboration and the operational performance of logistics. Collaborative planning in the transportation sector is essential since it enables the amalgamation of shipments, leading to cost-efficient operations. Through collaborative efforts, carriers can increase the volume of shipments, thereby enhancing their ability to identify and capitalize on favorable consolidation prospects. According to Fornell-Larcker criterion t, table 5, collaboration ranked second by keeping in view its correlation strength with logistics performance which is 0. 656. Our hypothesis also validates that collaboration has a positive and significant impact on logistics operational performance.

Our study further emphasizes the correlation between information exchange and the operational performance of logistics. Our study findings and hypothesis H3 indicates that while information sharing may not have as strong of a relationship as other variables, it still plays a crucial and significant role in improving logistics operational effectiveness. Efficient dissemination of information is vital for developing a well-organized supply chain. Efficiently controlling the flow of goods and information between organizations is crucial for building a robust supply chain. The publication by Lee and Ha suggested that transportation planning, capacity, and information sharing have a favorable and significant impact on the postponement, mediated by a variable. We also discover that these independent variables have a significant influence on the act of delay. Based on the findings of Hair et al., the R-square value ranging from 0. 25 to 0. 5 to 0. 75 indicates a weak to high association between variables. Therefore, our findings demonstrate that the ability to convey goods, work together, and exchange information can also be improved by the practice of postponement. This empirical research also confirms that the operational performance of logistics is further improved by the mediating influence of postponement. Transportation capacity, collaboration, and information sharing have a direct influence on the enhancement of postponement as well as logistics operational performance with mediation of postponement. This relationship is further explained by R-square values such as the R-square value of logistics operations. The performance is 0. 361, which is equivalent to 36. 1% when we analyze the direct relation. The Rsquare value increased from 0. 361 to 0. 485, representing a 36. 1% to 48. 5% improvement, when we analyze after the inclusion of mediation through postponement. Our hypotheses H4, H5, and H6 verify these values, indicating that transportation capacity, collaboration, and information sharing have a considerable impact on logistics operational performance. This impact is mediated by the practice of postponement.

4　Conclusions

We conducted an empirical investigation and collected data from 226 respondents who work in goods moving companies in Pakistan. Our methodology involves employing structural equation modelling to analyze data and uncover the interrelationships among variables. Based on our H1 findings, it can be inferred that transportation capacity significantly influences the operational performance of logistics. This impact is evident in terms of responsiveness, flexibility, delivery dependability, and cost. Hypothesis H2 confirms that both internal collaboration and collaboration with other enterprises contribute to enhancing logistics operational effectiveness. The direct correlation between information sharing and the operational performance of logistics, as hypothesized in our research (H3), is also found to be favorable and substantial. Additionally, we analyze data on the implementation of the postponement strategy and observe that logistics operations are significantly improved by adopting this strategy, as opposed to solely prioritizing capacity, collaboration, and information sharing. Our hypotheses H4, H5, and H6 confirm that the mediating role of postponement can boost logistics operational performance.

Numerous managerial implications assist managers and others in determining which areas require greater attention. Our findings indicate that capacity is the most noteworthy factor in refining the operational performance of logistics. Managers must efficiently utilize existing resources, whether they are human or transportation to achieve the necessary level of performance. This research also sheds insight on the concept of delay. Postponement might be advantageous for managers to optimize performance in situations where firms are experiencing or have limited resources. Our research also reveals that implementing delay strategies significantly improves performance, particularly in the goods shipping industry.

Our research also paves the way for additional investigation, since there is a necessity to delve into the correlation between outsourcing and postponement. It is necessary to examine the tradeoff between outsourcing and postponing when firms have limited investment or resources to increase capacity. It is necessary to examine the effects of postponement on the performance of enterprises engaged in global logistics operations.

References

[1] HE Z Y. The challenges in sustainability of urban freight network design and distribution innovations: a systematic literature review[J]. International Journal of Physical Distribution and Logistics Management,2020,50(6):601-640.

[2] HAIAI A, BERADO A, BENABBOU L. Redesigning a transportation network: the case of a pharmaceutical supply chain [J]. International Journal of Logistics Systems and Management,2019,35(1):90-118.

[3] IRFANI D P,WIBISONO D,HASANBASRI M. Design of a logistics performance management system based on the system dynamics model [J]. 2019, 23(3):269 – 291.

[4] ORJI I J,GUPAT H,OKWU M,et al. Evaluating challenges to implementing eco-innovation for freight logistics sustainability in Nigeria [J]. Transportation Research Part A,2019,129:288-305.

[5] HOFMAN H. What to Expect in 2024-5 Trends in Freight Forwarding[EB/OL]. [2024-2-14] https://www. maersk. com/insights/resilience/2023/11/17/future-of-freight-forwarding.

[6] DOVBISCHUK I. Innovation-oriented dynamic capabilities of logistics service providers, dynamic resilience and firm performance during the COVID-19 pandemic[J]. The International Journal of Logistics Management,2022,33(2): 499-519.

[7] LOSKE D. The impact of COVID-19 on transport volume and freight capacity dynamics: An empirical analysis in German food retail logistics [J]. Transportation research interdisciplinary perspectives,2020,6:100165.

[8] ASHRAF M H,YALCIN M G,ZHANG J Y,et al. Is the US 3PL industry overcoming paradoxes amid the pandemic? [J]. The International

Journal of Logistics Management,2021,33(4): 1269-1293.

[9] ZIOBRO P. UPS Slaps Shipping Limits on Gap, Nike to Manage E-Commerce Surge - WSJ[EB/OL]. [2024-2-14](https://www. wsj. com/articles/ups-slaps-shipping-limits-on-gap-nike-to-manage-e-commerce-surge-11606926669.

[10] PRATAVIERA L B,PEROTTI S,MELACINI M,et al. Postponement Strategies for Global Downstream Supply Chains: A Conceptual Framework[J]. Journal of Business Logistics, 2020,41(2):94-110.

[11] ELBERT R, MULLER J P, RENTSCHLER J. Tactical network planning and design in multimodal transportation-A systematic literature review[J]. Research in Transportation Business and Management,2020,35:100462.

[12] DAI B,CHEN H X. A multi-agent and auction-based framework and approach for carrier collaboration[J]. Logistics Research,2011,3 (2):101-120.

[13] SHAMS K,ASGARI H,JIN X. Valuation of travel time reliability in freight transportation: A review and meta-analysis of stated preference studies [J]. Transportation Research Part A, 2016,102:228-243.

[14] DEMIR E,BEKTAS T,LAPORTE G. A comparative analysis of several vehicle emission models for road freight transportation [J]. Transportation Research Part D,2011,16(5): 347-357.

[15] ARGIYANTARI B,SIMATUPAN T M,BASRU M H. Transportation performance improvement through lean thinking implementation [J]. International Journal of Lean Six Sigma,2022, 13(3):622-647.

[16] WANG M,WOOD L C,WANG B. Transportation capacity shortage influence on logistics performance: evidence from the driver shortage [J]. Heliyon,2022,8(5): e09423-e09423.

[17] ANWER A M. An investigation of transportation logistics strategy on manufacturing supply chain responsiveness in developing countries: the

mediating role of delivery reliability and delivery speed [J]. Heliyon, 2022, 8 (11): e11283-e11283.

[18] JAFARI H,ESLAMI M H,PAULRAJ A. Postponement and logistics flexibility in retailing: The moderating role of logistics integration and demand uncertainty[J]. International Journal of Production Economics, 2022 (243): 108319 .

[19] ILLAHI U,MIR M S. An indicator-based integrated methodology for evaluating sustainability in transportation systems using multivariate statistics and fuzzy logic [J]. Journal of Science and Technology Policy Management, 2021,13(1):43-72.

[20] KANLAYA W,PHUWADON W,DHIPPAYC-HUT S. Route Planning to Increase Transportation Efficiency: A Case Study of ABC Company Limited[J]. 2022 7th International Conference on Business and Industrial Research (ICBIR),2022:654-658.

[21] PELLEGRINO R, COSTANTINO N, TAURO D. The value of flexibility in mitigating supply chain transportation risks [J]. International Journal of Production Research, 2021, 59 (20):6252-6269.

[22] MIN H, LAMBERT T. Truck Driver Shortage Revisited[J]. Transportation Journal, 2002, 42(2): 5-16.

[23] WANG M. Evaluating logistics capability for mitigation of supply chain uncertainty and risk in the Australian courier firms [J]. Asia Pacific Journal of Marketing and Logistics, 2015,27(3): 486-498.

[24] DAWSON. FoodService Director Magazine-Industry Trends, News & Menu Development Ideas [EB/OL]. [2024-2-14] https://www.foodservicedirector. com.

[25] HO D,KUMAR A,SHIWAKOTI N. A Literature Review of Supply Chain Collaboration Mechanisms and Their Impact on Performance [J]. Engineering Management Journal,2019,31 (1):47-68.

[26] COLICCHIA A, CREAZZA A, DALLARI F. Lean and green supply chain management through intermodal transport: insights from the fast moving consumer goods industry [J]. Production Planning & Control,2017,28(4): 321-334.

[27] OKDINAWATI L,SIMATUPANG T M,SUNI-TIYOSO Y. Multi-Agent Reinforcement Learning for Value Co-Creation of Collaborative Transportation Management (CTM) [J]. International Journal of Information Systems and Supply Chain Management (IJISSCM), 2017,10(3):84-95.

[28] ADENSO-DIAZ B,LOZANO S,GARCIA-CA-RBAJAL S,et al. Assessing partnership savings in horizontal cooperation by planning linked deliveries [J]. Transportation Research Part A,2014,66:268-279.

[29] LEE C,HE Y K. Applying an extended investment model for enhancing supply chain performance [J]. Journal of Business & Industrial Marketing, 2023,38(11):2533-2544.

[30] BAE H S. The Interaction Effect of Strategic Information Systems on Performance of International Freight Forwarders: An Analysis of Gaps in Performance[J]. The Asian Journal of Shipping and Logistics, 2019, 35 (2): 108-117.

[31] ALZOUBI H M,YANAMANDRA R. Investigating the mediating role of information sharing strategy on agile supply chain[J]. Uncertain Supply Chain Management,2020

[32] WONG AH, POTTER A, NAIM M. Evaluation of postponement in the soluble coffee supply chain: A case study[J]. International Journal of Production Economics, 2010, 131 (1): 355-364.

[33] JAFARI H,NYBERG A H,HILLETOFTH P. Postponement and logistics flexibility in retailing: a multiple case study from Sweden [J]. Industrial Management & Data Systems, 2016,116(3):445-465.

[34] HUBER S,KLAUENBERG J,THALLER C.

Consideration of transport logistics hubs in freight transport demand models [J]. European Transport Research Review,2015,7(4):32.

[35] INFANI A P,WIBISONO D,BASRI M H. Integrating performance measurement, system dynamics, and problem-solving methods[J]. International Journal of Productivity and Performance Management, 2020, 69（5）: 939-961.

[36] DIAZ R,PHAN C GOLENBOCK D,et al. A prescriptive framework to support express delivery supply chain expansions in highly urbanized environments [J]. Industrial Management & Data Systems,2022,122（7）: 1707-1737.

[37] MCKINNON A. The Influence of Logistics Management on Freight Transport Research[J]. Journal of transport economics and policy,2021

[38] YANG J,XIE H M,YU G S,et al. Turning responsible purchasing and supply into supply chain responsiveness [J]. Industrial Management & Data Systems,2019,119（9）: 1988-2005.

[39] SECLENLUNA J P,BASAEZ M O,NARVAIZA L,et al. Assessing the effects of human capital composition, innovation portfolio and size on manufacturing firm performance [J]. Competitiveness Review：An International Business Journal,2020,31（3）:625-644.

[40] MUNTAKA, ABDUL A, BENJAMIN A O, et al. Pursuing Transport Digitalisation to Achieve Transport Cost Optimisation [J]. Supply Chain Forum：An International Journal,2023:1-13.

[41] KIEONO I,ARMANU,SOLIMUN,et al. Logistics performance collaboration strategy and information sharing with logistics capability as mediator variable (study in Gafeksi East Java Indonesia) [J]. The International Journal of Quality & Reliability Management,2019,36(8): 1301-1317.

[42] FAN J Q,SAQIB M,IFTIKHAR H,et al. Transport Infrastructure Environmental Performance：The Role of Stakeholders, Technological Integration, Government Policies and Lean Supply Chain Management [J]. Frontiers in Environmental Science,2023:

[43] HAIE J H, JEFFREY J, MARKO S, et al. When to use and how to report the results of PLS-SEM [J]. European Business Review, 2019,31（1）:2-24.

[44] BETENSKY,REBECCA A. The P-Value Requires Context, Not a Threshold [J]. The American Statistician,2019,73（1）:115-117.

基于三方演化博弈的航空货运安检前置模式研究

石学刚　范棋航　耿劭卿*
（中国民航大学交通科学与工程学院临空经济研究中心）

摘　要　通过借鉴管制代理人制度体系,部分机场创新了航空货运安检前置模式且成效显著,但因必要性和安全性等问题,该模式还未普及。为了研究社会中不同群体对于安检前置模式的决策行为,构建政府、货代、机场的三方演化博弈模型,探讨初始意愿大小、政府对货代的补贴和处罚力度、政府对机场的补贴力度这三种因素对各主体策略选择的影响情况,研究发现:初始意愿对安检前置模式的最终演化

基金项目:国家创新方法工作专项(2020IM030300)。

结果影响有限,但在启动和推广阶段对模式发展具有重要作用。政府监管十分重要,需平衡补贴和处罚,确保货代积极参与,而机场决策除考虑政府支持外,更关注货代服务质量与自身成本效益。

关键词　航空货运　管制代理人制度　安检前置　三方演化博弈

0　引言

《"十四五"民用航空发展规划》提出了航空安全水平再上新台阶和航空服务能力达到新水平的发展目标。在保障货运安全的前提下,如何提高货运效率成为一个重要问题。尽管我国航空货运快速发展,但机场货站安检能力并未有明显提升,在货量高峰期,部分机场货站积压大量待检货物,货物运输效率无法得到保障。在此背景下,本文提出航空货运安检前置模式,在前置货站提前完成安检等一系列操作,从而缓解安全和效率之间的矛盾。

航空货运安检前置模式与部分国家和地区实施的航空货运管制代理人制度体系较为相似。管制代理人制度是一种提高航空货运安全性和效率的安全保障措施,该制度将一部分安全责任从航空公司或机场转移到具备特定资格和满足特定要求的货运代理人,相对降低了航空公司或机场的安全风险,减轻了安检压力。欧美起初实行管制代理人制度的原因重点在于预防恐怖袭击。911 事件后,美国运输安保局(Transportation Security Administration,TSA)提出货物可以提前在除机场以外的其他区域进行安检[1]。我国香港在 2000 年 3 月对客机航班运载货物实施管制代理人制度管理,并从 2013 年 7 月 15 日起进一步将管制代理人制度扩展覆盖至全货机运载货物[2]。

中国内地机场关于安检前置模式的尝试最早可以追溯到 2003 年深圳机场的管制代理人制度试点工作。2005 年,广州白云机场建立了第一个城市货运站,自此,多地机场开始尝试建设前置货站,大部分前置货站已具备包括预安检在内的部分机场空侧功能,但货物运送到机场后仍需进一步安检。2022 年,深圳机场在前海综合保税区建立货站,货物安检在前海货站即可完成,配合短途驳运安保链[3],在提升效率的同时降低30%的物流成本,实现了真正意义上的安检前置。

国外学者关于货物安检的研究多是基于管制代理人制度展开。Hau L. Lee 等通过质量管理理论来解决供应链的安全问题,提出质量运动的重点是预防而不是最终检查,不仅需要从源头检查,还要求整个过程中的监控或控制[4]。Domingues S. 等以比利时航空货运为例,分析了欧洲航空货运的成本、制度和主要安全问题,并对 2008 年欧盟委员会(European Commission)的管制代理人和已知托运人制度体系安全保障提出了三点建议措施[5]。Toni Mannisto 等认为美国的"已知货主"和认证货物抽检计划(Certified Cargo Screening Programs,CCSP)与欧洲的管制代理人制度在根本上相似,并主张在航空货运安全管控方面,美国的 CCSP 和欧盟的供应链安全可以进一步加强沟通和统一标准[6]。Moore S. 指出对所有货机进行100% 航空货物检查不切实际,航空货运预先检查计划(Air Cargo Advance Screening,ACAS)虽然在理论上很安全,但恐怖分子不断改进的运载系统和爆炸装置仍然令人担忧,提出全球航空货运协议(Global Protocol for Air Cargo,GPAC),联合政府和整个行业创建航空货运供应链[7]。我国尚未引进管制代理人制度,只有少部分机场开始了安检前置的尝试。国内学者在详细分析了该制度的优势后,提出了引进国内的愿景。王怀玉等从航空货运管制代理人制度出发,详细介绍了深圳机场开展管制代理人试点工作的情况,提出严格管制代理人准入资质和付货安全程序是空防安全的重要保障[8]。罗军从中国航空运输协会的角度出发,以美国、我国香港和台湾地区为例,分析了管制代理人制度中的"已知托运人"制度,提出通过依托行业协会第三方的地位和角色,建立适合我国国情的"已知托运人"体系[9]。孙磊以逐年加速增长的航空货运量为背景,从不同角度对我国引入"已知托运人"体系进行了分析,提出从选点、布线、立约、监管、奖励等六个方面设计试点方案,认为我国应顺应大势引入"已知托运人"体系[10]。

截至目前,多数研究围绕管制代理人制度体系展开,缺乏对该制度体系在我国推行可行性的深入探讨。关于安检前置方面的研究较少,对于近几年部分机场开始开展的安检前置试点工作,如何提高服务质量并促使机场广泛参与到模式建设中还缺乏解决方案。我国安检前置模式的发展仍在起步阶段，需要政府、民航局、机场、货代、行业协会、航空公司等利益相关主体共同努力推进。因此，针对政府扶持并进行监管这一类问题，运用演化博弈的理论进行研究分析，筛选安检前置模式主要参与主体并简化为政府、货代、机场三方，探究在不同因素影响下各主体对安检前置模式的态度选择情况，并提出改进建议。

1 模型假设与构建

1.1 问题描述

本文从安检前置最主要的三个参与主体：政府、货代、机场，进行三方演化博弈分析，并根据演化结果进行仿真分析，从三方初始意愿、政府对货代的补贴和处罚、政府对机场的补贴三个方面分析各主体对该模式的策略选择情况，并根据分析结果给出相应的建议。三方演化博弈主体之间的逻辑关系如图1所示。

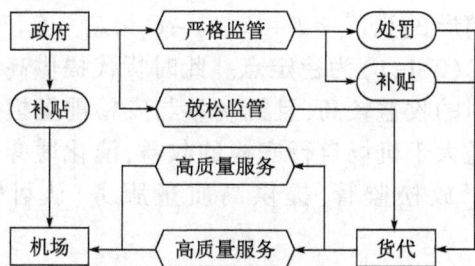

图1 三方演化博弈逻辑关系图

1.2 模型假设

假设1：货主均通过货代来托运货物，地方政府、民航局、海关、行业协会等组织机构统一由政府协调，前置安检由货代负责，三个参与主体分别为政府、货代和机场且均为有限理性的主体。

假设2：政府的策略集 $S_1 = \{a_1$ 严格监管，a_2 放松监管$\}$。当政府选择严格监管时，将投入资金对安检情况进行监管，并根据监管情况对货代实施相应的奖惩。政府选择 a_1 的概率为 x，选择 a_2 的概率为 $1-x,0 \leq x \leq 1$。货代的策略集 $S_2 = \{b_1$ 提供高质量服务，b_2 提供低水平服务$\}$。当提供高质量服务时，货代安检过程更加高效。货代选择 b_1 的概率为 y，选择 b_2 的概率为 $1-y,0 \leq y \leq 1$。机场的策略集 $S_3 = \{c_1$ 认可安检结果，c_2 不认可安检结果$\}$。当机场认可前置安检结果时，货物到达机场后不再详细检查。机场选择 c_1 的概率为 z，

选择 c_2 的概率为 $1-z,0 \leq z \leq 1$。

假设3：货代提供高水平服务的成本为 C_1，收益为 E_1；提供低水平服务的成本为 C_2，收益为 E_2。$C_1 > C_2,E_1 > E_2$。当货代提供高水平服务时会得到机场的认可，促进货运市场发展，为政府带来社会效益 E_3。安检前置后，货代将承担主要的安检责任，因此也成为政府的主要监管对象。当政府严格监管时，若货代提供高质量服务，政府会补贴 M；若提供低水平服务，政府会罚款 S；政府鼓励采用新模式来助推航空货运的发展，故会对实行该模式的机场进行适当补贴 H。当政府放松监管时，由货代和机场自由决策，不做奖惩。政府严格监管的成本为 C_3。

假设4：当货代提供高水平服务且机场认可前置安检的结果时，机场获得收益 V_1，同时因货物流通速度加快，获得间接收益 T；若货代提供低水平服务且机场实行安检前置模式时，机场获得收益 V_2，但无法保证前置安检质量，机场再次安检将造成损失 P；机场自行安检时，获得收益 V_3。$V_3 > V_1 > V_2$。

1.3 模型构建

根据上述假设，列出政府、货代和机场的八种行为策略组合并构建支付矩阵，如表1所示。

三方行为策略组合及其支付矩阵 表1

策略组合	政府	货代	机场
(a_1,b_1,c_1)	$E_3-M-H-C_3$	$M+E_1-C_1$	$T+V_1+H$
(a_1,b_1,c_2)	$-M-H-C_3$	$M+E_1-C_1$	V_3+H
(a_1,b_2,c_1)	$S-H-C_3$	E_2-C_2-S	V_2+H-P
(a_1,b_2,c_2)	$S-H-C_3$	E_2-C_2-S	V_3+H
(a_2,b_1,c_1)	E_3	E_1-C_1	$T+V_1$
(a_2,b_1,c_2)	0	E_1-C_1	V_3
(a_2,b_2,c_1)	0	E_2-C_2	V_2-P
(a_2,b_2,c_2)	0	E_2-C_2	V_3

分别构造政府、货代和航空公司行为策略的复制动态方程。政府、货代、机场的不同选择的期望收益分别为 $\pi_{11},\pi_{12},\pi_{21},\pi_{22},\pi_{31},\pi_{32}$，则有：

$$\pi_{11} = (E_3-M-H-C_3)yz+(-M-H-C_3)y(1-z)+(S-H-C_3)(1-y)z+(S-H-C_3)(1-y)(1-z) \quad (1)$$

$$\pi_{12} = E_3yz \quad (2)$$

$$\pi_{21} = (M + E_1 - C_1)xz + (M + E_1 - C_1)x$$
$$(1-z) + (E_1 - C_1)(1-x)z +$$
$$(E_1 - C_1)(1-x)(1-z) \tag{3}$$

$$\pi_{22} = (E_2 - C_2 - S)xz + (E_2 - C_2 - S)x$$
$$(1-z) + (E_2 - C_2)(1-x)z +$$
$$(E_2 - C_2)(1-x)(1-z) \tag{4}$$

$$\pi_{31} = (T + V_1 + H)xy + (V_2 + H - P)x$$
$$(1-y) + (T + V_1)(1-x)y +$$
$$(V_2 - P)(1-x)(1-y) \tag{5}$$

$$\pi_{32} = (V_3 + H)xy + (V_3 + H)x(1-y) + V_3$$
$$(1-x)y + V_3(1-x)(1-y) \tag{6}$$

政府、货代、机场的行为策略的复制动态方程分别为：

$$F(x) = \frac{\mathrm{d}x}{\mathrm{d}t} = x(1-x)(\pi_{11} - \pi_{12})$$
$$= x(1-x)(S - H - C_3 - My - Sy) \tag{7}$$

$$F(y) = \frac{\mathrm{d}y}{\mathrm{d}t} = y(1-y)(\pi_{21} - \pi_{22})$$
$$= y(1-y)(C_2 - C_1 + E_1 - E_2 + Mx + Sx) \tag{8}$$

$$F(z) = \frac{\mathrm{d}z}{\mathrm{d}t} = z(1-z)(\pi_{31} - \pi_{32})$$
$$= z(1-z)(V_2 - P - V_3 + Py + Ty + V_1y - V_2y) \tag{9}$$

2 三方演化博弈的均衡点及稳定性分析

分别对复制动态方程求偏导，可得到三方演化博弈的雅克比矩阵。通过求解雅可比矩阵的特征值和特征向量，预测系统的稳定状态和演化轨迹。

联立复制动态方程，令 $F(x) = 0$，$F(y) = 0$，$F(z) = 0$，可得 8 个纯策略纳什均衡点。将各均衡点带入雅克比矩阵，求得各均衡点下的雅克比矩阵的特征值。雅克比矩阵的所有特征值为负时，该均衡点是系统的演化稳定点[11]。各均衡点及其特征值正负情况如表 2 所示，排除 5 个明显存在正特征值的均衡点后，剩下 f_1、f_3、f_7 三个均衡点，分别对应情形 1～3。

均衡点稳定性分析   表2

均衡点	符号	结论
$f_1(0,0,0)$	$(-,-,i)$	讨论
$f_2(1,0,0)$	$(+,-,i)$	不稳定点
$f_3(0,1,0)$	$(-,i,i)$	讨论

续上表

均衡点	符号	结论
$f_4(0,0,1)$	$(-,+,i)$	不稳定点
$f_5(1,1,0)$	$(+,i,i)$	不稳定点
$f_6(1,0,1)$	$(+,+,i)$	不稳定点
$f_7(0,1,1)$	$(-,i,i)$	讨论
$f_8(1,1,1)$	$(+,i,i)$	不稳定点

注：表中"-"代表小于0，"+"代表大于0，"i"代表符号未知。

情形 1：当 $E_1 - C_1 < E_2 - C_2$ 时，均衡点 $f_1(0, 0, 0)$ 为稳定点。此时货代提供高质量服务时的收益较低，演化博弈策略最终稳定于放松监管、提供低水平服务、不认可安检结果。

情形 2：当 $T + V_1 < V_3$，$E_2 - C_2 < E_1 - C_1$ 时，均衡点 $f_3(0,1,0)$ 为稳定点。此时货代提供高质量服务时的收益较高，但机场参与安检前置模式时的收益小于机场自行安检的收益，演化博弈策略最终稳定于放松监管、提供高质量服务、不认可安检结果。

情形 3：当 $V_3 < T + V_1$，$E_2 - C_2 < E_1 - C_1$ 时，均衡点 $f_7(0,1,1)$ 为稳定点。此时货代提供高质量服务时的收益较高，且机场参与安检前置模式时的收益大于机场自行安检的收益，演化博弈策略稳定于放松监管、提供高质量服务、认可安检结果。

3 仿真分析

以情形 1 为例进行仿真分析，进一步验证分析结果。结合实际情况，对收益矩阵各参数进行赋值，在三方初始意愿相同的情况下，分别分析初始意愿的变动以及不同参数的变动对演化结果的影响。

3.1 博弈主体初始意愿对演化的影响

首先研究博弈主体初始意愿的变动对演化结果的影响。现假设政府选择"严格监管"、货代选择"提供高质量服务"、机场选择"认可安检结果"的策略选择概率的初值分别为0.2、0.5、0.7。在满足 $E_1 - C_1 < E_2 - C_2$ 的条件下，参数取值分别为 $V_1 = 6$，$V_2 = 4$，$V_3 = 10$，$C_1 = 6$，$C_2 = 3$，$C_3 = 3$，$E_1 = 8$，$E_2 = 6$，$M = 2$，$T = 2$，$S = 2$，$P = 2$，$H = 2$，仿真结果如图 2 所示。初始意愿越高，政府和机场的策略选择概率的收敛速度越快，当货代的初始意愿较高时，其策略选择概率在演化初期会适当上升。

相较于政府和机场，货代往往更愿意尝试新的货运模式，他们通常更具灵活性和适应性，能快速做

出决策和调整，以应对市场竞争并满足客户需求。

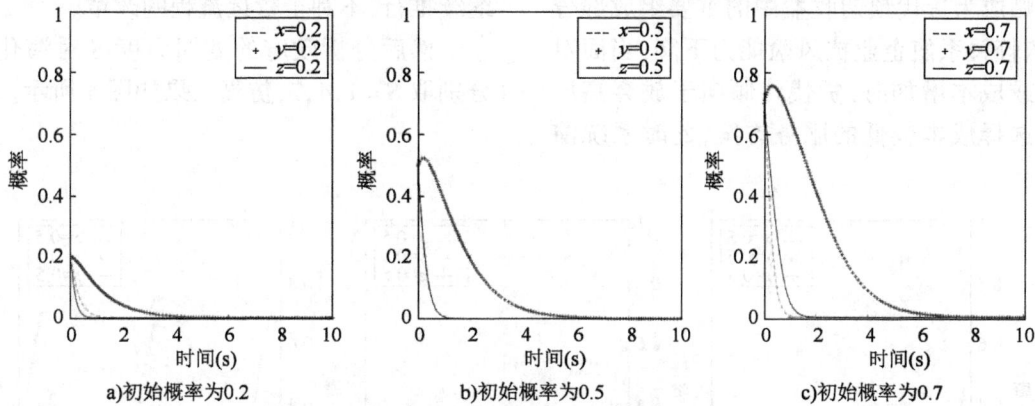

图2　不同初始意愿下各博弈主体策略选择演化情况

尽管初始意愿不同不改变演化的最终结果，但较高的初始意愿在短期内会有更高的概率使三方支持并试行安检前置模式，并且随着模式优化或发现新的利润源，安检前置模式也有极大可能朝着良性的方向继续发展下去。货运需求较高但保障能力有限的地区试行新模式的意愿往往更高，推广安检前置模式前需要充分调研，在学习和借鉴已较为成熟的管制代理人制度的同时，分析以往成功的案例，可采用PPP模式建设和运营前置货站[12]，协调地区政府、民航局、行业协会、货代、航空公司、机场等主体的利益诉求，在合适的地区针对部分货物开展安检前置。在模式优化方面，除了创新安检技术，还要在政府、货代和机场之间建立更紧密的合作机制，定期讨论和解决模式运作中的问题。建设前置货站后，可根据各机场实际情况推进区块联动，在货站周围建设物流

园区开发适空产业，从可靠性、安全保障等角度提升前置货站服务质量[13]，以提高吸引力和可持续性。

3.2　政府对货代的补贴和处罚力度对演化的影响

由于初始意愿对演化的最终结果几乎没有影响，在此基础上，假设三个博弈主体的初始意愿均为0.5，探究政府对货代的补贴和处罚力度对演化的影响。

首先分析政府的补贴力度 M 对演化的影响。在满足 $E_1-C_1<E_2-C_2$ 的前提下，取 $V_1=6$，$V_2=4$，$V_3=10$，$C_1=6$，$C_2=3$，$C_3=3$，$E_1=8$，$E_2=6$，$T=2$，$S=2$，$P=2$，$H=2$，分别取 $M=1,4,7$，仿真结果如图3所示。

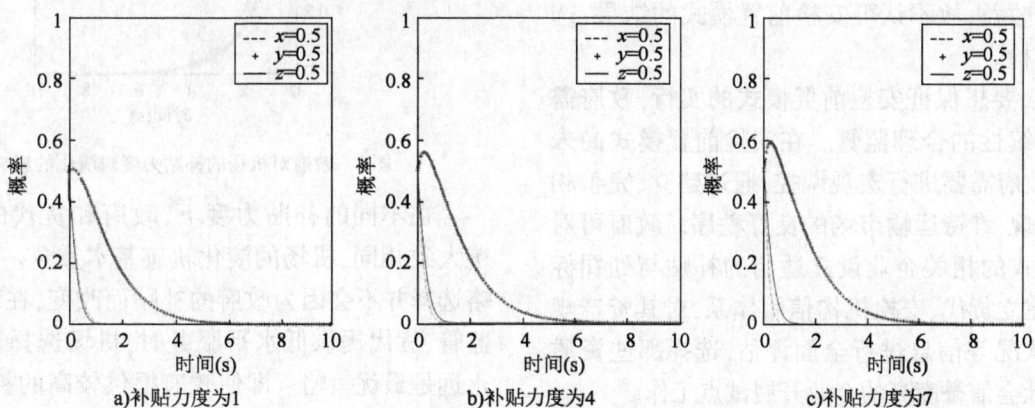

图3　政府对货代的补贴力度对演化的影响

若政府进行补贴，货代选择提供高质量服务的概率先上升然后下降至0，随着补贴力度增大，

升降幅度也会增大，而政府和机场的概率以较快的收敛速度下降至0。当政府的补贴力度过大时，

在试行初期确实能吸引和鼓励货代提供高质量服务,但易使其对补贴形成依赖。

当补贴成为货代预期收益中的重要组成部分时,这种依赖关系使企业抗风险能力下降,当面对经济压力或成本增加时,货代将倾向于放弃高质量服务而选择成本较低的服务方案,此时系统演变成"放松监管,提供低水平服务,不认可安检结果"的策略组合,在此情况下,安检前置模式无法继续推行,不利于货运流程的改革。

然后分析政府的处罚力度 S 对演化的影响,分别取 $S=1,4,7$,仿真结果如图4所示。

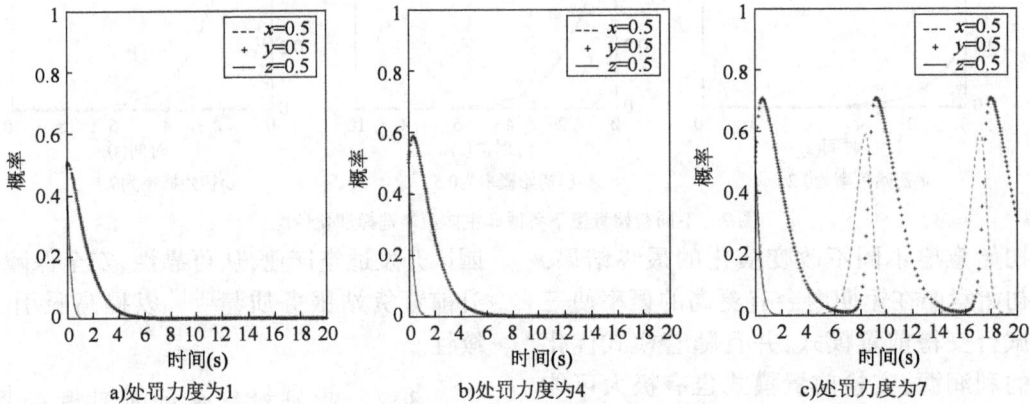

a)处罚力度为1   b)处罚力度为4   c)处罚力度为7

图4　政府对货代的处罚力度对演化的影响

在较大的处罚力度下,政府与货代的策略选择处于一种周期波动的状态。当政府严格监管且处罚力度较大时,货代提供低水平服务时被查处的概率增加,导致收益下降且不稳定,故其选择提供高质量服务的概率会逐渐增加,此时政府也会对货代愈加信任,当高质量服务增加到一定程度时,政府严格监管的概率就会开始下降;当政府严格监管的概率接近于 0 时,货代选择提供高质量服务的概率开始下降,二者以一种此起彼伏的状态循环发展。处罚力度较大时,政府和货代的策略选择相互影响,在这种不稳定的状态下,机场要保障自身收益,故不认可安检前置模式的结果,选择自行安检。

因此,要想保证安检前置模式的实行,政府需要进行持续性的合理监管。在安检前置模式尚未成熟时,政府需要进行宏观调控,通过建立、完善相关法律法规,维持运输市场的良好秩序。政府可对实行该模式的相关企业设立适当的补贴与处罚标准,或是建立货代、安检机构信用体系,对其资产规模、经营状况等信息进行全面评估,选择那些资质条件好、社会信誉度高的企业开展试点工作。

3.3　政府对机场的补贴力度对演化的影响

假设三个博弈主体的初始意愿均为 0.5,探究政府对机场的补贴力度对演化的影响。在满足 $E_1-C_1<E_2-C_2$ 的前提下,分别取 $V_1=6,V_2=4,V_3=10,C_1=6,C_2=3,C_3=3,E_1=8,E_2=6,M=2,T=2,S=2,P=2$,分别取 $H=1,4,7$,仿真结果如图5所示。

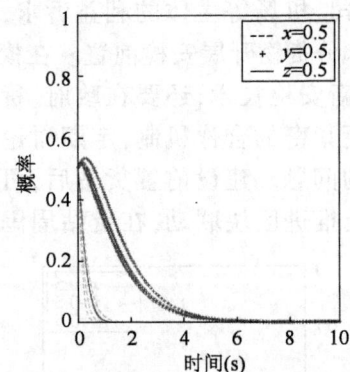

图5　政府对机场的补贴力度对演化的影响

在不同的补贴力度下,政府和货代的演化轨迹大致相同,机场的演化轨迹基本重合。机场的策略选择并不会因为政府的补贴而改变,在政府放松监管、货代提供低水平服务时,机场选择自行安检永远是最优策略。即使政府提供较高的补贴,低水平服务下的前置安检质量不可靠,机场仍需进行二次安检,这将增加机场的安检时间和成本。

因此,安检前置模式的成功实施关键在于确保前置安检的可靠性,而不仅仅是对机场的财政

补贴。在前置货站建设阶段,可以优先考虑 BOT
(建设-运营-转让)模式[12],其中机场、航空公司、
海关从建设初期开始实施监管。此模式有助于确
保资金的高效利用,并将监管融入到整个过程中。
另外,需要建立统一的安检标准,以确保机场和货
站实施的安检程序具有一致性。此外,还需建立
货物追踪系统,监控货物从安检完成后到达机场
的整个过程,确保货物在运输过程中的完整性和
安全性。

4 结语

本研究基于部分机场安检保障能力不足的问
题,分析推行安检前置模式的影响因素,通过构建
政府、货代和机场之间的三方演化博弈模型,得出
了各方在不同情况下最终的策略选择概率情况,
通过仿真分析研究了初始意愿、政府对货代的补
贴和处罚力度、政府对机场的补贴力度三种因素
的变动对演化的影响,提出适用于我国的安检前
置模式发展对策,最终得出以下结论:

(1)最终的演化结果不受初始意愿的直接影
响。不同的初始意愿只会在一段时间内产生差异
性变化,不会影响演化的最终结果。但高初始意
愿在安检前置模式的启动和初期推广阶段具有重
要作用,并且随着模式的不断改进和发展,这种积
极性可以为该模式未来的发展奠定坚实的基础。

(2)政府在安检前置模式中发挥关键作用。
政府需要权衡补贴和处罚的力度,过高的补贴可
能导致货代形成依赖,而持续性的监管和适当的
处罚可以对货代起到督促作用。相较于政府和机
场,货代可能更愿意尝试新的货运模式,但要使其
良性发展,需要政府的合理监管,从而赢得机场信
赖并吸引其参与其中。

(3)尽管政府能够提供一定程度的补贴,但机
场在选择是否进行安检前置的关键因素之一是货
代提供的安检服务质量。如果政府放松监管,货
代提供低质量服务的情形将更加普遍,即使补贴
较高,机场仍可能倾向于自行安检,以减少二次安
检的成本。因此,机场的决策并不仅取决于政府
的补贴水平,还关注货代的服务质量和自身成本
效益。综合来看,要想达到最理想的发展状态,安
检前置模式必须能够为机场和货代都带来足够的
效益回报。在政府放松监管的情况下,货代仍持
续提供高质量服务,机场也认可并实行安检前置

模式,才能提高整体的物流效率。

综合以上结论,可以为改进安检前置模式以
提高机场安检保障能力提供指导和建议。未来的
研究可以进一步探究如何促进政府、货代、机场和
其他利益相关者之间更紧密地合作,分析解决前
置货站的选址问题以及对当地经济效益的潜在影
响,以促进航空货运的变革。

参考文献

[1] DA CUNHA D A,MACÁRIO R,REIS V. Keeping cargo security costs down:A risk-based approach to air cargo airport security in small and medium airports[J]. Journal of Air Transport Management,2017,61:115-122.
[2] 王赢.国际航空货运安保模式对中国民航的启示[J].民航管理,2020(8):88-92.
[3] 赵振武,邢肖肖,耿硕.航空货运安保供应链弹性测度及优化策略研究[J/OL].北京航空航天大学学报,1-13[2024-5-9]. https://doi.org./10,13700/j.bh,1001-5965.2023,0499.
[4] LEE H L,WHANG S. Higher supply chain security with lower cost:Lessons from total quality management[J]. International Journal of Production Economics,2005,96(3):289-300.
[5] DOMINGUES S,MACÁRIO R,PAUWELS T,et al. An assessment of the regulation of air cargo security in Europe:a Belgian case study[J]. Journal of Air Transport Management,2014,34:131-139.
[6] MANNISTO T,HINTSA J. A decade of Gao's Supply Chain Security Oversight[J]. Operational Excellence in Logistics and supply chains,2015,9:444-472.
[7] MOORE S. Closing the gaps in air cargo security[J]. Journal of Transportation Security,2015,8(3-4):115-137.
[8] 王怀玉,李军.积极稳妥试行管制代理人制度促进深圳机场航空物流发展[J].民航管理,2005(4):13-15.
[9] 罗军.落实空防责任构建已知托运人体系[J].中国民用航空,2013(7):13-14.
[10] 孙磊.浅议我国试点引入航空货运"已知托运人"制度[C]//上海市科学技术协会第十五届学术年会暨上海市航空学会 2017 年综

合性学术年会.上海市科协上海市航空学会,2017:163-168.

[11] 孙凤鹏,孙晓阳.低碳经济下环境 NGO 参与企业碳减排的演化博弈分析[J].运筹与管理,2016,25(2):113-119.

[12] 蔡梦云.货运枢纽型航空货站合作模式探讨[J].空运商务,2021(5):27-31.

[13] HU Y C,LEE P C,CHUANG Y S,et al. Improving the sustainable competitiveness of service quality within air cargo terminals[J]. Sustainability,2018,10(7):2319.

新发展格局下东莞货运物流降本增效发展思考

宋俊莹*　朱勇辉
(东莞市城建规划设计院)

摘　要　货运物流紧密联系着生产与消费,是制造业发展的重要动脉引擎。在以国内大循环为主体、国内国际双循环相互促进的新发展格局加速形成的大背景下,作为世界工厂、制造强市的东莞在货运物流方面仍存在较多问题与短板,亟须补强和提升。本文梳理了东莞市货运物流发展的现状特征与问题,并结合当下发展机遇与挑战,从货运通道规划、枢纽建设、多式联运方案、行业资源整合、新技术应用等方面对东莞市货运物流降本增效发展提出建议,以促进货运物流降本与制造业深度融合,支撑东莞市制造业高质量发展。

关键词　货运物流　制造业　新发展格局　东莞　降本增效

0 引言

制造业是立国之本、兴国之器、强国之基。货运物流作为联通生产、消费的重要成本环节,成为制造业选址与发展的关键影响因素之一。对于招商引资、提振制造业发展,拥有高效、低成本的强大货运物流体系支撑势必是一项重大助力。

为进一步深入推动物流业制造业深度融合、创新发展,保持产业链供应链稳定,国家从政策层面不断推出指导发展的意见措施。2017 年 8 月国务院发布《关于进一步推进物流降本增效促进实体经济发展的意见》;2019 年 3 月国家发展改革委、交通运输部等 24 个部门联合发布《关于推动物流高质量发展,促进形成强大国内市场的意见》;2020 年 9 月国家发展改革委会同 13 个部门和单位联合印发《推动物流业制造业深度融合创新发展实施方案》;2022 年 1 月国务院办公厅印发《推进多式联运发展优化调整运输结构工作方案(2021—2025 年)》,提出要大力发展多式联运,进一步优化调整运输结构,降低社会物流成本,促进节能减排降碳;2022 年 12 月国务院办公厅印发《"十四五"现代物流发展规划》,推动物流提质增效降本,促进物流业与制造业深度融合。

东莞市位于珠江东岸,是粤港澳大湾区重要节点城市和制造业大市。2022 年,东莞市地区生产总值 11200.32 万元,其中第二产业增加值 6513.64 亿元,全国排名第九;规模以上工业企业数达 13844 家,全国排名第二。强大的制造业基础产生巨大的货运需求,同时货运物流也作为动脉引擎支撑制造业发展。对于东莞而言,协调好货运物流与制造业之间的关系,并形成良好合力十分重要。

1 东莞市货运物流发展概况

作为制造大市,东莞市的货运物流需求十分旺盛。2022 年,东莞市全年进出口总额 13926.63 亿元,全国排名第五;交通运输、仓储和邮政业增加值为 234.27 亿元,在广东省内排名第四。全年货物运输总量 15114.74 万 t,其中公路货物运输总量 9271.05 万 t。全年规模以上港口货物吞吐量 17020.70 万 t,在广东省内排名第四。

在货运交通基础设施上,截至 2022 年底,东莞市全市公路通车里程 5266.22km,公路密度 21407km/km²,公路密度位居全省前列;港口航运方面,东莞市拥有以东莞港为首的港口码头 104 座及泊位 136 个,可连接世界 300 多个港口,并且近期在东莞虎门港综合保税区建立了东莞-香港国际空港中心,为优质莞货直达香港国际机场后发往全球提供便利渠道;铁路基础设施方面,目前有 3 条货运铁路线过境东莞,分别为广深铁路、新沙南作业区进港铁路和京九铁路。

在物流服务网络上,东莞共建有公路货运枢纽 8 个、铁路货运站 5 个和 3 个大型物流园区以及数十个中小型物流集散点、二十余个大型农产品市场,货运服务设施分散各镇。

在货运物流主体上,据不完全统计,截至 2019 年 6 月,东莞市可统计的从事物流运输企业 3974 家,全社会普通货运车辆 30094 辆,车辆数量全省排名第二。凭借良好的区位优势,近年京东全球物流总部、顺丰、菜鸟网络等相继在东莞建设一批物流项目。

2 东莞市现状货运物流主要问题

在取得发展成就的同时,东莞市的货运物流发展仍存在着一些问题,具体体现在如下几个方面。

2.1 货运通道规划建设不完善,客货混行严重

2022 年 1 月,东莞迈入"双万"新起点,成为全国第 15 个万亿地区生产总值、千万人口的"双万"城市。在这样的新发展起点下,东莞市的客货运交通正面临严峻挑战。一方面东莞地区生产总值超万亿,产业经济雄厚,生产物流需求旺盛,且产业空间分布面广点多,货物运输需求大且分散;另一方面,超千万的人口规模既有旺盛的生活物流需求,也有较大的客运出行需求,从而产生更为复杂的客货交通组织问题。虽然东莞市现状高速公路网络建设相对成熟,但当前快速路体系尚不完善,仅中心城区外围形成环城快速路。为追求低运输成本,物流货运交通主要沿不收费公路、城市道路行驶,而东莞的早期城镇发展又主要依托公路兴起,从而造成了大量过境货运经过城镇中心区域关键路段、客货混行严重的交通乱象,影响物流运输效率和城市生活品质。以莞长路、莞樟路两条国道为例,这两条道路均为一级公路兼城市主干路,分别穿越大岭山镇中心和黄江镇中心,

穿越镇中心段日交通量货运占比分别为 30%、32%。

2.2 物流企业布局分散,组织效率低

由于缺乏相应的货运物流顶层设计、空间整合,现阶段东莞物流企业多为自发布局,主要沿高速公路和国省道分布在各个镇街,总体布局分散,缺少空间集聚效应,并且以低端仓储型企业为主,总体发展尚不充分,处于"小而散"的初代发展阶段,未形成规模效应。例如,2010 年起东莞规划建设的常平大京九物流园与周边产业未形成良好适配,目前仅作为塑胶城来运营;分散在各镇的如大朗物流中心、南城黄金物流园等基本都以经营运输业务为主,未形成强大的物流技术服务体系。并且,由于缺乏有效的土地利用评价标准和监管机制,新供物流用地利用不充分现象愈发突出,近年东莞落地的重大物流项目实际投资强度大多在承诺投资强度的 40% 以下,每亩产出比和税收贡献仅相当于东莞市规定标准的 10% 和 13% 左右。

2.3 运输结构不合理,高成本高耗能

相较于公路运输,铁路运输能源消耗仅约为公路运输的 1/5,碳排放仅约为公路运输的 1/11。东莞市目前的货运运输结构仍以公路为主,根据 2022 年统计数据,东莞市公路货运比例约为 61%,水运约为 39%,铁路利用率明显不足,东莞港是全国唯一一个吞吐量上亿吨但无进港铁路的港口。在运输结构不占优势的条件下,东莞市近年货运总量逐年下滑,货运规模也在遭受挑战。在中投顾问发布的各市投资环境评估分析报告中,东莞市的物流运量规模评分(58.3 分)明显低于宁波(78.1 分)、苏州(68.9 分)、佛山(65 分)、泉州(61.7 分)[3],货运物流发展不完善拉低了投资环境总体评分,不利于对外招商引资。东莞市近 10 年货运总量变化量如图 1 所示。

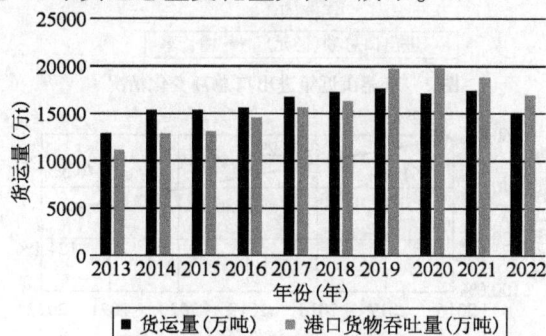

图 1 东莞市近 10 年货运总量变化图

2.4　本地物流企业发展不足，产业一体化、数字化程度低

目前东莞多数物流企业的服务仍停留在传统的货代、运输和仓储上，缺乏平台型、产业化大型现代物流领军企业的组织和集成，企业发展能级、专业服务能力、技术装备水平、规模化程度、资源整合力度都比较低，难以满足东莞制造业的物流需求，导致东莞生产的货物很大一部分通过广州、深圳的物流企业运往境外，"莞货非莞出"，外贸数据严重流失。据不完全统计，东莞每年流失到深圳的外贸交易量超过 2000 亿人民币，同时由于缺乏信息化管理导致车货匹配不足，部分运输车辆空返率达 40% 以上。当前东莞市正处于经济转型的关键时期，产业链现代化水平逐步提升，且第三产业占比逐年增大，产业结构逐渐从传统密集型加工业向先进高新制造业转型，与此对应的供应链物流服务效率和质量也迫切需要大幅提升。

3　发展机遇与挑战

3.1　运输方向转变

在当前内外环境巨大变幻、百年未有之大变局的背景下，东莞市作为传统外贸制造大市，经济发展方向也正面临重大调整，近年进出口总额呈现波动下降趋势，对外贸易依存度 2016—2022 年间总体下降超 30%，"出口转内销"正成为东莞制造厂商的新经营方向，与此相对应的货运物流体系也需要随之调整优化。东莞市近年进出口总额变化情况如图 2 所示，东莞市近年对外贸易依存度变化情况如图 3 所示。

图 2　东莞市近年进出口总额变化情况

图 3　东莞市近年对外贸易依存度变化情况

3.2　区域竞争挑战

在新发展格局加速形成的趋势下，各超特大城市正抓紧提升枢纽地位，强化区域经济辐射能力。在城市群方面，东莞所在的粤港澳大湾区与京津冀、长三角、成渝等城市群或都市圈竞争明显；在粤港澳大湾区内部，东莞与香港、广州、深圳、佛山等地同属珠江口两岸的重要城市，在经济发展、交通枢纽建设等方面有明显的竞合关系。

3.3　莞-台政策扶持

2023 年 9 月，国务院批复同意出台实施《东莞深化两岸创新发展合作总体方案》，此方案的出台是广大台胞台商在莞发展的重要里程碑，也是东莞推动两岸融合发展的新起点、新篇章。方案提出要打造两岸共同市场，具体包括深化产业链供应链合作、支持拓展国内大市场、携手扩大对外开放，货运物流体系优化在这其中是重要支撑。

4　东莞市货运物流降本增效对策与建议

4.1　完善货运通道规划，统筹提升货运交通组织效率和城市空间品质

城市货运交通和城市客运交通关系着城市的生产和生活，是城市交通的一体两面。针对当前东莞市货运通道体系尚不完善，客货混行严重的问题，建议加快制定东莞市货运通道规划和近期建设实施计划，并强化信息化管理支撑，建立时间-空间一体化的东莞市货运交通组织方案，统筹提升货运交通组织效率和城市空间品质。

4.2　强化物流枢纽、物流园区规划建设，提升货运物流用地效率

针对现状东莞市物流园区布局分散，组织效率低、用地难保障的问题，建议结合东莞市生产服务型国家物流枢纽定位，统筹谋划市域物流枢纽和物流园区建设，编制货运物流土地利用规划，充分衔接市镇两级国土空间规划，确保规划物流用地选址的合理性和可落地性。在提升物流园区用地效率和强化企业等主体用地开发意愿方面，建议出台物流用地激励政策，加强对现有存量土地资源和物流基础设施的合理利用，通过土地置换、设施改建和功能调整等途径，进一步提高物流用地的经济价值和社会价值。

4.3 推动多式联运，持续降低运输成本和运输能耗

优化调整运输结构，是加快建设交通强国、构建现代综合交通运输体系的一项重点工作。党的二十大报告明确提出，加快推动交通运输结构调整优化。当前，以铁水联运为代表的多式联运成为我国交通运输结构调整的重要突破口。随着政策支持力度不断加大，多式联运已驶入高质量发展快车道。在这样的发展大背景下，结合东莞市运输结构尚不合理，缺乏多式联运的现状，建议由发改部门牵头加快制定东莞市推进多式联运发展优化调整运输结构工作方案。统筹推进东莞港国家物流枢纽的建设，加强东莞港和广东（石龙）铁路国际物流基地的联动，配备现代化转运设施，提高物流设施的系统性、兼容性，强化"水水转关"、组织开展水铁联运，实现货物多式联运物流组织形式的无缝衔接；改造建设一批具备多式联运条件以及有利于城际运输和城市配送长短有机结合的物流基础设施，提高物流集散能力。

4.4 加强行业资源整合，促进东莞物流市场主体发展壮大

针对当前东莞物流企业"小、散、弱"的特点，建议由商务部门牵头出台相关物流发展和扶持政策，加强对物流产业的调控、引导和协调，支持本土物流企业与广州、深圳和香港等有实力的龙头企业采用战略结盟等方式进行资源整合、协作发展，利用区外龙头企业的资源和经验提升东莞物流企业的发展水平。通过实施土地、投资、税收等方面的优惠政策，扶持第三方物流企业发展，培育第四方物流企业成长，促进东莞物流市场主体发展壮大。

4.5 积极融合先进技术，促进货运物流体系的信息化、智能化蝶变

在智慧交通、万物互联的新技术发展趋势下，信息化是降低交易成本、提升管理能力的重要抓手。建议由工信部门牵头建设统一的东莞市公共物流信息服务平台，支持企业内部信息化升级改造，形成多层级、全方位覆盖东莞市、辐射珠三角地区的物流信息网络，助力东莞物流智慧化发展。同时，建议在货运物流系统提升构建中积极引入智能网联货车的应用，建议考虑率先选取东莞港、立沙岛物流园、麻涌新沙港物流园、松山湖、滨海湾、各镇街现代化产业园区等重点企业集中分布区域发展智能网联货车，提升货运组织效率与信息化水平，同时也支撑汽车产业的蓬勃发展。在货运运输车辆上，建议探讨推广氢能货车应用，与东莞水乡氢产业区实现产业衔接，努力实现东莞作为制造业大市在货运物流体系、新兴产业上强强联合，整体蝶变。

5 结语

货运物流是制造业重要的成本环节，在新发展格局加速形成的背景下，更有"得物流者得天下"的发展论调。论文基于东莞市的现状发展特征提出了对东莞市货运物流降本增效、支撑制造业发展的规划建议，希望能为东莞市和其他城市的货运物流发展提供一定参考。

参考文献

[1] 张金梦. 交通节能降碳困局待解[N]. 中国能源报, 2021-12-06 (025). DOI: 10.28693/n.cnki.nshca.2021.002824.
[2] 欧阳金雨. 陆港经济, 为城市腾飞提供一流"跑道"[N]. 湖南日报, 2022-05-23 (008). DOI: 10.28360/n.cnki.nhnbr.2022.002547.

基于贪婪遗传算法的造船厂钢板堆场翻板作业计划优化

黄鹏曜[1]　杨家其[*1,2]

（1.武汉理工大学交通与物流工程学院；2.武汉理工大学水路交通控制全国重点实验室）

摘　要　造船厂钢板堆场作为船舶建造物流中的关键一环，是衔接厂外物流和厂内物流的重要枢纽。当前，堆场中钢板出入库作业的安排主要依赖传统的人工决策，这种基于经验和习惯的做法常常导致翻板次数居高不下，降低了钢板堆场运行效率，增加了运行成本，成为制约造船企业发展的因素之一。为解决船厂钢板堆场翻板问题，本文以 A 船厂为例进行分析，在深入了解该问题的基础上，构建起造船厂钢板堆场翻板优化模型，并特别考虑了堆场中钢板弯曲变形的问题。接着将贪婪方法与遗传算法相结合，在阻挡板落位时，优先选择空垛位，并尽量避开存有目标板的垛位，从而降低作业方案的翻板量。为适应 A 船厂钢板堆场的规模以及不同出库量需求等实际情况，对算法中的种群规模、进化代数等进行设定，以确保算法能在不同情境下高效运作。最后基于 A 船厂钢板堆场的实际运作记录，验证本文提出的贪婪遗传算法的性能。实验结果表明，求解大规模复杂问题时，贪婪遗传算法在最优翻板数方面具有显著优势，但也存在计算用时较长的缺点，不过科学合理地安排时间可以有效缓解这一问题。

关键词　造船厂　钢板堆场　翻板问题　贪婪遗传算法

0　引言

海洋是国家发展的重要领域，将发展海洋经济作为推动经济增长的重要引擎和新增长点已成为当前国际社会的重要共识。随着我国加快建设海洋强国，造船行业的国际合作日趋活跃，跨国项目的增加以及产业链的整合促使了钢板等原材料的高频、大量流动。在此背景下，钢板堆场翻板问题已成为造船厂提升生产效率、优化资源配置过程中的一大阻碍，急需寻求解决方案进行改进和优化。

在很多场所，物体都以堆垛的形式摆放，如港口的集装箱堆场、钢材制造企业、钢材加工企业或部门的库场、钢铁物流园区等。而在一个堆垛中，有时需要取出的是位于下部的物体，这时就需要先将目标物体上方的阻碍物移走，这一过程在钢板堆场通常被称为翻板、倒板或倒垛。在翻板类问题方面，研究的热点是港口的集装箱倒箱问题，钢板库场的翻板问题也受到许多学者的关注。

在钢板堆场翻板问题方面，针对造船厂钢板堆场，白石耕一郎和木村元[1]使用分层强化学习对船厂钢板堆场出库规划问题进行优化。数值实验显示，与启发式算法相比，他们的方法可以将作业时间缩短约 10% 以上。朱军等人[2]将翻板问题看作多目标带约束的任务指派问题，选择粒子群算法求解，通过与人工决策的仿真对比，证明了该算法较为实用、高效。Lebao Wu 和 Zuhua Jiang[3]考虑到问题的 NP-hard 性，使用改进的遗传算法求解钢板出库问题，数值实验结果表明，与经验方法相比，该方法可以减少非生产性移动。李祥等人[4]在 matlab 中以遗传算法为基础对翻板优化问题进行求解，经算例验证，该方法可以得出使堆场翻板次数最少的堆垛方案。

对于钢铁行业中的钢板堆场，Parisa Rajabi 等人[5]考虑了钢板堆场中翻板问题的两种不同情况，分别构建了整数规划模型，使用通用 ILP 求解器求解，实例实验结果表明，相较于传统方法，这些新模型能显著降低翻板总数。Giuseppe Bruno

基金项目：工业和信息化部项目（MC-202009-Z03）。

等人[6]研究钢板堆垛翻板问题,提出了一个理论框架以系统化关键要素,并为此类问题开发了一个双目标多时段的算法,以减少翻板数和过期板数。

按照研究的作业流程的不同,钢板堆场翻板问题可以分为三个研究方向:入库优化、出库优化以及出入库综合优化。单纯分析钢板入库的文献,根据入库前获知的出库顺序安排钢板的落位,尽量使后出库的钢板不阻碍先出库的钢板,以减少翻板量,但没有考虑到堆场作业的连续性——入库钢板不一定在下一个作业时间段就出库,而此时可能有新钢板入库,从而改变堆存状态;此外,造船厂中作业计划变更的现象比较常见[7],而且钢板在堆场内的平均堆存周期较长(例如 A 船厂中钢板在堆场的平均堆存周期超过一个月),在此期间,出库计划的变动将导致入库时优化的效果大打折扣。单纯分析钢板出库的文献根据出库时的出库顺序,计算出使翻板量最少的提取顺序。研究钢板出入库综合优化的文献,通常是在统筹考虑入库和出库的情况下安排翻板落位,并注重堆场作业的连续性,然而这种统筹考虑也会显著增加问题的复杂度。

堆场内翻板问题产生的根本原因在于钢板的堆放顺序与提取顺序不一致,因此对出库这一末状态进行研究以减少翻板量更具实际意义。在造船厂钢板堆场的整个作业周期中,出库作业的作业量最大,作业时长也远长于其他作业。而且,比起对出入库作业进行综合研究,对出库作业进行研究易于实现,且响应快速,能灵活应对紧急出库、计划变更等突发情况。

综上所述,本文以 A 船厂钢板堆场为例,针对出库作业进行翻板优化研究,以最小化翻板量为目标函数,并在考虑减少钢板因不当堆放而产生弯曲变形现象的前提下,建立了造船厂钢板堆场翻板优化模型,使用结合了贪婪策略的遗传算法进行求解。

1 钢板堆场翻板问题概述

在钢板堆场中,钢板被堆叠储存在各个垛位上。造船厂钢板堆场中通常使用桥式起重机、门式起重机等沿轨道运行的起重机进行钢板吊运,一台起重机两条轨道之间的范围被称为一跨,一跨内有若干个垛位。

A 船厂钢板堆场中的垛位主要可以分为卸货垛位、存储垛位和上线垛位。钢板入库后先集中暂存于卸货垛位,本批钢板全部完成卸货后再尽快转入存储垛位。尚未进入作业周期的钢板在存储垛位中长期存放。堆场根据生产计划及时将临近预处理期的钢板从存储垛位中移至上线垛位,这一过程即钢板堆场的出库作业。生产部门发出对钢板的预处理需求后,堆场将钢板从上线垛位放至辊道,输送至预处理车间,这一过程为发放作业。钢板堆场结构示意图如图 1 所示。

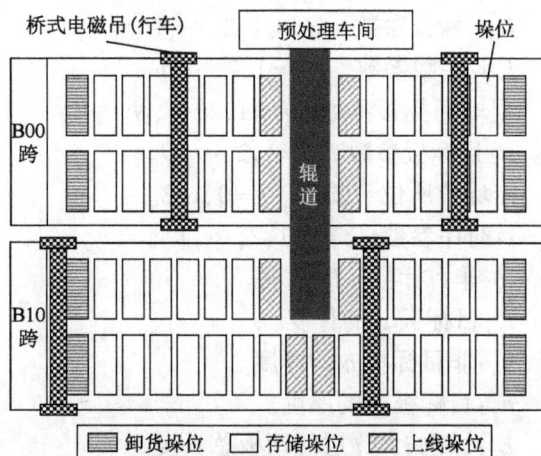

图 1 钢板堆场结构示意图

在进行出库作业时,如果当前需要出库的钢板没有位于所在垛位的最顶层,则需要将其上方的所有钢板翻倒至其他垛位,然后才能取出所需的钢板,这一过程就是翻板作业。当前需要出库的钢板称作目标板,位于目标板上方,阻挡其出库的非目标板称为阻挡板。图 2 为堆场中垛位堆放钢板情况的示意图。

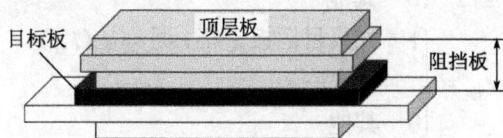

图 2 垛位堆存情况示意图

由于堆存不合理、生产计划变动等原因,钢板进入堆场时的堆放顺序与出库时的提取顺序存在差异,从而引发了出库时的翻板操作。不仅如此,如果被移开的阻挡板在落位时的位置选择不合适,还会引发二次及以上次数翻板。而翻板操作不直接完成生产任务,是钢板堆场正常作业过程中产生的额外作业,如果能减少钢板堆场内的翻板作业量,堆场就能提高作业效率、降低作业成本。

2　造船厂钢板堆场翻板优化模型

2.1　符号定义

数学模型中出现的符号定义如下：

参数：

W：垛位数。

F：层数。

N：非目标板数。

G：目标板数。

i,p：垛位参数。$i,p=1,2,\cdots,W$。

j,q：层数参数。$j,q=1,2,\cdots,F$。

n：非目标板参数。$n=1,2,\cdots,N$。

g：目标板参数。$g=1,2,\cdots,G$。

r：垛位所位于的跨。$r=0,1,2$。

t：时序参数。$t=0,1,2,\cdots,T$。

l_n：非目标板 n 的长度。

l_g：目标板 g 的长度。

h_n：非目标板 n 的厚度。

h_g：目标板 g 的厚度。

L_{ij}：垛位 i 第 j 层的钢板总长度。

η_m：同一垛位相邻两层钢板总长度差值的约束系数（定为10%）。

H_m：垛位堆存限制高度（定为3m）。

M：一个任意的大整数。

决策变量：

$$b_{nijt}=\begin{cases}1 & \text{如果非目标板 } n \text{ 在 } t \text{ 时刻位于}(i,j)\\0 & \text{其他}\end{cases}$$

$$c_{gijt}=\begin{cases}1 & \text{如果目标板 } g \text{ 在 } t \text{ 时刻位于}(i,j)\\0 & \text{其他}\end{cases}$$

$$z_{gijt}=\begin{cases}1 & \text{如果目标板 } g \text{ 于 } t \text{ 时刻从}(i,j)\\ & \text{被出库}\\0 & \text{其他}\end{cases}$$

$$x_{nijpqt}=\begin{cases}1 & \text{如果非目标板 } n \text{ 于 } t \text{ 时刻从}(i,j)\\ & \text{移动到}(p,q)\\0 & \text{其他}\end{cases}$$

2.2　数学模型

目标函数：

该模型的目标函数是最小化翻板次数：

$$f=\min\sum_{i=1}^{W}\sum_{j=1}^{F}\sum_{p=1}^{W}\sum_{q=1}^{F}\sum_{n=1}^{N}\sum_{t=1}^{T}x_{nijpqt} \tag{1}$$

s. t.

（1）出库作业中每张目标板都需出库，且只能出库一次：

$$\sum_{i=1}^{W}\sum_{j=1}^{W}\sum_{t=1}^{T}z_{gijt}=1 \quad (g=1,2,\cdots,G) \tag{2}$$

（2）行车只能沿轨道运行，只能吊运一跨内的钢板，所以非目标板只能在一跨内移动，即非目标板从(i,j)被重新定位到(p,q)时，垛位 i 与垛位 p 必须在同一跨：

$$(r_i-r_p)\cdot x_{nijpqt}=0 \tag{3}$$

（3）同一垛位内相邻两层钢板总长度的差值在一定范围内。

首先，t 时刻时垛位 i 第 j 层的钢板总长度为：

$$L_{ijt}=\sum_{\bar{nt}\in\{n\mid b_{nijt}=1\}}l_{\bar{nt}}+\sum_{\bar{gt}\in\{g\mid c_{gijt}=1\}}l_{\bar{gt}}$$

$$(i=1,2,\cdots,W;j=1,2,\cdots,F;t=1,2,\cdots,T) \tag{4}$$

相邻两层钢板总长度的限制为：

$$|L_{ijt}-L_{ij't}|\leqslant 2\eta_m\cdot\max\{L_{ijt},L_{ij't}\}$$

$$(i=1,2,\cdots,W;j=1,2,\cdots,F;t=1,2,\cdots,T;$$
$$j'=j+1) \tag{5}$$

（4）垛位堆存限高：

$$\sum_{\bar{nt}\in\{n\mid b_{nijt}=1\}}h_{\bar{nt}}+\sum_{\bar{gt}\in\{g\mid c_{gijt}=1\}}h_{\bar{gt}}\leqslant H_m$$

$$(i=1,2,\cdots,W;t=1,2,\cdots,T) \tag{6}$$

（5）每张非目标板只能位于某一垛位的某一层：

$$\sum_{i=1}^{W}\sum_{j=1}^{F}b_{nijt}=1$$

$$(n=1,2,\cdots,N;t=1,2,\cdots,T) \tag{7}$$

目标板要么位于某一垛位的某一层，要么已经出库：

$$\sum_{i=1}^{W}\sum_{j=1}^{F}c_{gijt}+\sum_{i=1}^{W}\sum_{j=1}^{W}\sum_{t'=1}^{t-1}z_{gijt'}=1$$

$$(g=1,2,\cdots,G;t=1,2,\cdots,T) \tag{8}$$

（6）每次只能移动一张板到某一垛位的某一层：

$$\sum_{p=1}^{W}\sum_{q=1}^{F}x_{nijpqt}=1$$

$$(n=1,2,\cdots,N;i=1,2,\cdots,W;$$
$$j=1,2,\cdots,W;t=1,2,\cdots,T) \tag{9}$$

（7）钢板不能悬空放置：

$$\sum_{g=1}^{G}c_{gpqt}+\sum_{n=1}^{N}b_{npqt}\geqslant x_{nijpq't}$$

$$(p=1,2,\cdots,W;q=1,2,\cdots,F;$$
$$n=1,2,\cdots,N;q'=q+1;2=1,2,\cdots,T) \tag{10}$$

(8)若出库了一张目标板,其上方的所有阻挡板都应已被重新定位:

$$c_{gij\hat{t}} \cdot M(1 - z_{gij\hat{t}}) \geqslant (F_i - j) - \\ \left(\sum_{j'=j+1}^{F} \sum_{t=1}^{\hat{t}-1} x_{nij'pqt} + \sum_{j'=j+1}^{F} \sum_{t=1}^{\hat{t}-1} z_{gij't} \right)$$

$$(g = 1,2,\cdots,G; n = 1,2,\cdots,N; i,p = 1,2,\cdots,W;$$

$$j,q = 1,2,\cdots,F; \hat{t} = 1,2,\cdots,T) \quad (11)$$

(9)先被移动的钢板不能被放在后被移动的钢板所放位置的上方:

$$1 - x_{nijpq\hat{t}} \geqslant \sum_{n=1}^{N} \sum_{j'=j+1}^{F} \sum_{q'=q+1}^{F} \sum_{t=1}^{\hat{t}-1} x_{nij'pq't}$$

$$(n = 1,2,\cdots,N; i,p = 1,2,\cdots,W;$$

$$j,q = 1,2,\cdots,F; t = 1,2,\cdots,T) \quad (12)$$

3 贪婪遗传算法

钢板堆场翻板落位优化问题是一个复杂的组合优化问题,属于NP-hard问题[3],其解空间随堆场规模和钢板数量的增大呈指数级增长,传统算法遍历解空间的时间成本是难以承受的,而且实际生产中一般只要求在可以接受的时间内找到近似最优解。在现有的群智能优化算法中,遗传算法的应用普及度极高,该算法较为成熟,具有良好的并行搜索和较强的全局搜索能力,还展现出优秀的可扩展性,比较容易与其他算法结合,从而实现更高效地优化解决方案。

遗传算法的全局搜索能力较强,局部搜索能力较弱,而贪婪算法总是能够做出在当前最优的选择,二者结合能够互补。钢板堆场翻板优化问题具有贪婪选择性质和最优子结构性质,因此可以利用贪婪算法求解[8]。故本文将贪婪算法与遗传算法结合,提出应用贪婪遗传算法对造船厂钢板堆场翻板优化问题进行求解。

3.1 编码

本文将目标板出库顺序作为染色体编码。为此,需要先对所有待出库钢板进行标准化处理:依次遍历各垛位,赋予目标板唯一的序号,对同一垛位中的目标板,按从下往上的顺序进行编号。再将目标板的序号、钢板轧制号、所在层数等信息作为基因信息储存。

比如,图3所示的例子中,这段染色体编码表示序号为131的目标板最先出库,之后依次出库的是序号为26、139、65、108的目标板。

| 131 | 26 | 139 | 65 | 108 |

图3 染色体编码示意图

3.2 种群规模和进化代数

为了在保证寻优效率和求解质量的情况下节约时间和计算资源,在对A船厂钢板堆场的实际数据进行深入分析和相应测试的基础上,本文根据染色体编码长度对种群规模和进化代数设置如下:

$$\begin{cases} \text{种群大小} = 30, \text{进化代数} = 30 & (\text{编码长度} \leqslant 60) \\ \text{种群大小} = 60, \text{进化代数} = 60 & (60 < \text{编码长度} \leqslant 120) \\ \text{种群大小} = 80, \text{进化代数} = 120 & (\text{编码长度} > 120) \end{cases}$$

此外,本文还设置了动态终止条件:当算法运行至预设进化代数的80%以上,且种群的最优适应度连续20代没有取得进一步提升时,即可认为算法达到了可以接受的近优解。

3.3 初始种群的生成

在实际生产中,一个垛位里可能有多张需要出库的钢板,而随机生成的染色体可能会将一个垛位中位于低层的钢板排在位于高层的钢板之前出库,所以完全随机的初始化方法不适合本文的问题。

不过对于同一垛位中的目标板,所在层数越高的钢板序号越大。所以位于同一垛位的目标板,在染色体编码中,大序号应位于小序号的前部,本文即据此检验编码是否合格。因此,本文将生成初始种群的步骤设定为:

步骤1:令编码位置$i = 1$;

步骤2:随机生成位置i处的基因值;

步骤3:检验这一编码是否合格,如果合格则进入后续步骤,否则返回步骤2;

步骤4:检验是否完成整个染色体中所有基因的编码,如果是则进入后续步骤,否则令$i = i + 1$,然后返回步骤2;

步骤5:检验染色体是否符合约束条件,如果是则完成初始种群的生成,然后结束流程,否则返回步骤1。

3.4 基于贪婪方法的适应度计算

由于算法旨在最小化翻板次数,因此,本文将翻板次数作为评价染色体优劣的适应度指标,规定翻板数越低的个体越优秀。

为了提升算法的运行效率,本文在进行阻挡

板落位时采用如下贪婪策略:首先计算同跨中除阻挡板所在垛位之外其他各垛位的优先级分值 p,各垛位初始 p 值为0,若垛位为空,则 $p = -1$,垛位中每张非目标板使 p 值加1,每张目标板使 p 值加10。然后选择其中最优秀的垛位放置这张阻挡板,如果有多个垛位同样优秀,则随机选择其中一个作为阻挡板的新位置。

3.5 选择、交叉、变异

本文使用精英保留方式进行选择操作,不过如果作为精英保留的个体较多,则会使算法趋向于收敛到局部最优解,所以本文仅将种群中最优秀的一个个体传承至下一代种群。

使用单点交叉法进行交叉操作,且个体越优秀,被选作父代的概率越高,交叉概率设为80%。使用交换变异法进行变异操作。

需要注意的是,本文的编码方式在交叉与变异操作中可能产生不合格的子代个体,如在子代基因中出现重复的钢板序号等。所以,还需要对这两个操作产生的子代个体的染色体进行修正,对于交叉操作产生的子代,首先应确保其中不存在重复基因,具体操作如图4所示,接着还应保证同垛位中所在层数高的钢板先出库,具体操作如图5所示。而变异操作产生的子代不会存在基因重复的问题,但同样需遵循同垛位内高层钢板先出库的原则。

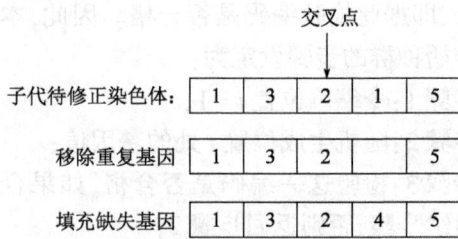

图4　消除重复基因的修正操作示意图

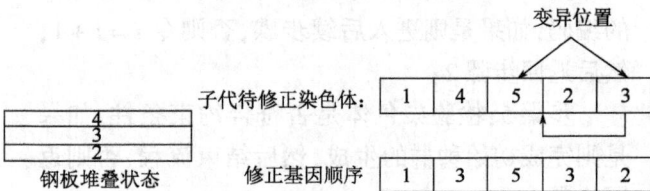

图5　修正基因顺序示意图

4 实验比较与分析

4.1 案例数据

由于A船厂钢板堆场中的钢板只能在同一跨内移动,所以本文设计的算法采用了逐跨处理的

方式进行计算。案例数据为从A船厂钢板堆场连续6天的运作过程中提取出的,出库规模不同的6个代表性跨位在一天中的库存数据,这6组数据的出库钢板数量各不相同,旨在体现堆场作业中的各类复杂情况。案例数据概况如表1所示。

案例数据概况表　　　　　表1

案例编号	案例跨位	跨位钢板库存量	出库钢板量
1	B10	4971	7
2	B20	6073	73
3	B00	5468	95
4	B10	5578	106
5	B20	5513	133
6	B20	6095	202

原始数据包括钢板的垂直位置、采购工程号、发放工程号、船级社、材质等信息。基于本文研究的关注焦点,在对用于计算的案例数据进行处理时,仅保留了与钢板堆场翻板落位优化问题密切相关的6项关键数据指标,包括钢板的垂直位置、厚、宽、长、钢板(轧制)号以及水平位置,并根据钢板是否是出库板以0-1变量进行了标记,1表示该钢板是待出库板。表2展示了部分案例数据。

部分案例数据　　　　　表2

垂直位置	厚	宽	长	钢板(轧制)号	水平位置	是否出库
0	10.5	2530	5250	3510K03600	B00A12	0
0	30	2290	17100	E3445066100	B00B01	0
0	10	2500	10000	E3631199200	B00D01	1
0	10	2000	10000	P123228253200	B00H02	0
0	11	3150	17400	B3404124300	B00H02	0
1	30	3650	19850	E3411788100	B00A01	0
1	12	2610	15450	E3641120100	B00A02	0
1	18	4000	14550	H3525316101	B00A03	0
1	40	1800	5000	127859-02	B00A11	0
1	25	2500	9650	E3446064200	B00A12	0

4.2 算法收敛趋势分析

遗传算法的收敛性不是绝对保证的,而算法收敛意味着其能够随着进化代数的增加逐步趋向最优解或近优解,同时表明其能在有限的计算资源和时间下找到满意解。本文通过统计不同案例数据下最优翻板量随进化代数的变化趋势,对本文算法的收敛性进行分析。

实验算法使用 Python 编写,计算机配置为,CPUIntel(R) Core(TM) i5-7300HQ 2.50GHz,内存8G,操作系统 Windows 10。实验对每个实例独立运行5次,以进化代数为横坐标值,以各组实验中每代的翻板量平均值作为纵坐标值,若某次运行在达到动态终止条件后提前结束,则将终止代数之后的翻板数视为与终止代相同的数值。各组案例数据的实验结果如图6～图11所示。从实验结果可以看出,算法的收敛趋势明显,设计合理有效。

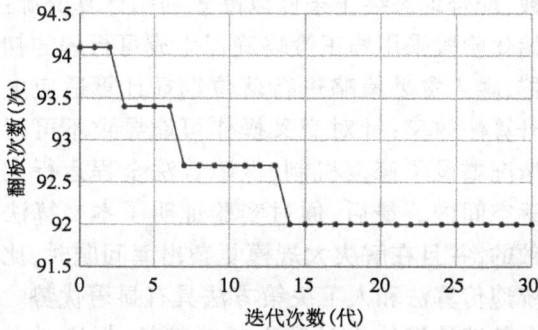

图6　案例1翻板趋势图

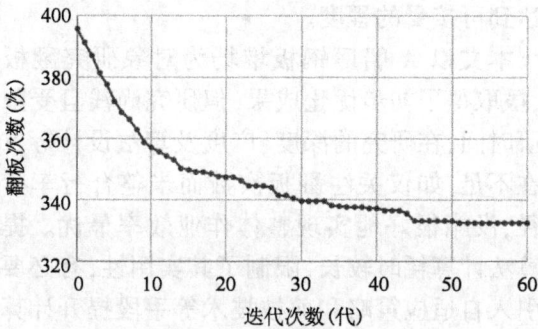

图7　案例2翻板趋势图

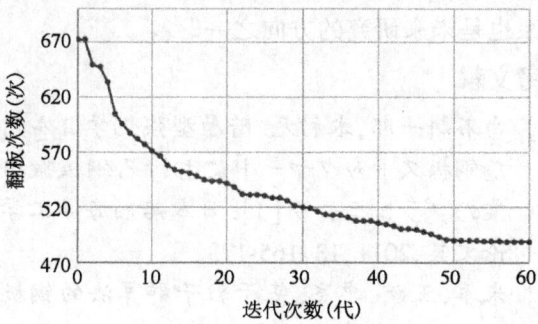

图8　案例3翻板趋势图

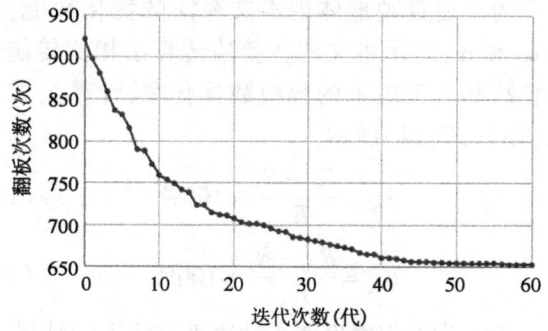

图9　案例4翻板趋势图

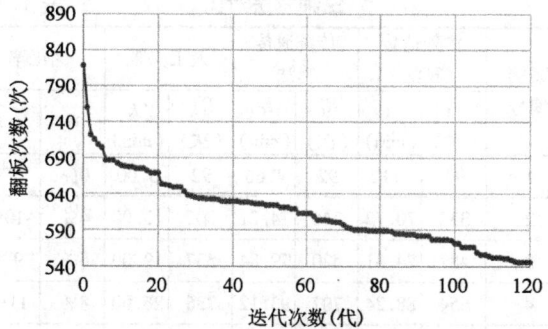

图10　案例5翻板趋势图

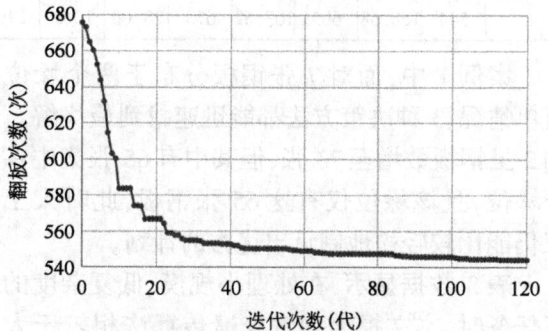

图11　案例6翻板趋势图

4.3　算法性能比较分析

为了验证本文提出的贪婪遗传算法的性能,将其与人工决策及传统遗传算法进行对比分析。传统遗传算法在进行阻挡板落位以计算适应度时,就近选择层数最低的垛位放置阻挡板,其种群规模和进化代数均固定为60,选择操作的概率设为50%,除此之外的其他设置、参数与本文的贪婪遗传算法一致。同样使用传统遗传算法对各案例进行5次独立重复实验。

在评估算法性能时,选取各组案例在各次实验中所得出的最优翻板数,计算其平均值作为方案翻板次数的参考指标,本文算法、传统遗传算法及人工决策的翻板次数分别记为 R_1、R_C、$R_人$;算法的决策用时亦采用相同的方法进行评估,即统计每组案例各次实验中算法计算用时的平均数,3种决策方法的决策用时分别记为 t_1、t_C、$t_人$。

为了更直观地体现本文算法的优化性能,使用 α_C 和 $\alpha_\text{人}$ 表示本文的贪婪遗传算法相比传统遗传算法和人工决策的翻板数优化率,计算公式如式(13)、式(14)所示:

$$\alpha_\mathrm{C} = \frac{R_\mathrm{C} - R_1}{R_\mathrm{C}} \times 100\% \qquad (13)$$

$$\alpha_\text{人} = \frac{R_\text{人} - R_1}{R_\text{人}} \times 100\% \qquad (14)$$

表3为6组案例在3种决策方法下的结果。

三种方法对比　　　　　　　表3

案例编号	贪婪遗传算法		传统遗传算法		人工决策		优化率	
	R_1 (次)	t_1 (min)	R_C (次)	t_C (min)	$R_\text{人}$ (次)	$t_\text{人}$ (min)	α_C	$\alpha_\text{人}$
1	92	1.12	92	4.66	92	3.00	0%	0%
2	332	70.72	346	74.21	302	13.00	4%	-10%
3	487	74.31	520	79.84	537	19.00	6%	9%
4	654	88.24	707	93.12	736	26.00	8%	11%
5	545	158.56	621	98.35	659	21.00	12%	17%
6	544	168.68	605	103.62	673	23.00	10%	19%

案例1中,面对7张钢板分布于两个垛位的简单情况,3种决策方法都能迅速找到最优解。案例2虽钢板数增至73张,但其中有65张集中在一个垛位,且该垛位仅有这65张钢板,此时人工决策仍能比较轻松地制订出优秀的计划。

表3数据显示,在处理小规模、低复杂度的出库任务时,本文提出的贪婪遗传算法相较于人工决策并不占优势。但在大规模复杂场景下,其平均优化效果可达8.94%及以上,在出库板数量为202的案例6中,优化幅度高达19.13%。此外,人工决策未考虑同垛位钢板长度差,而贪婪遗传算法则对此进行了限制,若人工决策也考虑此因素,其翻板数会进一步增加。另外,比起传统遗传算法,贪婪遗传算法在寻优能力上更为出众,其在平均最优翻板数方面的表现比传统遗传算法更加优秀。

在决策用时上,贪婪遗传算法采用分段调整种群规模和进化代数策略以应对不同规模问题。但这也导致其在处理大规模问题时耗时较长,比如在计算案例6时,它平均需要花费168.68min。不过可通过合理安排时间缓解这一问题,如夜间计算次日出库方案,此外,为减少作业交叉造成的影响,还可以缩小出库作业的单次计划范围,降低计算复杂性。

为了缩短计算时间,本文在设计算法时还引入了动态终止条件与贪婪策略等优化措施,因此在前四组案例中,贪婪遗传算法计算用时是少于传统遗传算法的。

5　结语

本文在对造船厂钢板堆场翻板问题进行深入研究的基础上,针对A船厂钢板堆场建立了翻板优化模型。为了有效防止钢板因不合理堆叠而产生的弯曲变形现象,对同垛位中相邻钢板的长度差进行了限制。为求解该模型,设计了贪婪遗传算法,该算法设计上充分考虑了A船厂钢板堆场的特点与需求:采用针对性编码方式适应实际情景;根据出库规模灵活调整分段种群规模和进化代数,配合动态终止条件以高效利用计算资源;在初始化阶段采用修正策略确保生成可行解的初始种群;融入贪婪策略进行落位选择计算适应度以提升算法效率;针对交叉操作可能导致不可行解的情况增设了修复机制,保障算法全程运行在可行解空间内。最后,通过实验证明了本文算法是收敛的,并且在解决大规模复杂出库问题时,比起传统遗传算法和人工决策方法具有显著优势。尽管贪婪遗传算法在计算上耗时较长,但通过合理安排时间,可以有效减少这一缺点造成的影响,使之达到可接受的程度。

本文以A船厂钢板堆场为对象研究翻板问题,虽取得了初步优化成果,但研究尚浅且受限于调研时间,在研究的深度、广度及算法设计等方面存在不足,如仅关注翻板次数而未整合行车行驶路径,没能很好地实现整体作业效率最优。提出的算法计算耗时较长,限制了其实用性,有必要通过引入自适应策略和剪枝技术等手段提升计算效率。此外,出库板在堆场的分布状态对翻板次数影响显著,出库情况的复杂程度与最优翻板数的关系也是未来研究的方向之一。

参考文献

[1] 白石耕一郎,木村元.階層型強化学習を用いた鋼板ストックヤードにおける鋼板搬出作業のプランニング[J].日本船舶海洋工学会論文集,2011,13:165-173.

[2] 朱军,王跃,卓杰.基于粒子群算法的钢板倒垛优化[J].自动化与仪表,2017,32(6):20-22,35.

［3］ WU L, JIANG Z. Optimization of Steel Plate Stockyard Outbound Operation in Shipbuilding Using Improved Genetic Algorithm［C］// The Organizing Committee of RICAI2020. RICAI 2020:Proceedings of the 2020 2nd International Conference on Robotics,Intelligent Control and Artificial Intelligence. New York:Association for Computing Machinery,2020:223-228.

［4］ 李祥,顾晓波,王炬成,等.基于工业云的钢板堆场数字化管理系统设计与实现[J].造船技术,2023,51(1):80-87.

［5］ PARISA RAJABI, GHASEM M, MOHAMMAD R. New integer programming models for slab stack shuffling problems［J］. Applied Mathematical Modelling,2022,109:775-796.

［6］ BRUNO G,CAVOLA M,DIGLIO A. et al. A Unifying Framework and a Mathematical Model for the Slab Stack Shuffling Problem［J］. International Journal of Industrial Engineering Computations,2023,14(1):17-32.

［7］ 苏翔,梁艳霞,王志英.船舶设计制造工程变更传播的信息协同评估模型[J].制造业自动化,2017,39(5):130-135,150.

［8］ 柴宝杰.计算机算法设计与分析研究[M].北京:新华出版社,2015.

发力集装箱海铁联运　提升港口开放辐射能级

——以温州港海铁联运实践为例

楼小明*　殷志军　沈　锋　陈明华　刘惠林

（浙江省发展规划研究院基础设施研究所）

摘　要　港口是浙江最大的资源和特色优势,也是浙江高水平开放发展的核心依托。近年来,浙江省强力推进开放提升发展,明确提出"世界一流强港建设"和"金丽温开放大通道建设"等工作部署,对温州港赋予重大发展机遇,也提出了严峻挑战。本文立足温州港的前期调研和数据分析,阐述集装箱海铁联运在连接温州港开放网络和金丽温开放大通道中的"关键纽带"作用,系统剖析当前温州港面临的港口铁路通道能力、重点港区海铁联运集疏运条件以及腹地货源集聚吸引等瓶颈制约,并围绕基础设施建设、铁路运行组织、腹地货源培育、口岸通关优化等方面,研究提出加快温州港海铁联运发展的对策举措,为支撑地区高质量开放发展格局提供强力支撑。

关键词　集装箱海铁联运　温州港　金丽温开放大通道　集疏运网络　铁路运行组织

0　引言

集装箱海铁联运是通过铁路与海运的无缝衔接,发挥"1 +1 >2"运输效果的多式联运发展新模式,对于健全港口集疏运体系、提高港口与腹地物流运输效率,以及促进港口服务双循环新发展格局等方面都具有重要意义[1,2]。荷兰鹿特丹港、比利时安特卫普港、纽约—新泽西港等国外大型港口[3]以及上海港[4]、青岛港[5]、宁波舟山港[6]等国内主要港口均十分重视发展海铁联运提升港口的开放辐射能力和整体竞争力。

温州港作为我国25个主要沿海港口之一和国家重要枢纽港,也是浙江省海港"一体两翼多联"发展格局中的"金南翼",港口战略地位突出。近年来,温州港集装箱海铁联运发展进展明显,但也面临港口后方铁路通道能力制约、对腹地货运集聚能力不强等问题,在支撑区域运输物流高效运转、服务区域开放发展中面临严峻挑战[7]。本文以温州港为研究对象,着眼海铁联运在提升港口枢纽开放辐射水平和助力浙江高能级开放强省建设中的关键作用,系统剖析当前温州港海铁联运发展面临的瓶颈制约,研究提出加快温州港海铁联运发展的思路对策。

1　发展集装箱海铁联运,是加快提升温州港和金丽温开放大通道协同效应的关键之举

近年来,浙江省强力推进开放提升发展,明确提出"世界一流强港建设"和"金丽温开放大通道建设"等工作部署,其中最大的挑战是如何补强温州港在全省港口中的"金南翼"地位,以及如何提升温州港在金丽温开放大通道中的"龙头"引领作用。借鉴国内外港口发展经验,可充分发挥海铁联运在连接海港开放网络和腹地纵深通道中的"关键纽带"作用,对推进温州港开放枢纽和金丽温开放大通道建设具有重要意义。

1.1　有助于发挥海运和铁路运输组合优势,提升区域物流循环经济效率和支撑经济社会高质量发展

铁路运输与海运均具有运能大、运输成本低、运输安全性高和污染排放少等优势。从实际案例分析来看,海铁联运的经济和效率综合优势随着港口辐射运距、范围的增长和扩大而提升,其运价水平相比单一公路集疏运方式平均降低15%以上,同时运输时效相比单一水运集疏运方式平均提高30%以上。加快发展海铁联运,将对提升温州港服务浙南闽北赣东以及更大腹地范围的物流循环效率、促进港口内外贸易发展发挥重要作用。

1.2　有助于发挥海铁联运骨干运输优势,强化沿线区域发展联动,提升金丽温开放大通道发展能级

浙江省委省政府将金丽温开放大通道建设放在与义甬舟开放大通道同等重要的位置,要求联动构建形成支撑东西互济、南北贯通的省域高水平全面开放新格局。但从目前看,金丽温开放大通道的交通物流发展能级相比义甬舟开放大通道仍存在较大差距。金丽温开放大通道沿线地区集中了浙江全省山区 26 县中的 17 个,加快发展海铁联运体系,有助于畅通沿线地区物资流通效率,吸引带动人才、资金、技术等高质量发展要素在沿线地区集聚,为浙南等地区打开对外开放的新空间,为区域生态工业、绿色农业发展以及乡村振兴带来新机遇。

1.3　有助于发挥铁路陆向辐射网络优势,弥补公路集疏运网络和瓯江航道纵深不足短板,助力温州港口能级提升

提升温州港枢纽开放能级,根本落脚点在于提升温州港外贸集装箱货运量和拓展温州港近洋航线网络数量。从温州港口实际集疏运条件看,公路运输优势运距主要在 300km 以内,同时瓯江内河航道未接入更大水系,能吸引的集装箱货源相对有限。加快发展港口海铁联运,有助于温州港依托铁路集疏运网络接入东亚—南亚大陆桥和新欧亚大陆桥,带动更大范围的腹地货源,有力支撑温州港陆海双向开放发展。

2　温州港集装箱海铁联运发展面临的问题制约

温州港乐清湾港区是目前唯一通铁路支线的港区。2023 年,温州港累计完成海铁联运集装箱量 5934 标箱,同比增长 22.5%。在稳定运营永康至温州海铁联运业务基础上,积极开通南昌、上饶等省外海铁联运新通道。尽管取得快速发展,但由于起步较晚,对照国家重要枢纽港和支撑金丽温开放大通道建设需求,总体上仍存在三大短板制约。

2.1　金温铁路电气化改造进度滞后,部分关键区段通行能力瓶颈亟待突破

金温货线建成于 1998 年,属设计时速 80km 的客货混行单线铁路,是当前全省等级最低的货运铁路。金温货线内燃机车牵引定数为 2800t,是电力机车牵引能力的 80%,陡坡段如江岭—履坦、石柱—新碧、缙云—长坑、石帆—祯埠区间,牵引能力明显不足,满载 40 车皮需减载至 28 车皮通过。同时,金丽温铁路与金温货线在青田并站两线将共用到发线 3 道,无法满足客货线同时会让待避,导致良岸—青田东(温溪)区间通过能力下降。目前金温货线发运能力接近饱和,全线电气化改造提升尚未完成,铁路运能提升受到制约,无法满足未来海铁联运业务增长需求。

2.2　温州港状元岙港区海铁联运集疏运条件尚不具备,制约温州港海铁联运潜力释放

状元岙港区规划定位为温州港的集装箱外贸

业务主要港区,但目前港区公路集疏运通道单一,铁路支线上岛规划尚未明确,大部分集装箱进出口仍需通过乐清湾港区短驳,严重影响物流成本和运输时效。随着未来状元岙港区集装箱吞吐规模的上升,港区后方集疏运能力将逐渐成为瓶颈制约。

2.3 海铁联运服务能力受限导致温州港对腹地货源集聚能力不足,在浙南闽北区域性港口竞争格局中面临严峻挑战

根据浙江省电子口岸数据显示,2022 年温州港腹地范围内外贸集装箱生成量为金华 214 万标箱、温州 77 万标箱、丽水 12 万标箱,合计 303 万标箱,其中从温州港进出的不到 10%;高速数据显示,算上内贸集装箱生成量,温州全市一年有超 100 万标箱走公路运输至宁波舟山港,鞋服、机电等外贸产品"弃陆走水"运至宁波舟山港出口的动力不足,温州港作为宁波舟山港喂给港的作用没有充分发挥。同时,随着衢宁铁路等开通,浙西、浙南、闽北部分货源被宁德港吸引,温州港货运吞吐增长率和整体发展速度落后于宁德港等周边港口。

3 加快温州港集装箱海铁联运发展的思路对策

从国内外主要港口发展来看,具有纵深腹地的大型枢纽港口都十分重视铁路在集疏运体系中的作用。温州港作为浙江省海港的金南翼,将成为下一步全省港口开放发展的重要增长极。为提升温州港枢纽辐射水平,就必须加快强化基础设施建设、优化铁路运行组织、培育内陆腹地市场、提高多式联动效率,切实提高通道海铁联运的支撑力、竞争力、吸引力和软实力。

3.1 统筹存量铁路提升迁改和新增铁路通道建设,综合提升海铁联运基础设施水平

谋划实施海铁联运基础设施提升专项行动,加快构建"通道 + 支线 + 专用线"的海铁联运基础设施体系。一方面,加快推进金温铁路电气化金华南至武义东段工程、青田南岸至良岸段铁路迁改工程等关键提升迁改工程,统筹提升存量金温铁路通行水平。另一方面,加快推进温武吉铁路建设,同步谋划推进状元岙港区铁路支线等项目研究,拓展温州港西向海铁联运集疏运通道,扩大温州港腹地货源辐射范围。

3.2 积极争取铁路运行方案优化,释放铁路货运效能

金温货线运能除了通过电气化改造提升以外,可考虑研究客货列车运行方案优化来提升铁路运能。特别是随着杭温高铁等线路建成投运,其与现有金丽温铁路客流服务流向功能重叠,届时金丽温铁路很大一部分往杭州等方向的客流将通过杭温铁路实现分流,金丽温铁路运能将大量释放。以此为契机,可加快研究将原金温货线上的普速列车转至金丽温铁路运行,从而在保持"客货分线"的前提下,实现金温货线货运能力翻倍。长远看,随着经济社会发展和货物流量上升,可适时启动新金温货线专题研究。

3.3 着力开拓内陆货源集拼点和无水港布局,培育海铁联运腹地市场

为扭转当前温州港对腹地货源吸引量不足的形势,可重点围绕内陆市场培育,研究制定海铁联运内陆腹地布点固线专项行动,增加联系内陆货源集拼点和无水港布点,扩大海铁联运业务范围,加快形成衢州、丽水等内陆腹地目标城市"集装箱换装点 + 海铁联运枢纽节点"全覆盖。

3.4 强化口岸通关能力建设,提高海铁联动效率

加快推动温州港口功能直通货源地,提升货物通关效率。将船务功能向内陆腹地延伸,签发海铁联运全程提单,让货物坐上"联程票",无须中转等待。加快推动温州海关查验功能向腹地货源地延伸,提升货物通关时效。重点完善浙江省"四港联动"信息平台建设方案,研究海铁联运多跨场景,力争通过物流服务和资源的数字化整合,打造一个集公路、铁路、港口、航空各种运输模式于一体的数字物流生态圈,实现各物流相关主体之间数据联通、信息共享,出口货物"一单到底""一票查询"。

4 结语

本文以温州港为研究对象,分析了集装箱海铁联运在提升港口枢纽开放辐射水平和助力区域高能级开放通道建设中的关键作用,剖析了当前温州港在后方铁路通道建设、重点港区海铁联运集疏运条件以及对腹地货源集聚能力等方面存在的制约与不足,并围绕基础设施建设、铁路运行组

织、腹地市场培育、口岸通关效率等方面提出针对性举措,为全国沿海其他同类型港口海铁联运发展和开放枢纽能力建设提供思路借鉴。

参考文献

[1] 赵加环,蒋慧贤,沈晓东."一带一路"背景下海铁联运集装箱班列运输组织研究[J].中国航务周刊,2022(20):45-47.

[2] 王雪梅.推动内陆港与海铁联运协同发展[J].中国储运,2023(4):60-61.

[3] 王宗文.城市发展视角下国外港口集装箱集疏运发展经验与启示[J].集装箱化,2023,34(8):1-4.

[4] 刘超,吴晓磊,朱善庆,等.上海国际航运中心集装箱运输格局及发展趋势[J].中国港口,2023(7):7-12.

[5] 朱赤,王若蒂,姚书清.青岛港高质量发展铁水联运业务的实践探析[J].珠江水运,2022(22):105-107.

[6] 丁浩.宁波舟山港集装箱海铁联运集疏运能力提升策略研究[J].铁道货运,2023,41(4):15-21.

[7] 拔芊,何丹,康译之.长三角集装箱港口直接腹地与间接腹地的识别与演化[J].地理学报,2023,78(10):2520-2534.

考虑模糊需求的高速公路服务区应急物流设施选址研究

甘卫华　赵思悦*　刘嘉琛　段慧星

(华东交通大学交通运输工程学院)

摘　要　在我国加快建设交通强国的指引下,各省(自治区、直辖市)正在依托高速公路网,把高速公路服务区打造为各具特色的物流节点,发展高速物流产业。高速公路服务区连接高速公路网络,具有得天独厚的地理位置,将其改造为应急物流仓可以提高应急救援能力和响应速度,形成高速公路物流网络体系,保障公路交通安全顺畅。本文研究服务区应急物流设施选址问题,建立包含配送中心、配送点、需求点在内的三级应急物流网络。综合考虑辐射范围及区域模糊需求量的情况,建立应急物流设施选址模型。使用三角模糊数表示需求量的不确定性,并将三角模糊数进行去模糊化从而转化为确定数。在满足多个约束条件下,运用免疫优化算法对模型进行求解,最后对江西省99对服务区的实际情况进行仿真,表明模型和算法可以有效解决高速公路服务区应急物流设施选址问题。

关键词　应急物流　选址　免疫优化算法　三角模糊数

0　引言

近年来,自然灾害以及公共卫生安全等突发性紧急事件时常发生,尤其是2019年爆发的新冠疫情,造成了全球范围的严重影响。在突发事件发生时,需要大量的应急物资以提供特别的支持和救济。因此,地方政府部门需要建立应急物资储备、调配和分发体系,以便在灾害、战争等发生时能够迅速响应并提供必要的支援。若应急设施未建立在合适的位置,将会造成建造投入成本损失并影响需求点救援能力。服务区链接高速公路网络,具有得天独厚的地理位置,将其改造成为应急物流仓可以提高应急救援能力和响应速度,对于保障公路交通安全顺畅、维护民生等方面都具有重要意义。因此本文针对这一背景研究高速公路服务区应急物流设施选址问题。

基金项目:江西省交通强省试点项目,高速公路服务区现代物流发展试点的重点问题研究(HX2022100);江西省重点研发计划"揭榜挂帅"重点项目,基于量子保密通信的现代物流大数据平台兼容联通关键技术及应用(20223BBE51038)。

1 文献综述

合理的应急设施选址能够显著提高应急服务的质量和效率,在医疗、救灾和人道主义物流等领域具有重要的研究意义[1-2]。目前,应急设施选址问题一直是学术界的研究热点。孟燕萍等[3]考虑灾后道路恢复情况,建立多目标混合整数规划模型。Aksen 和 Aras[4]提出关于应急保护设施选址的双层模型并求出最小化建造设施和迁移设施的开销。其中,遗传算法作为选址问题里一种广泛使用的启发式算法,出现了很多改进研究,如李志[5]等通过矩阵编码的 NSGA-Ⅱ算法求解震后应急物资供应点的多目标动态选址-分配模型;闫森和齐金平[6]考虑应急救援成本和应急救援时间两个目标建立选址模型,设计遗传算法对模型进行求解;付德强和张伟等[7]使用 NSGA-Ⅱ算法求解应急物资储备库的多目标优化选址模型。应急物流还可与区块链相结合,如甘卫华等[8-10]剖析了应急物流现存的问题,提出依托高速公路服务区嵌入应急物流功能,既能解决服务区自有商业配送,又可择机连接全国各省高速物流枢纽。

对于带有不确定性因素的选址问题国内外学者也做了大量研究:Bo Z 等[11]考虑运输距离和需求量不确定,以时间和成本最小为目标,建立了选址模型;Caunhye 等[12]针对各种不确定性条件,提出了一种两阶段选址—路径模型;Vahdani 等[13]考虑设施容量不确定,以时间最小和路径可靠性最大为目标,建立了多时间周期的选址模型;Moreno 等[14]假设需求量、供应量不确定,以成本最小为目标,建立基于情景的随机规划模型;陈刚[15]等引用了三角模糊数表示需求不确定,建立了应急物流选址模型,张园园等[16]运用鲁棒优化模型解决了应急物资储备中心选址的不确定性问题;Khayal 等[17]提出了包含运送车辆物资超载、仓库容量不足的概率纳入约束条件中的应急物流配送中心选址-配送模型,并考虑了需求不确定性。

物流节点的区位特征和差异化策略对优化城市物流空间格局、保障合理资源配置具有关键意义[18]。国内外学者对高速公路服务区物流节点也进行了相关研究:Li T 等[19]及 Feng M 和 Cheng Y[20]以高速公路服务区为物流节点,优化服务区物流节点网络设计,探讨基于高速公路物流网络规划的一般方法,形成更适合货车运输发展的运输网络体系。Yang S 等[21]提出了 PSO-QNMs 算法求解目标函数,提高了位置选择的准确性和稳定性;物流节点的选择影响着货运路线的优化。

以上文献大部分都是针对应急物流双层网络进行研究,很少在高速公路网络中设计三层应急物流网络,未考虑到实际物资成本及救援时效性等问题。因此,本文设计了针对高速公路服务区应急物流多层网络的选址模型,将服务区分为应急物流中心—应急配送点—需求点,考虑应急物资的模糊需求,以运输距离和模糊物资量最少为目标函数,设计免疫优化算法求解研究。

2 问题描述与模型构建

2.1 问题描述

一般的,一套完整的应急物流配送系统包含一级配送中心、二级配送点及需求点三层网络结构。应急配送中心是大型的应急物资集散地,此种配送中心一旦确定位置就很难改变。应急配送点为小型的仓库,建造时间及成本相对较小,可以根据需求不同而适当改变位置。将高速公路服务区改造成配送中心—配送点—需求点三层应急节点(图1),相比于单一的配送中心能够提高应急救援能力和响应速度,同时减少成本投入。因此,本文主要研究内容为在配送中心—配送点—需求点的多级高速公路应急物流配送网络中,进行高速公路应急配送中心及配送点选址以实现包括运输距离、应急物资成本在内的总成本最小的目标。

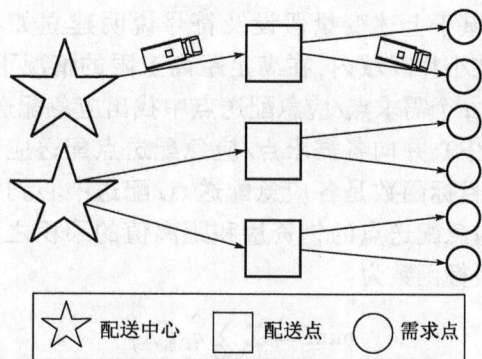

图1 多层应急物流网络结构示意图

2.2 模型假设

为更好地构建高速公路应急物流配送中心/配送点选址模型,本文做出如下基本假设:

(1)需要建设的应急配送中心/配送点的数量已知。

(2)应急物流中心/配送点的规模容量由配送

点辐射范围内配送点/需求点来确定。

（3）每个需求点只能由一个配送点负责物资的配送。

（4）每个配送点只由一个配送中心负责物资的配送。

（5）由于应急物流系统模型选址，运输费用与运输距离成正比。

2.3　模型建立

假设在某区域内，有 $N = (1 \sim n)$ 个应急需求点/配送中心。模型变量假设及符号说明见表 1。

变量假设及符号说明　　　　表 1

变量假设	符号说明
F	各应急配送中心/配送点与配送点/需求点的需求量与距离值的乘积之和
i	需求点/应急配送点序号
j	应急配送点/配送中心序号
N	$N = (1 \sim n)$，为所有需求点/应急配送点的集合
K_i	应急需求点/配送点 i 的距离小于 s 的应急配送点/配送中心集合
$\tilde{q}_i$	应急需求点/配送点的需求量，为三角模糊数，用 $\tilde{q}_i = (\alpha_i, \beta_i, \gamma_i)$ 表示
d_{ij}	从应急需求点/配送点 i 到离它最近的应急配送点/配送中心 j 的距离
A_{ij}	0-1 变量，当其为 1 时，表示应急需求点/配送点 i 的需求量由应急配送点/配送中心 j 供应，否则 $A_{ij} = 0$
h_j	0-1 变量，当其为 1 时，表示点 j 被选为应急配送点/配送中心
t	应急配送点/配送中心离它服务的需求点/应急配送点的距离上限

基于上述变量假设及符号说明建立如下模型，在小片区域内，在满足距离上限的情况下，需要从 n 个需求点/应急配送点中找出应急配送点/配送中心并向各需求点/应急配送点配送应急物资。目标函数是各应急配送点/配送中心到需求点/应急配送点的物资量和距离值的乘积之和最小，目标函数为：

$$\min F = \sum_{i \in N} \sum_{j \in K_i} \tilde{q}_i d_{ij} A_{ij} \tag{1}$$

$$\sum_{j \in K_i} Z_{ij} = 1 \quad (i \in N) \tag{2}$$

$$A_{ij} \leq h_j, i \in N \quad (j \in K_i) \tag{3}$$

$$\sum_{j \in K_i} h_j = p \tag{4}$$

$$A_{ij}, h_j \in \{0, 1\} \quad i \in N \quad (j \in K_i) \tag{5}$$

$$d_{ij} \leq t \tag{6}$$

其中，约束条件（2）是每个需求点/应急配送点只能被分配给一个应急配送点/配送中心提供

应急物资配送；约束条件（3）表示应急配送点/配送中心的供应量是需求点/应急配送点的需求量；约束条件（4）表示被选为应急配送点/配送中心的数量为 p；约束条件（5）表示变量 A_{ij} 和 h_j 是 0-1 变量；约束条件（6）保证需求点/应急配送点在应急配送点/配送中心可配送到的范围内。

3　模型求解

3.1　模糊参数的处理

式（1）中有模糊参数 $\tilde{q}_i$，为一个三角模糊数，$\tilde{q}_i = (\alpha_i, \beta_i, \gamma_i)$，需要对其进行去模糊化处理，式（7）为文献[22]中三角模糊数去模糊化的方法，本文采用此方法对三角模糊数进行去模糊化处理，为简化计算，λ 取 1，将模糊数转化为确定数，因此，式（1）可改写为 $\min F = \sum_{i \in N} \sum_{j \in K_i} q_i d_{ij} A_{ij}$，其中 $q_i = \beta_i + (\alpha_i - 2\beta_i + \gamma_i)/3$。

$$\text{Crisp}(\tilde{q}_i) = \beta_i + (\alpha_i - \lambda\beta_i + \gamma_i)/(\lambda + 2) \tag{7}$$

其中，λ 为任意正整数。

3.2　免疫优化算法设计

免疫优化算法不仅能够在大范围内搜索最优解，且能有效处理多目标优化问题。相对于一些复杂的优化算法，免疫优化算法的实现和调整相对简单，能够更有效地找到最佳选址方案，提高应急物流的响应速度和效率。

3.2.1　算法流程

（1）分析问题。目标函数是最小化应急物资配送工作量，这里将配送工作量设置为评价个体适应度的适应度函数，函数值越小说明解越符合目标结果。

（2）随机产生 50 个个体，以产生初始抗体群。

（3）对上述各个抗体进行评价（以个体的期望繁殖率 P 为标准）。

（4）对初始群体按照 P 进行降序排列。

（5）判断是否满足结束条件，满足则结束，不满足则继续进行下一步。

（6）产生新群体。将步骤（4）计算结果对抗体群体进行选择、交叉、变异等得到的新群体与记忆库中取出的个体共同构成新一代群体。

（7）跳转执行步骤（3）。

免疫优化算法流程如图 2 所示。

3.2.2 初始抗体群产生

选择好的应急配送点形成一个长度 p 的抗体（p 表示应急配送点的数量），如在 30 个需求点中选择 5 个作为应急配送点，需求点的序号一次标记为 1 到 30，则抗体[2 13 16 27 30]代表一个可行解，表示选好的应急配送点序号依次为 2、13、16、27、30。此种编码方式能够满足约束条件(4)和(5)。

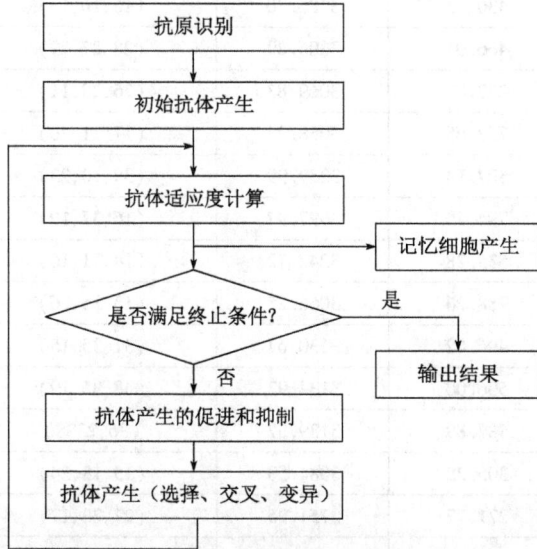

图2 免疫优化算法流程图

3.2.3 解的多样性评价

第 1 步：设计抗体和抗原间亲和力函数为 T_v。T_v 的大小反映出抗体对抗原的识别程度，亲和力函数为式(8)，其中 F_v 为目标函数，C 取值为一个较大整数。

第 2 步：设计抗体与抗体间的亲和力函数 $G_{v,s}$，$G_{v,s}$ 的大小反映出抗体之间的相似程度，用式(9)表示，其中 $k_{v,s}$ 为抗体 v 与抗体 s 中相同的个数；L 为抗体长度。如两个抗体为[3 9 18 22 27]、[18 14 27 6 3]，比较两个抗体，发现两者有三个数是相同的，此时可计算出它们的亲和度 $G_{v,s}$ 为 0.6。

第 3 步：设置抗体浓度函数 C_v。C_v 的大小反映群体中相似抗体的比例。C_v 表达式如式(10)，其中 N_x 为抗体总数，T 为预先设定的阈值，本文设置为 0.7。

第 4 步：设计期望繁殖率函数 H。H 由亲和力 A_v 和抗体浓度 C_v 两部分决定。H 表达式如式(11)，其中 χ 为常数。上式鼓励适应度高的个体，同时抑制浓度高的个体，确保个体多样性。

$$T_v = 1/F_v = \frac{1}{\sum_{i \in N}\sum_{j \in K_i} q_i d_{ij} A_{ij} - C\sum_{i \in N}\min\left\{(\sum_{j \in K_i} A_{ij}) - 1, 0\right\}} \quad (8)$$

$$G_{v,s} = k_{v,s}/L \quad (9)$$

$$C_v = \frac{1}{N_x}\sum_{i \in N} G_{v,s}, \quad G_{v,s} = \begin{cases} 1 & G_{v,s} > T \\ 0 & 其他 \end{cases} \quad (10)$$

$$H = \chi\frac{A_v}{\sum A_v} + (1-\chi)\frac{C_v}{\sum C_v} \quad (11)$$

3.2.4 免疫操作

(1)选择：通过轮盘赌选择机制进行选择，个体被选择的概率为 H（期望繁殖率）。

(2)交叉：采用单点实数交叉法操作。

(3)变异：采用随机选择变异位进行变异。

4 算例分析

4.1 算例描述

针对江西省 99 对高速公路服务区进行试验，已知要选取 10 对服务区作为应急配送点。在 10 对配送点中再选取 3 对作为应急配送中心。通过百度地图查询各服务区经纬度坐标，将经纬度坐标转换成高斯坐标，采用随机生成数生成应急物资模糊需求量（范围 10~40/t）。江西省 99 对服务区地理位置信息及应急物资模糊需求量见表2，按照表2顺序将各服务区编号为 1~99。

江西省高速公路服务区位置及需求量　　　　表2

需求点	编号	经度(L)	纬度(B)	x坐标(km)	y坐标(km)	应急物资模糊需求量(t)
南昌南服务区	1	115.74358	28.681622	377.25	3173.36	(32,19,36)
赣江服务区	2	116.114142	28.396465	413.22	3141.44	(35,18,18)
泉岭服务区	3	115.854188	28.715776	388.09	3177.03	(37,21,22)
湾里服务区	4	115.840641	28.5307	386.57	3156.54	(25,23,16)
雷公坳服务区	5	115.916929	28.402697	393.90	3142.29	(36,16,16)
七里岗服务区	6	115.962517	28.826849	398.78	3189.24	(39,40,15)
军山湖服务区	7	116.359598	28.691637	437.44	3173.99	(31,26,19)
何市服务区	8	115.370387	29.32902	341.77	3245.54	(19,40,14)

续上表

需求点	编号	经度（L）	纬度（B）	x 坐标（km）	y 坐标（km）	应急物资模糊需求量（t）
修水西服务区	9	114.643603	28.822613	270.06	3190.61	(37,17,17)
修水服务区	10	115.822622	29.432802	385.80	3256.51	(24,38,34)
庐山西海服务区	11	114.402051	29.022004	246.97	3213.21	(29,26,20)
庐山服务区	12	115.699737	29.629974	374.12	3278.49	(24,36,36)
涌泉服务区	13	114.782648	29.155947	284.33	3227.30	(23,33,18)
石钟山服务区	14	116.286159	29.708496	430.95	3286.70	(16,16,13)
彭泽服务区	15	116.657292	29.886794	466.91	3306.29	(28,27,29)
月亮湖服务区	16	114.847596	27.736132	287.83	3069.83	(26,28,11)
景德镇服务区	17	113.769619	27.891121	772.65	3088.23	(17,11,40)
萍乡服务区	18	117.073527	29.270754	507.14	3237.99	(39,10,23)
上栗服务区	19	113.991268	27.974377	794.25	3097.97	(16,37,19)
上栗东服务区	20	117.363309	29.313015	535.28	3242.72	(18,31,16)
仙女湖服务区	21	113.922678	27.689721	788.26	3066.25	(13,35,26)
新余服务区	22	116.96549	28.302096	496.62	3130.67	(31,35,15)
龙虎山服务区	23	117.061234	28.340922	506.00	3134.97	(38,35,19)
余江服务区	24	116.876375	28.381982	487.89	3139.52	(36,2328)
鹰潭服务区	25	115.02155	27.871368	305.22	3084.53	(15,18,24)
龙南服务区	26	114.741178	24.859174	271.77	2751.25	(22,28,17)
定南服务区	27	114.617941	25.498429	260.56	2822.28	(26,40,20)
信丰服务区	28	114.890975	25.06238	287.26	2773.51	(27,28,23)
崇义服务区	29	114.973597	24.683242	294.97	2731.39	(37,29,32)
大余服务区	30	114.053094	25.572884	203.94	2831.67	(27,37,13)
安远服务区	31	115.209616	25.129173	319.50	2780.45	(16,33,34)
三百山服务区	32	114.844436	25.519659	283.37	2824.25	(12,10,15)
南康服务区	33	114.500561	25.769698	249.33	2852.56	(31,25,36)
上犹服务区	34	115.35633	25.032591	334.17	2769.56	(12,13,35)
赣州南服务区	35	114.904797	25.761743	289.87	2850.97	(23,16,25)
赣州西服务区	36	114.831279	25.854653	282.66	2861.38	(26,27,23)
寻乌服务区	37	115.769036	24.937003	375.71	2758.54	(26,34,10)
寻乌北服务区	38	114.67627	26.12541	267.65	2891.65	(30,19,38)
横市服务区	39	115.77403	25.335008	376.62	2802.61	(21,28,22)
盘古山服务区	40	115.475679	25.613884	346.94	2833.81	(21,10,26)
会昌南服务区	41	115.188536	26.026596	318.74	2879.89	(36,27,19)
于都服务区	42	115.309624	25.907631	330.68	2866.55	(31,32,37)
赣县服务区	43	115.705123	25.103388	369.44	2777.02	(22,39,10)
于都北服务区	44	115.548371	26.065206	354.80	2883.71	(36,28,27)
瑞金服务区	45	115.930858	25.745545	392.77	2847.94	(18,22,29)
会昌服务区	46	115.851445	25.855139	384.91	2860.14	(20,33,28)
兴国南服务区	47	115.409892	26.286491	341.24	2908.39	(27,19,32)
兴国服务区	48	115.467535	26.433048	347.19	2924.55	(15,33,16)

需求点	编号	经度(L)	纬度(B)	x坐标(km)	y坐标(km)	应急物资模糊需求量(t)
宁都西服务区	49	115.885692	26.41281	388.87	2921.88	(32,29,37)
宁都南服务区	50	115.940426	26.386612	394.31	2918.93	(35,10,26)
石城服务区	51	116.304078	26.24423	430.50	2902.92	(19,40,12)
宜春服务区	52	114.488861	27.829166	252.67	3080.81	(40,25,29)
万载服务区	53	114.385976	28.096122	243.16	3110.61	(23,38,28)
万载北服务区	54	114.423263	28.146845	246.95	3116.15	(28,37,26)
上高服务区	55	114.845522	28.102924	288.34	3110.48	(12,15,15)
樟树服务区	56	115.340233	28.015011	336.82	3099.98	(16,28,21)
铜鼓服务区	57	114.363872	28.550782	242.09	3161.05	(12,26,18)
上高东服务区	58	115.052974	28.340499	309.15	3136.46	(38,35,16)
丰城南服务区	59	115.758412	28.031268	377.95	3101.29	(11,34,37)
宜丰服务区	60	114.760431	28.57467	280.95	3162.91	(34,29,30)
丰城东服务区	61	115.871757	28.084678	389.15	3107.10	(15,21,36)
丰城服务区	62	115.661315	28.292442	368.73	3130.33	(17,27,22)
高安东服务区	63	115.539762	28.498382	357.08	3153.28	(10,13,10)
奉新服务区	64	115.358382	28.784912	339.76	3185.26	(14,39,33)
万年服务区	65	116.890134	28.797218	489.28	3185.52	(17,26,33)
万年北服务区	66	116.953417	28.770661	495.45	3182.58	(37,33,19)
龟峰服务区	67	117.493567	28.445518	548.33	3146.66	(26,18,17)
铅山服务区	68	117.801989	28.181457	578.72	3117.56	(39,10,10)
上服务区	69	117.68938	28.35716	567.56	3136.96	(33,18,15)
鄱阳服务区	70	116.796335	29.366094	480.23	3248.56	(12,12,20)
德兴服务区	71	117.615319	28.877262	560.00	3194.54	(27,31,33)
三清山西服务区	72	118.006689	28.789937	598.25	3185.13	(36,26,17)
三清山服务区	73	118.165703	28.631013	613.94	3167.66	(37,27,40)
婺源服务区	74	117.737344	29.245493	571.65	3235.41	(23,38,32)
德兴东服务区	75	117.615319	28.877262	560.00	3194.54	(25,30,35)
婺源北服务区	76	117.907257	29.319891	588.10	3243.77	(40,20,40)
遂川服务区	77	114.694659	26.379913	270.00	2919.81	(20,18,13)
井冈山服务区	78	114.082276	26.723879	209.74	2959.18	(24,17,18)
永新服务区	79	114.023944	27.050137	204.78	2995.48	(32,28,32)
泰和东服务区	80	115.019271	26.812934	303.13	2967.25	(28,28,21)
吉安西服务区	81	114.735069	26.975716	275.20	2985.76	(17,16,35)
泰和北服务区	82	115.073774	26.878151	308.66	2974.39	(22,39,35)
上固服务区	83	115.605204	26.809114	361.37	2966.05	(31,31,36)
银湾桥服务区	84	114.862336	27.246136	288.35	3015.51	(26,17,17)
永丰服务区	85	115.374953	27.233912	339.09	3013.39	(26,17,27)
永丰南服务区	86	115.718338	27.012107	372.85	2988.42	(19,10,17)
峡江服务区	87	115.117698	27.555995	314.16	3049.43	(17,36,27)
广昌服务区	88	116.349469	26.576077	435.22	2939.65	(15,25,37)

需求点	编号	经度（L）	纬度（B）	x坐标（km）	y坐标（km）	应急物资模糊需求量（t）
乐安服务区	89	115.760169	27.617151	377.66	3055.41	(35,15,32)
相山服务区	90	115.977977	27.479171	399.03	3039.93	(13,38,37)
南丰服务区	91	116.505784	27.071667	451.00	2994.47	(32,38,17)
临崇服务区	92	116.273731	27.795824	428.46	3074.80	(18,27,12)
南城服务区	93	116.653096	27.480634	465.73	3039.72	(38,21,15)
黎川服务区	94	116.952613	27.264937	495.31	3015.78	(14,10,15)
临川服务区	95	116.355993	27.922402	436.63	3088.77	(40,27,28)
抚州服务区	96	116.308988	28.053914	432.09	3103.37	(15,33,16)
大觉山服务区	97	116.88759	27.796372	488.93	3074.65	(18,17,20)
金溪服务区	98	116.829761	27.987675	483.26	3095.85	(22,33,13)
东乡服务区	99	116.534725	28.279358	454.37	3128.24	(38,14,11)

4.2 仿真试验

在 MATLAB 环境中,将江西省 99 对服务区,即需求点的位置用圆点表示出来,如图 3 所示。通过 MATLAB 编程,运行免疫优化算法,设种群规模 N = 50,记忆库容量为 10,最大迭代次数 MAXGEN = 100,交叉概率为 0.5,变异概率为 0.4,多样性评价参数为 0.95,选择的应急配送点数量为 10。运行得到免疫优化算法收敛曲线,适应度值约在 363000,大约在 25 次迭代后就收敛完毕,见图 4。

由免疫优化算法绘制出的应急配送点辐射图如图 5 所示,图中矩形为备选的应急配送点。经过数十次仿真试验,记录部分仿真结果见表 5。选取编号为 29、9、12、27、4、6、17、25、22、23 的 10 个需求点为一组江西省高速公路服务区应急物流配送点选址方案,配送关系见表 3。

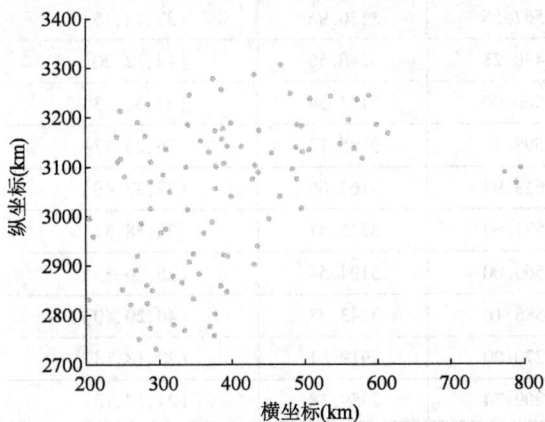

图 3 需求点分布图

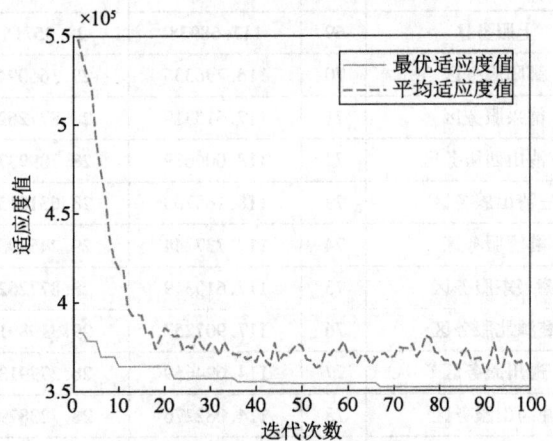

图 4 免疫优化算法收敛曲线

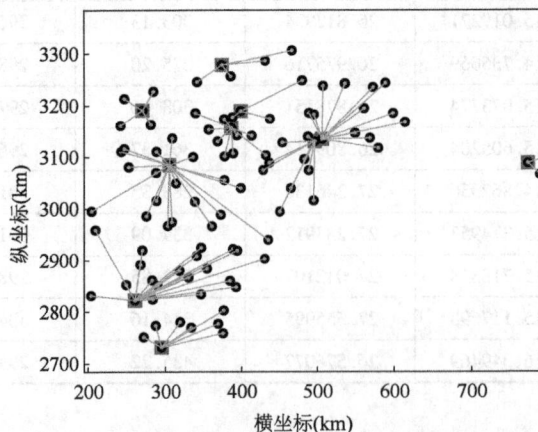

图 5 应急配送点工作辐射图

应急配送点配送方案信息表 表3

优化后配送点序号	对应需求点序号	配送点总模糊需求
29	26、28、31、34、39、43、47	(183,232,183)
9	57、11、13、60	(135,131,103)
12	8、10、14、15	(111,157,126)
27	30、78、33、77、38、36、35、32、41、42、40、44、47、48、49、50、51、46、45	(509,474,490)
4	64、63、1、62、59、61、5、2、96	(210,243,240)
6	3、7、70	(119,99,76)
17	19、21	(46,83,85)
25	79、81、84、80、82、87、85、83、86、88、90、89、16、52、53、54、55、58、56	(479,524,523)
22	24、99、95、92、98、93、91、97、94	(287,245,174)
23	65、66、18、20、74、76、71、67、72、73、69、68	(410,323,314)

基于上述试验选出的10个应急配送点,再次选择3个作为应急配送中心,配送点总模糊需求见表3,在MATLAB环境中,将选出的10个应急配送点位置用矩形表示出来,如图6所示。再次通过MATLAB编程,运行免疫优化算法,设种群规模N=30,记忆库容量为10,最大迭代次数MAXGEN=50,交叉概率为0.5,变异概率为0.4,多样性评价参数为0.95,选择的应急配送中心数量为3。运行得到免疫优化

算法收敛曲线,适应度值约为351000,大约在10次迭代后就收敛完毕,如图7所示。

由免疫优化算法绘制出的应急物流中心辐射图如图8所示,图中五角星表示备选的应急物流中心。经过数十次仿真试验,记录部分仿真结果见表4。选取编号为6、22、25的3个配送点为一组江西省高速公路服务区应急物流物流中心选址方案,配送关系见表5。

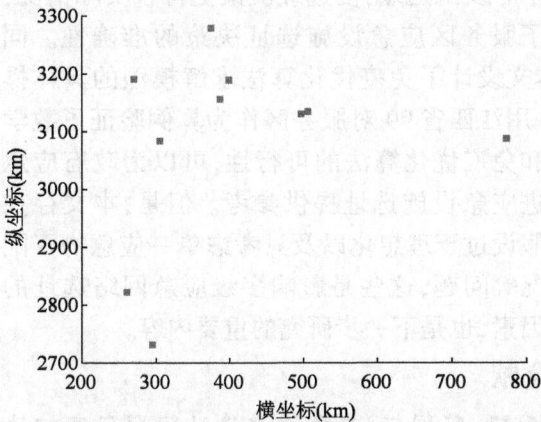

图6 分配点分布图

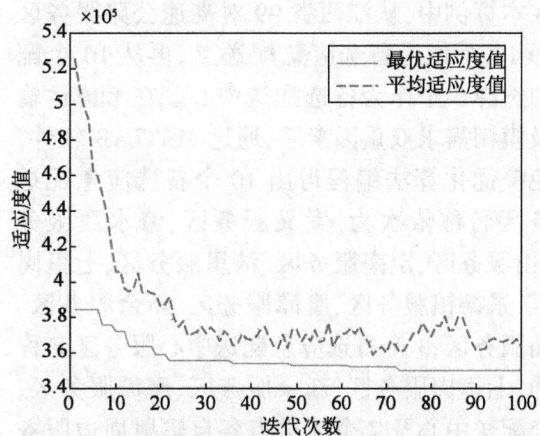

图7 第二次免疫算法收敛曲线

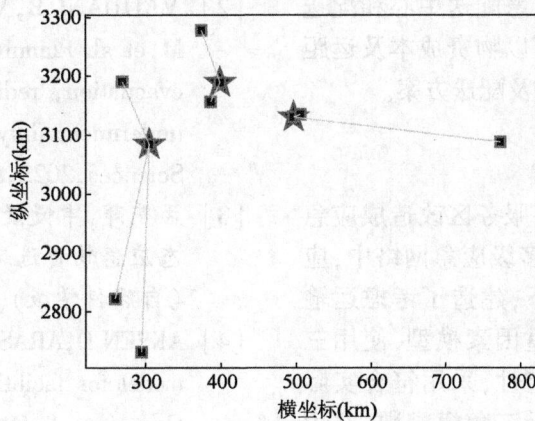

图8 应急物流中心工作辐射图

两次仿真试验结果 表4

试验次序	适应度值	选址方案	试验次序	适应度值	选址方案
1	363000	29,9,12,27,4,6,17,25,22,23	1	351000	6,22,25
2	363000	29,9,12,27,4,6,17,25,22,23	2	351000	6,22,25
3	363000	29,9,12,27,4,6,17,25,22,23	3	351000	6,22,25
4	363100	30,29,9,12,27,4,6,17,22,23	4	351000	6,22,25
5	363100	30,29,9,12,27,4,6,17,22,23	5	351000	6,22,25
6	362900	28,30,9,12,27,4,6,17,22,23	6	351000	6,22,25
7	363000	29,9,12,27,4,6,17,25,22,23	7	351000	6,22,25
8	362900	28,30,9,12,27,4,6,17,22,23	8	351000	6,22,25
9	363000	29,9,12,27,4,6,17,25,22,23	9	351000	6,22,25
10	363000	29,9,12,27,4,6,17,25,22,23	10	351000	6,22,25

应急配送中心配送方案表 表5

优化后配送中心序号	对应配送点序号
6	4、12
22	17、23
25	9、27、30

4.3 结果分析

在本算例中,从江西省99对高速公路服务区中选择10个作为备选应急配送点,再从10个配送点中选择3个作为备选配送中心。在考虑运输距离及模糊需求双重因素后,通过 MATLAB 软件,设计免疫优化算法编程得出10个备选应急配送点服务区名称依次为:崇义服务区、修水西服务区、庐山服务区、定南服务区、湾里服务区、七里岗服务区、景德镇服务区、鹰潭服务区、新余服务区、龙虎山服务区;3个备选应急配送中心服务区名称依次为:七里岗服务区、新余服务区、鹰潭服务区。这3个配送中心及7个配送点各自辐射周边服务区,为配送路径规划节省时间、降低物资成本、减少运输距离。在已确定建造应急配送中心和配送点的个数情况下可以迅速找出以物资成本及运距为目标函数求解得出的备选点及配送方案。

5 结语

本文研究了依托高速公路服务区改造成应急物流设施选址问题,在服务区多级应急网络中,应急物资需求量不确定的情况下,建造了考虑运输距离和应急物资总成本的双重因素模型,使用三角模糊数表示需求量的不确定性,采用符合实际要求特定范围内的随机数表示三角模糊数,并用去模糊化方法将三角模糊数转化成确定数,最后

通过两次免疫优化算法依次选择符合要求的应急配送中心及配送点,使选址决策更符合实际情况,提高了服务区应急设施选址决策的准确性。同时,本文设计了免疫优化算法求解模型的具体操作,并用江西省99对服务区作为算例验证了数学模型和免疫优化算法的可行性,可以为政府应急部门进应急设施选址提供参考。但是,本文存在一些假设过于理想化以及只考虑单一应急物资配送情况等问题,这些是影响多级应急网络选址的重要因素,也是下一步研究的重要内容。

参考文献

[1] 曹琦,陈闻轩.应急设施选址问题研究综述[J].计算机工程,2019,45(12):26-37.

[2] VAHDANI B, VEYSMORADI D, MOUSAVI S M,et al. Planning for relief distribution, victim evacuation, redistricting and service sharing underuncertainty[J]. Socio-Economic Planning Sciences,2022,80:101158.

[3] 孟燕萍,申慢慢.考虑灾后道路恢复情况下动态应急物资选址问题[J].重庆交通大学学报(自然科学版),2019,38(1):89-96.

[4] AKSEN D, ARAS N. A bilevel fixed charge location model for facilities under imminent attack[J]. Computers & Operations Research,2012,39(7):1364-1381.

[5] 李志,焦琴琴,周愉峰.震后应急物资供应点的多目标动态定位-分配模型[J].计算机工程,2017,43(6):281-288.

[6] 闫森,齐金平.考虑需求不确定的多级应急物流设施选址研究[J].运筹与管理,2022,31(9):7-13.

[7] 付德强,张伟.考虑服务设施规模的应急物资储备库双目标选址模型研究[J].重庆邮电大学学报(自然科学版),2015,27(3):392-396.

[8] 甘卫华,蓝岚,姚文珮.疫情下区块链技术对应急物流的影响及对策[J].物流技术,2020,39(12):96-102.

[9] 甘卫华,袁海波.依托高速公路服务区嵌入应急物流功能改造[J].物流研究,2022(6):31-33.

[10] 谷磊,侯硕.区块链在应急物资供应中的应用研究[J].中国物流与采购,2024(01):92-93.

[11] ZHANG B,LI H,LI S,et al. Sustainable multi-depot emergency facilities location-routing problem with uncertain information [J]. Applied Mathematics and Computation,2018,333:506-520.

[12] CAUNHYE A M,ZHANG Y,LI M,et al. A location-routing model for prepositioning and distributing emergencysupplies[J]. Transportation research part E:logistics and transportation review,2016,90:161-176.

[13] VAHDANI B,VEYSMORADI D,MOUSAVI S M,et al. Planning for relief distribution,victim evacuation, redistricting and service sharing underuncertainty[J]. Socio-Economic Planning Sciences,2022,80:101158.

[14] MORENO A,ALEM D,FERREIRA D,et al. An effective two-stage stochastic multi-trip location-transportation model with social concerns in relief supplychains[J]. European Journal of Operational Research,2018,269(3):1050-1071.

[15] 陈刚,张锦,付江月.不确定环境中多目标应急物流选址分配模型[J].中国安全科学学报,2016,26(12):163-168.

[16] 张园园,周恒胜,孙兆统,等.应急物资储备中心选址研究[J].哈尔滨商业大学学报(自然科学版),2023,39(3):361-368.

[17] KHAYAL D,PRADHANANGA R,POKHAREL S,et al. A model for planning locations of temporary distribution facilities for emergency-response [J]. Socio-Economic Planning Sciences,2015,52:22-30.

[18] LI G,JIN F,CHEN Y,et al. Location characteristics and differentiation mechanism of logistics nodes and logistics enterprises based on points of interest (POI):A case study of Beijing[J]. Journal of geographical sciences,2017,27:879-896.

[19] LI T,YANG W Y,WANG L,et al. Research on site selection of logistics nodes in expressway service area considering truck and trailer vehicle routing problem[C] // CICTP 2019. 2019:4938-4949.

[20] FENG M,CHENG Y. Optimization of drop-and-pull transport network based on shared freight station and hub-and-spoke network[J]. Journal Européen des Systèmes Automatisés,2019,52(5):457-464.

[21] YANG S,WANG J,LI M,et al. Research on intellectualized location of coal gangue logistics nodes based on particle swarm optimization and quasi-newton algorithm[J]. Mathematics,2022,10(1):162.

[22] 糜万俊,江文奇,戴跃伟.三角模糊数去模糊化对 VIKOR 妥协解的影响研究[J].运筹与管理,2019,28(10):77-82.

公交辅助异构无人机配送机制与调度优化研究

孙启鹏* 陈真真 王佳彬

(长安大学经济与管理学院)

摘　要　本研究针对农村地区物流配送挑战,提出了一种创新的公交辅助异构无人机配送模式,以公交作为移动配送中心和充电站,搭载多类型无人机以实现高效、低成本配送。通过构建最小化配送成本的混合整数规划模型,同时遗传算法优化无人机飞行路线和任务调度。本研究证明了模型和算法的有效性。灵敏度分析进一步探讨了无人机续航能力、最大载重对成本的影响。案例研究在中国某农村地区进行,比较传统卡车配送、公交辅助同质无人机配送与本研究提出的模式,结果显示,本研究模式在降低配送成本方面具有显著优势。这为物流配送领域,特别是解决"最后一公里"问题提供了新的思路。

关键词　农村物流配送　公交　异构无人机　遗传算法　任务调度

0　引言

农村地区物流配送面临道路网络稀疏和地形复杂等挑战,影响传统运输效率和成本,限制经济发展[1]。无人机技术的发展为跨越这些障碍提供了解决方案,通过无人机的灵活性能有效降低地理限制对配送的影响,同时减少人力成本并提升配送效率[2,3]。尽管存在续航和载荷限制[4],无人机减少运营中二氧化碳排放,展现出低运营成本的优势[5]。

为最大化无人机在配送中的潜力,Murray等[6]提出了车辆与无人机协同配送模式,结合车辆的广覆盖和定时性与无人机的灵活高效[7],实现低成本高效配送。Noureddine Lasla等[8]与Hailong Huang等[9]的研究表明,无人机与城市公共交通工具的协同配送显著提升无人机的任务效率,大幅降低配送成本。Choudhury等[10]发现,通过现有公交网络支持无人机配送可将配送范围扩大4倍。Qu等[11]进一步证实,无人机与公交合作节约成本和时间。这些研究表明公共交通辅助无人机配送在提高效率和降低成本方面的重要性。

近年来,异构无人机(Heterogeneous UAVs, H-UAVs)的研究逐渐受到关注,这类无人机由于其不同的飞行范围、载荷能力和速度,适应更复杂的配送任务。Xudong Wang等[12]开发了一种针对异构无人机的遗传算法,以最小化任务完成时间,实

际应用显示其高度实用。Xupeng Wen等[13]进一步研究基于H-UAVs的两级路由问题,成功降低配送时间和成本。Jinchao Chen等[14]利用蚁群算法优化H-UAVs的路径规划,展现出优化潜力。然而,H-UAVs的研究还相对有限,需要进一步探索。

综上所述,本研究将农村公交与异构无人机相结合,以最小化配送成本为目标,优化无人机与公交的协同作业机制,构建混合整数规划模型,采用遗传算法求解。研究结果表明,本研究构建的模型能够有效地考虑无人机和公交的协同效应和约束条件,显著降低配送成本。本研究创新地将公交辅助异构无人机物流配送与调度问题纳入物流领域,为该领域的后续研究提供新的思路和方法。

1　优化模型

1.1　问题描述

在农村的公交线路上,如图1所示,公交从配送中心出发,经站点1和站点2,从站点2返回,经站点1回到配送中心。公交1按固定发车时刻表携带3架不同类型无人机和需配送的包裹从配送中心出发,到达站点1,无人机1和无人机3从公交1起飞,公交1继续行驶,无人机1为客户点1、2、3服务,服务结束返回站点1,无人机3为客户

基金项目:陕西省自然科学基金(2022JM-426)。

点 8、9 服务,服务结束返回站点 1,此时站点 1 有无人机 1 和 3 在站点等待。当公交 1 行驶到站点 2,无人机 2 从公交 1 起飞,为客户点 6、7 服务,无人机 2 服务结束返回站点 2。当公交 1 再次行驶到站点 1 时,回收没有需求任务的无人机 2,无人机 2 搭载公交 1 返回配送中心。当公交 2 到达发车时刻,公交 2 携带需要配送的包裹从配送中心出发。当公交 2 经过站点 1 时,迅速对无人机 1 充电,无人机 1 充满电在站点 1 从公交 2 起飞对客户点 4、5 服务,服务结束返回站点 1 等待。当公交 2 到达站点 2 时,回收在站点 2 等待的无人机 3,公交 2 继续行驶,到达站点 1 回收无人机 1,无人机 1 和 3 搭载公交 2 返回配送中心。

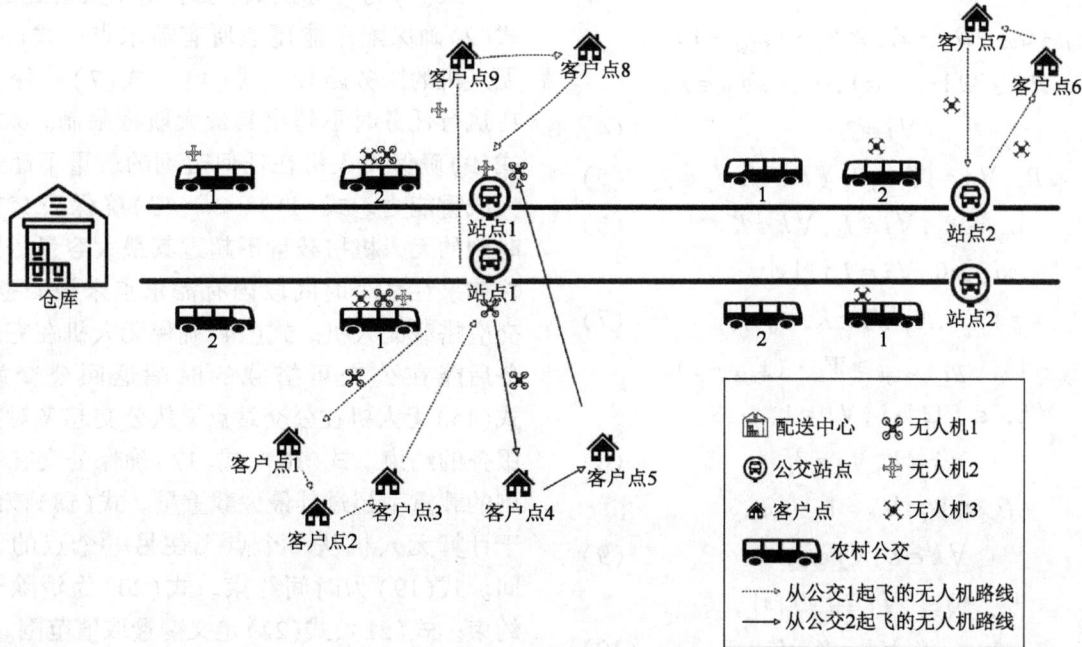

图 1 公交辅助异构无人机配送模式

模型假设:

(1)有一个配送中心。

(2)顾客点的位置和包裹信息已知。

(3)忽略无人机的服务时间。

(4)忽略无人机充电时间。

1.2 符号和模型

S:公交站点和配送中心集合。

J_s:每个公交站点 s 的需求点集合。

K:无人机类型集合。

J_k:第 k 种类型的无人机数量。

V:所有公交站点和需求点的集合,即 $V = S \cup J_s \{s \in S\}$。

T:所有公交站点时刻表的集合。

参数:

D_{hi}:从点 h 到点 i 的距离。

t_{ijk}:第 k 种类型的第 j 架无人机到达点 i 的时刻。

R_k:第 k 种类型的无人机的最大航程。

W_k:第 k 种无人机的最大载重量。

w_k:第 k 种无人机自重。

U_{ijk} 和 u_{ijk}:分别表示第 k 种类型的第 j 架无人机在服务完客户点 i 后的剩余载重量和剩余里程数。其中 u_{ijk} 中 $i \in V$,U_{ijk} 中 $i \in V$。

s_k:第 k 种无人机的速度。

p_i:客户点 i 所需货物的重量。

c_k:第 k 种无人机的单位距离配送成本。

$C_{\max}$:公交的最大载重量。

m:公交上放置无人机的最大位置数。

l_i:客户节点的路径次序。

决策变量:

x_{hijk}:第 k 种类型的第 j 架无人机从点 h 飞往点 i。

y_{sjkt}:时刻 t 第 k 种类型的第 j 架无人机在公交站点 s 被公交回收或搭载。

z_{sjkt}:时刻 t 第 k 种类型的第 j 架无人机在公交站点 s 从公交起飞。

构建模型如下:

$$\min\left(\sum_{i\in V}\sum_{k\in K}\sum_{j\in J_k}\sum_{h\in V}c_k\cdot d_{ih}\cdot x_{hijk}\right) \quad (1)$$

$$\sum_{k\in K}\sum_{j\in J_k}x_{hijk}=1,$$
$$\forall h\in J_s,i\in J_s\cup\{s\},\forall s\in 1,\cdots,S \quad (2)$$

$$\sum_{h\in J_s\cup\{s\}}x_{hijk}=\sum_{h\in J_s\cup\{s\}}x_{ihjk},$$
$$\forall i\in J_s\cup\{s\},\forall s\in 1,\cdots,S,\forall k\in K,\forall j\in J_k$$
$$(3)$$

$$u_{hjk}-u_{ijk}-D_{hi}\cdot x_{hijk}\geqslant R_k\cdot(x_{hijk}-1),$$
$$\forall h,i\in J_s\cup\{s\},s\in 1,\cdots,S,\forall k\in K,$$
$$\forall j\in J_k \quad (4)$$

$$u_{sjk}\leqslant R_k,\forall s\in 1,\cdots,S,\forall k\in K,\forall j\in J_k \quad (5)$$

$$u_{0jk}\leqslant R_k,\forall j\in J_k,\forall k\in K \quad (6)$$

$$u_{ijk}\geqslant 0,\forall i\in J_s\cup\{s\},$$
$$s\in 1,\cdots,N,\forall k\in K,\forall j\in J_k \quad (7)$$

$$U_{hjk}-U_{ijk}-p_i\cdot x_{hijk}\geqslant W_k\cdot(x_{hijk}-1),$$
$$\forall h,i\in J_s\cup\{s\},\forall s\in 1,\cdots,S,$$
$$\forall k\in K,\forall j\in J_k \quad (8)$$

$$U_{sjk}\leqslant W_k,\forall s\in 1,\cdots,S,$$
$$\forall k\in K,\forall j\in J_k \quad (9)$$

$$U_{ijk}\geqslant 0,\quad\forall i\in J_s\cup\{s\},$$
$$s\in 1,\cdots,S,\forall k\in K,\forall j\in J_k \quad (10)$$

$$\sum_{k\in K}\sum_{j\in J_k}y_{sjkt}\leqslant m,\forall t\in T,\forall s\in 1,\cdots,S \quad (11)$$

$$\sum_{k\in K}\sum_{j\in J_k}y_{0jkt}\leqslant m,\forall t\in T \quad (12)$$

$$\sum_{i\in J_n}x_{sijk}\leqslant y_{sjkt},$$
$$\forall s\in S,\forall k\in K,\forall j\in J_k,\forall t\in T \quad (13)$$

$$\sum_{i\in J_s\cup\{s\}}x_{isjk}=y_{sjkt},$$
$$\forall s\in 1,\cdots,S,\forall k\in K,\forall j\in J_k,\forall t\in T \quad (14)$$

$$\sum_{i\in J_s\cup\{s\}}x_{isjk}=z_{sjkt},$$
$$\forall s\in 1,\cdots,S,\forall k\in K,\forall j\in J_k,\forall t\in T \quad (15)$$

$$\sum_{k\in K}\sum_{j\in J}(w_k+U_{0jk})\cdot y_{0jkt}\leqslant C_{\max},\forall t\in T \quad (16)$$

$$\sum_{k\in K}\sum_{j\in J}(w_k+U_{sjk})\cdot y_{sjkt}\leqslant C_{\max},$$
$$\forall s\in 1,\cdots,S,\forall t\in T \quad (17)$$

$$t_{hijk}=\frac{D_{hi}}{s_k}\cdot x_{hijk},$$
$$\forall h,i\in V,\forall k\in K,\forall j\in J_k \quad (18)$$

$$t_{ijk}-t_{hjk}\geqslant M(1-x_{hijk})$$
$$\forall h\in S,\forall h,i\in V,\forall k\in K,\forall j\in J_k \quad (19)$$

$$1-(n+2)(1-x_{hijk})\leqslant l_i-l_h,$$
$$\forall h,i\in J_s\cup\{s\},h\neq i,\forall k\in K,\forall j\in J_k \quad (20)$$

$$x_{hijk}\in\{0,1\},$$
$$\forall i,h\in V,\forall k\in K,\forall j\in J_k \quad (21)$$

$$y_{sjkt}\in\{0,1\},$$
$$\forall s\in S,\forall k\in K,\forall j\in J_k,\forall t\in T \quad (22)$$

式(1)为目标函数:最小化无人机配送成本。式(2)确保配送能覆盖所有需求点。式(3)保证无人机的服务路径。式(4)～式(7)确保无人机在执行任务时不超出其最大航程限制。式(8)～式(9)确保无人机在任何时刻的载重不超过其最大载重能力。式(11)～式(13)确保公交在每个时刻的无人机搭载量不超过其最大容量。同时确保如果在某个时间段内有需求点未被服务,则公交应搭载无人机。式(14)确保无人机在完成其任务后能在公交可搭载的时刻返回公交站点。式(15)无人机在公交站点 s 从公交起飞对需求点服务的约束。式(16)、式(17)确保公交在每个时刻的载重不超过其最大载重量。式(18)该约束用于计算无人机从一个点飞往另一个点的飞行时间。式(19)为时间约束。式(20)为消除子回路约束。式(21)、式(22)定义变量取值范围。

2　遗传算法

遗传算法是一种启发式搜索算法,通过模拟生物进化的过程,可以在解空间中搜索最优解。其主要步骤如下:

初始化:生成一个初始种群,设定遗传算法中各初始参数,如种群规模、最大迭代次数、交叉与变异概率。

适应度评估:适应度用于衡量个体的优劣程度,它通常与个体的目标函数值直接相关。

选择:根据适应度分数选择个体参与下一代的繁殖过程。

交叉:选定的个体通过交叉操作产生后代。交叉是在两个个体之间交换信息的过程,旨在生成新的个体。

变异:以一定的概率修改后代的部分基因,引入新的遗传信息以增加种群的多样性。

3　实验仿真与分析

为评估所提数学模型与遗传算法的效果,本

研究在 Solomon 算例集[15]以及中国某典型农村地区进行了测试。算法通过 Matlab 在 Windows 10 系统、搭载 Intel(R) Core(TM) i5-11320H CPU @ 3.20GHz、16GB RAM 的环境中实现。算法参数设定为:种群规模 200,最大迭代次数 1000,选择、交叉和变异概率分别为 0.9、0.9 和 0.1。

3.1 算例描述

为验证所提模型和算法的有效性,本研究从 Solomon 算例中挑选了 25 和 50 个客户点规模的算例,分析不同规模对性能的影响。算例分为 R 类(随机分布)、C 类(集中分布)和 RC 类(混合分布)。设定配送中心有 3 类可进行物流配送的无人机,根据相关文献[12]和顺丰丰翼无人机官网数据,设定无人机的单位配送成本分别为 0.15 元/km、0.2 元/km、0.25 元/km,无人机最大载货重量为 30kg、40kg、50kg,最大续航距离为 25km、30km、40km,无人机的飞行速度为 60km/h、65km/h、75km/h,无人机的自重为 10kg、12kg、15kg。

3.2 算例结果与分析

对算例采用 CPLEX 求解器求解并与遗传算法求解结果进行对比,结果如表 1 所示。结果显示在不同算例及规模下,在两种求解方法下的无人机配送成本之间的误差 GAP,GAP 的具体计算公式如(23)所示:

$$GAP = \frac{改进的遗传算法成本 - (K\text{-}meanns + CPLEX\ 成本)}{K\text{-}meanns + CPLEX\ 成本}$$

(23)

根据表 1 的数据显示,在不同的测试案例中,使用遗传算法均实现了配送成本的降低。这一结果有效地验证了所提模型和算法的可行性及效率。

CPLEX 与遗传算法的配送成本对比   表 1

规模	算例	CPLEX 配送成本	遗传算法 配送成本	GAP (%)
25	R101	100.9893	99.5674	−1.41
	C101	25.6542	23.3346	−9.04
	RC101	37.5812	33.2407	−11.55
50	R101	198.2657	185.3213	−6.53
	C101	91.4689	79.0936	−13.53
	RC101	236.3562	220.8838	−6.55

3.3 灵敏度分析

本研究通过对无人机的续航半径和载重量进行灵敏度分析,旨在系统地探讨这些关键操作参数对配送系统的成本效益与效率的影响。我们旨在通过此分析揭示参数变动如何调节配送策略,以及这些调整对提高整体配送性能的潜在作用。

3.3.1 无人机续航半径灵敏度分析

在 RC101 算例中测试无人机 A、B、C 型号的续航里程,结果表明目标值随着续航里程的增加先降低后趋于稳定。特别是当续航里程增加至 60km 时,由于服务范围的扩大,配送成本显著下降。然而,由于存在载重限制,增加的续航能力并未完全转化为配送效率的提高,这暴露了资源浪费的可能。因此,在实际的物流规划和无人机设计中,应当平衡续航能力与实际需求,避免对未充分利用的续航能力过度投资。如图 2 所示。

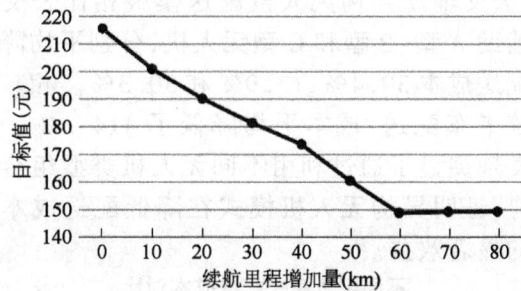

图 2   无人机续航里程灵敏度分析

3.3.2 无人机载重量灵敏度分析

通过在 RC101 算例中仅改变无人机的最大载重进行测试,结果显示,随着载重增加,配送成本目标值逐渐降低并在提升 20km 后趋于稳定。此时 A、B、C 型无人机的最大载重分别为 45kg、55kg 和 65kg,基本能满足大部分配送需求。但续航里程的限制导致无法服务远距离点,使目标值在一定水平后稳定。这表明,在实际配送中应考虑无人机的载重与续航能力的平衡,以确保配送效率和成本效益。如图 3 所示。

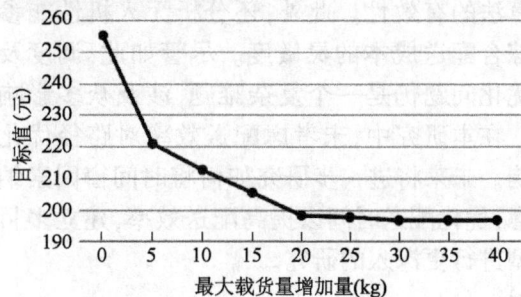

图 3   无人机最大载货量灵敏度分析

3.4　案例分析

为了进一步验证本研究所提出的模型和算法的实用性与有效性，本研究选取中国的一个典型农村地区进行案例研究，考察公交辅助异构无人机配送模式的应用效果。本研究对比了三种配送模式：公交辅助异构无人机配送、传统卡车配送以及公交辅助同质无人机配送（包括公交辅助无人机同质无人机 A、公交辅助无人机同质无人机 B 和公交辅助无人机同质无人机 C）。无人机的参数设置遵循第 3.1 节的描述，卡车的单位配送成本定为 1.2 元/km。

本研究通过引入目标值节省百分比 γ 来评估使用异构无人机模式相对于同质无人机和传统卡车配送模式在成本上的节省。如表 2 所示，公交辅助异构无人机配送模式相比公交单一辅助 A 型、B 型和 C 型无人机，分别平均降低了配送成本 30.4%、13.9% 和 30.3%。相较于传统卡车配送，成本平均降低了 414.3%。这一发现突显了通过利用不同无人机类型组合的优势，证明异构无人机模式在降低配送成本方面的显著效益。

不同配送模式配送成本对比　表2

模式	H-UAVs	A	B	C	卡车
成本	39.0503	50.9146	44.4723	50.8692	200.84
γ	0	30.4%	13.9%	30.3%	414.30%

4　结语

本研究提出一种公交辅助异构无人机进行配送的方案。针对这一方案，构建一个混合整数规划模型，旨在最小化配送成本。模型中综合考虑农村公交的特点、无人机的多包裹配送能力以及无人机的异构性质等约束条件，通过算例实验分析，验证公交与无人机协同模式的可行性和模型及算法的有效性。此外，还分析无人机性能参数对综合配送成本的灵敏度。尽管如此，调度及路径优化问题仍是一个复杂难题，涉及众多影响因素。在本研究中，未考虑配送效率对路径优化的影响。未来将进一步研究如何将时间窗因素纳入考虑，优化配送时间以提高配送效率，建立多目标模型进行更深入的研究。

参考文献

[1] HE D D,CEDER A,ZHANG W,et al. Optimization of a rural bus service integrated with e-commerce deliveries guided by a new sustainable policy in China [J]. Transportation Research Part E:Logistics and Transportation Review,2023,172:103069.

[2] XIAO J H,LI Y,CAO Z G,et al. Cooperative trucks and drones for rural last-mile delivery with steep roads [J]. Computers & Industrial Engineering,2024,187:109849.

[3] PEI Z,LIU Y D,DAI X,et al. When drone delivery meets human courier:A co-sourcing perspective [J]. Transportation Research Part C:Emerging Technologies,2023,156:104333.

[4] YIN Y Q,LI D W,WANG D J,et al. A branch-and-price-and-cut algorithm for the truck-based drone delivery routing problem with time windows [J]. Naval research logistics,2024,71(2):241-285.

[5] MENG Z Y,ZHOU Y T,LI E Y,et al. Environmental and economic impacts of drone-assisted truck delivery under the carbon market price [J]. Journal of Cleaner Production,2023,401(15):136758.1-136758.13.

[6] MURRAY C C,CHU A G. The flying sidekick traveling salesman problem:Optimization of drone-assisted parcel delivery [J]. Transportation Research Part C:Emerging Technologies,2015,54:86-109.

[7] XIA Y,ZENG W J,ZHANG C R,et al. A branch-and-price-and-cut algorithm for the vehicle routing problem with load-dependent drones [J]. Transportation Research Part B:Methodological,2023,171:80-110.

[8] LASLA N,GHAZZAI H,MENOUAR H,et al. Exploiting Land Transport to Improve the UAV's Performances for Longer Mission Coverage in Smart Cities [C] // proceedings of the 2019 IEEE 89th Vehicular Technology Conference,2019.

[9] HUANG H,SAVKIN A V,HUANG C. Reliable Path Planning for Drone Delivery Using a Stochastic Time-Dependent Public Transportation Network [J]. IEEE Transactions on Intelligent Transportation Systems,2020:1-10.

[10] CHOUDHURY S,SOLOVEY K,KOCHENDER FER M J, et al. Efficient Large-Scale Multi-Drone Delivery Using Transit Networks[C]// proceedings of the 2020 IEEE International Conference on Robotics and Automation,2020.

[11] QU X B,ZENG Z L,WANG K,et al. Replacing urban trucks via ground-air cooperation[J]. Communications in Transportation Research, 2022,2:100080.

[12] WANG X D,LIU Z Y,LI X P. Optimal delivery route planning for a fleet of heterogeneous drones:A rescheduling-based genetic algorithm approach [J]. Computers & Industrial Engineering,2023,179:109179.

[13] WEN X P,WU G H. Heterogeneous multidrone routing problem for parcel delivery [J]. Transportation Research Part C:Emerging Technologies,2022,141:103763.

[14] CHEN J C,LING F Y,ZHANG Y,et al. Coverage path planning of heterogeneous unmanned aerial vehicles based on ant colony system [J]. Swarm and Evolutionary Computation,2022,69:101005.

[15] SOLOMON M M. Algorithms for the Vehicle Routing and Scheduling Problems with Time Window Constraints [J]. Operations Res earch,1987,35:254-265.

基于马尔科夫链预测的货运结构调整路径研究

国丹吉* 涂 敏

（武汉理工大学交通与物流工程学院）

摘 要 为响应国家立体交通网建设要求,持续推进我国货运绿色健康发展,针对货运结构调整问题,基于货运结构预测,提出了调整路径模型并进行求解。首先,构建马尔科夫链预测模型,对我国2025—2050年间货运结构进行预测,然后采用二次规划法求解转移概率矩阵,并进行拟合误差检验,运用演变模型预测经 n 步转移后的货运结构。而后,基于最优控制理论,在马尔科夫货运结构演变预测基础上,以我国货运结构为研究对象,进一步构建货运结构调整路径模型,使用 Matlab 编写实验程序,用以实现调整路径建模、最优目标迭代及其可视化内容的输出。结果表明,所提出模型能够有效提升货运结构中各运输方式发展的速度。

关键词 马尔科夫链预测 货运结构优化 调整路径研究

0 引言

自2008年公路运输成为我国货运的主导运输方式,货运能源消耗不断增大、环境污染日益严重、交通事故与拥堵频发等一系列运输负外部性日渐凸显。面对交通运输可持续发展的一系列需求,货运作为交通运输的重要组成部分,对其结构调整优化存在其必要性。这是由于产业结构及货运结构调整能够有效降低物流成本占 GDP 的比重;货运结构预测调整也是国家立体交通网络建设的基本要求;货运结构调整是实现交通运输可持续发展的有效手段。

为实现货运可持续发展,国务院于2018年印发《推进运输结构调整三年行动计划(2018—2020年)》以推动我国货运结构升级转型。当前,我国货运结构仍存在进一步升级的空间:

(1)货物运输仍以公路运输方式为主。公路运输目前依然存在超限超载、能耗高、污染大、非法改装等问题,对公路货运的过度依赖成为制约我国货运可持续发展的重要因素。

(2)多式联运的发展处于相对滞后阶段。多式联运可以有效发挥各运输方式的技术经济优势,是货运结构优化调整的主要实施路径。多式联运发展受限于各运输方式间的衔接不够顺畅、运输组织断链等现状,这阻碍了我国货运结构的协调发展。

由于货运结构优化所涉及影响因素众多,相关学者主要从两方面对货运结构调整进行研究:

一是对货运结构进行预测,二是进行货运结构调整策略研究。前者是为了更好地把握未来货运结构调整方向,基于此提出一系列货运系统调整策略,即借货运结构调整策略实现货运结构预测之结果。

在货物运输结构演变中,各运输方式之间具有一定的替代关系,但并不十分明显[1]。充分的模式竞争能够最大化各运输方式的成本、服务和可靠性优势[2-5]。在货运交通方式选择的相关研究中,不乏对多式联运的探讨与研究。例如,世界资源研究所认为,在多式联运相关政策的激励下,中国的货运周转量公路运输占比将从2015年的47%降低至2050年的35%[6-8]。

在货运结构预测中,可以使用马尔科夫链模型来建模,以此计算不同时间点货运结构的转移概率。这种方法考虑了过去的状态,捕捉了货运结构之间的动态关系,有助于更准确地预测未来的货运趋势。相关研究表明,马尔科夫模型的预测效果优于灰色预测[9,10]。

综上,诸多学者通过多种方法对我国货运结构进行预测,其中马尔科夫链表现出良好的预测能力,因此本文基于马尔科夫链构建了货运结构演变模型。此外,针对货运结构的研究缺乏对调整路径的研究,即少有对货运结构调整速度、调整方向的研究,因此在基于马尔科夫链对我国货运结构进行预测的基础上,考虑货运结构对经济发展的适应性与能源消耗,提出货运结构调整路径,以期为货运结构优化提供有意义的补充研究。

1 基于马尔科夫链的货运结构演变预测

1.1 货运结构演变模型构建及求解

1.1.1 货运结构演变模型构建

马尔科夫链是一种数学模型,用以描述系统从一种状态向另一种状态转移,从而预测未来趋势并实现定量分析。由于货运结构演变具备的3个特性,采用马尔科夫链对货运结构演变进行预测:

(1)货运结构的演变具有平稳性,即状态转移概率矩阵保持相对稳定。

(2)货运结构系统只有5种运输方式,即系统

参与方的数量有限并保持不变。

(3)未来货运结构只取决于当前状态,不受以往货运结构影响。

1.1.2 货运结构演变模型求解

二次规划法能够将约束条件纳入优化过程,确保得到满足所有约束条件的结果。设$x_i(k)$为第i种运输方式在k时期的货运周转量,为t时期内各运输方式的周转总量,为k时期内第i种运输方式周转量占t时期所有运输方式周转量总量的分担率,求得使误差项平方和最小。据此构建二次规划模型目标函数:

$$\min Z = \sum_{i=1}^{n}\sum_{k=1}^{m-1}(S_i(k) - \sum_{j=1}^{n}S_j(k-1)p_{ij})^2 \quad (1)$$

$$\sum_{i=1}^{n}p_{ij} = 1, p_{ij} \geq 0, j = 1,2,3,4,5 \quad (2)$$

基于马尔可夫链模型对货运结构演变预测问题进行求解,首先需要对状态进行划分,即分为公路运输、铁路运输、水路运输、航空运输及管道运输;其次,根据统计年鉴计算出各运输方式的转移初始概率,采用二次规划法求解转移概率矩阵,通过lingo软件计算出各运输方式间的周转量转移量;间转移概率矩阵阶,进行货运结构预测,并进行拟合误差检验,即检验所建立的演变模型是否满足对未来货运结构进行预测的精度要求,若满足则转入下一步,否则修订模型直至满足精度要求;最后运用演变模型预测经n步转移后的货运结构。

1.2 货运结构演变实证分析

根据《中国统计年鉴》数据可知,各个运输方式占比如表1所示。

2016—2021年我国货运结构(%)　　　　表1

方式	2016	2017	2018	2019	2020	2021
公路运输	32.73	33.83	34.81	29.91	29.80	30.90
铁路运输	12.75	13.66	14.08	15.14	15.11	14.86
水路运输	52.16	49.96	48.39	52.14	52.41	51.69
航空运输	0.12	0.12	0.13	0.13	0.12	0.12
管道运输	2.25	2.42	2.59	2.68	2.57	2.42

依据2016—2021年我国货运分担量结构数据以及前述二次规划模型,可求得转移概率矩阵

P,用以表示公路、铁路、水运、航空及管道运输5种货运方式的分担量相互间转换的概率。这里$m=6$,代表统计年份;$t=1,2,3,4,5$,代表状态转移次数;$n=5$,代表5种运输方式,代入公式(1)中可得货运结构演变二次规划模型目标函数及约束条件。

通过 Lingo 软件求解该函数及约束条件,对转移概率矩阵进行转移分析,可得各运输方式之间的转移概率如表2所示。

各运输方式间转移概率　　表2

指标	含义	转移概率	指标	含义	转移概率
p11	公→公	0.83400	p34	水→航	0.11960
p12	公→铁	0.01400	p35	水→管	0.09370
p13	公→水	0.09491	p41	航→公	0.00000
p14	公→航	0.00000	p42	航→铁	0.00000
p15	公→管	0.00120	p43	航→水	0.00010
p21	铁→公	0.01400	p44	航→航	0.88000
p22	铁→铁	0.88000	p45	航→管	0.01100
p23	铁→水	0.03286	p51	管→公	0.00120
p24	铁→航	0.00000	p52	管→铁	0.00010
p25	铁→管	0.00010	p53	管→水	0.00371
p31	水→公	0.15080	p54	管→航	0.00040
p32	水→铁	0.10590	p55	管→管	0.89400
p33	水→水	0.86841			

通过马尔可夫模型对我国 2016—2021 年货运结构数据进行预测并进行拟合误差检验。相对误差范围一般控制在 10% 以内,本实例所求相对误差绝对值基本控制在 5% 以内,预测精度较高。

利用前所构建马尔可夫模型对我国 2025—2050 货运结构进行预测,预测结果如表3所示。

我国货运结构演变预测　　表3

年份	公路	铁路	水路	航空	管道
2025	0.3732	0.2234	0.3589	0.0018	0.0426
2030	0.358	0.2342	0.3612	0.0019	0.0447
2035	0.3492	0.2432	0.3588	0.002	0.0468

续上表

年份	公路	铁路	水路	航空	管道
2040	0.3434	0.2509	0.3549	0.0021	0.0488
2045	0.3389	0.2577	0.3505	0.0021	0.0507
2050	0.3352	0.2636	0.3463	0.0022	0.0526

从分担率变化的绝对值出发,2025 至 2050 年我国货运结构演变中,公路货运的占比下降为 3.8%,下降幅度最大;货运分担率上升最大的是铁路运输,上升了 4.02%;水路运输总体呈现波动上升而后下降的趋势;航空运输与管道运输分担率分别上升了 0.04% 与 1%。由此可知,公路、铁路及水路运输呈现均衡发展趋势,其周转量占比均在 30% 上下。

2　货运结构调整路径模型构建

基于最优控制理论,在马尔科夫链货运结构演变预测基础上,以我国货运结构为研究对象,进一步构建货运结构调整路径模型。本章内容使用 Matlab 编写实验程序,用以实现调整路径建模、最优目标迭代及其可视化内容的输出。

2.1　问题描述与变量设定

假设货运系统具有 n 种运输方式,$x_j(0)(j=1,2,\cdots,n)$是初始年第 j 种运输方式占当年货运周转量的分担率,向量 $\boldsymbol{x}=(x_1(0),x_2(0),x_3(0),x_4(0),x_5(0))$ 即货运结构优化初始年的货运分担结构。

$\alpha_j(j=1,2,\cdots,n)$ 是第 j 种运输方式占当年预测周转量的合理比例,向量 $\boldsymbol{\alpha}_j=(\boldsymbol{\alpha}_1(k),\boldsymbol{\alpha}_2(k),\boldsymbol{\alpha}_3(k),\boldsymbol{\alpha}_4(k),\boldsymbol{\alpha}_5(k))$ 是第 k 年合理货运结构的目标向量。现构建货运结构调整路径模型,在货运周转量保持一定增速的前提下,使得货运结构 x 经过 n 年调整为 α_j,并使调整年份尽可能小。

各运输方式周转量年增速为 $u_j(k)$,总货运周转量年增速为 $v(k)$,经过 N 年调整后,未来年我国货运结构将逐渐从向量 $x_j(0)=[x_1(0),x_2(0),x_3(0),x_4(0),x_5(0)]$ 调整为 α_j,从而使调整年份最小。

2.2　货运结构调整路径模型构建

通过前述变量设置与目标函数分析,构建货运结构调整模型如下所示:

$$\min Z=\sum_{K=0}^{N-1}\sum_{j=1}^{n}\left\{\frac{x_j(k)[1+u_j(k)]}{1+v(k)}-\alpha_j\right\}^2 \quad (3)$$

$$
\text{s.t.}\begin{cases}
[x_1(k+1)\cdots,x_5(k+1)]^T=\left[\dfrac{x_1(k)[1+u_1(k)]}{1+v(k)},\cdots,\dfrac{x_n(k)[1+u_n(k)]}{1+v(k)}\right]^T\\
x_j(0)\text{ 已知,且}\sum_{j=1}^n x_j(0)=1\\
\alpha_j=\dfrac{x_j(N-1)[1+u_j(N-1)]}{1+v(N-1)}\\
v(k)=\sum_{j=1}^n x_j(k)\cdot u_j(k)\\
m_j(k)\le u_j(k)\le M_j(k)\\
m_j(k)\le v_j(k)\le M_j(k)\\
j=1,2\cdots,n;k=0,1,2\cdots,N-1
\end{cases}\tag{4}
$$

3 货运结构调整实证分析

现给定起始年五大运输方式的货运分担率,假定各运输方式增长率在(0,10%)内波动,按照前述马尔科夫链货运结构演变预测结果,货运周转量将在2021—2050年实现2.3%的年均增速。

在此前提下求解各运输方式周转量每年分别以多少增速、最短需要几年能够调整到合理的货运结构。此处以2050年货运结构演变结果为优化目标构建调整路径模型,当前货运结构与合理结构对比如表4所示。

货运结构优化目标　　　　　　　　表4

分类	公路运输	铁路运输	水路运输	航空运输	管道运输
当前结构	0.3099	0.1486	0.5169	0.0012	0.0242
合理结构	0.2352	0.1936	0.5369	0.0017	0.0326

数据来源:国家统计局及作者测算。

根据所构建模型以及上述条件,可构建2021—2050年我国货运结构调整路径模型如下:

$$
\min Z=\sum_{k=0}^{N-1}\sum_{j=1}^{5}\left\{\frac{x_j(k)[1+u_j(k)]}{1+2.3\%}-\alpha_j\right\}^2\tag{5}
$$

$$
\text{s.t.}\begin{cases}
[x_1(k+1),\cdots,x_n(k+1)]^T=\left[\dfrac{x_1(k)[1+u_1(k)]}{1+2.3\%},\cdots,\dfrac{x_n(k)[1+u_n(k)]}{1+2.3\%}\right]^T\\
X(0)=[0.3099,0.1486,0.5169,0.0012,0.0242]\\
X(N-1)=[\alpha_1,\alpha_2,\alpha_3,\alpha_4,\alpha_5]^T=[0.2352,0.1936,0.5369,0.0017,0.0326]^T\\
\sum_{j=1}^{5}x_j(k)\cdot u_j(k)=2.3\%\\
0\%\le u_1(k)\le 10\%\\
0\%\le u_2(k)\le 10\%\\
0\%\le u_3(k)\le 10\%\\
0\%\le u_4(k)\le 10\%\\
0\%\le u_5(k)\le 10\%\\
j=1,2,3,4,5;k=0,1,2,\cdots,N-1
\end{cases}\tag{6}
$$

利用lingo软件,求解出我国货运结构调整路径结果如图1所示。

上述结果说明货运结构演变具有自身独特的规律,对货运结构进行调整可以影响其演变过程,但影响并不大。在调整路径模型时,货运周转量年增速被设置为2.3%,这意味着至少需要15年才能将目前的货运结构调整为目标结构。根据结构调整路径结果,具体的调整策略包含以下几点:首先用3~5年时间优先发展水路运输;管道运输及铁路运输;继而在2025年左右大力推动航空运输的发展,保证其年周转量增速调整至6%左右,其他运输方式的年周转量增速为4%左右;在2030年左右将各运输方式的增速稳定在2.3%左右。

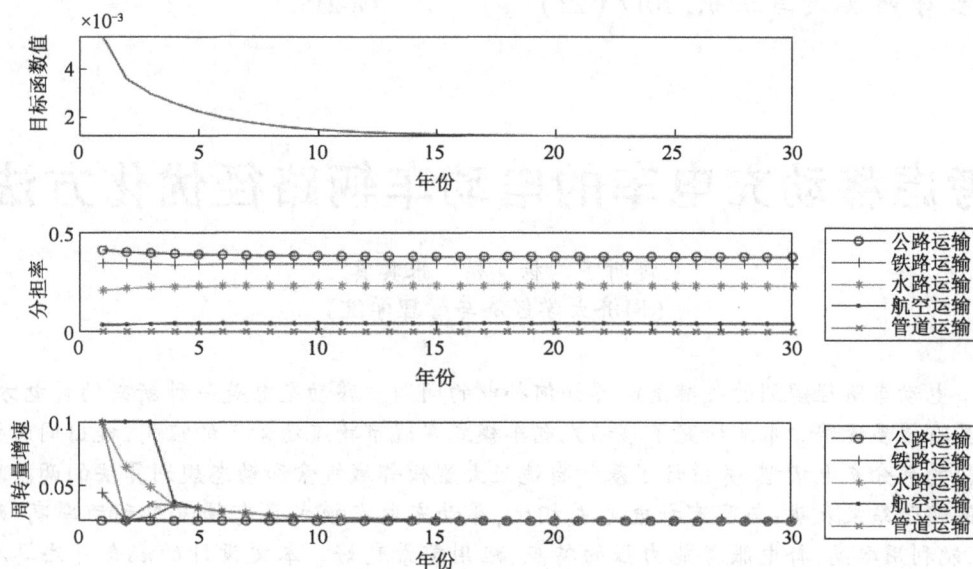

图1 我国货运结构调整路径

4 结语

本文以我国货运系统结构为研究对象,引入马尔科夫链模型,首先通过所构建的货运结构演变模型,利用二次规划法预测求解各运输方式的未来发展态势;然后构建货运结构调整路径模型,研究各运输方式周转量每年分别以何速度增长、最短经过几年可以达到所预测的合理结构。通过建模求解得到了未来我国货运结构调整路径,证明了模型的有效性,为货运结构调整问题提供了解决思路。

本文研究工作仍存在需要进一步深究之处,如未单独考虑多式联运所占货运周转量的份额、货运结构预测中未能同其他方法进行比较等。因此,在货运结构调整中将多式联运的份额考虑在内,将成为后续研究的重点开展方向。

参考文献

[1] 狄娟.江苏省交通运输结构变化分析和预测[D].南京:东南大学,2005.

[2] VASSALLO J M,FAGAN M. Nature or nurture:why do railroads carry greater freight share in the United States than in Europe? [J]. Transportation,2007,34(2):177-193.

[3] RICH J,HOLMBLAD P M,HANSEN C O . A weighted logit freight mode-choice model[J]. Transportation Research Part E Logistics & Transportation Review, 2009, 45 (6): 1006-1019.

[4] RODRIGUE J P. Globalization and the Synchronization of Transport Terminals[J]. Journal of Transport Geography 1999,7:255-261.

[5] LAKSHMANAN T R,ANDERSON W P. Transportation Infrastructure, Freight Services Sector and Economic Growth,White Paper prepared for The US Department of Transportation, Federal Highway Administration [R]. Center for Transportation Studies,Boston University,2002.

[6] RICH J , KVEIBORG O , HANSEN C O . On structural inelasticity of modal substitution in freight transport [J]. Journal of Transport Geography,2011,19(1):134-146.

[7] 薛露露,靳雅娜,禹如杰,等.中国道路交通2050年"净零"排放路径研究[Z].北京世界资源研究所,2019.

[8] Winkler C ,Mocanu T . Impact of political measures on passenger and freight transport demand in Germany-ScienceDirect[J]. Transportation Research Part D: Transport and Environment, 2020, 87:102476.

[9] 李振烈,季令.系统状态概率矩阵法在货运市场中的应用[J].同济大学学报(自然科学版),2002,30(8):955-958.

[10] 王辉,钱勇生,曾俊伟,等.基于信息熵的西部区域交通运输结构分析及其灰色预测

[J]. 数学的实践与认识,2017(22)：　　　　　208-215.

考虑移动充电车的电动车辆路径优化方法

恽昕宇　杨　楷　张真真*

(同济大学经济与管理学院)

摘　要　电动车路径规划的关键是回答如何补电的问题。移动充电是一种新兴的补电方式,其与固定补电相比具有诸多优势。本文研究了移动充电车模式在城市物流场景下的应用,提出同时规划物流车与充电车路径的部分充电模型,并设计了基于自适应大规模邻域搜索和动态规划算法的两阶段混合式求解算法。算例实验结果表明:与已有补电方式相比,移动充电车模式具有物流车利用率高、路径规划灵活,充电车电能利用率高、补电服务能力强的特点,应用前景良好。本文设计的混合算法具有良好的性能,能高效地解得高质量的解。

关键词　电动车路径规划问题　移动充电　自适应大规模邻域搜索　动态规划　城市物流

0　引言

电动车具有低污染、低噪声的特点,非常适合城市物流。但相对于燃油车辆,电动车的运营受到电池容量和补能方式的限制,需要物流企业对车队行驶路线和补电时机进行精细的规划。如何利用现有补电手段,合理规划电动车队的配送路径,受到国内外学者的广泛关注。

城市物流背景下,客户需求通常由货物需求量和服务时间窗口组成。带时间窗的电动车辆路径问题(Electric Vehicle Routing Problem with Time Window,EVRPTW)是传统车辆路径规划问题的自然拓展。Schneider 等[1]首次提出 EVRPTW,结合变邻域搜索与禁忌搜索设计了混合式求解算法。Verma[2]基于完全充电假设,研究了同时使用充电站与换电站的变体问题。Desaulniers 等[3]从单次/多次充电、完全/部分充电角度分析了EVRPTW 的 4 类变体,设计单向及双向标记算法为各变体开发了分支-定价-切割精确算法。研究发现,多次充电与部分充电有利于降低成本。Keskin 和 Catay[4]开发自适应大规模邻域搜索算法,解决了基于部分充电假设的 EVRPTW。

多数研究围绕固定补电设施,即充电桩或换电站展开。但此类设施存在数量少且布局不完善[5]、禁止商用车使用[6]、所有权和可用性不明确[7]等制约因素。移动补电,即可移动设施提供的电源补充服务能较好解决上述困境。Raeesi 和 Zografos[8]首次考虑移动式换电,提出了同步移动式电池交换的 EVRPTW 变体。假定物流企业同时运营电动物流车车队和移动电池车车队;电池车携带数块满电量电池,能在客户节点与物流车会合并为其更换电池。研究表明少量电池车就能满足物流车队的换电需求,且电池车利用率随着客户规模的扩大而提高。后续他们还考虑了同时使用移动电池车与固定充电站的场景[9]。Cui 等[10]研究了用移动充电车为聚集在停车场的共享汽车集群提供充电服务的优化问题。

综上,以下问题有待深入研究:现有文献多围绕固定补电设施,对移动补电方式尤其是移动充电车关注较少;车辆充电模式多考虑完全充电,忽视部分充电模式的潜力;对用电车与充电车车队路径的同步优化,及车辆路径间的强耦合特点缺乏针对性研究。因此,本文考虑部分充电模式,以最小化总成本为目标建立了同时规划物流车与充电车路径的优化模型,并设计两阶段混合式算法求解。结合问题特点开发了动态规划与启发式规则的算法组件。实验验证了移动充电车在城市物流场景中的应用潜力。

基金项目:国家自然科学基金青年科学基金项目(72101187)。

1 问题定义与数学模型

1.1 问题定义

问题定义在有向完全图 $G = \{V, A\}$ 上,其中 V 为图上节点的集合,A 为有向边的集合。集合 $V = D \cup C$ 由车库节点集合 $D = (\{0, n\}$ 和客户节点集合 $C = \{1, 2, \cdots, n-1\}$ 组成。其中 $\{0\}$ 代表作为起点的车库,$\{n\}$ 是 $\{0\}$ 的虚拟复制,代表作为终点的车库。每个客户节点 $i \in C$ 具有需求量 w_i 和服务时间窗 $[e_i, l_i]$,服务时长为 s_i。时间窗 $[e_i, l_i]$ 为硬时间窗,服务必须在该范围内开始,不允许提前服务或迟到。有向边集合定义为 $A = \{(i, j) \mid i \in V_0, j \in V_n, i \neq j\}$,其中 $V_0 = \{0\} \cup C$,$V_n = \{n\} \cup C$。对每条边 $(i, j) \in A$,都给定其行驶距离 d_{ij} 与耗时 t_{ij}。

考虑同质的电动物流车车队和同质的电动充电车车队。初始时车辆均充满电并位于起点车库 $\{0\}$。车辆可供规划的工作时段用 $[e_0, l_0]$ 表示。两类车辆的属性包括:车辆启用成本 C_{use}^k,单位距离运营成本 C_{op}^k,电量上限 B_k,单位距离耗电量 e^k 和行驶速度。使用上标 k 区分参数对应车辆类型,$k = 0$ 对应物流车,$k = 1$ 对应充电车。此外,物流车还具有货物容量上限 Q。

(1)物流车与充电车职能独立。物流车仅送货,充电车仅提供充电服务。

(2)物流车与充电车在客户节点会合后,物流车可进行充电。物流车充电与对客户的服务不冲突,可同时进行。

(3)物流车可以多次使用充电服务。

(4)充电车可以多次提供充电服务,但不能对其他充电车充电。

(5)充电车充电速率为定值 r,充电过程能量传递效率为 η。本研究考虑部分充电。

(6)充电车使用一块多功能电池,既能驱动自身行驶,也能用于对外充电。

(7)假设地势平坦,不考虑坡度,因此可以预先定义节点间的路径长度和车辆的单位距离耗电量。

(8)车辆的充耗电过程不受剩余电量水平的影响,即假设车辆具有固定的充电速率和耗电率(单位距离耗电量)。

1.2 决策变量

x_{ij}^k:0-1 变量,k 类车驶过边 (i, j) 时取 1,否则取 0。

t_{ai}:物流车到达客户节点 i 的时间。

t_{si}^k:k 类车在节点 i 开始服务时间。

Δt_i:节点 i 处充电服务持续时长。

t_{li}:物流车离开节点 i 的时间。

q_i:整数变量,物流车到达节点 i 时的剩余载货量。

e_{ai}^k:k 类车到达节点 i 时的剩余电量。

1.3 数学模型

基于上述定义和假设,本文提出了考虑移动充电车的带时间窗电动车路径问题的基本模型。模型任务为规划两类车队的构成和运行路径,在不违背车辆容量、电量和工作时间限制的前提下,在各客户的硬时间窗内满足其需求。模型优化目标为最小化由车辆启用成本和行驶运营成本构成的总成本。

目标函数:

$$\min \sum_{k=0,1} C_{use}^k \sum_{j \in V_n} x_{ij}^k + \sum_{k=0,1} C_{op}^k \sum_{(i,j) \in A} d_{ij} x_{ij}^k \quad (1)$$

约束条件:

$$\sum_{j \in V_n} x_{ij}^0 = 1 \quad (\forall i \in C) \quad (2)$$

$$\sum_{j \in V_n} x_{ij}^1 \leq 1 \quad (\forall i \in C) \quad (3)$$

$$\sum_{j \in V_0} x_{ji}^k = \sum_{j \in V_n} x_{ij}^k \quad (\forall i \in C, k = 0,1) \quad (4)$$

$$e_i \leq t_{si}^0 \leq l_i \quad (\forall i \in C) \quad (5)$$

$$t_{ai} \leq t_{si}^0 \quad (\forall i \in C) \quad (6)$$

$$t_{ai} \leq t_{si}^1 \quad (\forall i \in C) \quad (7)$$

$$t_{si}^0 + s_i \leq t_{li} \quad (\forall i \in C) \quad (8)$$

$$t_{si}^1 + \Delta t_i \leq t_{li} \quad (\forall i \in C) \quad (9)$$

$$0 \leq \Delta t_i \leq (B_0 - e_{ai}^0)\theta \quad (\forall i \in C) \quad (10)$$

$$\Delta t_i \leq B^0 \theta \sum_{j \in V_0} x_{ij}^1 \quad (\forall i \in C) \quad (11)$$

$$0 \leq e_{a0}^k \leq B_k \quad (k = 0,1) \quad (12)$$

$$0 \leq q_0 \leq Q \quad (13)$$

$$t_{li} + t_{ij} - M_1(1 - x_{ij}^0) \leq t_{aj} \quad (\forall (i,j) \in A) \quad (14)$$

$$t_{si}^1 + \Delta t_i + t_{ij} - M_2(1 - x_{ij}^1) \leq t_{sj}^1 \quad (\forall (i,j) \in A) \quad (15)$$

$$0 \leq e_{aj}^0 \leq e_{ai}^0 + \eta r \Delta t_i - e^0 d_{ij} + M_3(1 - x_{ij}^0) \quad (\forall (i,j) \in A) \quad (16)$$

$$0 \leq e_{aj}^1 \leq e_{ai}^1 - r \Delta t_i - e^1 d_{ij} + M_4(1 - x_{ij}^1) \quad (\forall (i,j) \in A) \quad (17)$$

$$0 \leq q_j \leq q_i - w_i + M_5(1 - x_{ij}^0) \quad (\forall (i,j) \in A) \tag{18}$$

$$x_{ij}^k \in \{0,1\} \quad (\forall (i,j) \in A, k = 0,1) \tag{19}$$

$$q_i \in Z^+ \quad (\forall i \in V) \tag{20}$$

公式(1)为最小化总成本的目标函数。总成本由组建车队产生的车辆启用成本与车辆行驶距离产生的运营成本组成。

约束(2)-(4)限制节点访问情况。约束(2)表示各客户必须被物流车访问一次以接受服务。约束(3)表示各客户节点至多被充电车访问一次。约束(4)为流平衡约束，进入任意客户节点的车辆一定也离开该节点。

约束(5)-(11)限制车辆到达、服务、充电和离开节点的时间。约束(5)确保客户服务在其时间窗内开始。约束(6)表示物流车服务开始时间不早于到达节点时间。约束(7)限制充电服务开始时间不早于同节点物流车到达时间。约束(8)代表物流车离开节点时间不早于客户服务结束时间。约束(9)代表物流车离开节点时间不早于充电服务结束时间。约束(10)限制充电时长，保证充电后物流车电量不超过上限。其中符号 θ 表示有效充电率，$\theta = 1/(\eta r)$。约束(11)表示若客户节点 i 无充电车访问，则物流车不进行充电，充电时长为0。

约束(12)限制起点处两类车电量水平。约束(13)为起点处物流车的载货量。

约束(14)-(18)限制车辆在节点间转移时时间、电量和载货量变量的关系。其中符号 $M_1 \sim M_5$ 代表使约束合理化的大正数。约束(14)为物流车到达时间与前序节点离开时间和行驶耗时的关系。约束(15)为充电车服务开始时间与前序节点离开时间和行驶耗时的关系。约束(16)为考虑部分充电情况的节点内物流车电量变化。约束(17)为考虑部分充电和行驶耗电，充电车电量在节点间的变化。约束(18)确保客户需求被满足且不违反物流车容量上限。约束(19)与约束(20)补全决策变量定义域。

2 算法设计

与传统 EVRPTW 模型相比，基本模型中添加了移动充电车相关变量，引入了两类车辆间的时空同步性约束，模型求解难度极大。为提高求解效率，本文提出一种可行解搜索与评估的两阶段混合式算法。先假设物流车能在任意客户节点部分充电，以物流车成本最低为目标搜索物流车路径可行解。再在确定的物流车路线上求解最优的充电车路线。

2.1 自适应大规模邻域搜索

算法第一阶段不考虑充电车访问特定节点执行充电服务的成本，即假设物流车能在任意客户节点处"零成本"地充电。基于自适应大规模邻域搜索（Adaptive Large Neighborhood Search, ALNS）算法寻找可行解。ALNS 是大规模邻域搜索算法的扩展，在后者基础上为算子设置了选择权重，并能根据算子表现自动调整。为提高求解质量，采用模拟退火接受准则[11]以避免局部最优。

ALNS 的邻域结构由移除算子和插入算子确定。每轮迭代中，先轮盘赌确定使用的移除与插入算子，各算子选择概率与权重成正比。之后由移除算子从当前解中移除部分节点（或路径），由插入算子将被移除的节点重新插入到可行位置，得到重构的新解。根据新解的目标值情况为本轮算子设置得分，一定轮次后依据各算子得分更新权重。

2.1.1 邻域结构

本文从既有文献中筛选出 7 个移除算子，包括 5 个节点移除算子 $R_1 \sim R_3$[12-14]、R_4[15]、R_5[16] 和 2 个路径移除算子 R_6、R_7。使用 4 个插入算子 $I_1 \sim I_4$[14]。各算子定义的邻域规则如下。

节点移除算子从所有已服务客户节点中，按规则移除 n_{cnt} 个节点。n_{cnt} 为参数。

随机移除 R_1：随机移除 n_{cnt} 个节点。

最差距离 R_2：删除距离成本最高的 n_{cnt} 个节点。距离成本为节点入边出边距离和。

历史距离 R_3：删除当前成本与历史成本差值最大的 n_{cnt} 个节点。节点的历史成本为已进行轮次中，该节点距离成本的最小值。

Shaw 移除 R_4：随机选择节点 i，移除与 i 相似度最高的节点 j，再移除与 j 最相似的节点，重复进行直至移除节点数达到 n_{cnt}。任意两节点 $i,j \in C$ 的相似度由式(21)定义。其中 $\Phi_1 \sim \Phi_4$ 为对应参数。L_{ij} 表示节点关系，当两节点处于相同路径时取 -1，否则取 1。

$$\Phi_1 d_{ij} + \Phi_2(|e_i - e_j| + |l_i - l_j|) + \Phi_3|w_i - w_j| + \Phi_4 L_{ij} \tag{21}$$

区域移除 R_5：随机选择一对节点，以其连线段确定二维平面上的矩形并移除矩形内所有客户，重复操作直至移除数达到 n_{cnt}。

路径移除算子从当前解的所有路径中，按规则移除 r_{cnt} 条路径。r_{cnt} 为参数。

随机移除 R_6：随机移除 r_{cnt} 条路径。

贪婪 R_7：移除客户数最少的 r_{cnt} 条路径。

插入算子将所有被移除节点重新插入到现有路径或新路径上的可行位置。

贪婪 I_1：以距离成本为标准。插入过程包含多轮迭代，每轮中为未服务的所有节点遍历所有路径上的可行插入位置，记录插入方案与对应成本。每轮次只将成本最低的节点插入到最佳位置。重复执行该过程直至所有节点都被服务。

K 后悔值 I_2：K 后悔值指节点的第 K 好插入方案与最优方案在成本上的差值。每轮迭代中，选择后悔值最高的节点并将其插入最佳位置。重复该过程直至节点全部被服务。

噪声贪婪 I_3：为 I_2 的扩展版本，添加噪声项对插入成本实施微小扰动。噪声项计算公式见式(22)，其中 $\max d_{ij}$ 代表所有客户节点间距离的最大值，μ 为噪音强度参数，ω 为服从 $[-1,1]$ 上均匀分布的随机变量。

$$\max d_{ij} \cdot \mu \cdot \omega \tag{22}$$

噪声后悔 I_4：为 I_2 的扩展版本。与 I_3 类似，通过在 I_2 插入成本中添加噪声项得到。

2.1.2 权重更新

ALNS 算法每轮迭代选中的移除和插入算子分别记为 I^* 和 R^*，用 O 代指任意算子，第 t 次更新后算子的选择权重记为 ϕ_O^{t+1}。初始时，所有算子选择权重均等。算法每 $Iter_u$ 轮更新一次权重，$Iter_u$ 为参数。

称每轮迭代输入的解为当前解 S_{old}，经过 I^* 和 R^* 重构后的解为新解 S_{new}。若 S_{new} 为新最佳解，则 I^* 和 R^* 获得加分 φ_1；若 S_{new} 优于 S_{old} 但不为新最佳解，则加分 φ_2；若 S_{new} 差于 S_{old} 但被模拟退火准则接受，加分 φ_3。每迭代 $Iter_u$ 轮，按下式(23)更新权重。

$$\phi_O^{t+1} = (1-\rho)\phi_O^t + \rho\frac{\psi_O^t}{\pi_O^t} \tag{23}$$

式中：ρ——权重更新参数；

ψ_O^t、π_O^t——算子 O 在过去 $Iter_u$ 轮中的总分和总选

中次数，π_O^t 不为 0。

2.2 充电方案动态规划

得到低成本的物流车可行解 S 后，执行算法第二阶段：动态规划生成可行充电方案；优选规则判断 S 是否有改进已知最佳解的潜力；在固定的物流车解 S 和充电方案上用模型求解充电车路径。

路径的充电方案是指，路径上启用充电服务的节点的集合。ALNS 算法得到的解中，每条路径仅生成一个充电方案，但实际上每条路径可能有大量可行充电方案。为保证充电车路线的优化空间，需要先为各路径遍历所有可行的充电方案。

本文提出用动态规划方法遍历充电方案，步骤如下：

步骤1：选择一条需要充电服务的路径。

步骤2：正向遍历路径，更新每个节点的最早到达与最早离开时间。

步骤3：反向遍历路径，更新每个节点的最晚离开与最晚到达时间。

步骤4：正向遍历，每个节点为一个阶段执行动态规划。

步骤2、3 依据客户服务时间窗、服务时长和节点间行驶耗时计算，确定路径上各节点的到达与离开时间窗。只要节点的到达和离开时间点满足对应时间窗的限制，路径就在时间上可行。对任意节点 i 定义以下记号：到达时间窗 $[i.a_0, i.a_1]$，离开时间窗 $[i.l_0, i.l_1]$。

步骤4 遍历充电方案。动态规划中更新以下状态信息：$\{n_{now}, CN, CT_{now}\}$。$n_{now}$ 代表当前节点，CN 为已充电节点集合，CT_{now} 为电量窗口。电量窗口代表离开节点时，车辆剩余电量与时间之间的关系。CT_{now} 结构为 $[soc, et, lt]$，soc 为最低电量，et 为开始时间，lt 为结束时间。

初始化：每条路径均在起点处初始化为 $\{0, \{\}, [B_0, e_0, e_0]\}$。

状态转移：假设从节点 i 向节点 j 转移，上标 * 标注更新后版本，各信息项更新如下。

$$n_{now}^* = j \tag{24}$$

$$CN^* = \begin{cases} CN & (i \text{ 不充电}) \\ CN \cup \{i\} & (i \text{ 充电}) \end{cases} \tag{25}$$

$$CT^* = \begin{cases} [\,soc - e_{ij}, et^*, lt^*\,] & (j\text{不充电}) \\ [\,soc^*, et^*, lt^*\,] & (j\text{充电}) \end{cases} \quad (26)$$

$$et^* = \begin{cases} et_0^* = \max\{et + t_{ij}, e_j\} + st_j & (j\text{不充电}) \\ \max\{et_0^*, et + t_{ij} + \max\{0, soc - e_{ij}\} \cdot \theta\} & (j\text{充电}) \end{cases} \quad (27)$$

$$soc^* = \min\{B_0, soc - e_{ij} + (et^* - et - t_{ij}) \cdot \eta \cdot r\} \quad (j\text{充电}) \quad (28)$$

$$lt^* = \begin{cases} et^* & (j\text{不充电}) \\ \min\{j.l_1, et^* + (B_0 - soc^*) \cdot \theta\} & (j\text{充电}) \end{cases} \quad (29)$$

执行上述状态转移方程，不断剔除违反时间或电量可行性的方案，最终可得到所有可行充电方案。为提高充电车路径优化的效率，本文还对充电方案的充电节点数进行了限制。以 ALNS 算法中对应路径充电次数为基准，剔除充电节点数大于基准值 +3 的方案。

2.3　充电方案优选规则

物流车可行解可能包含多条需要充电的路径，各路径具有大量可行的充电方案。充电车路径优化阶段，需要为每条需充电路径选择一个充电方案，在固定的物流车路径和选定的充电方案组合上求解充电车路径优化模型。充电方案组合的数目极为庞大，遍历所有可能组合并求解模型不具备可操作性。为此，本文设计了方案组合优选规则。

对任意充电方案组合，设组合内所有充电方案的并集为 C_π。C_π 内各节点到达与离开时间窗已知。优选规则为充电方案组合估计充电车成本下界，下界越低优先度越高。

$$\lceil B_{need} / (B_1 - e^1 d_{min}) \rceil \cdot (C_{use}^1 + C_{use}^1 d_{min}/2) \quad (30)$$

$$\sum_{i \in C_\pi} C_{op}^1 e^1 (\min\{d_{ji} | j \in C_{prev}^i\} + \min\{d_{ij} | j \in C_{next}^i\})/2 \quad (31)$$

充电车成本下界由启用成本和距离成本构成。式(30)计算启用成本，其中 B_{need} 为所有需充电路径需求电量之和，d_{min} 为 C_π 上充电车路长最小值 $d_{min} = 2\min\{d_{0i} | i \in C_\pi\}$。式(31)计算距离成本，通过放松流平衡约束，使 C_π 内所有节点的入边与出边都取得最小距离，确保得到行驶距离的下界。其中 C_{prev}^i 和 C_{next}^i 分别为节点 i 的前序和后序节点集，可分别由下式(32)和式(33)确定。

$$C_{prev}^i = \{0\} \cup \left\{ j \,\middle|\, \begin{matrix} j \in C_\pi, j.l_0 + t_{ji} \leq i.a_1 \\ L_{ij} = 1 \vee j \text{早于} i \end{matrix} \right\} \quad (32)$$

$$C_{next}^i = \{n\} \cup \left\{ j \,\middle|\, \begin{matrix} j \in C_\pi, j.a_1 - t_{ji} \geq i.l_0 \\ L_{ij} = 1 \vee j \text{晚于} i \end{matrix} \right\} \quad (33)$$

将所有充电方案组合按下界值升序排列，依次求解模型得出充电车实际成本。若物流车与充电车总成本低于已知最佳解，则更新对应记录。若待求解方案组合的下界值与物流车成本之和超过已知最佳解或求解耗时超过限制，停止求解并回到第一阶段。

充电车路径优化模型在 1.3 中模型的基础上调整得到。根据物流车解，固定物流车路径的相关变量取值。根据选定的充电方案组合，修改式(3)以保证充电车一定访问 C_π 内所有充电节点，禁止访问其他客户节点。得到的优化模型用商用求解器直解求解。

2.4　两阶段混合算法框架

综合以上算法组件，本文提出的两阶段混合式算法框架阐释如下：

步骤 1：用 I_2 生成物流车初始解。

步骤 2：ALNS 优化物流车解。

步骤 3：每当物流车成本足够低，执行步骤 4，否则回到步骤 2。

步骤 4：对每条需充电路径，动态规划生成可行充电方案。

步骤 5：将充电方案组合按优选规则排序，并依次求解充电车路径优化模型。

结束条件：ALNS 达到最大迭代轮次。

3　算例实验

算例源自 Raeesi 和 Zografos 的移动换电车算例集，对客户数为 5、10、15 和 25 的所有算例开展实验。为模拟电动车特点，将重要参数设定如下：

(1)车辆速度为 1 单位距离每单位时间，行驶耗电率为 1 单位电量每单位距离，充电速率设为 3 单位电量每单位时间。充电速率为耗电速率的 3 倍，匹配现实中城市电动车续航里程 200km，平均速度 40km/h，完全充电耗时 1.5 小时的情境。

(2)充电车电量上限为物流车的 6 倍。

相关参数值如表 1 所示。

算例参数值 表1

参数	参数值	参数	参数值
速度	1	η	100%
e^0、e^1	1	C_{op}^0	1
B_0	依算例	C_{op}^1	1
B_1	$6B_0$	C_{use}^0	50
r	3	C_{use}^1	60

所有实验在一台 128GB 内存,处理器配置为 12th Intel® Core™ i9-12900 2.40GHz 的计算机上进行。求解模型使用 CPLEX™ 12.8.0 学术版求解器,从 Java 环境调用。

3.1 移动充电与移动换电对比

对客户规模不超过 15 的 34 个算例,用求解器直接解出精确最优解,并与 Raeesi 和 Zografos 的移动换电车模式对比。换电车模式中,换电与客户服务不能同时进行,换电车行驶电池电量为 $2B_0$,车上载有 5 块满电量的物流车电池,其他参数与本文一致。

实验结果表明,移动充电车模式与移动换电车模式的最优成本非常接近。客户规模为 5 时,两类模型最优解完全一致。这是因为小规模算例上物流车补充电量的次数与总量都很小,无法体现不同补电方式的性能差异。客户规模大于 5

时,两模式的平均车辆启用数非常接近。与换电车相比,移动充电车模式具有更低或持平的物流车总行驶里程(客户规模为 5 和 10 时分别降低 1.86%、3.20%,15 时持平)、更高的移动补电设施行驶里程(分别增加 4.04%、6.70% 和 5.52%)和更多的补电服务次数(分别增加 7.89%、11.90% 和 1.75%)。

算例 R105-15 是同时体现上述 3 个特点的典型案例,图 1 展示了该算例上两种模式的最优解。该算例上,移动充电车的方案启用 4 辆物流车,行驶 351.6 单位距离以服务客户。使用 1 台充电车行驶 150.4 单位距离,为 4 辆物流车提供了 5 次充电服务。移动换电车的方案启用 5 辆物流车,行驶 360.8 单位距离以服务客户。使用 1 台换电车行驶 132.5 单位距离,为 4 辆物流车各提供一次换电。由图 1 可看出,移动充电车模式下通过对同一物流车先后充电两次实现了 0→9→3→13→11→4→0 的长路径,避免了因启用更多物流车而增加成本。换电车方案中虽换电车仅服务 4 次,车上尚有 1 块满电电池,却无法通过 2 次换电实现相同的物流车长路径。换电车的劣势主要源于换电服务的复杂性,即换电与客户服务无法同时进行的要求限制了换电车路径规划的灵活性。

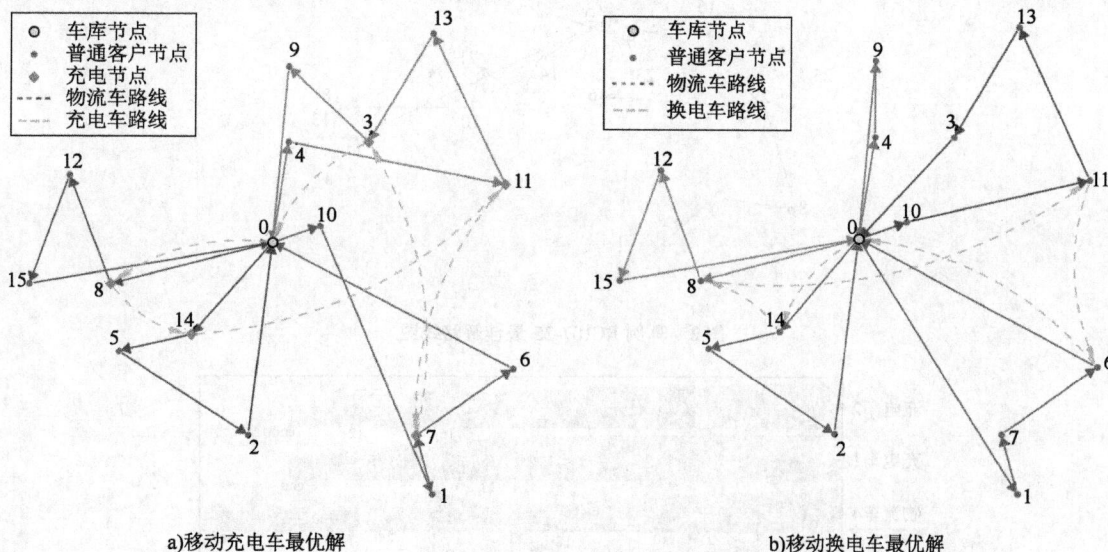

a)移动充电车最优解   b)移动换电车最优解

图 1   算例 R105-15 求解结果对比

3.2 算法性能检验

为检验本文混合式算法的效果,对所有规模的 92 个算例进行求解,并与求解器结果对比。用本文算法对每个算例求解 10 次,每次采用不同的

随机数种子,记录最佳解与平均情况的各项指标。求解器求解时间限制为一小时。在部分算例上进行参数调优,确定了本文混合算法求解过程的算法参数。求解的 92 个算例中,有 79 个算例在最

佳解中启用了充电车,后续对比在这部分算例上进行。

实验结果证明,本文混合算法求解质量较好。全部算例中,本文算法得到的最佳解与求解器的平均差距为 0.43%,得到的平均解与求解器差距为 2.4%。求解器将 30 个算例解至精确最优,本文算法取得其中的 18 个,占比 60%。随着算例规模的增大,求解器在限时内求得解的质量开始降低。客户规模达到 25 时,本文模型求解质量超过求解器。79 个算例上,本文算法共取得了 22 个更优解。

表 2 展示按算例规模分组统计的算法性能指标。表中 1st 列代表本文算法首次解出最佳解的耗时,avg 列为算法单次运行耗时的均值,Δ 下两列分别为本文算法最佳解和平均解与求解器结果的质量差距。客户规模超过 5 后,本文算法在求解时间上优势明显。客户规模为 15 的组别求解耗时最长,平均耗时约 3 分钟。从解的质量来看,

本文算法的求解质量稳定,各规模算例上算法平均解与求解器差距最高为 3.8%,最低为 1.9%。

求解性能统计分析　　　　表 2

规模	本文混合算法		求解器耗时(s)	Δ	
	1st(s)	avg(s)		最优	平均
5	0.18	3.51	0.18	0.19%	2.51%
10	2.75	9.00	57.18	2.46%	3.86%
15	133.32	185.21	3055.37	1.53%	3.31%
25	28.68	89.42	3219.82	−0.07%	1.97%

3.3　移动充电车应用特点

结合具体算例,将车辆路径最佳解可视化以提炼移动充电车模式应用特点。图 2、图 3 为算例 RC107-25 求解结果,图 2 为车辆路径,图 3 为各车辆执行任务随时间变化情况。图 3 中蓝色代表车辆在节点间行驶,灰色为停留在节点,橙色代表物流车客户服务,绿色代表充电服务时段,各车辆任务流上方折线图反映其电量的变化情况。

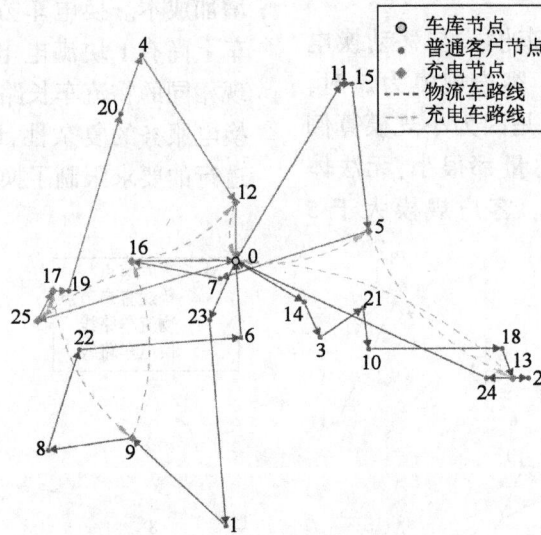

图 2　算例 RC107-25 最佳解路线图

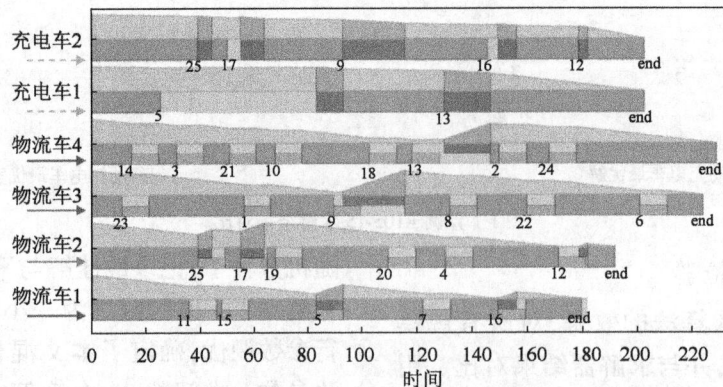

图 3　算例 RC107-25 最佳解甘特图

算例 RC107-25 最佳解启用 2 辆充电车,为 4 辆物流车提供 7 次充电服务。物流车 1 分别在节点 5 和 16 被不同充电车服务;物流车 2 在连续的节点 25 和 17 上被充电车 2 服务,且物流车 2 与充电车 2 均驶过 25→17 路段。这种共行现象可能导致移动充电车模式下,整体交通流量增大,充电车行驶距离增加。但仅从成本分析,较短路径上的共行允许以较低的行驶成本增量实现更充分的充电,有利于降低总成本。该算例表明,当启用多辆充电车时,移动充电车模式可以灵活分配充电车与物流车的服务顺序,并通过多种途径减少充电车行驶成本。

4 结语

本文对城市物流中的移动补电方式进行深入研究,建立了考虑移动充电车的带时间窗电动车路径优化模型,基于自适应大规模邻域搜索算法和动态规划方法开发了两阶段混合式求解算法,并设计优选规则加速求解过程,在基准算例集上进行验证。实验结果揭示:移动充电车能为城市电动物流车提供多次、灵活且有效的充电服务,具有成本低、电能利用率高和提升物流车效率的优点;移动充电车模式可能因充电车与物流车共行而增大交通流量,但仍能保证成本上的效益;与移动换电车相比,充电服务能与客户服务同时进行,使得充电车路径规划具有更高的灵活性,部分充电模式也是移动充电车优势的重要来源;两阶段混合求解算法实现了良好的求解性能,在质量方面与主流商用求解器持平,最优解平均差距 0.43%,在求解耗时方面优势明显。说明本文算法能高效执行移动充电车路径优化任务,为移动补电模式的探索提供支撑。

参考文献

[1] SCHNEIDER M, STENGER A, GOEKE D. The electric vehicle-routing problem with time windows and recharging stations[J]. Operations Research: Managment science, 2015, 55(516):501-503.

[2] VERMA A. Electric vehicle routing problem with time windows, recharging stations and battery swapping stations[J]. EURO Journal on Transportation and Logistics, 2018, 7(4):415-451.

[3] DESAULNIERS G, ERRICO F, IRNICH S, et al. Exact Algorithms for Electric Vehicle-Routing Problems With Time Windows[J]. Operations Research,2016,64(6):1388-1405.

[4] KESKIN M, ÇATAY B. Partial recharge strategies for the electric vehicle routing problem with time windows[J]. Transportation Research Part C: Emerging Technologies,2016,65:111-127.

[5] 宋稚雅.基于纯电动物流车的城市配送车辆路径问题研究[D]. 北京:北京交通大学,2019.

[6] Terms | Tesla United Kingdom[EB/OL]. [2023-03-20]. https://www.tesla.com/en_gb/legal/terms#supercharger-fair-use-policy.

[7] MONTOYA A, GUÉRET C, MENDOZA J E, et al. The electric vehicle routing problem with nonlinear charging function[J]. Transportation Research Part B:Methodological,2017,103:87-110.

[8] RAEEAI R,ZOGRAFOS K G. The electric vehicle routing problem with time windows and synchronised mobile battery swapping[J]. Transportation Research Part B:Methodological,2020,140:101-129.

[9] RAEESI R,ZOGRAFOS K G. Coordinated routing of electric commercial vehicles with intra-route recharging and en-route battery swapping[J]. European Journal of Operational Research,2022,301(1):82-109.

[10] CUI S H, MA X L, ZHANG M H, et al. The parallel mobile charging service for free-floating shared electric vehicle clusters[J]. Transportation Research Part E:Logistics and Transportation Review,2022,160:102652.

[11] KIRKPATRICK S, GELATT C D, VECCHI M P. Optimization by Simulated Annealing[J]. Science,1983,220(4598):671-680.

[12] ROPKE S, PISINGER D. An adaptive large neighborhood search heuristic for the pickup and delivery problem with time windows[J]. Transportation Science, 2006, 40(4):455-472.

[13] ROPKE S, PISINGER D. A unified heuristic

for a large class of Vehicle Routing Problems with Backhauls [J]. European Journal of Operational Research, 2006, 171（3）: 750-775.

[14] PISINGER D, ROPKE S. A general heuristic for vehicle routing problems [J]. Computers and Operations Research, 2005, 34（8）: 2403-2435.

[15] SHAW P. Using constraint programming and local search methods to solve vehicle routing problems [C]. MAHER M, PUGET J-F. // Principles and Practice of Constraint Programming—CP98. Berlin, Heidelberg: Springer, 1998: 417-431.

[16] DEMIR E, BEKTAŞ T, LAPORTE G. An adaptive large neighborhood search heuristic for the Pollution-Routing Problem [J]. European Journal of Operational Research, 2012, 223（2）: 346-359.

考虑装卸最小翻箱的生鲜配送车辆货物配载优化

张矢宇[1]*   杨思雨[1]   朱月琴[2]   叶佳佳[1]   汪乐凡[1]
（1. 武汉理工大学交通与物流工程学院；2. 浙江工商大学杭州商学院）

摘　要　生鲜配送具有时效性强的特点，生鲜品在配送时存放在周转箱内，再统一放入笼车内进行配送。送取一体化的生鲜配送需要在规定的时间窗内进行当天生鲜品的配送和前一天所用的笼车及周转箱的回收。生鲜配送车辆在配送过程中需要按配送路线访问包括多个门店并根据取送货需求进行货物装卸。由于大多数生鲜配送车辆车厢仅能单侧开门装卸，且在配送过程中会有回收的笼车及周转箱重新装载入车厢，因此装卸过程受限。笼车在装卸过程中会受到其他笼车的阻挡而产生翻箱，降低装卸效率，增加整体配送时间，造成生鲜品新鲜度的损失。因此，在不同的门店对生鲜配送车辆进行货物配载优化具有十分重要的意义。以整个配送过程的最小翻箱数为目标建立混合整数规划模型，并采用模拟笼车装卸过程的遗传算法进行求解。结果表明，优化前后的翻箱时间减少了23.28%。通过对货物进行配载优化，能有效减少翻箱，节约配送时间。

关键词　生鲜配送　货物配载　遗传算法　送取一体化　翻箱

0　引言

随着社会经济与科学技术的日益发展，人们生活水平逐渐得到改善，人们对于生鲜农产品的需求不再仅仅局限于数量方面，在质量方面的要求也愈来愈高[1]。这对生鲜配送在效率和质量上都提出了更高的要求。生鲜配送需要在顾客期望的时间窗内送达以保证生鲜品的新鲜度，这就要求从生鲜配送的各个环节来提升配送效率。生鲜配送总时间包括运输时间和每个门店的装卸作业时间，在考虑车厢容量的前提下，在车厢内部划分装载位置并对装卸的货物进行合理的分配，从而减少翻箱次数，降低货物装卸时间，能够有效减少生鲜品新鲜度的损失和人力资源的浪费，提升生鲜配送效率。

生鲜配送车辆的车厢装载位置分配是一个货车配载问题。George[2]构造性启发式算法，以此来解决单箱装载问题。Ngoi[3]舍弃了层的概念，以矩阵形式进行装载空间描述。魏堂建等[4]以配送装载系统总时间最少为目标，以货车初始到达时间范围、装载流程最大装车数和流程作业时间要求等为约束条件，建立基于时间和装载能力约束的配送装车作业计划模型并进行求解，减少装载的排队等待时间、提高货物装载效率。靳志宏等[5]建立了基于剩余空间的厢式货车配载与配送联合优化的混合整数规划模型，提出了一种由C-W节约算法与基于剩余空间的装箱算法有机结合的交互式算法。于萍等[6]针对多目标货物配载问题，建立了以最大化总订单货物重量、最小化车次总数、最小化货物装卸地总数为目标的配载模型，提出了一种快速收敛的基于精英策略多目标遗传算法。

在取送一体化问题配送方面，冀巨海等[7]在传统生鲜农产品配送路径优化的基础上，结合软硬时间窗约束，考虑配送过程带取送的双向作业模式，以配送总运营成本最小为目标函数建立非线性混合整数规划模型，并通过使用 Gurobi 对问题进行求解，验证了模型的准确性。阮清方[8]在带取送车辆路径优化问题的基础上进一步考虑货物的装载与卸载，提出一种新装卸策略的带取送车辆路径优化问题，对于该问题中的小规模和大规模问题，分别设计分支割平面法和蜜蜂算法进行求解。

综上所述，无论是对于取送一体化的生鲜配送问题还是对于货车配载问题当前的研究成果都已有一定的研究成果，提高了物流配送效率，大大推动了物流领域的发展，但大多集中于以最小成本和最短时间为目标的配送路径优化，没有综合全面地考虑货物装卸本身对配送时间产生的影响。本文选取送取一体化的生鲜配送问题为研究对象，基于最小翻箱数条件下的最小装卸时间的目标，寻求配送门店货物装卸过程的最优装卸方案，可以为后续的其他优化过程提供依据。

1　问题描述

现有一个生鲜配送中心和若干个生鲜门店。生鲜配送中心有多个生鲜配送车辆，每天都要根据前一天的订单要求，完成各门店生鲜品的配送。生鲜品在配送过程中用周转箱保存，并统一放入笼车内，以笼车为单位进行装卸和配送，且周转箱和笼车会随着生鲜品一起放置在门店内，由配送车辆在下一次配送时进行回收。生鲜配送已经规划形成了每天固定的配送路线分配给各个配送车辆，每个配送车辆负责一条至多条路线的配送，每个生鲜配送车辆所要负责的配送路线、每条路线所要配送的门店及各门店的配送顺序已知，每个配送车辆从配送中心出发，在各个门店装卸货完成配送后回到配送中心，完成一条路线的配送。配送车辆在每个门店都是先卸货后装货，按照配送车辆所到达的门店顺序分别对配送的非空笼车和回收的空笼车进行编号。配送车辆车厢内笼车

的装载位置不固定，由负责装卸的司机依据经验及各门店需求量自主安排。

已知生鲜配送车辆均为 4.2m 厢式货车，载重量为 4490 kg；所用周转筐型号均为 K183，标准重量为 2kg，规格为 60×40×22，每个笼车内能装载多个周转箱。根据车厢容积及笼车装载方式在配送车辆车厢内规划 2 行 6 列共 12 个笼车装载位置，用 2×6 的矩阵表示，如公式（1）所示，笼车由左侧车门进行装卸，车厢装载位置分配示意图如图 1 所示，括号外的数字代表笼车，括号内的代表笼车所要装卸货的门店。

$$C_{ij} = \begin{pmatrix} C_{11} & C_{12} & C_{13} & C_{14} & C_{15} & C_{16} \\ C_{21} & C_{22} & C_{23} & C_{24} & C_{25} & C_{26} \end{pmatrix} \quad (1)$$

车门	1(1)	3(1)	5(2)	7(2)	9(3)	11(3)
	2(1)	4(2)	6(2)	8(2)	10(3)	12(3)

图 1　配送车辆车厢装载位置示意图

一个笼车在一个门店进行装卸时，如果遇到车厢内其他笼车的阻挡，需要移动阻挡的笼车才能完成装卸，则认为该笼车在此次装卸过程中需要翻箱。仅装载周转箱的空笼车和满载生鲜品的非空笼车虽然所占空间相同，但在翻箱时的移动难易程度不同，分别给定翻箱系数 0.5 和 1。如果阻挡的笼车为空笼车，记为 0.5 次翻箱，如果阻挡的笼车为非空笼车，记为 1 次翻箱。完成一个门店的配送后所有翻箱的笼车仍会放回原装载位置，如果在下一个门店的装卸过程中再次阻挡，仍会翻箱。

1.1　模型假设

为建立混合整数规划装载分配模型，假设如下：

（1）每个配送车辆的初始状态为空。

（2）每个配送车辆的配送路线及在各节点的取送货需求已知。

（3）每个笼车的形状、尺寸均相同。

（4）车厢内的货物只能从车门存取，单进单出，且车厢内笼车为单层放置，不能叠放。

（5）配送车辆在每一个门店进行装卸货时，只会改变在当前节点需要装卸的笼车的装载位置，

车厢内其他笼车的装载位置不变流程如图 2 所示。

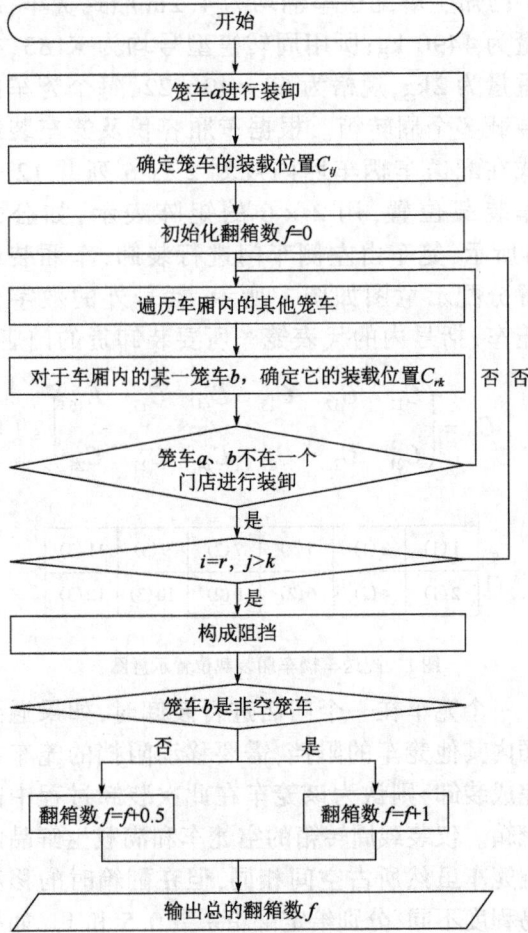

图 2　笼车装卸阻挡判断流程

1.2　相关变量及符号说明

根据对问题的分析，车厢装载位置分配模型的主要参数描述如下：

（1）节点集合 $P = \{0,1,2,3,\cdots,p\}$。

（2）笼车集合 $G = \{1,2,3,\cdots u,1^*,2^*,3^*\cdots,l^*\}$。

（3）门店 i 的送货需求集合 $U(i) = \{u_{i-1}, u_{i-1}+1, u_{i-1}+2, \cdots, u_i\}$。

（4）门店 i 的取货需求集合 $L(i) = \{l_{i-1}^*, l_{i-1}^*+1, l_{i-1}^*+2, \cdots, l_i^*\}$。

（5）门店 i 的取送货需求集合 $A(i) = \{u_{i-1}, u_{i-1}+1, u_{i-1}+2, \cdots, u_i, l_{i-1}^*, l_{i-1}^*+1, l_{i-1}^*+2, \cdots, l_i^*\}$。

（6）决策变量。

$$X_n = \begin{cases} 0 & （笼车\ n\ 不在车厢内） \\ 1 & （笼车\ n\ 在车厢内） \end{cases}$$

$$Y_i = \begin{cases} 0 & （笼车在节点\ i\ 装卸） \\ 1 & （笼车不在节点\ i\ 装卸货） \end{cases}$$

$$Z_{mn} = \begin{cases} 0 & （笼车\ n\ 对笼车\ m\ 不构成阻挡） \\ 1 & （笼车\ n\ 对笼车\ m\ 构成阻挡） \end{cases}$$

$$U_n = \begin{cases} 0.5 & （笼车\ n\ 为空笼车） \\ 1 & （笼车\ n\ 为非空笼车） \end{cases}$$

$$V_{ab}^n = \begin{cases} 0 & （笼车\ n\ 没有存储在存储位置\ C_{ab}） \\ 1 & （笼车\ n\ 存储在存储位置\ C_{ab}） \end{cases}$$

2　优化模型构建

2.1　目标函数

以最小化翻箱数为目标的配送车辆车厢装载位置分配模型如下：

$$\mathrm{Min}F = \sum_{m \in G} f_m = \sum_{i \in P} \sum_{m \in A(i)} f_m \tag{2}$$

$$f_m = \sum_{n \in G} X_n Y_i Z_{mn} U_n \tag{3}$$

其中，式（2）表示目标函数为最小化翻箱数，为在每个门店进行装卸货时所产生的翻箱数之和；式（3）表示在门店 i 进行装卸时，存储在装载位置 C_{ab} 的笼车 $m(m \in A(i))$ 在装卸货时的翻箱次数，为在门店装卸时造成阻挡又不在该门店进行装卸的笼车数之和。

2.2　约束条件

构建以最小化翻箱数为目标的货物配载模型计算翻箱数时，要满足以下约束条件：

$$\mathrm{s.t.} \begin{cases} \sum_{\substack{a \in [1,2] \\ b \in [1,6]}} V_{ab}^n \leqslant 1 & (4) \\[2mm] \sum_{n \in G} V_{ab}^n \leqslant 1 & (5) \\[2mm] \sum_{\substack{a \in [1,2] \\ b \in [1,6]}} \sum_{n \in G} V_{ab}^n \leqslant 12 & (6) \\[2mm] \sum_{m \in A(i)} Z_{mn} \leqslant 1 & (7) \\[2mm] \left| \sum_{\substack{a=1,n \in G \\ b \in [1,6]}} V_{ab}^n U_n - \sum_{\substack{a=2,n \in G \\ b \in [1,6]}} V_{ab}^n U_n \right| \leqslant 3 & (8) \\[2mm] \mathrm{Min}T(i) = \sum_{m \in A(i)} f_m t \leqslant 5\min & (9) \end{cases}$$

其中，式（4）表示笼车不能重复装载：1 个笼车只能装载于 1 个车厢装载位置；式（5）表示装载位置不能同时装载多个笼车，一个装载位置只能存储 1 个笼车；式（6）表示笼车摆放不能超出车厢内最大装载位置数限制，车厢内最多装载 12 个笼车；式（7）表示在一次装卸过程中，在同一个门店同一个笼车阻挡产生的翻箱数不能重复计算,在一个门店处进行装卸时一个笼车产生的翻箱只计算1次;式(8)表示车辆在行驶过程中要保持平衡,避免因重心不稳而倾覆,非空笼车记为1,空笼车记为0.5,车厢内两行笼车数之差的绝对值应小于等于3;式(9)表示翻箱所用时间不能超过时间窗限制,在一个门店的($i \in P$)的翻箱所用时间不超过5分钟。

3 算法选择

遗传算法由美国的Holland教授提出,它是一种利用自然选择和生物进化思想在搜索空间搜索最优解的随机搜索算法。遗传算法通过模拟自然选择中的繁殖、交叉、变异的操作来寻求优良个体,用适应度函数评价个体优劣,依据优胜劣汰的原则,搜索出适应度较高的个体,并在搜索中不断增加优良个体的数量,循环往复,直至搜索出适应性最高的个体[9]。遗传算法借用了生物学里达尔文的进化理论:"适者生存,不适者淘汰。"并将该理论以算法的形式表现出来,是一种用于解决最优化问题的算法。

本文将笼车装卸过程引入遗传算法,采用遗传算法求解生鲜配送过程中的货物配载问题,主要包括初始化种群、评估种群中个体的适应度、优秀个体的选择、基因之间的交叉、基因自身的变异几个组成部分(图3)。

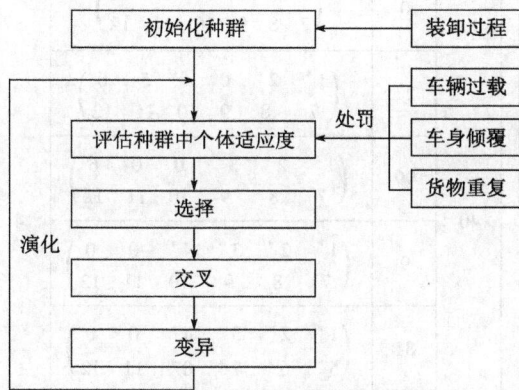

图3 考虑装载过程的遗传算法流程

3.1 基于装卸过程的种群初始化

将装卸过程引入初始化种群的过程中,根据取送货需求对各门店处的种群进行初始化。

步骤1:创建一个空的种群列表,用于存储个体。

步骤2:对于种群中的每个个体,生成一个车辆车厢布局,在配送中心处,要将需要配送的所有货物填充进车内;在其他门店处,根据当前节点的装货需求在车厢布局中填充货物。

步骤3:将生成的每个车厢布局添加到种群中。

步骤4:重复上述步骤,为每个个体创建不同的车辆货物配载方案,使种群中将包含多个表示不同装载方案的个体。

3.2 适应度评估

设置适应度函数评估适应度的目标是惩罚不符合规定的装载方案,促使算法生成更符合实际需求的解。适应度函数的评估考虑以下几个方面:

(1)车辆过载:车厢内部货物的装载量超过车厢最大的货物容量,适应度会受到惩罚。

(2)货物重复:车厢内部货物重复装载,适应度会受到惩罚。

(3)车身倾覆:车厢内部货物装载易使车身倾覆,适应度会受到惩罚。

在考虑装卸货过程中货物位置的变化的基础上计算翻箱次数,翻箱次数越少,适应度越高。返回的适应度值越大表明车厢布局方案越好,越能求出满足最小翻箱数的目标函数和容量约束以及装载条件的车厢布局。

3.3 选择操作

选择操作通过轮盘赌选择方法来实现,如公式(10)所示。种群中的每个个体是一个车辆货物装载方案。接着进行轮盘赌选择。在轮盘上选择一个刻度,该刻度落在哪个个体的适应度比例范围内,就选择该个体。重复此过程直到选择足够数量的父代。最后返回通过轮盘赌选择得到的父代个体。

$$P_i = \frac{f_i}{\sum_{i=1}^{n} f_i} \tag{10}$$

3.4 交叉和变异操作

交叉操作是为了产生新一代个体,通过组合2个父代的特征来生成子代。选用单点交叉来实现,如图4所示。从种群中随机选择2个父代个体A和B,它们分别代表两个车厢装载位置分配方案;随机选择的交叉点交换了2个父代个体的基因片段,形成2个子代a和b。将新生成的2个子代添加到种群中。

| 1 2 0 3 4 0 | | 5 6 0 7 8 0 |

| 1 2 0 7 8 0 | | 5 6 0 3 4 0 |

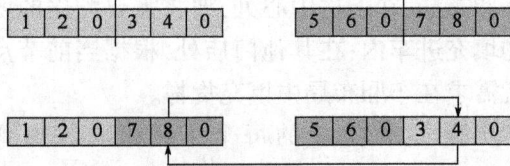

图4　遗传算法交叉操作

变异操作是为了引入种群的多样性，通过对个体基因进行小规模的随机变化，以期望发现新的可能更好的解。变异操作是通过随机替换个体中的某个货物来实现的。

4　实证分析

物流公司 Z 承担了 H 市 S 生鲜公司的生鲜配送工作，每天都需要执行一定的生鲜配送任务，且在每次配送过程中都需要完成生鲜品的配送和笼车及周转箱的回收。现有的配送车辆车厢装载位置多是司机根据经验进行笼车装卸形成的。已知共有 14 个配送车辆共同完成 44 条路线的配送任务，每个配送车辆需要配送多条路线，每个配送车辆车厢最大容量为 12 个笼车。对配送车辆车厢布局进行跟车调查，计算当前司机装卸货过程所产生的翻箱数及产生的装卸时间。在配送路径确定的条件下，某一个配送车辆 A01 某次配送中所负责的各路线在各节点处的取送货需求如表 1 所示。

配送车辆 A01 取送货需求　　表 1

配送车辆	配送路线	访问节点	送货需求	取货需求
A01	36	29	3	3
		45	2	2
		138	2	1
		41	5	4
	44	77	3	2
		74	4	3
		80	5	4
	40	27	3	2
		99	2	1
		9	1	1
		81	4	4
		4	2	1

以最小翻箱数为目标，使用遗传算法对各配送路线进行货物配载优化，得到的配送车辆 A01 在每条路线的配送过程中在每个节点装卸货后的车厢装载位置布局（以 2×6 的矩阵表示）及翻箱数如表 2 所示。

优化后配送车辆 A01 的车厢装载位置分配及翻箱数

表 2

配送车辆	配送路线	访问节点	车厢布局	翻箱数
A01	36	0	$\begin{pmatrix} 1 & 2 & 3 & 4 & 5 & 6 \\ 7 & 8 & 9 & 10 & 11 & 12 \end{pmatrix}$	9.5
		29	$\begin{pmatrix} 1^* & 2^* & 3^* & 4 & 5 & 6 \\ 7 & 8 & 9 & 10 & 11 & 12 \end{pmatrix}$	
		45	$\begin{pmatrix} 1^* & 2^* & 3^* & 4^* & 5^* & 6 \\ 7 & 8 & 9 & 10 & 11 & 12 \end{pmatrix}$	
		138	$\begin{pmatrix} 1^* & 2^* & 3^* & 4^* & 5^* & 0 \\ 6^* & 8 & 9 & 10 & 11 & 12 \end{pmatrix}$	
		41	$\begin{pmatrix} 1^* & 2^* & 3^* & 4^* & 5^* & 0 \\ 6^* & 7^* & 8^* & 9^* & 10^* & 0 \end{pmatrix}$	
	44	0	$\begin{pmatrix} 1 & 2 & 3 & 4 & 5 & 6 \\ 7 & 8 & 9 & 10 & 11 & 12 \end{pmatrix}$	8
		77	$\begin{pmatrix} 1^* & 2^* & 0 & 4 & 5 & 6 \\ 7 & 8 & 9 & 10 & 11 & 12 \end{pmatrix}$	
		74	$\begin{pmatrix} 1^* & 2^* & 5^* & 3^* & 0 & 0 \\ 4^* & 8 & 9 & 10 & 11 & 12 \end{pmatrix}$	
		80	$\begin{pmatrix} 1^* & 2^* & 5^* & 3^* & 0 & 0 \\ 4^* & 6^* & 7^* & 8^* & 9^* & 0 \end{pmatrix}$	
	40	0	$\begin{pmatrix} 1 & 2 & 3 & 4 & 5 & 6 \\ 7 & 8 & 9 & 10 & 11 & 12 \end{pmatrix}$	4.5
		27	$\begin{pmatrix} 1^* & 2^* & 0 & 4 & 5 & 6 \\ 7 & 8 & 9 & 10 & 11 & 12 \end{pmatrix}$	
		99	$\begin{pmatrix} 1^* & 2^* & 3^* & 0 & 0 & 6 \\ 7 & 8 & 9 & 10 & 11 & 12 \end{pmatrix}$	
		9	$\begin{pmatrix} 1^* & 2^* & 3^* & 4^* & 0 & 0 \\ 7 & 8 & 9 & 10 & 11 & 12 \end{pmatrix}$	
		81	$\begin{pmatrix} 1^* & 2^* & 3^* & 4^* & 0 & 0 \\ 5^* & 6^* & 7^* & 8^* & 11 & 12 \end{pmatrix}$	
		4	$\begin{pmatrix} 1^* & 2^* & 3^* & 4^* & 9^* & 0 \\ 5^* & 6^* & 7^* & 8^* & 0 & 0 \end{pmatrix}$	

翻箱所用的时间即为移动阻挡的笼车所需要的时间，根据现场实际测算，平均每次翻箱所用的时间为 12 s，配送车辆每条线路优化前后的翻箱数及翻箱所用的时间如表 3 所示。

优化前后配送车辆 A01 翻箱数及装卸时间对比

表3

配送车辆	配送路线	现状翻箱数	优化后翻箱数	减少翻箱数	减少装卸时间（s）
A01	36	13.5	9.5	10.5	126
	44	11	8		
	40	8	4.5		

5 结语

对配送车辆 A01 进行货物配载优化，计算得出优化前后配送车辆 A01 所负责的配送路线的装卸过程中共减少 10.5 次翻箱，共减少装卸时间 126s。物流公司 Z 每天共有 14 辆车访问 173 个门店，执行 44 条路线的生鲜配送任务，利用模型分别对每条路线分别进行货物配载优化，计算翻箱数及翻箱时间。由此得出，优化前后配送车辆在 44 条路线 173 个门店共减少 127 次翻箱，共节约装卸时间 25.4min，翻箱时间相比优化前减少了 23.28%。

通过对考虑装卸过程最小翻箱数的送取一体化生鲜配送车辆货物配载优化进行研究，以最小翻箱数为目标建立模拟笼车装卸过程的配送车辆货物配载优化模型，采用模拟货物装载过程的遗传算法进行求解，并以物流公司 Z 为例进行实例分析。结果表明：通过建立模型对各节点进行货物配载优化，能有效减少翻箱，提升装卸货效率，节约整体配送时间，对司机的进行装卸货操作具有指导意义。

参考文献

[1] 张慧. 绿天地连锁超市生鲜农产品配送体系优化研究[J]. 中国储运,2023(11):176-177.
[2] George J. A method for solving container packing for a single size of box [J]. Journal of the Operational Research Society, 1992, 43 (4): 307-312.
[3] NGOIBK A, TAY M L, CHA E S. Applying spatial representation techniques to the container packing problem[J]. International Journal of Production Research,1994,32(1):111-123.
[4] 魏堂建,冯媛媛. 基于时间和装载能力约束的配载作业计划[J]. 系统工程,2013,31(12):87-91.
[5] 靳志宏,于波,侯丽晓. 厢式货车配载与配送的联合优化[J]. 交通运输工程学报,2010,10(3):95-100.
[6] 于萍,胡卉芪,钱卫宁. 基于遗传算法的多目标货物配载研究[J]. 华东师范大学学报(自然科学版),2021(5):185-198.
[7] 冀巨海,张璇. 考虑取送作业的生鲜农产品配送路径优化模型与算法[J]. 系统科学学报,2019,27(1):130-135.
[8] 阮清方. 考虑装卸策略的带取送车辆路径优化问题研究[D]. 北京:清华大学,2012.
[9] 李延梅. 一种改进的遗传算法及应用[D]. 广州:华南理工大学,2013.

A Branch-and-Price Algorithm for the Location-Routing Problem with District-Delimited Demand

Junyi Zhou[1,2] Chi Xie[*1,2] Zhenzhen Zhang[3]
(1. Key Laboratory of Road and Traffic Engineering of the Ministry of Education, Tongji University;
2. School of Transportation Engineering, Tongji University; 3. School of Economics and Management, Tongji University)

Abstract Location-routing problems have gained increasing attention in the logistics community in recent years. However, most relevant models treat the customer demand from a very limited number of discrete nodes, requiring an accurate determination of demand centroids and prediction of demand quantities. To relieve the impact of demand uncertainty on the subsequent prediction and decision accuracy, aggregating all demands within a district and constructing a district demand-based model offers a simple but effective approach to address the location-routing problem. The possible imbalance between the warehouse locations and demand distribution in a district may create transportation inefficiency, but it is only on the local level. Due to the above modelling concern, this study introduces a so-called location-routing problem with district-delimited demand, which assumes that all selected warehouses in each district can be used to collectively fulfill the district's demand. The location-routing decisions include where warehouses should be constructed in each district, how many commodities should be transported to each warehouse, and what vehicle routing scheme should be used from the depot to those selected warehouses. A branch-and-price algorithm is designed to solve this problem, decomposing the original problem into a master problem and subproblems. The pricing subproblem is tackled using a label-correcting algorithm. Numerical analysis demonstrates that the proposed algorithm optimally solves all problem instances within an acceptable time frame, outperforming commercial solvers in large-scale instances.

Keywords　　Location-routing problem　　Branch-and-price　　District-delimited demand　　Labelling algorithm

0　Introduction

Facility location and vehicle routing are two crucial elements in the design of a distribution network. Traditionally, facility locations are determined at the strategic level, while vehicle routes are planned at the tactical level, subsequent to location decisions. However, joint optimization of the two decisions has been proved to significantly reduce operational costs (Salhi and Rand, 1989), giving rise to the emergence of location-routing problems (LRPs).

LRPs have received increasing attention in the past two decades, as shown in the thorough review conducted by Mara et al. (2021). In contrast to traditional research on location-routing problems, which relies on discrete demand nodes generated through clustering and predicting customer demands, this study introduces a new LRP that considers the district-delimited demand. In this problem, multiple candidate warehouses are situated in each district to collectively meet the district's demand, as illustrated in Figure 1. This reflects our inability to accurately predict the demand for each candidate warehouse. However, we are confident that the total demand for the whole district could be reliably predicted. Freight is transported from main depot to these facilities to ensure that the total supply can satisfy the total demand in each district. The freight distribution among the warehouses in each district is optimized

simultaneously with the warehouse location.

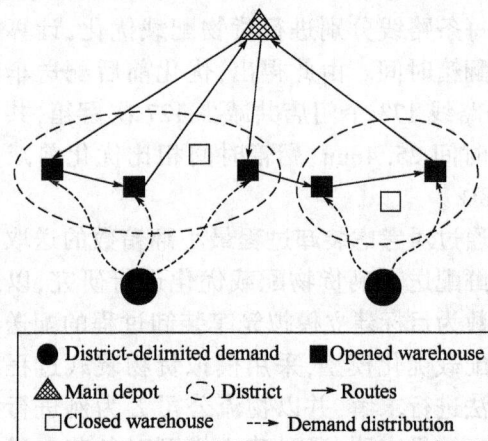

Figure 1　Illustration of the LRP with District-Delimited Demand

For practical applications, the district-delimited location-routing problem can be utilized in E-commerce for determining front warehouse locations, which is essential for improving delivery efficiency. In scenarios with uncertain and fluctuating customer demands, aggregating demand within each district is helpful in mitigating fluctuations. Additionally, it can be applied to quarantine center locations during emergency public health events, facilitating the efficient transportation of individuals from transportation hubs to quarantine centers based on their district affiliations.

Different from standard LRP, the proposed LRP involves not only the vehicle routing from the main depot to the candidate warehouses in the first echelon, but also implicitly includes the distribution of district demand in the second echelon. Considering the connection between the proposed LRP and both single-echelon and two-echelon LRPs, the following studies are classified based on echelon characteristic, which is an important feature that denotes the level of the distribution network (Cuda et al.,2015).

Early LRP research mainly concentrated on single-echelon distribution problems, which involves two sets of vertices only: depots and customers. In each vehicle route, the vehicle starts at a depot, delivers freight to visited customers and returns to the same depot. The objective is to optimize the depot location, demand allocation and vehicle routes to minimize overall costs.

Due to computational complexity, only several exact methods have been developed to address standard single-echelon LRPs. Berger et al. (2007) proposed a set-partitioning formulation for the LRP with distance constraints on delivery routes and developed a branch and price algorithm. The pricing problem was solved as an elementary shortest path problem with one resource constraint. Akca et al. (2009) presented a set-partitioning formulation for LRP with capacity constraints on both vehicles and depots and proved its equivalence to the Dantzig-Wolfe decomposition of the vehicle-flow formulation. A branch and price algorithm was developed based on the set-partitioning formulation. To improve computational performance, Belenguer et al. (2011) proposed a branch-and-cut algorithm for the capacitated LRP based on the formulation strengthened by new families of inequalities. The initial problem featured only a subset of the valid inequalities, while others were added upon violation by the solution. Various exact and heuristic separation procedures were developed to identify the violated inequalities. Baldacci et al. (2011) described a new exact method based on the decomposition of the problem. They generated a family of depot subsets using lower bounds derived from the problem, and the corresponding multi-depot vehicle-routing problem for each subset was addressed through branch-and-price algorithm. In case of heuristic methods, most of the studies separated the decision levels into subproblems and handled them sequentially or iteratively. While heuristic algorithms are able to solve problems with larger scale effectively, they may yield suboptimal solutions. The most favoured meta-heuristic approaches includes genetic algorithm (Derbel et al.,2012), simulated annealing (Yu et al.,2010), tabu search (Prins et al.,2007), and adaptive large neighbourhood search (Hemmelmayr et al.,2012).

Because of the practical significance of multi-echelon distribution system, multi-echelon LRP has also gained increased attention and found applications in various domains, including city logistics, multi-modal transportation, postal and parcel delivery, among others. Most studies on multi-echelon LRPs concentrate on the two-echelon case, where three sets of vertices are involved: depots (first-echelon facilities), satellites (second-echelon facilities) and customers. Freight is first delivered from a depot to an satellite by primary vehicles, then moved to its destination by secondary vehicles.

Some two-echelon LRPs predefined the location of main depots, and focused on location decisions specifically at the second stage. Jacobsen and Madsen (1980) addressed a two-echelon LRP to optimize the location of intermediate facilities along with the primary and secondary routes. Three constructive heuristics were proposed. More recently, Nguyen and Prins studied the two-echelon LRP with a single fixed depot, and proposed a multi-start iterated local search (ILS) coupled with path relinking (Nguyen et al., 2012a) and a greedy randomized adaptive search procedure (GRASP) (Nguyen et al.,2012b), both showing good computational performance on instances. Ambrosino et al. (2009) studied a special case of two-echelon LRP where customers were grouped into predefined regions. Each customer has a demand for general goods delivered by vehicles from the central facility and a demand for regional goods provided by a local facility. The problem is to locate one local facility for each region and plan the vehicle routes with certain requirements. The authors described a two-phase math heuristic which first determined an initial feasible solution and then improved it using very large scale neighbourhood (VLNS) techniques. Other research has explored cases where location decisions involve two stages. Contardo (2012) introduced an exact branch-and-cut algorithm based on a new formulation that includes continuous variables indicating load amount, which connected the two LRPs at each echelon. A new adaptive large neighbourhood search (ALNS) meta-heuristic was proposed. Boccia et al. (2010) introduced a capacitated two-echelon LRP for the city freight distribution systems and presented a tabu search (TS) heuristic. This heuristic initially decomposed the original problem into two LRPs and then separated each resulting LRP into a facility location problem and a multi-depot vehicle routing problem.

All the studies mentioned above is based on discrete demand nodes, while this study focuses on the joint optimization of facility location, freight distribution and vehicle routing within the context of district-delimited demand. Freight is transported from the main depot to the opened facilities to collectively satisfy the demand of each district. To minimize the overall management costs, the proposed location-routing problem with district-delimited demand aims to optimize the following decisions:

(1) Identify the subset of warehouses in each district to be opened.

(2) Allocate the necessary freight to warehouses in each district to meet district-delimited demand.

(3) Plan routes from the main depot to warehouses, considering delivery quantities to each warehouse on each route.

An exact branch-and-price algorithm is presented for solving the proposed LRP in this paper.

The rest of this article is organized as follows. In Section 1, we propose the arc-flow formulation of the location-routing problem. In section 2, the branch-and-price algorithm is introduced to solve the problem. To test the effectiveness and efficiency of the proposed algorithm, we generate datasets and conduct a numerical analysis in Section 3. In the end, we conclude the research work.

1 Problem formulation

The location-routing problem with district-delimited demand (LRP3D) is defined on a directed graph $G = (V, A)$, where $V = \{0, 1, \cdots, n, n+1\}$ is the vertex set and $A = \{(i, j) \mid i, j \in V, i \neq j, i \neq n+1, j \neq 0\}$ is the arc set. Vertices 0 and $n+1$ represent the main depot as the starting and ending nodes respectively. Set $N = \{1, \cdots, n\}$ denotes the set of n candidate warehouses, with each warehouse i belonging to a district $d \in D$ and possessing a capacity u_i. The subset N_d designates the warehouses within district d, tasked with distributing the district-delimited demand g_d. The sets of vertices succeeding and preceding vertex i are denoted by $V^+(i) = \{j \in V \mid (i, j) \in E\}$ and $V^-(i) = \{j \in V \mid (j, i) \in E\}$, respectively. A fleet of available vehicles K with capacity Q is stationed at the main depot.

To fulfill the district-delimited demand, warehouses are located within each district and serviced by vehicles carrying freight. The opening cost of each warehouse is a fixed cost f_i, and the unit service cost is o_i. A travel cost t_{ij} is associated with each arc $(i, j) \in A$ for each vehicle. It is assumed that the travel cost satisfies the triangle inequality, and multiple vehicles may be involved in delivering the allocated freight to each warehouse. The objective of the LRP3D is to determine the warehouse locations, vehicle routes and vehicle deliveries to satisfy all district-delimited demands while minimizing the total warehouse cost and traversal cost.

Presented here is an arc-flow formulation for the location-routing problem with district-delimited demand. The formulation employs the additional notations as shown in Table 1.

Notation of arc-flow formulation Table 1

Decision variables	
z_i	Binary variable indicating whether warehouse i is opened
x_{ij}^k	Binary variable indicating whether arc (i,j) is used by vehicle k
y_i^k	Nonnegative variable indicating the freight quantity delivered by vehicle k to warehouse i
z_i	Binary variable indicating whether warehouse i is opened

The LRP3D is modelled as below.

$$\min \sum_{i \in N} f_i z_i + \sum_{k \in K} \sum_{i \in N} o_i y_i^k + \sum_{k \in K} \sum_{(i,j) \in A} t_{ij} x_{ij}^k \quad (1)$$

$$\text{s. t.} \sum_{k \in K} \sum_{j \in V^+(i)} x_{ij}^k \leq |K| z_i \quad \forall i \in N \quad (2)$$

$$\sum_{k \in K} \sum_{i \in N_d} y_i^k = g_d \quad \forall d \in D \quad (3)$$

$$\sum_{k \in K} y_i^k \leq u_i \quad \forall i \in N \quad (4)$$

$$\sum_{i \in N} y_i^k \leq Q \quad \forall k \in K \quad (5)$$

$$y_i^k \leq Q \sum_{j \in V^+(i)} x_{ij}^k \quad \begin{array}{c} \forall k \in K, \\ i \in N \end{array} \quad (6)$$

$$\sum_{j \in V^+(0)} x_{0,j}^k = 1 \quad \forall k \in K \quad (7)$$

$$\sum_{j \in V^+(i)} x_{ij}^k - \sum_{j \in V^-(i)} x_{ji}^k = 0 \quad \begin{array}{c} \forall k \in K, \\ i \in N \end{array} \quad (8)$$

$$\sum_{j \in V^-(n+1)} x_{j,n+1}^k = 1 \quad \forall k \in K \quad (9)$$

$$\sum_{i \in S} \sum_{j \in S} x_{ij}^k \leq |S| - 1 \quad \begin{array}{c} \forall k \in K, \\ \forall S \subseteq N, \\ |S| \geq 2 \end{array} \quad (10)$$

$$z_i \in \{0,1\} \quad \forall i \in N \quad (11)$$

$$x_{ij}^k \in \{0,1\} \quad \begin{array}{c} \forall (i,j) \\ \in A, \\ k \in K \end{array} \quad (12)$$

$$y_i^k \geq 0 \quad \begin{array}{c} \forall k \in K, \\ i \in N \end{array} \quad (13)$$

The objective function (1) minimizes the total cost, including the setup cost of warehouses, the travel cost of vehicles and the service cost on the freight received by warehouses. Constraints (2) indicate that only the opened warehouses can be visited by vehicles. Constraints (3) require that all the demand of district d is satisfied by the freight delivered to warehouses within district d. Constraints (4) ensure that the sum of freight delivered to each warehouse does not exceed its capacity. Constraints (5) are the vehicle capacity constraints. Constraints (6) specify that no freight can be delivered to a warehouse by a

vehicle unless the vehicle visits that warehouse. Constraints (7),(8) and (9) define the structure of possible routes with subtour elimination constraints (10). Binary requirements and non-negative requirements on variables are given by (11),(12) and (13).

2　Solution method

Solving the mixed-integer problem (1) - (13) directly proves to be computationally expensive, particularly due to the exponential growth in the number of constraints within the arc-flow formulation as the scale of instances grows. To address this challenge, we develop a branch-and-price method to enhance the effectiveness and efficiency of problem-solving. This method adopts a branch-and-bound algorithm, where lower bounds are computed by the column generation algorithm on each branch-and-bound node. The column generation follows the idea of Dantzig-Wolfe decomposition by splitting the original problem into the master and subproblems. The restricted master problem (RMP) considers only a subset of variables, while the subproblem (SP) identifies new variables through minimizing the reduced cost with respect to its current dual variables. When no columns with negative reduced cost are found, the optimal solution of the node is obtained. Otherwise, the corresponding columns are added into the current RMP during iteration. The structure of the branch-and-price algorithm is illustrated in Figure 2.

2.1　Master problem

In the LRP3D, each vehicle is tasked with executing a delivery pattern along a specified route to distribute freight to warehouses. In this context, a route represents a tour that starts from vertex 0 and ends at vertex $n + 1$, while a delivery pattern specifies the quantity of freight delivered at each vertex along the route. A delivery pattern is considered feasible if the associated route only includes opened warehouses, and the cumulative delivered freight does not exceed the vehicle capacity Q.

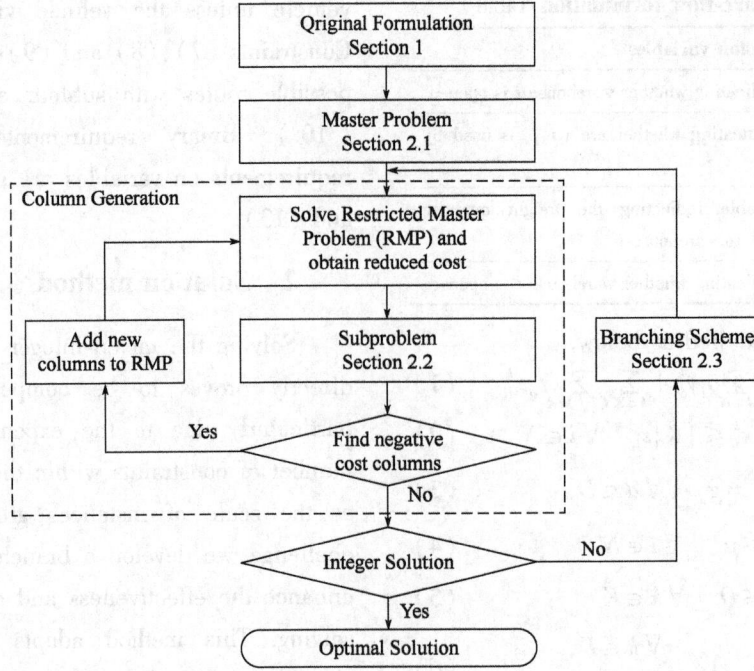

Figure 2　Branch-and-Price Algorithm Flowchart

Given the definition of delivery pattern, the arc-flow formulation of the LRP3D is reformulated into a pattern-based master problem, containing one decision variable for each delivery pattern. The feasible solution space of the subproblem incorporates all potential delivery patterns. The linear relaxation of master problem at each branch-and-bound node is then solved through column generation, with the objective of the pricing subproblem set as the reduced cost.

The additional notations in Table 2 are defined for the formulation of master problem.

Notation of master problem　Table 2

Sets	
R	Set of all routes
R^s	Subset of routes visiting a single warehouse
R^m	Subset of routes visiting multiple warehouses
W_r	Set of all delivery patterns compatible with route r
Parameters	
t_r	Travel cost associated with route r
y_{iw}	Quantity delivered to warehouse i in delivery pattern w
a_{ir}	Binary parameter indicating whether warehouse i is included in route r
b_{ijr}	Binary parameter indicating whether arc (i,j) is included in route r

continued

Decision variables	
θ_{rw}	Nonnegative variable indicating the proportion of delivery pattern w on route r
θ_r	Binary variable or integer variable indicating the number of vehicles assigned to route $r \in R$

With the notations in Table 2, The master problem is formulated as follows.

$$\min \sum_{i \in N} f_i z_i + \sum_{r \in R} \sum_{w \in W_r} \left(t_r + \sum_{i \in N} o_i y_{iw} \right) \theta_{rw} \quad (14)$$

$$\text{s. t.} \sum_{r \in R} \sum_{w \in W_r} a_{ir} \theta_{rw} \leq |K| z_i \quad \forall i \in N \quad (15)$$

$$\sum_{r \in R} \sum_{w \in W_r} \sum_{i \in N_d} y_{iw} \theta_{rw} = g_d \quad \forall d \in D \quad (16)$$

$$\sum_{r \in R} \sum_{w \in W_r} y_{iw} \theta_{rw} \leq u_i \quad \forall i \in N \quad (17)$$

$$\sum_{r \in R} \sum_{w \in W_r} \theta_{rw} \leq |K| \quad (18)$$

$$\theta_r = \sum_{w \in W_r} \theta_{rw} \quad \forall r \in R \quad (19)$$

$$\theta_{rw} \geq 0 \quad \begin{array}{l} \forall r \in R, \\ \forall w \in W \end{array} \quad (20)$$

$$\theta_r \in \mathbb{Z} \text{ if } r \in R^s \text{ or } \theta_r \in \{0,1\} \text{ if } r \in R^m \quad \forall r \in R \quad (21)$$

The objective function (14) aims to minimize both the warehouse setup cost and the traversal and service costs associated with delivery patterns. Constraints (15)-(17) are equivalent to constraints (2)-(4), respectively. Constraint (18) limits the total number of available vehicles. Non-negative requirements on θ_{rw} are given by (20). The θ_r variables are defined in terms of the θ_{rw} variables in (19), and are subject to binary and integrity requirements in (21).

Several redundant variables with notations in Table 3 are added to the formulation with definition constraints and integrity requirements, so that the branching decisions can be defined on these variables.

Notation of branching variables Table 3

H	Total number of vehicles
h_i	Number of vehicles visiting each warehouse i
s_{ij}	Nonnegative integer variable indicating the number of vehicles traversing arc (i,j)

The constraints for branching are as follows.

$$\sum_{r \in R} \sum_{w \in W_r} \theta_{rw} = H \qquad (22)$$

$$\sum_{r \in R} \sum_{w \in W_r} b_{ijr} \theta_{rw} = s_{ij} \qquad \forall (i,j) \in A \qquad (23)$$

$$\sum_{j \in V^+(i)} s_{ij} = h_i \qquad \forall i \in N \qquad (24)$$

$$H \in \mathbb{Z} \qquad (25)$$

$$s_{ij} \in \mathbb{Z} \qquad \forall (i,j) \in A \qquad (26)$$

$$h_i \in \mathbb{Z} \quad \forall i \in N \qquad (27)$$

Variables H, s_{ij} and h_i are defined in terms of the θ_{rw} variables in (22)-(24). The integrity requirements (25)-(27) are redundant with the integrity requirements of θ_r, but are stated here for the branching decisions. Note that Constraint (18) can also be substituted with $H \leqslant |K|$.

Given master problem (14)-(27), the linear relaxation of master problem on each branch-and-bound node is obtained by relaxing integer constraints (21) and (25)-(27). To apply column generation, the restricted master problem (RMP) contains all warehouse location variables z_i as well as H, s_{ij}, h_i variables, but only a subset of delivery pattern variables θ_{rw}.

It is noted that in the master problem, variable θ_r is defined by θ_{rw}, and is exclusively constrained by the binary and integer constraints (21). When relaxed to RMP, the integrity and binary requirements in (21) are both relaxed, and the linear relaxations of the binary requirements are naturally satisfied. The

property is substantiated by the characteristic of split-delivery vehicle routing problem, where each vertex can be served by multiple vehicles, that at most one vehicle is assigned to a route with two or more vertices (Luo et al., 2017). As a result, variable θ_r is not required in LMP, but will be used to check whether the optimal solution to LMP is a feasible solution to the original problem.

2.2 Subproblem

Given a dual solution to RMP, the pricing subproblem is to find a master problem variable θ_{rw} with the least reduced cost. The dual variables of the RMP are shown in Table 4.

Notation of dual variables Table 4

μ_i	Nonpositive dual variable of constraint (15) for warehouse i
α_d	Dual variable of constraint (16) for district d
π_i	Nonpositive dual variable of constraint (17) for warehouse i
β	Dual variable of constraint (22)
γ_{ij}	Dual variable of constraint (23) for arc (i,j)

The reduced cost $\tilde{t}_{rw}$ of θ_{rw} is given as follows.

$$\tilde{t}_{rw} = t_r + \sum_{i \in N} o_i y_{iw} - \sum_{i \in N} a_{ir} \mu_i -$$
$$\sum_{d \in D} \sum_{i \in N_d} y_{iw} \alpha_d - \sum_{i \in N} y_{iw} \pi_i - \beta -$$
$$\sum_{(i,j) \in A} b_{ijr} \gamma_{ij} \qquad (28)$$

Assuming that the solution $(\hat{x}, \hat{y})$ of the subproblem defines the route r and the delivery pattern w associated with θ_{rw}, then (28) can be rewritten as follows.

$$\tilde{t}_{rw} = \sum_{(i,j) \in A} (t_{ij} - \gamma_{ij} - \mu_i) \hat{x}_{ij} +$$
$$\sum_{d \in D} \sum_{i \in N_d} (o_i - \pi_i - \alpha_d) \hat{y}_i - \beta \qquad (29)$$

For convenience, define e_i as the district of warehouse i, and set $c_{ij} = t_{ij} - \gamma_{ij} - \mu_i$ and $p_i = o_i - \pi_i - \alpha_{e_i}$. Since the vehicles are homogeneous, all the pricing subproblems associated with vehicles are identical and can be aggregated into a single subproblem. The formulation of this subproblem is as follows.

$$\min \sum_{(i,j) \in A} c_{ij} x_{ij} + \sum_{i \in N} p_i y_i - \beta \qquad (30)$$

$$\text{s.t.} \sum_{i \in N} y_i \leqslant Q \qquad (31)$$

$$y_i \leqslant Q \sum_{j \in V^+(i)} x_{ij} \quad \forall i \in N \qquad (32)$$

$$\sum_{j \in V^+(0)} x_{0j} = 1 \qquad (33)$$

$$\sum_{j \in V^+(i)} x_{ij} - \sum_{j \in V^-(i)} x_{ji} = 0 \quad \forall i \in N \qquad (34)$$

$$\sum_{j \in V^-(n+1)} x_{j,n+1} = 1 \qquad (35)$$

$$\sum_{i \in S} \sum_{j \in S} x_{ij} \leqslant |S| - 1 \quad \begin{array}{l} \forall S \subseteq N, \\ |S| \geqslant 2 \end{array} \qquad (36)$$

$$x_{ij} \in \{0,1\} \quad \forall (i,j) \in A \qquad (37)$$

$$0 \leqslant y_i \leqslant u_i \quad \forall i \in N \qquad (38)$$

The objective function (30) aims to obtain the minimal reduced cost of all feasible delivery patterns. Constraints (31) state that the quantity delivered at a warehouse cannot exceed its capacity. Constraints (32) require that delivery to any warehouse is allowed only when it is visited. Constraints (33), (34) and (35) demonstrate that a route must start from vertex 0 and end at vertex $n + 1$. Constraints (36) are used for subtour elimination.

To demonstrate the solution space of this subproblem more intuitively, we compare it with the pricing subproblem for standard VRPs or LRPs. In standard VRPs or LRPs, the subproblem is an elementary shortest-path problem with resource constraints (ESPPRC), whose solution is in terms of a route. In contrast, this subproblem considers both the route planning and the quantity of delivered freight. When a route, represented by all variable x_{ij}, is fixed to a feasible value, the subproblem simplifies to the linear relaxation of a bounded knapsack problem (LP-BKP) with variable y_i. In other words, the solution space of the delivery patterns in the LRP3D is the union of solution spaces of the LP-BKPs on each feasible route, where variable y_i is limited by the warehouse capacity u_i and the vehicle capacity Q. This leads to the definition of the extreme delivery pattern in the labelling algorithm.

2.3 Labelling algorithm

The subproblem is addressed through a dynamic programming algorithm based on the concept of extreme delivery pattern. Several delivery types are defined to describe the extreme delivery pattern. A delivery is termed a full delivery when the delivery quantity towards a warehouse reaches its capacity ($y_i = u_i$). If it fills only a fraction of the warehouse capacity ($0 < y_i < u_i$), it is classified as a split delivery. If the route visits the warehouse without delivery ($y_i = 0$), it is referred to as a zero delivery.

Building upon these delivery types, the definition and theorems of extreme delivery pattern given by Desaulniers and Luo can be adapted to the proposed LRP3D.

Definition 1. A delivery pattern is an extreme delivery pattern if and only if it comprises of zero deliveries, full deliveries and at most one split delivery (Luo et al.,2017).

Theorem 1. Given a route, any delivery pattern can be represented by a convex combination of extreme delivery patterns (Desaulniers,2010).

Theorem 2. The optimal solutions to the pricing subproblem must be obtained with an extreme delivery pattern (Luo et al.,2017).

The proofs for Theorems 1 and 2 leverage the characteristics of the subproblem. As discussed in Section 3.2, when all variables x_{ij} are fixed, the subproblem can be written as an LP-BKP. Therefore, one of the optimal solutions must be an extreme point of the delivery pattern set, representing an extreme delivery pattern. Each delivery pattern is expressible as a convex combination of extreme delivery patterns.

This labelling-setting algorithm differs from the extensively studied general labelling algorithm for ESPPRC (Feillet et al., 2004) due to its consideration of split delivery. Adapted from the method proposed by Desaulniers et al. (2010) in the context of the split-delivery vehicle routing problem with time window (SDVRPTW), the algorithm relies on the following ideas:

(1) An extreme delivery pattern comprises at most one split delivery, treating the number of split deliveries as a resource with a limit of one.

(2) When extending labels from node i to node j, the delivery on node j may involve zero delivery, full delivery or split delivery, corresponding to three extended labels.

(3) The quantity delivered through a split delivery is treated as a range rather than a value,

necessitating the recording and updating of the maximum quantity delivered in a split delivery as another resource along the route.

(4) The cost of a label is a linear function of the total quantity delivered, and the dominance function is also based on this linear function.

In the algorithm, a feasible partial path from 0 to i with a compatible delivery pattern is represented by a label E comprising the components in Table 5.

Label components　　　　　　Table 5

Component	Meaning	Resource window
C	The reduced cost of the delivery pattern when the split delivery in the pattern is replaced by a zero delivery	
L	The total quantity delivered in full delivery along the path	$0 \leqslant L \leqslant Q$
V^n	Whether warehouse n is visited in the path	$V^n \in \{0,1\}$
P	Whether a split delivery has occurred in the path	$P \in \{0,1\}$
Δ	The maximum quantity that can be delivered in split delivery	
Φ	The unit cost of the split delivery in the pattern	

The reduced cost of label E_i is a function of the total quantity $G \in [L_i, L_i + \Delta_i]$ as $Z_i(G) = C_i + \Phi_i(G - L_i)$. According to the property of extreme delivery pattern, a label $E_i = (C_i, L_i, V^k_i, P_i, \Delta_i, \Phi_i)$ can be extended for at most three times along arc (i, j), namely zero delivery, split delivery and full delivery. The extension rules are as shown in Table 6.

Extension rules　　　　　　Table 6

Extension conditions		
Zero delivery	Split delivery	Full delivery
$V^j_i = 0$	$V^j_i = 0$	$V^j_i = 0$
	$P_i = 0$	$L_i + u_j \leqslant Q$

Extension rules		
Zero delivery	Split delivery	Full delivery
$C_j = C_i + c_{ij}$	$C_j = C_i + c_{ij}$	$C_j = C_i + c_{ij} + p_j u_j$
$L_j = L_i$	$L_j = L_i$	$L_j = L_i + u_j$
$V^n_j = V^n_i$ for $n \in N$ and $n \neq j$	$V^n_j = V^n_i$ for $n \in N$ and $n \neq j$	$V^n_j = V^n_i$ for $n \in N$ and $n \neq j$
$V^j_j = 1$	$V^j_j = 1$	$V^j_j = 1$
$P_j = P_i$	$P_j = 1$	$P_j = P_i$
$\Delta_j = \Delta_i$	$\Delta_j = \min(u_j, Q - L_j)$	$\Delta_j = \min(\Delta_i, Q - L_j)$
$\Phi_j = \Phi_i$	$\Phi_j = p_j$	$\Phi_j = \Phi_i$

The dominance rule between labels becomes complex due to the presence of multiple extension functions. As stated by Irnich and Desaulniers (2005), sufficient conditions for label E_1 to dominate label E_2 include:

(1) Both labels are associated with the same node.

(2) All feasible extensions of E_2 are also feasible for E_1. In our context, extension feasibility is constrained by the resource windows on L, V^n and P.

(3) The cost of each feasible path extended from E_2 is greater than or equal to the cost extending E_1 similarly. In our case, if $\Phi_1 \geqslant 0$, the condition is satisfied when $\min\limits_{G \in [L_1, L_1 + \Delta_1]} Z_1(G) = Z_1(L_1) \leqslant \min\{Z_2(L_2), Z_2(L_2 + \Delta_2)\} = \min\limits_{G \in [L_2, L_2 + \Delta_2]} Z_2(G)$. if $\Phi_1 < 0$, due to the potential reduction in Δ_1 with the label extension, the minimum cost on E_1 may increase. Therefore, the condition includes $\min\limits_{G \in [L_1, L_1 + \Delta_1]} Z_1(G) = Z_1(L_1 + \Delta_1) \leqslant \min\{Z_2(L_2), Z_2(L_2 + \Delta_2)\} =$

$\min\limits_{G \in [L_2, L_2 + \Delta_2]} Z_2(G)$ and $Z_1(G) \leqslant Z_2(G)$ for all $G \in [L_2, L_2 + \Delta_2]$.

Given these dominance principles, the conditions for label E_1 to dominate E_2 in the labelling algorithm is summarized in Table 7.

Dominance rules for an existing label pair

Table 7

Index	Dominance condition	
	When $\Phi_1 \geqslant 0$	When $\Phi_1 < 0$
1	$L_1 \leqslant L_2$	$L_1 \leqslant L_2$
2	$P_1 \leqslant P_2$	$P_1 \leqslant P_2$
3	$V_j^n \leqslant V_i^n,$ $\forall n \in N$	$V_j^n \leqslant V_i^n, \forall n \in N$
4	$C_1 \leqslant C_2$	$C_1 + \Delta_1\Phi_1 \leqslant C_2$
5	$C_1 \leqslant C_2 + \Delta_2\Phi_2$	$C_1 + \Delta_1\Phi_1 \leqslant C_2 + \Delta_2\Phi_2$
6		$C_1 + (L_2 - L_1)\Phi_1 \leqslant C_2$
7		$C_1 + (L_2 + \Delta_2 - L_1)\Phi_1 \leqslant C_2 + \Delta_2\Phi_2$

Conditions 1-3 represent the feasibility constraints, while conditions 4 and 5 compare the minimum costs generated by both labels. Conditions 6 and 7 compare the costs of both labels at $G = L_2$ and $G = L_2 + \Delta_2$, specifically in the case when $p_1 < 0$. Figure 3 and Figure 4 illustrate the necessity of conditions 4-7. When $\Phi_1 \geqslant 0$, E_1 would dominate E_3 or E_4 if condition 4 or 5 is omitted. When $\Phi_1 < 0$, the same applies to E_1 dominating E_3 or E_4. Additionally, E_1 would dominate E_5 if condition 6 is omitted, and E_6 if condition 7 is omitted.

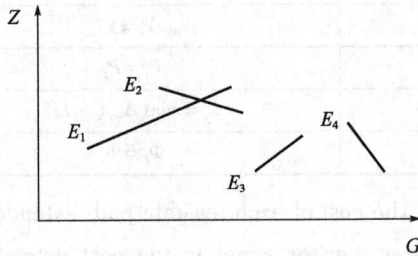

Figure 3　Cost $Z(G)$ for dominance rules when $\Phi_1 \geqslant 0$

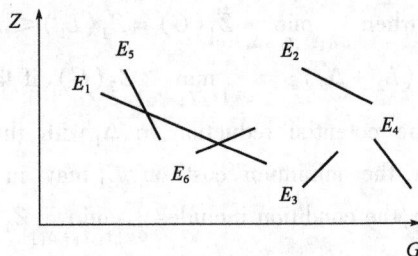

Figure 4　Cost $Z(G)$ for dominance rules when $\Phi_1 \geqslant 0$

2.4　Branching rules

Branching directly on the pattern variable of the master problem will add to the complexity of solving the subproblem and introduce significant imbalance to the branch-and-bound tree. Consequently, five types of branching decisions are employed for the branch-and-bound nodes to improve efficiency. These decisions including the location decision, the total number of vehicles, the number of vehicles visiting each warehouse, the vehicle flow on each arc and the possibility of using two consecutive arcs. For each branching decision, two child nodes are generated.

The solution at each node is denoted by $(\bar{z}, \bar{\theta}, \bar{H}, \bar{h}, \bar{y})$. The procedure of determining branching decisions is as follows.

Firstly, if the location variable $\bar{z}$ is fractional, it is fixed to either 0 or 1 in the child nodes. Secondly, if the total number of vehicles $\bar{H}$ is fractional, branching is performed on the value of H. Thirdly, if there exists a warehouse i or an arc (i,j) such that $\bar{h}_i$ or $\bar{y}_{ij}$ is fractional, the warehouse i or the arc (i,j) with the fractional part closest to 0.5 is selected, and branching is applied. Finally, if none of the above decisions can be imposed, it indicates the existence of two consecutive arcs (i,j) and (j,l) between facilities, where $\bar{m}_{ijl} = \sum\limits_{r \in R_{ijl}} \sum\limits_{w \in W_r} \bar{\theta}_{rw}$ is fractional. Here R_{ijl} denotes the set of routes containing arc (j,l) immediately after (i,j). The consecutive arcs with value closest to 0.5 are chosen for branching. In the first branch, the use of arc (j,l) immediately after (i,j) is prohibited, while in the other branch, a route must exist in which (i,j) is followed by arc (j,l). The branching decisions are applied to both the master problem and the subproblem by introducing branching constraints. Desaulniers et al. (2010) pointed out that the last type of decisions is needed to ensure the exactness of the algorithm.

3　Numerical analysis

3.1　Problem instances

In this computational study, we constructed a new problem set from the capacitated location-routing problem (LRP) benchmark instances introduced by Prins et al. (2006). These instances were modified to incorporate the characteristics of the LRP3D.

Given the computational expense of the exact algorithm, test instances were generated from the Prins benchmark instances featuring 8, 12 and 15 candidate warehouses. These warehouses were organized into clusters representing districts, with variations in the number of districts. District-delimited demands were aggregated from the original demands nodes accordingly. Travel costs were aligned with travel distances, matching the Euclidian distance, and a central depot was positioned in the graph. Other parameters in the LRP3D formulations were randomly generated to adapt to the proposed problem. The instances were named according to number of candidate warehouses, the instance index, and the number of districts, for example, LRP3D-15-1-3.

The algorithm was programmed in C + + and Gurobi Optimizer 9. 52 is used as a standard solver for performance comparison.

3.2 Computational efficiency

The computational results are presented in Table 8. The "BP" column under "Solution" refers to the optimal integer solution obtained by the proposed branch-and-price algorithm, while column "CG" denotes the rounded feasible solution of the master problem at the root node. The rounded solution is obtained after turning all the linear variables in column generation into integer and binary variables. The "Time" column displays the computational time of the solver and the exact algorithm, and "Branching node" indicates the number of nodes in a branch-and-bound tree from the root node to reach the optimal solution.

Computational results Table 8

LEP	Solution			Time (s)		Branching Node
	Gurobi	BP	CG	Gubobi	BP	
LRP3D-8-1-3	6895.70	6895.70	9867.51	1.03	25.44	212
LRP3D-8-2-3	6886.23	6886.23	10252.81	1.89	14.26	136
LRP3D-8-3-3	6625.50	6625.50	9439.85	2.12	18.76	174
LRP3D-12-1-3	10481.13	10481.13	10760.03	615.91	374.88	1858
LRP3D-12-2-3	10444.94	10444.94	12838.74	684.11	437.00	1236
LRP3D-12-3-3	9297.73	9297.73	11296.74	2225.68	2936.77	7994
LRP3D-12-1-5	11457.74	11457.74	13964.45	2286.62	16632.77	15156
LRP3D-12-2-5	12627.43	12627.43	15320.05	1110.11	2646.21	7314
LRP3D-12-3-5	9362.37	9362.37	11388.78	1640.01	4649.51	7282
LRP3D-15-2-3	9580.43	9580.43	9808.35	12392.63	292.09	364
LRP3D-15-2-3	9112.11	9112.11	10935.24	24203.07	10536.92	8122
LRP3D-15-3-3	8484.67	8484.67	10332.18	17205.05	5482.79	3332
LRP3D-15-1-5	11466.65	11466.65	12192.31	40306.91	4500.57	6184
LRP3D-15-2-5	10517.31	10517.31	13031.83	9722.39	10877.33	7414
LRP3D-15-3-5	8524.44	8524.44	12238.53	9099.82	998.66	1196

The exact optimization algorithm for the LRP3D consistently identified the same optimal solution as the solver. The distance between the CG solution and the optimal solution underscores the necessity of the exact algorithm.

As shown in the table, the computational time for

instances with a higher number of nodes increased due to the large number of possible paths and delivery patterns. Instances with 8 warehouses were solved within 50 seconds. For 12 warehouses, computational time varied, with five instances solved within 1. 5 hours and one instance requiring more than 4 hours. For 15 warehouses, computational times ranged from 20 minutes to 3 hours. The number of branching nodes was closely tied to computation time.

Comparing the computational times of the solved and our BP algorithm revealed that, with an increasing problem scale, the computational time of the solver increased dramatically, with the algorithm outperforming the solver for instances with 15 warehouses.

3.3 District partitioning

In instances involving 12 and 15 nodes, candidate warehouses were divided into 3 or 5 districts. Computational results demonstrated that a broader partitioning range with fewer districts could enhance freight distribution optimization and decrease overall costs. As depicted in Figure 5, in the instances with 3 districts, the fixed costs of the warehouses are generally lower than instances with 5 districts. The optimal solution of two instances featuring 15 warehouses are illustrated in Figure 6, with numbers near warehouse edges indicating the allocated freight volume.

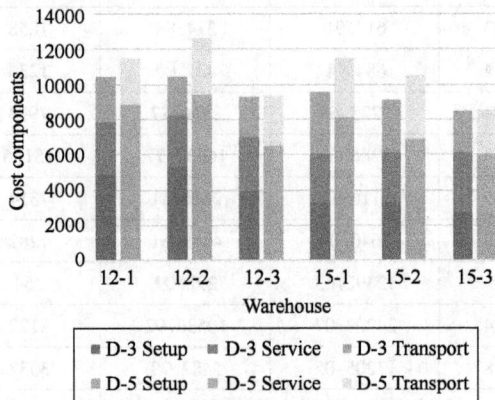

Figure 5　Cost components for instances with 12 warehouses and 15 warehouses

4　Conclusions

This paper presents a new location-routing problem that integrates warehouse location and vehicle routing decisions in view of district-delimited demand. Warehouses within a district are tasked with providing sufficient commodities to meet the in-district demand, and optimizing the distribution of

commodities among warehouses can lead to a cost reduction. This study proposes a branch-and-price method, decomposing the arc-flow formulation into master and subproblems.

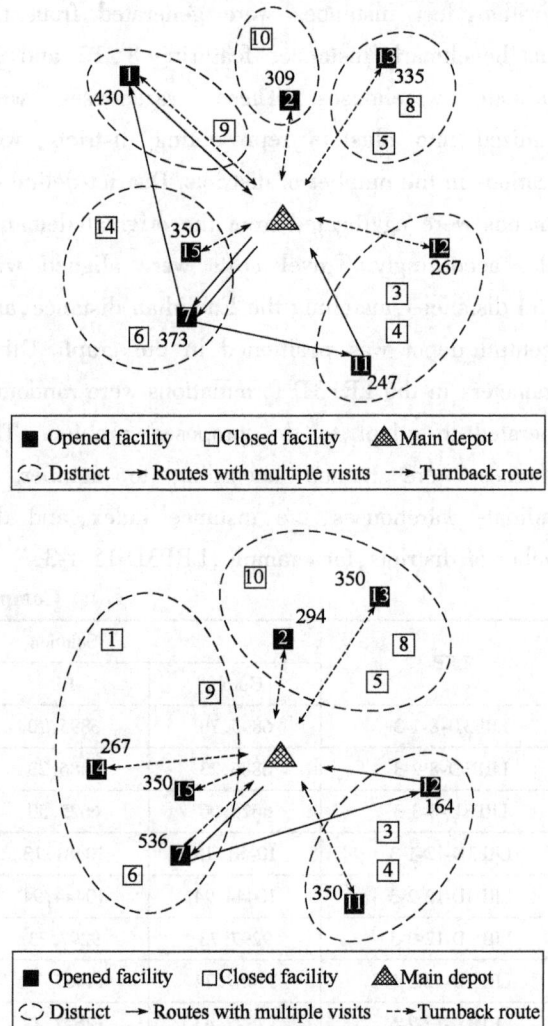

Figure 6　Optimal solutions of LRP3D-15-2 with 5 districts (Top) and 3 districts (Below)

New test instances with 10, 15 and 20 candidate warehouse nodes were created by transforming the capacitated LRP instances. The results demonstrate that the exact algorithm is successful for solving the LRP3D to optimality within an acceptable time. Due to the computational expense of the exact algorithm, solving larger problems becomes more challenging. Exploring the combination of exact and metaheuristic approaches as a hybrid algorithm is a potential avenue for future research, aiming at accelerating the process without compromising the exact optimal solution.

References

[1] SALHI S,RAND G K. The effect of ignoring routes when locating depots [J]. European Journal of Operational Research,1989,39(2):150-156.

[2] WINDRAS T S M, KUO R J, ASIH A A M. Location-routing problem: a classification of recent research [J]. International Transactions in Operational Research, 2021, 28 (6): 2941-2983.

[3] CUDA R,GUASTAROBA G,SPERANZA M G. A survey on two-echelon routing problems[J]. Computers and Operations Research,2015,55: 185-199.

[4] BERGER R T,COULLARD C R,DASKIN M S. Location-routing problems with distance constraints[J]. Transportation Science,2007,41 (1):29-43.

[5] AKCA Z, BERGER R T, RALPHS T K. A branch-and-price algorithm for combined location and routing problems under capacity restrictions[M] // Chinneck J W, Kristjansson B, Saltzman M J. Operations Research and Cyber-Infrastructure. Boston, MA: Springer US, 2009:309-330.

[6] BELENGUER J M,BENAVENT E,PRINS C,et al. A branch-and-cut method for the capacitated location-routing problem [J]. Computers and Operations Research,2010,38(6):931-941.

[7] BALDACCI R,MINGOZZI A,CALVO R W. An exact method for the capacitated location-routing problem [J]. Operations Research, 2011, 59 (5):1284-1296.

[8] DERBEL H,JARBOUI B,HANAFI S,et al. Genetic algorithm with iterated local search for solving a location-routing problem[J]. Expert Systems with Applications, 2012, 39 (3): 2865-2871.

[9] YU V F,LIN S W,LEE W,et al. A simulated annealing heuristic for the capacitated location routing problem [J]. Computers & Industrial Engineering,2010,58(2):288-299.

[10] PRINS C,PRODHON C,RUIZ A,et al. Solving the capacitated location-routing problem by a cooperative lagrangean relaxation-granular tabu search heuristic [J]. Transportation Science, 2007,41(4):470-483.

[11] HEMMELMAYR V C,CORDEAU J F,CRAINIC T G. An adaptive large neighborhood search heuristic for two-echelon vehicle routing problems arising in city logistics[J]. Computers and Operations Research, 2012, 39 (12): 3215-3228.

[12] JACOBSEN S K,MADSEN O B G. A comparative study of heuristics for a two-level routing-location problem [J]. European Journal of Operational Research,1980,5(6):378-387.

[13] NGUYEN V P, PRINS C, PRODHON C. A multi-start iterated local search with tabu list and path relinking for the two-echelon location-routing problem [J]. Engineering Applications of Artificial Intelligence,2011,25 (1):56-71.

[14] NGUYEN V P, PRINS C, PRODHON C. Solving the two-echelon location routing problem by a GRASP reinforced by a learning process and path relinking [J]. European Journal of Operational Research, 2011, 216 (1):113-126.

[15] AMBROSINO D,SCIOMACHEN A,SCUTELLÀ M G. A heuristic based on multi-exchange techniques for a regional fleet assignment location-routing problem [J]. Computers and Operations Research,2007,36(2):442-460.

[16] CONTARDO C,HEMMELMAYR V,CRAINIC T G. Lower and upper bounds for the two-echelon capacitated location-routing problem [J]. Computers and Operations Research, 2012,39(12):3185-3199.

[17] BOCCIA M,CRAINIC T G,SFORZA A,et al. A Metaheuristic for a Two Echelon Location-Routing Problem [M] // FESTA P. Experimental Algorithms: Vol. 6049. Berlin, Heidelberg:Springer Berlin Heidelberg,2010: 288-301.

[18] LUO Z X,QIN H,ZHU W B,et al. Branch and Price and Cut for the Split-Delivery Vehicle

Routing Problem with Time Windows and Linear Weight-Related Cost [J]. Transportation Science, 2017, 51 (2): 668-687.

[19] DESAULNIERS G. Branch-and-Price-and-Cut for the Split-Delivery Vehicle Routing Problem with Time Windows[J]. Operations Research, 2010,58(1):179-192.

[20] FEILLET D,DEJAX P,GENDREAU M,et al. An exact algorithm for the elementary shortest path problem with resource constraints: Application to some vehicle routing problems

[J]. Networks,2004,44(3):216-229.

[21] IRNICH S,DESAULNIERS G. Shortest Path Problems with Resource Constraints [M] // Desaulniers G, Desrosiers J, Solomon M M. Column Generation. New York: Springer-Verlag,2005:33-65.

[22] PRINS C,PRODHON C,CALVO R W. Solving the capacitated location-routing problem by a GRASP complemented by a learning process and a path relinking [J]. 4OR: Quarterly Journal of the Belgian, French and Italian Research Societies,2006,4(3):221-238.

地铁服务中断下诱导信息对乘客行为影响研究

刘唯伊　姚恩建*　刘莎莎　郭东博　于丁原
(北京交通大学综合交通运输大数据应用技术交通运输行业重点实验室)

摘　要　为剖析地铁服务中断下诱导信息对乘客出行选择行为的影响机理,考虑乘客的相对位置、出行特征及等待容忍,对该场景下的乘客决策过程进行全面重构,提出一种两阶段决策框架。利用问卷调查获取地铁服务中断下乘客的出行选择偏好与信息偏好,并基于离散选择模型分析中断属性、信息属性、出行属性及乘客个人属性对出行选择的影响。研究结果表明:从乘客最优和地铁系统最优角度出发的诱导信息均对乘客出行选择有正向影响,且中等强度的信息更有利于乘客遵循诱导;在不同中断场景和出行选择阶段,乘客对出行时间、出行费用及诱导信息的感知权重存在差异。研究结果为地铁服务中断下的客流诱导提供了深入见解,有助于实现更加高效、个性化的诱导信息发布。

关键词　地铁服务中断　诱导信息　出行行为　等待容忍

0　引言

由于乘客出行需求增长、基础设施老化和高负荷运营,地铁服务中断时有发生[1]。作为一种柔性的中断管理措施,客流诱导通过向乘客发布诱导信息影响其出行选择,进而调节地铁网络客流分布,可缓解服务中断带来的负面影响。EVELIEN van der Hurk[2]研究表明,服务中断期间乘客的信息需求显著增加。Currie 和 Muir[3]也证明若能及时告知乘客中断相关信息,中断管理将发挥更大作用。

公共交通服务中断下,乘客出行选择与信息可用性高度相关,Leng 和 Corman[4]提出"who-where-when-what"的信息可用性分析框架。Yin 等[5]考虑了诱导信息在地铁乘客中的采用率,基于此推导出拥堵和信息作用下的地铁动态客流分布。Li 等[6]证明优化可变信息板位置可以显著改善交通拥堵。许心越和谢兰诗雨[7]表明诱导信息更新间隔时间会影响乘客出行选择。Klein 和 Ben-Elia[8]证明若乘客能够理解建议性信息所期望达到的目的,会更加倾向于遵从建议。于丁原等[9]通过"推荐指数"的形式向乘客提供诱导信

基金项目:北京市自然科学基金(L211025);国家自然科学基金(52302382);交通运输部科学研究院城市公共交通智能化交通运输行业重点实验室开放课题(2022-APTS-03)。

息,证明不同类型乘客对诱导信息的服从度不同。

但目前地铁服务中断下的乘客出行行为研究过于简化了决策过程,且目前一般通过站内广播、电子屏幕及社交媒体等渠道发布同质化描述性信息,而非根据乘客出行特征及偏好发布个性化诱导信息。此外,服务中断下发布信息的根本目的是缓解地铁系统整体拥堵,使客流分布更加均衡。在这种情况下,部分乘客会不可避免地牺牲一些个人利益。因此,有必要从个体最优和系统最优两个角度探讨诱导信息的内容。

结合现有研究之不足,本文主要贡献如下:首先,在研究场景方面,全面重构了地铁服务中断下的乘客决策过程;其次,在研究内容方面,从诱导原因和发布强度两方面研究了个性化诱导信息对乘客出行选择的影响并构建决策模型;最后,在实证研究方面,基于所提出的决策模型在北京市进行了一项出行行为调查,并根据调查分析结果提出地铁服务中断下诱导信息发布的政策建议。

1 出行选择行为调查

1.1 地铁服务中断下出行行为调查问卷设计

本研究针对如下地铁服务中断场景开展:

①某条地铁线路全线服务中断且持续时长未知;②出行软件根据乘客当前位置向其提供中断相关信息和备选出行方案。根据乘客与中断区间的相对位置,服务中断可划分为图1所示的四类:乘客的起、终点站均位于中断区间(类型1);仅起点站或终点站位于中断区间(类型2);乘客的一条或多条有效路径经过中断区间(类型3);乘客的所有有效路径均未经过中断区间(类型4)。

服务中断时长未知时,多数乘客并不会在获知中断后立即选择替代出行方案,也不会盲目等待至中断结束,而是遵从图2所示的决策框架:若原定出行路径出现中断,但原路径是该乘客的最佳或习惯出行路径,则乘客会选择短暂等待。若中断在乘客等待容忍阈值内恢复,则乘客将继续通过原路径出行;若等待容忍阈值内中断未恢复,则乘客会放弃原路径并选择替代方案出行。

调查问卷包括个人信息调查和SP调查两部分。个人信息调查部分包含社会经济属性调查、出行模式调查和出行信息使用模式调查。SP调查部分向受访者提供地铁服务中断假设场景和备选出行方案,以获得受访者在不同中断场景下的出行选择偏好和信息偏好。假设场景所考虑的变量及其水平如表1所示。

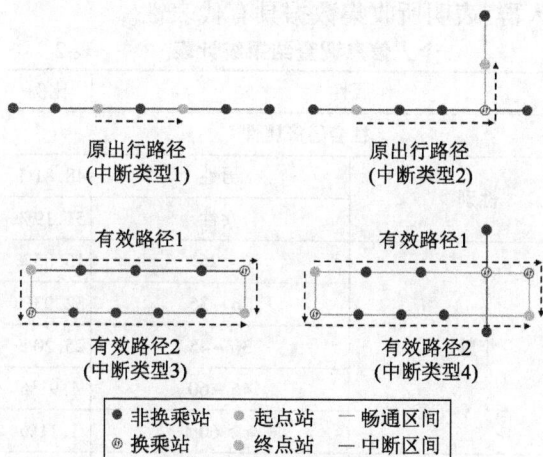

图1 服务中断类型

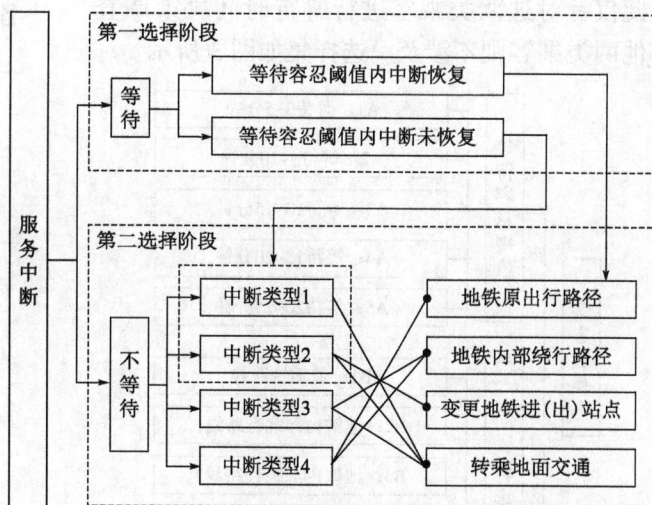

图2 服务中断下乘客决策框架

变量水平表   表1

类别	变量名	水平设计
出行相关变量	出行目的	休闲出行
		通勤出行
	出行距离	短距离(5km左右)

续上表

类别	变量名	水平设计
出行相关变量	出行距离	中距离(15km 左右)
		长距离(25km 左右)
服务中断相关变量	中断类型 (乘客受影响类型)	类型1:起终点均位于中断区间
		类型2:起点(终点)位于中断区间
		类型3:有效路径经过中断区间
		类型4:有效路径未经过中断区间
诱导信息相关变量	诱导信息内容	推荐其他地铁路径
		推荐变更起(终)点站
		推荐退出地铁系统
		不进行方案推荐
	诱导原因	诱导原因1:从乘客出行效益最优角度解释诱导原因
		诱导原因2:从地铁系统效益最优角度解释诱导原因
	诱导信息发布强度	低信息强度(推送一条消息)
		中信息强度(推送多条重复消息)
		高信息强度(推送多条不同消息)

基于上述决策框架,对受访者进行两阶段出行选择调查。第一阶段,受访者需结合具体中断情景选择其等待容忍阈值。第二阶段,受访者可以选择某一备选方案完成出行。

由于仅在中断类型 1 及中断类型 2 下,乘客的起点站无法乘坐地铁,需要涉及等待时间决策,因此仅针对这两类乘客进行等待时间决策调查,其他两类乘客则不涉及。选择集如图 3 所示。

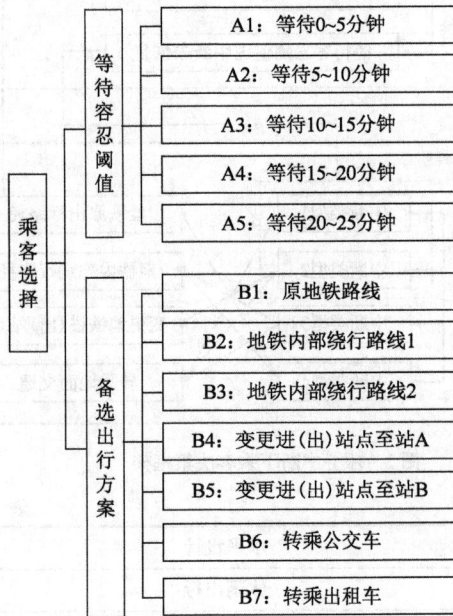

图 3　出行选择集

1.2　调查样本统计分析

表 1 中的变量水平共计可组合形成 576 个假设场景,通过正交设计选择其中 24 个场景进行出行选择调查。调查于 2023 年 3 月至 4 月在北京市进行,共计回收有效问卷 314 份,含 1898 条样本数据。个人信息调查结果如表 2 所示,样本涵盖各类人群,表明所收集数据具有代表性。

个人信息调查结果统计表　　表 2

属性		比例
社会经济属性		
性别	男性	48.81%
	女性	51.19%
年龄	<25	15.85%
	26 ~ 35	52.93%
	36 ~ 45	25.20%
	46 ~ 60	4.91%
	>60	1.11%
学历	高中及以下	3.96%
	专科	11.09%
	本科	68.30%
	硕士或博士	16.65%
月收入/(元·月⁻¹)	<3,000	7.61%
	3,000 ~ 4,500	5.55%
	4,501 ~ 6,000	7.92%

续上表

属性		比例
月收入/(元·月⁻¹)	6,001~8,000	12.68%
	8,001~10,000	22.66%
	10,001~15,000	24.25%
	15,001~20,000	10.94%
	>20,000	8.41%
职业	工人	1.27%
	企事业单位人员	50.71%
	商业/服务业人员	6.02%
	生产/运输设备操作人员	3.02%
	学生	9.04%
	专业技术人员	25.37%
	自由职业者	2.07%
	离退休人员	1.58%
	其他	0.32%
出行模式		
乘地铁频率/(次·周⁻¹)	0	1.43%
	1~5	33.60%
	6~10	33.12%
	11~15	23.14%
	>15	8.71%
地铁服务中断经历	有	47.39%
	无	52.61%
出行信息使用模式		
常用出行信息获取方式	出行公众号	5.07%
	出行软件	60.54%
	电子信息板或广播	21.55%
	社交媒体	12.84%
是否注意过中断信息	是	85.26%
	否	14.74%
是否接收过诱导信息	是	88.96%
	否	11.04%

2 出行选择行为模型构建

2.1 模型构建

考虑到多项 Logit 回归模型(Multinomial Logit Model, MNL)模型良好的可解释性,本文基于 MNL 模型构建地铁服务中断下的出行选择模型,并通过极大似然估计法标定模型参数。MNL 模型结构如式(1)、式(2)所示:

$$P_r^n = \frac{\exp(V(\boldsymbol{X}_r^n \cdot \boldsymbol{\beta}_r))}{\sum_{t \in T} \exp(V(\boldsymbol{X}_t^n \cdot \boldsymbol{\beta}_t))} \quad (1)$$

$$U_r^n = V_r^n + \varepsilon_r^n = V(\boldsymbol{X}_r^n \cdot \boldsymbol{\beta}_r) + \varepsilon_r^n \quad (2)$$

式中:P_r^n、U_r^n——乘客 n 选择方案 r 的概率及效用函数;

V_r^n、ε_r^n——效用函数的效用确定项及随机误差项;

$\boldsymbol{X}_r^n$、$\boldsymbol{\beta}_r$——解释变量向量和对应的系数向量。

2.2 模型参数估计及结果分析

本研究使用 Biogeme 进行模型标定,通过设置场景联合变量以量化不同选择阶段及中断类型下变量系数的差异,并在模型标定过程中通过设置方案可用性以区分不同选择阶段的选择肢。模型标定结果如表 3 所示,结论如下:

(1)对于方案属性,出行时间、出行费用、换乘次数的系数均为负,表明随着这些属性增加,对应方案效用降低。走行时间的正系数表明乘客愿意付出一些走行时间代价以顺畅出行。两类推荐原因系数均为正,表明服务中断下诱导信息对乘客选择有正向影响。推荐原因1的系数大于推荐原因2的系数,说明乘客更愿意信服针对其自身利益的建议。信息强度的系数表明,中强度信息对乘客选择有正向影响,而过高强度的信息对乘客选择有消极作用。

(2)对于场景联合变量,中距离*出行时间的正系数表明乘客在中距离出行时对时间的感知权重降低。此外,类型1*出行时间和类型2*出行时间的系数均为正,说明乘客受到中断影响较严重时,对出行时间的感知权重降低,愿意付出更多时间完成出行。类型1*出行费用的系数为正也可以从相同角度解释。类型2*推荐原因1与类型3*推荐原因1对应系数分别为负与正,表明在这两类中断下,乘客对于从乘客最优角度发布的信息的感知权重分别会下降、上升。最后,第二阶段*出行时间、第二阶段*出行费用对应系数均为正,表明在该阶段,乘客对出行时间及费用的感知权重均降低,可能是由于乘客已付出了等待时间代价,对出行体验的要求降低,因此愿意付出更多的时间或金钱代价以完成出行。

模型标定结果　　　　　　　　　　　　　　　　　表 3

变量	含义	所属选择肢	值	t 值
模型参数				
ASC-A2	常数项	A2	1.26	4.74
ASC-A3	常数项	A3	1.40	4.41
ASC-A4	常数项	A4	0.76	2.38
ASC-A5	常数项	A5	−2.01	−2.53
ASC-B1	常数项	B1	0.37	3.18
ASC-B2	常数项	B2	0.92	2.87
ASC-B3	常数项	B3	1.03	4.07
ASC-B4	常数项	B4	−1.33	−3.66
ASC-B5	常数项	B5	−2.51	−3.77
ASC-B6	常数项	B6	−1.19	−2.43
ASC-B7	常数项	B7	−2.20	−6.17
方案属性				
TT	出行时间	A1 ~ A5 , B1 ~ B7	−3.35	−3.14
WKT	走行时间	B1 ~ B7	0.14	3.61
TC	出行费用	A1 ~ A5 , B1 ~ B7	−3.57	−2.37
NT	换乘次数	A1 ~ A5 , B1 ~ B7	−0.25	−2.01
GD_P	推荐原因 1	B2 ~ B7	1.03	6.26
GD_M	推荐原因 2	B2 ~ B7	0.77	4.26
IT_M	中信息强度	B2 ~ B4	0.45	2.49
IT_H	高信息强度	B2 ~ B4	−0.19	2.10
场景联合变量				
MD * TT	中距离 * 出行时间	B3	1.03	3.24
TYPE1 * TT	类型 1 * 出行时间	B6	1.14	2.74
TYPE1 * TC	类型 1 * 出行费用	B6 ~ B7	2.46	2.15
TYPE2 * TT	类型 2 * 出行时间	B5	1.25	2.02
TYPE2 * GD_P	类型 2 * 推荐原因 1	B6 ~ B7	−0.80	−2.27
TYPE3 * GD_P	类型 3 * 推荐原因 1	B6 ~ B7	1.05	3.15
STAGE2 * TT	第二阶段 * 出行时间	B4 ~ B7	2.25	5.30
STAGE2 * TC	第二阶段 * 出行费用	B4 ~ B7	2.39	2.49
社会经济属性				
AGE	年龄（ <35 岁）	A3 , A5 , B2 ~ B5	−0.35	−2.76
MALE	男性	A5 , B3 , B5 , B7	0.35	2.93
OCC	职业集	A2 , A3 , B2	0.57	2.46
INCOME	个人月收入（ >1 万元）	B7	0.75	4.46
出行模式及信息使用模式				
PUR	出行目的（通勤）	B1 , B2	0.37	2.88

续上表

变量	含义	所属选择肢	值	t 值
FRE	地铁出行频次（>10 次/周）	A1,A2	−0.44	−3.22
GET * GD_M	常用出行软件 * 推荐原因 2	B2 ~ B7	0.58	3.01
模型统计指标				
变量数目			34	
样本量			1898	
Init log likelihood			−2840.844	
Final log likelihood			−2129.545	
Rho-square			0.250	
Rho-square-bar			0.239	
AIC			4325.090	
BIC			4508.193	

注：职业集包含军人、警察、生产运输设备操作人员、企事业人员/公务员、专业技术人员、商业服务业人员。

（3）对于社会经济属性，较年轻乘客更不愿意等待较长的中断恢复时间。职业集对应系数为正，说明这些职业的乘客更倾向于时间更短的方案，可能与这些职业有相对固定的上下班时间相关。此外，收入较高的乘客更倾向于出租车。

（4）对于出行模式及信息使用模式，通勤乘客更倾向于方案 B1、B2，可能由于该类乘客对出行快捷性和便捷性要求更高，希望通过地铁直达目的地。地铁乘坐频次较高的乘客更愿意等待较长的中断恢复时间，可能是由于该类乘客习惯于地铁出行，具有更高的等待容忍阈值。而常用出行软件 * 推荐原因 2 对应系数为正，表明经常使用出行软件获取信息的乘客更可能服从有关地铁系统最优的诱导信息，可能与该类乘客习惯于遵循软件提供的出行方案有关。

2.3 灵敏度分析

为进一步探讨服务中断下乘客的出行偏好及信息偏好，选取中距离的通勤出行为案例场景，通过改变诱导信息发布策略进行灵敏度分析，以进一步评估各变量与出行选择间的内在关系，结果如表 4 所示。该表展示了诱导原因和信息强度发生变化时，各方案被选比例的变化情况。无论从个体最优还是系统最优角度出发，诱导信息都会显著影响乘客出行选择。例如，无诱导信息时，类型 2 及第二阶段下的方案 B6 被选择概率为 28.53%，当该方案被低强度且从乘客最优角度出发的诱导信息推荐时，被选择概率上升到 35.97%。此外，在第一阶段，诱导信息可以减少选择原地等待的乘客比例，这有助于缓解乘客滞留压力。

灵敏度分析结果表　　　　　　　　　　　　　　表 4

类型	阶段	方案	信息发布策略						
			无诱导	策略 1	策略 2	策略 3	策略 4	策略 5	策略 6
1	1	B6	1.98%	7.38%	—	6.49%	6.54%	—	3.52%
		B7	1.05%	3.55%	—	2.96%	—	—	—
	2	B6	71.45%	85.34%	—	83.61%	81.85%	—	78.96%
		B7	28.55%	50.88%	—	—	48.78%	—	—
2	1	B4	2.86%	6.35%	9.75%	5.68%	6.09%	8.83%	5.28%
		B5	3.34%	8.32%	—	7.64%	7.85%	—	6.76%
		B6	2.26%	3.24%	—	2.83%	3.11%	—	2.59%
		B7	2.33%	2.79%	—	—	3.56%	—	—

续上表

类型	阶段	方案	信息发布策略						
			无诱导	策略1	策略2	策略3	策略4	策略5	策略6
2	2	B4	25.02%	54.25%	63.96%	49.43%	51.08%	60.37%	46.75%
		B5	25.91%	57.35%	—	52.37%	52.24%	—	50.82%
		B6	28.53%	35.97%	—	31.73%	48.64%	—	30.48%
		B7	20.54%	26.84%	—	—	39.04%	—	—
3	1	B2	59.75%	78.95%	84.76%	74.93%	75.85%	81.85%	71.10%
		B3	42.62%	74.45%	—	70.52%	71.03%	—	67.35%
		B6	3.86%	23.35%	—	19.08%	10.90%	—	5.88%
		B7	2.82%	13.56%	—	—	8.44%	—	—
4	2	B2	38.47%	69.55%	75.85%	66.37%	67.19%	75.01%	64.81%
		B3	40.30%	72.40%	77.26%	68.29%	70.82%	74.93%	66.77%

注：信息发布策略具体指代内容如表5所示。

信息发布策略对照表　　表5

策略		策略1	策略2	策略3	策略4	策略5	策略6
诱导原因	乘客出行效益最优	√	√	√			
	地铁系统效益最优				√	√	√
信息强度	低信息强度	√			√		
	中信息强度		√			√	
	高信息强度			√			√

3　结语

客流诱导是地铁服务中断时重要的应急管理措施，掌握诱导信息对乘客出行选择行为的影响机理对提升客流诱导效果具有重要意义。本文首先对地铁服务中断场景进行全面重构并梳理该场景下乘客出行决策框架。然后基于问卷数据标定该场景下的出行行为模型。研究表明：①从乘客最优和地铁系统最优角度出发的诱导信息均对乘客出行选择有正向影响。因此，应发挥诱导信息的积极作用，利用各种媒介鼓励乘客注意并遵循诱导信息。②中等强度的信息可以最大限度地提高乘客对推荐方案的认可度，而过高强度的信息对改变出行行为有显著的负面作用。因此，在地铁服务中断期间应向乘客提供精简、精准的信息，避免过度的信息推送。③在不同中断场景和选择阶段，乘客对出行时间、出行费用及诱导信息的感知权重存在差异。因此应根据乘客出行特征及相对位置提供个性化诱导信息。本研究为地铁服务中断下的诱导信息发布提供了理论基础，但本研究仅在北京市随机进行调查，对经历过地铁服务中断的乘客进行针对性调查是未来的改进方向之一。此外，交叉巢式 Logit 模型（Cross-Nested Logit，CNL）或许更适合于本研究所描述的选择场景，但经过尝试，CNL 模型表现不佳，因此采取在 MNL 模型的基础之上通过场景联合变量区分选择差异的方式，未来应继续探索。

参考文献

[1] YANG T Y, ZHAO P, QIAO K, et al. Vulnerability Analysis of Urban Rail Transit Network by Considering the Station Track Layout and Passenger Behavior [J]. Journal of Advanced Transportation, 2021, 2021:1-10.

[2] HURK D V E, KROON L, MARSTI G. Passenger Advice and Rolling Stock Rescheduling Under Uncertainty for Disruption Management [J]. Transportation Science, 2018, 52(6):1391-1411.

[3] CURRIE G, MUIR C. Understanding Passenger Perceptions and Behaviors During Unplanned Rail Disruptions [J]. Transportation Research Procedia, 2017, 25:4392-4402.

[4] LENG N, CORMAN F. The role of information

availability to passengers in public transport disruptions：An agent-based simulation approach [J]. Transportation Research Part A：Policy and Practice,2020,133：214-236.

[5] YIN H D,WU J J,LIU Z Y,et al. Optimizing the release of passenger flow guidance information in urban rail transit network via agent-based simulation [J]. Applied Mathematical Modelling,2019,72：337-355.

[6] LI M,LIN X,HE F,et al. Optimal locations and travel time display for variable message signs [J]. Transportation Research Part C：Emerging Technologies,2016,69：418-435.

[7] 许心越,谢兰诗雨.诱导信息下城市轨道交通乘客路径选择行为研究[J].交通运输系统工程与信息,2022,22(3)：63-73.

[8] KLEIN I,BEN-ELIA E. Emergence of cooperative route-choice：A model and experiment of compliance with system-optimal ATIS [J]. Transportation Research Part F：Traffic Psychology and Behaviour,2018,59：348-364.

[9] 于丁原,姚恩建,刘莎莎,等.运营突发事件下城市轨道交通诱导信息发布策略研究[J].交通运输系统工程与信息,2023,23（5）：227-237.

机动化群组对小汽车出行的潜在影响分析

蔡余坤[*1,2]　孙轶琳[2,3]　朱斯杰[3,4]

（1.浙江大学工程师学院；2.浙江大学平衡建筑研究中心；
3.浙江大学建筑工程学院；4.浙江大学建筑设计研究院有限公司）

摘　要　随着我国机动化高速发展,小汽车保有量及使用量的激增带来了一系列问题,如交通拥堵和环境污染等。以往研究从时空维度探讨了对小汽车出行的影响因素,而对小汽车出行的潜在影响因素需要进一步分析。本研究通过引入机动化群组变量,构建年龄-时期-群组-学龄分析模型,探究对小汽车出行的潜在影响因素。结果表明机动化群组确实存在,并与年龄、时期共同潜在影响家庭小汽车的保有和使用。不同群组、年龄和时期的小汽车保有和使用不同,由群组效应可见青少年时期养成的出行习惯对于成年后小汽车使用影响显著。本研究的结论可为城市发展公共交通、减少小汽车出行使用等交通需求管理政策的制定提供理论依据。

关键词　交通规划　出行行为　群组分析　机动化群组　小汽车保有

0　引言

在十四五规划中,我国明确把"碳达峰、碳中和"纳入生态文明建设整体布局[1]。城市交通的碳排放在城市总碳排放中占比较大,根据相关预测,中国交通运输业的 CO_2 排放量在 2035 年将占到总排量的 13% 左右[2]。随着我国城市经济高速发展,城市居民出行机动化程度不断提高,小汽车保有量呈现快速增长态势,截至 2020 年底我国小汽车保有量为 28087 万辆[3],是 2010 年 6124.13

万辆的 4.59 倍[4]。因此,小汽车出行相关研究是重中之重。

近些年,大量研究集中在了小汽车的保有和使用上,Andrea Chicco[5]和 Taru Jain[6]等研究发现共享汽车会员制会很大程度上减少居民的小汽车保有量。而职住地的建成环境[7]和社会人口学因素[8]会在时空维度上对小汽车的使用产生较大的影响,刘柯良等[9]用停车场停车位利用率反映小汽车使用行为,验证了社区建成环境对小汽车使用行为存在非线性影响。朱佳欣等[10]发现个

基金项目：浙江省"尖兵""领雁"研发攻关计划项目(2023C01240)、浙江大学平衡建筑研究中心配套资金资助、国家自然科学基金重点项目(No. 52131202)

人的出行习惯会对他们的方式选择产生很大影响。

Frost[11]提出从年龄、时期、群组三维度对肺结核数据进行研究以来,年龄-时期-群组分析在流行病学、人口学及社会学研究中发挥重要作用。Mason,K. 等[12]用年龄、时代和群组的联合函数的形式来解释从属变量,从而解决识别问题。群组分析的关键在于其共变关系的分割,在本研究中,将每个机动化发展阶段作为分割点来进行分析。

因此,本研究提出了机动化群组的概念,基于杭州市 2010 年、2015 年和 2023 年的时间序列出行数据,采用群组分析方法,以家庭人均小汽车保有量、小汽车出行比例和小汽车出行时长这三个出行特征来代表小汽车保有和使用特性,分析群体所经历小汽车发展阶段对他们保有和使用小汽车意愿的潜在影响。

1　杭州市小汽车保有和使用特征

本研究使用的数据为杭州市 2010 年、2015 年、2023 年的居民出行调查数据,分别在 2010 年、2015 年、2023 年采用问卷调查的方式,通过入户或网络调查的方式对杭州市居民进行抽样调查,2010 年调查回收有效样本 20151 个,2015 年调查回收有效样本 449 个,2023 年调查回收有效样本 7411 个,总计调查数据样本有效个体 28011 个。

从图 1 可知,2010 年、2015 年、2023 年杭州市家庭小汽车保有量逐渐增高,2015—2023 年增幅很小,可知杭州市的家庭小汽车保有量近些年逐渐稳定。在小汽车出行方面,2015 年小汽车出行比例最高,2023 年其次,可见杭州居民对小汽车出行的依赖近年来逐渐减少。除了时期因素外,不同年龄段的小汽车使用也有较大差异,随年龄增长呈先升后降的趋势。

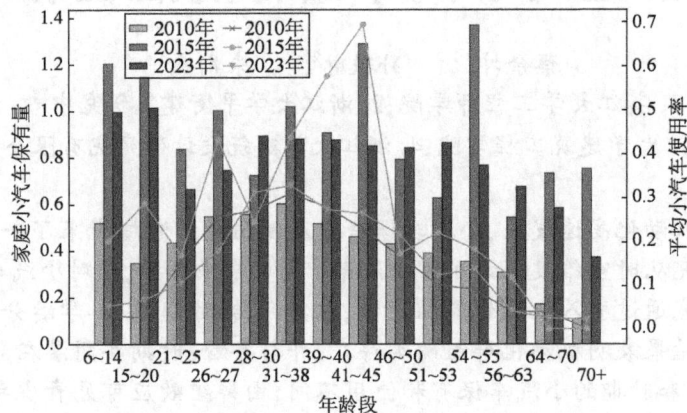

图 1　家庭小汽车保有量和小汽车出行比例

2　机动化群组划分

群组是具有相同特征的某一类事物的组合。群组分析是将原先单一样本的单一共变关系分割成数个平行共变结构,进而对这些共变结构进行评析进而分析影响因素对不同总体的影响是否具有等同性的方法。

我国的机动化发展与经济发展紧密相连,新中国成立以来,中国经济发展经历几个重大转折,1978 年改革开放后,中国汽车工业逐渐开始发展,90 年代前后中国开始了自主研发制造汽车,中国经济进入快速发展阶段,2001 年中国加入 WTO,经济正式腾飞。结合中国家庭小汽车保有量的变化情况(图 2)和中国经济发展的关键节点,将中国机动化发展分为五个阶段:分别是机动化前阶段(1979 年及以前)、初始发展阶段(1980—1989 年)、低速发展阶段(1990—2004 年)、高速发展阶段(2005—2015 年)、平稳发展阶段(2016—至今)。

按照我国规定,有资格获得机动车驾驶证的最低年龄为 18 岁,而我国青年进入社会工作的平均年龄为 20 岁,本文认为被测者在 20 岁时初步具有驾驶资格和经济能力来自主使用小汽车,因此本文将被测者在 20 岁时所处的机动化发展阶段作为他所属的机动化群组。

计算公式如式(1)所示:

$$年龄 = 时期 - 群组 + 20 \tag{1}$$

根据计算公式可得机动化群组与年龄的映射表,见表 1。

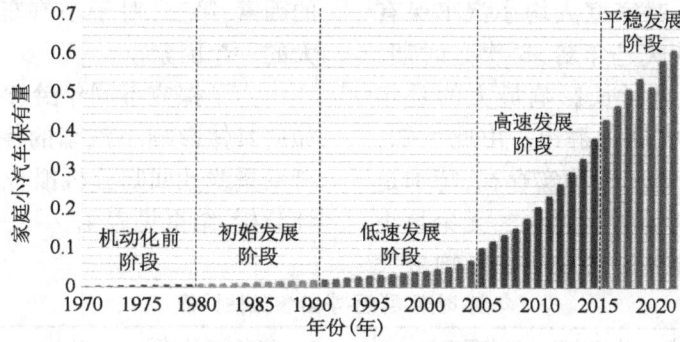

图 2 中国机动化发展阶段图

年龄-时期-群组映射表（岁） 表1

群组	时期（年）		
	2010	2015	2023
机动化前阶段	≥51	≥56	≥64
初始发展阶段	41～50	46～55	54～63
低速发展阶段	26～40	31～45	39～53
高速发展阶段	20～25	20～30	28～38
平稳发展阶段	—	—	20～27

APC 分析模型存在"不可识别"难题,即年龄、时期和群组三个变量之间存在完全线性关系,模型无法得求唯一解。因此本文引入另一群组特征变量——学龄,结合特征变量法[11,13]来解决"不可识别"难题。

3 APCE 模型构建及群组分析

本文通过引入学龄变量来解决时期、年龄、群组之间完全线性相关的问题,构建了 APCE 模型,构建了如下模型计算式(2),APCE 模型变量表见表2。

$$Y = \beta_0 + \beta_i A_i + \beta_j P_j + \beta_k C_k + \beta_t E_t + \varepsilon \quad (2)$$

APCE 模型变量表 表2

变量名		含义
Y	因变量	家庭人均小汽车保有量,小汽车出行比例,小汽车出行时长
A_i	年龄	i:15～20, 20～25, 26～27, 28～30, 31～38, 39～40, 41～45, 46～50, 51～53, 54～55, 56～63, 64-70, 70+
P_j	时期	j:2010, 2015, 2023
C_k	群组	k:机动化前阶段,初始增长阶段,低速增长阶段,高速增长阶段,平稳发展阶段
E_t	学龄	t:6年及以下, 7～9年, 10～12年, 13～16年, 17年及以上

年龄-时期-群组-学龄主体方差检验结果见表3。

年龄-时期-群组-学龄主体方差检验结果 表3

因变量	家庭人均小汽车保有量		小汽车出行比例		小汽车出行时长	
	III 类平方和	F	III 类平方和	F	III 类平方和	F
修正模型	132.567***	202.875	361.720***	146.326	2338373.115***	53.909
截距	91.762***	2808.573	87.947***	711.543	593197.024***	273.51
年龄	10.224***	31.292	53.504***	43.288	274532.54***	12.658
时期	8.785***	134.443	3.805***	15.391	73605.923***	16.969
群组	0.39**	2.987	5.194***	10.506	103948.835***	11.982
学龄	17.503***	133.93	39.117***	79.12	241157.943***	27.798
误差	810.009	—	3064.313	—	53769680.88	—
总计	1559.969	—	4203.909	—	60667682	—
修正后总计	942.576	—	3426.033	—	56108054	—
调整后 R 方	0.14		0.105		0.041	

注:*表示显著性水平 $\alpha < 0.1$。**表示显著性水平 $\alpha < 0.05$。***表示显著性水平 $\alpha < 0.01$。

通过方差分析可知,对家庭人均小汽车保有量影响最大的是学龄,其次是年龄,再次是时期。对小汽车出行比例和出行时长影响最大的是年龄,其次是学龄,再次是机动化群组。由此可知,第一,机动化群组这一影响因素确实存在,特别是对小汽车出行和使用的影响较大;第二,无论是小汽车保有还是使用,年龄和学龄始终是影响最大的因素;第三,对于小汽车保有,时期也是影响较大的一个因素。

为了探究不同年龄、时期、机动化群组和学龄如何具体影响小汽车的保有和使用,进一步使用哑变量线性回归分析拟合 APCE 模型进行参数估计分析,结果见表4。

年龄-时期-群组-学龄参数估计值　　　　　　　　表4

因变量		家庭人均小汽车保有量		小汽车出行比例		小汽车出行时长	
		Beta	t	Beta	t	Beta	t
	(常量)	—	13.233	—	4.734	—	3.82
年龄	21~25	0.008	0.329	0.068**	2.68	0.054**	2.041
	26~27	0.06***	3.673	0.09***	5.363	0.047***	2.731
	28~30	0.1***	5.342	0.14***	7.279	0.074***	3.724
	31~38	0.135***	4.996	0.259***	9.408	0.145***	5.079
	39~40	0.068***	4.863	0.125***	8.725	0.081***	5.426
	41~45	0.107***	7.251	0.176***	11.765	0.084***	5.444
	46~50	0.125***	7.614	0.153***	9.129	0.055***	3.16
	51~53	0.093***	11.515	0.062***	7.487	0.034***	4.007
	54~55	0.068***	9.511	0.051***	6.879	0.031***	4.043
	56~63	0.077***	8.098	0.038***	3.845	0.011	1.109
	64~70	0	—	0	—	0	—
时期	2010	−0.257***	−11.048	−0.129***	−5.416	−0.098***	−3.993
	2015	0	—	0	—	0	—
	2023	−0.058***	−2.402	−0.093***	−3.823	−0.144***	−5.681
群组	机动化前阶段	−0.134**	−2.668	0.085*	1.666	0.041	0.783
	初始发展阶段	−0.068**	−2.029	0.055	1.612	0.067*	1.881
	低速发展阶段	−0.061**	−2.228	0.103***	3.687	0.086***	2.965
	高速发展阶段	−0.014	−0.974	0.065***	4.371	0.009	0.565
	平稳发展阶段	0	—	0	—	0	—
学龄	6年及以下	−0.191***	−9.097	−0.187***	−8.732	−0.127***	−5.728
	7~9年	−0.127***	−8.751	−0.114***	−7.695	−0.068***	−4.45
	10~12年	−0.358***	−11.352	−0.269***	−8.363	−0.182***	−5.479
	13~16年	−0.187***	−6.307	−0.14***	−4.641	−0.104***	−3.325
	17年及以上	0	—	0	—	0	—

注:*表示显著性水平 $\alpha < 0.1$。**表示显著性水平 $\alpha < 0.05$。***表示显著性水平 $\alpha < 0.01$。

由表4中可知,在年龄因素中,64~70岁人群的小汽车保有量和小汽车使用量最少,31~38岁人群的小汽车保有量和小汽车使用量最多。在时期因素中,家庭人均小汽车保有量2010年到2023年先增加后下降,2023年被测者的小汽车使用意愿普遍低于2015年。群组分析(图3)中发现"平稳发展阶段"人群的家庭人均小汽车保有量最高,小汽车使用量却最少;而"低速发展阶段"人群的小汽车出行比例和时长都是最高的。学龄因素很明显地表现了高学龄人群(17年及以上)的小汽车保有量和使用量都是最高,而低学龄人群(6年及以下)的小汽车保有和使用情况较差,其中

"10~12年"学龄人群对小汽车的保有量和使用量最低。

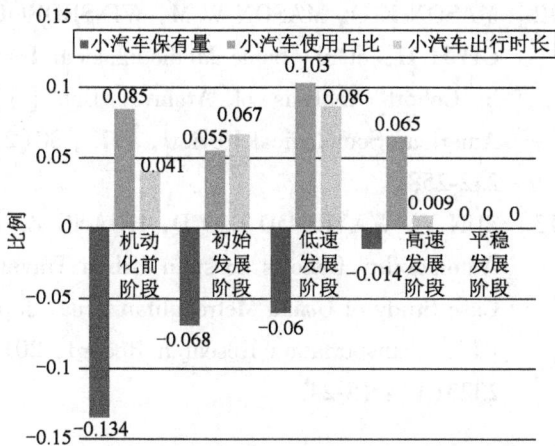

图3 小汽车保有和使用的群组分析

一个有趣的发现是"平稳发展阶段"人群的家庭人均小汽车保有量最高，但小汽车使用量却是最少的，这与Sun[13]研究日本大阪地区的结果非常类似，可见随着杭州经济发展，"平稳发展阶段"人群的家庭小汽车保有量较高，但随着杭州市公共交通尤其是地铁线的完善，公共交通出行思想深入人心，他们会使用公共交通出行来代替部分小汽车出行；而"低速发展阶段"人群表现出了截然不同的态度，他们的小汽车出行比例和时长都明显大于其他群组，一个可能的原因是"低速发展阶段"人群在公共交通快速发展前已大量使用小汽车出行，养成依赖小汽车出行的习惯，近些年杭州市的公共交通发展并不会使他们改变思想惯性转而去尝试公共交通。综上可见群体所处的机动化发展阶段会对他们机动化出行习惯的形成有潜在影响。公共交通发展对于中年人的影响远不如青少年。综上可知机动化群组在对杭州市居民的小汽车保有和出行使用分析中起着非常重要的作用。

4 结语

研究结果表明，机动化群组对小汽车出行的潜在影响因素确实存在，与年龄、时期、学龄共同影响家庭小汽车的保有和使用。其中"机动化前阶段"人群的小汽车保有量较低，而"初始增长阶段"和"低速增长阶段"人群具有更高的小汽车出行意愿。"平稳发展阶段"人群的小汽车保有量最高但小汽车使用却最少，可见机动化群组因素对小汽车使用有较大的影响。其次，本研究发现公共交通的建设对于青少年的出行习惯改变远大于中年人，持续的公共交通系统建设与完善将会在新一代青年人成长起来后有更显著的效果。

根据本研究的结果与发现，可以提出以下几点建议。第一，公共交通的发展对青年群体出行选择有潜移默化的影响，生活在公共交通发达年代的青少年之后也会更倾向于使用公共交通出行来代替小汽车出行。因此，我国应继续大力发展公共交通，继续提高公共交通的便利性、可达性。第二，针对"初始发展阶段"和"低速发展阶段"人群，可采取鼓励引导和收费限制等手段，让这类人群逐渐减少对小汽车出行的过度依赖。本研究的结论可以为交通规划、交通政策等实施提供理论依据。后续研究可以继续加入新的群组特征变量，从不同角度来剖析居民小汽车保有和使用的意愿，为制定交通需求管理相关政策提供依据。

参考文献

[1] 联合国. 联合国大会第七十五届会议第四次全体会议[R]. A/75/PV.4,2020：21-23.

[2] International Energy Agency. World energy outlook [R]. International Energy Agency, Paris, France, 2013.

[3] 中国国家统计局.2020年国家统计年鉴[M]. 北京：中国统计出版社,2010:16-20.

[4] 国家统计局. 国家数据[EB/OL]. https://data. stats. gov. cn/easyquery. htm? cn = C01&zb = A0G0I&sj = 2020,2020.

[5] CHICCO A, DIANA M, LOOSE W, et al. Comparing car ownership reduction patterns among members of different car sharing schemes operating in three german inner-city areas[J]. Transportation Research Part A：Policy and Practice, 2022, 163：370-385.

[6] JAIN T, ROSE G, JOHNSON M. Changes in private car ownership associated with car sharing：gauging differences by residential location and car share typology [J]. Transportation, 2022, 49(2)：503-527.

[7] 王晓全. 职住地建成环境影响下居民小汽车依赖行为分析与建模[D]. 北京：北京交通大学, 2022.

[8] HE M, HE C, SHI Z, et al. Spatiotemporal

Heterogeneous Effects of Socio-Demographic and Built Environment on Private Car Usage: An Empirical Study of Kunming, China[J]. Journal of Transport Geography, 2022, 101: 103353.

[9] 刘柯良, 陈坚, 祝烨, 等. 社区建成环境对小汽车使用行为的非线性影响模型[J]. 北京交通大学学报, 2022, 46(3): 49-56.

[10] 朱佳欣, 贾顺平. 轨道线路调整后考虑习惯影响的居民出行方式变化[J]. 科学技术与工程, 2021, 21(5): 2079-2084.

[11] 苏晶晶, 彭非. 年龄—时期—队列模型参数估计方法最新研究进展[J]. 统计与决策, 2014(23): 21-26.

[12] MASON K O, MASON W M, WINSBOROUGH H H, et al. Some Methodological Issues in Cohort Analysis of Archival Data[J]. American Sociological Review, 1973, 38(2): 242-258.

[13] SUN Y, WAYGOOD E O D, HUANG Z. Do Automobility Cohorts Exist in Urban Travel?: Case Study of Osaka Metropolitan Area, Japan[J]. Transportation Research Record, 2012, 2323(1): 18-24.

基于 G-MNL 模型的集卡司机停车场选择行为研究

陈巽乾[1,2]　刘少博[1,2]　潘晓锋[*1,2]
(1. 武汉理工大学智能交通系统研究中心; 2. 交通信息与安全教育部工程研究中心)

摘　要　为了解决集装箱卡车(集卡)停车难的问题, 本文构想了一种"共享式"停车位, 并调查集卡司机的停车场选择行为。首先, 通过意向调查和发放网络问卷的形式获取数据; 然后, 使用广义多项Logit模型(G-MNL模型)拟合停车调查数据, 分析各类影响因素对集卡司机选择行为的影响。模型表明: G-MNL模型结果修正 ρ^2 为 0.379, 拟合效果较好; 停车场到居住地的距离、停车场收费价格、停车场是否有监控、违停罚款金额、手机一键查询附近停车场位置及空闲车位数和停车场附近是否有共享电动车对集卡司机停车选择行为有显著影响, 且该影响普遍存在异质性。个人属性方面, 年龄、学历、集卡车辆归属权和工作年限的影响较为显著: 车辆归集卡司机所有、年纪较大、工作年限为 1~5 年以及学历较高的司机更愿意选择"共享式"停车方式。

关键词　停车选择行为　集装箱卡车　共享停车　G-MNL模型

0　引言

集装箱运输业的发展以及港区作业量的提高, 使得集卡车的数量不断增加, 集卡停车的需求越发迫切, 从而导致集卡车无处停放或乱停乱放等现象经常发生, 形成了集卡车停车难的局面。因此, 本文在原有"独享式"包月停车和就近停车的基础上构想了一种"共享式"的停车方式。共享停车[1]是指相邻的土地使用者共用停车场以减少停车泊位总量的一种新型停车方式。该停车方式因其优越的停车供给能力以及节约土地利用的特点, 成为了解决停车难问题的重要方法。但是集卡司机对于这一停车方式的接受意愿还有待研究。

国内外学者对停车选择行为已有许多研究成果。Chaniotakis 等[2]运用多项 Logit 模型(MNL 模型)、巢式 Logit 模型(NL 模型)和机器学习模型(ML 模型)研究驾驶人考虑停车搜索时间和寻找

基金项目: 国家重点研发计划项目(2021YFB2601300)。

停车位的不确定性的停车选择。Kobus 等[3] 构建 Probit 模型研究停车价格对驾驶人选择路内停车还是路外停车的选择影响。Caicedo 等[4] 建立了交叉嵌套式 Logit 模型（CMNL 模型）和 MNL 模型研究人的停车选择行为，并发现 CMNL 模型和 MNL 模型有着显著不同。Xue 等[5] 从有限性角度出发，考虑个体属性和出行属性对停车预约行为的影响。胡小海等[6] 对多因素影响下的停车行为时间价值进行研究。秦焕美等[7] 考虑心理感知因素，分析不同出行目的下的出行者的停车选择行为。Zhang 等[8] 认为价格是影响停车选择的显著要素。

从以往的研究成果来看，离散选择模型在停车选择行为研究中有着相当广泛的应用。本文以宁波北仑区港口的集卡司机停车选择为研究对象，收集意向偏好（stated preference，SP）数据，构建 G-MNL 模型，进而研究集卡司机对停车方式的选择行为，以便更好地制定停车策略，解决集卡停车难的问题。

1 实验设计和问卷调查

1.1 SP 调查问卷设计

首先设计集卡司机停车选择的情景题，每个情景题包含 3 个选项，即"独享式"包月停车（ES）、"共享式"包月停车（SS）、就近停车（TP），受访司机需要根据给定的情景选择其认为最优的停车方式。在 3 种停车方式中，本研究考虑了如下 10 个属性：停车场到居住地的距离（DR）、停车场到生活区的距离（DD）、停车场到就近港区的距离（DH）、停车场五公里以内堆场数量（NS）、停车场收费价格（CO）、由谁支付停车费（PC）、违停罚款金额（FN）、手机一键查询附近停车场位置及空闲车位数（IQ）、停车场是否有监控系统（MO）、停车场附近是否有共享电动车（SE）。为了了解集卡司机对"共享式"停车方式的偏好，需要对不同的选择属性设置不同的水平，每个属性的具体水平设置情况如表 1 所示。

SP 调查属性及水平设置 表 1

属性	选项	水平1	水平2	水平3	水平四
DR	ES/SS	1公里	3公里	6公里	9公里
	TP				
DD	ES/SS	100 米	500 米	1000 米	1500 米

续上表

属性	选项	水平1	水平2	水平3	水平四
	TP				
DH	ES/SS	5公里	10公里	15公里	20公里
	TP				
NS	ES/SS	1个	2个	3个	4个
	TP				
CO	ES	600 元/月	800 元/月	1000 元/月	1200 元/月
	SS	50 元	100 元	150 元	200 元
	TP	20 元/天	30 元/天	40 元/天	50 元/天
PC	ES/SS	自己	车队老板		
	TP	自己			
FN	ES/SS				
	TP	100 元	150 元	200 元	250 元
IQ	ES/SS				
	TP	可以	不可以		
MO	ES/SS/TP	有	没有		
SE	ES/SS/TP	有	没有		

注：共享式停车方式（SS）的停车场收费（CO）是在独享式停车方式（ES）的基础上随机优惠 50/100/150/200 元。

本研究采用正交设计方法[9]，总共得到 48 组具有代表性的选择情景。将 48 组问卷分成 12 组，每组 4 道题——受访者只需回答其中 4 道题即可。图 1 给出一个情景题选择题。受访者会根据每个停车方式给出的属性，选择其认为最优的停车方式。

属性	"独享式"包月停车	"共享式"包月停车	就近停车
停车场到居住地的距离	1公里	6公里	—
停车场到生活区的距离	500米	100米	—
停车场到最近港区的距离	10公里	5公里	—
停车场5公里以内的堆场数量	2个	4个	—
停车场收费价格	1200元/月	1050元/月	50元/天
由谁支付停车费（不包含违停罚款）	车队老板	车队老板	自己
违停罚款金额（自己支付）	—	—	100元/次
手机一键查询附近停车场位置及空闲车位数	—	—	可以
停车场是否有监控系统	没有	有	没有
停车场附近是否有共享电动车	有	没有	有

图 1 基于意向调查实验情景题（示例）

1.2　问卷调查

问卷分成 2 个部分:第 1 部分,收集受访者的个人属性,主要包括受访者的年龄、性别、最高学历、从事集卡运输的年限、集卡车辆归属权等信息。第 2 部分是基于意向调查实验设计的情景选择题。问卷调查在宁波市北仑区面向集卡司机展开,采用网络发放形式,共收集到有效问卷 386份,意向行为观察数据 1544 条。受访者的个人属性统计情况如表 2 所示。

受访者个人属性统计　　　　表 2

属性名称	属性	百分比(%)
年龄	18～30 岁	4.13
	31～40 岁	39.65
	41～50 岁	45.34
	大于 50 岁	10.88
性别	男	99.22
	女	0.78
学历	小学及以下	1.81
	初中	55.70
	高中/中专	35.49
	职业技校	2.33
	大学/大专	4.67
从事集卡运输年限	1～5 年	37.57
	6～10 年	29.53
	11～15 年	18.13
	16 年以上	14.77
集卡车辆归属权	自己	52.33
	车队老板	37.05
	自己和老板共有	10.62

在关于停车方式选择方面,13.86% 的司机选择了"独享式"包月停车、42.1% 的司机选择了"共享式"包月停车、44.04% 的司机选择了就近停车。可以看到,在设定的实验情景下,司机较青睐于"共享式"包月停车方式,该停车方式得到了不错的反响。

2　停车选择模型构建

本研究构建 G-MNL 模型[10]研究集卡司机停车选择行为。该模型嵌套了混合 logit 模型[11]和尺度异质性 MNL 模型(S-MNL 模型),它保留了混合 logit 模型的简单性,但能更好的适用规模和选择偏好的异质性。G-MNL 模型可以解释表现出

"词典化"偏好的受访者和表示出非常"随机"行为的受访者,而这些是混合 logit 模型不能解释的。

G-MNL 模型效用函数如公式(1)所示:

$$U_{njt} = [\sigma_n \beta + \gamma \eta_n + (1-\gamma)\sigma_n \eta_n] X_{njt} + \varepsilon_{njt} \quad (1)$$

其中,σ_n 是集卡司机 n 的随机项尺度参数,其必须是正数;$\sigma_n \beta$ 说明属性参数按 σ_n 比例放大或缩小;γ 在 0-1 之间,代表剩余偏好异质性的方差如何随规模变化;η_n 是集卡司机 n 属性参数值偏离均值差组成的向量;X_{njt} 表示第 n 个司机第 j 个属性;ε_{njt} 为随机项。

为了将 σ_n 约束为正值,对 σ_n 进行处理:

$$\sigma^d = \exp(\overline{\sigma} + \tau \varepsilon_0^d) \quad (2)$$

G-MNL 模型的选择概率如公式(3)所示:

$$P_n = \frac{1}{D}\sum_{d=1}^{D}\prod_t\prod_j$$

$$\left(\frac{\exp(\sigma^d\beta + \gamma\eta^d + (1-\gamma)\sigma^d\eta^d)x_{njt}}{\sum_{k=1}^{j}\exp(\sigma^d\beta + \gamma\eta^d + (1-\gamma)\sigma^d\eta^d)x_{nkt}}\right)^{y_{njt}} \quad (3)$$

其中,σ^d 约束为正值;η^d 服从均值为 0,方差为 ϵ 的多维正态分布;ε_0^d 是服从标准正态分布的标量;$d = 1,\cdots,D$;y_{njt} 表示第 n 个司机在第 t 时刻选择选项 j 停车方式,则 y_{njt},否则为 0。τ 是 σ_n 分布的标准差,当估计结果中 $\tau > 0$,G-MNL 模型接近于 S-MNL;当 $\tau < 0$ 说明 G-MNL 模型接近混合 logit 模型。

3　模型参数估计与结果分析

3.1　变量设计

在 G-MNL 模型中变量个数为 26 个,其中 10个变量是停车方式的属性变量(如停车场到生活区的距离、停车场到居住区的距离以及停车场到港区的距离等),其中假设停车场到居住地的距离、停车场到生活区的距离、停车场到就近港区的距离、停车场 5 公里以内堆场数量、停车场收费价格、违停罚款金额为连续变量,由谁支付停车费、手机一键查询附近停车场位置及空闲车位数、停车场是否有监控系统、停车场附近是否有共享电动车为哑元编码(dummy coding)[12]变量,其余 16个变量是使用哑元编码形式的个人属性(如车辆归属权、年龄等)。由于不同集卡司机存在选择偏好的异质性,所以假设停车场收费价格(CO)属性变量服从对数正态分布,其余属性变量均服从正态分布。

3.2 参数估计

本文基于 R 软件运用极大似然估计对 G-MNL 模型参数进行估计。G-MNL 模型采用仿真的方法计算[13],应用 Halton 序列[13]生成随机数,随机抽样 100 个随机数以模拟该随机项的分布。模型参数估计结果如表 3 所示。其中不显著变量已被剔除。

模型参数估计结果   表 3

属性		估计值	标准误	P 值
常数项				
	独享式(ES)	0.000	—	—
	共享式(SS)	-1.615	2.857	0.0572
	就近(TP)	4.849	2.860	0.090
停车属性				
	停车场到居住地的距离 DR	-0.133	0.054	0.013*
	停车场到生活区的距离 DD	-2.2×10^{-4}	2.7×10^{-4}	0.424
	停车场到就近港区的距离 DH	5.1×10^{-6}	0.022	0.999
	停车场五公里以内堆场数量 NS	-6.7×10^{-4}	0.130	0.995
	停车场收费价格 CO	-82.573	29.822	0.006**
	由谁支付停车费 PC	-0.497	0.355	0.161
	违停罚款金额 FN	-0.019	0.006	0.001**
	手机一键查询附近停车场位置及空闲车位数 IQ	0.696	0.383	0.069
	停车场是否有监控系统 MO	0.600	0.204	0.003**
	停车场附近是否有共享电动车 SE	-0.798	0.315	0.011*
个人属性				
集卡车辆归属权	老板(ES)	0.000		
	老板(SS)	1.616	0.922	0.079
	老板(TP)	-1.584	1.146	0.167
	自己(ES)	0.000		
	自己(SS)	2.601	1.009	0.009**
	自己(TP)	0.517	0.963	0.591
	自己和老板	0.000		
年龄	18~30 岁(ES)	0.000		
	18~30 岁(SS)	-0.707	4.380	0.871
	18~30 岁(TP)	14.107	5.691	0.013*
	31~40 岁(ES)	0.000		
	31~40 岁(SS)	-2.940	1.373	0.032*
	31~40 岁(TP)	3.117	1.803	0.084
	41-50 岁(ES)	0.000		
	41~50 岁(SS)	0.264	1.281	0.837
	41~50 岁(TP)	-2.200	1.566	0.160
	50 岁以上	0.000		
工作年限	1~5 年(ES)	0.000		
	1~5 年(SS)	2.803	1.231	0.023*
	1~5 年(TP)	-1.426	1.185	0.229

续上表

属性		估计值	标准误	P 值
工作年限	6～10 年（ES）	0.000		
	6～10 年（SS）	−2.892	1.181	0.014*
	6～10 年（TP）	−0.036	0.984	0.970
	11～15 年（ES）	0.000		
	11～15 年（SS）	−2.206	1.057	0.037*
	11～15 年（TP）	0.233	0.996	0.815
	15 年以上	0.000		
学历	小学	0.000		
	初中（ES）	0.000		
	初中（SS）	10.971	3.397	0.001**
	初中（TP）	−1.393	1.796	0.438
	高中/中专（ES）	0.000		
	高中/中专（SS）	8.265	2.967	0.005**
	高中/中专（TP）	−3.401	1.821	0.062
	职业技校（ES）	0.000		
	职业技校（SS）	2.885	2.992	0.335
	职业技校（TP）	−5.278	3.185	0.097
	大学/大专（ES）	0.000		
	大学/大专（SS）	5.280	2.708	0.051
	大学/大专（TP）	−16.514	4.044	0.000***
随机参数分布				
停车场到居住地的距离 DR		0.368	0.075	0.000***
停车场到生活区的距离 DD		3.7×10^{-4}	2.4×10^{-4}	0.120
停车场到就近港区的距离 DH		0.061	0.020	0.003**
停车场五公里以内堆场数量 NS		0.816	0.193	0.000***
停车场收费价格 CO		3.632	1.006	0.000***
由谁支付停车费 PC		1.778	0.482	0.000***
停车场是否有监控系统 MO		1.165	0.351	0.000***
停车场附近是否有共享电动车 SE		0.231	0.205	0.260
违停罚款金额 FN		0.030	0.007	0.000***
手机一键查询附近停车场位置及空闲车位数 IQ		2.596	0.590	0.000***
常数项:"独享式"（ES）		0.000		
常数项:"共享式"（SS）		9.367	1.856	0.000***
常数项:就近停车（TP）		6.736	1.343	0.000***
尺度参数 σ_n 分布标准差（τ）		2.104	0.191	0.000***
剩余偏好异质性决定参数（γ）		0.281	0.057	0.000***
受访人数		386		
观测样本数		1544		
极大似然值		−1003.7		
ρ^2		0.408		
修正 ρ		0.379		

3.3 结果分析

根据表3中G-MNL模型参数估计结果,分析结果如下:

(1)在G-MNL模型结果中,τ的估计值为2.104且大于0,说明G-MNL模型接近于S-MNL模型,和混合logit模型存在区别。G-MNL模型结果中,拟合优度指标修正ρ^2为0.379,拟合优度较好。

(2)G-MNL模型结果显示,集卡司机对停车场到居住地的距离、停车场到就近港区的距离、停车场5公里以内堆场数量、停车场收费价格、由谁支付停车费、停车场是否有监控系统、违停罚款金额、手机一键查询附近停车场位置及空闲车位数属性选择偏好存在异质性。对于集卡司机到居住地的距离偏好参数随机分布,其服从均值为-0.133,标准差为0.367的正态分布,仍有35.87%的集卡司机选择停车场与居住地较远的停车方式。对于停车场到就近港区的距离偏好参数随机分布,其服从均值为5.1×10^{-6},标准差为0.061的正态分布,同样仍有50%的集卡司机选择停车场离港区距离较远的停车方式。对于停车场5公里以内堆场数量偏好参数随机分布,其服从均值为-6.7×10^{-4},标准差为0.816的正态分布,49.97%的集卡司机选择附近堆场较少的停车方式,50.03%的集卡司机选择附近堆场较多的停车方式。对于停车场收费价格偏好参数随机分布,其服从均值为-82.573,标准差为3.632的对数正态分布,发现所有集卡司机都对价格敏感,选择价格较低的停车方式。对于由谁支付停车费偏好参数随机分布,其服从均值为-0.497,标准差为1.778的正态分布,仍有38.99%的集卡司机选择自己支付停车费用。对于停车场是否有监控系统偏好参数随机分布,其服从均值为0.6,标准差为1.165的正态分布,仍有30.33%的集卡司机选择没有监控系统的停车场。对于违停罚款金额偏好参数随机分布,其服从均值为-0.019,标准差为0.030的正态分布,26.15%的集卡司机选择自己交违停罚款金额。对于手机一键查询附近停车场位置及空闲车位数偏好参数随机分布,其服从均值为0.696,标准差为2.596的正态分布,发现60.57%的集卡司机选择可以一键查询空闲车位的停车场。

(3)个人属性方面,集卡车辆归属权、年龄、工作年限和学历均有显著影响。其中车辆归属权方面,以车辆为老板和集卡司机共有变量作为基准,"共享式"停车方式车辆归属集卡司机的参数估计值为正值,说明与车辆归属老板和集卡司机相比,车辆归属自己的集卡司机更愿意选择"共享式"停车方式。这可能因为车辆归属自己的集卡司机更注重经济效益,选择"共享式"停车方式能节省成本。年龄属性方面,以50岁以上的集卡司机作为基准,18~30岁的集卡司机选择就近停车方式的参数估计值为正值,说明与年龄较大集卡司机相比,年轻人更愿意选择就近停车,这可能是年轻人比较注重效率和方便性,不想花额外的时间寻找停车位。31~40岁的集卡司机选择"共享式"停车方式的参数估计值为负值,说明年长的集卡司机更愿意选择"共享式"停车方式,这可能是因为"共享"的概念吸引年龄较大的集卡司机,且能减少停车过程中的行走和搬运负担。工作年限方面,以15年的以上作为基准,工作年限为1~5年的集卡司机选择"共享式"停车方式估计值为正,6~10年和11~15年的估计值都为负值,说明工作年限为5年以下的集卡司机选择"共享式"停车方式的意愿最大,5年以上的集卡司机选择意愿开始下降,但15年以上的集卡司机选择"共享式"停车方式的意愿大于6~15年,这可能因为刚开始工作的司机更能尝试新事物,且在经济上相对紧张。学历方面,以小学学历为基本,不同学历的集卡司机选择就近停车的参数估计值都为负值,选择"共享式"停车方式的参数估计值为正,说明随着学历的提升,选择就近停车的意愿降低,集卡司机会向"共享式"停车方式转移,选择意愿逐渐增加。

3.4 政策建议

根据3.2的参数估计结果和3.3的结果分析,发现不同人群对"共享式"停车方式存在不同的接受意愿,为了解决停车难问题,吸引更多的司机选择"共享式"停车方式,本文提出了如下建议:

(1)定价方面:由于集卡司机在选择停车方式时,比较关注价格因素。因此,在规划停车场时,可以给予司机优惠,以此吸引更多的司机选择"共享式"停车方式。

(2)布局方面:停车场应规划在离居住地较近的地区,同时安装监控设备,保证集卡司机的财产安全。集卡司机对不同的停车方式存在不同的偏好,因此可以设计"独享式"和"共享式"并存的停车场,大部分区域规划为"共享式"停车位,同时保留部分区域作为"独享式"停车位,做好标志标识,以防集卡司机停错位置,在提供更多停车位的同时,也能满足部分司机选择"独享式"停车方式需求。建立数字化平台,通过港区大屏幕、手机等方式,使集卡司机能寻找可用停车位。利用信息预测来优化停车系统,以利于停车管理,减少交通中断。

(3)管理方面:就近停车很容易导致乱停乱放的现象发生,为了创建良好的停车环境,需要确保港区有充足的安全设施,如照明、监控摄像头等,减少乱停放的情况发生。同时,定期收集集卡司机对目前停车政策的满意度,根据实际情况调整停车费用、共享机制等措施,更好地管理集卡车辆的停放,提高货运效率。

4　结语

本文以宁波北仑区集卡停车选择数据为基础,构建 G-MNL 模型,同时考虑个体选择偏好的异质性,对集卡停车方式常数项、停车属性以及个人属性进行参数估计和显著性分析,得到以下结论:

(1)G-MNL 模型的拟合优度较好,适合对集卡司机停车选择行为进行建模。

(2)在停车场属性中,停车场价格、停车场离居住地的距离、停车场是否有监控、违停罚款金额、手机能否查询空闲车位以及停车场附近是否有共享电车等因素影响着集卡司机是否选择"共享式"停车方式。当"共享式"停车方式价格较低、离居住地更近和有监控时,更能吸引集卡司机。

(3)车辆归集卡司机所有、年纪较大、工作年限为 1~5 年以及学历较高的司机更愿意选择"共享式"停车方式。

(4)就近停车在集卡司机占的比重较大,可能会导致乱停乱放的情况发生,因此,需要完善监控设施、合理规划停车场。

然而,本文研究内容主要为调查集卡司机的停车选择行为,后续如何规划停车场的布局还需要进一步研究。

参考文献

[1] 陈永茂,过秀成,冉江宇. 城市建筑物配建停车设施对外共享的可行性研究[J]. 现代城市研究,2010,25(1):21-25.

[2] CHANIOTAKIS E, PEL A J. Drivers' parking location choice under uncertain parking availability and search times:A stated preference experiment[J]. Transportation Research Part A: Policy and Practice,2015,82A:228-239.

[3] KOBUS M B W, GUTIÉRREZ-I-PUIGARNAU E, RIETVELD P, et al. The on-street parking premium and car drivers' choice between street and garage parking[J]. Regional Science and Urban Economics,2013,43(2):395-403.

[4] CAICEDO F, LOPEZ-OSPINA H, PABLO-MALAGRIDA R. Environmental repercussions of parking demand management strategies using a constrained logit model[J]. Transportation Research Part D:Transport and Environment,2016,48:125-140.

[5] XUE Y Q, CHENG L, LIN P, et al. Parking space reservation behavior of car travelers from the perspective of bounded rationality:a case study of Nnanchang city, China[J]. Journal of Advanced Transportation, 2020, 2020(7):1-13.

[6] 胡小海,杨亚璪,张礼平. 基于多因素影响的停车选择行为时间价值研究[J]. 交通科技与经济,2019,21(4):26-31.

[7] 秦焕美,庞千千,王婧. 基于心理感知的停车选择行为分析[J]. 交通科技与经济,2020,22(6):44-48,73.

[8] ZHANG F N,LIU W, WANG X, et al. Parking sharing problem with spatially distributed parking supplies[J]. Transportation Research Part C:Emerging Technologies, 2020, 117:1-23.

[9] 庞超明,黄弘. 试验方案优化设计与数据分析[M]. 南京:东南大学出版社,2018.

[10] FIEBING D G,KEANE M P,LOUVIERE J,et al. The generalized multinomial logit model:accounting for scale and coefficient heterogeneity[J]. Marketing science,2010,29

(3):393-421.

[11] TRAIN K E. Discrete choice methods with simulation [M]. second edition New York: Cambridge University Press,2009.

[12] DALY A,DEKKER T,HESS S. Dummy coding vs effects coding for categorical variables: Clarifications and extensions [J]. Journal of

choice modelling,2016,21:36-41.

[13] BHAT C R. Simulation estimation of mixed discrete choice models using randomized and scrambled Halton sequences[J]. Transportation Research Part B:Methodological,2003,37(9):837-855.

公路出行信息服务质量评价研究

赵　璐* 闻　静 宋　杰 杨鹏程 车春江
（交通运输部路网监测与应急处置中心）

摘　要　依据层次分析法和模糊综合评价法建立公路出行信息服务质量评价模型,从服务内容、服务方式、服务要求、服务效果4个方面建立评价体系,采用精度较高的指数标度 $e^{0/5}-e^{8/5}$ 计算指标权重,并通过满意度调查计算等级隶属度,最终得出评分。结果表明:服务效果对评价结果影响较大,服务满意度、平台活跃度、服务覆盖范围、信息发布时效性、服务内容准确性等指标较为重要,总体评分与"比较满意"持平,服务效果介于"比较满意"和"一般"之间。

关键词　出行信息服务　评价指标体系　层次分析法(AHP)　模糊综合评价法　质量评价

0 引言

随着公路网的逐步加密,公路交通出行日益频繁,人民群众对公路交通的需求已经从原来的"通达、通畅"转变为"高效、便捷",做好当前行业内公路出行信息服务的完善和评价,面向公众出行提供能够提升公路通行效率、出行服务品质的公路交通信息服务,是当下公路网出行服务工作的重要课题。

《交通强国建设纲要》提出"打造一流设施、一流技术、一流管理、一流服务"以及"人民满意度明显提高"的发展要求,《公路"十四五"发展规划》提出"出行信息发布更加及时精准高效,信息发布方式更加丰富多样,公路出行信息服务水平大幅提高"的发展目标,公众满意度在《"十三五"全国干线公路养护管理评价标准》中首次纳入,是干线公路管理工作以人为本、服务于民的重要实践,公众出行服务满意度考核分值的增加,更好地助力了从公众的角度促进行业服务效果提升。各省公路主管部门高度关注和重视公众服务,着力提升

服务质量,但关于公路出行信息服务的评价体系、评价方法研究较少。

通过文献研究,评价研究方法主要有层次分析法、熵值法、逼近理想解排序法(TOPSIS)、神经网络算法、模糊综合评价法等多种方法,AHP-模糊综合评价模型由韩利等[1]提出,该模型在传统的层次分析法的基础上,将定性和定量相结合,有效减少了个人主观臆断带来的影响。温惠英等[2]通过改进的 AHP-模糊评价模型建立城际公交出行满意度模型,并应用该模型准确判断影响服务水平的指标。骆正清等[3]对比了不同标度对排序的影响,提出对精度要求较高的多准则下的排序问题,建议使用指数标度 $e^{0/5}-e^{8/5}$ 或 $e^{0/4}-e^{8/4}$。本文主要根据出行信息服务调研现状、行业发展要求、公众需求,在组织专家研讨、公众满意度调查的基础上,尝试建立一套公路出行信息服务质量评价指标体系,并利用层次分析法、模糊综合评价等方法,对各项指标的权重及评价情况进行分析,为完善公路出行信息服务、服务人民群众美好出行提供依据。

1　评价模型构建

1.1　建立评价指标体系

本文以公路出行信息服务质量评价体系作为目标层进行研究,根据公路相关标准规范,结合调研情况、专家研讨,分析公路出行信息服务质量评价的主要因素,尝试构建了由服务内容、服务方式、服务要求、服务效果4个准则层指标和13个指标层指标组成的评价体系,如图1所示。

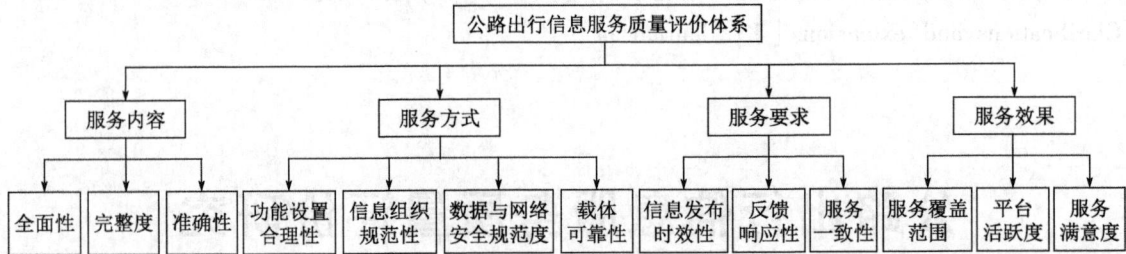

图1　公路出行信息服务质量评价体系

按序对各层级指标进行编号,并组成准则层指标集合 U 和指标层指标集合 U_i 组成, $U = \{U_1, U_2, \cdots, U_p\}$, p 为准则层指标数量, $U_i = \{U_{i1}, U_{i2}, \cdots, U_{iq}\}$, $i = 1, 2, \cdots, p$, q 为第 i 个准则层指标对应的指标层指标数量。

1.2　搭建模型框架

搭建由层次分析法和模糊综合评价两个部分组成的评价模型。层次分析法阶段采用 $e^{0/5}$ - $e^{8/5}$ 标度对判断矩阵进行标定,求得权重系数,并进行一致性检验;综合模糊评价阶段计算指标评级隶属度,得到隶属度矩阵,并进行模糊综合评价。通过两方法的结合,综合评价公路出行信息服务质量。

1.3　AHP法指标权重计算

1.3.1　标定判断矩阵

构造评价指标每一层次的 n 阶判断矩阵 A_{ij} , n 为该层次的指标数。其中,矩阵中的 a_{ij} 表示指标 i 对比指标 j 的相对重要程度。

$$A_{ij} = \begin{pmatrix} a_{11} & \cdots & a_{1n} \\ \vdots & \ddots & \vdots \\ a_{n1} & \cdots & a_{nn} \end{pmatrix}$$

$$a_{ij} = \frac{1}{a_{ji}}$$

式中: i, j ——取值为 $1, 2, \cdots, n$ 。

各个指标间的相对重要程度采用标度 $e^{0/5}$ - $e^{8/5}$ 的AHP法进行标定,对评价指标每一层次的指标 i 与指标 j 的相对重要性进行量化表示,赋值随着重要程度的增加而增大,标度描述及赋值如表1所示。

标度描述及赋值　　　　表1

标度描述	赋值	标度描述	赋值
同样重要	$e^{0/5}$ (1)	明显重要	$e^{5/5}$ (2.718)
稍微重要	$e^{1/5}$ (1.221)	非常重要	$e^{6/5}$ (3.320)
稍显重要	$e^{2/5}$ (1.492)	强烈重要	$e^{7/5}$ (4.055)
较为重要	$e^{3/5}$ (1.822)	极度重要	$e^{8/5}$ (4.953)
较强重要	$e^{4/5}$ (2.226)	—	—

1.3.2　计算权重系数及一致性检验

计算权重的方法主要有算数平均法、几何平均法、特征值法,本文采取几何平均法计算矩阵每行所有元素的几何平均值 G_i 和各层指标的权重系数 ω_i (表示各层第 i 个指标的权重)。

$$G_i = \sqrt[n]{\prod_{j=1}^{n} a_{ij}} \quad (i = 1, 2, \cdots, n)$$

$$\omega_i = \frac{G_i}{\sum_{i=1}^{n} G_i} \quad (i = 1, 2, \cdots, n)$$

将权重系数分别组成准则层指标权重集 $\Omega = (\omega_1, \omega_2, \cdots \omega_p)$,第 i 个准则层指标对应的指标层

指标权重集 $\Omega_i = (\omega_{i1}, \omega_{i2}, \cdots, \omega_{ip})$。

对于阶数大于 2 的判断矩阵，为确保判断矩阵的比较值合理，不出现明显的不一致性，需进行最大特征值 λ_{max} 及对应特征向量计算，并进行一致性检验。当一致性指标 CI 越接近于 0 时，矩阵的权重系数一致性越强。由于随机原因也可能造成偏离误差，因此采用比例值 CR 来计算 CI 和平均随机一致性 RI 的比值（RI 为给定统计意义上的常数[4]，其取值与阶数 n 有关），如果 $CR < 0.1$，即为通过检验，具有较高度的一致性，计算出的权重被采用，未通过检验将不予采用，直至修正后通过检验为止。将通过一致性检验的专家的判断矩阵权重取平均值，得到权重系数。一致性检验相关计算公式如下：

$$\lambda_{max} = \sum_{i=1}^{n} \frac{A(\omega_i)_i}{n\omega_i}$$

$$CI = \frac{\lambda_{max}-n}{n-1}$$

$$CR = \frac{CI}{RI}$$

1.4 模糊综合评价法评价

1.4.1 建立等级评价级

根据建立的评价指标集合，划分各评价指标的等级标准，分为 5 个等级并进行赋分，建立评价集，通过李克特量表完成，用 V = {非常满意、比较满意、一般、不满意、非常不满意} = {10,8,6,4,2} 表示，满意程度越高评分值越大。

1.4.2 构建隶属度矩阵

根据样本对各指标层指标的评价分布，计算指标集各指标下评价集各等级的比例（隶属度），综合形成隶属度向量 R_{ij}，表示第 i 个准则层指标对应的指标层中第 j 个指标对于评价集 V 的隶属度向量，并组合得到各准则层指标的隶属度矩阵 R_i。

$$R_i = [R_{i1} R_{i2} \cdots R_{ij}]^T$$

将各准则层对应的指标层所有指标对评价集的隶属度组合，形成总矩阵 R。

$$R = [R_1 R_2 \cdots R_i]^T = \begin{pmatrix} r_{11} & \cdots & r_{1m} \\ \vdots & \ddots & \vdots \\ r_{n1} & \cdots & r_{nm} \end{pmatrix}$$

式中：n——各准则层对应的指标层所有指标总数；

m——评价等级数。

1.4.3 确定模糊评价综合矩阵及评分

利用 AHP 法得出的指标集权重集合与其隶属度矩阵相乘，得到模糊综合评价向量 C_i，并组合形成准则层模糊综合评价矩阵 C，计算公式为：

$$C_i = \Omega_i \cdot R_i$$

$$C = (C_1, C_2, \cdots, C_p)^T$$

同理，将准则层指标权重集合与其模糊综合评价矩阵相乘，得到模糊综合评价向量 B，再与评价集相乘，得到总体评价结果得分 F。

2 算例分析

2.1 公路出行信息服务质量评价调查

公路出行信息发布载体主要包括可变信息标志、互联网终端应用、服务热线、有线广播、新闻媒介等。本文选取具有代表性的公路出行信息服务终端应用作为质量测评对象进行研究，采用网络问卷的调查方式，开展问卷调查。根据前期调查，公路出行的司机男女性别比为 7:3，年轻群体乐于并善于应用新媒体提供的出行服务。因此，选取两个因素作为样本配额标准：有车群体和男女比例，调查样本男女分布比例为 7:3，均为有车群体，调查群体的年龄主要集中于 20~39 岁，收集 100 份有效问卷，了解公路出行者对于公路出行信息服务内容的全面性、完整度、准确性，服务方式的功能设置合理性、信息组织规范性、数据与网络安全规范度、载体可靠性，服务要求的信息发布时效性、反馈响应性、服务一致性，服务效果的服务覆盖范围、平台活跃度、服务满意度等方面的评级。各指标的每种等级总数所占总人数的比值即为隶属度。

2.2 权重及隶属度计算

按本文第 1 节建立的 AHP-模糊综合评价模型及算法，计算得到公路出行信息服务互联网终端应用服务质量评价指标权重如表 2 所示，并通过一致性检验。根据统计调查问卷收集的评价指标隶属度结果如表 3 所示。

公路出行信息服务互联网终端应用服务质量评价指标权重　　　　表2

目标层	准则层		指标层		综合权重
	指标	权重	指标	权重	
公路出行信息服务质量评价体系	服务内容 U_1	0.2174	全面性 U_{11}	0.2415	0.0525
			完整度 U_{12}	0.3364	0.0731
			准确性 U_{13}	0.4221	0.0918
	服务方式 U_2	0.1532	功能设置合理性 U_{21}	0.1749	0.0268
			信息组织规范性 U_{22}	0.2240	0.0343
			数据与网络安全规范度 U_{23}	0.3036	0.0465
			载体可靠性 U_{24}	0.2976	0.0456
	服务要求 U_3	0.1994	信息发布时效性 U_{31}	0.5013	0.1000
			反馈响应性 U_{32}	0.2466	0.0492
			服务一致性 U_{33}	0.2521	0.0503
	服务效果 U_4	0.4300	服务覆盖范围 U_{41}	0.2732	0.1175
			平台活跃度 U_{42}	0.2975	0.1279
			服务满意度 U_{43}	0.4293	0.1846

调查问卷收集的各指标隶属度统计表　　　　表3

准则层	指标层	隶属度				
		非常满意	比较满意	一般	不满意	非常不满意
U_1	U_{11}	0.24	0.52	0.21	0.03	0
	U_{12}	0.31	0.55	0.14	0	0
	U_{13}	0.45	0.44	0.10	0.01	0
U_2	U_{21}	0.22	0.50	0.23	0.03	0.02
	U_{22}	0.32	0.51	0.16	0.01	0
	U_{23}	0.41	0.46	0.12	0.01	0
	U_{24}	0.29	0.52	0.16	0.02	0.01
U_3	U_{31}	0.34	0.54	0.12	0	0
	U_{32}	0.21	0.44	0.24	0.08	0.03
	U_{33}	0.35	0.51	0.13	0.01	0
U_4	U_{41}	0.27	0.47	0.21	0.03	0.02
	U_{42}	0.19	0.57	0.22	0.02	0
	U_{43}	0.17	0.52	0.29	0.01	0.01

2.3 计算模糊综合评价矩阵及评分

根据1.4.3节,将指标层权重集与隶属度矩阵相乘,得到模糊评价矩阵 C:

$$C = \begin{pmatrix} 0.35 & 0.50 & 0.14 & 0.01 & 0 \\ 0.32 & 0.50 & 0.16 & 0.02 & 0 \\ 0.31 & 0.51 & 0.15 & 0.02 & 0.01 \\ 0.20 & 0.52 & 0.25 & 0.02 & 0.01 \end{pmatrix}$$

同样,再将准则层权重集同得到的模糊综合评价矩阵相乘,得到模糊综合评价向量 B。

$$B = (0.27, 0.51, 0.19, 0.02, 0.01)$$

将得到的模糊评价向量与评价集赋值相乘,得到公路出行信息服务互联网终端应用的质量评价总得分8.02分。同理,计算评价体系准则层各项得分,得到公路出行信息服务质量评价的服务方式、服务内容、服务要求、服务效果得分分别为8.38分、8.24分、8.18分和7.76分。

2.4 结果分析

根据公路出行信息服务互联网终端应用质量

评价体系指标权重系数,在准则层中,服务效果对于总体评价的影响较大。在所有指标层指标中,综合权重从大到小前5分别是服务满意度、平台活跃度、服务覆盖范围、信息发布时效性、服务内容准确性,这些指标的重要程度相对较高。而在服务内容方面,准确性是大家最关心的指标;在服务方式方面,数据与网络安全规范度相对更加重要;在服务要求方面,信息发布的时效性占据了重要的地位;在服务效果方面,服务满意度的影响最大。

从评价结果得分来看,质量评价总分与"比较满意"评价级的分值持平。服务内容、服务方式、服务要求的得分均处于"比较满意"和"非常满意"之间,而服务效果的评分值介于"比较满意"和"一般"之间,服务效果相对具有较大的提升空间。

因此,在进行公路出行信息服务质量研究及完善服务的过程中,可以参考本次研究结果,重点关注上述提到的指标产生的影响,不断加强服务能力,进一步提升服务效果。

3 结语

本文通过建立 AHP-综合模糊评价模型,对公路出行信息服务质量进行评价,从服务内容、服务形式、服务要求、服务效果 4 个方面入手,构建评价指标体系,采用满意度调查方式获取样本数据,得到评价指标权重和等级评价结果。既往有关公路出行信息服务的研究多侧重于指标体系的建立,本研究从评价指标、评价方法、模型设计等角度对质量评价进行了分析和研究,得到了较为清晰的评价路径。本研究结论可以为公路出行信息服务评价体系研究以及满意度评价提供指标选取、指标重要程度等方面的参考和支撑,对提升公路出行信息服务质量具有一定借鉴意义。

参考文献

[1] 韩利,梅强,陆玉梅,等. AHP-模糊综合评价方法的分析与研究[J]. 中国安全科学学报,2004,14(7):86-92,3.

[2] 温惠英,吴璐帆,梅家骏. 基于改进 AHP 法的广佛城际公交满意度模糊综合评价[J]. 中山大学学报(自然科学版),2018,57(5):64-71.

[3] 骆正清,杨善林. 层次分析法中几种标度的比较[J]. 系统工程理论与实践,2004,9(9):51-60.

[4] 王莲芬,许树柏. 层次分析法引论[M]. 北京:中国人民大学出版社,1990.

基于动态规划的自动驾驶汽车最优路径规划与跟踪控制算法

徐海风[1] 崔志超[2] 刘志广[1] 杨兴杰[1] 徐志刚*

(1. 长安大学信息工程学院;2. 长安大学电子与控制工程学院)

摘　要 在当前自动驾驶技术快速发展阶段,轨迹规划面临诸多难题,在动态环境中,障碍物和其他物体会变化,需实时更新轨迹规划避免碰撞;考虑多目标和约束条件进行路径规划;某些应用要求实时生成合适轨迹。为解决上述问题,基于 Driving Scenario 自动驾驶平台,提出了基于动态规划的自动驾驶汽车最优轨迹规划与跟踪控制算法。首先,通过 LSTM 网络进行轨迹预测,其横纵向误差均保持在 1m 以内。其次,通过 Matlab 里的 fuzzy 工具箱搭建了模糊逻辑换道决策系统,以速度及车距两个隶属度函数进行换道决策。紧接着,将路径规划解耦为"路径-速度"规划,在路径规划方面通过 3 阶准均匀 B 样条进行路径规划,并以路径长度和平均曲率为指标构建了多目标评价函数;在速度规划方面,考虑到背景车辆的运动带来的影响,通过动态规划的方法对构建的 ST 图进行求解,得到最优曲线。最后,考虑车辆运动学模型,使用 MPC 方法进行轨迹跟踪控制。本文提出了基于动态规划的自动驾驶汽车最优轨迹规划与跟踪控制算法,能够有效减少自动驾驶汽车通行时间,显著提高道路通行效率,能够提供安全、舒适的乘车体验,并减少交通事故发生率。

关键词　路径规划　多目标优化　跟踪控制　3 阶 B 样条曲线　模型预测控制

0　引言

路径规划是根据车辆的起始点和目标点生成一条无碰撞且满足车辆自身约束的轨迹。朱凌云等[1]利用 Frenet 坐标系分别求解车辆的横向和纵向运动轨迹,通过五次多项式拟合生成候选轨迹集,以危险程度和轨迹偏离程度为基准,以车辆在多车道公路行驶中的安全性、舒适性为目标,设计一种新的代价函数组合,通过求解代价函数从而选择最优轨迹。袁昌等[2]基于五次多项式等进行路径规划,结合提出的 4 种路径评价指标构建目标函数,由序列二次规划算法求解获取最优路径。余姝源等[3]基于双向两车道公路场景下的超车轨迹规划和跟踪控制,建立了权衡换道稳定性和效率的目标函数,得到最优五次多项式换道轨迹。Liu 等[4]提出一种采用 Diikstra 算法作为全局路径规划和采用动态窗口法为局部路径规划的方法,并进行了仿真实验,实验结果证明该方法动态避障的实时性好。文献[5-6]使用 RRT 算法,将广义距离法单元法和 RRT 算法相融合,仿真结果证明该方法极大地减少了 RRT 算法的搜索范围并节约了全局规划的时间,最终提高了算法的规划效率。Yao 等[7]提出了一种利用黑洞势场模型改进人工势场的势场模型,通过与强化学习相结合解决了人工势场算法易陷入局部极值的问题。曹昌盛[8]等将路径规划解耦为路径-速度规划,并通过贝塞尔曲线实现汽车避障轨迹规划。樊冰钰[9]考虑在换道过程中的车间碰撞问题,基于五次多项式函数和模型预测控制方法,通过引入影响因素作为换道安全控制参量,并构建无障碍换道场景和超车换道场景的轨迹函数,对不同场景下的安全换道进行约束建模。

尽管图搜索算法在路径规划中具有高效性和准确性,但其缺点在于消耗大量时间和计算资源。相比之下,随机采样算法虽然能够在一定程度上解决路径规划问题,但其缺点在于假设障碍物位置相对静止不变,无法适应动态环境,可能导致生成的路径不够安全或不可行。此外,人工势场算法虽然在路径规划中被广泛应用,但其缺点在于设计和调整合适的势能函数变得困难,可能导致算法性能不稳定或无法满足实际需求。

本文将路径规划分解为“路径-速度”规划。在路径规划方面,采用了 3 阶准均匀 B 样条进行路径规划,并建立了多目标评价函数。而在速度规划方面,利用动态规划方法对构建的 ST 图进行求解,得到最优曲线。这种方法有效降低了问题的复杂度,提供了高效的解决方案,节省了时间和计算资源。通过路径-速度规划的方式,可以更好地协调路径规划和速度规划,为自动驾驶和智能交通系统等领域的发展提供了有力支持。

轨迹规划模块给出车辆行驶的参考轨迹后,如何控制车辆对轨迹进行精准稳定的跟踪也是智能汽车通行研究中的重点。MPC 方法通过多次步进操作来预测系统的未来行为,并优化控制策略以满足指定的目标和约束条件。MPC 控制可以处理非线性、时变系统,并且可以灵活地应对各种约束要求。

1　规划模块

1.1　轨迹预测

本文通过构造不同曲率半径的道路得到 40 条 S 型轨迹数据,对数据进行标准化处理,形成服从 0 均值和单位方差的高斯分布并随机分成 10 份,通过 9∶1 的比例划分为训练集、验证集进行交叉验证,如图 1 所示。

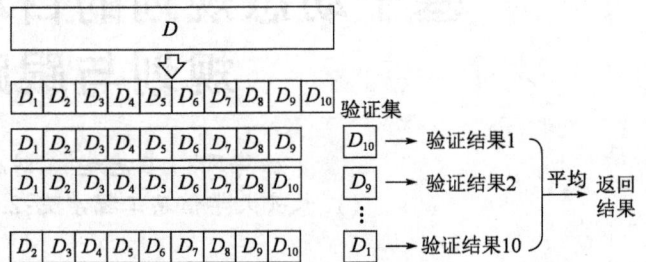

图 1　10 折交叉验证法

使用 LSTM(长短期记忆)网络进行轨迹预测,通过滚动时域的方法,根据 5s 的历史轨迹预测 1s 的未来轨迹。网络层输入层为 2,输出层为 2,隐含层为 250,最大迭代次数为 500,梯度阈值为 1,初始学习率为 0.005,训练函数共包含 3 个超参数,分别为 sgdm、rmsprop、adam,并计算每个超参数所对应的 10 组的 RMSE(均方根误差),如式(1)所示。

$$RMSE = \sqrt{\frac{1}{n}\sum_{i=1}^{n}(y_i - \bar{y}_i)^2} \qquad (1)$$

式中：y_i——轨迹真实值；

$\bar{y}_i$——轨迹估计值。

1.2 换道决策

模糊逻辑是一种模仿人脑在推理等方面的不确定性的方法，通过模糊综合判断来处理一些不确定、不精确的信息。在建立智能车辆换道决策模型时，很难凭借精确的行驶环境信息来确定车辆是否需要换道。此外，车辆的换道意图产生与行驶环境信息之间存在着复杂的非线性关系。因此，可以借助模糊理论来研究车辆行驶环境与换道决策之间这种复杂的非线性关系，本文构建的模糊逻辑系统如图2所示。

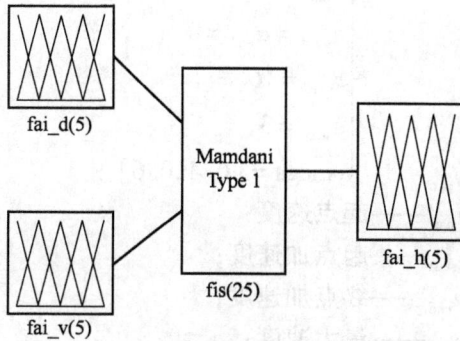

图2 模糊逻辑系统图

图中，fai_v 和 fai_d 为模糊逻辑系统输入值，分别为速度差值系数和距离差值系数。

在驾驶过程中，车辆追求速度和车距的平衡，以完成驾驶任务。速度的追求旨在提高行驶效率，确保及时完成任务；而保持适当的车距则是为了保障行驶安全性，以便在前方车辆状态变化时有足够的距离来调整自身状态，避免发生碰撞。为了描述速度差值的影响，定义速度差值系数如下。

$$\varphi_v = \begin{cases} 1 & (v_e \geq v_f) \\ \dfrac{v_e - v_f}{v_e} & (v_e < v_f) \end{cases} \qquad (2)$$

式中：v_e——自车速度；

v_f——前车速度。

为了确保道路交通安全性和效率，本文使用安全距离模型，其定义如下：

$$D_{slf} = \frac{(\varphi_e - \varphi_f)2}{2(0.0524\,v_e - 0.1215)} + 0.8609\,v_f + 1.6109 \qquad (3)$$

在车辆行驶过程中，应满足车距的期望值大

于距离模型，才能保证及时调整车辆状态，因此，车距期望值可表示如下：

$$D_f = D_{slf} + 10 \qquad (4)$$

车距期望系数计算如下：

$$\varphi_d = \begin{cases} 1 & (D_e \geq D_f) \\ \dfrac{D_e}{D_f} & (D_e < D_f) \end{cases} \qquad (5)$$

式中：D_e——真实车辆间距；

D_f——期望车间距。

根据换道满足度将输入的速度差值系数以及车距期望系数模糊化为5个等级，其中速度差值系数 v 选取为{小，较小，中，较大，大}，为模糊子集，论域为 X，取值为$[0,1]$。车距期望选取为{小，较小，中，较大，大}，为模糊子集，论域为 Y，取值为$[0,1]$。输出换道意愿同样被模糊化为5个等级，选取{弱，较弱，中，较强，强}为模糊子集，论域为 Z，取值为$[0,1]$，自由换道模糊逻辑规则如图3所示。

换道意愿φ_h		速度差值系数φ_v				
		小	较小	中	较大	大
车距期望φ_d	小	较弱	中	较强	强	强
	较小	较弱	中	较强	强	强
	中	弱	较弱	中	较强	较强
	较大	弱	弱	较弱	中	较强
	大	弱	弱	弱	较弱	中

图3 自由换道模糊规则

换道决策分为三种，分别为：跟驰行驶、等待换道、执行换道，其定义如下。

$$\begin{cases} \text{跟驰行驶} & \text{fai\_h} > 0, \text{fai\_h} \leq 0.5 \\ \text{等待换道} & \text{fai\_h} > 0.5, \text{fai\_h} \leq 0.6 \\ \text{执行换道} & \text{fai\_h} > 0.6, \text{fai\_h} \leq 1 \end{cases} \qquad (6)$$

1.3 路径规划

局部路径规划主要用于换道超车（避障），本文使用三次B样条进行轨迹规划。由三阶准均匀B样条性质可知，其包含6个控制点，为了方便建模，设定 A、B、C 分别与 D、E、F 成 O 点中心对称，且 B 为 A 和 C 中点，E 为 D 和 F 中点。因此，6个控制点自由度降为了2自由度，同时，可以保证起点和终点曲率为0，如图4所示。

路径规划不包含时间信息，因此本文使用线性加权法构造了两个路径评价指标，路径长度 f_{length} 与路径平均曲率 $f_{curvature}$，计算如下：

$$f = \omega_1 f_{length} + \omega_2 f_{curvature}$$

$$= \omega_1 \sum_{i=1}^{n-1} \sqrt{(x_{i+1}-x_i)^2 + (y_{i+1}-y_i)^2} +$$

$$\omega_1 \frac{\sum_{i=1}^{n} K_i}{n} \quad (7)$$

式中：ω_1、ω_2——权重系数；

K_i——第 i 个轨迹点的曲率。

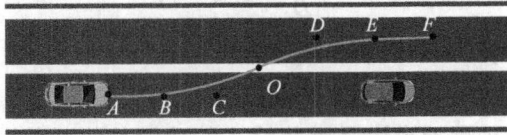

图4 3阶准均匀B样条轨迹规划示意图

基于以上多目标函数 f 构建了25条3阶准均匀B样条换道路径簇，并通过多目标转单目标方法求得最优控制点。

1.4 速度规划

在本文研究中所有车辆均为动态运动车辆，由于路径规划无法解决车辆碰撞问题，因此在路径初规划后，需要考虑背景车辆运动带来的影响。将路径规划问题进行解耦，使用 S-T(路径-时间障碍物)图对速度进行规划。其中，S 表示从换道路径规划起始点沿着轨迹规划路径长度之和，T 表示从换道轨迹规划起始点沿着轨迹规划路径所使用的时间，换道场景图如图5所示。

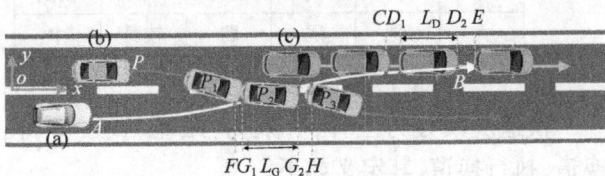

图5 换道场景示意图

图中，(a)车为本车，(b)车和(c)车为背景车辆。(a)车进行左换道，(b)车欲进行右换道，(c)车保持直行。当(b)车行驶至 P_1 位置时，车辆右前方投影点 F 刚好触碰到白色轨迹，占据白色车轨迹长度为0。当(b)车行驶至 P_2 位置时，(b)车在白色曲线上的投影点分别为 G_1 和 G_2，G_1 和 G_2 占据白色曲线轨迹长度为 L_G。当(b)车到达 P_3 位置时，车辆左后方投影点刚好离开白色轨迹，占据长度为0。

由于车辆在换道/超车过程中可能存在一定的碰撞风险，为了避免发生交通事故，本文矩形车辆模型进行安全约束，如图6所示。为了简化计算，本文只考虑矩形的4个顶点，分别为左前方、右前方、右后方、左后方，计算四个顶点到本车路径的距离，通过计算距离与阈值 l_{min} 进行比较，本文

设置阈值 $l_{min} = 1$，判断是否映射到 $S\overline{T}$ 图上。

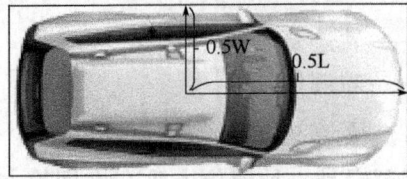

图6 矩形车辆安全模型

首先对 S-T 图离散化，将障碍物信息投影到 S-T 图上，最终在可行区域内搜索出一条最优速度曲线。在搜索最优曲线时，由于周围交通环境可能比较复杂，导致对曲线的约束比较烦琐，因此在二维搜索空间下，使用动态规划算法进行速度曲线搜索的效率比较高。在使用动态规划算法时，需要对其进行如下约束：

$$\begin{cases} v_{start} = 12 \\ a_{start} = a_{end} = 0 \\ v_{max} = 16 \\ a_{max} = 3 \\ omega = [0.4, 0.6] \end{cases} \quad (8)$$

式中：v_{start}——起点速度；

a_{start}——起点加速度；

a_{end}——终点加速度；

v_{max}——最大速度；

a_{max}——最大加速度；

omega——加速度和加速度权重。

定义代价函数如下：

$$cost = accCost * omega(1) + 2 * jerkCost * omega(2) \quad (9)$$

2 控制模块

2.1 车辆运动学建模

车辆的运动学模型是从几何角度研究车辆运动特性的模型，它主要描述车辆的位置、速度等状态随时间的变化，而不考虑轮胎的侧偏特性和其他动力学约束。本文针对车辆运动学建模，须做出以下假设：

①不考虑车辆在垂直方向(Z 轴方向)的运动，即假设车辆的运动是一个二维平面上的运动。

②假设车辆左右侧轮胎在任意时刻都拥有相同的转向角度和转速。

③假设车辆行驶速度变化缓慢，忽略前后轴载荷的转移。

④假设车身和悬架系统都是刚性系统。

⑤假设车辆的运动和转向是由前轮驱动（front-wheel-only）的。

基于以上假设，本文构建车辆运动学模型。如图 7 所示。

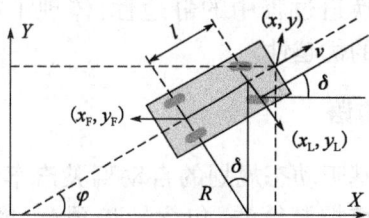

图 7　车辆运动学模型

图中，在 $X\text{-}Y$ 构成的笛卡尔坐标系中，(x,y) 为车辆以前车保险杠中心位置为原点所代表的全局坐标，(x_F,y_F) 为车辆后轴中心位置为原点，(x_L,y_L) 为车辆前轴中心位置，v 为车辆所行驶的速度，φ 为车辆的横摆角，δ 为车辆前轮转向角，R 为后轴中心的瞬时转向半径。建立车辆运动学模型如式（10）。

$$\begin{cases} \dot{X} = v\cos(\varphi) \\ \dot{Y} = v\sin(\varphi) \\ \dot{\varphi} = \dfrac{v\tan(\delta)}{l} \end{cases} \quad (10)$$

2.2　MPC 模型预测控制

模型预测控制（Model Predictive Control, MPC）是一种先进的控制策略，它在控制系统中广泛应用于多变量、非线性和时变系统。MPC 的基本思想是在每个采样时间点上，通过对系统模型进行预测，计算出未来一段时间内的控制输入序列，然后根据这些预测结果选择最优的控制输入，以使系统在未来的时间内达到最佳的控制目标。MPC 模型预测控制构建如下状态空间：

$$\xi(k+1) = A\xi(k) + B\Delta\tilde{u}(k) \quad (11)$$

通过参考轨迹上连续三个点求得曲率，通过阿克曼转向几何求得参考前轮转角，并对预设参数进行如下设置：

$$\begin{cases} N_x = 3 \\ N_u = 2 \\ N_p = 60 \\ N_c = 30 \\ rau = 10 \end{cases} \quad (12)$$

式中，N_x 为状态量个数，N_u 为控制量个数，N_p 为预测步长，N_c 为控制步长，rau 为松弛因子。

3　仿真实验

3.1　轨迹预测实验结果

分别使用 3 种超参数进行训练，最终得到训练结果见表 1。

LSTM 网络训练结果			表 1
误差	sgdm	rmsprop	adam
纵向误差	1.6954	1.0489	0.9656
横向误差	1.8102	1.0376	1.0710

由表 1 可知，adam 是最优的超参数，其横纵向误差均为最小值。

3.2　换道决策实验结果

根据建立的自由换道模糊规则，得到模糊逻辑观测曲面如图 8 所示。

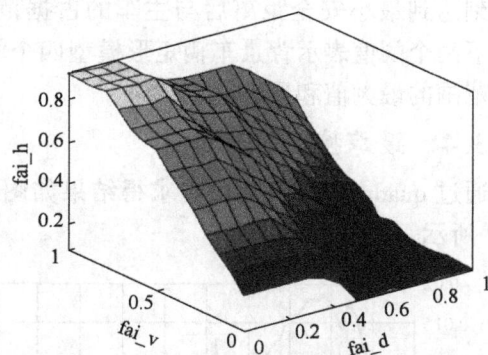

图 8　模糊逻辑观测曲面

由上图可知，深蓝色代表着换道意愿弱，浅蓝色代表着换道意愿较弱，青色代表着换道意愿中，橙色代表着换道意愿较强，黄色代表着换道意愿强。

3.3　路径规划实验结果

在局部路径规划模块，使用多目标转单目标方法，随着 O 点和 C 点的运动，其代价函数变化结果如图 9 所示。

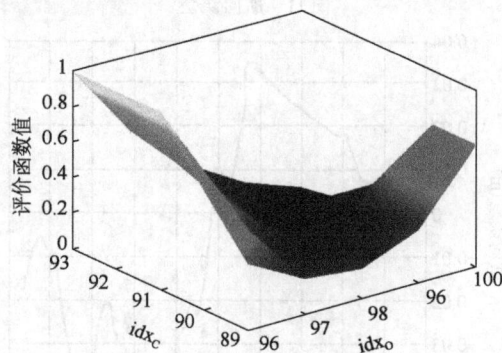

图 9　代价函数变化曲面

图中，随着 O 点和 C 的移动，代价函数曲面最终收敛。

使用动态规划算法对局部路径进行规划,得到换道路径簇,动态规划结果如图10所示。

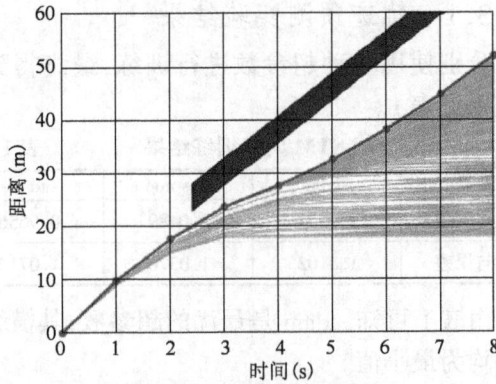

图10　动态规划结果示意图

图中,青色曲线代表着不同换道轨迹,红色曲线代表最优换道曲线。深蓝色代表着背景车辆在该时刻达到最小安全距离后与主车的占据范围,其上下两个阈值表示背景车辆矩形模型四个端点占据范围的最大值和最小值。

3.4　跟踪控制实验结果

通过quadprog求解器最终求得结果如图11、图12所示。

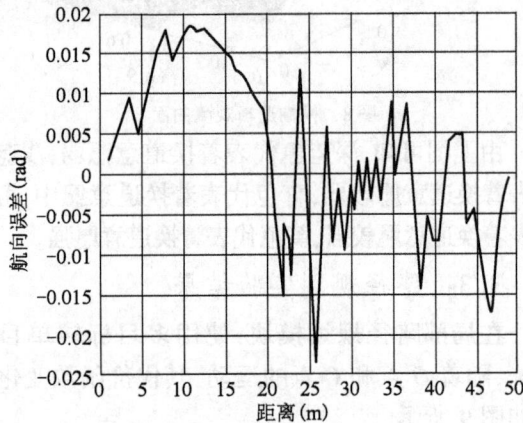

图11　航向误差

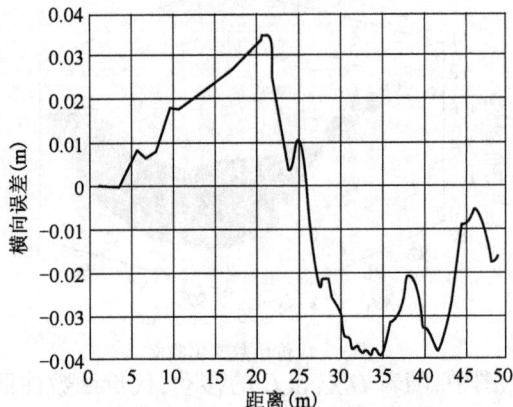

图12　横向误差

图中,航向误差范围在[-0.023,0.018],表示着车辆在换道过程中的平稳性,体现了本文换道轨迹规划算法的优越性。

图中,横向误差范围在[-0.04,0.035],表示着车辆在换道过程中的舒适性,体现了本文跟踪控制算法的优越性。

4　结语

本文基于动态规划的自动驾驶汽车最优路径规划与跟踪控制算法,包含轨迹预测、换道决策、路径规划、跟踪控制四个部分,能够进行复杂测试,且效果显著。伴随着车路协同技术的发展,能够给自动驾驶汽车舒适、安全的乘车体验,能够有效减少拥堵时间。本论文仍然有不足之处,比如,通过LSTM网络进行轨迹预测时,需要有一定的历史轨迹的长度时间序列,在仿真刚开始阶段是无法通过网络进行训练的。

参考文献

[1] 朱凌云,周宇.基于组合代价函数的智能汽车轨迹规划[J].计算机应用与软件,2024,41(1):49-55+63.

[2] 袁昌,莫天石,舒红.高速公路弯道换道决策及运动规划优化[J].重庆大学学报,2024,47(3):30-43.

[3] 余姝源,杨林,杨蓉,等.双向两车道公路自主超车轨迹规划及跟踪控制[J].重庆理工大学学报(自然科学),2023,37(7):90-100.

[4] LIU L,LIN J,YAO J,et al. Path planning for smart car based on Dikstra algorithm and dynamicwindow approach [J]. Wireless Communications and Mobile Computing,2021,2021:1-12.

[5] ZHOU Y,ZHANG E,GUO H,et al. Lifting path planning of mobile cranes based on an improved RRT algorithm [J]. Advanced Engineering Informatics,2021,50:1-9.

[6] 余卓平,卫烨,熊璐,等.城市工况下基于改进RRT的无人车运动规划算法[J].汽车技术,2018(8):10-17. DOI:10.19620/j.cnki.1000-3703.20180524.

[7] YAO Q,ZHENG Z,LIANG Q,et al. Path planning method with improved artificial potentialField-A reinforcement learning perspective [J]. IEEE

Access,2020,8:1-10.

[8] 曹昌盛,曹昊天.基于贝塞尔曲线的智能汽车避障轨迹规划方法研究[J].电子技术应用,2024,50(2):17-22.DOI:10.16157/j.issn.0258-7998.234472.

[9] 樊冰钰.车联网环境下无人驾驶车辆轨迹规划与跟踪控制研究[D].桂林:桂林电子科技大学,2023.DOI:10.27049/d.cnki.gglc.2023.000816.

[10] GAO X,LI X,LIU Q,et al. M-ultiagent decisi-onmaking modes in uncertain interactive traffic scenarios via graph convolution-based deep reinforcement learning [J]. Sensors,2022,22 (12):4586.

[11] 钱东海,孙林林,赵伟.基于三次B样条曲线的叉车型AGV路径规划研究[J].计算机测量与控制,2022,30(4):177-181,189.

[12] 许伦辉,曾豫豪.基于改进ACO和三次B条曲线的路径规划[J].计算机仿真,2022,39(7):407-411.

[13] 牛国臣,李文帅,魏洪旭.基于双五次多项式的智能汽车换道轨迹规划[J].汽车工程,2021,43(7):978-986,1004.

[14] 刘创.无人驾驶车辆多目标容错跟踪与轨迹预测研究[D].浙江:浙江大学,2019.

智能网联环境下路网交通流逐日演化模型

楼小明*

(浙江省发展规划研究院基础设施研究所)

摘 要 本文研究分析了智能网联环境下人工驾驶车辆(Human-driven Vehicles,HV)和自动驾驶车辆(Connected Automated Vehicles,CAV)的出行选择调整差异,建立了智能网联环境下路网混合交通流逐日(Day-to-Day)演化模型。通过动力学理论分析证明,演化模型的不动点等价于路网流量用户均衡状态,且在混合交通流异质性影响下,演化模型可能存在多个不动点,且不动点的稳定性受CAV市场渗透率、驾驶员对路径时间预测偏好参数以及对路径选择惯性系数等因素共同影响。论文算例验证表明,路网中CAV的市场渗透率越高,越有利于路网交通流从非稳定状态快速恢复到稳定均衡状态;且随着CAV市场渗透率的上升,路网总出行消耗车小时量将有效降低。研究结论将为未来CAV市场投放影响效果评估、路网交通智能化动态管控等提供借鉴参考。

关键词 逐日演化模型 智能网联车辆 混合交通流异质性 路网流量用户均衡 不动点定理

0 引言

未来随着智能网联汽车的商业应用,自动驾驶车辆(Connected Automated Vehicles,CAV)与其他人工驾驶车辆(Human-driven Vehicles,HV)混合行驶的复杂状态将在相当长一段时期内存在。现有文献对智能网联交通混行环境下的路网流量分配[1]、交通流特性分析[2,3]、路径规划控制[4]、交通安全管理[5]、交通网络设计和车道设置优化[6,7]等问题进行了多方面研究。在实际情况中,由于HV和CAV会采取截然不同的出行策略(如出行路径选择等),因此研究交通混行状态下HV和CAV的动态决策差异和相互影响机理,以及由此产生的路网交通流量动态变化情况,对于科学预判路网交通状况以及系统开展路网交通优化调控等具有重要意义。

田晟等[8]、Li等[9]、Guo等[10]学者研究分析了智能网联环境下HV和CAV之间的出行决策差异,以及相应的路网流量演化过程,但未明确考虑CAV比例(市场渗透率)对混合交通流的异质性影响。现有文献[11]研究表明,CAV通过智能网联通讯、组建车队运行等方式显著降低跟车间距,进而提升路段通行能力和缩短路段通行时间。因此,在智能网联环境下,不同的CAV比例将导致混合交通流呈现异质性,并对路网交通出行结果以及路网交通流逐日演化过程产生影响。

本文分析了智能网联环境下 HV 与 CAV 的出行决策差异和相互影响作用,构建了包含两种类型车辆出行过程的混合路网交通流逐日演化模型,其中明确考虑了混合交通流异质特性,并通过模型解析和算例验证分析了混合交通流异质性对路交通流分布以及逐日演化过程的影响,一定程度上弥补了现有研究空白,研究结论将为后续 CAV 市场投放影响效果评估、路网智能化动态管控等方面提供借鉴参考。

1　混合路网交通流逐日演化模型

1.1　路网及相关符号定义

为便于模型描述,采用有向图 $G(N,L)$ 表示交通网络,其中 N 表示节点(交通小区或交叉口)集合,L 表示路段集合。定义 o、d 分别表示路网任一起始节点和目的节点,O、D 分别表示起始节点、目的节点集合,有 $o \in O \subseteq N, d \in D \subseteq N$。定义 W 表示路网 OD 对集合,即 $W = \{(o,d)\}$。定义 R_w 表示任意 OD 对 $w \in W$ 之间可行路径集合,R 表示路网所有可行路径集合,$R = \cup_w R_w$。定义 Λ_{lrw} 表示路段—路径关联系数:若路段 l 在路径 r 上,则 $\Lambda_{lrw} = 1$;否则 $\Lambda_{lrw} = 0$。对任意 OD 对 w 之间,定义 Λ_w 表示 $|L| \times |R_w|$ 阶路段—路径关联矩阵,$\Lambda_w = (\Lambda_{lrw})$。定义 Λ 表示 $|L| \times |R|$ 阶路段-路径关联矩阵,有 $\Lambda = (\Lambda_1, \Lambda_2, \cdots, \Lambda_{|W|})$。同时,为体现逐日演化过程,对后续涉及逐日变化的变量(如路段交通流量、路径出行时间等)引入时间上标 k($k = 1, 2, \cdots$)表示第 k 天状态。其他变量和参数符号定义,在后面相关内容中予以说明。

1.2　混合交通流异质性及对路段通行时间的影响

在 HV 和 CAV 混行状态下,路段通行时间不仅与路段总交通流量相关,也与路段中 CAV 流量占比有关。定义 $x_{l,H}^k$、$x_{l,A}^k$、x_l^k、σ_l^k 分别表示第 k 天路段 l 上人工驾驶车流量、自动驾驶车流量、总车流量以及自动驾驶车流量占比,定义 v_l^k 表示第 k 天路段 l 车辆平均通行时间。为体现混合交通流异质性对路段通行时间的影响,可将 v_l^k 看作关于路段流量 $x_{l,H}^k$ 和 $x_{l,A}^k$ 的函数 $v_l^k = v_l(x_{l,H}^k, x_{l,A}^k)$,或等价看作路段总流量 x_l^k 和自动驾驶车流占比 σ_l^k 的函数,即 $v_l^k = v_l(x_l^k, \sigma_l^k)$。一般情形下,不妨假设 v_l^k

关于 x_l^k、σ_l^k 连续可微,根据现有关于混合交通流通行特征研究结论,可得:

$$\frac{\partial v_l^k}{\partial x_l^k} > 0, \frac{\partial v_l^k}{\partial \sigma k_l} < 0$$

对 v_l^k 引入全微分公式,有:

$$dv_l^k = \frac{\partial v_l^k}{\partial x_l^k} \cdot dx_l^k + \frac{\partial v_l^k}{\partial \sigma_l^k} \cdot d\sigma_l^k \quad (1)$$

根据公式(1)可看出,由于 CAV 占比 σ_l^k 的影响,路段平均通行时间 v_l^k 与路段流量 x_l^k 之间不再必然满足常规情形下的单调递增关系。这种非单调特性将对路网交通流均衡状态以及路网交通逐日演化过程产生明显影响。

1.3　HV 流量逐日演化过程

对于人工驾驶车辆,其出行过程由车辆驾驶员决定,具体包含出行经验学习和路径选择调整两个过程。首先考虑驾驶员的出行经验学习,为便于模型构建,采用指数平滑滤波法则描述驾驶员经验学习过程:

$$C_{w,r}^k = \alpha \cdot u_{w,r}^{k-1} + (1 - \alpha) \cdot C_{w,r}^{k-1} \quad (2)$$

式中:$C_{w,r}^k$——驾驶员在第 k 天对路径 r 的预测出行时间;

$u_{w,r}^{k-1}$——第 $k-1$ 天路径 r 的实际出行时间;

α——与时间 k 无关的参数,表示驾驶员对前一天出行经验的偏好程度,偏好参数 α 值越大,说明驾驶员越相信前一天实际感受到的出行时间信息,$0 < \alpha \leq 1$。

根据路段和路径出行时间的对应关系,公式(2)可表示为:

$$C_{w,r}^k = \alpha \sum_{l \in L} \Lambda_{lrw} v_l(x_{l,H}^{k-1}, x_{l,A}^{k-1}) + (1 - \alpha) C_{w,r}^{k-1} \quad (3)$$

采用向量形式等价表示为:

$$C^k = \alpha \Lambda^T v(x_H^{k-1}, x_A^{k-1}) + (1 - \alpha) C^{k-1} \quad (4)$$

式中:x_H^k、x_A^k、$v(x_H^k, x_A^k)$——$x_{l,H}^k$、$x_{l,A}^k$ 和 $v_l(x_{l,H}^k, x_{l,A}^k)$ 的 $|L| \times 1$ 阶向量;

C^k——路网中所有路径预测出行时间向量。

再考虑驾驶员的路径选择调整过程,假设路网中所有车辆驾驶员都从预测出行时间更长的路径调整至预测出行时间更短的路径。采用比例调整过程[12]体现上述路径调整规则如下：

$$f_{w,r,\mathrm{H}}^{k} - f_{w,r,\mathrm{H}}^{k-1} = \sum_{p \in R_w}(f_{w,p,\mathrm{H}}^{k-1}\rho_{w,p,r}^{k-1} - f_{w,r,\mathrm{H}}^{k-1}\rho_{w,r,p}^{k-1}) \quad (5)$$

且

$$\rho_{w,r,p}^{k-1} = \frac{\max(0, C_{w,r}^{k-1} - C_{w,p}^{k-1})}{\sum_{s \in R_w}\max(0, C_{w,r}^{k-1} - C_{w,s}^{k-1}) + \beta}$$

式（5）中，$f_{w,r,\mathrm{H}}^{k}$ 表示第 k 天路径 $r \in R_w$ 上 HV 流量；$\rho_{w,r,p}^{k-1}$ 有两层含义：宏观上表示 OD 对 w 之间从路径 r 调整到路径 p 上的 HV 流量比例，微观上表示在路径 r 上的某个驾驶员选择调整到路径 p 上的概率。路径流量调整方程（5）左侧表示从第 $k-1$ 天到第 k 天路径 r 上的 HV 流量变化，右侧表示该路径上调进与调出的 HV 流量；其中 $\beta(\beta>0)$ 表示驾驶员路径选择惯性参数，β 越大表示驾驶员更愿意保持前一天的路径不变。

将方程（5）左侧中第 $k-1$ 天的路径流量调整至等式右侧后，可等价得到：

$$f_{w,r,\mathrm{H}}^{k} = \sum_{p \in R_w}(f_{w,p,\mathrm{H}}^{k-1}\rho_{w,p,r}^{k-1} - f_{w,r,\mathrm{H}}^{k-1}\rho_{w,r,p}^{k-1}) + f_{w,r,\mathrm{H}}^{k-1} \quad (6)$$

根据路段-路径关联信息，可进一步给出路段流量方程：

$$x_{l,\mathrm{H}}^{k} = \sum_{w \in W}\sum_{r \in R_w}\sum_{p \in R_w}\Lambda_{lrw}(f_{w,p,\mathrm{H}}^{k-1}\rho_{w,p,r}^{k-1} - f_{w,r,\mathrm{H}}^{k-1}\rho_{w,r,p}^{k-1}) + x_{l,\mathrm{H}}^{k-1} \quad (7)$$

定义 $\phi_{r,+}^{k-1}$、$\phi_{r,-}^{k-1}$ 分别表示第 $k-1$ 天到第 k 天路径 r 上调进和调出的 HV 流量，即 $\phi_{r,+}^{k-1} = \sum_{w \in W}\sum_{p \in R_w}f_{w,p,\mathrm{H}}^{k-1}\rho_{w,p,r}^{k-1}$，$\phi_{r,-}^{k-1} = \sum_{w \in W}\sum_{p \in R_w}f_{w,r,\mathrm{H}}^{k-1}\rho_{w,r,p}^{k-1}$，则方程（7）可表示为：

$$x_{l,\mathrm{H}}^{k} = \sum_{w \in W}\sum_{r \in R_w}\Lambda_{lrw}(\phi_{r,+}^{k-1} - \phi_{r,-}^{k-1}) + x_{l,\mathrm{H}}^{k-1} \quad (8)$$

对方程（8）采用向量形式等价表示为：

$$x_{\mathrm{H}}^{k} = \Lambda(\Phi_{+}^{k-1} - \Phi_{-}^{k-1}) + x_{\mathrm{H}}^{k-1} \quad (9)$$

其中 Φ_{+}^{k-1}、Φ_{-}^{k-1} 分别表示 $\phi_{r,+}^{k-1}$ 和 $\phi_{r,-}^{k-1}$ 的 $|R| \times 1$ 阶向量。

1.4 CAV 流量逐日演化过程

在路网交通逐日演化模型中，CAV 通过实时优化控制出行过程形成的流量分布，可近似看作是根据实时监测人工驾驶车流量状态下调整形成的条件用户均衡状态[13]，即所有 CAV 通过实时检测其他 HV 流量分布条件下，调整选择最短时间

费用的路径，直至无法通过单方面改变其路径来降低各自的实际出行时间，形成流量均衡状态。

定义 η 表示 CAV 市场渗透率，$1-\eta$ 则代表路网中 HV 流量比例。根据现有文献研究可以得出，CAV 通过实时优化控制出行达到条件用户均衡状态时，CAV 流量分布状态等价于在自动驾驶路段可行流量集 Ω 内，寻求一个路段流量 x^*，使得如下的变分不等式成立：

$$v(x_{\mathrm{H}}^{k}, x^*)^{\mathrm{T}}(x - x^*) \geq 0, \forall x \in \Omega \quad (10)$$

也即是第 k 天的 CAV 流量状态满足变分不等式（11）要求：

$$x_{\mathrm{A}}^{k} = \{x^* \in \Omega | v(x_{\mathrm{H}}^{k}, x^*)^{\mathrm{T}}(x - x^*) \geq 0, \forall x \in \Omega\} \quad (11)$$

显然路段可行流量集 Ω 为紧致凸集，根据变分不等式特性可知，当路段阻抗函数 $v(x_{\mathrm{H}}^{k}, x^*)$ 是 Ω 上的连续函数时，路段流量解 x^* 存在，进一步当 $v(x_{\mathrm{H}}^{k}, x^*)$ 是 Ω 上的严格单调函数时路段流量解 x^* 唯一。

综合 HV 和 CAV 流量演化方程（4）、（9）和（11），得到智能网联环境下路网混合交通流逐日演化模型如下：

$$\begin{cases} C^{k} = \alpha \Lambda^{\mathrm{T}}v(x_{\mathrm{H}}^{k-1}, x_{\mathrm{A}}^{k-1}) + (1-\alpha) \cdot C^{k-1} \\ x_{\mathrm{H}}^{k} = \Lambda(\Phi_{+}^{k-1} - \Phi_{-}^{k-1}) + x_{\mathrm{H}}^{k-1} \\ x_{\mathrm{A}}^{k} = \{x^* \in \Omega | v(x_{\mathrm{H}}^{k}, x^*)^{\mathrm{T}}(x - x^*) \geq 0, \forall x \in \Omega\} \end{cases} \quad (12)$$

2 演化模型动力学特性分析

模型（12）实际上描述了关于变量 C^k、x_{H}^{k}、x_{A}^{k} 的动力系统 $(C^k, x_{\mathrm{H}}^{k}, x_{\mathrm{A}}^{k}) = \varphi(C^{k-1}, x_{\mathrm{H}}^{k-1}, x_{\mathrm{A}}^{k-1})$，其中 $\varphi(\cdot)$ 涵盖了模型（12）中从第 $k-1$ 天状态转移到第 k 天状态的转移函数关系。以下定理明确了模型（12）的不动点与路网交通流量均衡状态之间的等价关系。

定理 1 若模型（12）的不动点存在，则其等价于路网流量用户均衡状态。

证明：根据模型的动力系统形式 $(C^k, x_{\mathrm{H}}^{k}, x_{\mathrm{A}}^{k}) = \varphi(C^{k-1}, x_{\mathrm{H}}^{k-1}, x_{\mathrm{A}}^{k-1})$，其不动点必定满足条件：$C^k = C^{k-1} = C^*$，$x_{\mathrm{H}}^{k} = x_{\mathrm{H}}^{k-1} = x_{\mathrm{H}}^*$，$x_{\mathrm{A}}^{k} = x_{\mathrm{A}}^{k-1} = x_{\mathrm{A}}^*$。将以上条件带入模型（12）得：

$$C^* = \Lambda^{\mathrm{T}}v(x_{\mathrm{H}}^*, x_{\mathrm{A}}^*) \quad (13)$$

$$\Phi_{+}^{k-1} = \Phi_{-}^{k-1} = 0 \quad (14)$$

$$v(x_H^*, x_A^*)^\mathrm{T}(x - x_A^*) \geq 0, \forall x \in \Omega \quad (15)$$

首先考虑 HV 流量情况,根据比例调整过程规则,式(13)和(14)表明对于任意路径 $r, p \in R_w$,若 $f_{w,r,H}^* > 0$ 或者 $f_{w,p,H}^* > 0$,则 $\rho_{w,r,p}^* = 0$;若 $f_{w,r,H}^* = 0$,模型的不动点条件要求路径 r 的调进车流量 $\phi_{r,+}^{k-1} = 0$,即对任意的路径 p 有 $C_{w,r}^* \geq C_{w,p}^*$。以上分析表明,在任意 OD 对之间,所有被驾驶员选择(流量大于零)的路径感知出行时间最短且等于实际路径出行时间,而没有被驾驶员选择(流量等于零)的路径感知出行时间不小于实际最短出行时间,路网中的 HV 流量达到用户均衡状态。再考虑 CAV 流量情况,式(15)表明,在 HV 流量 x_H^* 达到用户均衡条件下,CAV 流量 x_A^* 同步满足用户均衡状态,定理 1 得证。

以下进一步给出模型(12)不动点的存在性定理。

定理 2　假设路网中的每个 OD 对都至少有一条路径连接,则在路段阻抗函数 $v(x_H^k, x_A^k)$ 满足连续性条件下,模型(12)存在至少一个不动点。

证明:根据布劳威尔(Brouwer)不动点定理[14],从一个欧几里得空间的某个闭凸子集到它自身的连续映射至少存在一个不动点。考虑到 OD 交通出行需求 q_w 大于零且存在上限界,使得可行路径流量和路段流量也都非负并存在上限界,因此不论是可行路径流量集合还是可行路段流量集合,都属于有界闭凸集。进一步地,若每个 OD 对间都至少存在一条可行路径,那么可行路径和路段流量集合非空。在此基础上,若路段阻抗函数 $v(x_H^k, x_A^k)$ 满足连续性条件,则在不动点处关于 C^*, x_H^*, x_A^* 的自我映射关系满足连续性条件。布劳威尔不动点定理满足要求,不动点存在性得证。

逐日演化模型不动点的唯一性条件。 不动点的唯一性进一步要求模型相关函数满足单调性要求。根据前文 1.2 节分析,因为受智能网联环境下混合交通流的异质性影响,路段平均通行时间与路段流量之间不再满足常规情形下的单调性条件,所以模型(12)不动点的唯一性条件不再满足。

逐日演化模型不动点的稳定性条件。 根据非线性动力系统理论,稳定性问题需要分析动力系统在不动点处的雅各布矩阵及其相关特征值。分析演化模型(12)可得出,其不动点的稳定性受到 CAV 市场渗透率 η、驾驶员对路径时间预测偏好

参数 α 和对路径选择惯性系数 β 以及 OD 交通出行需求量等因素的共同影响。

3　数值算例

将模型(12)应用于 Nguyen Dupuis 交通网络[15]验证前文理论分析结果。Nguyen Dupuis 交通网络拓扑结构及 OD 交通需求如图 1 所示。网络包含了 4 个 OD 对和 19 条路段,各个 OD 之间分别有 8 条、6 条、5 条和 6 条可行路径。路段阻抗函数以及各路段的自由流出行时间和通行能力如表 1 所示。

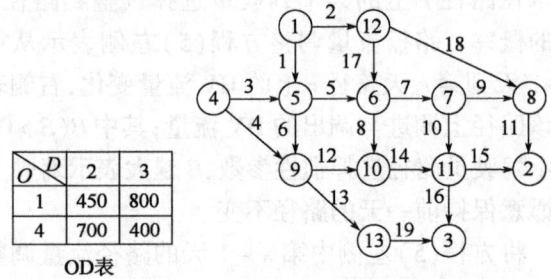

图 1　Nguyen Dupuis 网络拓扑结构及 OD 交通需求表

Nguyen Dupuis 网络路段阻抗函数及相关参数

表 1

路段阻抗函数: $v_l(x_{l,H}^k, x_{l,A}^k) = v_l^{free} \cdot \left[1 + \left(\dfrac{x_{l,H}^k + x_{l,A}^k}{Q_l^k} \right)^4 \right]$			
路段 l#	v_l^{free} (min)	$Q_{l,H}$ (pcu/h)	$Q_{l,A}$ (pcu/h)
1	1.0	600	1200
2	1.4	500	1000
3	1.4	500	1000
4	2.4	350	700
5	1.2	550	1100
6	1.0	550	1100
7	1.4	600	1200
8	1.0	550	1100
9	1.4	600	1200
10	1.2	600	1200
11	1.6	350	700
12	1.2	550	1100
13	2.4	350	700
14	1.2	550	1100
15	1.0	600	1200
16	1.2	600	1200
17	1.4	400	800
18	3.5	250	500
19	2.0	400	800

图 2 比较了不同参数 α 和 β 组合对 Nguyen Dupuis 交通网络流量逐日演化过程的影响。如图 2 的a)所示，当偏好参数 α 较小且惯性参数 β 较大时，路段 1 上总车流量经过约 90 天动态调整后收敛至稳定状态。而当偏好参数 α 较大

[图 2b)]或惯性参数 β 较小[图 2c)]时，都将导致路网流量呈现不稳定震荡状态。若保持参数 α 和 β 不变，通过设置不同参数 η 下的路网流量进行比较，可同样发现，路网中 CAV 市场渗透率的提高，有助于路网流量更快达到稳定状态。

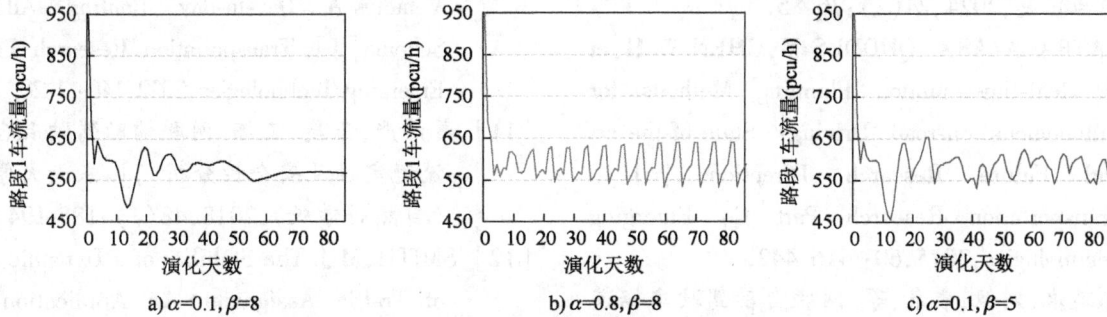

a) $\alpha=0.1, \beta=8$ b) $\alpha=0.8, \beta=8$ c) $\alpha=0.1, \beta=5$

图 2　参数 α、β 对 Nguyen Dupuis 网络流量演化影响比较（$\eta=0.3$ 保持不变）

为进一步探究 CAV 市场渗透率 η 对路网流通均衡状态的影响，在本算例中保持模型参数 α、β 不变，并对不同参数 η 下的路网流量均衡状态进行比较。图 3 比较了在不同路网流量均衡状态下各个 OD 对最短出行时间和路网总出行消耗车小时量。

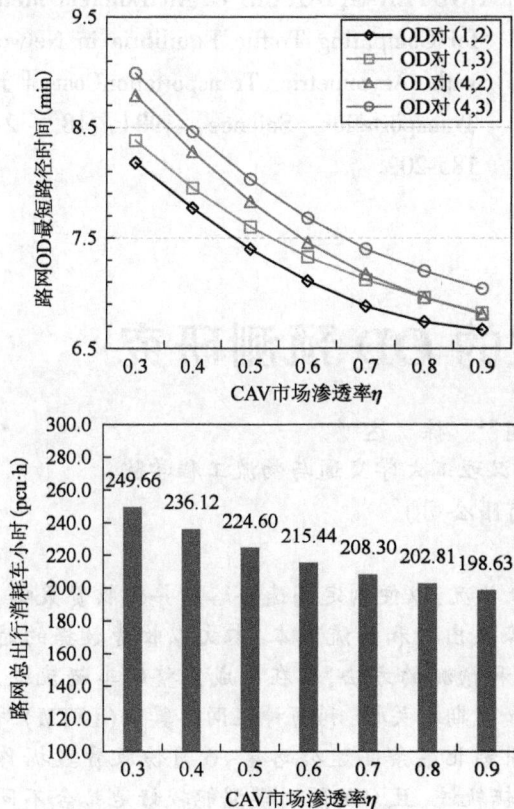

图 3　CAV 市场渗透率 η 对路网效率影响比较

由图 3 可看出，不同的 CAV 市场渗透率 η

将形成不同的路网流量均衡状态，且随着 η 由 30% 增长到 90%，路网每个 OD 对之间最短路径出行时间和路网总出行消耗车小时量平均降低 20.4% 左右水平。上述结果表明在智能网联环境下，CAV 的推广应用有助于提高路网通行能力、缓解路网交通拥堵和降低路网总出行消耗时间。

4　结语

为探究智能网联环境下 HV 和 CAV 的混行状态以及路网交通演化过程，本文构建了路网混合交通流逐日演化模型，模型明确考虑了混合交通流的异质性以及对路网交通流的影响，分析了演化模型的相关动力学特性，并通过算例验证了模型分析结论。研究结果将有助于开展智能网联环境下的路网交通流运行模拟、自动驾驶车辆投放市场化研究等，并可用于未来路网交通管控措施优化设计及政策效果评估。后续的研究中，拟通过实证案例对模型中涉及的驾驶员行为规则假设合理性进行进一步验证，并通过仿真分析对模型相关参数进行测试校正。

参考文献

[1] WANG J, PEETA S, HE X Z. Multiclass Traffic Assignment Model for Mixed Traffic Flow of Human-driven Vehicles and Connected and Autonomous Vehicles [J]. Transportation Research Part B: Methodological, 2019, 126: 139-168.

[2] 秦严严,王昊,王炜.智能网联环境下的混合交通流 LWR 模型[J].中国公路学报,2018,31(11):147-156.

[3] 魏丽英,吴润泽.基于鱼群效应的智能网联车队形成与演化机理研究[J].交通运输系统工程与信息,2024,24(2):76-85.

[4] KATRALAZAS C,QUDDUS M,CHEN W H,et al. Real-time Motion Planning Methods for Autonomous on-road Driving: State-of-the-art and Future Research Directions [J]. Transportation Research Part C: Emerging Technologies,2015,60: 416-442.

[5] 郭延永,刘佩,袁泉,等.网联自动驾驶车辆道路交通安全研究综述[J].交通运输工程学报,2023,23(5):19-38.

[6] 庞明宝,柴紫欣,巩丹阳.混合交通下智能网联车借道公交专用车道控制[J].交通运输系统工程与信息,2021,21(4),118-124.

[7] 李同飞,曹雅宁,窦雪萍,等.面向新型混合交通流的智能交叉口网络布局优化[J].交通运输系统工程与信息,2022,22(4): 302-312.

[8] 田晟,许凯,朱泽坤,等.自动驾驶环境下的路网混合流量日变模型[J].华南理工大学学报(自然科学版),2020,48(4): 123-131.

[9] LI R J,LIU X B,NIE Y. Managing Partially Automated Network Traffic Flow: Efficiency vs. Stability [J]. Transportation Research Part B: Methodological,2018,114: 300-324.

[10] GUO Z H, WANG D Z W, WANG D W. Managing Mixed Traffic with Autonomous Vehicles-A Day-to-day Routing Allocation Scheme [J]. Transportation Research Part C: Emerging Technologies,2022,140: 1-20.

[11] 秦严严,王昊,王炜.网联辅助驾驶混合交通流稳定性及安全性分析[J].东南大学学报(自然科学版),2018,48(1):188-194.

[12] SMITH, M J. The Stability of a Dynamic Model of Traffic Assignment-An Application of a Method of Lyapunov [J]. Transportation Science,1984,18(3):245-252.

[13] WARDROP J G. Some Theoretical Aspects of Road Traffic Research [J] ICE Proceedings: Engineering divisions,1952,1(3): 325-362.

[14] SMART D R. Fixed PointTheorems[M]. Cambeidge: Cambridge University Press,1974.

[15] NGUYEN S,DUPUIS C. An Efficient Method for Computing Traffic Equilibria in Networks with Asymmetric TransportationCosts [J]. Transportation Science, 1984, 18 (2): 185-202.

基于高速公路收费数据的 OD 预测研究

张开瑞[1,2] 罗如意[3] 吕能超[*1] 徐 达[1,2]
(1.武汉理工大学智能交通系统研究中心;2.武汉理工大学交通与物流工程学院;
3.湖北交投科技发展有限公司)

摘 要 为准确了解不同区域、时段和路段的交通需求状况,以便制定高速公路差异化收费策略,促进车辆错峰出行,缓解交通拥堵,提高道路安全性,进一步降低出行和物流成本,本文以收费数据的时空属性为切入点,结合高速公路拓扑网络,提出一种轨迹关联和预测的方法,旨在生成完整的车辆轨迹,并建立 OD 数据库。然后综合考虑 OD 分布量的历史相关性和周期相关性,利用神经网络算法(LSTM)对不同场景、不同出行时段下的 OD 分布量进行预测。最后利用湖北某条高速公路 4～6 月份收费数据作为实例,进行验证分析。结果表明:此方法能够生成完整的车辆轨迹,且 OD 预测模型能较好地拟合不同场景、不同出行时段下 OD 分布量的变化趋势,其在不同场景下平峰时段的预测精度普遍高于高峰时段,相关结论可为高速公路交通规划与管理部门提供决策支持。

关键词 高速公路收费数据 轨迹关联 轨迹预测 LSTM OD预测

0 引言

自2020年1月1日起,全国29个联网省份取消了487个省界收费站,实现了高速公路全国"一张网"运营,带来了高速公路运营方式的重大变革。高速公路收费数据记录了车辆的通行信息、车辆类型、车牌号等内容,其数据价值远超过原始记录本身。然而,这些数据并未得到充分利用,仅简单存储在系统中。此外,不同高速公路之间的收费信息彼此孤立,如当车辆从一条高速公路转入另一条时,该条高速公路收费系统记录的车辆出口信息为空值,从而影响了数据的完整性,也不利于生成轨迹。

在对高速公路车辆轨迹还原的研究中,大多数都是利用多源数据,如视频数据、北斗定位数据和收费数据,以实现轨迹还原[1-8]。此外,也有研究仅基于收费数据进行轨迹还原。孙贝[9]根据车牌识别数据的时间段,筛选对应时间范围内的检测器数据,然后依据收费站出入口坐标数据筛选符合位置关系的门架数据,完成车辆轨迹的初步还原。

交通流量预测根据时间跨度不同,可分为短时预测和长时预测。短时预测是指以5分钟、10分钟等为间隔,预测未来1个小时内交通量的变化情况,长时预测则是指预测未来24小时以上的交通量,如预测一天或一周的交通情况[10-11]。交通流量预测在实时交通控制和动态交通管理中扮演着重要角色,相关学者提出了多种方法和途径以提高预测准确性。目前交通流量预测模型大致可分为4类:线性回归模型[12-13]、非线性回归模型[14-15]、深度学习模型[16-18]和混合模型[19-20]。其中,长短期记忆网络(LSTM)和门控循环单元(GRU)在交通流预测领域具有显著优势[21]。

综上所述,考虑到数据采集设备的投资成本、精度要求以及覆盖范围等,本文提出一种基于高速公路收费数据的车辆轨迹生成方法,并建立OD数据

库,然后深入剖析OD分布量的历史相关性和周期相关性,利用LSTM算法预测未来一天的OD分布量。

1 基于高速公路收费数据的OD预测模型

1.1 问题描述

高速公路差异化收费是指对通行车辆实行分区域、分时段、分路段、分车型等差异化收费政策,调节车辆的出行安排和路径选择,以达到改善路网循环质量、提高路网运输效率的目的。目前,关于差异化收费的研究和制订,往往是通过提取静态数据进行分析,缺乏对数据的动态观察。静态数据只能反映某一特定时间点的交通状况,无法捕捉交通流的实时变化和趋势,进而无法准确判断不同时段、不同路段的收费标准对车辆出行的影响。此外,普通干线公路无法提供直接可用的交通流数据,进一步影响方案制订的准确性和时效性。因此,本文基于不同场景、不同时段下车辆出行特征,对OD分布量进行预测,确定不同区域、时段和路段的交通需求状况,为制定相应的收费策略提供数据支持。

1.2 整体框架

传统的神经网络模型是前馈神经网络(BPNN),在反向求导过程中容易出现梯度消失的问题;而循环神经网络(RNN)虽然增加了隐藏神经元之间的交互,但在处理长时依赖问题上仍显不足。LSTM作为一种特殊的时间序列处理网络,通过构建专门的记忆储存单元,设计时间方向传播方法,解决了梯度消失和长时依赖的问题。因此,LSTM在处理时间序列预测任务时表现出卓越的性能。

考虑到高速公路OD分布量与时间序列紧密相关,本文采用LSTM进行预测。基于高速公路收费数据的OD预测模型框架如图1所示,该模型主要分为三部分:数据处理、特征矩阵构建和模型构建。

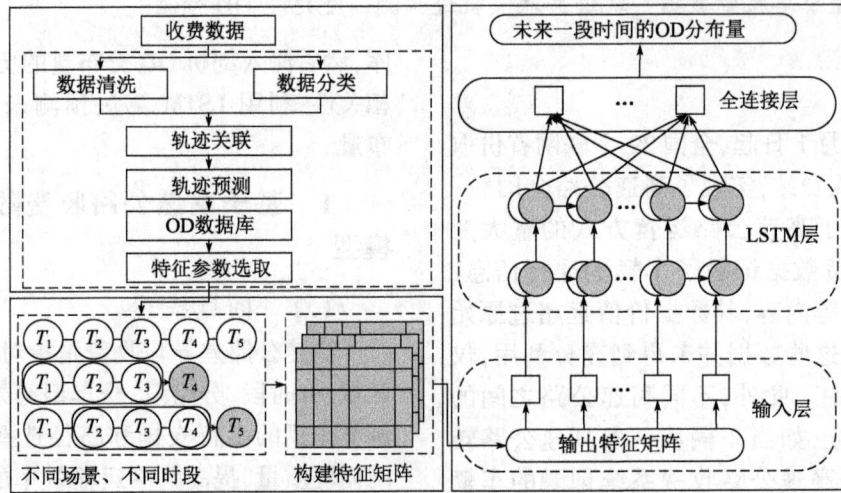

图 1　基于高速公路收费数据的 OD 预测模型框架

1.3　模型构建

1.3.1　影响因素

高速公路 OD 分布量除了与历史时刻分布量存在关联外，还与历史同期的分布量有着密切的关系。为此，构建两种独特矩阵：时间序列矩阵和周期性特征矩阵。时间序列矩阵如式（1）所示，通过计算多个历史时段 OD 分布量与当前时段分布量的相似度，以选择理想的前 n 个时间间隔的 OD 分布量作为模型的输入；周期性特征矩阵见式（2），通过量化比较同一时间段内不同年份的 OD 分布量，探索二者之间是否存在相似的变化模式。Pearson 相关系数计算如式（3）所示。

$$F_{n,\Delta t} = \begin{bmatrix} x_{1,1} & \cdots & x_{1,r\Delta t} & x_{1,m\Delta t} \\ \vdots & \ddots & \vdots & \vdots \\ x_{i,1} & & x_{i,r\Delta t} & x_{i,m\Delta t} \\ x_{n,1} & \cdots & x_{n,r\Delta t} & x_{n,m\Delta t} \end{bmatrix} \quad (1)$$

式中：n——一天中出行时段划分的数量；

　　　　m——向前追溯时间间隔的数量；

　　　　Δt——一个时间间隔；

　　　　$x_{i,1}$——第 i 个时段的 OD 当前分布量；

　　　　$x_{i,r\Delta t}$——第 i 个时段的历史前 r 个时间间隔内的 OD 分布量。

$$F_{n\Delta d} = \begin{bmatrix} x_{1,1} & \cdots & x_{1,r\Delta d} & x_{1,m\Delta d} \\ \vdots & \ddots & \vdots & \vdots \\ x_{i,1} & & x_{i,r\Delta d} & x_{i,m\Delta d} \\ x_{n,1} & \cdots & x_{n,r\Delta d} & x_{n,m\Delta d} \end{bmatrix} \quad (2)$$

式中：Δd——日期类型相同的一天；

　　　　$x_{i,1}$——第 i 个时段某一 OD 当前分布量；

$x_{i,r\Delta t}$——历史前 r 天内该时段某一 OD 分布量。

$$\rho_{X,Y} = \frac{\mathrm{cov}(X,Y)}{\sigma_X \sigma_Y} \quad (3)$$

式中：$\mathrm{cov}(X,Y)$——OD 交通量序列数据 X 与前 n 个时间间隔历史 OD 分布量序列数据 Y 之间的协方差；

　　　　σ_X、σ_Y——序列 X 与序列 Y 的均方差。

1.3.2　模型评估

为定量模型性能，选择平均绝对误差（Mean Absolute Error，MAE）、均方误差（Mean Square Error，MSE）、均方根误差（Root Mean Square Error，RMSE）来评价预测值与观测值的误差情况。评价指标定义如下：

$$\mathrm{MAE} = \frac{\sum_{i=1}^{N} |x_i - \hat{x}_l|}{N} \quad (4)$$

$$\mathrm{MSE} = \frac{\sum_{n=1}^{N} (x_i - \hat{x}_l)^2}{N} \quad (5)$$

$$\mathrm{RMSE} = \sqrt{\frac{\sum_{i=1}^{N} (x_i - \hat{x}_l)^2}{N}} \quad (6)$$

式中：x_i——某个时段的观测值；

　　　　$\hat{x}_l$——某个时段的预测值。

2　数据预处理

2.1　数据介绍

选定湖北某条高速公路 2023 年 4 月至 2023 年 6 月的收费站和门架流水为研究对象。收费站数据源自收费系统(ETC、MTC)所产生的交易流水记录,反映了每一次通行卡与路段收费系统之间的交互信息;门架流水数据则是指车辆在通过高速公路上的门架时,所采集到的车辆通行信息。

2.2 建立 OD 数据库

OD 数据库的构建过程,共包含 4 个主要环节:数据清洗、数据分类、轨迹关联和轨迹预测。建立方法详见图 2。

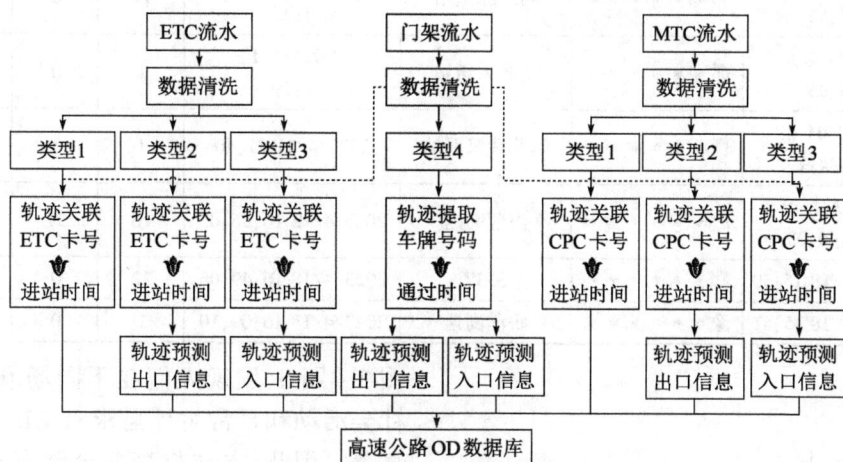

图 2 车辆 OD 数据库建立方法

步骤 1:数据清洗。主要针对错误数据和冗余数据。错误数据是指因本车道车辆被对向门架检测到产生的"反检"记录,通过分析车辆行驶方向、时间戳以及当前门架编号等字段,删除误检的门架流水;冗余数据是指车辆在通过某个门架时,因被重复扫描到导致产生多条流水,通过比对相邻记录的时间戳,删除冗余数据。

步骤 2:数据分类。主要是收费类型和归属类型的分类。根据不同的流水参数,如"ETC 卡号"及"CPC 卡号",将配备有 ETC 车辆但选择 MTC 通道通过的归类为 ETC 流水。然后根据出入口收费站所属范围将其进行类型划分,结果如表 1 所示。

高速公路收费数据类型划分 表 1

类型	入口收费站	出口收费站
1	属于研究路段所辖范围	属于研究路段所辖范围
2	属于研究路段所辖范围	为空值
3	不在研究路段所辖范围	属于研究路段所辖范围
4	未关联上的门架流水(过境数据)	

步骤 3:轨迹关联。在高速公路收费系统中,车辆通行卡标识是唯一的,因此应用该字段实现车辆的区分和跟踪。对于 ETC 计费类型的流水,选择"ETC 卡号"作为一次关联的标签;对于 MTC 计费类型的流水,选择"CPC 卡号"为一次关联的标签。进而按照通过当前门架时间进行排序,即生成每辆车单次行程的详细记录。

步骤 4:轨迹预测。为了得到车辆在研究路段上的完整轨迹和准确的 OD 分布量,需要对出入口信息缺失的片断数据进行预测。首先,将高速公路抽象成一个由节点和有向边构成的有序网络,并将站点、门架、互通和服务区的位置定义为路段节点。

对于类型 2 和类型 3,根据行驶方向,分别选定其单次行程最后一条流水中门架前(后)方最近的节点作为在研究路段上的出口,第一条流水中门架前(后)方的最近节点视作入口,结合网络拓扑关系,得知节点间距离,利用平均车速分别计算出驶离和驶入时间;对于类型 4,以车牌号码和通过门架时间锁定不同车辆的行程轨迹,判断方向后,选定最近的节点为入口和出口,驶离和驶入时间同前文计算方法一致。

2.3 OD 数据库展示

经过上述步骤,已完成车辆在 G4 京港澳高速上真实行驶轨迹的重现。如表 2 中的第 3 条 OD,该辆车从武监高速驶入 G4 京港澳高速,在湖北武汉西站驶出高速。

OD 数据库展示　　　　　　　　　　　　　表 2

entrystation name	entrytime	envehicleid	exitstation name	exittime	vehicle type	vehicle kind	cart ype	gantryorde mum
湖北泉口站	2023/4/1 4:56	鄂＊＊＊＊＊＊	湖北赤壁站	2023/4/1 5:25	11	0	1	101
湖北孝感东站	2023/4/1 6:45	鄂＊＊＊＊＊＊	湖北大悟站	2023/4/1 7:39	1	0	1	201
武监高速	2023-04-11 21:34:29	晋＊＊＊＊＊＊	湖北武汉西站	2023/4/11 21:40	1	1	3	201
武监高速	2023/4/12 16:40:03	沪＊＊＊＊＊＊	沪蓉高速	2023/4/12 16:55:03	16	27	4	201
湖北孝感东站	2023/4/18 15:50	鄂＊＊＊＊＊＊	S337	2023/4/18 16:49:06	12	0	2	201
湖北孝昌站	2023/4/18 15:51	豫＊＊＊＊＊＊	硚孝高速	2023/4/18 16:09:10	1	0	2	101

3　实例分析

3.1　场景设定

从日变和时变两个时间尺度,利用数理统计方法分析研究路段上 OD 分布量的变化规律,"湖北蔡甸收费站—汉蔡高速"OD 对的时序分布见

图 3 ~ 图 6,发现人们在不同场景、不同时段下的社会活动和日常生计需求对 OD 分布量影响差异显著。因此,本文将高速公路车辆出行场景划分为:工作日、双休日和节假日,并针对每个场景下划分高峰和平峰时段,结果如表 3 所示。

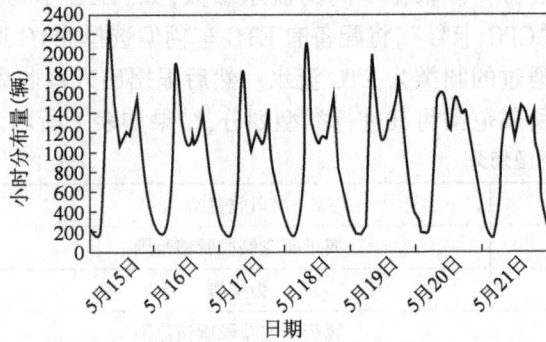

图 3　OD 分布量周变趋势图

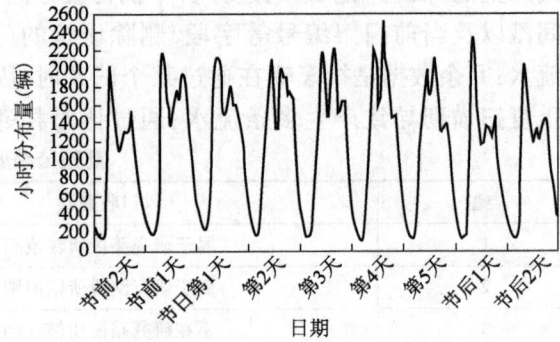

图 4　OD 分布量日变趋势图

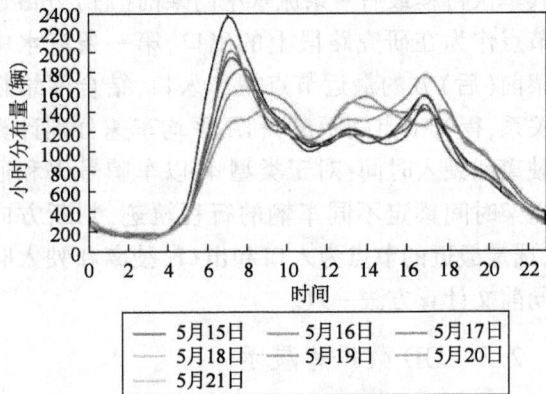

图 5　一周 OD 分布量时变趋势图

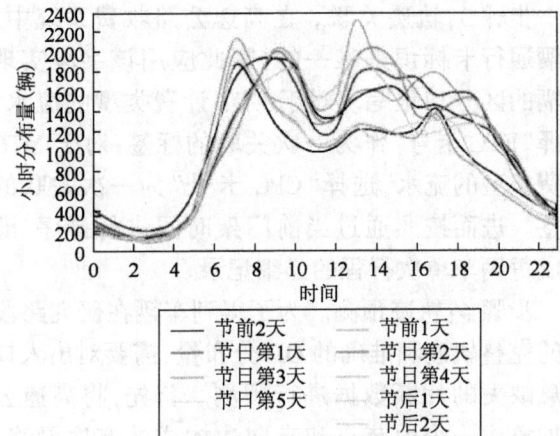

图 6　节假日期间 OD 分布量时变趋势图

不同场景下的高峰和平峰时段划分　　　　　表3

时段	工作日	双休日	节假日
高峰	06:00:00—09:00:00 16:00:00—18:30:00	06:30:00—19:00:00	07:00:00—20:00:00
平峰	00:00:00—06:00:00 09:00:00—16:00:00 18:30:00—24:00:00	00:00:00—06:30:00 19:00:00—24:00:00	00:00:00—07:00:00 20:00:00—24:00:00

3.2　影响因素选取

分别统计每个场景不同时段下的 OD 分布量，并计算相关系数，结果如图 7 所示。依据相关系数级别划分的相关研究[22]，分别提取不同场景不同出行时段下前 n 个时间间隔的历史 OD 分布量作为模型的输入，如表 4 所示。

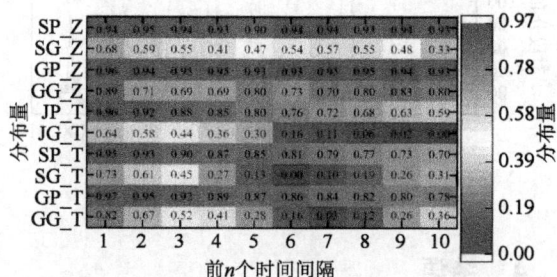

图7　不同场景、不同时段下的相关系数

不同场景不同时段下 n 的取值　　　表4

场景	时间段	时间间隔数量(n)	
		时间(_Z)	周期(_T)
工作日	高峰(GG)	3	2
	平峰(GP)	3	10
双休日	高峰(SG)	3	9
	平峰(SG)	3	10
节假日	高峰(JG)	2	—
	平峰(JG)	4	—

3.3　超参设定

在神经网络算法中，包括 LSTM 模型在内，存在着许多影响神经网络收敛速度和最终预测结果的超参数。为了取得效果较好的预测结果，本文将对隐含层数、神经元数、优化器类型、学习率和退出率五个超参数进行优化。在 python3.7 环境下，采用 Keras 深度学习库构建和训练 OD 预测模型，通过网格搜索法寻找模型在不同场景、不同时段下的最优结构参数组合。

3.4　结果分析

在不同场景、不同时段下，该模型的各项指标存在一定的差异性，具体情况如表 5 所示。特别是在工作日和节假日场景下，平峰时段的预测准确率高于高峰时段，这可能是因为高峰时段车辆数的增多，OD 分布量随之波动增大，而在平峰时段，交通状况相对稳定，OD 分布量的时间序列相关性和周期相关性在该时段更为明显。

不同场景不同时段模型的预测误差　表5

场景	时间段	MAE	MAPE	RMSE
工作日	高峰	18.846	18.485	20.012
	平峰	12.736	30.308	15.028
双休日	高峰	12.244	32.777	18.366
	平峰	10.407	43.374	15.162
节假日	高峰	16.758	10.169	20.241
	平峰	13.374	39.408	21.080

以“湖北蔡甸收费站—汉蔡高速”OD 对为例，不同场景、不同时段下未来一天的 OD 分布量预测结果如图 8 ~ 图 13 所示。整体而言，模型对 OD 分布量的整体趋势进行了较为准确的预测。然而，在不同场景下，模型的预测效果存在一定的差异。一方面，在某些特定时段，尤其是高峰时段的波峰和波谷处，即 OD 分布量剧烈波动时，模型的预测效果并不理想。可能是因为该时段的 OD 分布量变化较为复杂，受到多种因素的影响，如特殊事件、天气条件等。相对而言，在节假日和双休日的平峰时段，模型预测效果明显优于工作日的平峰时段，这或许是由于在非工作日，交通状况相对稳定且受外部干扰较少，有利于模型更好地预测 OD 分布量。此外，在同一场景不同时段下，可以发现平峰时段的预测效果均优于高峰时段，这可能是因为平峰时段的交通状况相对较为稳定，OD 分布量的变化规律性较强，模型能够更好地捕捉到 OD 分布量的特征和趋势。而在高峰时段，由

于通勤需求和拥堵等因素,模型的预测结果出现较小偏差。

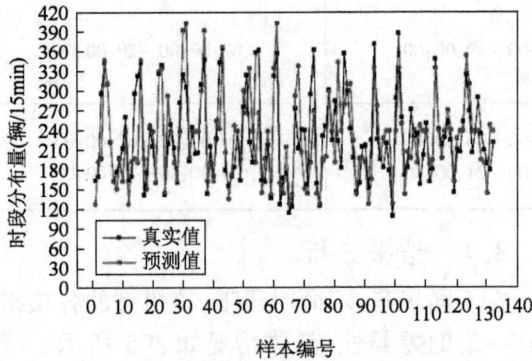

图8　工作日出行场景高峰时段预测结果

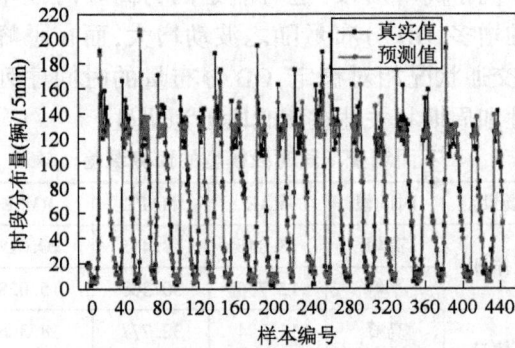

图9　工作日出行场景平峰时段预测结果

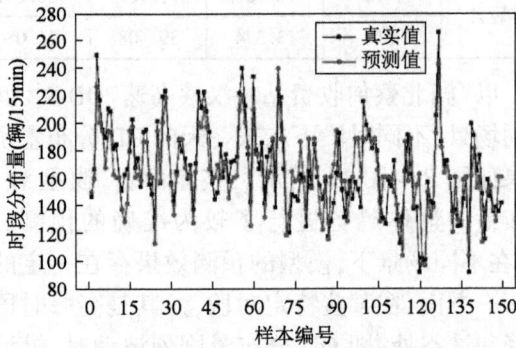

图10　双休日出行场景高峰时段预测结果

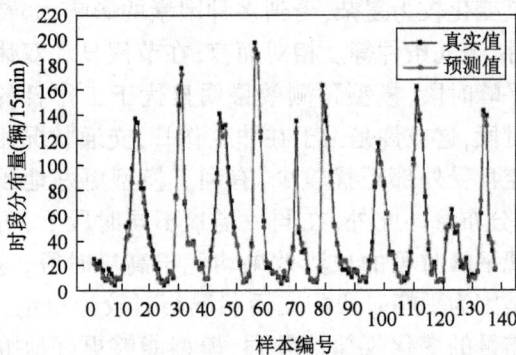

图11　双休日出行场景平峰时段预测结果

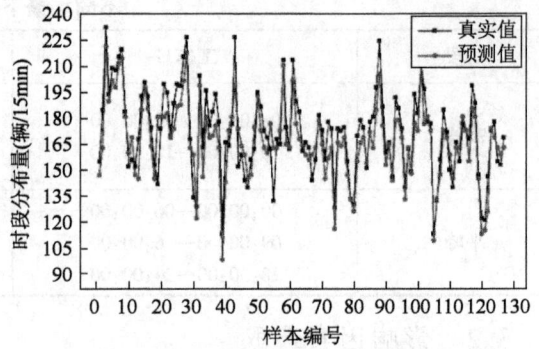

图12　节假日出行场景高峰时段预测结果

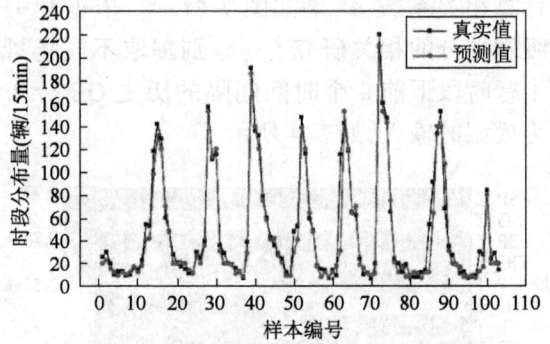

图13　节假日出行场景平峰时预测结果

4　结语

（1）通过分析高速公路收费数据特性,基于车辆通行卡标识、入口时间和当前门架编号,提出一种轨迹关联方法,并结合高速公路拓扑网络,完成OD在研究路段上的分配,进而建立OD数据库。

（2）利用 LSTM 神经网络算法,在不同场景、不同出行时段下,对未来一天的 OD 分布量进行预测,发现在平峰时段,模型能够较好地捕捉到历史分布量的时序模式和趋势,预测效果更好,然而在高峰时段,OD 分布量变化较大且存在更多的不确定性,导致预测准确性受到影响。在后续研究中,将针对该预测模型进行优化,考虑多源数据的组合模型预测,结合具体交通场景添加约束条件,进一步降低预测误差,提高计算效率和预测精度。

（3）基于不同场景、不同时段下车辆出行特征,对 OD 分布量进行预测,明确不同区域、时段和路段的交通需求状况,从而制定有针对性的收费策略,提高高速公路运行效率;还可通过监测和分析 OD 分布量的变化趋势,精准识别需要改扩建的路段,并以此为依据评估改扩建后的效果。

参考文献

[1]　刘群,杨濯丞,蔡蕾.基于 ETC 门架数据的高

速公路短时交通流预测[J].公路交通科技,2022,39(4):123-130.

[2] 林培群,龚敏平,周楚昊.面向运输风险识别的高速公路货车用户画像方法[J].华南理工大学学报(自然科学版),2023,51(6):1-9.

[3] 王博,张驰,任士鹏,等.基于速度风险势场的高速公路行车风险甄别方法[J].浙江大学学报(工学版),2023,57(5):997-1008.

[4] CHEN S Y, PIAO L H, ZANG X D, et al. Analyzing differences of highway lane-changing behavior using vehicle trajectory data [J]. Physica A: Statistical Mechanics and its Applications,2023:624.

[5] QUDDUS M, WASHINGTON S. Shortest Path and Vehicle Trajectory Aided Map-matching for Low Frequency GPS Data [J]. Transportation Research Part C,2015,55:328-339.

[6] 陈婧,刘师含,高凤艳,等.基于北斗的在线计费平台[J].中国交通信息化,2023,282(4):79-80,93.

[7] 李斌,马静,徐学才,等.基于车辆轨迹的高速公路异常事件自动检测算法[J].交通信息与安全,2023,41(3):23-29.

[8] 吴少峰,陈智威,张高峰,等.基于实车数据的高速公路行驶轨迹偏移和车道侧向余宽[J].中国公路学报,2023,36(5):197-209.

[9] 孙贝.高速公路车辆轨迹还原方法——基于ETC门架系统数据[J].中国科技信息,2022(17):106-108.

[10] 田丰,程志华,侯天育.基于CEEMDAN-SE和LSSA-GRU组合的短时交通流量预测[J].公路交通科技,2023,40(6):194-202.

[11] 闻川,成卫,肖海承.基于多维流量特征的短时交通流量预测模型[J].公路交通科技,2023,40(7):191-199.

[12] 叶秀秀,马晓凤,钟鸣,等.基于局部路网空间结构特征的无检测器路段交通流预测方法[J].交通信息与安全,2021,39(2):137-144.

[13] 李林锋,邱廷铨,唐昌林,等.天气影响下的节假日高速公路出行量短期预测[J].交通

[14] 刘承婷,贺亮,胡传峰,等.超音速喷管雾化实验研究与雾化模型回归预测分析[J].南京理工大学学报(自然科学版),2023,47(5):715-723.

[15] 王夏秋,张宁,王健.基于季节指数的城市轨道交通月度客流预测方法[J].城市轨道交通研究,2018,21(10):25-28.

[16] SATTARZADEH A R, KUTADINATA R J, PATHIRANA P N, et al. A novel hybrid deep learning model with ARIMA Conv-LSTM networks and shuffle attention layer for short-term traffic flow prediction [J]. Transportmetrica,2023:1-23.

[17] REDHU P, KUMAR K. Short-term traffic flow prediction based on optimized deep learning neural network: PSO-Bi-LSTM [J]. Physica A: Statistical Mechanics and its Applications,2023,625.

[18] 张文娟,杨皓哲,张彬,等.考虑多时间尺度特征的城市轨道交通短时客流量预测模型[J].交通运输系统工程与信息,2022,22(6):212-223.

[19] YANG Y J, ZHANG J L, YANG L X, et al. Network-wide short-term inflow prediction of the multi-traffic modes system: An adaptive multi-graph convolution and attention mechanism based multitask-learning model [J]. Transportation Research Part C: Emerging Technologies,2024,158:1-27.

[20] 王博文,王景升,朱茵,等.基于ARMA-SVR的短时交通流量预测模型研究[J].公路交通科技,2021,38(11):126-133.

[21] WANG S, ZHAO J, SHAO C, et al. Truck traffic flow prediction based on LSTM and GRU methods with sampled GPS data [J]. IEEE Access,2020,8:208158-208169.

[22] 王可,王慧琴,殷颖,等.基于Pearson关联度BP神经网络的时间序列预测[J].光学精密工程,2018,26(11):2805-2813.

基于Kmeans-MGWR++整合模型的建成环境对轨道交通乘客出行行为的影响研究

朱友蓉[1]　李得伟[*1]　邓亚娟[2]

(1.北京交通大学交通运输学院;2.长安大学运输工程学院)

摘　要　研究城市轨道交通建成环境对乘客出行行为特征的影响,对分析乘客出行需求具有重要意义。论文基于西安市城市轨道交通IC卡、POI、公交线网和道路网等多源数据,综合考虑乘客出行心理、时空OD轨迹和土地属性等要素,建立了考虑分类时空要素的Kmeans-MGWR++整合模型,研究站点建成环境与不同类型乘客出行特征的关联。研究结果表明:(1)该整合模型能够捕捉建成环境对乘客出行行为特征影响的时空异质性。对比四种聚类算法,整合模型采用的K-means++算法在客流时空特征聚类中具有更好的性能;(2)城市轨道交通的价格、出行距离、首次出行时间会促进乘客选择城市轨道交通出行,而换乘次数和车厢拥挤程度会抑制乘客的选择。(3)在本案例中,建成环境指标对城市轨道交通乘客出行意向以及行为均有显著的影响,道路网密度会促进乘客选择城市轨道交通出行,公交密度对城市轨道交通的积极影响反映了多式联运公共交通规划的必要性。

关键词　城市轨道交通　出行行为特征　建成环境　聚类算法　混合地理加权回归模型

0　引言

城市轨道交通具有高容量和高效准时的特点,是缓解城市交通拥堵的有效方式之一,对城市可持续发展具有重要意义。城市轨道交通客流时空轨迹多变,影响客流规律的因素复杂,而站点的建成环境与不同乘客的出行目的和行为特征存在关联,能为分析乘客出行需求提供依据。

建成环境是影响不同人群出行行为特征的重要因素。Loo等[1](2010)采用多元回归分析发现从车站到市中心的交通成本、运营年限以及车站是否是CBD和主要换乘站对客流的影响最大。近年来,线性回归和机器学习模型被广泛应用在建成环境与客流行为的研究中,例如Liu等[2](2021)使用融合时空地理加权回归(GTWR)考虑了空间相互作用网络的影响。许奇等[3](2023)基于XGBoost研究城市轨道交通OD客流与TOD建成环境的非线性关系。庞磊[4](2023)、马壮林[5](2023)采用混合地理加权回归模型(MGWR)研究不同属性客流的影响因素及其相互作用机制。同时,多步模型也逐步应用在建成环境与行为特征分析中,例如Wang等[6](2022)提出结合K-means和XGBoost的两步模型,识别出的乘客出行需求

的决定因素特征。许心越等[7](2023)提出一种GTWR和随机森林(RF)的算法,研究了各项建成环境指标对站点时间序列客流的影响程度。但是,现有研究缺少对不同类型乘客的分析,且缺少对建成环境与客流时空异质性关联的讨论。

鉴于此,本文提出了质心均值地理加权回归模型(Kmeans-MGWR++),来捕捉城市轨道交通客流的行为特征和建成环境的时空异质性之间的关系。利用K-means++算法对乘客的时空轨迹与出行指标进行聚类分析,再将聚类结果置入MGWR中,计算建成环境对不同人群的影响系数,捕捉建成环境对客流影响的异质性。本文采用了变宽双平方内核函数,改进了以往研究中地理加权回归模型的高斯内核函数不具有截断性的问题,对乘客出行选择的描述更加精确。

1　分析框架

1.1　建成环境

城市轨道交通建成环境主要与土地利用、城市空间结构和交通网络体系有关,这些建成环境要素会影响城市轨道交通乘客的出行时段和出行距离。

基于西安市进行研究,由于站点之间存在客

流竞争,居民出行过程中倾向于选择距离最近的轨道站点,因此采用气象学中的泰森多边形[8](Thiessen Polygons 图)对城市轨道交通站点的吸引范围进行切割。依据《城市轨道沿线地区规划设计导则》,将距离站点约 500~800m,与轨道功能紧密关联的地区作为轨道辐射区。因此,设置 800m 为半径,得到无重叠的轨道辐射区范围。

1.2 数据来源

采用城市轨道交通 IC 卡数据、地铁线网数据以及多源建成环境数据(表1)。其中,IC 卡交易记录的时间精确到 1 min。地铁线网数据、POI 数据、公交线网数据、道路网数据均在高德开放平台通过 API 爬取得到。土地利用地块数据由 Gong 等[9](2020)根据 OpenStreetMap 路网数据、Landsat 数据和手机信令等共同计算得到。

多源数据来源及说明 表1

类型	来源	时间
地铁 IC 卡数据	西安市轨道集团	2022 年 5 月 10 日
土地利用地块数据	城市土地利用图数据集	2018 年
地铁线网数据		
POI 数据	高德开放平台	2022 年
公交线网数据		
道路网数据		

2 模型与方法

2.1 出行行为指标设计

通过地铁刷卡数据的交易时间、交易类型、站点经纬度坐标等建立 5 个指标,反映了乘客的出行代价和出行体验,分别是首次出行时间、出行距离、价格、换乘次数、车厢拥挤程度(表2),并根据以上指标构建出行阻抗,作为后续聚类分析的权重。同时对模型建立提出 3 点假设:通勤人群不会提前下班,通勤活动的最低持续时间标准为 360 min,乘客不会错过最后一班地铁。后续计算指标的 Spearman 相关系数矩阵,并通过主成分分析法确定指标权重。

指标设计 表2

指标	定义	阐释
Price	价格	一次出行的价格
Distance	出行距离	乘客的出行距离阻抗
Transfer	换乘次数	出行的方便程度
Ohour	首次出行时间	乘客对出行时间的敏感性
Crowd	车厢拥挤程度	从舒适性角度描述乘客选择轨道交通的意愿

2.2 研究方法

Kmeans-MGWR++ 整合模型所使用的在线数据包括 POI 数据(如车站周边分布娱乐设施)、土地利用地块数据(如车站影响范围内的土地利用类型)和密度数据(如道路网密度和公交线网密度)。模型结构如图1所示,首先采用主成分分析法确定出行特征指标的权重,再利用 K-means++ 算法将乘客分成若干簇,并根据肘部图确定最佳簇数,然后将不同种类的乘客数据作为 MGWR 的解释变量。

K-means++ 是一种改进的 K 均值算法。在地铁刷卡数据中,数据点代表着每条客流轨迹,而 K-means++ 在选择初始聚类中心时,会根据一定的概率分布选择数据点作为聚类中心,从而使得聚类中心分散地分布在整个数据集中。

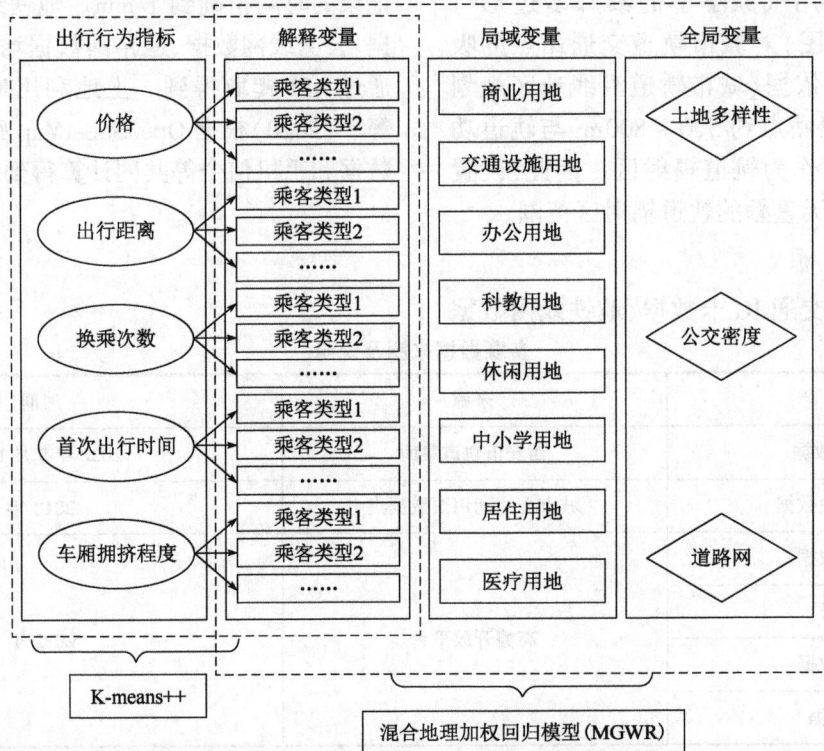

图 1　Kmeans-MGWR + + 整合模型结构

选取第一个聚类中心 c_1 作为第一类客流的特征点,$c_1 = x_i$,x_i 为随机选择的数据点。k 为已选聚类中心的个数,$|\cdot|$ 为欧氏距离。计算其与已选聚类中心的最近距离 $D(x_i)$,由式(1)表示。

$$D(x_i) = \min_{j=1}\{||x_i - c_1||\} \tag{1}$$

计算每个数据点 x_i 作为下一个聚类中心的概率 p_1,由式(2)表示。

$$p_1 = \frac{D(x_i)^2}{\sum_{j=1}^{n} D(x_j)^2} \tag{2}$$

以概率分布 p_1 选择下一个聚类中心 c_{k+1},由式(3)表示。

$$c_{k+1} = x_i \tag{3}$$

重复以上步骤直至选出 k 个聚类中心。

在空间数据中,变量并非均有空间异质的特性,这使得 GWR 模型不再适用。一些学者提出了考虑局域变量和全局变量的 MGWR 模型[10],旨在更好地反映各影响因素之间的差异性,解决了多尺度问题。

GWR 模型可由式(4)表示。

$$y_i = \beta_0 + \sum_{k=1}^{n}\beta_k(u_i, v_i)x_{ik} + \varepsilon_i \tag{4}$$

MGWR 模型是对 GWR 模型的进一步扩展,允许模型的解释变量中同时存在全局变量和局部变量,模型可由式(5)表示。

$$y_i = \beta_0 + \sum_{k=1}^{n}\beta_k(u_i, v_i)x_{ik} + \sum_{l=1}^{n}a_l z_{il} + \varepsilon_i \tag{5}$$

式中:y_i——i 点处的客流量;

x_{ik}——k 处的解释变量(分类别客流量);

ε_i——位置 i 处的高斯误差;

(u_i, v_i)——位置 i 处的地理位置;

$\beta_k(u_i, v_i)$——随位置变化而变化的系数;

z_{il}——l 位置的全局自变量;

a_l——固定系数。

求解 MGWR 模型,需要对每个回归分析点 i 进行加权线性最小二乘法,可由式(6)表示。

$$\beta_k(u_i, v_i) = [X^T W(u_i, v_i)X]^{-1}X^T W(u_i, v_i)y \tag{6}$$

式中:X——自变量抽样矩阵;

y——因变量抽样值列向量;

$W(u_i, v_i)$——对角矩阵。

选用变宽双平方内核函数。该函数具有截断性,当距离样本观测点超出一定带宽时,权重变为零,不再影响回归结果。对距离越近的邻域点赋予越大的权重,使得模型在稠密区域具有较高的灵敏度。可由式(7)表示。

$$W(u_i, v_i) = \begin{cases} \left(1 - \dfrac{d_{ij}^{\,2}}{\theta_{i(k)}}\right)^2 & (d_{ij} \leqslant \theta_{i(k)}) \\ 0 & (d_{ij} > \theta_{i(k)}) \end{cases} \quad (7)$$

式中：W——第 j 个位置观测值用于估计第 i 个位置系数的权重值；

d_{ij}——i 到 j 之间的欧氏距离；

$\theta_{i(k)}$——自适应带宽大小，由 AICc 法计算确定。

3　案例分析

3.1　轨道交通客流时空特征聚类分析

研究对象为西安市周二的客流数据，其间无大型赛事或音乐会等特殊情况，因此可以作为代表性数据集。

通过 K-S 检验可以确定 5 个指标均不服从正态分布。计算 Spearman 相关系数矩阵，并通过主成分分析计算指标的权重 w（表3）。

指标权重　　　　　　　表3

指标	w
价格	0.136
出行距离	0.147
换乘次数	-0.057

续上表

指标	w
首次出行时间	0.066
车厢拥挤程度	-0.035

采用肘部图法（Elbow Method）来确定最佳簇数，可以保证模型合理聚类效果，并避免过度拟合。根据图 2 计算结果，选择簇数为 5。

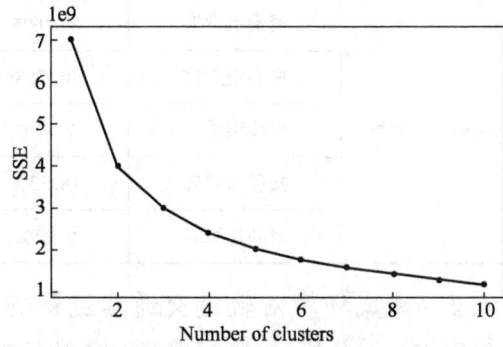

图2　Cluster-SEE 肘部图

对比 K-means++ 聚类模型、基于密度的 DBSCAN 聚类模型、层次聚类模型以及高斯混合聚类模型，结果如图3所示。其中 K-means++ 在各个类别及指标中表现出了最高的区分度，得到了最显著的聚类效果，且聚类速度较快。

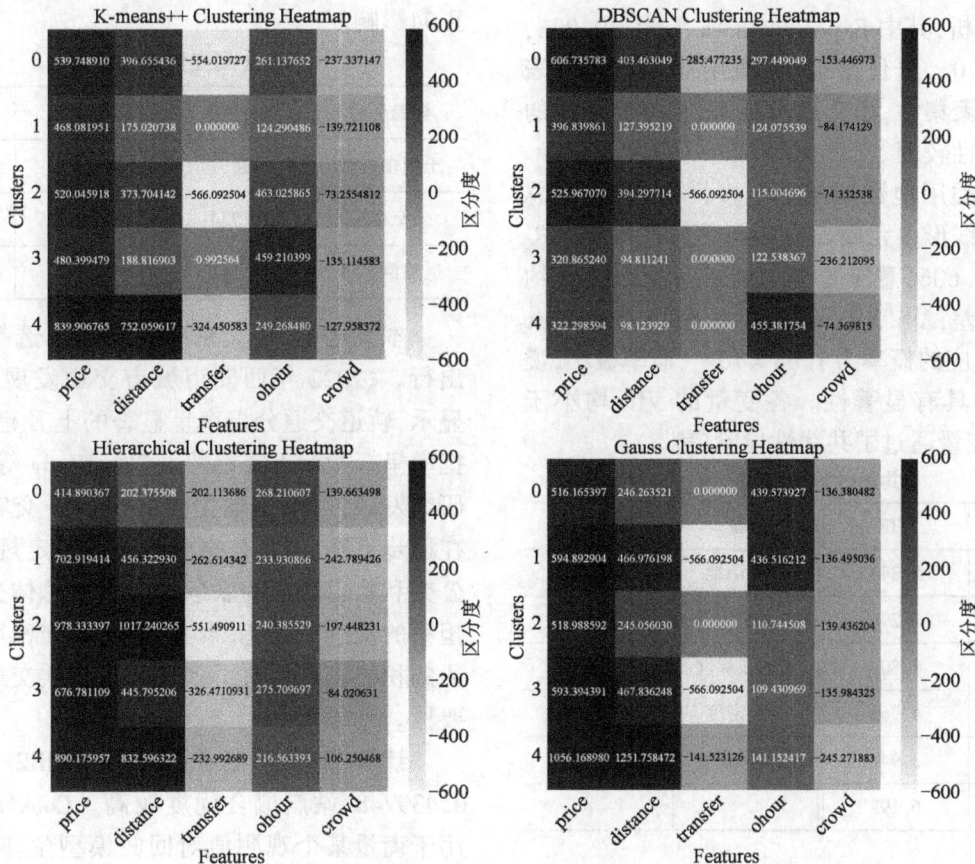

图3　聚类方法结果对比

聚类得到乘客分类结果(表4),可以将不同人群描述为 7 类,体现了不同乘客群体在出行行为与出行时间上的异质性选择。

乘客分类结果　　　表4

计算方法	类型	比例
票卡类型筛选	学生型乘客	8.14%
	老年型乘客	6.07%
K-means + + 聚类	通勤型乘客	39.09%
	中心型乘客	10.74%
	中线型乘客	7.71%
	接驳型乘客	18.33%
	对外型乘客	9.92%

3.2　建成环境对轨道交通客流影响分析

采用 Moran 分析,检验辐射区 POI 数据的空间相关性。计算得 Moran's I 指数为 0.747,方差为 0.002,Z-score 为 16.353,表明 POI 数据和辐射区存在显著的正空间相关性。

将 POI 分为 8 类,包括商业用地、办公用地、交通设施用地、中小学用地、科教用地、医疗用地、居住用地、休闲用地。分别对 8 个类别进行全局 Moran's I 分析,其中 Expected Index 均为 −0.006,p-value 均为 0。居住用地、科教用地在空间上表现出较强的聚集性,而交通设施用地、办公用地的空间自相关性较弱。

根据各类用地数据与土地多样性数据,对总体客流进行线形多元回归分析与共线性检验。R-squared 为 0.606,意味着模型能够解释因变量约60.6% 的方差,Adj. R-squared 为 0.524。F-statistic 为 7.413,对应的概率为 1.68×10^{-7},概率极小,说明整体模型具有显著性。各变量的 VIF 均小于10,表明各变量通过了共线性检验(表5)。

共线性检验结果　　　表5

变量	VIF	变量	VIF
商业用地	5.843	居住用地	4.244
交通设施用地	1.296	中小学用地	1.629
办公用地	1.802	土地多样性	2.303
科教用地	4.962	公交密度	1.785
医疗用地	3.947	道路网密度	1.418
休闲用地	6.192		

以总客流量为因变量,观察 MGWR 模型整体结果(表6)。R 方值为 0.647352、调整 R 方值为0.514390,表示模型能够解释目标变量的约64.7% 的方差,且模型的泛化能力较好。

MGWR 建模结果　　　表6

局域变量	最小值	下四分位数	中位数	上四分位数	最大值
商业用地	0.161	0.184	0.194	0.209	0.229
交通设施用地	0.034	0.089	0.174	0.415	0.604
办公用地	0.289	0.415	0.854	0.903	0.962
科教用地	1.586	1.676	1.787	2.263	2.552
医疗用地	1.103	1.413	1.777	2.179	2.683
休闲用地	2.408	2.608	2.897	3.034	3.377
居住用地	0.181	0.534	0.694	1.576	1.813
中小学用地	1.091	1.887	2.662	3.018	4.446

在该模型中,土地多样性、公交密度和道路网密度三个变量对目标变量产生了显著的影响(表7)。道路网密度对轨道交通发展具有显著的正向影响。

全局变量计算结果　　　表7

全局变量	估计值	标准误差	t 统计量
土地多样性	−13.017	5.231	−1.114
公交密度	20.734	8.647	2.398
道路网密度	29.542	7.238	1.132

本案例中,公交密度促进乘客选择轨道交通出行。《2022 年西安市城市交通发展年度报告》显示,轨道交通分担率呈显著的上升趋势,公交分担率呈轻微的下降趋势。Chao Yang 等[11] (2023)研究发现,目前全球主要城市的公交客流量一直在稳步下降,但当公交网络超过一定规模时,发展公交和轨道交通的联运能够促进总体公共交通分担率的提升。因此,本案例中,公交密度对轨道交通的积极影响反映了多式联运公共交通规划的必要性。

计算自然间断点分级,localR2 值均大于0.439748,站点拟合优度较高。Cook's D 统计量用于衡量某个观测值对回归模型整体的影响,主要用于识别离群值或在模型拟合中具有高影响力的观测值。分析 Cook's D 可视化结果,可以观察到客流整体的空间异质性选择,越靠近地铁线路中心区的站点对整体线网客流产生的影响越大。

根据建成环境影响强度和 POI 密度,采用基于排名的阈值分类法对各站点进行分类(表8),从而进一步分析不同车站的建成环境类型和不同乘客之间的联系。

车站分类结果　　表8

车站类型	数量	车站名称
商业型	7	钟楼、永宁门、五路口、朝阳门、通化门、三桥、务庄
交通设施型	9	皂河、玉祥门、丈八北路、广泰门、半坡、北池头、开远门、北客站、浐河
办公型	10	国际港务区、科技路、市图书馆、延平门、凤城五路、后卫寨、北苑、石家街、三爻、双寨
科教型	9	吉祥村、会展中心、咸宁路、运动公园、辛家庙、延兴门、新筑、长乐坡、鱼化寨
医疗型	4	康复路、纺织城、凤栖原、汉城路
休闲型	11	小寨、劳动路、大明宫西、体育场、南稍门、大雁塔、行政中心、青龙寺、桃花潭、香湖湾、浐灞中心

续上表

车站类型	数量	车站名称
居住型	5	龙首原、太白南路、航天城、沣东自贸园、保税区
中小学型	9	万寿路、北大街、胡家庙、安远门、纬一街、洒金桥、韦曲南、长乐公园、枣园

分析各类型车站中不同乘客的构成比例(图4),其中办公型车站、交通设施型车站、医疗型车站均存在一类乘客数据变异程度较大。其中,通勤型乘客主要分布在办公型车站,验证了乘客出行特征聚类结果与站点建成环境的匹配效果。接驳型乘客主要分布在交通设施型车站,换成次数和价格是该类乘客的主要考量因素。对外出行乘客主要分布在医疗型车站,可以推断该类乘客具有较高的跨市医疗需求,在未来的城市规划中可以在交通枢纽周边设置更多的高质量医疗设施,并完善现有医疗设施周边的住宿功能。学生型、老年型乘客主要分布在中小学型车站和科教型车站,该类车站均有开展教育活动的功能,主要分布在城市中心与中轴线上,在未来规划中可以向城市东部和西部增建中小学及科教场所,从而达到疏散客流的目的。

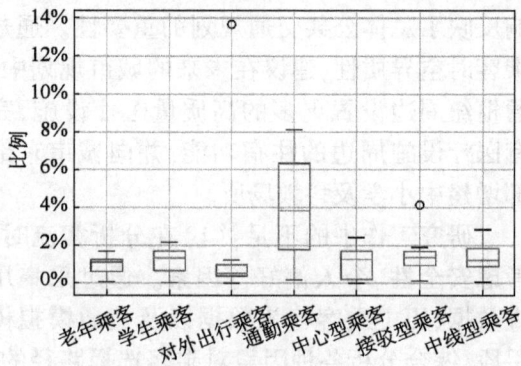

a)办公型车站

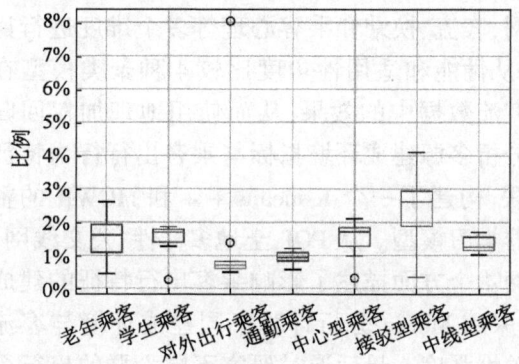

b)交通设施型车站

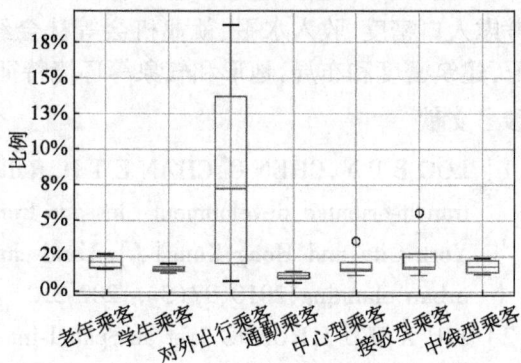

c)医疗型车站

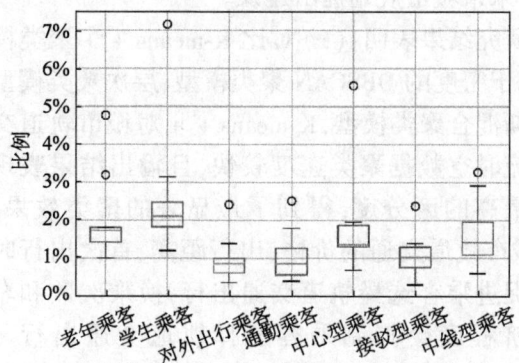

d)中小学型车站

图　4

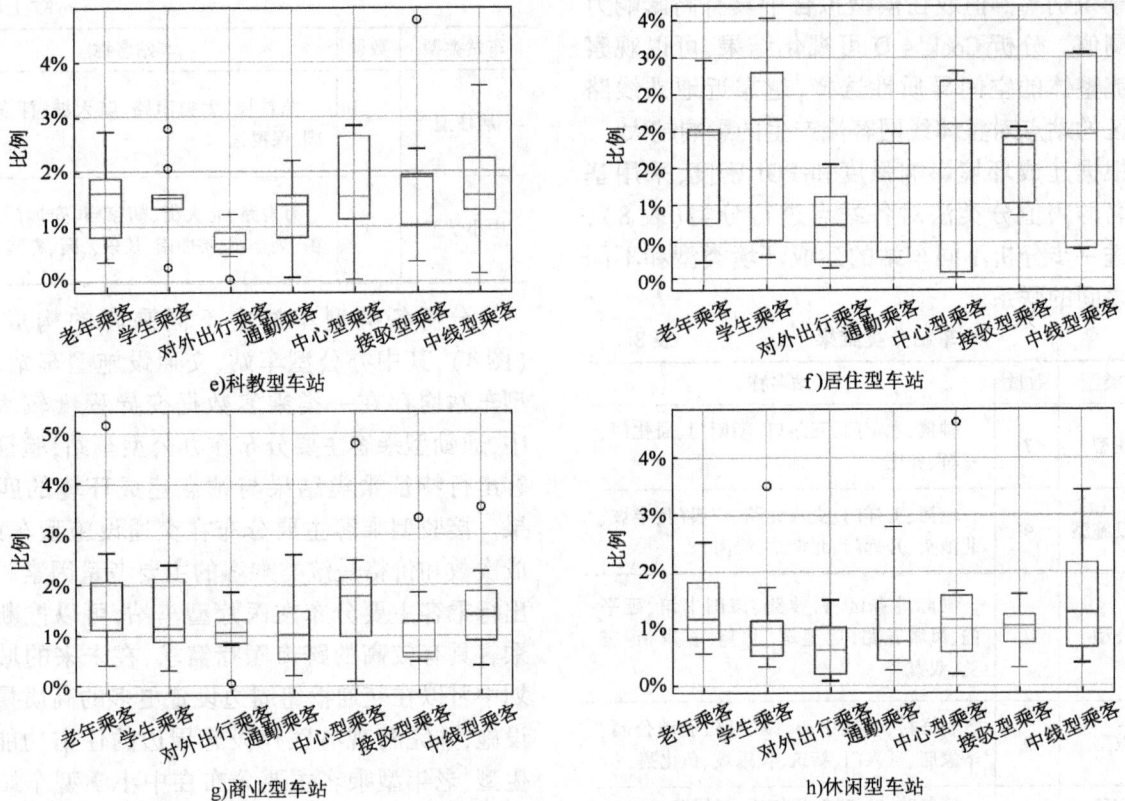

e)科教型车站

f)居住型车站

g)商业型车站

h)休闲型车站

图4　各类别轨道交通车站中的乘客构成

4　结语

在设计城市轨道交通人群出行行为指标时,从线网、客流、换乘和乘客心理等多个维度进行比较,并从性能和适用性角度比较4种聚类模型在处理客流数据中的效果,从而使用地理加权回归模型分析多源建成环境指标与乘客出行行为特征的关联,构建了一个K-means++和MGWR的整合机器学习模型。从POI、土地多样性、公交线网、道路网4个方面描述了影响乘客出行特征的建成环境,采用Moran分析计算不同建成环境与客流的相关性强度。最后通过研究不同人群的出行行为,对未来城市规划提出建议。

研究结果表明:(1)对比K-means++聚类模型、基于密度的DBSCAN聚类模型、层次聚类模型和高斯混合聚类模型,K-means++对城市轨道交通客流时空数据聚类速度较快,且输出结果表现出了最高的区分度,得到了最显著的聚类效果。(2)城市轨道交通的价格、出行距离、首次出行时间会促进乘客选择轨道交通出行,换乘次数和车厢拥挤程度会抑制乘客选择轨道交通出行。(3)在本案例中,各项建成环境指标对客流出行行为的影响从高到低依次是道路网密度、公交密度、土地多样性。道路网密度对城市轨道交通出行具有正向影响,公交密度对城市轨道交通的积极影响反映了总体公共交通规划的重要性。通过分析乘客时空异质性,建议在未来的城市规划中,在交通枢纽周边设置更多的高质量医疗设施,完善现有医疗设施周边的住宿功能,并向城市东部和西部增建中小学及科教场所。

研究工作中的不足:(1)在分析客流时,可以考虑安全性、个人偏好等因素。通过采集用户调查数据、历史乘客行为数据以及交通模拟模型等手段,综合分析各种因素对乘客选择路径的影响。(2)在选择城市建成环境研究指标时,可以进一步考虑人口密度、收入水平、就业机会等社会经济特征,建筑密度和布局,地形和气象等环境特征。

参考文献

[1] LOO B P Y,CHEN C,CHAN E T H. Rail-based transit-oriented development:lessons from New York City and Hong Kong[J]. Landscape and urban planning,2010,97(3):202-212.

[2] LIU X,WU J,HUANG J,et al. Spatial-interaction network analysis of built environmental influence

on daily public transport demand[J]. Journal of Transport Geography,2021,92:102991.

[3] 许奇,李雯茜,陈越,等.建成环境对城市轨道交通起讫点客流的非线性影响及阈值效应[J].交通运输系统工程与信息,2023,23(4):290-297.

[4] 庞磊,任利剑,运迎霞.建成环境对轨道交通站点客流量与通勤乘车率影响的差异化分析[J].交通运输系统工程与信息,2023,23(6):206-214.

[5] 马壮林,杨兴,胡大伟,等.城市轨道交通车站客流特征影响程度分析[J].清华大学学报(自然科学版),2023,63(9):1428-1439.

[6] WANG K,WANG P,HUANG Z,et al. A Two-Step model for predicting travel demand in expanding subways[J]. IEEE Transactions on Intelligent Transportation Systems, 2022, 23(10):19534-19543.

[7] 许心越,孔庆雪,李建民,等.建成环境对轨道交通客流的时空异质性影响分析[J].交通运输系统工程与信息,2023,23(4):194-202,281.

[8] THIESSEN A H. Precipitation averages for large areas[J]. Monthly weatherreview, 1911, 39(7):1082-1089.

[9] GONG P,CHEN B,LI X,et al. Mapping essential urban land use categories in China (EULUC-China):Preliminary results for 2018[J]. Science Bulletin,2020,65(3):182-187.

[10] FOTHERINGHAN A S,YANG W,KANG W. Multiscalegeographically weighted regression (MGWR)[J]. Annals of the American Association of Geographers, 2017, 107(6):1247-1265.

[11] YANG C,YU C,DONG W,et al. Substitutes or complements? Examining effects of urban rail transit on bus ridership using longitudinal city-level data[J]. Transportation Research Part A:Policy and Practice,2023,174:103728.

基于非参数选择模型的铁路旅客受限需求估计

付雯玥　马敏书*
(北京交通大学交通运输学院)

摘　要　由于铁路运输采取预订制度,乘客需事先购买车票才能乘坐列车,部分时间、部分区间的票额存在供不应求的现象,旅客往往会购买其他替代车票或者放弃购买。因此,系统中记录的历史购票数据不能准确反映旅客的真实购票需求。为了估计旅客真实的购票需求,本文基于旅客在票额受限时的替代选择行为,构建以极大似然思想为核心的旅客购票需求估计模型,并采用 MCMC 算法求解模型。本研究进行多次数值仿真实验,验证了模型的准确性以及不同参数对模型的影响。实验表明,模型可以较好地估计旅客的真实需求。

关键词　铁路客运　需求估计　需求受限　非参数选择模型　MCMC 算法

0 引言

客运需求是铁路运输公司设计客运产品、制定客运销售策略的基本参考依据,因此,铁路运输公司应准确把握客运需求。历史购票数据蕴含了丰富的客运需求信息,且容易获取,因而被广泛应用于需求估计。

然而,由于铁路运输采用的是先预定再乘车的服务方式,部分铁路客运产品供不应求。一些旅客无法购买到其理想的车次或席别,这时,旅客往往会转而购买其他车次,甚至放弃购买。在此情况下,旅客真实需求未被满足,发生所谓"购票需求受限"的现象;这时历史购票数据也成为所谓"受限数据",如果通过这样的数据直接获取购票需求,就可能低估"受限"车次的真实需求,同时高估"非受限"车次的真实需求。以此为依据开展的客流分析和预测的准确性也会受到影响。

基于上述分析,如何在车票售罄情况下,通过"受限数据"估计旅客真实的购票需求,是铁路运输公司面临的一个重要问题。

本文所研究的问题隶属于收益管理领域的"需求无约束估计"问题。目前,研究方法主要分为以下两类:基于数理统计的方法和基于选择模型的方法。

基于数理统计的方法尽管计算成本略高,但有理论依据支撑,研究结果较为严谨。此类方法假设旅客的需求整体遵循一定统计规律,因而可以通过研究分布的状态和特征估计顾客真实需求。该方向目前研究主要关注分布形式的选择[1]以及求解算法[2]。目前常用的分布如正态分布、指数分布、泊松分布、负二项分布、对数正态、指数分布、威布尔分布以及伽马分布[3]等。目前相关学者使用研究对象的数据各自进行实证,但无法证明方法的普适性。此外,当发生前文所述的受限情况时,该方法存在一定的误差。

与数理统计法不同,选择模型法以顾客个体为研究对象。该方法是通过研究顾客在订购过程中的选择行为,来估计顾客真实购票需求,因而研究重点在于顾客选择模型的构建。目前国内外学者常用的模型可分为参数选择模型及非参数选择模型两类。

在基于参数选择模型的无约束估计研究中,最常见的就是以效用最大化理论为核心的多项Logit(MNL)模型[4~7]及各种变形模型。在MNL模型构建过程中,参数的选择是至关重要的,Vulcano等[8]将产品各属性权重作为变量,分析不同影响因素对旅客选择行为的影响。非参数选择模型无需考虑参数的选取,通过设定顾客类型及其偏好序列,拟合顾客对各产品的偏好排序[9~11],以此对顾客选择行为进行表征,进而估计真实需求。

综上所述,已有的受限需求估计研究场景多集中在航空客运、酒店等领域,铁路客运领域相关研究很少。不同于其他行业,铁路客运产品具有数量多、销售期长、有明确销售节点等特点,故而其他行业的现有研究成果并不能完全适用于铁路客运领域,因此有必要针对铁路客运领域受限需求

求估计的方法进行进一步研究。

本文基于旅客在票额受限时的替代选择行为,构建以极大似然思想为核心的旅客购票需求估计模型,并研究模型的求解方法。

1　问题描述与建模

1.1　问题描述

铁路客运需求是指旅客乘坐火车出行的需求,旅客对不同日期、不同OD、不同车次的火车票购买需求是铁路客运需求的最重要的表现。与此相对应,下文使用客运产品代指某个日期、某个OD、某个车次的车票。

针对某一天的某一铁路运输区间,假设预售期为Q天,将预售期划分为T个周期;相关铁路客运产品有N种,客运产品集合为R;根据系统中的历史售票数据,可以得到表征各个时期的购票结果序列$j,j=(j_1,j_2,\cdots,j_t,\cdots,j_T)$,其中$j_T\in R$以及各个时期对应未售罄的产品集合序列$s,s=(s_1,s_2,\cdots,s_t,\cdots,s_T)$,$s_t$为未售罄的产品集合,$s_t\subseteq R$。本模型估计的是在库存充足$j_t$的情况下,各客运产品的销售量,也就是各客运产品的真实需求,记为各产品真实需求向量$\boldsymbol{D},\boldsymbol{D}=(d_1,d_2,\cdots,d_n,\cdots,d_N)$。

1.2　旅客替代选择模型

购票决策时,旅客的出行需求通常可以由多个客运产品满足。根据旅客的自身情况和客运产品的属性,旅客对各个产品的偏好程度不同。将偏好程度由大到小排序,可以形成一个序列,我们称之为偏好序列,其中,偏好序列的第一个产品即为旅客的真实需求。当出现售罄的情况时,旅客就会选择序列里的下一个产品,直至需求被满足。当旅客偏好的产品均售罄,旅客就会放弃购买。假设客运市场共有旅客类型W种,旅客类型集合为$Z,Z=\{1,2,\cdots,W\}$。对于第i种类型的旅客,M_i表示含放弃购买选项在内的旅客所能接受的选项数量,$2\leq M_i\leq N+1$;对应的偏好序列$\sigma_i=(a_{i1},a_{i2},\cdots,a_{im},\cdots,a_{iM_i})$,$i=1,2,\cdots,W,a_{im}\in R$,其中,$m$表示排序,$a_{im}$代表属于类型$i$的旅客的第$m$个偏好产品;$a_{iM_i}=0$表示偏好序列最后一位是放弃购买。此外,要求偏好序列里至少有一个产品,不可以直接放弃购买。我们用一个离散型分布$x=(x_1,x_2,\cdots,x_W)$表征旅客类型分分,p(旅客类型为i)$=x_i,i=1,2,\cdots,W$。

综上,对于某一时期 t,已知该时期到达的旅客类型 i 及其偏好序列 σ_i、t 时期对应未售罄的产品集合 s_t,可以得到旅客购买的产品情况 j_t,$j_t = \arg\min_{n \in S_t} \sigma_i(n)$,即旅客会购买未受限产品中在偏好序列中排序最靠前的产品。

需要说明的是,本模型中的偏好序列定义为已知。偏好序列可以结合 RP/SP 调查以及客票系统中的候补数据等获得。在票额受限时,旅客的替代选择行为可能会受到多种因素的影响,这些影响因素可以分为旅客属性和客运产品特征两类。旅客属性包括但不限于年龄、性别、收入水平、职业、学历、出行目的、时间灵活性等。客运产品特征指铁路客运产品的固有性质,包括发车时间、到达时间、运行时长、席别、票价、途经站点、服务质量等因素。各种因素对不同类型旅客的影响在本模型中的体现为不同的偏好序列。

1.3 极大似然模型

本文用极大似然估计旅客类型分布,购票结果是由旅客类型和产品受限情况共同决定的,因而可以通过历史数据反推旅客可能属的类型。若已知最终购买结果 j 及未售罄情况 s,旅客可能属于的类型即为那些偏好序列中排在 j_t 前的所有产品均已受限的类型。假设集合 $G = (G_1, G_2, \cdots, G_t, \cdots, G_T)$ 为各个时期旅客可能的类型集合序列。则:

$$G_i = \{i : \sigma_i(j_t) < \sigma_i(k), \forall k \in S_t, k \neq j_t\}$$

已知旅客属于类型 i 的概率为 x_i。假设时期 t 到达一名旅客,s_t 已知,该旅客购买产品 n 的概率为:

$$p(n|s_t) = \begin{cases} \sum\limits_{i \in G_t} x_i, & n \in s_t \\ 0, & n \notin s_t \end{cases}$$

现基于历史购票数据构建极大似然函数。预售期共划分为 T 个时期,其中,令 T_λ 为有旅客到达且发生购买行为的时期集合,$\overline{T_\lambda}$ 为有旅客到达但旅客未发生购买行为的时期集合,$\overline{T_{\bar\lambda}}$ 为没有旅客到达的时期集合,$T = |T_\lambda| + |\overline{T_\lambda}| + |\overline{T_{\bar\lambda}}|$。已知时期 t 内,旅客到达概率为 λ,旅客购票过程似然函数如下:

$$L(x, \lambda) = \prod_{t \in T_\lambda}(\lambda * p(n|s_t)) * \prod_{t \in \overline{T_\lambda}}(\lambda * p(0|s_t)) * \prod_{t \in \overline{T_{\bar\lambda}}}(1 - \lambda)$$

为了使函数更简洁,对上式取对数并化简

可得:

$$\ln L(x, \lambda) = \sum_{t \in T_\lambda} \ln(\sum_{i \in G_t} x_i) + \sum_{t \in \overline{T_\lambda}} \ln(\sum_{i \in G_t} x_i) + (|T_\lambda| + |\overline{T_\lambda}|)\ln\lambda + |\overline{T_{\bar\lambda}}|\ln(1 - \lambda)$$

可以发现,化简后的似然函数中 λ 和 x 相互独立,$x = (x_1, x_2, \cdots, x_W)$ 因而可以拆分为两部分,各自寻找极大似然值。需求估计与 x 的值有关,所以此处只关注包含 x 的部分的最大值。此时,模型待估参数仅有 x,似然函数更新为:

$$\ln C(x) = \sum_{t \in T_\lambda} \ln(\sum_{i \in G_t} x_i) + \sum_{t \in \overline{T_\lambda}} \ln(\sum_{i \in G_t} x_i)$$

假设已经得到极大似然估计值 $x^* = (x_1^*, x_2^*, \cdots, x_W^*)$,已知预售期内有旅客到达的时期数量为 $\hat{T} = (|T_\lambda| + |\overline{T_\lambda}|)$,每时期到达一位旅客。设预售期内共到达旅客 ϕ 人,则 $\phi = \hat{T}$。预售期内 i 类型旅客到达人数为 $\phi_i = \phi \times x_i^*$。假设以客运产品 n 为真实购买需求的旅客类型集合为 E_n,则:

$$E_n = \{i : a_{il} = n\}$$

客运产品 n 的真实购买需求 d_n 为:

$$d_n = \sum_{i \in E_n} \phi_i = \sum_{i \in E_n} \phi^* x_i^*$$

1.4 MCMC 算法求解模型

上述极大似然估计问题可表示为下式,其中 W 为客运市场旅客类型总数:

$$\max_{x > 0} \ln C(x)$$
$$\text{s. t.} \sum_{i=1}^{W} x_i = 1$$

这个问题求解比较复杂,因为在构建似然函数时,无法明确已到达旅客的类型。对于此类复杂问题,可以使用马尔科夫链蒙特卡洛(MCMC)算法求解。

MCMC 算法是一种基于马尔可夫链的蒙特卡洛模拟方法,广泛用于从复杂的概率分布中进行抽样,特别是在贝叶斯统计中用于估计后验分布。MCMC 算法的关键在于后验分布函数的构造,其公式为:

$$p(x|j, s) \propto p(j, s|x) \times p(x)$$

式中:x——待估计的参数,即旅客类型概率分布;

j, s——观测到的数据,即各个时期的购票结果序列和各个时期对应未售罄的产品集合序列;

$p(x|j, s)$——后验分布函数;

$p(j, s|x)$——似然函数,已在前文中构建,为 $\ln C(x)$;

$p(x)$——先验分布,在求解算法中设置为一个

Dirichlet分布,具体参数基于原有的业务知识得到。

对后验分布函数进行多次抽样,经过处理后对样本取均值即可得到参数的估计值。采用MCMC算法进行求解,可较为容易地得到结果。

2 仿真

2.1 仿真过程

由于旅客的真实需求不可观测,为了验证模型估计需求的性能,现对模型进行仿真实验。仿真过程主要分为4个部分:首先,生成各时期旅客到达情况;其次,对于已到达旅客,结合其选择偏好,生成真实购票需求;再次,综合考虑旅客购票需求及产品受限情况,生成最终购票结果;最后,将购票结果代入模型求解,将模型估计结果与真实购票需求仿真数据比较,评估模型效果。仿真实验的总体思路如图1所示。

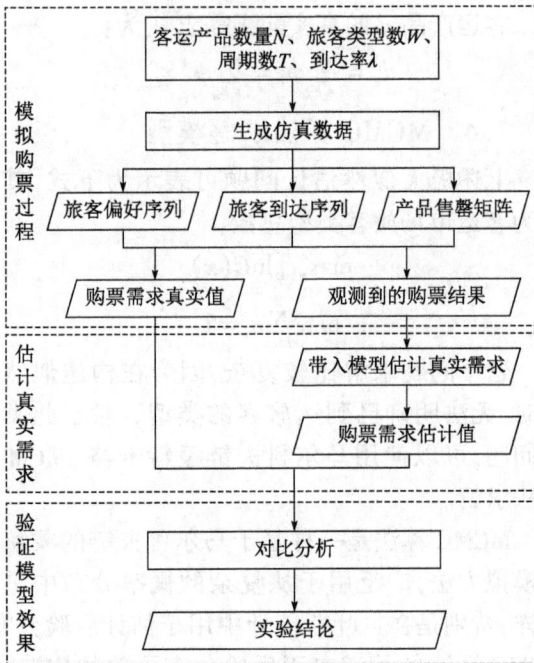

图1　仿真实验流程图

2.2 仿真结果评估

基于仿真思路,对模型的仿真估计结果进行分析,评估旅客类型分布及真实购票需求两个变量的估计效果。给定一组基本参数,对模型的准确性进行评估。假设有10种客运产品,客运市场中有10种不同类型的旅客,预售期划分为6000个时期,产品未受限概率设置为0.7。算法迭代停止标准为:相邻两次迭代的旅客分布参数估计值

的相对变化小于10^{-7}。重复实验100次,得到仿真实验的结果,旅客类型概率分布估计结果如表1所示,旅客需求估计值及与实际购票数量、购票需求真实值的对比情况如图2所示。

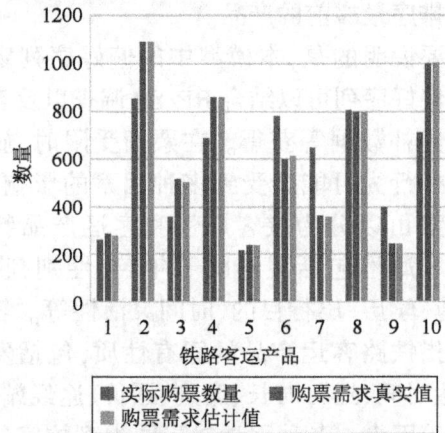

图2　购票需求估计值、购票需求真实值以及购票数量观测值对比

如表1可见,10种旅客类型的概率分布绝对误差均在正负0.006以内,相对误差均在13%以下,均方根误差为0.0046。总体上看,仿真结果显示,模型能够较为准确地还原真实的旅客类型分布。

旅客类型概率分布估计　　　　表1

旅客类型	AE	RE	MAE	RMSE
1	−0.004	8.13%		
2	−0.004	1.97%		
3	−0.003	3.89%		
4	0.006	4.54%		
5	0.004	12.67%	0.0037	0.0046
6	0.000	0.13%		
7	−0.002	2.53%		
8	0.002	1.59%		
9	0.000	0.68%		
10	0.000	0.15%		

由图2可见,相比于购票数量观测值,需求估计值更接近旅客真实需求。此外,图中产品1、2、3、4、5、10的购票数量观测值低于真实需求,说明上述产品出现了受限情况,部分旅客的购票需求未得到满足。相反,其余产品的购票数量观测值均高于真实需求,这是由于产品受限而导致的选择替代行为,高出的部分均来自旅客的替代需求。这也进一步说明了,用历史购票结果直接表征旅客真实需求往往误差较大,通过本模型得到的需求估计值更接近真实情况。

此外,还进行了多种场景的仿真实验;调整产品数量,分别为(5,10,30,50),发现估计效果随产品数量增加而变好,整体影响幅度不大,旅客类型概率分布估计的 RMSE 均可以控制在 0.01 以下,购票需求估计的 RMSE 均在 20 以下;调整旅客类型数量分别为(10,30,50,100),发现随旅客类型增多,类型间相似度增加,导致模型估计效果变差,但好在对需求估计影响不大,购票需求估计的 RMSE 均在 30 以下;调节预售期内各阶段旅客类型分布情况,发现模型在旅客类型分布变化的情况下仍可以保持稳定的需求估计效果,购票需求估计的 RMSE 均在 30 以下。

调节伯努利实验中未售罄概率 p 分别为(0.1,0.2,0.3,0.4,0.5,0.6,0.7,0.8,0.9,1)。0.1 代表产品售罄严重,1 代表无售罄情况发生,如图 3 所示,随 p 值增大,旅客类型概率分布估计的 RE、MAE 及 RMSE 均呈现先下降后上升趋势,估计效果先变好再变差。这是因为当售罄程度过高或者过低的情况下,通过购票数据观测值放映出的旅客多样性的信息变少。如图 4 所示,随 p 值增大,购票需求估计的 RE、MAE 及 RMSE 均单调下降,下降趋势明显,说明需求估计效果明显变好。

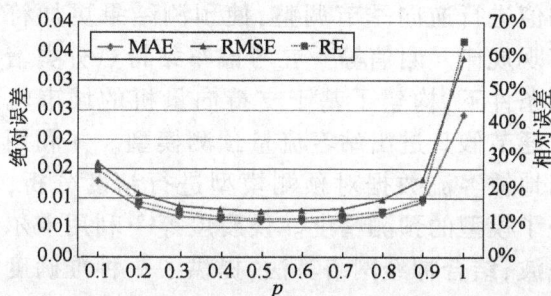

图 3　不同受限程度下旅客类型概率分布估计误差

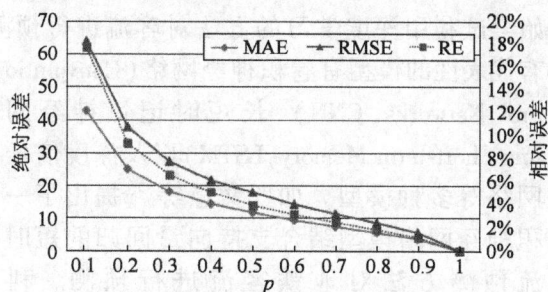

图 4　不同受限程度购票需求估计误差

这些多场景的仿真实验探究了不同因素对模型估计效果的影响,同时证明模型具有较好的稳定性。

3　结语

本文基于历史购票数据,构建了受限条件下旅客购票需求估计模型。考虑到模型复杂带来的求解困难,引入 MCMC 算法,给出了完整的求解过程。此外,进行了数值仿真,评估模型的准确性和稳定性。本文也存在一些不足,本文只讨论了始发终到 OD 的购票情况,并未考虑中转换乘的旅客,也删除了退票和改签的数据,未能完全真实地还原实际售票情况。

参考文献

[1] MAGLARAS C EREN S. A Maximum Entropy Joint Demand Estimation and Capacity Control Policy [J] Production and Operations management,2015,24(3):438-450.

[2] 赵立祥,谢子轶,杨永志,等.基于收益管理的邮轮客舱分配与定价模型[J].中国管理科学,2022,30(1):196-205.

[3] 郭鹏,萧柏春,李军.收益管理中非正态无约束估计的 PD 方法[J].数理统计与管理,2014,33(4):660-672.

[4] VULCANO G , RYZIN V G, RATLIFF R. Estimating Primary Demand for Substitutable Products from Sales Transaction Data [J]. Operations Research,2012,60(2):313-334.

[5] 魏薇,柳雪丽.基于个体属性的西铜城际旅客出行特征分析[J].中国储运,2023(1):110-111.

[6] 苏焕银,陶文聪,彭舒婷,等.城际铁路旅客乘车选择行为异质性分析[J].铁道科学与工程学报,2022,19(4):901-908.

[7] 杨亚璨,张礼平.考虑顾客有限理性的汽车租赁需求无约束估计方法[J].工业工程,2022,25(6):55-61.

[8] VULCANO G J, VAN RYZIN G, CHAAR W. OM Practice Choice Based Revenue Management:An Empirical Study of Estimation and Optimization[J]. Manufacturing & Service Operations Management. 2010,12(3):371-392.

[9] RYZIN V G, VULCANO G. An expectation-maximization method to estimate a rank-based choice model of demand [J]. Operations

Research,2017,65(2):396-407.

[10] RYZIN V G,VULCANO G . A Market Disco-
very Algorithm to Estimate a General Class of
Nonparametric Choice Models [J].

Management Science,2014,61(2):281-300.

[11] 郭鹏.航线网络中需求无约束估计的非参数
选择模型[J].管理科学学报,2020,23
(12):30-51.

考虑非常态出行的轨道交通站点客流预测与分析方法研究

张 浩 于 尧*

（上海海事大学交通运输学院）

摘　要　地铁站点客流预测是地铁车站运营管理的重要组成部分之一,合理准确的客流预测结果可为地铁车站的运营计划提供数据支撑。本文以上海市 16 号地铁线路中某地铁站的数卡数据为例,旨在对客流分别进行不同时间颗粒度出行规律分析并寻求合适的预测模型。针对工作日和双休日常态场景下的客流出行模式,在对工作日和双休日数据分类的基础上,结合双向长短期记忆网络（BiLSTM）构建了不同时间粒度的客流预测模型,其决定系数和相关系数均达到了大于0.9的水平。最后对国庆节假日这一非常态场景下的客流出行模式进行了客流预测,并对比了 SVM、GRU、LSTM 三种方法预测下的 MAE 值和 RMSE 值,验证了模型预测的准确性。

关键词　出行规律分析　客流预测　BiLSTM　非常态场景出行

0　引言

地铁客流预测是指在一定的未来的时间段内,对地铁站点的客运量进行预测。利用已有的历史客流数据,在不同的时间粒度上准确捕捉地铁站点客流的变化规律,并进行客运量的预测,能够帮助地铁系统更好地了解未来的客流情况,包括高峰期和低谷期的变化趋势。在紧急情况下,如突发事件、自然灾害或其他紧急情况发生时,系统需要迅速作出反应,并为调度提供重要参考,帮助地铁系统更有效地分配资源。较具有代表性的客流预测方法有时间序列法[1]、支持向量机回归[2]、卡尔曼滤波[3]、自回归移动平均法（ARIMA）[4]等多种方法。这些方法较多关注客流量的时间关联性,根据客流量在不同时间序列上的变化特性进行预测。找寻时间与客流量的变化规律,在足够的历史数据中能够充分考虑客流量数据在时间上的变化特性。例如,王夏秋等[4]采用基于季节指数的预测方法,在采用 ARIMA 模型建模预测前引入季节指数对原始客流数据进行季节调整,以消除季节因素对

建模的影响,并在预测结束后用季节指数对预测值进行逆向季节调整,使预测结果更加符合客观规律。谢俏等[5]在考虑车站特点分类情况的条件下,构建了基于支持向量机的城市轨道交通节假日进出站客流量预测模型。并利用广州地铁客流数据对预测模型进行精度分析,验证了模型的预测精度。侯晨煜等[6]利用卡尔曼滤波,结合神经网络算法,提供了一种准确度较高的地铁客流短时预测服务。

随着深度学习的不断发展,越来越多的学者开始尝试利用深度学习的方法对客流进行预测。具有代表性的模型有卷积神经网络（Convolutional Neural Networks, CNN）、长短时记忆神经网络（Long Short-term Memory, LSTM）以及深度信任神经网络等多种模型。如罗文慧等[7]提出了一种卷积神经网络模型结合支持向量回归的短时交通流预测方法对地铁客流进行预测。利用 G103 国道交通流数据进行模型性能分析。得出了该方法具有较高的预测准确性,并且受外界干扰因素影响较小,是一种有效的交通流量预测方法。崔洪涛等[8]利用深度长短期记忆网

络（DLSTM）方法对深圳北站地铁站进行客流量预测。并验证了该方法相较于其他4种模型（ARIMA、BPNN、RNN、SVR）具有更准确地预测结果。而以上模型大多只考虑了客流量的单一特征，缺乏考虑外部因素，通常只考虑历史数据，忽视了可能影响地铁客流的外部因素，如天气、节假日、特殊活动等。

本文考虑了节假日的外界因素。在考虑工作日和双休日分类的基础上，结合双向长短期记忆网络（BiLSTM）构建了不同时间粒度的客流预测组合模型。其决定系数和相关系数均达到了大于0.9的水平。最后对国庆节假日这一非常态场景数据进行客流预测验证了模型的鲁棒性，非常态场景即相较工作日与双休日有着较为固定的出行规律的出行特点下，有着不同高峰分布规律、出行意愿增加等的出行场景。并对比了用SVM、GRU、LSTM三种方法预测下的MAE和RMSE值以验证模型预测的准确性。

1 地铁站点进站量变化规律分析

地铁站点短时进站量受工作日、双休日客流特征的影响，在一周内呈现出不同的日客流发展模式，且同一日客流发展模式下站点客流序列的相关程度较高，不同日客流发展模式下站点客流序列变化趋势各不相同[9]。由于节假日的乘客出行特征不同于工作日和双休日，同一日客流发展模式下站点客流序列的相关程度不高，故节假日客流预测应根据历年节假日当天客流数据进行预测。

该地铁站是上海地铁16号线的一个大站。本文以该站为案例，对进站量数据进行研究，通过细分月、十天、工作日与双休日小时的进站客流分析得出客流整体变化趋势。进而构建预测模型。

1.1 数据预处理

1.1.1 数据来源

本文采用上海市2023年6月1日至2023年11月30日5个月时间的地铁刷卡数据。数据量约60万条。数据记录了每5分钟的进站和出站数卡人数，如图1为部分地铁刷卡原始数据，包括Time、InFlow、OutFlow等字段（Time表示记录时刻，InFlow表示进站客流数，OutFlow表示出站客流数）。

Time	InFlow	OutFlow
20230601054500.00	1	0
20230601055000.00	80	0
20230601055500.00	82	1
20230601060000.00	82	0
20230601060500.00	79	0
20230601061000.00	64	0
20230601061500.00	61	0
20230601062000.00	73	0
20230601062500.00	84	0
20230601063000.00	93	0
20230601063500.00	103	26

图1 地铁站部分原始数据

1.1.2 数据处理

原始的刷卡数据多达60万条，其中包括异常值和空值，需要对这些数据进行筛选、异常值处理等工作。此外原始数据的时间戳不能直接被模型读取，故要对时间戳的格式进行处理。借助MySQL对数据库解压并将该地铁站的刷卡数据分离出来。最后对数据重复筛选处理，核对重复的数据，通过这一步对数据进行清洗，然后对时间片划分时间段，处理后的数据如图2所示（每5分钟划分一个时间片，ID表示该地铁站）。

Time	InFlow	OutFlow	ID
2023/6/1 5:45	1	0	A1631
2023/6/1 5:50	80	0	A1631
2023/6/1 5:55	82	1	A1631
2023/6/1 6:00	82	0	A1631
2023/6/1 6:05	79	0	A1631
2023/6/1 6:10	64	0	A1631
2023/6/1 6:15	61	0	A1631
2023/6/1 6:20	73	0	A1631
2023/6/1 6:25	84	0	A1631
2023/6/1 6:30	93	0	A1631
2023/6/1 6:35	103	26	A1631

图2 预处理后的地铁数据

1.1.3 客流特征分析

如图3所示，图中数据为上海16号线该地铁站的6月1日至12月19日的月客流量数据，其中横坐标为6月份至12月份，纵坐标则是对应时间的进出站客流量数据。从图中可以看出，6月份至9月份的客流量相较于10月份更低且平稳。在10月份时出站客流量有明显提升。其原因可能为国庆节期间海昌公园、滴水湖等景点发生了较强的交通吸引。将时间粒度再细分观察变化趋势。

地铁站进出站客流月变化趋势

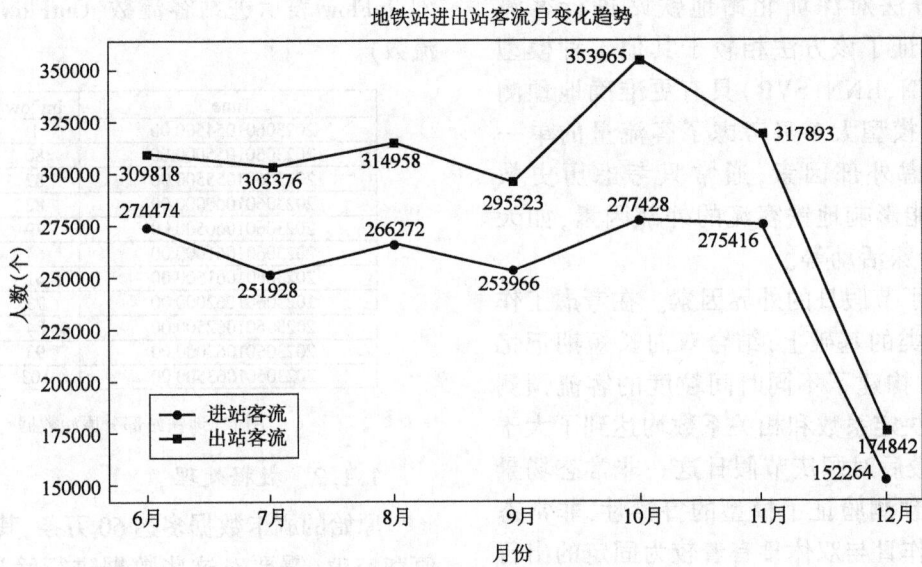

图 3　地铁站月客流量变化趋势

如图 4 所示,图中数据为上海 16 号线该站的 6 月 1 日至 12 月 19 日的数据,时间粒度为 10 天。其中横坐标为 6 月份至 12 月份每 10 天的日期,纵坐标则是对应时间的进出站客流量数据。从图中可以看出,9 月 1 日、10 月 1 日、11 月 10 日所在的

10 天客流量相较于其他时间更高。达到了 12 万人次左右。其原因为临港五大高校开学日以及国庆节出游和在滴水湖举办的马拉松比赛。客流量增加因素确定性强,更易于因地制宜增加相应的交通管控。

地铁站进出站客流10天变化趋势

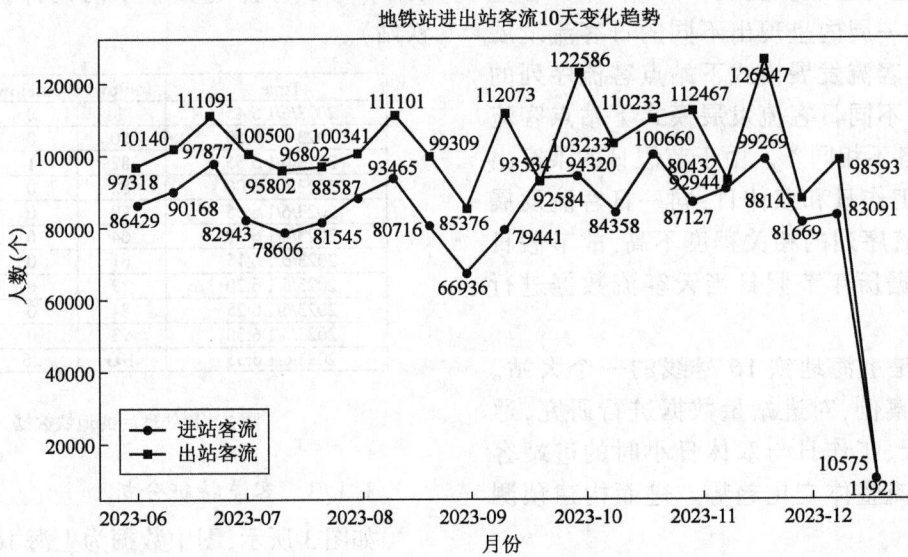

图 4　地铁站 10 天客流量变化趋势

如图 5 为工作日与双休日时间粒度为 1 小时的客流预测结果。7 月 1 日和 7 月 2 日两日为周末,地铁流量不大,流量高峰在 7 点前后。而 7 月 3 日至 7 月 7 日为工作日,流量明显高于周末,且

周期性明显。每天客流高峰在早 7 点,6 点至 7 点突增,7 点至 8 点突降。小时流量在 1700 左右。其他小高峰在下午 12 点和 5 点。

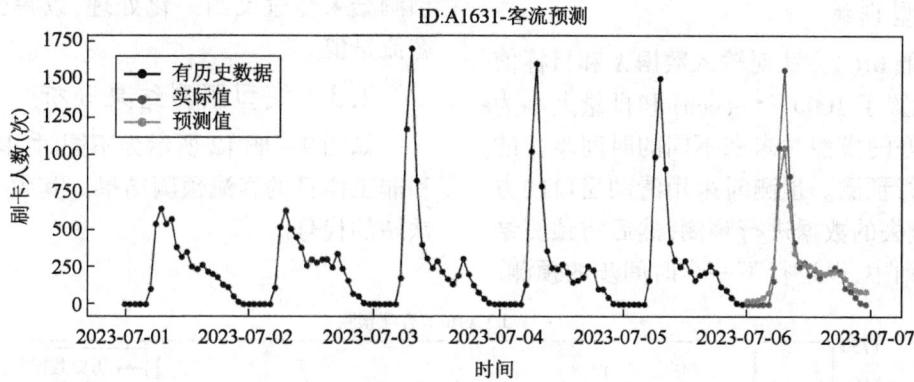

图5 工作日与双休日小时客流变化

2 客流预测模型构建

通过上述的客流特征分析,上海地铁 16 号线的客流特征在时间上主要表现为工作日与非工作日差异,其中工作日存在潮汐高峰,所以预测应将工作日与非工作日数据分别预测。图 6 为工作流程图。工作日与双休日采取 BiLSTM 方法进行不同时间粒度的客流预测。最后对预测结果进行分析。图 7 为提出方法的简要结构。图 8 为数据划分简图。

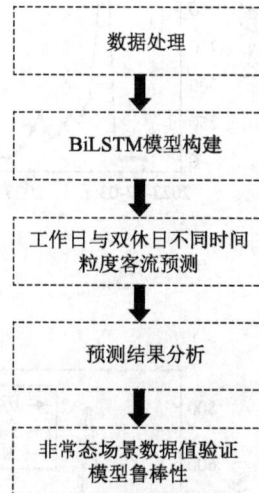

图6 建模工作流程图

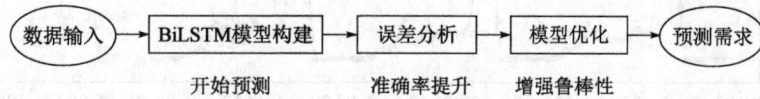

图7 预测方法简要结构

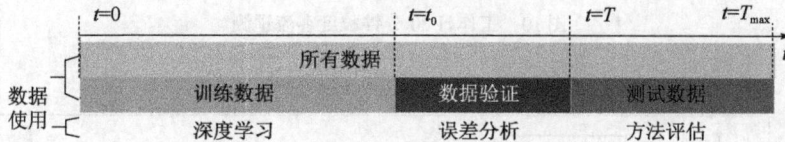

图8 数据划分简图

2.1 模型构建

2.1.1 数据准备

从 Excel 文件中读取地铁客流数据并进行预处理,包括日期格式转换、数据排序和归一化处理。从另一个 Excel 文件中读取包含预测日期的实际值。

2.1.2 模型搭建

对于每个地铁站 ID,首先选择该地铁站的数据,并提取进站人数信息。

使用 Min Max Scaler 对进站人数进行归一化处理,将数据缩放到 0 和 1 之间。如果数据长度足够(至少有 24 个时间步长),则将数据拆分为输入序列(X)和目标值(y)。使用双向 LSTM 模型进行建模,首先构建一个 Sequential 模型。添加两个双向 LSTM 层,每个层中都包含 30 个 LSTM 单元,并设置了 20% 的丢弃率以减少过拟合。使用 Adam 优化器和均方误差损失函数对模型进行编译。

2.2　模型训练

使用模型的 fit( ) 方法对输入数据 X 和目标值 y 进行训练，设置了 1000 个 epochs 和批量大小为 32。使用训练好的模型对未来不同的时间步长的地铁客流量进行预测。预测时采用滑动窗口的方式，每次使用过去的数据进行预测，然后将预测结果加入输入序列中，以进行下一个时间步的预测。

预测结果经过反归一化处理，以得到实际的地铁客流量值。

2.3　模型预测结果分析

如图 9 ~ 图 12 所示为不同时间粒度下工作日和非工作日的客流预测结果。其中 A1631 为该地铁站的代号。

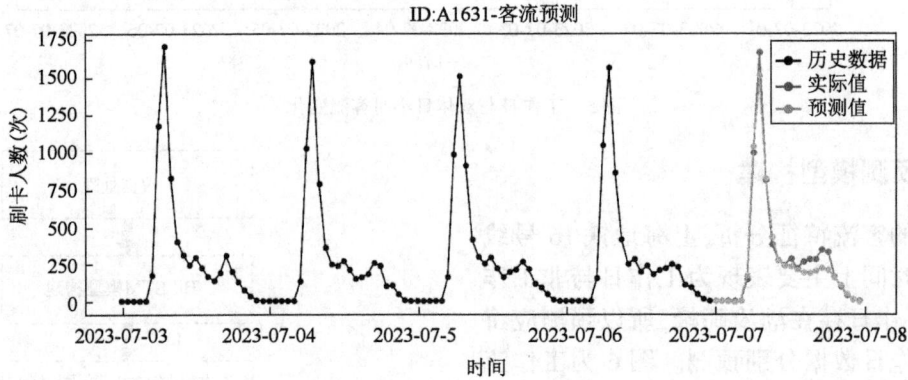

图 9　工作日 1 小时粒度客流预测

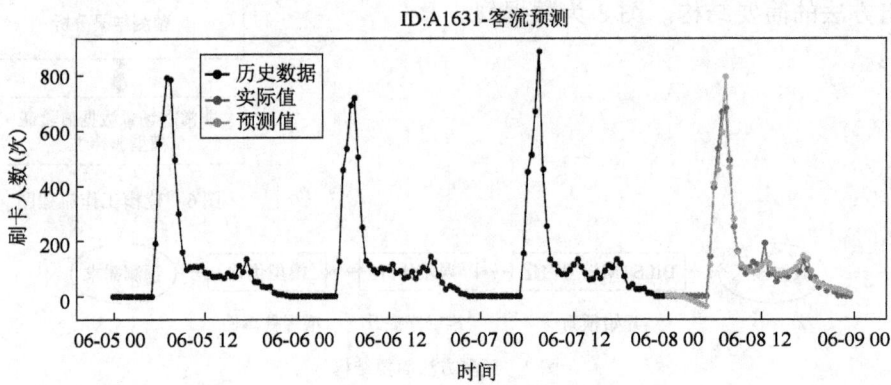

图 10　工作日 30 分钟粒度客流预测

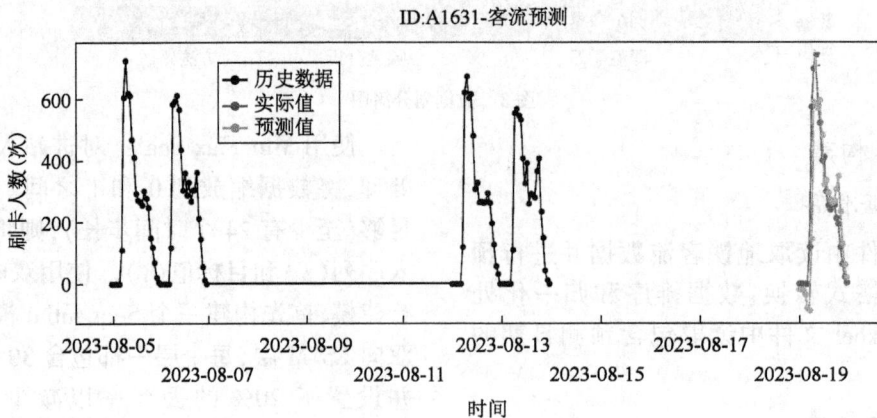

图 11　双休日 1 小时客流预测

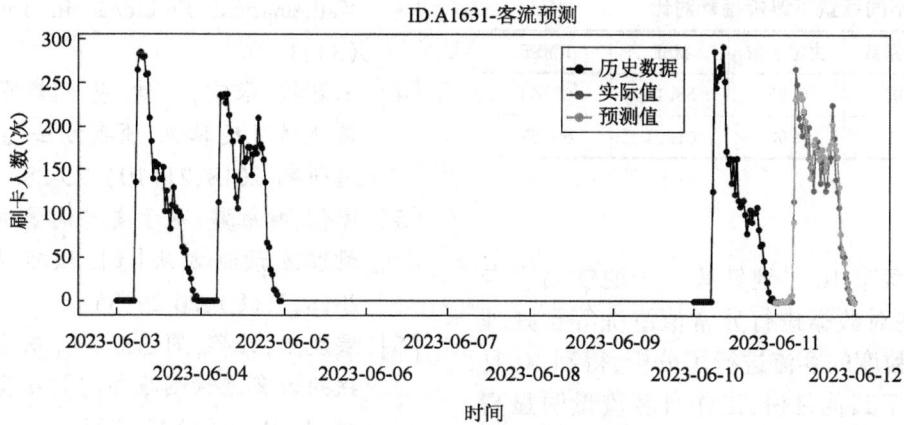

图12　双休日半小时粒度客流预测

双休日中间断开部分的日期为工作日,不作为预测依据。

表1为预测模型评价指标。决定系数和相关系数均在0.9以上。有大于90%的因变量的变异能够被模型解释。这被认为是很好的表现,说明模型在捕捉数据模式方面表现良好。

预测模型评价指标　　　　　　表1

时间粒度	决定系数	相关系数
工作日1小时	0.94	0.98
工作日半小时	0.98	0.99
双休日1小时	0.91	0.95
双休日半小时	0.95	0.96

为了可以更加直观清晰观测、分析出 BiLSTM 模型对工作日客流量的预测精确度,同样选取

双休日1小时客流预测方法为 SVM、GRU、LSTM 的平均绝对误差(MAE)、均方根误差(RMSE)与 BiLSTM 模型进行对比,得到表2的结果。

各模型预测评价指标　　　　表2

模型	MAE	RMSE
SVM	70.38	83.68
GRU	77.94	96.84
LSTM	74.02	92.17
BiLSTM	58.19	65.43

2.4　非常态场景下模型准确性验证

考虑到客流量预测的单一特征[10]缺乏考虑外部因素,通常只考虑历史数据,忽视可能影响客流的外部因素。用该模型对国庆节、双休日与工作日不同场景进行预测,如图13所示。

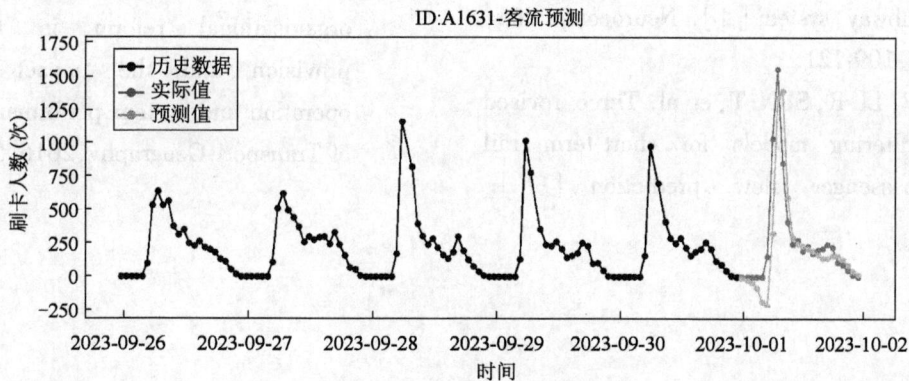

图13　非常态场景预测结果

如图所示,09-26 与 09-27 为双休日,09-28 至 09-30 为工作日,符合上文已分析出工作日客流大于双休日的出行规律,且国庆节当天客流明显增高。

对比双休日常态场景下1小时预测的评价指标:决定系数、相关系数、平均绝对误差(MAE)、均方根误差(RMSE)验证模型非常态场景预测的准确性如表3所示。

不同场景下评价指标对比　　表 3

场景	相关系数	决定系数	MSE	RMSE
常态	0.91	0.95	58.19	65.43
非常态	0.92	0.90	61.21	60.57

3　结语

本文以上海市 16 号地铁线一个地铁站刷卡数据为支持，在对数据进行异常值清洗等预处理后对不同时间粒度的客流进行了分析，得到 10 月客流量明显高于其他月份；工作日客流量明显高于双休日，客流高峰在每天早上 7 点钟。进而针对双休日和工作日构 BiLSTM 预测模型。对不同时间粒度下工作日和双休日的客流进行了预测，并得到了较为准确的预测结果。对缓解城市交通拥堵、提升交通效率、运行管控缺乏数据挖掘技术和交通需求预测模型支持的现实问题[11]，具有重要现实意义。

在下一阶段的研究中，应综合考虑天气等因素，对地铁站点的进站客流变化规律和预测方法展开更为深入、系统的研究。

参考文献

[1] 蔡昌俊,姚恩建,王海英,等.基于乘积 ARIMA 模型的城市轨道交通进出站客流量预测[J].北京交通大学学报,2014,38(2):135140.

[2] SUN Y X,LENG B,GUAN W. A novel wavelet-SVM short-time passenger flow prediction in Beijing subway system [J]. Neurocomputing, 2015,166:109-121.

[3] JIAO P P, LI R, SUN T, et al. Three revised kalman filtering models for short-term rail transit passenger flow prediction [J].

Mathematical Problems in Engineering, 2016 (3):1-10.

[4] 王夏秋,张宁,王健.基于季节指数的城市轨道交通月度客流 预测方法[J].城市轨道交通研究,2018,21(10):25-28.

[5] 谢俏,叶红霞.基于支持向量机的节假日进出站客流预测方法[J].城市轨道交通研究,2018,21(8):26-29,35.

[6] 侯晨煜,孙晖,周艺芳,等.基于神经网络的地铁短时客流预测服务[J].小型微型计算机系统,2019,40(1)226-231.

[7] 罗文慧,董宝田,王泽胜.基于 CNN-SVR 混合深度学习模型的短时交通流预测[J].交通运输系统工程与信息, 2017,17(5)68-74.

[8] 崔洪涛,陈晓旭,杨超,等.基于深度长短期记忆网络的地铁进 站客流预测[J].城市轨道交通研究,2019,22(9)41-45.

[9] 黎家靖,张宁,温龙辉,等.地铁站点短时客流变化规律分析及预测方法[J].城市轨道交通研究,2023,26(11):36-42.

[10] LI W,SUI L Y. Design and Application of Large Passenger Flow Warning System for Urban Rail Transit ［C］∥ 2018 IEEE 3rd Advanced Information Technology, Electronic and Automation Control Conference (IAEAC). IEEE, 2018:192-195

[11] LEA B S. Urban rail operators in Turkey: organisational reform in transit service provision and the impact on planning, operation and system performance[J]. Journal of Transport Geography,2016,54:464-475.

Research on Logistics Demand Forecasting in Lao PDR

Naokoummaly Phuanghchanh[*1]   Hongxing Zheng[1]   Waiss Ali Aden[1]   Netirth Narthsirinth[2]

(1. Transportation Engineering School, Dalian Maritime University;

2. Faculty of International Maritime Studies, Kasetsart University Sriracha Campus, Thailand)

Abstract   This research aims to evaluate and enhance logistics demand forecasting in Lao PDR through a multi-faceted analysis. The study pursues four primary objectives: firstly, to assess the current state of logistics demand forecasting in Lao PDR based on existing freight transportation volume data; secondly, to employ a multiple linear regression model, with freight transportation volume as the dependent variable and roadway, waterway, and airway as independent variables, to forecast logistics demand; thirdly, to scrutinize both internal and external factors, identifying challenges and opportunities pertinent to the Lao context; and finally, to propose innovative solutions and recommendations for refining logistics demand forecasting practices in the region. The assessment of the current state utilizes real-world data on freight transportation volume, providing a foundational understanding of the prevailing logistics landscape. Subsequently, the application of a multiple linear regression model allows for a detailed analysis of the relationships between transportation modes, contributing to a nuanced comprehension of logistics demand dynamics. The investigation into external and internal factors considers economic parameters such as GDP, import, and export alongside internal factors like roadway, waterway, and airway transportation. This dual perspective aims to reveal the intricacies of logistics demand in Lao PDR and identifies challenges and opportunities unique to the region. In conclusion, this research offers a comprehensive exploration of logistics demand forecasting, furnishing valuable insights into the complexities of Lao PDR's logistics landscape. The proposed solutions and recommendations aim to address identified challenges and capitalize on opportunities, contributing to the optimization of logistics operations and fostering sustainable growth in the Lao PDR logistics sector.

Keywords   Freight demand forecasting   Multiple linear regression model   External factors   internal factors

0   Introduction

Lao People's Democratic Republic (Lao PDR) stands at a critical juncture in its economic development, with a burgeoning need for an efficient and responsive logistics infrastructure. As the nation witnesses rapid economic growth, driven by industrialization and globalization, the demand for effective logistics management becomes increasingly paramount. Logistics, being the backbone of any thriving economy, plays a pivotal role in ensuring the seamless flow of goods and services, contributing to economic development, trade facilitation, and overall societal well-being.

The dynamics of the modern business environment underscore the significance of accurate demand forecasting in logistics. The ability to predict future demand not only optimizes the allocation of resources but also enhances operational efficiency reduces costs, and minimizes the environmental footprint associated with transportation and logistics activities. In the context of Lao PDR, where the logistics landscape is evolving, the implementation of robust demand forecasting practices holds the key to sustaining and accelerating economic growth. Innovations in logistics demand forecasting methodologies are pivotal for meeting the unique challenges posed by Lao PDR's diverse economic activities, varied terrain, and evolving market dynamics. This research aims to explore innovative approaches, leveraging technological advancements and best practices from across the globe, to tailor a demand forecasting framework that aligns with the specific needs of Lao PDR. By undertaking this study, we aspire to contribute not only to the academic discourse but also to offer practical insights that can inform policy decisions and guide businesses toward a more resilient and responsive logistics ecosystem.

This research seeks to achieve the following objectives: (1) assess the current state of logistics demand forecasting in Lao PDR based on the existing data of freight transportation volume (MPI Lao LSB, 2000). (2) analyze the data by forecasting the logistics demand based on the freight transportation volume, (3) analyze the external and internal factors for identifying the challenges and opportunities associated with logistics demand forecasting in the Lao context. Lastly, propose innovative solutions and recommendations for improving logistics demand forecasting practices in the region. The findings of this research are expected to be instrumental in shaping strategies for logistics management, both at the organizational and policy levels in Lao PDR. By fostering a deeper understanding of demand forecasting intricacies within the local context, this research aims to empower stakeholders with actionable insights, thereby fostering a more efficient, sustainable, and resilient logistics sector in Lao PDR.

1　Literature review

Logistics demand X forecasting plays a crucial role in the planning and management of supply chains in any country. A range of studies have explored the logistics and trade facilitation landscape in Lao PDR. (Record et al., 2014; Villareal et al., 2003) both emphasize the need for improved logistics services and trade competitiveness, with the former focusing on the performance of the logistics sector and the latter proposing a development agenda. (Andersson & Banomyong, 2010; Banomyong, 2004) delve into the impact of deregulation and liberalization on the freight logistics sector, and the assessment of import channels for a land-locked country, respectively. These studies collectively underscore the importance of efficient logistics and trade facilitation in Lao PDR, and the potential benefits of policy reform and improved infrastructure.

Accurate forecasting allows logistics providers to anticipate and meet the demands of customers efficiently, leading to improved customer satisfaction and cost savings (Nguyen, 2020; Schoenherr, 2011). However, in the case of Lao PDR, there is a lack of research and practical applications in the field of logistics demand forecasting. This gap in research hinders the development of a practical, efficient, and accurate decision support system for logistics planning and inventory control in Lao PDR. As a result, there is a need for comprehensive research on logistics demand forecasting in Lao PDR (Ding et al., 2008; Kengpol, 2008). This research will focus on addressing the challenges and identifying potential solutions for logistics demand forecasting in Lao PDR. The research will analyze the current logistics demand situation in Lao PDR, considering the logistics demand based on the freight transportation volume in the next 3 years of 2023-2025 by the time series data of years 2000-2022 (Table 1). In particular, the aspect of roadway, waterway, and airway of freight volumes will be a key focus of this research. Furthermore, the external factors of GDP, import, and export are analyzed as the external factors of the logistics demand. At last, the internal factors of the 3 modes of freight transportation are analyzed in Figure 1.

Freight transportation volume 2000—2022

Table 1

Year	Roadway	Waterway	Airway	Transportation volume
2000	1.63500	67200	148	4.30848
2001	1.54300	73900	140	4.28440

continued

Year	Roadway	Waterway	Airway	Transportation volume
2002	1.94600	77000	190	4.71990
2003	2.17400	89300	150	5.07150
2004	3.10200	93990	150	6.04740
2005	2.59200	62100	070	5.21870
2006	2.70900	59800	060	5.31360
2007	3.32200	76700	040	5.31360
2008	3.65900	88300	060	6.09640
2009	3.70700	96100	040	6.55060
2010	4.73030	1.08830	160	7.83020
2011	3.82310	99335	213	6.82958
2012	4.54800	1.41800	240	7.98040

continued

Year	Roadway	Waterway	Airway	Transportation volume
2013	5.00700	1.58600	165	8.60765
2014	4.78000	1.66700	150	8.46250
2015	5.12730	2.96550	420	10.11200
2016	5.88560	3.37170	311	11.27641
2017	5.79520	2.76340	430	10.57990
2018	6.01200	2.82300	630	10.85930
2019	6.44300	2.65100	550	11.11850
2020	6.66800	2.44130	230	9.11160
2021	6.94300	268,50	130	7.21280
2022	7.46300	32580	142	7.79022

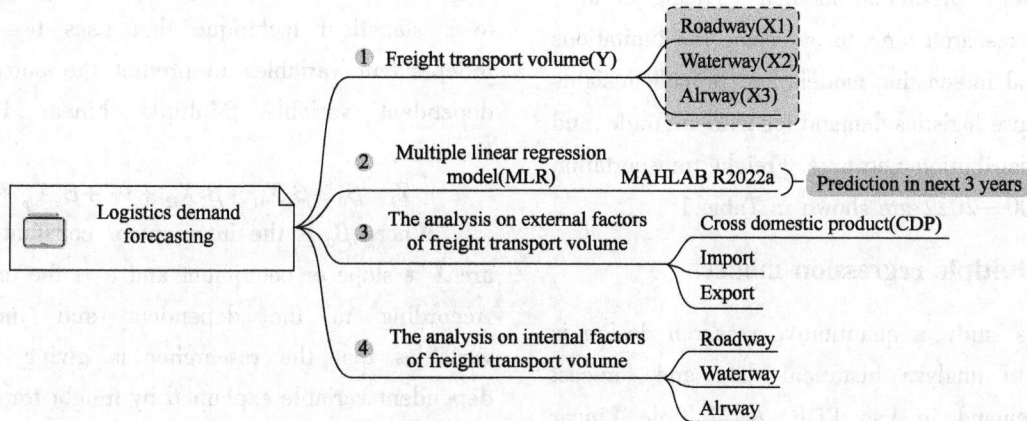

Figure 1　Research framework

This is crucial for Lao PDR due to its strategic location and its growing role as a regional trade hub (Banomyong, 2004; Phimphanthavong, 2012; Tang & Niu, 2010).

Numerous academics have researched predicting issues connected to logistics. For instance, (Wei & Xiaoping, 2016) developed a seasonal sequence prediction model for logistics organizations to undertake logistics forecasts, (Hu et al., 2016) used the enhanced GA model to anticipate the logistics demand. The forecast models mentioned above have produced accurate prediction results. Nonetheless, certain research has indicated that numerous elements influence the overall logistics volume, making precise estimation of the logistics volume a more intricate and challenging task. Consequently, forecasting accuracy will be significantly increased by using the combination forecasting approach for logistics forecasting. (Ma & Luo, 2021) combines the logistic regression algorithm to construct a logistics demand forecasting model based on the improved neural network algorithm, and (Huang et al., 2023) apply the GM (1,1) model and Back Propagation (BP) neural network model to simulate and forecast the logistics demand of Guangdong province from 2000 to 2019. The results show that the Guangdong logistics demand forecasting indicator system has good applicability and the BP neural network model has smaller prediction errors and more stable prediction results. Drawing from established forecasting methods and models, this research will aim to develop accurate and reliable quantitative predictions for the logistics demand scale and development trend in Lao PDR. Additionally, it will explore the impact of changes in known influencing factors on future logistics demand, with a specific emphasis on the e-commerce sector, where timeliness and accuracy are particularly critical. By incorporating advanced forecasting techniques, such as the BP neural network prediction method, which can analyze nonlinear systems and determine combination weights for different prediction models (Chen & Fu, 2010; Liu et al., 2008; J. Wang et al., 2021; L. P. Wang, 2009)

Furthermore, the study will strive to identify the specific challenges and opportunities for logistics demand forecasting in the context of Lao PDR's unique economic and social landscape. By leveraging advanced forecasting techniques, such as the BP neural network prediction method (Huang et al., 2023), the research aims to overcome the limitations of traditional forecasting models and provide insights into the future logistics demand for tourism, trade, and domestic distribution networks. Freight transportation volume 2000—2022 are shown in Table 1.

2 Multiple regression model

In this study, a quantitative research design is employed to analyze historical data and forecast logistics demand in Lao PDR. A Multiple Linear Regression (MLR) is adopted to enhance the accuracy of demand forecasting. Freight transportation volume 2000—2022 are shown in Figure 2.

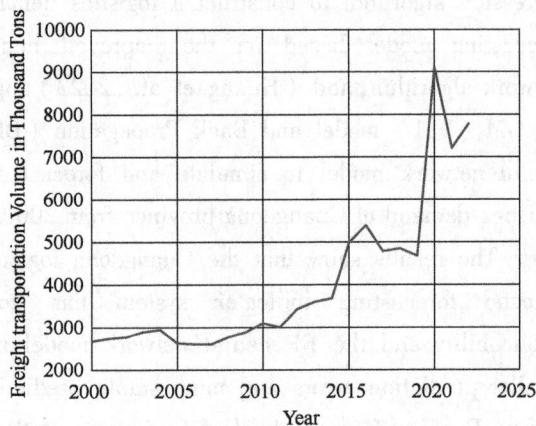

Figure 2　Freight transportation volume 2000—2022

The study focuses on a specific geographic area within Lao PDR, employing sample selection criteria that consider historical data availability. Primary data is collected, encompassing the dependent variable, "Freight Transportation Volume," and 3 independent variables, namely roadway, waterway, and airway. Secondary data sources, such as existing datasets and reports, provide additional context. The MLR model is applied to establish a baseline predictive model, estimating coefficients through regression analysis.

Multiple Regression is one Forecasting technique that determines the Independent Variable with the greatest impact. As with Trend (Linear) Regression, Multiple Regression must be interpreted and evaluated by the individual performing the Forecast. There are accuracy and descriptive statistics that help explain what is implied and predicted by the Multiple Regression Forecast. Multiple linear regression refers to a statistical technique that uses two or more independent variables to predict the outcome of a dependent variable. Multiple Linear Regression Formula:

$$Y_i = \beta_0 + \beta_1 X_{i1} + \beta_2 X_{i2} + \cdots + \beta_p X_{ip} + \epsilon_i \quad (1)$$

Where, β_0 is the intercept or constant, $\beta_1 \cdots \beta_4$ are X's slope or coefficient and ϵ is the error term. According to the dependent and independent variables that the researcher is giving Y_i is the dependent variable explained by freight transportation volume and X is the independent variable explained by the freight transportation volume of roadway, waterway, and airway, respectively.

Model validation involves assessing the MLR model's accuracy using metrics like R-squared, MAE, and RMSE. The output of the model is integrated to create an ensemble model, offering a comprehensive approach. Sensitivity analysis is conducted to identify key factors influencing logistics demand in Lao PDR.

$$R^2 = \frac{\sum (\hat{Y}_i - \bar{Y})^2}{\sum (Y_i - \bar{Y})^2} \quad (2)$$

$$\text{MAE} = \frac{\sum_{i=1}^{n} |e_i|}{n} \quad (3)$$

$$\text{RMSE} = \sqrt{\frac{\sum_{i=1}^{n} (Y_i - \hat{Y})^2}{n}} \quad (4)$$

After analyzing, as setting the model (1), the equation by defining freight transportation volume as a dependent variable with 3 independent variables of roadway, waterway, and airway, respectively. The analysis output is displayed in Table 2.

Multiple linear regression result Table 2

	1 Estimate	2SE	3t-Stat	4p-Value
1(Intercept)	5.6743×10^3	38.5913	147.0355	1.6616×10^{-30}
2 ×1	$1.7882e \times 10^3$	46.3942	38.5441	1.6668×10^{-19}
3 ×2	902.9280	68.9587	13.0938	5.8577×10^{-11}
4 ×3	97.1185	68.6936	1.4138	0.1736

After checking the p-value, the output from Table 2 we see the p-value of 2 independent variables is significant, only 1 variable of airway or X_{i3} is not significant with 0.1763, so the equation is a Linear model:

$$Y_i = 5674.3 + 1788.2 X_{i1} + 902.92 X_{i2} + \epsilon_i$$

The multiple linear regression model with an R-squared value of 0.99 indicates that approximately 99% of the variation in the dependent variable can be explained by the independent variables included in the model. This high R-squared value suggests that the model is a good fit for the data and has a strong predictive power. The Mean Absolute Error (MAE) of 3.42 indicates that, on average, the model's predictions deviate from the actual values by 3.42 units. It provides a measure of the model's accuracy in terms of absolute errors, ignoring the direction of the errors. The Root Mean Square Error (RMSE) of 185.08 represents the standard deviation of the model's errors. It provides a measure of the average magnitude of the residuals, taking into account both the direction and magnitude of the errors. A lower RMSE value suggests that the model has a better overall fit to the data. The Log-Likelihood value of −150.52 is a measure of how well the model explains the data based on the maximum likelihood estimation. A higher log-likelihood value indicates a better fit of the model to the data.

Overall, these results indicate that the multiple linear regression model performs well in explaining the variation in the dependent variable, with a high R-squared value. The model's predictions have a relatively small average deviation from the actual values (MAE), and the magnitude of the model's errors is moderate (RMSE). Additionally, the model has a reasonably good fit to the data, as evidenced by the negative log-likelihood value, as shown in Figure 3.

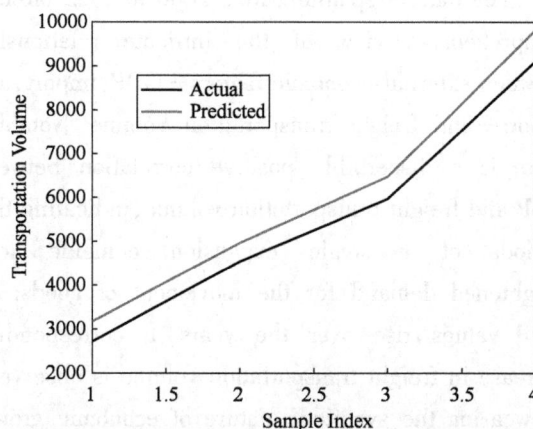

Figure 3 Actual vs. predicted transportation volume

As Table 3 the prediction of freight transportation volume for the next three years can be made. As shown in Table 3 from 2023 to 2025, the transportation volume has shown a consistent pattern with values of 56743.00 for both 2023 and 2024, followed by an increase to 74625.00 in 2025. Based on this prediction, it is reasonable to expect that the transportation volume will continue to grow in the upcoming years. However, it is important to note that other factors influencing the freight industry, such as economic conditions, policies, and market trends, should also be considered for a more accurate prediction. Therefore, it can be predicted that the freight transportation volume for the next three years will exhibit a gradual increase, potentially surpassing the current value of 74625.00 by the end of 2025. Nonetheless, it is advisable to regularly monitor and update the prediction based on the evolving market dynamics and potential unforeseen events impacting the freight industry.

Prediction of freight transportation volume in next 3 years

Table 3

Year	Transportation volume
2023	56.74300
2024	56.74300
2025	74.62500

3   The analysis of external factors of freight transport volume

The dataset spanning from 2000 to 2022 offers a comprehensive view of the intricate relationship between external economic factors—GDP, import, and export—and freight transportation volume. Notably, there is a discernible positive correlation between GDP and freight transportation volume, indicating that periods of economic expansion coincide with heightened demand for the movement of goods. As GDP values rise over the years, a corresponding increase in freight transportation volume is observed, showcasing the symbiotic nature of economic growth and logistical demands.

Moreover, the data highlights a robust connection between the volume of freight transportation and international trade dynamics, as mirrored in the import and export figures. Both import and export activities exhibit upward trends, aligning with fluctuations in freight transportation volume. Elevated levels of import and export activities correspond to increased demand for freight logistics, underscoring the interconnectedness of transportation services with global trade patterns. Despite the overall positive correlation, yearly fluctuations are evident, suggesting that external factors influencing freight transportation are subject to variability. These fluctuations could stem from diverse sources, including geopolitical events, economic shifts, or alterations in trade policies that impact the flow of goods across borders.

The exceptional year of 2020 stands out as a noteworthy anomaly in the dataset. Despite a decline in GDP, import, and export values during this period, freight transportation volume remained relatively stable. This anomaly is attributed to the unprecedented disruptions caused by the COVID-19 pandemic, which led to shifts in global trade patterns and economic activities, thereby influencing the conventional relationship between external factors and freight transportation.

In conclusion, the dataset provides valuable insights into the dynamic interplay between external economic factors and freight transportation volume. Economic growth, trade dynamics, and unforeseen disruptions collectively shape the demand for freight logistics, highlighting the intricate and multifaceted nature of the relationship between these external factors and the freight industry over the analyzed period. The relationship among freight transportation volume, GDP, import and export are shown in Figure 4.

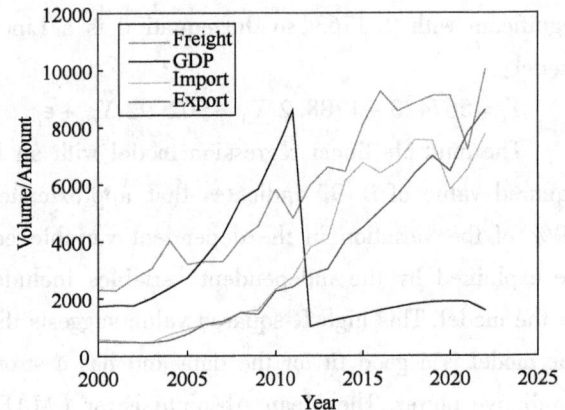

Figure 4   The relationship among freight transportation volume, GDP, import, and export

4   The analysis of internal factors of freight transport volume

As Figure 5 the transportation volume data from 2000 to 2022 reveals significant trends in the internal factors of roadway, waterway, and airway within the logistics sector, measured in thousands of tons of freight volume. Over this period, the roadway transportation metric shows a general upward trajectory, starting at 1635.00 in 2000 and steadily increasing to 7463.00 in 2022. This suggests a substantial growth in the use and capacity of road transport for logistics, with the unit of measure representing thousands of tons of freight. In contrast, waterway transportation exhibits varying patterns, with fluctuations in usage over the years. The waterway metric, starting at 672. 00 in 2000, experienced ups and downs, reaching its highest point at 3371. 70 in 2016. Airway transportation, measured in the figure and also in thousands of tons of freight, displays a relatively stable trend, with minor fluctuations. Notably, the airway metric remains consistently lower compared to roadway and waterway transportation, ranging from 0. 40 to 6. 30. Overall, these internal factors collectively contribute to the total transportation volume, which sees a general increase from 4308. 48 in 2000 to 7790. 22 in 2022, showcasing the growth and evolution of the logistics transportation sector over the analyzed period.

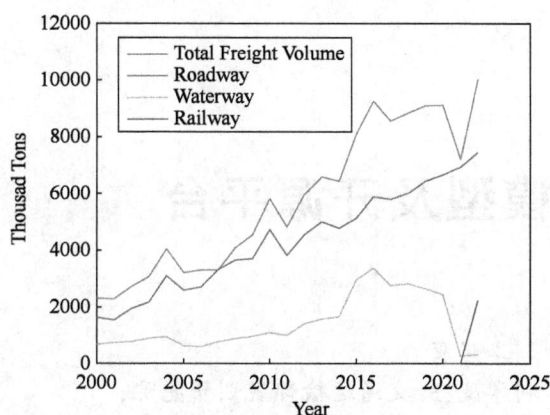

Figure 5 The relationship between freight transportation, roadway, waterway, and railway

5 Conclusions

This research has endeavored to comprehensively address the objectives set forth to enhance our understanding of logistics demand forecasting in Lao PDR. The assessment of the current state of logistics demand forecasting, anchored in the analysis of freight transportation volume data, has provided valuable insights into the existing scenario. The application of a multiple linear regression model, utilizing freight transportation volume as the dependent variable and roadway, waterway, and airway as independent variables, has facilitated a nuanced understanding of the relationships and influences at play in the logistics sector.

Furthermore, the investigation into both external and internal factors affecting logistics demand forecasting has allowed for the identification of challenges and opportunities specific to the Lao context. This holistic approach recognizes the multifaceted nature of logistics, encompassing not only internal operational factors but also external economic elements, such as GDP, import, and export. As a result of this research, innovative solutions and recommendations can be proposed to address the identified challenges and capitalize on the opportunities for enhancing logistics demand forecasting practices in Lao PDR. These recommendations may include leveraging advanced technologies, fostering collaboration among stakeholders, and adapting forecasting models to accommodate the unique characteristics of the region's transportation infrastructure.

In essence, this research contributes to the broader discourse on logistics demand forecasting by providing context-specific insights for Lao PDR. Addressing the outlined objectives, not only advances our understanding of the current state of logistics in the region but also lays the groundwork for practical solutions that can contribute to the optimization of logistics operations, ultimately fostering economic growth and sustainability in Lao PDR's logistics sector.

References

[1] ANDERSSON M , BANOMYONG R . The implications of deregulation & liberalization on the logistics service industry in Lao PDR [J]. International Journal of Production Economics, 2010, 128(1):68-76.

[2] BANOMYONG, RUTH. Assessing import channels for a land-locked country: The case of Lao PDR[J]. Asia Pacific Journal of Marketing & Logistics, 2009, 16(2):62-81.

[3] CHEN B , HU L . Forecast of Logistics Demand in Hercynian Region Based on BP Neural Network [JOL]. 2010. DOI:10. 1061/41139(387)578.

[4] DING B , CHEN L , LI W . Allocation Model for Logistics Distribution Center Based on Demand Forecasting[C]// Eighth International

Conference of Chinese Logistics & Transportation Professionals. 2009:3609-3617.

[5] HU P, MEI T, LIU X, et al. A Method for Forecasting Regional Logistics Demand Based on BP Neural Network [J]. Destech Trans Comput Sci Eng 2016:231-234.

[6] PRAKASH A, SHUKLA N, SHANKAR R, et al. Solving Machine Loading Problem of FMS: An Artificial Intelligence (AI) Based Random Search Optimization Approach[J]. IGI Global, 2008,9(3):2297-2312.

[7] KENGPOL A. Design of a decision support system to evaluate logistics distribution network in Greater Mekong Subregion Countries [J]. International Journal of Production Economics, 2008, 115(2):388-399.

[8] LIU W, WANG Y, GAO W, et al. Research on the Combination Forecasting Method of Logistics Based on BP Neural Network [C] // Eighth International Conference of Chinese Logistics & Transportation Professionals. 2009. DOI.

[9] MA H, LUO X. Logistics demand forecasting model based on improved neural network algorithm [J]. Journal of Intelligent & Fuzzy Systems: Applications in Engineering and Technology, 2021(4):40.

[10] NGUYEN T Y. Research on Logistics Demand Forecast in Southeast Asia[J]. World Journal of Engineering and Technology, 2020, 08 (3):249-256.

多模式交通网络研究模型及开源平台

王莉莎[1]　李鹏林[*2,3,4]　李岸隽[5]
(1.重庆大学建筑城规学院;2.清华大学土木水利学院;3.交通运输部规划研究院;
4.综合交通规划数字化实验室;5.中国铁路经济规划研究院有限公司)

摘　要　随着大数据的发展应用,交通模型越来越追求精准、高效、易操作。首先,介绍了交通规划领域的经典理论方法在多模式交通网络研究中的"新用"。依托兴趣点数据预测出行需求能紧密结合土地利用情况,多粒度的方格网状交通小区有利于避免空间异质性,基于威布尔分布的比例失效率模型便于在探究出行距离分布规律时考虑建成环境等影响因素,贯穿交通网络研究的范式数据流可实现交通需求与供给间的反馈。其次,开发了一套基于开源平台打造的交通网络研究系统,通过应用案例说明路网获取、需求生成、路径分配、交通仿真等功能。最后,论述了基于开源平台的多模式交通网络研究生态所面临的机遇与挑战。

关键词　多模式交通网络　交通模型　开源平台

0 引言

交通运输系统的高质量发展不仅需要通过投资建设基础设施来提升供给能力,更需要通过交通模型等技术手段来提升管理决策与服务水平。

然而目前我国的城市交通模型因为精度不高,导致应用价值欠缺[1-2]。数据来源、参数标定等方面存在困难是其中的重要致因[1]。因此,对交通网络的研究多是局限于单一交通网络[3-4],针对多模式交通网络的建模研究显得捉襟见肘,难以反映

基金项目:中央高校基本科研业务费专项资金资助项目(2023CDJXY-008);国家自然科学基金项目面上项目"保障房社区非正规就业的空间失配测度、空间影响要素与规划干预研究"(51978090)。

实际出行过程。

随着 OpenStreetMap 等开源地图逐渐发展成熟[5],一些开源应用软件(如 QGIS)也越来越多。开源的数据资源和平台为多模式交通网络研究拓展了空间、注入了新的动力,如在交通规划时考虑更多的城市元素,促进国土空间规划与交通规划的融合。

综合交通网络的服务供给与出行需求间还存在互馈机制。本文为了描述交通供给侧和需求侧的变化,构建了一套多模式交通网络研究模型系统,并基于 OpenStreetMap 和通用建模网络范式(General Modeling Network Specification, GMNS)[6]打造了一套开源工具,贯穿需求产生到路径分配的完整过程,形成连续的数据流,以便实现反馈,并可用于机器学习。

1 基于改进四阶段法的交通网络模型

四阶段法是国内外用于交通规划的一个较为成熟、经典的理论方法,从交通需求产生到路径分配都有诸多基础理论支撑。运用四阶段法将交通放入城市环境中系统性的研究,可追溯到 20 世纪 50 年代的芝加哥地区高速公路规划[5]。

1.1 交通生成

在四阶段法的框架下,第一步是交通生成。由于一定范围内,可能产生或吸引交通需求的空间要素较多,为便于统计和计算,一般将研究区域划分为若干适当数量的交通小区[6]。根据行政边界或统计边界划分交通小区,可以方便获取交通调查数据、社会经济指标等,得到了广泛应用,但也存在一些不足。图 1 中统计调查区域内存在明显的土地形态差异,其下半部分几乎为绿地,交通需求主要出现在建筑物或兴趣点(POI)较为集中的上半部分,若将其作为一个交通小区,很可能影响交通需求分布的准确性。如此划分交通小区,更是难以分析小区内部的交通情况。因此,如果研究范围较小,仅涉及少数几个统计调查小区,小区内部的特征属性差异对交通分布的影响将更加明显,这样的空间异质性[7]显然不利于交通需求预测。而网格状单元,便于划分多粒度的交通小区,从而可适应不同尺度研究范围和不同研究目的,在很大程度上规避空间异质问题,还可通过密度法将不同地理空间下的人口规模、经济收入等社会属性匹配网格[8]。

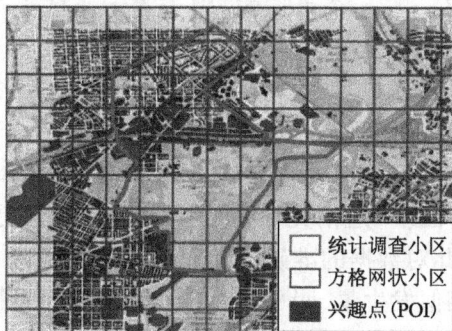

图 1 交通小区划分示意图

因此,四阶段法的"新用"首先体现在交通小区的划分上。多粒度、相同大小的方格网状交通小区可以有效避免上述的空间异质性,并能适应任何尺度的研究范围。在此过程中产生的基础数据难以获取问题,可通过开源地图数据予以解决。具体的方法是,通过解析地图中的兴趣点(POI)数据并以此预测各类建筑物的交通吸引、产生量,将交通系统与城市环境有效衔接起来,使交通预测、交通规划与土地利用紧密结合。目前,美国交通工程师学会(Institute of Transportation Engineers)和国内一些交通科研机构(如北京交通发展研究中心)已公布有不同土地性质或建筑物类型的交通出行率指标建议值。参考这些研究成果,根据兴趣点的占地面积(或折算建筑面积)和出行率即可计算得到各个兴趣点的交通量,将同一交通小区的兴趣点交通量汇总即可得到小区的交通量。

1.2 交通分布

交通分布是在获取各交通小区的交通产生量和吸引量后,根据交通小区间的空间相互作用预测任意两个小区间的分布交通量,其中重力模型是实现交通分布的经典方法。早在 1929 年,Reilly 借鉴物理学中的万有引力定律,分析城镇间零售贸易的分布关系[9]。而后,Casey 在 1955 年首次将其应用于交通分布[10]。发展至今,式(1)所示为一种最常见的重力模型表达形式[11]。

$$T_{ij} = P_i \left(\frac{A_j F_{ij} K_{ij}}{\sum\limits_{n=1}^{zones} (A_n F_{in} K_{in})} \right) \quad (1)$$

式中:T_{ij}——小区 i 到小区 j 的分布交通量;

P_i——小区 i 的交通产生量;

A_j——小区 j 的交通吸引量;

F_{ij}——小区 i,j 间与空间分布相关的阻抗函数;

K_{ij}——一个可选的、用于表示小区 i,j 间联系的交通分布调整系数。

根据既有研究,常见的阻抗函数表达形式有幂函数型、指数函数型或伽马函数型[12]。但这三种主流的函数形式仍存在一定弊端,主要体现在三个方面:一是相关参数的标定需要依据历史数据,因此对数据的准确性和完整度要求较高;二是具有相似发生量、吸引量和空间间隔(即阻抗)的小区间,分布交通量的计算结果相似,而现实情况可能受其他因素影响而有所差异;三是当小区间空间间隔(即阻抗)较小时,可能求解得到的分布交通量过大,与实际分布情况不相符[13]。

本文为了弥补上述不足,引入比例失效率函数描述阻抗函数,通过基准失效率函数描述交通出行的空间距离分布规律,并在协变量中综合考虑路网上的旅行时间、土地价值等其他影响因素,从而更真实地反映区域内的出行行为。式(2)为比例失效率函数的表达式。

$$F_{ij} = F_{0,ij} \exp(-\theta_{ij} \times X_{ij}) \qquad (2)$$

式中: $F_{0,ij}$ ——基准失效率函数;

X_{ij} ——小区 i,j 间或各自属性相关的协变量;

θ_{ij} ——协变量的系数。

1.3　路径分配

随着交通基础设施的不断完善,旅客在出行方式、出行路径的选择上更趋多样化,但铁路、民航等受自身经济技术特征限制,很难做到"门到门"服务。因此,在一个综合立体交通网络中,一次交通出行可能由多种交通方式组合形成多条、多方式的出行路径,而传统的四阶段法将方式划分与客流分配作为两个独立的部分,无法很好地处理综合运输网络中多方式组合出行的问题[14]。近年来,基于路径的交通分配方法逐渐受到重视,出现了越来越多的静态、动态路径分配工具。例如,轻量级动态交通分配仿真平台 DTALite 不仅可以在大规模区域复杂路网中快速寻找并分配路径,还能区分不同出行者的偏好和异质性,同时可以根据观测到的交通量不断修正出行需求和分配结果[15]。

交通分配的经典理论是 Wardrop 提出的两种网络平衡状态,即用户最优和系统最优。前者指的是所有出行者试图选择最短路径时达到的平衡状态,后者则指路网上所有交通流按照平均或总出行成本最小来分配路径[6]。这两种平衡状态都

有些过于绝对,实际交通出行过程中出行者的路径选择也会随交通供给和拥挤程度的改变而动态变化。为描述交通出行的供需平衡状态,本文引入机器学习中的反馈机制,运用标准数据格式所形成的从需求到分配的数据流,实现交通需求与供给间的迭代反馈,最终得到供需平衡状态下的路径分配结果,模型可表述为式(3)~式(6)。

$$\min \frac{1}{2}(c_d - c_s)^2 \qquad (3)$$

$$c_s = \frac{t_1 + t_2 + \cdots + t_a}{a} \qquad (4)$$

$$t_a = \sum_l (tt_l \delta_l^a) \qquad (5)$$

$$tt_l = fftt_l \left[1 + \alpha \left(\frac{\sum_a (x_a \delta_l^a)}{Cap_l} \right)^\beta \right] \qquad (6)$$

式中: c_d 、 c_s ——需求侧和供给侧的出行总费用,目标函数为最小化两者的差异。需求侧总费用 c_d 为观测到的交通网络中实际服务到的出行者的平均费用。供给侧总费用 c_s 则表示为网络中所有可行路径的平均费用;

a ——路径出行费用,由其所经由的所有路段费用 tt_l 加和构成;

δ_l^a ——0-1 变量,用于表示路径 a 是否经由路段 l ;

tt_l ——路段费用,由该路段的自由流状态下的费用 $fftt_l$ 、路段能力 Cap_l 以及所有经由该路段的出行者数量决定;

x_a ——选择路径 a 的交通量;

α,β ——系数。

2　基于开源平台的交通网络研究工具

2.1　系统概述

在上述理论基础上,依托 Python 平台打造了一套多模式交通网络研究模型系统,其中包含多个开源的 Python 依赖库,包含路网解析、需求预测、交通分配、微观仿真等。因为相较于 C、Java 等计算机编程语言,Python 语言的源代码、解释器和模块都是开源的,便于用户共同参与开发,改进性能,可移植性好、可扩展性强。

在数据格式方面,该模型系统采用了标准的通用建模网络范式(GMNS)。这是由美国交通部、

工业界、学术界、大都会规划组织和城市等多方参与提出的一个通用于人机交互和机器学习的数据格式,基于此的交通路网文件主要由 node.csv 和 link.csv 组成[4],可用于路径规划、交通分配等,且便于共享。目前已经在美国得到大范围的推广应用,包括用于多模式静态、动态交通规划和运行管理建模。

2.2 应用实践

在构建现代化国家综合立体交通网进程中,为实现"人享其行""物畅其流"。具体而言,在宏观层面需要预测城市对内对外出行需求、规划多模式路网、分析交通可达性等,在中观层面需要进行枢纽站场布局、交叉口规划等研究,在微观层面需要实现车道级交通仿真、信号灯配时等。下面,通过案例说明该套模型系统的应用。

首先,通过开放地图(OpenStreetMap)可获取研究区域的地图数据,并利用 osm2gmns 工具解析得到 GMNS 格式的路网数据。该地图数据转换工具可将 osm 或 pbf 格式的地图数据转换为 GMNS 格式的节点和路段文件,即构建起可供路径规划的多粒度、多模式交通网络模型[16]。图 2 所示为 osm2gmns 解析得到的北京东三环三元东桥路口的多粒度道路路网图,既适用于宏观、中观、微观层面的交通规划研究,又将成为自动驾驶、车路协同等研究的基础。此外,osm2gmns 工具还可解析得到地图文件中的多模式交通网络。

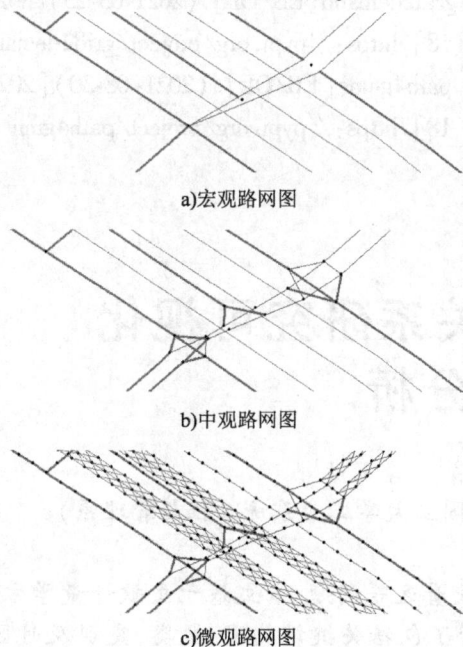

a)宏观路网图

b)中观路网图

c)微观路网图

图 2 osm2gmns 解析得到的多粒度路网图

其次,基于交通生成和交通分布打造的快速需求生成工具 grid2demand,可直接读取上一步解析得到的路网数据,根据研究目的和研究范围划分自定义的方格网状交通小区,利用兴趣点(POI)数据或边界点等预测得到交通产生量和吸引量,应用内嵌的重力模型即可得到小区间的出行需求,既包括与标准的交通模型一致的小区间 OD 矩阵,又包括单个出行个体的 OD[17]。得到的出行需求可直接在地理信息系统(如 QGIS)中可视化,并可以用于交通网络建模仿真。

最后,path4gmns 是一个调用 DTALite 的路径分配工具[18]。基于以上得到的出行需求,path4gmns 既可以在静态的多模式交通网络中为每个出行者规划最短路径,评估多模式交通网络的可达性,又可以实现高效的动态交通分配,得到每个出行者从出发地到目的地的完整出行路径,还可以基于分配结果调整、估算 OD 矩阵。交通分配亦可以直接运行 DTALite.exe 得到区分个体的出行路径。

利用上述工具得到的交通网络和出行需求,可直接导入开源的 NeXTA 或 A/B Street 进行仿真,便于直观识别路网中的瓶颈路段和拥堵产生原因,可辅助决策新建基础设施。

3 结语

基于开源平台打造的一套多模式交通网络建模工具可以方便获取路网、生成需求、路径分配、交通仿真等,具有以下显著优势:不需要外围的基础路网数据,可适用于全球任何区域的宏观、中观、微观交通问题研究,便于自定义交通路网、交通出行率、重力模型参数、分配方法等,便于静态可视化和动态仿真。最后,简要介绍了这套一体化模型系统的应用场景。基于开源平台和统一的 GMNS 通用数据范式打造的多模式交通网络研究工具,可以形成完整的数据流,便于系统构建起需求与供给、宏中微观网络等之间的联系,特别是在大数据时代,有利于将机器学习与交通规划结合起来。

值得说明的是,文中介绍的通用数据范式和开源平台只是多模式交通网络研究生态打造的第一步。多模式交通网络研究生态的构建完善还存在诸多挑战,如参与各方缺乏合作、多模式交通仿真精度不高。但开放的数据标准和开源的数据资源奠定了多模式交通网络研究生态的基础,有助于打造集建筑物、交通基础设施、城市服务设施等的数字孪生城市，将跨学科的大数据流运用于枢纽城市、智慧城市建设，使交通规划与土地利用的联系互动更加紧密。

参考文献

[1] 陈先龙.中国城市交通模型现状问题探讨[J].城市交通,2016,14（2）：17-21.

[2] 魏贺,周学松.重塑城市交通模型的价值与认识：伦敦之鉴[C].2018中国城市规划年会,2018：40-49.

[3] JOKAR A J,HELBICH M,BAKILLAH M,et al. The emergence and evolution of OpenStreetMap：A cellular automata approach[J]. International Journal of Digital Earth,2015,8(1):76-90.

[4] SMITH S,BERG I,YANG C. General Modeling Network Specification： documentation, software,and data[R]. U. S. Department of Transportation, John A Volpe National Transportation Systems Center,2020.

[5] WEINER E. Urban transportation planning in the United States：An historical overview[M]. United States： Greenwood Publishing Group,1997.

[6] 邵春福.交通规划原理[M].北京：中国铁道出版社,2004.

[7] 丁川.考虑空间异质性的城市建成环境对交通出行的影响研究[D].哈尔滨：哈尔滨工业大学,2014.

[8] BATISTA E S F,GALLEGO J,LAVALLE C. A high-resolution population grid map for Europe[J].Journal of Maps,2013,9（1）：16-28.

[9] REILLY W J. The law of retail gravitation[J]. Americon Journal of Sociology,1931,20(6).

[10] CASEY J H J. The law of retail gravitation applied to traffic engineering[J]. Traffic Quarterly,1955,9（3）:313-321.

[11] MARTIN W A,MCGUCKIN N A. Travel estimation techniques for urban planning[R] Washington D C： Transportation Research Board, National Research Council,1998.

[12] 张瑞.基于出行距离分布的改进重力模型[C].世界交通运输工程技术论坛（WTC 2021）,2021：32-36.

[13] 李桦楠.我国不同城市群空间格局下旅客城际出行需求空间维特征分析[D].北京：北京交通大学,2018.

[14] 朱炜,韩斌.运输需求预测综合集成方法研究[J].交通运输系统工程与信息,2013,13（3）：25-32.

[15] ZHOU X S,TAYLOR J. DTALite：A queue-based mesoscopic traffic simulator for fast model evaluation and calibration[J]. Cogent Engineering,2014,1（1）：961345.

[16] osm2gmns[EB/OL].（2021-05-26）[2024-01-18]. https：// osm2gmns. readthedocs. io/en/latest/.

[17] grid2demand[EB/OL].（2021-05-25）[202 4-01-18].https：// pypi. org/project/grid2demand/.

[18] path4gmns[EB/OL].（2021-08-30）[2024- 01-18].https：// pypi. org/project/path4gmns/.

基于 CiteSpace 的港城关系研究可视化及其差异性分析

艾饶茜[1] 戴金山[*1,2] 王楠清[1] 李浩[1]

（1.武汉理工大学交通与物流工程学院;2.新加坡国立大学工业系统工程与管理系）

摘 要 针对目前港城关系研究主题范畴的综述性文献匮乏等问题,本文基于文献计量学方法,使用 CiteSpace 软件对 2008—2023 年期间该主题相关文献进行了包括关键词共现、聚类、突现及时区演进等方面的可视化知识图谱分析,以得到较为全面的研究现状。文献分析结果表明,国内外学术界在该范畴的研究已经各成体系,但目前研究的热点不同。其中,国内研究前沿集中于港产城融合、政府职能的发挥、港口群竞合等方面;而国外研究则更多集中于可持续发展、排放问题、城市规划等方面。港城关系研究的国内外差异为进一步挖掘和细化港城关系及港产城协同发展等主题研究提供了方向。

关键词 港城关系 CiteSpace 文献计量学 可视化分析

0 引言

港口不仅是基础性、枢纽性设施,也是港口城市经济发展的重要支撑[1]。2022 年我国城市地区生产总值排名前 20 位中,沿海港口城市占了 10 席,内河港口城市占了 6 席,其中,上海和香港更是公认的国际金融中心、国际航运中心和世界级港口城市[2]。"以港兴城,港以城兴,衰荣共济",这是全球范围内港口城市发展变化的普遍规律。产业繁荣是城市发展的经济基础,让城市更美好则是推动产业发展的主要目的之一。在"港城"两者的关系中,"产"或产业可视为核心的中间变量或关键路径,起到桥梁或经济要素的作用。

一些学者对港城互动关系主题的研究进行了回顾。郭建科[3]梳理了国内外在港城空间、经济关系研究范畴的相关理论方法成果,总结概括了经济地理学者研究港城关系的主要模型和计量方法。王列辉[4]则针对国外港口城市空间结构的研究成果进行了梳理和总结。Van den Berghe[5]通过对比和分析不同案例研究验证了历史-形态模型在港口城市界面研究中的适用性,并指出港口空间的扩展、就业率的下降、经济中心的转移、社会文化联系的减弱以及港口与城市之间的制度分离等因素都会削弱港城空间关系。

目前,在港城关系研究范畴的文献数量已经相当丰富,但综述性文献较少且集中于港城空间关系的总结回顾,研究的角度较为单一,研究成果的推广应用也有待深入检验。本文基于 CiteSpace 软件,将国内外近 16 年来在港城关系范畴的研究热点演化进行可视化展示,总结归纳出该领域的研究现状、前沿动态及发展趋势,对比分析国内外学界针对该主题的差异性,为今后对该范畴进一步探索提供研究方向上的建议。

1 研究方法与数据来源

1.1 研究方法

基于文献计量学分析方法,利用 CiteSpace 软件对以"港城关系"为主题的中英文文献进行计量分析。文献计量学是利用数学和统计学方法,定量分析参考文献,集数学、统计学、文献学于一体的交叉科学。CiteSpace 软件是一款可视化科学引文分析软件,可统计、分析并呈现出某学科领域的研究进展、前沿及发展趋势[6]。

1.2 数据来源

本文的数据来源于知网(CNKI)及 Web of Science(WOS)两大学术搜索引擎,收集了国内外共计 617 篇中英文文献。其中,中文文献来源于知网数据库,通过高级检索,以"港城关系 + 港城互动 + 港产城融合"为主题,筛选掉新闻稿、无关领域等多余信息,检索出 407 篇文献,其中包含 128 篇核心期刊文献和 279 篇硕博论文;英文文献来源于 WOS 数据库,以"port-city relationship OR port-city interaction OR port-industry-city"为主题检索,限定搜索范围为"Web of Science 核心合集",文献类型精炼为"Article""Early Access"和"Proceeding Paper",语言分类精炼为"English",经过查重分析最终保留了 210 篇。此外,为了保证研究对象的延展性并限定研究时间范围,对该范畴研究的年发文数量进行统计分析,发现知网和WOS 在 2008 年之前的年发文量均非常少,故将研究时间范围设定为 2008 年初至 2023 年末,时间跨度为 16 年。

2 发表文献分析

2.1 发文数量分析

该领域的研究文献的年发表数量及其变化在一定程度上反映了其理论发展水平及热度变化。图 1 显示,针对港城关系的研究,自 2008 年起,国内在该研究领域的发文量分别于 2013 年和 2019 年到达了两次较为明显的波峰,可能分别受到《交通运输"十二五"发展规划》及《综合运输服务"十三五"发展规划》的鼓励;而近几年的发文量减少可能与疫情对交通物流行业的负面影响有关。在国外,自 2008 年起,相关发文量持续增加,在近几年趋于稳定并且保持在较高的水平。

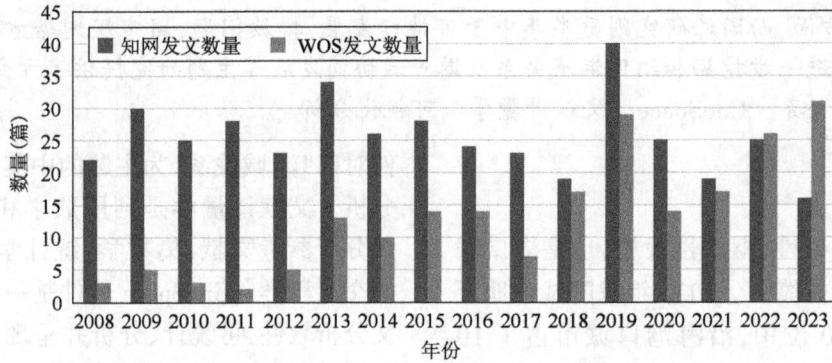

图1　2008—2023 年以"港城关系"为研究主题的国内外文献年发文量统计图

2.2　区域分布特征

利用 CiteSpace 对来自 WOS 数据库的文献进行区域分布分析,得到的区域分布图谱如图 2 所示,可以看到在该领域进行研究的主要国家和地区。图谱中年轮节点颜色按照左下角的彩虹光谱划分,红色表示研究时间越近,年轮节点范围越大表示关注度越高。从图中可以看出,关于港城关系的研究主要集中在中国、美国、英国、意大利、荷兰等国家。其中,美国和意大利在该领域的研究起步较早,中国虽起步较晚,但近年来关注度很高。

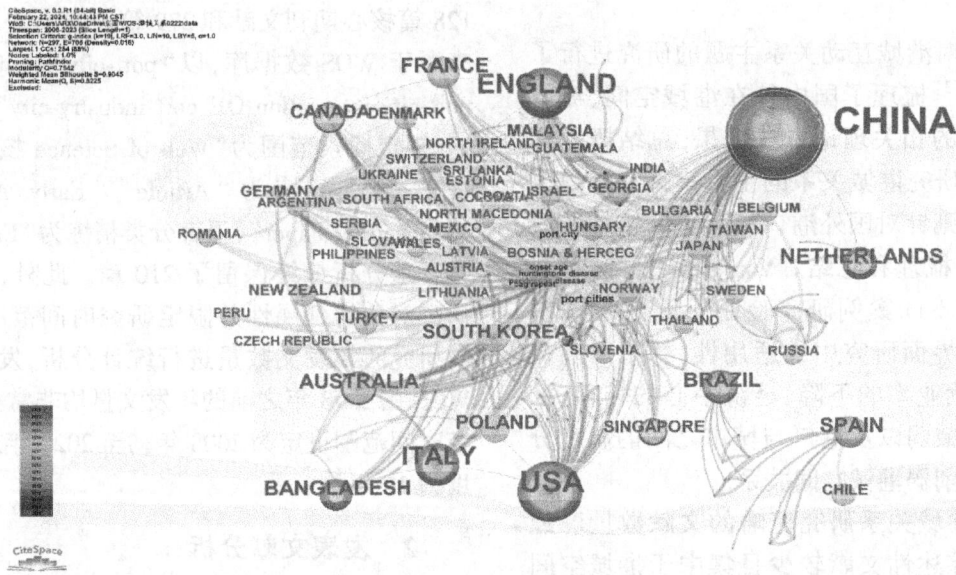

图2　英文文献发表分布区域图谱

利用 CiteSpace 对来自知网数据库的文献进行机构分布分析,得到的机构分布图谱如图 3 所示。由于文献中硕博论文占比很大,所以国内的研究机构以高校为主。其中,大连海事大学、大连理工大学、青岛理工大学、中国海洋大学等高校是国内主要的研究机构。呈现出这样的机构分布特征,不仅与各所高校设置的特色学科有关,还与高校所在地的港口规模与发展程度有关。近年来,为了更好地进行港口城市规划,政府越来越注重产学研合作,不断激励研究机构为领导部门出谋划策。

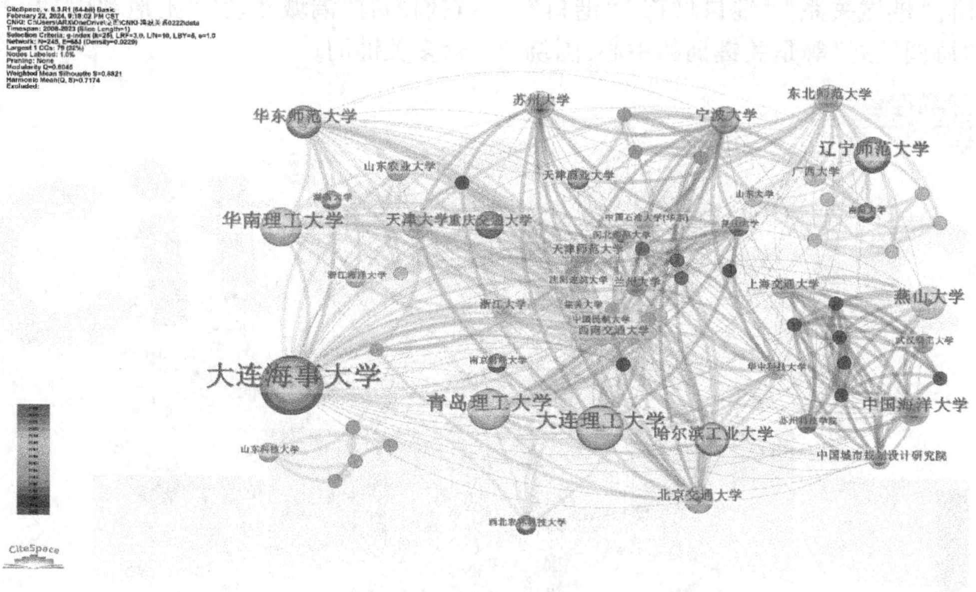

图3 中文文献发表机构分布图谱

2.3 代表人物研究成果

在港城关系研究中,发文量较多的国内学者有郭建科、栾维新和范厚明等,国外学者有Ducruet、Daamen、Hesse等。将该研究领域的代表人物的研究成果进行梳理。郭建科等[7]在以前学者的研究基础上,根据海港及海港城市发展的新特点,提出了现代海港城市"港-城空间系统"演化理论。陈航等[8]通过引入相对集中指数(Relative Concentration Index,RCI),对港口与城市的功能关系矩阵进行了量化分析,确定了港口与城市的相互依赖程度。范厚明等[9]建立了港城复合系统协同度模型,对港城协同度与城市经济增长的关系进行了实证研究。Ducruet等[10]首次从网络的角度分析城市与海上运输流的关系,揭示了城市等级制度和港口等级制度之间相互依赖关系的新视角。Daamen[11]探讨了在欧洲港口城市滨水区进行的空间项目背后的制度和治理过程之间的关系,发现法律法规主导了城市和港口之间空间治理的结果,而其往往会阻碍实现真正的可持续发展。Hesse[12]从物流视角探讨港口与城市的"链接"。

总的来说,港城关系范畴的研究主要分为港城空间关系、港城经济关系两部分。近年来,港城环境关系也逐渐形成一个分支。对于港城空间关系研究,国内外多采用形态学方法,从不同角度描述港城空间关系演化。国内外最经典的港城空间理论分别为王缉宪[13]提出的四类港城空间互动模式与Bird提出的"Anyport"模型[14]。该范畴的定量研究较薄弱,分析手段和分析工具较为缺乏。对于港城经济关系,国内外进行了大量定性与定量研究,由于港口发展阶段和经济发达程度的差异,国外在港城互动理论与港城经济关系定量分析方面的研究领先于国内。常用的方法包括RCI、动态相对集中指数(Dynamic Concentration Index,DCI)[15]、向量自回归(Vector Autoregression,VAR)[16]、灰色关联度模型(Grey Relation Model,GRM)[17]、耦合协调度模型(Coupling Coordination Degree Model,CCDM)[18]、系统动力学(System Dynamics,SD)[19]等。在港产城融合范畴的研究中对于产业的分析偏于宏观,对于微观层面的城市内部产业和临港产业的分析较少,且集中于港口物流业。对于港城环境关系,国内外学者从差异化的角度分析了港口发展过程中产生的生态环境问题,特别是港口运输活动[20]、港口开发建设[21]等对城市环境的影响。在该范畴,国内研究离国外研究还有一定差距。

3 研究热点分析

3.1 关键词共现分析

运用CiteSpace软件,以2008—2023年每年作为1个时间切片,分别对中英文献进行关键词共现分析。图4为中文文献的关键词共现网络图谱,图谱中节点大小和连线数量分别表示关键词出现频次的高低、与其他关键词联系的强弱。从

图中可以看出,"港城关系""港口城市""港口""临港产业""协调发展"等是关键词的中心,围绕

它们的有"港城互动""土地利用""一带一路"等众多关键词。

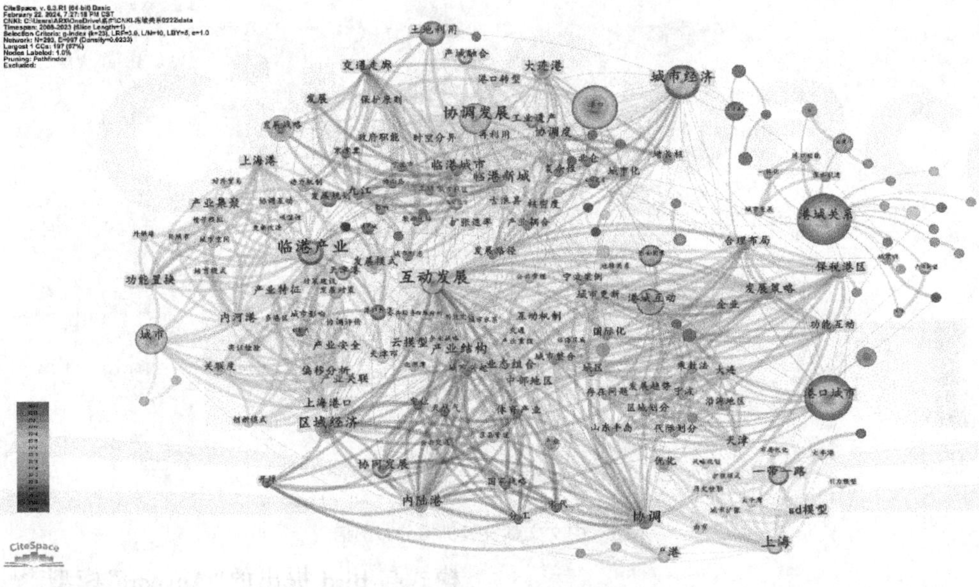

图4 中文文献关键词共现网络图谱

图 5 为英文文献的关键词共现网络图谱,"port cities""evolution""city""interface"等是关键词的中心,围绕它们的有"dynamics""air pollution""impact"等众多关键词。

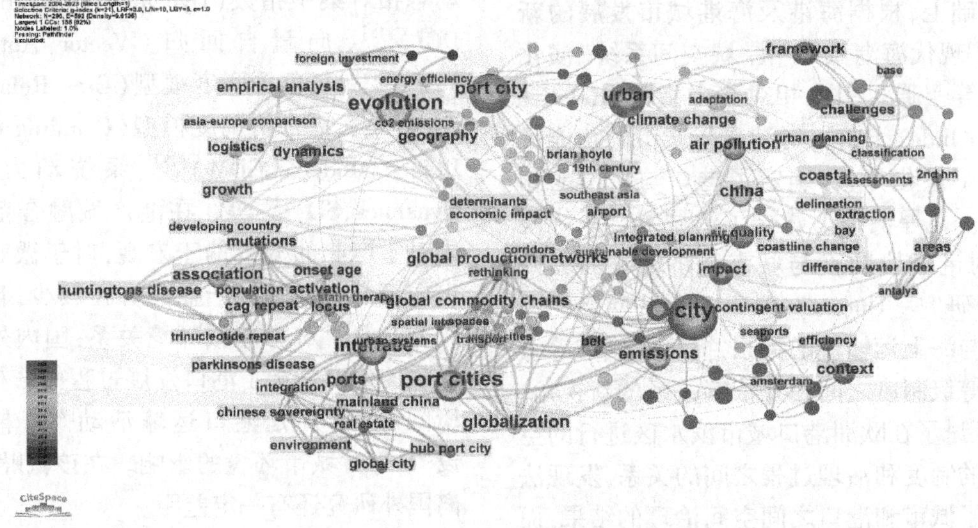

两幅图谱中的关键词之间的连线都比较紧密,围绕几个中心关键词呈枢纽网络分布结构,游离散点较少。说明国内外对港城关系的研究已构成体系,且内部联系较为紧密。

图5 英文文献关键词共现网络图谱

3.2 关键词聚类分析

利用 CiteSpace 软件对各关键词进行聚类,得到的聚类图谱显示了热点研究领域。图 6 为中文文献关键词聚类图谱,将国内研究领域分为"空港都市区""保税港区""区域格局""沿海港口""港城融合""港城关系""港口"7 个类别。随着各地机场的投建和临空经济区的批复,空港的研究也

逐渐成为研究热点。港城关系的研究不再局限于沿海港口,逐渐向内河港口和空港扩张。图 7 为英文文献的关键词聚类图谱,一共分为 9 个领域。其中,"dynamics"体现出国外十分注重港城关系的动态变化。此外,国外对"air pollution"和"acute coronary syndrome"投入了较多关注,这表明十分重视港口对城市环境以及对居民健康的影响。

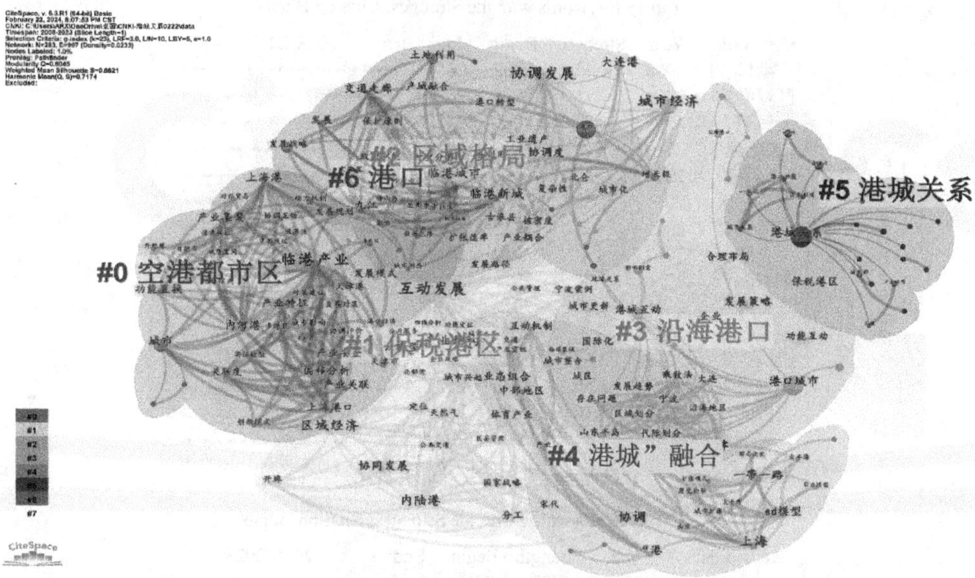

图6　中文文献关键词聚类图谱

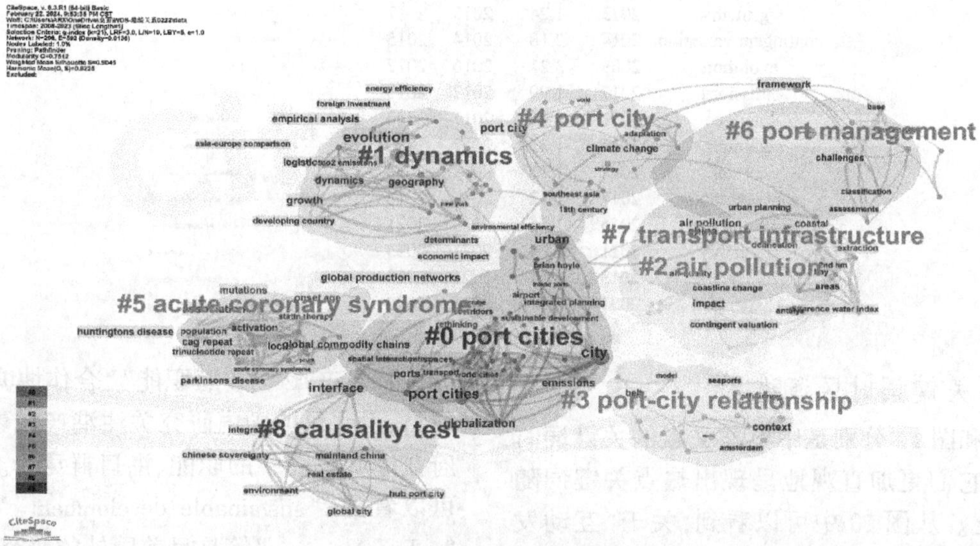

图7　英文文献关键词聚类图谱

3.3　关键词突现分析

使用 CiteSpace 分别对中英文文献进行关键词突现分析,可以发现该研究领域的某个关键词作为研究前沿的起始年份、终止年份以及突现强度。

图8是中文文献关键词突现图,可以看到10个关键词的突现起始与结束时间。其中,"区域经济""港城互动""港城融合""港城关系"的热度持续时间都比较长。"影响因素"和"港城关系"的突显强度最强,反映出近年来对港城关系作用机制的深入探索。"土地利用"的热度从2020年持续至今,可以推测,我国近年来比较关注老港区改造、港区土地集约化和新旧港口协同发展。

图9是英文文献关键词突现图,热度持续时间最长的是2013年突现、2017年结束的"growth";最近突现的关键词是"air pollution""challenges",说明国外的港口发展较成熟,由早期单纯追求港口经济发展转向追求可持续发展目标。"interface"是热度持续时间较长的突现词,表明国外非常关注滨水区的发展,这一地区也是港口相关活动与城市土地相互作用的特定区域。

Top 15 Keywords with the Strongest Citation Bursts

Keywords	Year	Strength	Begin	End	2008-2023
港口	2008	1.45	2008	2010	
区域经济	2008	1.11	2008	2013	
协调	2009	1.44	2009	2011	
大连港	2010	1.39	2010	2011	
连云港	2011	2.23	2011	2012	
保税港区	2011	1.51	2011	2013	
港城互动	2009	1.5	2011	2014	
天津	2012	1.1	2012	2017	
港城融合	2016	1.78	2016	2019	
上海	2016	1.08	2016	2017	
一带一路	2017	1.3	2017	2019	
影响因素	2019	2.62	2019	2020	
港城关系	2008	2.56	2020	2023	
中国	2020	1.16	2020	2021	
土地利用	2008	1.01	2020	2023	

图8　中文文献关键词突现图

Top 15 Keywords with the Strongest Citation Bursts

Keywords	Year	Strength	Begin	End	2008-2023
port cities	2010	2.02	2010	2013	
port city	2012	2.61	2012	2014	
19th century	2012	1.18	2012	2013	
growth	2013	1.24	2013	2017	
contingent valuation	2014	2.18	2014	2015	
evolution	2009	3.21	2016	2017	
emissions	2017	1.99	2017	2018	
interface	2009	1.25	2017	2020	
geography	2017	1.25	2017	2020	
coastal	2017	1.12	2017	2018	
container ports	2017	1.12	2017	2018	
air pollution	2016	1.56	2019	2021	
air quality	2021	2.04	2021	2023	
framework	2013	1.51	2021	2023	
challenges	2021	1.1	2021	2023	

图9　英文文献关键词突现图

3.4　关键词时区演进

图 10 和图 11 分别是中英文文献的关键词时区演进图,它们更加直观地呈现出热点关键词随时间的变化。从图 10 中可以看到,关于"互动发展""协调发展""港城关系"的研究热度经久不衰,而"港产城""政府职能""合作博弈"等是研究前沿,说明目前国内研究关注港产城融合发展、政府在港城协同中的职能、港口群竞合。从图 11 中可以看到,"sustainable development""air quality""urban planning"等是目前国外的研究前沿。

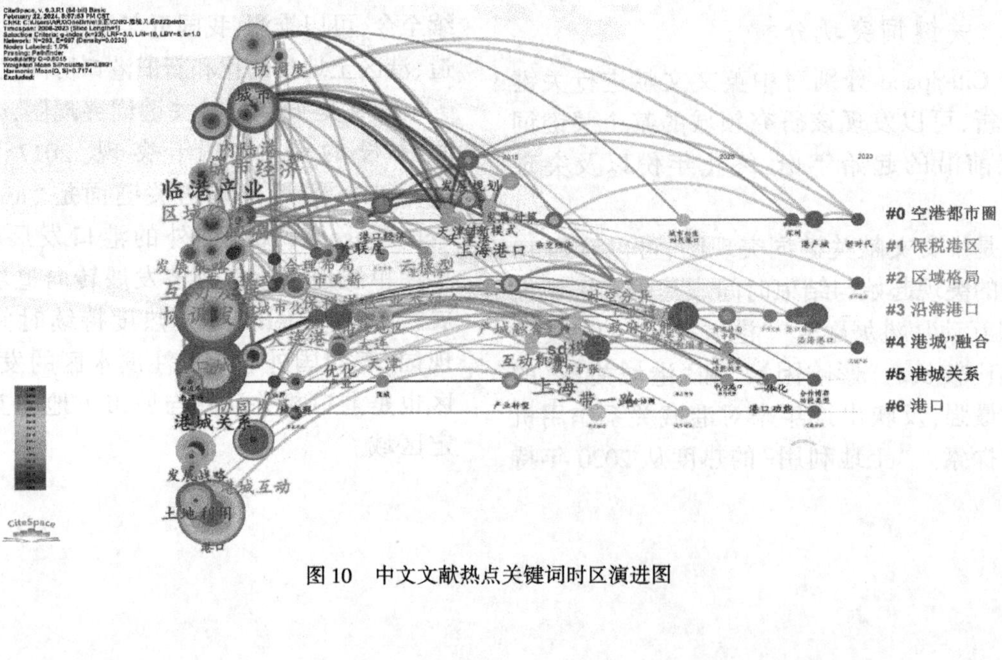

图10　中文文献热点关键词时区演进图

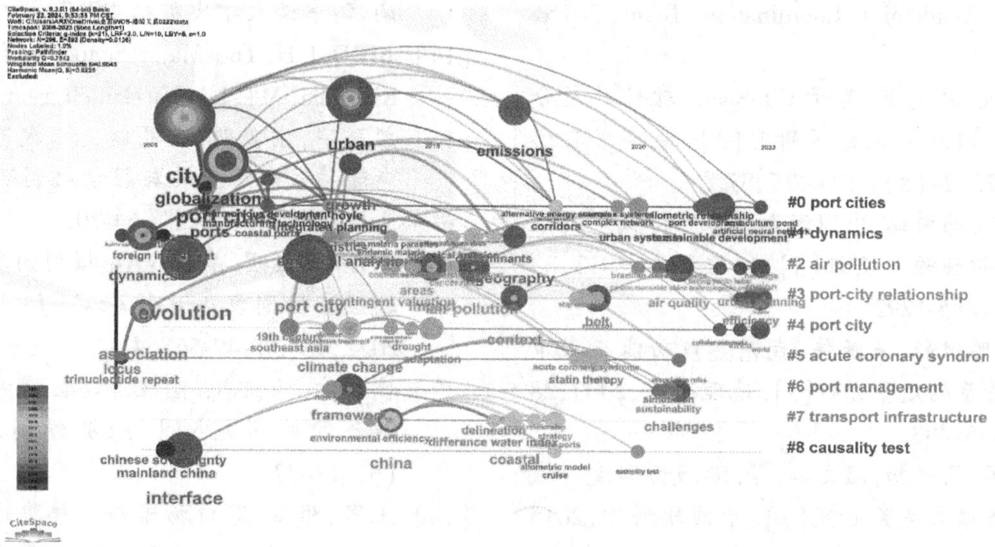

图11 英文文献热点关键词时区演进图

4 研究结论与展望

本文使用 CiteSpace 对来自知网和 WOS 数据库的主题为"港城关系"的 617 篇中英文文献绘制知识图谱,并进行分析。区域分布特征反映出研究地区主要集中在中英美三国,此外,一些以港口著称的国家如荷兰、意大利也有较为可观的研究。国内外在该范畴的研究已经各成体系,但目前研究的热点不同。国内研究前沿集中于港产城融合、政府的职能、港口群竞合等主题,而国外研究集中于可持续发展、排放问题、城市规划等方面,这主要是在国内外不同的港口管理体制和发展水平影响下形成的。针对国内研究,首先,在我国体制之下,港口作为政府投资的重要内容之一,如何发挥政府的职能,从而进行前瞻性的规划与布局,既是政府的需要,也是学者关注的焦点。其次,国内港口众多,且同一级别下的港口数量也较多,而港口群发展存在腹地重叠、港口资源有限等问题,因而港口群的竞合问题势必引起学者的关注。针对国外研究,由于国外港口发展已经更多地转向城市和港口的协调发展,发展的同时需要兼顾市区的面貌的维持,因而对规划的约束与要求相对更高。

从央地各级各地区政府的城市建设及产业实践来看,自2006年以来,交通运输部、国家和发展改革委员会等多部门陆续印发了支持、引导港口行业的发展政策。交通运输部等九部门联合印发的《关于建设世界一流港口的指导意见》,提出引领全球港口绿色发展、智慧发展,与联合国可持续发展目标相呼应;"十四五"规划提出"交通强国"建设目标,港口是其中重要组成部分;《海南自由贸易港建设总体方案》的印发与实施,使得海南自贸港成为开放新高地,依托于该资源禀赋,区域经济增长获得了新的拉动力。正值"十四五"时期,各项政策为港口城市发展创造了良好环境。基于上述国内外针对港城关系研究的差异性分析,建议相关领域的研究学者根据我国各地港口城市发展的实际情况进行差异化探索,对港产城融合发展机制及其影响因素进行针对性研究,进而通过产学研合作,为政府部门提出切实有效的发展路径,促进港口与城市共同繁荣。

参考文献

[1] 吴晓磊,刘健,王嘉琦.港产城融合发展关键问题研究[J].水运工程,2022,(2):70-75,111.

[2] 朱吉双.世界一流港口经济贡献测算比较研究[J].综合运输,2020,42(5):49-55,92.

[3] 郭建科.经济地理学视角的港城关系[M].北京:科学出版社,2018.

[4] 王列辉.国外港口城市空间结构综述[J].城市规划,2010,34(11):55-62.

[5] BERGHE K V D. Beyond geographic path dependencies: towards a post-structuralist approach of the port-city interface [C] // Differences & connections: beyond universal theories in planning, urban, and heritage studies. AESOP

Young Academics Coordination Team, 2015:
11-12.

[6] 钟继敏,韩昊英.基于 CiteSpace 软件计量分析的国内外未来社区研究[J].城市发展研究,2022,29(8):109-117,37.

[7] 郭建科,韩增林.中国海港城市"港-城空间系统"演化理论与实证[J].地理科学,2013,33(11):1285-1292.

[8] 陈航,栾维新,王跃伟.我国港口功能与城市功能关系的定量分析[J].地理研究,2009,28(2):475-483.

[9] 范厚明,马梦知,温文华,等.港城协同度与城市经济增长关系研究[J].中国软科学,2015(9):96-105.

[10] DUCRUET C,CUYALA S, HOSNI E A. Maritime networks as systems of cities: The long-term interdependencies between global shipping flows and urban development (1890—2010) [J]. Journal of Transport Geography, 2018, 66: 340-355.

[11] DAAMEN T A,VRIES I. Governing the European port-city interface: institutional impacts on spatial projects between city and port[J]. Journal of Transport Geography,2013,27: 4-13.

[12] HESSE M. Cities,material flows and the geography of spatial interaction: urban places in the system of chains[J]. Commodity Chains and World Cities,2010,10(1): 75-91.

[13] 王缉宪.中国港口城市的互动与发展[M].南京:东南大学出版社,2010.

[14] BIRD J H. The Major Seaports of the United Kingdom[M]. London:Hutchinson,1963.

[15] 殷翔宇,宗会明,曲明辉,等.我国沿海港口港城关系协同发展与驱动机制研究[J].人文地理,2023,38(1):64-70.

[16] 刘朋群,殷明.基于 VAR 模型的港口群和区域经济协同发展比较研究[J].中国航海,2022,45(3):47-56,64.

[17] 高友才,汤凯.临空经济与区域经济阶段性耦合发展研究[J].经济体制改革,2017(6):66-72.

[18] 王军,邓玉.港口物流与直接腹地经济耦合协调性研究——以天津、营口等九海港型国家级物流枢纽为例[J].工业技术经济,2020,39(11):62-68.

[19] 潘婧,杨山,沈芳艳.基于系统动力学的港城耦合系统模型构建及仿真——以连云港为例[J].系统工程理论与实践,2012,32(11):2439-2446.

[20] NG A K Y,SONG S. The environmental impacts of pollutants generated by routine shipping operations on ports [J]. Ocean and Coastal Management,2010,53(5-6): 301-311.

[21] SAENGSUPAVANICH C. Unwelcome environmental impact assessment for coastal protection along a 7-km shoreline in Southern Thailand [J]. Ocean and coastal management, 2012, 61: 20-29.

义甬舟开放大通道主轴综合交通基础设施发展建议

王晓怡* 方圆 丁剑 王仲豪

(浙江数智交院科技股份有限公司)

摘 要 加快建设义甬舟开放大通道,是浙江省统筹推进高水平对外开放的重要抓手,也是加快畅通国内国际双循环的重要载体。本文以义甬舟开放大通道主轴段为研究对象,系统研究主轴综合交通基础设施在支撑对外开放、陆海联动、沿线运输等方面存在的不足与问题,提出主轴交通基础设施提升建议,为加快打造支撑有力的开放发展大通道提供支撑和参考。

关键词 义甬舟开放大通道 综合交通 基础设施 优化提升

0 引言

义甬舟开放大通道是浙江省高水平融入新发展格局,率先打造国内国际双循环枢纽的核心载体,其中宁波—舟山至金华—义乌段为义甬舟开放大通道的发展主轴和骨架支撑。党的二十大提出,要继续加快建设交通强国,推进高水平对外开放,推动共建"一带一路"高质量发展;《2024年浙江省政府工作报告中》提出,今后五年要坚定不移走开放路,纵深推进义甬舟开放大通道建设。目前,通道主轴依托宁波舟山世界第一大海港、义乌国际陆港两大陆海枢纽以及宁波栎社国际机场、义乌国际机场等开放枢纽门户,对外经济发展成果显著,在浙江省乃至全国对外贸易中具有独特优势和无法替代的地位。加快完善主轴交通基础设施体系,强化陆港与海港的联动和互补发展,满足"两头在外"经济发展模式对交通运输大容量、快速化、定制化的发展要求,是进一步提升主轴支撑开放经济发展能力、加强通道沿线辐射带动的重要举措。

本文以义甬舟开放大通道内交通基础设施为研究对象,聚焦开放大通道建设过程中交通面临的问题与挑战,提出发展的合理建议,为义甬舟开放大通道高质量发展提供参考。

1 主轴交通基础设施现状问题

近年来,义甬舟开放大通道甬舟—金义端主轴内以铁路、高速公路为主骨架,综合交通基础设施体系加快完善,目前铁路已建成甬金铁路,同时依托杭甬高铁、沪昆高铁、沪昆铁路等周边运输通道,满足金华—义乌至宁波—舟山段铁路客、货运输需求;高速公路建成沪昆高速—甬金高速—甬舟高速为主轴,以沈海高速、常台高速、杭金衢高速等为连线的"一轴多联"高速公路网;水运、航空建有宁波栎社国际机场、义乌机场、杭甬运河—钱塘江内河航道等设施,服务能力加快提升。对标"一带一路"、长江经济带、长三角区域一体化等重大国家战略对义甬舟开放大通道的支撑要求,结合通道自身发展对交通的诉求,目前主轴综合交通基础设施建设存在以下问题与短板。

1.1 铁路、水运功能发挥不足

1.1.1 双层高集装箱铁路货运功能发挥受限

甬金铁路已于2023年12月底正式通车,解决了长期以来主轴铁路运输绕行、时效性差的难题。但目前甬金铁路运行尚处于初期,同时受客、货运列车运行"不见面"影响,货运列车图定4对,车次安排较少;作为我国第一条双层高集装箱铁路,甬金铁路义乌隧道段受净高限制,无法通行双高箱列车,双层高集装箱仅可行至苏溪站,运输容量、效率受到一定影响。结合宁波舟山港发展相关研究[1-2]、陆海联动发展等需求,预测到2030年、2035年、2045年,甬金铁路上行方向分别需承担集装箱运量220万TEU、260万TEU、310万TEU,其他货物1620万t、1885万t、2070万t,若沿线无新增铁路通道分流,远期甬金铁路能力利用率将达到136%,难以满足发展需求。

1.1.2 主要节点间缺少直连高速客运通道

现状宁波与金华间铁路客运主要通过杭甬—沪昆高铁、萧甬—沪昆铁路绕行杭州枢纽实现,全程约1.8小时,未达到1小时交通圈要求,而且既有沪昆通道利用率已达90%,通道能力基本饱和,难以满足客运发展需求。受客货混行影响,目前甬金铁路客运时速仅160km/h,宁波至金华实际旅行时间近3小时,虽预留200km/h时速条件,但铁路直连新通道的建设尚未使沿线居民真正迈入"同城化"发展时代。

1.1.3 水运通道存在运输瓶颈

义甬舟主轴通道水路运输占比约为2%,主要为衢州、金华、绍兴等地至宁波舟山港的煤炭、砂石等散货运输,钱塘江—杭甬运河构成的通路是义甬舟通道的骨干水运通道。受沿线航道建设情况和航道等级、沿线船闸数量及过闸效率等影响,运输效率不高,水运运输成本相对低廉的优势难以发挥[3]。其中,杭甬运河航道段姚江船闸设计通航能力为300吨级,同时宁波市区航段桥梁存在净高限制,目前仅能限制性通航500吨级船舶,是限制主轴水运通道效能发挥的最大瓶颈。

1.2 高速公路局部路段存在较大堵点

现状主轴通道公路设施已基本成网,高等级公路基本覆盖通道内主要功能区。但从主轴的设施适应性看,各高速公路均存在一定程度拥堵,尚未进入由"成网"向"强轴"的更高发展阶段。结合浙江省公路OD数据库对通道主轴高速公路流量进行分析,西段杭金衢高速金华互通至傅村枢纽段流量约为 9.6 万 pcu/d～11.5 万 pcu/d,路段饱和度 0.96～1.15;中段甬金高速流量约为 4.4 万 pcu/d～6.8 万 pcu/d,路段饱和度均在 0.8 以上,其中金华至宁波段流量较大,路段饱和度达 0.96～1.24,交通运行过饱和且货车当量比例超 70%,通道急需扩容;东段甬舟高速流量约 3.0 万 pcu/d～3.7 万 pcu/d,但节假日存在常态化拥堵情况,高峰时刻饱和度达到 1.1,通道能力相对不足。

1.3 一流强港集散效率有待提升

疫情期间,全球贸易对海运的依赖不断提升,宁波舟山港逆势增长发展态势尤为明显。但与此同时,兄弟海港封控带来的国际集装箱集散运输需求陡增、疫情影响下公路封控等突发情况,也使得宁波舟山港原本以公路为主的集输运体系受到了极大考验。目前,宁波港侧疏港公路基本饱和,海河联运通道受杭甬运河制约,通而不畅;海铁联运基础设施存在较大薄弱,宁波舟山港 20 个港区中,仅镇海、北仑、穿山 3 个港区通铁路支线,其中北仑铁路支线基本饱和,现状利用率达 92%,对穿山港支线能力发挥也造成了较大制约,唯一货运编组站宁波北站作业能力也已然饱和。

1.4 国际陆港铁路枢纽功能需要强化

金华—义乌枢纽作为"一带一路"重要的国际陆港,同时是宁波舟山港主要的海铁联运腹地,枢纽点线能力不相协调。目前,金华海铁联运作业

主要由金华南站进行,同时该站也承担了中欧班列业务,咽喉区客货混行,行车作业十分不便。义乌西为铁路集装箱办理站,服务中欧班列、海铁联运班列,货场利用率达到 80%,能力即将饱和,且作业区周边已无拓展空间。

1.5 新型基础设施发展缺乏前瞻

发展新型基础设施是交通设施存量品质提升、增量优化布局的重要手段。义甬舟开放大通道作为浙江省对外开放桥头堡,抓紧布局、试点建设新型基础设施,加快形成行业领先的突破性成果,对提升"四港"联动发展效率、实现"人享其行、车畅其道、物优其流"的交通服务、满足我省更高水平对外开放的发展需求具有重要意义。目前浙江省已在环杭州湾地区开展杭绍甬智慧高速、杭申线智慧航道等智慧化基础设施建设的试点工作,但在义甬舟通道主轴内缺少对智慧基础设施发展的提前布局。

2 发展路径与策略

2.1 推动综合交通从"成网"走向"强轴"

一是谋划快速客运新通道,释放货运铁路资源。研究京津、广深、沪宁、沪杭等发达通道建设情况,现状京津铁路通道已实现 6 线格局,广深铁路、沪宁铁路通道已形成 8 线格局,未来通道规模将达到 10～14 线格局。相邻的沪杭通道现状实现 4 线格局,规划形成 8 线格局[4]。国内部分代表性通道情况如表 1 所示。

国内部分代表性通道情况　　　　　　表 1

通道名称	覆盖地级市数量	沿线人口（万人）	沿线 GDP（亿元）	沿线城镇化率	通道客流（万人）	通道格局
京津通道	2	3562	55965	86.50%	6105	现状 6 线、规划 8 线
沪杭通道	3	4261	67676	85.40%	5635	现状 4 线、规划 8 线
广深通道	3	4684	60660	94.60%	7023	现状 8 线、规划 10 线
沪宁通道	9	7971	133610	82.40%	9070	现状 8 线、规划 12 线

义甬舟开放大通道不仅承载宁波舟山国际海港、金义国际陆港及陆海联运货运需求,也是串联宁波、舟山、绍兴、金华（义乌）、衢州等浙江省中部各大城市的重要通道,沿线直接吸引范围内的地区生产总值超 4000 亿元,直接带动人口近 500 万人。随着开放通道建设的加快及沿线城市交流合作的日益密切,通道内快速化客运需求将进一步

扩大。综合考虑通道沿线服务人口、地区生产总值、通道客流规模等因素,义甬舟通道应考虑在甬金铁路的基础上规划建设高标准客专,释放货运资源,满足通道对客货运输需求。

二是加快打通高速公路"堵点",支撑公路运输优势继续发挥。根据特征年预测情况,在新建铁路有效分流条件下,主轴通道高等级公

路设施仍将承担较大比例交通流量,到 2035 年流量需求将达到 20.7 万 pcu/d。目前通道东段已新开工建设甬舟高速复线,西段、中段需要结合流量需求,抓紧对公路运输通道进行有效扩容。

西段杭金衢高速公路于 2022 年完成改扩建工作,现状虽已拓展为双向八车道高速公路,但衢州段交通量已达 10 万 pcu/d,考虑新辟平行高速通道,缓解杭金衢高速公路压力,满足区域公路运输需求。中段既有甬金高速公路为双向 4 车道高速公路,考虑按照 2030 年建成原则,于近期对甬金高速公路按双向八车道、设计通行能力 10 万 pcu/d 标准实施扩容改造;对金华至绍兴段、宁波舟山港南侧港区疏港段等局部路段,考虑既有甬金高速拓宽难以满足 2030 年流量需求,可按照适度超前的原则,于近期开工新建平行高速公路通道,分流甬金高速交通压力,确保主轴高速公路通道全线畅通,同时可加强高速设施对磐安、天台等 26 县地区的覆盖。

2.2 完善陆海两大核心枢纽集散网络

一是提升宁波舟山港陆向集散通道能级。巩固宁波舟山国际海港在长三角世界级港口集群中的核心地位,完善铁路进港"最后一公里",加快建设北仑铁路支线复线、梅山铁路支线,重点提高铁路支线对宁波舟山港主要集装箱港区的覆盖和服务能力。联动沿线城市,补齐内陆货源地"最先一公里"发展短板,推动具备条件的内陆无水港和物流园区引入铁路专用线,重点推进衢州四省边际多式联运枢纽港、浙中多式联运枢纽港等一批园(厂)区建设铁路专用线。加快开展杭甬运河通道改造及新建复线通道前期研究工作,突破宁波舟山港后方海河联运发展瓶颈。

二是推动金义枢纽"点线"能力匹配。着力把金义国际陆港打造成为长三角地区最大的铁路国际陆港和中欧班列集散枢纽,统筹推进义乌国际陆港、华东联运新城两大枢纽节点建设,加快金华铁路枢纽"点线"能力匹配改造,实施沪昆铁路塘雅至蒋堂外绕线工程,加快苏溪国际枢纽港等项目建设,提升义乌西货站服务能力。

三是强化"两核"协同发展能力。围绕宁波舟山国际海港和金义国际陆港两港间的联动发展,深化两大国际枢纽港港务、关务、船务的一体化,重点推进宁波舟山港"第六港区"建设,实现一流强港开放功能向省内及国内内陆地区延伸覆盖。

2.3 加快实现基础设施韧性可持续发展

一是深化新型与传统交通设施融合。推动智慧赋能传统交通基础设施,加强 5G 技术、物联网、人工智能等新技术、新设备在交通领域的布局和应用,协同推进超高速列车、真空管道等交通领域技术创新,探索实现伴随式信息服务、车道级交通控制、准全天候通行、全周期智能管理养护、车辆编队行驶、智慧服务区等特色应用场景,推进智慧高速、智慧航道在甬舟-金义主轴线的试点建设。推动双层高集装箱铁路建设经验总结积累与推广,探索铁路智能建造产业发展。依托宁波栎社国际机场、新建金义国际机场,建设智慧机场和园区枢纽,深化推进智慧客运枢纽建设,完善客流/车流监测、室内定位与导航、出租车/网约车排队引导及智能调度、智慧停车等功能,构建票务信息、出行规划、客票代购等旅客联程运输"一站式"服务平台,全面提升智慧化服务水平。

二是强化重大项目建设资金用地保障。重视重大项目交通、自然资源和规划、文旅、林业、水利、环保等多部门的协调合作,加强项目规划建设与各层级国土空间总体规划、五年规划、环境保护规划等的互动衔接,促进交通基础设施与经济社会发展格局、城镇空间布局、资源环境承载能力的协调发展。积极探索交通基础设施投融资体制改革,稳步推进融资平台建设,鼓励政府和社会资本合作(PPP)模式,吸引社会资本参与建设和运营,鼓励积极为项目配置经营资源,探索"交通 + 资源""交通 + 旅游"等捆绑开发机制。

3 结语

加快提升开放大通道综合交通基础设施建设水平和发展韧性,是进一步打好高质量发展基础、构建更高水平对外开放的重要支撑。本文对支撑主轴交通运输发展的铁路、公路、水运等基础设施现状运行情况进行了综合分析,结合通道功能定位、两大国际枢纽港集散要求、沿线城市发展与互动,定性、定量结合提出了既有基础设施的五大问题短板,从打通主轴堵点症结、强化多方式联运、做强国际枢纽优势、前瞻性推动设施可持续发展等方面提出了基础设施优化发展的思路与建议,为未来陆海联运通道发展提供一定的发展参考。

参考文献

[1] 任小波,周朝丰,朱善庆,等.宁波舟山港集装箱港区发展思路与建设举措[J].水运工程,2023,(6):68-73,95.

[2] 何佳玮,李乐.宁波舟山港集疏运体系发展路径[J].中国港口,2023,(12):21-23.

[3] 望灿.宁波舟山港海河联运发展研究[J].中国港口,2023,(10):54-56.

[4] 浙江数智交院科技股份有限公司.义甬舟开放大通道综合交通基础设施布局方案研究[R].杭州:浙江数智交院科技股份有限公司,2023.

Research on the Impact of Science and Technological Development on Transportation Development

Huanyu Yang　Ping Wu*

(China Academy of Transportation Sciences)

Abstract The development of technology has profoundly impacted various sectors of the transportation industry. Against the backdrop of accelerating the construction of a powerful transportation nation, this paper delves into the trends in the development of transportation technology, elucidates the requirements of technological development for the advancement of transportation, and ultimately proposes policy recommendations to promote the development of China's transportation industry, providing a reference for industry practitioners.

Keywords Science and technological development　Transportation　Construction of a powerful transportation nation

0　Introduction

In today's era, the world is experiencing an unprecedented wave of technological transformation and industrial revolution. Emerging technologies and industries represented by the Internet of Things (IoT), big data, cloud technology, clean energy, mixed reality technology, and advanced semiconductor technology are rapidly rising, promoting the extensive integration of interdisciplinary and cross-sector technologies. Numerous countries have laid out their technological strategies. For example, the United States has proposed revitalizing manufacturing, developing clean energy, and laying out national zero-emission freight corridors[1]. Japan focuses on developing a green economy, the European Union implements a smart growth strategy[2], and Russia and India have launched innovation-driven strategies. China regards enhancing the new momentum of transportation and developing new quality productive forces of transportation as important contents in the construction of a powerful transportation nation. Technological innovation not only leads the transformation of transportation infrastructure, carriers, transportation service models, and intelligent transportation technology but also greatly improves transportation efficiency and safety, reduces logistics costs, reduces environmental pollution, and breeds entirely new transportation service modes such as shared bicycles, ride-hailing services, and instant delivery, fundamentally changing the operating model and commercial form of the transportation industry and meeting people's pursuit of a diversified lifestyle.

1 Analysis of transportation science and technology development trends

1.1 The trend of intelligent and digital development in transportation technology is evident

(1) Digital transformation. With digital tools such as Building Information Modeling (BIM) and Geographic Information Systems (GIS) at the core, a simulation environment is provided for the design of transportation infrastructure, giving birth to emerging digital infrastructures such as smart highways and smart ports. The digital applications of traffic control, traffic asset management, and traffic emergency rescue are rapidly developing. In the future, the demand for passenger and freight transportation will develop in a more personalized direction, with passenger transport characterized by diversification, rapidity, and decentralization, while the characteristics of freight transport may be miniaturization and short-distance[3].

(2) Intelligent development. Intelligent carriers such as intelligent cars, intelligent trains, and drones, as well as intelligent transportation systems characterized by intelligent control and smart services, are rapidly developing. The European Union has announced a research and development plan for autonomous sailing ships, claiming that autonomous commercial ships will be globally operated by 2025. The "Intelligent Connected Vehicle Technology Roadmap 2.0" proposes that PA and CA[4] level intelligent connected vehicles will reach 50% by 2025 and exceed 70% by 2030, and will be widely used on highways and scaled up on some urban roads. China's Beijing-Zhangjiakou high-speed train intelligent EMU achieved the function of automatic driving at a speed of 350 kilometers per hour for the first time. Drones are being used on a large scale in logistics distribution.

The Classification of Automotive Driving Automation is shown in Table 1.

Classification of automotive driving automation　　　　Table 1

SAE level	Name	Execution of steering and acceleration/deceleration	Monitoring of driving environment	Fallback performance of dynamic driving task	System capability (driving modes)
Human driver monitors the driving environment					
0	No automation	Human driver	Human driver	Human driver	N/a
1	Driver Assistance	Human driver and system	Human driver	Human driver	Some driving modes
2	Partial automation	system	Human driver	Human driver	Some driving modes
Automated driving system("system")monitors the driving environment					
3	Conditioal automation	system	system	Human driver	Some driving modes
4	High automation	system	system	system	Some driving modes
5	Full automation	system	system	system	all driving modes

1.2 Acceleration of the green and low-carbon transformation process

(1) The application of energy-saving and emission-reduction technologies in the field of transportation is constantly increasing. The use of high-performance composite materials such as carbon fiber will continuously reduce the energy consumption of the transportation industry and improve operational efficiency; the application of new aerodynamic layout designs such as wing-body integration and double-bubble fuselages, as well as active noise reduction and active flow control technologies, will significantly enhance the comprehensive performance of aircraft; the power of carriers is developing towards fuel

diversification and drive electrification, and zero-emission technologies such as pure electric vehicles and LNG ships will gradually become mainstream; the integration of industrial manufacturing and automation technology is brewing disruptive products such as flying cars and amphibious equipment, and a three-dimensional integrated transportation system of sea, land, and air is emerging.

(2) The management capability of the transportation system continues to improve. Adjusting and optimizing the transportation structure and increasing the proportion of rail and water transport in the long-distance transportation of bulk materials is also a focus of future development. According to statistics, the proportion of China's railways and water transport in the total social freight volume increased from 7.7% and 13.9% in 2017 to 9.0% and 16.8% in 2023, respectively. Compared with 2017, the intensity of carbon dioxide emissions from transportation decreased by more than 5%, and the annual growth rate of container rail-water intermodal volume at major ports remained above 10%. China continues to carry out the creation of green freight distribution demonstration projects and promote the development of multimodal transport.

1.3　Breakthroughs in high-speed carriers

In the field of rail transit, China's CR450 EMU has achieved phased results in development. In the field of civil aviation, NASA's supersonic passenger transport development plan predicts that small supersonic business jets and small supersonic passenger jets will be developed around 2025, and large supersonic passenger jets will be developed around 2035[5].

2　Requirements of technological development for the development of transportation

2.1　Technological development requires changes in the operating mode of the transportation system

(1) Building a big data system for transportation.

Technological development has enhanced the means of information collection, greatly reducing the cost of information collection and processing, and providing opportunities for broader data collection, analysis, and information application[6]. This requires continuously improving the standards and specifications for the collection, transmission, management, and sharing of transportation data and information, building a big data system, deeply analyzing the demand for passenger and freight transportation, achieving a reasonable match between transportation demand and supply, and providing scientific support for transportation planning, construction, operation, and management.

(2) Strengthening the coordinated development of various modes of transportation. Technological development requires more emphasis on the coordinated development of various modes of transportation, building an integrated, comparative advantage-based comprehensive three-dimensional transportation network, accelerating the construction of a high-quality and efficient transportation service system, continuously improving the quality of travel services, and constantly meeting the travel needs of the people. Further improve the mechanism and standards for sharing data and other resources between transportation and other industry sectors.

2.2　Technological development requires changes in the energy policy and structure of the transportation system

(1) Promoting technological innovation in carriers. Due to the long industrial chain and considering factors such as employment promotion, it is required that clean energy carriers achieve large-scale promotion, which will effectively drive the development of new industries, new energy, and new materials, reduce environmental pressure, and is of great significance for ensuring national energy security and improving air quality.

(2) Promoting relevant departments to strengthen policy guidance, such as further promoting the adjustment of transportation structure, formulating

standards and specifications to promote the integration of new energy vehicles and intelligent transportation, and timely issuing policies and guidelines such as preferential highway tolls for new energy vehicles.

2.3 Technological development requires changes in the transportation structure of the comprehensive three-dimensional transportation network

Among the modes of transportation such as rail, road, water, and civil aviation, the main competitors are rail transport, road transport, and civil aviation transport. At present, it seems that the speed limits of road transport and civil aviation transport will not change easily, and their operating speeds will not change significantly. The most clear expectation of changes in transportation speed lies in rail transport. With the improvement of transportation speed, the market for road passenger transport along high-speed railways will be further compressed, and it will divert the less-than-truckload transport undertaken by roads and aviation.

3　Suggestions for the development of transportation in the new situation

(1) Promoting research on major scientific and technological projects. For strategic, forward-looking, and directional issues in the development of transportation, it is recommended that relevant departments select new quality productive forces such as autonomous driving, intelligent connected transportation, new energy vehicles, wireless charging, flying cars, big data applications, integrated space and ground monitoring services, and integrated transportation emergency systems. By increasing special fund support, building a number of key laboratories, engineering research centers, and other measures, strengthen the reserve of technical strength, and do a good job in policy pre-research and response measures.

(2) Continuously optimizing the transportation structure. Promoting the coordination and standard unification of various modes of transportation. With multimodal transport demonstration projects as the focus, strengthen the cooperation of various transportation management departments, vigorously develop "one-order system, one-ticket system, one-box system". With railways as the focus, expand openness, strengthen data openness, sharing, and exchange between customs, transportation, and other departments. Take targeted measures to solve the problems of funding and land use for railway dedicated lines entering ports, docks, industrial and mining enterprises, and logistics parks, improve loading and unloading efficiency, and reduce short-haul costs. Strengthen the standard matching of railway containers and international sea containers, and continuously promote the standardization of freight car models. Accelerate the formulation and revision of standards in key areas such as rural logistics and cold chain logistics.

(3) Further promoting the development of new energy vehicles. Accelerate the construction of charging stations and battery swap stations and other infrastructure, improve the coverage and convenience of charging facilities. It is recommended that relevant departments further support the research and development of more efficient charging technology, shorten charging time, and improve user experience. Through policy support, such as the priority use of new energy vehicles in the public transportation field, restricting or prohibiting fuel vehicles from driving in specific areas or periods, etc., to promote the popularization of new energy vehicles. Increase publicity on the environmental protection and energy-saving advantages of new energy vehicles, enhance public awareness of environmental protection and willingness to purchase, and increase the application proportion of new energy vehicles. Optimize urban and rural layouts and building scales, promote the development of green buildings and ultra-low energy consumption buildings, and implement green transformation of buildings in the process of renovation of old urban residential areas, creating a good urban and rural environment for the popularization of new energy vehicles.

（4）Paying more attention to the safe development of the transportation industry. The application of new technologies will make the safety factors of the traditional transportation system complex, especially with the emergence of autonomous driving technology, the cause of traffic accidents will shift from human error to the unreliability of the driving system and other non-human factors. It is recommended to increase investment in the construction and renovation of intelligent transportation infrastructure such as intelligent traffic signal systems, vehicle-to-everything communication infrastructure, and data centers, pay attention to the safety challenges brought by new technology applications, and strengthen research on traffic safety analysis methods, responsibility division methods, and safety management models.

4　Conclusions

In summary, the global transportation field is currently undergoing a profound technological revolution and industry transformation. With the rapid development of high-tech technologies such as the Internet of Things, big data, and cloud computing, intelligent and green low-carbon transformation is becoming an increasingly prominent trend in the development of transportation technology, and it also puts forward new requirements for the development of the transportation industry. Based on the analysis of the development trends in the field of transportation, this study judges the requirements of technological development for the development of transportation and proposes policy suggestions such as strengthening the research of

major scientific and technological projects, optimizing the transportation structure, promoting the development of new energy vehicles, and strengthening the development of transportation safety, providing references for policymakers and industry practitioners.

References

[1] U. S. Department of Energy. Biden-HarrisAdministration Releases First-Ever National Strategy to Accelerate Deployment of Zero-Emission Infrastructure for Freight Trucks [EB/OL]. 2024-04-12. https://www. energy. gov/articles/biden-harris-administration-releases-first-ever-national-strategy-accelerate-deployment.

[2] United States Department of Transportation. Beyond Traffic 2045 Trends and Choices[R]. Washington DC: DOT, 2015.

[3] ZHEN H. The influence of the third industrial revolution on future transportation development [J]. Journal of Transportation Systems Engineering and Information Technology, 2014, 14(1): 9-13.

[4] SAE. Taxonomy and Definitions for Terms Related to on-Road Motor Vehicle Automated Driving Systems[R]. Warrendale: SAE, 2014.

[5] NASA. NASA Begins Work to Build a Quieter Supersonic Passenger Jet [J]. Defense Aerospace week, 2016.

[6] OLIVER A S. Information technology and transportation: Substitutes or complements[J/OL]. Mpra Paper. 2013[2024-04-12]. https://mpra. ub. uni-muenchen. de/46548/.

城市地铁物流配送点选址研究——以武汉市为例

丁涛　李超*

（武汉理工大学交通与物流工程学院）

摘要 随着我国经济的快速发展,城市内和城市间的贸易活动日益频繁,物流需求的增长在推动城市经济发展的同时,也给城市物流运输和城市交通治理带来了巨大压力。在我国城市地铁建设快速发展、许多城市的地铁线路已形成规模的背景下,利用城市地铁进行物流配送的研究引起了广泛关注。地铁物流配送点是连接商家与终端客户的关键节点,其位置和数量不仅关系到物流配送的效率和效益,还关系到地铁物流系统的初期建设成本。文章分析了地铁物流的发展过程,构建了集合覆盖思想的配送点选址模型,使用遗传算法进行模型求解,最后以武汉市为例验证了集合覆盖思想对于配送点选址的有效性。

关键词 地铁物流系统　配送点选址　集合覆盖模型　遗传算法

0 引言

1978年改革开放以来,我国经济持续发展,GDP总量从1978年的3678.7亿元增长到2022年的1210207亿元,GDP总量稳居世界第二。随着我国经济的发展,城市的人口、汽车数量不断增长,许多大城市都面临着堵车这一世界难题。尤其是近年来电子商务的兴起,如"天猫双11""京东618"等大型网购促销活动,使我国快递业务量大幅增长,进一步加重了城市的交通拥堵、环境污染、资源紧张等问题,给城市交通治理带来巨大压力。

传统的解决道路拥堵问题的办法是通过增加供给侧数量来满足需求,即通过不断扩建道路交通基础设施来满足日益增长的出行需求。然而,城市道路扩建的速度远远赶不上汽车增长的速度,陷入"拥堵,修路,车辆增多,再拥堵"的无限循环中,城市交通拥堵问题依然无法得到根治。据统计,货运车辆占用了近40%的城市道路资源[1],缓解货物运输同样是缓解城市交通压力的一种重要方法[2-3],近年来,地下物流系统这个新型物流运输方式引起了许多发达国家的重视[4-5]。在反思国内教训和借鉴国外经验的基础上,钱七虎[6]提出在我国特大城市建设地下物流系统,将道路上的货运车流转移到地下,以此来缓解路面上的交通压力。

然而,由于地下物流系统初期投入成本过高、收益模糊等问题,再加上国内外还没有可借鉴的成功的实践工程案例,我国的地下物流系统还一直处于理论研究阶段。为解决这个问题,刘崇献[7]提出,可以利用地铁客运系统日间非高峰期和夜间停运期的剩余运力来进行货物运输,并进行了可行性分析,由此,运用地铁进行城市内货物运输的地铁物流模式开始进入我国相关领域研究者的视野。

随着我国城市地铁网络的日益完善,由中共中央、国务院于2019年印发的《交通强国建设纲要》明确指出要积极发展城市地下物流配送,因此,地铁物流成为地下物流系统研究中备受关注的一个领域。

对于地铁物流的研究,较多学者将关注点放在了地铁货物运输的可行性分析、地铁站的改造及设施布置设计、地铁客货联运的运输模式等方面上。史毅飞[8]在论述了城市物流和城市地铁运行特点的基础上,对城市地铁在客流低谷及非载客时间兼具物流功能进行了可行性分析;王小林等[9]以西安市为例对地铁站的货运能力与货运相关的建筑面积进行了理论预测,并提出了适用于地铁物流的分离式和结合式两种综合地铁站;陈一村等[10]提出了城市地铁与地下物流系统协同运输的三种运输模式:客货分线模式、客货共线-地铁外挂物流车厢模式、客货共线-单独物流列车组模式。

地铁物流模式主要由城市边缘区的物流中心、地铁网络、终端客户(商超、仓库等)组成。货物首先通过各种交通方式(公路、航空、水路)运输到城市边缘区的物流中心,经物流中心处理后通过传统的路面货车运送至最近的地铁站,再通过地铁网络将货物运输至目的地附近的末端配送站点,最后进行末端配送将货物送至客户手中。其中,地铁物流末端配送点是连接商户与客户的重要节点部分,其位置的选取直接关系到整个地铁物流系统的物流成本和配送效率。目前,关于地铁物流配送点选址的研究较少,本文意在通过参考已有的配送点选址的研究成果构建地铁物流配送点选址模型,并以武汉市为例进行实例分析,为我国城市地铁物流系统的发展研究提供一些参考。

1　地铁物流配送点选址概述

对于地铁物流配送点选址的问题,目前的研究成果较少。张秋星[11]以地铁站点的节点度、h指数、节点介数构建地铁站点重要度综合评价模型,筛选出备选站点,然后以运输成本、换乘成本、配送中心运营成本等为指标,构建了以总成本最低为目标的地铁物流配送点选址模型。地铁物流作为城市地下物流系统的过渡模式,其本质也属于地下物流系统范畴,因此,城市地下物流系统节点选址的研究对于地铁物流配送点选址具有很好的参考价值。

有关地下物流系统节点选址,许多学者进行了深入研究。姜阳光等[12]从城市地下物流系统的功能需求角度出发,提出了集合覆盖模型来进行城市地下物流节点选址;闫文涛等[13]提出在进行地下物流系统节点选址时,不仅需要从规划者层面考虑成本问题,还需要从客户角度考虑费用问题,因此构建了既从规划者层面出发,又从客户层面出发的地下物流节点选址双层规划模型;华云等[14]通过借鉴城市地面物流系统、城市公交系统、城市轨道交通系统的节点选址相关研究,基于解释结构模型(ISM)详细分析了进行地下物流系统节点选址时需要考虑的影响因素,并对这些影响因素建立了明确的层级递进关系。部分 M-ULS 项目情况如表1所示。

部分 M-ULS 项目情况　　　　　　　表1

系统名称	地区	交通工具	运营状态	年份	货运类型
Mail Rail(邮政铁路)	伦敦	地铁	废止	1927	邮件
未知	阿姆斯特丹	地铁	倡议	2000	B2B /B2C 包裹
Garbage & Work Trains(两用地铁)	纽约	地铁	运行	2002	城市垃圾
Güterbim (货运快线)	维也纳	轻轨	破产	2004	工业零件、材料
City Cargo (城市货运)	阿姆斯特丹	轻轨	运行	2007	B2B/包裹
未知	札幌	地铁	倡议	2013	快递箱
Grand Paris (大巴黎)	巴黎	地铁	研发	2018	B2B /B2C 包裹
设施服务环	北京	地铁	倡议	2018	B2B /B2C 包裹

由于目前可参考的地铁物流工程案例较少,运输费用、换乘费用和配送点运营费用等缺乏准确数据,而集合覆盖模型是基于当前已知需求点的需求量,以求得满足需求量的最少物流设施为目标的一种模型,据此进行配送点选址具有可靠性高、模型简单、减少地铁物流初期建设成本等优点。因此,本文采用集合覆盖模型来进行地铁物流配送点选址的研究。

2　地铁物流配送点选址模型构建

随着我国轨道交通系统的快速发展,我国大城市尤其是特大城市的地铁线路都已达到成网规模,地铁站点几乎覆盖了城市大部分的商业、住宅、办公等区域,这是将地铁站点改造为物流配送点的一个巨大优势。然而,考虑到地铁站点的改造成本,并不是所有的地铁站点都有必要改造成物流配送点,如何从城市众多地铁站点中选出数量最少的地铁站点作为配送点满足城市物流需求,便是本文构建的集合覆盖模型所需要解决的问题。

该模型具体形式如下:

$$\min \sum X_j \tag{1}$$

$$\text{s. t. } X_j = 0 \text{ 或 } 1 \tag{2}$$

$$\sum y_{ij} = 1 \tag{3}$$

$$\sum y_{ij} \cdot Q_{ij} \leqslant C_j \cdot X_j \tag{4}$$

$$d_{ij} \leqslant S_j \tag{5}$$

$$y_{ij} = 0 \text{ 或 } 1 \tag{6}$$

式中:J——城市地铁物流系统中所有地铁站点的集合,$J = \{1,2,\cdots,j\}$;

X_j——决策变量,当地铁站点 j 被选为配送点时，$X_j=1$，不被选择时，$X_j=0$；

I——所有需求点的集合，$I=\{1,2,\cdots,i\}$；

y_{ij}——需求点 i 分配给地铁站点 j 的需求量占需求点 i 总需求量的比例；

Q_i——需求点 i 到地铁站点 j 的需求量；

C_j——当地铁站点 j 被选为配送点时的服务能力；

d_{ij}——需求点 i 与地铁站点 j 间的空间距离；

S_j——当地铁站点 j 被选为配送点时的服务半径。

该模型中，目标函数(1)表示在 j 个地铁站点中选出数量最少的地铁站点作为配送点来满足所有需求点的物流需求；式(2)表示当地铁站点 j 被选择时，决策变量 X_j 取值为1，不被选择时取值为0；式(3)表示任意需求点 i 的物流需求都要得到满足；式(4)表示当地铁站点 j 被选择为配送点时，分配给其的总物流量不得超过其服务能力；式(5)表示当地铁站点 j 被选择为配送点时，其服务的需求点 i 与其空间距离不得超过配送点服务距离；式(6)表示一个需求点最多只能对应一个或者多个配送点。

3 地铁物流配送点选址模型求解

上述建立的集合覆盖模型主要是解决约束条件下的 X_j 与 y_{ij} 的取值问题，即地铁站点的选择问题以及需求点的需求分配问题。地铁站点以及需求点的数量一般较大，属于复杂组合优化问题，而遗传算法正是有效获得全局最优解的一种启发式算法，是解决节点选址这种复杂组合优化问题的有效方法，因此，本文设计遗传算法来进行上述模型的求解，运用 Python 软件进行算法的运行。

第一步：编码。遗传算法需要使用 Python 软件实现，所以需要将具体问题转化为计算机可识别的语言，即进行编码。本文将所有地铁站点作为候选配送点，表示为集合 $J=\{1,2,3,\cdots,j\}$，一个数字代表一个地铁站点；所有需求点表示为集合 $I=\{1,2,3,\cdots,i\}$，一个数字代表一个需求点。

第二步：种群初始化。在所有需求点均能被覆盖的前提下，从候选配送点集合 J 中随机选择一组数字作为被选择的地铁站点，表示为集合 $N=\{N_1,N_2,N_3,\cdots,N_n\}$，与之对应的需求点表示为集合 $i=\{i_1\},\{i_2\},\{i_3\},\cdots,\{i_n\}$，各配送点与其服务的需求点的对应关系为 $N_1\rightarrow\{i_1\}$，

$N_2\rightarrow\{i_2\},N_3\rightarrow\{i_3\},\cdots,N_n\rightarrow\{i_n\}$。$\{i_n\}$ 为所有需求点集合 $I=\{1,2,3,\cdots,i\}$ 的子集，且 $\{i_1\}\cup\{i_2\}\cup\{i_3\}\cup\cdots\cup\{i_n\}=I$，$\{i_n\}\subseteq A(N_n)$，此构成了一种配送选址方案，即为初始种群中的一个个体，本文初始种群数量设置为100。

第三步：个体适应度。个体适应度是对种群中个体生存能力强弱的一个度量，个体适应度值大，则表示其生存能力强，反之则弱。本文建立的模型目标函数为 $\min\sum_{j\in J}X_j$，即配送点数量最少，所以本文将配送点数量的倒数 F 作为此算法的个体适应度函数：

$$F=\frac{1}{\sum_{j\in J}X_j} \qquad (7)$$

第四步：选择。当算法不满足终止条件时，需要对种群中的个体进行选择，选择的依据为个体适应度值，选择的方法采用轮盘赌选择法，个体被选择的概率为 P_n，被选择的个体将被遗传到下一代，经过交叉、变异形成新的种群，不被选择的个体即被淘汰。

$$P_n=\frac{F_n}{\sum F} \qquad (8)$$

第五步：交叉。对于上一代遗传下来的优良个体，将它们的基因进行交叉互换，形成新的个体，也即形成新的配送选址方案。本文采取常用的单点交叉方法，即对当前种群中的个体进行两两随机交叉互换基因，交叉概率 P_c 为 $0.7\sim0.8$，本文交叉概率设置为0.7。

第六步：变异。遗传算法存在向局部最优解过早收敛的情况，让少数个体发生局部变异，可以有效避免这种情况发生，变异概率 P_m 为 $0.01\sim0.03$[15]，本文变异概率设置为0.02。

第七步：终止条件设定。遗传算法的终止条件一般为完成目标迭代次数。具体的迭代次数依据实际情况设定，本文目标迭代次数设置为200次。

第八步：解码得到最优解。根据算法导出最优个体，解码获得最终的选址配送方案。

4 以武汉市为例进行算例分析

本文以武汉市武昌区为例，通过网上查询、实地调研等方式收集了武昌区范围内共计33个地铁站点及59个需求点的基本信息，具体信息见表2、表3。

地铁站基本信息　　　　　　　　　　　表2

站名	编号	经度	纬度	站名	编号	经度	纬度
烽火村	J1	114.29823	30.50929	瑞安街	J18	114.31421	30.51487
八铺街	J2	114.30056	30.52000	建安街	J19	114.31376	30.50399
复兴路	J3	114.30135	30.53431	首义路	J20	114.30853	30.53361
彭刘杨	J4	114.30138	30.54102	梅苑小区	J21	114.32615	30.53092
司门口黄鹤楼	J5	114.30218	30.54690	中南路	J22	114.33296	30.53753
昙华林武胜门	J6	114.30528	30.55421	洪山广场	J23	114.33598	30.54567
积玉桥	J7	114.30868	30.56128	楚河汉街	J24	114.34141	30.55385
三层楼	J8	114.31453	30.56946	青鱼嘴	J25	114.34988	30.56372
三角路	J9	114.32531	30.58134	东亭	J26	114.35581	30.57027
徐家棚	J10	114.33209	30.58849	小龟山	J27	114.32652	30.55111
杨园铁四院	J11	114.34293	30.59965	宝通寺	J28	114.34121	30.53035
余家头	J12	114.35217	30.60803	小洪山	J29	114.35238	30.53551
湖北大学	J13	114.32948	30.57779	洪山路	J30	114.34377	30.54551
新河街	J14	114.31722	30.56261	水果湖	J31	114.34639	30.55185
螃蟹岬	J15	114.31748	30.55333	中南医院	J32	114.35718	30.55681
小东门	J16	114.31854	30.54501	省博湖北日报	J33	114.36530	30.56481
武昌火车站	J17	114.31645	30.53062				

需求点基本信息　　　　　　　　　　　表3

编号	经度	纬度	需求量	编号	经度	纬度	需求量	编号	经度	纬度	需求量
I1	114.34966	30.60934	267479	I21	114.34960	30.55895	591537	I41	114.30746	30.53794	216804
I2	114.35462	30.61552	343901	I22	114.33571	30.55700	289009	I42	114.31966	30.53364	256608
I3	114.35605	30.60469	420324	I23	114.34638	30.54794	481682	I43	114.32477	30.53626	522530
I4	114.34395	30.60350	611380	I24	114.32413	30.54912	692427	I44	114.32320	30.53136	391897
I5	114.34403	30.59917	267479	I25	114.33505	30.54087	867028	I45	114.33150	30.53283	923236
I6	114.34937	30.59865	114634	I26	114.34672	30.54294	723187	I46	114.32868	30.53021	254626
I7	114.33027	30.58513	410844	I27	114.34103	30.53905	216956	I47	114.32534	30.52899	289009
I8	114.33332	30.58392	505654	I28	114.35905	30.54008	1084780	I48	114.33684	30.52632	361593
I9	114.32483	30.58272	382112	I29	114.34875	30.56490	591537	I49	114.29872	30.53038	325206
I10	114.34053	30.58051	692427	I30	114.34212	30.55917	506231	I50	114.30457	30.51727	347637
I11	114.33737	30.57849	496746	I31	114.31304	30.55934	653162	I51	114.29861	30.51527	316033
I12	114.33083	30.57514	611380	I32	114.29781	30.55314	327662	I52	114.30215	30.51317	252827
I13	114.32437	30.57647	108402	I33	114.31833	30.55241	849111	I53	114.31712	30.50993	1045060
I14	114.31888	30.57619	433608	I34	114.30727	30.54957	783795	I54	114.31004	30.50663	867824
I15	114.32215	30.57492	380762	I35	114.31401	30.54823	522530	I55	114.32623	30.50832	433912
I16	114.31585	30.57388	940143	I36	114.31087	30.54496	914427	I56	114.31796	30.50042	326581
I17	114.31466	30.56806	571143	I37	114.32426	30.54010	650868	I57	114.29147	30.50750	158017
I18	114.35296	30.56986	527827	I38	114.29634	30.54320	190381	I58	114.34207	30.52527	1157099
I19	114.35783	30.56674	527827	I39	114.29930	30.54262	285571	I59	114.32201	30.50408	195949
I20	114.35545	30.56474	703770	I40	114.29917	30.53945	380762				

　　根据上述基础数据及前文建立的模型,用Python 进行求解,设置相应的遗传算法参数,其中地铁站的服务能力和服务半径由于目前没有实际案例可供参考,本文根据实际需求量以及地铁站需求点位置情况,假设地铁站被选择时的服务能力为 350 万件/年,服务半径为 1.5km,运行结果下:

　　根据运行结果,最终从 33 个备选地铁站中选取了 12 个地铁站作为配送点,每个地铁站所对应的需求点及配送量见表4,所有需求点的需求量都得到满足,单个配送点的总配送量最高为 3448728 件/年,在地铁站的服务能力范围内。图 1 为被选取的地铁站与其对应的需求点的配送路径图,从图中可以看出,被选取的地铁站一般都分布在其所对应的需求点位置附近,这也符合物流配送中就近配送的理念。

分配情况   表4

被选取的地铁站	对应的需求点	配送量(件/年)	总配送量(件/年)	被选取的地铁站	对应的需求点	配送量(件/年)	总配送量(件/年)	被选取的地铁站	对应的需求点	配送量(件/年)	总配送量(件/年)
J1	I50	347637	1074514	J12	I11	496746	2025196	J21	I44	391897	2637907
	I51	316033			I12	611380			I45	923236	
	I52	252827			I10	692427			I46	254626	
	I57	158017			I1	267479			I47	289009	
J4	I34	783795	2510181		I2	343901		J23	I22	289009	2288587
	I32	327662			I3	420324			I23	481682	
	I38	190381			I4	611380			I25	867028	
	I39	285571			I5	267479			I37	650868	
	I40	380762			I6	114634		J25	I18	527827	3448728
	I41	216804		J15	I24	692427	2978495		I19	527827	
	I49	325206			I33	849111			I20	703770	
J8	I31	653162	3087220		I35	522530			I21	591537	
	I13	108402			I36	914427			I29	591537	
	I14	433608		J19	I53	1045060	2869326		I30	506231	
	I15	380762			I54	867824		J28	I27	216956	1735648
	I16	940143			I55	433912			I48	361593	
	I17	571143			I56	326581			I58	1157099	
J10	I7	410844	3099162		I59	195949		J29	I26	723187	1807967
	I8	505654			I42	256608			I28	1084780	
	I9	382112			I43	522530					

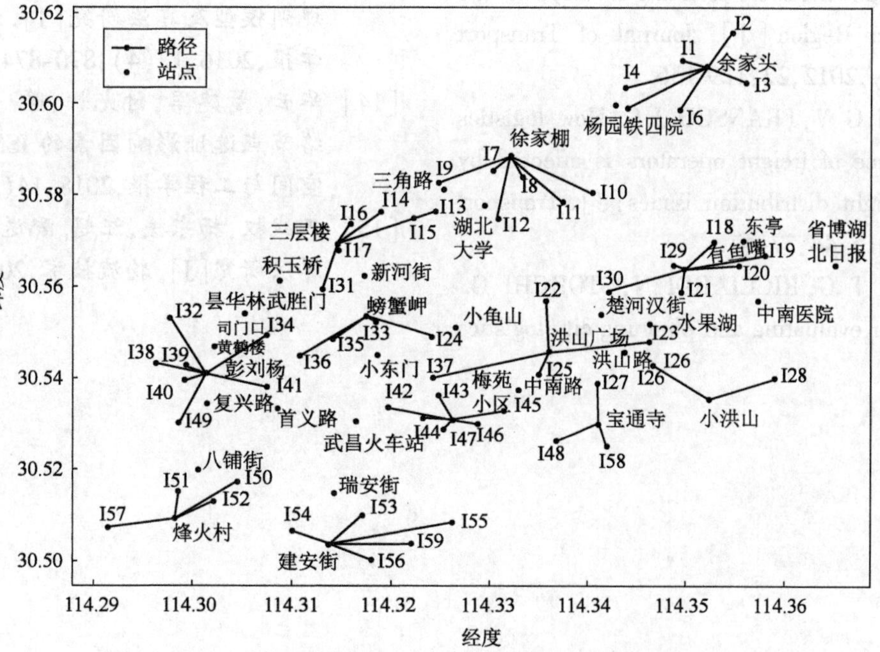

图1　被选取的地铁站与其对应的需求点的配送路径图

5 结语

在物流行业的形势要求、经济的推动和政策的鼓励下，地铁物流配送模式的研究正在逐步深入，新型货物配送方式的发展不仅有助于提高货物配送效率，还能促进城市物流的自动化、智能化发展，从而推动城市综合立体交通网络的建设。本文在阐述城市地铁物流的发展过程和研究情况的基础上，以地铁物流系统末端配送点选址作为研究对象，建立了以集合覆盖模型为思想的配送点选址模型，介绍了使用遗传算法进行模型求解的思路，最后以武汉市武昌区为例进行了实例计算分析，结果表明集合覆盖思想对于解决配送点选址问题是可行的，在满足所有需求点的物流需求情况下，选取尽可能少的配送点可以降低地铁站改造成本，从而提升地铁物流方案实施的可行性。

参考文献

[1] HU W J, DONG J J, HWANG B, et al. A preliminary prototyping approach for emerging metro-based underground logistics systems: operation mechanism and facility layout [J]. International Journal of Production Research, 2021,59(24):7516-7536.

[2] LINDHOLM M, BEHRENDS S. Challenges in urban freight transport planning-a review in the Baltic Sea Region [J]. Journal of Transport Geography,2012,22:129-136.

[3] VIEIRA J G V, FRANSCO J C. How logistics performance of freight operators is affected by urban freight distribution issues [J]. Transport Policy,2015,44:37-47.

[4] CRAINIC T G, RICCIARDI N, STORCHI G. Models for evaluating and planning city logistics systems [J]. Transportation Science, 2009, 43 (4):432-454.

[5] VISSER J, NEMOTO T, BROWNE M. Home delivery and the impacts on urban freight transport: A review [J]. Procedia - Social and behavioral Sciences,2014,125:15-27.

[6] 钱七虎. 建设特大城市地下快速路和地下物流系统——解决中国特大城市交通问题的新思路[J]. 科技导报,2004(4):3-6.

[7] 刘崇献. 北京地铁晚间和非高峰期用作城市物流系统探讨[J]. 城市发展研究,2011,18(6):122-124.

[8] 史毅飞. 关于地铁兼具载客、物流功能的可行性分析[J]. 物流技术,2014,33(1):197-199.

[9] 王小林,赵瀚. 基于地铁的城市地下物流系统探讨[J]. 地下空间与工程学报,2019,15(5):1273-1282.

[10] 陈一村,董建军,尚鹏程,等. 城市地铁与地下物流系统协同运输方式研究[J]. 地下空间与工程学报,2020,16(3):637-646.

[11] 张秋星. 基于地铁运输系统的城市配送中心选址研究[D]. 北京:北京邮电大学,2021.

[12] 姜阳光,庞大钧. 基于集合覆盖模型的城市ULS物流节点选址分析[J]. 物流科技,2009,32(10):54-55.

[13] 闫文涛,覃燕红. 地下物流节点选址的双层规划模型及算法研究[J]. 地下空间与工程学报,2016,12(4):870-874.

[14] 华云,董建军,付光辉,等. 城市地下物流网络节点选址影响因素的ISM分析[J]. 地下空间与工程学报,2018,14(S1):39-48.

[15] 王战权,杨东援,汪超. 配送中心选址的遗传算法研究[J]. 物流技术,2001(3):11-14.

考虑模糊变量的煤炭绿色多式联运优化研究

刘洋洋　丁　涛*　姜爱明

（武汉理工大学交通与物流工程学院）

摘　要　铁路运力不足使得我国阶段性煤荒和煤炭迂回运输问题严重，并增加额外运输时间和碳排放，为解决这类问题，本研究聚焦于解决煤炭跨境运输动态网络路径优化问题，提出了一个绿色多式联运路径优化模型，考虑了模糊需求和模糊运输时间不确定性，运用三角模糊数以及机会约束规划理论对模型进行确定化。并运用三种启发式算法对模型进行求解，结果表明帝国企鹅 AFO 算法得到的结果优于其他两种。本研究所构建绿色模型能提高煤炭跨境多式运输效率，降低运输成本，减少碳排放污染。

关键词　绿色多式联运　不确定型模型　模糊变量　启发式算法

0　引言

煤炭是我国主要能源之一，2023 年煤炭占我国能源比重的 55.3%。中国大幅减少澳大利亚煤炭进口，国内能源短缺问题更加显著，蒙古国煤炭具有价格低、污染小、品质高等特点，成为我国进口炼焦煤的更优选择。朱烨[1]等从运输结构政策和煤炭生产消费趋势等方面分析预测，我国煤炭需求量将在 2025 年保持平稳增长，且铁路直达和铁水联运在煤炭运输中存在长期竞争关系。在现有煤炭运输模型研究中，早期的研究多以确定型模型为主，丁小倩[2]提出了基于时空网络的煤炭运输动态优化模型，将运输服务网络应用到煤炭运输网络优化中，考虑沿海煤炭运价动态波动的特点，采用精确解法求解模型。潘海岳[3]设计了一种基于贪婪准则的启发式算法，用于解决运输网络中多种运输方式多路径动态货运优化问题。同时，还利用模糊规划理论对模型的目标函数和约束进行变换。韩世莲[4]提出了一种解决 MOSTP（Multi-objective shortest path）的模糊折中规划方法，采用广义的模糊目标集成算子，以解决传统"极大极小"集成算子不具有补偿性的缺点。

随着对确定性多式联运研究的不断深入，学者们也开始致力于破解更加具体和复杂的不确定性多式联运难题。柳伍生[5]等人建立了绿色多式联运路径稳定优化模型，采用了模糊机会的约束，并通过 GS 算法进行了案例计算，进而证明了该模式的稳定性。李立[6]等将静态排队论应用到路径选择模型中，建立了绿色多式联运稳健优化模型。

将模型基于对偶理论转化为混合整数线性规划模型（MILP），并使用 Matlab/Yalmip 工具进行编程，Gurobi 进行结果求解。杨喆[9]等学者提出了基于优先级的通用编码方法，并提供了一种带有启发式因子的特殊解码方法，以解决启发式算法无法直接处理离散组合优化模型的难题，并提出一种改进差分进化算法。

综上，诸多学者对多式联运进行了研究，但鲜有学者在煤炭运输网络中考虑不确定变量对路径选择的影响。本文构建了一个多目标多路径的煤炭动态运输网络，考虑煤炭需求和运输时间的不确定性，在动态运价情况下给出不同的运输方案，丰富了煤炭运输网络问题的研究，为多式联运承运人提供现实指导意义。

1　问题描述

本文研究主题为煤炭跨境运输网络多式联运的路径选择问题，研究对象是从蒙古塔本陶勒煤矿出发，运到中国东北地区的货物，存在多种运输方式可供选择。考虑到多个不确定因素和碳排放对复合运输路线决策的影响，我们建立了一个稳健的优化模型。综合考虑了经济效益和环境影响，以选择最适合的运输路线。本问题假设如下：(1) 货物运输顺序完整，不可分割，总量不变；(2) 货物只在节点中转，相邻节点仅用一种运输方式且仅转运一次；(3) 在货物运输过程中，忽略外界因素的影响。(4) 节能减排仅考虑二氧化碳排放污染。

符号描述如下：运输网络节点集合记作 W，并

有 $i \in W, i = 1,2,3\cdots; j \in W, j = 1,2,3\cdots$;运输方式集合记作 S,并有 $S = 1,2$,铁路运输用 1 表示,公路运输用 2 表示;运输总成本用 U 表示,U_1 表示直接的运输成本,U_2 表示货物转运成本;在运输方式选择 s 时区间路段 ij 的运输距离记作 L_{ij}^s;集装箱运输的不确定模糊需求记作 $\widetilde{H}$,并有 $\widetilde{H} = H_L,$ H_M, H_U;在路段 ij 上,当货运方式为 s 时的单位运输成本记作 U_{ij}^s,元$/(km \cdot t)$;运输方式在节点 i 处由方式 s 转变为 n 产生的单位成本记作 $U_i^{s,n}$,元$/t$;运输方式为 s 时路段 ij 间花费的时间记作 t_{ij}^s;运输方式在节点 i 处由方式 s 转变为 n 需要的时间记作 $t_i^{s,n}$;运输过程中产生的总排放记作 A,直接运输过程中产生的排放量记作 A_1,转运过程中产生的碳排放记作 A_2;路段 ij 中货运方式为 s 时产生的单位排放量记作 A_{ij}^s;运输方式在节点 i 处由方式 s 的排放系数记作 $A_i^{s,n}$;给定的运输总时间上限记作 T_{max},征收碳税的执行税率记作 ψ,元$/kg$。

决策变量:$a_{ij}^s \in \{0,1\}$,如果运输方式 s 选择在路段 ij 上运输则取值为 1,反之则取值为 0;$b_i^{s,n} \in \{0,1\}$,如果运输方式选择在节点 i 处由 s 转换为 n 则取值为 1,反之,则取值为 0。H_{ij}^s 表示如果路段 ij 间采用运输方式 s 时的最大运输能力,$H_i^{s,n}$ 表示在节点 i 处由方式 s 转换为 n 时节点 i 的最大转换能力。

2 不确定模型构建

$$\min C = \min U + \min A \tag{1}$$

$$\min U = \min(U_1 + U_2) = \sum_{i \in w}\sum_{j \in w}\sum_{s \in S}\widetilde{H}U_{ij}^s L_{ij}^s a_{ij}^s + \sum_{i \in w}\sum_{n \in S}\sum_{s \in S}\widetilde{H}U_i^{s,n}b_i^{s,n} \tag{2}$$

$$\min A = \min(A_1 + A_2) = \psi\left\{\sum_{i \in w}\sum_{j \in w}\sum_{s \in S}\widetilde{H}L_{ij}^s A_{ij}^s a_{ij}^s + \sum_{i \in w}\sum_{n \in S}\sum_{s \in S}(\widetilde{H}A_i^{s,n} + A_{qi})b_i^{s,n}\right\} \tag{3}$$

s.t:

$$\sum_{s \in S}a_{ij}^s \leq 1, \forall i \in W, \forall j \in W \tag{4}$$

$$\sum_{n \in S}\sum_{s \in S}b_i^{s,n} \leq 1, \forall i \in W \tag{5}$$

$$\sum_{h \in W}a_{hi}^s + \sum_{j \in W}x_{ij}^s \geq 2b_i^{s,n}, \forall i \in W \tag{6}$$

$$\sum_{j \in W}\sum_{s \in S}a_{ij}^s - \sum_{j \in W}\sum_{s \in S}a_{ji}^s = \begin{cases} 1, & i = O \\ 0, & i = D \quad \forall i \in W \\ -1, & i \neq O,D \end{cases} \tag{7}$$

$$a_{ij}^s \leq \frac{Z}{L_{ij}^s}, \forall i,j \in W, \forall s \in S \tag{8}$$

$$\sum_{i \in w}\sum_{j \in w}\sum_{s \in S}\widetilde{t_{ij}^s}a_{ij}^s + \sum_{i \in w}\sum_{n \in S}\sum_{s \in S}\widetilde{H}t_i^{s,n}b_i^{s,n} \leq T \tag{9}$$

$$\widetilde{H}a_{ij}^s \leq H_{ij}^s \tag{10}$$

$$\widetilde{H}b_i^{s,n} \leq H_i^{s,n} \tag{11}$$

$$\sum_{x \in 1,2\cdots n}V_x + \sum_{x \in 1,2\cdots n}V_{x-1} - \sum V_h \leq V_{max} \tag{12}$$

$$V_{kc} \geq S_{kc} \tag{13}$$

$$a_{ij}^s \in \{0,1\}, b_i^{s,n} \in \{0,1\}, \forall i,j \in W, \forall s \in S \tag{14}$$

综上,本研究构建了一个不确定性路径选择模型,以总运输成本和碳排放成本为求解目标。式(1):目标函数的总体。式(2):最低运输成本,由货物路途运输成本和通关口岸的换乘成本组成。式(3):最低的碳排放成本,由煤炭在运输时产生的碳排放成本、在转运途中产生碳排放成本两者构成。式(4):限制了两个节点之间只能选择一种运输形式,避免重复或混乱。式(5):限制了货物在节点间转运的次数不超过一次。式(6):确保节点间的运输方式与节点路段前后的运输方式一致,保持物流信息的连贯性和一致性。式(7):确保了节点处的货物流入和流出平衡,即进出货物的数量相等,以维持库存的稳定。式(8):确保在节点间不存在运输方式时,相应的决策变量取0,避免不必要的运输成本或浪费。式(9):限制了运输任务的总时间不超过给定的上限,以确保物流过程的及时性和效率。式(10):确保了货物在任意两个节点间的运输量不超过所选运输方式的运输能力上。式(11):任意节点的转运量必须小于转运能力上限。式(12):煤炭在本阶段的到达量和上一阶段剩余库存量减去该需求点的煤炭消耗量不得超过最大库存量。式(13):煤炭需求点任意时间阶段内煤炭的库存量不得小于安全库存,安全库存按经验取值为平均补货周期期间煤炭需求量的2倍。式(14):决策变量为0-1变量。

本文涉及的不确定性主要包括需求和运输时间两个方面。查阅相关文献,选择三角模糊数来表示不确定量。三角模糊变量 $\widetilde{H} = H_L, H_M, H_U$,其中,保守估计值表示为 H_L,最可能的估计值表示为 H_M,最乐观的估计值表示为 H_U,对应的隶属度函数为:

$$\mu H = \begin{cases} 0 & (H < H_L) \\ \dfrac{H - H_L}{H_M - H} & (H_L < H < H_M) \\ \dfrac{H_U - H}{H_U - H_M} & (H_M < H < H_U) \\ 0 & (H > H_U) \end{cases} \quad (15)$$

3 不确定模型优化

不确定优化模型需要转化为确定模型才能求解。使用三角形模糊数来描述时间参数和需求的模糊性，从而构建一个包含模糊参数的机会约束模型。这样做可以在引入可靠性确定不确定性的同时，满足模糊约束下的决策，使决策满意度高于一定信任水平。同时，不确定性会转移到目标函数中，导致目标值也变得不确定。通过模糊机会制约的方法，将不确定的目标转化为目标值最大可能超过某个可靠性水平的情形。在考虑不确定因素的影响后，不确定目标大于某一置信水平 $[\alpha_1, \alpha_2, \alpha_3]$ 的临界值为 $\bar{C} = \bar{U} + \bar{A}$. 转化后的模型为：

$$\min \bar{C} = \min \bar{U} + \min \bar{A} \quad (16)$$

s.t.

$$\mathrm{Pos}\{f_U(\widetilde{H}, \widetilde{t_{ij}^s}, a_{ij}^s, b_i^{s,n})\} \geq \alpha_1$$

$$\mathrm{Pos}\{f_A(\widetilde{H}, \widetilde{t_{ij}^s}, a_{ij}^s, b_i^{s,n})\} \geq \alpha_2$$

$$\mathrm{Pos}\{f_R(\widetilde{H})\} \geq \alpha_3$$

$$\mathrm{Pos}\{\widetilde{H}a_{ij}^s \leq H_{ij}^s\} \geq \beta_1$$

$$\mathrm{Pos}\{\widetilde{H}b_i^{s,n} \leq H_i^{s,n}\} \geq \beta_2$$

除上述公式外，转换后的模型还包括了式(4)～式(14)。

本文的求解目标是一个离散问题，即组合优化问题。采用三种不同的启发式算法来求解不确定多式联运路径优化问题，通过对不同算法的优化结果进行分析对比，得到最优运输方案。帝国企鹅算法(AFO)是一种模拟帝国企鹅行为的优化算法，主要用于在多式联运路线优化问题中寻找最佳运输方案。算法通过模拟帝国企鹅的迁徙行为来找到最佳路线组合，并通过不断迁移和更新帝国企鹅的位置来优化解决方案。帝企鹅算法的计算步骤如下：(1)确定集群边界；(2)计算集群温

度分布；(3)计算个体间距离；(4)更新个体的位置，并更新聚集边界，计算聚集时的温度分布，并确定最高温度位置。遗传算法是一种模拟生物进化过程的优化算法，可以用于生成和优化多式联运路线组合问题的解，以寻找最优运输方案，遗传算法模拟自然选择、交叉和变异优化解决方案。粒子群算法(PSO)模拟粒子的迁徙行为来搜索最优解。在多式联运路径优化问题中，PSO可用于搜索最优路径选择。算法的基本思想是通过不断迭代和更新粒子的位置来寻找更优的运输路径。

综上所述，帝国企鹅算法、遗传算法和粒子群算法都是有效的工具，可以用来求解多式联运路径优化问题，由于三种算法都可以寻找最佳运输方案，通过对不同算法的结果分析，可以得到最优方案，增加模型的可行性。

4 算例分析

煤炭是我国主要能源之一，在世界能源形势复杂多变、澳洲进口煤炭大幅减少的背景下，蒙古国煤炭成为我国最大的焦煤进口源。位于蒙古国的塔本陶勒盖煤矿(TT矿)盛产优质炼焦用煤，但由于蒙古国铁力不足，大部分通关车辆选择由甘其毛都口岸进入中国，口岸货物堆积，车辆难以及时入境。为缓解通行压力，本文以塔本陶勒盖煤矿为起点，以沈阳市为终点，依托中蒙经济走廊，途径蒙冀、蒙辽、蒙南及蒙津公、铁、海运输通道，在合理的时间限制下，寻求TT矿至中国东北地区运输区域内的运输新方案。

本文研究了一个由15个城市节点和多种类型运输路径组成的多式联运网络，如图1所示。一批运输量不确定的货物需要从塔本陶勒盖煤矿运输至沈阳，其不确定运输量为 $\widetilde{H} = [600t, 700t, 800t]$，运输方式为公铁水直运或联运，各运输方式之间的相关参数见表1。每个连接的节点都有各种运输方式，不确定模糊货物运输的时间和运输的距离见表2，运输成本的预算为30万元，二氧化碳排放量限制为1.2万 kg，二氧化碳税为40元/t。不确定目标和不确定限制的阈值均为0.85。应用matlab2021a求解三种算法结果见表3(数据来源于中国公路网速查地图集、呼和浩特市铁路局官方统计数据)。

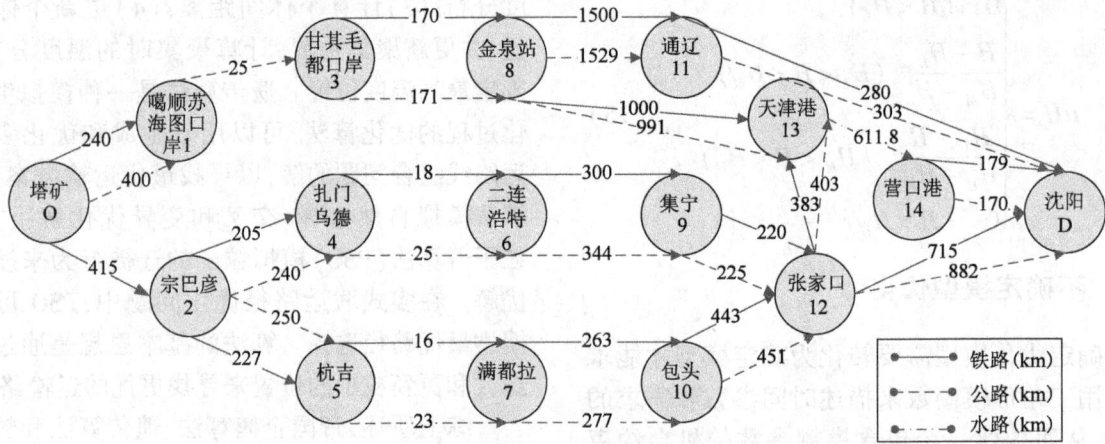

图1　蒙古国进口煤炭运输多式联运网络图

运输方式之间转换的中转时间(h)、碳排放量(kg)和单位成本(元/t)　表1

运输方式	铁路运输	海上运输	公路运输
铁路运输	0/0/0	2/3.12/26.62	1/1.56/3.09
海上运输	2/3.12/26.62	0/0/0	1/6/5.23
公路运输	1/1.56/3.09	1/6/5.23	0/0/0

各运输节点间的距离　表2

出发和抵达节点	公路运输距离 及模糊运输时间	铁路运输距离 及模糊运输时间	水路运输距离 及模糊运输时间
0,1	400,6,7,8	240,3,4,5	—
0,2	—	415,6,7,8	—
1,3	25(AGV)	—	—
2,4	240,4,5,6	205,3,4,5	—
2,5	250,4,5,6	227,3,4,5	—
3,8	171,3,4,5	170,2.5,3,4	—
4,6	25,0.2,0.5,1	18,0.2,0.5,0.8	—
5,7	23,0.2,0.5,1	16,0.2,0.5,0.7	—
6,9	344,5,6,7	300,4,5,6	—
7,10	277,4,5,6	263,3.5,4,5	—
8,11	1529,22,23,24	1500,19,20,21	—
8,13	991,15,16,17	1000,13,14,15	—
9,12	225,4,5,6	220,3,4,5	—
10,12	451,3,4,5	443,2.5,3,4	—
12,13	403,6,7,8	383,5,6,7	—
13,14	—	—	611.8,20,22,24
11,D	303,5,6,7	280,3.5,4,5	—
12,D	882,14,16,18	715,9,10,11	—
14,D	170,4,5,6	179,3,4,5	—

三种算法求解结果 表3

总成本(元)	总运输时间(h)	碳排放量(kg)	路径	运输方式	算法类型
256000	49.09	9,617.855	O—1—3—8—13—D	铁—公—铁—铁—铁	AFO
274106	51.16	10,675.665	0—2—5—7—10—12—D	铁—铁—公—铁—铁—铁	GA
278848	54.78	11,908.03	O—1—3—8—11—13—14—D	铁—公—铁—铁—铁—水—铁	PSO

5 结果分析

根据三种算法的收敛图(图2)来看,三种算法的收敛速度相差不大,但AFO算法所得结果最小值明显优于其他两种算法。根据表3中的具体结果来看,三种算法在总成本、碳排放总量和总时间方面存在显著差异。帝国企鹅算法(AFO)找到的最优解为总成本256000元,碳排放总量为9617.855kg,总时间为49.09h。而遗传算法(GA)找到的最优解为总成本274106元,碳排放总量为10675.665kg,总时间为51.16h。而粒子群算法(PSO)找到的最优解为总成本278848元,碳排放总量为11908.03kg,总时间为54.78h。通过比较三种算法的结果(图3)可知,帝国企鹅算法(AFO)的优化效果优于其他两种算法。

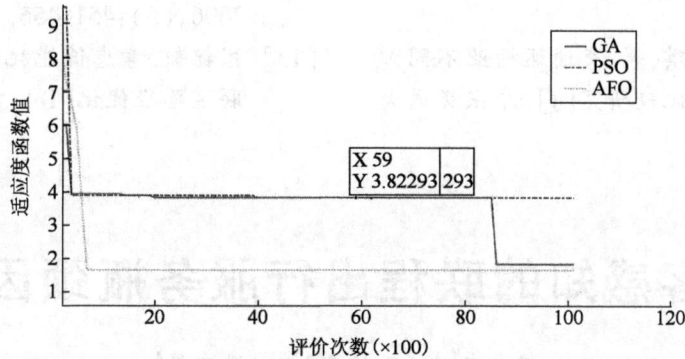

图2 三种算法收敛曲线图

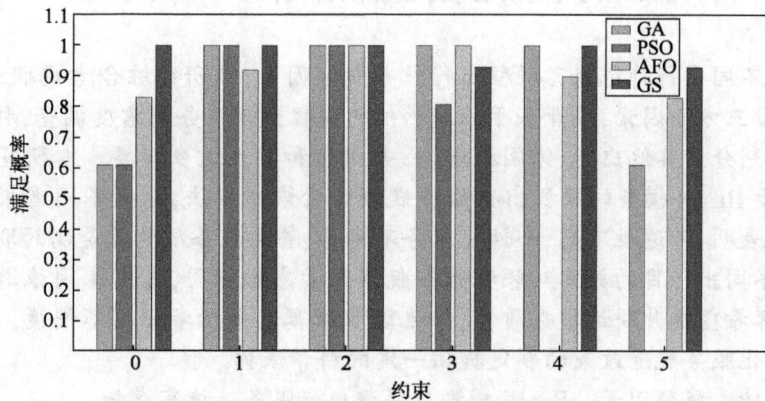

图3 三种算法求解结果约束满足情况对比

本研究在煤炭运输网络中考虑了需求量和运输时间的不确定性,但未考虑实际限制因素,如通关政策、监管要求等。未来可重点考虑将通关口岸处拥堵情况或需求季节性变化等因素纳入模型,以提高模型的鲁棒性。

参考文献

[1] 朱晔,张戎.铁路煤炭运输发展趋势研究[J].铁道运输与经济,2020,42(4):98-103.

[2] 丁小倩.基于时空网络的煤炭运输动态优化研究[D].广州:华南理工大学,2016.

[3] 潘海岳.运输网络中多种运输方式多路径动态货运优化问题研究[D].北京:北京交通大学,2021.

[4] 韩世莲,李旭宏.多目标多模式运输问题的模糊规划方法解[J].东南大学学报(英文版),2004,20(1):102-107.

[5] 柳伍生,肖必弘.基于模糊机会约束规划和鲁棒优化的绿色多式联运路径优化研究[J].长沙理工大学学报(自然科学版),2022,19(1):96-104.

[6] 李立,黄理莹,牟玲玲.枢纽拥堵状况下绿色多式联运路径选择不确定性研究[J].铁道科学与工程学报,2022,19(7):1854-1861.

[7] Cattani K,Schmidt G M. The Pooling Principle [J]. INFORMS Transactions on Education, 2005,5(2):17-24.

[8] 吴雪妍,毛保华,周琪,等.交通运输业不同方式碳排放因子水平比较研究[J].华东交通大学学报,2022,39(4):41-47.

[9] 杨喆,邓立宝,狄原竹,等.基于模糊需求和模糊运输时间的多式联运路径优化[J/OL].控制理论与应用,1-9[2024-02-21].http://kns.cnki.net/kcms/detail/44.1240.tp.20230612.0913.016.html.

[10] 邓学平,陈露,田帅辉.不确定需求下考虑混合时间窗的多式联运路径优化[J].重庆邮电大学学报(自然科学版),2021,33(4):689-698.

[11] 彭勇,肖云鹏,罗义娟.不确定环境下多式联运路径多目标优化[J].重庆交通大学学报(自然科学版),2021,40(10):154-160+170.

[12] 韩世莲.区间数多目标多模式运输问题的模糊规划方法[J].系统工程理论方法应用,2006,(5):451-455.

[13] 张铭航.考虑低能耗和低风险的多目标多式联运路径优化[D].吉林:吉林大学,2022.

基于旅客感知的联程出行服务瓶颈因素诊断

刘虎东[1,3]　　王伯卿[*2,3]　　潘东昊[4]

(1.东南大学苏州联合研究生院;2.东南大学交通学院;

3.南京现代交通实验室;4.腾讯科技(深圳)有限公司)

摘　要　为诊断不同出行特征旅客联程出行服务瓶颈因素,本研究综合考虑联运过程中票务服务、出行可靠性、服务质量三方面因素,展开基于旅客感知的联程出行服务满意度调查,利用系统聚类将被调查联程旅客出行目的划分为其他出行、休闲旅游、公务出行和学生返乡四类。本研究考虑不同出行旅客的出行特点,建立基于Rasch模型的联程出行服务瓶颈因素诊断方法,分析不同需求旅客联程出行服务瓶颈因素。研究结果表明:可达性不高、个性化服务不完善、餐食服务质量低是制约联程出行效率及满意度的主要因素,并且不同出行目的旅客对联程服务瓶颈因素感知不同,其中休闲旅游旅客更注重票价和准点率,公务出行旅客希望提升联运服务质量,学生返乡旅客认为行李托运不便捷。研究结果可为联程运输设施完善和个性化服务规范政策的制定提供一定的科学依据。

关键词　综合运输　瓶颈因素　Rasch模型　联程出行服务　旅客感知

0 引言

随着都市圈、城市群的快速发展,联程出行需求与日俱增。现阶段我国旅客联程运输发展尚处于初步阶段,联运服务方案单一、联运设施不完善、联运服务不规范等问题较为突出,联程出行旅客的个性化出行需求难以得到满足,制约了联程出行效率和满意度提升。因此,有必要从旅客感知角度对联程出行服务瓶颈问题进行分析。

目前联程出行服务瓶颈因素识别相关研究较少,Román、Abenoza等人[1-2]从满意度评价角度出发,发现旅客整体满意度受到出行目的、主要出行方式、行程段数、有无换乘等因素的影响[3-4]，通过空铁联运到机场的时间(包括运行、换乘和进出时间)是最重要的影响因素[5]。上述研究面向的是所有旅客对于枢纽设施、出行体验的满意度，没有针对联程旅客这一特定群体展开调查。同时，现有研究并未体现旅客对于联程出行服务的个性需求，需要开展针对联程出行服务更为精细的瓶颈因素识别研究。

现阶段对联程出行的个性化需求与瓶颈因素界定不清，缺少针对联程旅客出行满意度和不便性感知的研究，没有从提升旅客出行品质的角度出发构建联程出行服务，联程出行过程仍存在许多瓶颈环节。因此，本文基于旅客感知建立联程出行服务瓶颈因素识别方法，从旅客体验角度分析联程出行服务过程中的不便性环节。本研究以空铁联运为典型场景，通过调查联运旅客在联程出行中的票务服务、出行可靠性、服务质量等因素的感知，利用系统聚类方法对联程旅客进行分类，针对不同出行特征旅客建立 Rasch 模型，评价不同需求旅客在联程出行过程中的瓶颈因素。

1 模型建立

传统满意度研究方法主要使用 Logit、SEM 等非集计模型[6]，侧重于分析不同指标对服务整体满意度的影响[7]，每项指标的满意度的高低取决于存在该问题的旅客的出行样本特性，忽略了问题难度对整体满意度的影响。Rasch 模型是获得客观的、基本的累加型测量值的一种分析方法，个人能力和问题难度的估计过程相互独立，互不影响，能够做到样本独立和测验独立，可以有效避免问题难度对整体满意度的影响[8]。

本文对空铁联运旅客进行了问卷调查，针对 25 个满意度感知问题进行打分。每位被调查旅客都有潜在的个人能力，表示其在联程出行过程中克服各种困难的能力。每一项联程运输中可供评价的服务业存在问题难度，表示问题对于旅客的难易程度。本文提出两个基本假设。

H_0：被调查者的个人能力越高，其克服困难的可能性就越大，对现有服务的满意度就越高。

H_1：问题难度值越高，越少被调查者对该项服务感到满意，服务的满意度越低。

基于此假设，本研究构建联程出行服务瓶颈因素诊断 Rasch 模型，模型框架如图1所示。本研究通过比较不同类别旅客的个人能力值，结合问题难度值对联程出行过程中的服务瓶颈问题进行诊断。

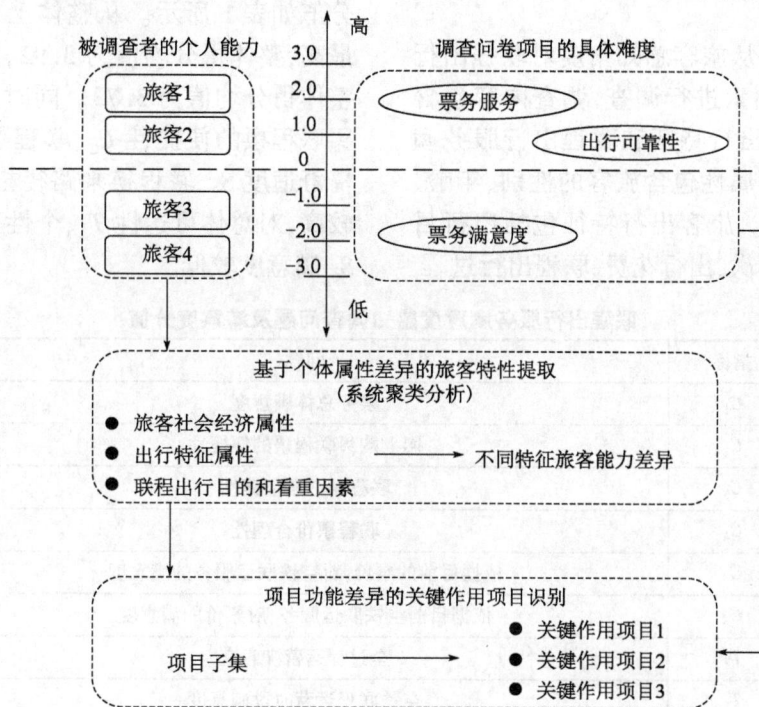

图1 Rasch 模型框架构建

Rasch 模型最初针对二分类的题目进行设置和推导,对于多元计分的题目,利用多维随机系数多项式 Logit 模型推导。假设问题 j 是 k 阶有序变量,每个问题有唯一答案 $d(d=1,\cdots,D)$,被调查者 $i(i=1,\cdots,I)$ 针对问题 j 的回答为 k 的概率为 P_{ijk},相应回答为 $k-1$ 的概率为 $P_{ij(k-1)}$,与被调查者 i 针对该问题 j 的问题难度 δ_{jk} 和个人能力 θ_{id} 呈线性关系,表示为

$$\ln \frac{P_{ijk}}{P_{ij(k-1)}} = \theta_{id} - \delta_{jk} \qquad (1)$$

经过多维随机系数多项式 Logit 模型推导,被调查者 i 回答问题答案为 X_i 的概率为

$$P(X_i;\delta_j \mid \theta_i) = \frac{\exp\left[X_i(\boldsymbol{B}\theta_i - \boldsymbol{A}\delta_j)\right]}{\sum_{d \in D} \exp\left[d(\boldsymbol{B}\theta_i - \boldsymbol{A}\delta_j)\right]} \qquad (2)$$

式中:θ_i——被调查者 i 的个人能力;

δ_j——问题难度参数;

$\boldsymbol{A}$——设计矩阵;

$\boldsymbol{B}$——评分矩阵。

Rasch 模型一般使用最大似然估计的方法,得到被调查者的个人能力 θ_i 和问题难度 δ_j 的参数值。

2 问卷设计与调查

本次调查目的是从旅客感知角度对联程出行过程中的服务瓶颈因素进行调查,调查内容包含个人基本属性、旅客出行特征和联程出行服务满意度感知。个人基本属性包含旅客的性别、年龄、学历、工作和月收入。旅客出行特征包括出行目的、出行频率、乘坐席次、出行花费、联程出行过程

中最看重的因素。联程出行服务满意度感知包含票务服务、出行可靠性和服务质量三方面,针对每个问题设置五个可选项,非常满意代表 5 分,比较满意代表 4 分,一般代表 3 分,比较不满意代表 2分,非常不满意代表 1 分。

2019 年 8 月在石家庄正定国际机场进行空铁联运出行旅客服务瓶颈感知调查,本次调查对象为乘坐石家庄正定机场与正定高铁站之间接驳车的旅客,确保调查对象为高铁换乘航空或航空换乘高铁的空铁联程旅客。本次调查采用面对面访问的形式展开。调查共收取有效问卷 661 份。

有效样本中,男女旅客的比例为 1.3∶1.0,年龄主要集中在 19 到 49 岁(88.7%),87.8% 的旅客具有大专及以上学历,72.3% 的被调查旅客为工作人群,各收入段的旅客分布较为平均。调查旅客的出行目的主要为公务出行(33.3%)、旅游(31.0%)和返乡(21.3%)。63.8% 的被调查旅客的出行频率为 1 至 6 次每年,92.9% 的旅客会选择经济舱或二等座,六成旅客出行花费在 800 元以上。调查旅客在联程出行过程中最看重的因素为出行时间的长短(42.7%)、出行费用(25.3%)和出行舒适度(18.5%)。

联程出行服务满意度感知调查问题及满意度分值如表 1 所示。从整体上来看,票务服务打分最高,整体得分均值为 3.92,服务质量打分最低,整体得分均值为 3.73。同时,联程旅客对网上购买联程票的便捷性 C_2、联程票取票便捷性 C_3、座椅舒适度 S_2、联程换乘路径指示信息的满意度 S_8 较高,对总体可达性 T_8、个性化服务 S_3、餐食服务 S_6 满意度较低。

联程出行服务满意度感知调查问题及满意度分值　　　　表 1

类别	指标	问题	均值
票务服务	C_1	票务总体满意度	3.97
	C_2	网上购买联程票的便捷性	4.07
	C_3	联程票取票便捷性	4.01
	C_4	联程票价合理性	3.92
	C_5	依据目前的票价,对空铁联运服务的满意度	3.72
	C_6	依据目前空铁联运服务,对票价的满意度	3.80
出行可靠性	T_1	全过程运营满意度	3.38
	T_2	空铁联程运营时段满意度	3.76
	T_3	空铁联程运营班次满意度	3.75
	T_4	联程运输衔接效率	3.68

续上表

类别	指标	问题	均值
出行可靠性	T_5	接驳大巴运行效率	3.87
	T_6	换乘质量	3.95
	T_7	航班/高铁准点率	3.56
	T_8	总体可达性	2.31
	T_9	总体安全性	3.83
服务质量	S_1	空铁联运总体舒适度	3.89
	S_2	座椅舒适度	4.08
	S_3	个性化服务满意度	2.89
	S_4	行李托运服务	3.62
	S_5	人工服务	3.88
	S_6	餐食服务	3.40
	S_7	补救服务	3.69
	S_8	联程换乘路径指示信息的满意度	4.02
	S_9	联程出行信息服务规划	3.91
	S_{10}	联程出行实时信息反馈	3.96

3　联程出行旅客分类

3.1　聚类类别判定

系统聚类的直观表达为谱系图,此聚类样本共有661个,谱系图过于庞大,因此先通过聚合系数判别系统聚类的最佳聚类类别数。聚合系数小,表示每类相似程度较大。两个差异较大的类合并到一起,会使聚合系数很大。因此,当聚合系数的斜率变化开始趋于平缓时,就是最佳类别数。对661个样本分别计算了从2到9的聚合系数,并相应计算了聚合系数的斜率变化,如表2所示。

系统聚类聚合系数及斜率变化　　　　　　　　表2

类别数	2	3	4	5	6	7	8	9
系数	565.0	496.0	442.7	421.3	401.7	384.0	371.0	359.1
斜率	0.14	0.12	0.05	0.05	0.05	0.03	0.03	0.03

从表2可以看出,聚合系数斜率从分为四类开始趋于平缓,因此本文确定聚类类别数为四类。

3.2　出行目的推断

利用系统聚类的方法,将661个样本分为四类,每类的样本数量分别为91人、202人、195人、173人。对各类别样本的社会经济属性与出行特征进行统计分析,得到各类别的特征分布,同时结合系统聚类的谱系图,绘制考虑旅客特征的出行目的推断图,如图2所示。本文分析样本量较大,因此对谱系图进行了简化,仅列举每个类别的典型主题编号,并展示了每个类别占比较高的特征。

通过分析各分类旅客的个人属性特征,我们推断总结四类旅客出行目的分别为其他出行(13.77%)、休闲旅游(30.56%)、公务出行(29.50%)和学生返乡(26.17%)。

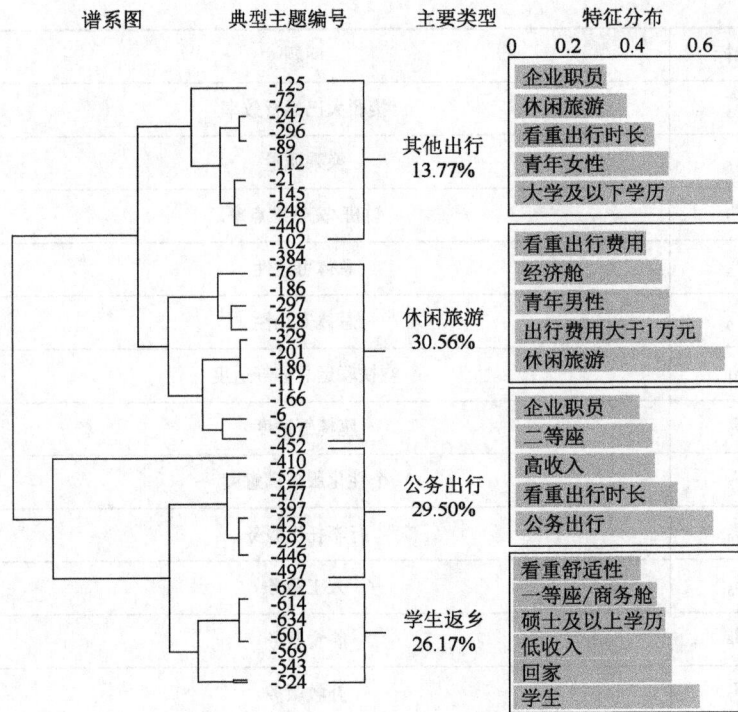

图 2　考虑旅客特征的出行目的推断谱系图

4　联程出行服务瓶颈因素识别

4.1　模型标定

根据 Rasch 模型，本研究发现每个出行者对表 1 中问题的满意度评价，既与问题难度有关，也与被调查者个人能力有关。利用软件 Winsteps 求解 Rasch 模型，分别得到对四类人群的满意度调查分析结果，如表 3 所示。

Rasch 模型构建结果　　表 3

群体	个人能力	平均问题难度	INFIT（个人/问题）	OUTFIT（个人/问题）
其他出行	3.91	5.37	1.03/1.01	1.03/1.03
休闲旅游	3.35	9.20	1.05/1.00	1.02/1.02
公务出行	3.60	9.54	1.05/1.00	1.04/1.04
学生返乡	3.64	6.29	1.03/1.00	1.03/1.03

四个类别旅客的个人能力和问题难度均大于 2，说明有较好的区分度。同时，OUTFIT 统计量与 INFIT 统计量用来检验拟合效果。OUTFIT 统计量基于无加权残差平方均值，INFIT 统计量基于加权残差平方均值，两个统计量都是越接近 1 拟合效果越好。可以看到四个类别的拟合系数都在可接受范围内，拟合效果较好。

4.2　推理分析

为探究不同特征旅客在联程出行过程中的服务瓶颈因素，本研究对调查问卷中每个问题难度进行分析。四种不同特征旅客感知的联程出行服务问题难度计算结果如表 4 所示，可以看出整体结果较好，大部分问题难度的 INFIT 和 OUTFIT 检验系数均为 0.5 ~ 1.5，只有联程服务可达性、座椅舒适度个别问题计算结果拟合值未达到要求，说明仅有个别问题，影响不显著。

各类别旅客感知联程出行服务问题难度 表 4

类别	指标	其他出行	休闲旅游	公务出行	学生返乡
票务服务	C_1	−0.47 *	−0.47 *	−0.65 *	−0.50 *
	C_2	−0.75 *	−0.70 *	−0.88 *	−0.75 *
	C_3	−0.69 *	−0.59 *	−0.66 *	−0.65 *
	C_4	−0.39 *	−0.40 *	−0.45 *	−0.40 *
	C_5	0.40	−0.14	0.68 *	−0.13
	C_6	−0.09	−0.14	−0.12	−0.28
出行可靠性	T_1	0.85 *	0.77 *	0.59 *	0.74 *
	T_2	0.08 *	−0.03 *	−0.17 *	−0.04 *
	T_3	0.11 *	0.02 *	−0.20 *	−0.08 *
	T_4	0.08 *	0.07 *	1.13 *	0.12 *
	T_5	−0.47 *	−0.26 *	−0.25 *	−0.38 *
	T_6	−0.52 *	−0.55 *	−0.41 *	−0.47 *
	T_7	0.21 *	0.45 *	0.43 *	0.23 *
	T_8	3.28	2.18	2.95 *	3.36 *
	T_9	−0.36	−0.16	−0.08	−0.40

续上表

类别	指标	其他出行	休闲旅游	公务出行	学生返乡
服务质量	S_1	-0.36*	-0.26*	-0.53*	-0.30*
	S_2	-0.75*	-0.73*	-0.92*	-0.75*
	S_3	1.54*	2.24*	1.67*	1.68*
	S_4	0.18*	0.18*	0.29*	0.23*
	S_5	-0.58*	-0.29*	-0.29*	-0.35*
	S_6	0.31*	0.76*	0.82*	0.60*
	S_7	0.16*	0.05*	0.08*	0.09*
	S_8	-0.61*	-0.66*	-0.70*	-0.64*
	S_9	-0.44*	-0.39*	-0.36*	-0.43*
	S_{10}	-0.75*	-0.49*	-0.47*	-0.49*

注：* 表示问题难度的 INFIT 和 OUTFIT 检验系数均为 0.5~1.5。

问题难度的值越大，表示该问题的解决越难被调查者满意，说明联程出行旅客对该因素的服务越不满意。如表4所示，联程出行的票务服务问题难度大多在0分以下，出行可靠性和服务质量有较多高分值的因素，说明联程出行旅客对票务服务较为满意，对出行可靠性和服务质量的不便性感知较为明显。

由表3可知，四类人群的个人能力得分分别是3.91、3.35、3.60、3.64，说明不同人群对联程出行服务的要求不同。考虑到 Rasch 模型的优势是可以将个人能力与问题难度放在同尺度进行比较，计算表4中各因素的问题难度与不同类别人群个人能力的差值，得到考虑不同类别旅客个人能力的联程出行服务问题难度值，并对其进行标准化，利用结果绘制各分类旅客感知联程出行服务瓶颈因素雷达图。如图3所示，折线表示联程出行服务各因素的问题难度与不同类别人群个人能力的差值，折线越向外延伸，越说明该因素对联程出行服务的影响越大。

总体来说，总体可达性、个性化服务、餐食服务是联程出行旅客普遍认为需要改善的因素。对于不同出行目的人群来说，航班和高铁的准点率（0.45）、目前联程服务价格（0.14）是休闲出行人群联程出行服务不满意因素；对于联程运输衔接效率（1.13）和目前票价包含的联运服务（0.68），公务出行人员不便性感知显著；行李托运服务不便捷（0.23）是造成学生返乡旅客对联程服务不满意的主要因素。

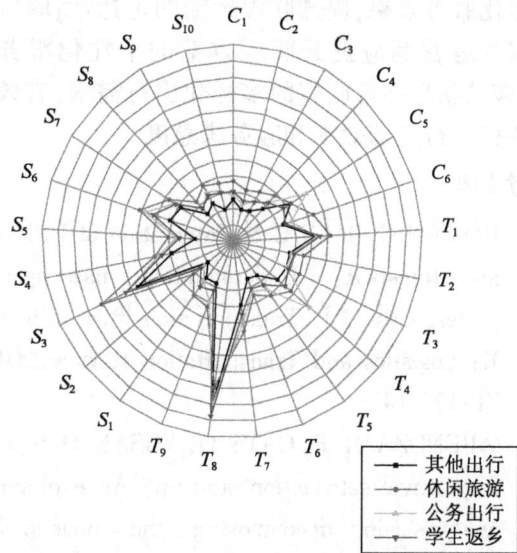

图3 各分类旅客感知联程出行服务瓶颈因素雷达图

通过分析可以看出，可达性较差和个性化服务不足是联程运输亟待解决的瓶颈因素；同时，联程出行服务应从出行者需求出发，针对不同用户需求制订不同联程出行方案及配套服务，实现精细化联程出行服务资源配置。随着联程运输的发展及完善，未来联程服务改善应重点考虑以下方面：①完善一体化票务支付体系及配套服务；②加强总体衔接性，完善应急补救服务；③优化个性化服务，实施差异化服务策略。

5 结语

为挖掘制约联程出行效率和满意度提升的瓶颈因素，本文基于联程出行旅客服务满意度感知调查，将联程旅客分为其他出行、休闲旅游、公务出行、学生返乡四类，构建了基于 Rasch 模型的联程出行服务瓶颈因素诊断方法，分析不同类别旅客对联程出行过程中的票务服务、出行可靠性和服务质量等的不便性感知。模型结果显示，Rasch 模型拟合较好，能够有效避免使用李克特序数量表可能产生的误导性统计推断，从而精确识别联程旅客出行服务瓶颈因素：联程出行旅客普遍对可达性、个性化服务、餐食服务不满意；不同出行目的旅客对联程服务瓶颈因素感知不同，休闲旅游旅客更注重票价和准点率，公务出行旅客希望提升联运服务，学生返乡旅客认为行李托运不便捷。城市的规划者和决策者应加快完善联程运输配套设施，提高联运过程中的换乘衔接效率，提升一体化服务效果,提升联程运输的可达性;联程出行服务运营商应提升联运方案的个性化服务水平,满足联程出行旅客的多样化出行需求,有效提升联程出行运营效率和服务满意度。

参考文献

[1] ROMÁN C,JUAN C M. Integration of HSR and air transport: Understanding passengers' preferences [J]. Transportation Research Part E: Logistics and Transportation Review,2014, 71:129-141.

[2] ABENOZA R F,CATS O,YUSAK O S. How does travel satisfaction sum up? An exploratory analysis in decomposing the door-to-door experience for multimodal trips [J]. Transportation,2019,46(5): 1615-1642.

[3] 芮海田,吴群琪. 高铁运输与民航运输选择下的中长距离出行决策行为[J]. 中国公路学报,2016,29(3): 134-141.

[4] JIANG Y L,TIMMERMANS H J P,CHEN C,et al. Determinants of air-rail integration service of Shijiazhuang airport, China: analysis of historical data and stated preferences [J]. Transport metrica B: Transport Dynamics,2019, 7(1): 1572-1587.

[5] LI Z C,SHENG D. Forecasting passenger travel demand for air and high-speed rail integration service: a case study of Beijing-Guangzhou corridor, China [J]. Transportation Research Part A: Policy and Practice, 2016, 94 (12): 397-410.

[6] FAN Y L,GUTHRIE A,LEVINSON D. Waiting time perception at transit stops and stations: Effects of basic amenities, gender and security [J]. Transportation Research Part A: Policy and Practice,2016,88:251-264.

[7] 吴静娴,杨敏. 基于贝叶斯网络的城市常规公交服务满意度分析模型[J]. 东南大学学报(自然科学版),2017,47(5):1042-1047.

[8] 刘建荣,郝小妮. 考虑环保意识的低碳出行行为研究[J]. 交通运输系统工程与信息,2019, 19(1):26-32.

面向供需匹配的空铁联运研究进展综述

刘钊瑄　聂　磊*

(北京交通大学交通运输学院)

摘　要　空铁联运是指航空公司与铁路公司联合推出的"一票到底"式旅客运输服务,其组织实施的核心在于规划建设与需求服务的有机匹配。当前我国空铁联运在上述两方面已经取得了不同程度的进展,本文分别从空铁联运的运营方(铁路、航空企业)和需求方(联运旅客)两个视角进行分类,前者包含联运网络规划、联运收益配置和时空衔接优化等方面的相关理论和方法,后者包含目标群体预测和延误行程恢复两方面的研究现状。研究发现,空铁联运的推广和发展不仅依赖正常运行场景下的空铁复合网络关键枢纽建设、博弈获益、出行方案与时刻表接续、旅客行为分析,还需要非正常运行场景下的联运产品失效补救,特别是外界扰动后的旅客行程快速恢复。本文以期为新时期空铁协同联动提供相关经验借鉴,加快推动现代综合交通运输体系建设。

关键词　空铁联运　网络规划　收益配置　时空衔接优化　目标群体预测　行程恢复

基金项目:北京交通大学人才基金项目(No. 2023XKRC029),国家自然科学基金(No. 62301025, No. 71971024)。

0 引言

中共中央、国务院印发《国家综合立体交通网规划纲要》(简称"纲要"),明确了"以铁路为主干,以公路为基础,水运、民航比较优势充分发挥"的综合立体交通网建设目标。其中,作为长距离交通运输方式深度融合的典型,空铁联运通过"航空+高铁"的创新模式,将充分整合航空运输速度快、铁路运输覆盖率高的优势,从而在优化运输结构、提升运输网络可达性、构建现代综合交通运输体系中发挥重要作用。

然而,相较于西欧、日本等地区,我国各种运输方式的规划较为独立,空铁联运当前仍处在初级阶段,仅在客票系统层面实现局部小规模对接,为旅客提供基础的购票服务,且联运票务产品普遍存在相对单一、可选择性差、中转时间长等问题。考虑到铁路和航空在市场上既是合资合作者,又是竞争者的复杂关系,本文分别从空铁联运的运营方(即铁路和航空企业)和需求方(即联运旅客)的角度,梳理中外联合运输系统已取得的成果、仍面临的问题以及后续创新研究建议,为空铁联运组合效率和服务水平的提升提供思路。

1 联运运营方的可行性研究

本章从空铁联运的运营方角度研究航空、铁路网络资源整合相关文献,具体围绕联运网络规划、联运收益配置、时空衔接优化等方面,深入分析直接影响联运网络运营效益和运行效率的关键要素与环节。

1.1 联运网络规划

现有研究指出,在 200～1200km 的运输距离内,高速铁路具备竞争优势;500～700km 的运输距离内,高速铁路与航空运输存在等时可替代性;超过 1500km 的运输距离,航空运输将占据主导[1]。除运输距离外,铁路和航空的覆盖度也有明显不同。相较于航空运输 254 个运输机场,动车组列车通达超过 1600 个站点,两者的通达性差距显著。

因此,通过推广空铁联运,提供比高铁更快、比直达航班更经济的运输方式,将为中长途旅客出行提供更多选择。其中,以联运网络规划为主的空铁基础设施整合将在物理层面实现资源协调配置。国内外对于联运网络规划设计的研究主要集中在空铁复合网络的复杂特性分析和节点布局,详见表1。

联运网络规划的研究总结 表1

研究角度	作者	研究内容与结论
网络特性	Xu 等[2]	运用复杂网络理论,以机场或高铁站点为节点,以直达航班/直达高铁/同城换乘为连边,构建空铁双层加权复合网络模型并分析其拓扑特性。结果显示,机场层的无标度特性明显强于高速铁路层
	徐凤等[3]	将节点、连边及边权(层内边权为航班或高铁的频次,层间边权为较大正值)同时纳入空铁联运双层加权网络设计
	马夏夏等[4]	利用站点集、线路级、层级三元组构建铁路—航空双层网络。结果显示,网络鲁棒性在随机攻击方式下较强,蓄意攻击方式下较弱
	Qi 等[5]	以城市为节点,空铁旅客量为连边建立加权网络并评估其中心性。结果显示,高铁和航空运输在中部地区城市具有互补性,但在西部城市中航空运输仍然占主导地位
	Eichinger[6]	分析通往德国主要机场的铁路基础设施及其运行情况。结果显示,连贯性是空铁联运网络的决定性要素,为改善现有的空铁联运质量,应在网络中增加至中小型机场的铁路线
	Liu 等[7]	基于机场所在城市在高铁网络中的位置探讨高铁发展对中日两国空铁联运交通量的影响。结果显示,空铁联运对国际航线有明显的补充效应,与中国相比,高铁通达性提升对日本的影响更小
节点布局	Allard 等[8]	以欧洲伊比利亚半岛空铁联运为例进行网络成本优化,结果显示,联运网络节点顺利开展联运服务不仅依赖减少换乘时间,还受旅客等候时间、办理登机手续时间、整体旅行时间的影响
	Jiang 等[9]	利用历史数据分析石家庄正定国际机场发展空铁联运的关键要素,结果显示,目的地城市和航班数量对机场节点的空铁一体化服务实现尤为重要
	王一明[10] 龚陶然等[11]	通过 SWOT 模型分析郑州航空港站、天津滨海机场在空铁联运方面的优劣势并给出相应的匹配政策
	严琛等[12]	采用熵值法加权的聚类算法对国内空铁综合枢纽类别进行划分,结果显示,相较中西部地区,东南沿海地区空铁综合枢纽等级更高、密度更大
	崔彦博等[13]	从设施配套和运营服务方面,运用主客观综合赋权和熵权法对比中国主要城市机场空铁换乘的便利程度。结果表明,各区域枢纽机场的空铁换乘各具优势,尚不存在绝对领先的空铁联运体系

研究结果表明,在网络特性方面,空铁复合网络通常具有无标度特性和小世界特性,即少数节点往往拥有大量的连接,网络任意起讫点之间的换乘次数平均不超过3次。同时,相较于单独的高铁子网和航空子网,复合网络在随机性攻击与蓄意攻击两种模式下的鲁棒性均更优。然而,现有研究同样指出,当前复合网络的航空层与高铁层之间的子网相关性较弱,机场点与高铁站点的节点匹配度不高,层间关系紧密度有待加强。此外,作为空铁联运开展的典型代表,德国在不断完善枢纽机场与骨干铁路网的连通性的基础上,计划开通连接低成本航空公司所服务的中小型机场的铁路线路,以此缓解枢纽机场拥堵程度。

在节点布局方面,价格优势明显、路网功能完善、换乘条件便捷的站点更适宜发展旅客空铁联运,能够在降低换乘接续时间的同时显著提高联运服务水平。但考虑到空铁联运可能加剧交通分布的不均匀性及大型枢纽机场的容量限制,建议在具有潜力发展成国际门户枢纽的中小型枢纽机场发展空铁联运,从而实现客流量从大型机场到中小型机场的转移,提升空铁联运节点投资建设的决策科学性。

1.2　联运收益配置

随着我国高速铁路的快速发展,航空运输旅途耗时优势逐渐缩小,给航空市场带来较大冲击。为增强市场竞争能力,最初航空公司采取"硬碰硬"的措施,通过降低票价等策略和高铁争夺客流,事实证明这样只会造成航空公司利润下降甚至亏损。空铁联运的推出,使航空和高铁的关系由竞争走向合作,得以充分发挥航空和高铁各自的优势,实现了两者的合作双赢。

然而,空铁联运在吸引旅客出行选择方面基本采用补贴式定价方法,依托地方政府、航空公司报销高铁车票,这将增大航空公司经营成本,不利于企业和空铁联运的可持续发展。为提升联运主体经营能力,引导旅客联程运输需求,本节将从联运收益配置的角度,对空铁联运的定价优化、策略优化进行有意义的探讨,以实现联运资源的优化配置。主要研究见表2。

联运收益配置的研究总结　　　　　　　　　　　　　　　　　　　　　　　　　　　表2

研究角度	作者	研究内容与结论
定价优化	蒋琦玮等[14]、张慧[15]	空铁联运作为独立运营商实现"一票制"客票价格双层规划。上层目标为最大化运营商收益确定联程运输票价,下层目标为最小化旅客广义出行费用确定客流量,上下层供需迭代确定最优票价
	李晓津等、程玉芳等[16-18]	考虑旅客时间价值对空铁联运定价的影响,结果显示,空铁联运的时间和费用居于民航直飞和旅客自主联运之间,且公务出行类票价最高
	黄仪融等、吴正泓等[19,20]	构建民航直飞与空铁联运的出行方式竞争模型,研究二者均衡解。结果显示,两种出行方式时长差越小,旅客对机场拥堵越敏感;高铁票价越低,旅客越倾向空铁联运
	Wandelt等[21]	指出德国汉莎航空特快列车覆盖的24个城市开展空铁联运服务需要突出的时间和价格优势,法兰克福成功案例全网推广难度较大
策略优化	Bruinsma等[22]	以荷兰—法国空铁联运实践为例,指出高铁和航空基础设施和服务的分开发展使二者的整合成本较高,联运产品开发需要确立代码共享协议及旅客行李直挂方案
	肖玉兰等、景崇毅等[23,24]	运用福利经济学理论、演化博弈理论分析空铁联运的经济学动因和空铁之间竞合平衡点
	杨涛等[25]	从机场角度提出基于高铁航站楼选址的联运模式,构建机场客运收益和旅客出行效用的双层规划模型,求解最优高铁航站楼方案
	Zanin等、Delgado等[26,27]	探讨基于空铁联运协议在机场(如西班牙马德里机场)建设高铁站引导旅客出行选择所带来的环境效益,结果显示,通过高铁替代航班限制短途飞行,可在不过度增加旅客出行时间的前提下降低二氧化碳排放

研究结果表明,作为运输供给和需求之间的纽带,票价制订过程中应努力发挥民航和高铁的互补性优势,提高票价弹性。对此,多数研究由早期的民航和高铁票价简单加和转为将空铁联运作为与高铁、航空运输同等地位的独立运营商看待,结合旅客时间价值制订反映旅客个性化出行需要的联运产品票价,通过合理的差异化定价提升产品竞争力。在此过程中,国内外研究普遍认为时间效用敏感度较低的休闲旅客是空铁联运产品的主要受众,且中长运距条件下铁路段运输票价降幅不应过低。

在策略优化方面,空铁双方的利益提升是双

方合作的主要动力,可通过高铁航站楼、运力调整等策略充分调动联运双方合作积极性。此外,作为空铁联运的先行者,欧洲指出高铁与航空长期稳定深度合作需要联运合作协议下的利益共享和风险共担,并强调了联合运输在绿色环保、福利方面的突出优势,以此获得更多的社会认可。

1.3 时空衔接优化

空铁联运作为一种新兴的航空与铁路联合运输组织模式,无论是航空转高铁或高铁转航空都需要额外增加一定的换乘时间。因此,两种运输

组织在时空上的衔接是联运合作成功与否的关键,换乘衔接越便捷,换乘时间越短,空铁联运市场占有率就越高。

考虑到高铁、航空在交通线路、时刻表、换乘节点城市、交通接驳条件等时间、空间结构差异较大,空铁接续换乘方案应通过路径设施的协同布局和时刻表的不断优化,从空间和时间维度真正实现空铁联运的"无缝衔接"。这也是众多学者对于空铁联运研究的重点。主要研究见表3。

时空衔接优化的研究总结   表3

研究角度	作者	研究内容与结论
空间接续	可钰等[28]	基于Logit模型量化空铁联运服务特性指标与方式选择的关系,并针对三类空铁联运客流起讫点求取最优的空铁联运换乘点。结果显示,换乘点属性对空铁联运产品设计有重要的影响
	陈彩媛等[29]	讨论了我国空铁联运的两种主要模式:直连直通式和换乘衔接式,建议国际枢纽机场通过与高铁衔接释放中短途航线占用的航班时刻及终端空域资源,并考虑直连直通与换乘衔接式联运同步发展
	欧阳杰[30],许凡[31]	提出空铁复合枢纽理论模型,对其航空、高铁、城际多重复合交通进行设施布局协调,缩短航站楼与高铁之间的步行距离
	Galland等[32]	以英国伦敦卢顿机场空铁中转系统为例引导航空用户采用铁路运输而非道路运输的形式前往机场航站楼
时间接续	梅正男等[33,34]	针对铁路能力紧张、机场时刻资源富裕的换乘枢纽,固定铁路列车时刻表,根据航班优先级调整普通航班在枢纽机场的起降时刻,最终使得OD服务频率最大、航班时刻表调整最小
	可钰等[35],Tan等[36]	针对关键空铁联运OD,在固定航班时刻表的前提下,基于既有高铁时刻表,通过调整列车在各个车站的到发时刻,构建可达OD数量最大、时刻表调整最小的双目标高铁时刻表优化模型
	史澈等[37],何文晖等[38]	基于铁路车站与机场间出行乘客的换乘需求,兼顾旅客出行利益和企业运营成本,合理安排换乘公交、城轨列车的时刻表
	Buire等[39]	通过同时优化欧洲18个主要机场和对应高铁站点的时刻表,实现两种运输方式的高效衔接

研究结果表明,与国外相比(如欧洲),国内空铁联运基础设施建设和改建的成本相对较低,当前我国空铁联运在空间上的接续形式大致可分为两种:一体式,即同一枢纽同时建有高铁站和机场航站楼;异地式,高铁站和机场航站楼分开设置,须通过摆渡车、市内公共交通等连接换乘。相较于异地式,一体式联运换乘更加便捷高效,常适用于新建及改扩建的枢纽机场,通过预留必要的铁路线路接入机场航站楼的站台空间,进行枢纽功能布局的统一规划设计。对于已经发展成熟的枢纽机场,在不具备铁路线路接入的情况下为避免盲目增加投资,可参考国外异地式换乘衔接经验,利用城市航站楼、机场巴士、城市轨道等为旅客提供高质量的联运体验。

在时间上的接续形式,多以联运旅客量最大

为目标,通过调整航班时刻表、高铁时刻表、换乘工具(如公交、城轨等)时刻表,实现客流的紧凑有序衔接。值得注意的是,时刻表调整涉及高铁列车间隔安全约束、航班尾流间隔约束、换乘时间约束等,需在可接受范围、不改变原始运行方案优先级顺序的前提下进行微调。

2 联运需求方的适应性研究

2.1 目标群体预测

在航空与高铁共存的综合交通运输体系中,旅客出行存在民航直飞、高铁直达、民航中转、空铁换乘等多种形式。由于目前我国尚未形成成熟的空铁联运产品,很多情况下都是旅客根据需求而自发进行的换乘组合出行。为明晰空铁联运市场目标群体,更有效地预测联程旅客个性化、全过

程的出行需求,本节对空铁复合网络的目标旅客群体的出行行为建模、出行方案推荐、旅客运量预测等进行梳理,主要研究见表4。

目标群体预测的研究总结　　　　　　　　　　　　表4

研究角度	作者	研究内容与结论
出行行为建模	郭啸等[40]	基于航空和高铁延误以及组合出行中转成本等影响分析旅客决策出行行为。结果显示,高铁产品较低的票价和延误率为空铁组合出行吸引一定客流量,但行李中转成本的影响不容忽视
	程谦等[41]	针对中长距离城际旅客多种出行方式选择分析其异质特征。结果显示,行程前时间、在途时间、中转时间为主要影响因素
	陈琳等[42],杨新湟等[43],Oostendorp 等[44]	分析调研旅客出行选择的行为偏好,结果显示,票价及机场准点率、携带行李大小以及同行人员、旅客出行目的、年龄等个人属性会对旅客出行选择产生重要影响
出行方案推荐	于剑等[45],Román 等[46]	从旅客出行行为选择的影响角度出发,综合出行时间、出行费用、方便性、舒适性和可靠性等因素,以旅客换乘次数最少、出行可靠性最高、出行总时间最短或者出行总成本最低等一项或多项目标为异质性旅客提供组合出行路径方案
	白广栋等[47],杨敏等[48]	采用随机森林算法、XGBoost 模型等预测旅客选择空铁联运各中转城市的概率
旅客运量预测	韩森[49],黄娟等[50]	建立基于 logit 的空铁换乘量预测模型,计算效用函数值,实现空铁换乘量的分类预测
	Tan 等[36]	借助深度学习算法表征旅客流影响因素的复杂特征交互,并将旅客预测模型整合到空铁网络下的列车时刻表再调整模型中

现有研究数据主要依托问卷方式进行行为调查和意向调查。结果表明,出行行为方面,旅客进行出行决策时,通常对出行快速性(时间)、经济性(费用)、准时性、舒适性以及方便性等因素进行综合考量,进而从网络中采用自己最满意的出行方式。相应的,在后续的定制化出行方案推荐和运量预测过程中,需要合理设置不同因素之间的权重比例,对各类影响因素所产生的综合效用进行评定,最终选择出旅客效用最优的出行方案。例如,为公务出差、对准时性较为关注的时间敏感型旅客推荐时间成本较低的出行方案,为时间要求不高、花费较长时间去制定出行计划的价格敏感型旅客推荐票价成本较低的出行方案。

2.2　延误行程恢复

相较高铁,航空客运的正点率偏低,极易受到恶劣天气、流量管控等因素影响产生延误甚至航班取消。因此,当航班或高铁发生晚点导致空铁联运产品失效时,旅客将寻找替代方案,降低联运产品在某节点晚点延误的后续影响。本节就航班延误和列车晚点导致的接续失效问题展开,主要研究见表5。

延误行程恢复的研究总结　　　　　　　　　　　　表5

研究角度	作者	研究内容与结论
联运旅客延误行程恢复	陆溪等[51],何振麟等[52]	在航班延误背景下以航司承担成本、旅客经济损失最小为目标建立旅客行程恢复模型,并依托联运网络设计旅客替代行程
	徐凤等[53]	剖析航班延误对空铁联运超网络的扰动机理和网络可靠性
	Scozzaro 等[54]	通过调整航班和火车时刻以尽可能减少旅客总延误时间,考虑了如火车站和机场的容量、航班最小周转时间等在内的现实约束。结果显示,将巴黎戴高乐机场出发的 5% 的航班平均延迟 13 分钟,可将机场滞留乘客数减少 71%,总延误时间减少 40%
民航旅客延误行程恢复	Delgado 等[55],Scozzaro 等[56]	通过优化枢纽机场航班时刻表和机场跑道分配,在最小化航司运行成本的同时服务联程旅客
高铁旅客延误行程恢复	刘洋等[57],王艺楠等[58],Corman 等[59]	针对列车晚点条件下换乘客流的接续方案进行研究,将旅客延误时间最小、换乘失败旅客数量最少、列车总晚点时间最小、恢复时间最小等作为优化目标对列车运行图进行相应调整

结果显示,当原始联运产品失效时,新的接续方案将产生额外成本支出。在提供旅客安置补偿、延误时间补偿之余,民航、铁路还应及时安排受影响旅客就近换乘高铁或增设分流机场航班,协助滞留旅客快速成行,最大限度地减少、降低或消解航班延误对旅客的负面影响。特别的,目前关于联程运输下受延误影响的旅客权益保护法规尚未建立,包括空铁联运较为成熟的欧洲也仅有261号法令,要求航司在航班长时间延误情况下给予旅客补偿或协助,然而联运模式下还没有类似的法规。

3 结语

作为民航与高铁协作的运输方式,空铁联运涉及航司、机场和铁路等诸多系统,合作营运体系决定了联运组织复杂性和运行稳定性。为进一步开发联运市场,打造高铁将航线延伸到更广阔腹地、民航将高铁向全国乃至世界范围内推广的互赢局面,本文分别从运营方和需求方的角度综述了近年来空铁联运相关研究进展,提出发展建议如下:

(1)网络规划:对旅客换乘量、区域吸引力和竞争力等进行分析预测,确定空铁联运枢纽的规模和功能等级,从而为关键枢纽的规划设计、内部交通设施布局提供依据。同时,不应盲目追求支线机场等联运需求有限区域的基础设施硬件的"强连强通"。

(2)收益配置:鉴于联运一体化组织特性,联程运输客票定价时不能简单地将民航和高铁票价相加,而要进行一体化考虑。建议通过运输主体内部以及运输主体和旅客间的利益博弈,结合旅客属性、风险成本等因素合理设置收益。

(3)时空间接续:民航与高铁两种运输方式衔接转换过程中存在不连贯区段,在空铁联运全过程中距离占比低,但由此导致的时间占比、成本占比却很高。建议通过协同航班、高铁、城轨等既有时刻表、增大班期密度等方式提高衔接精准度,同时预留一定提前量。

(4)旅客服务:以高性价比的优质联运产品为旅客提供完整的、个性化的出行方案,利用智能信息技术手段实现业务整合,解决核心痛点(如联程行李托运、延误退改签等)。

参考文献

[1] 毛保华,李震,周磊山,等.高速铁路客运需求影响因素分析[J].铁道经济研究,1996,(1):27-28,32.

[2] F XU,J YIN,D CHEN,et al. model construction and topological characteristics analysis of air-rail double-layer weighted network [C] // 2021 3rd International Academic Exchange Conference on Science and Technology Innovation (IAECST), Guangzhou,China,2021:1363-1367.

[3] 徐凤,朱金福,陈丹.基于多层网络的空铁联运双层加权网络结构特性[J].复杂系统与复杂性科学,2023,20(1):49-56.

[4] 马夏夏,蔡永明.基于复杂网络的铁路-航空多层网络的鲁棒性研究[J].山东科学,2017,30(5):70-78.

[5] QI Q,KWON O K. Exploring the characteristics of high-speed rail and air transportation networks in China:A Weighted Network Approach[J]. Journal of International Logistics and Trade,2021,19(2):96-114.

[6] EICHINGER A. Characteristics and competitive implications of air-rail links in Germany[J]. World Review of Intermodal Transportation Research,2007,1(3):264-285.

[7] LIU S,WAN Y,HA H K,et al. Impact of high-speed rail network development on airport traffic and traffic distribution:Evidence from China and Japan[J]. Transportation Research Part A:Policy and Practice,2019,127:115-135.

[8] ALLARD R F,MOURA F M M V. Optimizing high-speed rail and air transport intermodal passenger network design [J]. Transportation Research Record,2014,2448(1):11-20.

[9] JIANG Y,TIMMERMANS H J P,CHEN C,et al. Determinants of air-rail integration service of Shijiazhuang airport, China:analysis of historical data and stated preferences [J]. Transportmetrica B:Transport Dynamics,2019,7(1):1572-1587.

[10] 王一明.基于SWOT模型的郑州航空港站货物空铁联运对策分析[J].华东科技,2023(8):60-63.

[11] 龚陶然,胡蓉,赵静,等.天津机场空铁联运分析与对策[J].商展经济,2021(2):73-76.

[12] 严琛,朱金福,马睿馨,等.基于熵权聚类的国内空铁综合枢纽分类方法[J].交通运输研究,2021,7(3):82-89.

[13] 崔彦博,梁晓杰,眭凌.空铁联运便利度评价与比较研究[J].城市交通,2019,17(4):73-79,104.

[14] 蒋琦玮,穆鹏程,姚加林.基于双层规划模型的空铁联运定价策略研究[J].铁道科学与工程学报,2021,18(12):3130-3137.

[15] 张慧,王兵,杨飞宇,等.基于出行选择的旅客联程运输服务定价[J/OL].铁道学报:1-12[2023-12-20].http://kns.cnki.net/kcms/detail /11.2104.U.20231205.1539.002.html.

[16] 李晓津,邢伟永,杨斌,等.我国空铁联运服务定价研究——基于旅客时间价值的实证分析[J].价格理论与实践,2016,(7):75-78.

[17] 李晓津,史晨钰,李烁烁.我国航空与铁路联运定价策略研究——基于旅客时间价值的测算分析[J].价格理论与实践,2020,(8):128-131.

[18] 程玉芳,刘海斌.基于旅客时间价值的空铁联运票价指数设计研究[J].民航学报,2022,6(1):7-11.

[19] 黄仪融,田丽君,陈德旺.航空直飞与空铁联运模式竞争研究[J].系统科学与数学,2021,41(2):373-382.

[20] 吴正泓,孙阳,马春芳.基于旅客异质性的空铁联运与空中直飞竞争分析[J].铁道运输与经济,2022,44(7):49-55,76.

[21] WANDELT S,SUN X. Lufthansa express rail in Germany:A critical evaluation of benefits and limitations of the intermodal network based on journey time and fares[J]. Multimodal Transportation,2022,1(4):100048.

[22] BRUINSMA N. Transferring by plane or train:A transition perspective on barriers to air-rail integration[D]. Groningen:University of Groningen,2022.

[23] 肖玉兰,王炜炜,汪健雄,等.空铁联运合作策略优化研究[J].综合运输,2023,45(5):33-38,48.

[24] 景崇毅,陈浩,刘存.基于演化博弈的民航高铁竞合策略研究[J].舰船电子工程,2023,43(6):84-89.

[25] 杨涛,王楠,胡燕,等.面向空铁联运的高铁航站楼选址研究[J].中国水运(下半月),2019,19(4):248-250.

[26] ZANIN M,HERRANZ R,LADOUSSE S. Environmental benefits of air-rail intermodality:The example of Madrid Barajas[J]. Transportation Research Part E:Logistics and Transportation Review, 2012, 48 (5):1056-1063.

[27] DELGADO L,TRAPOTE-BARREIRA C,MONTLAUR A,et al. Airlines' network analysis on an air-rail multimodal system[J]. Journal of Open Aviation Science,2023,1(2):1-17.

[28] 可钰,聂磊.基于OD分类的空铁联运换乘点选择研究[J].北京交通大学学报,2020,44(3):136-141.

[29] 陈彩媛,盛志前,张洋.我国机场客运空铁联运模式选择策略研究[J].交通与港航,2023,10(3):87-92.

[30] 欧阳杰,梁旭.机场地区高铁站与机场轨道站双枢纽布局模式研究[J/OL].铁道运输与经济,2023:1-9.http://kns.cnki.net/kcms/detail/11.1949.U.20231018.1716.010.html.

[31] 许凡.深圳机场东空铁复合枢纽交通规划研究[J].交通与港航,2023,10(4):42-47.

[32] GALLAND M,EASTMOND S,KIRK M,et al. London luton airport direct air-rail transit system[C]//17th International Conference on Automated People Movers and Automated Transit Systems. Reston, VA:American Society of Civil Engineers,2020:108-120.

[33] 梅正男,聂磊,任广建,等.基于空铁联运OD服务频率优化的航班时刻表调整模型[J].铁道科学与工程学报,2022,19(12):3581-3589.

[34] 梅正男,聂磊.空铁联运"铁转空"单向接续方案设计[J].铁道运输与经济,2023,45

(3):32-37.

[35] 可钰,聂磊,袁午阳.基于空铁联运 OD 可达性的高铁时刻表优化模型[J].交通运输系统工程与信息,2021,21(1):23-29.

[36] TAN Y,LI Y,WANG R,et al. Improving synchronization in high-speed railway and airintermodality:Integrated train timetable rescheduling and passenger flow forecasting[J]. IEEE Transactions on Intelligent Transportation Systems,2022,23(3):2651-2667.

[37] 史澈,刘迪,韩慧芳.旅客空铁联运换乘巴士发车间隔优化[J].大连交通大学学报,2022,43(1):14-20.

[38] 何文晖,孙克洋,王兵,等.考虑空铁联运的城市轨道交通时刻表优化研究[J].铁道科学与工程学报,2022,19(2):351-358.

[39] BUIRE C,MARZUOLI A,DELAHAYE D,et al. Air-rail timetable synchronisation:Improving passenger connections in Europe within and across transportation modes[J]. Journal of Air Transport Management,2024, 115:102526.

[40] 郭啸,邓勇,张婧.空铁复合网络中旅客组合出行方式选择行为的模型研究[J].湖南师范大学自然科学学报,2019,42(6):77-85.

[41] 程谦,朱晓宁,卢万胜.中长运距城际旅客出行方式选择行为模型——以高铁、民航为例[J].重庆交通大学学报,2021,40(7):39-45.

[42] 陈琳,姚恩建,杨扬,等.联程中转旅客的城市枢纽间换乘行为建模[J].北京交通大学学报,2021,45(4):79-88.

[43] 杨新湦,王倩倩,彭晶.基于旅客出行行为选择的中小运输机场发展[J].综合运输,2021,43(8):37-43.

[44] OOSTENDORP R,NIELAND S,GEBHARDT L. Developing a user typology considering unimodal and intermodal mobility behavior:a cluster analysis approach using survey data [J]. European Transport Research Review, 2019,11(1):1-18.

[45] 于剑,董孝洁,陈俣秀.空铁复合超网络中旅客快速组合出行路径规划[J].计算机工程

与应用,2023,59(14):315-322.

[46] ROMÁN C,ESPINO R,MARTÍN J C. Competition of high-speed train with air transport: The case of Madrid-Barcelona[J]. Journal of Air Transport Management,2007,13(5):277-284.

[47] 白广栋,翁湿元,张启蒙,等.基于 XGBoost 模型的空铁联运中转城市研究[J].铁道运输与经济,2023,45(3):24-31.

[48] 杨敏,任怡凤,盛强,等.基于随机森林算法的旅客空铁联运中转城市选择模型[J].东南大学学报,2022,52(1):162-171.

[49] 韩森.基于 Nested-Logit 模型的空铁换乘客流预测[J].综合运输,2023,45(2):94-99.

[50] 黄娟,贺政纲.基于 Logit 模型的空铁联运运量预测[J].交通运输工程与信息学报,2018,16(4):88-92.

[51] 陆溪,邵荃.基于空铁联运的延误旅客行程恢复方法[J].科学技术与工程,2022,22(27):12150-12155.

[52] 何振麟,邵荃,宋乘成.应对极端天气的空铁联运替代运输模型[J].航空计算技术,2022,52(2):58-61.

[53] 徐凤,尹嘉男,杨文东,等.航班延误扰动下空铁联运超网络可靠性分析[J/OL].复杂系统与复杂性科学,1-10[2023-12-24]http://kns.cnki.net/kcms/detail/37.1402.n.20231220.1443.006.html.

[54] SCOZZARO G,BUIRE C,DELAHAYE D,et al. Optimizing air-rail travel connections:A data-driven delay management strategy for seamless passenger journeys[J].[S.l],2023:[s.n.].

[55] DELGADO L,MARTÍN J,BLANCH A,et al. Hub operations delay recovery based on costoptimisation-Dynamic cost indexing and waiting for passengers strategies [J]. Sixth SESAR Innovation Days,2016:[s.n.].

[56] SCOZZARO G,MA J,DELAHAYE D,et al. Flight rescheduling to improve passenger journey during airport access mode disruptions [C]// International Conference on Research in Air Transportation (ICRAT 2022),2022.

[57] 刘洋,王志美.前继列车晚点条件下换乘客流的接续方案优化[J/OL].北京交通大学学报:1-13[2024-02-06].http://kns.cnki.net/kcms/detail/11.5258.U.20240108.1419.004.html.

[58] 王艺楠,孟令云,龙思慧,等.高速铁路列车区间故障条件下列车运行调整优化模型[J].电气技术,2019,20(S1):9-16.

[59] CORMAN F, D'ARIANO A, MARRA A D, et al. Integrating train scheduling and delay management in real-time railway traffic control [J]. Transportation Research Part E: Logistics and Transportation Review, 2017, 105: 213-239.

网约车分担率与公共交通竞争力关系分析

骆一豪[1]　曾佳棋[2]　张国政[2]　王殿海[*2]
(1.浙江大学工程师学院;2.浙江大学建筑工程学院)

摘　要　探究网约车分担率与公共交通(简称公交)时间、费用竞争力之间的关系,有助于理解网约车和公交之间的竞争关系及其选择机制,为提升公交服务、优化出行结构提供实证依据。通过构建公交时间竞争力、费用竞争力指标,并应用机器学习模型和SHAP(SHapley Addictive exPlanations)技术,基于杭州市主城区网约车订单数据,揭示公交时间和费用竞争力对网约车分担率的非线性影响。结果表明,公交时间竞争力对网约车分担率的影响呈现出阈值效应,尤其在公交时间竞争力较低时,网约车分担率会显著增加;公交费用竞争力对网约车分担率的影响呈现出非单调的分段模式,尽管网约车用户对出行费用的敏感度总体较低,但在短途出行场景中,提升公交服务的便捷性和降低费用可以减少网约车的使用。因此,政府部门一方面需要关注时间竞争力较低的公交线路,通过优化接驳服务、缩短发车间隔等措施提高公交的竞争力;另一方面,重点提升短途出行的公交服务便利性和经济性,增强公交的费用竞争力,以此降低网约车分担率。

关键词　网约车分担率　公共交通时间竞争力　公共交通费用竞争力　非线性关系　SHAP技术

0 引言

网约车作为一种新兴的出行方式,给出行者提供了便利和灵活性,但同时带来了交通拥堵、环境污染等一系列问题[1]。与此同时,以公交车和地铁为主的城市公共交通(后文简称"公交")则面临着客源不足的窘境。探究出行者为何选择网约车,理解网约车与公交之间的关系,能够揭示两种出行方式之间的选择机制,对于优化城市交通结构、提高公共交通系统的效率和吸引力以及促进城市交通可持续发展具有重要的理论和实践意义。

众多研究通过应用Logit模型及其衍生模型对网约车的选择行为进行建模,取得了一定的成果。唐立等[2]基于混合Logit模型对网约车选择行为进行了研究,发现出行时间、出行费用是方式选择的重要影响因素,并通过弹性分析揭示了这些因素如何影响网约车的分担率。Dong等[3]单独研究了出行者在网约车和公共交通之间的选择行为,发现除出行时间、费用外,选择行为与性别、年龄、收入有关。Zhai等[4]利用二元Logit模型研究当网约车服务被禁止或严格限制时影响网约车模式转换的因素。然而,这些研究大多基于问卷调查数据,受限于模型假设的前提,与实际情况存在一定的偏差。此外,现有研究鲜少直接探讨网约车与公交之间的竞争关系和选择机制,缺乏基于实际数据设计竞争力指标,量化分析公交竞争力对网约车分担率影响的研究。

Zhang[5]等从行程时间角度设计了公交相对小汽车的竞争力指标,并分析了杭州市各区域的公交竞争力指数,得到了有价值的见解。本研究将其公交竞争力拓展为费用和时间两方面,应用机器学习和SHAP技术分析框架,利用杭州市网约车订单数据,深入探讨了公交时间竞争力和费用竞争力如何影响网约车分担率。在本研究中，我们选择网约车分担率作为因变量，这是因为分担率能够直观地反映出网约车在城市交通系统中扮演的角色，尤其对公交的竞争。并且其紧密符合探索有效策略调整网约车分担率，以优化城市交通结构研究目标。

1　研究区域、数据与方法概述

1.1　研究区域

本文的研究区域是杭州市主城区，该区域人口密集、出行需求高，涉及西湖区、拱墅区和上城区，边界范围为杭州市小汽车限行区域。

1.2　研究数据

本文涉及的数据包括杭州市网约车出行订单、同期的全方式出行起讫点（Origin-Destination，OD）、房价、地理信息以及通过高德API爬取的公交路径规划和兴趣点（Points of Interest，POI）数据。其中，网约车订单数据包含乘客上下车经纬度、时间以及行驶距离等信息；全方式出行OD数据包含起终点网格经纬度、出行客流量和所属小时；房价数据通过网络爬虫从安居客网站获取（https：//hangzhou.anjuke.com/）。在构建公交竞争力指标时，通过输入出行起终点的网格中心坐标，并设定公交路径规划参数，使用高德地图API的路径规划功能，获得了各出行段的方式、时间和距离等信息。

1.3　研究方法概述

1.3.1　数据预处理

由于全方式出行OD数据是集计到网格的数据，故首先筛选与研究区域有空间交集的网格，并从中筛选出起点位于这些网格内的网约车订单。接着，计算每个出行OD的网约车客流量占全方式客流量的比例，得到网约车的分担率。同时，以网格为单位计算平均房价和POI特征，为后续分析提供数据支持。

1.3.2　公交时间竞争力、费用竞争力指标

本研究采纳并扩展了Zhang等[5]提出的公交竞争力指标，将其细化为针对时间和费用两个维度的公交竞争力指标。两个指标可以比作计量经济学中的模式选择概率，反映了出行者在公交和网约车之间的偏好。计算方式如式（1）、式（2）：

$$CBT_{ij} = \frac{1}{1 + e^{\alpha}\left(\overline{OTC_{ij}} - \overline{PTT_{ij}}\right)} \quad (1)$$

$$CBC_{ij} = \frac{1}{1 + e^{\beta}\left(\overline{OCC_{ij}} - \overline{PTC_{ij}}\right)} \quad (2)$$

式中：CBT_{ij}、CBC_{ij}——OD网格对ij间的公交时间竞争力、费用竞争力指标；
$\overline{OTC_{ij}}$、$\overline{PTT_{ij}}$——OD对ij间的网约车和公交平均出行时长；
$\overline{OCC_{ij}}$、$\overline{PTC_{ij}}$——OD对ij间的网约车和公交平均出行费用。

结合实际计价方案并合理简化，网约车出行费用的计算内容包括起步价、里程费、时长费、远途费；公交车每次乘坐为固定费用，地铁采用里程计价方式。α和β分别表示出行者对时间和费用的敏感性。依据Zhang[5]等的研究框架，可通过式（3）所示的竞争力指标熵值来确定α和β，以使得竞争力指标分布尽可能分散。

$$H = -\sum_i p_i \log_2(p_i) \quad (3)$$

式中：p_i——竞争力权重在第i个区间内分布的概率。

根据式（1）、式（2），当竞争力指标小于0.5时，表示公交竞争力处于劣势；反之则为优势。根据上述熵最大原则，构建公交时间敏感性参数$\alpha = -0.003$，公交费用敏感性参数$\beta = -0.045$。此时，各OD间公交的时间、费用竞争力联合分布如图1所示。其中，公交时间竞争力大多集中于低竞争力区间，公交费用竞争力越接近0.5，样本密度越多。两者联合分布较为分散，但当公交时间竞争力大于0.5时，与公交费用竞争力表现出正相关关系。

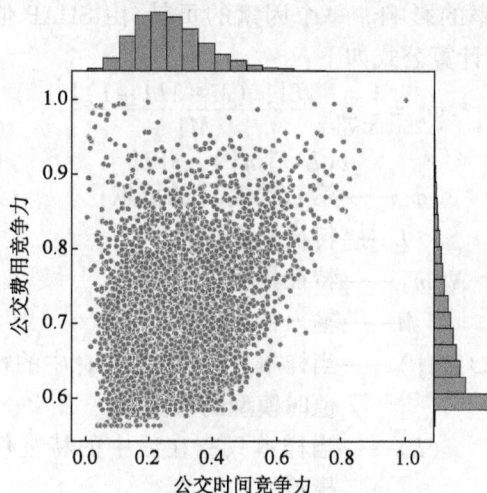

图1　公交的时间和费用竞争力联合分布

1.3.3　网约车分担率与公交竞争力关系建模

为捕捉网约车分担率与公交竞争力之间的潜在非线性关系,我们采用机器学习的可解释模型 XGBoost(eXtreme Gradient Boosting)进行建模。XGBoost 模型是 Chen 等[6] 2016 年提出的一种极限梯度提升树算法,该算法的基本原理是在每次迭代中,损失函数不断朝着负梯度的方向减少,最后,基于所有决策树的结果的和来确定预测结果。其目标函数如下:

$$O^{(t)} = \sum_{i=1}^{n} l(y_i, \hat{y}_i^{(t-1)} + f_t(x_i)) + \Omega(F_t) \quad (4)$$

$$\Omega(f_t) = \gamma \Gamma + \frac{1}{2}\lambda \parallel \omega \parallel^2 \quad (5)$$

式中：　　　　　$O^{(t)}$——经过 t 次迭代后的目标函数；

$l(y_i, \hat{y}^{(t-1)}_i + f_t(x_i))$——选定的训练损失函数；

y_i——第 i 个样本的真实值；

$\hat{y}^{(t-1)}_i$——经过 $t-1$ 次迭代后第 i 个样本的预测值；

$f_t(x_i)$——经过 t 次迭代训练后样本 x_i 的决策树参数；

Γ——叶节点数；

λ——正则惩罚系数；

ω——叶子节点上的权值。

然后,进一步利用 SHAP(SHapley Addictive exPlanations)技术对模型结果进行解释,SHAP 模型是 Lundberg 和 Lee[7] 开发的一种受博弈论 SHAP 值启发的附加解释模型。SHAP 值的一个关键优势是能够精确量化单个特征对模型预测结果的边际贡献,从而直接捕捉出特定因素对网约车分担率的影响。每个因素的贡献,由 SHAP 值表示,其计算公式如下:

$$\phi_m = \sum_{L \subseteq N\{m\}} \frac{|L|!(M-|L|-1)!}{M!} [v(L \cup \{m\}) - v(L)] \quad (6)$$

式中：　　　　ϕ_m——第 m 个特征的贡献；

L——特征子集；

$N\{m\}$——特征集合；

M——输入特征总数；

$v(L \cup \{m\})$——当样本只有在 $L \cup \{m\}$ 中的特征值时模型的预测值；

$v(L)$——当样本只有在 L 中的特征值时模型的预测值。

SHAP 值大于 0 表示对网约车分担率起促进作用,小于 0 表示起抑制作用,绝对值的大小表示促进或抑制作用的大小。

为了更准确地捕捉公交竞争力和网约车分担率的关系并减小内生性偏差,我们把其他可能与网约车分担率相关的特征也纳入模型,作为控制变量。除出行时间和出行费用外,收入水平[6] 和出行目的[7] 是影响网约车分担率的重要因素,我们以终点网格 POI 密度表征出行目的,以起点网格平均房价表征收入水平。

2　网约车分担率与公交竞争力关系分析

本研究通过运用 XGBoost 模型并采用五折交叉验证方法对数据进行拟合,得到的模型评估结果显示决定系数(R^2)为 0.16,平均绝对误差(MAE)为 0.14,均方根误差(RMSE)为 0.17。下面分析公交时间竞争力、费用竞争力对网约车分担率的影响,控制变量不是本研究的关注重点,因此不展开分析。

2.1　时间竞争力

公交时间竞争力指标与其 SHAP 值的关系如图 2 所示。其中,一个点代表一个样本,x 轴表示变量,y 轴表示变量相应的边际效应,由 SHAP 值表示。从图 2 中可以看出,随着公交时间竞争力的增大,网约车分担率逐渐降低,这说明公交相比于网约车较高的时间成本是导致出行者选择网约车的重要原因,通过改善公交的时间竞争力可以降低网约车分担率。

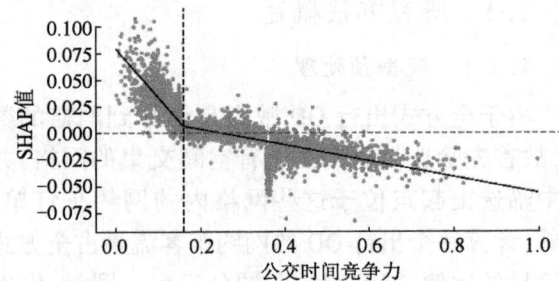

图 2　公交时间竞争力与 SHAP 值关系

另外,随着公交竞争力变化,网约车分担率受到的影响存在明显的非线性。通过选择断点、以均方误差最小为目标拟合线性函数,可将散点图拟合为分段函数:

$$y = \begin{cases} -0.463x + 0.080 & (x \leq 0.16) \\ -0.075x + 0.018 & (x > 0.16) \end{cases}$$

由函数可见,公交时间竞争力以 0.16 为界限(即公交行程时间比网约车多 9.2min),两侧的网约车分担率变化斜率有很大差异。这反映了公交时间竞争力在网约车出行方式选择行为中存在阈值效应：当公交行程时间稍慢于网约车时，网约车分担率会随着公交时间竞争力的降低而缓慢增加；当公交行程时间超过网约车至一定阈值时，网约车分担率随着公交时间竞争力的降低而快速增加。这意味着在政策实践中，要重点关注时间竞争力较低（行程时间相比于网约车过长）的公交运营线路，降低公交出行时间成本，这是降低网约车分担率关键对象。

2.2　费用竞争力

公交费用竞争力指标与其 SHAP 值的关系如图 3 所示。通过选择断点、以均方误差最小为目标拟合线性函数的步骤，将散点图拟合为分段函数：

$$y = \begin{cases} -0.289x + 0.134 & (x \leq 0.59) \\ 0.442x - 0.298 & (x > 0.59) \end{cases}$$

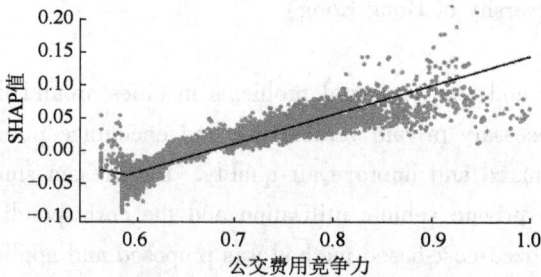

图 3　公交费用竞争力与 SHAP 值关系

由函数可见，公交费用竞争力以 0.59 为界限（即网约车费用比公交高 7.6 元），两侧的网约车分担率变化斜率呈相反态势。这反映了公交费用竞争力在网约车出行方式选择行为中存在非单调模式：在网约车行程费用处于起步价时，随着公交费用的增加，人们更倾向于选择网约车；在长途出行中，网约车分担率与公交费用竞争力表现出正相关。短途出行中较高的公交行程费用与不便利的公共交通有关，可能涉及公交之间的换乘，这意味着在政策实践中，对于短途出行，提高公交服务的便利性和降低费用能有效地减少网约车的使用。而在出行距离逐渐增长时，增加的网约车份额可能部分来自对主动出行方式（如步行和非机动车）的替代，这意味着提升公交服务的吸引力仍是降低网约车依赖的关键策略。

3　结语

本研究通过构建相对于网约车的公交时间竞争力、费用竞争力指标，并结合机器学习模型和 SHAP 技术挖掘了公交时间竞争力、费用竞争力与网约车分担率的复杂非线性关系。以杭州市主城区的网约车订单数据为案例，本研究发现，公交时间竞争力对网约车分担率的作用呈现出阈值效应，尤其当公交时间竞争力较低时，网约车分担率会快速上升。因此，本研究强调需要重点关注这些公交运营线路，通过优化接驳公交线路、缩短发车间隔等措施，提升公交时间竞争力。此外，公交费用竞争力对网约车分担率的作用呈现出非单调的分段模式，对于短距离出行，提高公交服务的便利性和降低费用能有效地减少网约车的使用。但总体来看，网约车是一种特殊的出行方式，出行者对费用的敏感度并不高，提升公交服务的吸引力仍是降低网约车依赖的关键策略。综上，本文的研究成果为构建更加符合实际情况的出行方式选择模型提供了实证基础，并为政府部门在鼓励网约车乘客转向公共交通、提升公共交通吸引力方面提供了有价值的政策建议和支持。

参考文献

[1] 吕莹,孙会君,许广曈,等.网约车与公共交通替代关系及其减排潜力研究[J].交通运输系统工程与信息,2023,23(14):11-23.

[2] 唐立,罗霞,陈思为,等.基于混合 Logit 模型的网约车选择行为研究[J].交通运输系统工程与信息,2018,18(1):108-114.

[3] DONG X X. Trade uber for the bus?[J]. Journal of the American Planning Association, 2020,86(2):222-235.

[4] ZHAI G,YANG H,PAN R,et al. Usage characteristics and mode choice transitions of ride-hailing users in chengdu,china[J].2019.

[5] ZHANG G Z, WANG D H, CAI Z Y, et al. Competitiveness of public transit considering travel time reliability: a case study for commuter trips in hangzhou,china[J]. Journal of Transport Geography,2024,114:103768.

[6] CHEN T C,GUESTRIN C. XGBoost:a scalable tree boosting system[J]. IEICE Transactions on Fundamentals of Electronics, Communications and Computer Sciences,2016.

[7] LUNDBERG S M,LEE S-I. A unified approach to interpreting model predictions [J].

Proceedings of the 31st International Conference on Neural Information Processing Systems, 2017:4768-4777.

[8] 冯飞宇,郭赟韬,晏康,等.考虑个体异质性的网约车使用行为建模及影响分析[J].重庆交通大学学报(自然科学版),2023,42(10):142-148.

[9] 许伦辉,耿雪琳.城市建成环境对网约车客流的影响研究[J].合肥工业大学学报(自然科学版),2023,46(9):1247-1253.

The Impact of Parking Pricing on Private Vehicle Utilization and Public Transport Shift:A Case Study of Yichang

Yanwen Huang[1]　Shaokun Liu[*1]　Zhibin Yang[1,2]　Kanghao He[1,3]
(1. Institute for Transportation and Development Policy;
2. Department of Architecture and Civil Engineering, City University of Hong Kong;
3. Faculty of Architecture, The University of Hong Kong)

Abstract　The increase in car ownership causes traffic and environmental problems in cities around the world. Parking pricing is a sufficient method to reduce unnecessary private vehicle use and encourage public transport development, which can balance the supply and demand and improve air quality. The present study endeavours to investigate the influence of parking pricing on private vehicle utilization and the corresponding shift towards public transport adoption. To this end, a generalized-cost-based method was proposed and applied to the city of Yichang as an illustrative case for analysis. The empirical findings of the investigation demonstrate that the current parking fee of 3. 5 CNY per hour in Yichang has indeed exerted a positive impact, causing approximately 32.08% of drivers to transition using public transport. Nevertheless, this percentage falls notably below that observed in other Chinese and international cities, indicating the potential for further optimization. To augment the effectiveness of the parking pricing scheme, it is suggested that Yichang considers a substantial increase in the hourly parking fee, ranging from 7 to 11 CNY. Such a measure is projected to elicit a more substantial behavioural shift, with an estimated 50% to 100% of the increment would appear in the public transport share. In addition to its practical implications, the proposed generalized-cost-based method can serve as a tool for governmental entities, aiding in the adjustment of parking pricing strategies and enabling more targeted policy adjustments.

Keywords　Traffic demand management　Parking management　Parking pricing　Public transport

0　Introduction

Cities around the world are now facing complex, multidimensional and urgent challenges: increased motorization and congestion, worsening air quality, and the devastating impacts of climate change. Vehicles are one of the major contributors to total pollutant emission in the city due to the substantial surge in car ownership worldwide with the progression of the economy[1].

Vehicles are a major contributor to total pollutant emission. For example, in China, more than 90% of CO, HC, NOx and PM emissions come from vehicles[2]. In order to reduce vehicle-related emission, cities need effective traffic demand management strategies to change people's travel behaviour, and especially, travel modes. Reducing unnecessary private vehicle use can not only ease congestion, but also reduce emissions, improve air quality, and reduce the impact of climate change.

Existing unnecessary private vehicle use reduction strategies mainly includes two aspects, private vehicle uses cost increment and alternatives provision.

Cost increment: Parking pricing, Road pricing, Pay-as-you-drive insurance, Fuel tax increase, etc.

Alternatives provision: Public transport improvements, non-motorized improvements, Parking management, etc.

Parking and driving are interconnected, and parking is considered a response to driving. Ideally, when people drive, they should pay for parking. However, in practice, low or no parking fees motivate driving behaviour[3]. Parking pricing serves as cost increment in unnecessary private vehicle use reduction strategies and is one of the effective ways to modify travel mode structure.

Many investigations have found that parking price can affect the use of private vehicles. Sufficient parking pricing can not only balance the supply and demand, but also reduce the private vehicle use willingness, and therefore reduce the unnecessary private vehicle use[4]. On the contrary, imprudent parking prices could cause higher congestion and lower social welfare. Vidovic and Simicevic interviewed the users of a parking garage, built a logistic regression model and concluded that the share of private car travel decreases as the price of parking increases[5]. Nourinejad and Roorda by deriving comparative static effects for a small network, showing that parking prices can reduce or induce private vehicle use depending on the elasticity of the parking dwell time (to the hourly parking price)[6]. Parmar et al. reviewed the demand for and characteristics of parking systems in urban areas and indicated that uncontrolled parking supply encourages car dependency and, therefore, advocates the use of parking facilities as a restriction measure by limiting available parking spaces and levying high parking fees[7].

Moreover, some research showed that parking pricing could shift commuters from private vehicles to public transport. Bianco et al. used a simulated model to analyse the effects of eight strategies affecting parking prices, supply, and levels of transit service on the choice of travel mode when used alone or in combination[8]. The results showed that increasing parking prices can significantly change the travel behaviour of private vehicle users and increase the share of transit trips. Hess used a multinomial logit model to analyse the impact of free parking on the mode choice and parking demands[4]. The study found that free parking significantly increased the likelihood of driving alone and carpooling, while decreasing the use of public transport. Proulx et al. developed a nested logit model based on data from the biennial campus transportation and housing survey to analyse the impact of parking prices and transit fares on the choice of mode[9]. The result indicated that the reform of parking prices and incentives would lead to a significant modal shift from driving to alternative modes.

Pricing is a key strategy for managing parking demand and supply, as it can influence drivers' choices of mode, location, and duration of parking. By setting optimal prices that reflect the true costs and impacts of parking, cities can encourage more efficient and equitable use of public space, reduce congestion and emissions, and generate revenue for improvements in transportation or other public services[10]. Although existing studies confirmed the effect of parking prices on public transport sharing rate, the corresponding increase in public transport sharing rate to the increase in parking fees remained unknown. Generalized cost is a term that is usually used in transport economics to combine different cost and time values into a single measure (such as monetary units or time units) to define the cost of a transport journey. Considering that generalized cost can coherently predict and evaluate the effects of transport projects, this research proposed a generalized-cost-based method to estimate the change in modes of transport to public transport when parking fee increases[11].

This research fitted the car ownership distribution function of resident by establishing the income distribution function and time value distribution function, then compared the generalized cost of public transport and private vehicles[12]. Therefore, this research established the parking fee impact model, which shows how different levels of parking fee affect the private vehicle owners' mode shift to public transport.

1 Method

1.1 Relationship between car ownership and time value

Referring to the production method, income method, cost method etc., this research adopted residents' disposable income data to conduct the analysis. Based on the existing income data, fit the income distribution function of residents as an exponential function, which is shown as Eqs. (1).

$$I = a \times e^{bx} \qquad (1)$$

where x is the cumulative income proportion, and I is the corresponding income.

Eqs. (2) shows a direct relationship between time value and income of residents.

$$V_t = \frac{I}{(365 - 52 \times 2) \times 8} = \frac{a \times e^{bx}}{2088} \qquad (2)$$

Where V_t is time value.

Based on other Chinese cites, the relationship between cumulative private vehicle ownership and cumulative income proportion is shown as Eqs. (3)[13].

$$OS = \frac{413.22}{1 + 366.62 \times e^{(-0.87 \times \frac{a \times e^{bx}}{4810})}} \qquad (3)$$

Where OS is cumulative private vehicle ownership per thousand people.

To simplify the calculation, this research fits the relationship between car ownership per thousand people and resident income as an exponential function shown as Eqs. (4).

$$OS = \alpha \times e^{\beta x} \qquad (4)$$

By combing Eqs. (2) and (4), the relationship between cumulative private vehicle ownership and

time value can be shown as Eqs. (5).

$$OS|_{V_t} = \alpha \times \left(\frac{2088 \times V_t}{a} \right)^{\frac{\beta}{b}} \qquad (5)$$

1.2 Relationship between private vehicle usage reduction and parking fee

In this research, the generalized cost refers to all travel expenses, including actual money expenditure, time cost, comfort cost, etc. As the public transport services improved, this research assumed that public transport has the same comfort cost as private vehicles, thus only the time cost and actual money expenditure were considered. It is assumed that travellers always choose the travel mode with the optimal generalized cost. Thus, if the generalized cost of private vehicle and public transportation are the same, people will choose public transportation instead of private vehicles.

In order to facilitate calculation, this research simplified the comparison:

Only public transport and private vehicles were discussed; the mode shift occurs only between them.

Since the payment time for public transport is different from that for car travel, for the sake of completeness, a family trip to the central area and back to the family was taken as the research object.

The generalized cost of each travel mode is calculated according to average travel distance.

The actual cost of public transportation is ticket price, and time cost includes walking time, waiting time and on-board time. The generalized cost of public transport can be shown as Eqs. (6).

$$C_{cp} = 2 \times [C_p + (t_b + t_h + t_c) \times V_t] \qquad (6)$$

Where $C_{cp} = 2$ is the generalized cost of public transport, C_p is the ticket price, t_h is walking time (hour), t_b is waiting time (hour), t_c is on-board time (hour), and V_t is time value.

The generalized cost of private vehicles includes data such as parking fee, fuel consumption cost per kilometre, time cost, and average ridership. The generalized cost of private vehicles can be shown as Eqs. (7).

$$C_{cc} = \frac{c_T + 2 \times C_y + 2 \times t_{cc} \times V_t}{R} \qquad (7)$$

Where C_{cc} is the generalized cost of private vehicles, C_t is total parking fee, C_y is fuel consumption, t_{cc} is time cost, R is average ridership, and V_t is time value.

Let the generalized cost of private vehicles equals the cost of public transportation, the relationship between the time value and parking fee, which can be shown as Eqs. (8), and thus the private vehicle usage reduction can be shown as Eqs. (9).

$$V_t|_{C_t} = \frac{0.5 \times C_t + C_y - R \times C_p}{R \times (t_b + t_h + t_c) - t_{cc}} \quad (8)$$

$$PVR|_{C_t} = \alpha \times \left(\frac{2088 \times V_t|_{C_t}}{a}\right)^{\frac{\beta}{b}} \quad (9)$$

Where V_t is time value and C_t is parking fee, PVR is the private vehicle usage reduction estimation.

1.3 Mode shift analysis based on generalized cost optimization

If the current parking fee is p, then the private vehicle usage reduction is shown as Eqs. (10).

$$PV|_{C_t=0} = \frac{PV|_{C_t=p}}{1 - PVR|_{C_t=p}} \quad (10)$$

Where $PV|_{C_t=0}$ is the private vehicle sharing rate when parking freely, $PV|_{C_t=p}$ is the current private vehicle sharing rate, $PVR|_{C_t=p}$ means the current private vehicle usage reduction.

The original public transport share rate is Eqs. (11)

$$PT|_{C_t=0} = 1 - PV|_{C_t=0} - \sum SR_i \quad (11)$$

Where $PT|_{C_t=0}$ is the public transport share rate when parking freely, SR_i is the share rate of the other i th travel mode.

The relationship between current share rate of public transport and parking fee can be shown as Eqs. (12).

$$PT|_{C_t} = PT|_{C_t=0} + PV|_{C_t=0} \times PVR|_{C_t} \quad (12)$$

Where $PT|_{C_t}$ is the public transportation share when parking fee is C_t.

2 Case study-yichang

In this study, Yichang, the third largest city in Hubei, China, is selected as the case. Currently,

Yichang has more than 3.91 million residents living in 21230 km² area, as well as more than 818360 vehicles registered with plates in 2021[14]. Large numbers of privately owned vehicles have already taken up a significant portion of public road resources, resulting in traffic congestion and emerging as a primary challenge for urban road transportation. Moreover, those vehicles are not electrified and causing the polluted problem. As the Chinese government has set a goal to reach peak carbon dioxides emission by 2030, Yichang is working on its decarbonization project. To reduce vehicle related emissions and curb private car use, parking management, especially pricing, is a necessary measure in Yichang.

Based on the existing economic data of Yichang, the income distribution function of residents, the time value distribution function, and the car ownership distribution function are established. By comparing the generalized travel costs of various ways, the groups that change the way are determined, and the influence model of parking fees is established, to analyse the choice of travel mode by parking fees.

2.1 Relationship between car ownership and time value

According to the data of the city Statistics Bureau, the per capita disposable income of permanent urban residents in Yichang in 2020 is 37, 232 CNY, and the average annual salary of employees in urban units is 66209 CNY, equivalent to the average monthly salary of 5517 CNY[14]. Table 1 shows the income distribution of Yichang[15].

Income distribution of Yichang Table 1

Monthly Income(CNY)	Distribution
0—2000	3.67%
2000—4000	20.75%
4000—6000	33.05%
6000—10000	32.10%
>10000	10.43%

By referring to the experience of relevant cities, the annual income distribution function of Yichang, time value function, and private vehicle ownership can be shown as Eqs. (13) to (15).

$$I = 23387 \times e^{2.3835x}, R = 0.9448 \quad (13)$$

$$V_t = 11.201 \times e^{0.3835x} \quad (14)$$

$$OS = \frac{413.22}{1 + 366.62 \times e^{\left(-0.87 \times \frac{23387 \times e^{2.3835x}}{4810}\right)}} \quad (15)$$

Where I is the annual income distribution function of Yichang, x is cumulative income proportion, and V_t is time value, OS is cumulative private vehicle ownership per thousand people.

According to the above groups, the corresponding motor vehicle ownership rate, the cumulative average ownership rate, and the cumulative car ownership rate of each group are analysed, as shown in Figure 1.

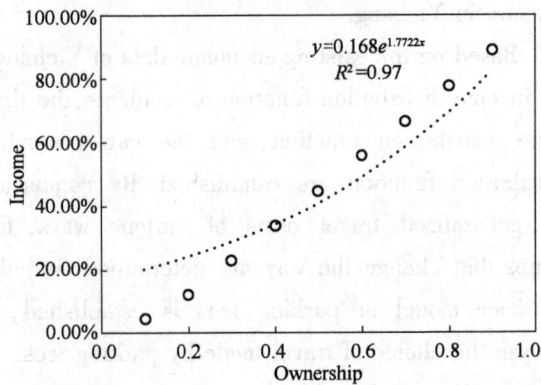

Figure 1   The relationship between cumulative private vehicle ownership proportion and cumulative income proportion.

The relationship between private vehicle ownership and cumulative income proportion can be shown as Eqs. (16). Combine it with Eqs. (14), thus the relationship between vehicle ownership and value of time can be shown as Eqs. (17).

$$OS = 0.168 \times e^{1.7722x}, R = 0.97 \quad (16)$$

$$OS = 0.03 \times V_t^{0.7435} \quad (17)$$

Where V_t is time value, OS is cumulative private vehicle ownership per thousand people.

2.2   Relationship between private vehicle ownership and parking fee

For public transportation, according to the current bus ticket price in Yichang, the actual cost of an average motorized distance bus trip in this study is calculated as $C_p = 2.8$ CNY. Time cost includes walking, waiting and on-board time.

Walking time：According to the field survey, the average walking distance to the bus system in Yichang is 887 meters, thus the walking time is estimated to be about 10 minutes ($t_b = 0.17$ hours) [16].

Waiting time：For the convenience of the study, the waiting time is only the bus waiting time in a single trip. According to the field survey, the average departure interval of buses in Yichang during peak hours is 15 minutes, so the waiting time is calculated as 7.5 minutes ($t_h = 0.125$ hours) [17].

On-board time：According to the survey, the average speed of the buses in Yichang is 20.7 km/h (2022), and the average travel distance is 7.9 km, so the on-board time required for a bus trip with an average motorized travel distance is 22.9 min ($t_c = 0.38$ hours). [17].

For private vehicles, the actual cost includes parking fees, fuel consumptions If the fuel consumption is 8.5 litters per 100 km and the oil price is 7.45 CNY/litter (based on the real-time oil price in 2023), the fuel consumption is 0.63 CNY/km. Thus, it can be calculated that the fuel consumption of a car trip with 7.9 km is $C_y = 5.0$ CNY.

The average speed of cars in Yichang is 27.3 km/h (data in 2019), the average travel distance is 7.9km, and the average travel time of cars in a motorized travel distance is 17.4 minutes, $t_{cc} = 0.29$ hours [17].

According to the field survey, the current ridership in Yichang is R = 1.4 [18].

Thus, the relationship between time value and parking fee can be shown as Eqs. (18), and thus the private vehicle usage reduction can be shown as Eqs. (19).

$$V_t |_{C_t} = \frac{0.5 \times C_t + C_y - R \times C_p}{R \times (t_b + t_h + t_c) - t_{cc}} \quad (18)$$

$$V_t |_{C_t} = 0.76 \times C_t + 5.96$$

$$PVR |_{C_t} = \alpha \times \left(\frac{2088 \times V_t |_{C_t}}{a}\right)^{\frac{\beta}{b}} \quad (19)$$

$$PVR |_{C_t} = 0.03 \times (0.76 \times C_t + 5.96)^{0.7435}$$

Where V_t is time value and C_t is parking fee, *PVR* is the private vehicle usage reduction estimation.

2.3 Mode shift analysis

According to the current investigation, the average hourly parking fee is calculated at 3.5 CNY and the average parking time is 6.24 hours, so the average current parking fee is $p = 21.8$ CNY per parking time. The current share rates for each mode of travel are shown in Table 2, which indicates that the current private vehicle share is $PV|_{C_t=21.8} = 15.91\%$ [15].

Current travel mode share rates in Yichang

Table 2

Mode type	Travel mode	Share
Green mobility	Walking	41.94%
	Bike	2.07%
	Electric bike	4.24%
	Public transport	29.11%
Others	Private vehicle	15.91%
	Motorcycles	3.33%
	Taxi	1.53%
	Shuttle bus	1.27%
	Others	0.61%

Share of private vehicle and public transport when parking freely can be calculated as Eqs. (20) and (21).

$$PV|_{C_t=0} = \frac{PV|_{C_t=21.8}}{1 - PVR|_{C_t=21.8}} = 42.83\% \quad (20)$$

$$PT|_{C_t=0} = 1 - PV|_{C_t=0} - \sum SR_i = 2.18\% \quad (21)$$

Where $PV|_{C_t=0}$ is the private vehicle share when parking freely, $PT|_{C_t=0}$ is the public transport share when parking freely, SR_i is the share rate of the other i th travel mode.

The relationship between current share rate of public transport and parking fee can be shown as Eqs. (22).

$$PT|_{C_t} = PT|_{C_t=0} + PV|_{C_t=0} * PVR|_{C_t}$$
$$PT|_{C_t} = 2.18\% + 42.83\% * PVR|_{C_t} \quad (22)$$

Where $PT|_{C_t}$ is the public transportation share when parking fee is C_t, *PVR* is the private vehicle usage reduction estimation.

The relationship between parking fee and public transport share can be shown as Table 3.

Relationship between parking fee and public transport share rate　　Table 3

Hourly * Ct	* Ct	* * PVR	* * * PT
3.5	**21.84**	**32.03%**	**15.90%**
7	43.68	48.71%	23.04%
8	49.92	53.13%	24.94%
9	56.16	57.44%	26.78%
10	62.4	61.65%	28.59%
11	68.64	65.77%	30.35%
20	124.8	99.94%	44.99%

注: * Ct is parking fee. * * PVR is the private vehicle usage reductio. * * * PT is the public transportation share.

Table 3 indicates that that the higher parking fee would encourage people taking public transport. The bolded and underlined row indicates that the current parking fee of 3.5 CNY per hour has already reduced 32.03% of private vehicle use. If the parking fee can be increased to 20 CNY per hour, almost all drivers would give up driving and choose public transport instead.

3 Discussion

In order to achieve carbon peaking and carbon neutrality goals, the effectiveness of policies needs to be evaluated. However, it is difficult to track and monitor changes in travel mode for everyone directly, nor is it easy to predict the possible impact of a policy in the absence of precedent. Therefore, methods are needed to simulate the impact of policies on residents' travel mode based on existing available data. This research proposed a method that analyses the generalized cost of private vehicles and public transport based on existing economic data. By a generalized cost function, different indexes that would influence travel mode can be quantitatively evaluated, and thus the effect of the index to travel mode selection can be analysed. The proposed method can use existing data to calculate the impact of parking pricing on public transport sharing without monitoring residents' travel behaviour.

The result of this research indicates that parking

pricing would encourage residents to switch from driving to public transport. It also fits the results of many other researchers[19,20]. The increment of parking fee would increase the drivers' parking cost and reduce their driving desire, thus private vehicle use can be restricted. However, their need to travel has not diminished, which means that travel volume remains the same. Therefore, they need to find alternatives such as public transport to meet their travel demand. As a result, the share of public transport would increase when the parking fee increases.

Figure 2 shows the ratio of the average hourly parking fee in downtown to the average hourly income in major cities overseas and China. Figure 3 shows the same index in cities with GDP or disposable income per ca-pita similar to Yichang. By comparing the ratio of the average hourly parking fee in downtown to the average hourly wage in major cities overseas and China, this research finds that the ratio of the existing parking fee to the average hourly income in Yichang is low, which is only 11.06%. The ratio of the average parking fee to the average hourly income is mostly larger than 20%. For Chinese cities like Beijing and Shenzhen, this ratio is even higher than 30%. Yichang can refer to the experience of domestic and foreign cities to raise the hourly parking fee to 20% to 30% of the average hourly wage, which is 7 to 11 CNY per hour. According to Table 3, if the hourly parking fee is adjusted to 7 CNY per hour, the public transport share would increase 50% to the current situation. If the hourly parking fee is adjusted to 11 CNY per hour,65.77% of people will give up driving, and the public transport share would be almost double the current situation.

In China, there is a growing trend towards walking and cycling. For example, bike uptake doubled from 2012 to 2021 in Beijing[21]. Raising parking prices could not only encourage residents to shift to public transport, but also encourage cycling and scooter usage. In the future, our proposed method could incorporate additional travel modes, such as

cycling, and conduct a more comprehensive analysis of how parking pricing could affect various transportation options.

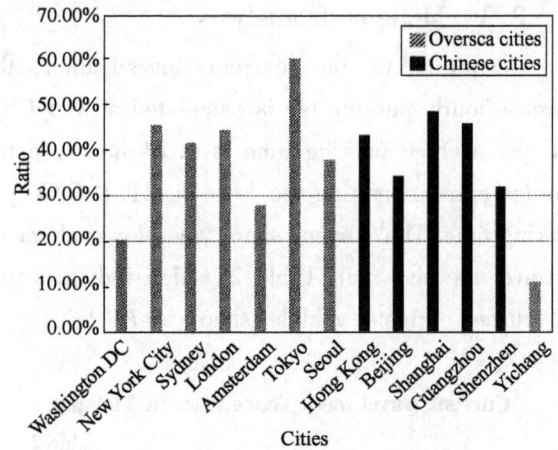

Figure 2　The ratio of the average hourly parking fee in downtown to the average hourly income in major cities overseas and China

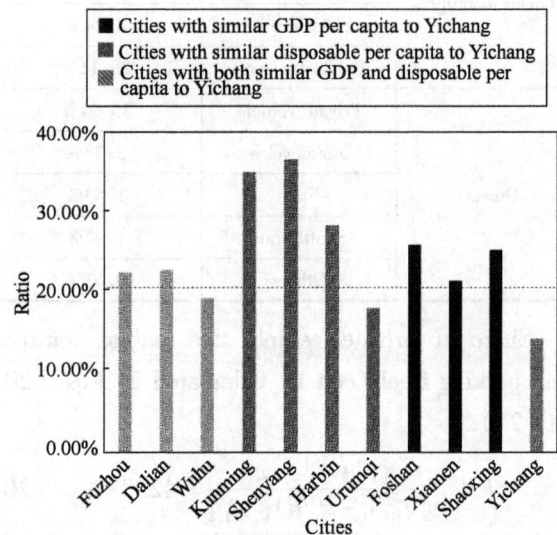

Figure 3　The ratio of the average hourly parking fee in downtown to the average hourly income in Chinese cities with GDP or disposable per capita similar to Yichang

4　Conclusions

This research proposed a generalized-cost-based method to evaluate the influence of parking fee to public transport share rate and take Yichang as an example for analysis. The result shows that generalized cost can quantitatively analyze various factors, and thus evaluate the influence of different factors on private vehicle use reduction and public transport share rate. The higher parking price can affect the choice of mode of the users of private vehicles, which limited the number of private users who pay for parking out of pocket. The current parking fee in Yichang is 3.5 CNY per hour, which has already reduced 32.03% of the private vehicle use. However, the proportion of hourly parking fee to hourly wage in Yichang is much lower than Chinese and overseas cities. Yichang can refer to advanced experience from those cities and raise the hourly parking fee to 11 CNY, which would lead to 65.77% of private vehicle use reduction. In the future, more factors and more travel modes can be considered and involved in the generalized cost function, therefore the proposed method can better evaluate the impact of the parking fee and help government modify the parking price.

References

[1] YANOCHA D, KIM Y, MASON J. The Opportunity of Low Emission Zones: A Taming Traffic Deep Dive Report [R]. 2023.

[2] Mobile Source Environmental Management Annual Report [R]. 2022.

[3] Equitable Streets Start with Parking Reform [R]. 2021.

[4] HESS D B. Effect of free parking on commuter mode choice: Evidence from travel diary data [J]. Transportation Research Record, 2001, 1753(1):35-42.

[5] VIDOVIC N, SIMICEVIC J. The impact of parking pricing on mode choice [J]. Transportation Research Procedia, 2023, 69:297-304.

[6] NOURINEJAD M, ROORDA M J. Impact of hourly parking pricing on travel demand [J]. Transportation Research Part A: Policy and Practice, 2017, 98:28-45.

[7] PARMAR J, DAS P, DAVE S M. Study on demand and characteristics of parking system in urban areas: A review [J]. Journal of Traffic and Transportation Engineering (English Edition), 2020, 7(1):111-124.

[8] BIANCO M J, DUEKER K, STRATHMAN J G. Parking strategies to attract auto users to public transportation [R]. 1997.

[9] PROULX F R, CAVAGNOLO B, TORRES-MONTOYA M. Impact of parking prices and transit fares on mode choice at the University of California, Berkeley [J]. Transportation Research Record, 2014, 2469(1):41-48.

[10] YANOCHA D, DAS T, KODRANSKY M, et al. On-street parking pricing [R], 2021.

[11] WARDMAN M, TONER J. Is generalised cost justified in travel demand analysis? [J]. Transportation, 2020, 47(1):75-108.

[12] ZHANG S. Shenzhen public transport development strategy [M]. Haitian, 2008.

[13] XIANG W A N G, FENG Y U, JIANGUO J I N, et al. Suzhou Statistical Yearbook 2021 [R]. 2021.

[14] MINGLIANG D E N G, BIE Y, HONGLIAN Y A N G, et al. Yichang Statistical Yearbook 2022 [R]. 2022.

[15] Report of Yichang residents travel behavior survey and analysis [R]. 2015.

[16] Yichang city report 2019 [R]. 2019.

[17] PENGFEI L I. Bus network structure and operation optimization project design of bus group [R]. 2020.

[18] Yichang traffic big data research [R], 2019.

[19] ARIAN K, Babak M, KORDANI A A. Effect of on-street parking pricing on motorists' mode choice [J]. Proceedings of the Institution of Civil Engineers - Municipal Engineer, 2019, 172(2):96-105.

[20] FRANCO S F. Parking prices and availability, mode choice and urban form [J]. International Transport Forum Discussion Papers, 2020, 2020/03.

[21] CHUNYAN L I, HUABING D U, LIANG X, et al. Beijing Transport Development Annual Report [R]. 2012.

Exploration of Transportation Demand Mechanism Considering the Spatiotemporal Heterogeneity-Taking the Pearl River Delta as an Example

Xiaodan Li[1]　Binglei Xie[*1]　Ting Mei[1]　Le Yu[2]　Boyu Liu[1]　Dazhuang Wu[1]

(1. Harbin Institute of Technology, Shenzhen;

2. Shenzhen Technology University)

Abstract　Due to the increasingly close regional connections, the transportation demand within urban agglomerations has surged. Therefore, studying the transportation demand mechanism within urban agglomerations is not only crucial for their transportation development, but also plays an important role in the development of urban agglomerations. This article takes the Pearl River Delta as an example and uses a spatiotemporal geographic weighted regression model to analyze the impact mechanism of transportation demand in the region. It was found that there is significant spatiotemporal heterogeneity in the impact of various factors on transportation demand. This provides important theoretical support for the policy-making of relevant departments.

Keywords　GTWR　Temporal and spatial heterogeneity　Transportation demand　Influencing factors

0　Introduction

Urban agglomerations are cities of different natures, types and scales within a specific region. They are generally centered on one or two megacities. Relying on certain natural environment and traffic conditions, the connections between cities are continuously strengthened. Its main characteristics are the economic connections within the urban agglomeration, the mutual influence of industrial division of labor and cooperation, urban planning, infrastructure construction, transportation and social life.

Among them, transportation is a basic, leading and strategic industry in the national economy. It is an important service industry and an important part of the modern economic system. It is an important support for building a new development pattern and serving the people's better life and promoting A solid guarantee for common prosperity. The level of transportation demand in urban agglomerations is closely related to transportation infrastructure construction, travel and industrial development within the urban agglomeration.

Transportation plays an indelible role in population mobility, information exchange, and regional economic construction. The indicators that characterize transportation demand are mainly reflected in passenger volume and passenger turnover. Passenger turnover reflects both the passenger travel demand in a region and the average travel demand length in a region. Therefore, this study uses passenger turnover as a quantitative indicator of passenger traffic demand to analyze the influencing factors of passenger turnover in the Pearl River Delta region.

At present, domestic and foreign research on passenger traffic mainly focuses on the prediction of passenger flow. Sun Gennian used the logit model to predict Hainan passenger traffic [1]. Zhang Bing used a system dynamics model to predict the demand for road passenger transport [2]. Guoxian established a model that combines time series and neural networks to study and predict my country's railway passenger traffic [3]. Li Cheng uses an optimized LOWHA interval prediction model to predict civil aviation passenger traffic [4]. A small number of scholars have also analyzed the influencing factors of passenger transport demand, but most of the influencing factor analyzes have not considered the spatiotemporal differentiation characteristics of the influencing factors. Therefore, this project intends to analyze the impact of various influencing factors on passenger traffic in the Pearl River Delta region from the perspective of spatial and temporal differentiation of influencing factors.

1   Research methods and data

1.1   GTWR model

In order to identify heterogeneity in spatiotemporal data, this project uses the GWR model extended to GTWR. The model is described as :

$$y_i = \beta_0(u_i, v_i, t_i) + \sum_{k=1}^{p} \beta_k(u_i, v_i, t_i) x_{ik} + \varepsilon_i \quad (1)$$

In the formula, x_{ik} is located at the position (u_i, v_i, The k th independent variable of t_i); $\beta_k(u_i, v_i, t_i)$ is the position (u_i, v_i, The k -th coefficient based on a single spatial bandwidth and time bandwidth at t_i); ε_i is the error term; y_i is the dependent variable.

Using the local linear estimation method to estimate the spatiotemporal weighted regression model can obtain the estimated value of each regression coefficient at the observation point i:

$$\hat{\beta}(u_i, v_i, t_i) = (\hat{\beta}_1(u_i, v_i, t_i)\hat{\beta}_2(u_i, v_i, t_i)$$
$$\hat{\beta}_3(u_i, v_i, t_i)\cdots\hat{\beta}_k(u_i, v_i, t_i))^T \quad (2)$$

1.2   Data sources

This project takes the Pearl River Delta as the research area, including Guangzhou, Shenzhen, Foshan, Dongguan, Huizhou, Zhuhai, Zhongshan, Jiangmen and Zhaoqing. Due to the deepening of integrated development within urban agglomerations, the transportation service levels of cities in the study area are not only affected by factors such as industry, transportation, and land use in the region, but also by these factors in adjacent areas. This project uses the following factors as indicators to analyze the

influencing factors of traffic development in different regions based on the laws of temporal and spatial differentiation. In order to further characterize the connotation of passenger traffic volume, this project uses the passenger traffic volume indicator as the dependent variable to analyze the impact of various influencing factors on it. As shown in the Table 1, these indicators are all from the statistical yearbooks of various cities.

Variables and units	Table 1
Variable	Units
Car ownership	vehicles
Road mileage	km
Number of buses	vehicles
Bus route length	km
Bus passenger volume	10^4 people
Number of taxis	vehicles
Taxi passenger volume	10^4 people
Regional gross Product	yuan
Value added of the tertiary industry	100 million yuan
Per capita regional gross Product	yuan
Permanent population	10^4 people
Population density	per person/square kilometer
employed population	10^4 people
Employment in the tertiary industry	10^4 people
Passenger transportation turnover	100 million person kilometers
Passenger volume	10^4 people

1.3   Data processing

This project uses SPSS to monitor multicollinearity of indicators, and finds that the variance inflation factors of each covariate are less than 15. Index variables without collinearity are screened out, namely, private car ownership, regional gross product per capita, population density, public transportation car ownership, length of bus lines, number of taxis, road history, added value of the tertiary industry, employed population, and year-end resident population.

2   Result analysis

This project uses the following three models to

calculate the influencing mechanism of passenger turnover in the Pearl River Delt aregion, and uses the following models to analyze the influencing factors (Table 2).

Fitting results of three models Table 2

Factors	OLS	GWR	GTWR
Bandwidth	—	0.53	0.26
Residual	—	286532.00	131498.00
CV	—	737414.00	593955.00
R2	0.85	0.87	0.94
Correction R2	—	0.84	0.93

It can be seen from the above table that the R2 of OLS and GWR are lower than the R2 of the GTWR model. The R2 of OLS is 0.85, the R2 of GWR is 0.87, and the R2 of GTWR is 0.94. This shows that the GTWR model used in this project is more superior from the perspective of measurement accuracy.

Based on the time and space differentiation mechanism, the GTWR model analyzes the influencing factors of passenger turnover with spatiotemporal differentiation characteristics, analyzes the spatiotemporal differentiation characteristics of different factors, and concludes that the influencing factors of different spatiotemporal differentiation characteristics have an impact on passenger turnover Impact.

The Table 3 shows the spatio-temporal analysis of the impact of different factors on traffic demand. It is found that although the impact of each indicator on the dependent variable is positive, the impact of different indicators on traffic development in the Pearl River Delta region has large spatio-temporal differences. Therefore, next, the impact of each indicator on the spatial and temporal differentiation of passenger traffic volume in the Pearl River Delta region will be elaborated. Figure 1 is a gradient diagram of the spatio-temporal geographical weighted regression coefficient of each indicator on passenger turnover.

Result Table 3

Year	Guang zhou	Shen zhen	Zhu hai	Fou shan	Hui zhou	Dong guan	Zhong shan	Jiang men	Zhao qing
2019	0.80	1.00	0.16	0.79	0.35	0.94	0.32	0.22	0.13
2011	0.52	0.54	0.02	0.27	0.04	0.27	0.08	0.04	0.00
2019	0.60	0.00	0.05	0.33	0.90	0.33	0.14	0.64	0.98
2011	0.60	0.06	0.05	0.33	0.74	0.30	0.09	0.67	0.78
2019	0.87	0.98	0.11	0.35	0.14	0.32	0.12	0.07	0.03
2011	0.68	0.88	0.06	0.27	0.04	0.32	0.10	0.04	0.00
2019	0.82	0.56	0.12	0.17	0.04	0.08	0.04	0.02	0.01
2011	0.94	0.76	0.08	0.13	0.05	0.16	0.05	0.02	0.00
2019	0.90	0.96	0.15	0.13	0.07	0.14	0.03	0.02	0.00
2011	0.86	0.65	0.07	0.14	0.06	0.33	0.05	0.03	0.04
2019	0.77	0.53	0.08	0.05	0.06	0.10	0.03	0.00	0.00
2011	0.86	0.45	0.06	0.11	0.07	0.30	0.07	0.04	0.05
2019	0.87	1.00	0.08	0.37	0.11	0.32	0.07	0.07	0.04
2011	0.43	0.40	0.00	0.19	0.03	0.13	0.03	0.02	0.00
2019	0.03	0.04	0.03	0.05	0.04	0.05	0.04	0.01	0.02
2011	0.69	0.55	0.01	0.17	0.03	0.18	0.04	0.02	0.00
2019	0.72	1.00	0.84	0.59	0.31	0.46	0.35	0.20	0.12
2011	0.38	0.45	0.33	0.31	0.07	0.14	0.21	0.04	0.00
2019	0.29	1.00	0.14	0.29	0.03	0.49	0.25	0.03	0.00
2011	0.23	0.79	0.11	0.25	0.02	0.48	0.23	0.03	0.00

The impact of private car ownership. In 2011, the regions with the greatest impact of private car ownership on passenger turnover were Shenzhen and Guangzhou, and the regions with the least impact were Zhaoqing and Zhuhai. This illustrates the impact of private cars on the travel demand of residents in Guangzhou and Shenzhen. Compared with Guangzhou and Shenzhen, the passenger turnover in Zhaoqing and Zhuhai at this time is less affected by the ownership of private cars. By 2019, the impact of private car ownership in Dongguan on the region's passenger turnover will increase, while the impact of private car ownership in Guangzhou on the region's passenger turnover will decrease.

Impact on transportation supply. ① Effect of number of buses. From the perspective of time changes, between 2011 and 2019, except for Dongguan, the impact of the number of bus vehicles on passenger turnover has not changed much. As time goes by, the increase in the number of public transportation vehicles will significantly stimulate residents' travel needs. From the perspective of spatial layout, the number of buses in Guangzhou and Shenzhen has the greatest impact on passenger turnover in the region, both above 0.5. Among them, the number of buses in Guangzhou has an even more prominent impact on passenger turnover of 0.52. This shows that the region can increase passenger turnover by increasing the supply of buses, thereby improving the transportation service level in the region. At the same time, the bus number indicators in Zhaoqing and Jiangmen have little impact on the passenger volume in the region. With the substantial increase in passenger turnover, the number of buses in the region has not increased correspondingly. This phenomenon is caused by The main reason is that the area covers a large area and has many rural areas. The accessibility of buses is low. The large number of residents traveling in the area does not match the lagging number of buses in the area. Therefore, this factor has a negative impact on the area. ② The impact on passenger turnover is small. ③ The impact of the number of taxis on passenger turn over. The number of taxis has a similar impact on passenger turnover as the number of buses. ④ Influence of road mileage. It can be seen from the figure that the spatial impact of this indicator on passenger turnover is more obvious, while the temporal impact is weaker. From a spatial perspective, the highway mileage in the Guangzhou-Shenzhen area has a greater impact on its passenger turnover and has always been in the first gradient. The increase in highway mileage in Guangzhou-Shenzhen has significantly increased the passenger turnover between the two places. Of course, this phenomenon is obviously inseparable from the economic development and large population density of the region.

The impact on economic development. ① The impact of per capita regional gross product on regional passenger turnover. From the perspective of time development dimension, it can be seen that the impact of per capita regional gross product on regional passenger turnover is not significant, that is, the difference in time impact is not obvious. From a spatial perspective, Huizhou and Zhaoqing have the strongest impact on the region's passenger turnover, belonging to the first gradient; Guangzhou and Jiangmen have the second largest impact on the region's passenger turnover, falling into the second gradient; Dongguan and Foshan's per capita The impact of regional gross product on passenger turnover is the third question city; Zhongshan's per capita regional gross product is the fourth gradient; the per capita regional gross product of Shenzhen and Zhuhai has a weak impact on passenger transport volume and is the fifth question city. ② The impact of the added value of the tertiary industry. From a time perspective, the regions that have an increasing impact on passenger turnover are: Huizhou, Dongguan, Foshan, Zhongshan, Zhuhai and Zhaoqing. Among them, the region with the most obvious increase is Huizhou. Huizhou has risen from the fourth gradient in 2011 to the fourth. Four gradients. The regions with a downward trend in the impact on passenger turnover are: Shenzhen, Guangzhou, and Jiangmen. The area with the most obvious decline is

Guangzhou. In 2011, the impact of the added value of the tertiary industry on passenger turnover in Guangzhou was in the first gradient. By 2019 year, it dropped to the third gradient. From a spatial perspective, taking 2019 as an example, the added value of the tertiary industry in Foshan and Dongguan has the greatest impact on passenger turnover; the added value of the tertiary industry in Huizhou, Shenzhen and Zhongshan has the second largest impact on passenger turnover. In conclusion, the added value factor of the tertiary industry in Jiangmen area has the least impact on the passenger turnover volume in the area, and has always been in the fourth gradient. Effect of population density. The impact of this indicator on passenger turnover shows obvious spatiotemporal characteristics. From a time perspective, the impact of population density on passenger turnover in Huizhou and Zhuhai mainly showed an upward trend from 2011 to 2019, with little change in other regions. From a spatial perspective, the population density in the Guangzhou-Shenzhen area has a greater impact on passenger turnover, mainly in the first and second gradients. For example, the population density in Guangzhou-Shenzhen, Dongguan and Foshan areas has a major impact on passenger turnover. It is distributed in the first and second gradients and has a greater impact on passenger turnover. The second peripheral areas, such as Zhaoqing and Jiangmen, have the smallest impact, generally in the 4th and 5th gradients.

Effect of bus line length. From the time perspective, the impact of bus line length on passenger turnover in Huizhou, Foshan, Zhuhai and Jiangmen showed an increasing trend in the past 9 years; the impact of bus line length on passenger turnover in other areas has not been Changes occurred, and the area with the most obvious growth rate was the Zhuhai area, which mainly increased from the fourth gradient to the second gradient. From a spatial perspective, the length of bus lines in Guangzhou-Shenzhen has the greatest impact on it, always at the first gradient, followed by Dongguan, and Zhaoqing's performance is better, always at the lowest gradient.

The number of employees in Shenzhen has the greatest impact on passenger turnover, while the number of employees in Zhaoqing and Jiangmen has the least impact on passenger turnover. Affected by the level of economic development, with the policy of the national pilot demonstration zone with the gradual implementation of Shenzhen, the regional attractiveness has gradually increased. Many young people from other places have poured into Shenzhen. As the number of employed people increases, employment demand and travel volume will continue to increase, thereby increasing the passenger turnover in the area.

The impact of year-end resident population on passenger traffic volume. The spatial and temporal differences in the impact of the year-end resident population on passenger traffic volume in this region are obvious. From a time point of view, the downward trend of the impact of this indicator on passenger turnover is relatively obvious. For example, the impact of the year-end resident population on passenger turnover in Huizhou, Guangzhou, Foshan, Zhongshan, Zhuhai, and Jiangmen shows a clear downward trend. Among them, the impact of the permanent population and passenger turnover in Guangzhou, Foshan and Zhongshan dropped more obviously, from the second gradient to the third gradient.

3　Conclusions

This paper uses the GTWR method to analyze the influencing factors of transportation passenger demand in the Pearl River Delta region with passenger turnover as the dependent variable. Explore the spatiotemporal differentiation mechanism of factors affecting passenger traffic in various regions of the Pearl River Delta . The study found that the impact of various factors in various regions on the passenger turnover volume in the Pearl River Delta region varies greatly in time and space. Among them, the length of bus lines has the greatest impact on passenger volume, and the number of employees has the least impact on passenger turnover.

References

[1] SUN G N, GAN X R. Recovery and forecast of tourism in typical provinces of China in the post empirical era: taking the monthly traffic volume data of Hainan, Hubei, Shanghai and Beijing as an example [J]. Journal of Shaanxi Normal University (Natural Science Edition), 2021, 49 (6):9-20.

[2] ZHANG B, et al. Highway passenger volume prediction based on improved system dynamics models [J]. Journal of Chang'an University (Natural Science Edition), 202343 (2):111-119.

[3] WANG G X, FAN Y B, WANG F L, et al. Research on the prediction of railway passenger volume in China under time series and neural networks [J]. Journal of Heihe University, 2021, 12 (5):182-185.

[4] LI C, XIAO M T, XING J. A comparative study on optimizing IOWHA interval prediction models for a type of correlation index: A case study of civil aviation passenger volume [J]. Mathematical Practice and Understanding, 2021, 51 (4):153-160.

国外高铁客票动态定价现状及启示

赵紫珍[1,2] 聂磊[1,2] 梁晓慷[3] 佟璐*[1,2]
(1.北京交通大学交通运输学院;2.北京交通大学智慧高铁系统前沿科学中心;
3.中国国家铁路局集团有限公司)

摘要 国外发达国家有成熟的铁路客票动态定价经验,本文通过梳理主要高铁运营国家定价模式,分析德国、西班牙、意大利、法国铁路客票动态数据,总结其在差异化定价、票价市场化浮动方面的特点;结合我国高铁票价改革及动态定价研究现状,提出亟须解决预售期前差异化基准执行票价和预售期内执行票价的优化问题;借鉴国外成功经验提出适应我国高铁客票动态定价的优化方向,促进高铁票价优化理论研究。

关键词 高速铁路 票价 动态定价 差异化 市场化

0 引言

2023年底,中国高铁运营里程达4.5万km,拥有运营里程长、商业运营速度快、运营网络通达水平高的高铁网络。在全面深化铁路改革的背景下,利用收益管理原理优化客票定价,动态调节供需平衡关系,已成为我国高铁现阶段发展中亟待解决的关键问题。国外一些发达国家较早地将收益管理技术应用到铁路领域,高铁票价浮动应用较为成熟。国内学者先后对国外定价经验进行了探索。刘杰和何世伟[1]最早介绍了国外高铁在票价制定以及票价管理方面的经验;吴云云[2]重点研究了德国铁路销售过程中灵活的票价政策、完善的营销机制以及多方位的营销渠道;李颖[3]在2014年对国内外高铁票价定价机制和体系进行了对比;近年来,部分学者在研究我国高铁票价动态优化的过程中对国外高铁的票价策略[4]、票价体系[5]、客票定价方法[6]等内容进行了分析。这些学者的研究大多针对票价政策和营销策略,缺乏差异化动态定价分析及对我国的启示。本文基于各国高铁运营特点和定价模式的不同,提出我国亟待解决的问题;通过挖掘国外铁路公司官网公布的预售期购票价格数据,分析国外高

基金项目:中央高校基本科研业务费专项资金资助(科技领军人才团队项目:2022JBQY005),国家自然科学基金"联合基金"项目(U2368212)、国家自然科学基金"青年基金"项目(72001021)、中国国家铁路集团有限公司科技研究开发计划项目(2021F017)。

铁票价浮动现状,结合当前我国票价改革和研究现状,提出对我国高铁列车实行票价差异化动态浮动。

1 各国高铁定价模式

高铁客票定价是复杂难题,与高铁运营管理模式有密切联系,各国主要依据本国特点,应用收益管理思想来制定高铁票价,形成了比较灵活的票价体系。表1展示了各国高铁定价模式,日本新干线有大量高密度运输市场,选择了国铁民营化政策;德国、法国、西班牙高铁均由国家铁路公司运营,意大利高铁由国家铁路公司和私企运营。其中德、意、西采取市场定价;法、日以市场需求为导向,实行政府指导价、市场化浮动定价机制。我国与日本、欧洲等国在国情、路网规模、居民收入、出行习惯等多方面存在差异,高铁服务范围广、客运量大,票价改革应与运营市场和社会现状相适应。

高铁定价模式 表1

定价机制	国家	运营主体	票价种类/构成
市场化定价	德国	国企 DB	常规票、优惠票
	西班牙	国企 Renfe	标准票、灵活票、高级票
	意大利	国企 FS 私企 NTV	标准票、经济票
政府指导价 市场化浮动	法国	国企 SNCF	全价票、折扣票
	日本	民企:6家 JR 公司	基本费率、特急附加费、预定席位费
	中国	国企	公布票价为上限;规定浮动下限

2 国外高铁动态定价现状

2.1 德国

德国的购票系统在基本票价的基础上融合了提前购票时间、起讫点、出行时间段、购票人数、年龄、是否有优惠卡、座席选择、中转次数、换乘时间等多种影响因素,旅客在进行购票查询时即可根据自身需求选择输入条件。每趟列车都包含了四个票价等级,分别是超级优惠票、优惠票、灵活票、灵活会员票,价格依次由低到高,对应的退改签权限、车次选择、城市门票优惠等服务内容各不相同;灵活票不指定车次,折扣票只能乘坐选定的车次。

2.1.1 面向列车和旅客的差异化定价

(1)列车产品等级的差异定价

德国将主要高铁客运产品按旅行速度、车厢设施差异等分为A、B两个等级,每个产品等级的每种列车都有不同的标准价计算方法,如表2所示[7]。车次线路定价机制与距离、车次的旅行速度、舒适度有关;各等级产品组合时,按使用的最高等级运输产品计价。

德国高铁列车种类及定价方法 表2

	列车类别	运营特点	等级	定价方法
国内	ICE Sprinter	速度快、停站少	A	车次线路定价
	ICE	速度较快,只停大站	A	
	IC	停靠大中站	B	递远递减里程票价
	NJ	夜间列车	B	
国际	EC	欧洲列车	B	
	EN	欧洲夜间列车	B	

以表3中柏林—汉诺威间开行的 ICE 和 IC 列车为例,在发车时间相近的情况下,ICE 548 列车产品等级高、旅行速度快、停站数量少,IC 144 列车旅行时间比 ICE 548 多 12min,停站数量多 2 站,售出的四种票价都低于 ICE 列车。

柏林—汉诺威不同等级列车票价(欧元)表3

车次	IC 144	ICE 548
运行时间	12:29—14:36	12:33—14:28
停站数量/个	6	4
超级优惠票	31.9	45.9
优惠票	37.9	51.9
灵活票	56.5	73.7
会员票	67.8	87

(2)灵活票的一周内差异定价

灵活票不指定车次,旅客可乘坐指定起讫点、出发日期和列车类型的所有班次,一天内所有车次的票价相同,一周内每天的票价随预测客流量的高低而上下浮动,总体上的平均价格符合该区间的标准价格[8]。

柏林—法兰克福一周内灵活票价如图1所示,周四和周五票价最高,周二和周六票价最低。根据德铁售票系统内显示的每列车预测客流量,分别统计每天低、中、高预测客流量的列车数量,周四和周五总客流量最高,其次是周三和周日。因此,德铁灵活票价的制定实行与客流规律有关的差异化定价。

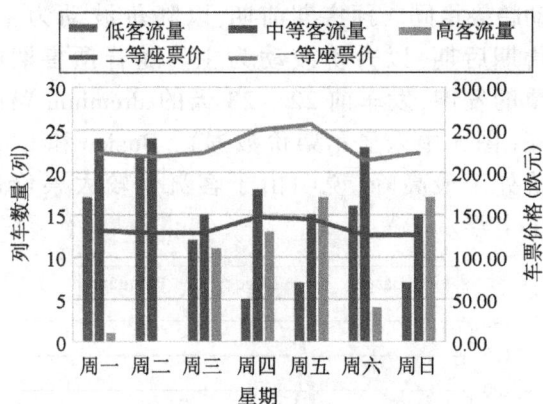

图1 柏林—法兰克福一周内灵活票价及每日预测客流

（3）优惠票的分时段差异定价

优惠票的价格是由收益管理系统决定的，变动较大[8]。

柏林—汉堡7天内所有ICE列车超级优惠票价如图2所示，不同颜色的折线对应的票价为不同日期柏林—汉堡一天内所有车次的票价，优惠票价每天的浮动变化较多，整体上看，12:00—14:00为一天中的最高票价，凌晨和深夜票价最低，早高峰和晚高峰票价略高。因此，德铁优惠票价与一天内高峰与平峰的客流出行特征相关，实行与客流规律相关的差异化定价。

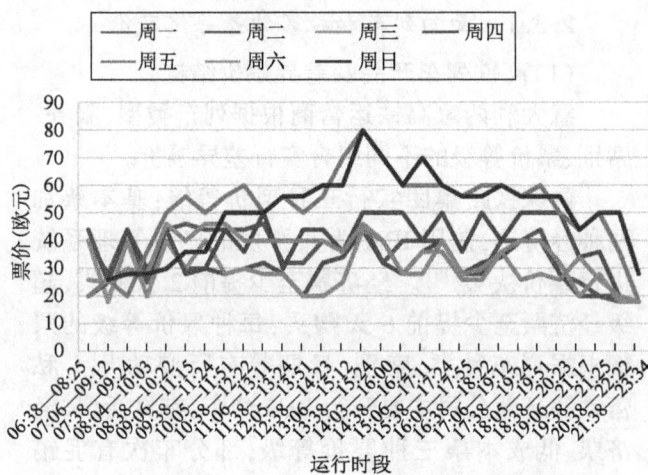

图2 柏林—汉堡7天内所有ICE列车超级优惠票价

2.1.2 预售期内票价的市场化浮动

180天预售期内柏林—法兰克福ICE577次列车的票价如图3所示，以预售期内各类票的平均票价为标准，灵活票价浮动范围为0.82～1.33欧元，优惠票价浮动范围为0.58～2.15欧元。优惠票价变动幅度大，呈现预售初期票价较低、波动较

小，中后期波动较大，发车前票价升高的特点；优惠票和灵活票均在发车前两天票价直线升至最高价。由于优惠力度大，有时发车前一两天可能无法买到优惠票。

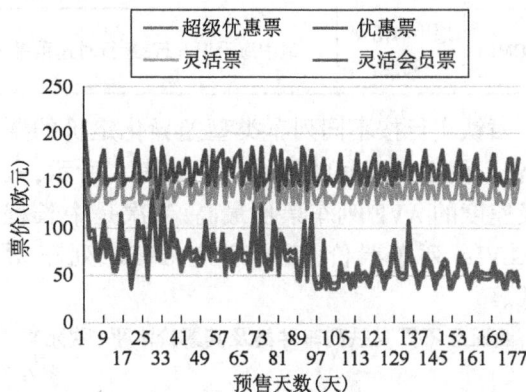

图3 180天预售期内柏林—法兰克福 ICE577次列车每日票价

2.2 西班牙

西班牙通过设置多层次客票类型提供差异化的客运服务，共有Básico、Elige、Prémium三类票制，对应不同的席别、退改签、选座、餐饮等服务内容，如表4所示。

西班牙铁路客票服务信息（欧元）　表4

服务内容	票制		
	Básico	Elige	Prémium
可选座席	标准座	标准/舒适座	舒适座
误车改签费	无	30%	免费
普通改签费	无	20%	免费
退票费	无	30%	5%
选座费	8	5	免费
携带宠物费	20	10	免费
客舱服务	无	付费餐饮	免费餐饮

2.2.1 面向列车和旅客的差异化定价

（1）高铁列车产品及其票价水平

表5展示了西班牙主要考虑列车开行距离与行政区划间的跨越、停站模式等因素对高铁产品进行分类，其中AVLO是廉价高速，运行速度与AVE相同，每列车座位比传统列车多20%，提供的旅行服务较少、票价低[9]。

西班牙高铁列车开行种类　表5

列车类型	等级	运行特点
AVE	最高级高速	运行时速最高，停站次数较少
ALVIA	中长程高速	跨越一个及以上自治区开行，停站较多

续上表

列车类型	等级	运行特点
AVANT	中短程高速	自治区内或相邻区间开行,停站较少
AVLO	廉价高速	马德里、巴塞罗那及巴伦西亚间运行
EUROMED	地中海沿岸高速	地中海沿岸开行,运行时速稍慢

西铁实行按不同列车类型差异化定价的票价策略,不同运行区间的票价水平如表6所示,最高等级速度的 AVE 列车票价最高,其次是中长程高速 ALVIA 列车票价,廉价高速 AVLO 列车票价最低。

西班牙不同高铁列车种类及其票价水平(欧元)

表6

运行区间	列车	预售期			
		1 天	7 天	30 天	180 天
马德里—巴塞罗那	AVE	46.95	26.85	17.05	17.05
	AVLO	29	35	15	9
马德里—塞维利亚	AVE	80.5	64.4	48.3	20.15
	ALVIA	70.9	56.7	63.8	—
马德里—巴伦西亚	AVE	54.05	38.6	27	15.45
	AVLO	35	25	19	7
	ALVIA	52.45	37.45	37.45	—

(2)分时段差异定价

马德里—塞维利亚 AVE 列车在各发车时间段的票价如图4所示,该日内三类票制价格浮动趋势相似,早高峰和晚高峰票价较高,上午票价波动,晚上票价逐渐降低。

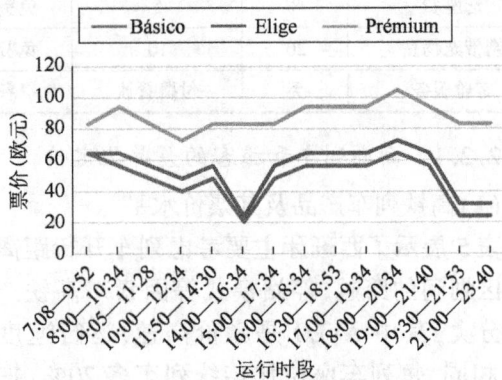

图4　马德里—塞维利亚线路不同时段内 AVE 列车票价

2.2.2　预售期内客票价格的市场化浮动

发车前60天 AVE02070 列车的三类票制票价如图5所示,票价随预售时间波动明显,三类票制波动趋势相同。预售期前期,以降价波动为主;预售期后期,以升价波动为主。随着预售期内客票的发售,发车前 22 ~ 23 天的 Prémium 票已售完(图5中未显示票价数据),Básico 和 Elige 票价处于最高峰,说明由于客流量较大票价进行了上浮。

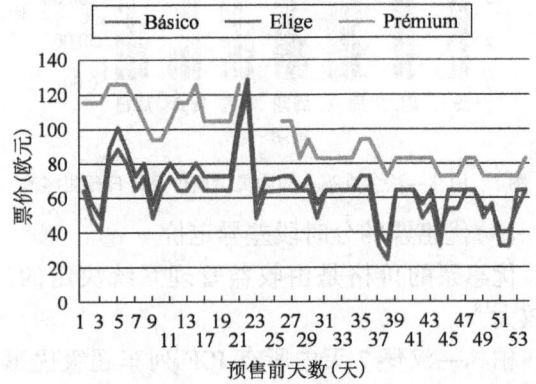

图5　发车前60天 AVE 列车的三类票制票价

2.3　意大利

意大利高铁由线路覆盖全境的意大利国家铁路集团和主要经营区域线路或专营部分城际高铁的私人铁路运营商 NTV 运营,两个公司开行不同系列的列车。

2.3.1　面向列车和旅客的差异化定价

(1)高铁列车产品及差异票价结构

意大利两家高铁运营商根据列车类型、服务、席别、票价等级的不同组合实行差异票价。

国家铁路集团实行三种票价等级:基本票和两种经济票,使用 IBM 为其开发的产量管理系统进行票价决策[10]。经济票至少提前2天购买,超级经济票至少提前6天购买;每种票价等级的票额根据列车种类、席别、日期等有所变动[11]。私营铁路运营公司主要开行 Italo 列车,有灵活票、经济票、低成本票三种票价等级,部分车次有促销票。罗马—威尼斯开行 Frecciarossa 和 Italo 两种高铁列车,各票价差异如表7所示。

意大利罗马—威尼斯差异票价展示(欧元)　表7

	票种	席别			
		Standard	Premium	Business	Executive
国家铁路集团	基本票	92.0	107.0	122.00	220.00
	经济票	69.9	75.9	86.90	179.90
	超级经济票	59.9	58.9	78.90	149.90

续上表

票种	席别			
	Smart	Prima	Club Executive	Salotto
私人铁路运营商 NTV 灵活票	85.9	98.9	119.9	150
经济票	57.9	59.9	79.9	—
低成本票	44.9	49.9	—	—

（2）优惠票的分时段差异定价

罗马—威尼斯一天不同时段内 Italo 列车优惠票价如图6所示，一天内共开行11列车，其中8列车设置了促销票。不同席别的低成本票和促销票价格浮动趋势相同，不同时段的票价浮动与旅客出行时间偏好相关。

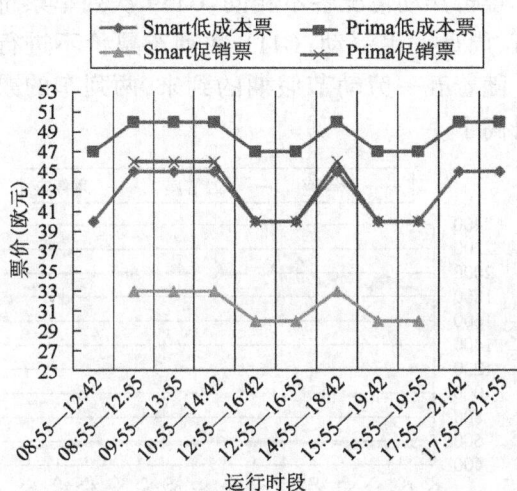

图6 罗马—威尼斯一天不同时段内 Italo 列车优惠票价

2.3.2 预售期内经济票的市场化浮动

预售期4个月内罗马—威尼斯每日开行20列 Italo 列车，各个席别的灵活票价格不变，某列 Italo 列车每日经济票价如图7所示。预售期开始的3个月内，仅出现两次票价上浮，票价浮动较少；开车前一个月内，票价浮动变多，最后一周价格整体呈上升趋势。

2.4 法国

2.4.1 面向列车和旅客的差异化定价

（1）列车产品等级的差异化定价

如表8所示，法国 TGV 有两个分支产品：商务型 INOUI 和经济型 OUIGO。前者提供优质的铁路服务，票价高且享有优先选座权；后者提供廉价服务。

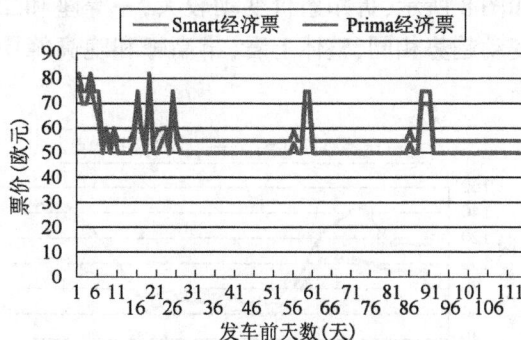

图7 预售期4个月内罗马—威尼斯某 Italo 列车每日经济票价

法国高铁列车开行种类及其票价结构 表8

TGV INOUI：优质、舒适、高速		
二等座	Prem's	廉价车票，价格随列车满员而上涨，越早预订价格越低，预售期4个月
	Seconde	预售期3个月，可退改签，7.5折
一等座	Première	票价随出发日期的临近而上涨
	Business Première	商务座，提供高级服务免费退改签

OUIGO Grande Vitesse：高速、低价		
成人10欧元起，12岁以下儿童8欧元；会员附加价为9欧元，享受额外的行李、选座、网络服务		

OUIGO Train Classique：低速、低价		
成人10~49欧元，12岁以下儿童5欧元		

里昂—巴黎部分 TGV INOUI 列车票价如表9所示，每趟列车都有三种票价等级，其中一等座和二等座可享受的服务内容不同，全价票和折扣票的退改签费用不同。

里昂—巴黎部分 TGV INOUI 列车票价（欧元）
表9

等级	时段					退改签费
	06:04 08:17	07:04 09:08	08:04 10:10	09:04 11:02	10:04 12:13	
一等全价	165.9	165.9	165.9	165.9	165.9	30%
一等折扣	136.9	162.5	109.1	99.1	162.5	60%
二等折扣	115.8	115.8	104.7	94.6	115.8	60%

（2）折扣票分时段差异定价

里昂—巴黎某日不同时段的 TGV 列车折扣票

价如图 8 所示,折扣票价变动较大,一等座和二等座变动趋势相同,整体上看,早高峰和晚高峰票价较高。

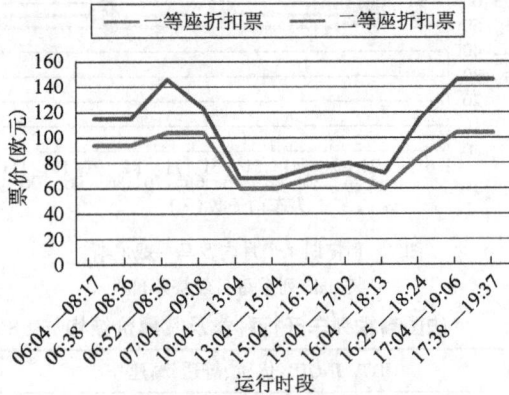

图 8　里昂—巴黎某日不同时段的 TGV 列车折扣票价

2.4.2　预售期内折扣票的市场化浮动

里昂—巴黎每日开行 TGV INOUI 和 TGV 两种类型列车,TGV INOUI 票价较高,所有票价等级都进行价格浮动;TGV 列车的全价票固定不变,折扣票进行价格浮动。里昂—巴黎 4 个月预售期内 TGV6618 次列车的所有一等座全价票价格固定为 149 欧元,折扣票浮动情况如图 9 所示:一等座和二等座浮动趋势相同,发车前三天为最高档票价,发车前 90～120 天为最低档票价,中间票价根据客流情况进行波动。

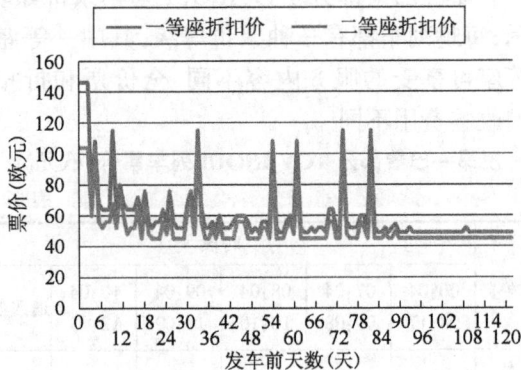

图 9　4 个月预售期内 TGV6618 次列车每日折扣票价

3　我国高铁票价改革及问题

3.1　我国高铁票价改革

2017 年以来我国陆续对部分线路运行的高铁动车组列车公布票价进行优化调整,根据市场状况、客流情况,区分季节、时段、席别、区段等,建立灵活定价机制,实行优质优价、有升有降、差异化的折扣浮动策略。各站执行票价以公布票价为上限,以规定最低折扣为下限,实行多档次、灵活折扣的浮动票价体系。

以京沪高铁为例,目前京沪线上整点开行的"标杆车"由于停站少、运营速度快,执行票价为公布票价;除"标杆车"外的其余列车实现了不同时段、不同日期以及随节假日波动的差异化票价。北京南—上海虹桥某日不同时段内列车票价如图 10 所示,与公布票价相比,商务座票价最高 9.37 折、最低 7.54 折;一等座票价最高 9.55 折、最低 7.9 折;二等座票价最高 9.12 折、最低 7.52 折。商务座波动次数最多,二等座波动次数最少。图 11 展示的预售期内北京南—上海虹桥不同车次列车票价浮动情况各不相同:G159 次列车票价在周五、周日发生浮动;G111 次列车票价不进行浮动。随着五一劳动节假期的到来,两列车的票价都升高了。

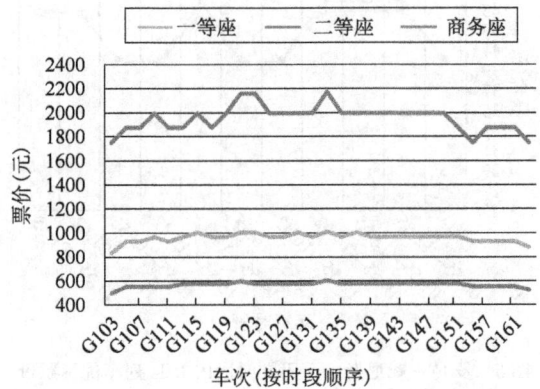

图 10　北京南—上海虹桥某日不同时段内列车票价

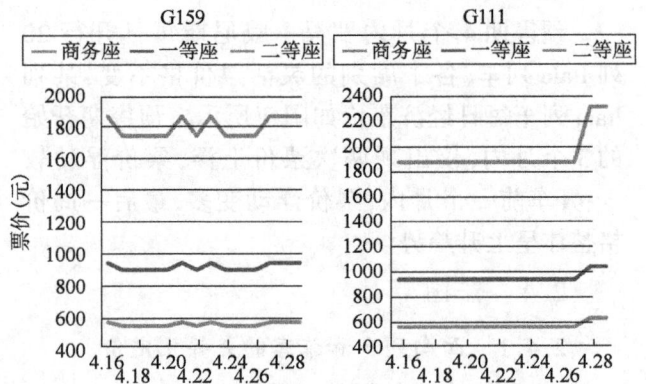

图 11　预售期内北京南—上海虹桥不同列车票价

目前我国实行小范围、依据人工经验的票价浮动策略,价格调节不够灵活,不能完全适应我国高铁市场,缺乏考虑复杂旅客需求下不同细分市场的差异性等科学理论的支撑。

3.2 亟须解决的问题

随着铁路市场化改革的推进,国内学者基于收益管理思想对高铁票价优化问题开展了研究,考虑市场竞争、产品属性、旅客出行需求、供需关系变化等影响票价的主要因素,实现不同场景下的动态定价。第一类研究方向是多列车之间的差异化定价,由于列车发车时段、停站方案、运行时间及舒适度等方面的差异,重点研究票价在多列车之间的差异化浮动。徐彦[12]研究了京沪线36个车次各站到北京南站的最优票价,王煜等[13]研究了单个区段内不同车次的最优定价,王灿灿等[14]研究了基于旅客差异化需求的票价优化。第二类研究方向是预售期内票价的浮动优化,随着购票交易的发生,根据客票销售的实际情况和需求预测多次进行票价调整。对预售阶段的划分主要有两种方式:①以天为优化阶段。其中闫文焕[15]以单列车的多个OD为研究对象,谭文扬[16]以单个OD区段的两列车为研究对象。②根据旅客购票规律对预售期进行阶段划分,优化各阶段票价。郑金子[17]将平均需求强度突变的时间点作为调价时刻,以单列车多OD为研究对象;张杰[18]将购票需求强度突变的时间点作为时段划分点,以单列车单OD为研究对象。

国外发达国家铁路票价浮动机制应用经验丰富,我国高铁企业由于担负社会使命,票价浮动受限较多。目前我国高铁现行的票价浮动机制共涉及以下几个票价概念:①公布票价是指经过国家价格管理部门备案、对外公布的最高票价;②执行票价是根据市场和客流情况,以公布票价为上限,以规定最低折扣为下限,预售期内每日执行的票价。现行的执行票价策略多为凭主观经验制定的小范围浮动策略,高铁动态定价的理论研究还涉及多列车的差异定价、单列车预售期内的浮动定价,这两个研究方向实质均为确定执行票价,大部分研究未能对两者之间的区别与关联进行定义。实际上,我国高铁客流在时空分布上存在着显著差异,多列车的差异定价问题的研究可定义为基准执行票价,在基准执行票价的基础上每列车在预售期内进行价格浮动。因此,在预售期前制定差异化的基准执行票价,在预售期内根据供需关系进行动态的执行票价浮动,是适合我国国情的高铁动态定价的发展方向。我国高铁票价优化内容,如图12所示。

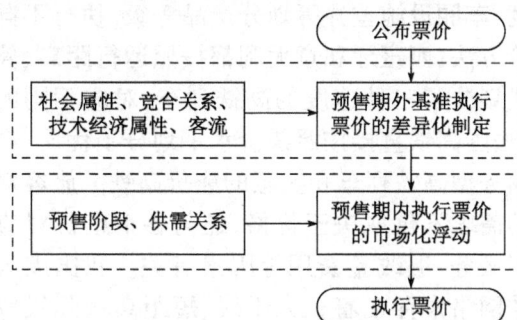

图12 我国高铁票价优化内容

3.2.1 预售期前基准执行票价的差异化制定

由于技术等级、客流基础、资源布局等差异,以及高铁列车的到发时间、停站模式、开行频率等技术经济属性,我国高铁列车的特征越来越复杂。高铁客流在空间和时间上具有差异性:空间上,不同地域、不同线路、不同出行OD的客流结构各有不同;时间上,工作日与周六日、平日与节假日的客流结构有很大差异,同时一天内出行高峰、平峰、低峰的客流量有很大变化。高铁作为市场主体,票价的制定未能充分考虑市场中供需双方的差异化特征。研究预售期外差异化的基准价制定,对我国网络运营和复杂国情下的高铁票价市场化具有基础性和实践意义。

3.2.2 预售期内执行票价的市场化浮动

车票预售期是承运人提前发售车票的天数,它对旅客出行时间有重要影响,也是铁路企业沉淀资金、锁定旅客和席别、统筹安排运力的关键时期。民航、国外铁路在预售期实施动态定价较为成熟,我国高铁旅客购票时间大多集中在发车前几天,购票时间较为集中,铁路企业难以及时合理调整运力。价格动态浮动是在短期内有效调节需求的基本运营手段,研究预售期内票价随客流波动情况实行市场化浮动,有利于引导旅客购票,促进车票销售趋于均衡,在提高收益的同时优化运力资源配置。

4 我国高铁票价优化方向

4.1 考虑供需特征的差异定价

票价应体现供给特征的差异性。国外高铁列车开行种类多,列车产品特征明显、划分维度丰富,形成了与需求市场相适应、结构分明的列车产品体系。例如,德国将主要高铁客运产品按旅行速度、车厢设施差异等划分产品等级，执行不同的定价方法；西班牙和意大利都按照运行距离、停站模式划分了三种速度的高铁列车，对应不同的票价；法国高铁直接按照票价水平划分了优质、高价的商务型高铁列车和实惠的廉价高铁。旅客对客票的需求不仅取决于价格，还与各个票价对应的列车服务、退改签费用等因素有关。我国庞大的高铁网络中存在着长大干线、短距离城际线等典型线路，同一线路上的不同列车存在着直达、大站停、大站带中小站、站站停等多种停站模式，车票的价格体系应匹配列车开行的种类。

票价应体现需求市场特征的差异性。国外对旅客购票需求细分程度高，旅客可在检索购票阶段按照自身多样需求寻找合适的车次、票价等级。从旅客购票视角出发，德铁按照旅客年龄、席别、优惠卡类型的不同组合对应不同的票价标准；法铁从旅客个人属性和出行需求两个角度出发设置了多种多样的交通优惠卡，实现不同的票价优惠标准。除根据席别划分等级外，每个席位还有会员票、标准票和多种优惠票类别，旅客可根据自身消费水平选择购买心仪价位的车票。我国各城市群不同收入水平、出行时间和出行目的的旅客对票价选择行为不同，票种需要更加丰富。

票价应体现供需匹配场景的差异性。国外高铁票价水平与客流量匹配程度高，各国的优惠票都实行了分时段差异定价，客流高峰期票价较高，低峰期票价较低；德铁一周内灵活票价的浮动也与每天的客流量情况相对应。随着高铁网络的扩张，高铁成为我国旅客出行的重要方式。节假日乘坐高铁旅游、探亲的客流越来越多；短途城际线存在一周通勤客流、早晚通勤客流等，在需求的刺激下也会形成与之匹配的列车产品。目前我国主要实现了分线路、不同车次实行不同折扣的浮动策略，对于节假日、淡旺季存在的客流结构变化，未能形成差异定价；另外，以线路或列车进行折扣定档，未能考虑线路上不同服务区段之间的票价档位差异。票价水平应与区域经济发展相协调，分区域进行价格的优化。

4.2　考虑供需关系的票价浮动

票价应随客票系统供需关系的变化进行市场化浮动。需求与价格互相影响，利用价格的杠杆作用，根据需求决定价格，调节价格的大小又作用于需求。国外主要实行优惠票价、经济票价、折扣

票价在预售期内的市场化浮动。德铁和西铁各类票价均在预售期内进行波动，波动规律应结合具体的客流情况进行分析，在预售期末都呈现票价升高的趋势；德铁优惠票、法铁折扣票在预售期内波动明显，整体趋势为预售初期为低档票价、随预售期内客流变化有升有降、预售末期临近发车票价档次升高。预售期开始后，旅客选择自己偏好的客票完成购票。同时旅客存在退票行为，系统内剩余客票数量不断发生变化。利用预售期的供需关系变动及时调节票价，能够使客票按照最优价格卖出，实现收益管理。

5　结语

在铁路客票改革的背景下，通过挖掘国外铁路公司官网公布的预售期购票价格数据，研究德国、西班牙、意大利、法国高铁动态定价现状，总结成功经验，并结合我国高铁票价改革及亟须解决的问题，提出我国高铁票价优化方向：预售期外考虑供需特征进行差异定价，预售期内考虑供需关系进行票价浮动。本文提出的票价优化方向对我国高铁网络运营和复杂国情下的高铁票价市场化具有基础性和实践意义。

参考文献

[1] 刘杰,何世伟.国外高铁票价体系分析及启示[J].综合运输,2010(8):81-84.

[2] 吴云云.德国铁路客运定价机制及票价体系[J].综合运输,2011,353(1):71-73.

[3] 王晓云.德国铁路灵活多样的客票营销方式[J].铁道运输与经济,2011,33(8):61-63,94.

[4] 李颖.对我国铁路客运定价机制及票价体系的几点建议[J].铁道运营技术,2014,20(1):23-25,29.

[5] 邱莹辉.基于多阶段旅客选择特性的高速铁路客票定价方法研究[D].北京:北京交通大学,2019.

[6] 曹慧卓.基于动态博弈的中国高速铁路客票定价研究[D].北京:北京交通大学,2020.

[7] LINK H. PEP-A yeild mangement scheme for rail passenger fares in Germany [J]. Japan Railway & Transport Review, 2004 (38): 50-55.

[8] GERNOT S , JAN W . I would if I could:

Passing through VAT reductions in the german rail industry[J]. Economics of Transportation, 2022,32.

[9] VILLALBA I S ,ARROYO R M L ,INSA R F , et al. The liberalisation of high-speed rail services in Spain：Ticket price in the Madrid-Barcelona corridor[J]. Transportation Research Procedia,2023,69：608-615.

[10] BERTO A . Unconstraining the passenger demand for rail yield management at trenitalia [J]. Electronic Notes in Discrete Mathematics,2018, 69：269-276.

[11] BERIA P ,TOLENTINO S ,BERTOLIN A ,et al. Long-distance rail prices in a competitive market. Evidence from head-on competition in Italy[J]. Journal of Rail Transport Planning & Management,2019,12：100144-100144.

[12] 徐彦. 基于收益管理的高铁动态定价方法[J].铁道科学与工程学报,2019,16(2)：319-325.

[13] 王煜,苗蕾.基于离散价格的高铁差异化定价优化研究[J].交通运输系统工程与信息,2022,22(3)：7-14.

[14] 王灿灿,贾俊芳.基于价格歧视的高速铁路客票动态定价方案研究[J].铁道运输与经济,2016,38(11)：6-11.

[15] 闫文焕.基于收益管理的高速铁路动态定价研究[D].北京：北京交通大学,2016.

[16] 谭文扬.基于收益管理的高速铁路平行车次动态定价研究[D].北京：北京交通大学,2019.

[17] 郑金子.高速铁路票价动态优化方法的研究[D].北京：北京交通大学,2017.

[18] 张杰.基于预售时段的高速铁路旅客票价差异化研究[D].兰州：兰州交通大学,2020.

考虑碳减排效益的高铁快运博弈定价方法

姜东润　韩学雷*
（北京交通大学交通运输学院）

摘　要　高铁快运不仅高效稳定,同时低碳节能。随着"双碳"目标的提出,高铁碳减排效益的市场关注度和变现潜力进一步提高,需要构建一种考虑此因素的定价方法。因此,本文首先计算不同时期高铁快运的碳减排价值,并将其作为收入的一部分;其次,构建上层以厂商利润最大化、下层以客户广义费用最小化的厂商-用户间双层博弈模型和基于Stackelberg思想的厂商间博弈模型,并构建基于灵敏度分析和循环迭代思想的求解算法。最后,以北京—上海的快运产品为例验证方法的可行性。算例结果表明,采用新型定价方法后的高铁快运产品获得了较大的竞争力,取得了较大的利润。

关键词　运输规划　高铁快运　市场博弈　双层规划　"双碳"目标

0 引言

高铁快运是以货运动车组为运输工具的大运量、高时效、低碳环保的快运方式,主要面向次日达市场开展运输服务。目前,次日达市场主要被航空运输所垄断,高铁快运面临着巨大的压力。

在这种形势下,定价是影响竞争结果的关键,双方为确保自身利益,会根据市场及竞争对手的情况动态调整定价,从而形成类似双寡头市场博弈的情形。因此,为了确保高铁快运的健康、持续发展,需要对定价展开研究。

通过查阅文献,李豪[1]指出基于航空竞争的

基金项目:中国国家铁路集团有限公司科技研究开发计划"系统性重大项目",高速铁路快捷物流顶层设计及关键技术研究(P2023X015)。

背景,高铁更适合采用动态博弈定价的方式;孟毅美[2]将高铁快运产品按距离进行分类,构建广义费用函数,并基于双层规划思想进行定价;张旭[3]构建与航空竞争的高铁客运定价博弈模型,采用基于灵敏度分析的启发式算法求解;朱加发[4]详细介绍了使用灵敏度分析法求解双层规划模型的思路。综上所述,学者们在定价方面取得了较多成果,但基于博弈思想分析高铁快运定价策略的文献较少,同时几乎没有考虑高铁快运的节能减排效益对定价的影响。

实际上,随着"双碳"目标的提出,节能减排已成为快运行业重点关注的问题。作为以电能消耗为主的快运方式,高铁快运可以有效降低快运行业的碳排放量[5],具备较高的碳减排价值变现潜力。因此,有必要构建一种考虑此因素的新型定价方法。

针对以上问题,本文从高铁快运的碳减排效益的分析入手,构建考虑高铁碳减排效益的厂商-用户间博弈及厂商间博弈模型,设计基于灵敏度分析和循环迭代思想的求解算法。最后通过案例分析,验证本文提出的博弈定价方法的效果。

1　高铁快运碳减排效益分析

为了鼓励企业节能减排,我国允许企业将多余的碳排放额度作为商品进行交易。航空运输是"排碳大户",运输每吨货物的排碳量是高铁的 3.5 ~ 4 倍[6]。因此,高铁与航空竞争的过程中,可以额外获得"碳交易价值",即高铁运输每吨货物,相对航空运输节约的排碳量的价值。这部分价值可视为一部分收益,相当于间接减少了产品的运营成本,进而可对产品定价产生影响。

下面通过碳排放量和碳价计算产品的碳交易价值。其中,碳排放量一般通过能源消耗量及碳排放因子计算[7]。对于全货机而言,主要通过消耗航空燃油排放 CO_2。货运动车组是电力驱动,不直接排放 CO_2,但制造电能本身存在碳排放,因此不能认为高铁的碳排放为 0,需要考虑间接排放。综上分析,得到高铁相对航空获取的碳交易价值计算公式:

$$P_{\Gamma}^{\alpha} = (T_a - T_h) \cdot \theta_{\alpha} \quad (1)$$

$$T_h = F_h \cdot \Gamma_h \cdot 10^{-3} \quad (2)$$

$$T_a = F_a \cdot \Gamma_a \cdot 10^{-3} \quad (3)$$

式中:P_{Γ}^{α}——α 时期的高铁产品的碳交易价值(元/t);

　　θ_{α}——碳价(元/t);

　　T_h、T_a——设定运输距离下,高铁和航空运输每吨货物的碳排放量(t);

　　F_h——高铁运输每吨货物的能耗量(kW·h);

　　F_a——航空运输每吨货物的能耗量(t);

　　Γ_h——高铁的碳排放因子(kg/kW·h);

　　Γ_a——航空的碳排放因子(kg CO_2/t)。

通过调研,取货机型号为 B757-200,最大载货量 30t,每小时耗油量 3.7t,巡航速度 800km/h,一次起降耗油量 3.5t,Γ_a 为 3060kg CO_2/t;取新造货运动车组的最大载货量为 90t,每百公里耗电量 2500kW·h,Γ_h 为 0.7kg/kW·h;当前国内碳价均值取为 80.37 元/t。

代入公式,在满载情况下,运输距离为 1000 ~ 2000km 时,计算出高铁碳交易价值占成本的比例为 1.96% ~ 2.73%,且运输距离越远,高铁快运的碳交易价值占成本的比例越低,如图 1 所示。

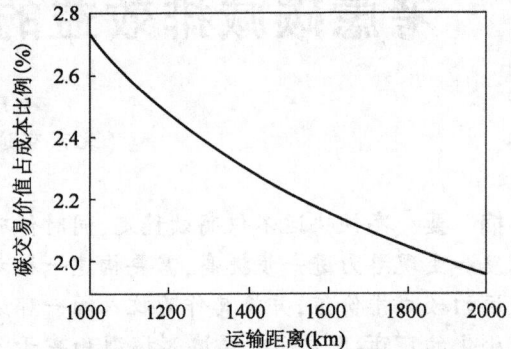

图 1　现阶段高铁碳交易价值占成本比例

综上可知,现阶段高铁碳交易价值对其定价影响很小。但是我国碳价增长迅速,根据齐绍洲教授的预测,2030 年我国碳价将达到 130 ~ 200 元/t,取中间值 165 元/t,此时高铁碳交易价值占成本比例将达到 4.03% ~ 5.61%,对定价有一定影响;2050 年我国碳价将达到 1000 元/t,此时高铁碳交易价值占成本比例为 24.43% ~ 33.99%,将对定价产生重大影响。

综上,现阶段高铁快运的碳减排效益及对定价的影响程度较低;但随着碳价的升高,其影响将愈发显著。因此,在定价过程中有必要考虑此效益。

2 高铁快运市场博弈模型

2.1 市场博弈模型构建

2.1.1 厂商-用户间博弈

在市场中,企业的目标往往是产品利润的最大化,而根据用户均衡理论,用户总会选择花费最少,即广义费用最小的产品,这就形成了厂商-用户间的博弈。可以用双层规划模型来描述这种博弈关系。

双层规划模型描述了具备主从关系的不同决策者之间博弈的过程,在本文中,上层的决策者是快运企业,目标是产品利润最大化;下层的决策者是客户,目标是广义费用最小化。

常见的广义费用函数形式有幂函数和对数函数,本文采取幂函数形式,考虑的影响因素包括运输经济性、时效性及稳定性。函数构建如下:

$$f_i = aQ_i^b + V_i \qquad (4)$$

$$V_i = \frac{\theta_1 x_1^i + \theta_2 x_2^i}{x_3^i} \qquad (5)$$

式中:f_i——i 类产品的客户广义费用函数;

a、b——待定参数;

Q_i——i 产品的运量(t);

V_i——i 类产品效用函数;

x_1^i、x_2^i、x_3^i——分别是运输经济性费用,元、运输时效性费用,元及运输稳定性;

θ_1、θ_2——权重。

考虑到运输市场的弹性需求问题[8],假设市场需求是随广义费用线性变化的,总运输量为 10000t,即

$$Q^* = 10000 - \eta f \qquad (6)$$

式中:Q^*——市场弹性需求(t);

η——价格敏感性参数,取 2.5。

为了将弹性需求转换为固定需求,可增设虚拟运输方式 t。设虚拟运输方式承担的运量为 Q_t,则虚拟运输方式 t 的广义费用[2]为

$$f_t = 0.4Q_t \qquad (7)$$

结合上述分析,可构建高铁快运的厂商-用户博弈模型:

$$\max W_h = Q_h(P_h + P_\Gamma^\alpha - C_h)d \qquad (8)$$

s.t.

$$P_h > C_h - P_\Gamma^\alpha$$

$$\min T = \sum_i \int_0^{Q_i} f_i dQ \qquad (9)$$

s.t.

$$\sum_i Q_i = Q$$

$$Q_i \geqslant 0$$

式中:h——高铁快运产品;

W——产品利润(元);

P——产品定价(元/t·km);

C——产品的单位成本(元/t·km);

d——运输距离(km)。

同理,构建航空运输的厂商-用户博弈模型:

$$\max W_a = Q_a(P_a - C_a) \qquad (10)$$

s.t.

$$P_a > C_a$$

$$\min T = \sum_i \int_0^Q f_i dQ \qquad (11)$$

s.t.

$$\sum_i Q_i = Q$$

$$Q_i \geqslant 0$$

式中:a——航空产品;

其余定义同上。

2.1.2 厂商间博弈

市场中除了厂商-客户间博弈外,还存在厂商之间的博弈。这种博弈关系可以用 Stac-kelberg 模型描述,属于完全信息动态博弈。双方在已知对方定价等信息的基础上,考虑对方可能会采取的策略,以此来制定自身的最优定价策略。

博弈过程可以描述为:新进入市场的高铁快运产品(以下简称高铁),根据航空运输产品(以下简称航空)的当前定价 P_a^0 等信息,制定定价 P_h^1。航空跟随调整为 P_a^1,这就形成了第一轮博弈(P_h^1, P_a^1)。随后,高铁跟随调整为 P_h^2,航空跟随调整为 P_a^2,形成第二轮博弈(P_h^2, P_a^2)。重复博弈过程,直到第 n 轮博弈的定价符合收敛要求,即

$$|P_i^n - P_i^{n-1}| < \varepsilon \qquad (12)$$

式中:ε——收敛值,取 0.001。

收敛后,表示达到了纳什均衡状态,双方结束博弈。

2.2 求解流程及算法

模型的求解流程如图 2 所示,详细步骤如下:

(1)输入原始数据,基于厂商-用户间博弈模

型,求解高铁快运该阶段的最优定价 P_h。

(2)更新 P_h 数据,同理求解航空运输该阶段的最优定价 P_a。

(3)判断 P_h 和 P_a 是否收敛,收敛则输出结果,否则更新 P_a,转回步骤1继续迭代。

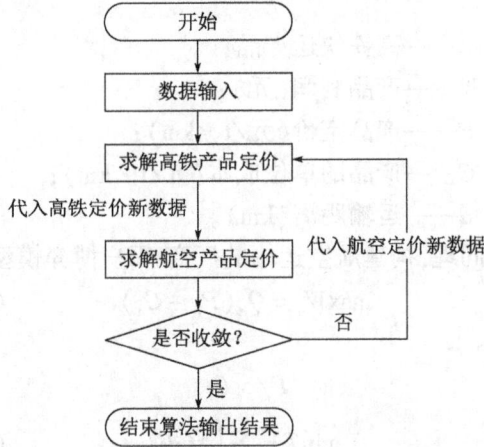

图2　厂商-用户间博弈模型求解流程

因此,模型求解的关键是实现厂商-用户间双层规划模型的求解,而双层规划模型是一个 NP-Hard 问题,很难直接求出全局最优解。本文采用基于灵敏度分析的求解算法[9],先求解下层问题,构建运量与定价的表达式,后将表达式代入上层求解,循环迭代,获得当前阶段产品的近似最优解。

算法流程如图3所示,详细步骤如下:

(1)输入原始数据,基于用户均衡配流的思想,使用 Matlab 求出各快运方式的运量。

(2)使用灵敏度分析法求运量关于定价的导数,使用 Taylor 公式求出近似表达式。

(3)将表达式代入上层模型求最优解,判断是否收敛,收敛值同样取为0.001。如果收敛则输出结果,否则更新数据,转回步骤1进行新一轮求解。

3　实例分析

京沪通道全长约1300km,区域内快递需求旺盛,沿线快递业务量约占全国 1/6[10],满足运营高铁快运的条件。本文选取的算例是京沪通道中北京—上海的快运产品定价。

通过调研及查阅文献,将用户广义费用函数的参数,以及高铁快运、航空运输的产品属性数据确定如表1、表2所示。其中,航空运输的成本综合考虑了全货机及腹舱的运量比例。

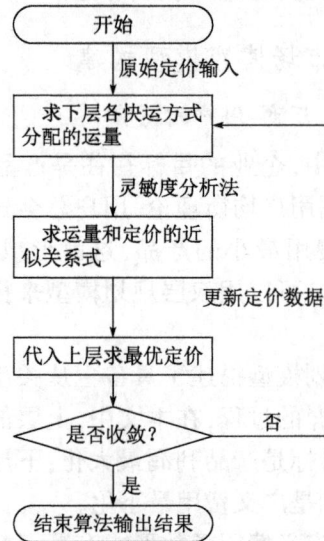

图3　厂商间博弈模型求解流程

用户广义费用函数参数取值　表1

名称	a	b	θ_1	θ_2
取值	3	0.5	0.2	0.8

产品数据取值　表2

名称	x_1^i (元/t)	x_2^i (元/t)	x_3^i	P_i^0 (元/t·km)	C_i (元/t·km)
高铁快运	P_h	150	0.95	2.959	1.866
航空运输	P_a	120	0.9	3.308	1.973

将数据填入表3,代入公式(1),分别计算2023年、2030年和2050年北京—上海的高铁快运碳交易价值。

北京—上海高铁快运碳交易价值　表3

名称	2023年	2030年	2050年
价值(元/t)	57.67	118.39	717.50

以2023年高铁快运的碳交易价值为例,代入模型进行循环计算,如表4所示。

2023年产品博弈定价结果　表4

博弈次数	P_h (元/t·km)	W_h (元)	P_a (元/t·km)	W_a (元)
1	2.932	8.673×10^6	2.682	4.228×10^6
2	2.580	4.622×10^6	2.530	2.623×10^6
3	2.505	3.786×10^6	2.500	2.329×10^6
4	2.491	3.630×10^6	2.494	2.275×10^6
5	2.488	3.599×10^6	2.492	2.264×10^6
6	2.487	3.590×10^6	2.492	2.264×10^6

在设置条件下,航空企业第6次和第5次博弈定价的差值满足收敛条件,模型迭代停止。因此,经过6轮博弈,高铁快运的定价为2.487(元/t·km),航空运输的定价为2.492(元/t·km)时,达到纳什均衡状态。

此时,高铁的利润为 3.590×10^6 (元),航空运输的利润为 2.264×10^6 (元)。

同理,可计算在2030年和2050年,高铁快运的市场表现,如表5、表6所示。

2030年产品博弈定价结果　　　表5

博弈次数	P_h (元/t·km)	W_h (元)	P_a (元/t·km)	W_a (元)
1	2.915	9.018×10^6	2.673	4.142×10^6
2	2.552	4.844×10^6	2.518	2.511×10^6
3	2.475	3.973×10^6	2.488	2.215×10^6
4	2.460	3.813×10^6	2.482	2.160×10^6
5	2.457	3.781×10^6	2.480	2.149×10^6
6	2.456	3.771×10^6	2.480	2.149×10^6

2050年产品博弈定价结果　　　表6

博弈次数	P_h (元/t·km)	W_h (元)	P_a (元/t·km)	W_a (元)
1	2.771	1.263×10^7	2.610	3.451×10^6
2	2.299	7.467×10^6	2.418	1.611×10^6
3	2.193	6.170×10^6	2.378	1.296×10^6
4	2.171	5.910×10^6	2.369	1.235×10^6
5	2.167	5.853×10^6	2.368	1.224×10^6
6	2.165	5.845×10^6	2.367	1.219×10^6
7	2.165	5.845×10^6	2.367	1.219×10^6

分析算例结果,得到以下结论:

(1)基于本文的定价方法,算例中的高铁快运产品取得了较好的市场表现:2023年利润为 3.590×10^6 (元),运量为4149.4t;2030年利润为 3.771×10^6 (元),运量为4259.2t;2050年利润为 5.845×10^6 (元),运量为5284.0t。

(2)高铁的碳减排效益可以有效提高产品的竞争力和利润。由计算可知,随着高铁快运碳减排效益的提高,产品获得了更高的市场份额和利润,如2050年,高铁快运的市场份额相比2030年提高了24.06%;利润相比2030年提高了55.00%。

(3)企业间合作往往能获取更高的效益。根据算例结果,博弈过程中双方定价呈现下降趋势,原因是随着一方调整定价,另一方的市场份额及利润会大幅降低,为了保持产品竞争力,双方往往会展开"价格战",直至纳什均衡状态。实际上,企业若能在前几轮博弈后即选择合作,可以获取更高的利润。

4　结语

本文结合"双碳"目标,将高铁快运节能减排带来的效益考虑到产品定价中,提出了一种新型的博弈定价方法:在考虑碳减排效益的情况下,从厂商-用户间博弈和厂商间博弈两个角度展开分析,分别构建双层规划博弈模型和Stackelberg博弈模型来解决问题,最后通过算例验证了方法的可行性,可为高铁快运的产品定价提供参考思路。

然而,高铁快运产品的实际定价面临的市场环境往往会更复杂,需要考虑更多的因素;同时,随着我国能源结构的持续优化,高铁的碳交易价值可能会进一步提高。后续有必要针对这些问题展开进一步研究。

参考文献

[1] 李豪,覃弘.基于航空竞争视角的高铁客票动态定价分析[J].重庆交通大学学报(社会科学版),2021,21(4):45-52.

[2] 孟毅美,荣文竿,盛芷馨.基于双层规划模型的高铁快运定价研究[J].铁道运输与经济,2023,45(12):115-121.

[3] 张旭,栾维新,蔡权德,等.论高速铁路与航空运输客票博弈定价[J].大连海事大学学报(社会科学版),2012,11(2):34-38.

[4] 朱加发.基于双层规划模型的高速铁路客运票价研究[D].北京:中国铁道科学研究院,2017.

[5] 孟凌萱,张晓东.基于市场需求的高铁快递碳减排预测[C]//中国科学技术协会,交通运输部,中国工程院,湖北省人民政府.2022世界交通运输大会(WTC 2022)论文集(运输规划与交叉学科篇).北京:北京交通大学交通运输学院,2022.

[6] 夏怡雯,李嘉铖,段华波,等.中国快递行业碳排放研究发现摘要[M].[出版者不详],2023.

[7] 左大杰,赵亮,熊巧,等.交通碳排放研究综述:核算方法、影响因素及作用机理[J].交通

运输工程与信息学报,2024,22(1):111-127.

[8] 黄其河.我国高铁快递运价研究[D].成都:西南交通大学,2018.

[9] ZHANG X, LUAN W X, CAI Q D, et al. Research on dynamic pricing between high speed rail and air transport under the influence of induced passenger flow [J]. Information Technology Journal,2012,11(4):431-435.

[10] 周凌云,王涵晴,丁小东,等.基于市场细分的京沪高铁快运产品设计及实证研究[J].铁道运输与经济,2022,44(12):50-56.

武汉市中心城区巡游出租汽车运价调整方案研究

程逸旻* 蒋金亮 马丽莎 年录发

(武汉综合交通研究院有限公司)

摘要 巡游出租汽车运价标准与驾驶员收入、行业发展密切相关。本文通过总结近些年武汉市中心城区巡游出租汽车行业发展状况及其他城市运价调整方案经验,围绕基础运价结构及特殊服务费提出保守型、适度超前型两套运价调整方案,旨在为武汉市中心城区巡游出租汽车价格调整提供决策支持。

关键词 运输规划　方案研究　经验总结　运价调整方案　巡游出租汽车

0 引言

2016年,国务院办公厅下发《关于深化改革推进出租汽车行业健康发展的指导意见》(国办发〔2016〕58号),提出对巡游出租汽车运价实行政府定价或政府指导价,并依法纳入政府定价目录。综合考虑出租汽车运营成本、居民和驾驶员收入水平、交通状况、服务质量等因素,科学制定、及时调整出租汽车运价水平和结构。截至2022年底,武汉市中心城区巡游出租汽车(以下简称"巡游车")保有量17131辆,其中个体经营417辆,经营企业54家,从业人员32207人。与上一次调整运价体系的2015年相比,车辆数增加384辆,经营企业减少5家,从业人员减少近万人。近年来,随着网络预约出租汽车(以下简称"网约车")与公共交通的快速发展,巡游车行业生存空间被挤压,乘客资源被抢占,收入水平明显下降,行业发展趋势不佳[1]。为适应巡游车行业发展新形势和新要求,进一步推进巡游车行业健康发展,对武汉市巡游车行业发展现状进行深入了解,以及对运价调整方案进行探索性研究迫在眉睫[2]。

1 现行运价政策评估

为了解武汉市巡游车行业发展现状,探索巡游车运价调整的必要性,本研究抽样调研了武汉市中心城区10家规模较大的巡游车运营企业(涵盖国有企业、民营企业及新能源企业),调研企业的运营车辆总数达到9156台(占中心城区总车数54.7%)。现状评估结果如下。

1.1 运价政策简介

武汉市中心城区巡游车运价最近一次调整为2015年1月,具体内容如下:

起步价:2.0L以下排量3公里10元,2.0L及以上排量2公里10元。

公里租价:2.0L以下排量1.8元/km,2.0L及以上排量2.0元/km,10km以上按每公里租价加收50%回空费。

等候费:时速低于12km,每累计2分半钟加收1元。

电召服务费:每车次4元。

基金项目:武汉市交通强国建设试点科技联合项目(项目编号:2023-2-4)。

1.2 运价政策评估

运价政策评估主要以对比分析为主,本研究收集了其他全国23个城市(北京、上海、广州、深圳、重庆、天津、成都、南京、西安、杭州、青岛、济南、厦门、宁波、沈阳、长春、哈尔滨、大连、合肥、郑州、长沙、南昌、珠海)巡游车运价政策及收费标准,对比武汉运价政策,得到如下结论。

1.2.1 运价水平处于中游偏下水平

以2.0L以下排量车型的运价标准为例,在不考虑附加费(夜补、拥堵延时费)的情况下,武汉市中心城区巡游车打车3km、5km、7km、10km、20km的运营价格在23个城市中分别排名第10名、第10名、第18名、第18名、第17名。

1.2.2 公里租价标准偏低

武汉市中心城区巡游车的公里租价为2.0L以下排量1.8元/km,2.0L及以上排量2.0元/km。对比全国23个主要城市,武汉市该指标排倒数第二,仅高于济南市。

1.2.3 特殊服务费空缺

夜晚11点至早上6点为轨道交通和常规公交服务空白期,国内大部分主要城市针对此时间段增设夜间服务费(统计23个城市中有19个城市设置,设置率达到82.6%),但武汉市既有运价标准中未涉及夜间服务费。

重大节假日(尤其是春节、中秋等传统节日)期间,天河机场、武汉火车站、汉口火车站、武昌火车站等特殊区域经常出现乘客长时间候车而无法获取用车的状况,但武汉市目前还未设置特殊时间、特殊区域服务附加费缓解巡游出租汽车供需不平衡问题。

2 经验借鉴

自2019年交通运输部和发展改革委《关于深化道路运输价格改革的意见》发布以来,进行巡游车运价调整的城市明显增多。本研究充分总结深圳、上海、杭州、广州、昆明、合肥等城市经验,具体如下。

2.1 起步价和续租里程价收费标准涨幅不宜过大

深圳起步价没变,里程价增加了0.1元/km;上海起步价没变,里程价增加了0.2元/km;杭州3km起步价增加2元,但是里程价没变;广州起步价从10元/2.5km调整为12元/3km;天津起步价在不考虑燃油附加费的情况下,3km起步价增加1元,里程价增加0.5元/km。

2.2 返空费的主要调整方向为阶梯收费

深圳、广州、天津等执行阶梯收费标准,里程越长,收费标准越高。上海和杭州则在新的运价标准中未对放空费做任何调整。

2.3 等候费收费标准在提高

考虑到城市拥堵带来的运营成本增加,各大城市在新的运价调整方案中,均通过不同方式提高了等候费收费标准。深圳将起收条件由时速0km调整为时速低于10km;上海和杭州则提高了收费标准,从每4分钟计收1km超起租里程调整为1.5km;广州等候费由26元/h调整为44元/h;天津由每5min加收1km运价调整为每3min加收1公里运价。

2.4 夜间服务费成为运价体系必备要素

新运价体系中均增加或者保留了夜间服务费,收费时段为,当日23时(含23时)至次日5时(不含5时)时段内,收费基本上是按里程费上浮30%。

2.5 特殊区域和时段附加费成为运价体系新组成

全国有10多个城市推出了春节期间上涨出租车费用的方案。涨价方式主要分为两种,一种是在平时打车费基础上加收2元到10元的费用,另一种则是直接调整起步价和运价。深圳推行重点区域特殊时段附加费和春节附加费;上海推行重大节日附加费,主要针对法定长假;杭州推行节日特别补偿费,主要针对春节。

3 运价调整方案

本研究参考国内其他城市巡游车运价结构及相关标准设计经验,结合武汉巡游车企业和驾驶员的需求,对武汉现行的巡游车运价结构及相关标准进行优化,研究提出保守型和适度超前型两套方案供决策者参考。

3.1 保守型方案

起步价:不变。

公里租价:不变。

回空费:单独设置"回空费"项目,并由"10公里以上按每公里租价加收 50% 回空费"调整为"10 ~ 25km 按每公里租价加收 50% ,25km 以上按每公里租价加收 70%"。

理由:单独设置回空费项目可将回空费与公里租价区分;回空费按照阶梯形式收费,乘行距离越长回空费收费越高。

等候费:改名为"低速行驶费",并由"低速时速低于 12km,每累计 2.5min 加收 1 元"调整为"时速低于 12km,每累计 3min 加收 1km 运价"。

理由:因城市交通拥堵等原因导致巡游车长时间低速行驶而产生的额外的燃料消耗和时间成本。从定义上理解,低速行驶费比等候费更贴切,不会产生歧义。原等候费每累计 2.5min 加收 1元标准偏低,结合其他城市相关设置经验和武汉市实际情况,将低速行驶费小幅上调。

电召服务费:取消。

理由:武汉市中心城区巡游车已不收取电召服务费,故取消。

夜间服务费:增设项目,定义及计费标准为"当日 23 时(含 23 时)至次日 5 时(不含 5 时),公里租价加收 30%"。

理由:夜间服务费体现了巡游车驾驶员在特殊时段提供的服务比普通工作日提供的服务有更高时间价值,符合以质定价的市场定价原则,也是对巡游车驾驶员夜间加班与健康的补偿。

春节服务费:增设项目,定义及计费标准为"每年春节期间(年三十至初六),每车次计价器外另加收 5 元"。

理由:春节服务费体现了巡游车驾驶员在春节期间提供的服务比普通工作日、节假日提供的服务有更高时间价值,符合以质定价的市场定价原则,也是对巡游车驾驶员春节加班的补偿。

特殊区域服务费:增设项目,定义及计费标准为"当日 23 时(含 23 时)至次日 5 时(不含 5 时),在天河机场、武汉火车站、武昌火车站、汉口火车站巡游车轮排候客区接客出发的,每车次计价器外另加收 5 元""每年春节/清明节/国庆节期间,在天河机场、武汉火车站、武昌火车站、汉口火车站巡游车轮排候客区接客出发的,每车次计价器外另加收 5 元"。

理由:特殊区域服务费旨在运用价格手段激励市场主动增加特殊时段"三站一场"(天河机场、武汉火车站、武昌火车站、汉口火车站)的运力供给,缓解特殊区域夜间及重大节假日打车难的问题。

3.2　适度超前型方案

起步价:不变。

公里租价:调整为"2.0L 以下排量 2.0 元/km,2.0L 及以上排量 2.2 元/km"。

理由:公里租价变动对运价水平影响较大,适度超前型方案对公里租价上调 0.2 元/km,以适度提升巡游车驾驶员收入。

回空费:单独设置"回空费"项目,并由"10km以上按每公里租价加收 50% 回空费"调整为"10 ~ 25km 按每公里租价加收 30% ,25km 以上按每公里租价加收 50%"。

理由:单独设置回空费项目可将回空费与公里租价区分;回空费按照阶梯形式收费,乘行距离越长回空费收费越高,符合市场规律。

等候费:改名为"低速行驶费",并由"低速时速低于 12km,每累计 2.5min 加收 1 元"调整为"时速低于 12km,每累计 3min 加收 1km 运价"。

理由:因城市交通拥堵等原因导致巡游车长时间低速行驶而产生的额外的燃料消耗和时间成本。从定义上理解,低速行驶费比等候费更贴切,不会产生歧义。原等候费每累计 2.5min 加收 1元标准偏低,结合其他城市相关设置经验和武汉市实际情况,将低速行驶费小幅上调。

电召服务费:用"奖励费"替代。

理由:武汉市中心城区巡游车已不收取电召服务费,故取消。改成奖励费,目的是与时俱进,促进巡游车与网约方式融合,鼓励巡游车驾驶员在恶劣天气和特殊区域内积极接单,提升服务质量。

夜间服务费:增设项目,定义及计费标准为"当日 23 时(含 23 时)至次日 5 时(不含 5 时),公里租价加收 30%"。

理由:夜间服务费体现了巡游车驾驶员在特殊时段提供的服务比普通工作日提供的服务有更高时间价值,符合以质定价的市场定价原则,也是对巡游车驾驶员夜间加班与健康的补偿。

春节服务费:增设项目,定义及计费标准为"每年春节期间(年三十至初六),每车次计价器外另加收 5 元"。

理由:春节服务费体现了巡游车驾驶员在春

节期间提供的服务比普通工作日、节假日提供的服务有更高时间价值，符合以质定价的市场定价原则，也是对巡游车驾驶员春节加班的补偿。

特殊区域服务费：增设项目，定义及计费标准为"当日23时（含23时）至次日5时（不含5时），在天河机场、武汉火车站、武昌火车站、汉口火车站巡游车轮排候客区接客出发的，每车次计价器外另加收5元""每年春节、清明节、国庆节期间，在天河机场、武汉火车站、武昌火车站、汉口火车站巡游车轮排候客区接客出发的，每车次计价器外另加收5元"。

理由：特殊区域服务费旨在运用价格手段激励市场主动增加特殊时段"三站一场"（天河机场、武汉火车站、武昌火车站、汉口火车站）的运力供给，缓解特殊区域夜间、重大节假日打车难的问题。

3.3　运价调整方案影响分析

3.3.1　运价结构得以优化、丰富

当前的运价结构是由起步价、公里租价（含回空费）、等候费、电召服务费组成的基础运价结构；运价调整方案调整部分基础运价结构，增设特殊服务费项目，形成由起步价、公里租价、回空费、低速行驶费、特殊服务费（含夜间服务费、春节服务费、特殊区域服务费）组成的运价结构。新运价结构在定义上更加准确，在形式上更为丰富，也更符合巡游车行业发展现状及趋势。

3.3.2　驾驶员收入得到不同程度提升

保守型方案下，驾驶员日间营运（除25km以上运单、低速行驶费收入上升之外）收入无明显变化，夜间营运（当日23时至次日5时）收入由于收取夜间服务费上升明显，但由于夜间载客趟次占全天载客趟次比例较小（12%左右），故总体而言，驾驶员日均收入微升。以2021年收入作为对比值：

2.0L以下排量车辆日均收入由491.39元上升至499.41元，上升1.63%；

2.0L及以上排量车辆日均收入由566.39元上升至577.00元，上升1.87%。

适度超前型方案下，由于不同排量车辆公里租价上调0.2元/km，不同乘行距离的运输价格均有上升，驾驶员日均收入小幅提升。

以2021年收入作为对比值：

2.0L以下排量车辆日均收入由491.39元上升至517.13元，上升5.24%。

2.0L及以上排量车辆日均收入由566.39元上升至598.34元，上升5.64%。

3.3.3　乘客打车费用不同程度上涨

两种方案下夜间打车费用涨幅都比日间大，2.0L及以上排量车辆费用涨幅比2.0L以下排量车辆大。

保守型方案下，乘客日间打车费用除25km以上运单上涨之外，其他无变化；乘客夜间打车费用不同程度上涨，但7km（含）以下运单涨幅在15%以内，7km以上运单涨幅大部分在15%~20%。总体而言，日间打车费用平均涨幅0.3%，夜间打车费用平均涨幅15.2%。

适度超前型方案下，乘客日间打车费用小幅上涨，其中2.0L以下排量车辆运单涨幅大部分在5%左右，2.0L及以上排量车辆10km（含）以内运单涨幅在5%左右、15km（含）以上运单涨幅在10%~20%；乘客夜间打车费用明显上涨，5km（含）以上运单涨幅均超过10%，15km（含）以上运单涨幅均超过20%。总体而言，日间打车费用平均涨幅6.4%，夜间打车费用平均涨幅19.8%。

4　结语

虽然疫情防控已经结束，但巡游车行业还未恢复至疫情前水平。城市经济发展新阶段下，市民对于运价调整方案的接受度会有相应偏差，考虑到出租汽车行业疫后整体向好的发展趋势，本研究推荐保守型方案。后续研究可深入细化调整方案价格标准设定，提高运价标准科学性和市民可接受度[3]。

参考文献

[1] 胡郁葱,罗嘉陵,潘雷.基于双层规划模型的出租车基础费率研究[J].重庆交通大学学报（自然科学版）,2020,39(6):13-18.

[2] 谢金,叶晓飞,郑彭军,等.巡游出租车运价动态调整系统动力学模型[J].宁波大学学报（理工版）,2019,32(6):92-97.

[3] 崔昂,涂中秋,苏跃江.广州市出租车运价调整对利益相关者的影响[J].交通与运输,2019,35(4):69-71.

长江港口实力对腹地城市经济的空间效应研究

王　晨　蒋惠园*

(武汉理工大学交通与物流工程学院)

摘　要　为研究长江港口对腹地城市经济的空间效应,选取 2012—2020 年长江干线 23 个港口及其所在城市的相关面板数据,并运用 Stata16.0 软件进行计算。在港口综合实力评价体系基础上,利用熵权-TOPSIS 法计算长江干线港口综合实力指数,将其作为解释变量带入空间杜宾模型来研究空间效应。研究结果表明:长江港口腹地城市经济发展存在显著的空间正相关性,且其相关性呈上升趋势,2019 年有 78.4% 的城市呈现高高聚集或低低聚集;港口综合实力对腹地城市存在正向空间溢出效应,且溢出效应大于直接效应。以某一腹地城市为例,港口综合实力每增加 1%,腹地城市人均 GDP 增加 0.034%,长江干线其他港口综合实力每增加 1%,该腹地城市人均 GDP 增加 0.059%。

关键词　港口综合实力　腹地城市经济　空间效应　空间计量模型　熵权-TOPSIS 法

0　引言

长江干线港口作为中国内陆开放的一个重要窗口,它们为中国内陆省市提供了直达海外的贸易通道,对促进国际国内经济双循环和中国内陆腹地城市的贸易发展具有重要作用。目前国内外关于港口对腹地城市经济的影响已有不少学者进行研究,在港口综合实力方面,Moore[1] 认为港口竞争力是港口城市在合作竞争的角度下增长资源和能力的函数;Yuen[2] 从港口位置和港口成本等八个因素探讨了港口竞争力,并发现港口成本是决定港口竞争力的主要因素;Ducruet[3] 等人从港口产业、港口区域、港口物流和运输网络连接之间的系统关系讨论港口竞争力,研究港口与城市经济之间的相互影响,并证实港口对城市经济具有正向影响;陈艳春[4] 从运营能力等 6 个维度对中国沿海港口发展情况进行综合评价;丰茂秀[5] 运用熵权—TOPSIS 法对港口综合实力进行深入实证分析,并发现在时间维度上港口实力整体是向前发展的;从港城关系方面:Danielis[6] 指出港口对腹地城市的影响是港城关系最直观的体现;Santos 和 Chang 等[7,9] 运用投入产出分析法分别以葡萄牙港口、南非港口以及英国联合港口为对象,研究发现港口的相关行业会对所在城市或国家经济增长有明显的促进作用;Zhao[10] 基于中国沿海的四个港口群,从人口数量和固定投资等多个方面综合分析港口对腹地城市的空间效应;叶善椿和刘琳

等[11-12] 采用空间计量模型实证沿海港口对腹地城市经济增长的影响,发现港口不仅会促进所在城市经济增长,也会向周边城市产生正向的空间溢出。

从现有的文献来看,鲜有学者研究内河港口与其腹地城市之间的相互关系。鉴于此,本文基于 2012—2020 年长江干线 23 个港口及其腹地城市的面板数据,采用空间计量模型来研究内河港口对腹地城市经济增长的空间效应的一般规律。

1　研究方法与数据来源

1.1　空间面板计量模型

空间面板计量模型分为空间面板误差模型(SEM)、空间滞后模型(SLM)和空间面板杜宾模型(SDM)。其中 SEM 考虑解释变量的空间相关性;SLM 考虑被解释变量的空间相关性;SDM 是前两者的一般形式,既考虑被解释变量又考虑解释变量的空间相关性[13]。本文在经过系统的检验后确定采用 SDM 模型,其计算公式为:

$$Y_{it} = \rho \sum_{j=1}^{n} W_{ij} Y_{it} + \beta_1 X_{it} + \beta_2 Z_{it} + \theta \sum_{j=1}^{n} W_{ij} X_{it} + \mu_i + \lambda_t + \varepsilon_{it}$$

$$(1)$$

式中:Y_{it}——被解释变量,表示城市 i 在第 t 年的人均生产总值数值;

X_{it}——解释变量,表示港口 i 在第 t 年的综合实力指数值;

W_{ij}——空间经济距离矩阵;

ρ——被解释变量的空间自回归系数;

θ——解释变量空间滞后系数；

Z_{it}——控制变量；

λ_t——个体固定效应；

μ_i——时间固定效应；

β_1、β_2——对应解释变量的回归系数，用来衡量解释变量对被解释变量的影响程度；

ε——随机干扰项。

1.2 空间相关性分析

在利用空间计量模型分析前，需要对被解释变量是否具有空间相关性进行检验。本文使用全局 $Moran'I$ 指数来衡量被解释变量的空间相关性。其计算公式为：

$$I = \frac{\sum_{i=1}^{n}\sum_{j=1}^{n}W_{ij}(x_i - \bar{x})(x_j - \bar{x})}{S^2\sum_{i=1}^{n}\sum_{j=1}^{n}W_{ij}} \quad (2)$$

式中：I——全局莫兰指数，一般在 $[-1,1]$ 内取值；

$\bar{x}$——x_i 的均值；

S^2——样本方差，$S^2 = \sum_{i=1}^{n}(x_i - \bar{x})^2/n$。

1.3 熵权-TOPSIS 评价模型

TOPSIS 法又称逼近理想解排序法，是一种通过计算评价对象与最优解、最劣解的距离来进行排序的综合评价方法，可以充分利用原始数据信息。但 TOPSIS 法在计算权重时存在一定的主观性，而熵权法在计算评价指标权重值时，可以排除主观因素的影响。因此，为使评价结果更加客观准确，本文采用熵权-TOPSIS 法来计算港口综合实力指数，其计算公式如下：

（1）对评价指标进行标准化处理：

正向指标：$B_{ij} = \frac{b_{ij} - \min b_{ij}}{\max b_{ij} - \min b_{ij}}$ (3)

负向指标：$B_{ij} = \frac{\max b_{ij} - b_{ij}}{\max b_{ij} - \min b_{ij}}$ (4)

（2）计算评价指标 b_{ij} 的信息熵 E_j 和权重 W_j：

$$E_j = \ln\frac{1}{n}\sum_{i=1}^{n}\left[\left(\frac{B_{ij}}{\sum_{i=1}^{n}B_{ij}}\right)\ln\left(\frac{B_{ij}}{\sum_{i=1}^{n}B_{ij}}\right)\right] \quad (5)$$

$$W_j = \frac{1 - E_j}{\sum_{j=1}^{m}(1 - E_j)} \quad (6)$$

（3）构建各指标的权重矩阵 D：

$$D = (d_{ij})_{m \times n} \quad (7)$$

式中：d_{ij}——$W_j \times b_{ij}$。

（4）根据权重矩阵 D 确定正理想解 T^+ 和负理想解 T^-：

$$T^+ = \{d_1^+, d_2^+, \cdots, d_n^+\} = \max\{d_{i1}, d_{i2}, \cdots, d_{in}\} \quad (8)$$

$$T^- = \{d_1^-, d_2^-, \cdots, d_n^-\} = \max\{d_{i1}, d_{i2}, \cdots, d_{in}\} \quad (9)$$

（5）计算各评价对象与其正负理想解之间的距离 D_i^+ 和 D_i^-：

$$D_i^+ = \sqrt{\sum_{j=1}^{n}(d_{ij} - d_j^+)^2} \quad (i = 1, 2, \cdots, m) \quad (10)$$

$$D_i^- = \sqrt{\sum_{j=1}^{n}(d_{ij} - d_j^-)^2} \quad (i = 1, 2, \cdots, m) \quad (11)$$

（6）计算各个评价对象与指标中理想解的相对接近度 C：

$$C_i = \frac{D_i^+}{D_i^+ + D_i^-} \quad (i = 1, 2, \cdots, m) \quad (12)$$

其中 $C_i \in [0, 1]$，C 越大表示评价对象越接近理想解。

1.4 变量选择与数据来源

本文的腹地城市范围选取港口所在的 23 个沿江城市。城市数据来源于《中国城市统计年鉴（2013—2021）》和部分城市的《国民经济与社会发展统计公报》，港口数据来源于《中国港口年鉴》。对于少量缺失的数据，通过插值法和移动平均法对面板数据进行合理补充。

被解释变量：城市人均生产总值。

解释变量：港口综合实力。结合港口基础设施、港口吞吐量、港口所在城市发展水平以及港口对外贸易水平 4 大方面来评价港口综合实力指数。

控制变量：①固定资产投资（a_1）：a_1 = 社会固定资产投资总额/GDP；②政府规模（a_2）：a_2 = 政府一般预算支出[14]/GDP；③外商直接投资（a_3）：a_3 = 实际外商投资总额/GDP，并且实际外商企业投资总额已按相应年份美元对人民币的年平均汇率换算成人民币。

2 港口综合实力指标体系建立

2.1 港口综合实力指标体系

传统的港口实力以其货物吞吐量来衡量，但该处理方法不能综合反映港口发展水平。因此，本文在遵循上述的原则以及国内外相关研究成果的基础上，结合港口生产能力、基础设施、港口对外贸易量和港口城市发展水平 4 个维度共 13 个指标建立港口综合实力指标体系以对港口综合实力进行测度，同时将收集到的面板数据进行标准化处理，然后采用熵权-TOPSIS 法对各个指标进行赋权并对各个港口的综合实力进行排序,计算结果如表1所示。

2.2　港口综合实力评价结果

根据所得各个指标的权重,将标准化后的港口面板数据利用公式(13)[16]计算最终得到2012—2020年长江各干线港口综合实力指数,见表2。由表2可知,各个港口的综合实力整体呈现逐年递增的趋势,且以上海港为代表的长三角地区港口综合实力相对较强。长江中上游地区,武汉港、岳阳港和重庆港综合实力均相对突出。计算结果合理且符合现实认知,港口综合实力可作为解释变量带入空间杜宾模型进行计算。

港口综合实力评价指标体系　　　　表1

一级评价指标	二级评价指标	权重
港口基础设施	港口泊位数(个)	0.060
	码头生产长度(m)	0.080
	万吨级以上泊位数(个)	0.099
港口吞吐量	集装箱吞吐量(t)	0.118
	港口货物吞吐量(t)	0.136
	外贸货物吞吐量(t)	0.165
所在城市发展水平	城市GDP(亿元)	0.070
	第三产业占GDP比重(%)	0.040
	高速公路里程(km)	0.025
	外贸进出口总额(亿元)	0.050
港口对外贸易水平	外贸吞吐量占总吞吐量比重(%)	0.035
	外贸吞吐量增长率(%)	0.080
	港口进出口总额/亿元	0.042

（一级评价指标整体为“港口综合实力衡量指标”）

$$f_{it}(x) = \sum_{n=1}^{k} (w_n b_{ij}) \qquad (13)$$

式中:$f_{it}(x)$——港口i在第t年的综合实力指数。

港口综合实力指数　　　　　　　　　　　　　　　　　　　表2

港口	2012	2013	2014	2015	2016	2017	2018	2019	2020
上海港	0.6993	0.6249	0.8567	0.8646	0.8796	0.9336	0.9646	0.9658	0.9502
南京港	0.1138	0.1248	0.1293	0.1354	0.1358	0.1456	0.1575	0.1598	0.1552
泰州港	0.0511	0.0602	0.0645	0.0676	0.0710	0.0798	0.0981	0.1118	0.1166
无锡港	0.0594	0.0593	0.0539	0.0551	0.0640	0.0824	0.0914	0.1092	0.1229
常州港	0.0585	0.0635	0.0646	0.0662	0.0679	0.0722	0.0726	0.0719	0.0826
苏州港	0.1847	0.2716	0.2824	0.3162	0.3387	0.3545	0.3392	0.3402	0.3574
南通港	0.0897	0.1017	0.1086	0.1142	0.1234	0.1358	0.1425	0.1578	0.1575
扬州港	0.0409	0.0491	0.0567	0.0566	0.0671	0.0752	0.0785	0.0736	0.0643
镇江港	0.0664	0.0663	0.0634	0.0675	0.0719	0.0770	0.0835	0.1295	0.1357
池州港	0.0120	0.0134	0.0151	0.0149	0.0156	0.0159	0.0203	0.0307	0.0288
铜陵港	0.0179	0.0197	0.0223	0.0231	0.0319	0.0310	0.0298	0.0317	0.0247
马鞍山港	0.0261	0.0286	0.0309	0.0420	0.0453	0.0419	0.0447	0.0473	0.0433
芜湖港	0.0327	0.0365	0.0419	0.0458	0.0514	0.0501	0.0519	0.0581	0.0578
安庆港	0.0213	0.0179	0.0187	0.0217	0.0143	0.0134	0.0174	0.0241	0.0124
九江港	0.0301	0.0361	0.0420	0.0374	0.0532	0.0411	0.0525	0.0542	0.0693
武汉港	0.0619	0.0667	0.0740	0.0777	0.0797	0.0844	0.0863	0.0928	0.0894
黄石港	0.0138	0.0153	0.0194	0.0192	0.0209	0.0226	0.0239	0.0256	0.0262
荆州港	0.0223	0.0237	0.0269	0.0274	0.0235	0.0284	0.0292	0.0311	0.0301
宜昌港	0.0398	0.0412	0.0261	0.0439	0.0122	0.0312	0.0181	0.0365	0.0336
岳阳港	0.0400	0.0415	0.0521	0.0566	0.0563	0.0498	0.0460	0.0458	0.0423
重庆港	0.1234	0.1161	0.1273	0.1378	0.1563	0.1551	0.1629	0.1632	0.1829
泸州港	0.0074	0.0095	0.0121	0.0134	0.0154	0.0166	0.0149	0.0121	0.0097
宜宾港	0.0040	0.0050	0.0066	0.0084	0.0099	0.0103	0.0109	0.0105	0.0096

由表 2 可知,2020 年除了武汉港实力有所下降外,2012—2020 年各市港口的综合实力均呈现稳定增长的趋势,其中长江中上游以重庆港和武汉港为代表的实力较为突出,长江下游以上海港、苏州港和南京港等港口的实力较为突出。

3 实证分析

3.1 空间面板计量模型分析

首先运用拉格朗日乘子误差检验(LM-error)、拉格朗日乘子滞后检验(LM-lag)以及他们相对应的稳健性检验(Robust LM-error、Robust LM-lag)来判断是否可以选择 SEM 模型和 SAR 模型。

检验结果如表 3 所示。计算结果表明:LM-error、Robust LM-error、LM-lag 和 Robust LM-lag 检验结果均在 1% 的水平上显著,因此,选择 SEM 模型和 SAR 模型两者结合的 SDM 模型,而不是 OLS 模型。根据 Wald-error 和 Wald-lag 检验,计算结果均在 1% 的水平上显著,因此 SDM 模型不可简化为 SAR 模型或 SEM 模型。通过 Hausman 检验结果可知应采用固定效应,通过似然比(Likelihood ratio,LR)检验可知应采用时间空间双固定效应。综上所述,本文选择时间空间双固定效应的 SDM 模型进行建模。

模型选择检验结果 表 3

检验方法	Statistic	P-value
LM-error	26.109	0.000
Robust LM-error	8.010	0.001
LM-lag	37.260	0.000
Robust LM-lag	19.161	0.000
基于时间固定效应的 LR 检验	44.150	0.000
基于空间固定效应的 LR 检验	403.671	0.000
Wald-error	24.210	0.001
Wald-lag	21.513	0.000
Hausman	29.060	0.000

3.2 模型回归结果分析

确定选用空间面板模型和时空双固定效应后,通过 Stata16.0 软件对空间面板数据进行模型回归,回归结果如表 4 所示。由表 4 可知,模型的拟合优度 R^2 为 0.854,对数似然值 Log-L 为 680.44,模型变量整体显著效果较好。被解释变量腹地城市经济水平的空间自回归系数 ρ 为 0.121,且回归系数是正数且在 1% 的水平上显著,

说明腹地城市经济水平具有正向的空间溢出效应。解释变量长江干线港口综合实力的回归系数为 0.088,回归系数为正,说明港口综合实力指数越高,对腹地城市经济增长作用越明显。回归系数在 1% 水平上显著,说明港口综合实力发展不仅会对港口所在城市的经济增长产生积极影响,还会对邻近腹地城市的经济发展产生促进作用。

空间杜宾模型回归结果 表 4

变量	系数	Z 值
ln x	0.088 ***	3.13
ln $a1$	−0.026 ***	−3.05
ln $a2$	−0.049 ***	−5.82
ln $a3$	0.080	0.71
ln $a4$	0.054 *	1.21
ln $a5$	−0.006 ***	−3.42
ln $a6$	0.034 **	1.71
Wln x	0.033 **	2.40
Wln $a1$	0.038 **	1.73
Wln $a2$	−0.013 *	−0.51
Wln $a3$	−0.046 **	−0.19
ρ	0.121 ***	3.00
R^2	0.854	
对数似然值	680.44	

注:*、**、***分别表示在 0.1、0.05、0.01 水平上显著。

3.3 空间效应分解

由表 5 可知,长江干线港口综合实力与腹地城市的经济发展的总空间效应为 0.083,在 1% 的水平上显著。这表明,长江干线港口整体综合实力每增加 1%,港口所在腹地城市的人均生产总值平均增加 0.083%;直接效应为 0.034,表明港口的综合实力增加 1%,则港口所在城市的人均生产总值平均增加 0.034%;溢出效应为 0.059,表明长江干线其他港口综合实力每增加 1%,该港口所在腹地城市的人均生产总值平均增加 0.059%。

空间效应分解结果 表 5

变量	直接效应	溢出效应	总效应
ln x	0.034 ***	0.059 ***	0.083 ***
ln $a1$	−0.107 *	−0.220 ***	−0.012 **
ln $a2$	−0.020	−0.044 **	−0.024 *
ln $a3$	0.241	0.083	0.224

注:*、**、***分别表示在 0.1、0.05、0.01 水平上显著。

4 结语

本文选取长江干线 23 个港口和腹地城市 2012—2020 年的面板数据，运用熵权-TOPSIS 法计算得出干线港口的综合实力，并采用空间杜宾模型对港口与腹地城市经济发展的空间效应关系展开了研究，旨在发现内河港口与其腹地城市经济增长的一般规律，最终得到结论如下：①腹地城市的经济发展具有空间正相关性，某一腹地城市经济发展不仅受自身条件因素影响，同时也会受到周边港口的腹地城市经济发展影响，并且其相关性并在时间维度上越发稳定；②港口综合实力对腹地城市经济有正的空间相关性，对当地城市经济发展具有正向的空间直接效应，同时对周边城市经济也具有正向溢出效应；③港口的综合实力对腹地城市经济发展的溢出效应大于直接效应，即某一腹地城市的经济发展不仅受当地港口实力的影响，更受长江干线其他港口综合实力的影响。

参考文献

[1] MOORE W S J N. Large groundwater inputs to coastal waters revealed by 226Ra enrichments [J]. 1996,380(6575)：612-614.

[2] YUEN C-L A,ZHANG A,CHEUNG W J R I T E. Port competitiveness from the users' perspective：An analysis of major container ports in China and its neighboring countries [J]. 2012,35(1)：34-40.

[3] DUCRUET C,ITOH H,JOLY O J P I R S. Ports and the local embedding of commodity flows [J]. 2015,94(3)：607-27.

[4] 陈艳春,李扬,赵玉斌.环渤海港口综合竞争力评价与提升策略研究 [J].石家庄铁道大学学报(社会科学版),2022,16(3)：8-15.

[5] 丰茂秀,胡坚堃.基于熵权—TOPSIS 和 DEA 算法的港口综合实力评价及作业效率研究 [J].华中师范大学学报(自然科学版),2017,51(3)：356-63.

[6] DANIELIS R,GREGORI T. An input-output-based methodology to estimate the economic role of a port：The case of the port system of the Friuli Venezia Giulia Region, Italy [J]. Maritime Economics Logistics,2013,15：222-55.

[7] BRYAN J,MUNDAY M,PICKERNELL D,et al. Assessing the economic significance of port activity：Evidence from ABP operations in industrial South Wales [J]. Maritime Policy & Management,2006,33(4)：371-86.

[8] CHANG Y-T,SHIN S-H,LEE P T-W. Economic impact of port sectors on South African economy：An input-output analysis [J]. Transport Policy, 2014,35：333-40.

[9] SANTOS A M P,SALVADOR R,DIAS J C Q,et al. Assessment of port economic impacts on regional economy with a case study on the Port of Lisbon [J]. Maritime Policy & Management, 2018,45(5)：684-98.

[10] ZHAO D,ZHEN-FU L,YU-TAO Z,et al. Measurement and spatial spillover effects of port comprehensive strength：Empirical evidence from China [J]. Transport Policy, 2020,99：288-98.

[11] 刘琳,尹凤.港口对腹地城市经济增长的空间溢出效应研究 [J].交通运输系统工程与信息,2020,20(3)：144-9.

[12] 叶善椿,欧卫新.基于空间杜宾模型的广东省港口与城市经济空间效应研究 [J].上海海事大学学报,2021,42(2)：103-10.

[13] 邓昭,段伟,王绍博,等.环渤海地区港口发展水平及空间溢出效应 [J].地域研究与开发,2023,42(1)：26-31.

[14] 张廷海,王点.工业集聚、空间溢出效应与地区增长差异——基于空间杜宾模型的实证分析 [J].经济经纬,2018,35(1)：86-91.

[15] 柯善咨,赵曜.产业结构、城市规模与中国城市生产率 [J].经济研究,2014,49(4)：76-88,115.

[16] 杨晓岚,蒋惠园,肖金龙,等.长江经济带水运对经济发展的空间效应研究 [J].中国航海,2021,44(4)：58-62,70.

小微物流企业生存的决定因素：
个体特征还是外部环境？

贺南南[1,2] 王虓虓[1,2] 刘思婧[1,2]*

（1.西南交通大学交通运输与物流学院；2.综合交通大数据应用技术国家工程实验室）

摘 要 作为物流市场中最广泛的群体，小微物流企业对经济增长的影响至关重要，其生存韧性不足、成长乏力的问题已成为政府和学者的研究焦点。因此，本研究以成都市为研究区域，基于生态位理论，考虑企业个体特征和外部环境，对小微物流企业的生态位宽度进行测度；并运用 Cox 比例风险模型来揭示影响生存的决定因素及潜在的交互关系。结果表明：首先，成都市小微物流企业生态位宽度呈从区域分化转向均衡发展的总体趋势；其次，个体特征中的规模、多元化经营，外部环境中的物流基础设施、物流集聚会提高小微物流企业的生存能力；最后，在物流集聚水平较高的区域与城市外围区域，小微物流企业需要通过多元化经营来降低企业退出风险。

关键词 小微物流企业 企业生存 个体特征 外部环境

0 引言

小微企业是小型企业、微型企业、家庭作坊式企业的统称。据第四次全国经济普查数据，中国交通运输、仓储和邮政业中的小微企业占比达 90% 以上，是交通运输与物流服务市场运行的重要主体。然而，小微物流企业发展普遍存在客户不稳定、经营收入少、高素质人才缺失和创新能力不足的限制，企业间同质化严重，可持续成长能力不足，具有较高的市场退出率。特别是在物流业降本增效、高质量发展和物流市场需求持续放缓背景下，小微物流企业难以有效抵御外源性风险，生存韧性不足，加之 COVID-19 的肆虐引起全球社会经济动荡，小微物流企业的生存受到威胁与挑战[1]，这对物流市场健康可持续发展造成巨大挑战。因此，系统探究企业个体特征与外部环境对小微物流企业生存的影响具有重要现实意义。

现有关于物流企业生存的研究主要从区位重构与组织绩效两个视角展开。在区位重构方面，Yang 发现企业区位重构是为获得更大的物流需求市场、更低的人力与设施资源成本以及更强的生存能力[2]，物流企业的搬迁行为受企业年龄、规模、本地化经济与城市化经济等因素的影响[3]；在组织绩效方面，多数研究认为组织绩效代表企业生存能力，影响服务绩效的因素，如服务范围、服务能力、质量管理以及物流创新等，是决定企业生存的关键因素[4-5]。具体到企业生存的影响因素而言，现有研究多将企业退出视为死亡事件，主要采用 Kaplan-Meier 估计、Cox 比例风险回归以及加速失效时间模型等揭示企业的生存状态以及生存关键因素[6-7]。企业生存取决于多个因素，包括企业个体特征（如、年龄、规模、经营业务、创新水平等）[8]，以及外部环境因素（如行业与经济环境等）[9]。生态位理论提供了一套影响新创企业风险率的综合因素，为从企业个体特征和外部环境两方面探析小微物流企业生存的决定因素提供了新思路[10]。

成都市作为西部地区的国家级物流枢纽承载城市，物流市场需求旺盛，吸引了大量小微物流企业。因此，本文选取成都市为研究区域，从生态位视角出发，探究企业个体特征与外部环境条件对小微物流企业生存的影响，以及不同决定因素间潜在的交互作用，从而为小微物流企业的健康成长提供参考。

1 研究设计

1.1 生态位宽度指标体系及测度模型

生态位宽度主要来衡量生态位的优劣，包括"态"和"势"两方面[10]。"态"是指企业自身拥有的个体特征，"势"是指影响企业生存的外部环境因素。

(1)"态"属性。

个体特征是企业生存的基础条件。在小微物流企业资源类型和数据可得性基础上,选取参保人数和知识产权数量来表征企业的规模和创新属性[11]。对于企业的功能属性,是以《国民行业分类标准》对企业的主营业务进行分类,并根据多元化熵测度法计算企业的相关多元化程度与非相关多元化程度来衡量[12]。

(2)"势"属性。

小微物流企业所处的外部环境可分为两个层面。其中,行业层面的因素包括基础设施(路网密度)、集聚水平(区位熵、进入率)、区位潜力(企业距区域中心的距离)等方面;区域层面的因素主要包括社会经济环境(国内生产总值、工业总产值、人口、社会消费品零售总额)以及产业结构(第三产业占比)两方面[10,13]。小微物流企业生态位宽度评价指标体系如表 1 所示。

小微物流企业生态位宽度评价指标体系 　　　　表1

属性	层面	准则	指标
个体特征	企业层面	规模属性	参保人数(SIZE)
		功能属性	相关多元化程度(DR)
		创新属性	非相关多元化程度(DU)
			知识产权(IP)
外部环境	行业层面	基础设施	路网密度(RND)
		集聚水平	区位熵(LQ)
			进入率(ER)
		区位潜力	距区域中心距离(DCR)
	区域层面	社会经济环境	生产总值(GDP)
			工业总产值(GIO)
			人口(POP)
			社会消费品零售总额(TSC)
		产业结构	第三产业占比(Tr)

基于表 1 提出的指标体系,采用生态位宽度测度模型,计算态值和势值,以反映企业所处生态位的优劣。小微物流企业生态位宽度的计算公式:

$$N_i = (S_i + A_i P_i) / \left(\sum_{j=1}^{n} S_j + A_j P_j \right) \qquad (1)$$

式中:N_i——区县 i 的物流企业生态位宽度;

P_i、P_j——区县 i、j 的小微物流企业的势;

S_i、S_j——区县 i、j 的小微物流企业的态;

A——量纲转换系数,为了计算方便,A_i 和 A_j 取值为 1;

n——区县数,取值为 20;

$S_i + A_i P$——绝对生态位。

小微物流企业的势计算方式:

$$P_i = I_i + C_i + L_i + E_i + IS_i \qquad (2)$$

$$I_i = RND_i / (\overline{RND} \cdot k_1) \qquad (3)$$

$$C_i = LQ_i / \overline{LQ} \times k_2 + ER_i / \overline{ER} \times k_3 \qquad (4)$$

$$L_i = DCR_i / (\overline{DCR} \cdot k_4) \qquad (5)$$

$$E_i = GDP_i / (\overline{GDP} \cdot k_5) + GIO_i / (\overline{GIO} \cdot k_6) +$$
$$POP_i / (\overline{POP} \cdot k_7) + (TSC_i / \overline{TSC} \times k_8)$$
$$\qquad (6)$$

$$IS_i = Tr_i / \overline{Tr} \times k_9 \qquad (7)$$

式中:I_i、C_i、L_i、E_i、IS_i——i 区县的基础设施势、集聚水平势、区位潜力势、社会经济环境势和产业结构势;

　　RND_i——对应的路网密度;

　　$\overline{RND}$——全市的平均道路密度。

类似地,其他为对应指标在区县 i 的值和全市平均值。k_b($b = 1, 2, \cdots, 9$)为权重,由熵值法确定。

小微物流企业的态计算方式:

$$S_i = M_i + F_i + K_i \qquad (8)$$

$$M_i = SIZE_i / (\overline{SIZE} \cdot k_{10}) \qquad (9)$$

$$F_i = DR_i / (\overline{DR} \cdot k_{11}) + (DU_i / \overline{DU} \times k_{12}) \qquad (10)$$

$$K_i = IP_i / (\overline{IP} \times k_{13}) \qquad (11)$$

式中:M_i、F_i、K_i——区县 i 的小微物流企业规模态、功能态、创新态;

　　$SIZE_i$——区县 i 的小微物流企业得到平均规模;

　　$\overline{SIZE}$——全市对应的平均值。

类似地,其他的指标也进行相同处理。权重 k 也是由熵值法确定。

熵值法是将数据按年份标准化后,计算指标熵值和差异系数,进一步将所有指标的差异系数归一化,得到各个指标的权重,具体步骤如式(12)~式(15)所示。

$$p_{ab} = x_{ab} / \sum_{i=a}^{n} x_{ab} \qquad (12)$$

$$e_b = -\sum_{i=a}^{n} (p_{ab} \ln p_{ab}) / \ln n \qquad (13)$$

$$d_b = 1 - e_b \qquad (14)$$

$$k_b = d_b / \sum_{b=1}^{m} d_b \qquad (15)$$

式中:p_{ab}——指标 b 在样本 a 中所占比重;

e_b——信息熵;

d——信息效用值。

1.2 Cox 比例风险模型

采用 Cox 比例风险模型进行回归分析,该模型在处理可靠性数据时不需要对危险度的函数形式做任何具体的假设,且可以同时评估多种因素对生存的影响,常用于多因素生存分析,计算公式为:

$$h(t, X) = h_0(t) \exp\left(\sum_{i=1}^{n} \beta_i X_i\right) \qquad (16)$$

式中：t——企业的存活时间;

$h(t, X)$——t 时点上 n 个危险因素起作用时的风险率;

$h_0(t)$——基准风险率;

X——与生存时间可能有关的自变量,即小微物流企业生态位宽度评价指标体系中的相关解释变量;

β——回归系数。

1.3 数据来源

企业数据来源于国家企业信用信息公示系统,各区县相关统计数据来源于成都市统计局。表2是主要变量的描述性统计。

描述性统计 表2

变量	均值	标准差	最小值	最大值
SIZE	7.448	45.197	1	3236
IP	0.279	3.248	0	257
DR	4.053	2.197	1	18
DU	1.251	0.289	1	5
RND	7.764	0.672	5.520	9.343
LQ	1.714	1.523	0.051	5.494
ER	0.150	0.056	0.000	0.378
DCR	0.041	0.024	0.019	0.314
GDP	55.230	57.404	0.607	229.112
POP	51.259	40.019	3.947	135.679
TSC	14.915	0.963	11.782	16.296
Tr	2.570	1.936	0.073	8.105

2 实证分析

2.1 生态位宽度测度结果

小微物流企业生态位宽度进行评价,结果如表3所示。

成都市各区县小微物流企业生态位计算结果

表3

区域	年份			
	2009	2012	2016	2020
金牛区	0.05	0.05	0.05	0.06
青羊区	0.04	0.05	0.06	0.05
成华区	0.03	0.04	0.04	0.04
锦江区	0.04	0.04	0.04	0.04
武侯区	0.10	0.10	0.11	0.12
温江区	0.02	0.03	0.04	0.05
郫都区	0.08	0.07	0.06	0.05
锦江区	0.06	0.06	0.04	0.05
新都区	0.05	0.05	0.06	0.06
龙泉驿区	0.29	0.16	0.11	0.10
双流区	0.04	0.06	0.06	0.06
青白江区	0.04	0.07	0.07	0.04
新津区	0.02	0.04	0.05	0.04
彭州市	0.03	0.02	0.03	0.03
都江堰市	0.02	0.03	0.03	0.03
简阳市	0.02	0.03	0.03	0.03
崇州市	0.02	0.03	0.05	0.06
大邑县	0.02	0.02	0.02	0.02
金堂县	0.02	0.02	0.04	0.04
蒲江县	0.03	0.03	0.02	0.03

可以发现,成都市各区县小微物流企业的生态位宽度总体呈现从区域分化到均衡发展的趋势。成都国家级经济技术开发区所在的龙泉驿区的绝对优势逐渐减小,周边区县生态位宽度向平均值(0.05)靠近,差距日益缩小,表明成都各区县小微物流企业的资源分布逐渐均衡。这可能是由于势值较低的小微物流企业,在外部环境资源不占优势的情况下,通过内部资源的调整和优化,提高企业的态值以适应外部环境,进而提高生态位宽度。

2.2 小微物流企业生存的决定因素

在生态位宽度测度基础上,为进一步探究个体特征和外部环境对小微物流企业生存的影响,采用

Cox 比例风险模型进行回归分析,结果如表 4 所示。其中,模型 1 为 Cox 基准模型,模型 2 和 3 为区位熵与企业多元化程度的交互效应模型,模型 4 和 5 为进入率与企业多元化程度的交互效应模型。

Cox 比例风险模型结果 表 4

变量	模型 1	模型 2	模型 3	模型 4	模型 5
SIZE	-0.043**	-0.043**	-0.043**	-0.043**	-0.043**
	[0.018]	[0.018]	[0.018]	[0.018]	[0.018]
IP	-0.049	-0.049	-0.049	-0.049	-0.0489
	[0.033]	[0.033]	[0.033]	[0.033]	[0.034]
DR	-0.177*	-0.213**	-0.185*	-0.164	-0.172*
	[0.102]	[0.1064]	[0.1013]	[0.1047]	[0.1004]
DU	-0.104***	-0.105***	-0.116***	-0.103***	-0.101***
	[0.015]	[0.015]	[0.016]	[0.015]	[0.015]
RND	1.325***	1.317***	1.323***	1.322***	1.339***
	[0.064]	[0.064]	[0.065]	[0.064]	[0.064]
LQ	-0.052*	-0.047	-0.060**	-0.051*	-0.053*
	[0.029]	[0.028]	[0.029]	[0.029]	[0.028]
ER	-1.331	-1.331	-1.305*	-1.329	-1.448*
	[0.707]	[0.706]	[0.706]	[0.704]	[0.712]
DCR	-9.040***	-8.926***	-8.920***	-9.254***	-11.65***
	[2.436]	[2.437]	[2.437]	[2.412]	[2.559]
GDP	0.002*	0.002*	0.002*	0.002*	0.002*
	[0.001]	[0.001]	[0.001]	[0.001]	[0.001]
POP	0.002**	0.002**	0.003**	0.003**	0.002**
	[0.001]	[0.001]	[0.001]	[0.001]	[0.001]
TSC	-0.875***	-0.868***	-0.869***	-0.874***	-0.875***
	[0.079]	[0.079]	[0.080]	[0.080]	[0.079]
Tr	0.294***	0.292***	0.293***	0.294***	0.288***
	[0.034]	[0.034]	[0.034]	[0.034]	[0.034]
LQ×DR		-0.189**			
		[0.091]			
LQ×DU			-0.037**		
			[0.014]		
DCR×DR				-12.48**	
				[6.003]	
DCR×DU					-2.931**
					[0.937]
N	112177	112177	112177	112177	112177
LR test	958.92	966.00	943.81	968.79	975.54
Log likelihood	-10725.80	-10723.20	-10721.63	-10723.48	-10719.98
AIC	21475.6	21472.4	21469.3	21473	21466

注:***、**、*分别表示在 1%、5%、10% 的水平上显著。

如模型 1 所示,从企业个体特征上看,规模(SIZE)的系数为 0.043,显著为负,这表明规模较小的企业更有利于降低退出风险。这是因为小微物流企业规模基数小,规模扩张会产生成本优势,

降低企业退出风险,从而增强了其稳定性。相关多元化(DR)系数为 -0.177,在 10% 的水平上显著。这是由于小微物流企业专注于利基市场,提供物流相关业务可以保持物流企业的核心竞争

力,企业围绕核心业务展开集约化管理,节约经营成本,从而提高企业经营绩效。非相关多元化(DU)系数为-0.104,在1%的水平上显著。其主要原因是小微物流企业间商业模式趋同,业务和服务相似,抗风险能力较差,企业发展非相关多元化能够规避来自企业间同质化竞争带来的冲击[14]。总的来说,小微物流企业多元化发展,能够促进企业的成长。

从外部环境上看,路网密度(RND)系数显著为负。说明交通便利性能有效提高小微物流企业的服务效率,降低企业退出风险。区位熵(LQ)、进入率(ER)系数为负且显著。这是因为较高的集聚水平会促进物流企业间形成与运输相关和与资源共享相关的运营优势,提高企业的生存能力。距区域中心的距离(DCR)系数为负且显著,这是因为距离区域中心越近,物流需求越集中,从而降低企业退出风险。

2.3 企业个体特征与外部环境的交互作用

如模型2~5所示,物流集聚水平与相关多元化、非相关多元化经营的交互项,系数均为负且显著,表明在物流集聚水平较高的区域,小微物流企业可以通过多元化经营来降低退出风险。这是因为在集聚区域,小微物流企业需要通过实行多元化经营,寻求差异化发展以抵御强竞争市场带来的冲击。事实上,这本质是一种防御型多元化,其目的是通过提供增值服务来降低企业间恶性竞争的风险。

区位潜力与相关多元化、非相关多元化经营的交互项,系数均为负且显著。这是因为随着距离区域中心越远,物流市场需求也会随之降低,小微物流企业可以通过拓展经营范围、延伸服务链条,创造更多的物流增值服务来提高企业的经营绩效。此外,远离区域中心的企业,租金等固定资产投入减少,有利于企业将资金用于经营业务的扩大,提升自身竞争力,促进企业多元化发展。

3 结语

本文在生态学视角下建立了小微物流企业生态位宽度指标体系,量化企业个体特征和外部环境对企业生存的影响。主要结论如下:

(1)成都市小微物流企业生态位宽度呈从区

域分化转向均衡发展的总体趋势,并且各区县小微物流企业的生态位宽度差异缩小,资源分布逐渐均衡。

(2)从决定因素上看,小微物流企业个体特征中的规模能够促使企业获取更强的位势效应;相关多元化经营可以保持物流企业的核心竞争,非相关多元化经营可以降低同质化竞争的冲击;在外部环境中,交通便利性、集聚水平以及距离区域中心的距离等因素对小微物流企业的退出风险也产生了显著影响。交通便利性的提高能够有效提升服务效率,降低企业退出风险;较高的集聚水平能够促进企业会促进企业间的合作和资源共享,形成运营优势,增强企业的生存能力;而距离区域中心越近,物流需求越集中,从而降低了企业的退出风险。

(3)在企业个体特征与外部环境的交互作用方面,物流集聚水平与相关多元化、非相关多元化经营的交互作用均表明,在集聚区域,小微物流企业通过多元化经营能够有效降低退出风险,特别是在面对激烈竞争的市场环境下,多元化经营能够提供一种防御性策略。而区位潜力与相关多元化、非相关多元化经营的交互作用也呈现类似的趋势,远离区域中心的企业通过拓展经营范围、延伸服务链条等方式,能够降低退出风险,提升企业的经营绩效。

总的来说,本研究结果强调了小微物流企业在面对外部环境变化时,通过规模优势、多元化经营以及合理利用外部环境资源等方式,能够有效降低退出风险,促进企业的持续发展和成长。因此,对于当地政府而言,需更加注重物流资源的均衡配置和分布,以促进小微物流企业在整个区域的健康发展。其次,对于小微物流企业而已,多元化经营作为企业开拓市场或规避风险的战略,企业管理者应该充分考虑外部环境因素,灵活调整企业战略,以适应不同环境下的挑战和机遇。

参考文献

[1] GULTEKIN B, DEMIR S, GUNDUZ M A, et al. The logistics service providers during the COVID-19 pandemic: The prominence and the cause-effect structure of uncertainties and risks [J]. Computers & Industrial Engineering, 2022,165:107950.

[2] YANG Z, CHEN X, PAN R, et al. Exploring location factors of logistics facilities from a

spatiotemporal perspective: A case study from Shanghai [J]. Journal of Transport Geography, 2022,100: 103318.

[3] SAKAI T, BEZIAT A, HEITZ A. Location factors for logistics facilities: Location choice modeling considering activity categories [J]. Journal of Transport Geography,2020,85: 102710.

[4] SUGIANTO I M, PUJAWAN I N, TRIJOYO PURNOMO J D. A study of the Indonesian trucking business: Survival framework for land transport during the Covid-19 pandemic [J]. International Journal of Disaster Risk Reduction, 2023,84: 103451.

[5] BAG S, GUPTA S, LUO Z. Examining the role of logistics 4.0 enabled dynamic capabilities on firm performance [J]. The International Journal of Logistics Management, 2020, 31 (3): 607-28.

[6] 谢申祥,范鹏飞,郭丽娟. 互联网对企业生存风险的影响与异质性分析 [J]. 数量经济技术经济研究,2021,38(3): 140-59.

[7] ISLAM M M, FATEMA F. Do business strategies affect firms' survival during the COVID-19 pandemic? A global perspective [J]. Management Decision,2023,61(3): 861-85.

[8] BAPTISTA R, KARAöZ M, LEITãO J C. Diversification by young, small firms: the role of pre-

entry resources and entry mistakes [J]. Small Business Economics,2020,55(1): 103-22.

[9] CEFIS E, BETTINELLI C, COAD A, et al. Understanding firm exit: a systematic literature review [J]. Small Business Economics, 2022, 59(2): 423-46.

[10] 刘思婧,孙文杰,李国旗. 基于生态位理论的重庆市物流企业优势区位及影响因素研究 [J]. 地理科学,2020,40(3): 393-400.

[11] MUZI S,JOLEVSKI F,UEDA K,et al. Productivity and firm exit during the COVID-19 crisis: cross-country evidence [J]. Small Business Economics,2023,60(4): 1719-60.

[12] HE N,WU W,LIU S. Relationship between logistics firm size and business diversification: an empirical study of Chongqing,area in China [J]. Open Journal of Statistics,2021,11(1): 1-18.

[13] 黄宇虹,吕玲,任迎伟,等. 数字化经营对小微企业生存能力的影响——基于寻租与信息不对称理论 [J]. 电子科技大学学报(社科版),2023,25(6): 37-47.

[14] 韩兵,刘芳名,匡海波. 同质化竞争情境下企业价值增值效率评价研究——以我国上市港口企业为例 [J]. 科研管理,2021,42(4), 55-64.

A Comprehensive Study on Forecasting China-European Trade Volumes: An Integrated Approach Using ARIMA and GM(1,1) Model

Danjie Wu* 　Lixin Yan 　Cheng Zhang 　Yubo Fan 　Yating Chen
(School of Transportation Engineering East China Jiaotong University)

Abstract In order to improve the accuracy of forecasting the volume of trade between China and Europe and to provide references for the formulation and improvement of trade policies between China and Europe, this paper comprehensively considers the time series data characteristics of the annual import and export volumes of trade between China and Europe. Firstly, the GM(1,1) model and ARIMA model are used separately for forecasting, then the average relative errors of the two models are calculated. Based on the forecasting accuracy of the two models, the weights of each model are determined with the goal of minimizing the average relative error. Finally, the two models are combined, and the average relative error of the combined model is calculated to verify the effectiveness of the ARIMA-GM(1,1) combined model. The forecast results of the annual import and export volumes of trade between China and Europe for the years 2023—2025 are ultimately calculated.

Keywords China-Europe trade ARIMA model GM(1,1) model Trade volume forecasting

0 Introduction

China-Europe trade is one of the highly concerned topics in current international trade. The cooperation between China and Europe in trade, investment, technology, and other fields is becoming increasingly close, bringing significant economic benefits to both sides. However, China-Europe trade also faces a series of challenges and risks, such as trade barriers, political instability, market volatility, and so on. Therefore, scientifically predicting the development trend of China-Europe trade, enhancing trade efficiency and risk control capabilities, has become one of the hot research topics at present.

This paper based on the "Belt and Road" policy, collects the data of China-Europe import and export volume from 2006 to 2022. Building upon the achievements in the field of trade volume prediction, three models, namely ARIMA, GM(1, 1), and ARIMA-GM(1, 1) combination model, are established to forecast the China-Europe import and export volume for the years 2023—2025. The forecast results of the three models are compared, and ultimately the effectiveness of the proposed ARIMA-GM(1, 1) combination forecasting model is validated. This study provides reference for the formulation of China-Europe trade policies and economic development.

1 Literature review

Wang et al. (2024) established a convex optimization model with the objective of minimizing the risk of application conditions, and ultimately determined the weights of each model involved in comprehensive forecasting to reduce the risk of economic losses caused by extreme forecasting errors. Sun et al. (2023) builded a prediction model by

optimizing the hyperparameters of the bidirectional long short-term memory recurrent neural network (BiLSTM), and verified that the model has higher prediction accuracy and stability. Zhu (2023) explored the relationship between foreign trade (FT) and economic growth (EG) through the import and export trade forecasting algorithm in terms of dependence, pull and growth elasticity. He (2023) selected GDP, net foreign direct investment, stock of social financing scale, net foreign direct investment, and total online sales as influencing factors, established a gray relational model, and finally predicted the total amount of China's international trade imports and exports based on the GM(1,N) model. Luchko et al. (2021) established the MLP network to predict the import and export of goods, and finally verified the effectivess of the artificial neural network by comparing the results. Based on the Granger causality test and business cycle analysis, Bai et al. (2022) predicted China's foreign trade through the autoregressive integrated moving average model with exogenous variables (ARIMAX) and artificial neural network (ANN) model. Lee C et al. (2021) used an autoregressive integrated moving average (ARIMA) model and a recurrent neural network (RNN), respectively, to predict the transaction volume of four representative housing markets in South Korea, and verified that there was no significant difference between the two models in terms of prediction performance. Zhao et al. (2023) proposed a hybrid point and interval CTP prediction model using sample entropy method to reconstruct the time series, followed by a long and short term memory method optimised by Adam's algorithm to complete the prediction of CTP. He et al. (2021) proposed the autoregressive conditional interval (ACI) model to forecast crude oil prices, verified that the ACI model outperforms the univariate ARMA model and the vector error correction model (VECM), and concluded that the ACI model′s strengths are reflected in the forecasting of out-of-sample monthly price intervals, as well as the forecasting of point value highs, lows and interval. Using a Box-Jenkins autoregressive integrated moving average model to predict the value of foreign trade in medical devices over the next few years, Esra Şafak Yilmaz et al. (2021) concluded that Turkey will have a much larger market for medical devices in the next five years. Yin et al. (2022) proposed a multi-objective approach for real transactions, which includes a tree model inducing interpretable transaction features. S. Kohda et al. (2021) examined the characteristics of high frequency trading (HFT) in conjunction with data from the Tokyo Stock Exchange.

In summary, the current research field mainly includes two types of forecasting models: single forecasting models and combined forecasting models.

In this study, by analyzing the development trend of China-Europe trade volume, an ARIMA-GM(1,1) combined forecasting model is used to analyze and model the import and export volume of China-Europe trade. The characteristics and patterns of China-Europe trade are studied, and the future development trends of China-Europe trade are predicted. Finally, this study will analyze the errors of the forecasting results of the single forecasting model and the combined forecasting model, thereby evaluating the accuracy and reliability of the forecasting methods and providing references for scientific decision-making in China-Europe trade.

2 Research methodology

2.1 ARIMA model

(1) To establish an AR model, MA model, and differencing steps:

The autoregressive model of order p is denoted as $AR(p)$:

$$Y_t = c + \varphi_1 Y_{t-1} + \varphi_2 Y_{t-2} + \cdots + \varphi_p Y_{t-p} + \xi_t \quad (1)$$

The moving average model of order q is denoted as $MA(q)$:

$$Y_t = c + \varphi_1 Y_{t-1} + \varphi_2 Y_{t-2} + \cdots + \varphi_p Y_{t-p} + \xi_t Y_t$$
$$= \mu + \theta_{1t-1} + \theta_{2t-2} + \cdots + \theta_{qt-q} \quad (2)$$

Differencing of order d:

$$d\_order\_y = (1 - B)^d y_t \quad (3)$$

(2) Model Identification.

The definition of the autocorrelation function (ACF) is: Assuming the time series is X_t, for any lag (k), the autocorrelation function is represented as $\rho(k)$:

$$\rho(k) = \mathrm{Cov}(X_t, X_{t+k}) / \mathrm{Var}(X_t) \quad (4)$$

Assuming the time series is X_t, for any lag(k), the partial autocorrelation function is represented as $\varphi(k)$:

$$\varphi(k) = \mathrm{Cov}\left(\begin{matrix} X_t - E\begin{bmatrix} X_t \mid X_{t-1}, \\ \cdots, X_{t-k+1} \end{bmatrix}, \\ X_{t-k} - E\begin{bmatrix} X_{t-k} \mid X_{t-k+1}, \\ \cdots, X_{t-1} \end{bmatrix} \end{matrix} \right) / \mathrm{Var}(X_t) \quad (5)$$

(3) Model Estimation.

The ARIMA model is represented as:

$$Y_t = c + \varphi_1 Y_{t-1} + \varphi_2 Y_{t-2} + \cdots + \varphi_p Y_{t-p} + \theta_{1t-1} + \theta_{2t-2} + \cdots + \theta_{qt-q} \quad (6)$$

2.2 GM(1,1) model

(1) Data Processing and Verification.

Suppose the original data series $X^{(0)}$ is denoted as $X^{(0)} = (X^{(0)}(1), X^{(0)}(2), \cdots, X^{(0)}(n))$, calculate the ratio of the series:

$$\lambda(k) = \frac{X^{(0)}(k-1)}{X^{(0)}(k)} \quad (k = 2, 3, \cdots, n) \quad (7)$$

(2) To establish GM(1,1) model.

$$\hat{x}^{(0)}(k+1) = \hat{x}^{(1)}(k+1) - \hat{x}^{(1)}(k) \quad (k = 1, 2, \cdots, n-1) \quad (8)$$

(3) Prediction value verification.

First, verify the residual by calculating the relative residuals:

$$\varepsilon(k) = \frac{x^{(0)}(k) - \hat{x}^{(0)}(k)}{x^{(0)}(k)} \quad (k = 1, 2, \cdots, n) \quad (9)$$

If all $|\varepsilon(k)| < 0.2$, it meets the general requirements.

Then, verify the deviations of the ratio:

$$\rho(k) = 1 - \frac{1 - 0.5a}{1 + 0.5a}\lambda(k) \qquad (10)$$

If all $|\rho(k)| < 0.2$, it meets the general requirements.

3 Model establishment and result analysis

3.1 Establishment and solution of arima model

(1) Stationarity Test.

The original time series is shown in Figure 1, showing an increasing trend. ACF and PACF tests were performed, and the results are shown in Figure 2, Figure 3.

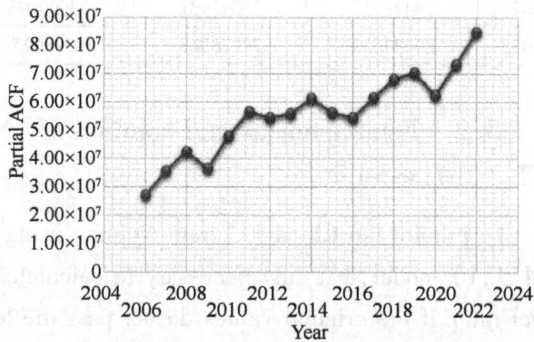

Figure 1   Original time series plot

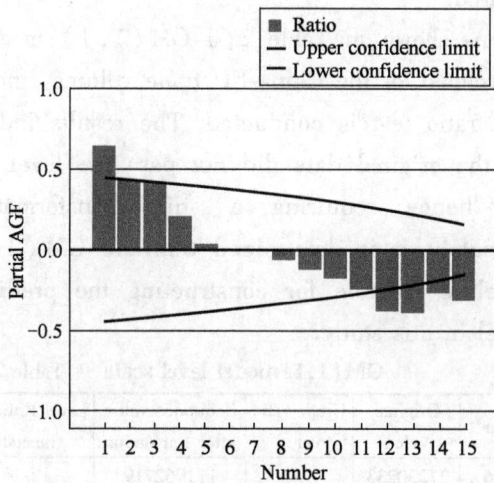

Figure 2   Original time series ACF plot

ACF shows a tailing pattern, but there is no evident convergence in the later data. PACF is truncated at the first order, and from the second order onwards, the coefficients fluctuate within a small range around the zero axis. Therefore, it is determined that the original time series is non-stationary.

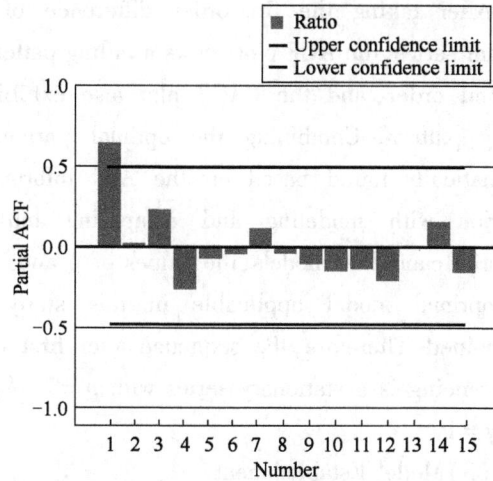

Figure 3   Original time series PACF plot

(2) Stationarization Treatment.

First, perform first-order differencing, and then conduct ACF and PACF tests. The results are shown in Figure 4 and Figure 5.

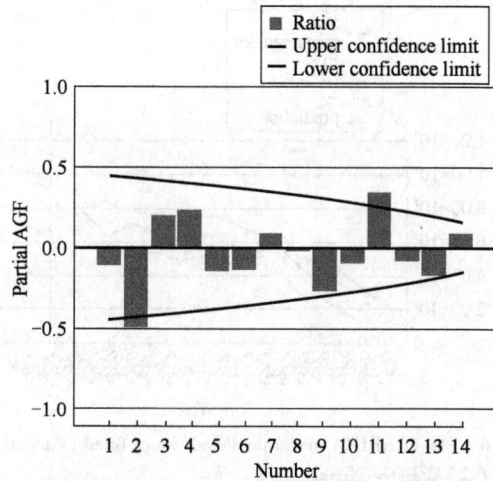

Figure 4   First-order difference sequence ACF plot

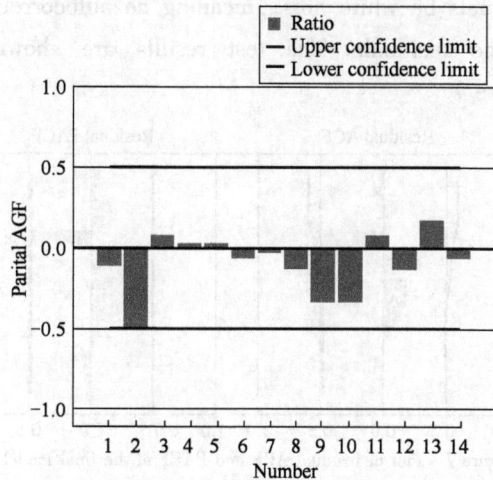

Figure 5   First-order difference sequence PACF plot

After taking the first-order difference of the original series, the ACF plot shows a tailing pattern at the 2nd order, and the PACF plot also exhibits a tailing pattern. Combining the optimal parameters automatically found based on the AIC information criterion with modeling and comparing multiple potential candidate models, the values of p and q for the optimal model applicable in this study are determined. Therefore, the sequence after first order differrencing is a stationary series with $p = 2$, $d = 1$, and $q = 1$.

(3) Model Establishment.

The coefficient a (coefficient of determination) represents the explanatory power of the model for the dependent variable. After calculation, the value of a is determined. The final optimal model applicable in this study is determined as a, as shown in Figure 6.

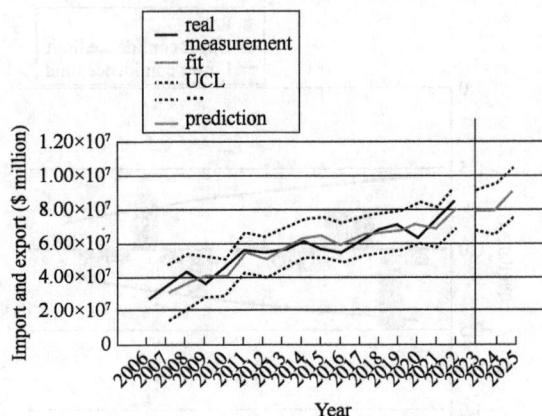

Figure 6　Plot of ARIMA model predicted values fitted to actual values

(4) White Noise Test.

The ARIMA model requires that the model residuals be white noise, meaning no autocorrelation in the residuals. The test results are shown in Figure 7.

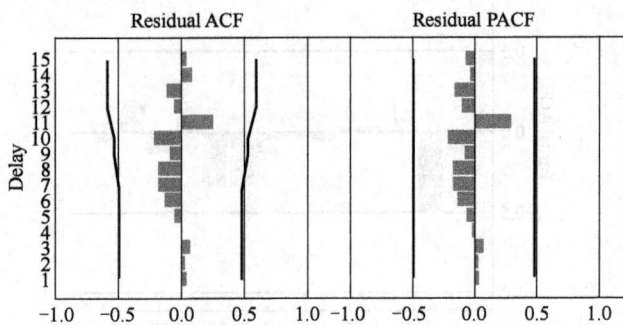

Figure 7　Plot of residual ACF and PACF of the final model fit

From Figure 7, it can be seen that all autocorrelation coefficients are within the confidence interval range and gradually approach 0.

The constructed ARIMA(2,1,1) model satisfies the requirements after the white noise test.

(5) Analysis of Prediction Results.

By inputting the initial data into the model, the forecasted values of the China-EU trade volume for 2023—2025 are obtained, as shown in Table 1.

ARIMA model prediction of China-EU trade import and export value in 2023—2025 Table

Table 1

Year	Forecast ($ million)	Lower limit (US $ million)	Upper limit (US $ million)
2023	79009139	67256093	90762186
2024	79478513	65047932	93909093
2025	89477653	74975048	103980259

3.2　Establishment and solution of GM(1,1) model

To predict the China-EU trade volume using the GM(1,1) model, it is first necessary to calculate the level ratio. If the original values do not pass the level ratio test, a "shift transformation" of the data is required.

As shown in Table 2, a GM(1,1) model is constructed for the China-EU trade volume, and the level ratio test is conducted. The results indicate that the original data did not pass the level ratio test, hence requiring a shift transformation. Ultimately, it is determined that the GM(1,1) model is suitable for constructing the predictive model in this study.

GM(1,1) model level scale　Table 2

Year	Original value	Grade ratio value	Sequence value after translation	Level Ratio after translation
2006	27230233	—	111962719	—
2007	35615124	0.765	120347610	0.93
2008	42557769	0.837	127290255	0.945
2009	36404170	1.169	121136656	1.051
2010	47971255	0.759	132703741	0.913
2011	56721283	0.846	141453769	0.938
2012	54604330	1.039	139336816	1.015
2013	55904032	0.977	140636518	0.991
2014	61513920	0.909	146246406	0.962

Year	Original value	Grade ratio value	Sequence value after translation	Level Ratio after translation
2015	56475484	1.089	141207970	1.036
2016	54701794	1.032	139434280	1.013
2017	61691575	0.887	146424061	0.952
2018	68216424	0.904	152948910	0.957
2019	70510978	0.967	155243464	0.985
2020	62605799	1.126	147338285	1.054
2021	73395045	0.853	158127531	0.932
2022	84732486	0.866	169464972	0.933

continued

By building the GM (1, 1) model, the development coefficient a, gray index b, and posterior error values C are calculated, as shown in Table 3.

GM(1,1) model construction results

Table 3

Development coefficient a	Grey Indicator b	A posteriori difference c
−0.0179	121035677.4836	0.1104

From the calculation results above, it is observed that the posterior error value $C = 0.1104 < 0.35$, indicating an excellent level of model accuracy. This suggests a high level of confidence in using the GM(1,1) model for forecasting the China-EU trade volume for 2023—2025 (Table 4).

GM(1,1) table of model fitting results　　Table 4

Year	Original value	Predicted value	Residual	Relative error	Scale deviation
2006	27230233.000	27230233.000	0.000	0.000	—
2007	35615124.000	39413663.531	−3798539.531	0.107	0.122
2008	42557769.000	41654829.566	902939.434	0.021	0.148
2009	36404170.000	42936454.569	−7532284.569	0.179	−0.190
2010	47971255.000	46259268.933	1711986.067	0.036	0.127
2011	56721283.000	48624016.233	8097266.767	0.143	0.139
2012	54604330.000	51031453.470	3572876.530	0.065	−0.058
2013	55904032.000	53482351.311	2421680.689	0.043	0.006
2014	61513920.000	55977494.334	5536425.666	0.090	0.075
2015	56475484.000	58517681.282	−2042197.282	0.036	−0.109
2016	54701794.000	61103725.316	−6401931.316	0.117	−0.051
2017	61691575.000	63736454.278	−2044879.278	0.033	0.097
2018	68216424.000	66416710.955	1799713.045	0.026	0.079
2019	70510978.000	69145353.346	1365624.654	0.019	0.015
2020	62605799.000	71923254.943	−9317455.943	0.149	−0.147
2021	73395045.000	74751305.003	−1356260.003	0.018	0.132

As depicted in Figure 4, the GM(1,1) model is tested. Based on the calculation results, the maximum relative error value of $0.179 < 0.2$ indicates that the model meets the fitting requirements. The absolute value of the level ratio deviation is, demonstrating that the model meets the fitting requirements. The average relative error of the model is 7.031%, indicating a good fitting effect of the model.

By inputting the original data into the model mentioned above, the forecasted values of the China-EU trade volume for 2023—2025 are calculated, as shown in Table 5.

GM(1,1) model forecast 2023—2025 China-Europe trade import and export table　　Table 5

Year	Forecast ($ million)
2023	80561488.109
2024	83545481.103
2025	86583343.056

The results of using the GM(1,1) model for forecasting the China-EU trade volume for 2023—2025 are 80561488.109 million USD, 83545481.103 million USD, and 86583343.056 million USD respectively. The fitting effect of the original data with the GM(1,1) model predicted data is shown in Figure 8.

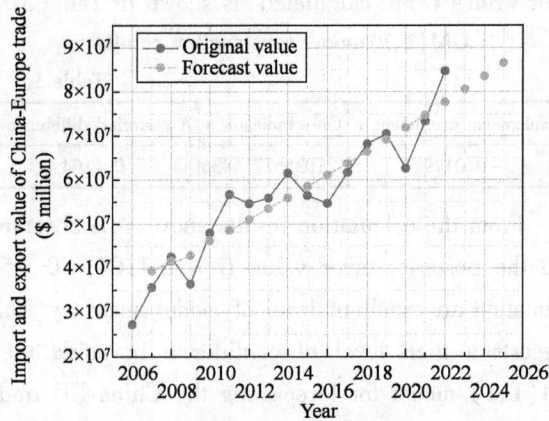

Figure 8　Fitted plot of GM(1,1) model prediction results

3.3　Analysis of forecast results of Sino-European trade volume based on combin ation forecasting

This article comprehensively considers two forecasting models, calculates and compares the forecast values and relative errors of the two forecasting models and the combination forecasting model. The comparative results are shown in Table 6.

Comparison of prediction results of GM(1,1), ARIMA and combined prediction models　Table 6

Year	Actual value	GM(1,1) model		ARIMA model		Combined prediction model	
		Predicted value	Relative Error	Predicted value	Relative Error	Predicted value	Relative Error
2006	27230233						
2007	35615124	39413664	−0.107	30127941	0.154	35614595.87	0.000
2008	42557769	41654830	0.021	37386818	0.122	39908657.99	0.062
2009	36404170	42936455	−0.179	40235949	−0.105	41831596.73	−0.149
2010	47971255	46259269	0.036	39690897	0.173	43571950.92	0.092
2011	56721283	48624016	0.143	54734711	0.035	51124084.78	0.099
2012	54604330	51031453	0.065	51320814	0.060	51149839.54	0.063
2013	55904032	53482351	0.043	55828169	0.001	54442095.7	0.026
2014	61513920	55977494	0.090	63018158	−0.025	58858041.06	0.043
2015	56475484	58517681	−0.036	64241153	−0.138	60859325.27	−0.078
2016	54701794	61103725	−0.117	59756730	−0.092	60552629.12	−0.107
2017	61691575	63736454	−0.033	64513280	−0.046	64054276.99	−0.038
2018	68216424	66416711	0.026	65863815	0.035	66190504.63	0.030
2019	70510978	69145353	0.019	67016646	0.050	68274435.31	0.032
2020	62605799	71923255	−0.149	71521544	−0.142	71758902.94	−0.146
2021	73395045	74751305	−0.018	69270720	0.056	72509033.26	0.012
2022	84732486	77630409	0.083	81204246	0.042	79092572.84	0.067

With the aim of minimizing the relative error, the weights of the two models are calculated as 0.5382 and 0.4618 respectively. The calculation method of the combination model is obtained as shown in Equation (11):

$$\hat{y}_i = 0.59087\,\hat{y}_{GM} + 0.40913\,\hat{y}_{ARIMA} \qquad (11)$$

From the calculation results in Table 6, it can be seen that the average relative error of the combination forecasting model is smaller than that of the GM(1,1) model and ARIMA model for single forecasting. Therefore, the combination forecasting model is suitable for the research of this article, and the forecast of Sino-European trade volume for 2023—2025 through this model is shown in Table 7.

Table of forecast values of Chinese and European imports and exports, 2023—2025 Table 7

Year	GM(1,1) model predicted values	ARIMA model predicted value	Combined prediction model predicted value
2023	80561488	79009139	79926375.52
2024	83545481	79478513	81881562.44
2025	86583343	89477653	87767492.08

4 Conclusions

This article first analyzes the data of Sino-European trade volume from 2006 to 2022. Then, based on the GM(1,1) model and ARIMA model, two separate forecasting models are selected. Combining the characteristics of Sino-European trade volume, the weights of the two models in the combination forecasting model are determined by calculating and comparing the relative errors of the two models' forecast results. Furthermore, a combination model that conforms to the forecast of Sino-European trade volume is constructed, which has high accuracy and scientificity. Through this model, the data of Sino-European trade volume for 2023—2025 is predicted. The results show that the Sino-European trade volume is steadily growing in the years 2023—2025, with a high growth rate of 4.3%.

Under the background of the "Belt and Road" Initiative, Sino-European trade faces more opportunities and challenges. By forecasting the Sino-European trade volume, it can provide reference significance for the formulation of trade policies between China and Europe, and promote trade development and cultural exchanges between China and Europe.

Based on the collected data of annual Sino-European import and export volume from 2006 to 2022, this article predicts the annual import and export volume for the years 2023—2025. However, there are still some limitations in this research. In the future, more accurate predictions can be made based on the collection of monthly import and export volume data between China and Europe, in order to better provide references for the development of Sino-European trade.

References

[1] WANG J, ZHOU Y, ZHANG Y, et al. Risk-Averse Optimal Combining Forecasts for Renewable Energy Trading Under CVaR Assessment of Forecast Errors [A]. In IEEE Transactions on Power Systems 2024, 39(1):2296-2309, Jan. 2024.

[2] SUN M, YANG H. Forecasting Model of Fishery Import and Export Trade Data Using Deep Learning Method [A]. 2023 International Conference on Blockchain Technology and Applications (ICBTA), Beijing, China, 2023: 48-51.

[3] ZHU Q. The Relationship Between Foreign Trade and Economic Growth Based on the Import and Export Trade Forecasting Algorithm [A]. 2023 IEEE International Conference on Integrated Circuits and Communication Systems (ICICACS), Raichur, India, 2023:1-4.

[4] HONGYAN H. Analysis of Influencing Factors of China's International Trade Based on the Grey Model [A]. 2023 IEEE 3rd International Conference on Information Technology, Big Data and Artificial Intelligence (ICIBA), Chongqing, China, 2023:1746-1749.

[5] LUCHKO M R, DZIUBANOVSKA N, RZAMASOVA O A. Artificial Neural Networks in Export and Import Forecasting: An Analysis of Opportunities [A]. 2021 11th IEEE International Conference on Intelligent Data Acquisition and Advanced Computing Systems: Technology and Applications (IDAACS), Cracow, Poland, 2021, pp. 916-923.

[6] BAI Y, WANG S, ZHANG X. Foreign Trade Survey Data: Do They Help in Forecasting Exports and Imports? [J]. Journal of Systems Science and Complexity, 2022, 35(5): 1839-1862.

[7] LEE C, PARK K H. Forecasting trading volume in local housing markets through a time-

series model and a deep learning algorithm[J]. Engineering Construction & Architectural Management,2021.

[8] ZHAO Y ,ZHAO H ,LI B ,et al. Point and interval forecasting for carbon trading price: a case of 8 carbon trading markets in China[J]. Environmental Science and Pollution Research, 2023,30(17):49075-49096.

[9] YANAN H,AI H,YONGMIAO H,et al. Forecasting crude oil price intervals and return volatility via autoregressive conditional interval models [J]. Econometric Reviews, 40: 6, 584-606.

[10] ESRA Ş Y,TUNCAY B. Modeling and Forec-

asting Foreign Trade Values in Medical Devices[C]. Value in Health Regional Issues, 2021,25:64-70.

[11] YIN T,DU X,ZHANG W,ZHAO Y,et al. Real-Trading-Oriented Price Prediction With Explainable Multiobjective Optimization in Quantitative Trading[C]. IEEE Access,2022, 10-57685-57695.

[12] KOHDA S,YOSHIDA K. Characteristics of High-Frequency Trading and Its Forecasts[C]. 2021 IEEE 45th Annual Computers,Software, and Applications Conference (COMPSAC), Madrid,Spain,2021:1496-1501.

中欧班列枢纽节点城市竞争力评价研究

詹　斌　方纪为*　董辰煜　陈　湘
(武汉理工大学交通与物流工程学院)

摘　要　为更准确地评价中欧班列枢纽节点城市竞争力,选择更加合适的集结中心城市,本文综合考虑城市区位条件、经济基础、物流能力、信息化水平和发展潜力等 5 个方面影响因素,建立科学的中欧班列枢纽节点城市竞争力评价体系,使用熵权法计算评价指标的客观权重,结合逼近理想法(TOPSIS),即熵权-TOPSIS 法,对中欧班列枢纽节点城市进行评价分析。研究表明:枢纽节点城市物流能力的权重占比较高,对中欧班列枢纽节点城市竞争力的影响较大。重庆、西安、乌鲁木齐、武汉、成都、苏州、南京、长沙、郑州和合肥等 10 个枢纽节点城市的竞争力评分较高,可以优先考虑建设,成为中欧班列西部通道的集结中心城市,以提高中欧班列运输效率,促进中欧班列高质量发展。

关键词　中欧班列　竞争力评价　熵权-TOPSIS 法

0　引言

中欧班列作为连接中国和欧洲的国际货运大通道,为"一带一路"沿线国家提供了高效便捷的货物运输服务,推动我国内陆地区与沿线国家的贸易往来[1]。然而,随着中欧班列的快速发展,越来越多的问题逐渐显现,如运营线路重复、货源竞争激烈、口岸拥堵等问题[2-3]。2022 年,国务院发布《"十四五"现代综合交通运输体系发展规划》,明确指出要加快推进中欧班列集结中心城市建设,提升货源集聚效率和班列运营效率。随着集结中心城市的建设,中欧班列的开行模式将由之

前的"点对点"直达开行模式过渡到"枢纽对枢纽"集结开行模式。在当前阶段,确定中欧班列的集结中心城市尚且缺乏一个系统化和全局性的视角,这种局限可能阻碍中欧班列的开行模式从直达开行模式向集结开行模式的平稳过渡。为了实现更高效和有序地转变,需要对开行中欧班列的枢纽节点城市进行综合评估,亟须研究如何评价中欧班列枢纽节点城市竞争力,选择合适的城市作为集结中心,提高中欧班列的运输效率,为今后中欧班列发展提供决策建议。

竞争力评价主要是指对城市和港口在经济、管理、文化、环境和生活质量等方面进行综合评估的过程。目前学者对于竞争力的研究较为广泛。

Wang 等[4] 构建包括港口基础设施、港口运营规模、港口腹地经济水平、港口发展潜力等 4 个主要指标和 13 个次要指标在内的评价体系,基于熵权-TOPSIS 法,构建港口竞争力评价模型,最后对我国"一带一路"沿线的 15 个海港进行竞争力评价,得到港口竞争力综合排名。刘一凡等[5] 利用熵权-TOPSIS 法和混合整数规划模型选出可作为中欧班列西通道集结中心的节点城市。李玉民等[6] 基于"双循环"视角,运用 AHP-CRITIC-GRA 方法评价中欧班列运行质量。李楠[7] 使用深度 SAE-SOFM 模型,对我国"一带一路"沿线的西北部 13 个核心节点城市进行了物流竞争力的特征分析与聚类研究,该模型深入挖掘了各城市在物流领域的核心竞争特征,并将它们按照物流竞争力的相似性进行了有效分类[7]。叶静怡等[8] 使用云物元模型结合熵权法,从发展潜力的角度构建评价指标体系。

现阶段,学者们对城市竞争力评价已有较为深入和系统的研究,形成了较为成熟的理论体系和评价方法。然而,针对中欧班列枢纽节点城市这一特定类型城市竞争力的研究还相对欠缺,尚未形成系统化、多维度的评价框架。因此,亟须构建一套系统性、科学性、多维度的指标评价体系,为中欧班列枢纽节点城市竞争力评价提供量化依据和分析工具,为集结中心的选择提供参考。

1 评价指标选择

在遵从指标体系构建原则上,参考港口和城市竞争力指标体系的研究成果,构建了如表 1 所示的中欧班列枢纽节点城市竞争力评价指标体系。

评价指标体系 表 1

一级指标	二级指标	标号
经济基础	地区生产总值	X_1
	进出口额	X_2
	社会消费品零售总额	X_3
区位条件	枢纽节点城市物流枢纽等级	X_4
	与出境口岸的距离	X_5
	节点城市可达性	X_6
物流能力	货运量	X_7
	货运周转量	X_8
	中欧班列开行量	X_9

续上表

一级指标	二级指标	标号
信息水平	固定互联网宽带接入用户数	X_{10}
	移动用户数	X_{11}
发展潜力	进出口额增长率	X_{12}
	社会消费品零售额增长率	X_{13}
	城市人口吸引力指数	X_{14}

其中,枢纽节点城市物流枢纽等级 X_4 的评分参考《中欧班列建设发展规划(2016—2020)》和《全国流通节点城市布局规划》对枢纽节点的分类进行打分,根据是否为"内陆主要货源节点""主要铁路枢纽节点"和"国家级流通节点"各记 1 分。

枢纽节点城市在集结货源节点城市货物的过程中,应当避免不必要的迂回。枢纽节点城市可达性可通过可达该枢纽的节点城市的数量来表示[9]。设货物从节点城市 i 直达出境口岸的距离为 L_1,货物从枢纽节点城市 j 中转再到出境口岸的距离为 L_2,若 $L_2 - L_1 \leq \lambda$,则表示节点城市 i 可达枢纽节点城市 j。其中 λ 为距离调节参数,本文设置 $\lambda = 200km$。

2 评价模型与评价方法

熵权-TOPSIS 法就是将熵权法与 TOPSIS 法结合起来用于多指标决策分析的方法。其基本思路可以概括为以下几个步骤:收集中欧班列城市竞争力相关数据,构建包含各决策单元在不同指标上表现的决策矩阵;由于各指标的量纲和数量级可能不同,需要对决策矩阵进行无量纲化处理,以便进行公平比较。利用熵权法计算出各指标的信息熵,再根据信息熵确定各指标的权重;根据上一步得到的权重,将标准化的决策矩阵转换为加权标准化矩阵;根据加权标准化矩阵,确定各指标的理想值和负理想值;计算每个决策单元与理想解及负理想解的距离,然后根据距离计算相对接近度;根据相对接近度对所有决策单元进行排序,接近度越高的决策单元越优。具体计算步骤如下。

步骤 1:构建决策矩阵。假设评价对象数目为 m,评价指标数为 n,则决策矩阵可表示为:

$$X = (x_{ij})_{mn} = \begin{bmatrix} x_{11} & x_{12} & \cdots & x_{1n} \\ x_{21} & x_{22} & \cdots & x_{2n} \\ \cdots & \cdots & \cdots & \cdots \\ x_{m1} & x_{m2} & \cdots & x_{mn} \end{bmatrix} \quad (1)$$

其中,$i = 1, 2, \cdots m, j = 1, 2, \cdots n$。

步骤2:由于各个指标间的量纲不尽相同,指标数据需要通过无量纲化处理。正向和负向指标无量纲化处理计算公式分别如下。

正向指标:

$$x'_{ij} = \frac{x_{ij} - \min_i x_{ij}}{\max_i x_{ij} - \min_i x_{ij}} \quad (2)$$

负向指标:

$$x'_{ij} = \frac{\max_i x_{ij} - x_{ij}}{\max_i x_{ij} - \min_i x_{ij}} \quad (3)$$

式中:x_{ij}——原始数据;

x'_{ij}——无量纲化处理后的值。

步骤3:确定各指标所对应的熵值。第j个评价指标对应的熵值e_j为:

$$e_j = -(\sum_{i=1}^{m} p_{ij} \ln p_{ij}) / \ln m \quad (4)$$

式中:p_{ij}——$p_{ij} x'_{ij} / \sum_{i=1}^{m} x'_{ij}$。

步骤4:确定各指标权重。第j个评价指标的权重w_j:

$$w_j = (1 - e_j) / \sum_{j=1}^{n} (1 - e_j) \quad (5)$$

步骤5:构建加权决策矩阵。加权决策矩阵V由无量纲化处理后的数据和对应权重乘积组成。

$$V = (v_{ij})_{mn} = \begin{bmatrix} w_1 x'_{11} & w_2 x'_{12} & \cdots & w_n x'_{1n} \\ w_1 x'_{21} & w_2 x'_{22} & \cdots & w_n x'_{2n} \\ \vdots & \vdots & \cdots & \vdots \\ w_1 x'_{m1} & w_2 x'_{m2} & \cdots & w_n x'_{mn} \end{bmatrix} \quad (6)$$

步骤6:确定正、负理想解。对应的理想解V^+和负理想解V^-具体表示如下。

正向指标:

$$V^+ = \{\max v_{ij} \mid i = 1, 2, \cdots m, j \in J_1\} \quad (7)$$

$$V^- = \{\min v_{ij} \mid i = 1, 2, \cdots m, j \in J_1\} \quad (8)$$

负向指标:

$$V^+ = \{\min v_{ij} \mid i = 1, 2, \cdots m, j \in J_2\} \quad (9)$$

$$V^- = \{\min v_{ij} \mid i = 1, 2, \cdots m, j \in J_1\} \quad (10)$$

其中J_1表示正向指标集,$J_1 = \{X_1, X_2, X_3, X_4,$ $X_6, X_7, X_8, X_9, X_{10}, X_{11}, X_{12}, X_{13}, X_{14}\}, J_2$表示负向指标集,$J_2 = \{X_5\}$

步骤7:计算评价对象与理想解、负理想解之间的欧式距离。评价对象i与理想解之间的欧式距离p_i^+,与负理想解之间的欧式距离分别为p_i^-。

$$p_i^+ = \sqrt{\sum_{j=1}^{n} (v_{ij} - v_j^+)^2} \quad (11)$$

$$p_i^- = \sqrt{\sum_{j=1}^{n} (v_{ij} - v_j^-)^2} \quad (12)$$

步骤8:计算接近度。贴近度C_i为:

$$C_i = \frac{p_i^-}{p_i^+ + p_i^-} \quad (13)$$

3　实证分析

3.1　中欧班列西部通道枢纽节点城市的选取

中欧班列西部通道自2011年开行中欧班列以来,是中欧班列最主要的进出通道,主要包括新疆阿拉山口与霍尔果斯两座口岸城市。2022年,通过这两个口岸出境的中欧班列数量占5个出境口岸的53%,本文将以西部通道的枢纽节点城市为例,将2022年中欧班列开行数量超过100列且中欧班列出境口岸为阿拉山口(霍尔果斯)口岸的城市作为西部通道的枢纽节点城市。由于上海、深圳等城市只有少数货源通过阿拉山口(霍尔果斯)口岸,且处于西部通道出境口岸的最远端,虽然中欧班列开行数量符合要求,但在区位条件上不符合西部通道集结中心的布局要求,故不考虑这两个城市。综上所述,本文最终选择的中欧班列西部通道的枢纽节点城市为:乌鲁木齐、西安、成都、重庆、郑州、武汉、合肥、长沙、南京、苏州、银川、义乌、赣州、金华和临沂。

3.2　枢纽节点城市竞争力水平分析

本文数据来源于2022年各个城市统计年鉴、国家统计局以及各个城市的新闻报道。结合已整理相关数据和建立的模型,使用SPSS软件,计算得出中欧班列西部通道枢纽节点城市竞争力大小,具体计算过程如下。

首先使用熵权法,得到每个指标所对应的权重,如表2所示。权重最高的前三个指标分别为货运周转量(11.098%)、中欧班列开行量(10.46%)和货运量(9.615%),这表明在评价中欧班列枢纽节点城市竞争力时,货运能力和中欧班列开行情况是最重要的因素,这符合枢纽节点城市的基本定位,同时也是集结中心城市的基本要求。社会消费品零售额增长率权重(1.609%)最低,说明该指标所包含的信息最小,对于竞争力评价的结果的影响最小;其余指标权重分别分布在4%~10%。

指标权重计算结果　　表2

评价指标	信息熵值 e	信息效用值 d	权重(%)
X_1	0.875	0.125	5.759
X_2	0.836	0.164	7.584
X_3	0.868	0.132	6.081
X_4	0.890	0.11	5.076
X_6	0.819	0.181	8.338
X_7	0.792	0.208	9.615
X_8	0.76	0.24	11.098
X_9	0.774	0.226	10.46
X_{10}	0.875	0.125	5.78
X_{11}	0.876	0.124	5.706
X_{12}	0.803	0.197	9.098
X_{13}	0.965	0.035	1.609
X_{14}	0.911	0.089	4.091
X_5	0.79	0.21	9.706

根据熵权法计算得出的权重,将标准化的决策矩阵转换为加权标准化矩阵,确定出各指标的理想值和负理想值,计算每个决策单元与理想解及负理想解的距离,然后根据距离计算相对接近度,且根据相对接近度对所有决策单元进行排序,最终得到的中欧班列枢纽节点城市竞争力排名如表3所示。根据竞争力评价结果将西部通道节点大致分为三类。

枢纽节点城市竞争力计算结果　　表3

城市	正理想解距离	负理想解距离	综合得分指数	排序
重庆	0.492	0.750	0.604	1
西安	0.673	0.519	0.436	2
乌鲁木齐	0.762	0.547	0.418	3
武汉	0.669	0.467	0.411	4
成都	0.695	0.453	0.395	5
苏州	0.752	0.481	0.390	6
南京	0.737	0.392	0.347	7
长沙	0.736	0.385	0.343	8
郑州	0.734	0.364	0.332	9

续上表

城市	正理想解距离	负理想解距离	综合得分指数	排序
合肥	0.779	0.318	0.290	10
赣州	0.879	0.339	0.279	11
银川	0.852	0.297	0.259	12
义乌	0.885	0.235	0.210	13
金华	0.872	0.219	0.201	14
临沂	0.910	0.133	0.128	15

第一类城市为:重庆、西安、乌鲁木齐、武汉和成都。第一类城市不仅拥有优越的地理位置,还有稳定的货运需求和雄厚的经济实力。在推动中欧班列西部通道建设的过程中,这些城市已经建立了较为完善的集散运输体系和成熟的运营模式,它们可以成为中欧班列西部通道集结中心城市的有力候选者。

第二类城市为苏州、南京、长沙、郑州和合肥。第二类城市包括两种情况,一种是南京和苏州在权重较大的指标上评分较高,但在区位条件上要略微靠后;另一种是长沙、郑州、合肥在权重较大的指标上相较于南京和苏州较低,但在区位条件上评分较高。

第三类城市为赣州、银川、义乌、金华和临沂。第三类城市在中欧班列西部通道中竞争力相对较弱,在集货竞争过程中地理区位优势不足,且自身的物流能力也相对较弱,相较于前第一、第二类城市,存在着一定的提升空间。

综上所述,本文选择枢纽节点城市竞争力评分在前10的城市作为集结中心的备选城市,评分从高到低依次为,重庆、西安、乌鲁木齐、武汉、成都、苏州、南京、长沙、郑州和合肥。

4　结语

随着中欧班列开行模式从直达开行模式向集结开行模式转变,亟须构建科学的枢纽节点城市竞争力评价体系,为集结中心选址提供决策参考。基于此,本文构建了一套多维度、系统化的中欧班列枢纽节点城市竞争力评价指标体系,并选取中欧班列西部通道上的枢纽节点城市进行实证分析,验证了该指标体系和评价方法的有效性和可操作性。评价结果表明,重庆、成都、乌鲁木齐、武汉等10座城市的竞争力评分靠前,适合优先规划建设为中欧班列集结中心。这对于推动中欧班列开行模式向集结运输转型升级,促进中欧班列高质量可持续发展具有重要意义。同时,熵权法所计算的指标权重还表明城市的物流能力是影响中欧班列枢纽节点城市竞争力的关键因素,未来在中欧班列的集结中心规划建设中,应重点强化物流基础设施建设,完善物流服务体系,提升枢纽节点城市的物流组织和辐射能力。

参考文献

[1] 刘建军,吕昌伟,许维高.中欧班列高质量发展面临的问题和对策研究[J].铁道经济研究,2023(2):41-45.

[2] 岳嘉嘉.中欧班列在"一带一路"国际物流体系中的作用及其发展策略分析[J].城市轨道交通研究,2022,25(3):246-247.

[3] 陈虎林.中欧班列兰州枢纽节点建设策略研究[J].铁道运输与经济,2023,45(4):7-13.

[4] WANG J, MO L L, MA Z. Evaluation of port competitiveness along China's "Belt and Road" based on the entropy-TOPSIS method [J]. Scientific Reports,2023,13(1):15717.

[5] 刘一凡,董岗.中欧班列集结中心选址优化研究[J].铁道运输与经济,2023,45(10):10-18.

[6] 李玉民,郭彩荔,刘梦伟,等."双循环"视角下中欧班列运行质量评价研究[J].铁道运输与经济,2023,45(3):10-16,23.

[7] 李楠."一带一路"核心城市物流发展水平评价[J].统计与决策,2022,38(4):184-188.

[8] 叶静怡,蒋惠园,孙嘉,等.中欧班列发展潜力的云物元综合评价[J].上海海事大学学报,2021,42(4):87-91,106.

[9] 蔡瑞东.中欧班列开行模式及中心枢纽布局优化研究[D].武汉:武汉理工大学,2018.

预售期需求转移条件下高速铁路动态定价研究

赵紫珍[1,2]　聂磊[1,2]　徐彦[3]　佟璐[*1,2]
(1. 北京交通大学智慧高铁系统前沿科学中心;2. 北京交通大学交通运输学院;
3. 中国国家铁路集团有限公司)

摘　要　在高速铁路动车组定价市场化改革的背景下,应针对预售期旅客购票规律,通过动态定价调节预售期客流分布,提高客运收益。基于需求弹性,考虑预售期时间维度上的旅客需求转移,以最大收益为目标,建立考虑预售期内客流转移的动态规划模型。以京沪某列车客流数据作为输入进行案例分析,结果表明与固定票价方案相比,提出的动态定价优化模型能使预售前期客流量增加,总收益增加,说明实行预售期动态定价可以起到吸引客流、均衡客流的作用。

关键词　高速铁路　动态定价　预售期　需求弹性　客流转移　动态规划模型

0　引言

随着高铁动车组列车票价市场化改革不断推进,目前全路大部分高铁线路实行了差异化定价,为旅客出行提供了多种选择。在这一过程中,应既考虑供需市场特征实行差异化定价,又考虑预售期内供需关系实行灵活的票价浮动。

德国高速铁路发售的灵活车票不指定车次,一周内每天的票价随预测客流量的高低而上下浮动,总体上的平均价格符合该区间的标准价格[1]。西班牙的 AVE 列车票价随预售时间波动明显,廉价高铁 AVLO 运行速度与 AVE 相同,提供的旅行

基金项目:中央高校基本科研业务费专项资金资助项目(2022JBQY005);国家自然科学基金"联合基金"项目(U2368212);中国国家铁路集团有限公司科技研究开发计划项目(K2023X047,P2023X029,K2023X031)。

服务较少、票价低[2]。意大利国家铁路集团使用 IBM 为其开发的产量管理系统进行票价决策[3]，实行基本票和两种经济票三种票价等级，每种票价等级的票额根据列车种类、席别、日期等有所变动[4]。

近年来我国关于铁路动态定价的理论研究逐步深入。史峰等[5]较早结合马氏纯灭过程、动态规划贝尔曼最优化原理，研究我国铁路客票动态票价的最优策略和实用性问题；张小强等[6]建立离散时间马尔科夫多维决策模型，应用最大凹向包络理论进行求解；袁午阳[7]通过马尔科夫决策过程描述客票销售中的贯序决策问题。在研究场景方面，徐彦[8]、秦进等[9]针对多列车、多区段的差异化定价问题建立了非线性规划模型，蔡鉴明、文略等[10,11]研究了平行车次的多阶段灵活定价问题，郑金子[12]对多列车的差异化动态票价问题进行建模和求解。在旅客需求转移方面，文略分析了基于供需平衡的平行车次间旅客需求转移情况；郑金子研究了差异定价引起需求在不同客运产品之间的空间转移问题；温诗睿[13]提出席位能力限制下旅客在需求未满足时会发生时间和空间两个角度的需求转移情况。现有研究大多主要考虑了多列车差异定价、多列车之间客流转移，对实行动态定价后引起的旅客在预售期内不同预售阶段的客流转移情况未能进行充分考虑。

本文首先分析了预售期内需求转移的特点，考虑不同旅客类型、不同 OD 间旅客购票规律的差异，提出预售期内需求的细分以及预售阶段需求转移概率的计算；以收益最大化为目标建立考虑预售阶段客流转移的动态规划模型。假设旅客已知动态定价的情况下，研究通过动态定价，在客流淡季时期吸引新客流，调节预售期内客流时间分布，提升客运收益。

1 预售期内需求转移分析

1.1 旅客弹性需求及分类

需求是旅客决策行为的宏观反映和最终结果，高铁动态定价问题中需求的准确表达是模型成功的关键问题。对于能力充足情况下单列车的动态定价问题，影响旅客购票行为的主要因素是需求对价格的敏感程度。需求价格函数可以反映需求与客运产品自身价格的相关关系，常用指数函数中的 Log-Linear 函数来描述需求和价格的关系，一般表达式为：

$$\lambda(p) = \lambda_0 \times e^{-\varepsilon_0 \cdot (\frac{p}{p_0} - 1)} \qquad (1)$$

式中：p_0——基础价格；

λ_0——基础价格下的需求密度；

ε_0——基础价格下需求的价格弹性的绝对值。

需求价格弹性是指价格变化对需求的影响程度，这是实施票价优化的基础条件。需求弹性用需求数量变化率除以价格变化率来计算，公式如下：

$$\varepsilon = \frac{\Delta D / D}{\Delta P / P} = \frac{D_2 - D_1}{D_1 + D_2} \cdot \frac{P_1 + P_2}{P_2 - P_1} \qquad (2)$$

2015 年 11 月 26 日起我国铁路车票预售期延长至 60 天；2016 年 10 月 30 日起调整至 30 天；2022 年 6 月 1 日起，预售期调整为 15 天（含当天）。预售期为 30 天时，何南等[14]通过统计旅客购票数量，发现我国高铁旅客购票时间大多在发车前几天，购票时间较为集中；预售期调整为 15 天后，许多客票一开售就被旅客抢光，这时不同 OD 间预售期内旅客购票规律的差异性更加体现出来且愈加强烈。本文将"列车-OD-旅客类型-预售阶段"组合作为不同的客运产品，"列车-OD-旅客类型-预售阶段-票价"组合作为票价优化问题中的不同票价产品。对于不同产品，根据其性质和特点的不同，对应的需求函数应具有不同的参数。

1.2 预售阶段需求转移

在高铁动态定价问题中，需求是不确定的。这种不确定不仅体现在客流总量的不确定上，还体现在客流在不同预售阶段的分布情况以及不同列车间的分布情况。温诗睿在其研究中指出，不管旅客的需求如何转移，其行为均可以用效用理论描述，即旅客会在可选范围内选择效用值最高的产品。在本文研究的问题中，客流淡季实行预售期内高铁动态定价的情况下，旅客根据时间、票价的差异引起的效用变化来进行需求转移。

通常，旅客会因为票价高于自身意愿支付价格而暂缓购票。由于票价存在浮动以及旅客对票价的选择行为，当某预售阶段的票价不能被旅客接受时，该部分客流需求通常会转移到后续的预售阶段进行购票。同时，部分价格敏感性旅客通常会在期望购票日期前持续关注票价情况,因此也存在被低价吸引而提前到先前阶段进行购票。这就是客流在预售期内不同预售阶段的转移。由此通过票价浮动引导旅客需求在预售期内波动,从而达到调节客流的目的。Cirillo 等[15]在研究铁路客票取消和兑换决策的动态离散选择模型时,将旅客可以预测票价特征的未来时间段限制为 2 个。为了方便计算,本文假设旅客会在当前阶段、前一阶段、后一阶段进行购票。当目标车票开始发售后,前一阶段暂缓购票的旅客经过票价对比,按照效用差占比形成一部分暂缓购票的客流转移;此时后一阶段旅客已经开始关注票价,对比当前阶段票价与基础票价,按照效用差占比形成一部分提前购票的客流转移。经过客流转移后形成最终的客流需求。

考虑高铁列车运营组织实际,为鼓励旅客提前购票,随着列车发车时刻的临近,高铁票价只升不降。因此,本文仅研究客流向前转移的情况。定义每一个阶段的客流都有转移到前一个阶段的可能,转移概率表示为 $\alpha_{min} \leqslant \alpha_1 < \alpha_2 < ... < \alpha_n < 1$,计算依据为不考虑其他影响因素下的票价差额引起的效用比值,公式如下:

$$\beta^{t+1 \to t} = \frac{P^0 - P^t}{P^0} \qquad (3)$$

式中:P^0——客票产品的基础票价;

P^t——当前阶段的票价决策结果。

1.3　考虑旅客分类的多区段需求表达

根据旅客的出行分布规律与出行需求特征,铁路总公司提供不同等级的运输服务产品供旅客自主选择。不同旅客群体具有不同的出行需求特征和选择偏好,根据旅客对出行时间敏感性和价格敏感性的不同,将旅客分为商务型、休闲型和中间型三类,根据历史售票数据统计得到各类旅客占比。

实际运营中不同 OD 旅客的购票规律存在明显差异,且各自体现出了不同的阶段特征。旅客需求到达和转移过程如图 1 所示,向下箭头表示需求到达,虚线箭头表示需求转移,箭头指向的点包含了到达需求的旅客类型、OD 和预售阶段;箭头的粗细代表客流量的大小。在到达需求方面,需求总量按从大到小的顺序为:休闲型、中间型、

商务型;预售期内需求量的分布各不相同,既与旅客类型、OD 运距的特点有关,也与铁路公司的放票操作有一定关系。在转移需求方面,休闲型旅客对价格敏感度更高,由于票价浮动产生的旅客需求转移箭头较多;商务型旅客大多是时间敏感性旅客,发生需求转移的概率较小;中间型旅客居中。在不同运距下,旅客对价格的敏感性也有明显不同,因此会呈现不同的需求转移特点。不同 OD、不同旅客类型在不同预售阶段会产生不同的需求价格弹性系数和需求转移概率函数。

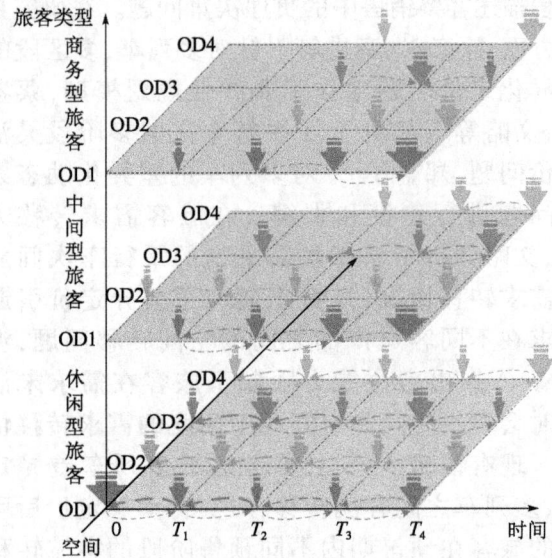

图 1　预售期内旅客需求到达和转移过程

2　模型构建

2.1　建立模型

将高铁客票预售期划分为 T 个阶段,对于给定的高铁线路,用 l 表示区间,j 表示高铁产品的服务 OD,列车定员为 C。采取基于离散价格的动态票价策略,给定可选票价折扣集合 $\alpha \in \{\alpha_1, \alpha_2, \cdots, \alpha_n\}$,其中 n 为票价折扣档次的数目:$\alpha_{min} \leqslant \alpha_1 < \alpha_2 < \cdots < \alpha_n < 1$。

对旅客进行分层,根据不同服务 OD 各自的预售期旅客购票规律划分预售阶段,在考虑票价调整对预售期内需求转移影响的基础上,以期望总收益最大为目标制定各类旅客在各预售阶段内购买各 OD 的最优票价。基于该研究思路,建立动态规划模型,其他符号及含义如表 1 所示。

符号列表 表1

符号	含义
i	旅客类型,$i \in [1,2,3,\cdots,I]$
j	客运产品/OD 区间,$j \in [1,2,3,\cdots,J]$
l	给定高铁线路上的所有区间,$l \in [1,2,3,\cdots,L]$
$y_{j,l}$	服务 ODj 对区间 l 的占用情况,$y_{j,l}=1$ 表示占用,$y_{j,l}=0$ 表示不占用
t	预售天数,$t \in [1,2,3,\cdots,T]$
α_{ij}^t	预售第 t 阶段,购买 j 区段客票的类旅客 i 选择的票价折扣,$\alpha_{ij}^t \in \alpha$
P_{ij}^t	预售第 t 阶段,购买 j 区段客票的 i 类旅客选择的票价决策,$P_{ij}^t = \alpha_{ij}^t \cdot P^0$
$\boldsymbol{P}^t$	票价决策方案向量,预售第 t 天内所有客票产品的票价,$\boldsymbol{P}^t = \{P_{11}^t, P_{12}^t, \cdots, P_{ij}^t, \cdots, P_{IJ}^t\}$
D_{ij}^t	预售第 t 阶段,采用 P_{ij}^t 票价购买 j 区段客票的 i 类旅客的预测需求量,由需求函数计算求得
$\beta_{ij}^{t+1 \to t}$	各客票产品需求转移到前一阶段的客流转移概率
$\beta_{ij}^{t-1 \to t}$	各客票产品需求转移到后一阶段的客流转移概率
Q_{ij}^t	预售第 t 阶段,采用 P_{ij}^t 票价购买 j 区段客票的 i 类旅客的需求转移量,由预测需求量和客流转移概率计算求得
r_{ij}^t	预售第 t 阶段,采用 P_{ij}^t 票价购买 j 区段客票的 i 类旅客的退票数量
$\boldsymbol{r}^t$	退票数向量,预售第 t 阶段采用票价决策方案 $\boldsymbol{P}^t$ 时,各客票产品的退票数量,$\boldsymbol{r}^t(\boldsymbol{P}^t) = \{r_{11}^t(P_{11}^t), r_{12}^t(P_{12}^t), \cdots, r_{ij}^t(P_{ij}^t), \cdots, r_{IJ}^t(P_{IJ}^t)\}$
$\boldsymbol{S}^t$	状态向量,预售第 t 天开始时刻各客票产品已售客票数,$\boldsymbol{S}^t = \{S_{11}^t, S_{12}^t, \cdots, S_{ij}^t, \cdots, S_{IJ}^t\}$
X_{ij}^t	预售第 t 阶段,采用 P_{ij}^t 票价购买 j 区段客票的 i 类旅客的实际客流量
$\boldsymbol{X}^t$	阶段售票数向量,预售第 t 阶段采用票价决策方案 $\boldsymbol{P}^t$ 时该天内各客票产品的实际售票数,$\boldsymbol{X}^t(\boldsymbol{P}^t) = \{X_{11}^t(P_{11}^t), X_{12}^t(P_{12}^t), \cdots, X_{ij}^t(P_{ij}^t), \cdots, X_{IJ}^t(P_{IJ}^t)\}$
$R^t(\boldsymbol{P}^t)$	阶段收入,预售第 t 阶段采用票价决策方案 $\boldsymbol{P}^t$ 时该天内各客票产品实际的售票收入之和
$V^t(\boldsymbol{S}^t)$	预售第 t 阶段,状态为 $\boldsymbol{S}^t$ 情况下的最大期望收益
C_{ij}^0	各类客运产品的初始票额分配值
γ_{ij}^t	各类客运产品的票额敏感度
C_{ij}^t	预售第 t 阶段,各类客运产品的更新票额分配值

2.1.1 阶段收入

当前预售阶段内的售票收入也叫立即回报,由该阶段内各客票产品实际的售票收入之和组成:

$$R^t(\boldsymbol{P}^t) = \sum_{i=1}^{I} \sum_{j=1}^{J} X_{ij}^t(P_{ij}^t) \cdot P_{ij}^t \qquad (4)$$

2.1.2 状态转移方程

描述客票系统状态的演变过程,由某阶段的初始状态,经过该阶段采取的决策,完成该阶段的售票、客流转移以及退票过程,到达下一阶段初始状态。

$$\boldsymbol{S}^{t+1} = \boldsymbol{S}^t + \boldsymbol{X}^t \qquad (5)$$

2.1.3 最优指标函数

预售期结束时的总收益,由递推公式和边界条件组成:

$$\begin{cases} V^t(\boldsymbol{S}^t) = \max\limits_{\alpha}\{R^t(\boldsymbol{S}^t, \boldsymbol{P}^t) + V^{t+1}(\boldsymbol{S}^{t+1})\} \\ V^T(\boldsymbol{S}^T) = \max\limits_{\alpha}\{R^T(\boldsymbol{S}^T, \boldsymbol{P}^T)\} \end{cases} \qquad (6)$$

2.1.4 能力约束

票额分配约束和列车定员约束条件:

$$\sum_{t=1}^{T} \sum_{i=1}^{I} \sum_{j=1}^{J} X_{ij}^t \cdot y_{j,l} \leqslant C_{ij}^t \qquad (7)$$

$$\sum_{t=1}^{T} \sum_{i=1}^{I} \sum_{j=1}^{J} C_{ij}^t \cdot y_{j,l} \leqslant C \qquad (8)$$

2.1.5 临近发车不降价约束

为鼓励旅客提前购票,随着列车发车时刻的临近,高铁票价只升不降:

$$P_{ij}^{t-1} \leqslant P_{ij}^t \qquad (9)$$

2.1.6 需求的计算

模型的关键环节是对各预售阶段内由于票

价浮动引起的客流需求量的变化转移的计算，根据公式(2)提出的利用效用理论计算转移概率，由此对需求函数进行修正，提出考虑不同预售阶段需求转移的需求函数。某类旅客在预售阶段 t 内对某OD的实际购票旅客数量 X_{ij}^t 由预售阶段 t 内不发生转移的弹性客流、预售阶段 $t+1$ 转移到 t 的客流量以及退票数 r_{ij}^t 组成。计算公式为：

$$D_{ij}^t(P_{ij}^t) = \lambda_{ij}^t \cdot e^{-\varepsilon_{ij}^t * \left(\frac{P_{ij}^t}{P_{ij}^0} - 1\right)} \quad (10)$$

$$Q_{ij}^t(P_{ij}^t) = \beta_{ij}^{t+1 \to t} \cdot D_{ij}^0 \quad (11)$$

$$X_{ij}^t(P_{ij}^t) = D_{ij}^t(P_{ij}^t) + Q_{ij}^t(P_{ij}^t) - r_{ij}^t \quad (12)$$

式(10)表示弹性需求函数，式(11)表示后一阶段转移到本阶段的需求转移量，式(12)表示本阶段实际购票的旅客需求量。

2.2　票额调控

实际运营中，铁路公司的客票人员在预售期内会监测实时售票、余票和候补情况，并对票额分配进行3至4次调整。因此，票额分配按照如下流程：

首先，根据历史数据对客流进行合理预测，作为初始票额分配值，此时列车仍有运能剩余，将剩余能力暂且作为通售席位。

其次，在售票过程中，将区间 j 的已售票额总量与列车定员的比值定义为预售阶段内区间 j 的票额敏感度，表示为 $\gamma_{ij}^t = \frac{\sum_0^t X_{ij}^t}{C_{ij}^{t-1}}$。各OD的票额敏感度随着每个预售阶段售出客票的数量逐渐变化，能精准反应购票系统的状态变化。

将各区间的票额敏感度作为影响票额分配调整的系统状态参数，在模型中表现为：当 $\gamma_{ij}^t \geq 1$ 时，由于达到了当前票额分配数量的上限，调整票额分配方案，重新决策。

最后，票额分配的调整原则，按照OD层级由高到低的顺序，优先满足层级较高OD的超额申请，若层级较高OD不超额，才满足下一层级OD的超额申请；同时，以各OD所包含的各个资源的定员数作为客运产品的能力约束。

2.3　决策分析

考虑预售期内客流转移的动态规划决策过程如图2所示。

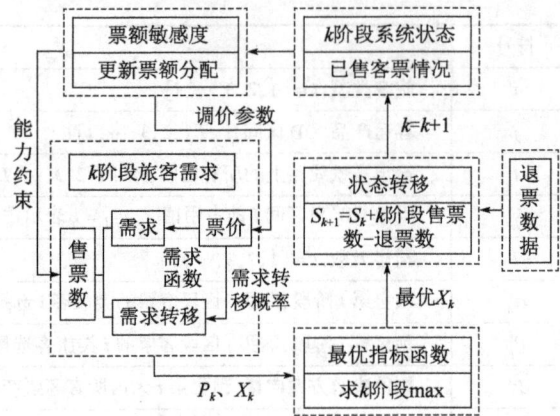

图2　考虑预售阶段客流转移的动态规划过程

3　实例研究

3.1　数据准备

本文以2019年淡季某日京沪高铁上座率水平居中的某列车为研究对象。以席别代表不同类型旅客，考虑到特等座和商务座的需求少并且难以反映整体需求特征，因此以一等座和二等座的客票数据进行分析。表2给出具体信息，其中需求弹性系数是根据2019年和2023年票价变动前后的票价和客流量计算得到。

案例基础信息　　　　　　　表2

OD	运距(km)	席别	票价(元)	客流(人)	弹性系数
北京南—上海虹桥	1318	1	1060	17	-1.36
		2	662	488	-5.46
北京南—南京南	1023	1	852	23	-1.25
		2	533	303	-4.38
南京南—上海虹桥	295	1	260	33	-1.21
		2	162	310	-2.61

使用历史客票统计数据作为需求、退票数据输入，图3展示了预售期不同OD、不同类型旅客购票趋势及阶段划分。

对于可行票价集合，京沪高铁按照"二等座票价最低7.52折"[16]的调整范围；一等座最低折扣不能低于二等座公布票价。票价等级数不宜设置得过多，过多的票价等级易给旅客的出行选择造成困惑，不利于收益的增长。因此本文将二等座设置3档票价(即公布票价的1倍、0.876倍、0.752倍)，一等座设置3档票价(即公布票价的0.8倍、0.9倍、1倍)。

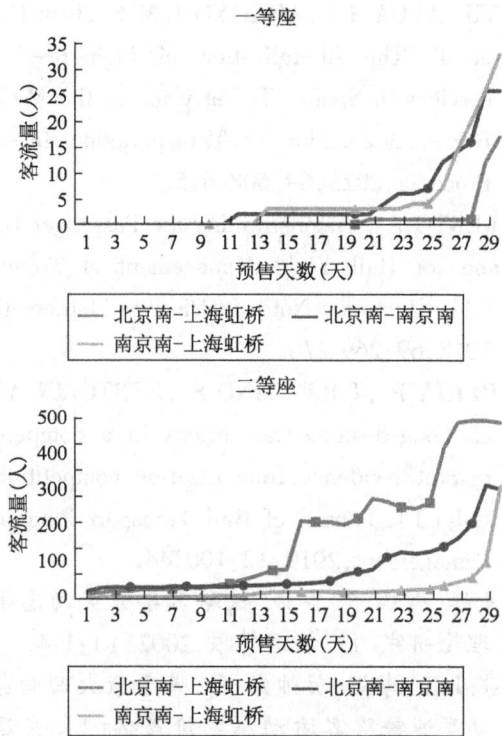

图3　旅客购票趋势及预售阶段划分

3.2　计算结果

3.2.1　票价结果

通过模型求解得到该列车各 OD 一等座和二等座的票价浮动方案如图 4 所示，整体呈现前期折扣票、后期最高票价的规律。预售期内各 OD 均进行了两次提价，一等座和二等座的调价趋势相同，提价天数分别相差 0 天、1 天、5 天。

3.2.2　阶段客流分析

将该列车历史客流与动态定价模型求解输出客流量数据进行对比，如图 5 所示。

在预售期客流分布上，优化后第 16 天和第 26 天的高客流有所下降，转移到前期实行折扣票价

的阶段。说明了模型均衡预售期客流分布的有效性。

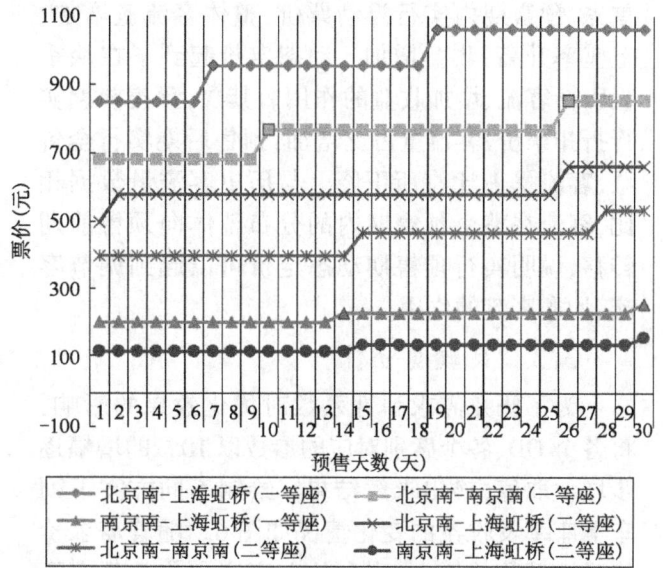

图4　各区段票价浮动方案

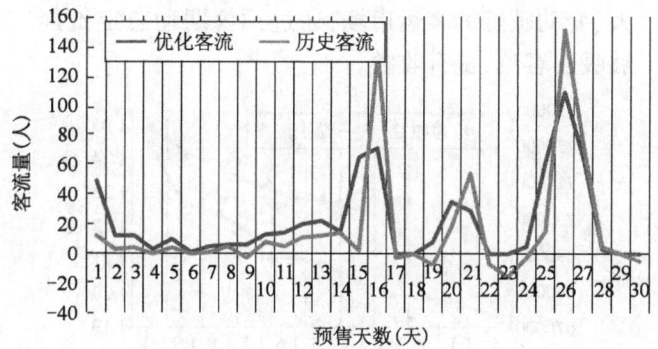

图5　预售期各阶段客流量变化

3.2.3　总客流及收益分析

表 3 对各 OD、各席别的客流量及收益情况进行统计对比，优化后的客流和收益都获得了增长。实行预售期动态定价后，吸引客流量增加，提高了收益。

计算结果与实际售票数据的对比　　　　　　　　表3

区段	席别	客流量(人)			收益(元)		
		历史数据	优化后数据	变化比例	历史数据	优化后数据	变化比例
北京南—上海虹桥	一等座	17	17	0.00%	18020	18020	0.00%
	二等座	488	639	+30.94%	323056	387966.4	+20.09%
北京南—南京南	一等座	23	27	+17.39%	19596	22322.4	+13.91%
	二等座	303	379	+25.08%	161499	183104.7	+13.39%
南京南—上海虹桥	一等座	33	38	+15.15%	8580	9048	+5.45%
	二等座	310	358	+15.48%	50220	54581.04	+8.68%
总计		1174	1458	+8.34%	+24.19%	675042.6	+16.19%

由图5及表3分析可以发现,实行预售期动态定价后,客流量在数量和结构都发生了变化。首先,预售期内实行浮动票价,整体客流量增加,上座率升高,收益增加。动态定价起到了在淡季吸引新客流、增加收益的作用。其次,预售前期实行折扣票价,客流量占比增加;预售后期实行全价票,客流量占比有所下降。与历史客流量数据相比,客流在整个预售期内的分布整体向预售前期转移,说明实行预售期动态定价可以起到调节客流、均衡客流的作用。

3.3　灵敏度分析

为了研究需求弹性系数对优化效果的影响,将各个OD、各个席别对应的参数以10%的增幅逐步增大取值,输出求解结果。绘制不同方案下列车上座率及收益的变化情况如图6。随着需求价格弹性系数的增大,列车的上座率和收益都有不同程度的增加。结果表明,对于需求价格弹性较大、变动敏感的客运市场,通过预售期动态定价能够吸引客流、提升收益。

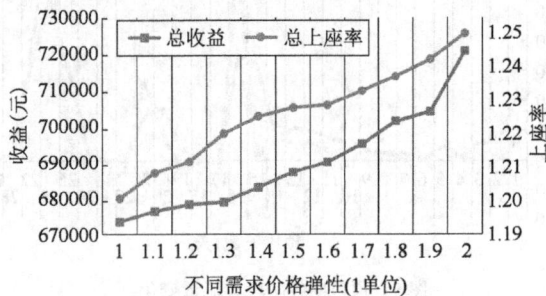

图6　优化方案与需求价格弹性的关系

4　结语

本文分析实行预售期票价浮动后旅客需求的转移情况,建立考虑预售期内客流转移的高铁动态定价模型,运用MATLAB进行求解。通过京沪某列车实例表明:在客流淡季,预售前期实行折扣价、后期实行全价票,能够吸引客流、均衡预售期整体客流。本文只考虑了预售期内时间维度上的旅客需求转移,未来可进一步综合时间和空间两个维度上的旅客需求转移情况进行研究。

参考文献

[1] SIEG G, WESSEL J. I would if I could: Passing through VAT reductions in the german rail industry[J]. Economics of Transportation, 2022,32.

[2] VILLALBA S I, ARROYO L M R, Insa F R, et al. The liberalisation of high-speed rail services in Spain: Ticket price in the Madrid-Barcelona corridor[J]. Transportation Research Procedia, 2023,69:608-615.

[3] BERTO A. Unconstraining the Passenger Demand for Rail Yield Management at Trenitalia[J]. Electronic Notes in Discrete Mathematics, 2018,69:269-276.

[4] BERIA P, TOLENTINO S, BERTOLIN A, et al. Long-distance rail prices in a competitive market. Evidence from head-on competition in Italy[J]. Journal of Rail Transport Plannin & Management, 2019,12:100144.

[5] 史峰,郑国华,谷强.铁路客票最优动态票价理论研究[J].铁道学报,2002(1):1-4.

[6] 张小强,李煜,黄帅勋,等.基于最大凹向包络的高速铁路客运动态定价策略[J].交通运输系统工程与信息,2016,16(6):1-8.

[7] 袁午阳.铁路客票预分与动态定价优化研究[D].北京:北京交通大学,2020.

[8] 徐彦.基于收益管理的高铁动态定价方法[J].铁道科学与工程学报,2019,16(2):319-325.

[9] 秦进,黎熙琼,杨康,等.基于前景理论的高铁差异化定价优化方法[J].铁道科学与工程学报,2022,19(7):1820-1829.

[10] 蔡鉴明,欧阳姗.考虑收益管理的高铁平行车次动态差别定价[J].交通运输系统工程与信息,2020,20(5):1-8.

[11] 文略.基于收益管理理论的高速铁路动态定价问题研究[D].兰州:兰州交通大学,2021.

[12] 郑金子.高速铁路票价动态优化方法的研究[D].北京:北京交通大学,2017.

[13] 温诗睿.竞争环境下高速铁路差异定价与席位分配联合优化模型研究[D].北京:北京交通大学,2020.

[14] 何南,贺全志,思东琴.旅客列车车票预售期设置研究[J].铁道学报,2019,41(10):1-9.

[15] CIEILLO C, BASTIN F, HETRAKUL P. Dynamic discrete choice model for railway ticket cancellation and exchange decisions

[J]. Transportation Research Part E, 2018, 110:137-146.

[16] 中国铁路 12306 网站. 公告[EB/OL]. (2022-5-13)[2023-02-23] https://www.12306.cn/mormhw-eb/zxdt/202205/t20220514_37392.html.

基于双固定面板的数字经济对物流业节能减排的影响机制研究

甘卫华   刘亚楠*   凌耀琛

(华东交通大学交通运输工程学院)

摘要 在中国式现代化的发展背景下,数字经济对推动高质量发展的红利愈发引起重视。本文基于 2011—2021 年我国 30 个省(自治区、直辖市)的面板数据,采用双固定面板检验,表明数字经济能推动物流业节能减排效应,结合中介效应和门槛效应模型,从多重视角实证检验数字经济对物流业碳排放强度的影响,并且拓展性分析了市场化水平对物流业节能减排的非线性影响。研究发现:①数字经济的发展能够显著促进物流业节能减排,并且对节能化的影响大于减排化;②中介效应模型揭示了数字经济对物流业的节能减排效应来源于绿色技术创新、产业集聚、产业结构这三种潜在渠道;③市场化指数对数字经济影响物流业节能减排效应具有双重门槛特点。

关键词 数字经济   节能化   低碳化   中介效应模型   门槛效应模型

0 引言

近年来,数字经济迅速发展,成为推动我国经济高质量发展的重要动力。根据中国信息通信研究院近期发布的《中国数字经济发展报告(2023)》,2022 年,中国数字经济总规模达到 50.2 万亿元,同比名义增长 10.3%,已连续 11 年显著高于同期国内生产总值(GDP)名义增速,数字经济占 GDP 比重达到 41.5%。数字经济对国民经济发展起到了支撑、拉动作用。

党的二十大报告提出,中国式现代化是"人与自然和谐共生的现代化",同时"必须牢固树立和践行绿水青山就是金山银山的理念"。节能减排是中国式现代化和美丽中国建设的重要目标,中国式现代化的稳步推进需要完善的能源体系和生态环境作为基本支撑。在物流业中使用了大量交通工具和能源,其碳排放量和环境负荷已经成为全球的热点问题。如何以节能减排为目标促进现代物流业的可持续健康发展,是物流业亟须解决的重要问题。

数字技术在物流业的应用,帮助物流企业优化了运营方式和管理方式,提高了物流效率和能源利用率。因此,厘清数字经济对物流业节能减排的影响机制,借助数字经济的发展红利实现物流业的智慧化和绿色化发展,可以提高行业发展效率、推动"双碳"目标实现,促进可持续发展。

国内外关于数字经济对物流业的发展主要集中于两个方面。一是数字经济对经济社会发展带来的影响,如数字经济促进了经济增长(荆文君等,2019)、改善了生产率效率(王开科等,2020)、促进了产业结构优化(李治国,2021)、促进了产业集聚发展(Ma et al.,2024)。二是数字经济对生态发展带来的影响。数字经济发展可以促进企业绿色创新产出,进一步改善环境环境污染情况(方丽婷等,2023;郭炳南等,2022;朱于珂等,2022)。数字经济发展过程中所带来的技术进步和创新效应显著提高了环境质量。数字经济可以实现资源的高效链接,优化资源配置效率(岳鹄等,2023)。

基金项目:江西省重点研发计划"揭榜挂帅"重点项目,基于 5G+北斗精准定位的江西特优农产品智慧冷链物流关键技术及示范应用(20224BBE51051)。

数字化技术的采用有利于减少燃料消耗和碳排放,且数字经济发展水平越高,减排效应更明显(王维国,2024)。数字经济催生了共享经济和电商物流等新业态的发展,服务化转型升级需要继续以"生态化＋数字化"为理念(张荣博等,2023)。

综上,物流业是重要的碳排放部门,研究数字经济对物流业碳排放强度的关系具有重要的现实意义。本文基于2011—2021年我国30个省(自治区、直辖市)的面板数据,采用双固定面板,结合中介效应和门槛效应模型,从多重视角实证检验数字经济对物流业碳排放强度的影响。可能的贡献在于:①从行业层面出发探究数字经济对节能减排影响的研究较为缺乏,而物流业作为重要的碳排放单元,承担着更为重要的碳减排责任,故本文将以物流业节能减排为研究目标,旨在为物流业节能减排提供一定经验借鉴。②将数字经济、能源消耗和环境污染纳入同一分析框架中。数字化和绿色化发展是时代所趋,节能减排是物流业可持续发展的关键目标,故有必要从节约资源、降低能耗和减少污染物排放的视角出发分析数字经济对其影响。③检验不同路径对物流业节能减排的影响机制,为促进我国物流业制定相关政策提供理论依据。

1 理论机制及研究假设

本文认为数字经济主要通过绿色技术创新、产业结构升级、物流业集聚、市场化水平促进物流业实现节能减排。

1.1 数字经济能够促进物流业节能减排的实现

随着现代信息通信技术的快速发展和广泛应用,以及依托互联网、大数据等技术实现的"新零售""新制造"商业模式的不断催生,数字经济对节能减排的作用愈发明显(邓荣荣等,2022)。对于物流行业而言,一方面,数字经济的快速发展为物流企业提供了更多市场机遇,拓宽了国内外市场,增加了业务量;另一方面,物流企业借助数字经济数字化手段实现了智能化和自动化发展,加速了物流企业的转型升级(吴俊,2019),这些因素共同推动了物流业的集聚和规模效应,提高了物流业的效率、降低了对环境的负面影响。

据此,提出假设1:数字经济通过绿色技术创新促进了物流业节能减排。

1.2 数字经济通过绿色技术创新促进物流业节能减排

技术创新是降低环境污染的重要途径,绿色技术创新是技术创新的重要组成部分,对节能减排产生重要影响。数字经济带动了产品、技术和商业模式的变革,能够在一定程度上提高技术创新水平,推动高质量发展(Ma et al.,2022)。对物流业而言,一方面,数字技术的应用,使得物流企业可以实现智能调度、智能配送、智能管理等,从而减少车辆行驶里程,降低碳排放。智能物流系统的应用可以降低物流运输的能耗和碳排放,提高物流效率和服务水平(Liu et al.,2017)。另一方面,数字经济本身具有共享、绿色的特点,对降低碳排放起着积极影响(Wei et al.,2020),数字技术可以实现供应链的可视化管理、信息共享和合作协同,从而降低物流业碳排放,提高环境效益(Cao et al.,2019)。数字经济的发展不仅有利于提升企业核心技术研发能力,而且有助增加物流专利数量,如赵璐等(2020)的研究表明,数字经济的发展可以促进电动物流车的应用,从而减少碳排放。

据此,提出假设2:数字经济通过绿色技术创新促进了物流业节能减排。

1.3 数字经济通过产业结构升级促进物流业节能减排

产业结构升级是节能减排的重要渠道之一(Osterhaven et al.,2007),产业结构升级包括产业结构合理化和产业结构高级化(干春晖等,2011)。数字经济能够通过平台经济、共享经济等新的业务形态,提高信息检索和流通效率,且连接了要素供需双方,在一定程度上减少了信息不对称,缩小供需缺口的同时,能够纠正要素错配,促进产业结构合理化(马中东,2020)。数字经济的高速发展意味着由劳动、资本密集型产业向数字密集型产业倾斜,且依托数字经济高渗透性和强扩散性的特性打通了上下游产业链,促进了产业的融合和新业态的出现,提升了产业结构高级化水平(Zhang,2022)。产业结构合理化意味着能源利用效率的提升,减少了环境污染进和资源浪费(韩永辉等,2016);产业结构高级化意味着数字型、技术密集型产业比重上升(李宗显等,2021),此类产业的特性多为高效低耗,因而提高了绿色产业在总产业中的占比,促进了节能减排的实现。相关研究表明产业结构升级是减少物流业碳排放的重要途径(杨俊等,2023)。

据此,提出假设3:数字经济通过绿色技术创新促进了物流业节能减排。

1.4 数字经济通过产业集聚促进物流业节能减排

数字经济有利于高新技术产业集聚区的发展,提高了高新技术资源的集聚水平,推动了资源的互动和高效流动,有利于创新孵化和绿色产业的集聚(张可,2023)。数字经济的发展为物流业提供了更多的机遇和挑战,数字技术的应用和政策的支持推动着物流业的集聚和创新发展。许多文献表明,物流企业集聚可以实现碳排放的减少和资源利用的优化,如王健等(2021)的研究表明,通过物流企业集聚的方式,可以通过信息化运作和交通运输压力实现物流资源的集约化和碳转移。物流企业可以通过数字经济的平台和工具,拓展国内外市场,增加业务量,从而实现集聚和规模效应。另外,物流产业集聚与碳排放之间存在密切的关系,产业集聚对碳排放的外溢效应已在相关文献中得到证实(钟顺昌等,2020;梁晶等,2020)。物流集聚对物流企业的合作和创新也有积极影响,可以降低物流成本和碳排放强度(Heikkilä et al.,2018)。

据此,提出假设4:数字经济通过产业集聚促进了物流业节能减排。

1.5 市场化水平对数字经济促进物流业节能减排具有非线性影响

改革开放以来,我国经济社会实现了大变革。对于物流业而言,市场化改革有助于营造公平竞争氛围,激发企业发展活力,倒逼物流业转型升级。数字经济提升了市场资源配置效率,降低了市场资源的冗余程度,这与高效、开放的市场环境息息相关(姚震宇,2020)。在市场化水平较低的情况下,物流企业竞争相对低,缺乏动力进行数字化转型,往往需要政府更多的调控促进企业进行数字化转型;而在市场化水平较高的地区,市场化改革进一步加大,以数据为生产要素的数字经济

将通过更加自由的市场竞争为物流业赋能,激烈的竞争对产业能源消耗和环境造成一定压力。郑佳佳等(2015)也证明了"污染天堂假说"与当地的市场化水平有着直接关系。

据此,提出假设5:市场化水平对数字经济对促进了物流业节能减排具有非线性影响。

2 模型构建与变量选取

2.1 模型假定

为了验证数字经济对物流业节能减排的影响,构建双固定效应模型如式(1):

$$\ln Y_{it} = \ln\alpha_1 + \beta_1\ln\mathrm{Dedi}_{it} + \lambda_1\ln Z_{it} + \mu_i + \delta_t + \varepsilon_{it} \quad (1)$$

式中：i——地区；

t——年份；

Y——被解释变量,分别为单位生产总值能耗和单位生产总值碳排放量；

Dedi_{it}——i地区在t年内的数字经济发展水平；

Z_{it}——一组控制变量；

μ_i——个体固定效应；

δ_t——时间固定效应；

ε_{it}——随机扰动项。

式(1)探究了数字经济对物流业节能减排的直接影响,然而数字经济可能通过某些中间变量对节能减排产生间接影响,根据前文的假设,本文构建中介效应模型如式(2)、式(3)所示：

$$\ln M_{it} = \alpha_2 + \beta_2\ln\mathrm{DEDI}_{it} + \lambda_2\ln Z_{it} + \mu_i + \delta_t + \varepsilon_{it} \quad (2)$$

$$\ln Y_{it} = \alpha_3 + \beta_3\ln\mathrm{DEDI}_{it} + \beta_4\ln M_{it} + \lambda_3\ln Z_{it} + \mu_i + \delta_t + \varepsilon_{it} \quad (3)$$

式中：M_{it}——中介变量,具体代表了i区域在t时期内的绿色创新水平(Gti)、产业集聚水平(Lq)、产业结构合理化(Insr)和产业结构高级化(Insh),其他变量含义不变。

为了检验变量之间可能存在的非线性关系,本文借鉴Hansen的方法构建以物流业集聚为门槛变量的门槛效应模型(HANSEN,1999),具体模型如式(4)所示：

$$Y_{it} = \alpha_0 + \alpha_1\mathrm{Dedi}\cdot I(\mathrm{Mark}_{it}\leq\gamma_1) + \alpha_2\mathrm{Dedi}\cdot I(\gamma_1 < \mathrm{Mark}_{it}\leq\gamma_2) + \cdots + \alpha_n\mathrm{Dedi}\cdot I(\gamma_n-1 < \mathrm{Mark}_{it}\leq\gamma_n) + \varphi_k X_{it} + u_i + u_t + \varepsilon_{it} \quad (4)$$

在式(4)中,$Mark_{it}$市场化水平,$\gamma_1,\cdots,\gamma_n$为门槛值,$I(\cdot)$为示性函数(当括号内的值得到满足时,则取值为1,否则取值为0),$\alpha_1,\cdots,\alpha_n$表示相应的回归系数。

2.2　变量选取

2.2.1　被解释变量

关于物流业能源消耗,本文参照钟文等(2023)的研究,计算了8种主要的能源的消耗量,采用物流业单位生产总值能源消耗量表示来衡量物流业的节能化水平。

关于物流业污染物排放,采用当下对物流业绿色治理关注的核心——碳排放为研究对象,参照张可(2023)的研究,用物流业单位GDP碳排放量来衡量物流业的低碳化水平。

碳排放数据的测算方法是根据联合国政府间气候变化专门委员会(IPCC)提供的估算方法,采用式(5)对30个省(自治区、直辖市)物流业的碳排放量进行测算。

$$LC = \sum_{i=1}^{8} E_i \times SCC_i \times CEF_i \qquad (5)$$

式中:E_i——第i种能源的消耗量,$i = 1,2\cdots,8$;

　　SCC_i——能源的标准煤折算系数;

　　CEF_i——IPCC提供的碳排放系数,能源折算系数见表1。

种能源折算系数表　　　　　　　　　　　　　　　　　　　　　　表1

能源种类	原煤	汽油	煤油	柴油	燃料油	液化石油气	天然气	电力
折算系数	0.7143	1.4714	1.4714	1.4571	1.4286	1.7143	1.33	0.1229
碳排放因子	0.7559	0.5538	0.5741	0.5921	06185	0.504	0.4483	2.2132

注:能源消耗量原始数据来源于CEADs中国碳核算数据库;CEF数据来源于2006年IPCC。

2.2.2　解释变量

目前,数字经济指标的选取及测度方法尚未形成统一标准,数字经济创新创业指数(IRIEDEC)是以各省(自治区、直辖市)数字经济领域的企业创新创业活动为研究主体,对各省(自治区、直辖市)数字经济发展水平测算更具备实时性和准确性,故本文采用北京大学企业大数据研究中心发布的《中国数字经济创新创业指数》作为衡量数字经济发展水平的指数体系。

2.2.3　中介变量

(1)绿色技术创新(Gti)

绿色技术创新能力的提升直接体现在绿色创新成果的产出数量的增加(邓荣荣,2022),本文借鉴已有的研究(陶锋等,2021),采用绿色专利申请数作为衡量绿色技术创新能力(Gti)的指标。

(2)产业集聚水平(Lq)

目前对产业集聚水平进行测度的方法有区位熵指数、赫芬达尔-赫希曼指数、产业协同集聚指数等方法(丁亮,2020),区位熵模型消除由于区域间规模差异引起的内生性偏差,能够较好地反映区域内产业的集中化程度,故本文采用区位熵系数(Lq)来反映物流产业集聚水平,其计算公式如下:

$$Lq = \frac{e_i/e}{E_i/E} \qquad (6)$$

式(6)中,Lq_i表示i地区的区位熵系数,e_i为地区物流业从业人数(总产值),e为i地区所以产业从业人数(总产值);E_i表示研究区域物流业的总就业人数,E表示研究区域所有产业总从业人数(总产值)。本文参照梁晶(2020)的研究,以就业人数来计算物流产业集聚水平。

(3)产业结构优化(Ins)

产业结构优化包括产业结构高级化和产业结构合理化。本文采用第三产业与第二产业产值之比衡量产业结构高级化(Insh),采用泰尔指数的倒数来衡量产业结构合理化(Insr),泰尔指数的计算公式见邓荣荣等(2022)的研究。

2.2.4　门槛变量

将市场化程度(Mark)作为门槛变量,主要是指市场在资源配置中的作用程度,本文使用樊纲指数作为衡量市场化水平的指标(王小鲁等,2011)。

2.2.5　控制变量

根据研究问题和数据可得性,本文采取了以下可能会影响到物流业节能减排的控制变量。城镇化率(Urb):用该地区城镇人口占总人口数的比重表示。城镇化的过程中常常伴随着能源消耗和环境污染需求的变化,是影响节能减排的重要因素(邵帅等,2019)。平均受教育年限(Edu):由小学学历人数×6+初中学历人数×9+高中和中专学历人数×12+大专及本科以上学历人数×16)/6岁以上人口总数计算所得。较高的平均教育程度会带动物流从业人员的环境保护意识的提升,认为是物流业节能减排的重要因素。资源回收利用水平(Rec):用工业固体废物综合利用率表示。工业固体综合利用率的提升会倒逼物流企业建立更高效灵活的物流网络以实现废物的回收利用,从而优化物流路径,促进物流业实现节能减排。资源利用效率(Ut):用物流业单位周转能耗表示。单位周转能耗的高低直接影响物流活动的碳排放和能源消耗,单位周转量越高代表资源利用效率越高;政府环保支持(Gs):用财政环境保护支出占

一般财政支出比重表示。政府为绿色环保提供资金支持可以为物流业提供更高效环保的技术和运输设施,促进物流业节能减排。

2.3 数据来源

原始数据来源于《中国统计年鉴》《中国能源统计年鉴》、EPS数据平台和各省(自治区、直辖市)统计年鉴和统计公报,数字经济创新创业指数来源于北京大学研究数据开放平台。对于个别缺失数据使用插值法、临近年份取均值法补齐。为降低方程的异方差性,模型对所有数值取对数进行计算,描述性统计分析见表2。

变量描述性统计 表2

类别	变量	单位	平均值	标准差	最小值	最大值
被解释变量	lnEe	万tce	3.716	0.881	-1.227	4.605
	lnPol	亿元/万t	0.0449	0.248	-0.529	0.647
解释变量	lnDedi	—	-2.267	0.681	-3.750	0.547
	lnGti	项	6.014	1.446	0	9.113
中介变量	lnLq	—	0.0585	0.445	-1.347	1.145
	lnSh	%	-0.730	0.171	-1.125	-0.178
	lnSr	—	1.899	0.870	0.252	4.808
门槛变量	lnMark	—	-3.560	0.311	-4.441	-2.686
	lnUrb	%	-1.316	0.408	-2.572	-0.541
	lnEdu	年	2.213	0.0938	1.969	2.540
控制变量	lnRec	5	-1.415	0.655	-3.317	0.367
	lnUt	万tce/亿t·km	-0.468	0.302	-1.371	0.00394
	lnGs	%	6.014	1.446	0	9.113

3 实证结果分析

3.1 基准回归结果

基准回归结果如表3所示,可以发现无论是否加入控制变量,数字经济(lnDedi)对物流业单位国内生产总值能耗和单位国内生产总值碳排放影响均显著为负,即数字经济对物流业产生了明显的节能减排效应。具体而言,数字经济的估计系数均在1%的统计水平下显著为负,具体来看,数字经济能够使物流业单位国内生产总值能耗和单位国内生产总值碳排放量分别降低0.1655和0.1535个单位,比较估计系数大小可以发现数字经济对物流业节能的影响大于对物流业减排的影响。

基准回归结果 表3

变量	(1)lnEe	(2)lnPol
lnDedi	-01655***	-0.1535***
	(-10.5676)	(-10.4867)
lnUrb	-0.2728***	-0.2215***
	(-5.1734)	(-4.4934)
lnEdu	-1.6185***	-1.4409***
	(-5.8989)	(-5.6172)
lnRec	0.2745***	0.2644***
	4.5917	4.731
lnUt	0.2493***	0.2286***
	8.0153	7.8621
lnGs	-0.0712*	-0.0673*
	(-1.7176)	(-1.7387)
control	YES	YES

续上表

变量	(1)lnEe	(2)lnPol
id	YES	YES
year	YES	YES
_cons	4.1243***	3.3268***
	(6.7805)	(5.8504)
N	360	360
r2_a	0.5738	0.5594

注:括号内为 t 值*、**、*** 分别表示在 10%、5% 和 1% 水平下显著,下同。

从控制变量来看,城镇化水平(lnUrb)、教育水平(lnEdu)、政府支持(lnGs)对物流业节能减排发挥了显著的抑制作用。具体来看,城镇人口的增加会产生正向的外部集聚作用,丰富了劳动力池,产生了集聚经济效应,促进了资源的共享,有利于物流业的节能减排。教育水平的提升会对物流业节能减排产生正向影响,政府环保支持对物流业节能减排会产生正向影响,说明政府对环境保护工作的重视能够抑制物流业对能源的消耗和对环境的污染。而工业固体废物综合利用率(lnRec)对物流业节能减排产生了负面影响,说明目前对工业固体废物综合回收利用率上不充分,未来应该在提高回收率方面促进物流业节能减排效率提升。资源利用效率(lnUt)对物流业节能减排也产生了负面影响,说明物流业的效率提升对物流业节能减排的影响是至关重要的。

3.2　中介效应检验

3.2.1　绿色技术创新的机制识别

上文的回归结果表明数字经济发展促进了物流业的节能减排,而具体影响机制仍需进一步分析。

根据表 4 列(1),可以发现,数字经济对绿色技术创新的作用显著为正,代表数字经济发展会促进绿色技术创新能力的提升。从列(2)、列(3)的结果可以发现,绿色技术创新对物流业单位国内生产总值能源消耗和单位国内生产总值碳排放产生显著的负向影响,说明数字经济可以通过推动绿色技术创新来进一步影响物流业的节能减排,假设 2 得到验证。未来可以进一步提升节能型技术创新能力,借助数字经济的发展红利,促使绿色技术创新成为助力物流业节能减排的有效方法。

绿色技术创新的中介效应检验　表4

变量	(1)lnGti	(2)lnEe	(3)lnPol
lnDedi	0.6242***	-0.1160***	-0.1089***
	(15.4155)	(-5.7376)	(-5.7518)
lnGti		-0.0793***	-0.0716***
		(-3.7673)	(-3.6304)
control	YES	YES	YES
id	YES	YES	YES
year	YES	YES	YES
_cons	-7.2039***	3.5527***	2.8111***
	(-4.5806)	(5.7745)	(4.8800)
N	360	360	360
r2_a	0.6183	0.5904	0.5754

3.2.2　产业集聚的机制识别

根据表 5 中的列(1),可以看出,数字经济对产业集聚的影响显著为正,说明数字经济促进了产业集聚。根据列(2)、列(3),可以发现,产业集聚对物流业单位国内生产总值能源消耗和单位国内生产总值碳排放量具有显著负向影响,说明产业集聚促进了物流业节能减排。

产业集聚的中介效应检验　表5

变量	(1)lnLq	(2)lnEe	(3)lnPol
lnDedi	0.0325***	-0.1553***	-0.1432***
	(3.9731)	(-9.7999)	(-9.6889)
lnLq		-0.3142***	-0.3187***
		(-2.9943)	(-3.2569)
control	YES	YES	YES
id	YES	YES	YES
year	YES	YES	YES
_cons	-0.0732***	4.1013***	3.3035***
	(-0.2301)	(6.8246)	(5.8944)
N	360	360	360
r2_a	-0.0277	0.5840	0.5721

产业集聚在促进物流业节能减排中发挥了部分中介作用,即数字经济能够通过推动物流业产业集聚,间接促进物流业节能化和低碳化发展,推动物流业实现节能减排,假设 3 得到验证。应该充分借助数字经济所带来的发展机遇,加大物流业集聚,依托丰富的能源资源和数据信息优势,减少重复运输推动物流业实现节能减排。

3.2.3 产业结构优化的机制识别

根据表6列(1)和列(4)可以发现,数字经济对产业结构高级化(lnSh)和产业结构合理化(lnSr)的影响均显著为正,说明数字经济促进了产业结构优化。根据列(2)、列(3),发现产业结构优化对物流业单位国内生产总值能源消耗和单位国内生产总值碳排放量均具有显著负向影响,说明产业结构够花促进了物流业节能减排。可见,数字经济发展推动了产业结构的高级化和产业结构的合理化,并且由此实现了物流业的节能减排效应。假设4得到验证。

产业结构高级化与合理化的中介效应检验 表6

变量	(1)lnSh	(2)lnEe	(3)lnPol	(4)lnSr	(5)lnEe	(6)lnPol
lnDedi	0.0829***	−0.0969***	−0.0938***	0.2683***	−0.1238***	−0.1173***
	(11.1078)	(−5.7187)	(−5.8535)	(8.0309)	(−7.6405)	(−7.6767)
lnsh		−0.8278***	−0.7201***			
		(−7.7189)	(−7.0953)			
lnEe					−0.1554***	−0.1353***
					(−6.3136)	(−5.8315)
control	YES	YES	YES	YES	YES	YES
id	YES	YES	YES	YES	YES	YES
year	YES	YES	YES	YES	YES	YES
_cons	−2.3110***	2.2113***	1.6627***	−5.4726***	3.2739***	2.5865***
	(−7.9696)	(3.6122)	(2.8700)	(−4.2182)	(5.5459)	(4.6487)
N	360	360	360	360	360	360
r2_a	0.4947	0.6390	0.6177	0.3419	0.6194	0.6002

3.3 门槛效应检验

市场化环境可能对数字经济与节能减排关系存在非线性的调节作用,因此,本文进一步采用门槛效应模型进行检验。我们在门槛回归前首先要确定市场化指数是否存在门槛变量,检验是否存在多个门槛值。本文以物流业单位国内生产总值能源消耗和单位国内生产总值碳排放量为因变量,数字经济发展水平为自变量,市场化程度(Mark)为门槛变量构建门槛回归模型。首先进行门槛效应检验,分析市场化指数是否在模型中起到门槛作用,使用STATA软件重复抽样300次,进行门槛效应检验,以判断是否存在门槛以及门槛的个数,结果如表7所示,发现均未通过双重门槛值检验。

门槛效应显著性检验结果 表7

门槛变量	被解释变量	门槛性质	F值	P	临界值 1%	临界值 5%	临界值 10%
lnMark	lnEe	单一门槛	52.83***	0.000	47.8480	36.8516	32.0525
		双重门槛	43.56**	0.0100	42.3889	26.6787	23.1613
		三重门槛	20.88	0.5500	59.4169	47.8685	41.9313
	lnPol	单一门槛	58.18***	0.010	56.6040	39.8001	33.9382
		双重门槛	38.14**	0.0100	38.0097	31.6045	26.8027
		三重门槛	14.83	0.7467	52.2318	41.4989	36.7983

以市场化指数作为门槛变量,单位国内生产总值能耗(lnEe)和单位国内生产总值碳排放量(lnPol)分别作为被解释变量进行回归,回归结果如表8所示。由表8可知,市场化指数的两个门槛值分别为1.7549和2.1979,在不同区间内,数字经济对单位国内生产总值能耗、单位国内生产总值碳排放量的回归系数均在1%的显著性水平下为负。具体来看,当Mark<1.7549、1.7549≤

Mark＜2.1979、Mark≥2.1979 时，数字经济对单位国内生产总值能耗和单位国内生产总值碳排放量均存在显著的抑制作用，说明在不同的市场化指数区间，数字经济对物流业节能减排均存在显著的促进作用，且促进作用不断增强。可能的原因是有些地方囿于经济和资源的限制，往往需要政府参与调控，往往会限制资源配置的主导作用，一定程度上抑制了数字经济的发展活力，从而影响数字经济对物流业节能减排效应的发挥。随着一个地区市场化水平的提升，数字经济的发展活力进一步被激发，在有效的市场环境中，数字经济提供了平台优势和技术支持，且本身具备绿色化的天然属性，对物流企业而言，将不同资源整合于数字平台中，促进了资源共享和高效利用，倒逼物流企业加快数字化、绿色化转型升级（甘卫华，2024），进一步加大了数字经济对物流业节能减排的影响。由此可以得到：数字经济对物流业节能减排存在边际效应递增的正向影响，假设 5 得到验证。

双重门槛效应回归结果　　表8

变量	(1)lnEe	(2)lnPol
0._cat#c.lnDedi	−0.1096***	−0.1041***
(Mark＜1.7549)	(−3.5453)	(−3.7276)
1._cat#c.lnDedi	−0.1711***	−0.1579***
(1.7549≤Mark＜2.1979)	(−8.2149)	(−8.2613)
2._cat#c.LnDedi	−0.2226***	−0.2080***
(Mark≥2.1979)	(−9.1768)	(−8.7581)
_cons	2.7298***	2.0179***
	(5.1913)	(3.9647)
N	360	360
r2_a	0.6964	0.6860
F 统计值	24.85***	25.54***

4　结语

本研究将数字经济、物流业节能减排纳入同一分析框架中，基于我国 30 个省（自治区、直辖市）2010—2021 年的数据，运用面板固定效应模型中介效应模型和门槛效应模型，多维度实证检验了数字经济对物流业节能减排的影响及其内在机制，主要结论如下：

第一，数字经济有效推动了物流业节能减排，并且数字经济对节能的作用大于减排的作用。第二，数字经济发展有助于绿色技术创新、产业集聚和产业结构优化，并且能够通过这些作用有效推动物流业节能减排的实现。第三，双重门槛效应

结果显示随着市场化水平的提升，数字经济对物流业节能减排的影响力度也逐步加大。

进而提出数字技术助推物流业绿色高质量发展的政策建议：

一是打造数字化发展优秀示范地区。树立行业内可示范模板，为全国绿色物流的建设提供可复制的经验。在物流企业转型发展的过程中应不断加强对能源节约和减少污染的约束，政府要制定相应的政策、配备相应措施保障节能减排在生产过程中的贯彻落实。促进区域内部以及区域间的对话合作，在推动数字经济与实体经济深度融合的过程中加强不同发展水平城市间的合作与帮扶，促进数字经济交流，借助便捷高效的数字平台进行技术合作和交易，促进知识、技术的溢出，促进物流业节能减排。

二是完善数字化"硬件"和"软件"水平。加大数字化基础设施和绿色发展教育的投入力度，借助数字化平台搭建绿色物流大数据平台，利用大数据中心、云计算平台、工业互联网等智能化手段为物流业的节能减排提供技术保障和支持。为企业注入"生态＋数字化"的基因，建立系统化的指标体系，对物流企业的绿色等级进行评定，并采取相应奖惩政策。

三是打通数字化促进物流业节能减排的渠道。数字化政策的制定应该与技术创新政策、产业政策等实现对接，打通数字经济通过绿色技术创新、产业结构优化、产业集聚来促进物流业节能减排的通道。通过打造物流业可循环、可持续商业模式提升资源利用效率，如构建并完善物流业包装废弃物循环利用体系，提高资源利用效率。

参考文献

[1] 荆文君，孙宝文.数字经济促进经济高质量发展：一个理论分析框架[J].经济学家，2019（2）:66-73.

[2] 王开科，吴国兵，章贵军.数字经济发展改善了生产效率吗[J].经济学家，2020（10）:24-34.

[3] 李治国，车帅，王杰.数字经济发展与产业结构转型升级——基于中国 275 个城市的异质性检验[J].广东财经大学学报，2021，36（5）:27-40.

[4] MA X,FENG X,FU D,et al. How does the digital economy impact sustainable development?

—An empirical study from China[J]. Journal of Cleaner Production,2024,434:140079.

[5] 郭炳南,王宇,张浩. 数字经济发展改善了城市空气质量吗——基于国家级大数据综合试验区的准自然实验[J]. 广东财经大学学报,2022,37(1):58-74.

[6] 方丽婷,张冠兰,李坤明. 数字化发展对企业绿色创新的影响——来自中国A股上市公司的经验证据[J]. 中国管理科学,2023,31(12):350-360.

[7] 朱于珂,高红贵,丁奇男,等. 地方环境目标约束强度对企业绿色创新质量的影响——基于数字经济的调节效应[J]. 中国人口·资源与环境,2022,32(5):106-119.

[8] 岳鹄,谭月彤,周子灼. 数字经济发展对资源配置效率影响研究——基于要素流动视角的分析[J]. 价格理论与实践,2023(9):100-104.

[9] 王维国,王永玲,范丹. 数字赋能与城市碳减排:内在机制与经验证据[J]. 中国环境科学,2024:1-15.

[10] 张荣博,钟昌标. 数字乡村建设与县域生态环境质量——来自电子商务进农村综合示范政策的经验证据[J]. 当代经济管理,2023,45(2):54-65.

[11] 邓荣荣,张翱祥. 中国城市数字经济发展对环境污染的影响及机理研究[J]. 南方经济,2022(2):18-37.

[12] MA Q,MENTEL G,ZHAO X,et al. Natural resources tax volatility and economic performance:Evaluating the role of digital economy [J]. Resources Policy,2022,75(1):102510.

[13] LIU J,WANG Q,ZHU Q. Research on intelligent logistics system architecture and application. Journal of Intelligent Manufacturing,2017,28(5),1085-1098.

[14] CAO E,ZHANG M,LIU Y,et al. The impact of green supply chain management on the environmental performance and competitiveness of logistics enterprises in China. Journal of Cleaner Production,2019,238,117966.

[15] WEI J,WU H. Sharing economy,express delivery and low-carbon logistics:An analysis based on a Chinese case. Journal of Cleaner Production,2020,279,123654.

[16] OOSTERHAVEN J,BROERSMA L. Sector structure and cluster economies:a decomposition of regional labour productivity [J]. Regional Studies,2007,41(5):639-659.

[17] 干春晖,郑若谷,余典范. 中国产业结构变迁对经济增长和波动的影响[J]. 经济研究,2011,46(5):4-16,31.

[18] 马中东,宁朝山. 数字经济、要素配置与制造业质量升级[J]. 经济体制改革,2020(3):24-30.

[19] ZHANG Z. Smart City and Enterprise Innovation:an Empirical Study based on Regulatory Effect Model [J]. International Journal of Science,2022,9(1):41-44.

[20] 韩永辉,黄亮雄,王贤彬. 产业结构优化升级改进生态效率了吗?[J]. 数量经济技术经济研究,2016,33(4):40-59.

[21] 李宗显,杨千帆. 数字经济如何影响中国经济高质量发展?[J]. 现代经济探讨,2021(7):10-19.

[22] 杨俊,钟文. 数字赋能与物流业碳减排:内在机制与经验证据[J]. 统计与决策,2023,39(20):174-178.

[23] 张可. 智慧城市建设促进了节能减排吗?——基于长三角城市群141个区县的经验分析[J]. 金融研究,2023(7):134-153.

[24] 王健,林双娇. 物流产业集聚对碳排放跨区域转移的作用机制[J]. 中国环境科学,2021,41(7):3441-3452.

[25] 钟顺昌,闫程莉,任娇,等. 中国省域空间集聚结构对霾污染的影响——基于2000~2013年面板数据的经验证据[J]. 中国环境科学,2020,40(6):2758-2769.

[26] 梁晶,盛慧敏,吕靖. 环渤海地区物流产业集聚对物流碳排放影响的实证研究[J]. 生态经济,2020,36(9):38-43.

[27] 姚震宇. 区域市场化水平与数字经济竞争——基于数字经济指数省际空间分布特征的分析[J]. 江汉论坛,2020(12):23-33.

[28] 郑佳佳,喻晓蕾. FDI的引进加剧了我国的

碳排放吗? ——基于市场化角度的再分析
[J].中国管理科学,2015,23(S1):778-785.

[29] HANSEN B E. Threshold effects in non-dyna-mic panels: estimation, testing, and inference
[J]. Journal of Econometrics, 1999, 93(2):
345-368.

[30] 钟文,杨俊,郑明贵,等.中国城市数字经济
对物流业碳排放的影响效应及传导机制
[J].中国环境科学,2024,44(1):427-437.

[31] 陶锋,赵锦瑜,周浩.环境规制实现了绿色技
术创新的"增量提质"吗——来自环保目标
责任制的证据[J].中国工业经济,2021
(2):136-154.

[32] 丁亮.数字经济、产业集聚与区域经济韧性
[J].现代管理科学,2023(3):132-140

[33] 樊纲,王小鲁,马光荣.中国市场化进程对经
济增长的贡献[J].经济研究,2011,46(9):
4-16.

[34] 邵帅,张可,豆建民.经济集聚的节能减排效
应:理论与中国经验[J].管理世界,2019,
35(1):36-60,226.

[35] 甘卫华,刘亚楠,黄舒莹.我国物流业绿色发
展福利水平时空演化及区域差异分析[J].
商业经济研究,2024(3):93-97.

交通运输类上市公司财务运营效率分析（2018—2022）

桂嘉伟[*1,2]　陆化普[2]
（1.清华大学土木工程系;2.清华大学交通研究所）

摘　要　以 2018—2022 年 82 家交通运输类上市公司面板数据为样本,根据资产规模将其分为 3 组,运用 DEA 模型、Malmquist 指数测算其财务运营效率。研究得到航空运输企业财务运营效率显著下降、道路和水上运输企业财务运营效率显著上升等主要结论;提出加大航空运输业扶持力度、优化道路运输行业资源配置,促使多种运输方式协同发展等建议。

关键词　运输业　财务运营效率　DEA 模型　Malmquist 指数

0 引言

21 世纪以来,交通运输已进入了各种方式交汇融合、统筹发展的新阶段。数据包络分析（DEA）方法常用于企业投融资效率研究,近年来得到不断演化和发展[1]。近年来,不少学者运用 DEA 模型测算运输企业经营管理绩效:褚衍昌等[2]测算 105 家交通运输业上市公司 2014—2019 年运营效率,指出上市公司应当进一步完善激励机制和监管机制;王学林等[3]测算 10 家航空运输业上市公司 2015—2021 年运营效率,发现我国航空公司整体运营效率呈现"先上升后下降"趋势。范家铭等[4]测算 381 对日常旅客动车组列车运行

效率,指出针对性地对投入产出资源进行优化,可以有效提高运行线综合效率。

受限于观测样本和研究背景,现有研究往往缺乏各种运输业的横向比较,并且较少考虑规模差异。据此,本文综合 DEA 模型和 Malmquist 指数分析交通运输类上市公司财务运营效率。

1 研究方法

1.1 DEA 模型

为克服 CCR 模型不能单纯评价决策单元技术有效性的缺陷,本文采用 BCC 模型测算财务运

基金项目:中国工程院品牌项目"综合交通运输体系效率提升战略"（2022-PP-06）。

营效率,该模型考虑具有非阿基米德无穷小 ε 的输入 DEA 模型如式(1):

$$(D_{BC^2}^I)^\varepsilon \begin{cases} \min[\theta - \varepsilon(e^T s^+ + \hat{e}^T s^-)] \\ \sum\limits_{j=1}^n x_j \lambda_j + s^- = \theta x_0 \\ \sum\limits_{j=1}^n y_j \lambda_j - s^+ = y_0 \\ \sum\limits_{j=1}^n \lambda_j = 1 \\ \lambda_j \geq 0, j = 1, \cdots, n \\ s^+ \geq 0, s^- \geq 0 \end{cases} \quad (1)$$

式(1)中,若 $\theta^0 < 1$,则 $DMU - j^0$ 不为弱 DEA 有效;若 $\theta^0 = 1$ 且 $e^T s^+ + \hat{e}^T s^- = 0$,则 $DMU - j^0$ 为 DEA 有效;若 $\theta^0 = 1$ 且 $e^T s^+ + \hat{e}^T s^- > 0$,则 $DMU - j^0$ 仅为弱 DEA 有效。

1.2 Malmquist 指数

Malmquist 指数由 Malmquist 创立,Caves 等将该指数应用于测算生产函数变化,Färe 等将该指数与 DEA 模型相结合,之后广泛应用于测算效率。在距离函数 $D_i^t(x_i^t, y_i^t)$ 的基础上,则 $t+1$ 期相对于 t 期的 Malmquist 指数 $M_i^t(x_i^t, y_i^t)$ 可表示为式(2)、式(3):

$$M_i^{t,t+1}(x_i^t, y_i^t, x_i^{t+1}, y_i^{t+1}) = \sqrt{\frac{D_i^t(x_i^{t+1}, y_i^{t+1})}{D_i^t(x_i^t, y_i^t)} \times \frac{D_i^{t+1}(x_i^{t+1}, y_i^{t+1})}{D_i^{t+1}(x_i^t, y_i^t)}} = \frac{D_i^{t+1}(x_i^{t+1}, y_i^{t+1})}{D_i^t(x_i^t, y_i^t)} \times$$

$$\sqrt{\frac{D_i^t(x_i^{t+1}, y_i^{t+1})}{D_i^{t+1}(x_i^{t+1}, y_i^{t+1})} \times \frac{D_i^t(x_i^t, y_i^t)}{D_i^{t+1}(x_i^t, y_i^t)}} \quad (2)$$

$$M_{v,c}^{t,t+1}(x_i^t, y_i^t, x_i^{t+1}, y_i^{t+1}) = \frac{D_v^{t+1}(x_i^{t+1}, y_i^{t+1})}{D_v^t(x_i^t, y_i^t)} \times \left[\frac{D_v^t(x_i^t, y_i^t)}{D_c^t(x_i^t, y_i^t)} \Big/ \frac{D_v^{t+1}(x_i^{t+1}, y_i^{t+1})}{D_c^{t+1}(x_i^{t+1}, y_i^{t+1})}\right] \times$$

$$\sqrt{\frac{D_i^t(x_i^{t+1}, y_i^{t+1})}{D_i^{t+1}(x_i^{t+1}, y_i^{t+1})} \times \frac{D_i^t(x_i^t, y_i^t)}{D_i^{t+1}(x_i^t, y_i^t)}} \quad (3)$$

式(2)中,全要素生产函数(TFPCH)指总效率变化,技术效率指数(EFFCH)指技术效率变化,技术进步率(TECHCH)指生产技术变化或创新程度。式(3)中,注脚 v 代表变动规模报酬,注脚 c 代表固定规模报酬;在规模报酬可变的前提下,技术效率指数(EFFCH)根据 BCC 模型可进一步分解为纯技术效率指数(PECH)和规模效率指数(SECH)。上述数值大于 1 则表示进步,小于 1 则表示退步。为弥补传统 DEA 方法难以实现纵向比较的缺陷,本文沿用 Malmquist 指数方法对 2018—2022 年交通运输类上市公司财务运营效率的变动值进行测算。

2 指标设定与样本处理

2.1 指标设定

结合相关文献和运输行业特点,本文选取总资产(In1)、主营业务成本(In2)和期间费用(In3)作为投入指标;选取主营业务收入(Out1)和净利润(Out2)作为产出指标。

2.2 样本处理

基于证监会行业分类在沪深京市 A 股选取交通运输类上市公司作为研究样本,其中,剔除 2018—2022 年存在数据缺失的样本。最终,得到铁路运输业上市公司 5 家、道路运输业上市公司 33 家、水上运输业上市公司 32 家、航空运输业上市公司 12 家,合计 82 家上市公司、410 个企业年度观测点。

企业财务数据通过上海证券交易所和深圳证券交易所、北京证券交易所网站信息披露栏目、Choice 金融终端(高校版)整理计算得到,研究过程中使用的软件为 Excel 和 DEAP2.1。本文测算结果保留 3 位小数,考虑到原始数据中不可避免存在负值与大数,本文遵循相关文献的标准化方法按式(4)处理原始数据。

$$A_{i,t}' = 0.1 + \frac{A_{i,t} - A_{\min}}{A_{\max} - A_{\min}} \times 0.9 \quad (4)$$

式(4)中，$A_{max} = \max\{A_{i,t}\}$，$A_{min} = \min\{A_{i,t}\}$，$A'_{i,t} \in [0.1,1]$，$i = 1,2,\cdots,N, t = 1,2,\cdots,T$。

为增强样本企业可比性、提高模型测算精确度，本文根据 2022 年总资产规模将 82 家样本企业划分为三组：总资产 250 亿以上计入较大规模组，组间极值比约为 7.29，合计 13 家；总资产 50 亿 ~ 250 亿计入中等规模组，组间极值比约为 4.57，合计 28 家；总资产 50 亿以下计入较小规模组，合计 41 家。

3　实证研究

3.1　DEA 模型测算结果

将样本数据分组后代入 DEA-BCC 模型，得到测算结果，其中，较大规模交通运输类上市公司结果如表 1 所示，中等规模交通运输类上市公司结果如表 2 所示，较小规模交通运输类上市公司结果如表 3 所示。向上的箭头代表规模递增，向下的箭头代表规模递减。

2018—2022 年较大规模交通运输类上市公司 DEA 模型测算结果表(N = 13)　　表 1

序号	证券代码	证券简称	行业	综合效率					
				2018 年	2019 年	2020 年	2021 年	2022 年	平均值
1	600018.SH	上港集团	水上	1.000	1.000	1.000	1.000	1.000	1.000
2	601006.SH	大秦铁路	铁路	1.000	1.000	1.000	1.000	1.000	1.000
3	001872.SZ	招商港口	水上	0.916 ↑	1.000	1.000	1.000	1.000	0.983
4	601919.SH	中远海控	水上	0.929 ↓	0.977 ↓	1.000	1.000	1.000	0.981
5	601816.SH	京沪高铁	铁路	1.000	1.000	0.969 ↑	0.944 ↓	0.843 ↑	0.951
6	601880.SH	辽港股份	水上	0.819 ↑	0.852 ↑	1.000	1.000	1.000	0.934
7	601018.SH	宁波港	水上	0.899 ↑	0.914 ↑	0.977	0.946	0.932 ↑	0.934
8	601872.SH	招商轮船	水上	0.792 ↑	0.833	0.998	0.985		0.922
9	601866.SH	中远海发	水上	0.818 ↑	0.801	0.901	0.892 ↑	0.925 ↑	0.867
10	600026.SH	中远海能	水上	0.761 ↑	0.788	0.985	0.867	0.904 ↑	0.861
11	600029.SH	南方航空	航空	0.821 ↓	1.000	0.810 ↓	0.602 ↓	0.520 ↓	0.751
12	601111.SH	中国国航	航空	0.861 ↓	0.944 ↓	0.744 ↓	0.557 ↓	0.450 ↓	0.711
13	600115.SH	中国东航	航空	0.804 ↓	0.848 ↓	0.663 ↓	0.551 ↓	0.449 ↓	0.663

2018—2022 年中等规模交通运输类上市公司 DEA 模型测算结果表(N = 28)　　表 2

序号	证券代码	证券简称	行业	综合效率					
				2018 年	2019 年	2020 年	2021 年	2022 年	平均值
1	600377.SH	宁沪高速	道路	1.000	1.000	1.000	1.000	1.000	1.000
2	601333.SH	广深铁路	铁路	1.000	1.000	1.000	1.000	1.000	1.000
3	001213.SZ	中铁特货	铁路	0.928 ↑	1.000	1.000	1.000	1.000	0.986
4	000429.SZ	粤高速 A	道路	1.000	0.906 ↑	1.000	1.000	1.000	0.981
5	600350.SH	山东高速	道路	0.942 ↑	0.918 ↑	0.930 ↓	1.000	1.000	0.958
6	601298.SH	青岛港	水上	0.761 ↓	0.983 ↓	1.000	1.000	1.000	0.949
7	600575.SH	淮河能源	水上	0.753 ↓	0.866 ↑	1.000	1.000	1.000	0.924
8	600033.SH	福建高速	道路	0.759 ↑	0.829 ↑	1.000	1.000	1.000	0.918
9	600548.SH	深高速	道路	1.000	0.777	0.911 ↓	0.902 ↑	0.958 ↑	0.910
10	601000.SH	唐山港	水上	0.673 ↓	0.793 ↑	0.870 ↑	1.000	0.960 ↓	0.859
11	600368.SH	五洲交通	道路	0.572 ↑	0.687 ↑	1.000	1.000	1.000	0.852
12	601326.SH	秦港股份	水上	0.772 ↑	0.767	0.926 ↓	0.772 ↑	0.885 ↓	0.824

续上表

序号	证券代码	证券简称	行业	综合效率					
				2018年	2019年	2020年	2021年	2022年	平均值
13	600020.SH	中原高速	道路	0.861 ↑	0.915 ↑	0.798 ↓	0.766 ↑	0.752 ↑	0.818
14	601975.SH	招商南油	水上	0.533 ↑	0.586 ↑	1.000	0.859 ↑	1.000	0.796
15	601021.SH	春秋航空	航空	0.902 ↓	0.995	0.782 ↑	0.682 ↑	0.520 ↑	0.776
16	000582.SZ	北部湾港	水上	0.658 ↑	0.673 ↑	0.872 ↓	0.753 ↑	0.816 ↓	0.754
17	600717.SH	天津港	水上	0.638 ↓	0.635 ↓	0.812 ↑	0.773 ↓	0.813 ↑	0.734
18	601228.SH	广州港	水上	0.651 ↑	0.639 ↓	0.808 ↓	0.752 ↓	0.814 ↓	0.733
19	600269.SH	赣粤高速	道路	0.669 ↑	0.657 ↓	0.758 ↑	0.750 ↓	0.805 ↑	0.728
20	600279.SH	重庆港	水上	0.834 ↑	0.588 ↓	0.668 ↑	0.677 ↑	0.749 ↑	0.703
21	600009.SH	上海机场	航空	1.000	1.000	0.706	0.380	0.426	0.702
22	600017.SH	日照港	水上	0.626 ↑	0.593 ↓	0.771 ↑	0.724 ↑	0.768 ↓	0.696
23	600428.SH	中远海特	水上	0.577 ↑	0.570 ↓	0.708 ↑	0.741 ↑	0.862 ↑	0.692
24	603885.SH	吉祥航空	航空	0.727 ↓	0.716 ↓	0.633 ↓	0.644 ↓	0.499 ↓	0.644
25	000507.SZ	珠海港	水上	0.491 ↑	0.484 ↓	0.641 ↑	0.703 ↑	0.822 ↑	0.628
26	600190.SH	锦州港	水上	0.549 ↑	0.551 ↑	0.689 ↑	0.588 ↓	0.730 ↑	0.621
27	600004.SH	白云机场	航空	0.687 ↑	0.638 ↓	0.606 ↓	0.591 ↓	0.524 ↑	0.609
28	000089.SZ	深圳机场	航空	0.588 ↑	0.612 ↑	0.720 ↑	0.613 ↓	0.472 ↑	0.601

2018—2022年较小规模交通运输类上市公司DEA模型测算结果表（N=41）   表3

序号	证券代码	证券简称	行业	综合效率					
				2018年	2019年	2020年	2021年	2022年	平均值
1	000828.SZ	东莞控股	道路	1.000	1.000	1.000	1.000	1.000	1.000
2	001331.SZ	胜通能源	道路	1.000	1.000	1.000	1.000	1.000	1.000
3	001965.SZ	招商公路	道路	1.000	1.000	1.000	1.000	1.000	1.000
4	600012.SH	皖通高速	道路	1.000	1.000	1.000	1.000	1.000	1.000
5	601156.SH	东航物流	航空	1.000	1.000	1.000	1.000	1.000	1.000
6	601107.SH	四川成渝	道路	1.000	1.000	1.000	0.990 ↑	0.965	0.991
7	600125.SH	铁龙物流	铁路	1.000	1.000	1.000	1.000	0.945 ↓	0.989
8	603223.SH	恒通股份	道路	1.000	1.000	0.977 ↓	0.933 ↓	0.914 ↑	0.965
9	000905.SZ	厦门港务	水上	0.941 ↓	0.965 ↓	0.968 ↓	1.000	0.920 ↓	0.959
10	600035.SH	楚天高速	道路	0.912 ↑	0.925 ↑	0.945 ↑	0.926 ↑	1.000	0.942
11	000755.SZ	山西路桥	道路	0.817 ↑	0.945 ↑	1.000	0.933 ↑	1.000	0.939
12	603565.SH	中谷物流	水上	0.894 ↓	0.931 ↑	0.869 ↑	0.919 ↑	1.000	0.923
13	000900.SZ	现代投资	道路	0.912 ↓	0.920 ↑	0.954 ↓	0.864 ↓	0.896 ↓	0.909
14	600106.SH	重庆路桥	道路	0.700 ↑	0.855 ↑	1.000	0.923 ↑	1.000	0.896
15	600834.SH	申通地铁	道路	0.651 ↑	0.986 ↑	1.000	0.803 ↑	1.000	0.888
16	601022.SH	宁波远洋	水上	0.844 ↓	0.881 ↓	0.820 ↑	0.825 ↑	0.945 ↑	0.863
17	603209.SH	兴通股份	水上	0.661 ↑	0.871 ↑	0.843 ↑	0.891 ↑	1.000	0.853
18	600897.SH	厦门空港	航空	0.893 ↑	0.864 ↓	0.794 ↑	0.788 ↑	0.886 ↑	0.845
19	600662.SH	外服控股	道路	0.703 ↓	0.732 ↓	0.729 ↓	1.000	1.000	0.833

续上表

序号	证券代码	证券简称	行业	综合效率										平均值
				2018 年		2019 年		2020 年		2021 年		2022 年		
20	601188.SH	龙江交通	道路	0.740	↑	0.802	↑	0.798	↑	0.818	↑	0.994	↑	0.830
21	601518.SH	吉林高速	道路	0.790	↑	0.750	↑	0.764	↑	0.781	↑	1.000		0.817
22	000548.SZ	湖南投资	道路	0.670	↑	0.748	↑	0.933	↑	0.732	↑	0.940		0.805
23	600611.SH	大众交通	道路	0.815	↑	0.842	↑	0.849	↑	0.741	↑	0.773	↑	0.804
24	603813.SH	原尚股份	道路	0.743	↑	0.802	↑	0.803	↑	0.719	↑	0.948		0.803
25	000088.SZ	盐 田 港	道路	0.716	↑	0.716	↑	0.824	↑	0.782	↑	0.964	↓	0.800
26	002320.SZ	海峡股份	水上	0.732	↑	0.727	↑	0.822	↑	0.767	↑	0.934	↑	0.796
27	000520.SZ	凤凰航运	水上	0.700	↑	0.743	↑	0.822	↑	0.745	↑	0.946	↑	0.791
28	600676.SH	交运股份	道路	0.865	↓	0.854	↓	0.767	↑	0.738	↑	0.728	↑	0.790
29	600798.SH	宁波海运	水上	0.749	↑	0.752	↑	0.799	↑	0.782	↑	0.827	↑	0.782
30	001205.SZ	盛航股份	水上	0.662	↑	0.668	↑	0.803	↑	0.789	↑	0.953	↑	0.775
31	603167.SH	渤海轮渡	水上	0.742	↑	0.751	↑	0.750	↑	0.773	↑	0.828	↑	0.769
32	000099.SZ	中信海直	航空	0.700	↑	0.719	↑	0.794	↑	0.780	↑	0.843	↑	0.767
33	002682.SZ	龙洲股份	道路	0.848	↓	0.802	↓	0.711	↓	0.702	↑	0.736	↑	0.760
34	002627.SZ	三峡旅游	道路	0.740	↑	0.772	↑	0.752	↑	0.737	↑	0.789	↑	0.758
35	600650.SH	锦江在线	道路	0.720	↑	0.769	↑	0.782	↑	0.733	↑	0.784	↑	0.758
36	601008.SH	连云港	水上	0.705	↑	0.715	↑	0.775	↑	0.709	↑	0.834	↑	0.748
37	833171.BJ	国航远洋	水上	0.692	↑	0.677	↑	0.707	↑	0.755	↑	0.896	↑	0.745
38	002357.SZ	富临运业	道路	0.679	↑	0.682	↑	0.792	↑	0.672	↑	0.870	↑	0.739
39	603069.SH	海汽集团	道路	0.686	↑	0.683	↑	0.695	↑	0.656	↑	0.858	↑	0.716
40	002928.SZ	华夏航空	航空	0.706	↓	0.713	↑	0.775	↓	0.655	↓	0.566	↑	0.683
41	600561.SH	江西长运	道路	0.663	↑	0.649	↑	0.654	↑	0.618	↑	0.688	↑	0.654

3.2　Malmquist 指数测算结果

为比较交通运输类上市公司财务运营效率跨年度的变化，将样本数据分组后计算 Malmquist 指数，得到测算结果，其中，较大规模交通运输类上市公司结果如表 4 所示，中等规模交通运输类上市公司结果如表 5 所示，较小规模交通运输类上市公司结果如表 6 所示。

2018—2022 年较大规模交通运输类上市公司 Malmquist 指数测算结果表（$N = 13$）　　　表 4

序号	证券代码	证券简称	行业	2018—2019 年			2019—2020 年			2020—2021 年			2021—2022 年		
				EFF	TECH	TFP	EFF	TECH	TFP	EFF	TECH	TFP	EFF	TECH	TFP
1	600018.SH	上港集团	水上	1.000	0.895	0.895	1.000	1.255	1.255	1.000	0.716	0.716	1.000	1.133	1.133
2	601006.SH	大秦铁路	铁路	1.000	0.883	0.883	1.000	1.165	1.165	1.000	0.512	0.512	1.000	1.091	1.091
3	001872.SZ	招商港口	水上	1.092	1.201	1.312	1.000	1.285	1.285	1.000	0.634	0.634	1.000	1.124	1.124
4	601919.SH	中远海控	水上	1.052	0.887	0.933	1.023	1.259	1.288	1.000	1.041	1.041	1.000	1.364	1.364
5	601816.SH	京沪高铁	铁路	1.000	1.122	1.122	0.969	0.776	0.752	0.974	0.797	0.776	0.893	1.031	0.921
6	601880.SH	辽港股份	水上	1.041	0.955	0.994	1.174	1.37	1.608	1.000	0.615	0.615	1.000	1.158	1.158
7	601018.SH	宁波港	水上	1.017	0.956	0.971	1.069	1.098	1.174	0.968	0.736	0.713	0.986	1.028	1.013
8	601872.SH	招商轮船	水上	1.052	0.954	1.003	1.199	1.152	1.38	1.002	0.632	0.633	0.985	1.206	1.187

续上表

序号	证券代码	证券简称	行业	2018—2019 年			2019—2020 年			2020—2021 年			2021—2022 年		
				EFF	TECH	TFP	EFF	TECH	TFP	EFF	TECH	TFP	EFF	TECH	TFP
9	601866.SH	中远海发	水上	0.980	0.953	0.934	1.125	0.958	1.078	0.990	0.752	0.744	1.037	1.030	1.068
10	600026.SH	中远海能	水上	1.036	0.953	0.987	1.250	1.063	1.329	0.880	0.706	0.622	1.043	1.086	1.132
11	600029.SH	南方航空	航空	1.217	0.955	1.163	0.810	1.097	0.889	0.743	0.961	0.715	0.864	1.002	0.866
12	601111.SH	中国国航	航空	1.097	0.937	1.028	0.788	0.996	0.785	0.748	0.937	0.701	0.809	1.003	0.811
13	600115.SH	中国东航	航空	1.054	0.955	1.007	0.782	0.955	0.748	0.831	0.912	0.758	0.814	1.012	0.824

2018—2022 年中等规模交通运输类上市公司 Malmquist 指数测算结果表（$N=28$） 表 5

序号	证券代码	证券简称	行业	2018—2019 年			2019—2020 年			2020—2021 年			2021—2022 年		
				EFF	TECH	TFP	EFF	TECH	TFP	EFF	TECH	TFP	EFF	TECH	TFP
1	600377.SH	宁沪高速	道路	1.000	1.046	1.046	1.000	0.971	0.971	1.000	1.066	1.066	1.000	0.696	0.696
2	601333.SH	广深铁路	铁路	1.000	0.906	0.906	1.000	1.075	1.075	1.000	1.078	1.078	1.000	1.012	1.012
3	001213.SZ	中铁特货	铁路	1.078	0.939	1.012	1.000	0.992	0.992	1.000	1.258	1.258	1.000	1.234	1.234
4	000429.SZ	粤高速A	道路	0.906	0.846	0.767	1.104	1.153	1.272	1.000	1.211	1.211	1.000	1.040	1.04
5	600350.SH	山东高速	道路	0.974	0.915	0.891	1.014	0.924	0.937	1.075	0.93	0.999	1.000	0.905	0.905
6	601298.SH	青岛港	水上	1.291	0.756	0.977	1.017	0.991	1.008	1.000	1.008	1.008	1.000	0.992	0.992
7	600575.SH	淮河能源	水上	1.150	0.932	1.072	1.155	1.321	1.526	1.000	1.243	1.243	1.000	1.272	1.272
8	600033.SH	福建高速	道路	1.093	0.946	1.034	1.206	1.064	1.284	1.000	1.414	1.414	1.000	1.247	1.247
9	600548.SH	深高速	道路	0.777	0.869	0.675	1.173	0.917	1.076	0.990	0.875	0.866	1.062	0.914	0.971
10	601000.SH	唐山港	水上	1.179	0.828	0.976	1.096	1.081	1.185	1.150	1.034	1.189	0.960	1.230	1.181
11	600368.SH	五洲交通	道路	1.202	0.932	1.121	1.455	1.105	1.608	1.000	1.267	1.267	1.000	1.491	1.491
12	601326.SH	秦港股份	水上	0.994	1.008	1.002	1.208	0.952	1.15	0.834	0.975	0.813	1.146	0.907	1.039
13	600020.SH	中原高速	道路	1.063	1.008	1.072	0.872	0.955	0.833	0.960	0.984	0.945	0.981	0.904	0.888
14	601975.SH	招商南油	水上	1.101	1.006	1.108	1.705	0.912	1.555	0.859	1.153	0.991	1.164	1.525	1.774
15	601021.SH	春秋航空	航空	1.103	0.918	1.013	0.786	1.163	0.914	0.871	0.945	0.823	0.763	0.973	0.742
16	000582.SZ	北部湾港	水上	1.024	1.008	1.032	1.295	0.953	1.234	0.863	1.003	0.866	1.084	0.913	0.99
17	600717.SH	天津港	水上	0.996	1.005	1.001	1.277	0.963	1.23	0.953	0.902	0.86	1.052	0.913	0.961
18	601228.SH	广州港	水上	0.981	1.005	0.986	1.265	0.966	1.222	0.931	0.907	0.845	1.082	0.915	0.99
19	600269.SH	赣粤高速	道路	0.982	1.008	0.99	1.155	0.96	1.108	0.989	1.009	0.998	1.073	0.897	0.962
20	600279.SH	重庆港	水上	0.705	0.897	0.632	1.138	1.119	1.273	1.012	0.958	0.97	1.108	1.154	1.278
21	600009.SH	上海机场	航空	1.000	0.773	0.773	0.706	0.565	0.399	0.538	0.968	0.521	1.123	0.956	1.073
22	600017.SH	日照港	水上	0.947	1.005	0.951	1.301	0.952	1.238	0.939	0.938	0.88	1.062	0.932	0.99
23	600428.SH	中远海特	水上	0.987	1.004	0.991	1.242	0.952	1.183	1.047	0.921	0.965	1.163	0.929	1.081
24	603885.SH	吉祥航空	航空	0.984	0.93	0.915	0.885	1.096	0.97	1.017	0.895	0.911	0.775	0.899	0.697
25	000507.SZ	珠海港	水上	0.986	1.005	0.992	1.324	0.943	1.248	1.097	0.898	0.985	1.170	0.971	1.137
26	600190.SH	锦州港	水上	1.003	1.006	1.009	1.251	0.95	1.188	0.852	1.043	0.889	1.241	1.034	1.283
27	600004.SH	白云机场	航空	0.928	1.007	0.934	0.950	0.943	0.896	0.976	0.869	0.848	0.887	0.992	0.88
28	000089.SZ	深圳机场	航空	1.041	0.931	0.969	1.175	0.904	1.062	0.852	1.188	1.013	0.770	1.089	0.838

2018—2022 年较小规模交通运输类上市公司 Malmquist 指数测算结果表($N=41$)　　　　表 6

序号	证券代码	证券简称	行业	2018—2019 年			2019—2020 年			2020—2021 年			2021—2022 年		
				EFF	TECH	TFP	EFF	TECH	TFP	EFF	TECH	TFP	EFF	TECH	TFP
1	000828.SZ	东莞控股	道路	1.000	1.048	1.048	1.000	1.322	1.322	1.000	0.551	0.551	1.000	1.242	1.242
2	001331.SZ	胜通能源	道路	1.000	1.108	1.108	1.000	1.508	1.508	1.000	0.752	0.752	1.000	1.522	1.522
3	001965.SZ	招商公路	道路	1.000	0.943	0.943	1.000	1.26	1.26	1.000	1.061	1.061	1.000	0.949	0.949
4	600012.SH	皖通高速	道路	1.000	0.947	0.947	1.000	1.264	1.264	1.000	0.798	0.798	1.000	1.078	1.078
5	601156.SH	东航物流	航空	1.000	1.004	1.004	1.000	1.131	1.131	1.000	0.882	0.882	1.000	0.930	0.93
6	601107.SH	四川成渝	道路	1.000	0.981	0.981	1.000	1.198	1.198	0.990	0.978	0.968	0.975	0.961	0.937
7	600125.SH	铁龙物流	铁路	1.000	0.973	0.973	1.000	1.275	1.275	1.000	0.847	0.847	0.945	0.878	0.83
8	603223.SH	恒通股份	道路	1.000	1.086	1.086	0.977	1.211	1.183	0.955	0.843	0.805	0.979	1.249	1.223
9	000905.SZ	厦门港务	水上	1.025	0.988	1.013	1.003	1.108	1.111	1.034	0.938	0.969	0.920	0.937	0.862
10	600035.SH	楚天高速	道路	1.014	0.969	0.983	1.022	1.095	1.119	0.980	1.017	0.997	1.080	0.982	1.061
11	000755.SZ	山西路桥	道路	1.157	0.993	1.149	1.058	1.42	1.502	0.933	0.96	0.895	1.072	1.096	1.175
12	603565.SH	中谷物流	水上	1.041	0.995	1.036	0.934	1.103	1.03	1.057	0.962	1.017	1.088	1.051	1.144
13	000900.SZ	现代投资	道路	1.008	0.986	0.994	1.037	0.997	1.034	0.905	1.024	0.927	1.038	0.936	0.972
14	600106.SH	重庆路桥	道路	1.222	0.961	1.175	1.169	1.523	1.781	0.923	0.654	0.604	1.083	1.531	1.659
15	600834.SH	申通地铁	道路	1.514	0.991	1.501	1.014	1.748	1.773	0.803	0.673	0.54	1.246	1.413	1.761
16	601022.SH	宁波远洋	水上	1.044	0.994	1.038	0.931	1.082	1.007	1.006	0.807	0.813	1.145	1.156	1.323
17	603209.SH	兴通股份	水上	1.317	0.933	1.229	0.967	1.497	1.448	1.058	0.612	0.647	1.122	1.420	1.594
18	600897.SH	厦门空港	航空	0.968	1.002	0.97	0.920	1.091	1.003	0.992	0.666	0.661	1.124	1.325	1.489
19	600662.SH	外服控股	道路	1.041	0.949	0.988	0.995	1.011	1.006	1.373	1.315	1.805	1.000	1.233	1.233
20	601188.SH	龙江交通	道路	1.084	0.994	1.078	0.994	1.249	1.242	1.026	0.61	0.625	1.215	1.385	1.683
21	601518.SH	吉林高速	道路	0.949	0.992	0.941	1.019	1.125	1.147	1.022	0.796	0.813	1.280	1.250	1.6
22	000548.SZ	湖南投资	道路	1.117	0.95	1.061	1.248	1.468	1.832	0.784	0.731	0.573	1.284	1.311	1.684
23	600611.SH	大众交通	道路	1.033	0.992	1.025	1.008	1.005	1.012	0.873	1.014	0.885	1.043	0.877	0.914
24	603813.SH	原尚股份	道路	1.080	0.965	1.041	1.001	1.437	1.439	0.896	0.736	0.659	1.318	1.297	1.71
25	000088.SZ	盐田港	道路	0.999	1	0.999	1.152	1.277	1.471	0.949	0.694	0.659	1.233	1.274	1.572
26	002320.SZ	海峡股份	水上	0.994	0.99	0.984	1.131	1.137	1.286	0.933	0.703	0.656	1.218	1.022	1.245
27	000520.SZ	凤凰航运	水上	1.062	0.937	0.995	1.106	1.425	1.577	0.907	0.727	0.659	1.269	1.287	1.633
28	600676.SH	交运股份	道路	0.987	0.985	0.973	0.899	1.095	0.984	0.963	1.007	0.969	0.985	0.932	0.918
29	600798.SH	宁波海运	水上	1.005	0.99	0.995	1.062	0.954	1.012	0.979	0.826	0.809	1.057	1.177	1.244
30	001205.SZ	盛航股份	水上	1.008	0.986	0.995	1.202	1.286	1.546	0.983	0.65	0.639	1.207	1.307	1.579
31	603167.SH	渤海轮渡	水上	1.011	0.99	1.001	0.999	1.093	1.092	1.031	0.727	0.75	1.071	1.229	1.316
32	000099.SZ	中信海直	航空	1.026	0.991	1.017	1.105	1.051	1.161	0.983	0.802	0.789	1.081	1.187	1.283
33	002682.SZ	龙洲股份	道路	0.946	0.968	0.915	0.887	0.993	0.88	0.987	1.044	1.031	1.048	0.921	0.965
34	002627.SZ	三峡旅游	道路	1.044	0.953	0.995	0.973	1.256	1.222	0.980	0.825	0.808	1.071	1.172	1.254
35	600650.SH	锦江在线	道路	1.069	0.971	1.038	1.017	1.171	1.191	0.937	0.96	0.899	1.070	1.095	1.171
36	601008.SH	连云港	水上	1.015	0.992	1.007	1.084	0.994	1.078	0.914	0.959	0.877	1.177	1.053	1.239
37	833171.BJ	国航远洋	水上	0.979	0.959	0.938	1.043	1.302	1.359	1.068	0.745	0.796	1.188	1.231	1.462
38	002357.SZ	富临运业	道路	1.004	0.982	0.986	1.162	1.26	1.464	0.848	0.816	0.692	1.295	1.159	1.501
39	603069.SH	海汽集团	道路	0.995	0.984	0.979	1.018	1.191	1.213	0.944	0.814	0.768	1.308	1.120	1.465
40	002928.SZ	华夏航空	航空	1.010	0.991	1	1.087	0.941	1.023	0.844	1.085	0.916	0.864	0.868	0.75
41	600561.SH	江西长运	道路	0.978	0.991	0.97	1.007	0.94	0.947	0.945	1.108	1.047	1.113	0.987	1.099

3.3 汇总比较结果

本文对 82 家样本企业的测算结果进行进一步整理,得到汇总结果。其中,交通运输类上市公司 DEA 模型测算结果如表 7 所示,交通运输类上市公司 Malmquist 指数测算结果如表 8 所示。

2018—2022 年交通运输类上市公司 DEA 模型测算结果表 ($N=82$)　表 7

规模	行业	样本量	综合效率					
			2018 年	2019 年	2020 年	2021 年	2022 年	平均值
大	铁路	2	1.000	1.000	0.985	0.972	0.922	0.976
	水上	8	0.867	0.896	0.983	0.963	0.968	0.935
	航空	3	0.829	0.931	0.739	0.570	0.473	0.708
中	铁路	2	0.964	1.000	1.000	1.000	1.000	0.993
	道路	8	0.850	0.836	0.925	0.927	0.939	0.896
	水上	13	0.655	0.671	0.828	0.796	0.863	0.763
	航空	5	0.781	0.792	0.689	0.582	0.488	0.667
小	铁路	1	1.000	1.000	1.000	1.000	0.945	0.989
	道路	25	0.815	0.849	0.869	0.832	0.914	0.856
	水上	11	0.757	0.789	0.816	0.814	0.917	0.819
	航空	4	0.825	0.824	0.841	0.806	0.824	0.824
合计		82	0.800	0.824	0.863	0.829	0.870	0.837

2018—2022 年交通运输类上市公司 Malmquist 指数测算结果表 ($N=82$)　表 8

规模	行业	样本量	2018—2019 年			2019—2020 年			2020—2021 年			2021—2022 年		
			EFF	TECH	TFP	EFF	TECH	TFP	EFF	TECH	TFP	EFF	TECH	TFP
大	铁路	2	1.000	1.003	1.003	0.985	0.971	0.959	0.987	0.655	0.644	0.947	1.061	1.006
	水上	8	1.034	0.969	1.004	1.105	1.180	1.300	0.980	0.729	0.715	1.006	1.141	1.147
	航空	3	1.123	0.949	1.066	0.793	1.016	0.807	0.774	0.937	0.725	0.829	1.006	0.834
中	铁路	2	1.039	0.923	0.959	1.000	1.034	1.034	1.000	1.168	1.168	1.000	1.123	1.123
	道路	8	1.000	0.946	0.950	1.122	1.006	1.136	1.002	1.095	1.096	1.015	1.012	1.025
	水上	13	1.026	0.959	0.979	1.252	1.004	1.249	0.964	0.999	0.962	1.095	1.053	1.151
	航空	5	1.011	0.912	0.921	0.900	0.934	0.848	0.851	0.973	0.823	0.864	0.982	0.846
小	铁路	1	1.000	0.973	0.973	1.000	1.275	1.275	1.000	0.847	0.847	0.945	0.878	0.830
	道路	25	1.050	0.988	1.036	1.026	1.241	1.280	0.961	0.871	0.845	1.109	1.159	1.294
	水上	11	1.046	0.978	1.021	1.042	1.180	1.231	0.997	0.787	0.785	1.133	1.170	1.331
	航空	4	1.001	0.997	0.998	1.028	1.054	1.080	0.955	0.859	0.812	1.017	1.078	1.113
合计		82	1.043	0.985	1.027	1.030	1.207	1.247	0.971	0.847	0.826	1.103	1.147	1.275

4 结语

本文将 82 家交通运输类上市公司按规模进行分组,并基于 DEA-BCC 模型和 Malmquist 指数分析法测算其 2018—2022 年财务运营效率,主要结论如下:①较大规模企业和中等规模企业财务运营效率存在较大差异,其中航空运输企业受疫情影响较大,呈现出较为显著的下降态势,2020—2022 年情况尤为突出;较小规模企业多隶属于道路和水上运输行业,2022 年平均财务运营效率突破 0.9,呈现较为显著的上升态势。②上港集团(600018.SH)、大秦铁路(601006.SH)、宁沪高速(600377.SH)、广深铁路(601333.SH)、东莞控股(000828.SH)、胜通能源(001331.SH)、招商公路(001965.SH)、皖通高速(600012.SH)、东航物流(601156.SH)等企业持续 5 年 DEA 有效,处于最佳运营状态;中国东航(600115. SH)、日照港(600017. SH)、中远海特(600428. SH)、吉祥航空(603885. SH)、珠海港(000507. SH)、锦州港(600190. SH)、白云机场(600004. SH)、深圳机场(000089. SH)、华夏航空(002928. SH)、江西长运(600561. SH)等企业 2018—2022 年平均财务运营效率低于 0.7,且大部分隶属于航空运输业。③部分道路运输企业呈现较好的发展潜力,然而规模较大的运输上市公司组别中缺乏隶属于道路运输业的企业。

据此,提出以下建议:①加大航空运输业扶持力度,发展低空经济,助力航空运输企业走出困境。②优化道路运输行业资源配置,以智能手段提升服务质量,推动道路运输企业做大做强。③铁路、道路运输企业牵头,加强铁路、道路、水上、航空等多种方式之间的信息共享和业务合作,促使多种运输方式协同发展、财务运营效率整体提升,进一步完善国家综合立体交通运输网络。

参考文献

[1] 桂嘉伟,吴群琪.新三板科技服务企业融资效率与财务风险研究[J].科技进步与对策,2019,36(12):115-124.

[2] 褚衍昌,赵国昊.交通运输业上市公司经营效率及其公司治理影响因素研究[J].综合运输,2022,44(8):35-43.

[3] 王学林,杨洋.基于 DEA 和 Malmquist 指数的我国上市航空公司运营效率评价研究[J].民航管理,2023(9):86-92.

[4] 范家铭,申宏楠,刘琳等.基于 DEA 模型的动车组列车运行线效率评价[J/OL].铁道运输与经济;1-10 [2024- 05- 08]. https:// link. cnki. net/urlid/11. 1949. u. 20231221. 1134.002.

短途矿物运输车辆在不同驱动能源下的经济效益分析——以 S103 项目为例

卡马力丁·吾买尔[1]　李莉[2]　刘云飞[1]　孙慧瑛[1]　杨凯杰[1]　岳斌[*1]

(1. 新疆交投资本控股有限公司;2. 新疆农业大学)

摘　要　在煤炭和矿产资源的短途运输中,重型卡车一直扮演着重要角色。本文比较研究不同能源驱动下的重型卡车及其经济性,研究对象为燃油重卡和换电重卡。研究采用了控制变量法,并以特定公路项目作为案例进行了分析。结果显示,尽管换电重卡的购置成本高于柴油重卡,但由于电能驱动的单公里行驶成本较低,换电重卡在长途运输中表现出更高的经济效益。在五年的全生命周期成本分析中,换电重卡比燃油重卡节省了约 81.52 万元的成本。其经济性优于柴油重卡,特别是在环保政策趋严的背景下,换电重卡相对于柴油重卡更有发展前景。而电气化公路有潜力成为货物运输的未来趋势,尤其是在有稳定货运需求的路线上。

关键词　矿物运输　柴油重卡　换电重卡　电气化公路

0　引言

新疆煤炭资源及矿产资源丰富,是中国重要的能源基地和矿产资源基地之一。在新疆,重型卡车(以下简称"重卡")具有强大的运输能力和灵活性,可以在各种路况下行驶,因此被广泛应用于煤矿运输和其他矿产运输,是最常见的短途固定路线货运和煤运工具之一。

根据生态环境部发布的《中国移动源环境管理年报(2022 年)》,重型柴油货车氮氧化物(NO_x)排放量超过货车排放总量的 83%、全国汽车排放总量的 80%,颗粒物(PM)超过货车排放总量的 57%、全国汽车排放总量的 52%。

党的十九届五中全会把"碳达峰""碳中和"作为"十四五"方案和 2035 年远景目标,《"十四五"现代综合交通运输体系发展规划》(国发

〔2021〕27号)提出全面推动交通运输规划、设计、建设、运营、养护全生命周期绿色低碳转型。《关于印发工业领域碳达峰实施方案的通知》《柴油货车污染治理攻坚行动方案》等政策,进一步推动重卡行业的节能、环保化发展。

齐涛[1]认为煤炭等矿产运输场景中存在大量的短运距、高频次的往返运输,坡度陡、路况差导致传统柴油重卡行驶油耗高。欧阳明高[2]认为新能源电动重卡换电模式,作为新能源重卡中重要的产品形态,因其在补能效率及特定场景下使用经济性的优势,也正在迎来新一轮的发展机遇。

换电重卡是如今电动重卡中的重要技术之一,易钶等[3]提出在换电模式中,电池可以达到集中充电、有效监控、统一管理,减少快充过程中电池的损耗,使电池的使用寿命得到延长,从而提高电动卡车的全生命周期效益。

李红标等[4]认为电气化公路方案的线路虽然建设成本较高,但用能成本低于传统燃油重卡和换电重卡方案,所以它在固定线路的大运量场景下具有一定的经济优势。但如今电气化公路模式尚未商用。

本文以特定公路项目作为案例,通过控制变量法,对比分析不同能源驱动下的重型卡车及其经济性。

1 重型卡车概况

1.1 重型卡车分类

根据使用的驱动能源不同,重型卡车分为新能源重卡和燃油重卡,两者是不同的重型车辆,它们在能源来源、环保性能、经济性等方面存在显著差异。重型卡车分类如表1所示。

重型卡车分类 表1

类别	燃油重卡	新能源重卡
能源来源	汽油、柴油等化石能源	电能、氢能等清洁能源
环保性	污染大	接近0污染
技术成熟度	成熟	电能重卡趋于成熟,氢能重卡尚在发展阶段

1.2 重型卡车代表类型

燃油重卡类别中,除特殊用途外,几乎所有燃油重卡均采用柴油作为驱动能源。新能源重卡类别中,换电重卡渗透率迅速上升,其在新能源重卡中的比例已由2019年的约5.2%提升至2022年的49.5%[5]。

目前电气化公路车辆在我国处于试验阶段,电气化公路车辆与换电重卡较为类似,均采用电能作为驱动能源,但补能方式有较大差异,具体对比分析如表2所示。

电气化公路车辆与换电重卡对比 表2

类别	换电重卡	电气化公路重卡
驱动能源	电能	电能
补能来源	主要为换电站换电	主要在行驶过程中通过道路接触网充电
电池包	较大	电池包较小或无须电池包
基建配套设施	换电站	电气化公路改造
基建配套投资	较小	较大

本文以燃油重卡和换电重卡为代表,分析燃油重卡和新能源重卡的经济性。同时结合电气化公路的发展情况,对电气化公路进行展望。

1.3 重型卡车载重

1.3.1 柴油重卡

国内销量较高的车型如青岛解放悍V重卡牵引车、东风天龙KL重卡牵引车、福田欧曼GTL牵引车,这几种车型的牵引总质量均为40t;考虑短途运输过程中通常是按照载重80%的负荷运输,则单次运输质量约为32t。

1.3.2 换电重卡

新疆目前已有的案例车型上汽红岩杰狮H6 25T 6X4换电式纯电动牵引车(282kW·h,新疆五家渠绿电交通示范项目)、陕汽重卡德龙M3000E加强版6X4换电式纯电动牵引车(282kW·h,新疆启源焕电、昆邦物流等合作项目)的牵引总质量分别为37.87t和37.07t;考虑载重80%的负荷运输,则单次运输质量分别约为30.30t、29.66t。

按照现有技术,柴油重卡和换电重卡在固定短途运输路线上的载重相差不大,可满足短途矿物运输需求。

1.3.3 电气化公路重卡

电气化公路指是在公路车道上方架设双极牵引网,车辆通过牵引网和受电弓接触受流,车辆上仅配备少量电池用于超车或者短暂离开线路时的供电[6]。

目前我国仅开展电气化公路试验线,无商业化车辆作为数据支撑。结合电气化车辆的驱动能源结构，因其无须背负大容量电池包，所以牵引总质量预计与柴油重卡接近。

1.4 重卡续航里程

柴油重卡根据其油箱大小，可行驶路程不一，通常油箱容量可达600L，可行驶里程约1500km。

换电重卡根据其电池包容量不同，可行驶里程有差异。市场上短途运输重卡普遍采用的是282kW·h电池包，根据路况可行驶里程在150~200km。

电气化公路车辆在电气化公路范围内实时供能，无续航里程的概念。若需行驶至普通公路，则其在普通公路上的续航里程取决于背负的电池包容量。

1.5 重卡使用寿命

柴油重卡使用寿命较长，一般报废年限为10年，最长可延长至15年。

换电重卡报废年限与柴油重卡相同，但换电重卡所用电池包的寿命会根据充放电次数而衰减。根据现有电池管理技术，电池包可以达到10000次循环寿命，对应282kW·h的电池包，理论上全生命续航里程可达约176.25万km，可完全满足换电重卡单一电池包5年的使用计划。同时在车电分离模式下，由电池运营商负责电池维护，车辆使用方无须担心电池寿命衰减问题。

电气化运输车辆的报废年限暂无数据支撑，根据其能源供应结构，预计其使用寿命在柴油重卡和换电重卡之间。

2 项目案例

2.1 项目背景

S103线茇南立交至艾维尔沟至阿乐惠镇公路工程项目（以下简称"S103项目"）沿线分布有黑山矿区、艾维尔沟矿区和中泰化学石灰石原料生产基地等重要矿产资源生产基地。目前沿线黑山煤矿等资源矿产主要通过S103项目外运，矿产资源货运量大。根据S103项目工程可行性报告（以下简称"工可报告"），OD调查路段内公路汽车交通组成中，按绝对值统计，客车交通量所占比重为26%，货车交通量所占比重为74%。

线路全长111.85km，G30连霍高速茇南立交至黑山煤矿路段为51.1km，黑山煤矿至阿乐惠镇路段为60.75km。

该项目已于2023年3月3日发布中标结果公示，新疆交通投资（集团）有限责任公司作为牵头人的联合体成功中标。

2.2 货运运输距离

本项目单次路线最长约为90km（黑山煤矿至G30连霍高速茇南立交至乌鲁木齐火车北站），来回里程约为180km。

地势海拔高度分别为黑山煤矿2478m—茇南立交1176m—乌鲁木齐北站约724m（经开区海拔697m~751m）。货运路线整体地势为南高北低，换电重卡载重下山期间可通过动能回收补充电能，进一步提高续航里程。

根据项目工可报告，结合该区域运输路线、行驶速度、工作时间以及装、卸货及等待时间，预估平均每辆货车每日可运输货物里程约600km。则每辆重卡每年可运输里程约为600×365=221900km。

2.3 运输成本分析

2.3.1 现状分析

由于电气化车辆在国内尚无商业化案例，无具体购置、维保等数据支撑，因此，本文重点对柴油重卡和换电重卡运输成本进行对比分析，并对电气化车辆进行未来展望。

换电重卡购置成本相对于柴油重卡较高，主要是由于换电重卡电池成本偏高。为了减轻换电重卡的购置成本，目前通常采用车电分离模式[1]。

这种模式下，购车时用户只需支付车辆的裸车价格，电池部分则由电池运营商负责提供和维护，从而降低一次性的购车成本。重卡全生命周期成本分析如表3所示。

重卡全生命周期成本分析表　表3

序号	项目	柴油重卡	换电重卡
1	车辆购置(万元)	35	45
2	购置税(万元)	3.02	2.38
3	购置成本(万元)	38.02	47.38
4	能耗(L/100km或kW·h/100km)	40	160
5	换电服务费(元/kW·h)		0.80
6	平均单位能源价格(元/L或元/kW·h)	7.88	0.4682
7	里程(10000km/年)	22.19	22.19

续上表

序号	项目	柴油重车	换电重卡
8	能源成本（万元/年）	69.94	45.03
9	路耗成本（元/km）	3.15	2.03
10	年维保费用（万元/年）	4.60	3.60
11	电池租赁费用（万元/年）	0.00	7.74
12	全生命周期成本（万元）	410.7	329.2

虽然换电重卡在前期购置成本上较传统柴油重卡贵，但考虑到换电重卡使用电能驱动，在考虑换电服务费的基础上，其单公里行驶成本仍低于柴油重卡，即当行驶距离越长时，换电成本的经济效益能够更加突出。

以 S103 项目的行驶情况为例，当年行驶里程达到 221900km（600km×365 天）时，分析燃油重卡和换电重卡在五年全生命周期中的成本。具体如表4、表5 所示。

燃油重卡五年全生命周期成本分析表（元）

表4

类别	第1年	第2年	第3年	第4年	第5年
现金流出	1125601.2	745428.8	745428.8	745428.8	745428.8
购置成本	380172.41	—	—	—	—
能源成本	699428.8	699428.8	699428.8	699428.8	699428.8
年维保费用	46000	46000	46000	46000	46000
成本合计值	4107316.41	—	—	—	—
现值	3737915.21	—	—	—	—

换电重卡五年全生命周期成本分析表（元）

表5

换电重卡	第1年	第2年	第3年	第4年	第5年
现金流出	1037463.5	563670.4	563670.4	563670.4	563670.4
购置成本	473793.10	—	—	—	—
能源成本	450261.7	450261.7	450261.7	450261.7	450261.7
年维保费用	36000	36000	36000	36000	36000
电池租赁费用	77408.74	77408.74	77408.74	77408.74	77408.74
成本合计值	3292145.46	—	—	—	—
现值	3006601.95	—	—	—	—

综上所述，当年行驶里程为 221900km 时，燃油重卡的五年全生命周期成本为 410.73 万元，考虑折现率 3.45%，五年全生命周期成本现值为 373.79 万元；而换电重卡的五年全生命周期成本为 329.21 万元，现值为 300.66 万元，较燃油重卡分别减少了 81.52 万元、73.13 万元。说明在运价相同时，换电重卡较燃油重卡能够节省更多的成本，有更高的经济价值。

2.3.2 未来展望

根据公开报道，2023 年 3 月 28 日，三一集团、中车株洲所、清华大学共同宣布启动我国首条电气化公路试验线，里程约 1.8km。电气化公路车辆与换电重卡较为相似，主要区别在于补能方式。假设其基本参数与换电重卡相似，两者对比分析情况如表6 所示。

电气化公路车辆与换电重卡对比 表6

序号	项目	换电重卡	电气化公路车辆
1	车辆购置（万元）	45	65（估算）
2	购置税（万元）	2.38	4.10
3	购置成本（万元）	47.38	69.10
4	能耗（L/100km 或 kW·h/100km）	160	160
5	换电服务费（元/kW·h）	0.80	0.00
6	平均单位能源价格（元/L 或元/kW·h）	0.4682	0.4400
7	里程（10000km/年）	22.19	22.19
8	能源成本（万元/年）	45.03	15.62
9	路耗成本（元/km）	2.03	0.70
10	年维保费用（万元/年）	3.60	3.60
11	电池租赁费用（万元/年）	7.74	/
12	全生命周期成本（万元）	329.2	165.2
13	全生命周期成本现值（万元）	300.7	153.7

柴油重卡无须考虑基建投资成本；在车电分离模式下，换电重卡配套的基础设施由电池运营商负责投资，换电重卡使用方仅支付换电服务费，无须承担基建投资成本；电气化公路车辆需负担电气化公路改造费用。根据项目研究情况，新建二级公路标准的双向两车道电气化公路，仅土建及电气化两部分费用合计 1450 万元/km，对应至 S103 项目为 90×1450＝130500 万元，考虑到土地征拆、工程建设其他费、预备费以及货场等基础设施建设，预计总投资在 20 亿元左右，粗略估算电气化公路车辆达到 1360 辆时，可在五年全生命周期与换电重卡成本持平。

3　结语

虽然前期购置成本中换电重卡相对于柴油重卡不具备优势,但当行驶里程超过一定范围时,在五年全生命周期中换电重卡具有比柴油重卡更高的经济性。而且在环保要求趋严的政策大环境下,换电重卡相对于柴油重卡更为环保,尤其在部分城市对运输企业的车辆选择方面有政策引导的前提下,换电重卡是更好的选择。电气化公路是未来公路投资运营方扩大营业收入的一个方向之一,当所经营的公路具有较为稳定的货运车辆时,可考虑进行电气化公路改造,增加收入来源,实现从"公路投资运营方"至"公路投资运营方 + 运输服务提供方"的身份转换。

参考文献

[1] 齐涛. 重卡换电模式经济性分析[J]. 商用汽车,2022,(5):46-48.

[2] 祁晓玲. 中国科学院院士欧阳明高:新能源重卡技术路径分析与展望[N]. 中国工业报,2023-04-07(4).

[3] 易钶,廖颖慧. 我国换电重卡市场现状及前景分析[J]. 专用汽车,2022(8):5-7.

[4] 李红标,郑泽东,李永东. 货运交通电气化技术的电气化公路方案与氢能方案对比研究[J/OL]. 控制与信息技术,1-6[2024-01-04].

[5] 黄少雄,蒋海峰,杨文银,等. 电气化公路技术进展及在中国应用的可行性分析[J]. 公路交通科技,2020,37(8):118-126.

Developing Countries Transportation Infrastructure Project Agenda Through Developed Economy Finances and Administration

Oladejo Rotimi Festus*
(School of Traffic and Transportation, Beijing Jiaotong University)

Abstract　The correlation between genuineness of the developed economy countries intentions towards developing less developed economy countries has always been in doubt most especially when considering the claimed huge amount of fund spent on the projects by the first in the second territories and the outcomes of such projects. This has make the beneficiaries countries takes the gesture as a way of perpetuating hidden agenda by these developed economy countries (interest) thereby focus less on their own lacuna in the whole scenario and rely on instrument of pleading for debt forgiveness / cancellation to avoid accountability that is needed for recuperation of the investment. Can we truly share future together if we continue sharing the investment towards the future now?

Keywords　Transportation-infrastructure　Project-delivery　Investment-recuperations　Share-future　Refine-recolonization

0　Introduction

The idea of developed economy having interest in developing the railway infrastructures in developing economy Countries is a laudable one, the former either directly or through her financial instruments have gained much access to developing economy with pronounced target of growing the recipient economy but how realistic and how successful are the steps-taken so far in actualizing this Self-imposed objective and mandates in different Developing Economy Countries particularly Africa?

One of such developed economy who seems sincere in pursuing this agenda of transforming developing economy to developed one through infrastructural development is the People's Republic of China and one of the core area of investment is through transportation infrastructure.

These seems to be a good omen to ordinary citizens of these developing countries but not without reservation based on their common history of having served a master and their freedom ceased for a period of time or even when the so-called sovereignty pronounced, it validity still exempt some areas of interest making the whole shows looking as a refine way of recolonizing these developing economy not through force of arms but with finance and economic domineering and control.

But can this be said of China Infrastructure Development agenda in these Countries? China did not become a great economy overnight. China (as thought in China Panorama-Overview of China, Sept 2023-Dec 2023 at BJTU Beijing) have passed through some of the challenges these nations anchor on to claim that their present situation is a function of the past. A very good example is the transition and unification of China which is not a dramatic event but underwent a process of integration ranging from one dynasty to another, territorial holding to oneself, ideology rejection modification and acceptance, classification of the society based on some factors most especially the royalty influence (Emperors) and so on.

China has equally seen it all before arriving at this level of economic advancement. One importance event to mention here is the unhealthy competitiveness and rivalry for domineering which was conquered by Chinese through Opium war in 1840 and signing of treaty (s) as case may be. Perusing through ancient, modern and contemporary China history, one cannot but appreciate the fact that People's Republic of China climb up to arrive and not just jump to the top nor depend on licking hands

to feed for growth. It was not even clear if such assistance People's Republic of China is offering now available for her in her striving-growing period of her economy struggle time, so all referring factors seemingly unsurmountable and claiming to be the bedrock of under-develop in the developing economy may necessarily not be the actual reason why the economy infrastructure development agenda has not transform the economic situation to the desire state of economy till date.

According to Britannica, Belt and Road Initiative (BRI), Chinese-led massive infrastructure investment project aimed at improving connectivity, trade, and communication across Eurasia, Latin America, and Africa. Among the infrastructure projects it has supported are airports, ports, power plants, bridges, railways, roads, and telecommunications networks. Whereas China emphasizes that the BRI aims to enhance economic connections and collaborations in the targeted regions, many in the West view it as a strategy to expand China's sphere of economic and political influence around the globe. China has lent more than $1 trillion to developing countries and has become one of the largest creditors to developing economy countries.

The diagram below shows the concept of China Belt and Road Initiatives; the vision which was only modernized in Contemporary China but conceived as far back as ancient China to enhance social interaction between Emperor and other part of the world with aim to integrate the world, making friendship, sharing good and sharing life, exchange of value products covering agriculture, raw materials, knowledge and so on.

Source: cn. bing. com

1 The Critical questions: if road and belt initiative target five aforementioned area with focus on infrastructure development and with understanoing stated above, why?

(1) Is developing countries still exhibiting skepticism towards these investments?

(2) Why has government of these developing

economy countries not yet started harvesting as desire from these investments thereby leading to gradual repayment of those loans or self-expansion as a result of initial grant/loan?

(3) If these loans cannot be repaying at due time over a period and grace period of time, what will Government and People' Republic of China do to these nations?

(4) Are there a study to look to why what is happening in China project execution mechanism are not replicate itself in all these developing countries despite these projects works are carry out by Chinese people and are financing by Government and People's Republic of China.

No doubt, every nation must strive to develop themselves as it will be difficult for asovereign nation to under any guise intervene in the governance of another sovereign nation but when the Financiers like Exim bank, Asia Development Bank and other financial institutions were negotiating the fund to be release in any form (Grant, Loan, Direct-AIDS, or Corporate Social Responsibility of her Multinational Corporation et cetera) for the execution of the project considering the following peculiarities to developing economy engineering project administration and execution, Does it readily come to mind, the chances of induced project cost variation, inflating project cost value to accommodate interest, creating effective collaboration in supporting project bankability in financial deals both for main and counterpart fund as case may be, establishing standard practice integrated engagement from multiple stakeholders including governments and her agencies, financiers, examining business mode to be adopted for optimization after completion and delivery of the project and civil society organization/Community influence, the risk of paying back if some situation cannot be standardize and implication of other financial instruments which are sometimes burdensome to these developing countries e. g. servicing of loan?.

In my over a decade experience in managing

Developing Economy Railway Engineering Project Administration and Execution, I have come to realized that there are many issues to be consider in executing deliverable railway projectin developing economy and these factors seems simple at top level but in reality, when come to the level where real work has to be done, these has become a serious task to be consider and be planned for if in times to come, Developing Economy Government leaders will not come to China to appeal for debt cancellation and forgiveness. The reality is visible all around the world in these Developing Economy countries.

2 Managing developing economy railway engineering project administration and execution for timely delivery and investment recuperation within the acceptable time-frame.

It can readily come to mind to ask question(s) on how Developing Economy Transportation/ Railway Engineering Project Administration and Execution is being handled and managed. The following outline can be of help:

(1) Find out the type of governance system in these country:

①Number of government ministerial/its equivalent that connect with the execution of Engineering Project Administration to be executed.

②Number of extra- ministerial/sub-ministerial office that connect with project administration of the said project.

③How many government approval agencies use to be involve in execution of the concern project.

④How many stages of approval is needed for execution, internal and external.

⑤Does the Centralize Bureau exist for handling the execution of such project most especially Railway Transportation Engineering matter holistically?

(2) Find out if the direct handler of the project administration and execution see it feasible to start and complete the said project within the time frame allotted by the master plan and if yes, how will they

think it will possible and if no, share their fears and intrinsic.

(3) Find out the political and community influence on the project to be executed in that areas from the locals, a good question will be: This project, is it for you or for the government? What benefit will you as a person get from its execution and running. How can you benefit from the timely completion and running of this project? What do you lose if the project is abandoned? Do you see your leaders (political, community) being sincere towards completing this project? When do you want it to start work and so on.

(4) Now, within the body that will directly manage the project, you can find out the curriculum vitae of the heads in that office, the political head, the Chief Executives Officer, other supporting departments within that office and their influence in working things out. From here it can be easily deducing the levels of Engineering Project Administration adopted in that Office. For example, some have.

①Presidency/Monarchy/Prime Minister.

②Ministerial/Council member.

③Legislative /Parliament on oversight function to ministerial offices as arms of government in presidential system.

④Chief Executives/Accounting Officers of the Office directly executing the project reporting to Minister/its equivalent.

⑤Directorate level reporting both vertical and horizontal.

⑥Site Officers to the grade level one minus director reporting to Director/its equivalent.

⑦ Other Officers both at Site and in Office working harmoniously for project delivery.

(5) Approval(s) is a function of Authority, how many levels of approval needed in the following areas:

①Financing and funding.

②Technical specification and compliances.

③Project acceptance and issuance of certificate of completion.

In all these, WIIIFM (What Is In It For Me) principle play out, the motive of the financier defeated through reduced work quality, long project execution time and devaluation through deterioration, variation and loss of interest by citizens resulted from endless waiting for project delivery.

3 What is now the way out:

Its solution is to technically control by elimination, the unconventional trend of responsibility and practices undertaken now by agent of the financier to the beneficiary nation while the Developed Nations and other Financiers/Financial Institution limited themselves to real project execution and other direct project supporting matters. These practices include but not limited to the following:

(1) The involvement in the land acquisition for the project:

(2) Approval by the government agencies on some aspect of the project:

(3) Inter-ministerial dependency and transaction:

(4) The Capacity building, a fundamental in project sustainability.

(5) The security of the Infrastructure provided.

(6) The security and maintenance of the project.

NB: Does the beneficiaries Developing Economic Countries still need to raise fund separately to settle land issues and another sundry in the project execution financing through grant, loan or other means from Developed Economy and her financial agents?

From my point of view, the answer is NO; The reasons are in the following:

The Developing Economy Country Counterpart Funding where the project is not fully funded can take care of such under purview of the beneficiary directly and not through financier agent.

As a stakeholder in transportation industry, let me summarize the above view in Standard Transportation Model way:

The following input are being considering:

(1) Number of stakeholders usually involve in project execution in Developing Economy Countries:

①Contractor.

②Consultant.

③ Employer/Employer's representative (the beneficiary government).

④ Approval authority (s) (locally or internationally as some financier use to demands).

⑤The Community (society and indigenes where the project is located or the route where the project will pass through).

⑥The influencers (they pose threat sometimes and they encourage,some other times).

(2) Number of segment/stages of the project implementation/execution from conception to delivery/commissioning/handing-over.

(3) The time allocation for the execution at each segment/stages of the project including pre-consultation expenses and acceptable feasibility studies. (in most cases, a working government will have general development template that the investor need to keep in, so some adjustment is what is referring to here and not newly coordinated template creation for developmental agenda of the beneficiary country.)

(4) The cost of executing project, considering estimating, budgeting, control of all cost (direct, indirect and other type of project cost that will grant financial commitment necessary for successful project).

For the model to be treated as Standard Transportation Problem, this condition is expected to be met;

"The budgetary provision for thetransportation/railway project is equal to the total cost of executing the transportation/railway project"

So,to achieve this,there is need to optimize one of the afore-mentioned variable and here,"the time of handling the project needs to be optimize "this based on the following premises of assumption:

(1) The money is available already for complete execution of the project from both Financier, the developed economy through her agent and beneficiary country through her nominated financial institution in counter-part funding scheme.

(2) All areas where perceive foreign influence might send signal for gratification of any sort has been handed over to beneficiary to manage by themselves.

(3) The land factor which have to do with their citizens have been sorted out and made available by the beneficiary government.

(4) The officers of the beneficiary countries who are indirectly beneficiaries of the project have accepted the fact that they are employed to do their work" no right of privilege".

In reality,time is a function of project cost and project quality;

$T \times C \times Q$ (where T is time, C is cost and Q is quality)

Therefore,

Our objective function can be: Miniimize the time factor in executing Transportation/ Railway Project so that execution timing less than or equal to planned timing.

And the decision variables that need to be modify will be the following:

(1) Contractor Construction Timing.

(2) Consultant Supervisory Timing.

(3) Employer/Employer's representative monitoring/responses Timing.

The above variable will be subject to the under-stated constraints:

(1) Approval timin.

(2) Indigene/Community/Public disturbance/disruptions timing.

(3) Influential Timing through political factor/gladiator.

(4) Force Majeure/weather condition consuming timing

(5) Festivity/Public holiday/major cultural event timing.

The above problem can be solved using constrained optimization.

A constrained (constraint) optimization according to Quang Trung Luu is the process of Optimizing an Objective function with respect to a set of decision variables while imposing constraints on those variables.

In a Constrained Optimization, the Objective function is either a Cost function to be minimized or a reward/utility function to be maximized.

A Constraint is a hard limit placed on a variable's value to prevent the objective from going forever in certain directions.

Optimum's Location：

With non-linear functions, the Optima (Maximum or Minimum Value) can either occur at the boundaries or between them.

The figure above shows that Max. or Min. values can occur in the interior or boundary but compare with linear function, these values occur only at boundaries as shown below.

From the above scenario where we want to minimize time use to construct an infrastructure project

Min. $f(x)$ where x is the time needed for construction work

$g_i(x) = c_i$ for $i = 1, \cdots, n$ (equality constraints)

$h_j(x) \geqslant d_j$ for $j = 1, \cdots, m$ (inequality constraints)

x is vector of decision variable (Contractor Construction timing, Consultant Supervision timing, Employer monitoring and response timing); $f(x)$ is the objective function that need to be optimized.

$g_i(x) = c_i$ for $I = 1, \cdots, n$ and

$h_j(x) \geqslant d_j$ for $j = 1, \cdots, m$ are constraints

(approval time, disruptions time, influential timing, force majeure timing, holidays timing) that are required to be satisfied.

Nonlinear programming can be applied because objective function and constrains are nonlinear. (Further research at other time on it.)

4 Conclusions

If the above can be solved mathematically and solution adopted in managing Belt and Road Initiative project work through either loan, grant or gift and the handing/taking over is carry out sequentially in the order of handling the maintenance activities of the project first, follow by the security of the project and finally the project itself, having built-up technical capacity support for the system/project-running. The Developing Economy will appreciate the Genuity of the Developed Economy most especially the effort of People's Republic of China at creating a Share Future for developing economy countries around the world.

Developing Countries actually need more than money for Share future to be realistic. They need confidence booster, increase trust level, relationship reliability index has to be improved and sincerity showing through the "outcome" seeing, recognize, accepted and utilizes by citizen. Let stop sharing now so that we can share a greater future together.

普通国道存量资源利用管理研究

裴 彦* 郑梦雨
（浙江数智交院科技股份有限公司）

摘 要 在普通国道路网规划调整和改建的过程中，原线位由新线位替换后即形成普通国道存量资源。如何提高普通国道存量资源利用率，预防公路资源被废弃，是公路管理者的重要关注点。本文通过分析浙江省普通国道存量资源利用现状情况，提出存量资源利用方案，构建不同类型存量资源利用方案的决策体系，最后以浙江省为例，分析"十四五"中后期普通国道存量资源的利用方案，并提出相关建议，以期为普通国道存量资源的利用提供经验借鉴。

关键词 公路工程 普通国道 存量资源

0 引言

立足当前发展基础,着眼新发展阶段更高要求,要牢牢把握国家综合立体交通网布局理念和要求,需按照"用足存量,做优增量"的思路,着力构建更加完善、更有效率、更高质量的国家公路网[1]。经调研,在普通国道改建项目周期过程中,前期设计阶段对存量资源利用方式容易缺乏必要考虑,存在项目在建成后原路段的移交机制不明确的现象。因此,常出现少数项目的原路段被废弃,移交不及时导致原路段养护补助重复计列的情况。基于此,本文通过分析浙江省普通国道存量资源的利用案例,提出不同类型存量资源的集约利用方案,为普通国道高质量发展提供支撑。

1 普通国道存量资源利用现状情况

1.1 总体情况

由于交通需求增长、城市范围扩张、公路等级偏低等因素,普通国道原路段的服务能力不再与社会经济发展相适应,各地均谋划了一批普通国道改扩建项目。其中原线位改扩建项目充分利用了既有线位,项目建成完工后不产生存量资源。但异地改扩建项目另辟新线位后,原国道不再承担国道功能,继而形成了普通国道存量资源。2015年以来,浙江省建成约2000km普通国道,共形成500km存量资源,其中降级为县道占75.30%,调整为城市道路占21.70%,转为其他用途与废弃的占3.00%(图1)。

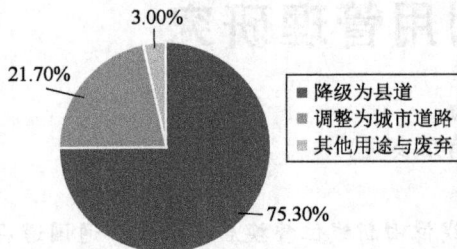

图1　浙江省普通国道存量资源利用方式比例

1.2 存量资源利用案例

1.2.1 G320常山段

G320是浙江省连接江西省的一条重要出省通道,也是常山县连接衢州市区的重要通道,如图2所示。由于交通流量不断增长,原路段拓宽条件不足,2017年衢州市开工建设柯城航埠至常山草坪段改建工程。G320原路段连接了同弓乡、天马街道、青石镇和招贤镇,线路改建后过境交通外移,原路段的交通通道功能弱化,但仍是沿线金川街道、紫港街道、天马街道、青石镇和招贤镇之间的重要道路,具有重要的区域连接功能。因此,G320柯城航埠至常山草坪段改建工程在2020年通车后,原路段降级为X520朱钳线、X524大朱线。

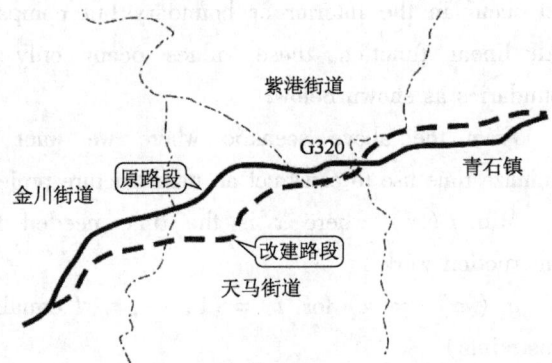

图2　G320常山段示意图

1.2.2 G330金华市区段

G330自东向西横穿金华市区,如图3所示。随着金华城区不断向南扩展,原先位于城市边缘的G330逐步成为城市中心的一部分,大量的过境交通和城市交通相互混杂,严重影响了G330的交通功能和城区的交通秩序。因此,2014年金华市开工330国道金华段改建工程。G330金华段改建工程通车运营后,原G330过境交通外移,仅承担金华市区内的城市交通,成为环城南路和二环南路之间的重要城市主干道。因此,金华城区原G330更名为海棠路,转变为城市道路。

1.2.3 G104柯桥段

G104途经绍兴市柯桥城区,沿线产业密集,开发强度高,交通流量大,如图4所示。为缓解G104的交通压力,提高交通运输效率,绍兴市开工建设G104柯桥段改建工程。G104柯桥段改建工程通车后,原G104轻纺城市场段失去交通功能,在新国道路侧形成了一条狭长的空地。在没有确定空地使用功能前,车辆乱停乱放的问题非常严重,对周边环境和秩序的影响较大。因此,柯桥区结合轻纺市场园区规划,将 G104 原路段改造为停车场,规划 800 个停车位,如图 5 所示。将已停止运营的原国道部分路段改建成停车场,既充分利用了普通国道存量资源也大大缓解了中国轻纺城市场的停车压力。通过盘活存量土地资产,拓展"交通 +"产业链,有利于培育产业增长极[2]。

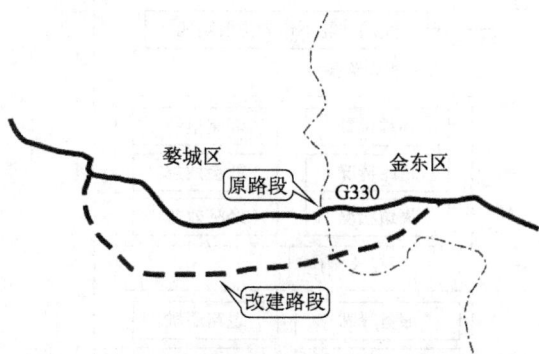

图 3 G330 金华市区段示意图

图 4 G104 柯桥段原路段改建前现场图

图 5 G104 柯桥段原路段改建后现场图

2 普通国道存量资源利用方案

结合浙江省普通国道存量资源利用方式的实际案例,对国道原路段的交通功能进行分析,提出存量资源三类利用方案。

2.1 降低行政等级

普通国道经过新改建工程后,干线功能由新国道替代,原路段可以降低功能属性,更多承担区域内部交通功能。因此,建议串联多个乡镇的国道原路段降级为省道或县道,形成区域公路网中的主干线,加强城区与外围乡镇或者乡镇之间的交通衔接。

2.2 转为城市道路

随着各城市范围不断扩大,原来位于城区边缘的普通国道被纳入城市开发边界内,与城市路网体系融为一体。因此,建议位于城市开发边界内且承担城市交通功能的国道原路段转化为城市道路,形成城市道路网中的快速路或者主干路,提升城市道路网交通转换效率。

2.3 综合利用方式

当出现普通国道原路段丧失交通功能的情况,不能降低行政等级或者转为城市道路时,可根据国道原路段的地理位置,与新国道或其他线路资源的位置关系,综合利用存量资源。例如结合自然风光设置服务驿站、观光台,结合停车需求设置停车场,完善普通国道服务功能,为公众提供高质量出行服务[3],也可结合实际情况退路还耕、退路还林。

3 普通国道存量资源利用决策体系

根据不同应用场景下的普通国道存量资源利用方案,构建普通国道存量资源利用体系,通过以下步骤确定存量资源利用形式,如图 6 所示。

步骤 1:判断普通国道原路是否保留交通功能作为主要功能。主要判断依据包含:原路段的完整性,是否能与公路网顺畅衔接;原路段的安全性,是否能保障车辆的行车安全;原路段的功能性,在公路网中的交通功能是否重要;原路段的交通需求,日均交通量是否较大。若满足以上多个条件,原则上保留交通功能作为主要功能进行交通服务,若不满足则交通功能不作为主要功能,将原路段进行综合利用。

步骤 2-1:作为服务交通的存量资源处理方式。当原路段位于城市开发边界外围或部分位于城市开发边界内部,且主要承担区域交通连接功能时,原则上降低行政等级为省道或者县道。当原路段位于城市开发边界内或部分位于城市开发边界内部,且主要承担城市交通服务功能时,原则　　上转为城市道路。

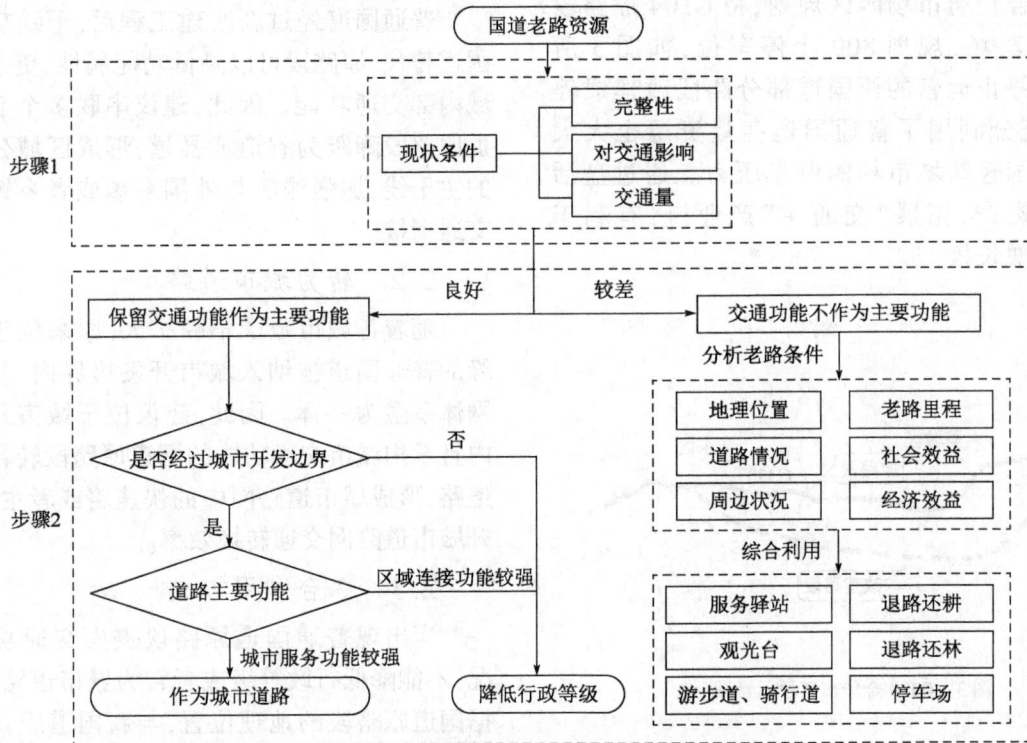

图6　普通国道存量资源利用决策体系图

步骤2-2:作为综合利用的存量资源处理方式。原路放弃交通功能后应根据其区块条件判断是否对该路段进行开发,主要考虑的因素有地理位置、周边情况、原路里程、道路情况和经济效益等。例如,在耕地林地附近的道路可以将道路拆除做退路还耕和退路还林处理;在中心城区内部,可结合周边产业,改造为服务设施,提高区块服务能力;在中心城区外部的原路资源,可与周边村庄相结合,建设服务驿站,停车场等,发挥当地特色,开发绿色多元产业;位于景区附近的道路可以建设为游步道、骑行道、观景平台等旅游附属设施,提高旅游服务质量保障。

4　浙江省"十四五"中后期普通国道存量资源利用方案分析

根据《浙江省综合交通运输发展"十四五"规划》以及中期调整方案,"十四五"中后期普通国道共75个项目建成后将形成存量资源,总里程约1300km。采用普通国道存量资源利用体系进行分析,约1000km降低为县道,约280km调整为城市道路,另有20km转为其他利用方式。

浙江省普通国道改扩建项目位于中心城区外围的居多,因此采用降低行政等级的方式利用存量资源的比例较高。例如,G351东阳马宅至江北段公路工程建成后,如图7所示,原路段降级为县道,可串联马宅镇、湖溪镇、横店镇、城东街道,在东阳中部发挥区域交通连接功能。

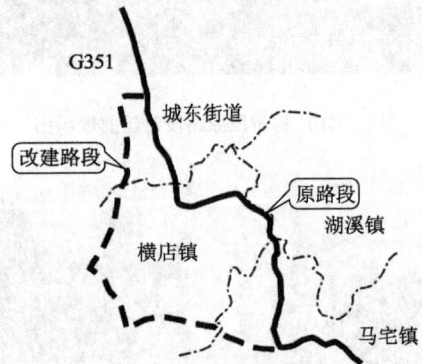

图7　G351东阳段示意图

串联区域经济中心是普通国道的重要功能,例如杭州都市圈内的G104、G235、G320、G329;宁波都市圈的G228、G329。位于城市开发边界内的普通国道原路段可转为城市道路,例如G228江北至海曙段建成后,如图8所示,原路段以机场路高架的名称融入城市快速路网体系,承担城市交通干线功能。

图8 G228 宁波城区段示意图

浙西南山区普通国道技术等级偏低，部分路段为低等级道路。此类普通国道经改扩建后，原路段由于技术等级低，线路里程短，可放弃交通功能，开发配套产业。例如 G322 云和后山至麻垟段改线工程完工后，如图9所示，形成三处存量资源。对于存量资源一，原路段被截弯取直后可作为公路服务服务驿站，提供停车观景、休息如厕等服务。对于存量资源二，里程较长，沿水库且经过旅游度假村和民宿等，可改造为旅游观光路线，供慢行交通及旅游观光车使用。对于存量资源三，沿线分布民宅，可作为村庄社区内部路，承担居民日常生活出行功能。

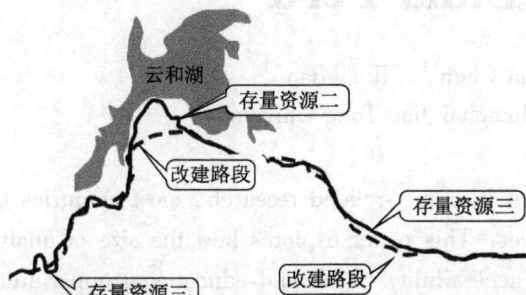

图9 G322 云和段示意图

5 相关建议

5.1 建议项目前期设计阶段增设存量资源的利用方案专章

普通国道提升改造项目研究过程中，在可研、勘察设计文件中增加存量资源利用专章，明确普通国道存量资源的利用方式。其中对于综合利用方式的存量资源需提出初步实施方案，由此产生的工程费用应纳入项目总投资。在相关阶段组织审查时将存量资源利用方案专章作为审查重点之一。

5.2 建议进行普通国道改线设计方案时注重节约用地

在国道改建特别是城镇化地区国道外移时，往往会导致国道绕行里程加长、新增大量建设用地等问题，在规划设计时应对国道改建方案做充分研究，充分考虑原位扩容的可能性，提高普通国道土地资源的利用效率，尽可能节约用地[4]。用地受限时线位外移方案应与立体扩容方案做充分比选。当难以采用原位扩容方案时，建议优化新老国道的交叉路口，保障普通国道存量资源的通达性，避免存量资源废弃闲置，保护公路土地资源。

5.3 建议明确普通国道存量资源利用管理机制

对于行政等级降级的方式，建议在交工验收报告中明确在项目交工当年将普通国道存量资源降级，并调整公路报表，避免养护补助重复计列。对于转为城市道路的方式，建议交工验收前与城建主管部门签订移交协议，并在交工验收报告中明确项目交工当年完成移交和公路报表调整工作。对于转为其他利用形式的方式，项目交工时应针对原路利用方式进行专项验收。

5.4 建议探索"退路还耕、退路还林"的土地利用方案

普通国道低等级路段通过截弯取直进行提升改造后，可能形成多处里程较短的存量资源。对于这部分难以利用的普通国道存量资源，在设计时要充分考虑是否能改建为附属设施，实在难以利用，造成局部存量资源闲置时，建议采用复垦的方式进行存量资源再利用。对于公路闲置用地复垦工作较好的项目，建议属地交通主管部门积极争取资金或政策奖励，并进一步探索复垦用地指标置换的可能性。

5.5 建议加强普通国道存量资源利用的保障措施

普通国道存量资源转为城市道路，涉及不同部门之间的沟通衔接，需要建立有效的移交机制，保障普通国道存量资源权属顺畅移交。对于普通国道存量资源的综合利用方式，需要拓展资金筹措渠道，对于服务经济产业，资源开发节点的路

段,建议通过创新融资机制,更多地吸引社会各界资金,保障方案顺利实施。

6　结语

长期以来,对于公路网布局、公路工程技术应用等方面的分析研究较多,忽略了在公路存量资源挖掘和利用管理方面的探讨。本文在对浙江省普通国道存量资源调研的基础上,分析了 G320 常山段、G330 金华市区段、G104 柯桥段存量资源的利用方式,提出三类普通国道存量资源的利用方案,分别为降低行政等级、转为城市道路和综合利用方式。并在此基础上,构建了普通国道存量资源利用体系,用于判定不同场景下普通国道存量资源的利用方式。此外,本文结合浙江省普通国道发展的实际情况,在普通国道项目前期、方案设计、运营管理等方面提出相关建议,可为普通国道高质量发展提供经验借鉴。

参考文献

[1] 《国家综合立体交通网规划纲要》编制工作公路行业组.如何优化完善国家公路网[J].中国公路,2021(7):23-24.

[2] 陈泳冰,郭东浩,毛燕,等.高速公路闲置或低效土地资产盘活路径探析[J].交通工程,2021,21(6):85-89.

[3] 张卉.交旅深度融合背景下普通公路服务区建设思考——以国道 228 线福建省泉州段为例[J].中国公路,2023(14):68-71.

[4] 李晨.基于土地节约利用的公路设计研究[J].交通世界,2023(9):34-36.

Does Size Matter? The Impact of Analysis Zone Sizes on Equity Distribution: A Case Study of Lima Peru

Richard Bien Fa Tang Tang　　Zhihua Chen[1]　　Rui Miao[*1]

(School of Ocean and Civil Engineering, Shanghai Jiao Tong University)

Abstract　Although disaggregated data are often preferred in equity-related research, most countries that benefit from them the most lack reliable and useful data sources. This paper explores how the size of analysis zone influences the results related to equitable distribution of accessibility to job and educational opportunities with public transportation. Results from a case study in Lima, Peru using cumulative and distance-decay accessibility measures at three different analysis zone sizes (district, meso and micro level) are computed, observed and compared. A statistical approach using the Gini coefficient and the Theil T index is applied. The findings show that there is a tendency for smaller zone size analysis to give more precise results about equity, and larger zone size analysis to undermine inequity when using both cumulative and distance-decay accessibility measures. The percentage of inequity explained by the between groups component of the Theil index is undermined in a larger zone size analysis. Although smaller zone size analysis presents more accurate results about the equitable distribution of accessibility, larger zone size analysis provides, quick and well-aimed results that can aid in policymaking in data scarce regions.

Keywords　Accessibility　Educational opportunities　Employment　Equity　Lima　Public transport traffic analysis zone size

0 Introduction

Access to employment and educational opportunities is one of the most fundamental needs of a society; it is key to its development, economic growth, and significant reduction in poverty (Islam). In recent years, a great effort has been placed on determining how equitable its distribution is in order to identify underserved population and dictate policies that guarantee it.

Equity studies can help us better understand how infrastructure design and pricing schemes affect the distribution of costs and benefits in a given geographic location. For example, Guzman et al. discovered that a rushed public transportation reform plan in Bogota exacerbated inequality, limiting the more vulnerable population's access to jobs. Similarly, Oviedo et al. discovered that the implementation of Lima's BRT "El Metropolitano" provides disproportional benefits in terms of job accessibility to higher income socioeconomic strata.

In order to get more accurate results, the use of disaggregated data has been explored and encouraged[17]. Nevertheless, developing countries where equity research is most needed suffer from data scarcity[15].

The choice of using different analysis zone sizes depends on data availability and the scope of the study. While more disaggregated data, and thus, smaller analysis zones are preferred; larger zone size analysis also presents some advantages. Not only are data more readily available at a larger zone size analysis, their variation over time is also easier to predict. Given that policy is typically decided at a macro level, specific details at a micro level are usually not significantly important.

Then, the question of whether a faster, and less resource intensive analysis can still provide meaningful and reliable insights about the equitable distribution of accessibility or not arises. Therefore, the purpose of this study is to determine how equity-related findings alter as the analysis zone size changes.

1 Literature review

1.1 Accessibility definition, components and measures

In urban planning, accessibility can be understood as the ability to reach opportunities, weighted by their potential[6]. In other words, accessibility measures the ease of reaching desirable destinations, as well as their quantity and variety. Accessibility analysis provides insight into the level of social equity within a region and identifies regions with undersupplied opportunities and gaps in connectivity[1].

Furthermore, accessibility analysis results assist policymakers in planning changes to transportation systems that improve accessibility for minorities and vulnerable populations such as the physically and cognitively impaired. Income, household composition, place of residence, and ethnic group are additional population characteristics to consider when analysing equity[2].

When measuring accessibility, four major components are essential: land use, transportation, temporal, and individual component[3]. First, the land use component connects the number, quality, and density of opportunities to the demand for these opportunities in a specific area. Second, the transportation component reflects on the ability of an individual to move from an origin to a destination (time, costs and effort). The temporal component describes how opportunities are distributed throughout the day. Finally, the individual component considers individuals' characteristics (age, gender, income, physical or cognitive disabilities, etc.) and connects them to specific needs and the corresponding supply of opportunities that meet them.

Accessibility measures vary depending on the unit of analysis: infrastructure, location, person, or utility[3]. Depending on the methods, the most used accessibility measures in the literature can be classified into three categories: cumulative (number of opportunities within a treshold)[10], gravity-based (weights the opportunity by the distance and/or cost)[17], and utility-based (gives each destination a utility depending on its features).

1.2　Equity concepts and dimensions

What constitutes an equitable society varies depending on the ethical and normative perspectives. However, a common definition of equity refers to a fair distribution of resources or opportunities. Taylor and Norton identify three types of equity: outcome equity, opportunity equity, and market equity. In summary, in an outcome equity scenario, each individual receives the same resources regardless of contribution; in an opportunity equity scenario, individuals have the same opportunities, rights, and liberties, and outcomes are determined by individual characteristics; and in a market equity scenario, increasing wealth and owned resources is acceptable as long as a fair market or exchange of resources and services exists.

In the context of a transportation system, equity refers to a fair distribution of costs and benefits within a region. With such a broad definition, Martens, Bastiaanssen, and Lucas provide a thorough examination of the dimensions and focal variables of equity. They identify four key dimensions of transportation equity: mobility/accessibility, traffic pollution, traffic safety, and health.

1.3　Equity measures and analysis types

When measuring equity in transportation systems, two perspectives are typically used: horizontal equity and vertical equity. Horizontal equity measures the distribution across the population without regard for individual characteristics (egalitarian approach or outcome equity), whereas vertical equity measures the distribution between groups or populations (social justice or social equity).

Determining equity is not an easy task, different authors have different preferences on how to observe and determine the equitable distribution of accessibility. Some authors observe equity using a spatial distribution approach, with a graphical representation of the accessibility measure, gap, or ratio (Mohri et al.). Other authors prefer using statistical methods that give a general understanding of how unequal the transportation system is[4]. Finally, some authors use regressions to understand how demographic relate to the accessibility and identify undersupplied population[17].

2　Methodology

2.1　Lima's urban background

The Lima Metropolitan Area's public transportation has long been distinguished by its informality, with over 400 bus lines operated by 308 different transportation companies.

Efforts to implement formal alternatives, such as " Corredores Complementarios " bus lines," El Metropolitano" Bus Rapid Transit, and Metro lines, have been present but insufficient. The majority of positive changes in the transportation system have occurred gradually. For example, the second metro line is expected to be completed 11 years after the first, with two additional lines with no set completion date, whereas an expansion of the " El Metropolitano" BRT began nine years after its initial operation.

Other public transportation improvements have not been realized, such as 44 trunk bus lines and 122 feeder " Corredores Complementarios " bus lines, which were planned but never built. Furthermore, some of the changes have had a negative impact on the public transportation system: 14 " Corredores Complementarios" bus lines were suspended, leaving only 15 public bus lines operating.

Another aspect of transportation in Lima is the disparity that results from the city's current transportation system. Rural immigrants and foreigners settle on the city's outskirts, while the middle and upper classes reside in the city centre. Meanwhile, the final report of the Japan International Cooperation Agency's Data Collection Survey of Urban Transport for Lima and Callao Metropolitan Area (JICA) shows that travel times for the city's outskirts can take up to 50 minutes on average, while average travel times for the central area range from 20 to 30 minutes.

Furthermore, the importance of public transportation in this area is highlighted in the same study, which states that approximately 50 percent of journeys are made by public transportation and 16 percent by private automobiles, with the remainder of trips made by walking or paratransit mode of transportation. Another important aspect of Lima residents' transportation behavior is the purpose of their trips: 32 percent are related to work, and 27 percent to education.

2.2 Data

This study made use of several data sources. The data sources, filtering, and processing used in this study are explained in the section below:

Economic establishments and job quantity at the census block level were extracted from the IV National Economic Census conducted by the National Institute of Statistics and Informatics (INEI), georeferenced data of educational establishments and number of students were extracted from the 2023 Educational Census (INEI), and demographic data at the census block level were obtained from the 2017 XII National Population Census (INEI).

The Lima and Callao Urban Transportation Authority (ATU) provided shapefiles at the district, meso, and micro levels. The counted areas include 50 district level zones, 160 mesozones, 335 microzones, and 106,688 census blocks.

Public transportation travel time data were extracted from Google's Direction API using a python parsing code. The data include the number of stops, public transportation type/line, distance and time duration for each step.

Since Google's Direction API doesn't consider the effect of traffic to determine the travel times, data from 2016 and 2019 travel surveys done by the citizen observatory LimaComoVamos were used to estimate more accurate values of travel time data that reflected the mobility patterns of the citizens. The data set consists of 1277 surveys, where the perceived average travel time, origin district and destination district were extracted. After removing outliers and

cleaning the data, the number of data points was reduced to 989, which were divided into 383 different O/D pairs, accounting for roughly 16 percent of district O/D pairs.

Then, a multilinear regression (MLR) was done considering the total distance of the trip, number of transit transfers, number of transits stops and the total walking time for the trip.

Mobility pattern data from May 2019, specifically public transportation origin-destination trips were obtained from the ATU and used in the calibration of the impedance function of the negative exponential function for the distance decay accessibility measure. The data were filtered to trips from a common workday (Monday), from 6 am to 9 am, public transportation mode and a trip purpose of going to work. Mobility pattern data for population younger than 18 years old was not found.

2.3 Accessibility measures

This study incorporates the two most common accessibility measures used in the literature: the cumulative accessibility measure and the distance decay accessibility measure. The cost function used in both of these measures consider both the travel time and the monetary cost of the public transportation trips and is defined as follows:

$$C_{ij} = t_{ij} + \frac{c_{ij}}{HMW} \qquad (1)$$

Where C_{ij} is the generalized cost of going from zone I to zone j, t_{ij} is the travel time cost of going from zone I to zone j, c_{ij} is the monetary cost from zone I to zone j, and HMW is the time per monetary cost, which in this case has a fixed value corresponding to the hourly minimum wage in Peru (1025 PEN per month, which is equal to 4,98 PEN per hour, assuming a 48-hour working week)

The cumulative accessibility measure is defined as follows:

$$A_i = \sum_{j \in Z}^{n} S_j f(C_{ij}), \forall i, j \in Z \qquad (2)$$

$$f(C_{ij}) \begin{cases} 1, if\ C_{ij} < C_{thres} \\ 0, if\ C_{ij} > C_{thres} \end{cases} \qquad (3)$$

Where A_i is the number of accessible opportunities for the population in zone I, S_j is the number of opportunities available in zone j, $f(C_{ij})$ is the impedance function that is equal to 1 if the general cost C_{ij} is lower than the cost threshold C_{thres} or 0 if it is higher.

A cost threshold of 100 minutes and 50 minutes were used for job and educational opportunities, respectively.

The distance decay accessibility measure used in this study considers a negative exponential function as its impedance function and is defined as follows:

$$f(C_{ij}) = e^{-(\beta C_{ij})} \tag{4}$$

Where β is a calibration parameter, and C_{ij} is the generalized cost of going from zone i to zone j. In the case of job opportunities β was estimated using the May 2019 mobility pattern data, where the trips made from zone i to j were considered as accessible opportunities from zone j for the population of zone i.

As the mobility pattern data does not contain the mobility patterns of students, a value for β equivalent to double of the one estimated for job opportunities is used.

2.4 Equity measures

In this study, a statistical approach is employed to measure equity results. The Gini coefficient and Theil T Index were chosen, because the Gini coefficient is the most commonly used statistic and the Theil T Index can be decomposed into indexes that measure inequity between and within groups. (Liao, 2016). An approximation of the Gini coefficient is frequently used in the literature and is detailed as follows:

$$G = 1 - \sum_{k=1}^{n}(X_k - X_{k-1})(Y_k + Y_{k-1}) \tag{5}$$

Where X_k is the cumulative proportion of the population and Y_k is the cumulative proportion of accessible opportunities and k is an index defined by a ranking of the accessibility value, where a $X_k > X_{k-1}$.

Furthermore, the main expression for the Theil T Index is shown in Eq (6). The decomposition of the index into a between group index and within group index can be seen in Eqs (7) and (8). In order to take into account vertical equity, the grouping for the Theil Index decomposition in this study are the socioeconomical groups.

$$T = \frac{1}{N}\sum_{i=1}^{N}\frac{x_i}{\mu}\ln\left(\frac{x_i}{\mu}\right) \tag{6}$$

Where, N is the population, x_i is the accessibility of the individual i, and μ is the average accessibility of the population.

$$T = \sum_{i=1}^{m}s_iT_i + \sum_{i=1}^{m}s_i\ln\left(\frac{\overline{x_i}}{\mu}\right) = T_{BG} + T_{WG} \tag{7}$$

$$s_i = \frac{N_i}{N}\frac{\overline{x_i}}{\mu} \tag{8}$$

Where, s_i is the income share of group i, T_i is the Theil Index of group i, $\overline{x_i}$ is the average accessibility of group i, and N_i is the population of group i.

3 Results

The multi linear regression made for travel time estimation has a high value of 0.946, which means the travel time is adequately explained by the chosen variables. The coefficients of the MLR are shown on Table 1. This equates to an average operating speed is 39 km/h, an average waiting time of 7.4 minutes per transit option and 45 seconds per transit stop. The coefficient for walking time is close to 1, as expected. The p-values for all the variables are less than 0.001, which means they are significant.

Results of travel time MLR   Table 1

Variables	Coefficients	Standard Error	t Stat
Distance	1.528	0.287	5.315
Transit steps	7.427	1.534	4.843
Stops	0.759	0.176	4.309
Walk time	1.038	0.124	8.387

Table 2, 3 and 4 show the average, standard deviation, coefficient of variation (CV) and quartile coefficient of dispersion (QCD) of the area, population and population density characteristics of the three types of analysis zone sizes used in this study.

Area statistics of the three analysis levels

Table 2

Analysis Level	Average (km²)	Std_dev	CV	QCD
District	55.98	79.61	1.422	0.879
Meso	17.84	41.17	2.308	0.629
Micro	8.47	29.07	3.433	0.574

Population statistics of the three analysis levels

Table 3

Analysis Level	Average	Std_dev	CV	QCD
District	191246	202184	1.057	0.727
Meso	60140	47873	0.796	0.508
Micro	28544	20755	0.727	0.427

Population density statistics of the three analysis levels

Table 4

Analysis Level	Average	Std_dev	CV	QCD
District	10137	7672	0.757	0.860
Meso	10942	7082	0.647	0.530
Micro	17649	21137	1.198	0.662

The statistics for the area size variable show a decreasing average and standard deviation from the district level to the micro level, but, an increasing CV and decreasing QCD. This means that at the meso and micro levels, there are outliers that increase variation, but there are also more areas with sizes close to the median.

This last observation does not apply to the population variable, where the coefficient of variation also follows a decreasing pattern. However, when looking at the statistics for population density, it can be seen that the population is more well distributed when considering a meso level analysis, while a micro level analysis contains bigger outliers.

Figure 1 shows the negative exponential impedance function calibrated at the three levels. The parameter β has a value of -0.0288, -0.0254 and -0.0189 for the district, meso and micro level

respectively.

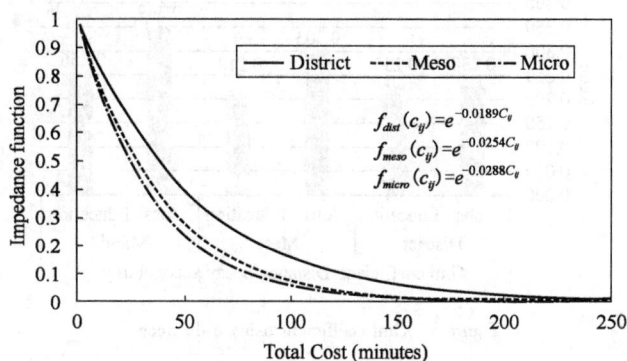

Figure 1 Negative exponential impedance function for job accessibility

One explanation for this phenomenon is that every opportunity within an area is considered to have the same cost as travelling to its centroid. This means that the larger size analysis level considers a higher number of accessed opportunities than the lower size analysis levels, therefore it has a lower value of β. This might lead to a bias where, at larger zones analysis, higher accessibility values are obtained, since the impedance function is more lenient and the average travel cost is lower.

Comparing the values from Figure 2 and Figure 3 it is observed that the Gini coefficient value is higher when using a cumulative accessibility measure than when using a distance-decay accessibility measure, with a more pronounced effect on educational opportunities. This supports the results of the research done by Giannotti et al. that distance-decay accessibility measures have an inherent bias when considering mobility patterns as accessible opportunities in the calibration process.

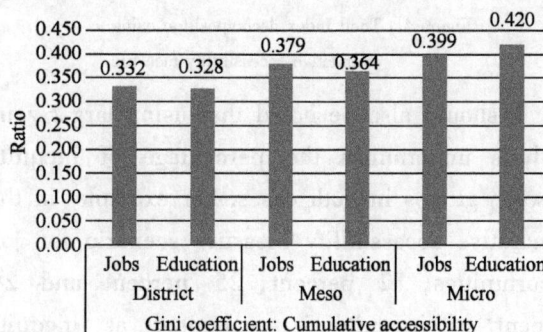

Figure 2 Gini coefficient using a cumulative accessibility measure

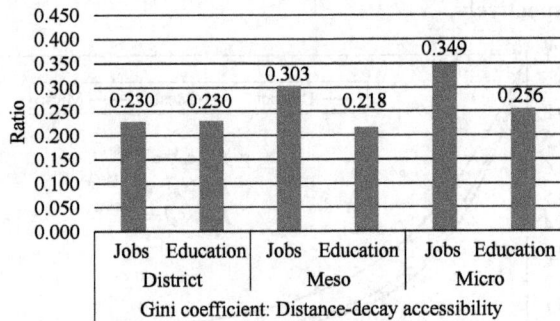

Figure 3　Gini coefficient using a distance-
decay accessibility measure

In the case of the cumulative accessibility measure, higher values of Gini coefficients are obtained in smaller zone size analyses which suggests a better capacity to capture inequity. In a similar manner, this pattern is also observed in the case of the distance-decay accessibility measure.

The results for Theil Index shown in Figure 4 and Figure 5 share similar patterns with the results for the Gini coefficient: using a cumulative accessibility measure shows a higher value of inequity with a bigger effect on educational opportunities; and, a higher value of inequity is obtained when using smaller zone size analysis.

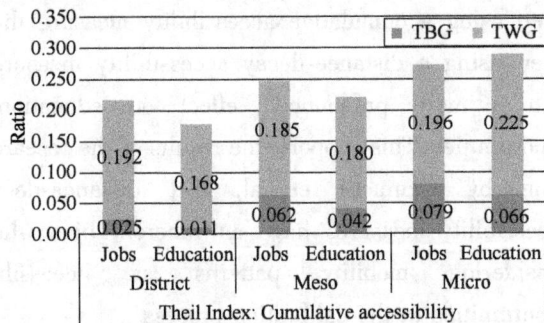

Figure 4　Theil Index decomposition using a
cumulative accessibility measure

It should also be noted that using larger zone analysis undermines the percentage of inequity between groups in both cases. For example, in the cumulative accessibility measure scenario for job opportunities, 12 percent, 25 percent and 29 percent of inequity is accounted as inequity between groups at the district, meso and micro level respectively.

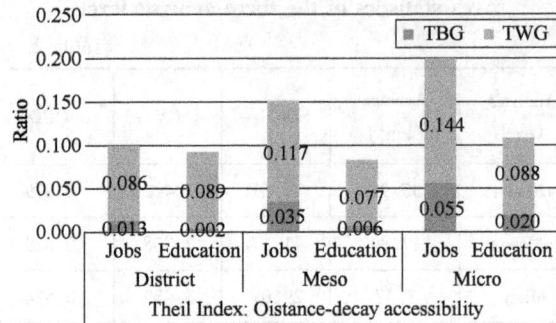

Figure 5　Theil Index decomposition using a distance-
decay accessibility measure

4　Conclusions

This study compares results from an equity analysis of accessibility to jobs and educational opportunities using a cumulative and distance-decay accessibility measure at three different analysis size zones (district, meso and micro level).

Overall, it was found that the smaller zone sizes analyses observed more inequity. They also provide a better understanding of how much inequity is found between socioeconomical groups when observing the decomposition of the Theil Index.

However, findings using a larger zone size analysis still provide reliable insights of the distribution of accessibility. The district level Gini coefficient only differed 17 percent and 22 percent with the micro level Gini coefficient at job and educational opportunities when using a cumulative accessibility measure. The proportion of inequity between groups found using the district level analysis was found to be unreliable (about 50 percent difference with the micro level analysis).

Another finding of this study is that the use of MLR to estimate more accurate public transit times proves to be a resourceful method in cases where data is scarce, and the reliability of parsed data from APIs is in doubt.

References

[1] ANTIPOVA A, SULTANA S, HU Y J, et al. Accessibility and transportation equity [J]. Sustainability (Switzerland), 2020, 12 (9):3611.

[2] DI CIOMMO, F, SHIFTAN, Y. TRANSPORT

equity analysis[J]. Transport Reviews,2017,37(2):139-151.

[3] GEURS K T, VAN WEE B. Accessibility evaluation of land-use and transport strategies: Review and research directions[J]. Journal of Transport Geography,2003,12(2):127-140.

[4] GIANNOTTI M,TOMASIELLO D B, BITTENCOURT T A. The bias in estimating accessibility inequalities using gravity-based metrics[J]. Journal of Transport Geography,2022,101.

[5] GUZMAN L A,OVIEDO D, CARDONA, R. Accessibility changes: Analysis of the integrated public transport system of Bogotá[J]. Sustainability (Switzerland), 2018, 10(11):3958.

[6] HANSEN W G. How Accessibility Shapes Land Use[J]. Journal of the American Planning Association,1959,25(2):73-76.

[7] ISLAM R. Issues in Employment and Poverty The Nexus of Economic Growth, Employment and Poverty Reduction: An Empirical Analysis.

[8] LIAO T F. Evaluating Distributional Differences in Income Inequality[J]. Socius,2016,2:55-77.

[9] MARTENS,K. ,BASTIAANSSEN,J. ,& LUCAS, K. (2019). Measuring transport equity: Key components, framings and metrics. Measuring Transport Equity. Elsevier Inc.

[10] MOHRI S S, MORTAZAVI S, NASSIR N. A clustering method for measuring accessibility and equity in public transportation service: Case study of Melbourne[J]. Sustainable Cities and Society,2021,74:103241.

[11] National Institute of Statistics and Informatics (INEI). 2023 Educational Census,2023.

[12] National Institute of Statistics and Informatics (INEI). IV National Economic Census,2008.

[13] National Institute of Statistics and Informatics (INEI). 2017 XII National Population Census,2017.

[14] NIPPON KOEI C O. Final Report: Data Collection Survey on Urban Transport for Lima and Callao Metropolitan Area; Japan International Cooperation Agency (JICA) and Ministry of Transport and Communications: Lima, Peru,2013.

[15] OVIEDO D,SCHOLL L,INNAO M,et al. Do Bus Rapid Transit Systems improve accessibility to job opportunities for the poor? The case of Lima, Peru[J]. Sustainability (Switzerland),2019,11(10):2795.

[16] TAYLOR B D, NORTON A T. Paying for transportation: What's a fair price? Journal of Planning Literature,2009,24(1):22-36.

[17] ZHAO P J, CAO Y S. Commuting inequity and its determinants in Shanghai: New findings from big-data analytics[J]. Transport Policy, 2020,92:20-37.

县域绿色交通发展策略研究

——以浙江省德清县为例

朱雨晴* 刘歆余 朱力颖

(浙江数智交院科技股份有限公司综合交通运输理论交通运输行业重点实验室)

摘 要 《交通强国建设纲要》明确提出将绿色发展作为九大重点任务之一,实现交通节约集约化、低碳化发展,而县域作为我国交通发展的关键节点,对其绿色转型发展之路的探索具有重大意义。本文依托浙江省首批交通强国绿色交通试点县——德清县,在总结绿色交通发展优势的基础上,分析县域绿色交通发展的重要意义和突破方向,并结合县域交通发展特征,构建出绿色交通发展指标体系,最后根据浙江省德清县实际情况，从指标体系的绿色基础设施、运输效能、低碳装备、污染防治、绿色出行、创新机制六个领域出发，详细规划了县域绿色交通发展实施路径，以期为其他中小城市开展绿色交通工作提供借鉴。

关键词　交通工程　绿色交通　可持续发展　中小城市

0　引言

党的十八大以来，以习近平同志为核心的党中央高度重视生态文明建设，强调建设可持续交通体系的重要性。《交通强国建设纲要》和《国家综合立体交通网规划纲要》均提出了低碳交通发展[1]。县域作为国家发展中承上启下的关键环节[2]，其绿色转型不仅是推动可持续发展的关键一环，更是响应新时代强国战略和县域低碳发展要求的重要举措。为使中小城市更好地加快建设交通强国，探索与县域匹配、协调的绿色交通高质量发展策略尤为关键。本文结合浙江省德清县绿色交通发展实践，从县域绿色交通优势分析、作用意义、指标体系、实施路径等角度探讨县域绿色交通发展长效策略。

1　德清县绿色交通发展优势

德清县位于浙江北部，东望上海、南接杭州、北连太湖、西枕天目山麓，是全国综合实力百强县市、全国绿色发展百强县市，曾入选浙江省第三批大花园示范县、第二批共同富裕示范区试点，其经济基础扎实良好、生态禀赋得天独厚。2022年9月，德清县成功入选浙江省首批交通强国绿色交通试点县[3]，从此县域交通绿色低碳发展之路迎来新契机。

1.1　地理区位条件优越

德清县地处长江三角洲腹地，是湖州都市区的重要节点县。在"开放创新、接沪融杭"的战略方针下，德清县基本实现高铁13min到杭州、90min到上海，其浙苏沪、杭嘉湖"空间地理中心"优势不断显现。随着长三角一体化进程加速，德清县作为长三角城市群的地理中心及重要的节点城市，与上海、杭州、南京等周边城市的时空距离不断缩短，在基础设施集约布局、交通资源融合发展上拥有基础优势。

1.2　社会经济基础扎实

德清县位列全国文明示范城市、综合实力百强县、科技创新百强县。2022年，全县地区生产总值达到658.2亿元，人均生产总值接近14.85万元；全县总户数13.6万户，户籍人口44.3万人，其中城镇人口17.7万人，全县全体常住居民人均可支配收入60815元，而城镇常住居民人均可支配收入达71707元。德清县综合实力、竞争力、影响力的不断提高，为探索以人为本的绿色人居空间提供了有利条件。

1.3　资源禀赋得天独厚

德清县坐拥丰富生态，立足资源禀赋，发挥绿色优势，在绿水青山间孕育新经济。在自然资源方面，依托莫干山、京杭运河，深入践行"两山"理念，积极探索"两山"转化解题思路，扩大自然资源辐射效应，成功创建全国生态文明建设示范县。在产业资源方面，德清县作为杭州城西科创大走廊北翼的关键节点，不断推进工业园区生态化建设，通过积极发展循环经济，打造区域品牌，推动县域内工业产业集群化发展，促使沿线传统产业向低碳转型，实现生态保护与经济发展"双赢"。

1.4　战略机遇交汇叠加

德清县作为"绿水青山就是金山银山"理念的诞生地和湖州的重要县域节点[4]，被赋予了探索绿色低碳共富生态文明的时代使命，而且在各级战略推动下，与国际接轨，成功实现"联合国全球地理信息知识创新中心"正式落地；积极创建国家生态文明建设示范县、省级生态文明建设示范县（第一批）、省大花园示范县，先行一步争创共同富裕县域绿色样本，为推进习近平生态文明思想在浙江县域落地生根先行先试。

2　德清县绿色交通发展方向

2.1　德清县绿色交通发展作用意义

一是解码"双碳"目标，探索绿色交通可持续发展路径典型示范。贯彻落实"碳中和""碳达峰"绿色交通要求，德清县以低碳生态为目标，以综合交通运输发展为基础，以政策引导、标准制定、模式推广为三大路径，打造县域层面的绿色交通可持续发展典型样板，确保交通体系适应城市长远可持续发展需要,形成绿色交通可复制、可推广的模式与路径。

二是践行绿色理念,打造"国际化现代山水田园城市"典型示范。作为长三角腹地、杭州后花园城市,德清县依托莫干山、京杭运河等自然资源,不断强化城市山水资源与绿色交通间的内在联系,依托产业资源向绿色转型,与周边地区共建绿色制造走廊,以绿色交通体系为支撑将不同空间要素进行有机衔接,为全省山水资源城市绿色交通先行先试做出典型示范。

三是激发水运潜能,当好内河水运转型示范区升级版的探路先锋。德清县水运发达,航区货物吞吐量、船舶进出港数量均在浙江省内河区县名列前茅,境内京杭运河、杭湖锡线两条纵向航道船舶流量高居全省前列。德清县始终坚持绿色水运发展,不断完善内河水运绿色基础设施建设,提升物流园区效能,为各地内河水运绿色物流体系的构建提供思路。

2.2 德清县绿色交通发展要点

一是实现内河水运转型升级创新。深度挖掘内河水运发展潜能,借力绿色发展理念,充分发挥运输结构调整在绿色转型中的关键作用,通过港口企业合作,进一步丰富绿色物流基础设施内涵,推动港口自身高水平发展。

二是实现政企合作发展模式创新。深化政府支撑保障作用,使国有企业及民营资本共同参与绿色交通基础设施和装备领域的建设,持续释放市场活力,拓宽发展渠道,实现资源统筹发展。

三是实现多层政策引导制度创新。深入研究制度方案锚固县域绿色交通顶层设计方向,以相关标准、规范总结各优势领域发展模式,以补助政策、实施方案引导交通全域低碳化改革,建立绿色交通长效发展机制。

四是实现智慧赋能低碳转型创新。专注于实现"双碳"目标,聚焦数字化、信息化平台建设,以水上污染防治、自动驾驶、省级绿色平台为基础,制订数字化低碳管理解决方案,以数字科技推动绿色交通蓬勃发展。

3 德清县绿色交通发展指标体系

以打造绿色交通县域示范标杆为目标,选取绿色基础设施、运输效能、低碳装备、污染防治、绿色出行、创新机制 6 个领域中的 17 个指标构建德清县绿色交通发展指标体系,以指标体系为指引,细化德清县绿色交通发展任务,提出县域交通绿色低碳转型发展新方向。具体指标如表 1 所示。

德清县绿色交通发展指标体系   表1

指标分类	序号	具体指标	指标说明	近期目标2025年
绿色基础设施	1	绿色公路服务站/低碳水上服务区等创建水平	获省级部门批复绿色公路服务站/低碳水上服务区等数量占比	50%/100%
	2	普通国省干线公路及航道绿化水平	普通国省干线公路/航道绿化里程占总里程比例	100%/100%
	3	清洁可再生能源在公路服务区、收费站、声屏障等设施覆盖水平	应用风能、太阳能(光伏)等在公路服务区、收费站、声屏障等设施占所有设施数量的比值	100%
	4	港口岸电数量(套)	安装使用港口岸电的规模	87套
	5	充(换)电桩数量(个)	包括公用和自用充换电桩	2500套
运输效能	6	共同配送等集约化网点发展水平	共同配送等集约化配送网点占全县配送网点的比例	100%
	7	多式联运场站(园区)占比	集三种以上运输方式衔接的枢纽场站数量占全部枢纽场站的比例	100%
低碳装备	8	公共领域车辆新能源化占比	公共领域新能源车辆数量占公共领域所有车辆数量的比值	100%
	9	城市物流配送领域新能源汽车占比	物流配送领域新能源车辆数量占物流配送车辆数量的比值	50%
	10	纯电动、氢燃料电池、LNG等新能源货车占比	纯电动、氢燃料电池、LNG等新能源货车占货车(本地籍)数量比值	10%

续上表

指标分类	序号	具体指标	指标说明	近期目标2025年
污染防治	11	老旧内河船舶淘汰情况	20年以上内河船舶，强制报废超过使用年限和达不到环保标准要求船舶	100%
	12	船舶污染物上岸处置率	包括生活垃圾、生活污水及含油污水	90%
	13	国六排放标准货运车辆保有量水平	国六排放标准货车占货车数量比值	30%
绿色出行	14	主城区绿色出行比例	县域主城区绿色出行与全方式出行比例	80%
	15	县域绿色出行方式多样化水平	出行方式包括轨道交通、水上巴士、微公交、共享电动车、公共自行车等5类，县域范围内拥有绿色出行方式种类占全部交通出行种类比值	80%
创新机制	16	交通运输绿色低碳发展行动方案等政策文件	县政府层面印发交通运输绿色低碳发展等行动方案和相关政策性文件	配套出台相关政策性文件
	17	探索碳积分、合同能源管理、碳排放核查等市场机制在行业的应用	县政府层面印发碳积分、合同能源管理、碳排放核查等相关指南、办法等政策性文件	探索政企合作相关机制

4 德清县绿色交通发展策略

4.1 以基础设施建设提升绿色交通品质

推进绿色公路建设，提升国省干线公路绿化水平，推进国省道绿色公路服务站建设，结合莫干山、下渚湖等国家级景区打造绿色致富交通线；提出"美丽航道"建设，结合工程规划美丽航道，推进杭湖锡线"四改三"航道整治项目，以"品质工程"推进航道提质升级；打造绿色码头试点示范区，研究出台德清县绿色码头相关地方标准、规范、管理办法；加强水上服务区低碳建设，实施绿色水上服务区环境提升工程，持续提升水上服务区船舶垃圾生活污水处理智慧化水平；推进绿色生态物流园区建设，以光伏为突破口，推进物流园区低碳化改造，以临杭物流园区屋顶光伏组件为模版，实现清洁能源的外向输送。

4.2 以运输结构调整提升绿色交通效率

提高物流服务水平，推进德清港物流园集疏运体系建设，强化与乍浦港、太仓港等海河联运枢纽协同联动效应，探索实施"一单制"联运模式，提升集装箱海河联运业务量；提升内河航运服务水平，建立"一区双锚"水上公共泊位服务体系，即推进一个水上公共服务区、两个公共锚地投入运行，投入运行80个以上千吨级公共泊位。

4.3 以低碳装备构建绿色用能体系

推进公共领域装备低碳化，推动城市公共服务车辆电动化替代，鼓励公交、出租等领域新增及更新车辆优先选用新能源车型；淘汰老旧高排放营运货车，国六排放标准货运车辆保有量水平达30%；提高水运装备环保水平，持续推进船舶结构调整，老旧内河船舶淘汰率达100%；加强续航保障能力，制订新增充（换）电桩规划布局方案，建成适度超前、布局均衡、智能高效的充（换）电基础设施体系。

4.4 以污染防治擦亮绿色交通底色

加大船舶污染防治力度，强化船舶船用燃油抽检监管，燃油质量抽检频次不低于14艘次/万艘次，合规率不低于90%；重视船舶能耗报告和碳强度监督，开展实施400总吨以上船舶能耗报告监督检查；船舶污染物上岸处置率达90%，实现辖区船舶水污染物"零入河"；加强污染防治数字化监管，全面应用船舶水污染物联合监管和服务信息系统，实现船舶垃圾上岸、转运、处置可溯源，全链条闭环船舶水污染物处理；探索创新以"信用＋绿色码头"方式建设绿色信用体系。

4.5 以低碳出行响应绿色交通号召

提升绿色出行智能服务水平，完善公交智慧监管平台，整合公交智能调度系统，以数字化全面实现精准化调度；科技赋能绿色出行，以县域为主体创建国家级车联网先导区，实现客货运无人驾驶模式初步探寻；纵深推行相关政策，以政策支持推进公交优先发展，推行德清人才免费乘公交、特殊群体优惠乘公交等减免政策，并探索信用评价与公交出行费用减免联动机制；打造公交多元化发展模式,深入推行定制化公交和响应式公交发展,以"求是专线""旅游专线"等公交班线,拓展多样化、个性化公交服务。打造山水特色与交旅融合发展的低碳环线,结合德清"名山湿地古镇"特色旅游资源,开行低碳公交线路,以绿色出行带动莫干山、下渚湖等地产业发展。

4.6 以创新发展完善绿色交通机制

加强绿色交通政企合作,推动政企合作场景打造,以充电桩基础设施布设企业为主体,推进充电设施政企合作项目;创新绿色交通企业发展机制,依托国有企业先行先试,利用充电桩低碳基础设施投入使用情况,建立碳排放数据采集体系,构建交通领域碳减排应用场景,实现"碳效码"在企业间的推广应用。

5 结语

县域绿色交通在我国可持续发展进程中发挥着不可替代的作用,是现阶段实现经济社会全面绿色低碳转型的必然要求。在大城市已逐步树立绿色交通意识的同时,中小城市也应提前谋划,主动引导交通工作向绿色低碳转型,积极探索契合自身特征的发展策略。本文以浙江省首批交通强国绿色交通试点县德清县为例,分析了中小城市绿色交通发展优势和发展方向,构建出县域绿色交通发展指标体系,并给出县域绿色交通全方位的发展策略,应以绿色基础设施、运输效能、低碳装备、污染防治、绿色出行、创新机制为六大抓手,细化县域绿色交通相关工作。

参考文献

[1] 陆化普.交通强国建设的机遇与挑战[J].科技导报,2022,38(9):17-25.
[2] 范蕾,韩艳秋.交通强国战略下县域综合交通发展策略研究——以枣阳市为例[J].物流工程与管理,2022,44(9):88-90.
[3] 王荣德."绿水青山就是金山银山"理念引领绿色低碳共富发展:基于湖州市国家级生态文明先行示范区建设的样本分析[J].湖州师范学院学报,2022,44(11):1-8.

出行时间与费用下的城市公共交通可达性研究

闫 明[1,2]　崔梦莹[*1]　余丽洁[1]
(1.长安大学运输工程学院;2.西安市住房和城乡建设局保障性住房管理中心)

摘 要 合理的公共交通网络布局能够引领城市的有序扩张。本文基于互联网地图,在细粒度层面从时间、费用以及综合出行成本三个角度,探讨西安城六区基于公共交通的就业可达性空间分布及其变化规律;根据时间价值变化,研究各区人口加权可达性的敏感性,为精细化研究公共交通网络规划提供依据。研究结果发现,基于出行时间的公共交通可达性较高区域更多地集中在市中心附近及城市轨道交通沿线,而出行费用可达性的空间分布较为均匀,未沿轨道交通线网呈明显的聚集特征;综合出行成本可达性与时间成本下的可达性度量展现出相似的空间形态,表明早高峰时段的出行时间对综合成本可达性的贡献率较大。

关键词 城市公共交通　就业可达性　综合出行成本　累计机会模型

0 引言

随着城市拥堵现象的加剧,公共交通成为推进未来城市交通发展的必然选择。合理的公共交通网络规划能够在满足城市居民出行的同时,引领城市的空间结构有序扩张。因此,《交通强国建设纲要》中明确提出了要推进城市公共交通设施建设;《国家综合立体交通网规划纲要》也同样要求各城市要深刻落实公交优先的举措,构建以轨道交通为骨干、常规公交为主体的公共交通系统,

基金项目:陕西省自然科学基金资助项目(2022JQ-345,2022JQ-455)。

并推进以公共交通为导向的土地开发模式,从而提高城市绿色交通的分担率。

可达性作为评价公共交通网络的重要指标之一,衡量出行者到达目的地的难易程度,以反映区位之间的空间交互强度[1],被广泛应用于评价公共交通网络的服务水平[2-3],但这些研究均以出行时间作为可达性的计算指标,忽略了影响交通出行的其他阻抗,如出行费用等[4-5]。鉴于此,Vale等[6]基于有效速度的概念,采用广义旅行成本来衡量交通可达性,发现仅使用时间成本会高估可达性的量化结果,特别是对于低收入人群;许奇等[7]研究了基于时间成本的就业可达性,并探究出行费用影响下的可达性空间差异;Cui等[8]提出了全成本可达性的计算框架,其中涵盖了时间、安全、污染、费用等出行内部及外部成本要素,并在实际应用中发现仅考虑时间成本可能会导致依据收益进行项目评估时的投资偏差[9]。目前国内对于融入出行费用的可达性研究仍在起步阶段。

本文从时间、费用以及综合出行成本三个角度,探讨西安城六区基于公共交通的就业可达性的空间分布及其变化规律。由于传统研究受制于统计和调查数据的精确度,多以交通小区[10]或街道办[11]为基础地理单元,难以满足更加精细的时空建模与分析需求。本文通过互联网地图接口,从细粒度层面探讨城市公共交通的可达性,为精细化研究公共交通网络规划提供依据,具有一定的理论意义和实践价值。

1　研究方法与数据来源

1.1　研究范围与数据来源

本文以西安市城六区为研究对象,面积约为844.5km²。目前,研究区域内已形成由9条城市轨道交通线路及338条公交线路构成的公共交通网络。

本文采用边长为800m的矩形,将研究区域划分为1401个栅格,并提取其质心坐标作为公共交通出行的起讫点。运用高德地图开放平台中的路径规划接口,选择"推荐模式"作为公共交通换乘策略,即考虑综合权重下的路径选择方案(高德地图默认选项),获取工作日上午8:00起讫点之间的出行信息,包括出行时间、出行费用、出行路线及乘车信息等。若出行起讫点间无法返回有效的公共交通出行路径,相应的出行时间则按照步行

时间计算,出行费用记为0。总计获取到1962801条出行信息。

本研究以就业兴趣点(Point of Interest,POI)为目标机会类型,通过高德平台获取23452条"公司企业"类别的POI数据,并基于位置坐标统计各栅格内的POI数量。研究范围内的POI基本呈现由城市中心向外围衰减的趋势,且城市轨道交通线路沿线区域的POI相对集中;西南部的高新开发区产业园、东北部的国际港务区贸易中心作为西安市新兴开发区,集中了大量的就业岗位;但由于河流的阻隔,相较而言,POI的聚集在国际港务区贸易中心呈现独立的"孤岛"式形态。

1.2　研究方法

累积机会模型通过计算给定成本阈值下可到达的机会数量来衡量某一区位的交通可达性[12],其数学表达式如下所示:

$$A_{i,\Theta} = \sum_j e_j \cdot f(\theta_{i,j}, \Theta) \tag{1}$$

$$f(\theta_{i,j}, \Theta) = \begin{cases} 1 & \text{if } \theta_{i,j} < \Theta \\ 0 & \text{if } \theta_{i,j} \geqslant \Theta \end{cases} \tag{2}$$

式中: $A_{i,\Theta}$ ——栅格 i 在成本阈值 Θ 下的就业可达性;

e_i ——栅格 i 拥有的POI数量;

$f(\theta_{i,j}, \Theta)$ ——出行阻抗函数;

$\theta_{i,j}$ ——栅格 i 到栅格 j 的出行成本;

Θ ——成本阈值。

人口加权可达性则在累计机会度量的基础上,以各个区位的人口数量为权重,计算研究区域内的集计可达性指标:

$$A_\Theta = \frac{\sum_i A_{i,\Theta} \times P_i}{\sum_i P_i} \tag{3}$$

式中: A_Θ ——成本阈值 Θ 下的人口加权可达性;

P_i ——栅格 i 的人口数量。

关于出行成本,本文从出行时间、出行费用以及综合出行成本三个角度分别进行研究,其中综合出行成本引入时间价值概念,将出行费用转换为对应的时间成本,以获得两者的总成本:

$$\theta_{\Sigma,i,j} = t_{i,j} + \frac{c_{i,j}}{v} \tag{4}$$

式中: $\theta_{\Sigma,i,j}$ ——栅格 i 到栅格 j 的综合出行成本;

$t_{i,j}$ ——栅格 i 到栅格 j 的出行时间;

v ——出行时间价值系数;

$c_{i,j}$——栅格 i 到栅格 j 的出行费用。

出行时间价值可以看作时间被出行过程消耗而导致未能工作所引起的收入减少[13]，即：

$$v = \frac{r}{h} \tag{5}$$

式中：r——人均年可支配收入；

h——人均年工作时长。

2 结果分析

2.1 基于单一出行成本的可达性度量

西安市城六区基于出行时间成本的公共交通可达性度量如图 1 所示，基于出行费用的公共交通可达性度量如图 2 所示。其中色调越浅表明就业可达性越高，反之则表明可达性越低。

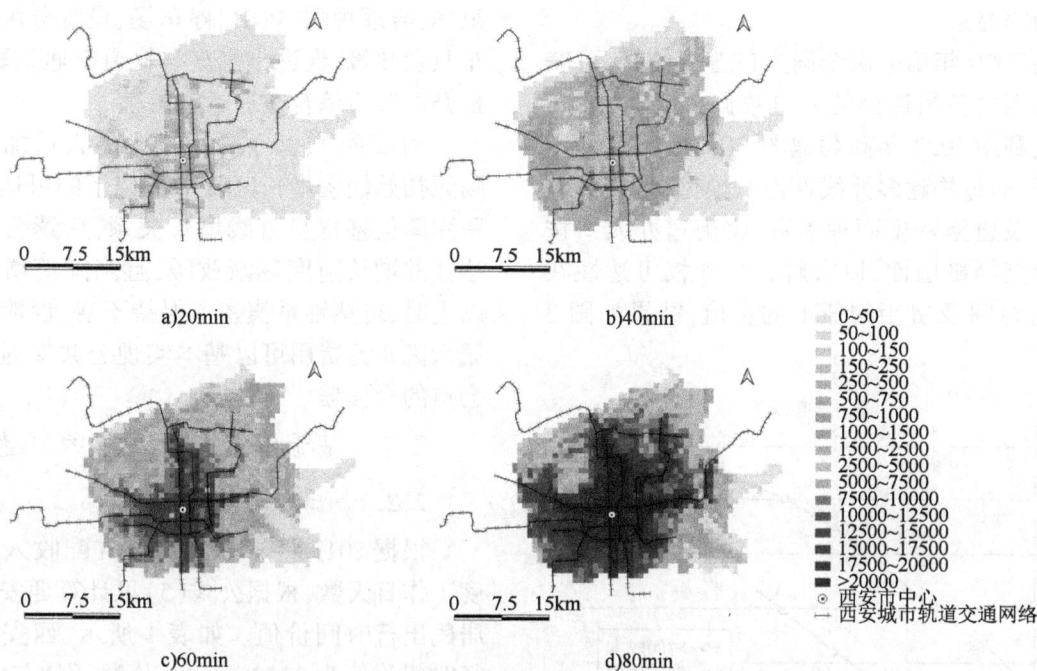

a)20min

b)40min

c)60min

d)80min

图 1   不同时间阈值下基于公共交通出行的就业可达性分布

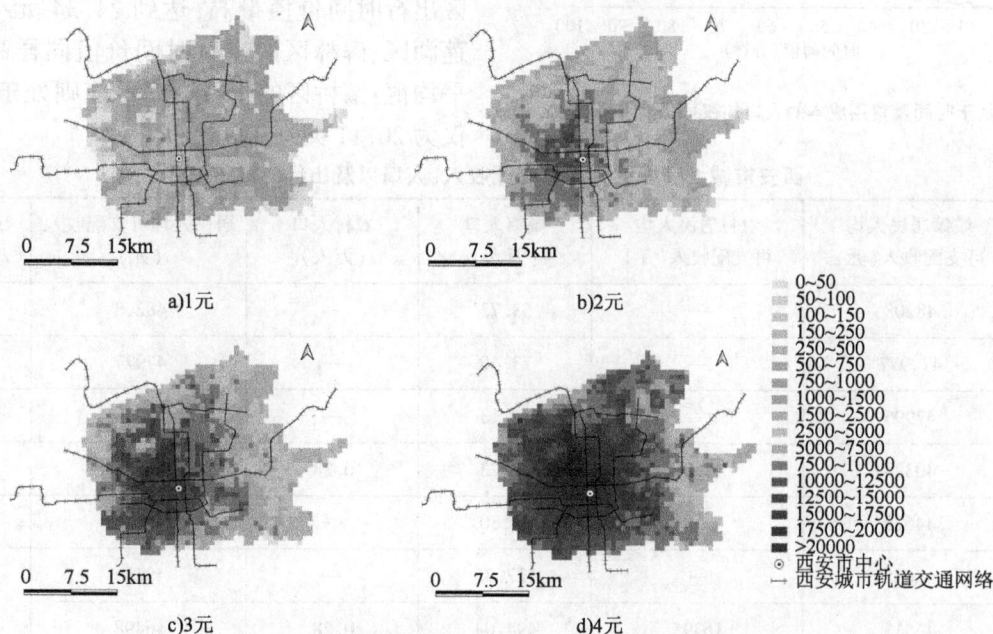

a)1元

b)2元

c)3元

d)4元

图 2   不同费用阈值下基于公共交通出行的就业可达性分布

在 20min 的出行时间阈值下，如图 1a) 所示，西安市公共交通可达性的整体水平偏低，市中心附近及轨道交通沿线区域的可达性相对较高；另外，国际港务区聚集了大量的就业岗位，但由于灞河对两岸交通联系的阻碍,在东北部形成了可达性较高的独立区域。

随着出行时间阈值的提高,公共交通可达性逐渐提升,且城市轨道交通沿线可达性一直处于较高水平,与浩飞龙等[14]的研究结果保持基本一致,即公共交通可达性沿轨道及公交线呈现指状拓展;说明城市轨道交通因其运行速度高且具有独立路权,从出行效率角度而言,在早高峰时段的优势较为明显。

根据2020年第七次全国人口普查结果,可获得研究范围内各街道办的人口数据,总计735.23万。本文利用2022年高德地图POI及OSM地图道路数据,通过构建多元线性回归模型,选择商务住宅POI及道路密度两种参数,将街道办人口按权重拆分至栅格层面,以求解人口加权可达性在不同出行时间及费用阈值下的量值,结果如图3所示。

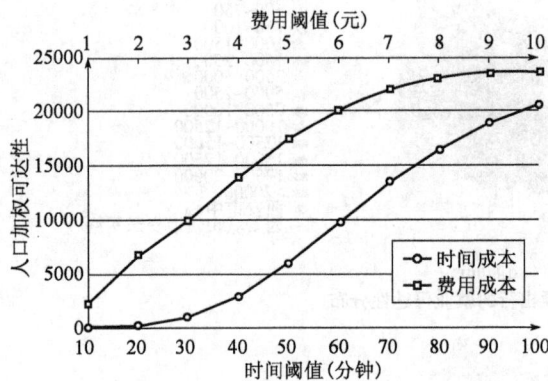

图3　基于时间及费用成本的人口加权可达性度量

基于时间成本的人口加权可达性随时间阈值增长呈"S"形曲线变化,其中60min的就业可达性处于中等水平,表明现有公共交通供给,与《西安市"十四五"综合交通运输发展规划》的发展目标(基本实现西安都市圈1小时通勤交通出行圈)存在一定的差距。因此,可通过加快城市轨道交通建设,构建城市快速通道;完善公交网络与城市轨道交通网络的配合与衔接,扩大公共交通的覆盖范围;合理规划"P&R"停车场,设置分区差异性停车收费政策,促进小汽车与轨道交通接驳,进一步提升西安市综合交通运输效率。

相较而言,基于费用成本的人口加权可达性则无初始缓慢增长区段,6元以下的可达性量值与费用阈值基本呈直线增长关系;后续公共交通可达性的增长速度逐渐放缓,且当阈值增至8元及以上时,可达性量值基本保持不变,说明在西安市城六区8元费用可以基本实现公共交通对就业机会点的全覆盖。

2.2　基于综合出行成本的可达性结果

2.2.1　出行时间价值计算

根据2019年居民人均可支配收入以及本年度工作日天数,根据公式(5)可计算西安市城六区居民出行时间价值。如表1所示,西安市平均出行时间价值为23.25元/h;从城区分布来看,雁塔区出行时间价值最高,达到24.34元/h;新城区、莲湖区、碑林区的出行时间价值同样高于西安市平均值;灞桥区的出行时间价值则处于最低水平,仅为20.11元/h。

西安市城六区居民人均可支配收入、人口以及出行时间价值　　　　表1

分区	城镇居民人均可支配收入(元)	农村居民人均可支配收入(元)	城镇人口(万人)	农村人口(万人)	居民人均可支配收入(元)	出行时间价值(元/h)
新城区	48208	—	53.73	—	48208	24.10
碑林区	47,977	—	73.40	—	47977	23.99
莲湖区	47995	—	76.13	—	47995	24.00
灞桥区	40328	16395	65.23	0.28	40226	20.11
未央区	44628	—	97.80	—	44628	22.31
雁塔区	48685	—	127.75	—	48685	24.34
西安市	46515	16395	494.04	0.28	46498	23.25

注:本表格前六行四列数据来源《2020年西安市统计年鉴》。

2.2.2 基于综合出行成本的可达性

图4展示了基于全市平均时间价值的综合出行成本可达性分布特征。由于各区时间价值差异较小,考虑分区时间价值与全市平均时间价值的综合出行成本可达性差异很小,因此,对其空间分布特征,在此不做额外阐述。

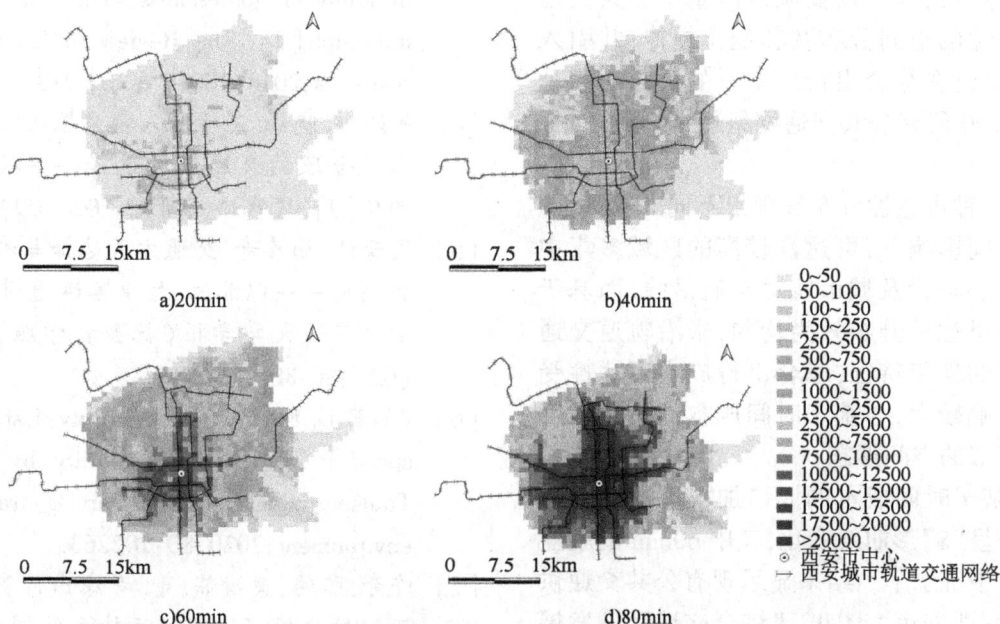

图4 不同综合出行成本阈值下基于公共交通出行的就业可达性分布

对比基于单独时间或费用成本下的可达性结果可以看出,综合成本可达性的整体分布与出行时间可达性较为相似,可达性较高区域仍旧沿城市轨道交通线路向周边扩散,说明相比于出行费用,早高峰时段的出行时间对综合成本可达性的贡献率较大。但由于额外的费用成本加持,在相同时间阈值条件下,基于综合出行成本的可达性度量整体上比时间成本可达性低。

根据《2022年西安市居民出行调查》,西安市居民平均出行时间为40.97min,因此,本文选择40min阈值,根据分区时间价值,探讨随着时间价值变化时各区人口加权可达性的敏感性,结果如图5所示。

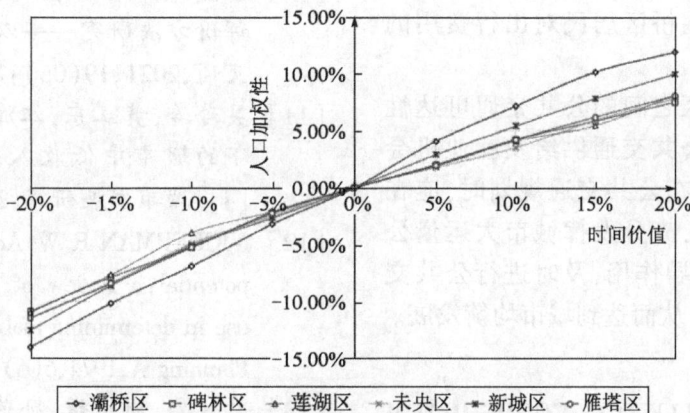

图5 时间价值与人口加权可达性变化关系

各区人口加权可达性均与时间价值呈现正相关关系;且随着时间价值的变化,灞桥区的人口加权可达性变化程度最大,新城区次之,其他四个区变化程度较小。灞桥区居民收入在全市范围内处于劣势水平,对公共交通出行的依赖性较高;灞桥区的人口加权可达性对时间价值最为敏感,其公共交通可达性受票价影响程度最高。因此,在票价政策制定时,应着重考虑灞桥区居民对出行费用的承受能力。

3 结语

本文在细粒度层面从时间、费用以及综合出行成本三个角度,探讨西安城六区基于公共交通的就业可达性的空间分布及其变化规律;并引入泰尔指数,辨析在综合出行成本下的公共交通公平性,为精细化研究公共交通网络规划提供依据。结果发现:

第一,三种可达性分布展现出不同的规律性。考虑出行时间影响下,可达性较高的区域多集中在西安市中心附近及城市轨道交通沿线,而基于出行费用的可达性分布较为均匀,未沿轨道交通线网呈明显的聚集特征;综合出行成本可达性受出行时间影响较大,与基于时间成本的可达性度量展现出相似的空间形态。

第二,基于时间成本的人口加权可达性随时间阈值增长呈"S"形曲线变化,其中 60min 的就业可达性处于中等水平。结果显示现有公共交通供给无法满足《西安市"十四五"综合交通运输发展规划》中实现西安都市圈 1 小时通勤出行圈这一目标,可从加强城市轨道交通建设、完善公交网络与城市轨道交通网络的配合与衔接、合理规划"P&R"停车场等方面扩大公共交通辐射面。

第三,西安市各区人口加权可达性均与时间价值呈现正相关关系。其中,灞桥区的人口加权可达性敏感性最大;同时由于此区域居民收入处于劣势,对公共交通依赖性较大,因此,在票价政策制定时,应着重考虑灞桥区居民对出行费用的承受能力。

第四,西安市城六区之间的公共交通可达性存在较大的不均衡性,公共交通供给及就业机会均向高收入群体聚集。在公共交通规划时,应在考虑区域差距的基础上,充分发挥城市大运量公共交通对城市建设的引导作用,及时进行公共交通沿线城市规划与建设,从而达到城市均衡发展。

参考文献

[1] KWAN M P,JANELLE D G,GOODCHILD M F. Accessibility in space and time:A theme in spatially integrated social science[J]. Journal of Geographical Systems,2003,5(1):1.

[2] 刘炜,董傲然,邓雷,等.基于网络开放数据的城市公共交通可达性公平测度研究[J].武汉理工大学学报(交通科学与工程版),2021,45(06):1045-1050.

[3] ANDERSSON F,HALTIWANGER J C,KUTZBACH M J,et al. Job displacement and the duration of joblessness:The role of spatial mismatch[J]. The Review of Economics and Statistics,2018,100(2):203-218.

[4] 黄娅,任晓红.基于收入视角探析"被高铁"现象及合理的交通方式选择——以成渝线路为例[J].现代城市研究,2020(09):25-30.

[5] 侯云仙,杨善奇.交通方式选择与旅客时间价值研究——以北京-太原客运通道为例[J].北京交通大学学报(社会科学版),2016,15(02):80-88.

[6] VALE D. Effective accessibility:Using effective speed to measure accessibility by cost[J]. Transportation Research Part D:transport and environment,2020,80:102263.

[7] 许奇,陈越,黄靖茹,等.考虑出行费用的就业可达性分析[J].交通运输系统工程与信息,2022,22(2):37-44.

[8] CUI M,LEVINSON D. Full cost accessibility[J]. Journal of Transport and Land Use,2018,11(1):661-679.

[9] CUI M,LEVINSON D. Measuring full cost accessibility by auto[J]. Journal of Transport and Land Use,2019,12(1),649-672.

[10] 樊嘉聪,高亿洋,吴昊.城市公共交通可达性评价方法研究——以珠海市为例[J].城市交通,2021,19(06):102-106,52.

[11] 吴玲玲,黄正东,江海燕,等.公共交通网络下的城市中低收入人群就业可达性研究[J].城市发展研究,2018,25(8):117-124.

[12] VICKERMAN R W. Accessibility,attraction,and potential:a review of some concepts and their use in determining mobility[J]. Environment and Planning A,1974,6(6):675-691.

[13] 户佐安,周媛媛,孙燕,等.考虑广义出行费用的城市客运交通结构优化[J].武汉理工大学学报(交通科学与工程版),2022,46(1):6-11.

[14] 浩飞龙,王士君,谢栋灿,等.基于互联网地图服务的长春市商业中心可达性分析[J].经济地理,2017,37(2):68-75.

建成环境对出行方式选择的影响分析

孙轶琳[1,2]   贾方圆[*3,4]   汤心怡[1]
(1.浙江大学建工学院;2.浙江大学平衡建筑研究中心;
3.浙江大学工程师学院;4.浙江大学建筑设计研究院有限公司)

摘　要　在我国城市交通基础设施逐渐趋于完善的同时,交通需求管理等政策越来越发挥着解决城市交通拥堵和环境污染等问题的重要作用,以引导居民选择公共交通和非机动出行方式,而建成环境与出行方式选择有很强的关联性。因此,本研究为探究居民出行方式选择的影响因素,基于2010年杭州市居民出行数据,在识别建成环境的基础上,使用多项Logit模型,分析建成环境对居民出行方式选择的影响。结果显示,居住在不同建成环境的居民在出行方式选择倾向上具有显著差异,相较于工住混合区,其余各建成环境均对小汽车出行有限制作用;在景区使用公共交通的倾向要显著高于工住混合区。研究结果可从交通规划管理的角度为优化城市居民交通出行结构提供理论依据。

关键词　建成环境　多项Logit模型　出行方式选择　出行行为分析　影响因素

0 引言

随着我国城市交通基础设施逐渐完善,交通规划及需求管理政策逐渐崭露头角,成为缓解拥堵和环境污染等城市交通问题的关键举措,以此引导居民选择公共交通和非机动出行方式,提高出行效率,减轻交通负担。为充分了解居民出行方式选择行为,杨亚璪等[1]基于居民出行方式选择行为数据,构建混合Logit模型和潜在类别条件Logit模型,分析后疫情时代影响居民出行方式选择的主要因素。刘宇峰等[2]基于居民个体出行数据,建立未加权最小二乘法的结构方程模型,分析交通可达性、出行特征等因素对不同规模城市居民出行方式具体作用差异。既有研究发现建成环境与交通出行有很强的关联性,当处在不同的建成环境时,居民的出行行为存在显著差异。以出行方式选择为侧重,杨西宁等[3]分析了建成环境对不同家庭成员在出行方式选择上的异质影响。以具体的交通方式为侧重,许多研究表明步行[4-5]、骑行[6]、网约车[7]和私人小汽车的使用都会受到建成环境不同程度的影响。不同地理区域间建成环境与居民出行行为的关系亦有所差异[8-9]。

因此,特定的区域需要特定的规划来发展良性交通[8]。而目前鲜有关于杭州市建成环境对居民出行特征影响的研究。此外,以往建成环境关于出行方式研究大多集中于汽车和大型公共交通,对步行、自行车等小类交通方式进行综合选择研究不多,相对于私家车激增的今天也需要更多早期数据的分析作为比较性研究的来源。

综上,本文基于杭州市居民出行数据,识别交通小区的建成环境,进而从出行方式选择层面探究建成环境类型、家庭及个人属性对居民出行行为的影响,并从交通规划管理的角度提出相应意见。

1 数据获取

1.1 杭州市居民出行数据

本研究通过抽样入户调查方式获取杭州市居民出行数据。主要分为两部分,第一部分记录了受访者的家庭属性及个人属性;第二部分为调查前一日居民出行情况,即一天内每一次出行的出行时间、出行方式等。统计结果如表1所示。

基金项目:浙江省"尖兵""领雁"研发攻关计划项目(2023C01240);浙江大学平衡建筑研究中心配套资金资助;国家自然科学基金资助项目(No.52131202)。

样本变量统计 表1

变量	变量描述	均值	标准差
性别	0-女性;1-男性	0.471 (0.502)	0.499
年龄(岁)	1-18 及以下;2-19～24; 3-25～34;4-35～44; 5-45～54;6-55～64; 7-65～74;8-75 及以上	5.303	1.832
户人数(人)	1-1;2-2;3-3; 4-4;5-5 及以上	2.766 (2.598)	1.107
家庭月收入(元)	1-1000 以下 2-1000～3000;3-3000～5000; 4-5000～700;5-7000～10000; 6-10000 及以上	2.671	1.021
小汽车保有量(辆)	0-0;1-1;2-2 及以上	0.305 (0.230)	0.542
距离最近公交站的步行时间(min)	1-5 以下;2-5～10; 3-10 及以上	1.492	0.673
出行时间 (min)	1-10 及以下;2-10～20; 3-20～30;4-30～60; 5-60 及以上	2.289	1.200
出行方式分担率(%)	公交	18	
	小汽车	12	
	自行车、电动车	30	
	步行	40	

注:性别、户人数及小汽车保有量括号内容为 2010 年杭州市统计年鉴中变量均值。

1.2　建成环境识别

本研究结合杭州市总体规划图及交通小区编码,使用 ArcGIS 进行空间校正及地理配准,最终识别各交通小区的建成环境类型为八类:居住区、商业区、工业区、景区、农业区、商住混合区、工住混合区、商农混合区。以交通小区为单位统计各建成环境类型占比(图1),结果显示本次调查中七成以上交通小区用地性质属于居住区和商业区,各占38.2%和35.5%。其次为工业区,景区和商住混合区具有相同的比例。

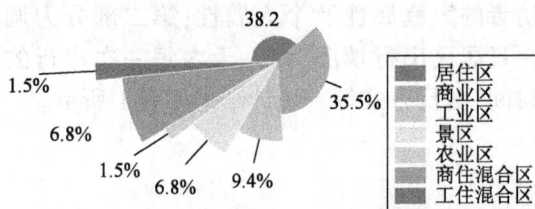

图1　各建成环境覆盖小区数量占比

2　居民出行分析

为探究居民出行特征,采用方差分析法对家庭、个人属性、建成环境类型与日出行总次数、日出行总时间的关系深入剖析。计算公式如下:

$$Y = \beta_0 + \beta_i RA_i + \beta_j A_j + \beta_k G_k + \beta_l B_l + \beta_m C_m + \beta_n D_n + \beta_o E_o + \varepsilon \quad (1)$$

式中,β 为解释变量系数;ε 为随机误差;其余变量如表2所示。在建成环境类型中,由于商农混合区仅有一个交通小区,且受访者较少,故不进入模型计算。

如表3所示,方差分析通过判断不同独立组别的均值是否存在显著性差异,来检验各变量对因变量的影响程度。

方差分析变量赋值表   表2

变量类别	变量	变量含义	变量描述
因变量	Y	出行次数(次)	实际值
		出行时间(分钟)	实际值
自变量	A_j	年龄(岁)	j:1-18及以下;2-19~24; 3-25~34;4-35~44; 5-45~54;6-55~64; 7-65~74;8-75及以上
	G_k	性别	k:0-女性;1-男性
	B_l	户人数(个)	l:1-1;2-2; 3-3;4-4; 5-5及以上
	C_m	小汽车保有量(辆)	m:1-1;2-2及以上;3-0
	D_n	家庭月收入(元)	n:1-1000以下; 2-1000~3000;3-3000~5000; 4-5000~7000;5-7000~10000; 6-10000及以上
	RA_i	建成环境类型	i:1-居住区;2-商业区; 3-工业区;4-景区; 5-农业区;6-商住混合区; 7-工住混合区
	E_o	距离最近的公交步行时间(min)	o:1-5以下; 2-5~10; 3-10及以上

方差分析结果   表3

项目	出行次数			出行时间		
	Ⅲ类平方和	F	Sig.	Ⅲ类平方和	F	Sig.
修正模型	490.649	8.646	0.000	935337.838	7.924	0.000
截距	6349.993	3021.335	0.000	3855698.137	881.995	0.000
性别	2.716	1.292	0.256	1470.441	0.336	0.562
年龄(岁)	266.773	18.133	0.000	367263.256	12.002	0.000
户人数(人)	27.884	3.317	0.010	49825.693	2.849	0.023
家庭月收入(元)	7.815	0.744	0.591	55520.276	2.540	0.026
小汽车保有量(辆)	9.077	2.159	0.116	14617.619	1.672	0.188
建成环境类型	66.864	5.302	0.000	141203.279	5.383	0.000
距离最近的公交步行时间(min)	10.348	2.462	0.085	15349.046	1.756	0.173
误差	10323.637			21473136.885		
总计	55828.000			51703433.000		
修正后总计	10814.287			22408474.723		
R^2(调整后R^2)	0.045(0.04)			0.042(0.036)		

结果表明,年龄、户人数和建成环境对日出行总次数和日出行总时间均存在显著影响。其中,年龄在两个模型中所占的Ⅲ类平方和最高,分别为266.773和367263.256。即年龄对于出行次数和出行时间的影响最大,其次为建成环境类型,这表明居民的出行行为与其居住地点的用地性质有着密不可分的联系。用地规划的不同会导致各个交通小区在建成环境上的诸多方面出现差异,如

人口密度、住宅密度、产业分布、路网密度和公共交通基础建设等,进而影响居民日常出行行为。

户人数对于出行次数和出行时间也有较大的影响力,作为表征家庭规模的关键参数,户人数揭示了家庭结构和成员交互对于个体出行行为的重要影响。在单身青年家庭中,其出行行为完全取决于自身而不存在与家人的内部交互。而对于一对还未生育的年轻夫妻来说,当家中只有一辆小汽车时,家庭成员出行则需涉及小汽车使用权的安排、购物等家庭任务的分配等[10]。

3　出行方式选择影响因素分析

为探究居民出行方式选择的影响因素,对14913条有效出行建立出行方式选择多项Logit模型,变量见表4,计算公式如下所示:

$$\mathrm{logit}\frac{\pi_1}{\pi_4} = \alpha_1 + \beta_{1i}RA_i + \beta_{1j}A_j + \beta_{1k}G_k + \beta_{1l}B_l +$$
$$\beta_{1m}C_m + \beta_{1n}D_n + \beta_{1p}F_p + \beta_{1q}T_q \quad (2)$$

$$\mathrm{logit}\frac{\pi_1}{\pi_4} = \alpha_2 + \beta_{2i}RA_i + \beta_{2j}A_j + \beta_{2k}G_k + \beta_{2l}B_l +$$
$$\beta_{2m}C_m + \beta_{2n}D_n + \beta_{2p}F_p + \beta_{2q}T_q \quad (3)$$

$$\mathrm{logit}\frac{\pi_1}{\pi_4} = \alpha_3 + \beta_{3i}RA_i + \beta_{3j}A_j + \beta_{3k}G_k + \beta_{3l}B_l +$$
$$\beta_{3m}C_m + \beta_{3n}D_n + \beta_{3p}F_p + \beta_{3q}T_q \quad (4)$$

多项Logit模型变量赋值表　　表4

变量类别	变量	变量含义	变量描述
因变量	π	出行方式	1-公交;2-小汽车;3-自行车、电动车;4-步行
解释变量	F_p	出行目的	1-上班;2-上学;3-公务;4-购物;5-文体娱乐(包括旅游);6-回家;7-接送人;8-其他
	T_q	出行时间(min)	1-0~10;2-10~20;3-20~30;3-30~60;4-60及以上

注:其余解释变量及其赋值见表2。

因变量为出行方式,分别为公交、小汽车、自行车、电动车和步行,以步行为参考项。三个伪R^2指标分别为0.521、0.564和0.286,模型拟合良好。参数标定结果如表5所示。

就个人和家庭属性而言,男女在出行方式上有显著差异,男性比女性更依赖小汽车。这可能不仅仅是驾驶偏好的问题,还在于男女在家庭中

所受的制约不同。男性常通过减少家庭活动来满足个人活动如通勤等需求,而女性则相反。这些家庭事务往往是短距离出行,则使用汽车的概率会大大降低。

多项Logit模型参数标定表　　表5

变量	分类	B		
		公交	小汽车	自行车电瓶车
截距	—	1.326***	-1.955***	0.247
性别	女	0.097*	-1.657***	-0.628***
	男	0	0	0
年龄(岁)	18及以下	0.097	2.097***	0.216
	19~24	1.226***	3.059***	1.313***
	25~34	0.342***	3.399***	1.065***
	35~44	0.148	3.396***	1.343***
	45~54	-0.302***	2.455***	1.114***
	55~64	-0.178**	1.110***	0.761***
	65及以上	0	0	0
小汽车保有量(辆)	1	-0.118	2.922***	0.126**
	2及以上	-0.556**	3.874***	-0.223
	0	0	0	0
户人数(人)	1	0.346**	0.307	-0.317***
	2	0.310	0.739***	-0.361***
	3	0.062	0.272**	-0.311***
	4	0.179	-0.044	-0.198**
	5及以上	0	0	0
家庭月收入(元)	<1000	-0.312	-1.269***	0.091
	1000~3000	-0.241	-0.653***	0.238
	3000~5000	-0.114	-0.439***	0.163
	5000~7000	0.074	-0.525***	0.235
	7000~10000	0.211	-0.022	0.301
	>10000	0	0	0
建成环境类型	居住区	0.229	-1.009***	-0.945***
	商业区	-0.043	-1.237***	-1.126***
	工业区	0.355	-0.293	-0.634***
	景区	0.724***	-0.740***	-1.079***
	农业区	0.123	-0.099	-0.18
	商住混合区	-0.122	-0.844***	-1.269***
	工住混合区	0	0	0
出行目的	上班	-0.069	-0.203	0.194**
	上学	0.529**	-0.288	0.437**
	公务	0.596**	1.351	0.708**
	购物	-0.280**	-0.807***	-0.114

续上表

变量	分类	B		
		公交	小汽车	自行车电瓶车
出行目的	文体娱乐旅游	−1.061***	−1.303***	−0.979***
	回家	−0.342***	−0.508***	−0.077
	接送人	0.361*	0.812***	0.874***
	其他	0	0	0
出行时间（分钟）	0~10	−4.861***	−1.488***	−0.052
	10~20	−3.183***	−0.897***	0.303**
	20~30	−1.401***	−0.194	0.447***
	30~60	−0.179	0.470**	0.492***
	>60	0	0	0

注:$N=14913$。

　　*显著性水平=0.1,**显著性水平=0.05,***显著性水平=0.01。

相比于户人数为5及以上的居民,户人数为2和3的居民选择小汽车的概率更大,而选择自行车和电瓶车的概率则相对较低。造成这种现象可能的原因有两个:一是家庭成员活动出行的交互。不同的家庭成员对家庭事务有着不同的分担程度。通常在有老年人的家庭中,老年人会分担日常购物、接送孩子上学放学等家庭事务[11]。而老人对小汽车的使用率较低。二是家庭汽车保有量的限制。这决定了在户人数较大的家庭中,必然有人分配不到小汽车的使用权。

从建成环境类型上看,以步行为参考项时,各建成环境类型相较于工住混合区几乎均对小汽车、自行车、电动车的选择倾向有负向影响。工住混合区小汽车、自行车、电动车的使用占比较高,公交使用率低。景区对公交的选择倾向显著高于工住混合区,这从侧面反映了杭州市景区的公共交通系统较为发达。而汽车的使用在居住区、商业区、商住混合区均受到很大限制。

4 结语

本文基于2010年杭州市居民出行调查数据,在识别交通小区建成环境类型的基础上,使用方差分析方法,进而构建多项Logit模型探究建成环境对出行方式选择影响机理,以期为杭州市交通规划管理策略提供科学参考。

研究结果表明,建成环境类型是影响居民出行行为的重要解释变量。相较于工住混合区,其余各建成环境类型均对小汽车出行有限制作用,尤其是商业区,这与发达国家的城市如大阪都市圈情况一致。这是由于在人口密度较高的聚居区,公共交通设施的完善性和居民对于公共交通的依赖性都会显著提升。而诸如农业区和工业区等此类低客流区域,可考虑定制公交运营。根据居民一定时间段的上班(上学)、下班(放学)等需求定制专线公交提升出行灵活度,缓解公交线路覆盖面不足和发车数量有限的问题[13]。与之形成鲜明对比的是,当建成环境类型为景区时,居民更倾向于使用公共交通出行。这一倾向与杭州作为旅游业发达城市所带来的景点周边公共交通服务水平的提升密切相关。因此,诸如景区类型的游客密集区域,便需要从改善交通设施的便利性和提升运输系统的服务水平层面来优化居民的出行结构。

由于数据可获取性等客观条件限制,本文基于居民出行数据进行研究,后续研究可考虑引入土地利用混合度等变量,并融合兴趣点(POI)信息、全球定位系统(GPS)属性、手机信令等多源数据研究建成环境对出行特征影响机理。

参考文献

[1] 杨亚璪,唐浩冬,彭勇.考虑偏好差异的后疫情时代居民出行方式选择行为研究[J].交通运输系统工程与信息,2022,22(3):15-24.

[2] 刘宇峰,安韬,钱一之,等.不同规模城市居民出行方式影响因素分析[J].中国公路学报,2022,35(4):286-297.

[3] 杨西宁,邓琼华,杨硕.建成环境对居民出行方式选择影响效应的异质性研究[J].交通运输工程与信息学报,2019,17(2):128-137.

[4] CHENG L,DE VOS J,ZHAO P,et al. Examining non-linear built environment effects on elderly's walking: A random forest approach [J]. Transportation Research Part D: transport and environment,2020,88:102552.

[5] 刘吉祥,周江评,肖龙珠,等.建成环境对步行通勤通学的影响[J].地理科学进展,2019,38(6):807-817.

[6] 孙艺玲,仝德,曹超.城市建成环境对公共自行车使用的影响机制研究——以深圳市南山区为例[J].北京大学学报(自然科学版),

2018,54(6):1325-1331.

[7] 马健霄,赵飞燕,尹超英,等.建成环境和出租车需求对网约车出行需求影响的时空间分异模式[J].交通运输系统工程与信息,2023,23(5):136-145.

[8] DODDAMANI C,MANOJ M. Residential relocation and changes in household vehicle ownership and travel behavior:Exploring the context of Hubli-Dharwad twin-cities in India from a planning viewpoint[J]. Transportation Research Part A: Policy and Practice,2022,164:134-155.

[9] YU Z,LI P,SCHWANEN T,et al. Role of rural built environment in travel mode choice: Evidence from China[J]. Transportation Research Part D:Transport and Environment, 2023,117:103649.

[10] 杨硕.城市家庭成员活动出行行为决策机理研究[D].南京:东南大学,2018.

[11] 何保红,李静,王雨佳.时间社会学视角下老年人对家庭出行行为的影响研究[J].交通运输系统工程与信息,2020,20(6):77-83.

[12] 曹柳芳.农村弱客流地区城乡定制公交线路优化[D].合肥:合肥工业大学,2019.

港城融合发展研究进展与优化建议

李　燚[1,2]　朱高儒[*1]

(1.北京交通大学;2.西北农林科技大学)

摘　要　在加快建设交通强国与世界一流港口建设的背景下,协调处理好港城发展关系对于当前我国港口城市的发展至关重要。在新时代背景下,本文采用文献综述法,总结港产城融合发展的研究进展,结合渤海湾港口群实地调研情况分析港产城融合发展可能存在的问题:(1)港口"向海要地"受限,港口规划与国土空间规划缺少协同;(2)产业发展布局不合理,临港产业未形成上下游联动的产业链;(3)住区分散、配套设施不完善且利用效率低,集聚效应难以发挥。本文提出港产城融合发展建议与未来研究展望,以期为港口城市发展、相关政策制定提供参考。

关键词　港产城融合　港城空间关系　渤海湾港口群

0　引言

合理配置国土资源与科学优化国土空间,不仅是国家的发展要求、决策需求,也是促进区域经济发展的核心要素。目前,由于中国经济发展开始由过去的重视发展速度转型为重视发展质量,导致海港吞吐需求量的加速下降,因此当前中国港口仍处于相对中低速的发展状态。若要发展新时代港口,更需要使其高质量发展,即由过去依赖传统经济因素的市场驱动,转型为技术推动。随着港口资源整合发展,港区功能调整与港口城市的转型升级,沿海港口与所在城市的关系面临着新的变化和调整[1]。针对港城关系的研究经历了半个多世纪,产生了丰富的研究成果。梳理港城关系研究进展,对于促进新时代港城协同发展具有重要意义。

1　港城融合发展研究

1.1　港城发展演变规律

港口的地位和功能随着经济和社会的发展而变化。根据联合国贸易和发展委员会的定义,港口发展主要经历了四代演变。1950年以前的第一代港口,其功能为水运货物的转运、临时储存及货物的收发等,定位为货物集散中心。20世纪50年代至80年代的第二代港口,随着经济的复苏,使货物增值的工业、商业功能不断增加,港口成为物

基金项目:国家自然科学基金项目(No. 41601105);北京交通大学人才基金项目(No.2023XKRCW016)。

流服务中心。20 世纪 80 年代以后的第三代港口已转变为国际经济增长和活动中心,加强了与城市和用户的联系。港口服务已超越了传统港口的界限,增加了商业信息服务功能、货物分销、运输等综合服务功能,使港口转变为贸易与物流的综合中心。第四代港口的概念在 1999 年联合国贸易和发展会议上被提出。在兼容第三代港口功能的基础上,第四代港口以信息技术为支撑,组织上下阶企业实施一体化物流,在与港口相连的供应

链各环节之间建立无缝连接,通过资源整合与利益相关方的充分互动,使港口成为供应链的重要环节,将其定位为科技赋能的数字化港口[2-3]。在近 10 年来,生态文明思想深入人心。节能降碳、可持续发展的理念深入到港口的建设与运营中,出现了主要定位为绿色低碳智慧的第五代港口。港口发展演变相关理论,清晰地揭示了港口发展过程中功能定位的不断完善和对城市影响的变化。港口代际理论如图 1 所示。

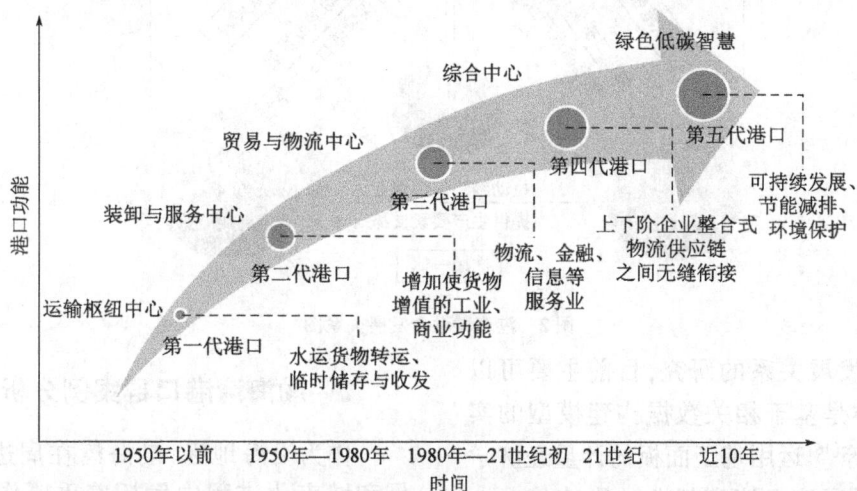

图1 港口代际理论

1.2 港城发展空间关系

基于以往研究分析,学者高兹最先从空间视角下对港口进行了研究,其发表的《海港区位论》最早讨论了港口选址与空间布局的问题[4]。基于高兹的研究基础,后续学者们进一步研究并提出了港口的门户功能和中心功能共同存在的观点。英国的地理学家伯德又提出了港口基础设施扩张的任意港(Anyport)模型,将港口发展划分为六个阶段:初始发展、顺岸式的港口扩展、顺岸式港口的细部变化、船坞的细部变化、港池式码头发展以及专业化码头发展阶段[5-6],从而丰富了港城空间关系的研究。此后学者开始从实用的角度研究港口与城市的关系,后续有学者对模型进行了改进,使其更加实用与兼容。

中国学者吴传钧提出的“海港城市成长模型”,重点强调了港城空间的动力机制。至此,中国开始了对港城空间的相关研究[7]。徐永健等[8]将现代西方港口作为研究对象,从区域、港口、城市等多方面进行研究,特别是港口与腹地发展、港口工业化的发展变化,并进行了研究总结。Yu等[9]以厦门港东渡港区为例,分析了港城空间关

系演化的动态机制,结果表明从生态学视角看,港城空间距离对港城可持续协调发展至关重要,港城空间距离适度增大,可以提升港城系统的发展效率。李照宇等[10]参照了城乡土地利用与临港土地利用分类体系,利用遥感影像处理技术、地理信息技术等研究手段,获取了临港土地利用分类变化以及港口与临港空间的中心位置迁徙情况,总结港口与城市发展模式的特点。Wu等[11]计算了动态聚集指数,探讨东兴港口与城市关系的演变。Valenzuela等[12]结合物流、港口装卸以及林产品全球价值链(GVC)对社会和环境的影响,探讨了港口—城市—地区共生的概念。Guo等[13]以“流动空间”和“港城关系”理论为基础,构建港口和城市两个网络体系,提出从流动空间角度评价港城耦合关系的理论框架和测量方法,从“流动空间”角度看,流动要素和港口功能,是影响港口城市耦合特征的核心要素。

1.3 港产城融合发展

港口、产业与城市三者处于一个复杂的系统之中。港口是临港产业发展的基础,是城市经济

发展的新引擎;临港产业延伸至港口城市产业是港产城融合的纽带和核心;港口城市又为产业及港口的发展提供了重要支撑[14]。港产城融合是港口城市发展的普遍规律,推动港产城融合发展不仅是优化港口、产业、城市布局的基本要求,也是提升城市发展能级,建设世界一流港口的要求[15]。港产城融合关系如图2所示。

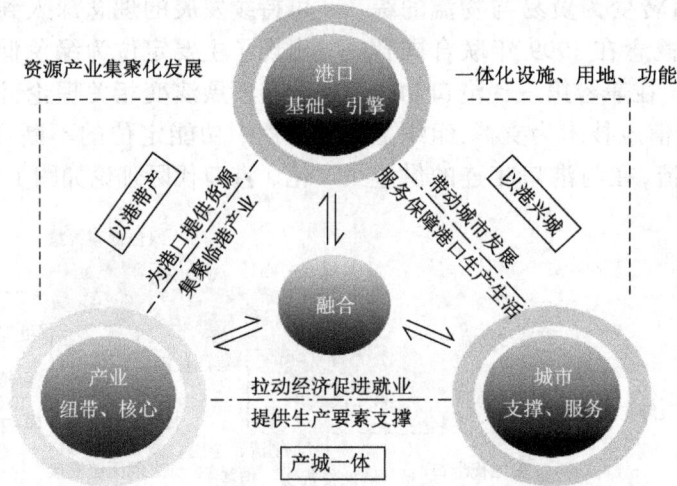

图2　港产城融合发展关系图

关于港产城发展关系的研究,目前主要可以分为两大类,一类是基于相关数据构建模型的实证分析,Bottasso等[16]运用基于面板的计量经济学方法,研究港口对当地经济和就业的影响;Garcia等[17]使用交通数据依托地理信息系统,研究城市交通可达性与港口竞争力之间的关系;Ma等[18]采用差分(DID)模型,分析临港工业对城市经济增长的影响,结果表明港口一体化战略显著促进了港口城市的经济增长;Cong等[19]利用面板数据模型,深入研究分析了港口城市经济与港口吞吐能力之间的互动机制;赵培红等[20]使用综合发展指数和相应的协调度模型,分析了河北省沿海城市复杂系统的综合发展程度和协调发展水平。另一种是基于定性、对比分析的理论分析,Huang等[21]采用模糊集定性比较分析法(fsQCA),对中国21个沿海港口及其腹地城市进行了条件配置分析,研究腹地城市影响港口竞争力的形成条件和机制;战炤磊等[22]详细分析了江苏沿海地区港口—产业—城市联动发展的动因、问题和发展路径;吴晓磊等[23]研究了港产城融合的意义和发展机制,提出了促进港产城融合发展的空间尺度、核心要素以及用地统一这三个关键问题,并对青岛等港口进行了理论案例研究;丁金学[24]提出了新时代中国港产城融合发展存在的问题,分析了目前发展形势,并提出了发展路径建议。

2　渤海湾港口群案例分析

作为沿海地区,渤海湾在周边城市的经济发展和城市化进程中发挥着重要作用[25]。港口与城市的扩张方向一致,港口的扩张带动城市建成区的扩张,港城空间上的融合,对于港产城协同发展具有促进作用,但渤海湾港口群的港城之间联系不够紧密。渤海湾港口群主要包括黄骅港、唐山曹妃甸港与天津港。笔者对这些港口进行调研了解到,黄骅港是一港四区,包括综合港区、散货港区、煤炭港区、河口港区,其中煤炭港区博能公司实现了矿—路—铁—港—城一体独立运营。港口临港产业主要为石化方面,目前产业主要集中在生活区北部,码头西南角是生活区。沧州规划了沧州市与黄骅市(渤海新区)两个中心,港城产业园区距黄骅市约45公里,港口、城市与产业空间上相距较远。

曹妃甸港的港口与产业联系较为紧密,但与城市联系较小。目前唐山有大电力、大港口、大钢铁、大炼化四个定位,其中前三个定位相关产业发展较为成熟。虽然唐山被定为全国七大石化炼化基地,但由于京津冀地区炼化产能过剩,且唐山炼化产业基础薄弱,未形成上下游联动发展的产业结构,研发和生产成本高企,港口高科技企业项目难落地,因而炼化产业发展较为缓慢。

天津港的港产城融合较好。天津因港而兴，围绕天津港发展形成的港口经济产业，如区域内孕育形成的天津港保税区、东疆综保区，连同南疆北疆等区域，年税收就超过一千亿元。港口以每年4.7亿吨货物进出口，带动经开区、保税区的发展，成为滨海新区开发开放的重要引擎，为天津市经济发展作出了重要贡献。港口群情况如图3所示。

图3 港口调研图片

3 港城融合发展建议

3.1 问题思考

港产城融合发展任重道远，一是港口"向海要地"受限，且与后方城市腹地联系不紧密，港口规划与国土空间规划缺少协同，港口与城市之间空间距离远且缺乏相互支撑，港城之间的交通网络建设需要进一步加强。二是产业发展布局不合理，部分港口产业基础薄弱，未形成上下游联动的产业链，不利于吸引企业投资。三是集聚效应难以发挥。目前港口人员均为工作人员，居住区相对分散，配套设施不完善且利用效率低。

3.2 发展建议

针对港产城融合发展问题，结合调研实际提出以下建议：(1)港产城融合要注重空间连片以及功能互补、港口与国土空间协同规划、腹地与工业区一体化开发，加强港城之间交通网络联系，政府规划要有长期性，平衡社会服务保障体系，节约集约利用资源。(2)产业布局应"大分散，小集中"，尤其是针对危险化工产品，不能集中布置，要确保一处出现问题时不影响整个产业链。港口应利用自身区位优势和资源条件，建立工业园区，实现传统产业到优势产业的转型，补齐短板，强链补链。(3)港口应加快发展现代化航运服务业，积极推进绿色、智慧港口建设，推进重工业与高精尖产业共同发展，构建多层次的产业结构，提升服务水平，吸引创新型人才集聚。城市建设要资源集聚，合理利用并完善配套设施，为港口和产业提供强有力的要素支撑与服务体系。

4 结语

中国在建设世界一流港口与经济高质量发展的背景下，港产城融合发展被提到新的高度[24]。目前对于港产城的相关研究主要集中于经济、空间以及相关产业，但是实现港产城的融合涉及生产、生活、生态多个方面，因此研究港产城协同高效发展需要从多方面入手，针对现实港产城之间存在的问题进行统筹协调、全局考虑、聚焦问题、高效解决。

在政策与国土空间规划背景下，针对港产城发展关系，研究应从土地利用变化、空间布局演变、经济、产业、政策等方面，多层次深入分析不同因素对港产城融合的影响作用，加强港口与城乡建设、产业布局的有效衔接,提出针对围填海区港产城发展的空间优化策略,探索推动城市景观岸线与港口生产岸线协调发展,从依靠传统要素驱动转变为注重创新驱动,注重高质量发展,为建设新时代港口,促进港产城协同一体化发展建言献策。

参考文献

[1] 殷翔宇,宗会明,曲明辉,等.我国沿海港口港城关系协同发展与驱动机制研究[J].人文地理,2023,38(1):64-70.

[2] 邹琳,曾刚,曹贤忠.港口城市空间格局、发展趋势及借鉴——以南非德班为例[J].世界地理研究,2015(1):52-59.

[3] 刘永满,徐雪蛟,张彬.新理念引领下港城一体化港口总体规划[J].水运工程,2016(10):18-21.

[4] 刘瑞民.港口与港口城市空间关系研究——以青岛为例[D].北京:北京交通大学,2014.

[5] 郭建科,韩增林.港口与城市空间联系研究回顾与展望[J].地理科学进展,2010,29(12):1490-1498.

[6] 张旭,魏福丽,吕明睿,等.高质量发展视域下环渤海地区港产城融合研究[J].资源开发与市场,2022,38(6):732-738.

[7] 郭建科,韩景,韩增林,等.现代海港演化对城市发展的地域空间效应——以大连为例[J].地理科学进展,2013,32(11):1639-1649.

[8] 徐永健,阎小培,许学强.西方现代港口与城市、区域发展研究述评[J].人文地理,2001(4):28-33.

[9] YU L,XU P,SHI J,et al. Driving mechanism of port - city spatial relation evolution from an ecological perspective:case study of Xiamen port of China[J].Sustainabilty,2020,12(7).

[10] 李照宇,王天旻,王文渊,等.基于土地利用的港城关系时空演变研究[J].港工技术,2021,58(3):37-41.

[11] WU B,GU G,ZHANG W,et al. Multi-scale influencing factors and prediction analysis: Dongxing port-City Relationship[J].International journal of environmental research and public health,2022,19(15):11-17.

[12] VALENZUELA H C,TORRES-SALINAS R, GROSSER G, et al. Port-city symbiosis and uneven development:a critical essay on forestry exports and maritime trade from Coronel, Chile [J]. Maritime economics & logistics,2023,25(2):381-405.

[13] GUO J,QIN Y. Coupling characteristics of coastal ports and urban network systems based on flow space theory:Empirical evidence from China[J].Habitat international,2022,126.

[14] 王圣鑫."港产城"融合发展的路径探析——以河北省沧州市为例[J].牡丹江大学学报,2023,32(11):25-31.

[15] 丁金学.新时代我国港产城融合发展问题、形势与建议[J].当代经济管理,2023,45(12):74-80.

[16] BOTTASSO A,CONTI M,FERRARI C,et al. Ports and regional development:A spatial analysis on a panel of European regions[J]. Transportation research part a-policy and practice,2014,65:44-55.

[17] GARCIA-ALONSO L, MONIOS J, VALLEJO-PINTO J A. Port competition through hinterland accessibility:the case of Spain[J]. Maritime economics & logistics,2019,21(2):258-277.

[18] MA Q,JIA P,SHE X,et al. Port integration and regional economic development:Lessons from China[J]. Transport policy,2021,110:430-439.

[19] CONG L,ZHANG D,WANG M,et al. The role of ports in the economic development of port cities:Panel evidence from China [J]. Transport policy,2020,90:13-21.

[20] 赵培红,李庆雯.沿海城市港口—产业—城市协调发展研究——以河北省为例[J].城市发展研究,2021,28(9):37-41,48.

[21] HUANG Z,YANG Y,ZHANG F. Configuration analysis of factors influencing port competitiveness of hinterland cities under TOE framework: Evidence from China[J]. Journal of marine science and engineering,2022,10(10).

[22] 战炤磊,李芸.江苏沿海开发中的港产城联动:动因、问题与路径[J].科技进步与对策,

2014,31(8):47-52.

[23] 吴晓磊,刘健,王嘉琦.港产城融合发展关键问题研究[J].水运工程,2022(2):70-75.

[24] LIU L, YUAN D, LI X, et al. Influence of reclamation on the water exchange in Bohai Bay using trajectory clustering[J]. Stochastic

environmental research and risk assessment, 2023,37(9):3571-3583.

[25] LI Z,LUAN W,ZHANG Z,et al. Research on the interactive relationship of spatial expansion between estuarine and coastal port cities[J]. Land,2023,12(2):37-79.

综合交通网络对国土空间开发的影响研究进展

徐兴蒙[1,2]　朱高儒*[1,2]

(1.北京交通大学建筑与艺术学院;2.北京交通大学国土空间和交通协调发展研究院)

摘　要　交通基础设施建设与国土空间开发的协调是促进区域可持续发展的重要因素,按照"研究背景—发展趋势—理论与技术发展—机理分析—问题总结"的逻辑,从多尺度、多模式交通的角度,系统、全面地梳理了交通对国土空间开发产生影响的研究进展。结果显示:(1)交通对国土空间开发影响的研究文献数量呈逐年上升趋势,研究内容的学科交叉趋势明显;(2)交通基础设施将在土地利用、时空压缩、经济发展等方面促进国土空间的开发;(3)在现有研究中,缺乏多维度指标体系构建与分析、机制层面研究不足、理论研究与实际应用结合不够是目前存在的主要问题,也是未来研究亟须解决的重要方向。

关键词　综合交通　国土空间规划　土地开发　空间效应　研究进展

0 引言

随着全球城市化的快速发展,区域空间资源的合理开发日益引起城乡规划研究者的关注重点。交通网络是区域经济社会发展的"骨架",交通基础设施的建设与国土空间的开发密切相关[1]。日益完善的交通网络加速了区域间物流、信息流、资金流的交换和聚集,使区域间的联系更加紧密,将有效促进区域发展[2]。当前,中国成为全球交通建设和国土空间开发的重心,已采取多项措施加强二者之间的协同。交通强国战略实施以来,高速通达的交通网络成为引领区域高速发展的主要动力[3]。2021年,《国民经济和社会发展第十四个五年规划和2035年远景目标纲要》提出,要把"两新一重"(新型城镇化、新型基础设施和重大交通、水利、能源工程)摆在十分突出的位置。交通基础设施的规划和建设对区域协调发展至关重要。如何科学评估交通对国土空间的影响,把握跨区域交通基础设施在不同时期、不同范围、不同类型、不同领域的影响,促进跨区域交通基础设施的优化布局和积极效应的最大化,成为当前学术界和决策部门亟待解决的问题[4]。

本文围绕交通网络对国土空间开发的影响,按照理论基础、效果评估、研究评价与展望的思路进行综述,梳理了交通对土地利用保护、时空压缩、区域和城市经济发展的影响研究。在上述分析的基础上,总结交通对国土空间的影响机理,提出现有研究综述和未来发展展望,旨在探索一条在资源管控约束下,以交通带动区域高质量发展,从注重规模增长向区域协调发展、绿色发展转变的实现途径。

1 综合交通网络对国土空间开发的影响

1.1 交通网络对沿线土地开发和利用的影响

交通网络对土地利用的影响研究起源于美国。1971年,美国交通部提出"交通发展与土地开

基金项目:北京交通大学人才基金(No. 2023XKRCW016)。

发"研究课题,针对城市土地利用与交通系统的相互作用展开综合研究[5]。1988 年,Schütz 等对火车站周边用地进行分析,提出了"三个发展区"圈层结构模型[6]。1989 年,de la Barra 在《综合土地利用与交通建设》中提出交通与综合土地利用的模型理论[7]。1990 年之后,随着 TOD 理论的提出与广泛传播,有关交通设施对城市土地利用影响的研究,聚焦于交通对城市土地利用类型、开发强度的改变以及交通对城市土地利用效率和地价的影响等方面[8],交通与土地利用一体化模型是该领域的主要研究工具[9-10]。就现有研究而言,有关城市内部交通对土地利用影响的理论及实践已趋于成熟,而更大尺度范围内的研究尚处于起步阶段。近年来,随着区域交通的发展,对铁路、公路等跨区域交通对沿线土地利用影响逐渐受到关注[11-12]。随着区域交通一体化的发展,城市群、都市圈中城际交通对用地的效应,将成为未来研究的主要方向之一[13-14]。目前,已有主要通过交通线缓冲区的建立,分析不同时段土地利用的变化情况[15-16]研究。

1.2　交通网络的时空压缩效应

交通网络的时空压缩效应主要体现在两个方面。第一,交通设施建设将缩短城市间的时空距离,减少客、货运需耗费的时间,产生时空收敛作用,并推动城市间经济社会联系[17]。第二,交通网络的完善将改变区域内各城市交通优势度,进而影响区域整体空间结构[18]。可达性是衡量交通网络结构与分布的重要指标,城市间时空距离缩短最基本的体现就是可达性提升[19]。可达性最早由 Hansen 提出[20],指交通网络中各节点相互作用机会的大小,也指利用特定的交通系统从某一地点到达指定地点的便捷程度。关于可达性,当前研究主要从出行成本和区位吸引力两方面考量[21-22]。出行成本常采用的指标包括起讫点间的最短时间、距离及费用[23-25]。同时,部分研究也将安全性及舒适度作为评价指标。对于区位吸引力,常使用区域经济发展水平、人口数量等指标测算[26-27]。有关交通建设对城市空间影响的研究,涵盖区域及城市群、城市与站区等尺度[28]。一般认为,宏观区域尺度的空间结构改变主要源于跨区域型交通廊道的建设[29-30]。金凤君等将区域交通网络密度、交通干线影响度和区位优势度等指标集成,提出交通优势度的概念[31]。交通优势度的提升被认为是交通时空压缩效应改变区域空间结构的结果。对于城市与站区尺度研究,则可追溯至工业区位论、地租理论的产生。由于城市内部不同区域的交通可达性不同,进而导致的城市空间结构的差异,交通建设将显著影响城市内部和站区周边的空间形态、范围和结构,形成特殊功能区[32-33]。

1.3　交通网络对区域经济的影响

交通网络对区域经济的影响可体现在两方面,一是交通建设的投资将扩大前期经济增长效益,通过交通网络的建设,区域及城市的生产需求得到增加、城市就业得到促进,同时交通沿线城市产业布局也因为区位优势的改变而发生转变[34-35],学者常使用内生增长模型、投入产出模型等进行经济效应的测度[36-37]。二是交通网络的时空压缩效应将提升区域的物流运输效率,进而促进沿线空间的经济联系[38]。该过程体现为交通基础设施对经济集聚与增长、专业化、生产效率、投资及产业结构等方面的影响。研究普遍认为,交通网络对城市与区域空间的经济影响的主要产生机制为:交通可达性的变化—时空压缩效应—城市与区域经济的发展[39]。既有研究中对区域经济效应的评估方式可分为两类,一是基于多元线性回归、可达性模型、系统动力学理论等构建基础设施与区域经济之间的相关关系并分析其产生机制[40-41]。二是基于情景分析揭示基础设施有无情景下经济发展结果,有关城市间经济联系的测算方式主要通过引力模型实现[42],如王姣娥等基于 GIS 网络分析工具,研究无高铁、高铁现状和规划高铁三种情景下,中国城市间的经济强度联系情况[43]。

2　交通网络的国土空间效应作用机制

交通对国土空间开发的影响机制体现在以下几方面:首先,交通基础设施的建设将促进沿线土地由非建设用地改变为建设用地,提升土地的开发强度,进而推动地价的提升;其次,交通网络的完善将提升区域可达性,客、货运成本得到降低,区域和城市的空间结构也相应受到影响而变化;最后,交通基础设施的建设将通过直接拉动投资、间接促进区域产业结构升级两方面促进经济活力的增强。基于以上三方面的影响,交通将造成区域交通优势度的差异,进而推动区域要素配置的改变以及产业的进一步分工合作,最终导致区域 空间和经济结构重组,如图1所示。

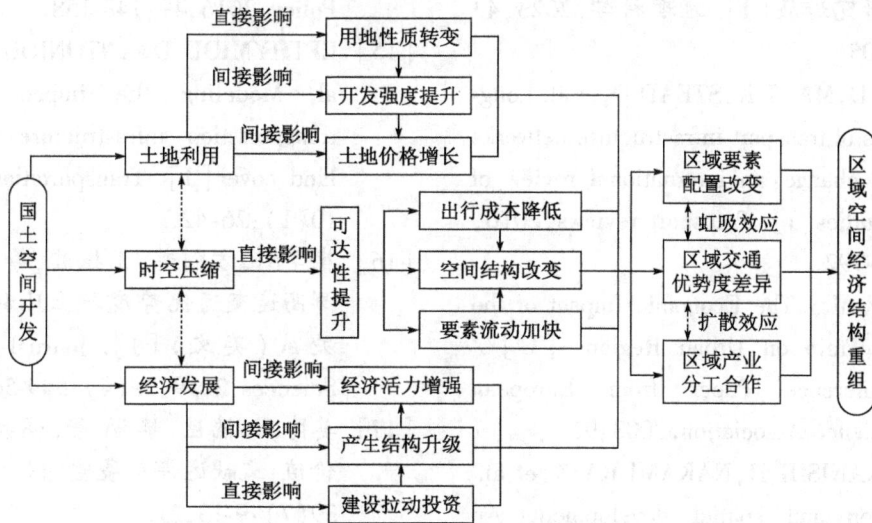

图1 交通对国土空间开发的影响机制

3 结语

本文通过对交通的国土空间效应研究成果的梳理和总结,分析了交通基础设施建设对国土空间开发的研究历程、演变规律和作用机制,从理论和实践层面揭示了交通与空间规划的研究热点,为今后更深入的研究提供了一定的理论依据和参考。国内外有关交通网络对国土空间开发影响的文献数量丰富且不断推陈出新,总体而言,相关研究仍存在一些不足:首先,尽管现有研究尺度多维,但研究区域大多位于中国的三大城市群以及国外的伦敦、巴黎等经济发达区域,对于经济欠发达地区的研究较少;其次,研究成果以实证分析居多,在理论体系及分析架构上的思考不足;此外,目前对于交通的国土空间效应的单项评价方法已趋于成熟,如何构建综合评价标准体系,以统一的研究范式和研究方法提升评估结果的科学性、系统性与精准性,是目前各方面共同面临的问题。

针对现有研究的不足,本文提出以下建议。第一,完善交通网络对国土空间效应的评估方法与技术研究。在高质量发展背景下,我国正处于国土空间格局优化的关键时期,应进一步正确评估交通基础设施对国土空间的差异化效应对各级国土空间格局优化和区域发展具有重要作用。同时,随着交通方式的多元化和综合交通体系的构建,以综合交通网络为研究对象的集成分析评价思路需进一步明确。第二,注重交通对国土空间影响的机理机制理论研究。尽管已存在大量有关

交通对用地、可达性、经济等方面影响的研究,但这些研究主要关注对现象的描述与分析,关于交通网络对区域发展的影响机理讨论尚不深入,仍有待进一步探讨。未来应加强对交通网络国土空间效应的影响因素、影响特征、发展过程和作用机制全过程的分析,从而提出更有针对性的决策建议。第三,加强基础研究与实践应用的联系。目前有关国土空间与交通优化的基础研究已趋于成熟,但对于一定资源环境承载力下交通基础设施科学规划、合理选线布局和交通建设容量计算的研究仍较缺乏,需进一步加强相关内容在定量方面的研究,以实现与资源环境的协调和区域发展的协同。

参考文献

[1] ZHAO G, ZHENG X, YUAN Z, et al. Spatial and temporal characteristics of road networks and urban expansion [J]. Land, 2017, 6 (2):30.

[2] XU H, ZHAO J, YU X, et al. A Model Assembly Approach of Planning Urban-Rural Transportation Network: A Case Study of Jiangxia District, Wuhan, China [J]. Sustainability, 2023, 15(15):11876.

[3] JIN F J, CHEN Z. Evolution of transportation in China since reform and opening up: Patterns and principles [J]. Journal of Geographical Sciences, 2019, 29(10):1731-1757.

[4] 李涛,王姣娥.跨区域重大基础设施空间效应评估方法研究进展[J].地理科学,2023,43(4):596-605.

[5] KASRAIAN D,MAAT K,STEAD D,et al. Long-term impacts of transport infrastructure networks on land-use change:an international review of empirical studies[J]. Transport reviews,2016,36(6):772-792.

[6] POL PETER M J. The Economic Impact of the High-speed Train on Urban Regions [C]// EESA Conference Paper from European Regional Science Association. 2003,9.

[7] KII M,NAKANISHI H,NAKAMURA K,et al. Transportation and spatial development:An overview and a future direction[J]. Transport Policy,2016,49:148-158.

[8] NOZDROVICK? J,DOST? L I,PETROVI? F, et al. Land-Use Dynamics in Transport-Impacted Urban Fabric:A Case Study of Martin-Vrútky, Slovakia [J]. Land, 2020, 9(8):273.

[9] TANG W,ZHANG F,CUI Q,et al. Evaluation of the land value-added benefit brought by urban rail transit[J]. Journal of Transport and Land Use,2021,14(1):563-582.

[10] BACIOR S,PRUS B. Infrastructure development and its influence on agricultural land and regional sustainable development[J]. Ecological Informatics,2018,44:82-93.

[11] 赵鹏军,万婕.城市交通与土地利用一体化模型的理论基础与发展趋势[J].地理科学,2020,40(1):12-21.

[12] PENAZZI S, ACCORSI R, MANZINI R. Planning low carbon urban-rural ecosystems:An integrated transport land-use model[J]. Journal of cleaner production, 2019, 235:96-111.

[13] WALDECK L,HOLLOWAY J,VAN HEERDEN Q. Integrated land use and transportation modelling and planning[J].Journal of Transport and Land Use,2020,13(1):227-254.

[14] KII M,NAKANISHI H,NAKAMURA K,et al. Transportation and spatial development:An

overview and a future direction[J]. Transport Policy,2016,49:148-158.

[15] EFTHYMIOU D, ANTONIOU C, SIORA E, et al. Modeling the impact of large-scale transportation infrastructure development on land cover [J]. Transportation Letters, 2018, 10(1):26-42.

[16] 崔学刚,方创琳,王振波,等.山东半岛城市群高速交通优势度与土地利用效率的空间关系(英文)[J]. Journal of Geographical Sciences,2019,29(4):549-562.

[17] 姜博,初楠臣,黎赟,等.高铁可达性与土地价值:文献述评与展望[J].经济地理,2019,39(7):9-13,21.

[18] JIAO J, WANG J, ZHANG F, et al. Roles of accessibility, connectivity and spatial interdependence in realizing the economic impact of high-speed rail:Evidence from China [J]. Transport Policy,2020,91:1-15.

[19] ZANG Z, XU X, QU K, et al. Travel time reliability in transportation networks:A review of methodological developments [J]. Transportation Research Part C:Emerging Technologies,2022,143:103866.

[20] HANSEN W G. How accessibility shapes land use[J]. Journal of the American Institute of planners,1959,25(2):73-76.

[21] WANG Y,CHEN B Y,YUAN H,et al. Measuring temporal variation of location-based accessibility using space-time utility perspective [J]. Journal of Transport Geography,2018,73:13-24.

[22] ZHANG L, LU Y. Regional accessibility of land traffic network in the Yangtze River Delta [J]. Journal of Geographical Sciences,2007,17:351-364.

[23] LIN Y T. Travel costs and urban specialization patterns:Evidence from China's high speed railway system [J]. Journal of Urban Economics,2017,98:98-123.

[24] MARTENS K, DI CIOMMO F. Travel time savings, accessibility gains and equity effects in cost-benefit analysis[J]. Transport reviews,

2017,37(2):152-169.

[25] KITA H,YOTSUTSUJI H,ASAKA R,et al. Estimation Method for Interurban Accessibility:A Highway Performance Measure Indicating Smooth and Safe Traffic Flow[J]. Transportation Research Procedia, 2016, 15: 709-720.

[26] WANG L,ZHANG W,DUAN X. Understanding accessibility changes from the development of a high-speed rail network in the Yangtze River Delta, China:Speed increases and distance deductions [J]. Applied Spatial Analysis and Policy, 2019, 12 (4): 1011-1029.

[27] 王丽,曹有挥,姚士谋.高速铁路对城市空间影响研究述评[J].长江流域资源与环境, 2012,21(9):1073-1079.

[28] 陈卓,梁宜,金凤君.基于陆路综合交通系统的中国城市网络通达性模拟及其对区域发展格局的影响[J].地理科学进展,2021,40 (2):183-193.

[29] LIU J,HOU X,XIA C,et al. Examining the spatial coordination between metrorail accessibility and urban spatial form in the context of big data [J]. Land, 2021, 10 (6):580.

[30] 金凤君,王成金,李秀伟.中国区域交通优势的甄别方法及应用分析[J].地理学报, 2008,(8):787-798.

[31] MONZ? N A,ORTEGA E,L? PEZ E. Efficiency and spatial equity impacts of high-speed rail extensions in urban areas[J]. Cities, 2013,30:18-30.

[32] SHAW S L,FANG Z,LU S,et al. Impacts of high speed rail on railroad network accessibility in China[J]. Journal of Transport Geography,2014,40:112-122.

[33] SCHMUTZ R. Infrastructure-driven development:the local social impact of a large hydropower plant in the Amazon [J]. The Journal of Development Studies,2023,59(8):

1123-1143.

[34] MAGOUTAS A,MANOLOPOULOS D,TSOULFAS G T, et al. Economic impact of road transportation infrastructure projects:the case of Egnatia Odos Motorway [J]. European Planning Studies,2023,31(4):780-801.

[35] ZHANG T,QIU Y,DING R,et al. Coupling coordination and influencing factors of urban spatial accessibility and economic spatial pattern in the New Western Land-Sea Corridor [J]. Environmental Science and Pollution Research,2023,30(19):54511-54535.

[36] ZHANG M,LI Z,WANG X,et al. The mechanisms of the transportation land transfer impact on economic growth:Evidence from China [J].Land,2021,11(1):30.

[37] CHEN Z,LI Y,WANG P. Transportation accessibility and regional growth in the Greater Bay Area of China [J]. Transportation Research Part D:Transport and Environment, 2020, 86:102453.

[38] 姜博,初楠臣,王媛,等.高速铁路对城市与区域空间影响的研究述评与展望[J].人文地理,2016,31(1):16-25.

[39] YE C,ZHENG Y,LIN S,et al. The Impact of High-Speed Railway Opening on Regional Economic Growth:The Case of the Wuhan-Guangzhou High-Speed Railway Line [J]. Sustainability,2022,14(18):11390.

[40] LI B,GAO S,LIANG Y,et al. Estimation of regional economic development indicator from transportation network analytics[J]. Scientific reports,2020,10(1):2647.

[41] SU M,GUO M,LUAN W,et al. The Impact of Expressway Development on Industrial Structure in Rugged Terrain:The Case of Sichuan Province, China[J].Land,2023,12 (5):1071.

[42] 王姣娥,焦敬娟,金凤君.高速铁路对中国城市空间相互作用强度的影响[J].地理学报,2014,69(12):1833-1844.

Optimizing Student Transportation in Tanzania: A Comprehensive Investigation and Route Planning Approach for Improved Educational Access

Lawrent Gordon Mairusya* Ning Wang

(College of Marine Engineering, Dalian Maritime University)

Abstract   This research investigates the integration of student transportation within the Bus Rapid Transit system of Dar Es Salaam, with a focus on optimizing feeder bus routes to foster sustainable development. The optimization function prioritizes operational and student travel costs while incorporating variables like feeder bus route logic, vehicle capacity, station transfers, student age, and risk exposure. The approach uses genetic algorithms to tailor feeder bus routing for students, enhancing efficiency, route rationality and ensures capacity meets demand effectively. A unique 'utilization factor,' a dynamic allocation model is introduced, balancing the transport demands of students with the general passenger needs, ensuring the BRT system remains adaptable and efficient across varying loads. Our findings reveal that enhancing the effective number of routes through optimization has a direct and significant impact on the feeder bus network, leading to the development of four optimized routes. These optimized routes significantly improve the feeder system's efficiency by reducing operational costs and minimizing students' travel time and exposure to safety risks. Furthermore, the study demonstrates notable advancements in cost-effectiveness and safety, catering adeptly to the diverse age groups of students utilizing the system. Importantly, the results ensuring that the BRT system remains flexible and responsive to optimizing service during peak student travel hours without compromising the needed for regular passenger service during off-peak hours. This study marks a significant stride towards integrating student transportation into Dar Es Salaam's BRT system through student feeder bus route optimization.

Keywords   Genetic algorithm   Student transportation   Bus rapid transit   Feeder bus   Route optimization

0 Introduction

1) Background

The foundation of societal progress rests upon the bedrock of quality education, and at the heart of educational accessibility lies the efficiency of student transportation systems. In the context of educational access, the role of transportation becomes pivotal, influencing students' ability to reach learning institutions promptly and reliably. Against the backdrop of global sustainable development policies for cities, the imperative of a congestion-free transportation infrastructure becomes paramount for a

country's economic advancement[1]. However, the advent of Bus Rapid Transit (BRT) has gained prominence in addressing urban traffic challenges, designating special lanes for streamlined transportation like in Dar Es Salaam city, Tanzania [2]. While BRT offers convenience in terms of time efficiency and accommodating a large number of passengers, it encounters challenges in effectively integrating with feeder buses and others. Group of passengers such as students often find themselves walking long distances or resorting to alternative modes of transport like para-taxi which includes motorcycles taxi (boda-boda) or three-wheeled taxi (Bajaji), to reach their destination or BRT transfer stations [3]. This not only escalates transportation costs but also poses a heightened risk of accidents. Private schools in Tanzania, equipped with dedicated buses, facilitate seamless transportation for their students. However, public schools, catering to a larger student population, often lack this provision [3]. Students using public transport, such as microbuses (vipanya), small and min buses (Daladala) (refer to Figure 9) and BRT, face challenges during peak hours as these modes of transport do not prioritize student commuters [4]. The resulting long waits and struggles to board buses can lead to exposure to street temptation, bad behaviour, discomfort for students and other inconvenience. In this study, we suggest adding Student Buses to the BRT system in Dar Es Salaam, connecting them to feeder buses for student transportation. Our study aims to optimize student transport, tackling mobility issues for sustainable urban development and economic growth in the city [5].

2) Description of the proposed method

A critical challenge in public transport, particularly the use of Daladala in Dar es salaam, lies in accommodating students of different age groups, leading to safety concerns and inefficiencies during peak hours. This study proposes a comprehensive method to address these challenges, considering the age, safety, and efficiency of students' transportation. In the context of Age-Based Feeder Buses/Daladala and BRTS Route, the study recommends the introduction of two dedicated buses for younger students (ages 6-13) and older students (ages 14-18) due to the fact that older students mistreat younger ones, leading to timidity, loss of confidence, and inappropriate behaviours. Operating during specific time windows from 5 am to 8:00 am and from 2:00 pm to 5:00 pm, these buses will wait at each station for three minutes, providing a 10-minute travel time between stations. An organized boarding process will be facilitated, with level seating for 40 students on each FB, ensuring comfort and safety. These FBs is connecting students to the BRT route, aiming to shield them from street temptations and unregulated

conversations during their commute. For Bus Rapid Transit for Students (BRTS), the study proposes 20 BRT buses, each capable of accommodating 60 level-seated students. To ensure efficiency, all BRTS and feeder buses will be color-coded with a yellow strip at the middle and labelled with capital letters W1 for ages 6-13 and W2 for ages 14-18. Coordination of schedules between buses for these age groups will minimize waiting times at transfer stations, facilitating a smooth transition. Simultaneously, A modern payment system will be implemented, requiring students to scan their school ID cards upon boarding. The system will automatically deduct the fare (set at 600 Tshs (0.24 $) when transfer and 200 Tshs (0.08 $) no transfer) and record essential information, triggering an alarm if discrepancies are detected. Internal cameras will monitor students' behaviour, while onboard TVs broadcast educational programs. At the same time, the study recommends the use of compressed natural gas to align with global goals of reducing carbon dioxide emissions, fostering social, economic, and environmental development while prioritizing safety, efficiency, and age-appropriate transport solutions, aiming to create an environment that shields students from potential street influences and conversations beyond their age (Figure 1).

1 Literature review

1.1 Challenges in public transport for students

With the population increase and urban expansion, the need for sustainable public transport within cities is rapid glowing [5]. Public transport often caters to special needs like ramps and designated seats, but student requirements, such as age and time considerations, are often overlooked in urban planning, especially in developing nations like Tanzania, where students may not get seats on bus/ daladalas regardless of age or circumstances unless they pay as normal passenger. A 2018 report by the

Ministry of Work, Transport and Communication Tanzania (MoWT), in collaboration with the Japan International Cooperation Agency (JICA Tanzania), highlighted that 39.5% of trips involved walking and cycling, 51.9% used various public transport modes, and only a fraction utilized cars or motorcycles. Specifically for school transport, 60.3% involved walking or cycling, 2.2% motorcycles, 0.7% cars, and 36.8% public transport modes [5]. Hannibal et al surveyed Dar Es Salaam, using a binary Logit model to analyze school children's transport choices. The findings revealed that older students prefer non-motorized options, but safety, gender, and income influence decisions, notably for parents [4]. Asheri et al's study, using questionnaires and interviews,

explored the impact of transportation on girls in Ilala municipal. Employing probability and nonprobability sampling, they found public transport issues contributed to early pregnancies and poor academic performance, leading to dropouts. The study recommends creating convenient school shuttles for public school girls, in addition to building hostels or boarding facilities, involving the government and stakeholders [3]. Furthermore, school transportation should be reliable and accessible for all students, including those with disabilities. A study in Zimbabwe's Mashonaland West Province recommended using cost-effective and accessible three-wheel motorbikes with trailers to enhance inclusivity in the education system [6].

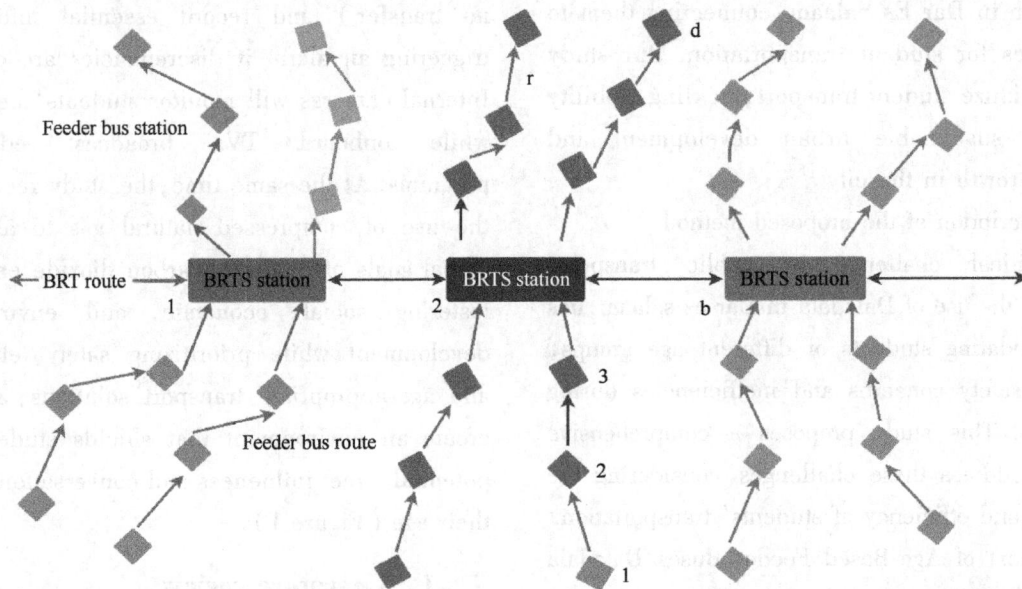

Figure 1　A sketching of feeder bus route to BRTS

1.2　Optimization of feeder bus routes

The development of transport and mobility such as BRT is a versatile concept which does not depend only on infrastructure but also the integration of other type of transport, technology and society for ensuring safe, reliable, efficient transport that will guarantee community user satisfaction [7]. Scholars globally study optimizing feeder bus routes for efficient passenger collection in main transport systems like BRT, train or subway. Cao et al. evaluated feeder buses' effectiveness for subway transportation,

focusing on station transfers. Using genetic and enumeration algorithms in Matlab, they optimized feeder bus routes in Dalian city. Studying 25 bus stops, Dalian metro line 1, and 3 subway stations, the research compared existing and new feeder bus routes in terms of passenger numbers, operation and travel costs. Results indicated that the model and algorithm successfully optimized routes, improved operational efficiency, increased passenger numbers, and reduced individual travel costs [8]. Cipriani et al [9] explored the M-1 feeder mode, which devised an efficient feeder route to bring passengers from various starting points to a common destination. By using a case study analysis Wei et al [10] crafted an optimize feeder bus route by using genetic algorithm model. The study cleared its feasibility. Furthermore, [11] explored the feeder bus route and the walking distance of passengers, employing a genetic algorithm to address the optimization model of the feeder bus route. In another way, [12] addressed feeder bus timetabling, minimizing passenger and operating cost, using a hybrid artificial bee colony (ABC) algorithm for efficiently solution. Another research [13] studied fixed routes vs. door-to-door services; found fixed routes more effective through numerical analysis. [14] used a mixed-integer linear programming model and genetic algorithm to minimize total travel time for passengers effectively. Optimizing school bus routes with genetic algorithms, untapped potential lies in integrating feeder buses with BRT for efficient student transport in Dar Es Salaam, this study addressing the following aspects:

①Designing student feeder bus routes aims to reduce long waits, high fares, age-inappropriate conversations, temptations, safety risks, the factors causing school dropouts in current commuting conditions.

②By using the current BRT route, the proposal suggests repurposing an existing bus to operate as a Bus Rapid Transit for Students (BRTS).

2 Proposed methodology

2.1 Feeder mus route model

Student-focused Feeder Bus/Daladala: transports students from starting to BRT station and BRT to destination. Route optimization factors: BRT stations, transfer station, stops, flow, safety, age, cost, and time.

2.1.1 Assumption generated

Each route has a maximum of 4 feeder buses/daladala in operation which travelling in one route

(Figure 2 ~ Figure 6). Two buses operated to a route from starting point (one bus carrying students age 6-13 and the other feeder bus age 14-18) other two FB start from destination point. A student is allowed to take more than one bus to reach destination. In each route, bus is not allowed to skip a feeder bus station. Also, feeder bus route allowed to serve one BRT station and FB stop/station has one feeder bus route. The departure interval of FB and BRTS is constant, while their speed is known (Table 1).

Figure 2　Current BRT Station [18]

Figure 3　Students Aged 14-18 Struggling to Board a Daladala/Bus [4]

Figure 4　Students Aged 6-13 Waiting Normal Passenger to Board a Daladala/Vipanya [3]

Figure 5　BRT, Kivukoni Route [18]

Figure 6　Primary School Student Leaving the BRTS Station[18]

Variables and Symbols for Model Table 1

Variable	Meaning
Indexes	
R &W	Set of all routes & stations respective
A &E	Set of all starting & ending respective
B	Collection of BRTS station
b&d	Number of BRTS &FB station respective
e	Transfer station between BRTS & FB
g	Transfer station between FB and FB
l, i, j, e, g	Index of feeder buses and BRTS
Other Parameters	
BRTS	Bus Rapid Transit for Students
FB	Feeder Bus
Tshs	Tanzania Shillings
F_{max}	Maximum feeder bus station
cc	Travel cost coefficient per unit distance
c_s	Student travel cost per unit time
S_{FB} & S_{BRTS}	Operation speed of a FB & BRTS
h_t	Student transfer time from FB to BRTS
h_a	Student average time to wait/walk/boarding
h_{dA}	Additional time at transfer station
C & C_T	Single node capacity & Transfer station capacity respectively

continued

Variable	Meaning
C_{max}	Maximum student flow capacity each FB
y_j	BRTS station where FB connects
x_{ij}	FB station connected to FB from i to j
u_{ij}	Student flow from FB station i to j
f (f_{BRTS}, $f_{FEEDER\ BUS}$)	BRTS & FB frequency
$S_{transfer\ station}$	Single transfer station capacity
P_{trans}	Actual parking number at transfer station
h^B	BRTS transfer time at station B
h^e	Transfer time at FB to BRTS
h^g	Transfer time at FB to FB
h_{time}	Walking time for Feeder Bus to BRTS
$D_{1\sim7}$	Distance travel from station 1 to 7
$P_{1\sim7}$	Penalty function for exceeding transfers
P_{age}	age penalty function
$X_{penalty}$	excessive transfer penalty
$P_{transfer}$	Changing transfer penalty
γ	Acceptable threshold age btn 6-13 and 14-18
u_{total}	Total student inflow rate by age groups
Q_e, U_V	Unbalanced coefficientcar parking time
I_{ij}	Travelling distance from station i to j
E_{street}	Factor of student street temptation
$I_{conversation}$	Factor of unregulated conversation
age_{ij}	Age of students from node i to j
Decision Variables	
$Q_{ij}^e, Q_{ij}^g = 1$	transfer from i to j at station e & g
x_{ij}^r　$x_{ij}^r = 1$	if i, j is on route $r, x_{ij}^r = 0$, otherwise
y_{eg}^{ij}　$y_{eg}^{ij} = 1$	station e & g is on route i & j
k_{ij}^e　$k_{ij}^e = 1$	if transfer from i to j at station e, or 0
h_{ij}	Transfer time, $h_{ij} \leqslant 1$ no penalty, $h_{ij} > 1$ penalty
y_{db}^{ij}　$y_{db}^{ij} = 1$	if student travel direct, 0 elsewise

2.1.2 Mathematical Model Formulation

To ensure that each BRTS station serves only one route for feeder bus, consider the following equation:

$$\sum_{j=1}^{b} Y_j = 1, \forall_r \in (1,2,\cdots,b) \quad (1)$$

Equation (2) ensure that each feeder bus station/stop has only 1 feeder bus route

$$\sum_{i=1}^{d} x_{ij} = 1, \forall_j \in (1,2,3,\cdots,d) \quad (2)$$

Station Ordering Constraint. Equation 3 ensures that if station i is included, station i-1 must also be included, enforcing an ordered sequence.

$$x_i \geqslant x_{i-1} \quad (i = 2,3,\cdots,d) \quad (3)$$

Equation (4) represent the maximum number of FB station in the feeder bus route to avoid excessive complexity or impractical routes.

$$\sum_{i=1}^{d} x_i \leqslant F_{\max} \quad (4)$$

According to [15] Constraint, each bus stop is visited exactly once in the feeder route, for each pair of feeder bus stations i and j ($i \neq j$), the $x_i \neq x_j$. To prevent the formation of loops within the feeder route the following equation by [16] is used, for each subset of d, then $2 \leqslant |d| \leqslant F_{\max} - 1$ therefore:

$$\sum_{i \in dj} \sum_{\in d, j \neq i} x_{ij} \leqslant |d| - 1 \quad (5)$$

Equation (6) indicating that the flow from source route r to node i and from node l to destination node j respectively are connected within the network from the starting point. Equation (7) (ending station) ensures that there is exactly one incoming flow to node l from a source node i and no outgoing flow from node l in the set W within a route r. Equation (8) ensures that each intermediate node (excluding the starting and destination nodes) should have exactly one incoming flow and exactly one outgoing flow.

$$\sum_{i \in W(i \neq l)} x_{il}^r = 0, \sum_{j \in W(l \neq j)} x_{lj}^r = 1, \forall l \in A \quad (6)$$

$$\sum_{i \in w(i \neq l)} x_{il}^r = 1, \sum_{j \in w(l \neq j)} x_{lj}^r = 0, \forall l \in E \quad (7)$$

$$\sum_{i \in W(i \neq l)} x_{il}^r = \sum_{j \in W(l \neq j)} x_{lj}^r = 1, \forall l \in W - \{A,E\} \quad (8)$$

To incorporate route capacity constraints into the FB route optimization problem, equation (9) & (10) ensures that the total number of students assigned to the bus stops in route does not exceed the capacity of the FB.

$$\sum_{i \in W} u_{ij} \times x_{ij}^r + u_{ij} \times (1 - x_{ij}^s) \times k_{ij}^e \leqslant C \, \forall j \in W,$$
$$\forall e \in B, \forall r \in R \quad (9)$$

$$\sum_{i \in W} \sum_{j \in W} u_{ij} \times x_{ij}^r \leqslant C_{\max}, \forall r \in R \quad (10)$$

At the station student may transfer from FB to BRTS and feeder bus to feeder bus. This process affects their travel costs from starting to their destination. However, travel cost may increase due to the penalty factor (P_{age}) when the age of the student doesn't fall within the specified range (age 6-13 and 14-18) during transfer. Consider the Figure 7 & Figure 8 below:

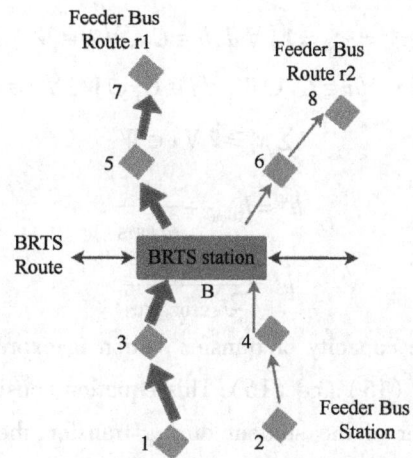

Figure 7　FB Route r1 (1-3-B-5-7) and r2 (2-4-B-6-8)

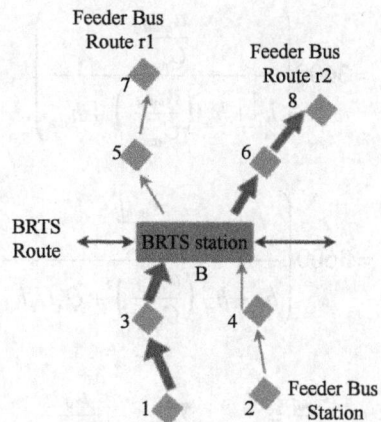

Figure 8　FB Route r1 (1-3-B-6-8) and r2 (2-4-B-5-7)

From Figure 3, a student is directly travelling from station 1 to 7 through route r_1 without transfer at

BRTS station, i. e. travelling cost is $c_S \times u_{1-7} \times \dfrac{D_{1-7}}{S_{FB}} + p_{age}$. At Figure 4, a student from station 1 will transfer at BRTS station B to reach station 7, i. e. travelling cost is $c_S \times u_{1-7} \times \left(\dfrac{D_{1-7}}{S_{FB}} + h^B + P_{1-7} + p_{age} \right)$.

Equation (11) represent transfer station between feeder bus and BRTS on the route i to j (e)

$$x_{de}^{ij} = x_{eb}^{ij}, \forall d \in C_T \vee W, \forall b \in W \vee C_T$$
$$Y_{ij}^r = o, \forall i \in C_T \cup W, \forall j \in C_T \cup W, \forall r \in R \Rightarrow$$

$$\sum_{r \in R} x_i^r \leq Route \; \forall i \in W \tag{11}$$

Equation (12) represent transfer station between FB and FB on the route i to j (g) where by

$$x_{eg}^{ij} = \begin{cases} 1 & \text{if station } e \text{ and } g \text{ is on route } i \& j \\ 0 & \text{otherwise} \end{cases}$$

$$x_{dg}^{ij} = x_{gb}^{ij} = 1, \forall d, b \in C_T, \forall g \in W$$
$$Y_{ij}^r = o, \forall i \in C_T \cup W, \forall j \in C_T \cup W, \forall r \in R \Rightarrow$$

$$\sum_{r \in R} x_i^r \geq 2 \; \forall i \in W \tag{12}$$

$$h^e = h_{time} + \frac{1}{2 f_{BRTS}} \tag{13}$$

$$h^g = \frac{1}{2 f_{FEEDER\,BUS}} \tag{14}$$

The capacity of transfer station is expressed by equation (15) and (16). This equation considers the age factor of the student during transfer, the overall student process rate.

$$C_T = p_{trans} \times S_{transfer\,station} \tag{15}$$

$$S_{transfer\,station} = 3600 \left(\dfrac{\dfrac{u_{total}}{C_{max}}}{h_t + h_a \left(\dfrac{u_{total}}{C_{max}} \right) + h_{dA}} \right)$$

$$= 3600 \left(\dfrac{\dfrac{u_{total}}{C_{max}}}{h_t + h_a \left(\dfrac{u_{total}}{C_{max}} \right) + Q_e U_v h_a} \right) \tag{16}$$

where

$$\frac{u_{total}}{C_{max}} = \sum_{i = age6 - 13, j = 14 - 18} \frac{u_{ij}}{C_{max\,ij}}$$

Equation (17) represent the total number of students on a specific bus route i does not exceed a transfer station capacity.

$$Capacity \; of \; Route \leq \left(\frac{C_{Ti}}{f_i} \right) \tag{17}$$

Equations (18) ~ (21) represent total FB operation cost (OPC_{total}) students cost including direct time of student transport i. e. no transfer ($C1_{student}$), psychological cost ($C2_{student\,psychological}$), time of student transport with transfer ($C3_{student}$) respectively as follows:

$$OPC_{total} = cc \sum_{i \in W} \sum_{J \in W} I_{ij} \times x_{ij}^r \tag{18}$$

$$C1_{student} = \sum_{d \in C_T \cup W} \sum_{b \in C_T \cup W} \left(\frac{I_{db}}{S_{FB}} \times y_{db}^{ij} \times x_{ij}^r \right) \tag{19}$$

Equation (20) incorporates student exposure to street temptations and the impact of unregulated conversations into the travel cost of students.

$$C2_{student\,psychological} = \sum_{d \in C_T \cup W} \sum_{b \in C_T \cup W}$$
$$\left(\frac{I_{db}}{S_{FB}} \times E_{street} \times I_{conversation} \times y_{db}^{ij} \times x_{ij}^r \right) \tag{20}$$

where

$$\begin{cases} E_{street} > 1 & \text{Higher risk to street exposure} \\ E_{street} < 1 & \text{lower risk to street exposure} \end{cases}$$

$$C3_{student} = \sum_{d \in C_T \cup W} \sum_{b \in C_T \cup W} \frac{I_{db}}{S_{FB}} \times (1 - x_{ij}^r) \times y_{db}^{ij} +$$
$$\sum_{e \in W} h^e \times Q_{ij}^e + \sum_{g \in W} h^g \times Q_{ij}^g \tag{21}$$

Total travel cost of student $CT_{student}$ is given as:

$$CT_{student} = C1_{student} + C2_{student\,psychology} + C3_{student} \tag{22}$$

This research takes into account the roles of students as travelers and their behavior. To ensure the safety of student travel and minimize disruptions caused by frequent transfers and age considerations, a penalty system is introduced. Specifically, equation (23) focuses on penalties related to changing transfers ($P_{transfer}$), equation (24) addresses age-based penalties for students (P_{ageij}), and equation (25) calculates the overall travel cost for students ($Tc_{student}$).

$$P_{transfer} = \begin{cases} 0 & (h_{ij} \leq 1) \\ x_{penalty} \times h^e \times h_{ij} & (h_{ij} > 1) \end{cases} \tag{23}$$

$$P_{ageij} = \begin{cases} 0 & \text{if } age_{ij} \text{ is within acceptable range} \\ x_{penalty} \times h^e \times (age_{ij} - \gamma)^2 & age_{ij} > \gamma \end{cases} \tag{24}$$

Combine equations (22) ~ (24) to get equation

(25)

$$Tc_{student} = c_s \sum_{i \in C_T \cup Wj} \sum_{\in \cup C_T \cup W} u_{ij} \times$$
$$(CT_{student} + P_{transfer} + P_{ageij}) \times x_{ij} \quad (25)$$

The student FB route planning model aims to minimize costs, reducing travel time, particularly at transfer stations, prioritize safety, and consider students' ages. It formulates an objective function, presented as a minimization problem, to find an optimal and cost-effective arrangement for efficient student transportation. The optimal minimization function (OP_{min}) is given as:

$$OP_{min} = cc \sum_{i \in Wj} \sum_{\in W} I_{ij} \times x_{ij}^r + c_s \sum_{i \in C_T \cup Wj} \sum_{\in \cup C_T \cup W} u_{ij} \times$$
$$(CT_{student} + P_{transfer} + P_{ageij}) \times x_{ij} \quad (26)$$

2.2 BRTS dynamically allocation model

This study designs the use of BRTS buses for carrying both regular passengers and students at different times, aiming to reduce operation costs of the BRTS while impose awareness to safety, age consideration, time management to students and cost effective to regular passenger. During the time window the BRTS will change its uses from students to regular passenger and vice-versa. A dynamic utilization factor is introduced originated from logistic function [17] called "Utilization Factor for Student Transport" (UFST). It represents the proportion of time the BRTS is allocated for student transport during the day.

2.2.1 Assumption and abbreviations

To avoidexcess waiting time BRTS labelled W1 for students age 6-13 and W2 for students age 14~18 will travel closely to each other. Students will enter the bus by que maintaining level seat, safety, transfer time and age consideration for students transport hours are crucial(Table 2).

$$UFST_{overall}(t) = \begin{cases} UFST_{students}(t) \\ UFST_{normal\ passenger}(t) \end{cases}$$

The BAST is highly affected by safety and age of the student as this is the main target of the study, shown in equation (31).

$$BAST = UFS\ T_{overall}(t) \times (sf_{stdnt} \times Asf_{stdnt} + T/wf_{stdnt}) +$$
$$cf_{np} \quad (31)$$

BRTS Allocation Model Variables Table 2

Parameter	Meaning
a	Determine the steepness of the utilization curve
b	Determine the time when transition occur
BAST	Bus allocation for student transport
t	Time of day in hours
$sf_{student}$	Safety factor for student
$Asf_{student}$	Age-specific factor for student
$T/wf_{student}$	Transfer waiting factor for student
cf_{np}	Cost factor for normal passengers

2.2.2 Mathematical expressions

The specified time slots for students and normal passengers, as well as the age groups, we can define the equations for the Utilization Factor for Student Transport (UFST) and the Bus Allocation for Student Transport (BAST).

$$UFST(t) = \frac{1}{1 + e^{-(t-b)/a}} \quad (27)$$

For Student Transport 5:00 am ~ 8:00 am and 2:00 pm ~ 5:00 pm

$$UFST_{student}(t) = \frac{1}{1 + e^{-(t-b_{student})/a_{student}}} \quad (28)$$

For Normal Passenger 8:00 am ~ 2:00 pm and 5:00 ~ 11:00 pm

$$UFST_{normal\ passenger}(t) = \frac{1}{1 + e^{-(t-b_{normal})/a_{normal}}} \quad (29)$$

where:

$b = b_{morning} = 6$ (transition from 0 to 1 around 6:00am peak hour)

$b = b_{evening} = 15$ (transition from 0 to 1 around 15:00pm peak hour)

Combine equation (28) & (29) for overall UFST

$$\begin{cases} UFST_{students}(t) & (\text{if } 5:00 \leq t < 8:00 \text{ or } 14:00 \leq t < 17:00) \\ UFST_{normal\ passenger}(t) & (8:00 \leq t < 14:00 \text{ or } 17:00 \leq t < 23:00) \end{cases} \quad (30)$$

3 Experiment, results and discussion

3.1 Case study

The Dar Es Salaam Bus Rapid Transit system is a complex network comprising 6 phases and multiple routes spanning across 4 districts: Ubungo,

Kinondoni, Temeke, and Ilala. Although some of these routes are still under construction, our study specifically examines the Ilala Municipal Council (MC) as a key case, focusing on the BRT phase 3, route 2, spanning 17.92 kilometers (refer to Table 5). The investigation into Ilala MC is comprehensive, involving the collection of origin-destination (OD) flow data through surveys. These surveys sample opinions to gauge various factors like population size, the number of students, the number of schools, means of transport and the significance of Ilala MC as a central hub for BRT infrastructure (refer to figure 9, Table 3 & 4). Interviews and surveys were conducted which span three hours with a diverse group of stakeholders, including schools, BRT & FB operators, vehicle owners, and students at both BRT and FB stations. During peak hours, researchers recorded the total number of students waiting, the overall student

flow, and their demands at the BRT and FD stations. The information collected from students' starting points to their destinations was then summarized and sorted to construct sample OD data. For the practical application of the study's model, three BRT stations and 26 FB stations along route 2 were randomly selected. This setup aims to cater to the high demand for student transportation during peak hours by proposing appropriate departure time intervals and calculating the required number of buses to accommodate the entire student flow effectively. The operational speeds (BRTS speed (S_{BRTS}) is 24 km/h, feeder bus speed (S_{FB}) is 80 km/h), costs (operational cost coefficient (15,000 Tshs or $6) per unit distance ($cc$)), and travel expenses (student travel cost coefficient (600 Tshs or $0.16) per unit time ($c_s$)) are critical factors in this comprehensive analysis to serve the student population efficiently.

Number of schools and Students Enrolled in Secondary School by Sex and walking distance in Dar Es Salaam Age 14 ~ 18 [19]   Table 3

District council	Schools		Lower Secondary school			Higher School			Male Dist	Female Dist	Av Dist
	Gov	Prv	Male	Female	Total	Male	Female	Total			
ILALA MC	51	47	32199	35453	67652	3069	2591	5660	3.47	3.49	3.48
UBUNGO	29	35	17122	18104	35226	904	928	1832	3.67	3.54	3.61
TEMEKE MC	29	33	25603	28487	54090	1473	968	2441	3.50	3.60	3.55
KINONDONI	26	57	17277	18545	35822	1679	1338	3017	3.13	3.26	3.20
KIGAMBONI	14	7	6020	6148	12168	19	26	45	3.13	3.26	3.20
TOTAL	149	179	98221	106737	204958	7144	5851	12995	3.42	3.45	3.44

Number of schools and Students enrolled in Primary School by Sex and Walking Distance in Dar Es Salaam Age 6 ~ 13 [19]   Table 4

District council	Schools		Number of Students by Sex			Male Dist	Female Dist	Av Dist
	Gov	Prv	Male	Female	Total			
ILALA MC	120	115	114295	115948	230243	2.43	2.45	2.44
UBUNGO	64	54	57356	57855	115211	2.66	2.68	2.67
TEMEKE MC	29	33	90731	92628	183359	2.38	2.38	2.38
KINONDONI	79	84	54597	55300	109897	2.68	2.72	2.70
KIGAMBONI	14	7	17998	17528	35526	2.60	2.68	2.64
TOTAL	149	179	334977	339259	674236	2.55	2.58	2.57

The BRT project in Dar Es Salaam, Phase 1 to 6 [5],[7],[18] Table 5

BRT phase	ROAD CORRIDOR	LENGTH (KM)	CONSTRUCTION STATUS
Phase 1	Morogoro, Kawawa North,	20.9	Completed in 2015
	Msimbazi Street, Kivukoni Front		
Phase 2	Kilwa, Kawawa South	19.3	Construction in Final Stages
Phase 3	Uhuru Street, Nyerere,	23.6	Construction Ongoing
	Bibi Titi and Azikiwe Street		
Phase 4	Bagamoyo and Sam Nujoma	16.1	Construction Ongoing
Phase 5	Mandela Road	22.8	Not yet Started
Phase 6	Bagamoyo Road	27.6	Not yet Started

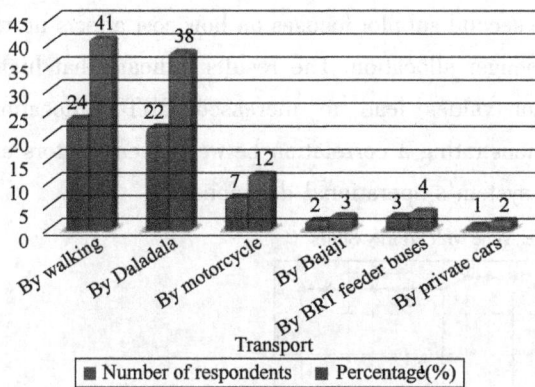

Figure 9　Means of transport to access Dar Es Salaam BRT stations [18]

3.2　Results and discussion

Python code simulated GA with 50 individuals over 400 iterations, optimizing student FB cost to $31200. Chose 4 costeffective routes from 6 for improvement.

3.2.1　Student feeder bus route optimization

In Figure 10, the cost significantly drops as the number of routes increases. This suggests that the model is effective in minimizing overall travel time, especially at transfer stations, a concern with fewer routes. Offering more routes means students can travel more directly with fewer and faster transfers, cutting down on travel time costs. The safety cost, including factors like student exposure to street temptations and unregulated conversations, decreases slightly with four routes, indicating the model maintains high safety standards. Age penalty costs also decrease with more

routes, showing the model accommodates the varying needs of younger (6 ~ 13) and older (14 ~ 18) students. In conclusion, the graph reflects the successful application of an optimization model that reduces costs while addressing crucial factors like travel time, safety, and diverse student needs. Increasing routes proves to be the most cost-effective scenario, with four routes standing out.

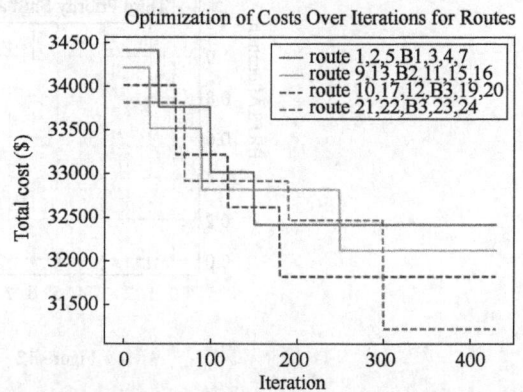

Figure 10　The Best Optimization Routes

Figure 11 suggests that the optimization algorithm is effective in reducing costs for all routes to a similar range. The final costs of the routes are not exactly the same, which is due to different constraints or conditions within each route such as age-based penalty, student psychological costs, transfer waiting penalty, student direct and transfer travel costs, student flow, availability of walking shortcuts to the feeder bus station.

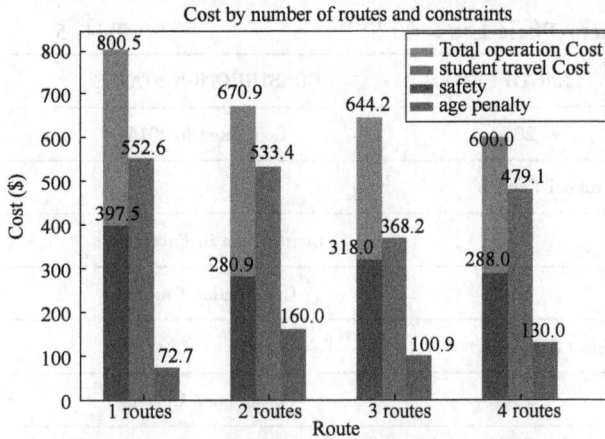

Figure 11　The Impact of Cost by Constraints and Route

3.2.2　BRTS allocation simulation

In our simulation, we've carefully considered non-uniform factors like safety, age, transfer time, and cost to understand their influence on BRTS allocation. Throughout the day, the system goes through four phases, adapting to passenger needs and operational efficiencies. At 8 am, 2 pm, and 5 pm, there are noticeable shifts in allocation priorities, making the transit system responsive and dynamic. In the morning, the BRTS prioritizes students from 5 am to 7 am, transitioning to normal passengers by 8 am. During midday (9 am to 1 pm), it serves regular passengers but gradually shifts to students from 2 pm to 5 pm. At 4 pm, preparations begin for normal passenger allocation at 5 pm (Figure 12).

The visual representation in Figure 13 highlights age, safety, transfer time, and cost variations' impact on student and normal passenger allocations. The first subplot depicts the influence of age, safety, and transfer waiting time on student transport allocation. The second subplot focuses on how cost affects normal passenger allocation. The results indicate that higher factor values lead to increased BRTS allocation, demonstrating a correlation between these factors and the system's operational decisions.

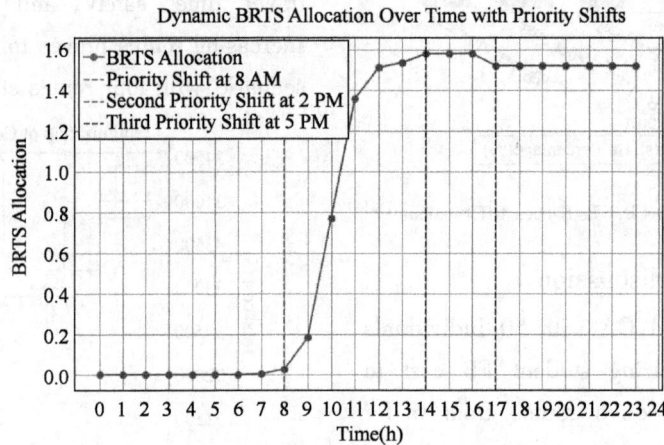

Figure 12　Dynamic BRTS Allocation

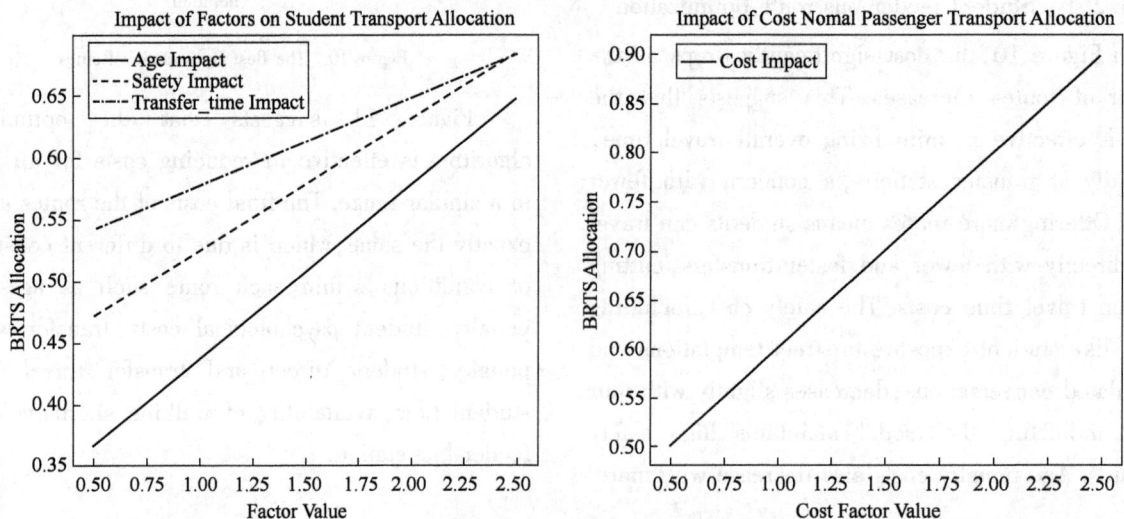

Figure 13　Effects of Each Factors on BRTS allocation

4 Conclusions

In this study, we successfully optimized school bus routing to the Bus Rapid Transit (BRT) system in Dar es Salaam, selecting the top four routes that prioritize student safety, age considerations, transfer waiting time, and travel costs. By introducing penalties for routes that did not cater specifically to the age groups of 6 ~ 13 and 14 ~ 18, as well as for excessive transfer times and safety concerns, we ensured the efficiency of each route. Additionally, the integration of the existing BRT services for both students and regular passengers during specified times has proven effective. The findings confirm that dedicated BRT service times for students enhance the system, taking into account crucial factors such as age, safety, and transfer times.

Moreover, considering Tanzania's abundant natural gas reserves, our research recommends further study on using natural gas for student FB and BRTS, due to time constraints.

5 Acknowledgement

I would like to express my heartfelt gratitude to professor Ning Wang for his unwavering advice and support. Special thanks to my brother Joseph Silvanus Audi, who tirelessly contributed to this article. I'm also grateful to my friend Mr. Wang Wen Zhuo and Miss Xiao Fei Liu for their significant contributions to this research. Lastly, immense thanks to my mom for her constant help, advice, encouragement, and comfort during moments of despair.

References

[1] Transport planning and mobility in urban East Africa [M]. London and New York: Routledge, 2021.

[2] CHILEWA A. Assessment of the Effect of Transport on School Girls Academic Performance in the City of Dar es Salaam: A Case of Ilala Municipal [D]. The Open University of Tanzania, 2019.

[3] BWIRE H. Determinants of children's school travel mode use in Dar es Salaam [J]. International Journal for Traffic & Transport Engineering, 2020, 10(3):678.

[4] KETT M, DELUCA M. Transport and access to inclusive education in Mashonaland West Province, Zimbabwe [J]. Social Inclusion, 2016, 4(3):61-71.

[5] KRÜGER F, TITZ A, ARNDT R, et al. The Bus Rapid Transit (BRT) in Dar es Salaam: A pilot study on critical infrastructure, sustainable urban development and livelihoods [J]. Sustainability, 2021, 13(3):1058.

[6] Cao Y, Jiang D, Wang S. Optimization for feeder bus route model design with station transfer [J]. Sustainability, 2022, 14(5):2780.

[7] Cipriani E, Gori S, Petrelli M. Transit network design: A procedure and an application to a large urban area [J]. Transportation Research Part C: Emerging Technologies, 2012, 20(1):3-14.

[8] WEI P H, XIONG J, ZHANG M H. Research on Optimization of Feeder Bus Network Joint for Urban Rail Transit [J]. Advanced Materials Research, 2014, 869:256-259.

[9] TAPLIN J H E, SUN Y. Optimizing bus stop locations for walking access: Stops-first design of a feeder route to enhance a residential plan [J]. Environment and Planning B: Urban Analytics and City Science, 2020, 47(7):1237-1259.

[10] TAPLIN J H E, SUN Y. Optimizing bus stop locations for walking access: Stops-first design of a feeder route to enhance a residential plan [J]. Environment and Planning B: Urban Analytics and City Science, 2020, 47(7): 1237-1259.

[11] TAPLIN J H E, SUN Y. Optimizing bus stop locations for walking access: Stops-first design of a feeder route to enhance a residential plan [J]. Environment and Planning B: Urban Analytics and City Science, 2020, 47(7): 1237-1259.

[12] SUN B, WEI M, YANG C, et al. Personalised and coordinated demand-responsive feeder transit service design: A genetic algorithms

approach [J]. Future Internet, 2018, 10 (7):61.

[13] BORUCKA A. Logistic regression in modeling and assessment of transport services[J]. Open Engineering,2020,10(1):26-34.

[14] MCHOME E E, NZOYA U W. Users' Perception on Operation and Performance of Public Transport Systems in African Develo * * Countries: The Case of Bus Rapid Transit (BRT) in Dar es Salaam City, Tanzania[J]. Open Journal of Applied Sciences, 2023, 13 (12):2408-2420.

考虑站内拥挤和站外交通流冲突的接驳公交换乘站选择研究

杨　琪　贾顺平*

(北京交通大学交通运输学院)

摘　要　为进一步完善公共交通一体化发展,解决通勤人员往返于工作地与换乘站之间"最后一公里"的难题,本文对通勤接驳公交的换乘轨道站点选择问题进行了研究。文章综合考虑了站内拥挤和站外交通流交织冲突等多种因素,以北京市某软件园区域为例,通过问卷调查、实地调研等方法获取相关数据。运用熵权-TOPSIS模型对备选站点进行对比评价,选出最优站点,为换乘轨道站点的选址及通勤接驳公交线网的优化提供新思路。

关键词　接驳公交　交通流冲突　站点选址　熵权-TOPSIS

0　引言

近年来,我国城市化进程不断加快,城市人口不断增长,城市公共交通也处在蓬勃发展的阶段。越来越多的人关注到居住地、工作地与换乘站间的"最后一公里"接驳问题,承担着满足居民短距离出行需求以及通勤人员轨道接驳需求的接驳公交由此而生。对通勤接驳公交换乘轨道站点选址进行进一步研究优化,可以在一定程度上提高轨道交通站点的集散效率,对于促进完善城市轨道交通和干线公共交通网络有一定的现实意义。国外在换乘接驳问题上的研究相对较早。1972年,Sivakumaran[1]通过建立数学模型对接运公交车的发车频率进行了优化;Liu等[2]构建了一种公交接驳轨道交通时刻表优化模型,用于解决换乘站点大量乘客滞留问题;Li[3]等研究了共享单车和常规公交接驳轨道交通的问题;Wang[4]等尝试将接驳公交与地铁发车时刻表相结合构建了一种一体化优化模型;Chen[5]等针对轨道交通中断问题,将快速和短途路线合并,提出一种时变需求的接驳路线优化方法。我国的轨道交通建设较晚,但随着近些年来交通问题的日益增多,越来越多的学者开始对公交接驳城市轨道展开深入的探索和研究。王浩[6]将常用的接驳方式进行对比分析,以西安市地铁2号线为例,对沿线公交线路进行了调整。王云[7]在分析接运公交站点及线路布设特征的基础上,建立了乘客最小平均出行时间和生成线路最少的双目标模型,并设计遗传算法进行求解。窦雪萍[8]等以最小化乘客排队等待出行成本与公交企业成本为目标,构建了公交接驳轨道交通的时刻表与车队规模联合优化模型。

在接驳公交的轨道换乘点选址方面,现有的通勤接驳公交轨道换乘站点大多直接选择在距离最近的地铁站点。本文考虑在满足通勤人员换乘目的的前提下,对换乘轨道站点选择问题的研究,综合换乘轨道站点选址的多种因素,运用熵权-TOPSIS模型对备选站点进行对比评价。

1　问题描述

以图1为例,在大型产业园区、住宅区、商业区聚集区域内,早晚高峰时期会产生大量轨道交通通勤需求,大多数通勤接驳公交的轨道换乘站点选择为距离公司最近的站点 A,从而导致其叠加区域内其他出行目的的客流后,附近交通道路拥挤,进站排队现象严重,换乘效率下降。本文尝试通过分析站点选择的影响因素,量化相关参数,利用熵权-TOPSIS 模型对站点 A 及地铁沿线相邻的站点(如 B、C 等)进行评价,以求得到更优的选点。

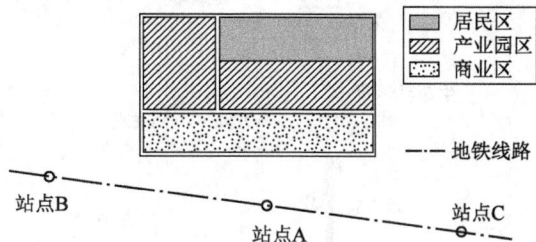

图 1 通勤接驳公交换乘站示意图

2 站点选择影响因素分析

本文对站点选择影响因素进行文献查阅和梳理分析后选取了 4 个关键因素——站内拥挤度、站外交通流交织冲突严重程度、站点接受程度、等效乘车总时长。

2.1 站内拥挤度

站内拥挤度随客流进站率的变化而变化,本文采用每 15min 内的单侧站台滞留人数最大值 W 来表示,滞留人数越多,代表站内拥挤程度越高,乘客换乘舒适度越低,换乘的平均用时越长。

2.2 站外交通流交织冲突严重程度

接驳公交在进出站过程中会与机动车和非机动车产生冲突;乘客在上下车过程中会与公交车内侧穿过的非机动车和行人产生冲突。此项指标可以通过统计站点每小时与进站停靠公交产生冲突的机动车 q_1、非机动车 q_2 及行人数量 q_3 乘以一定系数对站外交通流交织冲突严重程度进行量化。在阅读相关文献研究,结合各冲突方式发生后所造成的事故严重程度综合考虑,本文将机动车冲突系数设为 2,非机动车为 1,行人系数为 0.5。站点冲突程度 L 可以通过式(1)计算:

$$L = 2 \times q_1 + 1 \times q_2 + 0.5 \times q_3 \qquad (1)$$

2.3 等效乘车总时长

等效乘车总时长 T 是指通勤者由工作地乘接驳公交到达换乘站点的时间 T_1 和乘坐地铁至距离双向最远备选站点的平均时间 T_2 之和。接驳公交时长 T_1 受接驳公交线路的总长度及沿线道路通行状况影响,可以通过不同线路机动车行驶的时间进行预测。T_2 可以基于地铁运行时间结合双向客流量综合计算得出。

2.4 站点接受程度

通勤人员对于站点的接受程度直接影响其乘坐意愿。若换乘站点距离工作地过远,即使接驳时间相差不大也会给通勤人员在心理上带来落差。站点的接受程度 Q 可通过问卷调查获得。

3 基于熵权-TOPSIS 的选址模型

考虑到换乘轨道站点要依托已经建设完成的地铁站进行设置,其可选站点数量较少,因此采用站点比选的方法更为合适[9]。

熵权-TOPSIS 是一种结合熵权法和 TOPSIS 的多准则决策分析方法。熵权法利用信息熵的定义可以计算各指标的离散程度和权重。TOPSIS(即优劣解距离法)是一种多准则决策排序方法,通过计算备选方案与正负理想值的距离来表示方案的优劣程度[10]。模型计算过程如下:

步骤 1:构建评价指标体系。对换乘轨道站点选址影响因素的研究分析,构建评价指标体系。

步骤 2:确定初始矩阵。本文中选址影响指标数为 4,设待选站点有 m 个,则待选站点对评价指标的决策矩阵 A 为:

$$A = (a_{ij})_{m4} = \begin{Bmatrix} a_{11} & a_{12} & \cdots & a_{14} \\ a_{21} & a_{22} & \cdots & a_{24} \\ \cdots & \cdots & \cdots & \cdots \\ a_{m1} & a_{m2} & \cdots & a_{m4} \end{Bmatrix}$$

式中:a_{ij}——方案 i 的第 j 个指标。

步骤 3:标准化处理。换乘轨道站点选址的决策指标分为正向指标和负向指标两种,正向指标数值越大说明站点越优,负向指标反之。正负向指标的处理方法如式(2)和式(3)所示。

$$x_{ij} = \frac{a_{ij} - \max(a_{ij})}{\max(a_{ij}) - \min(a_{ij})} \qquad (2)$$

$$x_{ij} = \frac{\max(a_{ij}) - a_{ij}}{\max(a_{ij}) - \min(a_{ij})} \qquad (3)$$

处理后得到标准矩阵,记为 $\boldsymbol{X}$:

$$X = \begin{Bmatrix} x_{11} & x_{12} & \cdots & x_{14} \\ x_{21} & x_{22} & \cdots & x_{24} \\ \cdots & \cdots & \cdots & \cdots \\ x_{m1} & x_{m2} & \cdots & x_{m4} \end{Bmatrix}$$

步骤4:确定指标权重。通过判断各指标数值变化的剧烈程度来确定其在评价过程中所占权重的大小,指标熵值 E_j 的计算公式如下:

$$E_j = -\frac{1}{\ln m}\sum_{i=1}^{m} p_{ij}\ln p_{ij} \qquad (4)$$

$$p_{ij} = \frac{x_{ij}}{\sum_{i=1}^{m} x_{ij}} \qquad (5)$$

指标权重 ω_j 的计算公式如式(6)所示:

$$\omega_j = \frac{1 - E_j}{4 - \sum_{i=1}^{m} E_j} \quad (j=1,2,3,4) \qquad (6)$$

步骤5:生成评价矩阵 $\boldsymbol{Z}$。

$$Z = (\omega_j x_{ij})_{m4}\begin{Bmatrix} z_{11} & z_{12} & \cdots & z_{14} \\ z_{21} & z_{22} & \cdots & z_{24} \\ \cdots & \cdots & \cdots & \cdots \\ z_{m1} & z_{m2} & \cdots & z_{m4} \end{Bmatrix}$$

步骤6:确定正、负理想解。设评价矩阵的正、负理想解分别为 $\boldsymbol{Q}^+$ 和 $\boldsymbol{Q}^-$,其计算公式如下:

$$Q^+ = \max_{1 \le i \le m}\{Z_{ij}\} \quad (j=1,2,3,4) \qquad (7)$$

$$Q^- = \min_{1 \le i \le m}\{Z_{ij}\} \quad (j=1,2,3,4) \qquad (8)$$

步骤7:距离计算。分别计算每个评价向量到正、负理想解的距离 $\boldsymbol{D}_i^+$、$\boldsymbol{D}_i^-$,公式如下:

$$D_i^+ = \sqrt{\sum_{j=1}^{4}(Q^+ - z_{ij})^2} \qquad (9)$$

$$D_i^- = \sqrt{\sum_{j=1}^{4}(Q^- - z_{ij})^2} \qquad (10)$$

$$(i=1,2,3\cdots,m; j=1,2,3,4)$$

步骤8:计算相对贴合度 C_i。

$$C_i = \frac{D_i^-}{D_i^- + D_i^+} \quad (i=1,2,3,\cdots,m) \qquad (11)$$

相对贴合度 C_i 的值越大,站点越优。

4 案例分析

如图2所示,本文选取北京市地铁昌平线的西二旗站作为研究对象,其周边区域的用地性质复杂,包括大型居住用地、商业服务用地、公共管理与公共服务设施用地等。

图2 北京地铁昌平线部分路段

目前,西二旗地铁站在工作日早晚高峰时段设有通勤接驳公交,全长7.6km,除此之外还承担附近居民的日常通勤需求及通学需求。因此在高峰时段其进站排队现象严重,换乘效率较低,周边的交通道路状况较差。本文拟通过换乘站点的优化选择,将通勤人员的出行需求进行分流,提高其轨道换乘效率,缓解附近交通拥堵状况。

根据前期问卷调查结果,以通勤者对于站点的接受程度高于70%为界限,选取了西二旗站上下行邻近的5个站点,即清河小营桥站、清河站、西二旗站、生命科学院站、朱辛庄站作为备选站点展开对比分析,下文分别用a、b、c、d、e代表。

4.1 各评价指标结果处理及分析

经过前期调查,各项评价指标的分析如下:

(1)站内拥挤度。

早晚高峰时期昌平线每小时发出列车24次。本研究实地调查了每15min内5个备选站点单侧站台排队滞留人数的最大值。西二旗为目前的换乘轨道站点,其现有通勤接驳公交每5min运送乘客数约为50人。为了能横向评价5个站点,假设通勤接驳公交运载乘客均匀进站,西二旗站的单侧站台滞留人数最大值需减去现有通勤接驳公交运送乘客数进行综合计算。

本次调查的原始数据及规范化处理后的结果如表1。

站内拥挤度 表1

站点	15min 内单侧站台滞留人数最大值（人）	规范化结果
a	0	1
b	0	1
c	140	0
d	88	0.37
e	100	0.29

（2）站外交通流交织冲突严重程度。

调查选取距离备选站点最近的公交站点进行研究，在各站采集高峰时期 10min 的冲突数，扩大得到 1h 冲突数，其中站点 c 为剔除现有通勤接驳公交进出站所带来的冲突数后的数据。根据公式（1）求得站点冲突程度。原始调查数据及计算结果如表2所示。

站外交通流交织冲突严重程度 表2

站点	机动车数	非机动车数	行人数	冲突数	规范化结果
a	36	120	30	207	0.84
b	30	32	18	101	1
c	60	534	102	705	0
d	60	6	6	129	0.95
e	66	6	36	156	0.91

（3）站点接受程度。

根据问卷调查结果，各站点的接受程度及规范化处理后的结果如表3所示。

站点接受程度 表3

站点	接受程度	规范化结果
a	70	0
b	76	0.6
c	80	1
d	80	1
e	80	1

（4）等效乘车时长。

各站点公交接驳时间 T_1 可由高峰时期距离备选站点最近的园区内公交站点作为起点，调查由该点至备选站点的机动车行驶时间作为参考。

根据北京地铁运营四分公司相关数据，在西二旗进站通勤客流中超过 90% 去往沙河、昌平方向，出行方向较为集中，所以本研究以西土城至昌平西山口方向为基准进行等效时间计算。

本次的备选站点中，e 为该方向最远站点，调查可得备选站点至站点 e 的地铁运行时间 T_2。

等效乘车时长 T 及处理后的结果如表 4 所示。

等效乘车时长（min） 表4

站点	T_1	T_2	T	规范化结果
a	15	17	32	0
b	8	12	20	0.71
c	7	9	16	0.94
d	11	4	15	1
e	17	0	17	0.88

4.2 模型求解

由 4.1 中数据可得标准矩阵 X：

$$X = \begin{Bmatrix} 1 & 0.84 & 0 & 0 \\ 1 & 1 & 0.6 & 0.71 \\ 0 & 0 & 1 & 0.94 \\ 0.37 & 0.95 & 1 & 1 \\ 0.29 & 0.91 & 1 & 0.88 \end{Bmatrix}$$

根据公式（4）、（5）、（6）计算熵值 E 及指标权重 ω 为：

$E = \{0.7788 \quad 0.8626 \quad 0.8514 \quad 0.8563\}$

$\omega = \{0.3398 \quad 0.2111 \quad 0.2283 \quad 0.2208\}$

加权矩阵为：

$$Z = \begin{Bmatrix} 0.3398 & 0.1773 & 0 & 0 \\ 0.3398 & 0.2111 & 0.1370 & 0.1568 \\ 0 & 0 & 0.2283 & 0.2076 \\ 0.1257 & 0.2005 & 0.2283 & 0.2208 \\ 0.0985 & 0.1921 & 0.2283 & 0.1943 \end{Bmatrix}$$

各指标的正理想解如下：

$Q^+ = \{0.3398 \quad 0.2111 \quad 0.2283 \quad 0.2208\}$

计算得出每个评价向量到正、负理想解的距离 D_i^+、D_i^- 以及相对贴合度 C_i，计算结果如表 5 所示。

评价结果 表5

站点	正距离	负距离	贴合度	排序
a	0.3194	0.3833	0.5455	4
b	0.0165	0.4510	0.9647	1
c	0.4003	0.3176	0.4424	5
d	0.2144	0.3961	0.6488	2
e	0.2435	0.3694	0.6027	3

4.3 对比分析

根据表 5 中的相对贴合度可知站点优劣排序

为：清河站、生命科学园站、朱辛庄站、清河小营桥站、西二旗站。结合实际情况，可以选择清河站或生命科学园站作为新换乘轨道站点。重新选址后，原换乘站点西二旗公交站交通流交织冲突程度变化如表6所示。数据显示，重新选址后西二旗公交站总冲突数约下降25%，说明其对西二旗地铁站周边交通状况有所改善。

换址前后站外交通流交织冲突程度　表6

方案	机动车数	非机动车数	行人数	冲突数
换址前	84	708	144	948
换址后	60	534	102	705

假设将清河站设为新换乘站点，将原西二旗站通勤接驳客流叠加至该站，对比表7数据可知，虽然等效乘车总时长增加了4min，但是站内不会出现人员滞留排队的状况。一方面，对于通勤人员换乘舒适度大幅提升，进站效率提高；另一方面缓解了原西二旗站站内拥挤情况。

换址前后评价指标对比　表7

站点	等效乘车时长(min)	15min内站内最大滞留人数
西二旗	16	165
清河站	20	0

5　结语

本文对大型产业园区的通勤接驳公交换乘轨道站点的选择问题进行了研究，选取影响站点选择的多个因素，采用熵权-TOPSIS模型对园区附近地铁站点进行对比评价，选择最佳换乘站点。在分散高峰时期关键站点的出行需求的同时，对于站点周边交通状况的改善起到一定作用。

以往对于接驳公交线网的优化多集中于线路的设计和中间站的选择，对于换乘轨道站点选择的研究较少，本研究可以为今后接驳公交的线网优化提供新的研究思路和优化方法。

另外，本文采用熵权法来确定各影响因素的权重占比，较为客观，后续可以尝试采用更合理的方法确定影响因素权重。下一步研究可以增加多个模拟场景，采用真实的进出站数据，对模拟结果进行更深入的对比分析。

参考文献

[1] SIVAKUMARAN K, LI Y W, CASSIDY M J, et al. Cost-saving properties of schedule coordination in a simple trunk-and-feeder transit system [J]. Transportation Research Part A, 2012, 46(1):131-139.

[2] LIU J, WU X. Research of emergency feeder bus scheme for urban rail transit under unexpected incident [J]. IOP Conference Series: Materials Science and Engineering, 2019, 688 (4):044040.

[3] LI X, LUO Y, WANG T Q, et al. An integrated approach for optimizing bi-modal transit networks fed by shared bikes [J]. Transportation Research Part E Logistics and Transportation Review, 2020, 141:102016.

[4] WANG J, YUAN Z, CAO Z, et al. Optimal bus bridging schedule with transfer passenger demand during disruptions of urban rail transit [J]. Journal of Transportation Engineering Part A Systems, 2021, 147(10):04021071.

[5] CHEN Y, AN K. Integrated optimization of bus bridging routes and timetables for rail disruptions [J]. European Journal of Operational Research, 2021, 295(2):484-498.

[6] 王浩. 关于西安城市轨道交通与公交线路接驳优化研究 [D]. 西安：西南建筑科技大学, 2016.

[7] 王云, 马超群, 王妍. 接运城市轨道交通的公交线路布设模型 [C]// 中国科学技术协会, 中华人民共和国交通运输部, 中国工程院. 2019世界交通运输大会论文集(上), 2019.

[8] 窦雪萍, 董冉, 李同飞, 等. 考虑乘客排队行为的接驳公交行车计划优化 [J]. 系统科学与数学, 2022, 42(12):3355-3367.

[9] 施路, 马啸来, 崔昇. 基于熵权-TOPSIS法的高铁物流节点选址研究——以成都枢纽为例 [J]. 综合运输, 2021, 43(5):108-114.

[10] 贾叶子, 王公强, 龚鹏, 等. 基于熵权-TOPSIS法的农资铁路物流运输节点选址研究 [J]. 内蒙古科技与经济, 2023(18):73-75.

考虑高峰客流时空特性的多指标协同公交跨线区间快车设计方法

段　震　徐良杰*　穆宇宸

（武汉理工大学交通与物流工程学院）

摘　要　为提升公交线路运营效率,减少公交运力浪费,本文提出一种综合考虑线路及站点客流时空不均衡性的多指标协同公交跨线区间快车设计方法。该方法根据配车需求差异、单线异向客流差异、区间客流差异选定跨线组合线路组,基于公交客流、线路、站点拓扑关系数据,计算站点高峰小时流量比、站点不均衡系数、站点重要度、站点换乘系数,在此基础上采用 TOPSIS 综合评价方法,计算得到跨线区间快车站点组合。研究以北京市为例进行分析,结果表明较传统单线区间快车组合方式而言,基于高峰客流时空规律的公交跨线区间快车总运营里程降低 16.8%,站点时间损耗降低 33.7%,综合运力浪费降低 60%,较传统区间快车运行模式更加高效,更加符合实际出行需求。

关键词　时空不均衡性　站点推荐　多源数据　区间快车　跨线运行

0　引言

公共汽电车作为我国多数城市公共交通系统的主体以及现代城市综合交通运输体系的重要组成部分,具有集约化、高效化、节能化等特征,是推进交通强国和城市可持续交通建设的关键环节。发展城市公共汽电车已经成为我国多数城市缓解城市交通问题、调整城市交通结构的主要途径。传统城市公交运营调度多根据公交线路上客流的时空分布情况,对单线全程车、区间车或者大站快车进行调度优化,以提升公交运行效率。

公交线路运营方式组合主要为全程车、区间车、大站快车之间的组合。Mei 等[1] 根据客流需求、公交车优先载客量,提出大站快车的基本设计原则,给出大站快车分配过程。Chen 等[2] 考虑了车辆容量和随机行驶时间,提出了一种混合人工蜂群(ABC)和蒙特卡罗方法进行大站快车设计。Gkiotsalitis 等[3] 针对公交线路运营特性及客流特性,通过最优站点选择设置区间车,并建立线路联系。严海等[4] 采用变点理论中的累计和误差法(USUM)设计区间车发车策略,对区间车运营模式进行设计,并验证了区间车对于全程车的影响。胡宝雨等[5] 考虑客流时空分布特性和公交载客能力,结合断面客流量和发车频率计算模型,提出了大站快车与全程车之间车次相互借调的联合调度

方法。Ulusoy 等[6] 基于客流时空不均衡性建立综合乘车成本模型,研究了大站快车与区间车的组合调度模式。谈光玉[7] 根据全程车、大站快车、区间车运营特点,考虑乘客选择行为以及土地利用性质,提出区间快车的组合调度模型。Dalong Li 等[8] 构建全程车与大站快车协调调度模型,建立了以最小化客流和企业运营总成本最低为目标的峰值客流双向客车调度优化模型,并运用非线性惯性权重动态布谷鸟搜索算法进行模型求解。

现有研究多集中在单线多运营模式组合,且指标较为单一。由于公交线路中不同线路、不同站点的客流时空特性存在差异,这种情况下单线公交的单种运营模式往往会造成很大的运力浪费,因此需要有针对性地对线路及站点进行配车。而传统单线配车模式往往会导致非重交通流的运力浪费。因此本文提出了一种基于高峰客流时空规律的多指标协同公交跨线区间快车设计方法,根据线路及站点时空规律对线路及站点进行组合。

1　区间快车设计方法

1.1　跨线区间快车线路组选择规则

(1)线路存在分方向配车需求差异

高峰时段单线路双向均存在配车需求差异,线路客流的方向不均衡系数较大,这里设定客流方向不均衡恒系数的绝对值 $|\delta|$ 作为识别指标,将

$|\delta| \geqslant 0.3$ 的公交线路定义为配车需求差异较大的公交线路。

$$\delta = \frac{A-B}{A+B} \tag{1}$$

式中:δ——客流方向不均衡系数;

A——公交线路中交通流方向上的客流量;

B——该线路相反方向上的客流量。

(2)不同站点区间存在明显客流差异

使用区间客流不均衡性系数 γ 衡量,区间客流不均衡系数是衡量目标公交线路的不同区段在乘客数量的分布不平衡的情况,这里设定 $\gamma \geqslant 1.5$ 时存在严重的区间不均衡现象。

$$\gamma = \frac{(N-1) \times \max Q_i}{\sum_{i=2}^{N} Q_i} \tag{2}$$

式中:γ——区间客流不均衡系数;

N——目标公交线路运行方向公交停靠站数量;

Q_i——固定时间段内站点 $i-1$ 到站点 i 的总体断面客流量。

(3)跨线区间快车线路之间衔接站点距离小于阈值

线路 L1 与线路 L2 衔接站点距离不能过远,以保证跨线车辆转场时间较短,才能尽量缩小转场耗时及成本。这里设 X1 为线路 L1 区间快车路段起点,Y1 为线路 L1 区间快车段终点,X2 为线路 L2 区间快车段起点,Y2 为线路 L2 区间快车段终点。为保证线路衔接的流畅性与高效性,本文要求两线路衔接站点实际路径距离 D1(Y1,X2) 以及 D2(X1,Y2) 阈值为 3km。

1.2 跨线区间快车站点组合推荐方法

本文主要从客流时空差异性、站点间客流空间规律和目标站点与周边站点拓扑关系来进行站点分类。站点客流时空特性体现了站点在公交线路运营过程中各站点时间与空间维度的不均衡性,而站点 OD 结构体现了站点在公交线路中扮演的节点功能,目标站点与周边公交及轨道交通站点的空间关系则可以反映此站点的换乘吸引力。综合以上考虑,选取站点高峰小时流量比、站点不均衡系数、站点重要度、站点换乘系数四个指标作为站点评价的初始变量。在此基础上,利用熵权法为指标权重赋值,利用 TOPSIS 法针对站点进行综合评分计算,得到跨线区间快车站点组合。

1.2.1 评价指标计算

1)站点高峰小时流量比

高峰小时流量比是指公交站点特定时间段内的客流量相对于其他时间段的变化情况。该指标反映站点的繁忙程度和交通需求峰值,体现了站点客流通勤客流比例。

$$ds_i = \frac{U_{i0} + D_{i0}}{U_{i1} + D_{i1}} \tag{3}$$

式中:U_{i1}——全天内 i 站上车人数;

D_{i1}——全天内 i 站下车人数;

U_{i0}——早高峰时间段内 i 站上车人数;

D_{i0}——早高峰时间段内 i 站下车人数。

2)公交站点不均衡系数

通常使用站点不均衡系数来反映站点客流集散量特征,体现公交站点的客流吸引能力,反映乘客在公交线路上的空间分布状态。

$$k_i = \frac{Q_i}{\overline{Q}} \tag{4}$$

式中:k_i——站点 i 的站点不均衡系数;

Q_i——站点 i 的客流集散量;

$\overline{Q}$——线路站点平均客流集散量。

3)公交站点重要度

由于公交线网设计和站点土地利用性质等因素影响,客流在各个公交站点间流动差异较大。以公交站点为节点,站点之间的连通关系为边,构建公交线路站点拓扑结构。假设线路中有 N 个公交站点,基于公交站点复杂网络生成公交单向客流概率转移矩阵 T,即公交客流矩阵的每个元素除以该元素所在行的所有非零元素之和。

$$T = \begin{bmatrix} \dfrac{S(1,1)}{\sum_{i=1}^{N}\sum_{j=1}^{N}S(i,j)} & \cdots & \dfrac{S(1,N)}{\sum_{i=1}^{N}\sum_{j=1}^{N}S(i,j)} \\ \vdots & \ddots & \vdots \\ 0 & \cdots & \dfrac{S(N,N)}{\sum_{i=1}^{N}\sum_{j=1}^{N}S(i,j)} \end{bmatrix} \tag{5}$$

赋予每个公交站点 s_i 初始重要度 $V_i(0) = \frac{1}{N}$ 并基于矩阵 T 迭代计算每个公交站点的重要度,停止迭代的条件为公式(7)。

$$V_i(k) = c\sum_{j=1}^{N} T_{j,i} \times V_j(k-1) + \frac{1-c}{N} \tag{6}$$

$$\frac{\sum_{i=1}^{N} |V_i(k) - V_i(k-1)|}{N} < 10^{-6} \tag{7}$$

式中:$S(i,j)$——站点 i 到站点 j 的客流量;

$V_i(k)$——第 k 次迭代第 i 个公交站点的重要度；

c——阻尼系数，一般取 0.85；

$T_{j,i}$——矩阵 T 中第 j 行第 i 列的值。

4）站点换乘系数

公交乘客在出行过程中，有时会通过公交线路之间的换乘来抵达目的地。站点换乘能力体现站点与其他公交及地铁线路之间的空间关联性。通常情况下，公交站点附近可换乘公交及地铁线路越多，站点的换乘能力也相应越强，站点客流的吸引量越大。由于站点换乘线路数目与站点客流吸引量之间存在强烈的影响关系，所以这里使用站点换乘系数来量化吸引强度。

考虑到乘客换乘的便捷性，对于站点可换乘公交线路及轨道交通线路的统计范围定为：以站点为中心、以 300 米为半径的范围，对公交线路及轨道交通线路进行统计。

$$w_i = \frac{s_i \times \xi_i}{\sum_{i=1}^{n} s_i \times \xi_i} \quad (8)$$

式中：w_i——公交站点 i 的换乘能力系数；

ξ——距离权重系数为可换乘线路距离本站点直线距离最近的站点距离的倒数；

s_i——站点 i 附近可换乘的公交线路及轨道交通站点数目；

n——该线路区间运行段内站点数。

1.2.2 跨线区间快车站点综合推荐方法

1）基于 TOPSIS 法的公交线路站点综合评价

由前文所述四项指标对公交线路构成指标矩阵 $R = (r_{ij})_{N \times 4}$，由于不同指标具有不同的度量单位和尺度，这会导致数据之间存在量纲影响，因此首先需要针对站点指标进行数据标准化，将数据映射到统一的范围内，以消除量纲对于数据分析的影响。由于指标均为效益型指标，因此采用公式（9）进行标准化。为保证计算欧氏距离，将标准化后为 0 的值赋一个极小的偏移变量，此处取 1×10^{-6}。最终构成标准化矩阵 R'

$$r'_{ij} = \frac{r_{ij} - r_{min}}{r_{max} - r_{min}} \quad (9)$$

式中：r_{ij}——单个指标值；

r'_{ij}——标准化后的指标值；

r_{min}、r_{max}——单个指标中的最小值和最大值。

考虑到指标之间存在一定相关性，利用熵权法对指标进行权重赋值，最终得到标准化后的加权矩阵，并基于 TOPSIS 法对该矩阵进行综合评分计算。

$$\begin{cases} E_j = -\frac{1}{\ln N} \sum_{i=1}^{N} \frac{r'_{ij}}{\sum_{j=1}^{4} r'_{ij}} \ln \frac{r'_{ij}}{\sum_{j=1}^{4} r'_{ij}} \\ \omega_j = \frac{1 - E_j}{\sum_{j=1}^{4} E_j} \end{cases} \quad (10)$$

式中：E_j——指标信息熵；

ω_j——指标 j 的权重。

2）站点组合推荐方法

①区间快车服务站点数量的多少，对乘客和公交公司均有直接的影响。若站点数量选择过少，将会造成客流量不足、资源浪费和收益过少等问题；若站点数量选择过多，将增加区间车的运行时间，且区间车相对于全程车的优势不明显。本文对每条线路上区间快车停靠站点数量的上下限提出以下约束条件：

$$n = \frac{L}{1.5} - 2 \quad (11)$$

式中：n——区间车停靠站点数量；

L——公交线路长度（km）。

②分别将快线区间快车线路组所涉及的公交线路目标方向所有公交站点，按照站点综合评分进行排序，基于衔接站点阈值限制，尽可能选择运行距离长的区间快车站点方案，生成跨线区间快车组合站点 R。

1.3 发车频率确定

本文针对开行区间车的公交线路，运用公交最大承载能力运载路段实际客流量，提出了基于最大断面客流量的组合发车频率计算方法，以适应不均衡的客流需求。该方法基于 2 个假设（1）乘客到达车站服从均匀分布；（2）乘客不存在二次候车。

$$\begin{cases} f_A = \frac{\max Q_A}{t \times r \times c} \\ f_B = \frac{\max Q_B - \max Q_A}{t \times r \times c} \\ c = P_g + \frac{S_1}{S_2} \end{cases} \quad (12)$$

式中：$\max Q_A$——时间段 t 内全程车停靠车站总体断面客流量最大值；

$\max Q_B$——时间段 t 内区间车停靠车站总体断面客流量最大值；

r——规定时间段内载客率；

c——公交车辆额定载客能力(座位数加上最大无座乘客数);

P_g——公交车辆固定座位数/个,本文涉及车辆型号为华宇 BJD-WG120FN,座位数为 32 个;

S_1——公交车辆有效站里面积/m^2,通常为 $10m^2 \sim 15m^2$,结合车型,本文取值 $13m^2$;

S_2——考虑舒适度的成年人站立面积(m^2),根据相关法律和有关规定,城市公共汽车低于每人 $0.125m^2$ 的站立面积视为超载,为了使车厢内部不过度拥挤,S_2 的取值为 $0.256m^2$;

t——选定时间段时长/小时。

2　算例分析

2.1　数据来源

本文所采用的数据集为 2019 年 5 月北京市公交和地铁刷卡数据,覆盖 2019 年 5 月北京市全市范围内的常规公交和地铁刷卡数据,准确记录了上下车点的经纬度与时间戳信息。本数据集时间频度为准确时间戳,空间基准、精度和粒度为 GCJ-02;

北京市内准确经纬度,数据量为 42GB,储存结构类型为文本格式 txt。本文只取公共汽车刷卡数据作为研究对象,并未取用地铁刷卡数据,公交总刷卡量 4409.0 万条,公交平均日刷卡量 629.9 万条,选用北京市 3 路、634 路、113 路公交车在 2019 年 5 月 13 日—2019 年 5 月 17 日这五天的工作日早高峰公交刷卡出行数据进行分析。

2.2　跨线区间快车设计

北京市 3 路、634 路、113 路公交车在数据中呈现出明显的时空不均衡特性,高峰客流比重大且高峰时段上下行方向客流量存在较大差异。客流方向不均衡系数和客流区间不均衡系数如表 1 所示。

公交线路不均衡系数计算　　　　　表 1

线路号	δ	γ
3 路	0.32	3.55
634 路	0.35	2.02
113 路	0.33	1.56

其中重客流方向分别为:3 路(东直门枢纽站→金家村桥东站)、634 路(郭庄子公交场站→保福寺桥西站)、113 路(祁家豁子站→大北窑南站)。根据公式(3)-(8)计算这三条线路的综合评价指标,结果如图 1 所示。

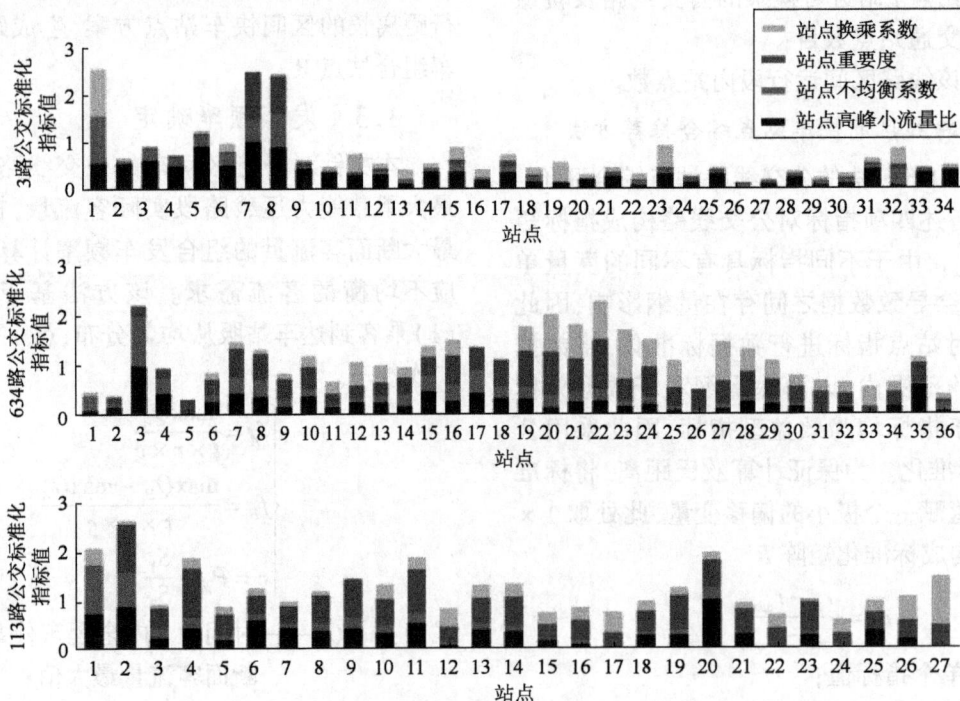

图 1　评价指标值计算

根据公式(10),计算得到每条线路的站点高峰小时流量比、站点不均衡系数、站点重要度、站点换乘系数的指标权重,结果如表 2 所示。

公交线路指标权重　　　　　表2

线路号	ω_1	ω_2	ω_3	ω_4
3 路	0.100	0.275	0.425	0.200
634 路	0.217	0.330	0.126	0.328
113 路	0.221	0.414	0.183	0.183

　　基于 TOPSIS 算法,计算三条公交线路站点基于多指标协同的综合评分,并结合公式(11)选定跨线区间快车站点集合。最终选定站点如下(依照评分排序),3 路:7、8、1、32、5、15、6、23、3、17、11;634 路:22、20、23、21、19、27、24、16、15、7、17、28、8、33;113 路:1、2、20、11、4、9、6、10。

　　结合公交运营线路图可知,3 路与 634 路衔接站点为北京西站→海淀南路站,634 路与 113 路衔接站点为小屯西路北口站→祁家豁子站,113 路与3 路衔接站点为工人体育场站→东直门枢纽站。经检验衔接站点距离符合阈值要求,因此跨线区间快车运营路线如图 2 所示。

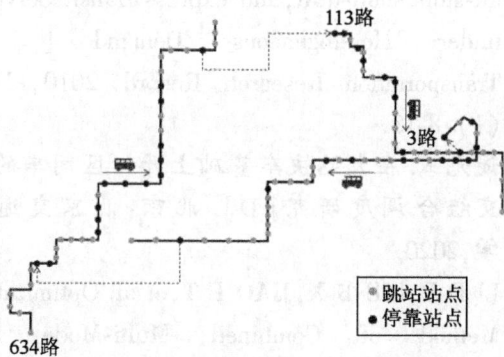

图2　跨线区间快车运营线路图

　　分别基于三条线路的站点刷卡数据,根据公式(12)计算全程车及区间快车发车频率,计算结果向上取整,取三条线路中最大区间快车频率作为跨线区间快车发车频率,计算结果如表 3 所示。

公交线路不均衡系数计算　　　表3

线路号	f_A	f_B
3 路	4	
634 路	4	2
113 路	3	

2.3　对比论证

　　为论证基于高峰客流时空规律的公交跨线区间快车设计方法比传统单线路区间快车更具优势,以及选择各项指标的必要性,传统区间快车停靠站点主要依据站点集散量确定,针对三条线路

上下行方向早高峰时段进行计算,获得每条线路的区间快车设置方式,与本文所提出的跨线区间快车设置方式进行对比。计算得到各线路区间快车停靠站点如表 4 所示。

单线区间快车停靠站点　　　表4

线路号		停靠站点
3 路	上行	1、3、4、5、6、7、8、15、17、18、30
	下行	1、2、3、5、6、7、8、12、15、17、27
634 路	上行	1、3、4、7、8、14、15、16、17、18、19、20、21、22
	下行	4、5、14、15、17、18、20、21、22、23、26、28、29、30
113 路	上行	1、2、3、4、8、9、11、20
	下行	2、9、10、11、16、17、18、20

　　根据公式(12)计算各个线路全程车与区间快车组合运行频率如表 5 所示。

单线组合调度发车频率　　　表5

线路号	f_A	f_B
3 路	3	3
634 路	5	2
113 路	2	1

　　根据线路全程车与区间快车组合情况进行分析。在单位时间内,单线路区间快车组合方式下运营总里程数为 640.74km,基于高峰客流时空规律的公交跨线区间快车组合方式运行总里程数 533.28km,较单线路区间快车组合形式降低 16.8%。

　　站点停靠时间包含制动及开门时间、乘客上下车时间、关门及启动时间。通常取在站点停靠时间。通常情况下这三项时间数据为固定值,本文取站点停靠时间包含制动及开门时间、关门及启动时间损耗时间均为 6 秒(根据规定,每个站点必须停靠),计算得出单线路区间快车组合方式下总损耗时间为 8100 秒,基于高峰客流时空规律的公交跨线区间快车组合方式下总损耗时间为 5368 秒,较单线路区间快车组合形式降低 33.7%。

　　基于公交客流 OD 表可以获得各个公交站点之间的客流分布情况,根据区间快车站点分布情况以及区间快车与全程车的发车频率之比,判断客流在全程车与区间快车上的分布情况。本文假设在两快车站点之间的客流,全程车与跨线区间快车发车频率之比即为该站点选择乘坐全程车与区间快车乘客人数之比,根据公式(12)可知每辆公交车最大承载人数为 84 人,满载运行即为满运力运行,可以计算获得公交线路运力浪费情况,计

算结果如表 6 所示,综合运力浪费减少 60%。

运力浪费值 表6

线路号	运力浪费值（人次）	
3 路	单线运行	27436
	跨线运行	9244
634 路	单线运行	32876
	跨线运行	11345
113 路	单线运行	23897
	跨线运行	12746

综上所述,考虑高峰客流时空规律的多指标协同公交跨线区间快车组合形式,较传统区间快车组合方式有着较为明显的优势。

3 结语

考虑高峰客流时空规律特性的多指标协同公交跨线区间快车组合形式,是一种考虑了线路及站点时空规律的车辆组合调度模式,通过深度挖掘站点高峰小时流量比、站点不均衡系数、站点重要度、站点换乘系数之间的关系,采用基于时空规律的多指标协同评价选定跨线区间快车停靠站点。对比传统单线区间快车设置方式结果发现,考虑高峰客流时空规律的多指标协调公交跨线区间快车组合形式在运行里程、时间损耗、运力浪费等方面,优于传统的单线区间快车组合形式。

参考文献

[1] MEI Z Y, WANG D H, WANG F J, et al. Research on the multiroute probit-based public transit assignment model based on busstop（Article）[J]. Mathematical Problems in Engineering, 2012, (1)19.

[2] CHEN J X. Design of limited-stop bus service with capacity constraint and stochastic travel time[J]. Transportation research-part e-logistics and transportation review, 2015, 83:1-15.

[3] GKIOTSALITIS K, W Z, CATS O, A cost-minimization model for bus fleet allocation featuring the tactical generation of short-turning and interlining options. [J]. Transportation Research:Part C, 2019, 98:14-36.

[4] 严海,刘润坤.考虑公交运行可靠性的区间车发车策略[J].华南理工大学学报（自然科学版）, 2019, 47(11):25-32, 43.

[5] 胡宝雨,刘浩,程国柱.城市公交大站快车与全程车联合调度方法[J].交通运输系统工程与信息, 2019, 19(5):142-149

[6] ULUSOY Y Y, CHIEN S J, WEI C H. Optimal all-stop, short-turn, and express transit Services under Heterogeneous Demand [J]. Transportation Research Record, 2010, 2197(1):8-18.

[7] 谈光玉.在大站快车基础上开行区间车的公交组合调度研究[D].北京:北京交通大学, 2020.

[8] LI D L, LIU B X, JIAO F T, et al. Optimization Method of Combined Multi-Mode Bus Scheduling under Unbalanced Conditions[J]. Sustainability, 2022, 14(15839):15839.

多源数据支持下的 TOD 站域综合评价

——以北京市为例

张 妍 陈艳艳* 史 淼 高月喆
（北京工业大学城市建设学部）

摘 要 随着我国城市化发展速度不断加快,城市用地无序蔓延、交通运行效率低下、城市职住分离等问题日益彰显。现有的针对轨道站域 TOD 综合评价指标体系,难以评判现有轨道站域内建设成效。本文从实际发展情况出发,从密集紧凑、接驳换乘、慢行友好、社会活力、空间质量 6 个准则层出发,建立符合我国实际情况的 TOD 轨道站域综合评价指标体系,并利用层次分析法与横向对比赋分法对北京市全朝阳区 83 个轨道站点进行站域建设成效评价。结论如下：北京市朝阳区现有轨道站域建设存在一定差异性，越靠近市中心的轨道站域建设完备程度越高。综合建设水平最高的站点为建国门地铁站，综合建设水平最低的站点为化工地铁站。

关键词 TOD 模式 轨道站域 评价指标 综合评价

0 引言

在社会经济不断发展与城市用地范围不断拓展的大环境下，许多城市正在面临着城市化与机动化的双重挑战，轨道交通的大规模建设逐渐在支撑城市发展的过程中呈现出中流砥柱的作用。具备多种优势的轨道交通的建设在为城市发展带来众多益处的同时，在一定程度上激化了城市土地利用与城市交通发展的矛盾。公共交通导向城市发展（Transit Oriented Development，TOD）为更好协调轨道站点建设与周边土地利用的关系提供新的思路。目前 TOD 模式在轨道站点建设中的应用较为广泛，且对于 TOD 模式下建设的轨道站点周边土地利用成效评价指标都具有不同程度的研究。

1993 年 Peter Calthorpe[1] 在《下一代美国大都市地区：生态、社区和美国之梦》首次提出 TOD 理论，用于解决美国人口向城市外围迁移（郊区化）而产生的以私人小汽车主导城市发展从而造成土地蔓延与资源浪费问题。2000 年美国精明增长联盟（Smart Growth America）提出城市应以精明增长为导向，建设紧凑型社区，充分发挥土地再利用措施，提倡 TOD 发展模式。2002 年，陈燕萍[2] 以中国香港、日本东京等地区为例阐述公共交通的社区概念并引入 TOD 理论，同时指出发展以公共交通为导向的土地利用形态是解决我国交通问题的重要手段。2015 年住房和城乡建设部[3] 发布的《城市轨道沿线地区规划设计导则》中提到"各城市在编制城市总体规划及轨道交通线网规划时，应充分结合轨道线网规划，实现轨道站点与周边用地功能与空间的协同发展，推进城市紧凑集约发展，提高城市活力"。

TOD 模式建设下的轨道站域建设成效评价伴随 TOD 理念相继提出。美国萨克拉门托市（Sacramento）[4]、佛罗里达州（Florida）[5]、加拿大埃德蒙顿市（Edmonton）[6] 等地分别在城市规划指引中提出多项城市 TOD 建设评价指标。2017 年 6 月交通与发展政策研究所（ITDP）[7] 重新修订了 TOD 标准，建立了包含慢行设计、通达性、可达性、建筑功能混合、密集性、紧凑性等 8 项原则，并对每一项原则中对应的城市建设要求进行细致阐述。自 2016 年起我国学者张舒沁[8]、田文豪[9]、夏正伟[10]、赵鹏军[11] 等人就适用于我国城市发展现状的 TOD 建设成效评价指标进行多维研究。现在对于 TOD 模式下建设的轨道站点周边土地利用成效评价指标不同，我国对于当前 TOD 评价指标体系也没有形成统一规范，且现阶段多名学者大多是针对单个站域的 TOD 发展水平大的研究，缺少面向城市区域整体 TOD 发展成效的轨道站域综合评价。

因此，本研究通过搜集国内外相关政策文件与文献研究，从密集紧凑、功能混合、慢行友好、接驳换乘、空间质量、社会活力 6 个准则层出发，建立符合我国实际情况的 TOD 轨道站域综合评价指标体系。通过采集北京市朝阳区 83 个轨道站域空间内的多源数据，从定性、定量两方面分析目前北京市朝阳区站点规划存在的问题，以验证建立评价指标体系的可行性与科学性，并为未来我国以首都为代表的超大城市在 TOD 模式下建设轨道站点提供指导意义。

1 TOD 轨道站域综合评价指标体系搭建

1.1 指标体系搭建

通过对 TOD 模式内涵、特征和基本原则等认识和理解，结合我国实际情况的轨道站域土地利用及开发建设情况，本小节根据全面最优利用模式导向的评价准则，通过分析轨道站域建成环境不同发展层面的协调关系，全面、针对性提出包含密集紧凑、功能混合、慢行友好、接驳换乘、空间质量、社会活力 6 个评价指标准则层，用以指向性指导综合评价指标体系搭建。如表 1 所示。

符合我国实际情况的 TOD 轨道站域综合评价指标体系   表 1

目标层	准则层	指标层	确立依据	指标来源
TOD 轨道站域综合评价	密集紧凑 A₁	容积率 B₁	TOD 原则：Density	文献[6][15]
		建筑基底密度 B₂		文献[6][15]
		功能密度 B₃		文献[6][14]
		居住人口密度 B₄		文献[6][14]
		停车场密度 B₅		文献[3][16]
		就业岗位密度 B₆		文献[6][14]
		交叉路口密度 B₇		文献[3]
		路网密度 B₈		文献[3]
	功能混合 A₂	街区规模尺度 B₉	TOD 原则：Diversity	文献[3][6]
		混合熵指数 B₁₀		文献[3]
		职住混合度指数 B₁₁		文献[6][14]
		生活设施可达性 B₁₂		文献[6]
		开敞空间可达性 B₁₃		文献[6]
	慢行友好 A₃	可步行性 B₁₄	TOD 原则：Design	文献[6]
		步行及骑行优先 B₁₅		文献[6][15]
		过街设施点密度 B₁₆		文献[6]
		交叉路口平均距离 B₁₇		文献[17]
		轨道站点出入口设置自行车停车设施 B₁₈		文献[3][6]
	接驳换乘 A₄	公交站点覆盖率 B₁₉		文献[3][6]
		公交线网密度 B₂₀		文献[3]
		轨道站点换乘数量 B₂₁		文献[3]
		公交换乘距离 B₂₂		文献[16]
		轨道站点出入口数量 B₂₃		文献[16]
	社会活力 A₅	街道活力吸引点 B₂₄		文献[17]
	空间质量 A₆	噪声指数 B₂₅		文献[13]
		空气指数 B₂₆		文献[13]

1.2 评价方法选择

目前存在的评价方法大致可以分为两类[12]。第一类为可直接确定权重的评价方法，包括：层次分析法、网络分析熵值法、数据包络分析法等；第二类为可间接确定权重的评价方法，包括模糊综合评价法、带权重的 TOPSIS 法等，第二类评价方法均需利用第一类评价方法确定的权重导入模型完成评价。因 TOD 具有系统复杂，影响因素多等特点，难以利用严谨的数学模型完成评价过程。结合本文建立的评价指标与评价目的，拟采用定性与定量相结合的层次分析法完成对评价指标权重的计算与评价问题的解决。具体计算流程如

图1所示。TOD 轨道站域综合评价指标权重体系

搭建结果如表2所示。

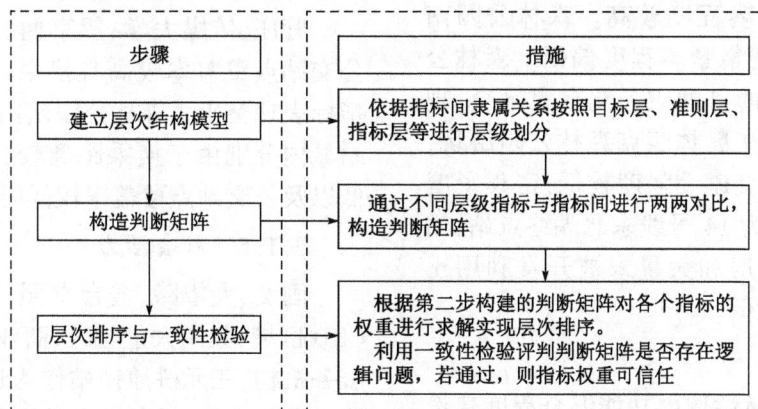

图1　层次分析法计算流程

TOD 轨道站域综合评价指标权重体系　表2

准则层	权重	指标层	权重
A_1	0.2045	B_1	0.0352
		B_2	0.0352
		B_3	0.0031
		B_4	0.0298
		B_5	0.0124
		B_6	0.0177
		B_7	0.0162
		B_8	0.0285
		B_9	0.0264
A_2	0.1520	B_10	0.0550
		B_11	0.0556
		B_12	0.0217
		B_13	0.0197
A_3	0.2176	B_14	0.0682
		B_15	0.0589
		B_16	0.0350
		B_17	0.0311
		B_18	0.0244
A_4	0.2112	B_19	0.0399
		B_20	0.0452
		B_21	0.0236
		B_22	0.0401
		B_23	0.0624
A_5	0.1519	B_24	0.1519
A_6	0.0628	B_25	0.0314
		B_26	0.0314

2　研究区域概况与数据获取

2.1　研究区域概况

本研究选取北京市朝阳区作为此次 TOD 站域评价对象。北京市朝阳区地处北京市中南部,北接顺义区、昌平区,东与通州区接壤,南连丰台区、大兴区,西同海淀区、东城区、西城区毗邻。截至2021 年 12 月,北京地铁运营线路共有 27 条,轨道站点459 座,其中有 83 个轨道站点建设于朝阳区内,约占北京全市轨道站点的 20%。目前北京市朝阳区轨道站域用地类型以居住用地、行政办公用地、文化设施用地、商业用地等为主。

2.2　研究范围界定

国内对于站域范围的界定问题大多采取国外指标作为影响范围的参考依据,这往往不能与国内的实际情况向匹配。因此本文结合国内城市空间结构特点、交通网络系统建设情况、出行者偏好等方面进行分析,以步行尺度界定轨道站域评价范围[9]。选取多数人群可接受的 10min 步行时间,步行速度为 5km/h,计算基于步行尺度下的轨道站域评价范围。

3　实例分析

3.1　评价指标分析

3.1.1　密集紧凑

北京市朝阳区轨道站域密集紧凑程度整体水平较高,且站点建设越靠近北京中心,站域内建筑

密集紧凑程度越高。国贸、金台夕照、望京东、太阳宫站域整体密集紧凑程度较高。森林公园南门、善各庄站域整体密集紧凑程度偏低。森林公园南门站点建设之初的目的服务北京奥运会,现站点主要方便乘客前往奥林匹克森林公园游玩,故该站点周边建筑楼盘建设强度较低,密集紧凑程度较低。善各庄作为14号线东北端终点站,站点西部具有大量周转房和大量未被开发利用土地,故密集紧凑程度较低。

3.1.2　功能混合

北京市朝阳区轨道站域内功能混合程度建设存在一定的差异性。黄渠、团结湖和国贸轨道站域功能混合程度较高,化工、马泉营和黄厂轨道站点功能密度指数较低。黄渠、团结湖和国贸靠近北京CBD地区,周边具有大量大型商场和写字楼,能够提供较多的餐饮、购物、休闲及商务服务,功能混合程度较高。

3.1.3　慢行友好

在慢行友好准则层中,各站点间慢行环境建设差异性较大。北土城、奥林匹克公园、朝阳公园、枣营地铁站域慢行友好程度较好,安华桥、褡裢坡、南楼梓庄地铁站域慢行友好程度较差。枣营和朝阳公园地铁站位于地铁14号线,轨道站域内具有独立划分的非机动车道与宽敞人行道。在朝阳公园站域内朝阳公园南路与甜水园街交叉路口配有非机动车形式区域标识。南楼梓庄、安华桥和褡裢坡站由于站域内机动车与非机动车随意路边停靠,抢占了非机动车占道,且交叉路口未设置非机动车路权保障措施。此外,褡裢坡站人行道宽度过窄,且有非机动车堆放情况,故以上地铁站点慢行友好指数较低。

3.1.4　接驳换乘

管庄、传媒大学、望京西、四惠东地铁站域内公交站点覆盖率较高且换乘距离较短,接驳换乘指标表现突出。森林公园南门、黄厂、和双合地铁站域内分别由于换乘距离较长、公交线网密度较低以及公交站点覆盖率较低而表现稍逊。

3.1.5　社会活力

国贸、大望路、金台夕照、东大桥站位于北京CBD区域,集中大量金融、商业、贸易、信息及中介服务机构,三元桥地铁站作为连接10号线和机场线的重要枢纽,具备一定的国际属性,周边具备大量的商务办公楼宇和大型商场,因此社会活力较其他轨道站点更高。

3.2　综合评价分析

由于本次研究对象站点较多,评价指标较多,故采取横向对比赋分法,对不同指标下各站点情况进行横向对比排序赋分,达到为轨道站域综合评价提供基层数据支撑的作用。计算公式如下:

$$P_i = 1 + (n-1) \times p_i \qquad (1)$$

$$\mathrm{Figure}(i) = \mathrm{data}\lfloor P_i \rfloor + [\mathrm{data}(\lfloor P_i \rfloor + 1) - \mathrm{data}\lfloor P_i \rfloor] \cdot (P_i - \lfloor P_i \rfloor) \qquad (2)$$

式中:　P——第i分位数位置;

　　　　n——评价数据项数;

　　　　p_i——第i分位数对应概率;

　　$\mathrm{Figure}(i)$——第i分位数具体数值;

　　$\mathrm{data}(a)$——数据排序后第a位置对应的具体数值;

　　$\lfloor P_i \rfloor$——第i分位数向下取整后的值。

依据前文提出的评价指标赋分方式,结合各指标对应的权重,通过加权计算可以得出在TOD模式下北京市朝阳区各轨道站域综合得分情况,如图2所示。

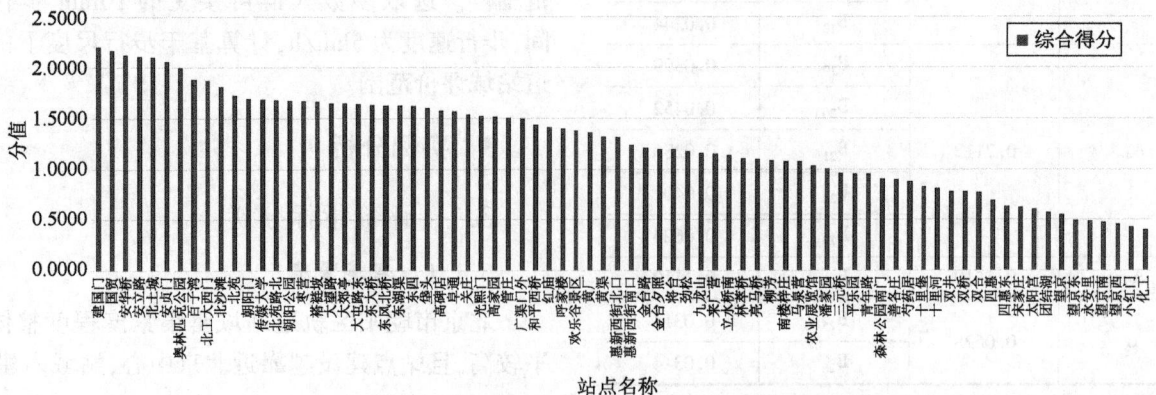

图2　各轨道站点TOD建设综合得分情况

从综合评价结果来看,北京市朝阳区轨道站域基于密集紧凑、功能混合、慢行友好、接驳换乘、社会活力等TOD建设视角来看,建设完备程度存在一定的差异性。本次综合评价满分为3.6045分,最高得分为建国门地铁站2.2013分,最低得分为化工地铁站0.4002分,超过最高分数60%的站点有45个,占评价站点总数的54.2%。将北京市朝阳区轨道站点按照北京市环线进行对比可以发现,轨道站点建设越靠近北京市中心综合得分越高。二环及二环以内轨道站点综合得分平均分为1.4037分,二环至三环(含三环)轨道站点综合得分平均分为1.3872分,三环至四环(含四环)轨道站点综合得分平均分为1.3603分,四环至五环(含五环)轨道站点综合得分平均分为1.1794分,五环以外轨道站点综合得分平均分为1.0516分。

综合得分较高站点具有如下几个特点:

(1)多数为轨道换乘枢纽站点。

综合得分较高的轨道站点多为换乘枢纽站点,例如:建国门、国贸、北土城等地铁站,换乘枢纽站点相对于普通站点具有更多的站点出入口,增强与周边用地衔接的紧密性,站点建设增加了居民利用站域设施的便利程度,从而反过来刺激了站域内用地开发强度,形成正向反馈。

(2)站域用地开发强度较高。

综合得分较高的轨道站点在密集紧凑准则层具有较高得分。由于轨道站域用地开发强度较高,能够吸引大量的开发商入驻,其产生的兴趣点众多,站域活力程度更高,从而提供空间活动和生活功能增多。

(3)站域内路网连通性程度较高。

本文选取的研究范围为基于步行尺度下的空间影响区,故区域内路网连接通达性越高,得分越高。经分析发现,轨道站域内慢行设施建设较好、行人过街设施密度建设较高的站点,例如:奥林匹克公园、枣营地铁站等,居民更愿意采取慢行出行方式,从而抑制私家车出行,提升了站点社会经济效益。同时,站域内路网连通性程度越高,表征居民可以在越短距离内找到满足自身需求的功能点,对居民采取慢行出行提供能大可能性。

3.3 策略建议

根据北京市朝阳区轨道站域的综合评价分析,研究提出以下策略建议:第一,优化用地模式,增强一体化区域构建。加强一体化构建有助于促进轨道站点与周边用地衔接的灵活性,将交通属性与生活属性紧密结合。第二,提升出行品质,营造人性化慢行环境。加强轨道站点与区域内各项服务设施融合的"最后一公里",提升居民出行体验。第三,增强智慧手段,打造信息化管理举措。打造信息化管理举措,利用"收费缓冲区"使乘客在一定时间间隔内无须二次收费完成"出站—活动—入站"行为,增强站点建设"以人为本"的思想。

4 结语

随着对TOD模式的理论研究与实践应用,世界各地对于与TOD模式相关的轨道站点建设成效分析评价指标研究也接踵而至,目前国内并没有形成统一的指标体系,且针对单个轨道站域土地建成环境分析较多。基于此,本文通过梳理国内外相关TOD评价指标,建立符合我国实际情况的TOD轨道站域综合评价指标体系,根据对北京市朝阳区轨道站点建设综合评价分析,提出相关未来建设意见,为未来我国以首都为代表的超大城市在TOD模式下建设轨道站点提供指导意义。

TOD模式内涵丰富,在选取评价指标时难以完全涵盖TOD模式概念,且伴随TOD模式不断落地实施,对于轨道站域建成成效评价指标也随之不断更新迭代,需在后续研究中不断完善。TOD模式在轨道建设中的应用涉及多种研究领域,针对本文研究存在的不足,后续研究中可以重点关注以下几方面问题:其一,评价指标体系搭建需要进一步从指标类别、指标数量、指标内涵等方面进行细化和完善;其二,评价方法选取应更加具备科学性与理论性;其三,理论数据获取应当更加完备。

参考文献

[1] CALTHORPE P. The Next American Metropolis: Ecology, Community, and the American Dream [M]. New York: Princeton Architecture Press, 1993.

[2] 陈燕萍. 城市交通问题的治本之路:公共交通社区与公共交通导向的城市土地利用形态 [J]. 城市规划, 2000(3):5.

[3] 中华人民共和国住房和城乡建设部. 城市轨道沿线地区规划设计导则[R]. 北京:中华人民共和国住房和城乡建设部, 2015.

[4] GLEAVE SD, JACKSON G, ANGLINK. Sacramento Regional Transit : A Guide to Transit Oriented Development (TOD) [R]. 2009.

[5] Florida Department of Transportation. Florida TOD Guidebook [R]. Tallahassee: Florida Department of Transportation, 2012.

[6] Sustainable Development and Transportation Services Department of Edmonton. Transit Oriented Development Guidelines of Edmonton [R]. Edmonton: Sustainable Development and Transportation Services Department of Edmonton, 2012.

[7] Institute for Transportation & Development Policy. TOD Standard[EB/OL]. https://www.itdp.org/publication/tod-standard/, 2017.

[8] 张舒沁, 边扬, 李玲. 北京市 TOD 发展成效评价指标体系研究[J]. 交通工程, 2020, 20(3): 21-26.

[9] 田文豪. TOD 模式下轨道交通站点地区土地利用评价研究[D]. 广州: 华南理工大学, 2019.

[10] 夏正伟, 张烨. 从"5D"到"5D+N": 英文文献中 TOD 效能的影响因素研究[J]. 国际城市规划, 2019, 34(5): 109-116.

[11] 赵鹏军, 李南慧, 李圣晓. TOD 建成环境特征对居民活动与出行影响——以北京为例[J]. 城市发展研究, 2016, 23(6): 45-51.

[12] 张霞, 何南. 综合评价方法分类及适用性研究[J]. 统计与决策, 2022, 38(06): 31-36.

[13] 夏正伟, 张烨, 徐磊青. 轨道交通站点区域 TOD 效能的影响因素与优化策略[J]. 规划师, 2019, 35(22): 5-12.

[14] 祝超. 公交导向的土地开发模式评价指标体系及方法研究[D]. 北京: 北京交通大学, 2012.

[15] 卡尔索普, 杨宝军, 张泉, 等. TOD 在中国[M]. 北京: 中国建筑工业出版社, 2014.

[16] 丁孟雄. 从形态可持续的角度建构 TOD 评价体系初探[C]//. 城乡治理与规划改革——2014 中国城市规划年会论文集(05 城市交通规划), 2014: 389-401.

[17] 龙瀛, 周垠. 街道活力的量化评价及影响因素分析——以成都为例[J]. 新建筑, 2016(1): 52-57.

武汉地铁末班车时刻表协同优化设计

王慧娟[1,2]　张抒扬[*1,2]

(1. 武汉理工大学交通与物流工程学院; 2. 交通信息与安全教育部工程研究中心)

　摘　要　随着社会经济的发展, 乘客地铁出行的夜间需求显著增加。地铁末班车为乘客提供了利用地铁服务到达目标站点的最后一次机会, 在此类出行活动中, 乘客出行考虑的重点是可达性。本文首先对末班车时段各换乘方向衔接的条件开展研究, 发现末班车的运行机制必然会导致某些换乘方向无法成功衔接。基于此, 本文运用复杂网络理论, 选取介数中心度这一指标, 对各换乘站的相对重要程度进行量化评估。然后本文从乘客换乘可达性的角度出发, 在列车运行的相关约束与 0-1 变量约束等条件下, 通过优化各线路方向的末班车发车时刻, 以加权成功衔接换乘方向数量最大为优化目标, 建立末班车时刻表优化模型。最后以武汉地铁网络为实例应用本模型进行优化, 并对最晚发车时刻进行灵敏度分析, 优化后各线路方向末班车发车时刻平均调整 3.83min, 换乘成功方向数量与加权换乘成功方向数量分别较现状提升 8.62%、7.32%, 此外, 本模型还考虑了乘客因走行时间不足导致换乘失败的情况, 综合优化效果显著。

　基金项目: 国家自然科学基金项目(72001162); 湖北省重点研发计划项目(2023BAB076)。

关键词 城市轨道交通 末班车时刻表 优化建模 换乘可达性 武汉地铁

0 引言

近年来,城市轨道交通高速发展,已逐渐成为满足居民出行需求和缓解城市交通拥堵的一种重要交通方式,在城市公共交通系统中发挥着不可替代的作用。在轨道交通网络化运营条件下,乘客的一次出行通常需要多条线路共同完成,此时通常需要通过换乘站的衔接来实现线路间的换乘。由于城市轨道交通列车与设施、设备等每天都需要进行检修、维护,且运营成本高昂,所以地铁服务一般难以实现全天运营。地铁末班车为深夜乘客提供了利用地铁服务到达目标站点的最后一次机会,此时,乘客出行的重点转变为对可达性的需求。因此有必要从可达性的角度对地铁末班车时刻表协同优化问题进行研究。

末班车时刻表优化问题与传统时刻表优化问题的主要区别在于乘客所在车站的可换乘性,这是由所有换乘站末班车的到达和离开时间决定的。换乘可达性关注轨道交通网络末班车时段各线路方向的列车在换乘站之间的衔接关系,其主要目的是使网络中成功衔接的换乘方向或成功换乘的乘客数量最大化。大部分学者以成功换乘的乘客数量最大化为优化目标,建立末班车线路衔接数学模型[1-4]。为平衡乘客与运营单位双方的利益,Cai[5]分别从乘客和列车两个角度进行分析,以换乘站总损失最小化为目标建立数学模型,通过在换乘站加线或换线来减少衔接方向损失。Guo[6]将线网换乘成功乘客数量最大与换乘站换乘冗余时间最小两个目标同时纳入考虑,提出了一种混合整数规划的末班车时刻表优化方法。周霞[7]以可达性和换乘需求为目标构建混合整数规划模型。但是这些既有研究忽略了轨道交通线网OD之间往往存在不止一条可达路径。在末班车时段,乘客对出行路径的选择是动态变化的。当无法通过最短路径到达目的站点时,乘客会在某种程度上选择花费时间稍长的路径通行,其他时段的"无效路径"仍可能在末班车时段乘客的选择范围内。

鉴于此,本文从乘客换乘可达性的角度出发,运用复杂网络理论对换乘站的相对重要程度进行量化,以量化结果对各换乘方向进行赋权,以末班车时段加权成功衔接方向数量最大为优化目标,建立混合整数线性规划模型来对末班车时刻表进行优化,并以武汉地铁网络为实例进行验证。

1 地铁末班车时段换乘衔接关系

多条地铁线路通过换乘站的衔接逐渐形成密切互联的轨道交通网络,为大量乘客提供了便捷快速的出行服务。对于多个换乘站来说,受各线路自身条件约束,换乘站在衔接时必然存在某种制约关系。下面以三个换乘站形成回路为例,对其具体的衔接关系进行分析。

假设线路方向 l 上的末班车在换乘站 s 的到站时刻为 $T_{l,s}^A$,停站时间为 $t_{l,s}^T$,乘客在换乘站 s 从线路方向 l 换乘线路方向 l' 的走行时间为 $t_{ll's}^W$。如图1所示情形,对于在换乘站 S_1,S_2,S_3 形成回路的三个衔接方向 $[(S_1,L3-D,L1-D),(S_2,L1-D,L2-D),(S_3,L2-D,L3-D)]$ 而言,若其均能成功衔接,则存在以下关系:

$$T_{l_3-D,s_1}^A + t_{l_3-D l_1-D s_1}^W \leq T_{l_1-D,s_1}^A + t_{l_1-D,s_1}^T \quad (1)$$

$$T_{l_1-D,s_2}^A + t_{l_1-D l_2-D s_2}^W \leq T_{l_2-D,s_2}^A + t_{l_2-D,s_2}^T \quad (2)$$

$$T_{l_2-D,s_3}^A + t_{l_2-D l_3-D s_3}^W \leq T_{l_3-D,s_3}^A + t_{l_3-D,s_3}^T \quad (3)$$

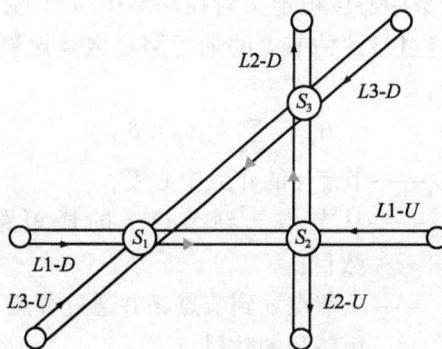

图1 形成回路情形

目前国内绝大部分换乘站都是站厅换乘或通道换乘,双向换乘难以实现。故上述约束可以转化为以下约束:

$$T_{l_3-D,s_1}^A < T_{l_1-D,s_1}^A \quad (4)$$

$$T_{l_1-D,s_2}^A < T_{l_2-D,s_2}^A \quad (5)$$

$$T_{l_2-D,s_3}^A < T_{l_3-D,s_3}^A \quad (6)$$

显然，约束（4）、（5）、（6）不可同时成立，故当各换乘方向形成回路时，在末班车时段这些换乘方向不能同时衔接成功，此种情况称为绝对冲突[8]。在城市轨道交通网络化运营的现状下，绝对冲突广泛存在。

2　协同优化模型

2.1　模型假设

（1）路网拓扑结构只考虑换乘站和起终点站，将其他站省略。

（2）末班车容量充足，可承载全部候车乘客。

（3）各线路方向之间乘客的换乘走行时间为定值。

（4）不考虑延误对末班车发车时刻表的影响。

2.2　换乘站相对重要度

目前，在实际运营过程中，大多根据站点一定时间内的换乘客流量来决定路网中换乘站的相对重要程度。但随着城市轨道交通的网络化发展，路网结构越来越复杂，路网的拓扑结构对可达性的影响很大，以往经验不再适用。因此，本文选取介数中心度这一指标，从整个网络的路径可达性角度对节点的位置重要程度进行评估，以便客观量化比较各节点的相对重要程度。

介数中心度被定义为在网络中所有的最短路径中，经过待评估节点的最短路径数量比例，计算公式为：

$$B_s = \sum_{o \neq d \neq s} \delta_{od}(s) / \delta_{od} \tag{7}$$

式中：B_s——节点 s 的介数中心度；

　　　δ_{od}——从节点 s 到节点 t 的最短路径的数目；

　　　$\delta_{od}(s)$——从节点 o 到节点 d 并通过节点 s 的最短路径的数目。

2.3　符号与变量说明

为方便对模型进行构建与描述，与模型相关的变量与参数设置见表1。

模型符号与变量　　　　表1

符号	定义
L	路网中线路集合 $L = \{l \mid l = 1, 2, \cdots, 2w\}$，其中 w 是路网中线路方向总数量，线路的上下行视为两个方向。 线路方向 l 上的换乘站集合 $l \in L$

续上表

符号	定义
$S(l)$	$S(l) = \{s \mid s = 1, 2, \cdots, k\}$，其中 k 是线路方向 l 上换乘站总数
S	路网中换乘站集合 $\bigcup_{l \in L} S(l) = S$ 换乘站 s 中所有换乘方向集合 $s \in S$
$D(s)$	$D(s) = \{(l, l')(s) \mid l \in L, l' \in L, l \neq l', l' \neq l + w\}$，指在换乘站 s 中，乘客由线路方向 l 上列车换乘线路方向 l' 上列车
T_l	决策变量，线路方向 l 上的末班车在始发站的发车时刻
T_{l-1}	线路方向 l 上的倒数第二班车在始发站的发车时刻
$x_{(l,l')(s)}$	辅助决策变量，表征换乘方向能否成功换乘的 0-1 变量，若换乘方向 $(l, l')(s)$ 可成功衔接，即在换乘站 s 中，线路方向 l 可成功换乘线路方向 l'，则此值为 1，反之，此值为 0
T_l^{early}	线路方向 l 上的末班车在始发站的最早发车时刻
T_l^{late}	线路方向 l 上的末班车在始发站的最晚发车时刻
T_l^E	线路方向 l 上的末班车到达终点站的时刻
T_l^{E-late}	线路方向 l 上的末班车的最晚收车时刻
t_{min}	最小车头时距
$t_{l,s}$	线路方向 l 上的末班车从始发站到换乘站 s 的区间运行时间，包括列车行驶时间与在中间站点和换乘站 s 的停站时间
$T_{l,s}^D$	线路方向 l 上的末班车在换乘站 s 的离站时间
$t_{ll's}^W$	乘客在换乘站 s 从线路方向 l 换乘线路方向 l' 的走行时间
$t_{ll's}^R$	乘客在换乘站 s 从线路方向 l 换乘线路方向 l' 的换乘冗余时间
B_s	换乘站 s 的介数中心度

2.4　模型建立

2.4.1　决策变量与目标函数

本文以各线路方向末班车发车时刻为决策变量，表征换乘方向能否成功的 0-1 变量为决策变量建立末班车时刻表优化模型。

本文所建模型的优化目标为加权换乘成功方向数最大，目标函数如式（8）所示。

$$\max Z = \sum_{s \in S(l,l')(s) \in D(s)} B_s x_{(l,l')(s)} \tag{8}$$

2.4.2 约束条件

对于路网任意线路方向 $l \in L$ 和换乘站 $s \in S(l)$ 来说，线路方向 l 上的末班车离开换乘站 s 的时刻见式(9)。

$$T_{l,s}^D = T_l + t_{l,s} \tag{9}$$

乘客在换乘站 s 由线路方向 l 上末班车换乘线路方向 l' 上末班车的换乘冗余时间 $t_{ll's}^R$ 表达式见式(10)。

$$t_{ll's}^R = T_{l',s}^D - T_{l,s}^D - t_{ll's}^W \tag{10}$$

当且仅当换乘冗余时间 $t_{ll's}^R \geq 0$ 时，乘客才能在换乘站 s 由线路方向 l 上末班车成功换乘线路方向 l' 上末班车，此时表征乘客能否成功换乘的决策变量 $x_{(l,l')(s)} = 1$；当换乘冗余时间 $t_{ll's}^R < 0$ 时，乘客不能在换乘站 s 由线路方向 l 上末班车成功换乘线路方向 l' 上末班车，此时表征乘客能否成功换乘的辅助决策变量 $x_{(l,l')(s)} = 0$。

$$x_{(l,l')(s)} = \begin{cases} 1, & t_{ll's}^R \geq 0 \\ 0, & t_{ll's}^R < 0 \end{cases} \quad (s \in S, (l,l')(s) \in D(s)) \tag{11}$$

（1）列车发车时刻约束

受限于乘客出行需求和必要的检修维护时间，各线路方向末班车发车时间不能过早也不能过晚，应控制在一定时间范围内。

$$T_l^{\text{early}} \leq T_l \leq T_l^{\text{late}} \tag{12}$$

（2）最小车头时距约束

为保证行车安全，末班车与前一列车需保持最小车头时距。

$$T_l \geq T_{l-1} + t_{\min} \tag{13}$$

（3）列车收车时刻约束

受到轨道交通运营成本和设备维护时间的限制，末班车收车时间不能过晚。

$$T^E \leq T^{E-\text{late}} \tag{14}$$

（4）0-1 变量约束

对于表征换乘方向是否成功衔接的 0-1 变量 $x_{(l,l')(s)}$：

$$x_{(l,l')(s)} = \begin{cases} 1, & t_{ll's}^R \geq 0 \\ 0, & t_{ll's}^R < 0 \end{cases} \quad (s \in S, (l,l')(s) \in D(s)) \tag{15}$$

为便于计算，将变量 $x_{(l,l')(s)}$ 线性化表述：

$$M \cdot (x_{(l,l')(s)} - 1) \leq t_{ll's}^R \leq M \cdot x_{(l,l')(s)} - \varepsilon \\ (s \in S, (l,l')(s) \in D(s)) \tag{16}$$

其中，M 是一个足够大的正数，ε 是一个足够小的正数。如上，当换乘冗余时间 $t_{ll's}^R \geq 0$ 时，式(15)中 $x_{(l,l')(s)} = 1$，此时式(16)有 $0 \leq t_{ll's}^R < M$；当换乘冗余时间 $t_{ll's}^R < 0$ 时，式(15)中 $x_{(l,l')(s)} = 0$，此时式(16)有 $-M \leq t_{ll's}^R < 0$。综上所述，地铁末班车时刻表协同优化模型如式(17)所示。

$$\max Z = \sum_{s \in S} \sum_{(l,l')(s) \in D(s)} B_s x_{(l,l')(s)}$$
$$T_l^{\text{early}} \leq T_l \leq T_l^{\text{late}}$$
$$T_l \geq T_{l-1} + t_{\min} \tag{17}$$
$$T_l^E \leq T_l^{E-\text{late}}$$
$$M \cdot (x_{(l,l')(s)} - 1) \leq t_{ll's}^R \leq M \cdot x_{(l,l')(s)} - \varepsilon$$

3 武汉地铁实例

3.1 基础数据与相关参数选取

本文以截至 2023 年 6 月的武汉地铁网络为研究对象实例，对其末班车时刻表进行协同优化，并将优化结果与现状进行对比分析。本文优化范围涵盖 9 条线路，29 个换乘站，共 260 个换乘方向，将除换乘站和首末站以外的其他站省略，得到线网结构如图 2 所示。

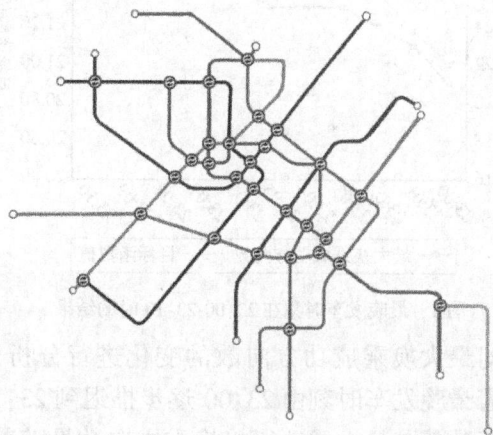

图 2　武汉地铁线网

参数设置：武汉市地铁末班车时段为 23:00 至次日凌晨 1:00；线路方向始发站到各换乘站的区间运行时间由武汉地铁末班车时刻表采集；各换乘站的换乘走行时间数据与发车间隔数据从高德地图 App 采集；最早发车时刻为与前车发车时刻相差 2min[9]；最早发车时刻设置为 22:50，最晚发车时刻设置为 23:10，最晚收车时刻设置为 1:00；使用 Gephi 软件对各站点的介数中心度进行计算分析,导出网络图见图3,各站点介数中心度越大则节点大小越大,节点颜色越深。

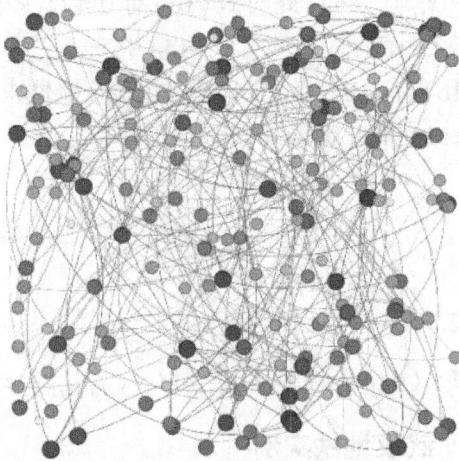

图3 Gephi 导出网络结构

3.2 灵敏度分析

本文选择运用成熟的商业软件 LINGO 进行求解。当最晚发车时刻变化范围设置为 23:00-23:10 时,求解结果见图4。

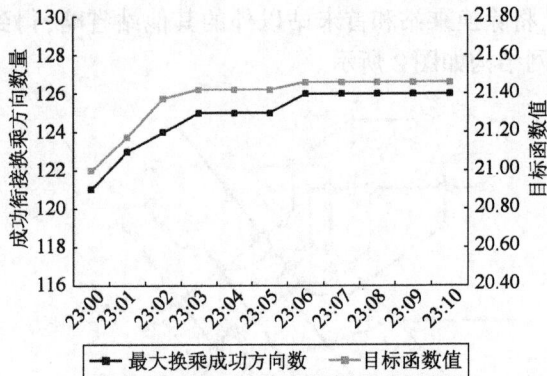

图4 最晚发车时刻在 23:00-23:10 时的结果

对最大换乘成功方向数的变化进行分析,发现随着最晚发车时刻由 23:00 逐步推迟到 23:10,目标函数值与最大成功衔接换乘方向数量随着最晚发车时刻的推迟呈增大趋势,但并不是线性增大的,因此,最晚发车时刻的推迟不一定会实现成功衔接换乘方向数量的增大。

将目标函数值与最大成功衔接方向数对比分析可以看出,在最晚发车时刻分别为 23:02、23:03、23:06 时,最大成功衔接方向数相比上一时刻增加1个,但目标函数值的增大幅度逐渐变小,分别为 0.20、0.05、0.04。这意味着在最晚发车时刻变化范围内,在武汉市轨道交通网络中位置较为重要的换乘站可优化的换乘方向逐渐减少,优化

难度增大。

综上,本文认为最晚发车时刻应设置在 23:06。

3.3 优化结果分析

武汉地铁在本文优化范围现状下仅有 116 个换乘方向可以成功衔接,而有 144 个换乘方向衔接失败,且由于为乘客预留的换乘走行时间不足导致的换乘失败方向有7个,对各换乘方向加权后的成功换乘方向总数为 19.89。在本研究建立的模型优化下,最晚发车时刻调整为 23:06,对各换乘方向加权后的成功换乘方向总数为 21.46,相较于现状提升 7.32%;换乘成功方向数量增长为 126 个,相较于现状提升 8.62%,且消除了乘客换乘走行时间不足导致换乘失败的情况,综合优化范围为 69min,平均每条线路方向调整 3.83min,在较小的调整范围内实现了较为显著的优化效果。

4 结语

本文以提高地铁末班车时段乘客的换乘可达性为目标,建立混合整数规划模型对城市轨道交通末班车时刻表进行协同优化,并基于武汉地铁网络的实例应用本模型进行优化。

(1)对末班车时段各换乘方向衔接的基础条件进行建模分析。由于城市轨道交通线网自身特点与末班车的运行机制,必然出现某些换乘方向换乘失败的情况,因此有必要对各换乘站相对重要度进行评估,以达到更好的优化效果。

(2)从乘客换乘可达性的角度出发,在列车运行的相关约束条件下,通过优化各线路双向末班车的发车时刻,以加权成功衔接换乘方向数量最大为目标建立末班车时刻表优化模型。

(3)基于武汉地铁网络的实例应用本模型进行优化,调整后的各换乘方向加权后的成功换乘方向总数相较于现状提升 7.32%;换乘成功方向数量增加 8.62%,且考虑了乘客换乘走行时间不足导致换乘失败的情况,平均每条线路方向调整 3.83min,在较小的调整范围内实现了显著的优化效果。

参考文献

[1] 陈垚,柏赟,冯旭杰,等.基于换乘站停站时间延长的城市轨道交通末班车时刻表优化[J].

交通运输系统工程与信息,2017,17(6):228-234.

[2] 徐文恺. 网络条件下城市轨道交通列车运行调整研究[D]. 北京:北京交通大学,2019.

[3] CHEN Y, MAO B H, BAI Y, et al. Optimal Coordination of Last Trains for Maximum Transfer Accessibility with Heterogeneous Walking Time [J]. Journal of Advanced Transportation,2019,2019:1-13.

[4] 魏荣华. 基于转乘车的城市轨道交通线网末班车衔接策略[J]. 交通与港航,2021,8(2):56-61.

[5] CAI C J, ZHOU L S, SHANG Y F. Research on the Last Train Connection in the Urban Mass Transit System [J]. Advanced Materials Research, 2014, 1065-1069 (1065-1069):3334-3338.

[6] GUO X, WU J J, SUN H J, et al. Scheduling Synchronization in Urban Rail Transit Networks: Trade-Offs between Transfer Passenger and Last Train Operation [J]. Transportation Research Part A: Policy and Practice,2020,138:463-490.

[7] 周霞,吕红霞,陈钉均,张慧. 基于时空可达的城市轨道交通末班车时刻表优化[J]. 综合运输,2020,42(4):45-51.

[8] 郭欣. 城市轨道交通线网列车时刻表分阶段协同优化[D]. 北京:北京交通大学,2018.

[9] ZHOU Y, WANG Y, YANG H, et al. Last Train Scheduling for Maximizing Passenger Destination Reachability in Urban Rail Transit Networks[J]. Transportation Research Part B: Methodological,2019,129:79-95.

地铁网络首班车时刻表协同优化设计

商好升[1,2] 安昊[3] 张抒扬[*1,2]
(1.武汉理工大学交通与物流工程学院;2.交通信息与安全教育部工程研究中心;3.华南理工大学土木与交通学院)

摘 要 地铁网络化运营中首班车发车后的短时间内,不同线路尚未形成连续衔接,易使乘客换乘等待列车的时间过长,影响乘客乘坐首班车的出行体验。优化地铁首班车时刻表可改进不同线路列车间的衔接关系,提高运营效率。本文根据首班车多点发车的特性提出地铁线网简化拓扑方法,选取介数中心度表征换乘站权重,以加权乘客平均换乘等待时间最小为目标建立地铁首班车时刻表协同优化模型,并设计了一种基于贪心策略的数值仿真算法,持续更新当前最大换乘等待时间对应的列车时刻表,最后以武汉地铁网络为例,代入列车实际时刻表与运行数据,求得优化后的加权乘客平均换乘等待时间由现状4.29min减少为3.17min,降低26.1%。结果表明,本文提出的地铁首班车时刻表协同优化方法可有效缩短乘客换乘等待时间,从而提升乘客出行满意度,进而提升社会经济效益。

关键词 地铁网络 首班车 换乘等待时间 时刻表优化

0 引言

随着城市地铁线网通达性的提升,乘客的换乘需求在地铁网络中越发突出[1]。然而,首班地铁列车发车后的一定时段内尚未形成连续动态衔接,可能出现乘客乘坐首班车到达换乘站后等待时间较长的现象,影响乘客出行体验[2]。由于列车衔接关系与之发车时刻具有显著关系[3],因此,通过优化地铁首班车时刻表,改进各线路列车间的换乘衔接关系,进而减少乘客换乘等待时间,提升乘客的出行效率、满意度和舒适度,实现换乘服务质量的改善,具有重要的社会意义和经济效益。

基金项目:国家自然科学基金项目(72001162);湖北省重点研发计划项目(2023BAB076)。

近年来,交通网络换乘衔接优化受到国内外众多学者的重视,主要分为乘客等待时间优化研究和交通网络可达性研究两个方面。在乘客等待时间优化方面,窦雪萍等[4]以最小化换乘等待时间的期望值和其平均偏差值加权和为优化目标,并考虑了地铁运行时间对模型的影响;Yin 等[5]建立了以运营成本和乘客等待时间一体化的优化模型,并提出基于拉格朗日松弛的启发算法对模型进行求解;Kang 等[6]针对末班车衔接问题,提出了非线性混合整数线性规划模型,并设计启发式算法进行求解;宁丽巧等[7]考虑末班车时段内客流的分布特征,构建发车间隔、停站时间及区间运行时间等相关联的协同优化模型。在交通网络可达性方面,Chen 等[8]以换乘成功客流量最大为目标建立末班车时刻表优化模型;周霞等[3]从可达性和换乘需求两方面构建双目标的混合整数规划模型,并引入了约束系数 constraint-α;吴家文等[9]设计了线路分层递进衔接优化算法求解模型;姚恩建[10]等分析站点、线路、网络三个层面的可达性,建立以最大化网络动态可达性为目标的末班车时刻表优化模型,采用遗传算法进行求解。

现有研究主要针对末班车进行换乘衔接优化,对首班车衔接优化的研究较少且未考虑不同换乘站间的重要性差异,且首班车与末班车的乘客需求和客流特征不同,在首班车时段乘坐地铁的乘客对出行效率需求更高,需尽可能减少其换乘等待时间。本文构建地铁网络首班车时刻表优化模型,基于模型自身特性设计算法进行求解,并通过实际案例分析本模型对首班车换乘衔接的改善效果。

1　线网拓扑及换乘站权重

分析地铁线网中的列车衔接关系时,通常将车站视为节点,将车站区间视为弧段,通过拓扑对实际线网进行抽象描述。现有研究根据车站在线路上的位置分为中间站、换乘站及端点站(起终点)3 种[2]。本文结合地铁首班车多点发车的特性,将中间站进一步分为首班车中间始发站和普通中间站,换乘站分为首班车换乘始发站和普通换乘站。由于首班车换乘衔接时只涉及换乘站和首班车始发站,称为关键站;其余站点称为非关键站,在简化后的线网拓扑图中省略,如图1所示。

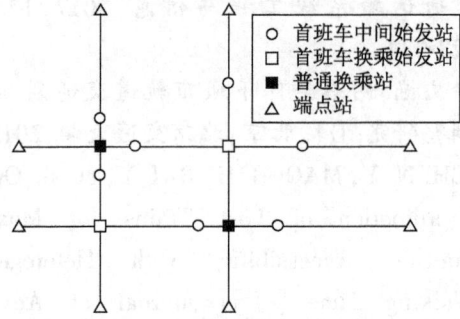

图 1　地铁线网简化拓扑

换乘站作为地铁线网的重要节点,承担大量客流换乘与集散需求。可通过对换乘站赋权反映其在整体线网中的重要程度。对于网络节点重要程度的研究方法包括:节点删除法、介数法、节点收缩法等。其中,介数可度量节点出现在网络中最短路径上的频率,符合乘客倾向于选择最短出行路径的策略[11]。因此,本文采用介数中心度作为换乘站重要程度的指标,以此对换乘站进行加权。为便于求解,需对介数中心度进行归一化处理,如式(1)所示。

$$BC_i = \frac{1}{(N-1)(N-2)/2} \sum_{s \neq i \neq t} \frac{n_{st}^i}{g_{st}} \qquad (1)$$

式中:BC_i——归一化后的介数中心度;

　　　　N——网络节点个数;

　　　　n_{st}^i——经过节点 i,且为最短路径的路径
　　　　　　　数量;

　　　　g_{st}——连接 s 和 t 的最短路径的数量。

2　首班车时刻表协同优化模型

2.1　模型假设

地铁线网、换乘站点、列车等因素的相互作用使时刻表优化问题更为复杂,考虑到以乘客换乘等待时间为核心的优化任务,本文在不失一般性的前提下提出如下假设:

(1)首班车时刻表优化问题建立于前文简化拓扑网络之上。

(2)同一换乘站相同换乘方向的乘客换乘走行时间相同且为一固定值。

(3)首班车运力充足。

(4)同一线路端点站的发车间隔相同。

(5)不考虑同线路上下行之间的换乘,即换出线路和换入线路不能为同一线路。

（6）忽略列车停站时间，采用换入列车到达时间作为乘客离站时间。

（7）忽略乘客上下车时间和列车开关门时间。

2.2 符号说明

（1）集合。

I：路网线路集合，$\forall i \in I$，$I = \{i | i = 1,2,\cdots,f\}$，$f$ 为线路总数。

S：换乘站集合，$\forall s \in S$，$S = \{s | s = 1,2,\cdots,n\}$，$n$ 为路网换乘站总数。

Q：早班车列车群集合，$\forall q \in Q$，$Q = \{q | q = 1,2,\cdots,r\}$，$r$ 为路网早班车列车总数，包括各线路多点发车的首班车及各线路端点首班车之后的 3 列车辆。

I_s：换乘站 s 的换出线路集合，$I_s = \{i_s \in I | i_{s1}, i_{s2}, \cdots\}$。

I_s^*：换乘站 s 的换入线路集合，$I_s^* = \{i_s^* \in I | i_{s1}^*, i_{s2}^*, \cdots\}$。

D_{si}：换乘站 s 的换出线路 i 的方向集合，$\{1,2\}$ 或 $\{1\}$ 或 $\{2\}$，$d = 1$ 代表上行，$d = 2$ 代表下行。

D_{si}^*：换乘站 s 的换入线路 i 的方向集合，$\{1,2\}$ 或 $\{1\}$ 或 $\{2\}$，$d = 1$ 代表上行，$d = 2$ 代表下行。

Q_{sid}：线路 i,d 方向到达换乘站 s 的换出车辆集合，$Q_{sid} = \{q_{sid} \in Q | q_{sid1}, q_{sid2}, \cdots\}$，包括线路 i,d 方向换乘站 s 上游首班车。

Q_{sid}^*：线路 i,d 方向到达换乘站 s 的换入车辆集合，$Q_{sid}^* = \{q_{sid}^* \in Q | q_{sid1}^*, q_{sid2}^*, \cdots\}$，包括线路 i,d 方向换乘站 s 上游首班车及线路端点首班车之后的 3 列车辆。

（2）参数。

$t_{idi^*d^*}^s$：换乘站 s 由线路 i,d 方向换入线路 i^*,d^* 方向首班车乘客的换乘等待时间。

w_s：换乘站 s 在地铁网络中所有站点的相对权重。

a_{id}^{qsids}：线路 i,d 方向到达换乘站 s 的换出车辆的到达时刻。

$a_{i^*d^*}^{qsid^*s}$：线路 i^*,d^* 方向到达换乘站 s 的换入车辆的到达时刻。

r_{id}^{qsids}：线路 i,d 方向到达换乘站 s 的换出车辆从始发站到换乘站的区间运行时间。

$r_{id}^{qsid^*s}$：线路 i^*,d^* 方向到达换乘站 s 的换入车辆从始发站到换乘站的区间运行时间。

δ_{qsid}^{qsids}：换乘站 s 中由线路 i,d 方向换乘至线路 i^*,d^* 方向的冗余时间。

tt^s：换乘站 s 的换乘走行时间。

$t_{idi^*d^*}^s$：换乘站 s 中由线路 i,d 方向换乘至线路 i^*,d^* 方向的换乘等待时间。

$I_{i^*d^*}$：换乘站 s 线路 i^*,d^* 方向的换出方向列车群的发车间隔。

e^{id}：线路 i,d 方向的首班车列车群在始发站的最早发车时刻。

l^{id}：线路 i,d 方向的首班车列车群在始发站的最迟发车时刻。

τ：线路安全车头时距。

（3）决策变量。

x_{id}^{qsid}：线路 i,d 方向到达换乘站 s 的换出车辆的发车时刻。

$x_{id}^{qsid^*}$：线路 i^*,d^* 方向到达换乘站 s 的换入车辆的发车时刻。

2.3 模型建立

（1）目标函数。

本文旨在通过调整换乘站的列车衔接情况，减少首班车换乘乘客等待时间。因此，本文以地铁网络首班车发车时刻为决策变量，将加权后的乘客换乘平均等待时间作为优化目标，如式（2）所示。

$$\min t = \sum_{s \in S} \sum_{i \in I_s} \sum_{d \in D_{si}} \sum_{i^* \in I_s^*} \sum_{d^* \in D_{si}} t_{idi^*d^*}^s \cdot w_s \quad (2)$$

（2）约束条件。

①到站时刻约束。

地铁到达某关键站的时刻由该车辆的发车时刻及区间运行时间表示，如式（3）、式（4）所示。

$$a_{id}^{qsids} = x_{id}^{qsid} + r_{id}^{qsids} \quad (3)$$

$$a_{i^*d^*}^{qsid^*s} = x_{i^*d^*}^{qsid^*} + r_{i^*d^*}^{qsid^*s} \quad (4)$$

②换乘等待时间约束。

首班车乘客的换乘冗余时间与换出列车的到达时刻、换入列车的发车时刻、换乘走行时间等参数相关，如式（5）所示。

$$\delta_{qsid}^{qsids} = a_{i^*d^*}^{qsid^*s} - a_{id}^{qsids} - tt^s \quad (5)$$

当 $\delta_{qsid}^{qsids} \geq 0$ 时，换乘成功，此时换乘等待时间等于换乘冗余时间，即 $t_{idi^*d^*}^s = \delta_{qsid}^{qsids}$。当 $\delta_{qsid}^{qsids} < 0$ 时，未能顺利换乘的乘客需要等待下一列车进行换乘，此时乘客的换乘等待时间由换乘冗余时间和换出方向的发车间隔共同决定。因此结合实际

情况,首班车乘客换乘等待时间 $t_{idi^*d^*}^s$ 的计算方法如(6)所示。

$$t_{idi^*d^*}^s = a_{i^*d^*}^{q_{sid}^*s} - a_{id}^{q_{sid}s} - tt^s + h \cdot I_{i^*d^*} \quad (6)$$

当 $\delta_{q_{sid}}^{q_{sid}^*s} \geqslant 0$ 时,$h = 0$;当 $\delta_{q_{sid}}^{q_{sid}^*s} < 0$ 时,$h = |[\delta_{q_{sid}}^{q_{sid}^*s}/I_{i^*d^*}]| + 1$,符号 $[\ ]$ 表示取整,$|\ |$ 表示取绝对值[12]。

③发车时刻约束。

线网首班车的发车时刻受客流需求、运营成本、夜间检修等方面的影响,应设定在一定时间范围内,如式(7)所示。

$$e^{id} \leqslant x_{id}^{q_{sid}} \leqslant l^{id} \quad (7)$$

④车头时距约束。

为保障列车运行安全,同线路同方向相邻两列车到达同一站点的时间差不应小于安全车头时距,通常可取2min[13],如式(8)、式(9)所示。

$$a_{id}^{q_{sid}+1s} - a_{id}^{q_{sid}s} \geqslant \tau \quad (8)$$

$$a_{i^*d^*}^{q_{sid}^*+1s} - a_{i^*d^*}^{q_{sid}^*s} \geqslant \tau \quad (9)$$

2.4 算法设计

本研究所建模型本质为整数线性规划,结合模型自身特性,本文设计一种基于贪心策略的数值仿真算法用于高效求解模型。可将求解过程分为两个阶段:模型预处理阶段(Step1-Step3)和模型求解阶段(Step4-Step17),具体步骤如下:

步骤1:通过式(3)和式(4),计算出换乘站 s 线路 i,d 方向首班车的到达时刻 $a_{id}^{q_{sid}s}$ 以及线路 i^*,d^* 方向换入车辆的到达时刻 $a_{i^*d^*}^{q_{sid}^*s}$;

步骤2:通过式(5)计算出换乘站 s 线路 i,d 方向首班车与线路 i^*,d^* 方向换入列车群的换乘冗余时间,令 $\delta_{q_{sid}}^{q_{sid}s} \geqslant 0$ 中的最小值为换乘站 s 由线路 i,d 方向首班车换入线路 i^*,d^* 方向的首班车乘客等待时间 $t_{idi^*d^*}^s$,生成地铁线网中所有换乘站的初始衔接方案及换乘等待时间;

步骤3:通过式(2)计算出初始解 $mint$,设为当前最优值 $result0 = mint$;

步骤4:将初始衔接方案及换乘等待时间按照换乘等待时间降序排序;

步骤5:设置调整行数 $y = 0$,即最大等待时间所在行;

步骤6:判断行数 y 的等待时间,若 $t_{idi^*d^*}^s \geqslant 1$,转步骤7,否则转步骤15;

步骤7:判断行数 y 对应换入车辆的发车时刻约束是否满足,若满足,转步骤8,否则转步骤15;

步骤8:判断行数 y 对应换入车辆车头时距约束是否满足,若满足,转步骤9,否则转步骤15;

步骤9:约束条件均满足,计算加权后的平均等待时间 $result$;

步骤10:比较计算加权后的平均等待时间 $result$ 与当前最优值 $result0$,若 $result < result0$,令 $result0 = result$,转步骤11,否则转步骤15;

步骤11:调整行数 y 对应换入车辆的发车时刻及其到达换乘站的到达时刻,$x_{id}^{q_{sid}^*} = x_{id}^{q_{sid}^*} - 1$,$a_{i^*d^*}^{q_{sid}^*s} = a_{i^*d^*}^{q_{sid}^*s} - 1$;

步骤12:调整换乘等待时间,在所有换乘衔接方向中筛选出换入车辆与行数 y 对应换入车辆相同的换乘衔接方向,这些换乘衔接方向的换乘等待时间均减少1min,同理,在所有换乘衔接方向中筛选出换出车辆与行数 y 对应换入车辆相同的换乘衔接方向,这些换乘衔接方向的换乘等待时间均增加1min;

步骤13:将衔接方案及换乘等待时间按照换乘等待时间降序排序;

步骤14:判断行数 y 的大小,当 $y = y_{max}$ 时,即所有衔接方向均进行约束判断或数值调整,循环结束,转步骤17,否则转步骤5;

步骤15:等待时间调整条件不满足、发车时刻约束不满足、车头时距约束不满足或者 $result \geqslant result0$,开始下一行等待时间的调整条件判断,令 $y = y + 1$,转步骤16;

步骤16:判断行数 y 的大小,当 $y = y_{max}$ 时,即所有衔接方向均进行约束判断或数值调整,循环结束,转步骤17,否则转步骤6;

步骤17:输出衔接方案及换乘等待时间、首班车发车时刻表。

在模型预处理阶段,结合原始时刻表与运行时间数据,求得地铁线网中所有换乘站的初始换乘等待时间,给出初始解;模型求解阶段,将衔接方案对应换乘等待时间按照降序排序,以最大等待时间为对象进行迭代调整,直至所有衔接方向均进行约束判断或数值调整且目标函数值不再降低,迭代结束。算法流程如图2所示。

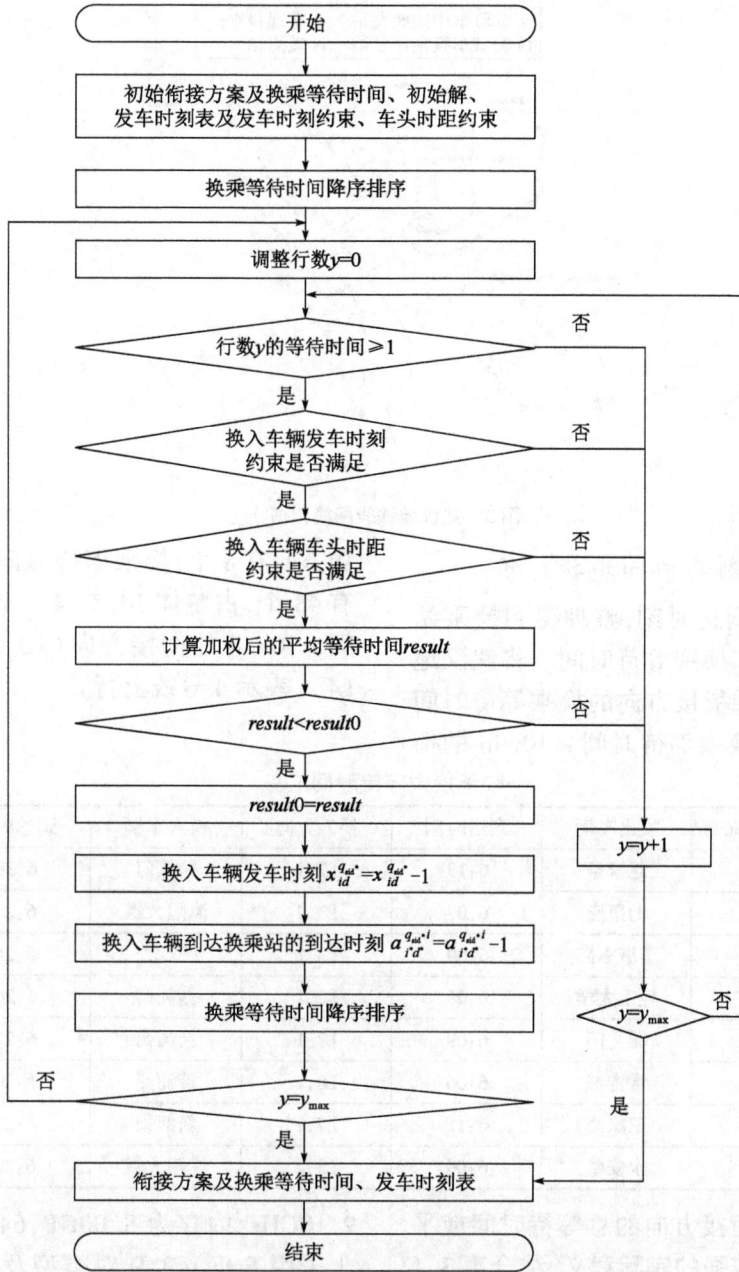

```
开始
  ↓
初始衔接方案及换乘等待时间、初始解、
发车时刻表及发车时刻约束、车头时距约束
  ↓
换乘等待时间降序排序
  ↓
调整行数y=0
  ↓
行数y的等待时间≥1 ──否──→
  ↓是
换入车辆发车时刻约束是否满足 ──否──→
  ↓是
换入车辆车头时距约束是否满足 ──否──→
  ↓是
计算加权后的平均等待时间result
  ↓
result<result0 ──否──→
  ↓是
result0=result
  ↓
换入车辆发车时刻 x_{id}^{q_{isi}·i} = x_{id}^{q_{isi}·i} - 1
  ↓
换入车辆到达换乘站的到达时刻 a_{i'd}^{q_{isi}·i} = a_{i'd}^{q_{isi}·i} - 1
  ↓
换乘等待时间降序排序
  ↓
y=y_max ──否──→
  ↓是
      y=y+1
       ↓
    y=y_max ──否──→
      ↓是
衔接方案及换乘等待时间、发车时刻表
  ↓
结束
```

图2　算法流程

3　案例分析

3.1　线网概况及基础数据

本文选取武汉市地铁网络进行案例分析。截至2022年12月,武汉地铁线网由11条线路和254个站点组成,其中包括34个换乘站,经简化拓扑,原本的254个站点可化为151个关键站,如图3所示。

武汉地铁线网的上下行发车间隔、换乘走行时间从高德地图获取,原始首班车时刻表及区间运行时间来源于武汉地铁App。经统计,在武汉地铁网络中,由177组列车共同组成首班车列车群,其中142列车在6:00发车,其余车辆在6:01或6:02发车。选取介数中心度作为换乘站权重的计算依据。

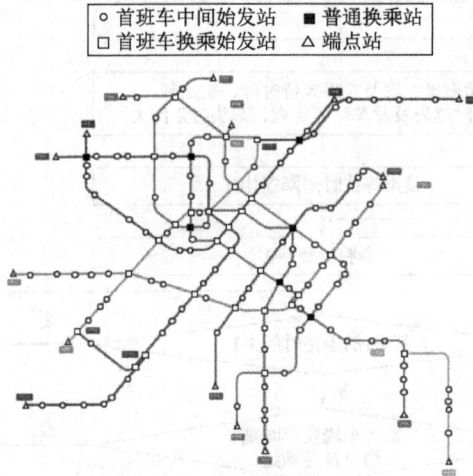

图3　武汉地铁线网简化拓扑

3.2　首班车时刻表协同现状评价

根据各站点车辆到达时刻，整理得到换乘站及其衔接方向的首班车换乘等待时间。将武汉地铁线网中的 296 个换乘衔接方向的换乘等待时间进行降序排序，其中，换乘等待时间≥10min 的衔接方向有 8 个，换乘等待时间≥8min 的衔接方向有 43 个，占整体 14.53%。表 1 列出换乘等待时间≥10min 的衔接方向（L3,2 表示 3 号线下行，L4,1 表示 4 号线上行）。

较长换乘等待时间汇总　　表 1

站点名称	换出方向	换出车辆	到达时刻	换入方向	换入车辆	到达时刻	等待时间（min）
宏图大道	L3,2	赵家条	6:13	L2,1	循礼门	6:30	13
王家湾	L4,1	七里庙	6:07	L3,2	沌阳大道	6:20	12
东风公司	L6,2	车城东路	6:09	L3,1	双墩	6:24	12
常青花园	L6,2	轻工大学	6:05	L2,1	循礼门	6:20	11
王家墩东	L2,1	循礼门	6:09	L7,1	新河街	6:21	10
宏图大道	L2,1	常青城	6:06	L8,1	黄浦路	6:20	10
武汉商务区	L3,2	王家湾	6:11	L7,1	新河街	6:23	10
王家湾	L4,2	永安堂	6:09	L3,2	沌阳大道	6:20	10

仅考虑所有换乘衔接方向的总等待时间或平均等待时间均不具备较强的实际意义，结合第 3.1 节所求换乘站权重，可知武汉地铁现有时刻表下的首班车加权后换乘平均等待时间为 4.29min。

3.3　首班车时刻表优化模型求解

在第 3.2 节已完成模型预处理过程，此处进入迭代计算完成对模型的求解。在一台处理器为 AMD Ryzen 5 3500U with Radeon Vega Mobile Gfx, 2.10GHz，内存为 8.00GB，64 位操作系统的电脑上采用 Python 3.9 对模型及算法进行编程处理，迭代 10730 次后收敛，用时约 10s。

最终目标函数值为 3.17min，优化后的加权乘客平均换乘等待时间降低了 26.1%，换乘等待时间≥10min 的衔接方向减少为 3 个（见表 2），换乘等待时间≥8min 的衔接方向减少为 30 个，占整体的 10.14%。

优化后较长换乘等待时间汇总　　表 2

站点名称	换出方向	换出车辆	到达时刻	换入方向	换入车辆	到达时刻	等待时间（min）
宏图大道	L3,2	赵家条	6:13	L2,1	循礼门	6:28	11
王家墩东	L2,1	循礼门	6:07	L7,1	新河街	6:21	11
东风公司	L6,2	车城东路	6:09	L3,1	双墩	6:24	10

3.4 灵敏度分析

本文中首班车运营参数包括列车区间运行时间、最早和最晚发车时刻以及换乘站前后两列车的车头时距,其中列车区间运行时间和车头时距受技术条件约束,此处不做进一步探讨。当所有首班车的发车时刻同时提前或延后时,相对换乘衔接过程不变,因此本文固定首班车最晚发车时刻为6:05,对最早发车时刻在5:50~6:00范围内调整,并带入模型进行求解。

由图4可知,随着最早发车时刻的提前,乘客换乘加权平均等待时间进一步减小,当最早发车时刻≤5:52时,其不再改变,即发车时刻容许区间长度超过13min之后,不再成为限制整个线网换乘等待时间进一步优化的因素。随着最早发车时刻逐渐延后,乘客换乘加权平均等待时间持续增大,相较于现状的优化幅度逐渐减小,且超过5:57后优化幅度急剧降低,已不足20%。因此,推荐设定最早发车时刻在5:53~5:57之间。

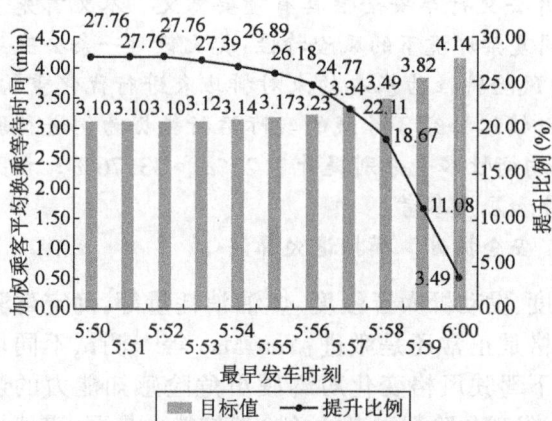

图4 最早发车时刻对乘客换乘加权平均等待时间的影响

4 结语

本文针对地铁首班车换乘衔接问题开展了如下研究:①根据换乘衔接机理,将地铁线网站点抽象为首班车中间始发站、普通中间站、首班车换乘始发站、普通换乘站共四类,提出了地铁线网站点拓扑简化方法,并选取介数中心度作为表征换乘站权重的指标,进而应用于首班车衔接优化问题。②建立了地铁首班车时刻表优化模型,以各首班车发车时刻为决策变量,以最小化乘客换乘加权平均等待时间为优化目标,考虑到站时刻、换乘等待时间、发车时刻、车头时距等约束条件,并设计了基于贪心策略的数值仿真算法,持续更新当前最大换乘等待时间对应的列车时刻表。③以武汉地铁网络为对象进行案例分析,结果表明本模型优化后的时刻表相比现状可使乘客换乘加权平均等待时间降低26.1%,即通过调整地铁首班车时刻表,改善列车之间的衔接关系,可有效缩短乘客换乘等待时间,具有重要的社会意义和经济效益。后续研究可进一步考虑异质乘客群体换乘走行时间的差异性,从而精确模拟不同乘客的实际等待时间。

参考文献

[1] 肖逸影,宋同阳,成萌,等.武汉市轨道交通网络化运营前后客流特征对比分析[J].交通与运输,2023,39(2):54-60.

[2] 杨冀琴,田秦,徐占东,等.城市轨道交通网络首班车时段时刻表优化研究[J].重庆交通大学学报(自然科学版),2021,40(8):50-56+87.

[3] 周霞,吕红霞,陈钉均,等.基于时空可达的城市轨道交通末班车时刻表优化[J].综合运输,2020,42(4):45-51.

[4] 窦雪萍,过秀成,龚小林.面向协同调度的公交时刻表鲁棒优化模型[J].东南大学学报(自然科学版),2016,(5):1110-1114.

[5] YIN J T,YANG L X,TANG T,et al. Dyna-mic passenger demand oriented metro train scheduling with energy-efficiency and waiting time minimization:Mixed-integer linear programming approaches[J]. Transportation Research Part B:Methodological,2017,97:182-213.

[6] KANG L J,ZHU X N. Strategic timetable scheduling for last trains in urban railway transit networks[J]. Applied Mathema-tical Modelling,2017,45:209-225.

[7] 宁丽巧,赵鹏,徐文恺,等.城市轨道交通末班车时段时刻表协同优化研究[J].交通运输系统工程与信息,2016,16(6):108-114.

[8] CHEN Y,MAO B H,BAI Y,et al. Timetable synchronization of last trains for urban rail networks with maximum acessibility[J]. Transportation Research—Part C:Emerging Technologies,2019,99:110-129.

[9] 吴家文,史丰收,叶红霞,等.基于线路层次的

城市轨道交通网络末班车衔接优化研究[J].
城市轨道交通研究,2020,23(5):82-85.

[10] 姚恩建,刘文婷,刘莎莎,等.基于动态可达
性的城轨末班车时刻表优化[J].华南理工
大学学报(自然科学版),2018,46(1):
58-65.

[11] 涂敏,韩雨濛.改进TOPSIS法的武汉城市轨

道交通节点重要度评估[J].重庆交通大学
学报(自然科学版),2023,42(9):113-121.

[12] 柴和天.城市轨道交通早班列车群时刻表协
同优化[D].兰州:兰州交通大学,2021.

[13] 张晚笛.城市轨道交通网络协同客流控制研
究[D].北京:北京交通大学,2018.

考虑驾驶员风险特性的公交行车安全优化研究

窦 玥[1] 邓社军[*1] 宇泓儒[2] 于世军[1] 张 俊[1]
(1. 扬州大学建筑科学与工程学院;
2. 北京交通大学综合交通运输大数据应用技术交通运输行业重点实验室)

摘 要 公交驾驶员是确保行车安全的重要因素,其驾驶状态在生理、心理及环境等动态要素的耦
合影响下,容易产生一定的波动性,进而诱发复杂的动态行车风险。如何量化解析各驾驶员在不同情形
下的风险特性,并实现与其工作时段的最佳匹配,对于提升公交行车安全性具有重要意义。本文首先基
于公交历史预警数据运用熵权法解析了公交驾驶员在不同复杂环境下的风险特性;其次针对一条公交线
路构建了车辆运行风险最小的目标函数,以不同驾驶员的风险特性为基本约束对排班表进行优化重构,
综合运用拟伏格尔法-改进模拟退火算法进行求解;最后以镇江公交3号线的实际运行数据为例进行验
证分析。研究结果表明,优化后的公交运行整体安全性和均衡性水平分别提升7.22%和33.76%。相关
成果可以为我国公交车辆的安全运行与管理提供理论指导和应用参考。

关键词 城市交通 公共交通安全 驾驶行为风险 安全提升 模拟退火算法

0 引言

近年来我国公交安全事故频发,如何对公交
运行风险实施有效防控成为热点问题。公交驾驶
员作为保障行车安全的最重要因素,其驾驶状态
在内在生理、心理及外在环境等动态要素的耦合
影响下,容易产生一定的波动性,进而诱发复杂的
动态行车风险[1]。如何量化解析公交驾驶员在不
同驾驶情形下的安全性差异,并制订科学合理的
公交运行安全优化方法,实现与驾驶员相适应的
工作环境及工作条件的最优匹配,对于提升公交
行车安全的精细化管理水平具有重要意义。

针对驾驶员的风险特性,国内外学者开展了
大量研究,如 Yingbang Zang 等[2]提出了一种基于
高斯混合模型的客观驾驶风格提取方法,并通过
实例研究证实了驾驶风格与特定场景之间的相关
性;Mohammed Karrouchi 等[3]通过对驾驶参数的
分析,如发动机转速、车速、油门踏板位置、方向盘

角度、发动机噪音强度、燃油消耗量等,确定驾驶
风格是正常还是激进;Yan Mao 等[4]测试不同场
景下驾驶风格变化对驾驶员危险感知能力的影
响,发现危险驾驶者的危险感知能力最弱,谨慎驾
驶者的危险感知能力最强,焦虑和愤怒驾驶者的
危险感知能力相似;林志坤等[5]提取了路面通行
车辆的4种驾驶行为特征(变道、起步、制动、平稳
行驶),分别对不同驾驶行为特征时序数据进行聚
类分析,进而根据驾驶风格评分模型量化了驾驶
员不同驾驶行为的激进程度,实现了驾驶风格的
有效分类;刘戈[6]针对驾驶风格划分脱离具体行
为的问题,通过主观赋权把控整体趋势和客观赋
权调整细化指标最终权重的方式,提出一种基于
驾驶行为的评分体系,以此划分驾驶风格。针对
驾驶风险评价研究,王翔宇[7]运用组合赋权的灰
色聚类对驾驶员运行风险进行分级,并构建了基
于BP神经网络的驾驶员风险等级判别模型,实现
了对营运车辆驾驶员风险等级的精准判别;张梦

歌[8]基于异常驾驶行为率计算模型,建立了驾驶行为数据驱动的一体化道路交通安全风险辨识方法;朱彤等[9]将驾驶员事故频率作为研究对象,综合考虑数据特征及异质性分析需求,构建考虑均值与方差异质性的随机参数零膨胀泊松模型,结果表明不同类型的违规行为对于驾驶员事故发生频率影响存在明显差异;王媛[10]提出基于模糊评价和 D-S 证据理论的驾驶行为危害程度评价的方法,准确地对非正常驾驶员行为进行危害程度评价;王晓勇等[11]基于生存分析模型,研究不同群体公交驾驶员违规间隔时间的差异以及影响驾驶员违规间隔时间的因素,结果表明对驾驶员违规间隔时间有显著性影响的因素是文化程度和驾龄,性别对驾驶员违规间隔时间没有显著性影响;张晖等[12]通过构建考虑行车事件严重程度和个体差异的驾驶行为风险评估方法,发现驾驶员速度标准差、速度极差、加速度均值和最大值对于驾驶风险评估的重要度较高;朱彤等[13]基于驾驶员、车辆、线路特征、违规行为、事故、管理等基本特征变量构造派生变量,发现车辆服役时间、违规次数等特征对于事故风险具有明显的非线性影响。对于公交运行安全的提升,Boyer 等[14]建立了考虑线路差异、劳动法规、限制连续驾驶时间、限制加班时间等因素的公交驾驶员排班优化模型,能够有效提升驾驶员排班和公交车辆调度的灵活性;Andrade-M[15]提出了一种考虑驾驶员可靠性的排班优化模型,模拟结果表明模型能够减少驾驶员缺勤情况、保障服务水平;孙博等[16]提出了一种考虑驾驶员对线路熟悉程度的区域公交驾驶员排班优化模型,模型在降低调度成本的同时能够提升排班方案的可靠性。

综上所述,已有研究主要通过实验仿真、模拟驾驶、理论建模的方法对驾驶员的风险特性进行分析。既有的驾驶员排班方法主要以提升经济性为主,尚缺少对公交行车安全的考虑。而如何针对驾驶员在不同情形下的风险特性,提出提升行车安全性的优化方法,已有研究尚不多见。本文综合运用多源历史预警数据,对单个驾驶员的特性进行量化解析,同时针对一条公交线路上的所有驾驶员,从提升行车安全性的角度进行排班优化组合,并对方法的有效性进行验证。

1 驾驶员行车安全性定量评价

为对比各驾驶员在不同工作环境下驾驶安全性的差异,本文基于公交驾驶员的公交预警历史数据并运用熵权法对驾驶员行车安全性进行定量评价。

本文利用驾驶员单位时段内的异常变速行为次数来衡量驾驶风险,并通过归一化处理计算驾驶员在不同情形下驾驶的相对风险,如公式1所示。若某驾驶员在某种情形下的工作时长小于 4 小时,则用其他驾驶员在该情形下的风险均值进行填补,计算各驾驶员在不同情况下的行车风险。

$$g_l^k = \frac{h_l^k - \min(h_l^k)}{\max(h_l^k) - \min(h_l^k)} \times 100 \qquad (1)$$

式中:l——各类天气或各类时段;

h_l^k——驾驶员 k 在情形 l 下的报警频次;

g_l^k——驾驶员 k 在情形 l 下的报警频次和驾驶相对风险。

假设公交历史预警数据包含的特征集合为 $C = \{c_1, c_2, \cdots c_m\}$,首先,计算在驾驶情形 c 下驾驶员 k 的风险出现的概率 P_c^k:

$$P_c^k = \frac{g_c^k}{\sum_{k=1}^{n} g_c^k}, \quad g_c^k = \frac{h_c^k - h_{c,\min}^k}{h_{c,\max}^k - h_{c,\min}^k} \times 100 \qquad (2)$$

式中:h_c^k——驾驶员 d_k 在情形 c 下的报警频次;

g_c^k——驾驶员 d_k 在驾驶情形 c 下的相对报警风险。

然后,利用熵权法得到不同驾驶情形所对应的特征权重:

$$Q_c = \frac{1 - e_c}{\sum_{c=1}^{m}(1 - e_c)}, \quad e_c = -\frac{1}{\ln n} \sum_{k=1}^{n} P_c^k \ln(P_c^k) \qquad (3)$$

式中:n——驾驶员个数;

m——情形个数;

e_c——情形 c 对应的信息熵;

Q_c——不同驾驶情形的特征权重。则驾驶员 d_k 在不同环境下的组合风险可表示为

$$r_{ij}^k = \frac{\sum_i \sum_j r_w^k(w_{ij}) + \sum_i \sum_j r_p^k(p_{ij})}{2N}, \quad f_{ij}^k = 1 - r_{ij}^k \quad (4)$$

式中:$r_w^k(\cdot)$、$r_p^k(\cdot)$——驾驶员 k 在不同天气和时段下的风险加权

函数;

$r_{ij}^k \diagup f_{ij}^k$——驾驶员 k 在班次链 s_{ij} 下所对应的风险值和安全性评价值;

N——班次链长度。

2　公交运行安全优化方法

本文在单个驾驶员特性分析的基础上,以提升一条公交线路的行车安全性为主要目标,同时考虑经济性、公平性等要求,对驾驶员进行排班优化组合。

2.1　问题描述

设可供分配的驾驶员集合 $D = \{d_1, d_2, \cdots, d_n\}$,定义前后连续发车的驾驶员组成的多次重复出现驾驶员编号序列为"班序",记为 $L = [l_1, l_2, \cdots, l_m]$。其中,$l = l(d)$ 为驾驶员编号,同一编号只能对应唯一驾驶员,反之同一驾驶员则可以存在多个编号;$m = t/\Delta t + 1$;t 为单程耗时,Δt 为发车时间间隔。

定义由 k 个班序 L 组成的"轮班"记为 $L|_1^k = [l_1^{(1)}, \cdots, l_m^{(1)}, l_1^{(2)}, \cdots, l_m^{(2)}, \cdots, l_1^{(k)}, \cdots, l_m^{(k)}]$,则称最小轮班 $L|_i^{i+k_{\min}}, i \in Z^+$ 为"标准轮班"。其中,为保证公交驾驶员上下班场站一致,限定驾驶员最少工作次数为 $k_{\min} = 2e, e \in Z^+$。同一驾驶员在一个标准轮班中的班次合称为一个"班次链",记为 $s = l|_i^{i+k_{\min}}$。基于上述定义,公交驾驶员排班表可以用如下矩阵表示:

$$S = [s_{ij}]_{u \times v} = \begin{bmatrix} s_{1,1} & s_{1,2} & \cdots & s_{1,v} \\ s_{2,1} & s_{2,2} & \cdots & s_{2,v} \\ \cdots & \cdots & \cdots & \cdots \\ s_{u,1} & s_{u,2} & \cdots & s_{u,v} \end{bmatrix} \quad (5)$$

式中：S——排班表矩阵;

$s_{i,j}$——第 i 天第 j 个班次链;

$u = H/k_{\min}$——单日班次链总数;

H——单日单场站发车总次数;

v——排班天数。类似地,每个班次链 s_{ij} 对应了天气链 w_{ij} 和交通时段链 p_{ij}。

本文假设驾驶员个体在特定环境下的驾驶安全性基本一致,基于历史预警数据建立与驾驶员及其工作环境相关的安全性评价函数:

$$f_{ij}^k = f(d_k | w_{ij}, p_{ij}) \quad (6)$$

综上,安全导向的驾驶员排班优化问题可以描述为利用驾驶员集合 D 在一定约束条件下完全覆盖排班表 S,同时将驾驶员 d_k 同其相适宜的 w_{ij} 和 p_{ij} 相匹配,使得 $\sum_{i=1}^{u} \sum_{j=1}^{v} f_{ij}$ 最大。

2.2　公交排班安全优化模型

(1)目标函数

本文以最大化公交排班的全局安全性为优化目标,即建立0-1规划模型使得排班表中全部班次链安全性之和最大:

$$\max z = \sum_{i=1}^{u} \sum_{j=1}^{v} x_{ij}^k f_{ij}^k, \ x_{ij}^k \in \{0, 1\}, x_{ij}^k \in Z^+ \quad (7)$$

式中:x_{ij}^k——标号为 k 的驾驶员 d^k 是否列入班次链 s_{ij},是为1,否为0;

f_{ij}^k——驾驶员 d_k 在班次链 s_{ij} 下的安全性估计值,是 d_k,w_{ij} 和 p_{ij} 的函数。

(2)约束条件

本文在实际数据驱动下,以安全为导向确定了公交排班管理的相关规则,具体如下。

①独立全覆盖约束:驾驶员需能满足全部出行班次,且每个班次仅由一个驾驶员完成。

$$\sum_{k=1}^{n} x_{ij}^k = 1 \quad (8)$$

②时间不重合约束:考虑每个班次任务出发和到达场站的时间不同,驾驶员排班优化过程中,驾驶员的工作时间不能发生冲突。

$$\sum_{i=\max\{1, h-m\}}^{\min\{h+m, u\}} x_{ij}^k \leq 1 \quad (9)$$

式中:　h——表示任意班次链的行标;

$m = t/\Delta t + 1$——一个班次任务时间(包含休息时间)内单场站的发车次数。

③劳动规则约束:以安全为导向,防止公交驾驶员疲劳驾驶、非法加班等,需对驾驶员的工作时长加以限制。

$$L < \sum_{i=1}^{u} x_{ij}^k \leq U \ \text{或} \ \sum_{i=1}^{u} x_{ij}^k = 0 \quad (10)$$

式中:U——每个驾驶员单日工作最大班次数;

L——如果工作则需承担的最小班次数,否则当日不工作。

④劳动公平性约束:在足够长的排班时间内驾驶员的工作班次之和应该相等,或在一个长排班周期内驾驶员的工作班次之和应大致相等。

$$\lim_{v \to Mi} \sum_{i=1}^{u} \sum_{j=1}^{v} x_{ij}^k - \frac{1}{n} \sum_{k=1}^{n} \sum_{i=1}^{u} \sum_{j=1}^{v} x_{ij}^k = 0 \quad (11)$$

$$\left|\sum_{i=1}^{u}\sum_{j=1}^{v}x_{ij}^{k}-\frac{1}{n}\sum_{k=1}^{n}\sum_{i=1}^{u}\sum_{j=1}^{v}x_{ij}^{k}\right|\leqslant\theta \qquad (12)$$

式中:M——一个很大的数或一个长排班周期;

    θ——短周期内的公平性容忍度;按照经验一般取 $\theta\in[0,5/T]$,其中 T 表示周数。

⑤风险均衡性约束:为保证驾驶员个体的安全性,需对驾驶风险的均衡性加以考虑。

$$\left|1-\frac{\sum_{i=1}^{u}\sum_{j=1}^{v}x_{ij}^{k}r_{ij}^{k}}{\frac{1}{n}\sum_{k=1}^{n}\sum_{i=1}^{u}\sum_{j=1}^{v}x_{ij}^{k}r_{ij}^{k}}\right|<\varphi \qquad (13)$$

式中:φ 表示风险均衡性容忍度。φ 不宜过小,一方面排班无法使各驾驶员承担的风险完全一致,另一方面会使排班的灵活性大幅降低;φ 亦不宜过大,否则模型可能通过牺牲个体驾驶员的安全性而追求整体最优化,根据经验可取 $\varphi\in[0.18,0.22]$。

2.3 拟伏格尔法-模拟退火算法求解

该模型的具体优化流程如图1所示。首先,利用拟伏格尔法对原始排班表进行重构得到相对较优的初始可行解;其次,通过改进的模拟退火算法实现对当前解进行变换并判别解的可行性,筛选对目标函数值最优的解,迭代上述过程实现对驾驶员排班表的逐步优化,直至模型收敛。

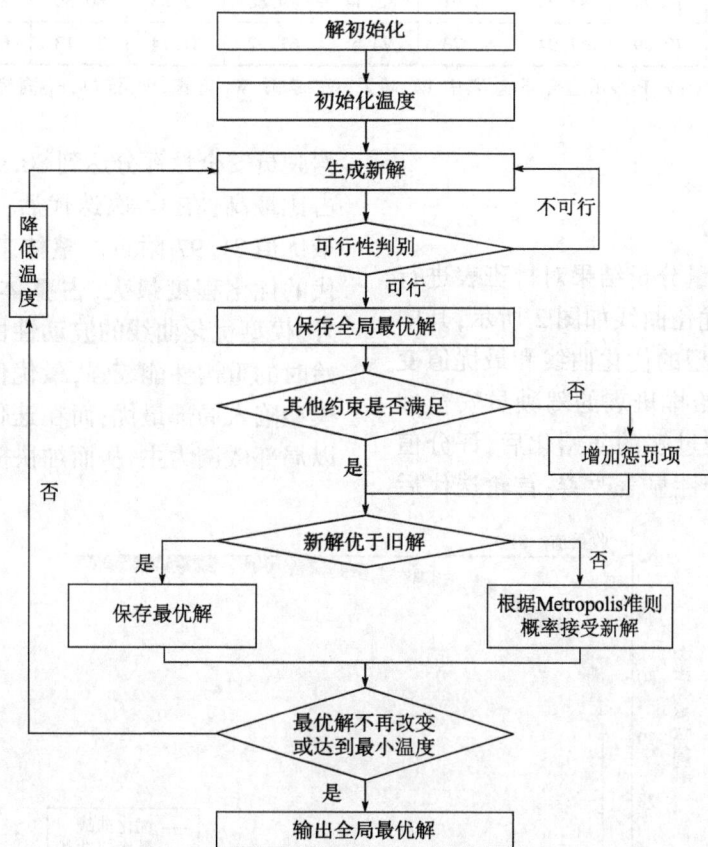

图 1 基于拟伏格尔法-模拟退火算法的公交排班优化算法流程

3 实例验证

本文获取了 2020 年 11 月至 2021 年 2 月,镇江市公交线路 3 号线的 11.2 万条公交预警数据,对该线路的 24 名驾驶员在不同工作环境中的行驶安全性进行定量评价。选取该线路 2020 年 12 月 7 至 2020 年 12 月 13 日一周的驾驶员排班计划表为分析实例,对排班表进行优化重构,模型参数标定值以及其取值范围如表 1 所示。

模型参数标定 表1

符号	含义	取值范围	标定值
θ	公平性容忍度/次	$[0,5/T]$	1
φ	均衡性容忍度/1	$[0.18,0.22]$	0.2
p_1	行交换概率/1	$[0,1)$	0.4
p_2	列交换概率/1	$[0,1)$	0.4

续上表

符号	含义	取值范围	标定值
P_3	变异概率/1	$[0,1)$	0.2
U	排班表行数/班次	—	96
L	最小次序班次数/次	—	4
T_0	起始温度/度	—	1000
α	温度衰减系数/1	$[0.9,1)$	0.98

3.1 驾驶安全性评估

基于公交历史预警数据,利用公式(1)对不同恶劣天气和交通时段下的公交驾驶安全性进行定量评价,并建立各驾驶员在不同驾驶环境下的安全性评价数据库,如表2所示。可以看出,同一驾驶员在不同驾驶环境下的驾驶行为安全性存在波动,驾驶员个体对不同环境的敏感程度有较大差异,符合本文基本假设。

不同驾驶环境下的驾驶安全性评价数据库　　　　表2

UID	W_1P_1	W_1P_2	W_1P_3	W_2P_1	W_2P_2	W_2P_3	W_3P_1	W_3P_2	W_3P_3	W_4P_1	W_4P_2	W_4P_3
01	81.82	75.77	81.96	86.57	78.09	86.34	85.59	75.46	85.42	83.07	76.82	83.14
02	71.14	72.63	79.52	72.00	73.91	83.08	67.63	70.41	81.49	72.16	73.62	80.64
03	73.57	69.61	74.44	81.93	75.91	82.34	79.88	72.83	80.59	82.02	77.41	82.33
04	65.16	65.06	70.89	67.04	66.73	74.5	61.52	61.74	71.13	66.36	66.16	72.12

注:UID表示驾驶员唯一编号;W_iP_j表示组合环境,其中W_1-晴天,W_2-暴雨,W_3-雾霾,W_4-强风,P_1-高峰时段,P_2-平峰时段,P_3-低谷时段。

3.2 排班优化

3.2.1 敛散性检验

基于驾驶员风险定量分析结果对排班表进行优化重构,模型迭代的优化曲线如图2所示,其中实线和虚线分别代表模型的优化曲线和最优值变更曲线。可以看出,初始排班表的驾驶员安全性评分较低仅为76.47;经过解的初始化后,评分值达到78.81,驾驶员安全性显著改善;首轮迭代后

驾驶员安全性评分达到80.95,在整个迭代中优化占比最高;在14次迭代后,目标函数逐步收敛至最优值81.97附近。整体来看,模型在前4轮迭代的优化程度最大,占整体优化程度的95%,此外,模型优化曲线的波动性由弱到强,说明模型开始时的重构性能较强,最优值变更频率最快,防止模型陷入局部最优;而在迭代后期,排班表最优值以局部微调为主,从而加快模型的收敛。

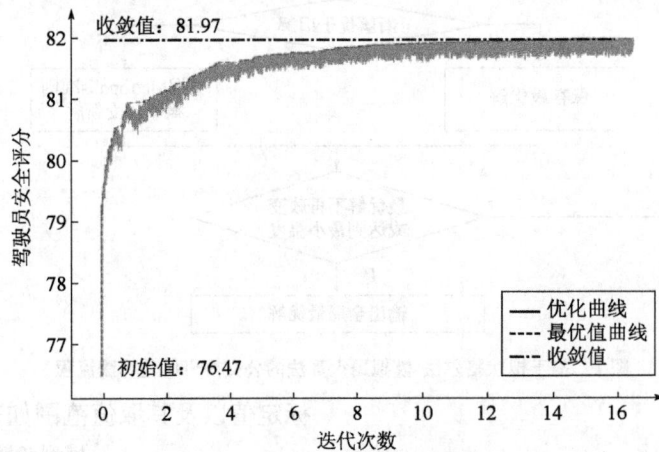

图2　排班算法迭代优化曲线

3.2.2 优化结果分析

利用公式(1)~(3)计算各公交驾驶员行车安全性的量化指标,并对排班优化前后的驾驶安全性评估值进行分析,结果如图3所示。可以看出,优化后24名驾驶员的安全性评分均有不同程度的提升,特别是对于较低安全评分的驾驶员提升更加显著。原安全性评分低于75的驾驶员,排班优化后安全性平均提高了11.08,而对于原安全性评分超过80的驾驶员,优化后安全性指标仅提高了1~3,说明模型能够优先将低安全性驾驶员

与其相适应的驾驶条件相匹配,从而减少极端安全事故的发生。为对优化结果进行进一步分析,表3展示了公交驾驶员整体安全性的主要指标,优化后公交运行整体的安全性提升了7.22%,最

低安全值由38.80提升至62.07,安全评估值标准差降低了33.76%,总体上公交排班方案的安全性得到了有效提升和明显改善。

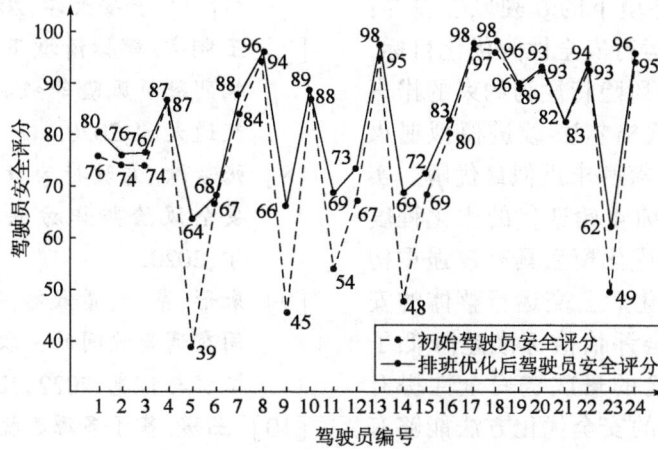

图3 各驾驶员安全评估值对比分析

公交运行整体安全性指标对比表 表3

指标	均值	标准差	最大值	最小值
优化前	76.46	17.77	96.83	38.80
优化后	81.98	11.77	98.21	62.07
差值	5.52	−6.00	1.38	23.27
变化率	7.22%	−33.76%	1.43%	59.97%

3.2.3 验证分析

本文以2020年12月7日单日的排班计划为例,对优化前后的驾驶员排班顺序和安全性评估值进行了对比,如图4所示。

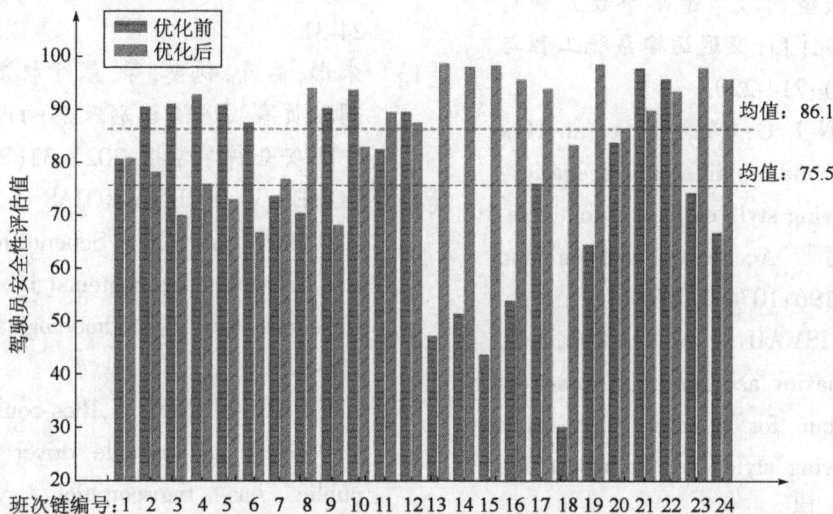

图4 单日各班次链安全评估值对比

优化前驾驶员排班:16→8→13→18→22→4→3→15→19→20→21→10→14→23→9→11→1→5→12→7→17→24→2→6
优化后驾驶员排班:3→11→5→14→9→23→2→20→6→16→10→4→18→17→13→8→22→16→18→4→19→20→13→24

优化后的排班顺序有较大调整,该班次全部驾驶员的安全性评估均值由75.5提升至86.1,表明模型具有良好的全局优化能力;优化后安全性评分均值低于60的班次链安全性总体提升超过40%;部分安全性评分高于80的班次链优化后安

全性评分出现小幅下降,说明模型在优化全局安全性的同时,可能增加部分班次链的风险水平,但可以通过模型的风险均衡性容忍度参数进行控制。

4　结语

本文针对安全导向的公交运行优化问题进行了研究，首先，基于公交历史预警数据定量评估了公交驾驶员个体在不同环境下的驾驶风险差异；其次，建立了以提升公交运行安全性为优化目标，以驾驶员在实际工作中的风险特性为约束的排班表；最后，设计并应用拟伏格尔法-改进模拟退火算法对目标问题进行预求解和求近似最优解。实例验证的结果表明，模型前 4 轮迭代的优化程度占整体优化的 95%，排班优化模型具有较强重构性能和良好的收敛性；优化后公交运行整体的安全性提升了 7.22%，安全评估值标准差降低了 33.76%，且具有较高风险的班次链安全性提升40% 以上，表明本文提出的安全优化方法能够有效提升公交运行的整体安全性和风险均衡性。但是本文主要针对一条公交线路的所有驾驶员，从提升行车安全性的角度进行排班优化组合，尚缺少对整个公交线网的协同考虑，后续将进一步开展相关研究。

参考文献

[1] 宋栋栋,杨小宝,祖兴水,等.基于均值异质性随机参数 Logit 模型的城市道路事故驾驶员受伤严重程度研究[J].交通运输系统工程与信息,2021,21(3):214-220.

[2] ZANG Y B, WEN L C, CAI P L, et al. How drivers perform under different scenarios: Ability-related driving style extraction for large-scale dataset.[J]. Accident; analysis and prevention,2023,196:107445-107445.

[3] MOHAMMED K, ISMAIL N, MOHAMMED R, et al. Driving behavior assessment: A practical study and technique for detecting a driver's condition and driving style[J]. Transportation Engineering,2023,14.

[4] MAO Y, WANG X, HE W, et al. Improving hazard perception for drivers based on driving styles with visual alerts[J]. Transportation Research Part F: Traffic Psychology and Behaviour,2023,97:367-382.

[5] 林志坤,吴小竹.考虑驾驶员驾驶风格的车辆跟驰模型[J].地球信息科学学报,2023,25(9):1798-1812.

[6] 刘戈.基于驾驶风格的纯电动公交经济性分析[D].长安大学,2023.

[7] 王翔宇.模拟情境下基于数据挖掘的营运车辆驾驶员风险等级判别方法研究[D].北京交通大学,2020.

[8] 张梦歌.驾驶行为数据驱动的城市道路交通安全风险辨识方法研究[D].重庆交通大学,2020.

[9] 朱彤,秦丹,董傲然;等.公交驾驶员违规类型同交通事故间的关联分析[J].交通运输系统工程与信息,2022,22(2):322-329.

[10] 王媛.基于多源数据融合的公交驾驶行为识别与危害程度评价[D].大连交通大学,2022.

[11] 王晓勇,罗坤,任杰,等.公交驾驶员违规间隔时间及影响因素研究[J].中国安全科学学报,2019,29(6):128-133.

[12] 张晖,刘永杰,吴超仲,等.考虑行车安全事件严重程度和个体差异的驾驶行为风险评估[J].中国安全科学学报,2023,33(7):24-31.

[13] 朱彤,秦丹,魏雯,等.基于机器学习的公交驾驶员事故风险识别及影响因素研究[J].中国安全科学学报,2023,33(2):23-30.

[14] BOYER V, IBARRA-ROJAS O J, Ríos-Solís Y Á. Vehicle and Crew Scheduling for Flexible Bus Transportation Systems[J]. Transportation Research Part B: Methodological, 2018, 112: 216-229.

[15] ANDRADE-MICHEL A, Ríos-Solís Y A, BOYER V. Vehicle and reliable driver scheduling for public bus transportation systems[J]. Transportation Research Part B: Methodological, 2021,145:290-301.

[16] 孙博,魏明.考虑驾驶员对线路熟悉程度的区域公交乘务排班模型[J].交通信息与安全,2015(6):126-130.

突发事件下城市轨道交通列车运行调整研究

陈文慧[1]　陈心宇[1]　陈弘毅[1]　冯利阳[1]　占曙光[2]　谢　军[*1]

（1.西南交通大学交通运输与物流学院;2.合肥工业大学汽车与交通工程学院）

摘　要　针对单条地铁线路中突发事件导致某运营区间发生双向中断下的列车运行调整问题,为尽量减少列车延误给地铁带来的经济损失,将列车运行总费用最小作为目标函数,建立整数线性规划模型,获取调整后的列车时刻表,尽快恢复地铁的正常运营。本文建立城市轨道交通时空网络,引入冲突时空弧集合来描述连续两辆列车的运行间隔约束。采用 ADMM(alternating direction method of multipliers)算法松弛复杂约束,将原问题分解成一系列易于求解的子问题。最后,以英国伦敦的伊丽莎白地铁线为案例背景进行研究。结果表明,使用 ADMM 算法求解基于城市轨道交通时空网络的列车运行调整模型,能够快速获取高质量的解决方案,提高地铁运营效率。

关键词　城市轨道交通　突发事件　列车运行调整　整数线性规划　ADMM 算法

0　引言

近年来,我国城市化进程加快,机动车数量激增,道路拥堵和空气污染严重。因此,全天候、大运量、绿色环保的城市轨道交通对城市的可持续发展至关重要。据中国轨道交通协会统计,截至 2022 年底,我国城市轨道交通运营里程达 10287.45km,客运量累计达 193.02 亿人次。随着线网规模扩大,影响列车运行安全的突发事件急剧增多,仅 2022 年,共发生 5 分钟以上延误 717 次、列车故障 5526 次[1]。突发事件发生后,如不及时调整,列车延误会迅速扩散至整条地铁线路,甚至影响整个交通网络。因此,研究突发事件下城市轨道交通列车运行调整问题,对提高城市轨道交通系统的安全性和运营效率具有重要意义。

最近,关于轨道交通系统中的列车运行调整问题备受关注,该问题的研究可以分为两大类:一类是关于铁路列车的研究,另一类是对城市轨道交通列车的研究。由于城市轨道交通与铁路有着许多相似的特点,因此可以在铁路领域研究的基础上,对城市轨道交通列车运行调整问题进行深入研究。

(1)铁路方面的研究:针对线路完全中断的研究场景,Ghaemi 等人[2]采取列车中途折返策略,

而 Gao 等人[3]采取中断期间列车在车站内等待的调度策略。此外,相关研究还有采取跳站停[4]、调整到发时刻、增加停站和改变列车运行顺序等调整策略[5-6]。

(2)城市轨道交通方面的研究:在运营区间双向中断的研究场景下,对列车的运行调整研究主要集中在对列车时刻表的调整上,多以降低列车总延误时间[7]、减小列车时刻表偏差和运行间隔偏差[8]、减少乘客等待时间[9-10]、降低区间车次取消数量[11-12]等作为研究目标。在模型使用方面,Li 等人[8]建立了二次规划模型,而王义惠等人[11]的研究则使用了混合整数非线性规划模型,这些模型不仅求解困难,计算时间也较长。

在求解算法方面,Binder 等人[13]为研究铁路大型中断情况下的列车时刻表规划问题,建立了整数规划模型,并使用求解器 CPLEX 进行求解,但求解的时间较长。Yao 等人[14]提出 ADMM 算法能够求解大规模问题,能够快速地找到高质量的最优或近似最优解。相比求解器,使用 ADMM 算法求解能够有效地减少计算时间。在铁路列车运行调整研究中,Zhang 等人[15]为了解决铁路列车周期时刻表问题,将有限的运营资源同步到运输服务的主周期时刻表上,提出了具有调整惩罚参数的 ADMM 启发式算法,取得了较好的求解效

基金项目:四川省科技计划项目(2021YFH0041)。

果。Zhan 等人[16]针对铁路长时间中断下的列车调度问题,采用 ADMM 算法将原问题分解成子问题后进行求解,以重新安排列车路径和旅客路径。

　　总结相关文献:近些年,城市轨道交通列车运行调整研究在逐渐增多,但相比铁路,现阶段的研究数量相对较少;虽然城市轨道交通与铁路比较相似,但也存在着明显差异。例如铁路列车可以改变列车发车顺序及重新规划运行路线,而城市轨道交通列车不能,所以设置的模型约束条件会有差异。因此,应用于铁路列车运行调整的方法无法完全直接应用于城市轨道交通系统。本文主要研究单条地铁线路因突发事件发生双向中断场景下的列车运行调整问题。本文的主要贡献是:基于城市轨道交通时空网络,以列车运行总费用最小为目标,建立包含线路上所有列车的集成整数线性规划模型,并使用 ADMM 算法将直接求解困难的集成问题分解成一系列求解起来简单的单列车子问题,能够在短时间内获得高质量的列车运行调整结果,尽量减少地铁运营的经济损失并尽快恢复地铁的正常运营。

1　问题描述

1.1　假设和符号定义

　　本文研究单条地铁线路的某运营区间发生短时间(30min 内)的双向中断问题,如图 1 所示。其中,双向中断是指该区间两个方向的线路都无法通车。由于中断时间较短,列车在中断期间采取等待策略,待突发事件处理完毕后再通过该区间。

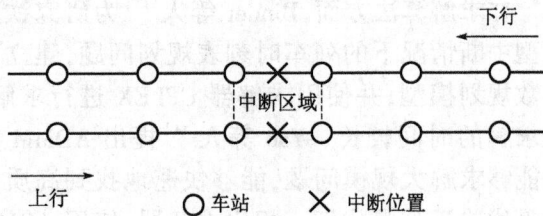

图 1　问题示意图

　　为解决本研究问题,提出以下合理假设:

　　(1)假设不开行小交路,只开行大交路,上下行互不干扰。

　　(2)不取消已经在地铁线路上运营的列车。

　　(3)列车在区间的运行时间是固定的值,不允许发生改变。

　　(4)不考虑机车车辆周转。

　　(5)突发事件发生的区间及持续时间可知。

　　(6)突发事件的发生不改变乘客 OD 需求。

　　定义本文后续所需使用的符号,如表 1 所示。

符号定义　　　　　　　　　　表 1

符号	含义
集合	
K	列车集合,$k \in K$
N	物理节点集合,$i, i', j, j' \in N$
L	物理弧集合,$(i,j) \in L$
T	时间集合,$t, t', \tau, \tau' \in T$
E	时空节点集合,$(i,t) \in E$
E^k	列车 k 可用的时空节点集合,$(i,t) \in E^k$
A	时空弧集合,$(i,j,t,t') \in A$
A^k	列车 k 可用的时空弧集合,$(i,j,t,t') \in A^k$
A^{owait}	起点等待弧集合
A^{arrive}	到达车站弧集合
A^{dwait}	终点等待弧集合
A^{drive}	区间运行弧集合
A^{strack}	车站轨道运行弧集合
A^{enter}	进站咽喉弧集合
A^{pass}	车站通过弧集合
A^{dwell}	车站停站弧集合
A^{extra}	车站额外等待弧集合
A^{leave}	出站咽喉弧集合
A^{depart}	离开车站弧集合
$A^k_{i,+}$	列车 k 离开物理节点 $i \in N$ 的可用时空弧集合
$A^k_{i,-}$	列车 k 到达物理节点 $i \in N$ 的可用时空弧集合
$\Omega_{(i,j,t,t')}$	与区间运行弧 (i,j,t,t') 冲突的时空弧集合,$\Omega_{(i,j,t,t')} \in A$
$\Omega'_{(i,j,t,t')}$	与车站轨道运行弧冲突的时空弧集合,$\Omega'_{(i,j,t,t')} \in A$
参数	
$c^k_{i,j,t,t'}$	列车 k 在时空弧 $(i,j,t,t') \in A^k$ 上的运行费用
o_k	列车 k 的起点
d_k	列车 k 的终点
e_k	列车 k 从起点出发的最早时刻
l_k	列车 k 到达终点的最晚时刻
$t^{\text{min}}_{\text{arrive}}$	区间内两列车的最小到达间隔时间
$t^{\text{min}}_{\text{depart}}$	区间内两列车的最小发车间隔
$t^{\text{min}}_{\text{strack}}$	列车占用轨道结束与下一列车占用同一轨道开始之间的最小间隔时间
变量:	
$x^k_{i,j,t,t'}$	列车 k 是否使用时空弧 $(i,j,t,t') \in A^k$,1 代表是,0 代表否

1.2 建立城市轨道交通时空网络

本文将时间离散化成时间间隔,即 $T = \{0, \sigma, 2\sigma, \cdots, n\sigma\}$,其中时间间隔 σ 定为 $1\min$。城市轨道交通时空网络可表示为 $G = (E, A)$。E 表示时空节点集合,A 表示时空弧集合。时空弧 $(i, j, t, t') \in A$ 表示列车在时间点 t 到达弧的起点,即节点 i;在时间点 t' 到达弧的终点,即节点 j。

本文假设每列车 k 出发于起点 o_k,结束于终点 d_k,从起点出发的最早时刻为 e_k,到达终点的最晚时刻为 l_k。搭建时空网络,如图 2 所示。

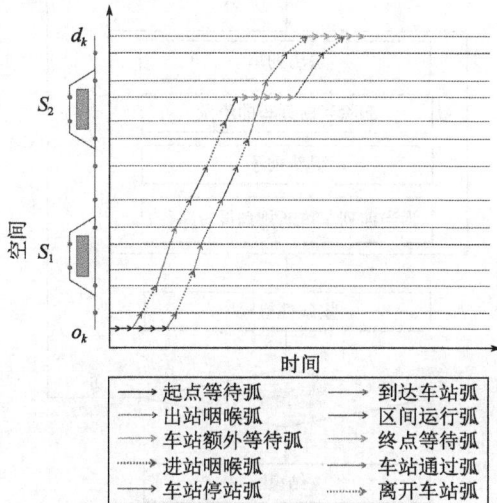

图2 城市轨道交通时空网络示意图

2 基于时空网络的列车运行调整模型

2.1 冲突时空弧集合

为了更加清晰地阐述列车运行调整问题,本文定义冲突时空弧集合来说明连续两列车之间到达和出发的运行间隔约束。

(1)运行间隔约束

区间运行弧 A^{drive} 的冲突时空弧集合 $\Omega_{(i,j,t,t')}$,其表达式如下:

$$\Omega_{(i,j,t,t')} = \{(i,j,\tau,\tau'): |t-\tau| < t_{\mathrm{arrive}}^{\min} \cup |t'-\tau'|$$
$$< t_{\mathrm{depart}}^{\min}\} (i,j,t,t') \in A^{\mathrm{drive}} \quad (1)$$

(2)车站容量约束

本文使用车站轨道运行弧 A^{strack} 来描述与车站轨道相关的时空弧,可表示为

$$A^{\mathrm{strack}} = A^{\mathrm{enter}} \cup A^{\mathrm{pass}} \cup A^{\mathrm{dwell}} \cup A^{\mathrm{extra}} \cup A^{\mathrm{leave}} \quad (2)$$

为确保突发事件下列车能够遵守车站容量约束,本文定义 A^{strack} 的冲突列车弧集合 $\Omega'_{(i,j,t,t')}$,其表达式如下:

$$\Omega'_{(i,j,t,t')} = \{(i',j',\tau,\tau'): |t-\tau|$$
$$< t_{\mathrm{strack}}^{\min} \cup |\tau-t'| < t_{\mathrm{strack}}^{\min}\}$$
$$(i,j,t,t') \in A^{\mathrm{strack}} \quad (3)$$

为简化符号,使用 $\Phi_{(i,j,t,t')}$ 来表示区间运行弧 A^{drive} 和车站轨道运行弧 A^{strack} 的冲突时空弧集合。

$$\Phi_{(i,j,t,t')} = \begin{cases} \Omega_{(i,j,t,t')} & (i,j,t,t') \in A^{\mathrm{drive}} \\ \Omega'_{(i,j,t,t')} & (i,j,t,t') \in A^{\mathrm{strack}} \end{cases} \quad (4)$$

2.2 建立整数线性规划模型

本文以列车运行总费用最小为研究目标,建立整数线性规划模型。

目标函数:

$$Z_{\min} = \sum_{k \in K} \sum_{(i,j,t,t') \in A^k} c_{i,j,t,t'}^k \times x_{i,j,t,t'}^k \quad (5)$$

约束条件:

$$\sum_{(i,j,t,t') \in A_{o_k,+}^k} x_{i,j,t,t'}^k = 1 \quad (\forall k \in K) \quad (6)$$

$$\sum_{(i,j,t,t') \in A_{o_k,+}^k} x_{i,j,t,t'}^k = \sum_{(i,j,t,t') \in A_{d_k,-}^k} x_{i,j,t,t'}^k$$

$$(\forall k \in K, \forall i \in N^k: i \neq o_k \cup i \neq d_k) \quad (7)$$

$$\sum_{(i,j,t,t') \in A_{d_k,-}^k} x_{i,j,t,t'}^k = 1 \quad (\forall k \in K) \quad (8)$$

$$\sum_{k \in K} \sum_{(i,j,\tau,\tau') \in \Phi_{(i,j,t,t')}} x_{i,j,\tau,\tau'}^k \leq 1 \quad (9)$$

$$(\forall (i,j,t,t') \in (A^{\mathrm{drive}} \cup A^{\mathrm{strack}}))$$

$$x_{i,j,t,t'}^k \in \{0,1\} \quad (\forall (i,j,t,t') \in A^k, \forall k \in K)$$

$$(10)$$

其中式(5)表示目标函数,最小化地铁线路上所有列车的运行费用;式(6)~式(8)表示列车流量守恒约束;式(9)表示车站股道能力约束;式(10)表示变量 $x_{i,j,t,t'}^k$ 取值范围。

3 求解算法

为简化符号,本文使用符号 a 表示时空弧 (i, j, t, t')。本研究采用 ADMM 算法来分解复杂的列车运行调整问题,问题的分解过程如图 3 所示。

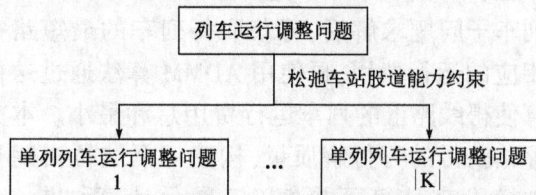

图3 问题分解示意图

引入松弛变量 z_a,松弛复杂约束,即式(9)。接着,再引入拉格朗日乘子 λ 和二次惩罚项参数

r, 就可以将复杂约束放入目标函数中, 松弛后的模型如下:

目标函数:

$$Z_{L\min} = \sum_{k \in K} \sum_{a \in A^k} c_a^k \times x_a^k + \sum_{a \in (A^{drive} \cup A^{strack})} \lambda$$

$$\left(\sum_{k \in Ka'} \sum_{\in \Phi(a)} x_{a'}^k - 1 \right) + \frac{r}{2} \sum_{a \in (A^{drive} \cup A^{strack})}$$

$$\left(\sum_{k \in Ka'} \sum_{\in \Phi(a)} x_{a'}^k - 1 + z_a \right)^2 \qquad (11)$$

约束条件:式(6)~式(8)和式(10)

本文定义 φ_a^k 代表除了列车 k 以外使用冲突时空弧集合 $\Phi(a)$ 里的时空弧的列车总数量, 以方便后面求解分解后的单列车子问题。φ_a^k 的表达式如下:

$$\varphi_a^k = \sum_{k' \in K/ka'} \sum_{\in \Phi(a)} x_{a'}^k \qquad (12)$$

由于变量 x_a^k 为 0-1 变量, 可以将目标函数中的二次项转化为一次项, 再通过图 3 所示的分解方法, 将原问题分解成一系列单列车子问题。

因此, 单列车 k 的子问题模型如下:

目标函数:

$$\min Z_k = \sum_{a \in A^k} c_a^k \times x_a^k + \sum_{a \in (A^{drive} \cup A^{strack})} \sum_{a' \in \Phi(a)} \left(\lambda x_a^{k'} + \frac{r}{2} \times \right.$$

$$\left. (2\varphi_a^k - 1) \times \sum_{a' \in \Phi(a)} x_{a'}^k \right)$$

$$= \sum_{a \in A^k} \bar{c}_a^k \times x_a^k \qquad (13)$$

本文使用符号 $\bar{c}_a^k$ 来表示单列车 k 使用时空弧 a 的一般费用, 其表达式为

$$\bar{c}_a^k = \begin{cases} c_a^k & (a \notin (A^{drive} \cup A^{strack})) \\ c_a^k + \lambda + r\varphi_a^k - \dfrac{r}{2} & (a \in (A^{drive} \cup A^{strack})) \end{cases}$$

$$(14)$$

约束条件:式(6)~式(8)和式(10)

在单列车子问题中, 约束条件由列车流量守恒约束和变量 x_a^k 取值范围约束组成。这意味着单列车子问题可视为广义时空网络中的列车最短路径问题, 本文使用动态规划求解最短路径问题。单列车子问题求解后, 可获取每列车的最短路径及相应的运行费用, 再使用 ADMM 算法通过迭代计算使得线路上的列车运行费用总和最小。本文为评估获得的可行解质量, 构建一个纯拉格朗日松弛模型来计算下界解(仅展示计算结果, 如表 2 所示)。算法的总体流程, 如图 4 所示。

———————
❶1 英里≈1.609km。

数值实验求解结果　　　表 2

名称	值	单位
建立网络时间	0.468	秒
求解问题时间	1.062	秒
上界解	3008	无
下界解	2760	无
收敛精度	0.0899	无

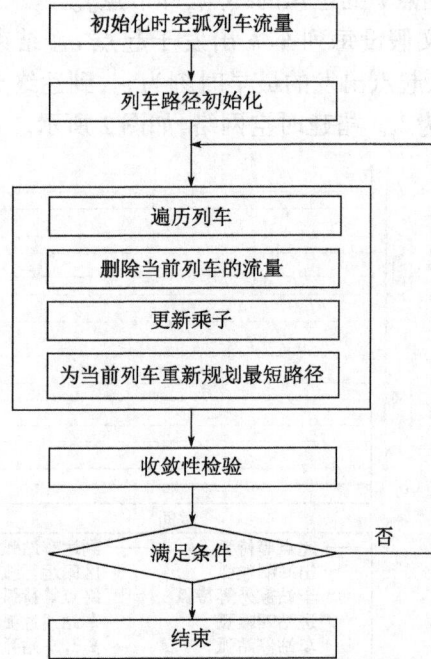

图 4　算法流程图

4　数值实验

本文的数值实验以英国伦敦地铁伊丽莎白线为研究背景。该地铁线路共有 41 个车站, 从西部的 Reading 和 Heathrow 延伸 60 多英里❶, 提供了英国伦敦东西部之间的运输服务, 并且与铁路、Heathrow 机场有几处连接。地铁线路示意图, 如图 5 所示。

该线路呈水平"X"形, 有四个终点站:西侧是 Reading 和 Heathrow Airport 车站, 东侧是 Shenfield 和 Abbey Wood 车站。计划运营的服务列车将从这些终点站或线路的某些中间站开始或结束运行。本文选取伊丽莎白地铁线的一条开行交路, 即 Maidenhead 车站到 Abbey Wood 车站, 对突发事件下列车的运行调整进行案例计算。该交路共有 23 个车站, 包括 140 个物理节点和 256 条物理弧。

输入具体的突发事件信息, 如表 3 所示。

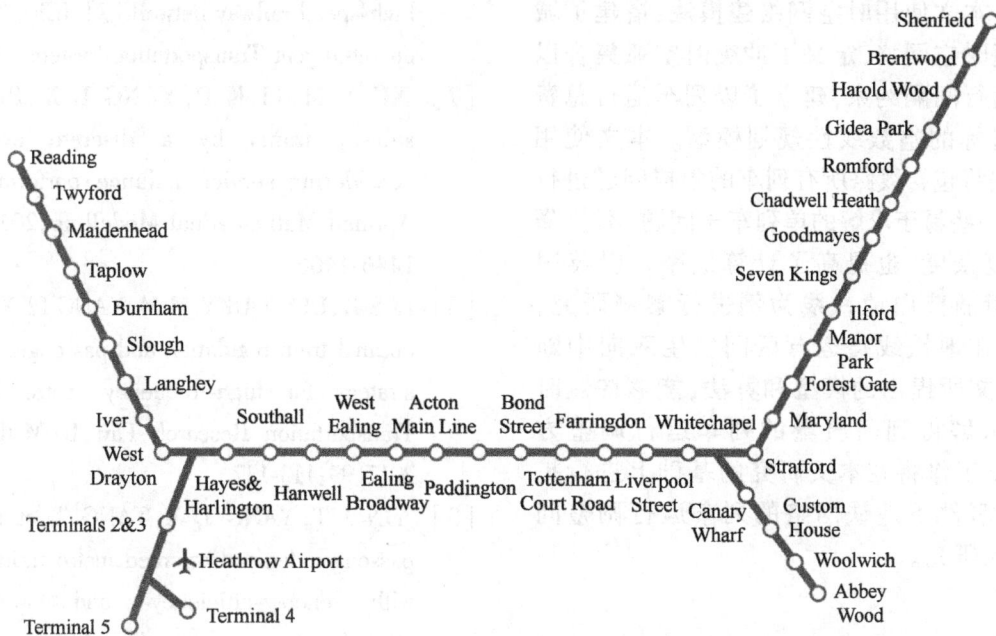

图5 伊丽莎白地铁线示意图

突发事件信息　　　　表3

中断区间起点车站	中断区间终点车站	中断时间（min）	列车数量
West Ealing	Ealing Broadway	27	18

基于 Visual Studio 2012 平台,使用 C++ 对求解算法进行编码。计算结果如表2所示,可得网

络建立与问题求解速度较快,且收敛效果较好。

将求解得到的列车运行数据铺画在列车运行图中,如图6所示。其中,灰色阴影部分表示运营区间 West Ealing 车站至 Ealing Broadway 车站发生中断。从图6中可以看出,列车之间的运行活动无冲突,说明该列车运行的调整方案是可行的。

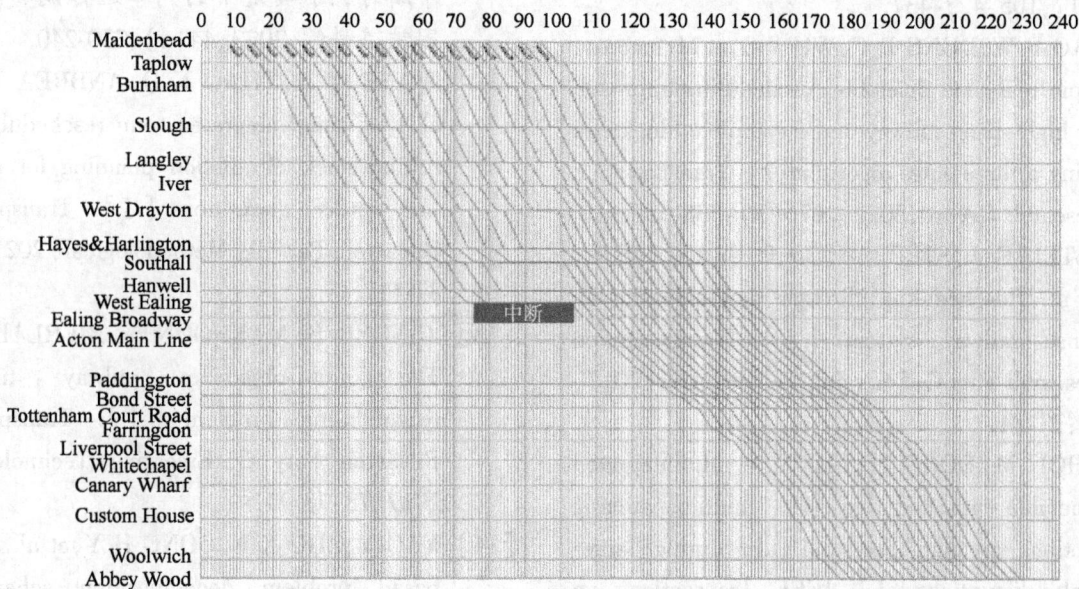

图6 调整后的列车运行图

5 结语

我国城市轨道交通客运服务工作日渐繁忙,

突发事件导致的运营中断不仅会影响乘客的正常出行,也会带来较大的经济损失。因此,对于突发事件下城市轨道交通列车的运行调整研究愈发重

要和紧迫。本文使用时空网络建模法，搭建了城市轨道交通时空网络，定义了冲突时空弧集合以表示列车运行间隔约束，建立了以列车运行总费用最小为目标的整数线性规划模型。本文使用ADMM算法将包含线路所有列车的集成问题进行分解，得到一些易于求解的单列车子问题，不仅降低了问题复杂度，也提高了计算效率。以英国伦敦地铁伊丽莎白地铁线为例进行案例研究，结果表明，在地铁线路运营区间发生双向中断时，采用本文所提出的模型和算法，能够在短时间内快速求解得到高质量的列车运行调整方案。下一步工作将在本文研究的基础上进行扩展，对突发事件下地铁网络的列车运行调整问题进行深入研究。

参考文献

[1] 中国城市轨道交通协会.城市轨道交通2022年度统计和分析报告[R/OL].(2023-03-31)[2024-02-20].https://www.camet.org.cn/tjxx/11944.

[2] GHAEMI N,CATS O,GOVERDE R M P. A microscopic model for optimal train short-turnings during complete blockages[J].Transportation Research Part B：Methodological,2017,105:423-437.

[3] GAO B W,DONG D C,WU Y S,et al. macroscopic real-time timetable rescheduling approach for high-speed railway under complete blockages using a three-stage algorithm[J].Transportation Research Record,2022,2676(3):535-550.

[4] ESTELLE A,STÉPHANE D P,FRANCOIS R,et al. Rescheduling through stop-skipping in dense railway systems [J]. Transportation Research Part C：Emerging Technologies,2017,79:73-84.

[5] ZHOU M,DONG H,LIU X,et al. Integrated timetable rescheduling for multidispatching sections of high-speed railways during large-scale disruptions [J]. IEEE Transactions on Computational Social Systems,2022,9(2):366-375.

[6] ZHANG P,ZHAO P,QIAO K,et al. A multistage decision optimization approach for train timetable rescheduling under uncertain disruptions in a high-speed railway network[J].IEEE Transactions on Intelligent Transportation Systems,2023,(24).

[7] XU X M,LI K P,YANG L X. Rescheduling subway trains by a discrete event model considering service balance performance [J]. Applied Mathematical Modelling,2016,40(2):1446-1466.

[8] LI S K,DESSOUKY M M,YANG LI X,et al. Joint optimal train regulation and passenger flow control strategy for high-frequency metro lines [J]. Transportation Research Part B：Methodological,2017,99:113-137.

[9] YIN J T,YANG L X,TANG T,et al. Dynamic passenger demand oriented metro train scheduling with energy-efficiency and waiting time minimization：mixed-integer linear programming approaches[J].Transportation Research Part B：Methodological,2017,97:182-213.

[10] 周玮腾,钱蕾,韩宝明,等.运营区间双向中断下城市轨道交通列车运行调整[J].东南大学学报（自然科学版）,2022,52（4）:770-779.

[11] 王义惠,赵康祺,王航宇,等.地铁线路双向中断时长不确定下的列车运行调整[J].中国铁道科学,2023,44(4):230-240.

[12] WANG Y H,ZHAO K Q,ANDREA D A,et al. Real-time integrated train rescheduling and rolling stock circulation planning for a metro line under disruptions [J]. Transportation Research Part B：Methodological,2021,152:87-117.

[13] BINDER S,MAKNOON Y,BIERLAIRE M. The multi-objective railway timetable rescheduling problem [J]. Transportation Research Part C：Emerging Technologies,2017,78:78-94.

[14] YAO Y,ZHU X N,DONG H Y,et al. ADMM-based problem decomposition scheme for vehicle routing problem with time windows [J]. Transportation Research Part B：Methodological,2019,129:156-174.

[15] ZHANG Y X,PENG Q Y,YAO Y,et al. Solving cyclic train timetabling problem

through model reformulation：Extended time-space network construct and Alternating Direction Method of Multipliers methods[J]. Transportation Research Part B：Methodological,2019,128:344-379.

[16] ZHAN S G, WONG S C, SHANG P, et al. Integrated railway timetable rescheduling and dynamic passenger routing during a complete blockage[J]. Transportation Research Part B：Methodological,2021,143:86-123.

铁路客运枢纽接驳需求响应公交研究

——以北京市为例

史　淼　张　妍　高月喆　陈艳艳*
（北京工业大学城市建设学部）

摘　要　铁路客运枢纽在短时间内聚集了大量的进出站客流,适宜配置需求响应式公交。然而在实际运营中,需求响应公交面临上座率低、频繁撤销、亏损严重等诸多挑战。造成上述问题的主要原因是运营方未能精准捕捉乘客的出行需求。基于此,本文以北京市铁路客运枢纽站为研究对象,利用手机信令数据对出站乘客时空特征进行定量化分析,结合各枢纽站自身特点,提出了发车频率、线路走向、运行模式等运营策略建议。

关键词　铁路客运枢纽　需求响应公交　时空特征分析　公交运营策略

0　引言

随着人们对于出行舒适性、直达性、个性化的需求,促进了需求响应公交、定制公交等新兴公交概念的出现。需求响应公交具有常规公交集约化出行和出租车高灵活度等特点,能够满足居民多样化的出行需求,有效减少私家车在高峰时段的使用,进而提高公共交通分担率,缓解城市交通拥堵[1]。需求响应公交已大量投放到实际生活中,尤其在客运枢纽站接驳应用较为广泛。北京客运枢纽主要承担城际交通职能。其客流规模和特征主要受所服务的线路类型、开行频率、车次和列车容量的影响[2]。由于每条线路的到站时间和到客量差异显著,且每天的到站时间不固定,常规公交很难提供有效的出行服务[3]。因此为需求相似的人群提供舒适、高效、个性化服务的需求响应公交符合客运枢纽站疏散客流的要求。

目前,学者集中关注需求响应公交的规划设计及优化问题,包括公交站点及线路优化[4]、运行模式优化[5]、车辆调度问题[6]、定价问题[7]、考虑混合车型[8]以及动态优化[9]等方面,关于需求响应公交的理论研究也逐渐成熟。但是实际运行中,需求响应公交却遇到"叫好不叫座"的窘境,不少线路出现昙花一现就被撤销的情况,还有部分线路处于严重亏损状态[10]。究其原因主要包括:线路无法真正满足乘客需要,对乘客出行需求捕捉不精准,导致出现供需不匹配的现象;尚未有效结合其他交通方式(如出租车、地铁等)的出行特点,导致线路同乘客实际需求存在错配。综上,在设置需求响应公交前,相关人员并未结合实际出行需求、周边公共交通情况等进行适应性、可行性分析。

因此,本文以北京市铁路客运枢纽站为研究对象,将枢纽站按照地理位置、公共交通设施、服务铁路线路等特征进行分类,以手机信令数据为依据,通过对每个类别的枢纽站出站乘客时空特征分析,量化出站乘客出行特征,进而对需求响应公交的车型配置、发车班次频率、线路整体走向、站间距设计以及运行模式等运营策略提出指导性意见。

1 北京铁路客运枢纽站分类

根据《京津冀协同发展规划纲要》及《北京城市总体规划(2016年—2035年)》,北京市规划中铁路客运站包括北京北站、北京西站、北京南站、北京丰台站、北京站、北京朝阳站、北京城市副中心站和清河站[11]。北京丰台站、北京城市副中心站为最新开设枢纽暂不分析。将其余6个客运枢纽站按照地理位置、交通工具组成、周边公共交通

设施、服务铁路线路等进行分类,如表1所示,共分为四类。各类别特点如下:类别1中枢纽的特点为普通列车以及高速列车共存,线路服务城市较广,周边公共交通便捷;类别2中枢纽主要以高速铁路为主,服务城市范围单一,周边公共交通设施全面;类别3中枢纽铁路交通方式仅为高铁,服务城市存在一对一的关系,周边公共交通便捷;类别4中枢纽主要以高速铁路为主,服务城市范围单一,周边公共交通设施较少。

北京铁路客运枢纽站分类　　表1

类别	枢纽站	地理位置	城市间交通工具	城市内公共交通情况	承担铁路线路
类别1	北京站	东城区二环路内	高铁、动车、火车	市郊铁路11条、北京地铁2号线、公交线路35条	京沪线、京哈线、京承线、京广线、京原线等
	北京西站	丰台区莲花池东路	高铁、动车、火车	市郊铁路12条、北京地铁7号线和9号线、公交线路32条	京广线、京九线、京雄城际等
类别2	北京北站	西城区	高铁、动车	市郊铁路12条、邻近北京地铁2号线、4号线和13号线、公交线路15条	京张高速铁路
	清河站	海淀区	高铁、动车	市郊铁路12条、北京地铁13号线和昌平线、公交线路9条	京张高速铁路
类别3	北京南站	丰台区	高铁	北京地铁14号线和4号线、公交线路25条	全部京津城际、京沪高速铁路
类别4	北京朝阳站	朝阳区东风乡	高铁、动车	公交线路共6条	京沈客专

2 手机信令数据预处理及出行方式划分

2.1 手机信令数据预处理

手机信令数据主要由手机用户在发生通话、发短信或开关机等事件时,被运营商的通信基站捕获并记录同一用户信令轨迹所产生的。本文手机信令数据来自联通智慧足迹DaaS平台,通过SQL语言编程对照联通公司提供的数据字典获取,该平台可以通过用户上传的具有wkt属性的数据表获取特定范围的数据。平台依照各地联通号使用占比,将人口数据进行扩样。北京市中心城区范围内的基站密度为250米,中心城区外的基站密度约500米。基站会根据用户的位置变化情况判定出行是否产生,当发生基站切换时,会被判定为出行开始,当在某一位置的停留时间超过30min时,会被判定为出行结束,并记录出行距离、时间以及速度等信息。平台数据提供的出行方

式,包括公路、地铁和高铁。

本文以北京市六环内划分为1km×1km的栅格图层和6个铁路客运枢纽站图层为依据,通过SQL语言获取到2023年6月出站乘客出行集计数据,数据类型及含义如表2所示。

数据字段含义　　表2

字段名称	样本示例	备注
时间	26	一天中第几个15分钟
出行方式	0	0表示公路;1表示地铁
起点ID	7033336	枢纽站编号
讫点ID	2088	栅格编号
出行量(人次)	2.2398	扩样后数量
距离(m)	3225	
速度(km/h)	4	
出行时间(s)	2987	

2.2 出行方式划分

本文采用K-means算法对枢纽站出站乘客出

行方式进行划分。基于手机信令数据可提取的出行指标以及考虑指标之间的相关性，确定最终特征值为出行时长、出行速度以及加速度。然后，提取某日各枢纽站出站人群出行数据，计算特征值，将特征数据进行标准化处理。由于平台已划分好地铁和公路出行，因此只需将公路出行细分为公交、小汽车和非机动车，即确定簇数 k=3。最终聚类结果如图1所示，以北京站为例。根据聚类中心的特征值，可以看出类别1-3分别为非机动车出行、公交出行和小汽车出行。出行方式划分结果如表3所示，可以看出枢纽出站乘客更加偏向于公共交通出行，尤其枢纽内部有地铁站时，乘客更偏向于乘坐地铁。

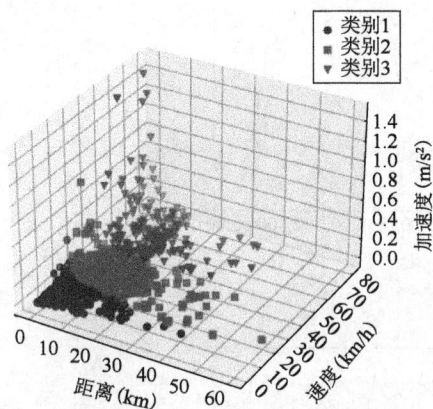

图1 某日北京站出行方式划分聚类图

某日北京铁路客运枢纽站出行方式占比 表3

枢纽名称	非机动车	公交	小汽车	地铁
北京站	11.75%	24.94%	9.52%	53.79%
北京西站	9.88%	30.10%	12.18%	47.86%
北京北站	14.44%	32.99%	7.56%	45.11%
清河站	12.19%	29.77%	12.45%	45.59%
北京南站	12.22%	29.65%	12.78%	45.35%
北京朝阳站	35.26%	32.30%	23.28%	9.14%

3 客流时空特征分析

通过对北京市主要高铁客运枢纽站公交出站客流时间特征分析，探究出行分布所体现的高峰出行时间段、出行时间变化周期、不同时间类型分布差别特征，有助于为需求响应公交配车、发车班次等提供数据支撑。空间特征分析所表现出的热点区域、区域功能等，对于后续接驳公交规划等有着重要意义。

3.1 时间特征分析

3.1.1 日出行量特征分析

北京市4类枢纽站在2023年6月公交出行量变化趋势如图2所示。类别1以北京站为例，类别2以北京北站为例，下同。各类别枢纽站日出行量特征较为一致。高铁客运枢纽站出行量有着明显的周变化规律，工作日客流量较小且客流量较为稳定，在节假日前一天客流量会存在大幅度上升，节假日期间整体客流量较高且不稳定，节假日后一天客流存在明显回落。

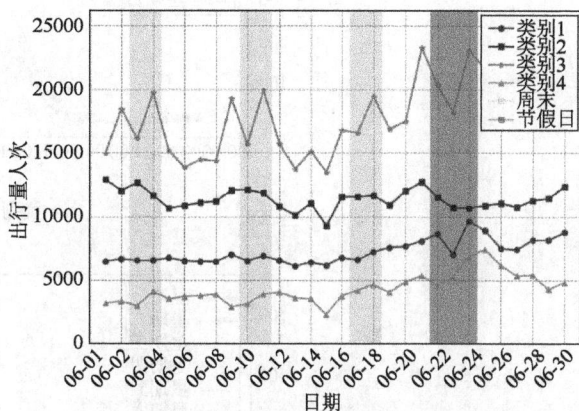

图2 北京铁路客运枢纽公交日出行量

3.1.2 小时出行量特征分析

枢纽站在2023年6月5日(星期一)至6月11日(星期日)的小时公交出行量变化趋势如图3。总体而言，各枢纽不同日期间每日整体变化趋势基本一致，能明显看出出站客流高峰时段。枢纽站出站公交客流的高峰时间段大致都分布在中午12:00左右以及晚上20:00左右。特别地，类别1枢纽夜间出行量相较较高，类别3枢纽站自上午10:00至22:00一直客流一直居高不下。精细化每个时间段的出站出行量有利于规划管理枢纽周边公共交通运营工作，并可针对出行高峰时间段提前做出应对准备。

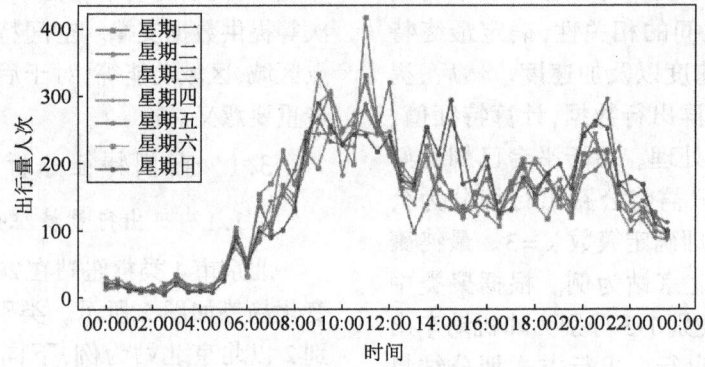

a)类别1逐时出站客流

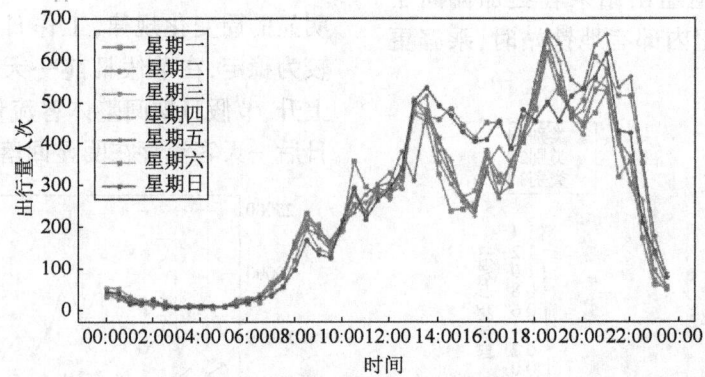

b)类别2逐时出站客流

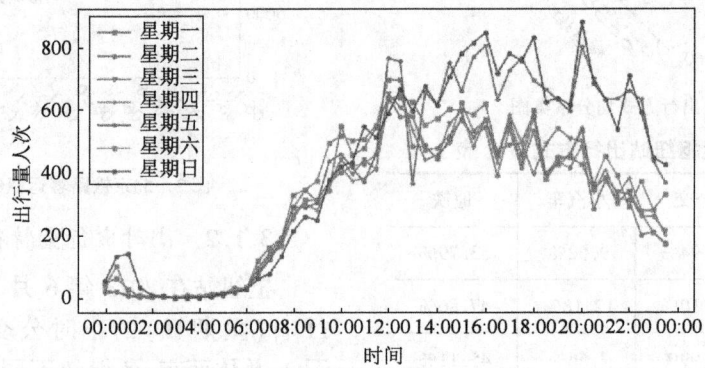

c)类别3逐时出站客流

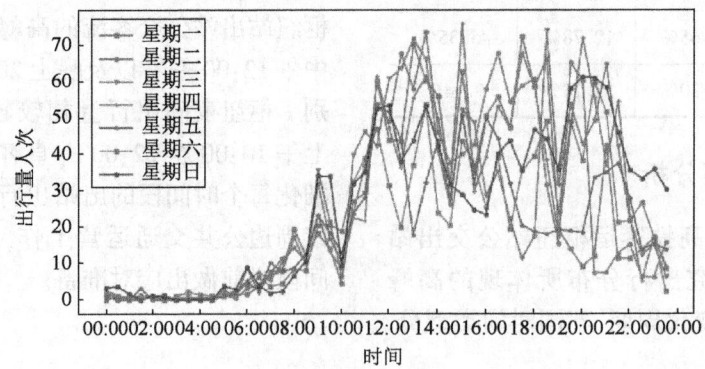

d)类别4逐时出站客流

图3　北京铁路客运枢纽公交逐时出行量

3.2 空间特征分析

空间特征分析主要结合网格模型,将北京市六环内划分为 1km×1km 的网格,在网格模型基础上分别统计各枢纽站日均出站客流量。利用 Arcgis 进行可视化,形成图 4 所示出行分布图,可以看出活动热点区域,对于后续接驳需求响应公交线路站点设置等有指导意义。类别 1 枢纽承担铁路线路多样,出站乘客出行分布范围主要以枢纽站为中心辐射至五环以内,主要服务中心城区人群,出行目的地集中于居民区以及旅游景点,前往其他枢纽站换乘的人数占比较低。其中,北京站出站乘客出行目的主要集中于偏东区域,如王府井、三里屯以及方庄等,北京西站集中于偏西区域,如五棵松、丽泽等。类别 2 枢纽都承担京张铁路,两个枢纽站距离较远,出站目的地集中于各枢纽站周边的居民和办公区,辐射范围较广。其中,北京北站主要服务前往中关村、广安门等周边区域人群,清河站服务于天通苑和沙河区域人群。类别 3 枢纽服务承担京津和京沪高速铁路,出站乘客均匀遍布全市范围,出行目的地涵盖大型枢纽、居民区、办公区以及旅游景点等。北京南站出站乘客出行热点目的地包括西直门、西单、天安门、马家堡、国贸等热门区域。类别 4 枢纽承担大部分京沈铁路,且枢纽内部无地铁线路,出站乘客出行目的集中于市内其他大型枢纽以及周边地铁站点。北京朝阳站服务于前往首都机场、北京南站、北京西站、北京北站等枢纽人群,以及周边东坝、姚家园等居民区人群。

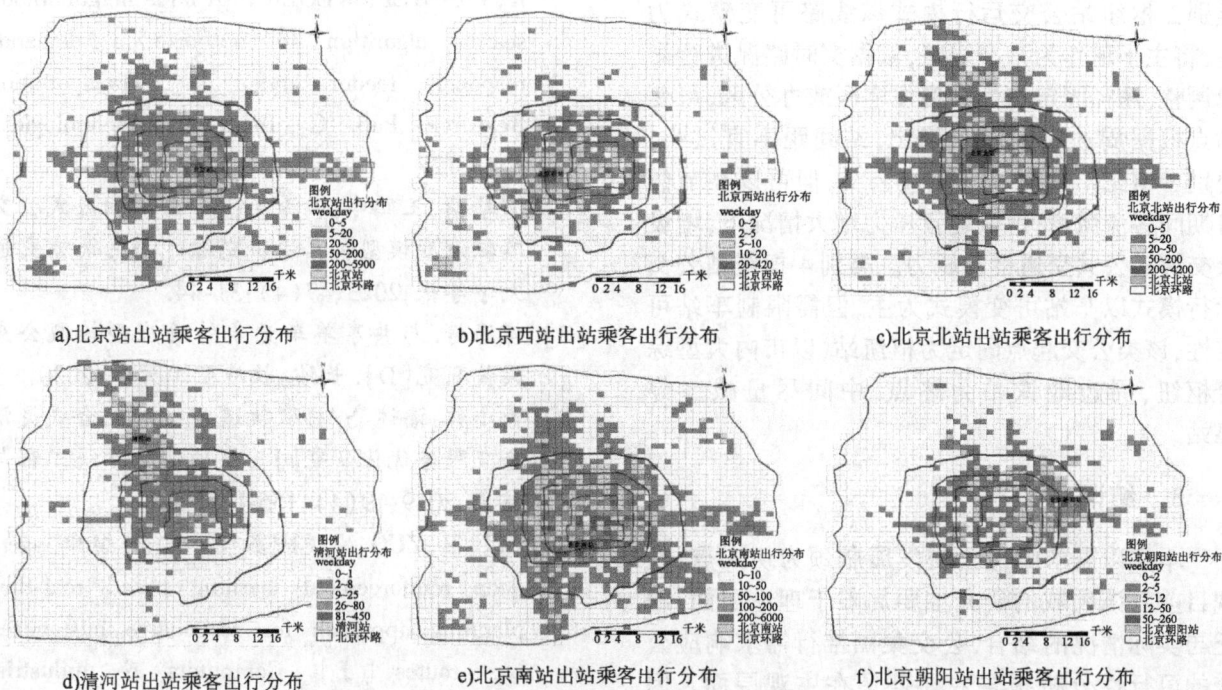

a)北京站出站乘客出行分布　　　　b)北京西站出站乘客出行分布　　　　c)北京北站出站乘客出行分布

d)清河站出站乘客出行分布　　　　e)北京南站出站乘客出行分布　　　　f)北京朝阳站出站乘客出行分布

图 4　北京铁路客运枢纽出站乘客出行分布

4 需求响应公交运行建议

4.1 运行模式及设计原则

需求响应公交运行模式主要包含三类。第一类为线路可变模式,运营公交车辆沿着一条基准线路行驶,如果有乘客在固定车站以外提出需求,那么车辆就会在系统规定的松弛时间内偏离基准线路提供响应式服务。第二类为车站可变模式,在一定的运营区域内,要在经过一些固定车站的基础上,根据乘客的响应式需求,灵活地规划运行的路径。第三类为需求响应模式,在一定的服务范围内,根据乘客的预约需求灵活生成线路,不会受到基准线路和固定车站的限制,自由度较高,服务方式较灵活[12]。

依据时空分析特征结论得到需求响应公交运营设计原则如下:

(1)非工作日及工作日前一天应增设发车频次,车型配置依据实时客流调整。

(2)北京市早晚高峰道路交通拥堵严重,在北京市早晚高峰期间需求响应公交应减少发车频率,鼓励乘客采用地铁出行。除早晚高峰外,枢纽出站高峰时间段应增加需求响应公交的发车频率。

(3)挖掘乘客出行热点区域,根据结合热点区域集聚情况、北京市道路网结构以及乘客出行目的地性质,确定该类枢纽站需求响应公交的运行模式。

4.2　运营策略建议

依据设计原则、时空特征分析结果以及需求响应公交运行模式,针对各类别枢纽提出详细的设计建议。类别1枢纽站公交运行模式为需求响应模式较适宜,以中心辐射环状运行,无主要走廊,但公交尽量选取有公交优先车道的道路行驶。类别2枢纽站公交运行模式以线路可变模式为主,将主干道作为基准线路,依据实时路况进行简单调整,途径固定点为大型住宅区或办公区,可变站点根据周边实时需求确定,站间距不宜过小。类别3枢纽不适合需求响应公交,但可以在节假日期间客流激增,地铁运营压力增大情况下,增设公交缓解公共交通运营压力。类别4枢纽站公交运行模式以车站可变模式为主,但需限制车站可变性,该类公交起点固定为枢纽站,以市内大型综合枢纽、周边地铁站为终点,中间尽量减少停靠站。

5　结语

本文以需求响应公交发展瓶颈为切入点,发现目前对该领域的研究主要局限于理论层面,缺乏与实际情况的结合,公交集团推行需求响应公交的可行性分析报告主要停留在主观层面。因此,本文基于手机信令数据对枢纽站出站乘客时空特征进行定量化分析,并结合铁路客运枢纽自身特点,对需求响应公交在各类型枢纽站的布设适用性及可行性进行评判,同时提出简要的运营策略建议。在后续运营阶段还需要进一步研究精确、有效的行车时刻表的设计与优化,固定站点和可变站点优化,车票定价策略、等待时间窗优化等问题。

参考文献

[1] 黄迪,顾宇,黄凯,等.需求响应型定制公交研究综述与发展对策[C]//中国城市规划学会城市交通规划学术委员会.2017年中国城市交通规划年会论文集.东南大学交通学院;澳大利亚蒙纳士大学;,2017:12.

[2] 程娜,于国岳,覃胜.铁路综合客运枢纽接驳优化探讨[J].交通科技与管理,2023,4(8):32-34.

[3] CHEN X,LIU Z,HUA D,et al. A new model for rail-based park-and-ride with feeder bus services[J]. Transportation Research Procedia,2017,21:79-86.

[4] 安久煜,宋瑞,毕明凯,等.高铁车站接驳公交灵活线路优化设计研究[J].交通运输系统工程与信息,2019,19(5):150-155,176.

[5] GALARZA MONTENEGRO B D,SöRENSEN K,VANSTEENWEGEN P. A large neighborhood search algorithm to optimize a demand-responsive feeder service [J]. Transportation Research Part C:Emerging Technologies,2021,127.

[6] 宋翠颖,王鹤玲,田泽尚,等.需求响应式公交车辆调度模型和算法研究综述[J].北京交通大学学报,2023,47(4):31-44.

[7] 谭海婷.与共享单车竞争的响应型接驳公交票价研究[D].长沙:长沙理工大学,2020.

[8] 卢小林,潘述亮.接驳轨道枢纽的混合式灵活公交服务优化研究[J].交通运输系统工程与信息,2019,19(4):155-163.

[9] WU B,ZUO X,CHEN G,et al. Multi-agent deep reinforcement learning based real-time planning approach for responsive customized bus routes [J]. Computers & Industrial Engineering,2024,188:109840.

[10] 马萍萍.我国定制公交发展的问题与对策[J].综合运输,2022,44(6):54-57+76.

[11] 陈佳佩,王永成,张伦,等.北京铁路枢纽客运站分工研究[J/OL].铁道运输与经济,年份,1-7[2024-02-22].http://kns.cnki.net/kcms/detail/11.1949.U.20231226.1412.008.html.

[12] 冯帅,刘小明.需求响应公交及其路径优化研究综述[J].智能科学与技术学报,2021,3(2):161-171.

基于社会网络分析的公交线路关键站点识别

王梦燃[1] 杨震[*2] 白玛央金[2] 刘佳[2] 许艳娜[2] 张丰[2]

(1.上海工程技术大学城市轨道交通学院;2.南京林业大学汽车与交通工程学院)

摘要 为了对公交线路上各站点的重要度进行排序,提升公交管理及服务水平,将社会网络分析(Social network analysis,SNA)的中心度测算方法应用于公交线路关键站点的识别中。首先采集了南京市10路、131路常规公交上下行方向的客流数据,推算出客流OD分布矩阵;其次分别运用Bonacich能力法、二步链接法、特征向量法和中介数法计算了各线路各站点的中心度;最后结合公交站点周边用地的特征验证了该方法的有效性,并根据中心度计算结果,从运营管理策略、线路调整等角度提出了公交运营的优化对策。

关键词 公共交通 公交管理 关键站点识别 社会网络分析 中心度

0 引言

交通运输系统是社会经济发展的基础,对于保障国民经济持续快速发展、促进国土开发和国防现代化建设以及改善人民生活具有重要意义。公共交通作为城市交通系统的重要组成部分,是城市繁荣、有序和高速发展的有力支撑,是人们出行活动的基本构成要素。我国城市的机动车保有量越来越大,路面拥堵情况也越来越严重,而公共交通作为一种大容量、低能耗、节省道路资源的交通方式,能够有效地缓解城市交通拥堵问题,因此其运营情况格外受到关注。目前提升公共交通服务水平的努力主要集中在需求预测准确性的改进、公交网络的优化、运营调度管理水平的提高等方面。例如吴玲玲和黄正东[1]将公共交通需求细分为高依赖和低依赖两类,提出了既考虑距离衰减和公共交通吸引力,又融合公共交通模式多样性的幂函数测度方法。赖元文和张杰[2]考虑站点客流量、区间载客量、乘客舒适性等公交客流特征以及公交公司运营成本,提出基于模拟退火—自适应布谷鸟算法的公交调度优化模型。陈维亚等人[3]提出一种数据驱动的公交网络动态优化调整方法,可判别公交网络优化调整时机,并依次对发车频率和线网结构进行优化。

公交客流量及其在站点的分布是公交系统最为关键的运营要素之一,客流在各站点分布并不均匀,因此若能找出客流分布的关键站点,就能针对这些站点,提高整条公交线路的运营效率。社会网络分析(SNA)诞生于20世纪30年代,分别在20世纪50年代和20世纪70年代经历了两次黄金发展期,现已成为一种新的理论范式[4]。SNA是测量社会系统中各部分(点)的特征与相互之间的关系(连接)的一种技术,可将社会系统用网络的形式表达出来,然后通过社会关系分析其存在的模式与特征。SNA的基本假设——社会网络的结构和特征以及节点的分布、位置、相互关系等,将在某种程度上影响节点的行为和态度。SNA主要有以下三种类型:①个体的分析——从社会网络的某一个体(节点)出发,分析它与其他个体之间的关系;②关系的分析——分析两点间关系(连接)的强度、方向、亲密度等内容;③网络整体分析——考虑所有点之间的关系,分析整个网络结构。SNA与传统数据分析方法的主要区别在于:传统方法重点关注个体及其属性,而SNA重点关注网络中的个体及其关系以及个体对社会关系的选择如何产生整体模式。SNA与复杂网络的主要区别在于:复杂网络理论起源于物理学,致力于探究网络中存在的普遍规律或规则,而SNA起源于社会学,着重于关注网络结构中存在的个体关系信息,主要目的是分析社会学及相关领域

基金项目:江苏省自然科学基金资助项目(No. BK20170932);南京林业大学青年科技创新基金项目(No. CX2017011)。

问题[5]。

SNA 已广泛应用于组织管理学、信息学、心理学、传媒学、情报学、动物科学等诸多领域。谷斌和陈晓双[6]通过 SNA 识别意见领袖,以意见领袖为中心构建成员网络关系,并分析了成员创新行为产生的动机。黄翠银等人[7]运用 SNA 与问卷调查法,探索了班级学生的情感网络、信任网络、咨询网络和情报网络结构,为学生座位安排提供了科学依据。Zhang 等人[8]利用 SNA 分析了电子邮件用户的行为,提出了包含用户、主题、关键字三层信息的模型以及关键词选择的贪心算法。易明等人[9]提出了四种基于 SNA 的社会化标签网络分析方法,利用 SNA 软件探讨了基于社会化标签网络的个性化信息服务模型的具体应用。张舒等人[10]采用社会网络问卷和大学生心理健康量表调查了大学生的人际关系和心理健康状况,并通过 SNA 计算了人际关系网络特征指标。马绍奇等人[11]考虑到个体与他人在心理与行为方面的依赖性,使用 UCINET 软件展现了处理个体与他人关系数据的基本步骤,并阐述了 SNA 在人格心理学、发展与教育心理学和管理心理学中的应用。袁园等人[12]以新浪微博为研究平台,利用 SNA 并辅以聚类分析方法,从微博关注数据中挖掘用户关注对象的分布及对象间的关联性,并提出了改进微博关注推荐的建议。周晔等人[13]从知识流动的视角梳理了专利知识网络研究进展,重点分析了知识扩散、知识转移和知识溢出的研究趋势,并归纳总结了社会网络理论在专利知识网络中的具体应用。Dunston 等人[14]针对两个圈养的和一个野生的非洲狮群,通过 SNA 分析了个体的问候、装扮、玩耍、攻击等行为,结果表明圈养狮群在凝聚力方面不亚于野生狮群。

社会网络和道路交通网络存在相似性,前者的个体相当于后者的交叉口,前者的关系相当于后者的路段,因此,El-adaway 等人[15-16]将 SNA 的中心度测算方法应用于交通网络关键交叉口的识别中。该项研究消除了传统的交通分析技术需要大量精确数据以及耗费大量时空资源的弊端。

事实上,公共交通线路中各站点的联系也可用社会网络来刻画,其中站点本身相当于社会网络中的个体,而客流在各站点间的分布相当于个体之间的关系。因此,本文将在采集公共交通线路客流数据的基础上,运用 SNA 确定各公交站点的中心度,把握公交线路中各站点之间的联系,识别该路线的关键站点,进而讨论关键站点可能的管理和改善对策,为公交运营调度提供参考依据。

1　数据采集

为将 SNA 中心度测算方法应用于公交线路中,识别其关键站点,本文选取早高峰时期,运用跟车调查法,采集了南京市 10 路、131 路常规公交上下行方向各个站点的上下客流量(线路途经的各个站点可查看百度地图),并据此推算出该线路的客流 OD 分布,推算方法[17]为:

$$Y(i,j) = Y(i,j-1) - X(i,j-1) \qquad (1)$$

$$N(j) = \sum_i Y(i,j) \qquad (2)$$

$$A(j) = \sum_i X(i,j) \quad (i = 1, 2, \cdots, j-1) \qquad (3)$$

$$X(i,j) = A(j) \cdot Y(i,j)/N(j) \qquad (4)$$

上面四式中,$X(i,j)$ 为从 i 站上车,从 j 站下车的客流量,即线路客流 OD 量;$Y(i,j)$ 为从 i 站上车,在 j 站前未下车的客流量;$N(j)$ 为 j 站前未下车的客流量;$A(j)$ 为 j 站的下车客流量。最终获得 10 路、131 路上下行方向的客流 OD 分布矩阵。以 131 路下行方向为例,其公交客流 OD 分布矩阵如图 1 所示。

将各线路、各方向的客流 OD 矩阵转换成邻接矩阵,然后绘制成类似于社会网络的客流网络结构图(亦可称之为站点的社会网络结构图)。以 131 线路下行方向为例,其客流网络结构图如图 2 所示。图中方块代表站点,连线表示两站点之间存在客流。

O\D	2	3	4	5	6	7	8	9	10	11	12	13	14	15	16	17	18	19	20	21	22	23	24	25	26	27	上客数B(i)
1	0	0	0	0	0	1	0	0	0	0	0	0	0	0	0	0	0	0	1	1	0	0	0	0	0	0	3
2		0	0	1	0	1	1	0	0	0	0	0	0	0	0	0	1	0	2	0	0	0	0	0	0	0	6
3			0	0	0	0	0	0	0	0	0	0	0	0	0	0	1	0	2	0	0	0	0	0	0	0	3
4				0	0	0	0	0	0	0	0	0	0	0	0	0	0	0	1	1	0	0	0	0	0	0	2
5					1	1	2	1	1	0	1	1	0	0	1	1	0	1	1	0	0	0	0	0	0	0	12
6						0	0	0	0	0	0	0	0	0	0	0	0	0	0	1	0	0	0	0	0	0	1
7							1	0	0	0	0	0	0	0	0	0	0	0	1	0	1	0	0	0	0	0	3
8								0	1	0	0	0	0	0	1	0	0	0	1	0	1	0	0	0	0	0	4
9									0	0	0	0	0	0	1	0	0	0	1	0	0	0	0	0	0	0	2
10										1	2	1	0	0	0	0	1	0	1	0	0	1	0	0	1	0	8
11											0	0	0	0	1	0	0	0	1	0	0	0	0	0	0	0	2
12												0	0	0	1	0	1	0	1	1	0	0	0	0	1	0	5
13													0	0	1	1	0	0	1	0	0	0	0	0	1	0	4
14														0	0	0	0	1	1	0	1	0	0	0	1	0	4
15															0	0	0	0	0	0	0	0	0	0	0	0	0
16																0	0	0	0	0	0	0	0	0	0	0	0
17																	0	0	1	1	0	1	0	0	0	0	3
18																		0	0	0	0	0	0	0	0	0	0
19																			1	0	0	0	0	0	0	1	2
20																				3	1	1	0	1	0	1	7
21																					0	0	0	0	0	1	1
22																						0	0	0	0	0	0
23																							0	1	0	1	2
24																								0	0	1	1
25																									0	0	0
26																										2	2
车内人数N(j)	3	9	12	14	25	25	25	25	26	32	33	35	37	41	41	35	36	32	32	22	15	11	10	11	9	7	
下客人数A(j)	0	0	0	1	1	3	4	1	2	1	3	2	0	0	6	2	4	2	17	8	4	3	0	2	4	7	77

图1 公交客流OD分布矩阵(以131路下行方向为例)

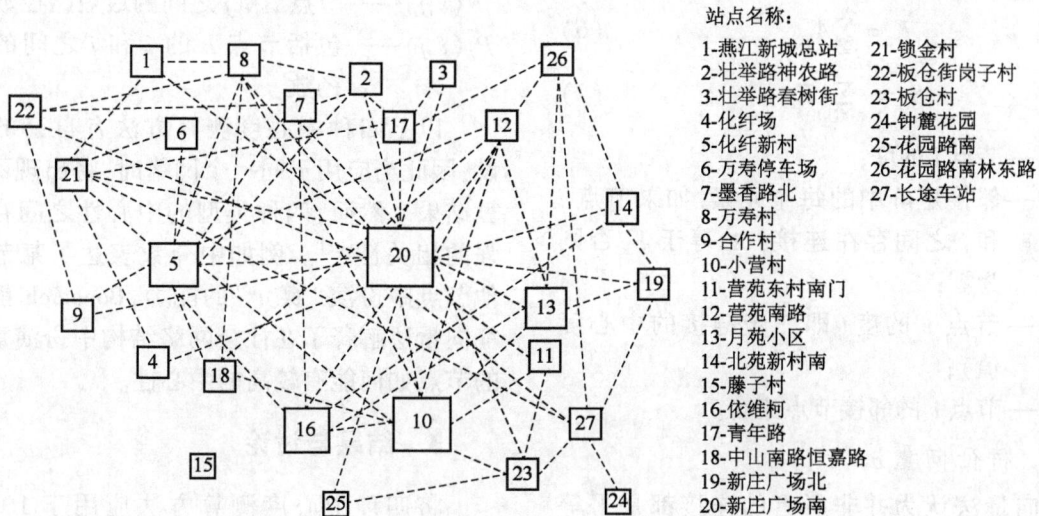

站点名称:
1-燕江新城总站
2-壮举路神农路
3-壮举路春树街
4-化纤场
5-化纤新村
6-万寿停车场
7-墨香路北
8-万寿村
9-合作村
10-小营村
11-营苑东村南门
12-营苑南路
13-月苑小区
14-北苑新村南
15-藤子村
16-依维柯
17-青年路
18-中山南路恒嘉路
19-新庄广场北
20-新庄广场南
21-锁金村
22-板仓街岗子村
23-板仓村
24-钟麓花园
25-花园路南
26-花园路南林东路
27-长途车站

图2 客流网络结构图(以131路下行方向为例)

2 研究方法

本文使用的主要研究方法是 SNA 中心度测算方法[18]。中心度是识别复杂系统潜在规则的指标,也是影响社会网络形态(如小世界和无尺度网络[19])的关键变量。测量节点中心度的四种方法是:①Bonacich 能力(Bonacich power);②二步链接法(2-Step reach);③特征向量法;④中介数(Betweenness)法。

2.1 Bonacich 能力

Bonacich 能力是一种基于相邻节点的度中心性(degree centrality)来确定节点中心度的方法,其中某节点的度中心性是它与所连接节点的度中心性的加权总和[20]。在传统的 SNA 中,一个节点的度(degree)取决于它所拥有连接的数量和强度。在本文中,一个站点的度中心性与该站点依据线路 OD 矩阵所关联的站点有关。Bonacich 能力的中心度公式为:

$$C(\alpha,\beta) = \alpha(I-\beta R) - 1RI \qquad (5)$$

式中:$C(\alpha,\beta)$——Bonacich 能力的中心度值;

α——一个标度系数,用于对得分进行标准化;

β——一个度量系数,反映了在多大程度上衡量与研究节点相关的中心度,其取值在 0~1 之间;R 是邻接矩阵;I 是单位矩阵;"I" 是所有元素皆为 1 的列向量。

2.2　二步链接法

二步链接法是一种通过计算研究节点的二步链接内的节点数量,来确定节点中心度的方法。在某种程度上,当网络中某个局部区域的连接强度非常接近时,该区域就非常适合用二步链接法来分析。二步链接法的计算公式为:

$$K_i = \sum_{j=1}^{n} A_{ij} \qquad (6)$$

$$S_v = \sum_{i \in M(v)} K_i \qquad (7)$$

式中:K_i——节点 i 的度;

A_{ij}——邻接矩阵中的每个元素,如果节点 i 和 j 之间存在连接,A_{ij} 等于 1,否则为零;

S_v——节点 v 的度(即二步链接的中心度值);

$M(v)$——节点 v 的邻接节点集合。

2.3　特征向量法

特征向量法认为并非所有的连接都是平等的,那些有影响力个体的联系对中心度的贡献更大,因此该方法为网络中所有节点赋予分值,其中与高分节点的连接对节点得分的贡献更高[18],其计算公式为:

$$x_i = \frac{1}{\lambda} \sum_{j=1}^{n} A_{ij} x_j \qquad (8)$$

式中:x_i——节点 i 的度,

λ——邻接矩阵 A 的特征值,对于特征向量法而言,一般取为所有特征值的最大值。若定义向量 $x = (x_1, x_2, \cdots, x_i, \cdots)^T$,则式(8)可改写为:

$$\lambda x = R \cdot x \qquad (9)$$

2.4　中介数法

中介数指的是一个节点在另两个节点之间的最短路径上充当桥梁的次数,可用于表达该节点相对于其他节点的中心程度[21]。中介数为零的节点极有可能位于网络的边缘或外围。例如在交通网络中,假设交通量相似,城市边缘交叉口的中介数值一般比市中心交叉口的要低。节点中介数的计算公式为:

$$B_k = \sum_{(i,j) \in E} \frac{P_k(i,j)/P(i,j)}{(n-1)(n-2)/2} \qquad (10)$$

式中:B_k——节点 k 的中介数;

E——社会网络节点的集合;

n——网络中的节点数;

$P(i,j)$——节点 i 和 j 之间的最短路径数;

$P_k(i,j)$——包括节点 k 的 i 和 j 之间的最短路径数。

以上四种中心度测算方法有自己的理论假设,因此当应用于同一个网络时,将出现不同的计算结果。然而,四种类型的中心性之间存在着很强的相关性[22]。例如中介数表达了某节点在其他节点中扮演"媒介"的能力,Bonacich 能力和特征向量法解释了在社会网络结构中扮演重要角色的节点如何能有较高的中心性。

3　结果与讨论

将四种中心度测算方法应用于 10 路、131 路的线路 OD 矩阵,得到每种方法的中心度排名。以 131 路下行方向为例,(如表 1 所示,表 1 的站点编号与图 2 一致),对该线路进行凝聚子群分析,如图 3 所示。同时对四种方法的中心度排名求平均值,得到各站点的总排名,如表 2 所示。

基于 SNA 的公交站点中心度排名（以 131 路下行方向为例）　　表 1

Bonacich 能力		二步链接法		特征向量法		中介数法	
中心度值	站点编号	中心度值	站点编号	中心度值	站点编号	中心度值	站点编号
2.32	20	25.00	20	0.51	20	0.1846	20
2.00	5	24.00	5	0.34	5	0.0608	5
1.54	8	24.00	12	0.29	21	0.0321	10
1.53	21	23.00	1	0.26	10	0.0267	21
1.48	2	23.00	8	0.24	8	0.0227	12
1.30	7	23.00	10	0.23	2	0.0121	26
1.29	10	23.00	13	0.23	12	0.0119	13
1.07	12	23.00	14	0.20	7	0.0113	16
0.80	22	23.00	17	0.16	13	0.0087	8
0.80	3	23.00	21	0.15	16	0.0077	23
0.80	18	22.00	2	0.15	27	0.0054	7
0.79	1	22.00	3	0.15	17	0.0051	17
0.77	17	22.00	4	0.14	3	0.0046	2
0.75	16	22.00	7	0.13	23	0.0037	14
0.74	9	22.00	9	0.13	18	0.0031	25
0.60	13	22.00	11	0.13	22	0.0029	27
0.58	4	22.00	16	0.12	1	0.0028	19
0.54	11	22.00	19	0.12	9	0.0010	1
0.52	6	22.00	22	0.11	26	0.0008	9
0.49	23	22.00	23	0.11	19	0.0008	18
0.37	25	22.00	25	0.11	11	0.0000	3
0.33	19	19.00	18	0.10	14	0.0000	4
0.32	14	19.00	27	0.09	4	0.0000	6
0.31	27	17.00	6	0.08	25	0.0000	11
0.11	26	12.00	26	0.07	6	0.0000	15
0.03	24	6.00	24	0.02	24	0.0000	22
0.00	15	0.00	15	0.00	15	0.0000	24

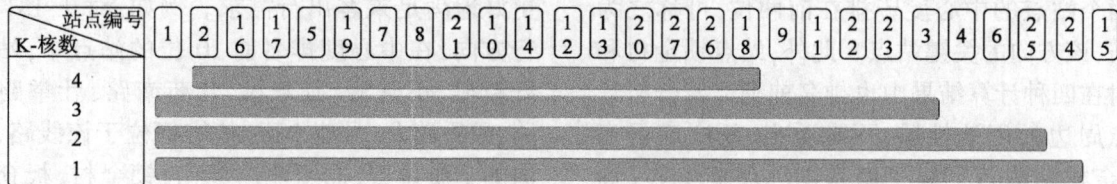

图 3　K-核分析结果（以 131 路下行方向为例）

公交站点中心度总排名　　表 2

10 路（上行）站点名称	排名	10 路（下行）站点名称	排名	131 路（上行）站点名称	排名	131 路（下行）站点名称	排名
中央门东	1	新庄广场南	1	花园路南林东路	1	新庄广场南	1
锁金村	2	板仓街	2	新庄广场南	2	化纤新村	2
龙蟠路南京站东	3	长江大酒店	3	新庄广场北	2	锁金村	3

续上表

10 路(上行)站点名称	排名	10 路(下行)站点名称	排名	131 路(上行)站点名称	排名	131 路(下行)站点名称	排名
长江大酒店	4	锁金村	4	长途东站	4	小营村	4
民生街	5	龙蟠路南京站	5	化纤新村	5	万寿村	5
大桥饭店	6	大桥饭店	6	板仓村	5	营苑南路	5
新庄广场南	7	长途东站	7	板仓街岗子村	7	壮举路神农路	7
兴中门	8	中央门东	7	钟麓花园	8	板仓街岗子村	8
静海寺纪念馆	9	兴中门	9	锁金村	9	墨香路北	9
钟麓花园	10	花园路南	10	藤子村	10	月苑小区	10
板仓街岗子村	10	龙蟠路南京站东	11	营苑南路	11	依维柯	10
南京西站	10	南京西站	11	墨香路北	11	青年路	12
龙蟠路南京站西	13	民生街	13	万寿停车场	13	燕江新城总站	13
花园路南林东路	14	新庄广场西	14	营苑东村南门	14	中山南路恒嘉路	13
长途东站	15	花园路南林东路	14	北苑新村南	15	营苑东村南门	15
金桥市场	15	金海市场	16	燕江新城总站	16	长途东站	16
新庄广场西	17	金桥市场	17	小营村	17	合作村	17
金海市场	18	中麓花园	18	花园路南	18	板仓村	17
花园路南	19	板仓街岗子村	19	曹后村东	19	壮举路春树街	19
板仓村	20	静海寺纪念馆	20	壮举路·神农路	20	北苑新村南	20
城河村	21	城河村	20	月苑小区	21	新庄广场北	20
				壮举路·春树街	21	花园路南林东路	22
				龙蟠路·岗子村	23	花园路南	23
				青年路	23	化纤场	24
				依维柯	23	万寿停车场	25
				合作村	23	钟麓花园	26
				万寿村	23	藤子村	27
				化纤厂	23		

　　从表 1 中可以看出,对于 131 路下行方向,无论采用何种中心度测算方法,新庄广场南和化纤新村两个站点的中心度皆排在前两位,可称之为该线路、该方向的关键站点。此外,站点锁金村和小营村在四种计算结果中也排名前列。若分析这些站点周边的用地性质,不难看出,新庄广场南站、锁金村站附近汇集了南京国际展览中心(商业、综合用地)、南京林业大学(教育用地)、玄武湖(休闲、文娱用地)和新庄立交(交通枢纽用地),是重要的交通流发生、吸引地点。化纤新村站附近则是万鑫世纪苑、沁苑一村、沁苑一村等居住用地的密集分布地点,小营村站周边也是生活服务和休闲娱乐的综合区域。

　　表 2 是公交站点中心度排名的总表,其中排名前列的站点(关键站点)可帮助公交公司建立多样化的运营管理策略,如大站快线、区间车等,以更好地满足乘客出行需求。例如,对于 131 路下行方向,在中心度排名前 10 位的站点中,站点化纤新村、小营村、万寿村、营苑南路、壮举路神农路、墨香路北、月苑小区、依维柯位于该线路、该方向的上游位置,而新庄广场南、锁金村、板仓街岗子村位于下游位置,因此在运力充足的情况下,可在运营高峰时段针对 10 个关键站点增开大站快线,提高乘客出行效率,同时也能够减少正线车辆的拥挤状况。此外,由于关键站点在整条线路中占据着重要地位,当公交线路存在调整(如改线、合并线路、拆分线路、取消线路等)的必要时,对于关键站点的变更需要经过更详细的分析、论证。

另外,在表 2 中,若某站点排名靠后,说明该站点与其它站点的关联度不大,可进一步分析是否有设置的必要。例如在 131 路下行方向,站点滕子村的中心度排名是最低的,从地图上看,其与相邻上游站点北苑新村十分靠近,可考虑将其移除。在 131 路的上、下行方向上,化纤厂的中心度排名都比较低,而从地图上看,其与相邻上、下游站点的间距都较大,因此仍然保留该站点。

由图 3 可知,131 路公交下行站点社会网络包含四种类型的 K-核,其中最大为 4-核。随着 K 值的增大,K-核包含的公交线路数量逐渐下降,其中 4-核覆盖的站点数量为 16 个,占站点总数的 59%。由表 2 可知,这些站点的中心度绝大多数也排在前列,例外情况是北苑新村南、新庄广场北、花园路南林东路三个站点。由图 2 可知,其原因是这三个站点与其他站点联系不大,但相互之间联系却很紧密,并且所连的其他站点也在 4-核覆盖范围内。

另外,站点 15 不属于任何一类 K-核,站点 24 仅属于 1-核,站点 4、6 和 25 仅属于 1-核和 2-核。由表 2 可知,这些站点的排名皆十分靠后,与中心度的分析结果一致。

4 结语

本文将社会网络分析(SNA)的中心度测算方法应用于公交线路关键站点的识别中,通过采集南京市 10 路、131 路常规公交上下行方向的客流数据,推算出客流 OD 分布矩阵,分别使用 Bonacich 能力法、二步链接法、特征向量法和中介数法计算了各线路、各站点的中心度,结合公交站点周边用地的特征验证了该方法的有效性,并根据中心度计算结果从运营管理策略、站点调整等角度提出了优化对策。

本文的研究结果能帮助公交管理者详尽地掌握公交线路上各站点的重要度排序,开发多样化的运营调度策略,提升公交管理及服务水平。不足之处是由于数据采集方法的局限,公交线路客流 OD 数据未能够直接获取,后期的研究可借助更先进的技术直接获取公交客流 OD 数据,并继续完善本文方法。

参考文献

[1] 吴玲玲,黄正东. 基于多样性的大城市公共交通服务水平研究[J]. 交通运输系统工程与信息,2019,19(1):222-227.

[2] 赖元文,张杰. 基于模拟退火-自适应布谷鸟算法的城市公交调度优化研究[J]. 交通运输系统工程与信息,2021,21(1):183-189.

[3] 陈维亚,刘晓飞,吴良江. 数据驱动的公交网络动态优化调整方法[J]. 交通运输系统工程与信息,2017,17(6):114-119.

[4] 张应语,封燕. 社会网络分析回顾与研究进展[J]. 科学决策,2019(12):61-76.

[5] 杨建梅. 复杂网络与社会网络研究范式的比较[J]. 系统工程理论与实践,2010,30(11):2046-2055.

[6] 谷斌,陈晓双. 专业虚拟社区的用户创新激励——基于社会网络分析[J]. 科技管理研究,2021,41(2):145-153.

[7] 黄翠银,任秋丽,罗苗. 社会网络分析在班级管理中的应用[J]. 现代教育技术,2010,20(4):28-32.

[8] ZHANG L J, ZHOU T X, QI Z X, et al. The research on e-mail users' behavior of participating in subjects based on social network analysis[J]. China Communications, 2016, 13(4):70-80.

[9] 易明,王学东,邓卫华. 基于社会网络分析的社会化标签网络分析与个性化信息服务研究[J]. 中国图书馆学报,2010,36(2):107-114.

[10] 张舒,刘拓,夏方婧,等. 大学生人际关系与心理健康的社会网络分析[J]. 中国心理卫生杂志,2020,34(10):855-859.

[11] 马绍奇,焦璨,张敏强. 社会网络分析在心理研究中的应用[J]. 心理科学进展,2011,19(5):755-764.

[12] 袁园,孙霄凌,朱庆华. 微博用户关注兴趣的社会网络分析[J]. 现代图书情报技术,2012(2):68-75.

[13] 周晔,潘美娟,周源,等. 社会网络分析在专利知识网络中的应用[J]. 科技进步与对策,2015(18):138-144.

[14] DUNSTON E J, ABELL J, DOYLE R E, et al. An assessment of African lion Panthera leo sociality via social network analysis:prerelease monitoring for an ex situ reintroduction program[J]. Current Zoology, 2017, 63(3):

301-311.

[15] EL-ADAWAY I H, ABOTALEB I S, VECHAN E. Social network analysis approach for improved transportation planning [J]. Journal of Infrastructure Systems, 2017, 23 (2): 05016004.1-05016004.14

[16] EL-ADAWAY I H, ABOTALEB I, VECHAN E. Identifying the most critical transportation intersections using social network analysis[J]. Transportation planning and technology,2018, 41(4):353-374.

[17] 王炜,徐吉谦,杨涛,等.城市交通规划理论及其应用[M].南京:东南大学出版社,1998.

[18] NEWMAN MEJ. The mathematics of networks. The new palgrave encyclopedia of economics,

2008,2(2008),1-12.

[19] WANG X F, CHEN G R. Complex networks: small-world,scale-free and beyond[J]. IEEE circuits and systems magazine, 2003,3(1): 6-20.

[20] BONACICH P. Power and centrality:A family of measures. American Journal of Sociology, 1987,92(5):1170-1182.

[21] BRANDES U. A faster algorithm for betweenness centrality[J]. Journal of mathematical sociology, 2001,25(2):163-177.

[22] COSTENBADER E,VALENTE T W. The stability of centrality measures when networks are sampled [J]. Social networks, 2003, 25 (4): 283-307.

常规公交出行的碳减排量计算与时空特征分析

王 铎 孙世超*
(大连海事大学交通运输工程学院)

摘 要 本文基于中国核证减排量方法学(CCER,Chinese Certified Emission Reduction),结合公交乘客刷卡数据、公交车位置信息及在线地图平台数据,精准计算出以小汽车为基准线情景下公交用户每次出行的碳减排量。通过融合如车辆速度、特定路段客流量等多种因素,实现了公交出行与同等小汽车出行碳排放量的精确比较。此外,运用社区发现算法深入剖析了公交出行碳减排的空间特征,揭示了其在不同时间和地区的明显波动。本文个体层面的计算结果和深入时空特征分析为差异化的碳减排奖励机制的制定和公共交通系统的优化提供科学依据。

关键词 个体公交出行 碳减排量计算 社区发现算法 时空特征分析

0 引言

面对碳排放挑战的加剧,交通运输业作为主要排放源,急需探索有效减排途径。优先发展城市公共交通被视为解决这一难题的核心途径。推动公众更多地使用公共交通工具,既有助于城市交通的绿色转型,又能提升运输效率。尽管政府部门采用了道德引导和约束管理的结合方式进行引导,但公众在出行领域的碳减排潜力仍未得到充分激发。

为激励公众采取环保出行方式,碳普惠制应运而生。它通过量化公众减碳行为价值,奖励选择低碳出行方式的公众,促使他们实现从碳排放者到碳减排者的身份转变。在成熟运营下,碳普惠制不仅鼓励居民选择公交出行,还能将个体减排成果转化为碳交易机会,实现环保与经济的双重收益。该领域的深入研究,需精确核算居民公交出行与其他出行方式相比的碳减排量,为减排政策体系建立提供数据参考,支持交通碳普惠制的实施。

目前研究大量提取车辆的实际行驶工况特征,并借助如 MOVES (Motor Vehicle Emission

Simulator）、IVE（International Vehicle Emission Model）、COPERT（Computer Program to Calculate Emissions from Road Transport）等模型来分析车辆的中微观排放[1]。单肖年等[2]通过对 MOVES 模型进行本地化修正，并结合多种道路条件下的车辆行驶工况，估算了上海市轻型车不同速度下的污染物排放因子。许晔等[3]运用 IVE 模型和道路交通碳排放核算方法并结合实地观测数据，对深圳市道路碳排放进行计算，结果显示碳排放强度存在显著区域差异。沈岩等[4]利用 COPERT 模型，计算了北京市机动车的碳排放量，并深入分析了不同车型及排放标准等级车辆的排放特征。

许多学者借助上述碳排放模型，研究了城市居民不同出行方式之间的替代效应，并精确量化了这些替代方式对城市交通碳排放的影响。郭洪旭等[5]总结了两种居民公交车出行减碳量的核算方法，计算了广州市居民公交出行的年碳减排量，结果显示均值法相比于替代法是更适合的计算方法。吕莹等[6]通过效用函数研究公共交通替代网约车出行的减碳潜力，计算了成都市公共交通替代部分网约车出行能减少 45.59% 的碳排放。郑玉华等[7]基于 Agent 仿真建模，模拟了京津冀地区城市客运交通碳减排政策下的消费者出行行为，评估了碳减排政策的环境效益、经济成本及其对碳达峰的影响。李文翔等[8]在出行即服务环境下，提出城市个体出行链碳足迹评估方法。

上述研究的碳排放计算尺度仍主要聚焦于车辆整体，在精确测算个体出行碳排放方面具有局限，同时也难以捕捉不同情境下个体出行之间的差异。因此，需要进一步深入研究，全面评估并精确量化个体选择公交出行相较于小汽车所实现的碳减排量。同时，我们关注该减排量的时空分布特征，以便更好地了解不同时段、区域的减排状况。研究结果不仅为个体出行决策提供参考，还为碳激励管理政策的制定提供有力支持。将碳减排成果转化为碳交易机会以获得经济收益，既能为公交运营提供资金支持，又促进碳减排措施实施，进一步推动城市交通向绿色低碳方向发展。

1 数据来源与处理

为计算公交用户出行的碳减排量，本次研究融合了乘客 IC 刷卡数据和车辆 GPS 定位数据，识别了公交用户的上下车站点信息，重现出行轨迹。

首先预处理数据确保一致性和可靠性，并对站点信息进行规范化处理。接着，融合公交路线表、车辆信息表和时间数据，利用成熟的数据分析方法，定位了个体公交出行的上车站点，并根据后续乘坐信息推断下车站点，从而获取个体公交出行的 OD 信息。

将 OD 推断结果进行统计，结果示例如表 1 所示，并结合乘客的刷卡时间数据、公交车辆的行驶方向与带有时间戳的定位数据，能够识别个人公交出行轨迹段并计算出相应的行驶时间、平均速度、载客量指标。同时借助在线地图平台提供的小汽车行驶轨迹相关信息，可以量化公交用户个体出行的碳排放量。与等效的小汽车出行相比，为个体出行碳减排量计算奠定数据基础。

乘客 OD 推算结果示例　　表 1

卡号	线路号	车辆号	上车站点	下车站点
3286＊＊＊＊	312	3423	五三七	汽运司
207E＊＊＊＊	312	3437	美和苑	平川路口
2ADF＊＊＊＊	19	430	石化路口	小水渠
3B55＊＊＊＊	19	2617	石化建行	商店
1AB0＊＊＊＊	5301	2417	云岭青城	天柱山街

将区域间的 OD 数量进行统计如表 2 所示，结果显示城市客流量有地区差异，中心区域客流量显著高于郊区出行，同区域的客流量也高于跨区域出行。

区域间 OD 统计　　表 2

区域	区1	区2	区3	区4	区5	区6
区1	111830	14926	28706	723	539	5582
区2	15262	87264	17286	4013	1084	13997
区3	26278	19047	160151	933	5654	15526
区4	532	5126	1783	26064	1714	8837
区5	562	1197	693	928	32966	11852
区6	6140	13828	21242	8855	12166	127833

2 个体公交出行碳减排量计算

2.1 基本方法学

鉴于所获取的数据特征与中国排放标准基本遵循欧洲标准的相似性[9]，选用 COPERT 模型来计算中国机动车的碳排放量具有充分合理性，在此基础上认定中国城市机动车的排放因子与模型中相应型号车辆的排放因子相当。在模型中,碳排放量由行驶距离和排放因子两个主要因素构成即:

$$E_{i,j,k} = F_{i,j,k} \cdot D_{i,j,k}{}^{[10]} \qquad (1)$$

式中:i——一次出行间的轨迹段;

j——一次出行路段;

k——出行方式;

$F_{i,j,k}$——出行方式k下在路段j中轨迹段i的碳排放因子;

$D_{i,j,k}$——出行距离。

在COPERT模型中,排放因子与平均速度密切相关,轨迹段i的碳排放因子计算公式为:

$$F_{i,j,k} = \frac{\alpha \cdot v_i^2 + \beta \cdot v_i + \gamma + \delta/v_i}{\varepsilon \cdot v_i^2 + \zeta \cdot v_i + \eta} \qquad (2)$$

式中:v_i——机动车在轨迹段i上的平均速度;

α、β、γ、δ、ε、ζ、η——根据模型实验数据进行标定的参数,由车辆类型、排放标准、燃料类型及发动机类型等因素综合决定,取值加表3。

COPERT 排放模型参数取值　表3

参数	燃油汽车	电动汽车	燃油公交	电动公交
α	0.00085	0.00000	0.01368	0.00258
β	-0.17993	0.00276	1.47662	-0.28720
γ	11.29749	0.35840	-1.04555	10.75650
δ	16.90217	3.43786	-0.62540	0.00000
ε	0.00264	0.00227	0.28062	0.00000
ζ	-0.17898	0.18808	0.11046	0.00000
η	50.79639	1.12146	0.00427	1.00000

2.2 个体公交出行的碳排放计算

公交车辆在运营过程中经过数个站点,停靠的每个站点上下人数不定,行驶速度也在不断变化,相关统计量变化示意如图1所示。在计算个体公交出行的碳排放时,我们遵循以下步骤来确保计算结果的准确性和合理性。

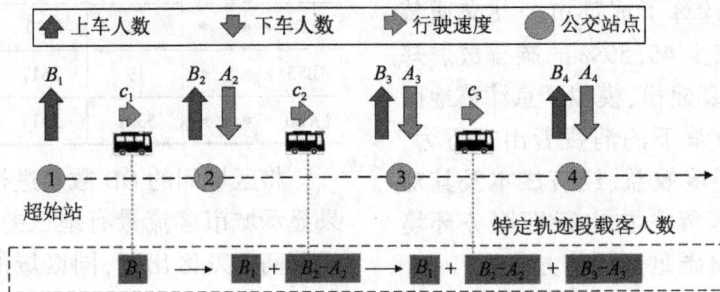

图1　公交车辆运营流程图

(1)运营班次划分。整理特定路线及车辆在特定日期的数据,按照乘客的上车时间进行升序排列,在排序过程中过滤数据中的途经站点信息,根据不同线路的起始站点和时间间隔信息划分出每辆公交车的运营班次。当乘客的上车记录与某一特定运营班次相符合就会被归为一组,经过上述操作就能将每个人的公交车行程归入不同的运营班次。

(2)轨迹段确定。一般公交用户出行会经过数个公交站点,一次公交出行可以根据连续停靠不同公交站点划分为多个轨迹段。利用融合数据可以确定个人单次公交行程中相邻公交站之间的轨迹段。

(3)轨迹段载客量确定。公交车辆停靠站点的上下车人数会引起该轨迹段公交载客量的变化,从而影响人均碳排放量的计算。针对公交出行记录的特定班次,记录沿途各车站上下车的乘客数量,计算得到该班次各轨迹段的实时载客量。

(4)轨迹段距离与行驶车速计算。两者均为评估碳排放量的关键参数。通过地理坐标信息,可以计算公交线路相邻两站点的行驶距离。结合位置信息和时间戳,可记录每一对连续站点之间公交车的行程时间。每个轨迹段的距离与时间具有差异,结合两者能够求得该公交车每个轨迹段的变化车速。

(5)个体层面的常规公交出行的碳排放量计算。基本计算公式如下:

$$E_{i,j} = EF_{PKM} \cdot PD \qquad (3)$$

式中:$E_{i,j}$——出行路段j中轨迹段i的碳排放;

EF_{PKM}——公交出行方式下公里排放因子;

PD——公交出行的里程。

公交用户的某一次出行,其碳排放量化结果是通过将所有轨迹段的排放量累加得到,而测算个人出行的碳排放还需要考虑机动车的载客人数,因此计算方法为:

$$E_j = \sum_i E_{i,j} / M_i \qquad (4)$$

式中:E_j——出行路段 j 的碳排放;

$E_{i,j}$——出行路段 j 中轨迹段 i 的碳排放;

M_i——轨迹段 i 的公交载客量。

将公交用户经过轨迹段的人均碳排放累加,可得到 1 次出行的碳排放,PE 表示公交乘客的碳排放量即

$$PE = \sum_j E_j \qquad (5)$$

上述计算方法巧妙地捕捉到一些并不直观的城市公交出行特点如乘客数量波动、速度变化及时空变化,这一研究角度有助于把握这类特点对个人碳减排量的影响,促进激励政策的准确实施。

2.3 个体小汽车出行的碳排放计算

计算相同行程需求下个人小汽车出行的碳排放量步骤如下:将公交出行中获取的起始点和目的地信息输入到在线地图平台,利用其路线推荐功能获取最佳驾驶路线即最短距离路线,通过该路线可以获取该行程的总距离和预计的行程时间;基于上述信息可以估算出潜在的小汽车出行平均行驶速度;结合上述参数与模型中小汽车排放因子,计算得到个人小汽车出行产生的碳排放量。

2.4 个体公交出行的碳减排量计算

在本次研究中,我们将常规公交出行视为低碳出行方式,将燃油小汽车出行视为高碳出行方式。采用以下公式量化公交用户出行的碳减排量:

$$ER = BE - PE \qquad (6)$$

式中:PE——个体常规公交出行的碳排放量;

BE——高碳出行方式排放量,即相同行程需求下如果乘客选择燃油小汽车出行所产生的碳排放量。

3 社区发现与出行空间结构

研究表明,城市出现碳排放量具有显著的地区差异性[11],管理者按照不同地区情况设计并提出差异化激励策略是具有必要性的。社区发现结

合了拓扑关系和节点属性旨在识别网络内在空间结构,在给定出行 OD 分布的情况下,使用加权有向网络能描述研究区域的空间交互关系。该网络中,空间聚合单元是节点,始末节点关系流是有向边,出行相关变量即碳减排量是边的权重。

本文采用 Louvain 算法进行社区划分[12],该算法基于模块度最优为规则,评估社区划分质量。计算过程分为两个阶段反复迭代:①节点被分配到不同社区,根据模块度增益调整社区从属;②利用第一阶段结果构建新网络,合并社区内为一新节点,重新优化模块度。模块度 Q 定义为:

$$Q = \frac{1}{2m} \sum_{ij} \left(A_{ij} - \frac{k_i k_j}{2m} \right) \delta(c_i, c_j) \qquad (7)$$

$$m = \frac{1}{2} \sum_{ij} A_{ij} \qquad (8)$$

$$\delta(u,v) = \begin{cases} 1 & (u = v) \\ 0 & (u \neq v) \end{cases} \qquad (9)$$

式中:A_{ij}——连接节点 i 和 j 的边的权重;

k_i、k_j——$k_i = \sum_j A_{ij}$ 和 $k_j = \sum_i A_{ij}$ 分别为连接到节点 i 和 j 的所有边的权重之和;

c_i、c_j——节点 i 和 j 所划分属于的社区;

m——网络中所有边权重之和;

δ——u 与 v 是否为同一个社区,如果是此值为 1,否则为 0。

边权重 A_{ij} 由一个空间集计单元出发前往另一个空间集计单元的碳减排量表示,以此划分城市社区结构。

4 实例研究

4.1 实例描述

本研究以 W 市 2019 年 4 月内一周的公交刷卡数据集、公交站点信息集和公交车位置数据集为基础,对特定区域进行了实证分析。整合数据后,计算了每次记录出行的多项指标,实现了量化选择公交车出行相对于小汽车所带来的个体碳减排量。两种交通方式的对比分析,可以揭示选择公交方式在减少碳排放方面的积极影响。

此外,本研究构建空间联系网络,并运用社区发现算法剖析公交出行方式在不同地理位置的碳减排分布及其影响。通过分析,可以探索公交出行碳减排在城市内部的空间异质性,从而更全面地了解在公交出行替代小汽车的情况下,碳减排实效在出行空间分布上的具体情况。这些研究结果为城

市交通规划和碳激励政策的制定提供研究补充。

4.2 个体碳减排量计算结果

基于上述方法计算出 W 市公交用户一周内每次刷卡记录的碳排放量，并与相同行程下的小汽车碳排放分布进行对比。结果显示，选择小汽车和公交车的出行行程平均人碳排放分别为 3.1142×10^{-3} 和 1.7640×10^{-3} kg，表明在碳排放方面公交车出行效果更佳。进一步计算并统计所有个体公交行程的碳减排量，并将每个人按照碳减排量的数值升序排列，结果如图 2 所示。结果显示超过 80% 的公交用户碳减排量数值为非负即实现了减碳出行，这一分布也符合公交优先在城市交通体系高质量发展的主体地位。

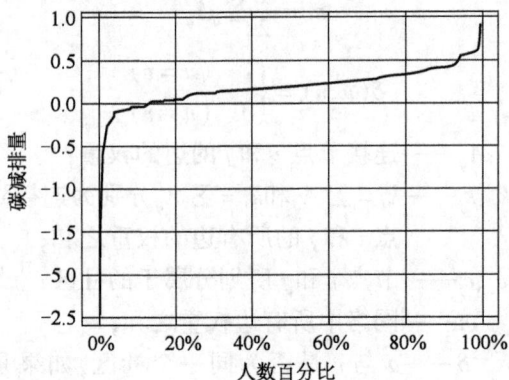

图2 个体碳减排量百分比图

图 3 展示了不同轨迹段的载客量与该段的人均碳减排量关系，结果显示载客量动态变化会引起人均碳减排量的波动。当载客量处于 8 以下时，公交无法实现减少碳排放，未发挥出其绿色出行的优势；超过 30 的阈值时，碳减排量保持在正值区域，显示此情景下公交出行具有稳定的减碳效果；当载客量在这个低值域内上升时，碳减排效果显著提升，即公交车在载客量较少的情况下随着乘客数量的增加其减碳效果也愈发明显。

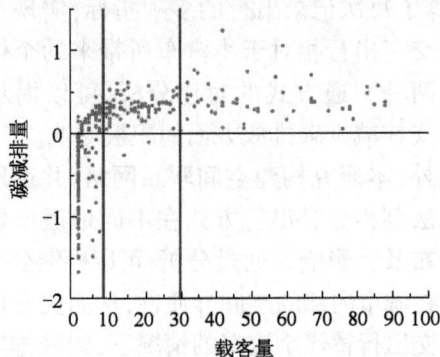

图3 不同载客量的人均碳减排量图

结果显示并非所有公交行程的碳减排量都大于选择小汽车出行，揭示了公交出行在不同载客量下的碳减排变化特性，也对我们过去普遍认为公交出行比小汽车出行更环保的认知提出挑战。在客流量较少的非高峰时段，会出现居民乘坐一辆空旷的公交车所产生的碳排放量可能会高于一个人选择开车出行的情况。但载客量的增加未持续改善碳减排量，表明在高载客量的情况下公交车的碳减排效果受到了一定的限制，可能由于车辆行驶工况与道路状况的不良影响导致。

4.3 个体碳减排量的时间特征

此外，利用计算结果对 W 市所有公交车线路的所有行程进行时间段划分。通过在不同时间窗（高峰时段及非高峰时段）进行采样并整合数据，得到了图 4 所示的结果。

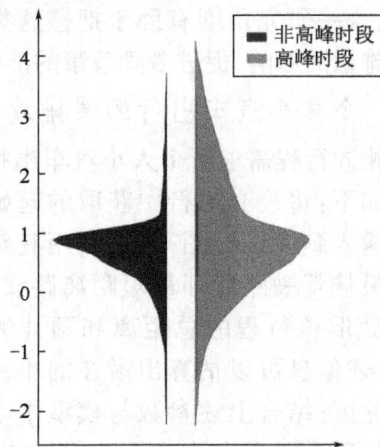

图4 不同时段的个体碳减排量

分析表明，公交出行方式下碳减排效果在不同时间窗内呈现出明显的差异趋势。即使个人的出行起点和终点相同，由于道路交通流量的时间波动会影响车辆行驶速度，进而对碳排放水平产生影响。同时，公交车的载客量波动也会导致人均碳排放量产生差异。此外，出发时间的变化也会对碳排放效果产生显著影响。

研究结果显示，高峰时段的个人碳排放量效果优于非高峰时段。这一发现验证了本研究计算方法的准确性，为低碳出行的激励政策进一步提供依据。

4.4 社区发现与碳减排空间结构

根据上述方法成功计算出了 W 市公交用户出行 OD 的总体碳减排量。鉴于城市公交线路交叉排列，广泛覆盖城市中心及外围区域，通过社区发现算法可以深入研究出行空间结构和演化规律。在迭代计算过程中，社区通过自下而上的方式逐渐合并，每个层次的划分结果都揭示了出行空间的不同特征。经过三次迭代计算，三次划分社区个数分别为 41 个，14 个，5 个。模块度值逐渐增加至 0.427 并达到峰值，数值表明社区划分的质量较高。结果如图 5 所示。

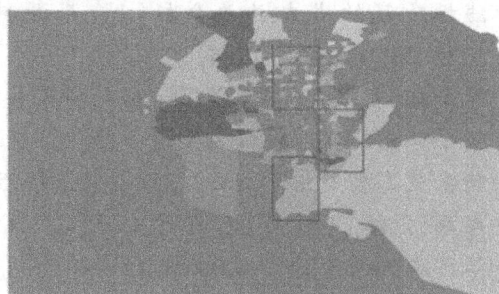

a)第一层社区结构

b)第二层社区结构

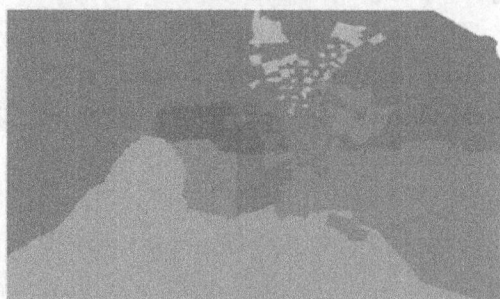

c)第三层社区结构

图 5 社区划分结果

迭代过程揭示了出行空间结构呈现出向地区中心聚拢的趋势，表明城市中心在交通出行中扮演着重要角色。在第一层中，社区之间相对独立且大多数未跨越行政区的边界，居民的日常出行在各自所在的行政区域内减排表现更优，跨区域减排效果则锐减，中心两区联系紧密起到重要的枢纽作用并为减排工作作出贡献；第二层社区面积增加，社区的边界开始跨越行政区的界限，碳减排的联系在增强；第三层社区进一步的合并，形成了更大规模的减排空间效应，但除城市中心与东南区域之外，其他社区均远离中心且布局分散。

5　结语

5.1　公交运营优化

个体公交用户碳减排量计算结果反映低载客量情景下，公交用户的碳减排量效果并不理想，这一现象揭示为公交运营优化提供数据支持和科学依据。

公交运营管理通过用户碳减排量结果：①准确评估不同线路的环保效益，据此调整资源配置。根据融合数据对公交系统中的线路和车辆进行细致划分，载客量与碳排放均表现出色的线路和车辆是优先投入资源的对象，实现碳减排目标的同时最大化地提升了公交系统的运营效率。②监测碳减排效果。成熟方法学能得到准确数据，数据驱动下灵活调整政策比如增加低碳排放线路的补贴、调整不同时段的票价等，可以快速适应市场需求变化。③以碳减排量为指标建立公交系统评价体系。客观评价结果可以直观反映公交系统的减碳效果以实现持续优化，也为公众提供透明视角来增强对公交系统的满意度。

5.2　激励政策建立

社区发现算法揭示了不同地区的碳减排效果差异较大，这一发现强调了需要因地制宜针对性制定政策和激励措施来推广公交出行，从而实现低碳交通体系。

根据结果，市中心交通流量大，引进累积里程体系与积分奖励政策将进一步增加公共交通的吸引力。在郊区，客流量与碳减排效果均逊色于市中心，此区域除了增加公共交通线路外，还可以考虑票价优惠、乡村通勤专线、定制公交服务的福利政策，在满足居民出行需求同时倡导低碳出行理念。而针对不同时段的出行差异，设立更高的非高峰时段碳减排奖励来鼓励居民错峰出行。通过上述措施增加公交载客量能够有效提升人均碳减排量。

5.3　总结与不足

根据个人出行选择公交替代自驾小汽车所减少的碳排放量提供奖励，就必须实现精确计算并比较两种交通方式中任意行程中的碳排放量。本文以 W 市为例，结合多源数据计算个体公交的碳减排量，为建立鼓励个人低碳出行政策提供数据依据。在此基础上应用社区发现算法研究公交出行碳减排量的个人出行特征与城市空间社区结构及其动态演化,结果显示碳减排量在时间与空间上均表现显著异质性。

本研究同样存在一些不足:一是考虑的出行方式少,仅有公交车和小汽车;二是碳排放因子数量有限,后续研究可进一步考虑居民出行轨迹的碳排放因子影响,以提高计算精度和激励政策的针对性。

参考文献

[1] LIU H B,CHEN X H,WANG Y Q,et al. Vehicle emission and near-road air quality modeling for Shanghai, China:Based on global positioning system data from taxis and revised MOVES emission inventory[J]. Transportation Research Record:Journal of the Transportation Research Board,2013,2340(1):38-48.

[2] 单肖年,刘皓冰,张小丽,等.基于MOVES模型本地化的轻型车排放因子估计方法[J].同济大学学报(自然科学版),2021,49(08):1135-1143,1201.

[3] 许晔,王钧,刘爽爽,等.深圳市主要道路交通碳排放特征与低碳交通发展情景研究[J].北京大学学报(自然科学版),2018,54(1):146-156.

[4] 沈岩,武彤冉,闫静,等.基于COPERT模型北京市机动车大气污染物和二氧化碳排放研究[J].环境工程技术学报,2021,11(6):1075-1082.

[5] 郭洪旭,黄莹,廖翠萍,等.碳普惠制下居民公交车出行减碳量核算方法研究:以广州市为例[J].生态经济,2019,35(6):44-48.

[6] 吕莹,贺露露,孙会君,等.网约车与公共交通替代关系及其减排潜力研究[J].交通运输系统工程与信息,2023,23(4):12-23.

[7] 郑玉华,贾艺伟.京津冀地区城市客运交通碳减排政策的成本效益分析[J].资源科学,2022,44(9):1772-1784.

[8] 李文翔,程佳楠,刘向龙,等.出行即服务环境下个体出行链碳足迹监测与评估[J].交通运输系统工程与信息,2023,23(2):22-31,53.

[9] 李荔,张洁,赵秋月,等.基于COPERT模型的江苏省机动车时空排放特征与分担率[J].环境科学,2018,39(9):3976-3986.

[10] 王燕军,王鸣宇,吉喆,等.国外机动车排放模型综述研究[J].环境与可持续发展,2020(5):161-166.

[11] 许晔,王钧,刘爽爽,等.深圳市主要道路交通碳排放特征与低碳交通发展情景研究[J].北京大学学报(自然科学版),2018,54(1):146-156.

[12] BLONDEL V D,GUILLAUME J L,LAMBIOTTE R,et al. Fast unfolding of communities in large networks[J]. Journal of Statistical Mechanics:Theory and Experiment,2008,2008(10).

大数据背景下城市公交线网优化实施探讨

——以济宁城区为例

张永波[1*]　马娜[2]　刘航宇[1]
(1.清华大学交通研究所;2.济宁市公共交通集团有限公司)

摘要　公交线网优化成为近年公交优先发展的重要内容。本文基于公交高质量发展定位与使命分析,以济宁公交为例子,通过居民出行调查数据、公交IC卡和GPS数据、客流调查等多源数据及大数据分析手段,对济宁公交线网存在问题进行了系统分析,遵循"交通调查—现状问题—发展策略—方案制定

基金项目:中国工程院重大咨询项目综合交通运输体系效率提升战略(2022-PP-06)。

与评价—保障措施"流程,按照"客流走廊确定—公交线路发展层次确立—公交发展模式重构—公交线路与站点优化与评估—公交运营组织优化"模式提出了济宁公交线网优化重构思路,在此基础上提出了构建"中心区线网棋盘＋城乡枢纽放射"模式的"快、干、支、微、特"公共交通服务网络,并利用线路新增、改线、截短、延长、拆分、合并、撤销、保留等方法进行线路优化及优化后评价,为同类型城市的公交线网优化提供参考和借鉴。

关键词　线网优化　微循环公交　公交优先　交通走廊　大数据

0　引言

公交线网优化是全面落实优先发展公共交通的具体行动,同时服务公交都市创建实施、群众出行,推进都市圈、城乡公交一体化融合发展。

近年来面对公交客流下降趋势、市民对公交服务提出更高要求、其他交通方式相对优势明显的状况,如何进行公交线网优化重构成为值得深化研讨课题。本文以济宁城区为例,利用多元大数据,结合现状与未来出行特征,在重构城区线网布局模式基础上对线网进行了优化布局。

1　公交高质量发展

公交发展具有战略性和社会公益性,也是可持续发展重要组成部分,是生态城市绿色交通的重要支撑与关键,同时也是缓解交通拥堵的核心举措。公交高质量发展核心是提供多层次、高品质、人民满意一流公交服务,同时能提供"公共公交＋"多元服务。如图1所示。

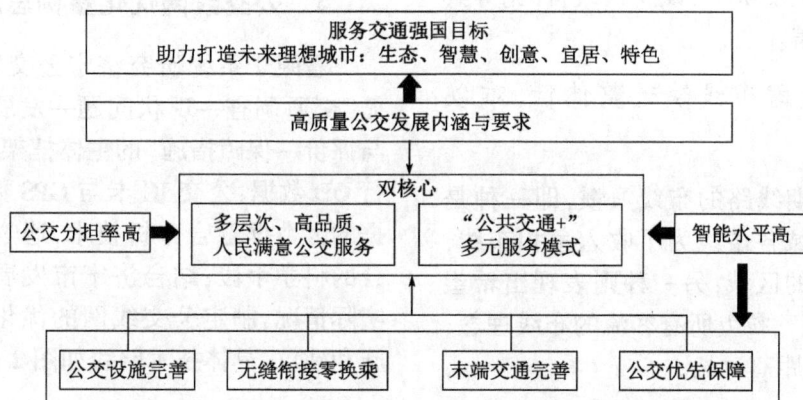

图1　公交高质量发展

一流公交体系具有公交分担率高、基础设施体系完善、无缝衔接零换乘、末端交通系统完善、运营速度快准点、智能化水平高、高品质多层次、多元服务提供商等特征。

其中合理的公交线网发展模式、科学的线网层次及密度、覆盖率、可达性等特征是实现一流公交重要基础,同时对平衡公交运营资源利用和最大化服务范围具有重要意义。

2　公交大数据分析特点

公交大数据是指交通运行本身及一切有可能与公交相关联的,用传统技术难以在合理时间内管理、处理和分析的数据集。本文基于公交IC卡与GPS数据、手机信令数据、卡口交流流量数据为主进行综合分析公交需求特征。

2.1　公交IC卡与GPS数据融合

利用济宁城区2023年9月11日至9月17日的公交车辆GPS数据和刷卡数据,通过线路编号、车牌号、站点经纬度、车辆GPS、IC卡编号等字段匹配分析,实现对公交现状客流时间与空间分布、公交出行OD的分析,全面掌握公交客流现状特征。

2.2　手机信令数据挖掘

采集了济宁城区移动手机用户2023年连续1个星期的手机信令数据,通过大数据分析技术,对城区居民出行空间分布、时间分布、出行距离、方式分担率、公交出行特征等数据进行分析,用于支撑现状公交线路问题分析和优化调整方案制定。

2.3 卡口交流流量数据提取

利用济宁城区 2023 年 9 月 11 日至 9 月 17 日的交警卡口流量数据,提取关键道路车流量、车速、公交车流量数据,服务评估公交出行服务状态评价及公交出行特征。

3 公交线网主要问题

济宁城区公交线路 223 条,总长度 2001km,线网密度 2.6km/km²,300m 站点覆盖率 53%,日均客流 25.38 万人次。

3.1 缺少骨架线网,线路存在同质化

缺少大站距、快速骨干网络,尚未真正形成"快、干、支、微"等多层次线网结构,运营模式单一,运营服务均质化,难以适应不同层次客流需求,任城区与高新区联系密切,跨区需求量大,出行早高峰发生量占全市 40%,缺少快线,任兖等其他走廊均无快线覆盖。

3.2 公交线路布线缺乏整体性,难以符合出行需求

沿用私营化时期线路的布线习惯,即一种是客流大的道路或区域各条线为了收入争相布线,而疏于考虑客流少的区域;另一种则表现出希望一条线路"包打天下",拉上所有客流的布线理念,导致线路站点过多、距离过长。

3.3 公交线网指标存在不合理性,与出行需求不一致

线网密度低,非直线系数较大,部分线路非直线系数超过 2(如 7 路为 2.36),城区线路重复系数较高,如建设路、洸河路及太白湖路线重复较高,最高达 15 ~ 18 条;而在济北新区和太白湖区则存在盲点,公交覆盖低影响公交服务水平。

3.4 公交运营组织不合理,公交吸引力亟须提升

高峰小时运营速度慢、运行时间长,运营时间在 60min 以上的线路占比达 43%,发车间隔在 20min 以上的线路占比为 44%,影响公交吸引力,市民公交出行体验有待提升。

4 公交线网优化重构思路

着眼于系统研究济宁公交线网优化问题,遵循"交通调查—现状问题—发展策略—方案制定与评价—保障措施"的主体框架,借助分析居民出行 OD 数据、公交 IC 卡与 GPS 数据及客流调查数据的大数据融合分析技术,通过定性与定量相结合的科学手段,结合济宁市发展以及公交发展的实际情况,制定公交线网的优化方案以及保障措施和建议,具体技术路线如图 2 所示。

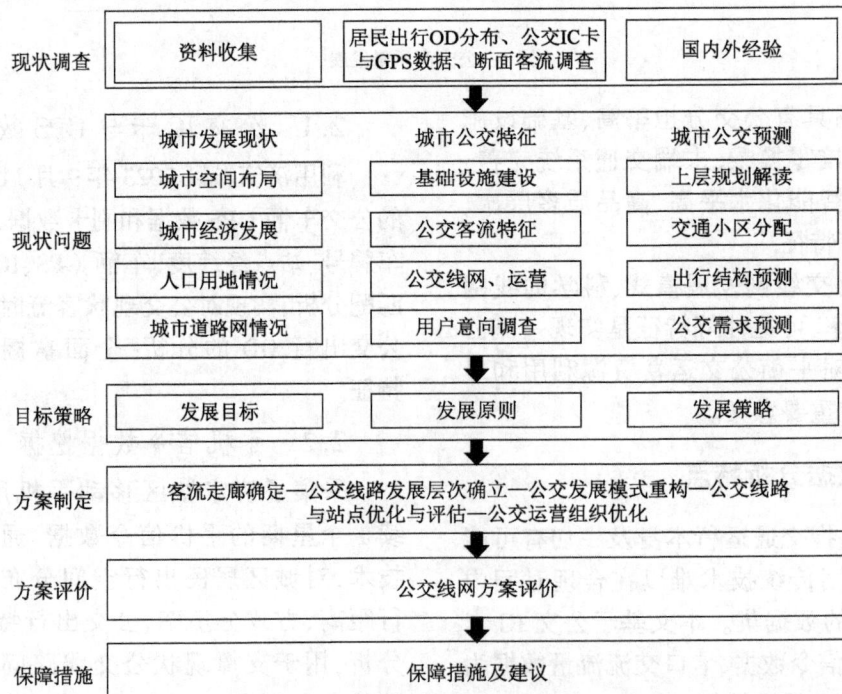

图 2 济宁城区公交线网优化重构思路

其中重点是通过大数据分析，按照"客流走廊确定—公交线路发展层次确立—公交发展模式重构—公交线路与站点优化与评估—公交运营组织优化"模式进行公交线网优化重构。

5 公交线网优化重构设计

5.1 构建"中心区线网棋盘 + 城乡枢纽放射"模式的"快、干、支、微、特"公共交通服务网络

未来跨区、跨组团出行需求将逐步增大，出行距离拉长，跨河、跨铁路关键通道交通压力大，主要集中在老城区与高新区、太白湖区、济北新区、经开区之间。客流走廊分布情况为：济宁形成"四横五纵多射线"三层公交廊道总体框架，即"两横两纵"井字贯通城市客流主走廊，"两横三纵"城市客流次走廊以及"周圈放射性"市域公交快速走廊，联通喻屯、接庄、二十里铺、长沟、石桥、黄屯等十处区域中心。

根据济宁道路发展形态、客流特征及城乡结构模式，济宁公交线网形态发展应为中心区线网棋盘交叉 + 城乡枢纽放射模式，并建设"快、干、支、微、特"公共交通服务网络。

其中特殊线路（多元化线路）是在常规多层次线路的基础上，发展旅游公交、助学公交、通勤公交等多元化公交模式，满足不同特殊群体的需求，提升公交满意度和出行分担率。

5.2 优化公交线路功能层次，优先优化构建骨干线网

在公交廊道框架基础上，优先完善承担跨区及主要走廊客流的公交骨干线路，如图3所示，以实现高铁站、火车站、汽车站等重点区域枢纽地区的快速联系，提供"点—点"的快速公交出行服务，设置线路5条；以贯通公交走廊，满足早晚高峰通勤需求为目标，近期设置4条通勤快线，形成公交快线网络；同时串联商圈、办公区、大型公共活动场所、居住区等重要节点，与快线形成便捷换乘，优化线路12条线路，进而形成城区骨干线网。

5.3 常规公交线路优化调整方式

基于多源大数据融合分析方法，从市民需求匹配、公交线路指标合理性、城市发展要求等方面[1]，逐条对公交线路具体问题进行分析，根据保留公交线路的走向和客流大小等因素综合考虑进行功能梳理，优化调整方式包括线路新增、线路改线、线路截短、线路延长、线路拆分、线路合并、线路撤销、线路保留等，如表1所示。针对济宁城区，优化调整公交线路42条，其中改线13条、截短4条、延长4条、拆分3条、合并1条、新增11条、撤销6条。

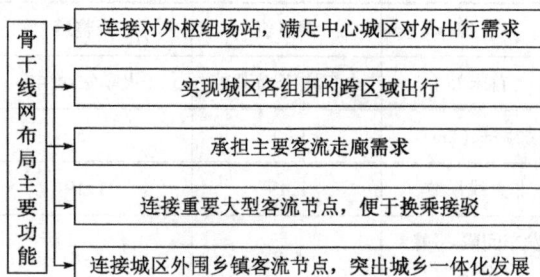

图3 骨干线网布局主要功能

公交线路优化调整方式[2]　　表1

优化方式	具体做法
线路新增	增覆盖，减少公交覆盖盲区、薄弱点，新增公交线路和站点
线路改线	城市中心区道路线路过于密集，或与其他线路重叠部分过长，或局部客流较少时，可以考虑调整线路走向
线路截短	当线路过长或线路一端站点客流很少时，可考虑缩短线路长度，对因截断线路产生的公交服务空白区域，可增加地区性支线，或利用其他线路代替
线路延长	为加强与城市轨道交通或者快速公共汽车交通系统（BRT），以及新建成的重要商业区、大型居住社区、教育园区和旅游景点的衔接，适当延长线路
线路拆分	对于线路较长，线路中穿越功能区或者换乘枢纽，大部分乘客以功能区或者换乘枢纽为目的地，造成线路呈现明显的两端客流形态时，可将线路拆分成两条线路
线路合并	对于线路重复系数较大的道路上，应考虑合并一些其他可以完全替代的线路，以便于运营调度，降低运营成本、提高运营效率
线路撤销	与客流需求不一致，客流不高，近期无需求，与相关线路服务范围重复的线路，可撤销沿线重叠部分过多的线路，通过其他线路换乘或者设置支线的方式满足需求
线路保留	与客流需求一致，客流较大，乘客满意度较高的线路

5.3.1 优化连接客流集散点，线路延长型

针对线路本身整体布局无明显问题，主要为连接新增客流集散点、首末站路边停车等问题，进行线路适度延长。以延长12路为例，根据黄屯到市中心的客流需求分析，将该线路延长至黄屯，如表2所示。

公交12路优化案例 　　表2

12路	调整前	调整后
首末站	火车站-长济驾校	火车站-黄屯
线路长(km)	13.8	15
非直线系数	1.19	1.19
发车间隔-平峰（分钟）	5-8	5-8
发车间隔-高峰（分钟）	5-8	5-8
配车量(台)	22	25
运营时间	5:45-18:38	5:45-18:38

5.3.2 线路拆分并改线，增加车辆周转、加大发车频次

针对同时服务多个区域的超长、非直线系数较高公交线路，可根据客流特征、用地情况进行公交线路的拆分与改线。以5路为例，线路38.6km，非直线系数1.81，等候时间长，运行效率低。可在火车站站点进行拆分，并进行适度改线，如表3所示。

公交5路优化案例 　　表3

5路	调整前	调整后
首末站	薛口停车场-刘集村	龙翔御庭-火车站，火车站-刘集村
线路长度(km)	38.6	9,21
非直线系数	1.81	1.2,1.25
发车间隔-平峰（分钟）	15	10,10
发车间隔-高峰（分钟）	15	5-8
配车数量(台)	19	9,12
运营时间	5:55-6:10	5:55-6:10

5.3.3 线路合并、改线，增加乘客直达率，提高公交分担率

对总体布局较为合理，局部线路走向存在问题的公交线路，采用局部调整的方式进行优化。以7路为例，线路长度为16.6km，非直线系数2.63，调整后线路长度10km，非直线系数1.4，因此可适度增加发车间隔，提升线路客流，如表4所示。

公交7路优化案例 　　表4

7路	调整前	调整后
首末站	火车站-太白湖新区公交枢纽	火车站-荷花路公交枢纽站
线路长(km)	16.6	10
非直线系数	2.63	1.40
发车间隔-平峰（分钟）	14-18	10
发车间隔-高峰（分钟）	14-18	5-10
配车量(台)	9	7
运营时间	6:00-18:45	6:00-19:00

5.3.4 连接客流集散点，填补线路空白，线路新增型

针对新增客流需求点，新增公交线路和站点，减少公交覆盖盲区、薄弱点，包括新增干线、支线、微循环线路。如新增湖区为民服务中心与高新区管委会，满足市民跨区政府出行需求，如表5所示。

公交79路优化案例 　　表5

新增79路	基本信息
首末站	荷花路公交首末站-高新区管委会
线路长(km)	20
非直线系数	1.48
发车间隔-平峰(分钟)	10
发车间隔-高峰(分钟)	5-8
配车数量(台)	15
运营时间	6:00-18:00

5.3.5 一区一策，开通公交微循环

根据各片区或各小区实际需求，结合周边客流集散点及道路情况，开通微循环公交线路。如华城绿地片区微循环，解决大型社区最后一公里通行问题，覆盖东南华城、绿地国际、红玺台、实验小学、实验初中、津多里和济州上城，在济邹路和火炬路与19路、33路、53路、K83路等5条常规线路换乘，服务早晚高峰社区人员通勤、上学，以及日常时间购物、生活。

5.3.6 推广定制/需求响应式公交服务

优化完善助学公交服务，确保公交进学校、进小区，实现"点对点、一站式、零换乘"，构建学校—家长—公交公司三方顺畅协商的助学公交服务平台，提高助学公交服务水平，提升助学公交使用率。目前已开通96条助学线路，涵盖41所中小学，日均客运量一万余人次。

另外，基于智能手段，根据需求和客流情况开通包括通勤、就医、商圈、节假日、商务等需求的定制公交线路。

6 公交线网优化后评价

从评价指标对比可看出，公交线网密度由2.6 km/km²提升到3.2 km/km²，300米覆盖率由53%提升到74%，基本实现了对城区人口岗位集中区的覆盖，非直线系数由1.71下降到1.50，线路长度更加合理，优化调整后的公交线网更有利于提高公交竞争力和吸引力，如表6所示[3-4]。

优化前后公交线网评价指标　表6

指标	优化前	优化后
线网覆盖密度（km/km²）	2.6	3.2
500米覆盖率	90%	100%
300米覆盖率	53%	74%
非直线系数	1.71	1.50
线路长度（km）	18.4	16.3

同时，公交服务水平的提升还需要强有力的组织领导、规划引领、资金支持、基础设施、宣传引导等保障体系。

7 结语

济宁公交线网优化重构研究基于居民出行调查数据、公交IC卡和GPS数据、客流调查等多源数据，利用大数据融合分析方法进行公交系统分析，针对其公交线网存在的问题提出了线网优化策略与方法，可为其他城市公交线网优化提供技术参考。

参考文献

[1] 王强,宫晓刚,朱琛.小城市公交线网优化研究[J].城市公共交通,2020,11:45-48.

[2] 全国城市客运标准化技术委员会.公共汽电车线网设置和调整规则[EB/OL].(2019-07-01)[2023-11-19] https://jtst.mot.gov.cn/gb/search/gbDetailed? id=0d61d98445c4fd80a1ee13c1e916bcf7.

[3] 清华大学交通研究所,济宁市公共交通集团有限公司.济宁市中心城区公交线网优化调整方案[EB/OL].(2023-11-04)[2023-11-19] http://jnjt.jining.gov.cn/art/2023/11/4/art_6310_2705356.html.

[4] 杨晓春,韦凌翔,胡化鹏,等.城市常规公交车行程时间预测方法[J].交通节能与环保,2023,19(5):96-103.

Enhancing Rail-Based Passenger Satisfaction: Unveiling the Interplay of Service Quality, Perceived Quality, and Passenger Loyalty

Sanusi Ibrahim*   Yinggui Zhang

(School of Traffic & Transportation Engineering, Central South University)

Abstract   As transport service providers, policymakers, and researchers alike seek ways to improve ridership, the relationship between Passenger satisfaction and loyalty has recently attracted global recognition. Improvements in perceived service quality make transit more appealing, resulting in increased patronage. This study delves into the intricate dynamics of rail-based public transportation through an in-depth analysis of service quality (SQ), perceived quality (PQ), overall satisfaction (Overall SAT), and passenger loyalty (PL) in the context of the Nigerian railway system. A total of 234 responses were obtained from a passenger satisfaction survey, via a self-administered questionnaire. Employing Structural Equation Modelling (SEM) based on Partial Least Square (PLS) estimation, the research explores the interrelationships between these constructs, shedding light on the essential factors shaping passengers' experiences and their subsequent loyalty. The findings reveal that SQ plays a pivotal role, significantly influencing passengers' perceptions, satisfaction levels, and, consequently, and indirectly their loyalty. Key dimensions such as cleanliness, personnel decorum, punctuality and accessibility, and ticketing services emerge as critical areas for improvement, emphasizing their direct impact on passengers' perceived quality. Notably, the research highlights the robustness of the mediating role of perceived quality (PQ) and overall satisfaction (Overall SAT) on passenger loyalty (PL). These insights provide valuable strategic directions for stakeholders, particularly the Nigerian Railway Corporation (NRC), emphasizing the importance of comprehensive service enhancements. By focusing on these nuanced aspects, the railway industry can create a seamless, satisfying, and loyal passenger base, ensuring the long-term success and sustainability of rail-based public transportation in Nigeria and other developing countries.

Keywords   Structural equation modeling   Service quality   Perceived quality   Passenger satisfaction, Passenger loyalty

0 Introduction

In recent years, railway transportation has gained tremendous acceptance in developing countries with dense populations due to its numerous advantages: efficiency, relative safety, susceptibility to extreme weather, high carrying capacity, low energy consumption, environmentally friendly, and reliability. For these reasons, densely populated countries in Asia such as China, India, Japan, and other densely populated cities around the globe have adopted railway transportation as the primary means of moving goods and people from one place to another. Like many developing cities worldwide, Lagos State, Nigeria is currently experiencing rapid urbanization and population growth. These factors have led to an increase in dependence on personal automobiles for transportation, giving rise to issues such as traffic congestion, accidents, carbon emissions, and noise pollution. To mitigate this issue, the Nigerian government has embarked on a re-modernization project to revive the Lagos-Ibadan railway. Since its commissioning, there hasn't been a comprehensive study assessing the quality of service offered by the Nigerian Railway Commission (NRC), which is responsible for the operations and management of the Nigerian railway system. Consequently, this study aims to evaluate the quality of service from eight dimensions (Safety, Accessibility, Comfort, Cleanliness, Cost, Ticketing Services, Information, and Personnel) and also, examine the intricate relationships between service quality (SQ), perceived quality (PQ), overall satisfaction (Overall SAT), and passenger loyalty (PL) on the Lagos-Ibadan railway line using Partial Least Square Structural Equation Modelling (PLS-SEM).

Several studies have demonstrated that one approach for public transport to enhance its competitiveness with private vehicles is by enhancing the standard of public transportation services[3]. Evaluating the many components of public transport service could identify areas where it performs poorly to enhance service and gain new consumers. Thus, the success of a public transport system is determined by the number of people that it can attract and maintain[3,22,34]. Satisfaction with public transport is a crucial means of consistently improving the level of service. People's propensity to use public transport is most directly affected by their complete contentment with the provided service Allen[2]. As a result, the NRC must evaluate its effectiveness in addressing customers' travel requirements by determining if passengers are content with the products and services offered. Assessing satisfaction is vital for pinpointing areas needing improvement and increasing the appeal of the Lagos-Ibadan railway line.

1 Literature review

1.1 Service quality dimension

Service quality and customer satisfaction are interrelated yet separate concepts within the domain of customer experience. Service quality is perceived as an overall quality of travel behavior according to the passenger's viewpoint. Service quality encompasses an organization's service's overall excellence, effectiveness, and reliability, aiming to meet customer expectations[29]. It involves the objective evaluation of service based on predefined standards and criteria, often measured through methods like evaluations, and quality management systems. Customer satisfaction is defined as the consumers' entire emotional reaction to the difference perceived between what was expected and the actual performance experienced after consumption[27]. It represents the customer's perception of the service experience and the extent to which it meets their desires and requirements. Customer satisfaction revolves around the customer's subjective assessment of the service received. It primarily considers the individual's perception, emotions, and personal judgment regarding the service experience, taking into account factors like expectations, perceptions, and preferences[12]. Although both concepts are interrelated, SQ plays a crucial role in CS, as consistently delivering superior services increases the likelihood of satisfying customers, while CS reflects the customer's subjective evaluation of the SQ[6]

Different scholarly works outline characteristics and aspects utilized for evaluating the quality of service. Machado-León et al[21] evaluated the transit SQ in Algiers based on 7 dimensions and 29 attributes including availability, accessibility, information, time, customer service, comfort, and safety. Obsie et al[26] evaluated the service quality of Addis Ababa light rail transit from 18 attributes and 4 dimensions which include safety and security, ticketing system and information, crowdedness and frequency, and cleanliness and comfort. Jomnonkwao et al[17] also measured the intercity rail service quality in Thailand from 45 attributes and 4 factors (i.e. vehicle, staff, service, and infrastructure/station). Ibrahim et al[13] conducted an empirical study on passengers' perceived satisfaction with monorail service quality in Kuala Lumpur, Malaysia from 43 attributes and 8 constructs which include facilities, staff services, provision of information, ticket services, signage, speed, comfort, and safety.

Aghajanzadeh et al[1] considered 33 attributes from 8 dimensions on the Tehran metro during the Covid-19 pandemic which include temperature/ventilation, operation hour, information, cleanliness, congestion, reliability, safety, and ticket. All these studies solely calculated and ranked the service quality dimension and attributes with the most influence on customer satisfaction but failed to investigate the interrelationship between the latent constructs and how they affect passenger loyalty.

Ibrahim et al[14] confirmed that the most prevalent transit service characteristics include service accessibility, capacity, reliability, pricing, cleanliness, comfort, safety, staff/personnel, information, and ticketing system. Although the classifications might differ across various literature, the typical service elements frequently discussed can be summarized as reliability, cleanliness, comfort, safety, fare, personnel, information, accessibility, or any combination of the aforementioned to suit the case study. Drawing from existing literatures, eight service dimensions containing thirty-four attributes are developed in this study to characterize the quality of service. However, Soltanpour et al[33] investigated the transferability of SEM models in the context of developing countries, the findings show that SEM models of previous studies have a weaker fit when applied to a new case study with locally collected data. Therefore, these attributes are modified to suit the system of operation and the current state of technology.

1.2 Service quality dimension

1）Overall satisfaction and passenger loyalty

Customer loyalty is demonstrated by the readiness to promote or recommend a service provider to other consumers and a commitment to re-patronize a chosen service provider[28]. It goes beyond simple repeat purchasing; it embodies a customer's loyalty to a brand or company[5]. Customer loyalty is built on positive experiences, satisfaction, trust, and the perceived value a customer receives. An increase in passenger satisfaction is thought to increase purchase intent and word-of-mouth advertising[37]. Previous studies by Wang et al[34] and Yilmaz & Ari[35] have posited that a favorable correlation exists between customer satisfaction and consumer loyalty. Accordingly, this study hypothesizes that

H1: Overall Satisfaction (Overall SAT) has a positive effect on Passenger Loyalty (PL).

2）Perceived quality

Perceived quality refers to the customer's subjective judgment or evaluation of a product or service's overall excellence, superiority, or desirability[23]. It is a psychological impression that customers develop based on their experiences, expectations, and perceptions of a particular product or service. Perceived quality often influences customer satisfaction and reuse intention[34]. It is shaped by various factors such as product features, brand reputation, customer service, and overall user experience. In essence, it represents how customers perceive the quality of a product or service based on their interactions and observations. Customers are more likely to return to a service provider whose perceived quality of service is excellent[16]. Previous studies such as Miranda et al[24], Ibrahim et al[13], and Eboli et al[7] have reported that perceived quality directly and significantly influences customer satisfaction in the field of transportation. Passengers whose expectations are met and are satisfied with the rail services are not only expected to re-patronize but are inclined to encourage, recommend the service to others, and say positive things about the service provider. Reviewed literature shows that several studies suggested that perceived quality influences customer loyalty[15,19]. Thus, the subsequent hypotheses are formulated based on a thorough examination of these literature:

H2: Perceived Quality has a positive effect on Overall Satisfaction (Overall SAT).

H3: Perceived Quality has a positive effect on Passenger Loyalty (PL).

3）Service quality

Service quality refers to an organization's overall excellence, effectiveness, and dependability in meeting customer expectations. It entails objectively evaluating services against set standards and criteria. Contrarily, CS is defined as the full emotional response of the consumer to an apparent gap between past anticipations and realized performance following consumption[27]. The effective judgment of satisfaction follows logically from the cognitive evaluation of SQ. In other words, SQ is an antecedent of customer satisfaction[27]. Previous studies by Mandhani et al[22], Yilmaz et al[36] and Zhang et al[38] have posited a positive relationship between SQ and CS. In light of this, hypothesis H4 was proposed in this study.

Aydin[3] suggested that service quality is a critical strategic aspect of product differentiation to improve market share and profit. A high level of service quality leads to a higher level of perceived quality by the consumer[39]. Perceived quality, also known as perceived service quality, is the consumer perception of a company's services that includes the full realization of superiority, and several studies have found that it is a key factor influencing customer (or passenger) loyalty, including in the field of transportation. Wang et al[34] proposed the relationship between service quality and reuse intention. Additionally, Zhen et al[39] also proposed the significance of the relationship between service quality and customer loyalty. Based on these, hypotheses H5 and H6 were proposed in this study.

H4: Service quality (SQ) has a positive effect on Overall satisfaction (Overall SAT).

H5: Service quality (SQ) has a positive effect on perceived quality (PQ).

H6: Service quality (SQ) has a positive effect on passenger loyalty (PL).

Lastly, the study delves into evaluating the mediating effects of Overall SAT and PQ in the relationship between SQ and PL. That is, evaluating the indirect effect of SQ on PL. This is in line with previous studies by Hamdani & Mahfudhon[11], Khanh Giao & Vuong[18], Lestari & Safitri[20] and Nugroho & Suprapti[25]. Reports from these studies show that SQ indirectly and positively influences PL through customers' perception of quality and satisfaction. Hence, hypotheses H7a and H7b were proposed.

H7a: SQ has an indirect effect on PL through PQ.

H7a: SQ has an indirect effect on PL through Overall SAT.

1.3 Conceptual model

Drawing from the in-depth review of existing literature and the hypotheses postulated in this research, the conceptual model that links Service Quality (SQ), Perceived Quality (PQ), Overall Satisfaction (Overall SAT), and Passenger Loyalty is illustrated in Figure 1. Therefore, the effect and interrelationships of these factors of passengers' satisfaction with rail service on the Lagos-Ibadan railway line are comprehensively evaluated.

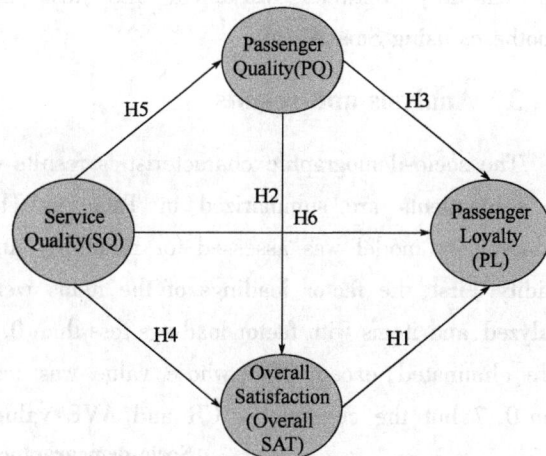

Figure 1   Conceptual framework of the research model

2   Methodology

SEM is a multivariable statistical approach that enables researchers to solve complicated structures stated in a sequence of equations. It can examine the hypotheses and evaluate the causal link between latent variables. SEM comprises dual components, a measurement model delineating the connections between underlying and observable variables, and a structural model elucidating the cause-and-effect relationships among the dependent and independent latent variables. The SEM approach based on Partial Least Square (PLS) estimation has been adopted recently by researchers as they have become more aware of the method[31]. Its parameter estimation technique is a type of mathematical optimization that seeks the best-fitting data set by reducing the sum of squares of error. Iterative estimating is used in conjunction with multiple linear regression analysis, canonical correlation analysis, principal component analysis, and causal modeling. [9] suggest that the PLS-SEM should be adopted when the aim is to forecast important target constructs; formatively assessed constructs are included in the structural model; the structural model is complicated with many indicators/constructs; the sample size is limited; and the plan is to employ latent variable scores in subsequent analyses. These are in line with the objectives of this study; therefore, this technique was adopted to derive the latent variable scores, weights, and causality between variables, and test the hypotheses using SmartPLS4.

3　Analysis and results

The socio-demographic characteristics results of the respondents are summarized in Table 1. The measurement model was assessed for reliability and validity. First, the factor loadings of the items were analyzed, and items with factor loadings less than 0.7 were eliminated, except TS4, whose value was less than 0.7 but the construct's CR and AVE values

were established[8]. Figure 2 presents the measurement model. The reliability of the variables was assessed through Cronbach's Alpha and Composite Reliability (CR) tests, and the results are presented in Table 2. All the Alpha values and CRs were well above the threshold value of 0.70, and the Average Variance Extracted (AVE) values were all greater than 0.50, which signifies the convergent validity. Multi-collinearity was also analyzed, and the result shows that each indicator's Variance Inflation Factor (VIF) is less than 5. Discriminant validity was assessed to understand how well the variables are loading onto their parent constructs through cross-loading assessment. It was observed that all the factor loadings were greater than their cross-loadings, which signifies discriminant validity. The discriminant validity was also evaluated based on Fornell-Lacker criterion and Heterotrait-Monotrait (HTMT) ratio method to test the uniqueness of each construct. The result shows that all the square roots of AVEs are greater than the correlation coefficient values for the Fornell & Lacker criterion and the values of the correlation coefficients between the constructs are less than 0.9 for the HTMT criterion hence signifying discriminant validity[31]. Table 3 presents the results of both tests.

Socio-demographic information of respondents　Table 1

Demographic Information	Parameters	N	Percentage (%)
Gender	Male	142	60.7
	Female	92	39.3
Age	18~30	104	44.4
	30~45	80	34.2
	46~60	32	13.7
	Above 60	18	7.7
Level of education	Highschool	20	8.5
	Undergraduate	29	12.4
	Graduate	109	46.6
	Postgraduate	76	32.5
Employment Status	Student	67	28.6
	Self-employed	55	23.5

continued

Demographic Information	Parameters	N	Percentage (%)
	Employed	90	38.5
	Retired	15	6.4
	Unemployed	7	3.0
Monthly Income	25000 ~ 50000	53	22.6
	50000 ~ 100000	39	16.7
	100000 ~ 150000	34	14.5
	150000 ~ 200000	32	13.7
	Above 200000	76	32.5

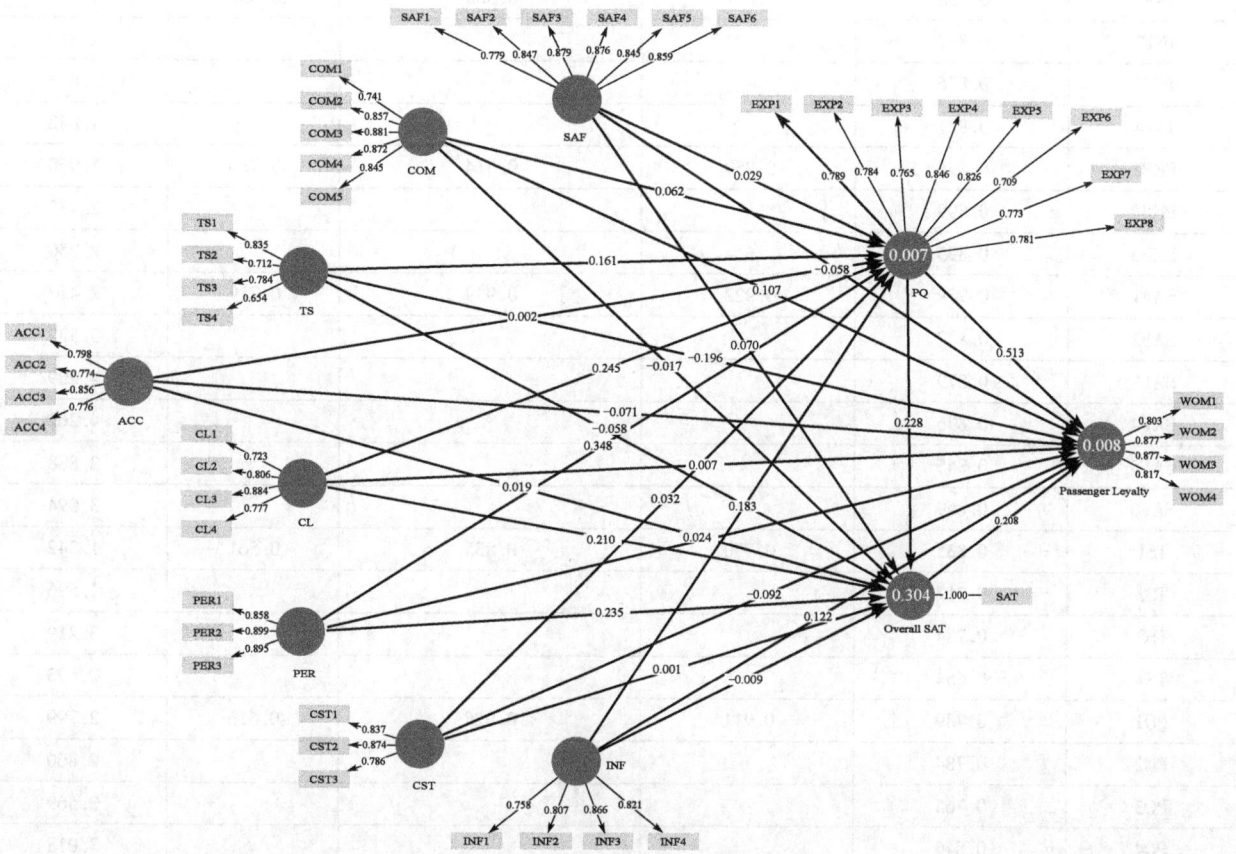

Figure 2　Measurement model

Factor loadings, reliability, and validity　　Table 2

Item	Outer loadings	Cronbach's alpha	Composite reliability (rho_c)	AVE	VIF
ACC1	0.798	0.817	0.878	0.643	1.596
ACC2	0.774				1.728
ACC3	0.856				2.013
ACC4	0.776				1.789
CL1	0.723	0.804	0.872	0.630	1.900
CL2	0.805				2.257
CL3	0.864				2.421
CL4	0.777				1.907

continued

Item	Outer loadings	Cronbach's alpha	Composite reliability（rho_c）	AVE	VIF
COM1	0.741	0.896	0.923	0.707	1.843
COM2	0.857				2.514
COM3	0.881				3.016
COM4	0.872				3.102
COM5	0.845				2.253
CST1	0.837	0.783	0.872	0.694	1.482
CST2	0.874				1.910
CST3	0.785				1.702
INF1	0.758	0.827	0.885	0.658	1.681
INF2	0.807				1.819
INF3	0.856				2.048
INF4	0.821				1.832
PER1	0.856	0.859	0.914	0.780	1.960
PER2	0.899				2.432
PER3	0.895				2.250
SAF1	0.779	0.922	0.939	0.719	2.412
SAF2	0.847				3.532
SAF3	0.879				4.209
SAF4	0.876				4.262
SAF5	0.845				2.888
SAF6	0.859				3.094
TS1	0.835	0.790	0.835	0.561	1.242
TS2	0.712				1.596
TS3	0.784				3.219
TS4	0.654				2.693
PQ1	0.789	0.911	0.928	0.616	2.799
PQ2	0.784				2.860
PQ3	0.765				2.569
PQ4	0.846				3.018
PQ5	0.826				2.813
PQ6	0.709				1.722
PQ7	0.773				2.838
PQ8	0.781				2.389
WOM1	0.803	0.865	0.908	0.713	1.973
WOM2	0.877				2.532
WOM3	0.877				2.693
WOM4	0.817				2.207
Overall SAT	1.000				1.000

Discriminant validity using the fornell & larcker criterion and HTMT method Table 3

Item	ACC	CL	COM	CST	INF	Overall SAT	PER	PQ	Loyalty	SAF	TS
ACC	*0.802*	−0.006	−0.016	−0.322	−0.075	−0.053	0.169	−0.104	0.048	−0.117	−0.107
CL	0.058	*0.794*	0.481	−0.085	0.388	0.464	0.418	0.549	0.419	0.408	0.302
COM	0.075	0.555	*0.841*	0.070	0.449	0.348	0.427	0.469	0.399	0.665	0.227
CST	0.398	0.113	0.090	*0.833*	0.101	0.030	0.121	0.101	−0.067	0.073	0.144
INF	0.107	0.474	0.526	0.121	*0.811*	0.353	0.552	0.591	0.432	0.292	0.503
Overall SAT	0.058	0.510	0.362	0.032	0.378	*1.000*	0.495	0.540	0.500	0.320	0.282
PER	0.203	0.507	0.494	0.153	0.646	0.530	*0.883*	0.676	0.445	0.352	0.519
SQ	0.121	0.636	0.517	0.124	0.674	0.558	0.770	*0.785*	0.625	0.378	0.532
Loyalty	0.079	0.495	0.445	0.092	0.510	0.538	0.514	0.693	*0.844*	0.272	0.204
SAF	0.136	0.474	0.732	0.089	0.340	0.327	0.385	0.397	0.305	*0.848*	0.182
TS	0.145	0.286	0.208	0.182	0.563	0.224	0.542	0.526	0.190	0.175	*0.749*

Note: Diagonal and italics parts represent the square roots of the AVE (average variance extracted). Correlations between constructs are shown by elements below the diagonal, and elements above the diagonal represent the HTMT values

The subsequent stage in our analysis involved assessing the structural model for multicollinearity through VIF, R2 evaluation, and evaluating the proposed hypothesized relationships. The significant assessment was conducted using a bootstrapping technique involving 10,000 samples, relying on the statistical t-value. The one-tailed hypothesis determined the parameter's significance at the 0.05 level. (p < 0.05)[8]. Figure 3 presents the structural model. The VIF values were below the recommended threshold of 5 indicating no multicollinearity issues[31].

The R^2 assesses the effectiveness of the structural model by quantifying its explanatory power, which is also known as in-sample predictive power[30]. The R^2 ranges from 0 to 1, with higher values indicating a greater explanatory power. As a guideline, R^2 values of 67%, 33%, and 19% can be considered substantial, moderate, and weak[4]. The analysis showed that the combined influence of the two exogenous constructs, perceived quality, and overall satisfaction, amounts to 43.4% (R^2 = 0.433) of the variance of the endogenous construct passenger loyalty, and the exogenous constructs; PQ and Overall SAT have R^2 values of 58.8% and 34.7% respectively as illustrated in Figure 3. Furthermore, the predictive relevance (Q^2) values for each endogenous construct are consistently above zero (Overall SAT = 0.295; PQ = 0.561; PL = 0.275) supporting the adequate predictive quality of the model. Table 4 shows the detailed results of the direct relationship analysis.

Direct relationships Table 4

Item	Path Coefficient	Standard deviation (STDEV)	T statistics	P values	VIF	Results
H1: Overall SAT -> PL	0.208	0.060	3.497	0.000	1.532	Accepted
H2: PQ -> Overall SAT	0.260	0.095	2.744	0.003	2.427	Accepted
H3: PQ -> PL	0.453	0.072	6.272	0.000	2.531	Accepted
H4: SQ -> Overall SAT	0.365	0.091	4.008	0.000	2.427	Accepted
H5: SQ -> PQ	0.767	0.032	23.696	0.000	1.000	Accepted
H6: SQ -> PL	0.081	0.080	1.019	0.154	2.631	Rejected

Lastly, mediation analysis was conducted to examine how perceived quality (PQ) and overall satisfaction (Overall SAT) mediate the relationship between service quality (SQ) and customer loyalty (PL) (Table 5). The result shows an indirect full mediating role of PQ and Overall SAT in the relationship between SQ and PL. Hence, H7a and H7b were supported.

Mediation analysis　　　　　　　　　　Table 5

Item	Path Coefficient	Standard deviation (STDEV)	T statistics	P values	Results
H7a:SQ -> PQ -> PL	0.347	0.055	6.311	0.000	Accepted
H7b:SQ -> Overall SAT -> PL	0.076	0.028	2.758	0.003	Accepted

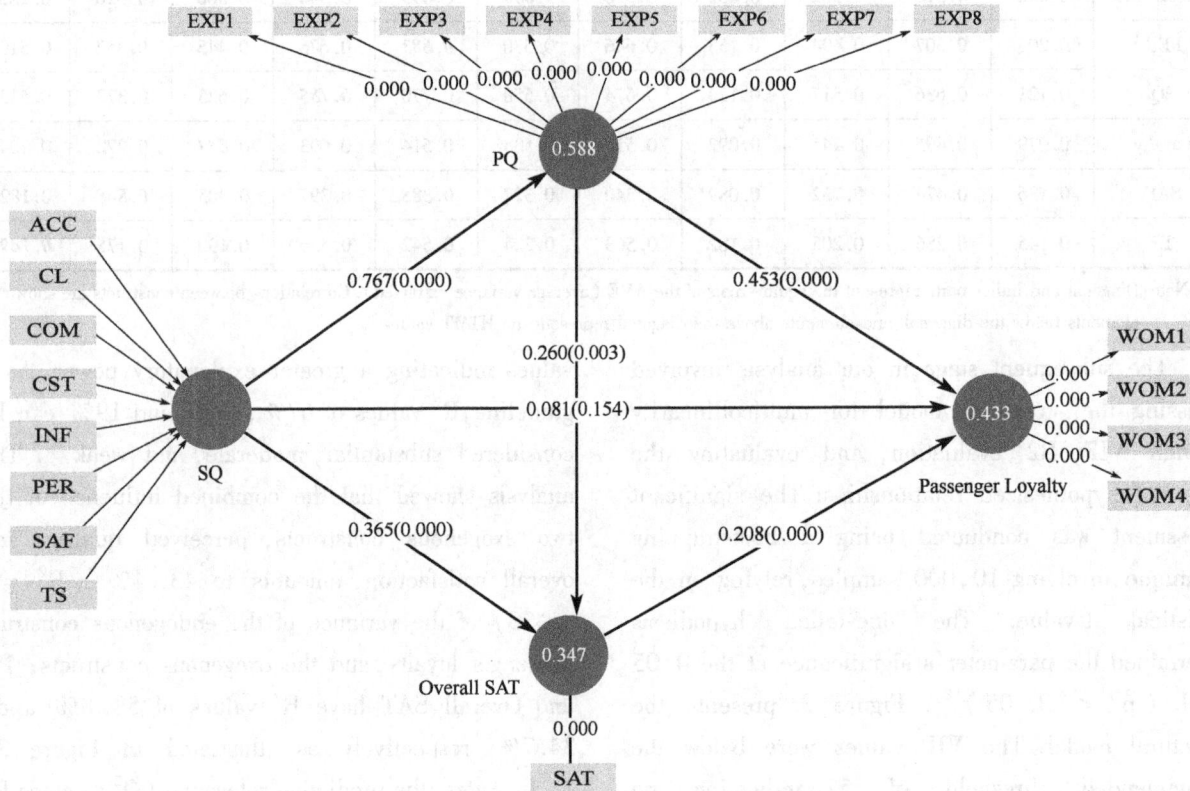

Figure 3　Structural model

4　Conclusions

In conclusion, this research conducted a comprehensive evaluation of service quality (SQ), perceived quality (PQ), overall satisfaction (Overall SAT), and passenger loyalty (PL), taking the Nigerian railway system as a case study. The study employed Partial Least Square Structural Equation Modeling (PLS-SEM) to explore the intricate relationships between these constructs and shed light on their dynamics in the context of rail-based public transport. The results underscore the pivotal role of SQ in influencing passengers' perceptions, overall satisfaction, and loyalty. The model's path coefficients

verified the causal relationship between passenger loyalty and its influence components.

First, service quality (SQ) positively influences perceived quality (PQ), highlighting the importance of the proposed eight aspects of SQ used in this study. This simply means, that improving the quality of service on the Nigerian railway system will positively influence the perception of the passengers. Moreover, the extremely high and statistically significant relationship between service quality (SQ) and perceived quality (PQ) underscores their interdependence.

Secondly, service quality (SQ) directly impacts overall satisfaction, emphasizing the significance of delivering high-quality services to passengers and that passengers' experiences and interactions are vital in shaping their satisfaction levels.

Third, the findings of this research also showed that both Overall SAT and PQ have a direct positive influence on PL, implying that passengers with higher-quality experiences and higher satisfaction levels are more inclined to make positive comments, therefore implying loyalty.

Lastly, however, the hypothesis proposing a direct link between service quality (SQ) and passenger loyalty (PL) was rejected, suggesting that improvements in service quality may not necessarily lead to immediate changes in passenger loyalty. This justifies the mediation effect of PQ and overall SAT in the relationship between SQ and PL in the model. The outcomes of the mediation analysis demonstrated that both PQ and Overall SAT play pivotal roles in mediating the relationship between SQ and PL. Passenger loyalty is favorably impacted by PQ and Overall SAT, which are both influenced by SQ.

Ultimately, this study contributes to a better understanding of passenger preferences and satisfaction in the context of developing countries. It also provides valuable insights that can inform strategic decisions and initiatives to improve the quality of rail-based public transportation services, thereby fostering passenger loyalty and ensuring the long-term success of the railway line.

References

[1] AGHAJANZADEH M, AGHABAYK K, ESMAILPOUR J, et al. Importance-Performance Analysis (IPA) of metro service attributes during the COVID-19 pandemic [J]. Case Studies on Transport Policy, 2022, 10(3):1661-1672.

[2] ALLEN J, EBOLI L, FORCINITI C, et al. The role of critical incidents and involvement in transit satisfaction and loyalty [J]. Transport Policy, 2019, 75:57-69.

[3] ARIANTI V, PAHALA Y, SETYAWATI A, et al. Passenger satisfaction and decision of repurchasing on rail transportation services [J]. Management and Business Review, 2021, 5

(2):265-278.

[4] AYDIN N. A fuzzy-based multi-dimensional and multi-period service quality evaluation outline for rail transit systems [J]. Transport Policy, 2017, 55, 87-98.

[5] CHIN W W. The partial least squares approach to structural equation modeling [J]. Modern Methods for Business Research, 1998, 8(2): 295-336.

[6] DAM S M, DAM T C. Relationships between Service Quality, Brand Image, Customer Satisfaction, and Customer Loyalty [J]. Journal of Asian Finance, Economics and Business, 2021, 8(3).

[7] DELL'OLIO L, IBEAS A, CECÍN P. Modelling user perception of bus transit quality [J]. Transport Policy, 2010, 17(6):388-397.

[8] EBOLI L, FORCINITI C, MAZZULLA G. Spatial variation of the perceived transit service quality at rail stations [J]. Transportation Research Part A: Policy and Practice, 2018, 114:67-83.

[9] LEGUINA A. A primer on partial least squares structural equation modeling (PLS-SEM) [J]. International Journal of Research & Method in Education, 2015, 38(2):220-221.

[10] Hair, J F, Hult G T M, Ringle, C M, et al. A Primer on Partial Least Squares Structural Equation Modeling (PLS-SEM) [M]. Thousand Oaks, 2016.

[11] Hair, J, Hult, T, Christian, R, et al. A Primer on Partial Least Squares Structural Equation Modeling (PLS-SEM) [M]. In Los Angeles, 2017.

[12] HAMDANI A I, MAHFUDHON M A. The role of customer satisfaction and customer value in mediating the influence of customer experience on customer loyalty in transjakarta bus services [J]. Jurnal Ekonomi, Manajemen, Bisnis Dan Akuntansi, 2023, 2(1).

[13] HANDOKO H, ROZAQ F. Customer perceptions and expectations of the quality of soekarno-hatta airport railway services [J]. Jurnal Perkeretaapian Indonesia (Indonesian Railway

Journal),2018,3(1).

[14] IBRAHIM A N H,BORHAN M N,OSMAN M H, et al. An empirical study of passengers' perceived satisfaction with monorail service quality: case of kuala lumpur, malaysia [J]. Sustainability,2022,14(11):6496.

[15] IBRAHIM A N H,BORHAN M N,YUSOFF N I M, et al. Rail-based public transport service quality and user satisfaction - a literature review[J]. Promet-Traffoc and Transprtation, 2020,32(3):423-435.

[16] IKENNA M H,UCHE D B,AGU A G. Influence of perceived service quality on customer loyalty [J]. Quantitative Economics and Management Studies,2020,2(2):105-121.

[17] ISIKLI E,AYDIN N,CELIK E,et al. Identifying key factors of rail transit service quality: an empirical analysis for istanbul [J]. Journal of Public Transportation,2017,20(1),63-90.

[18] JOMNONKWAO S,CHAMPAHOM T,RATA-NAVARAHA V. Methodologies for determining the service quality of the intercity rail service based on users' perceptions and expectations in Thailand[J]. Sustainability (Switzerland), 2020,12(10):4259.

[19] KHANH GIAO H N,VUONG B N. The impact of service quality on passenger loyalty and the mediating roles of relationship quality: A study of domestic flights with vietnamese low-cost airlines [J]. Transportation Research Procedia,2021,56:88-95.

[20] KUSUMAWATI A,RAHAYU K S. The effect of experience quality on customer perceived value and customer satisfaction and its impact on customer loyalty [J]. The TQM Journal, 2020,32(6):1525-1540.

[21] LESTARI A,SAFITRI I A. passenger loyalty: quality of service and the mediating role of customers' satisfaction [J]. International Journal of Innovation, Creativity and Change, 2020,,13(3).

[22] MACHADO-LEÓN J L,DE OÑA R,BAOUNI T, et al. Railway transit services in algiers: priority improvement actions based on users perceptions [J]. Transport Policy, 2017, 53: 175-185.

[23] MANDHANI J,NAYAK J K,PARIDA M. Inte-rrelationships among service quality factors of metro rail transit system: an integrated bayesian networks and PLS-SEM approach [J]. Transportation Research Part A: Policy and Practice,2020,140:320-336.

[24] MARAKANON L,PANJAKAJORNSAK V. Per-ceived quality,perceived risk and customer trust affecting customer loyalty of environmentally friendly electronics products[J]. Kasetsart Journal of Social Sciences, 2017, 38 (1): 24-30.

[25] MIRANDA S,TAVARES P,QUEIR6 R. Perceived service quality and customer satisfaction: A fuzzy set QCA approach in the railway sector [J]. Journal of Business Research,2018,89:371-377.

[26] NUGROHO R A,SUPRAPTI N W S. The role of customer engagement in mediating the influence of brand experience and customer satisfaction on the customer loyalty of full-service airline in indonesia [J]. Journal of Business and Management Review,2022,3(2).

[27] OBSIE A,WOLDEAMANUEL M,WOLDETE-NSAE B. Service Quality of Addis Ababa Light Rail Transit: Passengers' Views and Perspectives[J]. Urban Rail Transit,2020,6 (4),1-13.

[28] OLIVER R L. A Cognitive Model of the Ante-cedents and Consequences of Satisfaction Decisions[J]. Journal of Marketing Research, 1980,17(4):460-469.

[29] ÖZKAN P,SÜER S,KESER K, et al. The effect of service quality and customer satisfaction on customer loyalty: The mediation of perceived value of services, corporate image, and corporate reputation [J]. International Journal of Bank Marketing, 38 (2).

[30] PARASURAMAN A,ZEITHAML V A,BERRY L L. SERQUAL: A multiple-item scale for

measuring consumer perceptions of service quality [J]. Journal of Retailing, 1988, 64: 12-40.

[31] RIGDON E E. Rethinking partial least squares path modeling: In praise of simple methods [J]. Long Range Planning, 2012, 45 (5-6), 341-358.

[32] SARSTEDT M, HAIR J F, HULT G T M, et al. A Primer on Partial Least Squares Structural Equation Modeling (PLS-SEM) [J]. Thousand Oaks, 2017, Sage.

[33] SARSTEDT M, HAIR J F, Pick M, et al. Progress in partial least squares structural equation modeling use in marketing research in the last decade [J]. Psychology and Marketing, 2022, 39(5):1035-1064.

[34] SOLTANPOUR A, MESBAH M, HABIBIAN M. Customer satisfaction in urban rail: a study on transferability of structural equation models [J]. Public Transport, 2020, 12(1):123-146.

[35] WANG Y, ZHANG Z, ZHU M Y, et al. The Impact of Service Quality and Customer Satisfaction on Reuse Intention in Urban Rail Transit in Tianjin, China [J]. SAGE Open, 2020, 10(1)119.

[36] YILMAZ V, & ARI E. The effects of service quality, image, and customer satisfaction on customer complaints and loyalty in high-speed rail service in Turkey: a proposal of the structural equation model [J]. Transportmetrica A: Transport Science, 2017, 13(1),67-90.

[37] YILMAZ V, ARI E, OGUZ Y E. Measuring service quality of the light rail public transportation: A case study on Eskisehir in Turkey[J]. CASE STUDIES ON TRANSPORT POLICY, 2021, 9(2), 974-982.

[38] YUDA BAKTI I G M, RAKHMAWATI T, SUMAEDI S, et al. Public transport users' WOM: An integration model of the theory of planned behavior, customer satisfaction theory, and personal norm theory [J]. Transportation Research Procedia, 2020, 48:3365-3379.

[39] ZHANG C Q, LIU Y, LU W T, et al. Evaluating passenger satisfaction index based on PLS-SEM model: Evidence from Chinese public transport service[J]. Transportation Research Part A: Policy and Practice, 2019, 120: 149-164.

[40] ZHEN F, CAO J, TANG J. Exploring correlates of passenger satisfaction and service improvement priorities of the Shanghai-Nanjing High Speed Rail[J]. Journal of Transport and Land Use, 2018, 11(1)301-312.

武汉市枢纽经济景气指数测算研究

程逸旻*[1] 杨 鹏[2] 王军丽[1] 刘 琪[1]

(1.武汉综合交通研究院有限公司;2.武汉市交通运输局)

摘 要 枢纽经济逐步成为我国经济高质量发展和供给侧结构性改革的新动能,枢纽经济研究也随之成为经济学及交通运输行业的热点之一。本文以武汉市为例,对枢纽经济景气指数进行测算,初步分析枢纽经济发展的宏观影响因素,旨在为武汉市促进枢纽经济发展提供决策支持。

关键词 枢纽经济 景气指数 影响因素 案例研究

基金项目:武汉市交通强国建设试点科技联合项目(项目编号:2023-1-1)。

0 引言

枢纽经济是交通枢纽与区域产业融合发展的一种新经济模式，随着我国综合交通枢纽基础设施的不断完善，枢纽经济正逐步成为我国经济高质量发展和供给侧结构性改革的新动能[1]。评价枢纽经济发展程度、研究枢纽经济影响因素对于理解枢纽经济、促进枢纽经济发展具有重要意义[2]。在我国交通领域，南京较早地制定了枢纽经济发展专项规划。《南京市"十四五"枢纽经济和现代物流业发展规划》将地区生产总值、一般公共预算收入、工业总产值、制造业增加值、实际利用外资额、进出口总额作为反映城市枢纽经济实力的指标。而《河南省"十四五"现代综合交通运输体系和枢纽经济发展规划》则用郑州航空港经济综合实验区生产总值代表枢纽产业经济发展状况。在我国经济学领域，国内学者多以交通运输、仓储和邮政业增加值作为反映枢纽经济发展的代表指标，研究其他城市级宏观指标与枢纽经济指标的关系[3]。本文引入扩散指数概念，通过构建武汉市枢纽经济景气指数，初步探讨城市级枢纽经济发展的影响因素和整体趋势，为深入发展枢纽经济提供一定参考。

1 枢纽经济景气指数编制方法

景气观测方法主要是根据经济活动扩散循环

波动的程度来判断经济活动的变化发展情况，当前通用的景气指数方法为扩散指数 DI 方法[4]。扩散指数是扩散指标个数占总采用的指标数的百分比。当 DI 达到50%以上时，表示经济活动中有超过半数的指标呈上涨状态，其他经济活动也在总体上呈上升趋势。编制方法如下：①将枢纽经济各指标年度数值与上年数值的比率减去1，若得到的绝对值小于5%，则认为两者相等，示性函数值标定为0.5；若为正值且绝对值大于等于5%，则认为明显大于上年数值，示性函数值标定为1；若为负值且绝对值大于等于5%，则认为明显小于上年数值，示性函数值标定为0；②将各指标的年度示性函数值与其权重相乘后再相加，结果以百分数表示即得枢纽经济扩散指数 DI。

2 武汉市枢纽经济景气指数测算

2.1 评价指标体系

本文以武汉市枢纽经济发展水平为研究对象，基于枢纽经济理论研究及内涵诠释，构建了武汉市枢纽经济发展评价指标体系。本指标体系包含枢纽基础设施发展水平、枢纽流量发展水平、产业发展水平、辐射发展水平、政府投资五个方面的内容，具体内容如表1所示。

枢纽经济发展评价指标体系 表1

指标类别	指标名称	单位	数据来源
枢纽基础设施	公路里程	km	年报
	民用航空线	条	武汉年鉴
	国际航线	条	武汉年鉴
枢纽流量	旅客运输量	万人	武汉年鉴
	轨道交通客运量	万人次	交通年鉴
	货物运输量	万t	武汉年鉴
	货运周转量	亿t·km	武汉年鉴
	公路旅客运输量	万人	武汉年鉴
	公路货物运输量	万t	武汉年鉴
	公路货运周转量	亿t·km	武汉年鉴
	铁路旅客运输量	万人	武汉年鉴
	铁路货物运输量	万t	武汉年鉴
	航空旅客运输量	万人	武汉年鉴
	航空货物运输量	万t	武汉年鉴

续上表

指标类别	指标名称	单位	数据来源
枢纽流量	航空货邮吞吐量	万 t	年报
	水运货物运输量	万 t	武汉年鉴
	接待旅客总人数	万人次	武汉年鉴
产业发展	物流业增加值	亿元	年报
	A 级物流企业数	个	年报
	新增 A 级物流企业数	个	年报
	快递业务收入	亿	年报
	外贸进出口总值	亿元	武汉年鉴
	旅游总收入	亿元	武汉年鉴
	实际利用外资	亿美元	武汉年鉴
	本外币存款	亿元	武汉年鉴
	金融业增加值	亿元	武汉年鉴
	社会消费品零售总额	亿元	武汉年鉴
	批发和零售业增加值	亿元	武汉年鉴
	第三产业增加值占比	%	武汉年鉴
	社会物流总费用占 GDP 的比重	%	年报
辐射发展	从业人员数	万	武汉年鉴
	城镇居民人均可支配收入	元	武汉年鉴
	城镇居民人均消费支出	元	武汉年鉴
	税收入	万元	武汉年鉴
政府投资	全社会固定资产投资	万元	武汉年鉴
	交通运输、仓储及邮政业投资	万元	武汉年鉴
	物流投资额	亿元	交通年鉴
枢纽经济	交通运输、仓储及邮政业增加值	亿元	武汉年鉴

2.2 景气指数影响指标筛选

在枢纽经济指标体系中,本文用时差相关分析法筛选与枢纽经济发展最相关的指标组,以确定枢纽经济影响指标。参考国内相关研究,本文选取交通运输、仓储及邮政业增加值为基准指标代表枢纽经济,基于 2012 年至 2021 年的数据,对指标体系表中的其他所有指标和基准指标进行时差相关分析。本文在分析结果中选取相关度较大的指标,并将指标划分为先行、同步和滞后三类,分析结果如表 2～表 4 所示。

检测指标与基准指标的时差相关关系(先行指标)

表 2

指标名称	指标类型	时滞期	相关度
公路里程	先行	−2	0.935
国际航线	先行	−2	0.902

续上表

指标名称	指标类型	时滞期	相关度
铁路旅客运输量	先行	−2	0.922
全社会固定资产投资	先行	−4	0.931
物流投资额	先行	−3	0.930

检测指标与基准指标的时差相关关系(同步指标)

表 3

指标名称	指标类型	时滞期	相关度
轨道交通客运量	同步	0	0.915
接待旅客总人数	同步	0	0.936
货物运输量	同步	0	0.963
第三产业增加值占比	同步	0	0.954
实际利用外资	同步	0	0.964
社会消费品零售总额	同步	0	0.946
旅游总收入	同步	0	0.930

续上表

指标名称	指标类型	时滞期	相关度
从业人员数	同步	0	0.961
城镇居民人均消费支出	同步	0	0.964

检测指标与基准指标的时差相关关系(滞后指标)

表4

指标名称	指标类型	时滞期	相关度
外贸进出口总值	滞后	+5	0.959
本外币存款	滞后	+5	0.987
金融业增加值	滞后	+5	0.979
快递业务收入	滞后	+5	0.959
城镇居民人均可支配收入	滞后	+5	0.968

2.3　影响指标权重确定

依据各指标的相关度,本文结合实际情况选取20个指标(5个先行指标、10个同步指标、5个滞后指标)作为枢纽经济景气指数指标,根据熵值法对权重计算,确定三类指标内部的影响关系,指标权重如表5~表7所示。

先行指标组权重　　　表5

指标	权重
公路里程	0.157
国际航线	0.327
全社会固定资产投资	0.161
铁路旅客运输量	0.211
物流投资额	0.144

同步指标组权重　　　表6

指标	权重
货物运输量	0.135
接待旅客总人数	0.075
旅游总收入	0.080
实际利用外资	0.093
城镇居民人均消费支出	0.101
社会消费品零售总额	0.085
第三产业增加值占比	0.137
从业人员数	0.101
轨道交通客运量	0.082
物流业增加值	0.110

滞后指标组权重　　　表7

指标	权重
外贸进出口总值	0.245
城镇居民人均可支配收入	0.145
本外币存款	0.181
金融业增加值	0.212
快递业务收入	0.218

2.4　景气指数计算

根据扩散指数DI的计算方法,本文获取了先行、同步、滞后指标景气指数,再次依据熵值法对三组指标权重进行计算,并获取综合景气指数,具体结果如表8、表9及图1所示。

景气指数计算结果　　　表8

年份(年)	先行指标景气指数	同步指标景气指数	滞后指标景气指数	综合景气指数
2013	100.0%	81.3%	100.0%	95.2%
2014	92.1%	88.1%	100.0%	93.8%
2015	100.0%	81.3%	100.0%	95.2%
2016	76.1%	81.3%	68.3%	74.7%
2017	74.4%	94.9%	92.8%	86.1%
2018	63.8%	93.1%	100.0%	84.0%
2019	77.7%	88.1%	100.0%	88.1%
2020	36.2%	11.9%	81.9%	45.8%
2021	92.1%	85.4%	100.0%	93.1%

指标组权重计算结果　　　表9

指标组	权重
先行	0.394
同步	0.259
滞后	0.348

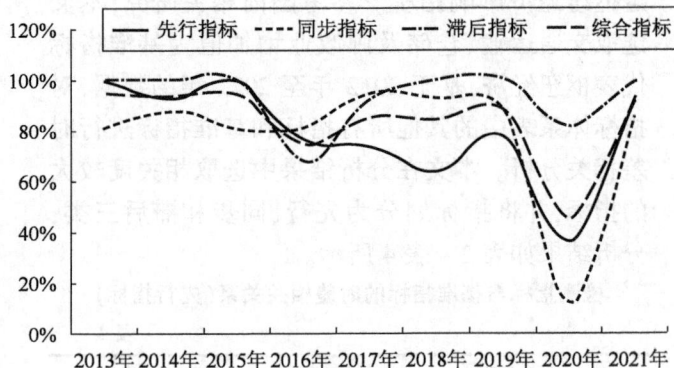

图1　枢纽经济景气指数变化图

3 武汉市枢纽经济景气指数分析结论

3.1 影响指标分析

指标分类结果显示，公路里程、国际航线数、全社会固定资产投资、物流投资额等指标均为正相关先行指标，这表明推进交通行业基础设施建设、加大投资力度有助于推动枢纽经济的发展，但需提前进行规划和布局；而货物运输量、接待旅客总人数、旅游总收入、实际利用外资、城镇居民人均消费支出、社会消费品零售总额、第三产业增加值占比、从业人员数、轨道交通客运量、物流业增加值等指标均为正相关同步指标，表明货物运输、旅游业发展、外资利用、居民就业与消费、城市出行等指标能同步反映枢纽经济发展情况。

3.2 枢纽经济景气指数变化趋势分析

第一个阶段是 2013—2015 年，综合扩散指数均超过 90%，表明枢纽经济在快速发展。第二个阶段是 2016—2019 年，综合扩散指数有所下降，但仍超过 70%，表明枢纽经济处于调整期，发展趋势总体向好。第三个阶段是 2020 年之后，受疫情防控影响枢纽经济发展于 2020 年"急刹车"，扩散指数下降至 50% 以下，但于 2021 年迅速回升至 93.1%，说明疫情对枢纽经济的发展有短暂影响，但不会改变枢纽经济稳步向好发展的趋势。

3.3 景气指数与武汉地区生产总值增速对比分析

地区生产总值是国民经济的核心指标，能如实反映出当前经济波动，因此选择用武汉生产总值指标作为基准指标，来验证景气指数的可靠性。

如图 2 所示，将枢纽经济扩散指数与武汉地区生产总值增速走势进行对比，发现两者波动幅度虽然有所差异，但枢纽经济扩散指数和地区生产总值走势基本相符，且波峰波谷时期基本吻合，这说明枢纽经济指数具有一定的可靠性。

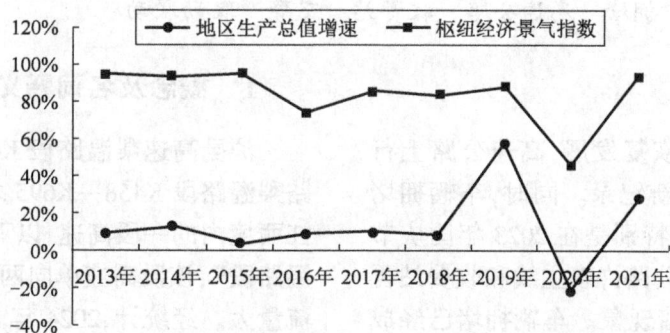

图 2　枢纽经济景气指数与地区生产总值增速对比图

枢纽经济扩散指数反映的围绕综合交通运输枢纽的经济波动趋势与武汉地区生产总值增速趋势大致相符。为进一步证明该指数的科学性，本文将其与地区生产总值增速进行了 Pearson 相关度分析。从表 10 可以看出扩散指数与地区生产总值增速和较为相关。

扩散指数相关度分析　　表 10

Correlation		扩散指数	地区生产总值增速
扩散指数	Pearson Correlation		0.574
	N	9	9

4 结语

枢纽经济作为经济学与交通运输行业的交叉概念，涉及的内容十分丰富。本文以景气指数及宏观影响因素为切入点，对枢纽经济发展做了初步研究，后续研究还可就某几个重要影响指标进行深入分析，以得到微观层面的结论。另外，本文以武汉市为案例用 10 年数据进行测算，数据量依然偏少。未来可以尝试引入一些季度、月度指标，以增加数据测算的准确性和实用性。

参考文献

[1] 仝新顺,刘珂,刘凤伟,等.枢纽经济区域经济发展新动能[M].北京:中国社会科学出版社,2022.

[2] 黄群慧,严波,刘勇,等.郑州发展枢纽经济研究[M].北京:经济管理出版社,2019.

[3] 郑强,高晨洁,李骁.陕西省枢纽经济指标体

系构建及景气指数编制研究[J].科技经济市场,2021(3):40-42,44.

[4] 赵欣.重庆公路货运景气指数编制与预警研究[D].重庆交通大学,2021.

基于精准分流理念解决高速公路主线和收费站拥堵问题的研究

刘德雄* 张晓强

（江西省交通投资集团有限责任公司）

摘　要　针对当前高速公路主线和收费站在发生交通事故或施工期间经常出现的拥堵现象,本文分别从事故发生因素、事故处理流程、交警分流方式、收费站畅通能力等方面分析原因,结合精准分流理念,利用当前科学技术,提出解决拥堵问题的五个措施:科技预警减少交通事故的发生;科学研判,实行精准分流;提高救援和清障效率,缩短拥堵时间;优化收费站的保畅方式;共享信息和资源,系统性提高消除拥堵现象的工作效率。本文运用案例研究和对比研究,梳理目前实施成功的案例,并在此基础上,总结各个措施的最优选择。最后,结合当前高速公路交警、路政、救援和清障、收费运营等单位的实际工作情况,提出密切配合的联勤联动设计建议。

关键词　精准分流　拥堵　高速公路　收费站　交警　联勤联动

0 引言

随着中国经济持续恢复发展,高速公路上行驶的车流量也在不断刷新纪录。同时,车辆拥堵现象的报道又不时出现,特别是在 2023 年国庆节 8 天长假期间,全国高速公路许多主线和收费站再次爆发了较大规模的拥堵现象。车辆拥堵已经成为高速公路相关管理单位面临的难题之一,采取传统的治理措施,如硬件上通过改扩建增加车道、管理上实行交通渠化和增加人员,虽能取得一定的成效,但会增加较多的社会成本,且不能持续取得较好的效果。最好的方式还是要向科技、管理和大众认知上寻求突破口。

在利用科技和管理理念的基础上,提出具体解决拥堵现象的方法,首先必须了解造成高速公路干线和收费站拥堵的原因,然后才能根据原因分析出主要因素,再通过科技手段和先进管理理念来消除造成拥堵的原因,优化处置流程,实现减少拥堵现象的发生。本文以沪昆高速公路梨温路段为例,剖析拥堵规律,结合精准分流理念,提出减少拥堵现象的设计方案,为管理者提供政策建议。

1 概念及名词释义

沪昆高速梨温路段 K458—K695：沪昆高速公路梨温路段 K458—K695 之间,是沪昆高速公路在江西境内的一段高速,以下简称"沪昆高速公路梨温路段",该段高速单向两车道,双向四车道,交通流量大。经统计,2024 年 1 月,剔除 1 月 9 日这一天因施工全线封道的数据,仅浙江往南昌单方向的车流量,最大断面流量的日平均值达到 21081 辆,最高峰达到 41798 辆,折换成平均每个车道每小时通过的车辆数,则是 439 辆和 870 辆。这样大的车流量,导致交通事故多,不仅经常造成主线拥堵,还会导致分流时引发收费站的拥堵。所以,本文以它作为主要研究对象,具有较为现实的指导意义。

2 拥堵主要原因

高速公路上,如果车辆都处于正常行驶状态,是不会出现拥堵现象的。但是,一旦出现交通事故、道路施工作业,或者在恶劣天气,节假日时间段等特殊情况下,极易引发拥堵现象。出现拥堵现象的地点一般有两处:一处是高速公路主线路段，经常由于交通事故或者施工等原因进行交通管制而造成拥堵；另一处是出口收费站，常因车辆分流或者大雾等恶劣天气等原因进行交通管制而引发拥堵。对于选择高速公路的驾驶员而言，高速公路，不仅意味着安全，最主要的特点还是快捷，一旦不明所以地被堵在高速公路上，他们的出行体验感则大打折扣。那么，造成高速公路拥堵的主要原因是什么呢？

造成高速公路主线上的拥堵现象，有以下四方面主要原因。

（1）高速公路主线上发生的交通事故所引起的直接拥堵。据统计，梨温高速公路2023年前11个月，本路段共发生交通事故694起。其中，南昌方向的有331起，上海方向的有363起，在平均区间205km的范围内，每次拥堵里程加权比为1.8km，即由于交通事故所引发的直接拥堵里程。在11个月的时间里，距离达到1249km。在这期间引发收费站单方向封闭车道有845站次。具体数据见表1。

2023年1—11月梨温路段交通事故引发拥堵统计表 表1

月份（月）	事故次数	方向		范围		拥堵长度（km）							拥堵里程（km）	收费站单向封闭站次
		南昌	上海	公桩号	距离（km）	0.5	1	1.5	2	3	4	加权比		
1	96	73	23	459~691	232	4	33	1	35	22	1	1.8	176.5	108
2	59	9	50	459~655	196	2	20	1	22	13	1	1.9	109.5	62
3	40	13	27	462~681	219	3	16	2	13	3	3	1.7	67.5	80
4	85	42	43	458~653	195	7	24	4	20	25	5	2.0	168.5	93
5	48	22	26	462~686	224	5	17	2	8	11	5	1.9	91.5	71
6	62	29	33	459~695	236	8	27	4	16	2	5	1.5	92.0	73
7	45	19	26	462~656	194	4	21	2	11	4	3	1.6	72.0	43
8	47	23	24	459~663	204	4	20	1	12	7	2	1.6	77.0	54
9	77	44	33	458~654	196	1	24	5	24	12	11	2.1	160.0	73
10	70	23	47	467~650	183	4	25	7	24	8	2	1.7	117.5	75
11	65	34	31	465~643	178	3	26	3	20	9	4	1.8	115.0	113
合计	694	331	363	205		46	253	32	205	119	39	1.8	1249	845

（2）高速公路主线施工所引发的直接拥堵。据统计，梨温高速公路于2023年前11个月由于施工而引发的直接拥堵情况：除了1月份春运期间不允许施工外，其他月都有施工现象，后面几个月施工次数较多是因为该路段在进行改扩建工程，总共施工359起，在平均143km的范围内，直接引发拥堵有466km，在这期间造成单方向封闭车道108站次。具体数据见表2。

2023年1—11月梨温路段施工引发拥堵统计表 表2

月份（月）	施工次数	方向		范围		拥堵长度（km）					拥堵里程（km）	收费站单向封闭站次
		南昌	上海	公桩号	距离（km）	0.5	1	1.5	2	3	加权比		
2	9	0	9	459~558	99	0	3	0	3	3	2.0	18.0	13
3	3	2	1	531~591	60	0	1	0	2	0	1.7	5.0	3
4	10	7	3	467~616	149	1	2	3	3	1	1.6	16.0	4
5	7	3	4	467~622	155	1	2	0	2	0	1.2	8.5	5
6	40	18	22	458~622	164	0	26	2	8	4	1.4	57.0	18
7	29	11	18	462~619	157	2	23	1	3	0	1.1	31.5	21
8	45	22	23	462~625	163	3	33	4	4	1	1.1	51.5	7
9	88	61	27	467~622	155	3	53	16			1.4	121.0	24

续上表

月份 (月)	施工次数	方向		范围		拥堵长度(km)						拥堵里程 (km)	收费站单向 封闭站次
		南昌	上海	公桩号	距离 (km)	0.5	1	1.5	2	3	加权比		
10	67	56	11	459~621	162	1	35	7	21	3	1.4	97.0	6
11	61	51	10	459~620	161	10	30	4	13	4	1.3	79.0	7
合计	359	231	128		143	21	210	30	75	23	1.3	466	108

(3)节假日期间收费站入出口突发车流高峰引发拥堵现象。这种拥堵现象一般发生在收费站,由于节假日期间,四个节假日(春节、清明、五一和国庆)对小车免费,货车流量相对减少,所以车辆通行收费站的速度较快,引发的拥堵现象较少。但在这期间前后26天的时间内,16个收费站入出口发生拥堵现象共23站次,拥堵时长共计1407min。具体见表3。

2023年节假日收费站拥堵站次及拥堵时长统计表

表3

节假日	收费站 数量	拥堵站次		拥堵时长(min)	
		入口	出口	入口	出口
春节(7天)	6	4	4	402	461
清明(3天)	2	0	2	0	65
"五一"(5天)	2	1	1	7	11
端午(3天)	1	2	0	211	0
中秋、国庆(8天)	5	3	6	152	98
合计(26天)	16	10	13	772	635

(4)大雾大雪等恶劣天气实行交通管制时,高速公路交警采取在收费站出口分流、入口封闭的方式而引发的拥堵现象。

3　应对拥堵问题的五项措施

从以上分析而知,在高速公路主线上,诱发拥堵现象的主要因素是交通事故以及道路施工;在收费站,诱发拥堵现象的主要因素是恶劣天气、分流措施或者节假日突发车流高峰。但是,同时造成拥堵现象加剧的还存在于处置环节之中:高速交警处置事故而进行交通管制时的分流措施是否科学?预警导航方案是否准确合适?车辆救援和清障工作效率是否高效?收费站通行是否快捷?只有减少了高速公路拥堵的诱发因素,提高了处置流程的效率,才是真正解决高速公路拥堵难题的主要关键点。对此,可以采取以下五项措施:科技预警减少交通事故的发生;科学研判,实行精准分流;提高救援和清障效率,缩短拥堵时间;提高收费站通行效率;共享信息和资源。这样才能系统性提高消除拥堵现象的工作效率。

3.1　科技预警减少交通事故的发生

在诱发高速公路拥堵现象的四个主要因素中,引发拥堵现象最多的起因是交通事故,本研究从几个方面进行比较:在11个月的时间内,从数量上,交通事故有694起,道路施工有359起;从引发结果上,交通事故引发直接拥堵的里程达到1249公里,道路施工引发直接拥堵的里程是466公里;从造成影响上,交通事故直接造成845个收费站次单向封道,道路施工直接造成108个收费站次单向封道。经比较而知,高速公路上的交通事故是诱发拥堵现象的主要因素。而在这694起交通事故中,发生最多的事故类型是追尾,达到390起,占总事故的56%。具体各种类型的事故情况,见表4。

2023年1—11月梨温高速公路事故类型及引发拥堵时长统计表　　表4

月份 (月)	事故次数	事故类型				拥堵时长 (min)	平均拥堵时长 (min)
		剐蹭	追尾	单方事故	自身故障		
1	96	1	80	9	6	10089	105
2	59	0	39	10	10	5211	88
3	40	1	19	14	6	4436	111
4	85	0	61	14	10	7555	89
5	48	2	31	11		4729	99

续上表

月份（月）	事故次数	事故类型				拥堵时长（min）	平均拥堵时长（min）
		剐蹭	追尾	单方事故	自身故障		
6	62	3	36	14	9	6757	109
7	45	1	20	9	15	3873	86
8	47	3	23	8	13	4889	104
9	77	7	30	11	29	7629	99
10	70	4	31	11	24	6895	99
11	65	3	20	11	31	7770	120
合计	694	25	390	122	157	69833	101
占比		0.04	0.56	0.18	0.23		

而在这 390 起车辆追尾事故中，发生在 8:00—18:00之间的概率最高，达到64%，见表5。

2023 年 1—11 月梨温路段车辆追尾事故发生时间范围及引发拥堵时长统计表　　　表5

月份（月）	事故发生时间范围			拥堵平均时长（min）
	0:0-08:00	08:00-18:00	18:00-24:00	
1	14	48	18	105
2	5	26	8	72
3	2	14	3	90
4	7	39	15	94
5	3	22	6	97
6	12	17	7	88
7	3	14	3	72
8	6	13	4	84
9	5	22	3	103
10	2	26	3	98
11	5	10	5	116
合计	64	251	75	94
占比	0.16	0.64	0.19	

因此，减少这类交通事故的发生，需要抓住车速和司机这两个关键点。管理方应控制有干扰快速行车的因素：如突然出现的行人或者骑行者，横穿高速公路的动物，没有及时清除的抛洒物，影响快速行车的坑槽、不能快速流走的积水，还有更危险的，是在高速公路互通或者分叉路口处随意变道、急刹车、下车、调头等人为行为，这些因素都有可能造成车辆追尾事故的发生。为预防交通事故的发生，就必须提前消除这些不利因素。在现阶段，由于人工智能的快速发展，科学技术可以实现高速公路的智能化，它不仅可以实现感知高速公路上所发生的事情，同时还可以实现对所感知现象进行检测、识别，并实行进一步的干涉和处置。如，对于行人或者骑行者进入高速公路的监控，就可以利用基于卷积神经网络技术的智能摄像头在收费站以及其他可能出现的入口进行监视。目前，江西省东乡收费站已经开展预防行人或者骑行者误上高速公路的自动检测报警装置的试点工作，可以实现对行人或者骑行者进行识别，语音提示行人或者骑行者不要进入高速公路，并启动声光报警，提示工作人员去及时处置。而该装置对于现场工作人员和正规着装的高速交警，也能自动识别出来，并不会启动声光报警，从而保证不影响正常工作秩序。对于高速公路上出现的异常情况，都可以通过安装这类能自动检测并识别的智能摄像头进行监视。一旦发现情况，能及时启动报警装置来提醒司机、行人、动物，并自动拍照留存，同时上传至处置中心，提示处置中心及时察

看、审核,并采取有效措施,从而实现减少这类交通事故的发生。

3.2　提高救援和清障效率,缩短拥堵时间

在整个拥堵时间内,耗时最多的流程是救援和清障工作。据统计,梨温高速路段救援效率如下:接警后 5 分钟出发率为 99.6%,45 分钟到达率为 88.2%,60 分钟清障率为 90.5%。从这个数据可以看出,高速公路事故的救援和清障,绝大部分都需要耗时 100 分钟左右。正如表 4 所示,在 694 起事故中,平均拥堵时间是 101 分钟;在表 5 中,单单 390 起车辆追尾事故中,平均拥堵时长为 94 分钟。如果发生车辆侧翻等事故需要吊车作业的,则耗时更长。而这 94 分钟,对于梨温高速路段来讲,意味着有 1500 辆左右的车辆进入拥堵区间,如果没有采取有效措施,就可能造成新增 8 公里左右的拥堵现象。所以,提高救援和清障工作效率,就能极大地提高整个流程的处置效率。作为救援和清障单位,在接警的第一时间,就要对信息进行科学的研判:发生的是何类事故?程度如何?需要何种救援?从哪个入口进入?从哪个出口驶出?需要什么设备和多少专业人员?设备规格是多少?都要完全清楚。不能出现侧翻事故 30 吨的车辆,却安排只能吊 20 吨的吊车。或者清除翻倒在高速公路上的货物时没有安排合适的机械设备,而采取低效率的人工方式去处理。这些都会大大拉低救援清障处置效率。

为提高救援和清障效率,缩短拥堵时间。救援和清障队伍不仅要有严明的纪律,确保快速反应,还要有娴熟的专业知识和能力,从而提高工作效率,更要有适当的设备,来支撑高效的救援和清障工作。除了这些,他们还必须优化工作流程,利用无人机提前获取现场真实情况,或者加强信息共享,从高速交警或高速公路运营单位获得现场视频信息,从而提高其研判工作的科学性;其次,救援和清障设备的更新换代,或者说智能化工作也要跟进,才能不断提高工作效率。

3.3　科学研判,实行精准分流

解决拥堵现象的关键流程,是高速交警的分流策略。分流策略的好坏与拥堵严重程度息息相关。分流策略好,不仅能快速分流已经积压在主线上的车辆,而且不会引发新的拥堵现象;分流策略不好,则不仅不能及时分流已经积压的拥堵车辆,还会不断增加主线拥堵长度,甚至还导致一些收费站在分流时也出现拥堵现象。由此可见,高速交警的分流策略是影响拥堵现象的一个关键点。

要做好分流策略,就必须科学研判,实行精准分流。高速公路上的车流,与水流相似,而中国在防洪泄洪方面有丰富的经验。如 2020 年 7 月,长江暴雨洪水期间,基于洪水预报调度一体化方案体系,通过上中游水库群联合调度,成功应对长江干流的 3 次编号洪水。其分流策略,就是依靠科学研判,实行精准分流。高速公路上的车流也具有规律的动态流量。遇到突发异常情况需要采取完全断流或者半断流形式的交通管制时,高速交警首先需要根据事故现场的实际情况,结合自身的知识和经验,快速科学地研判以下事项:事故的类型、规模、已有的救援和清障力量、大约处置时间、已经积压在高速公路主线的拥堵长度、拥堵后方断面来车流量、以及采取哪些收费站或互通进行分流,各个收费站的分流能力是多少,分流出去的车辆能否从相邻的国道继续往前走,还是分流出去并不走,而是等待再次上高速,是否需要采取借道分流等等。这些量化的数据都要在极短的时间内汇聚、分析、并形成精准分流的策略,再通过导航系统让司乘知道前方的交通状况。当选择交通枢纽作为分流方式时,要及时安排高速交警进行管制引导;当采用收费站作为分流方式时,则要及时通知事故近端相关的收费站,出口车道尽快分流已经积压的拥堵车流,同时,还必须选择事故远端相关收费站也采取出口分流,预防增加新的拥堵,并在远近端出口分流的收费站以及它们之间的相关收费站入口进行单方向封闭车道,以防进一步加重拥堵程度。这样,就可以比较顺利且高效地处置事故,减轻拥堵现象。

例如,在 2024 年 1 月 24 日 7 时 50 分左右,在沪昆高速梨温路段 K558 公桩往昆明方向处,发生了一起货车侧翻事故,该事故造成往昆明方向单方向中断交通,高速交警接警后,发现高速主线积压车辆大约有 2000 米,根据现场车流以及各相关收费站最大通行效率,高速交警快速研判,决定立即采取相关收费站(杨梅岭、上饶经开区、上饶西、广丰、玉山 5 个收费站)限流(入口单方向封闭车道)措施,同时在离事故 K558 公桩 2 公里远的上万高速互通(K556 公桩)进行分流。

同时,通知导航公司及时公布信息,引导车辆避开事故点,采取这些措施后,根据相关收费站的

通行能力以及距离事故地的远近情况,见表6。

收费站通行能力表 表6

项目	玉山站	广丰站	上饶东站	上饶西站	经开区站	杨梅岭站
车道数	3进5出	3进3出	4进6出	3进6出	5进7出	2进3出
每小时平均出口流量	84	72	158	140	85	47
理想状态下最大通过车流量	1695	855	1815	1815	1830	855
理想状态下ETC车辆占比	0.85	0.84	0.079	0.79	0.79	0.84
实际ETC车辆占比	0.54	0.54	0.053	0.52	0.57	0.54
实际最大通过车流量	815	293	1053	1031	1186	293

高速交警启动了在事故远近端收费站(玉山收费站和上饶经开区收费站)出口分流的措施,9点25分,侧翻的货车被起吊完毕,开始将货车拖离,并清理泄漏的柴油,到9点40分时,恢复双车道通行,积压的车辆还有约4000米,至10点43分,拥堵现象消除,各收费站取消单方向封闭和分流措施。

3.4 提高收费站的通行效率

要实现精准分流的效果,除了需要充分利用好交通枢纽的重要作用外,还有一个关键点,就是注重收费站的出口分流作用。每个收费站都有其正常的最大通行效率。如玉山收费站,其每小时最大通行车辆为815辆,但是在分流的情况下,通过加强管理,可以提高收费站的通行效率。传统的方法是增加收费单元,如采取复式岗亭或者人工流动收费,以及将入口车道变成出口车道进行分流。但这些方法受场地、设备和人员的限制。现在有些收费站在试点匝道提前电子交易的方式,也能较好地提高通行效率。还有通过改造收费车道,缩窄安全岛,增加收费车道,同时实行自助交易的方式提高通行效率,也取得了一些成效。但最好的方式,还是利用ETC这类无线交易的方式提高交易和通行效率。国家鼓励ETC的使用,实行免费安装的方式,且通行费还有优惠政策,但实际的ETC交易量并不高。南昌南管理中心2023年通行数据ETC车辆占比情况,见表7。

2023年南昌南管理中心ETC车辆占比统计表 表7

月份(月)	ETC车辆	非ETC车辆	合计	ETC占比
1	1014288	794122	1808410	0.56
2	724777	613314	1338091	0.54
3	790139	608339	1398478	0.56
4	871430	606092	1477522	0.59
5	791350	551533	1342883	0.59
6	793825	626627	1420452	0.56
7	811606	645616	1457222	0.56
8	860390	690700	1551090	0.55
9	799326	565255	1364581	0.59
10	749266	464796	1214062	0.62
11	732864	560994	1293858	0.57
12	747562	584522	1332084	0.56
合计	9686823	7311910	16998733	0.57

该管理中心显示,ETC使用率只有57%。如果实行所有上高速的车辆必须使用ETC,那么拥堵现象将会得到极大的消除。

当然,要想所有车辆都使用ETC,还必须修改另一收费政策,那就是绿通车辆优惠政策。目前的绿通优惠政策是要求在收费站出口验货放行,但由于绝大部分收费站采取人工验货,还需要取证留查,导致绿通车辆通行效率非常低,且人工验货质量不高,也会引起许多车辆假冒绿通来逃费。处置这些逃费车极易引起收费站的拥堵,因为任何一起逃费车的处置,从发现、取证、解释、到处理完毕都要花费大量的人力和物力,重要的是需要花费大量的时间来解释,通常在取证的过程中就会引发收费车道的拥堵。在现行的新政策下,对于司机而言,逃费的代价很小,有些省份对于逃费车的处理很宽松,不追缴外省的逃费,或者不追缴某一时间段前的逃费。更吸引车辆逃费的因素是,即使好不容易抓到一辆逃费车,处理的结果是只追缴其应缴的通行费,却没有任何处罚。这样的处置政策导致大量司机都想逃费,这进一步加

重了收费站的拥堵现象。

这一现象不仅需要加强宣传逃费是违法行为,提倡合法运输,减少因打击逃费而造成拥堵的现象,同时也要对逃费行为采取更恰当的处理措施,提高逃费行为的代价成本,才能促进广大司机朋友诚信运输,共同维护公平和文明的交通运营环境。

3.5 共享信息和资源,系统性提高消除拥堵现象的工作效率

对于不可避免的交通事故,为减轻因其导致的拥堵,就必须系统性提高处置事故的效率。在高速公路上,处置事故效率的高低与车辆拥堵严重程度成反比例关系:处置事故效率越高,车辆拥堵严重程度就越低。而高速公路上交通事故的处置流程,往往需要几个不同单位的通力协作:高速交警接警后,需到事故现场查看并处置;高速路政单位要到现场确定损失;施救单位要到现场进行救助;清障单位要到现场进行快速清理恢复;导航公司及时更改最优的行驶路线和交通信息;收费站要协调分流拥堵车辆。事故越大,涉及的单位越多。在需要多方共同参与处置同一个事故的过程中,为达到高速高效的目的,各参与单位就必须提高自身的工作效率,共享信息和资源,系统性提高处置事故效率。

单纯依靠各参与单位加强自身的处置效率,不仅会造成资源浪费,还会形成信息壁垒,不利于事故处置效率的提高。事故现场的真实情况对于参与的几个单位来讲,都是很重要的信息。每个单位都有自己的获取信息的方式,但是,现实情况不允许每个单位都去采取信息,而需要大家建立有序、有效和科学的信息资源共享和联动机制。首先,要求信息传递必须有序,不论是高速运营单位利用视频发现事故信息,还是高速路政巡路发现事故,或是救援和清障队伍接到事故报警,都需

要第一时间将事故信息准确完整真实地共享给高速交警。这有利于高速交警及时研判决策,否则大量的救援人员和车辆到达事故现场都可能是个大难题。其次,要求信息能有效传递,这就要求信息必须规范和标准。最后,要求信息联动必须具备科学性。特别是研判分流措施时,需要科学的计算和预测,才能达到最快消除拥堵现象的目的。

4 结语

如何避免高速公路经常出现拥堵现象?如何提升我们的优质服务?需要全社会的共同关注和大力支持。既需要高速公路管理单位根据发展形势不断升级高速公路的硬件和软件,也需要高速交警、高速路政、施救清障、导航公司等单位利用先进技术和管理经验联勤联动,共享信息和资源,系统性地提高处置交通事故工作效率,实行精准分流。同时,还需要收费政策的不断完善,更需要社会对收费政策(推广ETC以及合法运输等)的理解和支持。只有这样,在全国一盘棋的思路下,才能真正保障高速公路安全畅通,促进经济发展。只有解决拥堵现象,才能进一步提高为民众提供畅通舒适的美好出行优质服务。

参考文献

[1] 王思彤,贲莉莉,李建东.法定节假日高速公路拥堵成因及对策研究-以江苏为例[J].统计科学与实践,2023,03:19-22.

[2] 于凡媛,孙宁.高速公路拥堵路段缓解系统[J].微处理机,2022,05:57-61.

[3] 卢全松.高速公路春运应急保畅形势与应对措施分析[J].西部交通科技,2023,08:222-224.

[4] 冯宝飞,许银山,陈桂亚.2020年7月长江洪水及水库群防洪效益分析[J].人民长江,2020,51(12):88-93.

Dynamic Generation of Conflict-Free Distributed Control Based on Passing Sequence at Unsignalized Intersections

Baozhen Yao [1] Xiaokai Zhang [1] Yongjie Xue [*2] Dongxuan Bai [1]

(1. School of Mechanical Engineering, Dalian University of Technology;

2. School of Transportation Science and Engineering, Beihang University)

Abstract In this paper, we propose a novel dynamic strategy for distributed control of Connected and Automated Vehicles (CAVs) at signal-free intersections. By utilizing the conflict model of traffic flow motion, a directed graph representing vehicular conflict relationships within the road network is generated. Building upon the enumeration of all possible Depth-First Search (DFS) algorithms and existing Monte Carlo Tree Search (MCTS) algorithms, a new MCTS algorithm is introduced. Following the determination of vehicle arrival times based on their passing order, a variable control step length Model Predictive Control (MPC) method is proposed. Test results indicate that this strategy further reduces the algorithm's runtime while yielding more optimal iterative outcomes.

Keywords Unsignalized intersections Monte carlo tree search (MCTS) algorithm Model predictive control (MPC) Connected and automated vehicles (CAVs)

0 Introduction

Connected and Automated Vehicles (CAVs) are considered key players in the future transportation system. Through vehicle-to-vehicle (V2V) communication, CAVs can share their driving information (location, speed, etc.) and future driving intentions with adjacent vehicles to better coordinate their movements[1]. In a 100% CAVs scenario, traffic congestion at individual intersections can be alleviated by controlling the vehicles entering the intersection[2]. In recent years, various strategies have been proposed to optimize the coordination of CAVs in typical driving scenarios: unsignalized intersection. The literature indicates that the key issue is determining the optimal sequence of passage through an unsignalized intersection[3]. The latest research has transformed this problem into a mixed integer linear programming (MILP) problem of vehicles' passing time scheduling[2]. With the objective of minimizing the total delay of all CAVs, this problem is transformed into a tree search problem, where each tree node represents a specific (partial) sequence of passage[4]. The equivalent objective is to identify the leaf node that corresponds to the minimum total delay of all CAVs.

Existing studies suggest that the optimal passing sequence can be obtained using a Depth-First Search (DFS) tree. Due to the constraint of the no-overtaking rule, one approach in DFS is to continuously select the first vehicle in each lane. However, as the number of vehicles increases, the time to enumerate all nodes increases dramatically[5]. For this purpose, we aim to employ a more efficient tree search algorithm, wherein Xu enhances the searching process by combining Monte Carlo tree search (MCTS) with some heuristic rules[2]. This indicates that the MCTS algorithm is relatively efficient for this problem, but Xu's method generates some sequences that violate the no-overtaking rule, and as the number of vehicles increases, the occurrence of invalid sequences also increases in a limited number of iterations.

This paper proposes a method for conflict-free distributed control at unsignalized intersections using MCTS. Initially, by employing graph theory, the driving information of vehicles in the road network and their conflict relationships are converted into a conflict graph. Then, using the conflict graph as input, the optimal passing sequence is dynamically solved using MCTS. Our MCTS algorithm solves faster than the DFS algorithm. Moreover, considering the no-overtaking rule during the simulation phase of MCTS, our method is more efficient than Xu's approach[2]. Vehicles with conflicting relationships are required to pass through the intersection with a certain safety interval. After obtaining a passing sequence, the actual arrival times of the vehicles can be further solved. Finally, based on the arrival times of the vehicles, a control sequence for each vehicle is generated using the Model Predictive Control (MPC) algorithm. In the control algorithm, the step size changes according to the arrival time, with vehicles having shorter arrival times having smaller MPC step sizes to achieve more precise control.

1　Problem statement

We focus a typical 4-leg, 1-lane unsignalized intersection, as visualized in Figure 1. The intersection has a total of four entrances and four exits, with each entrance or exit containing only one lane, labeled clockwise from 1 to 4. Vehicles at each entrance follow a FIFO (first-in-first-out) policy, and overtaking is prohibited. Vehicles at the entrances can turn left, go straight, or turn right, resulting in 12 potential traffic movements at the intersection. In this problem, each traffic movement represents a distinct vehicle path, labeled clockwise from 1 to 12. Figure one illustrates these 12 traffic movements, with each movement having certain conflict relationships with others. These conflict relationships can be categorized into four types, as depicted in Figure one, where the first three types represent conflicts, and the last type represents non-conflicts. It is stipulated that traffic movements with the first three types of conflict relationships cannot pass through the intersection simultaneously, while non-conflicting traffic movements can do so concurrently.

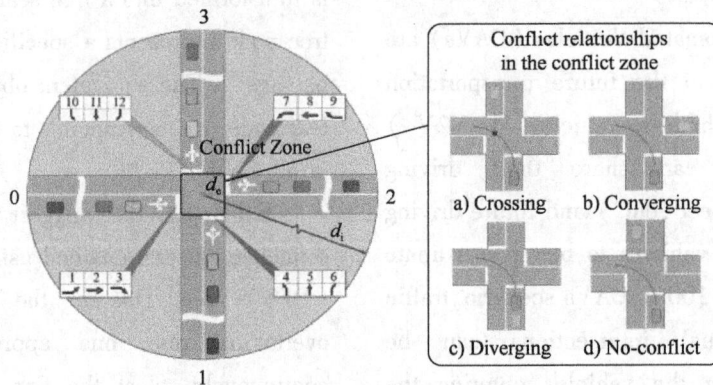

Figure 1　Setup of the typical intersection and conflict modes

In addition, the intersection is divided into two zones: the cooperation zone and the conflict zone. The cooperation zone is used for the self-organization of all entrance vehicles to achieve conflict-free passage through the intersection. The conflict zone is the rectangular area depicted in Figure one, representing the potential collision zone between vehicles.

Assuming the radius of the entire cooperation zone is denoted as d_i, and the vertical distance from the intersection center to the boundary of the conflict zone is denoted as d_c.

We assume that all vehicles are equipped with positioning and V2V communication devices, allowing them to share location and movement information upon entering the cooperation zone. We further assume that there is no error in communication and control response for all vehicles. Additionally, we assume that all vehicles are autonomous vehicles capable of fully complying with the required acceleration and velocity to pass through the intersection.

2 Methodology

2.1 Conflict graph generation

Currently, there are twelve traffic flow trajectories, and the existence of conflicts between any two traffic flows is determined. We can use a conflict set Ω_k to save the other traffic flows that have a conflict relationship with a given traffic flow. For example, the conflict set for traffic flow1 is $\Omega_1 = \{1,2,3,4,5,8,9,10,11\}$. When one traffic flow is in another traffic flow's conflict set, the vehicle motion trajectories of these two traffic flows intersect within the conflict zone, indicating a conflict relationship. The arrival time interval between these two traffic flows needs to be greater than or equal to a safe distance. Conversely, if one traffic flow is not in another traffic flow's conflict set, the two traffic flows can pass through the intersection simultaneously.

In a conflict graph, the nodes represent the vehicles in the current road network. Each node contains information about the vehicle i, including the remaining distance to the conflict area L_D, the maximum arrival time $t^i_{maxtime}$, the minimum arrival time $t^i_{mintime}$, and the actual arrival time $t^i_{actualtime}$ (temporarily assumed to be the minimum arrival time), as well as the lane in which the vehicle is located.

The variable $t^i_{min\_time}$ represents the minimum arrival time when traveling at maximum speed v_{max} and maximum acceleration a_{max}, and is valued as follows:

$$t_{mintime} = \begin{cases} \dfrac{v_{max} - v_i^0}{a_{max}} + \dfrac{v_i^c - v_{max}}{a_{min}} + \dfrac{L_D - S_1 - S_2}{v_{max}} \\ \quad if\ L_D \geqslant S_1 + S_2 \\ \dfrac{v_i^a - v_i^0}{a_{max}} + \dfrac{v_i^c - v_i^a}{a_{min}}, if\ L_D < S_1 + S_2 \end{cases} \quad (1)$$

where: $v_i^0 = v(t_i^0)$ and $v_i^c = v(t_i^c)$ are the initial speed and terminal speed of CAV i, respectively. $S_1 = \dfrac{V_{max}^2 - v^2(t_i^0)}{2a_{max}}$, $S_2 = \dfrac{V_f^2 - V_{max}^2}{2a_{min}}$, $v_i^a = \dfrac{\sqrt{\dfrac{2L_D a_{max} a_{min} + a_{min} v^2(t_i^0) - a_{max} v^2(t_i^c)}{a_{min} - a_{max}}} - v_i^0}{a_{max}}$. If the distance required for a vehicle to decelerate to 0 speed with its maximum deceleration is less than the distance L_D, then $t^i_{maxtime}$ —considered to be infinitely large. Otherwise, $t^i_{maxtime}$ — calculated using the quadratic formula based on the given conditions and parameters.

The edges of the Conflict Graph represent the conflict relationships between two nodes. The direction is from the node with a larger actual arrival time to the node with a smaller actual arrival time, and the weight of the edge is the absolute difference in actual arrival times between the two nodes.

2.2 Optimal passage sequence solution

The optimal passage sequence is converted into scheduling the velocity and acceleration curves for all vehicles to minimize the total delay time. Therefore, we can formulate the following optimization problem[6]:

$$J_{min} = \dfrac{\sum_{i=1}^{n}(t_{actualtime} - t_{mintime})}{n} \quad (2)$$

When solving for the optimal J, we first need to adjust the minimum passage time $t^i_{mintime}$ for each lane to ensure it is at least 2s greater than the $t^i_{mintime}$ of the preceding vehicle in the lane. Assuming that there is a conflict relationship with vehicle i in the passage sequence and the vehicle j with the maximum $t_{actualtime}$, we need to adjust the actual time of vehicle i in the passage sequence to ensure that it is at least 2s greater than the $t_{\text{actualtime}}$ of vehicle j.

For the DFS algorithm, one approach is to randomly select the first vehicle remaining in each lane one by one until all vehicles in each lane are selected, thus obtaining a complete passage sequence. This process enumerates all possible passage sequences to find the one with the minimum total delay. However, as the number of vehicles in the cooperation zone increases, the time required to enumerate all nodes increases sharply.

In his paper, Xu adopted the MCTS search algorithm, effectively reducing the computational time required for solving the problem[2]. In this study, we utilize Xu's method with the obtained conflict graph as input to identify nodes that may have the potential for optimal solutions. Recent research has shown that MCTS is an efficient method for addressing such problems[7].

In general, MCTS gradually constructs a search tree through a finite number of iterations. Each iteration typically consists of the following steps: selection, expansion, simulation, and backpropagation[8].

1) Selection: Starting from the root node, we can use the UCB formula to select the optimal expandable node:

$$\arg\max_i Q_i + C\sqrt{\frac{\ln n}{n_i}} \tag{3}$$

where: Q_i—the score of child node i, with its value in the range of $[0,1]$. In this paper, the value of J normalized from formula (2) is used as Q_i. n—the number of times the current node has been visited, ni is the number of times child node i has been visited, and C — a weighting parameter. The child node with the largest total score is selected. Here, an expandable node refers to a node that is not a leaf node and has unvisited child nodes.

This UCB function was originally proposed in the field of Go as a strategy for selecting child nodes[9]. The first term of the function is used to exploit the current best child node, while the second term encourages exploration of more child nodes, with the weighting parameter C used to balance these two terms.

2) Expansion: We randomly select an unvisited child node of the most urgent expandable node and add it as a new node to the search tree.

3) Simulation: The classic MCTS randomly samples and sequentially adds uncovered vehicles to the passage sequence until a complete passage sequence is found, and the tree reaches its maximum depth without branching from the current new node[10]. Non-leaf nodes in the tree update their optimal value based on the simulated leaf nodes. Sometimes, the generated passage sequence may be invalid because it may violate the no-overtaking rule, and such sequences are discarded after checking[2]. As the number of vehicles increases, the frequency of invalid passage sequences occurring in a finite number of iterations of this approach also increases.

4) Backpropagation: The simulation result is backpropagated through the selected nodes to update the scores of all its parent nodes.

Under the same road network conditions, Figure 2 captures the time taken by the original MCTS algorithm and the DFS algorithm for determining the passing sequence. It's important to note that Figures 2a) and 2b) show a significant difference in magnitude on the y-axis. Figure 2a) presents the time consumption of the original MCTS algorithm, with an average calculated from 45 datasets being 0.885277 and a variance of 0.772545. Figure 2b) displays the time consumption of the DFS algorithm, with an average calculated from 45 datasets being 345.2969335 and a variance of 911.0088199. It is evident that the average time consumption of the original MCTS is significantly lower than that of the DFS, indicating higher efficiency of the algorithm. Additionally, the variance associated with the DFS algorithm is larger, which suggests that as the number of vehicles increases, the time taken by the DFS algorithm to enumerate all possibilities increases dramatically. This highlights the advantage of the MCTS algorithm in handling such problems.

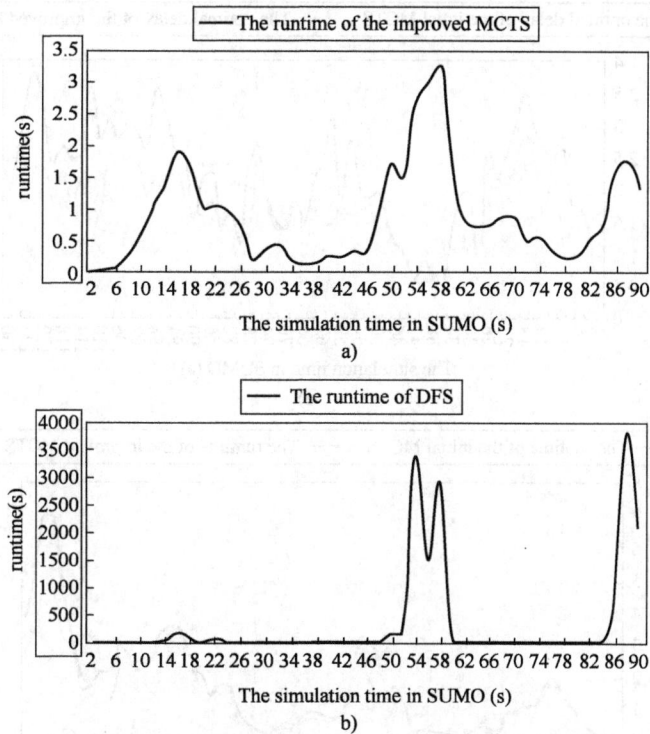

Figure 2   The runtime of the improved MCTS and DFS

Compared to enumerating all possible sequences in DFS algorithm, we adopted the MCTS algorithm with less time consumption. However, in the method proposed by Xu, during the simulation phase, the algorithm randomly selects a vehicle from the remaining vehicles in the graph, which may violate the no-overtaking rule[2]. Building upon the initial MCTS algorithm, we further improve it. Following the procedure in the DFS algorithm, we modify the simulation phase to sequentially select the first remaining vehicle in each lane until a leaf node is generated. In contrast to the initial MCTS algorithm, the improved MCTS algorithm generates a valid passage sequence in each iteration.

Under identical road network conditions, Figure 3 collected a total of 65 datasets. Figure 3a) presents the optimal delay for both the original and improved Monte Carlo Tree Search (MCTS) algorithms. The original MCTS algorithm's optimal delay, calculated from 65 datasets, had an average of 2. 160585 and a variance of

0. 836044. The improved MCTS algorithm's optimal delay, also derived from 65 datasets, had an average of 1. 693249 and a variance of 0. 580702. It is evident that with the iteration count set to 100 for both, the improved MCTS algorithm performs better. Excluding the cases where the delay at the 2nd second of simulation time is 0, dividing the data of the improved MCTS by that of the original MCTS gives us what we call the MCTS delay improvement ratio. As shown in Figure 3c), the MCTS delay improvement ratio is below 100% most of the time, with an average of 82% across 64 datasets. This further demonstrates that the improved MCTS can determine a more optimal passing sequence within a limited number of iterations. Figure 3b) shows the time consumption of the original and improved MCTS algorithms. It is apparent that the improved MCTS further reduces the algorithm's time consumption. In summary, the improved MCTS not only performs better but also consumes less time.

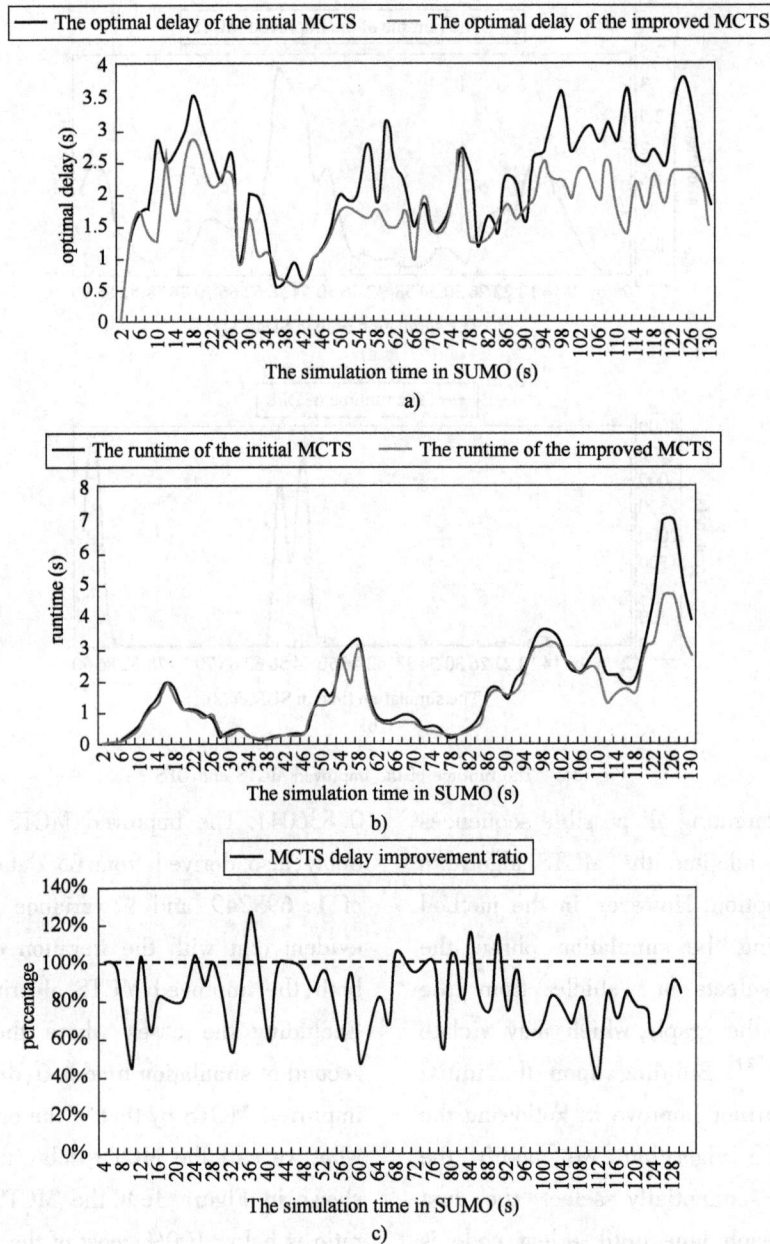

Figure 3   Optimal delay and runtime between original and improved MCTS algorithms

2.3   Model predictive control

After obtaining a minimum-delay passage sequence every two seconds, we can simultaneously obtain the corresponding actual arrival times for each vehicle. Based on the actual arrival times of each vehicle, we need to generate control sequences for each vehicle. We can adopt the Model Predictive Control method for vehicle control.

As the generated sequences need to arrive at the intersection at specified times, they are further transformed to approach the conflict zone.

Simultaneously, by minimizing the sum of squared acceleration changes, control behaviors are encouraged to be smoother, thereby reducing energy consumption and improving ride comfort[11]. We ultimately obtain the following objective function:

$$\min C = p_1 * (x_{\mathrm{var}}^{-1} - 0)^2 + p_2 * \mathrm{sum\_squares}(a_{\mathrm{var}})$$

(4)

where p_1 and p_2 are weighting parameters. $x^{-1}{}_{\mathrm{var}}$ represents the final position. $sum\_squares(a_{\mathrm{var}})$

represents the sum of squared accelerations in the control sequence.

We utilize SUMO as the simulation platform, with default maximum acceleration of 2.6m/s^2 and maximum deceleration of $-4.5 \text{m/s}^{2[12]}$. Additionally, we stipulate that the maximum speed limit on roads is 25m/s, while the maximum speed limit at intersections is 10m/s. The velocity corresponding to the final position must also be less than or equal to the speed limit at the intersection. The corresponding constraints are:

$$v_{\min} \leqslant v_i(t) \leqslant v_{\max} \quad (\forall t \in [t_i^0, t_i^c]) \quad (5)$$

$$a_{\min} \leqslant a_i(t) \leqslant a_{\max} \quad (\forall t \in [t_i^0, t_i^c]) \quad (6)$$

$$v_{\text{var}}^{-1} \leqslant v_{\text{final}} \quad (7)$$

Additionally, if vehicle i is not the first vehicle in the current lane, the difference in distance between vehicle i and the preceding vehicle j must be greater than the safety distance. The corresponding constraint under this condition is:

$$x_i(t) - x_j(t) \geqslant x_{\text{safety}} \quad (\forall t \in [t_j^0, t_j^c]) \quad (8)$$

To achieve finer control for vehicles closer to the conflict zone and considering Equation (8), the step size of the MPC is also varied. We set different control step sizes based on different arrival times, as shown in Table 1.

Control step sizes Table 1

Actual Arrival Time(s)	Control Step Sizes(s)
$t_{actualtime} \leqslant 1$	0.01
$1 < t_{actualtime} \leqslant 2$	0.02
$2 < t_{actualtime} \leqslant 4$	0.04
$4 < t_{actualtime} \leqslant 8$	0.08
$8 < t_{actualtime} \leqslant 16$	0.16
$16 < t_{actualtime} \leqslant 32$	0.32

Based on the control sequences solved by MPC, we control the vehicles in SUMO. Since the road network information is collected every two seconds, the control sequences for vehicles are also updated every two seconds. Ultimately, we achieve conflict-free passage at unsignalized intersections.

3 Conclusions and discussion

This article proposes a distributed, conflict-free collaboration method for CAVs at signal-free intersections. Based on the conflict model of traffic flow motion, a directed graph of vehicular conflict relationships in the road network is generated. Building on the enumeration of all possible DFS algorithms and the existing MCTS algorithms, a new MCTS algorithm is proposed. Compared to the DFS algorithm, the MCTS algorithm takes less time, especially when the number of vehicles is higher. By avoiding the generation of ineffective passing sequences, the improved MCTS algorithm solves for lower total delay at the same number of iterations and further reduces the time consumed. Meanwhile, based on the solved arrival times, we utilize MPC for vehicle control, introducing a variable control step length MPC control method. The validation results show that the proposed distributed collaboration method can effectively organize the movement of vehicles in the collaboration zone without causing motion conflicts.

Our conflict-free cooperative control method was demonstrated at a single-lane, signal-free intersection. In future research, we will further optimize the MCTS algorithm, as there remains room for optimization in the expansion and simulation phases.

Peferences

[1] GUO Q Q, LI L, XUE G. Urban traffic signal control with connected and automated vehicles: A survey[J]. Transportation research part C: emerging technologies,2019,101:313-334.

[2] XU H, ZHANG Y, LI L, et al. Cooperative driving at unsignalized intersections using tree search[J]. IEEE Transactions on Intelligent Transportation Systems, 2020, 21 (11): 4563-4571.

[3] GULER S I, Menendez M, Meier L. Using

connected vehicle technology to improve the efficiency of intersections [J]. Transportation Research Part C:Emerging Technologies,2014, 46:121-131.

[4] LI L,WANG F Y. Cooperative driving at blind crossings using intervehicle communication[J]. IEEE Transactions on Vehicular technology, 2006,55(6):1712-1724.

[5] XU B,LI S E,BIAN Y, et al. Distributed conflict-free cooperation for multiple connected vehicles at unsignalized intersections [J]. Transportation Research Part C: Emerging Technologies,2018,93:322-334.

[6] MALIKOPOULOS A A, CASSANDRAS C G, ZHANG Y J. A decentralized energy-optimal control framework for connected automated vehicles at signal-free intersections [J]. Automatica,2018,93:244-256.

[7] JIANG H, YAO Z, JIANG Y, et al. Is all-direction turn lane a good choice for autonomous intersections? a study of method development and comparisons [J]. IEEE Transactions on Vehicular Technology,2023.

[8] GONG X, WANG B, Liang S. collision-free cooperative motion planning and decision-making for connected and automated vehicles at unsignalized intersections [J]. IEEE Transactions on Systems, Man, and Cybernetics:Systems,2024.

[9] KOCSIS L, SZEPESVÁRI C. Bandit based monte-carlo planning [M]: 出版地: Machine Learning:ECML 2006,2006.

[10] SILVER D,SCHRITTWIESER J,SIMONYAN K, et al. Mastering the game of go without human knowledge [J]. nature, 2017, 550 (7676):354-359.

[11] ZHAO W M,NGODUY D,SHEPHERD S,et al. A platoon based cooperative eco-driving model for mixed automated and human-driven vehicles at a signalised intersection [J]. Transportation Research Part C: Emerging Technologies,2018,95:802-821.

[12] LEITE B, AZEVEDO P, LEIXO R, et al. Simulating a three-lane roundabout using SUMO [C] // International Conference on Intelligent Transport Systems. Cham: Springer International Publishing,2019:18-31.

Resilience-based Model Predictive Signal Controller for Urban Road Network

Baozhen Yao[1]　Shiwei Wang[*1]　Yongjie Xue[2]　Xin Wang[1]

(1. School of Mechanical Engineering,Dalian University of Technology;

2. School of Transportation Science and Engineering,Behang University)

Abstract　The purpose of this study is to maximize the traffic efficiency of urban road traffic system by optimizing the signal timing system of urban road network. By analysing the forms of resilience in various systems, the concept of resilience is introduced into the urban traffic system. Resilience refers to the ability of a system to resist, absorb, adapt, and recover from the negative effects of interruptions or disruption. We take traffic resilience as an evaluation index and design model predictive control algorithm to reduce the impact of common disturbance events, such as traffic accidents, on the traffic system. Based on the traffic flow model and prediction expression, we established the objective function with constraints of model predictive control algorithm. Through the joint simulation of Python and SUMO, the real environment of urban roads is simulated.

The control strategy of the adaptive traffic signal timing system is reasonably optimized with the help of the model predictive controller. The throughput and traffic efficiency of the traffic system are improved, and the queue length and delay time of the road network are reduced.

Keywords Resilience Model predictive controller Traffic signal optimization Urban road network

0 Introduction

In recent years, China has been actively advancing the construction of transportation infrastructure, and has made great progress in improving the capacity of urban roads and coordinating urban and rural transportation resources. However, the existing level of road traffic infrastructure is difficult to meet the growing traffic demand, and the construction speed of road traffic infrastructure is far less than the growth rate of car ownership. With the increase of density and complexity of urban road network, the interruption of road network system, such as traffic accidents and natural disasters, will appear more and more in urban road network. Traffic resilience reflects the ability of urban road networks to cope with interruptions or disruptions, so in order to improve the resilience of urban road traffic, traffic signal optimization has become one of the important means.

In 1973, Holling first usedresilience as an indicator to measure the ability of an ecosystem to cope with external shocks, and demonstrated the feasibility of the concept of resilience in risk assessment based on the analysis of the behavior changes of an ecosystem under multiple unexpected events[1]. Since then, the concept of resilience has been widely applied to the risk analysis of various types of systems. Specifically, resilience refers to the ability of a system to adjust its function when it is subjected to disruption, and resilient systems can resist, absorb, adapt, and recover from the negative effects of interruptions or disruption. Li quantitatively evaluated the network resilience of rail transit by analyzing the performance and recovery characteristics of urban rail transit under disturbance, and established an optimization model of urban rail transit network from the perspective of response characteristics and recovery characteristics of the

resilient model[2]. By comparing the differences between natural disasters and traffic accidents, Wang et al. proposed a two-stage triangular framework of accident resilience, and proposed a traffic signal optimization model for large-scale road networks in order to maximize system elasticity[3]. Therefore, for the loss of resilience caused by traffic accidents on urban roads, it is an important way to design a reasonable traffic signal optimization strategy to evacuate the traffic flow fluctuation caused by traffic accidents.

The purpose of this study is to maximize the traffic efficiency of urban road traffic system by optimizing the signal timing system of urban road traffic, taking traffic resilience as an evaluation index, so as to reduce the impact of common disturbance events such as traffic accidents on the traffic system. Through the joint simulation of Python and SUMO, the real environment of urban roads is simulated, the control strategy of the adaptive traffic signal timing system is reasonably optimized, the throughput and traffic efficiency of the traffic system are improved, and the queue length and delay time of the road network are reduced.

1 Methods to calculate the resilience of transportation system

In the field of engineering system resilience correlation research, the resilience theoretical models are divided into two types according to the different modes of perturbation. Bruneau proposed the transient disturbance resilient evaluation model and Henry proposed the time-varying disturbance resilient evaluation model. [4,5] However, in the field of traffic engineering, the resilient model of the road network is different. After the accident disturbance, the performance of the road traffic system, which is indicated as $F(t)$, will show the evolution process as shown in Figure 1.

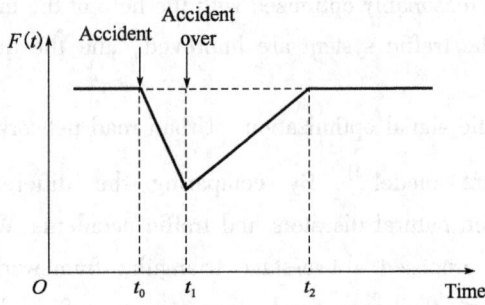

Figure 1　Transportation system performance curve

After disturbance, like a traffic accident, occurs, local traffic congestion will be caused, and it takes a certain time interval for traffic congestion to spread along the road, and the system performance will gradually decrease to the minimum value over time ($t_0 - t_1$). When the accident is relieved after rescue, the traffic system performance starts to recover immediately, and then recovers to the original performance before the accident after a certain time interval ($t_1 - t_2$). The resilient triangle formed in the traffic system performance curve is similar to the classical resilient triangle model proposed by Bruneau, which reflects the robustness and recovery characteristics of the system. Resilience, which can be called RS for short, equals to the time integral of the performance of the traffic system:

$$RS = \int_{t_0}^{t_2} F(t)\,\mathrm{d}t \qquad (1)$$

The area of the resilient triangle represents the robustness of resistance to disturbance and the rapidity of recovery, so the resilient loss, which can be called RL for short, can be quantified as:

$$RL = \int_{t_0}^{t_2} [100\% - F(t)]\,\mathrm{d}t \qquad (2)$$

It can be found that both reducing the performance degradation of traffic system after disturbance and increasing the recovery rate after disturbance can improve the resilience of the network. Therefore, in order to ensure that the road network affected by traffic accidents can maintain the basic service function during the resistance stage and recover to the reliability stage in the shortest time during the recovery stage, it is necessary to design an optimization strategy to improve the resilience of the

system.

2　Model predictive control algorithm for intersection

2.1　Establish the traffic flow model

The traffic flow model of a single intersection unit is shown in Figure 2, each section is made up of three lanes: left, straight and right. In Figure 2, r_i represents all upstream sections of the intersection, $i \in [1,2,3,4]$. And s_j represents all downstream sections of the intersection, $j \in [1,2,3,4]$. According to the principle of conservation of vehicle flow in the road network, the formula for the number of vehicles in the road section can be obtained:

$$x_{r_i}(k+1) = x_{r_i}(k) + T[q_{r_i}^{\mathrm{in}}(k) - q_{r_i}^{\mathrm{out}}(k)] + e_{r_i}(k) \qquad (3)$$

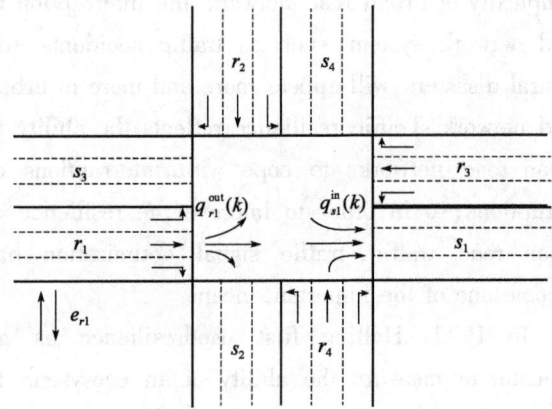

Figure 2　The traffic flow model of the single intersection

In the formula (3), $x_{r_i}(k)$ — the number of queued vehicles on the road r_i at the time k. And T — signal cycle. In the traffic flow model of road section in Figure 3, the outflow of the downstream section s_j of the previous intersection is the inflow of the upstream section r_i of the next intersection, which is represented by $q_{r_i}^{\mathrm{in}}(k)$. And the outflow from the upstream section is represented by $q_{r_i}^{\mathrm{out}}(k)$. $e_{r_i}(k)$ denotes the disturbed traffic flow that flows into and out of the road section without passing through other intersections. Since the inflow of the upstream section reflects the traffic demand of the intersection, the traffic demand vector can be defined as:

$$d(k) = [q_{r_1}^{\mathrm{in}}(k), q_{r_2}^{\mathrm{in}}(k), q_{r_3}^{\mathrm{in}}(k), q_{r_4}^{\mathrm{in}}(k)]^{\mathrm{T}} \qquad (4)$$

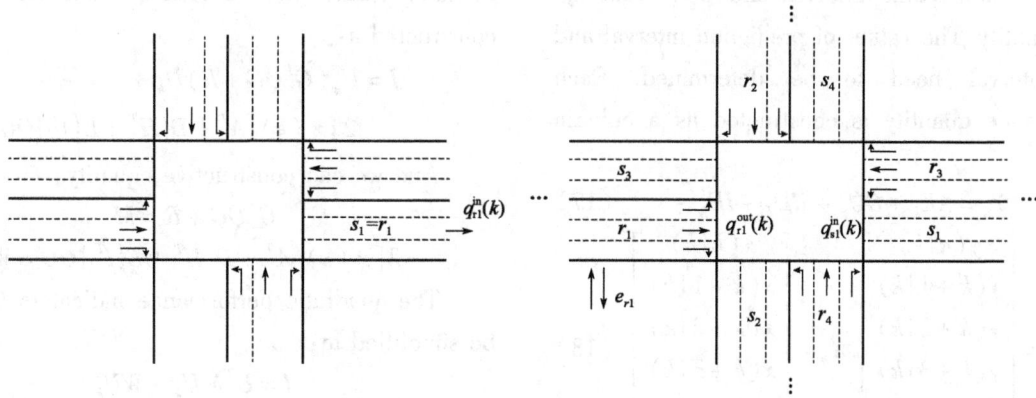

Figure 3 The traffic flow model of road section

In this paper, east-west straight, east-west left, north-south straight, north-south left four phases is selected, and we can not control right-turning vehicles. In order to optimize signal timing at intersections, the control quantity is defined as the proportion of each phase to the signal cycle:

$$u_p(k) = g_p/T, p \in [1,2,3,4] \tag{5}$$

In the formula (5), g_p — the green time of the pth phase. And $p \in [1,2,3,4]$ — the phase set.

Because the control quantity controls the outflow of the upstream section. Then the relationship between the control quantity and the outflow can be established by the relationship between vehicle spacing and speed, like formula (6).

$$u_p = q_{r_i}^{out} \cdot (L+D)/(T \cdot v_{s_i}) \tag{6}$$

In the formula (6), L — length of the vehicle, D — the safe following distance between vehicles, which is determined based on factors such as vehicle speed, driver reaction time, and road conditions. v_{s_i} — the average travel speed of downstream.

In this paper, the control objective is to minimize the number of queuing vehicles on each road section. The number of vehicles, inflow and outflow and disturbance flow are expressed in the form of column vectors, and the following state transition equation can be obtained through the above calculation expression:

$$x(k+1) = x(k) + Bu(k) + Dd(k) + e(k) \tag{7}$$

$$y(k) = Cx(k) \tag{8}$$

$$x(k) = [x_{r_1}(k), x_{r_2}(k), x_{r_3}(k), x_{r_4}(k)]^T \tag{9}$$

$$u(k) = [u_1(k), u_2(k), u_3(k), u_4(k)]^T \tag{10}$$

$$d(k) = [d_{r_1}^{in}(k), d_{r_2}^{in}(k), d_{r_3}^{in}(k), d_{r_4}^{in}(k)]^T \tag{11}$$

$$e(k) = [e_{r_1}(k), e_{r_2}(k), e_{r_3}(k), e_{r_4}(k)]^T \tag{12}$$

$$y(k) = \begin{bmatrix} x_{r_2}(k) - x_{r_1}(k) \\ x_{r_3}(k) - x_{r_2}(k) \\ x_{r_4}(k) - x_{r_3}(k) \\ x_{r_1}(k) - x_{r_4}(k) \end{bmatrix}$$

$$= \begin{bmatrix} -1 & 1 & 0 & 0 \\ 0 & -1 & 1 & 0 \\ 0 & 0 & -1 & 1 \\ 1 & 0 & 0 & -1 \end{bmatrix} x(k) = Cx(k) \tag{13}$$

$$B = -\frac{T^2}{L+D} \times$$

$$\begin{bmatrix} v_{s_1} & 0 & 0 & 0 \\ 0 & v_{s_2} & 0 & 0 \\ 0 & 0 & v_{s_3} & 0 \\ 0 & 0 & 0 & v_{s_4} \end{bmatrix} \begin{bmatrix} 0 & 0 & 1 & 1 \\ 1 & 1 & 0 & 0 \\ 0 & 0 & 1 & 1 \\ 1 & 1 & 0 & 0 \end{bmatrix} \tag{14}$$

$$D = T \times \begin{bmatrix} 1 & 0 & 0 & 0 \\ 0 & 1 & 0 & 0 \\ 0 & 0 & 1 & 0 \\ 0 & 0 & 0 & 1 \end{bmatrix} \tag{15}$$

$$C = \begin{bmatrix} -1 & 1 & 0 & 0 \\ 0 & -1 & 1 & 0 \\ 0 & 0 & -1 & 1 \\ 1 & 0 & 0 & 0 \end{bmatrix} \tag{16}$$

2.2 Establish the prediction expression

According to the above mathematical model which accurately reflects the dynamic change of traffic flow, it is necessary to establish the model prediction relationship to predict the change of traffic flow in the future time interval and determine the control quantity. The values of prediction interval and control interval need to be determined. Each predicted state quantity is constructed as a column vector:

$$Y_k = AX_k + GU_k + HD_k + IE_k \qquad (17)$$

$$Y_k = \begin{bmatrix} y(k|k) \\ y(k+1|k) \\ y(k+2|k) \\ y(k+3|k) \\ y(k+4|k) \\ y(k+5|k) \end{bmatrix}, X_k = \begin{bmatrix} x(k|k) \\ x(k+1|k) \\ x(k+2|k) \\ x(k+3|k) \\ x(k+4|k) \\ x(k+5|k) \end{bmatrix} \qquad (18)$$

$$U_k = \begin{bmatrix} y(k|k) \\ y(k+1|k) \\ y(k+2|k) \\ y(k+3|k) \\ y(k+4|k) \end{bmatrix}, D_k = \begin{bmatrix} d(k|k) \\ d(k+1|k) \\ d(k+2|k) \\ d(k+3|k) \\ d(k+4|k) \end{bmatrix} \qquad (19)$$

$$E_k = \begin{bmatrix} e(k|k) \\ e(k+1|k) \\ e(k+2|k) \\ e(k+3|k) \\ e(k+4|k) \end{bmatrix} \qquad (20)$$

According to the size of the prediction interval, the prediction vector of the target quantity Y_k and the state quantity X_k are determined. Then the prediction vector of control quantity, demand and disturbance quantity is determined according to the size of control interval, respectively are U_k, D_k, E_k.

2.3 Establish objective function

Since the goal of this paper is to minimize the fluctuation of traffic flow after traffic disturbance, not only to make the number of queued vehicles on the road tend to be balanced, but also to minimize the number of queued vehicles as much as possible, the quadratic performance indicators are taken:

$$J = (Y_k^T Q Y_k + U_k^T R U_k) \qquad (21)$$

In the formula (21), Q — the output weight matrix, R — the control weight matrix. Both of them are diagonal matrices, and the size of matrix elements depends on the importance of state quantities or control quantities.

By substituting the prediction expression into the secondary performance index, without considering the constant part, the objective function can be constructed as:

$$J = U_k^T (G^T Q G + R) U_k + \\ 2[x(k)^T A^T + D_k^T H^T + E_k^T I^T] Q G U_k \qquad (22)$$

And we can constructive equality:

$$G^T Q G + R = M \qquad (23)$$

$$2[x(k)^T A^T + D_k^T H^T + E_k^T I^T] Q G = W \qquad (24)$$

The quadratic performance indicators (21) can be simplified to:

$$J = U_k^T M U_k + W U_k \qquad (25)$$

s. t.

$$0.1 < u_p(k) < 0.5, p \in [1,2,3,4] \qquad (26)$$

$$\sum_{p=1}^{4} u_p(k) = 1 \qquad (27)$$

Considering that each phase in the signal strategy must be allocated time, each phase time must be within the boundary range, and the sum of each phase proportion must be one, the above constraints (26) (27) are established.

3 Numerical analysis

3.1 Simulation of urban road network

In order to verify the above models and algorithms, a virtual traffic network is constructed using the Simulation of Urban Mobility (SUMO). SUMO is an open source traffic simulation tool launched in 2001 by the Institute of Transportation Systems at the German Aerospace Center[6]. The platform has powerful capabilities for portable Settings of vehicle, road, intersection type and data, and a Traffic Control Interface (TraCI) allows users to remotely control road and vehicle status.

Construct an urban road traffic network with 9 intersections and 48 roads on SUMO, all of which are set up as three lanes in two directions, namely right turn, straight turn and left turn lanes, and right-turn vehicles are not controlled by traffic signals. The signal control strategy of the intersection adopts four-phase signal control mode, which includes four phases: east-west straight, east-west left, north-south straight and north-south left.

The simulation time is set to 7200s, and the time for the simulation network to generate stable traffic flow is 1000s. The total number of vehicles entering from the entrance road is set to 14,400, and lane blocking traffic accidents occures in 1300 seconds and end in 2500 seconds. During the duration of the traffic accident and the subsequent simulation time, all intersections of the target network implemented an resilience-based model predictive traffic signal control scheme to calculate the green time required for each signal phase. Then, the system resilience index is calculated to evaluate the performance of the road network in the whole cycle.

According to the simulation results, the queue length, delay time and throughput of urban road network can be obtained. Using the cvxopt library in python to solve the quadratic objective function with constraints, the control quantity varying with the state quantity can be solved, which is the phase duration varying with the number of queued vehicles.

3.2 Analysis of simulation result

According to the results of sumo simulation experimentin Table 1& Table 2, under the original fixed signal timing strategy, the average queue length of the road network is 786 under normal traffic conditions, and the average queue length of the road network increases to 794 after accidents and congestion, and the overall road network throughput decreases by 594. After the implementation of the model predictive control strategy based on traffic elasticity, the average queue length of the road network after the accident and congestion is reduced to 744, the average queue length of the road network is optimized to 729 under normal traffic conditions after the congestion evacuation, and the decline of the overall road network throughput is optimized to 340.

The average queue length under different signal timing strategies   Table 1

Average queue length	Original signal strategy	Optimization algorithm signal strategy
Traffic congestion	794	744
Congestion evacuation	786	729

Network throughput under different signal strategies   Table 2

Network throughout	Original signal strategy	Optimization algorithm signal strategy
Traffic congestion	10775	10744
Congestion evacuation	10181	10404

After data processing and analysis, the transportation system performance curves under the original signal strategy and optimization algorithm signal strategy are drawn respectively under the simulation time.

As can be seen in Figure 4, the evolution process of the transportation system isconsistent with the trend of the resilience triangle function, and the performance of the transportation system under the signal strategy of the optimization algorithm is better than that under the original signal strategy, and the area of the resilience triangle is smaller.

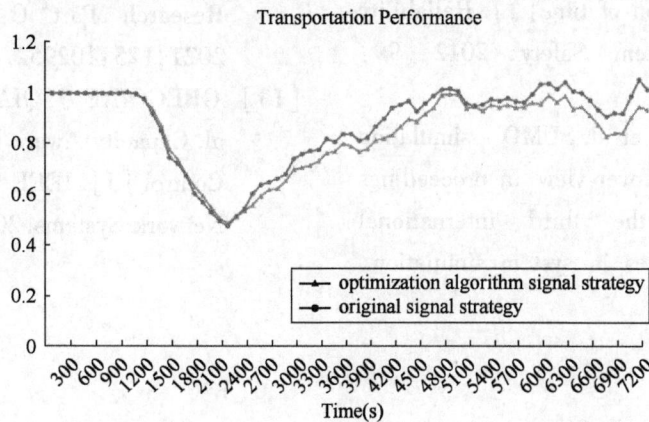

Figure 4 Transportation performance under different signal strategies

4　Conclusions

In this study, the concept of resilience is introduced into the urban traffic system. We take traffic resilience as an evaluation index and design model predictive control algorithm. Through the simulation experiments of SUMO, resilience-based model predictive controller can optimize the traffic signal strategy. And the average queue length, network throughput are both better then original signal timing strategy.

References

[1] HOLLING C S. Resilience and stability of ecological systems [J]. Annual Review of Ecology and Systematics,1973,4(1):1-23.

[2] LI M. Resilience assessment and optimization for urban rail transit network [D]. Beijing Jiaotong University,2021.

[3] WANG T,WANG Z Z et al. Resilience assessment and enhancement of urban road networks subject to traffic accidents: a network-scale optimization strategy [J]. Journal of Intelligent Transportation Systems,2022:1-17.

[4] BRUNEAU M,CHANG S E,EGUCHI R T, et al. A framework to quantitatively assess and enhance the science the seismic resilience of communities[J]. Earthquake Spectral,2003,19 (4):733-752.

[5] HENRY D,RAMIREZ-MARQUEZ J E. Generic metrics and quantitative approaches for system resilience as a function of time[J]. Reliability Engineering & System Safety, 2012, 99: 114-122.

[6] Behrisch M,Bieker L et al. SUMO - simulation of urban mObility: an over-view. in proceedings of SIMUL 2011, the third international conference on advances in system simulation. ThinkMind.

[7] NILSSON G, COMO, G. Generalized proportional allocation policies for robust control of dynamical flow networks [J]. IEEE Transactions On Automatic Control,2022,67(1):32-47.

[8] YU C H,FENG T H,LIU H X, et al. Integrated optimization of traffic signals and vehicle trajectories at isolated urban intersections [J]. Transportation Research Part B-methodological, 2018,112:89-112.

[9] ZOU Q L,CHEN S R. Resilience-based recovery scheduling of transportation network in mixed traffic environment: A deep-ensemble-assisted active learning approach [J]. Reliability Engineering and System Safety,2021,215:107800. 1-107800. 20.

[10] GHADAMI A,DOERING C R,DRAKE J M, et al. Stability and resilience of transportation systems: Is a traffic jam about to occur? [J]. IEEE Transactions On Intelligent Transportation Systems, 2022, 23 (8): 10803-10814.

[11] OUYANG M,DUE ÑAS-OSORIO L,MIN X. A three-stage resilience analysis framework for urban infrastructure systems [J]. Structural Safety,2012,36-37:23-31.

[12] WANG J,LU L L,PEETA S, et al. Optimal toll design problems under mixed traffic flow of human-driven vehicles and connected and autonomous vehicles [J]. Transportation Research Part C: Emerging Technologies, 2021,125:102952.

[13] GREGOIRE J, QIAN X J, FRAZZOLI E, et al. Capacity-Aware Backpressure Traffic Signal Control [J]. IEEE Transactions On Control of Network Systems. 2015,2(2):164-173.

Research on Intersection Traffic Sequence of Freeway On-ramp Based on Intelligent Network Connection

Baozhen Yao [1]   Dongxuan Bai [*1]   Yongjie Xue[2]   Xiaokai Zhang [1]

(1. School of Mechanical Engineering, Dalian University of Technology, Dalian 116024, PR China;

2. School of Transportation Science and Engineering, Beihang University, Beijing 100191, PR China)

Abstract   Freeway ramp confluence area is a key scenario that affects traffic efficiency and traffic safety. The intelligent connected autonomous vehicles provide solutions for optimizing the traffic of ramp confluence area by virtue of their excellent information interaction and action execution capabilities. Based on the intelligent connected highway ramp scenario, this study takes the overall minimum travel time as the optimization goal, and uses Monte Carlo tree search to establish the optimal traffic sequence considering the conflict relationship between the main lane vehicles and the ramp vehicles. The experimental results show that the optimal traffic sequence algorithm designed in this study can effectively improve the traffic efficiency of the ramp.

Keywords   Smart transportation   Intelligent network connection   On-ramp confluence   Monte Carlo Tree Search   Freeway

0　Introduction

The merging section of highway ramps is one of the key factors that affect the overall traffic efficiency of the highway system. Vehicles on the ramp accelerate and merge into the main lane in this section. During the merging process, there is potential conflict with the vehicles on the main lane. On one hand, drivers can only observe limited environmental information, and competitiveness prompts them to make driving decisions that are most beneficial to themselves[1]. On the other hand, the unpredictability of driver behavior also poses a potential threat to traffic safety, especially at ramp intersections with high traffic density and frequent merging, as well as at the start of acceleration zones where there is a significant speed difference between the main lane and the entrance ramp[2-3]. Therefore, the lack of an orderly traffic sequence is the main cause of most traffic problems at these bottlenecks.

The development of intelligent and connected vehicle technology has provided new insights into the optimal traffic sequencing problem in highway ramps. Leveraging this technology, numerous scholars have made significant achievements in obtaining optimal traffic sequences. Li et al[4] proposed an optimal sequence acquisition method based on generation trees, which searches for the globally optimal merging sequence by applying pruning rules within the generation tree. Xue et al[5] employed optimal control methods to plan the optimal state for each vehicle entering the ramp, aiming to enhance traffic efficiency. Tang et al[6] established a flexible merging position calculation model in acceleration zones, enabling flexible merging of ramp vehicles to reduce waiting delays. Wang et al[7] proposed a framework for coordinated merging control of mixed traffic flows at highway ramp intersections in an intelligent and connected environment. Taking into account the reaction speed of human-driven vehicle drivers and the comfort level of passengers in connected vehicles, different control algorithms were designed for the two types of vehicles to plan optimal paths and address merging conflicts. Shi et al[8] introduced a merging control algorithm for mixed traffic flow on high-speed ramps by softening the constraints on the merging point location of ramp vehicles. They employed heuristic pruning rules to search for the optimal solution under a depth-first strategy. Compared to the first-in, first-out control strategy, their test results demonstrated a significant improvement in traffic flow efficiency. Hou et al[9] incorporated the driver compliance rate to account for the disobedience behavior of human-driven vehicles and developed a hierarchical planning model for coordinated merging of mixed traffic flows in an intelligent and connected environment. Experimental results proved that the model effectively increased the traffic volume at highway ramp intersections across various levels of connected vehicle penetration.

Due to the rapid nature of merging in highway ramp areas, the optimal traffic sequencing should be obtained as quickly as possible while satisfying environmental and constraint complexities. The utilization of Monte Carlo Tree Search (MCTS) can effectively meet these requirements. Therefore, this paper establishes a collaborative control method for intelligent and connected highway ramp merging fleets based on MCTS. Test results demonstrate that this method can find the most reasonable traffic sequencing within a sufficiently short planning time.

1 Problem description

1.1 Description of the scenario

This study focuses on optimizing the vehicle merging process in the highway ramp merging area, as schematically illustrated in Figure 1 in a simplified manner. The merging area under investigation is composed of a single-lane highway main lane and a single-lane entrance ramp with an acceleration zone.

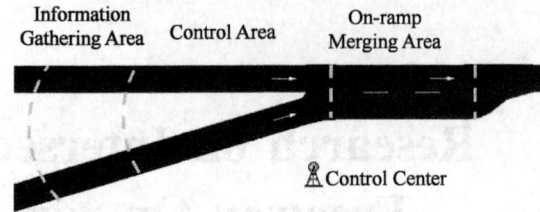

Figure 1　Illustration of the merging area

This study divides the entire target control area into three segments: the information collection segment, the control segment, and the merging segment. The information collection segment is located at the frontmost part of the control area, where connected vehicles will upload their status information and download traffic decisions from the control center. The control segment is situated in the middle of the merging area, where the connected vehicles perform corresponding acceleration and deceleration actions based on the traffic sequence issued by the control center. The merging segment, located at the end of the control area, is where the connected vehicles achieve merging, with the assumption that vehicle speeds remain unchanged within this segment. For safety reasons, it is generally believed that the speed limit on the ramp is lower than that on the main lane. Vehicles on the ramp can adjust their speed to align with the main lane through the acceleration zone and merge into the main lane after the acceleration zone ends.

Assuming a global control center is located at the merging entrance area, it is responsible for two-way information interaction with the connected and automated vehicles (CAVs) within the control area, collecting information from them and issuing decisions. Assuming no delay or loss in communication, all connected vehicles strictly follow the traffic decisions issued by the control center.

The state information collected from the CAVs entering the control area includes their speed and entry time. The control center acquires this information and calculates the minimum possible time for the vehicles to reach the merging point, as well as the current estimated time of arrival. Through the Monte Carlo Tree Search (MCTS) algorithm, the final merging plan for the ramp vehicles and the critical state of the vehicles upon reaching the ramp entrance are obtained.

1.2　Monte carlo tree search

When the objective of optimization is the critical state during a single merging event rather than the entire trajectory of vehicles during the merging process, obtaining an optimal solution that is both reasonable and obtained in the shortest possible time remains a highly complex problem. Monte Carlo Tree Search (MCTS) is a powerful method for addressing sequential decision-making problems[10]. Ma et al[11] applied MCTS to determine the optimal lane-changing strategies for CAVs at isolated signalized intersections, significantly reducing computational time while maintaining good solution optimality. Based on the excellent performance of this method, this paper constructs an algorithm for solving the traffic sequencing problem in intelligent and connected highway ramp merging areas.

MCTS generally consists of four steps: selection, expansion, simulation, and backpropagation. Due to space limitation, each step is briefly described in this paper.

Selection: Each candidate will be scored by the UCT formula [10]. Then, the candidate with the highest score is selected.

Simulation: Starting from the selected leaf node, a merging sequence is randomly generated for the remaining vehicles.

Expansion: When selecting a candidate node, a leaf node is further randomly selected.

Backpropagation: Updates the scores of the candidates based on the results of the evaluation function.

2　Solving model for optimal traffic sequence

2.1　Conflict determination and confluence strategy

Before understanding the collision determination

method, it is necessary to understand the calculation method of the arrival time of the connected vehicle to the confluence point, as follows.

Calculation method of minimum arrival time:

$$T_{\text{arr,min}}^{C_i,t_k} = \frac{L_{\text{rest}}^{t_k}}{v_{\text{max}}^{C_i}} + t_k \qquad (1)$$

In this context, $T_{\text{arr,min}}^{i,t_k}$ — the minimum possible time for a CAV C_i to reach the merging point, which is calculated at the moment t_k when the vehicle enters the control area. This time is determined by adding the current time t_k to the ratio of the remaining distance $L_{\text{rest}}^{t_k}$ from the vehicle's current location to the merging point and the maximum allowable speed $v_{\text{max}}^{C_i}$ of the vehicle.

Actual arrival time calculation method:

$$T_{\text{arr,real}}^{C_i,t_k} = \frac{L_{\text{rest}}^{t_k}}{v_{\text{current}}^{C_i}} + t_k \qquad (2)$$

Similarly, the actual arrival time $T_{\text{arr,real}}^{i,t_k}$ for a CAV is calculated by adding the current entry time t_k to the ratio of the remaining distance $L_{\text{rest}}^{t_k}$ from the vehicle's current location to the merging point and the vehicle's current speed $v_{\text{current}}^{C_i}$.

Calculation method of vehicle passing time:

$$T_{\text{pass}}^{C_i} = \frac{L_{C_i}}{v_{t_{\text{arr}}}^{C_i}} \qquad (3)$$

The vehicle passing time $T_{\text{pass}}^{C_i}$ refers to the duration required for a single vehicle to completely pass through the merging point. It is calculated as the ratio of the vehicle's length L_{C_i} to its arrival speed $v_{t_{\text{arr}}}^{C_i}$.

Calculation method of vehicle platoon passing time:

$$T_{\text{pass}}^{\text{Plat.}j} = T_{\text{arr,real}}^{\{C_pL\},t_k} - T_{\text{arr,real}}^{\{C_pF\},t_k} + \\ T_{\text{pass}}^{\{C_pL\}}, j = 1,2,3\ldots\ldots m \qquad (4)$$

$T_{\text{pass}}^{\text{Plat.}j}$ represents the travel time of convoy j, which is calculated by the actual arrival time difference between the last vehicle $T_{\text{arr,real}}^{\{C_pL\},t_k}$ and the first vehicle $T_{\text{arr,real}}^{\{C_pF\},t_k}$ in the convoy plus the passing time of the last vehicle.

An uncontrolled platoon of vehicles will form a time occupancy window at the merging point. When the arrival time of a ramp vehicle falls within the occupancy window of a platoon of main-lane vehicles, it is considered that there is a conflict between the ramp vehicle and the platoon, and the vehicle with the highest overlap in travel time with the platoon members is the primary conflicting vehicle. The goal of resolving conflicts is to find a reasonable merging strategy to enable orderly passage of conflicting vehicles. This article identifies three merging strategies that a ramp vehicle in conflict can choose from, as detailed below:

Strategy 1: Accelerate the ramp vehicle to complete the merging behavior before reaching the lead vehicle of the conflicting platoon.

Strategy 2: The conflicting platoon creates a merging gap for the ramp vehicle by splitting the queue and adjusting speeds.

Strategy 3: Decelerate the ramp vehicle and wait for the conflicting platoon to pass before completing the merging behavior.

In this study, the assumed arrival times of ramp vehicles and the corresponding assumed arrival times of conflicting platoons under each choice are treated as one of the node attributes in the MCTS. It is ensured that only one node attribute is selected for iteration at a time. Through iterative optimization using MCTS, the most suitable mergingbehavior is chosen, leading to the formation of a merging sequence and the identification of critical states for connected vehicles. The constraints corresponding to the three decision strategies mentioned above will be described in the next section.

2.2　Constraints and objective functions

In the iterative optimization ofmcts, it is necessary to evaluate the results of each iteration. In this paper, the difference between the minimum arrival time and the actual arrival time of each node is regarded as the optimization objective, that is, the overall shortest passage time is sought. The objective function is set as follows:

$$J = \min\left[\sum_{i=1}^{n} (T_{\text{arr,real}}^{C_i, t_k} - T_{\text{arr,min}}^{C_i, t_k}) \right] \quad (5)$$

From the above section, different confluence strategies have different incoming timing constraints.

Taking strategy one as an example, the premise for the realization of ramp car acceleration confluence is that the sum of the minimum arrival time of the ramp car and its own passing time is less than the sum of the actual arrival time of the head car of the conflicting fleet and the safe headway.

$$T_{\text{arr,min}}^{C_{m.i}, t_k} + T_{\text{pass}}^{C_{m.i}} + \tau_{\text{safe}} < T_{\text{arr,real}}^{C_{p_j^F}, t_k} \quad (6)$$

$C_{m.i}$ denotes the ramp vehicle and $C_{p_j^L}$ denotes the head vehicle of the conflicting fleet. τ_{safe} is the safe headway.

The on-ramp vehicle merging gap should also be smaller than the gap between the conflicting fleet and its predecessor.

$$T_{\text{arr,real}}^{C_{p_j^L-1}, t_k} + T_{\text{pass}}^{C_{p_j^L-1}} + \tau_{\text{safe}} > T_{\text{arr,min}}^{C_{m.i}, t_k} \quad (7)$$

The constraint conditions of strategy 3 are similar to those of strategy 1, and only the objects and symbols of constraints (6) and (7) need to be adjusted, which will not be described too much here.

Strategy 2 is slightly different, which needs to ensure that there is enough gap between the conflicting platoons and the adjacent platoons for queue splitting, and the front platoons accelerate and the back platoons slow down to create a confluence gap.

$$\begin{aligned} T_{\text{arr,real}}^{C_{p_j^F+1}, t_k} - T_{\text{arr,real}}^{C_{p_{Lj}}, t_k} - T_v^{C_{p_j^L}} \text{ pass} &> T_{\text{pass}}^{C_m} + \tau_{\text{safe}} \\ T_{\text{arr,real}}^{C_{p_{Fj}}, t_k} - T_{\text{arr,real}}^{C_{p_j^L-1}, t_k} - T_{\text{pass}}^{C_{p_j^L-1}} &> T_{\text{pass}}^{C_m} + \tau_{\text{safe}} \end{aligned} \quad (8)$$

Considering that vehicles have speed limits when driving on the highway, and at the same time, the basic timing rules cannot be ignored when selecting the confluence strategy, the following constraints are made

$$v_{\min} \leq v_c \leq v_{\max} \quad (9)$$

$$a_{\min} \leq a_c \leq a_{\max} \quad (10)$$

$$T_{\text{arr,min}}^{C_i, t_k} \leq T_{\text{arr,real}}^{C_i, t_k} \leq T_{\text{arr,max}}^{C_i, t_k} \quad (11)$$

Where, $T_{\text{arr,max}}^{C_i, t_k}$ — the maximum arrival time of a CAV at time t_k. Considering the scenario where the ramp vehicle never gets an opportunity to merge, $T_{\text{arr,max}}^{C_i, t_k}$ would be an uncertain and potentially very large value. Therefore, this study has set $T_{\text{arr,max}}^{C_i, t_k}$ to a fixed value of 2 minutes to ensure a bound on the potential waiting time for the ramp vehicle.

3 Numerical experiment

In this study, the sumo simulation platform was used to build test scenarios, and a control group was set up for comparison.

Since the research focus of this paper is to explore the optimization problem of the access sequence of the ramp, the vehicle following model and the overtaking model do not set additional variables and use sumo default Settings.

The experimental parameters are set as Table 1.

Parameter setting　　　Table 1

Parameter	Explain	Value
v_{min}^{M}	Maximum speed of main lane	100km/h
v_{max}^{M}	Minimum speed of main lane	80km/h
v_{max}^{m}	Maximum speed of on-ramp	80km/h
v_{min}^{m}	Minimum speed of on-ramp	60km/h
a_{max}	Maximum acceleration	5m/s²
a_{min}	Minimum acceleration	−10m/s²
L_{C_i}	Length of vehicle	5m
τ_{safe}	Safe headway	1s
$Length_{ACClane}$	Length of acceleration zone	100m
$Length_{Control}$	Length of control area	600m
$Length_{infget}$	The length of the information collection area	200m

Figure 2 is an excerpt of the results of one experiment, which shows the relationship between vehicle displacement and time in the simulation scenario.

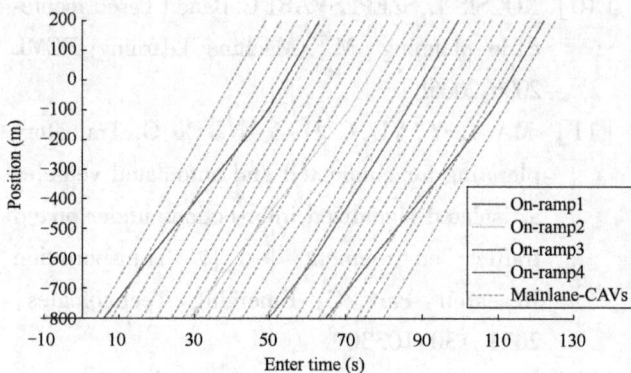

Figure 2　Vehicle trajectory

It can be seen from the experimental results thaton-ramp car 1 and on-ramp car 4 have obvious deceleration phenomenon, and Strategy 3 is adopted,

which is to wait for the confluence gap by slowing down. The vehicles in the rear main lane of on-ramp car 2 have obvious deceleration phenomenon, so Strategy 2 is adopted, and the main lane fleet provides confluence gap for the ramp car through acceleration and deceleration. On-ramp 3 takes Strategy 1 and accelerates itself to complete the merging operation in front of the conflicting fleet.

A controlled experiment was also set up in this study. The model solved by the optimal traffic sequence will be used as the experimental group, and the model that is not applicable will be used as the control group. The number of vehicles passing through the ramp per hour is tested in five different traffic flow environments of 800veh/h, 900 veh/h, 1000 veh/h, 1100 veh/h and 1200veh/h, respectively. The test results are shown in Figure 3.

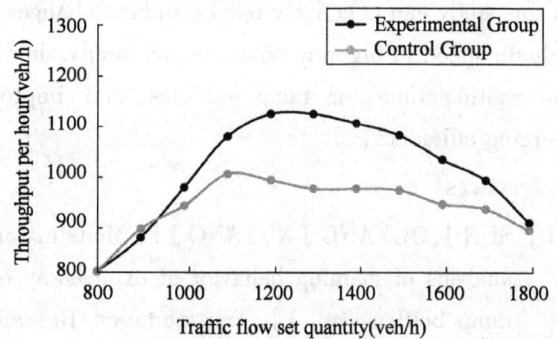

Figure 3　Comparison of hourly traffic volume in different traffic flow environments

Through the test, it can be seen that the method designed in this study begins to show its superiority in the 1000veh/h traffic flow environment. This is because ramp vehicles can quickly merge into the main lane after using the optimal traffic sequence algorithm. In contrast, in the control group, the intervehicle intervals in the main lane were shortened in the large traffic flow environment, and the default lane changing model could not utilize these gaps in time, resulting in the phenomenon of continuous waiting of ramp cars or continuous waiting in the main lane.

However, with the increase of traffic flow, the superiority of the algorithm gradually decreases. Note that the general trend is the same for both experimental and control groups. This is because the algorithm designed in this study needs to use the gap between the fleet and the workshop in the main lane to realize lane change. When the traffic flow is too large, the gap in the main lane will be reduced, so the effect of the algorithm is weakened.

4　Conclusions

This study addresses the issue of orderly traffic flow in highway ramp merging areas by proposing an intelligent ramp merging platoon traffic sequence solution method based on Monte Carlo Tree Search (MCTS). Vehicles are treated as nodes in the iterative optimization process, with the goal of minimizing overall travel time to achieve both efficiency and safety in highway ramp merging. Testing has demonstrated that the method developed in this study can effectively reduce sudden changes in vehicle speed in highway ramp merging areas, shorten the waiting time for ramp vehicles, and improve merging efficiency.

References

[1] SUN J, OUYANG J X, YANG J H. Modeling and analysis of merging behavior at expressway on-ramp bottlenecks[J]. Transportation Research Record, 2014, 2421(1):74-81.

[2] KOCKELMAN K M, MA J M. Freeway speeds and speed variations preceding crashes, within and across lanes[J]. Journal of Transportation Research Forum, 2007, 46(1):43-61.

[3] LI Z B, WANG W, CHEN R Y, et al. Evaluationof the impacts of speed variation on freeway traffic collisions in various traffic states[J]. Traffic Injury Prevention, 2013, 14(8):861-866.

[4] LI P F, ZHOU X S. Recasting and optimizing intersection automation as a connectedand-automated-vehicle (CAV) scheduling problem: A sequential branch-and-bound search approach in phase-time-traffic hypernetwork[J]. Transportation Research Part B Methodological, 2017, 105:479-506.

[5] XUE Y J, ZHANG X K, CUI Z Y, et al. A platoon-based cooperative optimal control for connected autonomous vehicles at highway on-ramps under heavy traffic[J]. Transportation Research Part C:Emerging Technologies, 2023, 150:104083.

[6] TANG Z X, ZHU H, ZHANG X, et al. A novel hierarchical cooperative merging control model of connected and automated vehicles featuring flexible merging positions in system optimization [J]. Transportation Research Part C:Emerging Technologies, 2022, 138:103650.

[7] WANG S H, ZHAO M, SUN D H, et al. A cooperative on-ramp merging strategy based on the hybrid of centralized and distributed interaction for heterogeneous vehicles[J]. Journal of Ambient Intelligence and Humanized Computing, 2023, 14(3):2385-2397.

[8] SHI J, LI K Q, CHEN C Y, et al. Cooperative merging strategy in mixed traffic based on optimal final-state phase diagram with flexible highway merging points[J]. IEEE Transactions on Intelligent Transportation Systems, 2023, 24(10):11185-11197.

[9] HUO K N, ZHENG F F, LIU X B, et al. Cooperative on-ramp merging control model for mixed traffic on multi-lane freeways[J]. IEEE Transactions on Intelligent Transportation Systems, 2023, 24(10):10774-10790.

[10] KOCSIS L, SZEPESVÁRI C. Bandit based monte-carlo planning[M]. Machine Learning:ECML 2006, 2006.

[11] MA C Y, YU C H, YANG X G. Trajectory planning for connected and automated vehicles at isolated signalized intersections under mixed traffic environment [J]. Transportation Research Part C:Emerging Technologies, 2021, 130:103309.

[12] Kocsis, L., Szepesvari, C. Bandit based monte-carlo planning[C]. 17th European Conference on Machine Learning, 2006.

Study on Multimodal Trajectory Prediction Based on latent Feature Generation

Baozhen Yao[1] Xin Wang[*1] Yuelong Wu[2] Shiwei Wang[1]
(1. School of Mechanical Engineering, Dalian University of Technology;
2. National Innovation Center of intelligent and Connected Vehicles)

Abstract Accurate prediction of the future trajectory of surrounding vehicles is critical to the safety of autonomous vehicle. Due to the many influencing factors on vehicle trajectory prediction, its feature selection is often not comprehensive enough. This paper proposes a multimodal trajectory prediction framework VAE-STGCN (Spatial Temporal Graph Convolutional Network) based on VAE (Variational Auto Encoder) to generate latent features. Through evaluation on a large data set NGSIM, the experimental results show that the model can effectively extract the potential features that reflect the mobility preferences of drivers and vehicles, with high prediction accuracy, and can provide important prior information for decision-making of autonomous vehicle. Meanwhile, this paper proposes ZO-STGCN based on the characteristics of VAE, further improving the prediction accuracy. And by adjusting the values of potential features, the correlation between potential features and predicted trajectories was demonstrated, enhancing the interpretability of the model.

Keywords Autonomous driving Trajectory prediction Variable auto encoder Potential features Graph convolutional neural network

0 Introduction

In order to ensure safe driving in densely populated areas with high vehicle and pedestrian traffic, it is crucial for autonomous vehicles to accurately and effectively predict the future behavior or trajectory of surrounding traffic agents[1]. Over the past few decades, researchers have drawn inspiration from vehicle evolution models and statistical models [2], applying kinematics and dynamics models, vehicle tracking models, and Kalman filters to study vehicle trajectory prediction. These techniques can enhance the accuracy of vehicle trajectory prediction while requiring less computational power. However, as computer technology advances, computing power is no longer a determining factor. The traditional approach faces challenges in extracting vehicle interaction features. Moreover, traditional methods also exhibit significant limitations when dealing with long-term trajectory prediction

research[3].

Deep learning, as a branch of machine learning, has shown great success in the field of vehicle trajectory prediction in recent years. Ma et al[4] used Long Short Term Memory Network (LSTM) to extract the temporal characteristics of trajectories . Wu et al[5] used convolutional neural networks (CNNs) to extract spatial characteristics of lifting trajectories. However, these methods are too simplistic in extracting trajectory features, often neglecting both temporal and spatial features. Therefore, there are studies that combine the two to simultaneously extract spatiotemporal characteristics[6], but these studies are not very effective for dense traffic scenes. Therefore, graph convolutional networks have emerged [7]. It can effectively solve complex graph structure problems. However, many works overlook the importance of feature selection. For example, current research on trajectory prediction has rarely considered the impact of vehicle and driver mobility preferences on trajectory prediction. For example, the same driver may exhibit more aggressive behavior when driving a sports car with better mobility, while driving a family car with poorer mobility may exhibit more conservative behavior.

Considering these challenges, we propose a multimodal trajectory prediction based on latent feature generation. The contribution of this study can be summarized as follows:

· We use VAE (Variational Auto Encoder) to generate latent features and construct a multimodal trajectory prediction model VAE-STGCN (Spatio-Temporal Graph Convolutional Network) based on latent feature generation, extracting common maneuver preference information between vehicles and drivers to improve the accuracy of trajectory prediction.

· We obtained the Z0-STGCN model by obtaining the common maneuver preference feature values of all vehicles and drivers, replacing the latent feature generation module, which can improve the accuracy of prediction without relying on difficult to obtain long-term historical trajectory information for training.

· We verified that the latent features contain common maneuver preference information between the vehicle and the driver by manually changing the values of the latent features, improving the interpretability of the model.

· We validated the proposed system on a large trajectory prediction benchmark dataset NGSIM and demonstrated the effectiveness of the trajectory prediction model based on latent feature generation.

1　Related work

For many years, extensive research has been conducted on the trajectory prediction of road vehicles and pedestrians. In some early literature, most of them were based on physical methods. For example, the constant yaw rate and velocity model CTRV based on the quadratic motion model, the

Monte Carlo simulation based on filters[8], and the Kalman filter[9]. However, these methods cannot take into account the mutual influence between vehicles. With the continuous development of machine learning technology, researchers have begun to use machine learning based methods for vehicle trajectory prediction. For example, hidden Markov models[10], dynamic Bayesian networks[11], etc. However, these methods perform poorly in complex traffic scenarios. In this paper, we abstract traffic scenes into spatiotemporal graphs and capture the mutual influence of vehicles in time and space through spatiotemporal graph convolutional networks. Thereby improving the accuracy of the model's prediction.

Driving style reflects the driver's behavioral characteristics and habits during the driving process, including preferences for overtaking, lane changing, and following distance. In recent years, many methods have attempted to incorporate driving style recognition into trajectory prediction to improve the accuracy of the model. For example, the DSA-GAN proposed by Choi et al[12] combines attention mechanism and driving style, which can predict future driving trajectories based on the driving style and historical trajectory of the vehicle. Kim et al[13] integrated DeepConvLstm and conditional variational autoencoder to establish a predictive trajectory generation model based on driving style. However, these models require the establishment of separate driving style recognition models outside of the predictive model. Of course, there are also methods that use unsupervised clustering algorithms to classify driving styles. Dong et al[14] processed trajectory data into a driving style feature matrix, extracted features through convolutional neural networks, and finally used clustering algorithms to classify driving styles. Although this method does not require additional annotated data, the clustering criteria are not uniform, and clustering methods can cause the model to lose non-linear information.

2 Approach

2.1 Overall framework

To address the limitations of existing methods, we propose a new trajectory prediction model VAE-STGCN. The model framework is shown in Figure 1 and consists of three parts：（1）Spatiotemporal convolutional model；（2）Potential feature encoding model；（3）Trajectory prediction model.

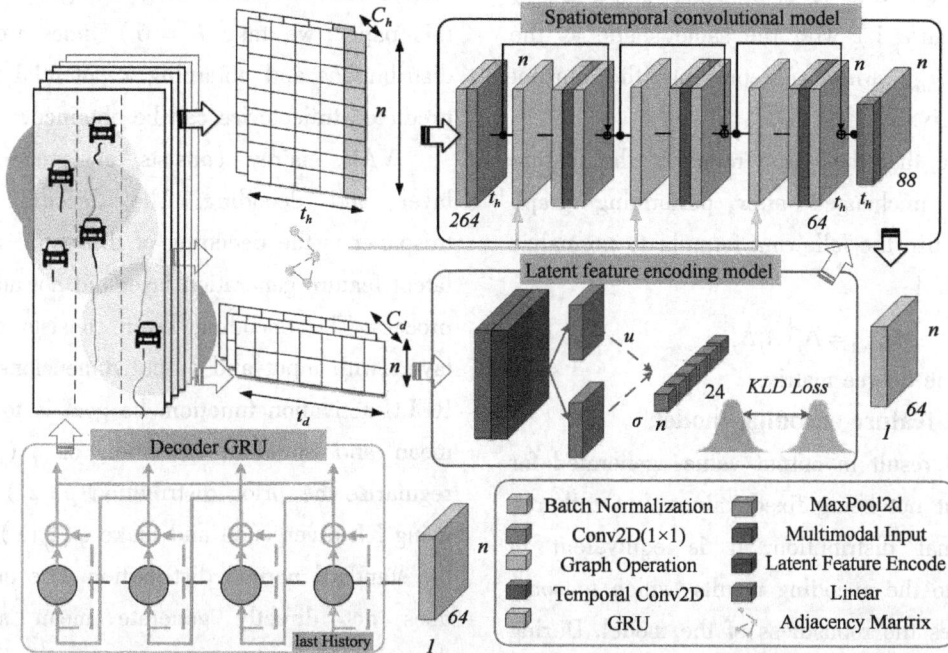

Figure 1　The architecture of the proposed approach

· Spatiotemporal convolutional model

We abstract the traffic scene into a spatiotemporal graph $G = (V, E)$ [15]. The node set is $V = \{v_{it} | i = 1, \ldots, n, t = 1, \ldots, t_h\}$, where at time t, the vehicle with the vehicle number i is defined as node v_{it}. If the Euclidean distance between node v_{it} and node v_{jt} is less than d_s, then the edge (v_{it}, v_{jt}) in E exists, and at this point v_{it} and v_{jt} affect each other. Where d_s is the maximum influence distance between nodes, which is defined as 10m in this paper (Kim et al., 2021). In addition, if the Euclidean distance between node v_{it} and node v_{jt} is greater than d_s, but it can be indirectly affected by another node at the same time, we also believe that the edge of (v_{it}, v_{jt}) in E exists. We refer to this edge relationship derived from Euclidean distance as "spatial edges", and we define the set of spatial edge relationships as $E_s = \{v_{it}v_{jt} | (i, j \in N, t \in T_h)\}$. In addition, the temporal connections between nodes are defined as time edges, meaning that each node at a time edge is adjacent to itself in

its adjacent time steps. We define the set of these time edge relationships as $E_t = \{v_{it}v_{i(t+1)} | (i \in N, t \in T_h)\}$. In order to improve computational efficiency, this paper adopts the adjacency matrix $A = \{A_0, A_1, A_2\}$. Where A_0 represents the identity matrix that connects itself, A_1 represents the adjacency matrix directly connected to spatial edges, and A_2 represents the adjacency matrix indirectly connected to spatial edges. Considering the computational cost, this paper adopts a fixed graph G_{fixed} instead of a dynamic graph [16], that is, if there is a spatial edge relationship between node v_i and node v_j at time t_h, then node v_i and node v_j are connected at any time.

$$A_k ij(k \in 0,1,2) = \begin{cases} 1, if(v_{it}v_{jt}) \in E \\ 0, otherwise \end{cases} \quad (1)$$

The spatiotemporal convolution model mainly consists of three spatiotemporal convolution blocks. Each spatiotemporal convolutional block is divided into two parts：one part is the graph operation layer；The other part is the spatiotemporal graph convolutional layer. The graph operation layer considers the interaction between the self vehicle and surrounding vehicles. Each graph operation layer consists of two graphs: (1) a fixed graph G_{fixed} constructed based on the current input (blue graph in Figure 1); (2) One is a trainable graph G_{trained}^{j} (orange in Figure 1) with the same shape as the fixed graph G_{fixed}, where j represents the current adjacency matrix.

To ensure that the value range of the feature map remains unchanged after performing graph operations, we use the following formula to normalize the fixed graph A:

$$G_{\text{fixed}}^{j} = \Lambda_{j}^{\frac{1}{2}} A_{j} \Lambda_{j}^{\frac{1}{2}} \qquad (2)$$

Where Λ — the degree matrix.

· Latent feature encoding model

VAE will result in output values generated for the same input not being fixed values, but rather a standard normal distribution. It is equivalent to adding noise to the encoding results, which to some extent increases the robustness of the model. During model training, VAE encodes different means μ and variances σ based on the input, which means that VAE generates multiple different normal distributions for each input. Therefore, there is a situation where normal distributions with similar distances intersect, forcing the model to learn the intermediate state between the two inputs. This allows the model to learn the positive or negative correlation between potential features and predicted trajectories, which traditional neural networks cannot learn. In addition, VAE will make $q(z_{j}|X_{d}(i))$ and $p(z_{j})$ close to the standard normal distribution, so during testing, we can directly sample from the standard normal distribution to obtain the value of potential feature Z, where $Z = \{z_{j}|j = 1,\ldots,d\}$, d is the latent feature dimension.

In actual roads, it is difficult for us to obtain the trajectory information of surrounding vehicles over the past 13 seconds. In order to make the potential feature more practical in trajectory prediction, We introduce VAE to construct a latent feature encoding layer, which does not require trajectory information of surrounding vehicles in the past 13 seconds during

model inference. Using VAE, we can also train the distribution $p(z_{j})$ of potential eigenvalues into a standard normal distribution. Where z_{j} is the $j\text{-}th$ dimensional feature value of the potential feature Z. The number of normal distributions is the latent feature dimension d. During testing, by sampling k(In this paper, we take $k = 6$) times from d normal distributions and obtaining k potential features Z, k predicted trajectories can be obtained.

VAE mainly consists of encoding, sampling layer, and decoding. The decoding process in thispaper is the decoding of the entire model, so the latent feature generation layer did not add a decoding process. The encoding layer consists of two linear layers with input and output dimensions of 24 and a RELU activation function. Its goal is to generate the mean and standard deviation of $q(z_{j}|x)$. We regularize the prior distribution $p(z_{j}) = N(0,1)$ using KL divergence and make $q(z_{j}|x)$ approximate the standard normal distribution. The encoding layer does not directly generate mean and standard deviation, but rather generates mean and variable v.

$$Z = u + eps \times \sigma \qquad (3)$$

Where $\sigma = e^{0.5v}$ and eps — derived from multiple standard normal distributions, and their goal is to introduce the multiparameter technique to solve the problem of backpropagation in normal distribution sampling[17].

· Trajectory prediction model

We concatenate the output output_{d} of the latent feature encoding layer with the features of each time frame output $\text{output}_{\text{gen}}$ of the spatiotemporal convolutional layer, input them into two layers of GRU for encoding, and then input them into two layers of GRU for decoding to output the final predicted trajectory.

2.2 Data input format

This article uses the NGSIM dataset, with the main traffic scenario being highways, and the input mainly consists of four parts. The input of the spatiotemporal convolution model is: assuming that in the time t_{h} frame of the T_{h} time period, we can observe n vehicles and obtain their past trajectories (total duration of 3 seconds, time interval of 0. 2 seconds, maximum time frame number $t_h = 15$), and represent this information in a three-dimensional array $\text{input}_{\text{gcn}}$ of size (n, t_h, c). The input of the latent feature encoding model is trajectory information within any T_d time period in the past of these n vehicles (a trajectory with a total duration of 12. 8 seconds, a time interval of 0. 2 seconds, and a maximum time frame rate of $t_d = 64$). We represent it as a three-dimensional array input_d of size (n, t_d, c_d). c_d is a 20 dimensional feature composed of the average, standard deviation, minimum, and maximum values of velocity, lateral acceleration, longitudinal acceleration, absolute difference of acceleration, and angular velocity. The dimension of the adjacency matrix G_{fixed} is determined by the maximum number of targets in all scenes. In the NGSIM dataset, after preprocessing, the maximum number of targets for all scenes is 262. Therefore, the input size of the adjacency matrix in this paper is $(262, 262)$. The size of the ground truth Y_{pred} of the future trajectory of the target is (n, t_f, c).

In actual trajectory prediction processing, not all vehicles have sufficient historical information to extract input_d and $\text{input}_{\text{gcn}}$. And there is enough future trajectory information to extract Y_{pred}, so this paper only focuses on trajectory prediction for vehicle targets that meet the input_d and $\text{input}_{\text{gcn}}$ time frames. When the future trajectory frame rate is less than 30, only the existing frame rate is predicted.

2.3 Loss function

There are two optimization objects for VAE-STGCN, one is the difference between the predicted trajectory and the real trajectory, and the other is the similarity between $q_\varphi(Z|X)$ and $p_\theta(Z)$. We use KL dispersion to measure the difference between the two distributions.

$$\text{Loss} = \text{MSE} + KL(q_\varphi(Z|X) || p_\theta(Z)) \quad (4)$$

Where MSE is computed as:

$$\text{MSE} = = \frac{1}{t_f}\sum_{t=1}^{t_f} \| p_{\text{pred}}^t - p_{GT}^t \| \quad (5)$$

Where p_{pred}^t— the predicted position coordinate at time t, and p_{GT}^t— the actual coordinate at time t.

3 Experiment

3.1 Experimental setup

We preprocess the data in NGSIM, using $\text{input}_{\text{gcn}}, \text{input}_d, G_{\text{fixed}}$, and P_{pred} as the minimum units for training in each scenario, with 80% of the data used for training, half for validation, and half for evaluation in the remaining 20%. The total number of data in these three parts is: 11k + training data, 1. 5k validation data, and 1. 5k evaluation data. The batch size for model training is set to 16, with a total of 72 epochs.

3.2 Metrics

We evaluate our model based on standard metrics for motion prediction, including minimum average displacement error (minADE), minimum final displacement error (minFDE), and root mean square error (RMSE). The indicator minADE measures the average distance (in meters) between the best predicted trajectory of all future time steps and the true trajectory on the ground, while minFDE measures the error of the final future time step. The best predicted trajectory is defined as the trajectory with the smallest endpoint error. RMSE measures the square root of the average squared error of the distance between the predicted trajectory points and the corresponding points of the actual trajectory.

In addition, to evaluate the impact of potential features on predicted trajectories, we propose new evaluation metrics. We believe that combining the same maneuver preference information features with different spatiotemporal convolutional layer inputs X_{gcn} will result in the predicted trajectory of VAE-STGCN having the same tendency in terms of maximum velocity avg $\max v$, maximum acceleration avg $\max a$, maximum turning angular velocity avg $\max \omega$, average velocity $\text{avg}v$, average acceleration $\text{avg}a$, and average angular velocity $\text{avg}\omega$.

3.3 Model comparison

In Table1, compared to STGCN, VAE-STGCN reduced 5s RMSE、5s ADE、5s FDE by 4. 8%, 3. 2%, and 3. 9%. Because the input of the latent feature generation layer is obtained from a historical time far away from the predicted time, the generated latent features do not include recent interaction information and maneuver information of the vehicle. However, the accuracy of trajectory prediction in the test set has been improved, proving that the features generated by the VAE-STGCN latent feature generation model include some maneuver preferences of the vehicle and driver.

In order to verify that the model has learned the maneuvering preferences of drivers and vehicles, we propose a trajectory prediction model Z0-STGCN with potential feature Z values z_i of 0, which replaces the potential features generated by fully trained VAE-STCGN with $z_i = 0$. The reason for proposing Z0-STCGN is as follows: due to $p(Z \mid X_d)$ being a standard normal distribution, during training, a significant portion of the latent feature values generated by the input X_d of the latent feature generation layer are around 0. In theory, potential features equal to 0 should extract the most default basic attributes. So we assume that the latent features equal to 0 extract the default basic attributes of the entire training set for vehicles and drivers, while the latent features far from 0 are the noise of the shared attribute. In order to remove this part of noise and improve the accuracy of default basic attributes, we propose the Z0-STGCN model.

As shown in Table1, compared to STGCN, Z0-STGCN reduced 5s RMSE 、5s ADE、5s FDE by 7.3%, 4.8%, and 4.2%. Compared to VAE-STGCN, Z0-STGCN reduced 5s RMSE、5s ADE、5s FDE by 2.6%, 1.6%, and 0.4%.

Experiment results on NGSIM trajectory dataset

Table 1

Model	RMSE(m)					5sADE (m)	5sFDE (m)
	1s	2s	3s	4s	5s		
STGCN	0.35	0.71	1.12	1.55	2.06	1.26	2.59
VAE-STGCN	0.34	0.70	1.08	1.49	1.96	1.22	2.49
Z0-STGCN	0.34	0.69	1.05	1.49	1.91	1.20	2.48

3.4 Potential feature analysis

For the convenience of processing, we took 13 potential features and took all the d dimensional potential feature values z_i of each potential feature as -6,-5,-4,-3,-2,-1, 0, 1, 2, 3, 4, 5, and 6. We calculated the evaluation index values obtained by inputting these potential features together with different X_{gen} values into the Z-STGCN model, and placed the results in Table 2. As the potential eigenvalues increase, avg max$v$ and avg$v$ generally show an increasing trend; avg max$a$ and avg$a$ show a decreasing trend; avg maxω and avgω show a basic increasing trend. Prove that potential features to some extent contain information on maneuver preferences. For any spatiotemporal graph convolution input X_{gen}, the same latent features will make the predicted trajectory have consistent preferences in terms of velocity, acceleration, and angular velocity.

Preference evaluation indicators for different latent features　　Table 2

Value of potential features	avg max$v$ (m/s)	avg max$a$ (m/s²)	avg maxω (rad/s)	avg$v$ (m/s)	avg$a$ (m/s²)	avgω (rad/s)
-6	6.1288	0.7672	0.2138	5.3769	0.3376	0.02110
-5	6.1315	0.7642	0.2137	5.3834	0.3365	0.02107
-4	6.1340	0.7616	0.2150	5.3895	0.3354	0.02102
-3	6.1363	0.7573	0.2179	5.4007	0.3334	0.02101
-2	6.1383	0.7593	0.2167	5.3953	0.3344	0.02103
-1	6.1402	0.7553	0.2193	5.4057	0.3325	0.02109
0	6.1417	0.7535	0.2200	5.4105	0.3315	0.02106
1	6.1428	0.7518	0.2226	5.4149	0.3305	0.02115
2	6.1441	0.7502	0.2240	5.4192	0.3295	0.02122

continued

Value of potential features	avg maxv (m/s)	avg maxa (m/s²)	avg maxω (rad/s)	avgv (m/s)	avga (m/s²)	avgω (rad/s)
3	6.1436	0.7486	0.2252	5.4232	0.3285	0.02116
4	6.1442	0.7471	0.2272	5.4270	0.3274	0.02125
5	6.1443	0.7457	0.2301	5.4307	0.3262	0.02134
6	6.1435	0.7444	0.2320	5.4342	0.3251	0.02149

In order to more intuitively demonstrate the impact of potential features on the predicted trajectory, we randomly sampled and visualized two images. To observe how different potential features affect the predicted trajectory. As shown in Figure 2, the pentagram represents the endpoint of the historical trajectory; The triangle represents the endpoint of the predicted trajectory. The numbers on the trajectory represent their corresponding potential feature values. We found that the trajectory is distributed in order of numbering, and the overall length of the predicted trajectory corresponding to latent feature 6 is longer, while the overall length of the predicted trajectory corresponding to latent feature 6 is shorter. This phenomenon is consistent with our previous speculation about the impact of potential features on predicted trajectories. In addition, we found that within a certain range, the size of potential features can be changed to fine tune the predicted trajectory velocity, acceleration, angular velocity, etc. At the same time, we also found that the relationship between potential features and the predicted trajectory's velocity, acceleration, and angular velocity is not a discrete distribution, but presents a certain positive and negative correlation, which is beneficial for us to fine tune the model and generate more accurate trajectories.

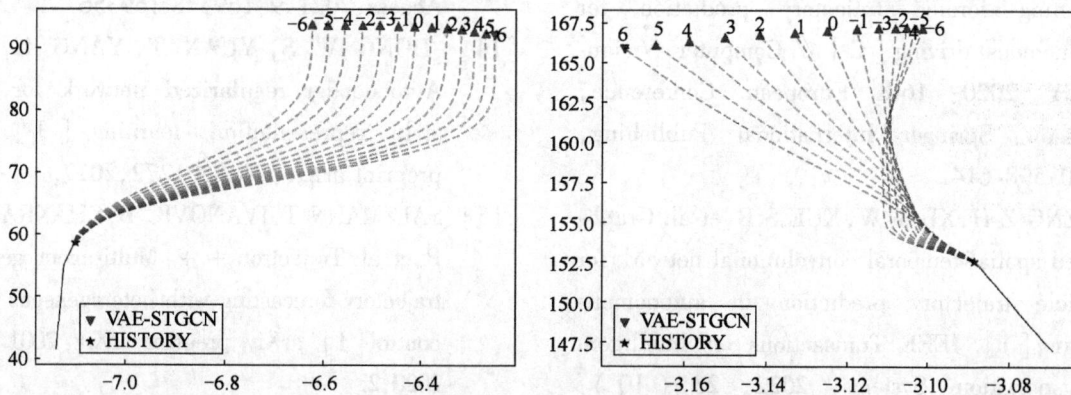

Figure 2 The influence of different latent features on predictive trajectories

4 Conclusions

Thispaper first introduces the VAE-STCGN model, which can avoid using difficult to obtain long history trajectory information during model inference by generating latent features. The latent features are concatenated with the results of spatiotemporal graph convolution and input into the GRU network to predict trajectories. On this basis, the Z-STCGN model is proposed to control the observation and prediction of trajectory changes through the values of latent features, which proves that the latent features have successfully extracted the maneuver preference information of vehicles and drivers. And based on the characteristics of normal distribution, the Z0-STCGN model was proposed. The effectiveness of this method has been demonstrated by comparing the experimental results with VAE-STGCN and STGCN.

References

[1] ZHOU Z, WANG J, LI Y H, et al. Query-Centric Trajectory Prediction [C] // Proceedings of the IEEE/CVF Conference on Computer Vision and

Pattern Recognition. 2023:17863-17873.

[2] KANG C M, JEON S J, LEE S H, et al. Parametric trajectory prediction of surrounding vehicles [C] // 2017 IEEE International Conference on Vehicular Electronics and Safety (ICVES),2017.

[3] LEFÈVRE S, VASQUEZ D, LAUGIER C. A survey on motion prediction and risk assessment for intelligent vehicles [J]. ROBOMECH journal,2014,1(1):1-14.

[4] MA X L, TAO Z M WANG Y H, et al. Long short-term memory neural network for traffic speed prediction using remote microwave sensor data [J]. Transportation Research Part C: Emerging Technologies,2015,54:187-197.

[5] WU Y K, TAN H C. Short-term traffic flow forecasting with spatial-temporal correlation in a hybrid deep learning framework [J] IEICE Transactions on Fundamentals of Electronics Communications and Computer Sciences,2016.

[6] SONG H R,DING W C,CHEN Y X,et al. Pip: Planning-informed trajectory prediction for autonomous driving [C] // Computer Vision-ECCV 2020: 16th European Conference, Glasgow: Springer International Publishing, 2020:598-614.

[7] SHENG Z H,XU Y W,XUE S B,et al. Graph-based spatial-temporal convolutional network for vehicle trajectory prediction in autonomous driving [J]. IEEE Transactions on Intelligent Transportation Systems, 2022, 23 (10): 17654-17665.

[8] ULLMAN D S,O'DONNELL J,KOHUT J,et al. Trajectory prediction using HF radar surface currents: Monte Carlo simulations of prediction uncertainties [J]. Journal of Geophysical Research:Oceans,2006,111(C12).

[9] CARVALHO A, GAO Y, LEFEVRE S, et al. Stochastic predictive control of autonomous vehicles in uncertain environments [C] // 12th international symposium on advanced vehicle control. 2014.

[10] WANG W S,XI J Q,ZHAO D. Learning and inferring a driver's braking action in car-following scenarios[J]. IEEE Transactions on Vehicular Technology, 2018, 67 (5): 3887-3899.

[11] KASPER D,WEIDL G,DANG T,et al. Object-oriented Bayesian networks for detection of lane change maneuvers[J]. IEEE Intelligent Transportation Systems Magazine,2012,4(3): 19-31.

[12] CHOI S,KWEON N,YANG C,et al. Dsa-gan: Driving style attention generative adversarial network for vehicle trajectory prediction[C] // 2021 IEEE International Intelligent Transportation Systems Conference (ITSC). IEEE,2021.

[13] Kim D,Shon H,Kweon N,et al. Driving Style-Based Conditional Variational Autoencoder for Prediction of Ego Vehicle Trajectory[J]. IEEE Access,2021,9:169348-169356.

[14] DONG W S, YUAN T, YANG K, et al. Autoencoder regularized network for driving style representation learning [J]. arXiv preprint arXiv:1701. 01272,2017.

[15] SALZMANN T,IVANOVIC B,CHAKRAVARTY P,et al. Trajectron + +: Multi-agent generative trajectory forecasting with heterogeneous data for control[J]. arXiv preprint arXiv:2001. 03093, 2020,2.

[16] LI X, YING X W, CHUAH M C. Grip + +: Enhanced graph-based interaction-aware trajectory prediction for autonomous driving [J]. arXiv preprint arXiv:1907. 07792,2019.

[17] KINGMA D P, WELLING M. Auto-encoding variational bayes[J]. IEICE, Transactions on Fundamentals of Electronics. Communications and Computer Sciences,2013.

基于 CiteSpace 的国内外绿色货运知识图谱可视化分析

穆长泽[1] 蒋惠园[*1] 侯春霞[1] 李弢[2]

(1.武汉理工大学交通与物流工程学院;2.交通运输部规划研究院)

摘 要 货物运输是能源消耗和温室气体排放的重点领域之一。随着"双碳"目标的推进,我国全面推动货运绿色发展,学界对绿色货运的研究逐渐深入。但目前少有针对绿色货运的研究分析,对绿色货运的已有研究很少关注其与绿色物流的前后发展关系。本文应用 CiteSpace5.8R3 软件,将 CNKI 中"绿色货运或绿色物流"和 SCI 数据库中"green freight or green logistic"共5389篇相关文献同时作为可视化分析的研究对象,对国内外绿色货运研究文献的关键词进行聚类分析、突现强度分析。研究表明:①国内在绿色货运方面的研究涵盖了货物载运工具的选择、多式联运组织的优化,新能源汽车的利用及其路径优化,与国外绿色货运研究既存在明显差异,也有若干共同点。②碳排放水平和环境的可持续发展已成为国内学者研究绿色货运时的关注重点,国外在构建逆向物流网络、供应链时也朝着绿色化方向发展。③国内对绿色货运的研究仍处于上升阶段,绿色货运行业处于高速发展阶段。

关键词 绿色货运 知识图谱 CiteSpace 可视化分析

0 引言

减碳降碳已经成为交通运输业发展的重要目标之一,交通运输业应该向着更环保、更节能、更便捷的方向转变,货物运输的各个环节要朝着绿色化的方向发展。为了做好节能减排这一项工作,国家对交通运输业提出了更高的要求,主要包括:大力发展甩挂运输、开展绿色货运配送示范工程、推动绿色货运行业标准化,完善运输体系。交通运输业正朝着绿色化方向不断发展,相关研究也受到学界重点关注。目前少有针对绿色货运研究分析,对绿色货运的已有研究很少关注其与绿色物流的关系,没有充分涵盖绿色货运这一概念的前后发展阶段和绿色货运内涵的各个方面。本文探究绿色货运研究前沿趋势,为后续绿色货运研究提供理论支持和学术支撑。

CiteSpace 目前已经被广泛应用在各个学科中,在知网中检索"主题:CiteSpace"发现,以 CiteSpace 为方法进行研究的学科达 40 多种,但在交通学科的使用相对较少。

在使用 CitesSpace 对绿色货运已有文献进行可视化分析时,本文充分考虑了绿色货运这一概念的前后发展阶段和绿色货运内涵,对国内外已有研究进行总结,找出绿色货运发展的重点方向,对比分析国内外绿色货运研究的差异及共同点。

1 研究方法与文献数据选择

1.1 研究方法

CiteSpace 软件基于"共现聚类"思想,运用 java 程序进行设计研发,对文献中的关键词、主题词、研究作者等进行提取,将已提取的信息数据的隐含规律和模式进行科学计量、数据挖掘、自动聚类并进行可视化表达,对零散、抽象的数据信息进行系统整合,是目前文献信息分析领域最有影响力的工具之一。[1]

应用 CiteSpace5.8R3 软件将从 CNKI 中提取到的与绿色货运相关的文献进行格式转换,作为本文进行研究分析的中文数据库,将从 SCI 数据库中导出的与绿色货运有关的文献作为本文研究分析的外文数据库。基于作者聚类图谱、关键词共现、聚类图谱、时间线演化图,探究绿色货运领域内的研究演化与热点主题。采用 Kleinberg 突变

基金项目:交通运输部交通运输标准规范研究制(修)订项目:城市绿色货运评估技术要求标准研究(2022-07-008)。

检测算法,构建绿色货运知识图谱,明晰前沿研究演化动态,梳理国内外绿色货运研究态势。

1.2 文献数据选择

在中国知网进行文献检索,将检索条件设置为"主题:绿色货运,发表时间范围:1981.1.1—2022.12.31",共检索到文献 188 篇。文献发表趋势如图 1 所示,其中最早一篇发于 2007 年,分别在 2013 年和 2017 年出现两个峰值,在 2022 年相关主题的发文量达到最大,是 25 篇,由此可见国内对绿色货运的研究处于上升期。最早以绿色货

运作为研究主题的是梅钢等人[2]发表的《绿色货运的内涵与实施策略研究》,并在文章中指出绿色货运的概念源于绿色物流的绿色运输,同时兼顾绿色交通中的货运部分。将上述内容整合在一起,构成了绿色货运的全新概念。绿色货运是一个跨学科的新概念,从单纯的物流运输和交通运输系统的框架跳了出来。绿色化的货物运输活动以及为达到此目的对货运交通运输系统的设置与改进都成为绿色货运的研究范围。

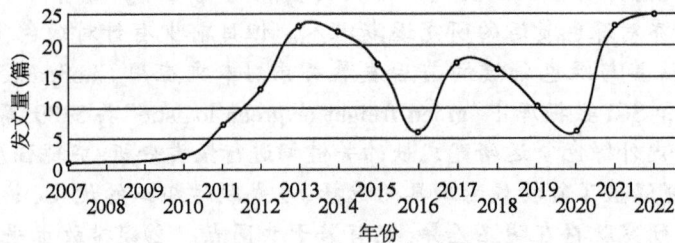

图 1 绿色货运主题文献发表趋势图

结合知网文献数量和绿色货运的内涵,如果要系统梳理绿色货运的全部研究内容,我们不得不将数据样本从绿色货运这一单一主题进一步扩大。本文在构建 CiteSpace 可视化分析的数据库时,在国内研究方面,于 2023 年 5 月在中国知网(CNKI)全文数据库采集数据。使用高级检索,将检索条件设置为"主题:绿色货运或绿色物流,发表时间范围:1981.1.1—2022.12.31",共检索到文献 5533 篇,为排除相关度极小的文献对"绿色货运"研究分析的影响,对检索出的文献按相关度排序,选取前 4000 篇作为 CiteSpace 可视化分析的中文数据样本。在国外研究方面,于 2023 年 5 月在 SCI 数据库中选择 Web of Science 核心,将检索条件设置为"主题:green freight or green logistic or green transportation,发表时间范围:1981.1.1—2022.12.31"文献类型中选择"论文",检索出 7954 篇,为避免其他学科文献对可视化聚类结果的干扰,因此选定文献类别:transportation science technology(交通科学技术)、operations research management science(运筹学科学管理)、transportation(运输),选择检索出的 1389 篇 SCI 文献作为 CiteSpace 可视化分析的外文数据样本。

2 CNKI 数据库分析

2.1 CNKI 数据库关键词聚类分析

为更直观展现绿色货运领域内的研究核心,应用 CiteSpace 软件对关键词共现网络进行聚类分析,选择 Keywords 聚类与 LLR 算法进行提取,共得到 10 个聚类,共现网络节点有 689 个,网络连线 3213 条,关键词聚类图如图 2 所示。本次聚类模块值 $Q = 0.3964$,一般认为 $Q > 0.3$ 意味着聚类结构显著,聚类平均轮廓值 $S = 0.7177$,一般认为 $S > 0.5$ 聚类就是合理的,$S > 0.7$ 意味着聚类是令人信服的。其中,节点半径大小代表关键词出现频次,连线粗细代表关键词联系紧密程度。

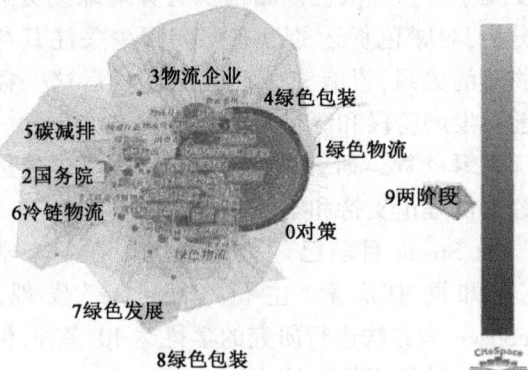

图 2 CNKI 数据库关键词聚类图谱

聚类结果显示国内关于绿色货运的研究主要围绕以下 10 个关键词展开:对策、绿色物流、国务院、物流企业、绿色包装、碳减排、冷链物流、绿色发展、两阶段。

从对参与主体的研究来看,图 2 反映出绿色货运的参与主体主要是政府和物流企业,政府从货运车辆通行政策、绿色货运车辆补贴政策等政策上的引导。企业从货运技术、货运组织、货物包装、货物仓储等方面来进行创新,发展绿色技术、绿色包装、绿色仓储,推进货运全过程绿色化发展。2021 年版的国家标准《物流术语》(GB/T 18354—2021)[9]收录了绿色物流,对它的定义是:通过充分利用物流资源、采用先进的物流技术,合理规划和实施运输、储存、装卸、搬运、包装、流通加工、配送、信息处理等物流活动,降低物流活动对环境影响的过程。

经过对已有研究的总结发现,过去的研究包括政府层面的政策推进、企业层面的实践创新、低碳视角下的物流发展以及城市配送和冷链物流的可持续发展等[10-13]。这些研究为绿色货运的推进和发展提供了重要的理论支持和实践指导。现在对货物运输系统的研究中已经越来越关注其对环境的影响,甚至将研究目标由过去的经济效益转为了环境效益。城市作为现代人口最为密集的区域,在其范围内进行的货物运输运输量最大,而且由于其城市范围划分比较明确,以其作为研究范围比较方便,因此近年来对绿色货运的研究也逐渐集中到了城市这一范围。在城际干线中选择甩挂运输可以明显提升效率,同时也因为甩挂运输的方式在节约货运成本、降低碳排放等多方面具有综合性运输优势,因此企业普遍接受并及时推广,政府也对这一运输方式的发展表示支持,2009 年,交通运输部、发展改革委等五部委出台了《关于促进甩挂运输发展的通知》(交运发〔2009〕808 号)。

2.2 CNKI 数据库引用突现强度前 25 位的关键词分析

突现词指一定阶段内文献中频次变化率较高或出现次数较多的词,根据突现词识别研究领域热点与演化趋势,有助于掌握学界的关注点和相关研究的热点前沿。运用 CiteSpace 软件对绿色货运研究领域的关键词进行突现探测(BurstDetection),进一步刻画研究热点演化路径。

如图 3 所示,共出现了 25 个突现词,且突现强度全部在 7.0 以上,在 25 个突现词中已经有 17 个停止突现。

Keywords	Year	Strength	Begin	End	1981—2021
木质托盘	1981	18.07	1981	2007	
合作策略	1981	18.07	1981	2007	
两阶段	1981	18.03	1981	2007	
政府补贴	1981	17.98	1981	2007	
绿色制造	1981	17.79	1981	2007	
碳减排	1981	17.53	1981	2006	
循环经济	1981	12.36	2007	2010	
环境	1981	10.79	2007	2010	
物流	1981	9.28	2007	2011	
物流活动	1981	15.15	2008	2013	
绿色车队	1981	12.53	2008	2009	
低碳经济	1981	12.44	2010	2011	
低碳物流	1981	10.49	2010	2012	
绿色货运	1981	10.74	2012	2015	
商贸物流	1981	8.41	2014	2017	
绿色发展	1981	9.11	2016	2021	
快递行业	1981	7.7	2016	2021	
绿色联盟	1981	7.64	2016	2018	
快递包装	1981	21.84	2017	2021	
快递业	1981	9.97	2017	2021	
快递企业	1981	8.25	2017	2018	
智慧物流	1981	20.06	2018	2021	
物流行业	1981	8.23	2018	2021	
冷链物流	1981	8.63	2019	2021	
交通强国	1981	8.29	2019	2021	

图 3 CNKI 数据库关键词突现图

1981—2007 年期间的引文突现词有:木质托盘、合作策略、两阶段、政府补贴、绿色制造、碳减排。可以看出自 1981 年已经出现绿色制造的趋势以及对碳减排的关注。从货运绿色化技术发展来看,托盘作为一种运输的载货工具,在 1981 年起已经引起多数学者的关注和研究,从木质托盘使用企业角度来看,提高购买环保木质托盘有利于提升整个木质托盘闭环供应链的经济指标和环境指标。文献[14]对托盘在提高货物运输绿色化的探索和研究主要集中在托盘的材料、规格尺寸、循环使用以及企业的合作策略上,且学界对上述主题的研究持续时间较长,研究成果较多。

2007—2016 年期间的引文突现词有:循环经济、环境、物流、物流活动、绿色车队、低碳经济、低碳物流、绿色货运、商贸物流。以上突现词表明在低碳经济的背景下,我国学者更加注意货物运输对环境的影响,而且开始关注物流行业中货运车辆的绿色化。随着我国新能源汽车的发展,车辆作为货物最后一公里运输的载运工具也开始进入学者们的研究中,自 2008 年起,已有大量学者将新能源车辆作为研究对象,将其放在以提高货运绿色化水平为目标的研究当中,通过对绿色车队的构成、以及绿色车辆的路径优化、绿色车辆通行政策做出思考。

2016—2021 年期间的突现词有:绿色发展、快递行业、绿色联盟、快递包装、快递业、快递企业、智慧物流、物流行业、冷链物流、交通强国。其中多数突显词的研究仍然保持着热度,学界对他们的关注还将持续。王勇[15]针对多中心共同配送问题开展研究,构建物流运营总成本最小化和车辆使用数最小化的双目标优化模型,提出多中心共同配送与收集网络联盟的优化策略。

早期,随着国内环保意识的萌芽,绿色制造和碳减排成为研究焦点,木质托盘作为绿色物流的重要工具,引发了学者的广泛关注。随着循环经济和低碳经济的发展,环境管理和绿色车队等概念逐渐成为研究热点,体现了国内绿色货运研究从单一环节向整个供应链、从技术层面到经济与环境综合效益的转变。近年来,国内快递行业的迅猛发展和智慧物流的兴起,进一步推动了绿色货运研究的深入。其作为一个新的研究热点未来需要更多学者及团队的投入。

3　SCI数据库分析

3.1　SCI数据库关键词聚类分析

SCI数据库关键词聚类图如图4所示,共现网络节点有419个,网络连线2692条,聚类模块值$Q=0.344$,聚类平均轮廓值$S=0.6688$。

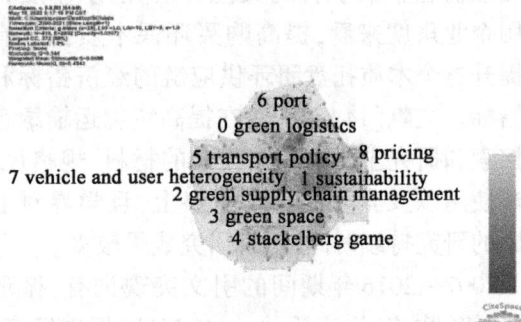

图4　SCI数据库关键词聚类图

9个不同的关键词聚类分别是:green logistics(绿色物流)、sustainability(可持续性)、green supply chain management(绿色供应链管理)、green space(绿色空间)、stackelberg game(主从博弈)、transport policy(运输政策)、port(港口)、vehicle and user heterogeneity(车辆和驾驶员的异质性)、pricing(价格)。

从技术的发展来看,国外学者认为涵盖多式联运铁路(IRR)的货运系统被认为是最可持续的货物配送方式。从参与者的变化来看,认为物流企业的上下游,如货物生产企业、消费者以及政府的政策调整等多方行为都会对整个货物的流通产

生影响。国外有学者利用主从博弈模型,对绿色货运的参与方进行博弈演化,试图找到效益最大的多方合作方式。

国外对货物运输系统的研究多放在绿色物流或绿色供应链中进行,注重对企业行为、供应链发展、运输价格波动的研究。研究关注了绿色供应链的不同构成要素和影响燃料消耗的因素、车辆排放模型等绿色货运的关键方面[16-17],这些研究有助于企业制定更环保和可持续的供应链和运输策略。

3.2　SCI数据库引用突现强度前10位的关键词分析

对绿色货运英文文献的关键词进行突现探测,结果如图5所示,共出现了10个突现词,突现强度均在3.0以上。引文突现词按时间先后进行呈现,依次是:environmental management(环境管理)、network(网络)、supply chain management(供应链管理)、competitiveness(竞争力)、sustainability(可持续性)、green logistics(绿色物流)、routing problem(路径问题)、delivery(货物配送)、driver(驾驶员)、time(时间)。

Keywords	Year	Strength	Begin	End	2000—2021
environmental management	2000	4.73	2005	2014	
network	2000	3.28	2009	2011	
supply chain management	2000	3.39	2010	2013	
competitiveness	2000	3.3	2012	2015	
sustainability	2000	3.92	2014	2015	
green logistics	2000	3.57	2014	2015	
routing problem	2000	3.6	2016	2019	
delivery	2000	3.42	2017	2019	
driver	2000	4.26	2018	2019	
time	2000	4.23	2019	2021	

图5　SCI数据库关键词突现图

从概念的演变来看,2004年之前常用"绿色运输"的概念,2004年以后"绿色供应链"的概念越来越多地出现在研究文献中,"绿色物流"和"绿色货运"的概念是在2010年以后逐步出现在文献中。

从研究时间的跨度来看,国外对环境管理的研究时间持续最长,突现强度最大,达到了4.73。对"环境管理"相关文献分析发现,国外研究则更早地聚焦于绿色供应链和环境管理,通过优化道路货物运输的环保性能和融入环境管理原则,推动企业实现经济效益与环保要求的平衡。国外学者认为环境管理(CEM)是研究货运企业绿色化水平的一个重要方面,货运企业的发展目标从单一经济效益逐渐扩展到包括环境效益在内的综合效

益。国外的研究常常站在企业角度,通过综合考虑绿色供应链的多个构成要素、优化道路货物运输的环保性能以及将环境管理原则融入日常决策中[18-20],帮助企业更好地平衡经济效益和环保要求,实现绿色货运的目标。

其次较早突现的关键词是网络、供应链管理,突现强度分别为 3.28、3.39。总结相关研究文献可知主要有以下四个方向[21-24]:①针对新能源汽车充电问题,研究充电桩的分布网络;②发展逆向物流,构建循环网络;③以供应链网络为研究对象,优化其环境与经济目标的权衡;④以货运车辆为研究对象,优化其在城市道路网络中的行驶路径。

4 发展路径及方向展望

4.1 绿色货运发展的基本路径

绿色货运作为现代物流体系的重要组成部分,其发展历程反映了社会经济发展与环境保护之间的深刻变革。通过对已有文献的梳理,可以总结出绿色货运发展的基本路径:一是政策引导与法规规范,政府通过制定通行和补贴政策,引导并约束企业走向绿色货运,确保货运活动的合规性。二是技术创新与应用,企业聚焦货运技术、组织、包装和仓储的创新,特别是托盘技术的优化,推动货运全过程的绿色化。三是行业协同与产业链整合,企业间加强合作,形成绿色供应链,通过产业链上下游的协同,实现环境与经济效益的双赢。四是智慧物流与可持续发展,借助智慧物流技术,实现货运的高效与环保,同时,绿色货运逐渐融入可持续发展的理念,追求经济、社会、环境的综合效益。

4.2 我国绿色货运的发展方向

在上述可视化分析的基础上,结合绿色货运发展的基本路径,进一步展望我国绿色货运的发展,主要包括四个方向:一是深化政策引导与监管,完善法规,加大支持力度,建立评价体系,确保政策有效实施;二是推动技术创新与产业升级,加大研发投入,重点发展新能源货运车辆、智能物流装备等关键技术;三是加强行业协同与产业链整合,鼓励企业合作,优化产业链,实现协同发展;四是推进智慧物流与绿色发展融合,加快智慧物流建设,应用先进技术提升效率和环保性能,实现可

持续发展。

5 结语

本研究以近 40 年绿色货运相关研究文献为样本,同时对中文文献和英文文献进行可视化聚类和关键词突现分析,梳理出国内外绿色货运研究的差异、共同点和研究趋势。

国内研究涵盖了货物载运工具的选择、多式联运组织的优化、新能源汽车的利用并对其路径优化,且对绿色货运的研究多放在物流业的范围开展。而在英文文献研究中,对运输车辆路径优化的研究较少考虑新能源汽车和充电桩的布局。另有部分文献是从供应链的范围对企业的不同行为进行研究,或以构建循环物流网络作为目标进行探索和研究。而对货运车辆行驶路径的优化研究、甩挂运输组织方式的研究、逆向物流的研究是国内外研究的共同点。

多式联运、信息共享机制、大宗货物甩挂运输以及公转水、公转铁等运输组织的进一步发展,是国内研究的主要趋势。在研究货运发展时,碳排放水平和环境的可持续发展已成为国内学者研究绿色货运时的关注重点。国外在构建逆向物流网络、供应链时也朝着绿色化方向发展,并且尽可能地结合信息化技术。

科技革新与产业改革催生了互联网、大数据等现代技术的广泛应用与深度融合,这不仅将重塑传统货运组织形式,更推动绿色货运向集信息化模块于一体的综合服务模式转变。对国内外绿色货运已有研究的分析也证实了我国对绿色货运的研究仍处于上升阶段,绿色货运行业处于高速发展阶段。

参考文献

[1] 陈悦,陈超美,刘则渊,等.CiteSpace 知识图谱的方法论功能[J].科学学研究,2015,33(2):242-253.

[2] 梅钢,于进.绿色货运的内涵与实施策略研究[J].产业与科技论坛,2010,9(2):75-78.

[3] 汪场.欧洲车辆如何适应绿色货运[J].交通建设与管理,2016(8):62-63.

[4] 周永圣,汪寿阳.一种逆向物流网络设计模型[J].交通运输系统工程与信息,2008,37(3):71-78.

[5] 胡天军,程文科.带回程取货的逆向物流车辆

路径建模及其蚁群算法[J].交通运输系统工程与信息,2010,10(3):110-114.

[6] 谢泗薪,王文峰.绿色物流路径:物流绿色化改造的战略选择[J].中国流通经济,2010,24(5):15-18.

[7] 孙辉泰,贺亦军.甩挂运输是我国发展绿色货运的必然选择[J].交通与运输,2012,28(2):54-55.

[8] 李红启,常馨玉,朱晓宁,等.城际干线甩挂运输的公路牵引车调度问题及其求解[J].公路交通科技,2016,33(2):151-158.

[9] 全国物流标准化技术委员会.物流术语:GB/T 18354—2021[S].北京:中国标准出版社,2021.

[10] 牛秀明,石君,艾振.我国绿色货运实践及发展特征分析[J].物流技术,2021,40(7):12-16.

[11] 钟聪儿.低碳视角下发展绿色物流的思考[J].物流技术,2021,40(3):38-41.

[12] 胡云超.城市物流可持续发展研究[D].北京:北京交通大学,2013.

[13] 吴芳芸,朱小林.基于轴辐式理论的冷链物流网络优化模型[J].公路交通科技,2019,36(6):144-150.

[14] 易娟,刘建银,夏扬坤,等.两阶段木质托盘闭环供应链合作策略研究[J].中南林业科技大学学报,2022(4):170-182.

[15] 王勇,罗思妤.多中心共同配送与收集网络联盟优化问题研究[J].重庆交通大学学报(自然科学版),2021,40(10):130-145.

[16] DEMIR E,BEKTAS T,LAPORTE G. A review of recent research on green road freight transportation[J]. European journal of operational research,2014,237(3):775-793.

[17] KUMAR A,CANTOR D E,GRIMM C M. The impact of a supplier's environmental management concerns on a buyer's environmental reputation:The moderating role of relationship criticality and firm size[J]. Transportation Research Part E:Logistics and Transportation Review,2019,122:448-462.

[18] SEROKA S O. Green initiatives in environmental management of logistics companies[J]. Transportation Research Procedia, 2016, 16:483-489.

[19] UBEDA S, ARCELUS F J, FAULIN J. Green logistics at Eroski:A case study[J]. International Journal of Production Economics,2011,131(1):44-51.

[20] OUYANG X,XU M. Promoting green transportation under the belt and road initiative:locating charging stations considering electric vehicle users' travel behavior[J]. Transport Policy,2022,116:58-80.

[21] ZHANG Q, WANG H C, HONGCHENG W. Research on construction mode of recycling network of reverse logistics of automobile enterprises[C]//2008 International Conference on Information Management, Innovation Management and Industrial Engineering. IEEE,2008,3:36-40.

[22] RAMOS T R P,Gomes M I,Barbosa-Póvoa A P. Planning a sustainable reverse logistics system:Balancing costs with environmental and social concerns[J]. Omega,2014,48:60-74.

[23] KLUMPP M,TOKLU N E,Papapanagiotou V, et al. Green bullwhip effect cost simulation in distribution networks[M]//Dynamics in Logistics. Springer,Cham,2016:387-395.

[24] ZHU Q,SARKIS J. Relationships between operational practices and performance among early adopters of green supply chain management practices in Chinese manufacturing enterprises[J]. Journal of operations management, 2004, 22(3):265-289.

A Tripartite Expert-Oriented Approach for Modeling Blockchain Enablers within the Green Hydrogen Supply Chain

Nora A Mothafar   Jingxiao Zhang*

(School of Economic and Management, Chang'an University)

Abstract Blockchain technology (BCT) is poised to revolutionize green hydrogen supply chains (GHSC) across complex decarbonization industries (CDI). Authenticating green hydrogen's origins facilitate quicker monitoring of energy conversion processes alongside minimizing intermediary involvement. This research aims to identify the BCT enablers within GHSC. A comprehensive review of existing literature and expert opinions identified 15 key enablers that enable BCT's application in this context. A tripartite methodological approach-modified delphi (MD), best worst method (BWM), and interpretive structural modeling (ISM) with MICMAC analysis-was employed to rank these enablers according to their significance, in addition to mapping out their interdependent relationships. Findings reveal that a secure database, source verification, transparency, decentralization, and database sharing are primary considerations.

Keywords Blockchain Green hydrogen supply chain Complex decarbonization industries Tripartite approach UAE

0 Introduction

According to the 28th Conference of the Parties (COP 28), it's imperative to develop fossil-free (coal, oil, and gas) value chains, which are seen as the main drivers of the climate crisis, must be built immediately. Green hydrogen, produced through water electrolysis powered by renewable energy, presents a potential answer. Its serves as both a renewable energy source and a raw material for chemical manufacturing and feedstocks in CDI (steel, chemicals, cement, and refineries)[1]. However, the supply chain for green hydrogen requires overcoming obstacles. These include ensuring a steady supply of renewable energy, providing warranties of material authenticity without traditional guarantees, and creating more flexible billing and payment systems to avoid delays. Additionally, there's is a need to convert renewable energy data into hydrogen measurements without central oversight. The sector also faces uncertainties in tracking and recording the renewable energy used in electrolyzers, accurately measuring hydrogenoutput, and calculating the reduction in CO_2 emissions. A critical concern is the reliably certifying the eco-friendly origin of hydrogen and correcting misconceptions about greenhouse gas emissions throughout the value chain[2].

BCT-based hydrogen could add unprecedented value to GHSC, fostering a sustainable and climate-friendly structural transformation. BCT uniquely encodes each hydrogen batch with a digital passport that details its energy source and production method, enhancing transparency and ensuring data immutability[3]. This traceability allows stakeholders to monitor green hydrogen from production to consumption, verifying its origin from renewable energy source. BCT preserves data integrity and enabling tamper-proof records, thusbuilding trust across the supply chain. It also simplifies processes by using smart contracts, which facilitate the trading of sustainably produced hydrogen and automate transactions, thereby reducing the need for intermediaries. Furthermore, BCT's decentralized approach helps in issuing and managing sustainability certificates and carbon credits, efficiently addressing issues like double counting of renewable electricity production and emission reductions[5]. Additionally, the scalability and flexibility of BCT platforms support the expansion of GHSC and accommodate various energy sources and supply and demand fluctuations, ensuring a reliable supply of renewable energy for its production. This helps make SCs more resilient in supporting sustainability claims and reducing carbon emissions[6].

This approach is particularly relevant in the UAE, a region highly vulnerable to climate change impacts and committed to achieving net-zero carbon dioxide emissions by 2050. This commitment positions the UAE as a potential leader in adopting innovative technologies for green energy transition. Yet, the integration of BCT in the GHSC within the UAE's CDI sector remains underexplored.

In light of these considerations, this paper addresses the following research questions:

What are the key enablers to BCT adoption in CDI of GHSC, How can these enablers be evaluated, and What hierarchical relationships exist among them?

This study aims to pinpoint the enablers of BCT enadlers adoption influencing GHSCs, drawing from pertinent research. These factors will be instrumental in guiding decision-making processes. Experts assessed and ranked these enablers, examining their interconnectedness. Their insights were analyzed using a tripartite methodology comprising of the MD, BWM, and ISM-MICMAC.

The subsequent sections will delve into a comprehensive literature review of BCT's enablers in Section 2. Section 3 covers study methodology. Section 4 discusses the suggested framework's results. Section 5 concludes and discusses the study limitations.

1　BCT's Enablers Affecting The Green Hydrogen Supply Chain

Numerous academics and practitioners have examined the enablers influencing the adoption of BCT and applied them to considerations for GHSCs. Their work encompasses theoretical frameworks and practical methods, focusing on trust-based constructs for adopting information technology innovations pertinent to suppiy chain issues. Through an extensive review of relevant literature from scientific databases covering the period from 2016 to 2023, we have identified 15 key enablers that influence the adoption of BCT in GHSCs. The following section outlines how these BCT enablers are applied within the context of GHSCs.

Secured database (TF1) — The robustness of BCT, which indude asymmetric cryptography and distributed ledgers, fosters trust among stakeholders, especially in sectors dealing with proprietary technology and environmental data. Each block in the chain is connected to its predecessor through a cryptographic hash, serving as a distinct digital identifier of the block's content[7]. Altering any information in a block would change its hash, making it instantly noticeable. This feature makes tampering with BCT data difficult.

Decentralized database (TF2) — Decentralization provides distributed databases on various nodes. This approach mitigates risks associated with centralized systems, such as information asymmetry and single-point failures, leading to increased trust among participants and minimizing potential bottlenecks in supply chains. In addition, it enables more efficient capital and information flows, reducing overall costs and improving financial services within the supply chain, enhancing its resilience[8].

Immutability (TF3) —ensures an unalterable audit trail of all transactions, guaranteeing integrity and traceability. This immutable record-keeping is essential for compliance, certification, and fostering trust among stakeholders, reinforcing the commitment to sustainability and regulatory adherence in these industries[9].

Reduced transaction costs (OE1) —BCT significantly lowers transaction costs in the GHSC by eliminating intermediaries and using cryptographic signatures for secure, decentralized transactions. This reduction in overhead costs, coupled with automated processes via smart contracts, streamlines operations, fostering the development of multi – supplier bases[10]. These efficiencies not only decrease administrative burdens but enhance green hydrogen's economic viability.

Improved risk management (OE2)—Leveraging the decentralized nature of BCT ensures more secure and efficient asset management by enabling immediate, transparent settlements, thus minimizing the risks of payment delays or failures. This leads to faster trade settlements and boosts confidence in the green hydrogen market[11]. The increased efficiency allows for swifter decision-making regarding reinvestment and management of collateral.

Reduced settlement lead times (OE3) —BCT allows for streamlining transactions and removes intermediary steps, quickening agreements and settlements in dynamic energy markets. This efficiency is achieved by eliminating external verification agencies, which speeds up business processes and improves responsiveness. As a result, energy distribution becomes more efficient and timely[10].

Smart system (OE4)—It enhances system credibility with consistent quality assurance and automated compliance. This compliance enables real-time tracking for transparent hydrogen sourcing and carbon management. Autonomous contract execution streamlines operations[12]. This efficiency contributes to risk management and reduction (human errors and fraud). Hence, a significant cost reduction and enhancing collaboration and integration among different players in the supply chain.

Transparency (AI1)—BCT maintains identical network copies at each node, enabling real-time data auditing and inspection. This visibility reduces the need for trusted intermediaries, fostering trust and reputation within the network. The consensus mechanism inherentto BCT ensures higher authenticity and efficiency, making it more transparent and effective than traditional centralized supply chains[13]. Consequently, preventing fraud and maintaining the integrity of GHSC.

Anonymity and privacy (AI2)— BCT ensures the anonymity and privacy of participants using cryptographic private keys, which correspond to undisclosed public keys. BCT utilizes ring signatures to validate encryptions and safeguard data security within the SC [10].

Traceability (AI3)— BCT enables the entire lifecycle of hydrogen, from production to end-user, to be reliably traced and verified, a key aspect emphasized by[14] for sustainability certification and quality assurance. Its decentralized structure promotes a secure exchange of information, bolstering confidence in hydrogen's origins and sustainable production. Consequently, BCT's traceability capabilities are instrumental in validating green hydrogen's authenticity and ecological credentials. Moreover, BCT addresses the challenge of double counting emission reductions by accurately tracking renewable electricity production per megawatt-hour (MWh).

Auditability (AI4)—The technology's ability to provide a secure, unalterable record of all transactions ensures that every stage of the GHSC, from production to distribution, can be accurately tracked and verified. This transparency is crucial for complying with environmental regulations and maintaining certifications in these sectors. Furthermore, the trust and efficiency fostered by BCT's decentralized and tamper – proof nature enhances accountability and bolsters the sustainability of GH initiatives[15].

Shared database (AI5)— It allows participants to collectively access and update ledger records. Its distributed nature ensures each participant has a copy, fostering collaboration while restricting transaction access. BCT's decentralized framework prevents centralized failuresor attacks, maintaining transaction integrity[16]. This secure data sharing is crucial for transparency and efficiency in the GHSC.

Provenance（AI6）—To guarantee the source of the gas in sectors under environmental scrutiny, BCT uses unique digital tokens for each supply chains transaction, ensuring the gas can be traced from production back to its source[16]. Consequently, as digital tokens are reassigned when assets transfer among stakeholders, BCT enables clear end-to-end visibility and accountability in the supply chain, relying on the security of data provenance. Furthermore, BCT's smart contracts facilitate the trading of greenhouse gas emission certificates and ensure authenticity, further reducing fraud risks.

Availability（AI7）— Stakeholders require continuous data availability for use as needed. This ensures accurate operational decisions for more responsive supply chain management, thereby improving reliability in sectors where supply is continuous[6].

Identification（AI8）— A digital identity, or unique digital token, is created on the BCT for each batch of GH（Figure 1）. This identity carries crucial information like the production time, location, method. Depending on their roles and specific permissions, different stakeholders（producers, transporters, regulators, and consumers）can access the BCT[6]. This level of traceability ensures transparency and helps build trust among them.

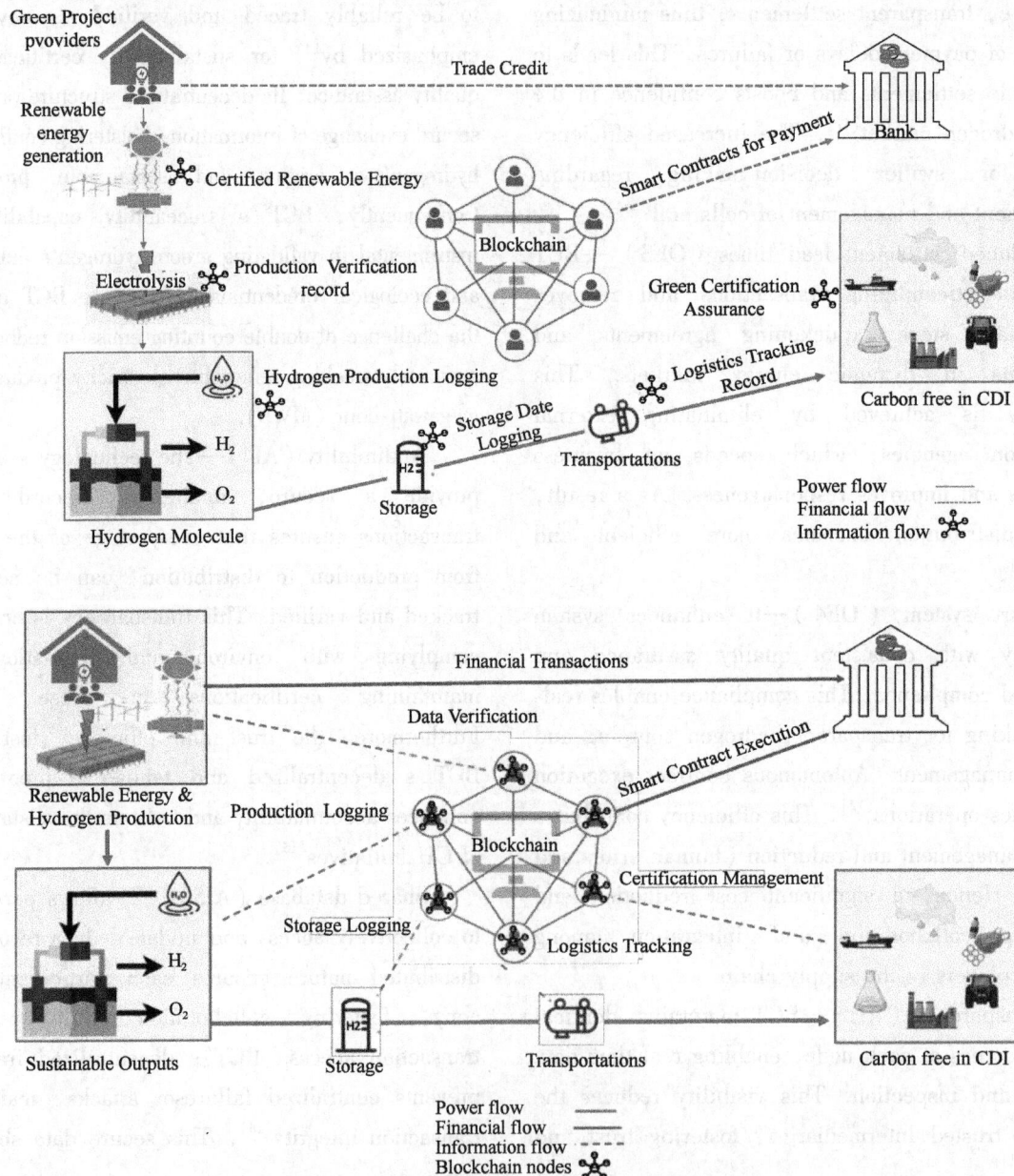

Figure 1　depicts a schematic of BCT network for GHSC

Annotations:

Step 1: Green Project providers transform renewable energy into hydrogen at production facilities.

Step 2: Data regarding hydrogen production, storge, and distribution is sent to blockchain nodes where it is verified and recorded.

Step 3: Payments and transactions are automated using smart contracts that rely on verified data.

Step 4: Certification authorities issue sustainability certificates which are recorded on the BCT.

2 Mthodology

This investigation applies a detailed three-stage multi-case approach to explore and evaluate the key drivers of BCT in the GHSC for CDI. These enablers were in vestigated over three stages with groups of 15, 9, and 12 experts, each with at least eight years of experience in the renewable energy supply chain, specifically focusing on GH operations. These experts hail from diverse fields, including technology, CDI, finance, and environmental sectors. Each one is experienced in group decision-making processes and plays a role in shaping the policies of their respective organizations.

Initially, the study employs a MD technique to identify BCT's critical enablers in its first phase. This method relies on a streamlined, closed-ended questionnaire, enhancing the efficiency of the research process, conserving time, and directing experts' attention precisely towards the research topic, eliminating the ambiguity often associated with open-ended questions. The strength of this technique is its ability to function effectively with a small group of participants, improve the speed of collecting responses, and achieve a consensus among experts[17].

The study's second phase uses the BWM to assess and rank the pinpointed enablers. it's acknowledged for its effectiveness in resolving real-world problems and calculating the weight coefficients of criteria[18]. It employs a straightforward integer scale from 1 to 9 to ease the comparison tasks and address the inconsistency problems typical in other multi-criteria decision making methodologies (i. e., ANP and AHP). BWM has received considerable support for its utility in dissecting complexities within supply chains[19].

In its concluding phase, the research applies ISM-MICMAC to analyze the interconnections among the identified enablers. ISM is celebrated for its applicability in diverse areas of recent papers examining the interrelations among factors[20].

Given the proven effectiveness of multi-criteria decision making techniques in tackling intricate issues with multiple variables and the study's reliance on the specific nature of the problem and the intended outcomes[21], the utilization of the MD-BWM-ISM methodology is justified.

3 Results discussions and analysis

During Phase 1, the MD method determined enabling factors through a consensus of fifteen experts across three rounds. The outcome comprised fifteen key enablers of BCTs organized into three categories.

In phase 2, a BWM analysis was employed to assess and prioritize enablers based on their optimal weights. The analysis revealed 12 highly significant enablers, each with weights exceeding 0. 048. Subsequently, Figure 2 shows t proposed methodology flowchart.

The three least important enablers— '(OE54)', '(AI7)', '(IA8)'—were eliminated in the subsequent ISM-MICMAC analysis. Additionally, it displays a right-skewed histogram with a Pareto line illustrating the ranking.

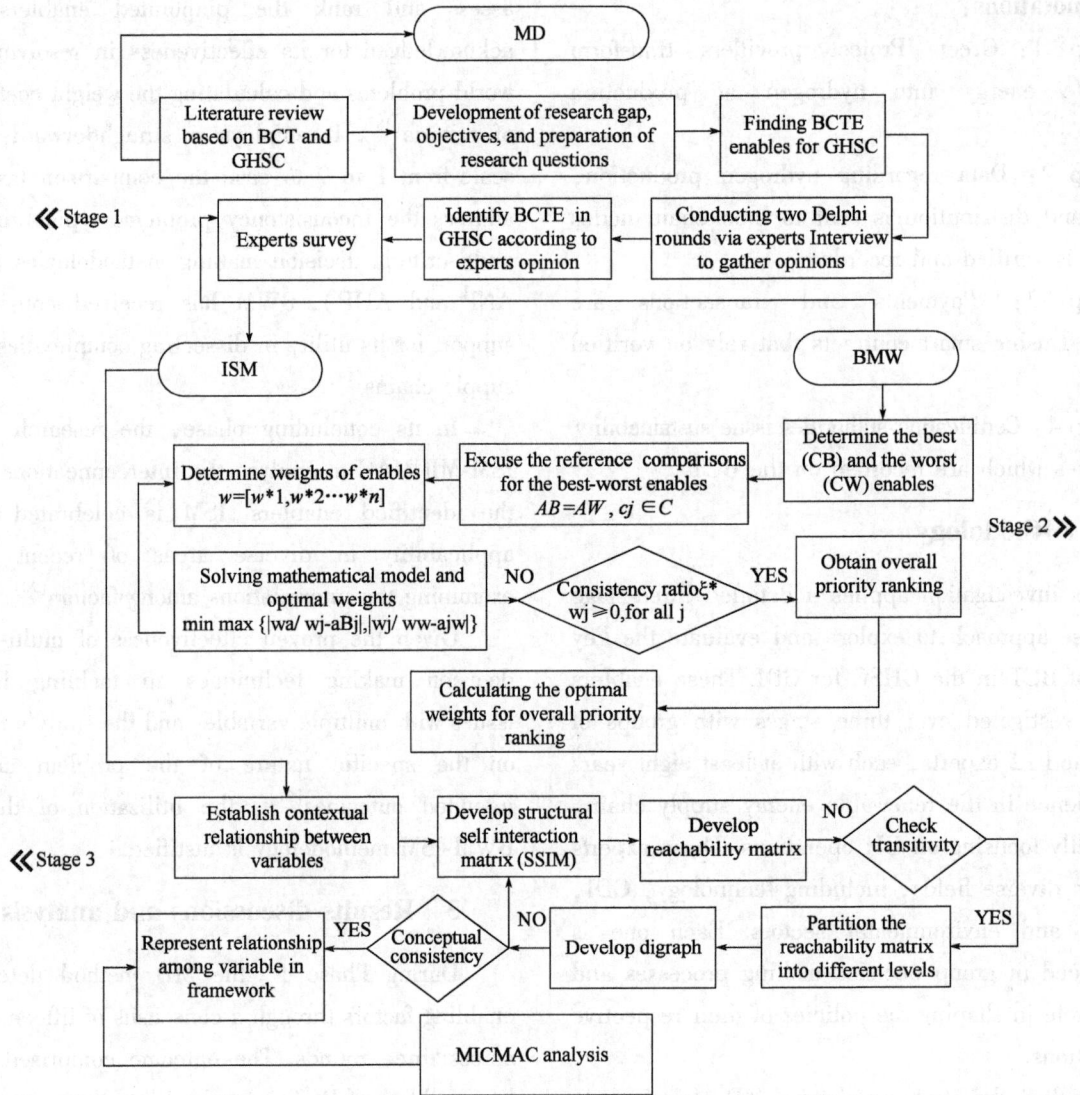

Figure 2　Proposed methodology flowchart

BWM final result

Table 1

Category	Enablers	F-weight	Rank
	Secured database (TF1)	0.197	1
Technical Foundations	Decentralized database (TF2)	0.161	3
	Immutability (TF3)	0.059	110
	Reduced settlement lead times (OE1)	0.052	111
	Improved risk management (OE2)	0.049	112
Operational Efficiency	Reduced transaction costs (OE3)	0.065	99
	Smart system (OE4)	0.041	113

continued

Category	Enablers	F-weight	Rank
Integrity and Accountability	Transparency (AI1)	0.096	6
	Anonymity and privacy (AI2)	0.130	4
	Traceability (AI3)	0.073	77
	Auditability (AI4)	0.120	55
	Shared database (AI5)	0.068	88
	Provenance (AI6)	0.171	22
	Availability (AI7)	0.031	114
	Identification (AI8)	0.024	115

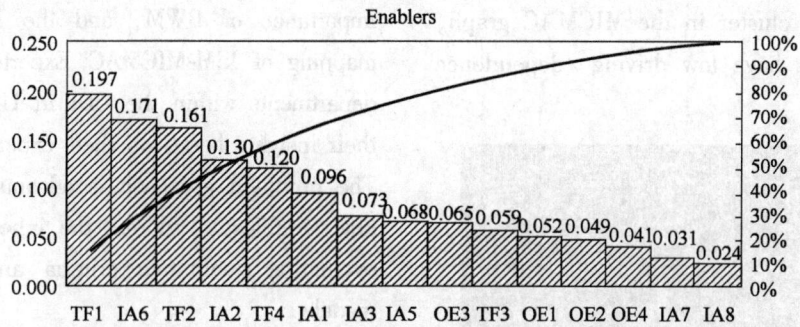

Figure 3   Right skewed histogram of ranked enablers

The ISM-MICMAC methodology was used as the final phase to evaluate the interrelationships among the BCT enablers based on inputs from 12 experts. Their insights are expressed through symbols [V, A, X, O], which are then converted into a binary matrix [0, 1] to create the Initial Reachability Matrix (IRM). After checking for transitivity (*), this IRM evolves into the Final Reachability Matrix (FRM) help calculate the enablers' driving / dependence power. The FRM help categorize the BCT enablers in the MICMAC analysis. The enablers are further organized hierarchically based on their interrelationships achieved through level partitioning over six iterations.

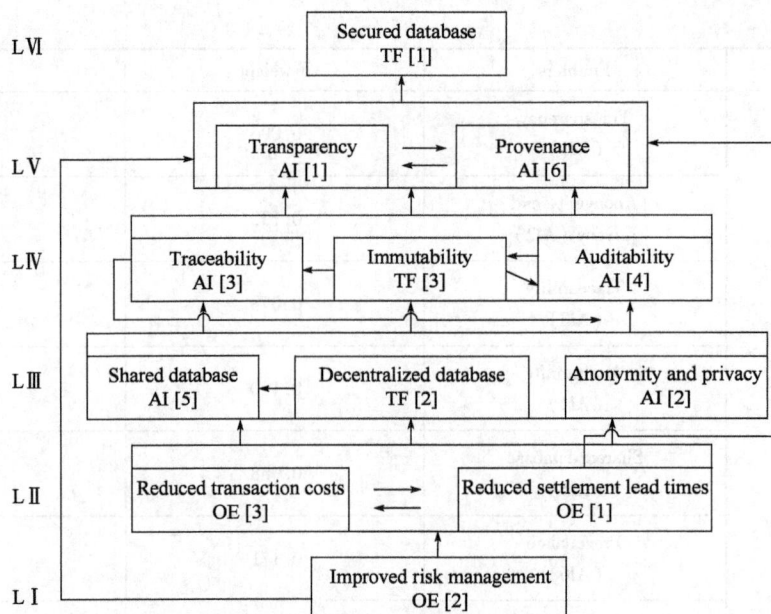

Figure 4 Final ISM model of BCT′s enablers in GHSC

Additionally, a MICMAC graph containing four clusters is generated(Figure 5). The study finds that all BCT enablers are significant, as indicated by an empty 'autonomous' cluster in the MICMAC graph, meaning no enablers have low driving /dependence power.

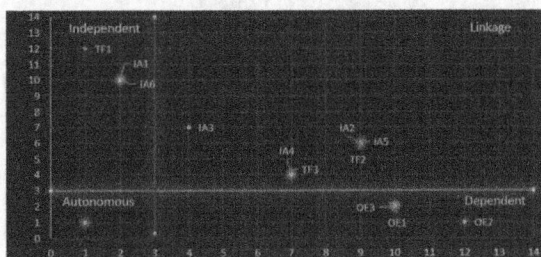

Figure 5 MICMAC analysis

4 Conclusions

As pressures related to climate change continue to mount, organizations and policymakers worldwide are trying to find innovative technologies to reduce environmental burdens. In this context, the combination of blockchain technology and green hydrogen opens up opportunities for innovative business models that promote the supply chain in Complex Decarbonization Industries. This study employed a tripartite (MD, BWM, and ISM-MICMAC) approach to evaluate the adoption of BCT enablers in green hydrogen supply chain. Fifteen enablers were identified by the expert consensus-building of DM, the structured criteria evaluation to rank them based on the relative importance of BWM, and the intricate relationship mapping of ISM-MICMAC. Experts hail from different departments within the CDI in UAE, and they share their insights based on their expertise and knowledge. The proposed approach is advantageous in identifying key variables to address the inherent uncertainties in evaluating qualitative criteria and developing novel models.

This study lays the groundwork for additional discussionthe on the employed methods and their causal. Relationships nonetheless, since it relies on expert opinions, there is a potential for bias reflecting their viewpoints, limiting its applicability to broader contexts.

References

[1] MANNA J, JHA P, SARKHEL R, et al. Opportunities for green hydrogen production in petroleum refining and ammonia synthesis industries in India[J]. International Journal of Hydrogen Energy, 2021, 46 (77): 38212-38231.

[2] WANG Y L, QIN Y M, MA Z B, et al. Operation optimisation of integrated energy

systems based on cooperative game with hydrogen energy storage systems [J]. International Journal of Hydrogen Energy, 2023,48(95):37335-37354.

[3] SHETTY K S, BHAT K S. Green supply chain management practices implementation and sustainability-A review [J]. Mater Today : Proceedings, 2022,52(P3):735-740.

[4] SABERI S, KOUHIZADEH M, SARKIS J, et al. Blockchain technology and its relationships to sustainable supply chain management [J]. International Journal of Production Research, 2019,57(7):2117-2135.

[5] MUKHERJEE A G, WANJARI U R, CHAKR-ABORTY R, et al. A review on modern and smart technologies for efficient waste disposal and management [J]. Journal of Environmental Management, 2021,297:113347.

[6] KANDPAL M, GOSWAMI V, PRIYADARSHINI R, et al. Towards Data Storage, Scalability, and Availability in Blockchain Systems [J]. Data, 2023,8(10).

[7] SUNDARAKANI B, AJAYKUMAR A, GUNA-SEKARAN A. Big data driven supply chain design and applications for blockchain: An action research using case study approach [J]. Omega, 2021,102.

[8] ALI O, ALLY M, DWIVEDI Y. The state of play of blockchain technology in the financial services sector: A systematic literature review [J]. International Journal of Information Int J Inf Manage,2020,54:102199.

[9] TRAN AB, XU X, WEBER I, et al. Regerator: a Registry Generator for Blockchain [C]. CaiSE2017: 29th International Conference on Advanced Information Systems Engineering, 2017.

[10] YING W C, JIA S L, DU W Y. Digital enablement of blockchain: Evidence from HNA group [J]. International Journal of Information Management,2018,39:1-4.

[11] WANG Y L, HAN J H, BEYNON-DAVIES P. Understanding blockchain technology for future supply chains: a systematic literature review and research agenda [J]. Supply Chain Management: An International Journal, 2019, 24 (1):62-84.

[12] DIFRANCESCO R M, MEENA P, KUMAR G. How blockchain technology improves sustainable supply chain processes: a practical guide [J]. Operations Management Research,2022,16(2):620-641.

[13] ABEYRATNE S A, MONFARED R P. Blockchain ready manufacturing supply chain using distributed ledger [J]. International Journal of Research in Engineering and Technology,2016,5(9):1-10.

[14] MATHIVATHANAN D, MATHIYAZHAGAN K, RANA N P, et al. Barriers to the adoption of blockchain technology in business supply chains: a total interpretive structural modelling (TISM) approach [J]. Int J Prod Res. 2021, (59):3338-3359. 未查到

[15] HOFMANN E, STREWE U M, BOSIA N. Conclusion—what can we learn from blockchain-driven supply chain finance? [J] Supply Chain Finance and Blockchain Technology, 2018:89-91.

[16] WANG S, TAHA A F, WANG J H, et al. Energy crowdsourcing and peer-to-peer energy trading in blockchain-enabled smart grids [J]. IEEE Transactions on Systems, Man, and Cybernetics: Systems, 2019, 49 (8): 1612-1623.

[17] KO W H, LU M Y. Evaluation of the professional competence of kitchen staff to avoid food waste using the modified Delphi method [J]. Sustainability, 2020, 12 (19):8078.

[18] REZAEI J, NISPELING T, SARKIS J, et al. A supplier selection life cycle approach integrating traditional and environmental criteria using the best worst method [J]. Journal of Cleaner Production, 2016, 135: 577-588.

[19] TUSHAR S R, ALAM M F B, BARI A B M

M, et al. Assessing the challenges to medical waste management during the COVID-19 pandemic: Implications for the environmental sustainability in the emerging economies[J]. Socio-Economic Planning Sciences, 2023, 87 (PA):101513.

[20] KARMAKER C L, BARI A B M M, ANAM M Z, et al. Industry 5.0 challenges for post-

pandemic supply chain sustainability in an emerging economy [J]. International Journal of Production Economics, 2023, 258:108806.

[21] YADAV G, MANGLA S K, LUTHRA S, et al. Developing a sustainable smart city framework for developing economies: An Indian context [J]. Sustainable Cities and Society, 2019, 47:101462.

秦岭公路对两栖爬行动物生态影响的研究

张殿正*

（长安大学公路学院）

摘　要　本研究致力于评估秦岭地区公路对两栖爬行动物影响的具体机制，尤其关注车流量、温度波动、生境种类及人造结构对其致死率和分布的影响，旨在为生态保护和道路规划提供科学指导。本研究采用直接观测法，于2023年4月至10月期间对秦岭山脉北麓至核心地带的五条公路进行40次野外徒步调查，通过对车流量、温度与两栖爬行动物观测数量及死亡率之间的关系进行统计分析，创新性地引入环境温度作为影响因素进行综合评估。研究共观测到15种两栖爬行动物，总观测点数为589个，尸体数量为83个。分析显示，车流量与两栖爬行动物观测数量和死亡率呈显著相关，平均死亡率为10.51%，其中238乡道的两栖爬行动物观测数量与车流量的关系拟合度最高。温度分析显示，26～30℃为两栖爬行动物活动的最适温度区间，此时观测数量最多，死亡率最低。此外，人造结构如护栏、房屋、停车场周围观测到的两栖爬行动物数量显著增多，表明这些结构对两栖爬行动物具有一定的吸引力。秦岭地区的公路建设对两栖爬行动物的生存环境产生了显著影响，其中车流量增加、温度波动以及人造结构的存在是关键影响因素。基于这些发现，本研究提出了相应的缓解措施。

关键词　公路　两栖动物　爬行动物　道路生态学　回避效应　死亡效应

0　引言

道路生态学研究道路建设和运营对野生动物造成的栖息地丧失、破碎化以及动物的回避或聚集行为、迁移、种群隔离、通道建设和交通伤害等影响，其目的是寻找有效的保护措施，实现公路与环境之间的和谐共存[1]。

在我国，公路动物生态学的研究主要聚焦于具有特殊生态价值和保护重要性的地区及物种，如青藏高原的藏羚羊、云南的亚洲象以及秦岭的大熊猫等[2,3]。尽管如此，当前在研究方法的多样性与创新性、研究地点的广泛性与代表性以及研究物种的多样性与重要性等方面，仍面临着一系列挑战[4,5]。两栖类和爬行类动物在生态系统中发挥着关键作用，但它们在公路生态影响研究中

的地位往往被忽视，缺乏系统性的研究。由于季节性迁移、移动速度慢、对环境变化的高度敏感、特定的生活习性（如对路面热效应的反应）以及驾驶员的故意碾压等，这些动物更易受到公路的负面影响[6,7]。然而，秦岭山区有关两栖爬行动物的公路生态研究较少，深入研究两栖爬行动物在秦岭公路生态系统中的生存状况，探索影响两栖爬行动物生态的因素及其作用方式，有助于填补我国公路动物生态学研究领域的不足，为将来的道路建设和管理过程提供依据。

1　研究区概况

秦岭山脉位于中国中部，拥有丰富的生物多样性，是我国南北自然地理和气候的天然分界线，秦岭以南属于亚热带气候，以北属于暖温带气

候[8];年均降水量为 600~1200mm;秦岭南侧年均温为 14.48℃,北侧年均温为 13.76℃[9]。

研究区域位于秦岭山脉的北麓与核心地带,选择 210 国道沣峪口路段(3.88km,海拔 400~700m)、344 国道莲花山森林公园路段(5.47km,海拔 600~1000m)、238 乡道(2.55km,海拔 500~600m)、231 村道(5.86km,海拔 500~1000m)、108 国道东河口与佛坪国家自然保护之间的公路(9.15km,海拔 1200~1600m)作为研究路线,路线总长 26km,涉及西安市长安区、蓝田县、汉中市佛坪国家级自然保护区,地形复杂,山高谷深,物种丰富。研究区内两栖动物 19 种,隶属 2 目 7 科 12 属;爬行动物 41 种,隶属 2 目 8 科 26 属。

2 研究方法

2.1 数据采集

在 2023 年 4 月至 10 月期间,研究者共 40 次进入秦岭,沿研究路线匀速(1.5~3km/h)步行,采用观察计数法进行实地调查,除了记录路面及路肩上的两栖爬行动物外,也详细记录了离公路有一定距离的生境中出现的两栖爬行动物。在每次调查中,记录出现的两栖爬行动物种类、活体和尸体数量以及调查时的天气、温度、一小时内的交通量、交通流组成、路侧生态环境等信息[10,11],并使用 GPS 进行位置信息采集。

2.2 数据分析

首先整理车流量、温度、生境种类等因素与观测数量(路域范围内发现的两栖爬行动物活体和尸体总数)等数据,进行分布状态检验,对于符合正态分布的数据,采用皮尔逊相关性检验来分析变量之间的相关性,并进行非线性回归拟合,从而更准确地描述变量之间的关系[12,13]。

对道路回避效应的研究,分别对各道路多次记录的信息及平均值、总值作为变量与观测数量进行分析[14];由于各研究路线长度不同、动物丰富度不同,对道路死亡效应的研究选择使用死亡率代替。

3 结果

3.1 调查结果

3.1.1 两栖爬行动物观测种类及数量

在 5 条研究路线上共发现秦岭滑蜥、王锦蛇、

黑斑蛙等 15 种可辨认物种的两栖爬行动物,总数据观测点个数 589 个,尸体数量 83 个,各物种具体观测数量见表 1。

两栖爬行动物物种及观测数量　　表 1

物种	观测数量(个)	尸体(个)
秦岭滑蜥	220	33
蓝尾石龙子	58	5
黄纹石龙子	73	7
草蜥	50	4
多疣壁虎	22	1
王锦蛇	4	0
黑眉锦蛇	1	0
白条锦蛇	2	0
虎斑游蛇	5	0
赤链蛇	3	0
翠青蛇	3	1
黑斑蛙	47	9
林蛙	23	5
泽蛙	9	0
蟾蜍	40	10
未辨认蛙类	27	8
未辨认爬行动物	2	0

3.1.2 车流量与观测数量、死亡率

5 条研究路线总长为 26km,平均车流量 605 辆/h;平均观测数量为 3.257 个/km,最大观测数量为 7.06 个/km,于 6 月 1 日 238 乡道调查时记录,当日共观测到 18 个两栖爬行动物活体,未见到尸体;平均死亡率为 10.51%;最大死亡率为 1,于 5 月 28 日 238 乡道、6 月 10 日 344 国道调查时,只在路上发现少量动物尸体,未见到活体;随着车流量的增加,观测数量呈下降趋势,死亡率呈上升趋势。如图 1 所示。

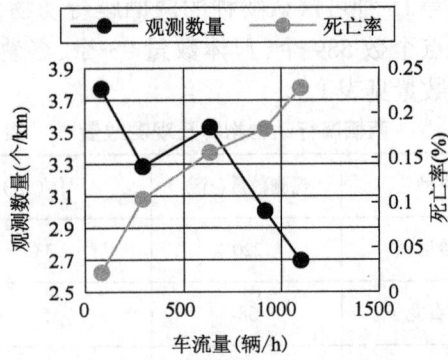

图 1　车流量与观测数量、死亡率之间的关系

3.1.3　温度与观测数量、死亡率

当温度在 26 ~ 30℃之间时,在路域范围内能观察到的两栖爬行动物数量最多(在 29℃时平均每公里可以观察到 5 ~ 6 只两栖爬行动物),且死亡率较低(< 0.2%);当温度过高或者过低,两栖爬行动物的观测数量减少,但是死亡率却有所增高。如图 2 所示。

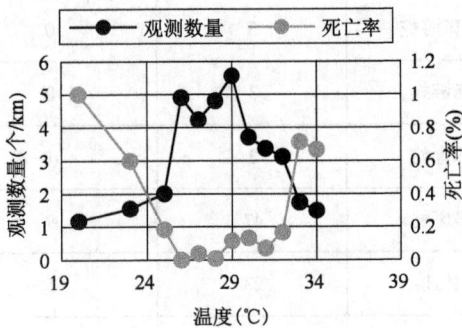

图 2　温度与观测数量、车流量的关系

3.2　数据分析结果

3.2.1　车流量与观测数量

总体车流量与观测到的爬行动物数量之间存在显著相关性(自由度 $df = 39$,显著性 $P = 0.04$)。对不同道路的车流量与观测数量进行拟合,拟合程度较好的模型为:

238 乡道($P = 0.01$,决定系数 $R^2 = 0.774$):

$$y = 51.5526 * e^{-0.00299x}$$

式中: y ——观测到的爬行动物数量;

　　　 x ——车流量。

三个模型都表示随着车流量的增加,能在道路上观测到的爬行动物数量呈指数性减少,这在一定程度上反映了车流量对两栖爬行动物造成的

回避效应。

其次,对于车流量中的不同车型与观测数量的关系,我们发现小汽车对观测数量的影响比较显著($P = 0.001$)。

3.2.2　车流量与死亡率的关系

总体车流量与死亡率存在显著联系($df = 4$, $P = 0.01$),拟合模型为指数型($P = 0.001$, $R^2 = 0.990$): $y = e^{-1.4461 - \frac{198.6775}{x}}$,该模型表示随着车流量 x 的增加,路域范围内两栖爬行动物死亡数量 y 增大。此外,根据每次调查时记录的车流量,对每个道路进行单独的车流量与死亡率的关系分析,并得到拟合程度较好的模型:231 村道($P = 0.029$, $R^2 = 0.942$): $y = 0.3527 - \frac{52.1656}{x}$。

3.2.3　温度与观数量、死亡率

各道路温度与观测数量、死亡率数据单独进行拟合后,得到拟合程度较好的两个模型:344 国道温度与观测数量的模型($P = 0.012$, $R^2 = 0.769$): $y = -0.348(x - 26.533)^2 + 24.862$,238 乡道温度与死亡率的模型($P = 0.002$, $R^2 = 0.830$): $y = 0.0168(x - 28.0089)^2 - 0.0066$

两个二次曲线模型表示,当温度达到 26.533℃时,观测数量最多,当温度在 28.0089℃时,死亡率最低。在调查过程中还发现,当温度连续过低(< 25℃)或者雨后,温度回温时并不会出现大量动物死亡,而在回温后的第二天,路面会出现很多动物尸体。

3.2.4　生境种类与观测数量的关系

在不同生境观测到的两栖爬行动物的频率(个/km)以及动物的死亡率有明显差别,如图 3、图 4 所示。

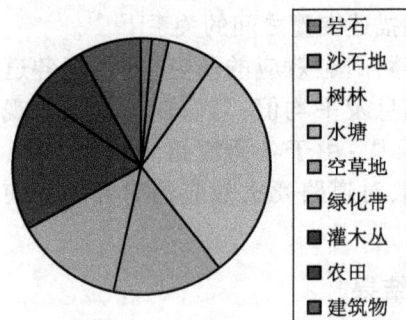

图 3　生境与观测数量的关系

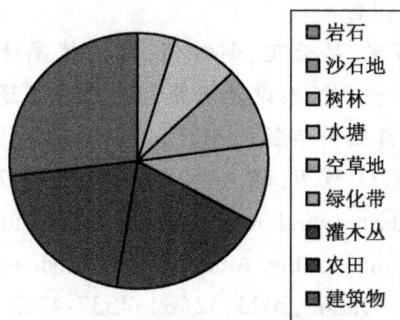

图4 生境与死亡率的关系

水塘、灌木丛、空草地、绿化带是两栖爬行动物主要聚集地点,观测数量分别为 68.56 个/km、40.54 个/km、31.59 个/km、31.04 个/km;而建筑物、农田、灌木丛是死亡聚集地点,死亡率分别为 25.45%、19.35%、18.72%,虽然建筑物、农田没有其他生境吸引两栖爬行动物,但是死亡率却远高于其他生境。

4 讨论

4.1 车流量与两栖爬行动物回避效应

本研究结果表明,车流量的增加显著导致道路两侧观察到的爬行动物数量减少,影响机制为车流产生的噪音以及车辆碾压行为。根据模型所以预测,当车流量达到一定数量时,公路两侧的动物会彻底回避公路,会对他们的迁移和繁殖活动产生长期影响,从而加大道路阻隔效应。

4.2 温度对回避效应和死亡效应的影响

温度对两栖爬行动物的影响机制主要为温度的波动和路面热效应。通过对二次曲线模型的拟合,我们观察到在环境温度达到 26 ~ 27℃ 的区间时,两栖及爬行类动物的观测数量达到峰值。这一发现指出了一个温度的最优区间,在这个温度区间内这些动物的活动频率最高。两栖爬行动物作为变温动物,其生理活动强烈依赖于外界温度,温度过低或过高都会限制它们的活动。在温度达到 27 ~ 30℃ 时,死亡率会降到最低,这与动物习性和路面热效应有关;当温度过低时,两栖爬行动物需要通过光照获取热量维持体温,而公路路面遮蔽物相对较少,容易吸引两栖爬行动物聚集;当温度过高时,在白天并不需要晒太阳维持体温,吸收了大量热量的道路表面在夜晚变得相对温暖,这为寻求恢复体温的两栖爬行动物提供了吸引力,且夜间视线受限,它们因此更容易遭受车辆碾压。

至于温度波动导致动物致死率增加的延后性,

与路面热效应紧密相关,且受温度回升期间日夜行为模式变化的影响。在温度回升的白天,由于阳光充足,两栖爬行动物能够更清晰地观察到车流量,并因此选择远离道路以避免潜在的威胁;而夜晚的路面热量又导致了路面死亡效应。

4.3 道路两侧生境对两栖爬行动物的影响

研究结果表明,当道路两侧的生境主要为低矮灌木丛和碎石堆,且宽度在 1 ~ 5 米之间时,观察到的爬行动物数量较多。该类型生境既满足了爬行动物晒太阳获取能量的需求,又提供了足够的隐蔽空间以供其躲避。相反,过于空旷或遮蔽物过多的生境,均不利于爬行动物的观察和生存。值得特别关注的是在围栏、挡土墙、房屋、停车场、洗车站等人造建筑物周围观察到的两栖爬行动物,如图 5 所示,这些生物主要栖息在人造建筑物附近,通过建筑物空隙中投射的阳光汲取热量。这种行为模式与我们研究中发现的路面热效应直接相关,表明两栖爬行动物倾向于利用人造结构作为热量来源进行体温调节。

图5 秦岭滑蜥在路缘石上汲取热量

5 结语

在本研究的基础上,我们提出以下建议,旨在减少公路对爬行动物的负面影响。①车流量和车速的管理:考虑到爬行动物在繁殖期、温度波动较大时期的特殊行为模式,建议在这些关键时期限制车流量和车速,尤其是在夜间;②道路两侧植被覆盖度的调整:为了防止爬行动物过度聚集在山区道路两侧,建议适当降低植被覆盖度,或者加宽两侧空地的宽度,以保证良好的视野;③考虑到野生动物通道在为爬行类动物提供安全过境点方面的关键作用,建议对其设计和布局进行深入研究,提高通道的利用率,并防止形成捕食陷阱;④合理设计公路及周边环境中的人为结构,同时考虑采取措施减少这些结构对爬行动物的吸引力,或者提供安全的迁移路径,以避免它们因被吸引至道路附近而增加遭受伤害的风险。

参考文献

[1] 王云,朴正吉,关磊,等.公路路域动物生态学研究方法综述[J].四川动物,2014,33(5):778-784.

[2] 陈学平,杨艳刚,王云,等.青藏高原高寒区公路边坡铺植草皮演替特征与草皮利用启示[J].公路,2019,64(5):262-267.

[3] 王云,关磊,陈济丁,等.青藏高速公路格拉段野生动物通道设计参数研究[J].公路交通科技,2017,34(9):146-152.

[4] 王冀,王云,关磊,等.热带雨林公路建设对野生动物的影响及保护研究进展[J].生态学杂志,2019,38(10):3183-3188.

[5] ANDREA S N,TAMARA M R P,ARTURO C R,et al. Effect of Landscape Composition and Configuration on the Diversity of Amphibians and Reptiles [J]. South American Journal of Herpetology,2023,29(1):77-87.

[6] 李灵贝,王云,关磊,等.京新高速公路(临白段)野生动物通道监测研究[J].四川动物,2019,38(1):92-98.

[7] 王云,杨艳刚,史国强,等.长白山自然保护区公路致死影响下两栖类动物数量稳定性风险评价[J].交通运输研究,2021,7(6):106-114.

[8] 韩万里,吕云飞,赵建有.高海拔高速路动物穿行警示标志设置研究[J].重庆交通大学学报(自然科学版),2021,40(12):47-53.

[9] PABLO M V,CLARA G,DAVID B Z,et al. Landscape and road features linked to wildlife mortality in the Amazon [J]. Biodiversity and Conservation,2023,32(8):4337-4352.

[10] 吴旻,陈瑾,赵超超,等.泉三高速公路动物通道选址研究——以云豹为例[J].生态学报,2020,40(7):2360-2366.

[11] 范庭兴.公路工程对水生动物自然保护地的影响及保护措施[J].公路,2021,66(12):372-380.

[12] CHERYL S. B,STEPHANIE B,BRITTANY E,etal. Elevated road segment (ERS) passage design may provide enhanced connectivity for amphibians,reptiles,and small mammals[J]. Frontiers in Ecology and Evolution,2023,11(5).

[13] VÍCTOR J. C-R,MIGUEL L. Herpetofauna and roads:a review [J]. Basic and Applied Herpetology,2012,26:5-31.

[14] PHAM V A,NGUYEN Q T,TRAN V T,etal. Threatened Species of Amphibians and Reptiles from Son La Province and Their Conservation Values [J]. VNU Journal of Science:Earth and Environmental Sciences,2023,39(1):53-61.

Prioritizing the Indicators for Port Sustainability Using Fuzzy AHP

Tongxia Zhang　　Jiaqi Yang *　　Muhammad Hamza Naseem　　Xiaojia Pan
(School of Transportation and Logistics Engineering,Wuhan University of Technology)

Abstract As the concept of sustainable development becomes increasingly ingrained, cargo owners are increasingly inclined to select more sustainable ports for their consignment needs, while port managers are contemplating ways to advance sustainable development in order to boost port competitiveness. Most of the current research on port sustainability focuses solely on the environmental dimension, with scant attention given to factors pertaining to the broader aspects of sustainability, such as social and economic aspect of sustainability. To address this gap, this study establishes an index system for driving factors of port sustainability, comprising three dimensions: environment, social, and economical. Through the application of fuzzy analytic hierarchy process, the results show that economic factors have the greatest impact on the sustainable development of ports and factors like lack of perfect evaluation system, government policy and market demand have attracted the attention of experts in recent years. The evaluation model developed in this study offers valuable guidance for identifying key issues in sustainable port development and designing appropriate strategies for improving the overall level of sustainability in ports and insufficient government policy support are the primary obstacles to promoting sustainable port construction.

Keywords   Port sustainability   Port barriers   Green port   Fuzzy AHP

0   Introduction

Ports are important nodes connecting shipping, seaports and hinterlands, and play an important role in radiating and driving the global trade network. Although maritime shipping is recognized as the greenest mode of transportation, considering the share of shipping in the global supply chain, the pollution it produces cannot be underestimated. As an industry with high energy consumption and high pollution, the development and operation of ports will seriously affect the local ecological environment. As a core node in the supply chain, the development of ports will not only affect the benefits of upstream and downstream enterprises in the supply chain, but also have a direct or indirect impact on regional economic and social development [1]. The production activities of the port will promote the construction of hinterland infrastructure and the development of port-side industries and provide more employment opportunities for the society.

However, in recent years, environmental problems such as water pollution and coastal erosion have not only had a profound impact on the local environment, but also brought enormous pressure to the production and operation of the port, which causes severe challenges to the port sustainable development issues. Under the pressure of national sustainable development policies and social responsibilities, more port operators have begun to think about how to better integrate sustainable development goals into port operations, so as to establish a good social image of their enterprises and attract government and social

investment [2]. In recent years, due to the impact of pandemics such as the COVID-19 epidemic, many problems such as insufficient port labour force and increased market competition have gradually become prominent, and it is difficult to promote sustainable port construction.

Therefore, this study aims to find out the factors that affect the sustainable development of ports under the background of the new era, and use the optimization method of fuzzy traditional analytic hierarchy process to evaluate these indicators. The fuzzy traditional analytic hierarchy process adopts the combination of qualitative and quantitative methods, which improves the problems existing in the traditional analytic hierarchy process, can better deal with inaccurate or uncertain fuzzy data, and further improves the reliability of decision-making. Based on this method, this paper will summarize and analyse the main problems faced in promoting the sustainable development of ports at present, and find out the factors that have the greatest impact on the sustainable development of ports.

1   Driving factors of port sustainability

Through systematic literature review, it is not difficult to find that most of the current research on port sustainability focuses on environmental sustainability. And there are few studies that comprehensively consider social, economic and environmental factors. Based on the 17 goals for sustainable development proposed by the United Nations in 2015, this paper obtains the main driving factors affecting the sustainable development of ports from the three dimensions of environment, economy and society through extensive literature summary and consultation with experts.

1.1 Environmental sustainability

Environmental issues are one of the main issues facing the global port industry, and environmental sustainability is an important part of promoting the sustainable development of ports. Natural climate conditions, energy consumption, waste management, etc., all have an impact on environmental sustainability. Carpentera proposed that through waste management, the circular economy of the port can be realized and the sustainable development of the port can be promoted[3]. Misra et al. believe that the use of clean energy-based micro-grids in ports can effectively reduce sulfur dioxide emissions in ports, reduce dependence on fossil fuels, and promote the sustainable development of ports[4]. Based on the study of Sogut et al., fossil energy consumption and low energy utilization efficiency are the main problems facing environmental sustainability. And improving energy utilization efficiency is a key indicator to promote the sustainable port growth[5].

In addition, the lack of research on sustainable evaluation indicators will also hinder port managers from formulating relevant strategies to improve the sustainable development of ports. As early as 1999, Wooldridge et al. proposed to establish a scientific and reasonable environmental assessment index system to assess the environmental quality of ports and provide inspection standards and guidelines for environmental and sustainable development[6]. At present, the ecological port evaluation index system widely used in the world is the EU ecological port plan launched by the European Seaport Organization (ESPO), which includes indicators such as port environment, biology, management, and economic benefits.

1.2 Economic sustainability

The development of ports depends on the support of economic conditions such as funds and infrastructure. Beleya et al. believe that the financial support of the government and financial institutions is the critical factor affecting the sustainable development of the port economy, and the port scale and backward infrastructure will hinder the sustainable development of the port to a certain extent[7]. Aksoy et al. believe that promoting the joint transportation of multiple transportation modes such as port railways and roads can improve the operational efficiency of the port, attract investors and transportation participants, and improve the competitiveness and sustainability of the port[8]. On this basis, Hua et al. further proposed that the port transportation organization composed of port transportation system and logistics information system will affect the production efficiency of the port and is an important indicator affecting the sustainable development of the port[9].

In recent years, with the rapid development of economic integration, many scholars have begun to realize the close connection between ports and the development of port cities. The port can drive the development of the port city and promote the communication between the port city and the outside world. On the other hand, as a gathering place for import and export trade, port cities can well promote the combination of port economy, logistics and industrial activities with regional economy, and improve the economic benefits of ports[10].

1.3 Social sustainability

The sustainable development of ports covers a wide range of social issues. Factors including human capital, the industry pressure, and insufficient coordination between ports and suppliers will bring challenges to the sustainable development of ports. In Lozano's research, leadership, reputation and the morality and ethical obligations have a great impact on promoting the sustainable development of enterprises[11].

In addition to port workforce issues, another often overlooked sustainability issue in ports is gender equality. Ports, especially dockworkers, have long been largely male-dominated, and many port managers have done little to factor gender equality into account when considering port priorities. The sustainable development of ports must change the traditional male-dominated cultural concepts of the port industry and promote equal job choices for men and women in ports[12-13].

From the literature review mentioned above, the common driving factors of port sustainability are pointed out. Moreover, the factors nominated for this study are grouped into three categories, and each category contains specific indexes. Table 1 explains the main indicators used by this study.

Identified driving factors of port sustainability

Table 1

Classification	Index
Environment	Pollutant emission monitoring
	Lack of perfect environmenttal management system
	Natural conditions of the port
	Port operational efficiency
	Energy consumption
	Renewable energy utilization
	Waste management
Economy	Port city development
	Port size
	Government financial support
	Equipment investment
	Port traffic organization
	Infrastructure
	Economic benefits
Society	Industry pressure
	Market demand
	Gender equality
	Government policy
	Lack of labour
	Port organization and management
	Lack of sustainability awareness
	Stakeholder coordination

2 Methodologies and application

2.1 A brief review of FAHP

Analytic Hierarchy Process (AHP) is a systematic and hierarchical analysis method, which can effectively deal with complex decision problems. The traditional analytic hierarchy process uses an exact value to express the expert's preference for choice, but in real life, due to the limited ability and information, this preference is difficult to use an exact value to express. Such subjective judgments and assignments based on expert opinions can lead to uncertainty and imprecision in the results. In order to overcome this shortcoming, scholars put forward fuzzy Analytic Hierarchy Process (FAHP) to solve the stratification problem by combining fuzzy sets and analytic hierarchy process (AHP).

Fuzzy AHP has the characteristics of more systematic method, simpler calculation and more comprehensive evaluation, and because of its strong theoretical support, it provides a good theoretical and data reference for solving some decision-making problems, so it is widely used in various decision-making fields. For example, Ashish applied fuzzy AHP to the case study of gear manufacturing. By using this method, Ashish explored the traditional factors and supply chain factors that should be considered when selecting suppliers in India's MSME gear manufacturing industry, and found that cost factor was the most important factor to consider when selecting suppliers[14]. Funda et al. used fuzzy AHP to select the best employee candidates in IT department, calculated the importance weights of 30 sub-criteria, and then ranked the best degree of 5 candidates[15].

2.2 Methodology of FAHP

The FAHP analysis method adopted in this study is derived from a new FAHP method proposed by Chang[16] in 1996, that is, the triangular fuzzy numbers are used for pound-wise comparison of FAHP, and the degree analysis method is used to analyse the combined degree values of pairs.

If $\breve{A}_1 = (l_1, m_1, u_1)$ and $\breve{A}_2 = (l_2, m_2, u_2)$

are representing two triangular fuzzy numbers, then algebraic operations can be expressed as follows：

$$\breve{A}_1 + \breve{A}_2 = (l_1 + l_2, m_1 + m_2, u_1 + u_2) \quad (1)$$

$$\breve{A}_1 - \breve{A}_2 = (l_1 - l_2, m_1 - m_2, u_1 - u_2) \quad (2)$$

$$\breve{A}_1 \times \breve{A}_2 = (l_1 l_2, m_1 m_2, u_1 u_2) \quad (3)$$

$$\breve{A}_1 \div \breve{A}_2 = (l_1/l_2, m/m_2, u/u_2) \quad (4)$$

$$\breve{A}_1^{-1} = (l_1, m_1, u_1)^{-1} = \left(\frac{1}{u_1}, \frac{1}{m_1}, \frac{1}{l_1}\right) \quad (5)$$

According to the method of extent analysis of Chang (1992)

$$M_{gi}^1 M_{gi}^2, M_{gi}^3, \cdots, M_{gi}^m, i = (1, 2, 3, 4, 5, \cdots, n)$$

And all M_{gi}^j ($j = 1, 2, 3, 4, 5, \cdots, m$) are triangular fuzzy numbers given in Table 2.

TFN of linguistics comparison matrix

Table 2

Linguistics variables	Assigned TFN
Equal	(1,1,1)
Very low	(1,2,3)
Medium	(2,3,4)
High	(3,4,5)
Very high	(4,5,6)
Excellent	(6,7,8)

The steps of Chang's analysis can be described as follows：

Step 1. The fuzzy synthetic extent (S_i) value with respect to the criterion is defined as：

$$S_i = \sum_{j=1}^m M_{gi}^j \times \left[\sum_{i=1}^n \sum_{j=1}^m M_{gi}^j\right]^{-1} \quad (6)$$

$$\sum_{j=1}^m M_{gi}^j = \left(\sum_{j=1}^m l_{ij}, \sum_{j=1}^m m_{ij}, \sum_{j=1}^m u_{ij}\right) \quad (7)$$

$$\left[\sum_{i=1}^n \sum_{j=1}^m M_{gi}^j\right]^{-1} = \left(\frac{1}{\sum_{i=1}^n u_i}, \frac{1}{\sum_{i=1}^n m_i}, \frac{1}{\sum_{i=1}^n l_i}\right) \quad (8)$$

Where l is the lower limit value, m is the most promising value and u is the upper limit value.

Step 2. The degree of Possibility of $S_2 = (l_2, m_2, u_2) \geq (l_1, m_1, u_1)$ can be defined as：

$$V(S_2 \geq S_1) = \sup_{y \geq x} [\min(\mu_{S_1}(x), \mu_{S_2}(y))] \quad (9)$$

Where x and y represent the values on an axis of the membership function of each criterion. This expression can be seen in equation (10) below：

$$V(S_2 \geq S_1) = \begin{cases} 1 & (m_2 \geq m_1) \\ 0 & (l_1 \geq u_2) \\ \dfrac{l_1 - u_2}{(m_2 - u_2) - (m_1 - l_1)} & (\text{otherwise}) \end{cases} \quad (10)$$

Where μd is the highest intersection point μ_{S_1} and μ_{S_2}, the graphical presentation can be seen in Figure 1.

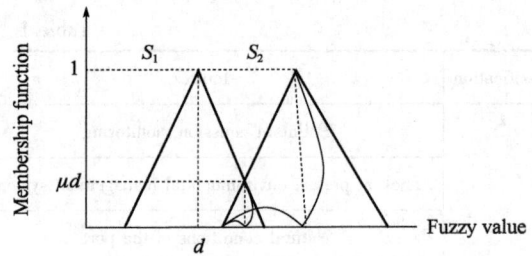

Figure 1　The intersection of fuzzy numbers

To compare S_1 and S_2, both $V(S_1 \geq S_2)$ and $V(S_2 \geq S_1)$ are required.

Step 3. The degree of possibility for a convex fuzzy number S to be greater than k convex fuzzy numbers S_i can be defined as：

$$V(S \geq S_1, S_2, \cdots, S_k) = V[(S \geq S_1), (S \geq S_2), \cdots, (S \geq S_k)] = \min V(S \geq S_i), i = 1, 2, 3, \cdots, k \quad (11)$$

Assume that $d(A_i) = \min V(S_i \geq S_k)$, for $k = 1, 2, 3, \cdots, n, k \neq i$, so the weight vectors are given in equation (12) as,

$$W' = (d'(A_1), d'(A_2), \cdots, d'(A_{1=m}))^T \quad (12)$$

Step 4. Via normalization, the normalized weight vectors are given in equation (13) as,

$$W = (d(A_1), d(A_2), \cdots, d(A_{1=m}))^T \quad (13)$$

And W is the non-fuzzy number.

2.3　Application

In this paper, fuzzy Analytic Hierarchy Process (FAHP) will be applied to evaluate the driving factors affecting the sustainable development of ports. The selected indicators are shown in Table 1. Based on the analysis of the main criteria and sub-criteria triangular fuzzy numbers by five experts, the decision matrix as shown in Table 3 and Table 4 is obtained, along with their weights and rankings.

Ranking of Main-Criteria Table 3

	Environmental	Economical	Social	Weight	Final Rank
Environmental	(1,1,1)	(1,2,3)	(0.25,0.33,0.5)	0.2768	3
Economical	(0.33,0.5,1)	(1,1,1)	(2,3,4)	0.369	1
Social	(2,3,4)	(0.25,0.33,0.5)	(1,1,1)	0.3542	2

Final Ranking of Barriers Table 4

Main Criteria	Weight	Sub-criteria	Weight	Final Weight	Rank
Environmental	0.2768	Pollutant emission monitoring	0.1454	0.040247	16
		Lack of perfect evaluation system	0.2597	0.071885	1
		Natural conditions of the port	0.1719	0.047582	14
		Port operational efficiency	0.0956	0.026462	18
		Energy consumption	0.0522	0.014449	22
		Renewable energy utilization	0.0579	0.016027	20
		Waste management	0.2173	0.060149	5
Economical	0.369	Economic benefits	0.1389	0.051254	10
		Port size	0.1155	0.04262	15
		Government financial support	0.1403	0.051771	9
		Equipment investment	0.1662	0.061328	4
		Port traffic organization	0.1449	0.053468	7
		Infrastructure	0.1552	0.057269	6
		Port city development	0.1386	0.051143	11
Social	0.3542	Industry pressure	0.1417	0.05019	12
		Market demand	0.1822	0.064535	3
		Gender equality	0.0849	0.030072	17
		Government policy	0.1957	0.069317	2
		Lack of labor	0.0436	0.015443	21
		Port organization and management	0.1345	0.04764	13
		lack of sustainability awareness	0.0675	0.023909	19
		Stakeholder coordination	0.1497	0.053024	8

3　Results and Discussion

The results of this study using the fuzzy analytic hierarchy process to prioritize the indicators for port sustainability suggest that economic factors have the highest priority, followed by social and environmental factors, respectively. This means that in order to enhance the level of sustainable development of a port, port managers should prioritize economic considerations over social and environmental ones. This is in line with the fact that ports are primarily economic entities, and economic considerations such as profitability, cost-effectiveness, and financial sustainability are of utmost importance to port managers.

The sub-criteria under the economical indicators have been ranked in order of importance for achieving economic sustainability in ports. The most critical subcriterion is equipment investment, emphasizing the significance of having adequate technology and equipment. Infrastructure development is ranked second, highlighting its role in attracting business and competing with other ports. Efficient organization and management of port traffic is identified as the third-ranked subcriterion, followed by government financial support, which emphasizes the importance of government incentives for port development and maintenance. While economic benefits are essential, they should not be the sole focus of port sustainability. Port city development is ranked sixth, highlighting the link between the economic sustainability of ports and the surrounding region's development. Finally, port size is identified as the least critical subcriterion, although it may impact other sustainability factors.

However, the importance of social sustainability indicators should not be overlooked. Social sustainability is essential to maintaining the well-being of the community and ensuring that the port's operations are socially responsible. The social sustainability indicators include factors such as community involvement, labour rights, and health and safety of workers, among others.

The weight of eight sub-criteria in determining the level of social sustainability of a port is presented in Table 4. The top three subcriteria, government policy (international environmental regulations), market demand, and stakeholder coordination, are identified as the most important factors for sustainable port selection. The ranking also emphasizes the importance of effective management practices, industry trends, gender equality, sustainability awareness, and adequate labour supply in promoting social sustainability in ports. In summary, achieving social sustainability in ports requires a comprehensive approach that involves various stakeholders and takes into account different factors.

Finally, the study shows that environmental sustainability indicators receive the lowest priority among the three main criteria. This does not mean that environmental sustainability is not important. Rather, it highlights the need for port managers to balance economic and social considerations with environmental ones. Environmental sustainability indicators include factors such as air and water quality, carbon footprint, and waste management, among others.

The most important sub-criterion for the environmental sustainability indicator is the lack of perfect evaluation system, emphasizing the need for a comprehensive and robust evaluation system to assess the sustainability of ports. The second most important subcriterion is waste management, indicating the significance of effective waste management practices. natural conditions of the port ranked third, highlighting the importance of protecting and preserving the natural environment surrounding ports. Pollutant emission monitoring ranked fourth, emphasizing the importance of monitoring and controlling pollutant emissions. Port operational efficiency ranked fifth, highlighting the need to optimize port operations to enhance economic and environmental sustainability. Moreover, renewable energy utilization and energy consumption received least importance, emphasizing the need to adopt energy-efficient practices and equipment to minimize the environmental impact of port operations and reduce operational costs.

4 Conclusions

In conclusion, this study aimed to prioritize the indicators for sustainable port development using the fuzzy analytic hierarchy process. The results indicate that economic factors have the highest priority, followed by social and environmental factors. The study also highlights the importance of balancing economic and social considerations with environmental ones for sustainable port development. The subcriteria under the three main criteria have been ranked in order of importance, providing guidance for port managers in enhancing sustainability. Despite the findings, there are limitations to this study, including the selection of indicators, the sample size, and the geographic scope. Future research could explore other sustainability factors or expand the scope of this study to include a more diverse range of ports. Furthermore, future research could focus on the development of practical tools and strategies to improve the sustainability of ports, taking into account the findings of this study.

Overall, this study provides insights into the critical factors that need to be considered for the sustainable development of ports, paving the way for further research and practical applications in this field.

References

[1] HOSSAIN T, ADAMS M, WALKER T R. Role of sustainability in global seaports[J]. Ocean & Coastal Management,2021,202:105435.

[2] SANTOS S,RODRIGUES L L,BRANCO M C. Corporate sustainability of Portuguese seaports [J]. Journal of Cleaner Production, 2022, 380:135067.

[3] CARPENTER A, LOZANO R, SAMMALISTO K, et al. Securing a port's future through Circular Economy:Experiences from the Port of Gävle in contributing to sustainability [J]. Marine pollution bulletin,2018,128:539-547.

[4] MISRA A,VENKATARAMANI G,GOWRISH-ANKAR S,et al. Renewable energy based smart microgrids—A pathway to green port development[J]. Strategic Planning for Energy and the Environment,2017,37(2):17-32.

[5] SOGUT M Z,ERDOǦAN O. An investigation on a holistic framework of green port transition based on energy and environmental sustainability [J]. Ocean Engineering, 2022, 266:112671.

[6] WOOLDRIDGE C F, MCMULLEN C, HOWE V. Environmental management of ports and harbors—implementation of policy through scientific monitoring[J]. Marine Policy, 1999, 23(4-5):413-425.

[7] BELEYA P,VEERAPPAN G,DING W J,et al. Challenges in attaining sustainable development goals in port Klang: Port management perspective[J]. International Journal of Supply Chain Management,2020,9:349-355.

[8] AKSOY S,DURMUSOGLU Y. Improving comp-etitiveness level of Turkish intermodal ports in the frame of green port concept:a case study [J]. Maritime Policy & Management,2020,47 (2):203-220.

[9] HUA C Y,CHEN J H,WAN Z,et al. Evaluation and governance of green development practice of port:A sea port case of China[J]. Journal of Cleaner Production,2020,249:119434.

[10] ZHENG Y,ZHAO J,SHAO G. Port city susta-inability:A review of its research trends[J]. Sustainability,2020,12(20):8355.

[11] LOZANO R,VON HAARTMAN R. Reinforcing the holistic perspective of sustainability: Analysis of the importance of sustainability drivers in organizations[J]. Corporate Social Responsibility and Environmental Management,2018,25(4):508-522.

[12] LITTIG B. Good work? Sustainable work and sustainable development: a critical gender perspective from the Global North [J]. Globalizations,2018,15(4):565-579.

[13] BARREIRO-GEN M,LOZANO R,TEMEL M, et al. Gender equality for sustainability in ports: Developing a framework [J]. Marine Policy,2021,131:104593.

[14] DESHMUKH A J,VASUDEVAN H. A Combined approach for supplier selection using AHP and Fuzzy AHP in Indian Gear Manufacturing MSMEs [J]. OP Conference Series: Materials Science and Engineering,2018,376(1):012122.

[15] SAMANLIOGLU F,TASKAYA Y E,GULEN U C, et al. A fuzzy AHP-TOPSIS-based group decision-making approach to IT personnel selection [J]. International Journal of Fuzzy Systems,2018,20(5):1576-1591.

[16] CHANG D Y. Applications of the extent analysis method on fuzzy AHP[J]. European Journalof Operational Research,1996,95(3),649-655.

城市轨道交通与绿色经济耦合协调关系及低碳效应

武笑宇[1]　张小强[*1,2,3]

(1.西南交通大学交通运输与物流学院;2.西南交通大学综合交通大数据应用技术国家工程实验室;
3.西南交通大学综合交通运输智能化国家地方联合工程实验室)

摘　要　城市轨道交通与绿色经济之间存在耦合协调关系,引发的低碳效应对实现可持续发展至关重要。以2008-2020年北京市各项统计数据为基础,通过熵值法-变异系数法组合赋权模型构建两个耦合协调子系统的评价指标体系,分析二者在时间序列下的耦合协调度动态演化过程;以每年万元地区生产总值能耗作为低碳效应的表征变量,引入向量自回归模型,进一步探究与耦合协调度的因果关系。研究发现:北京城市轨道交通与绿色经济的耦合协调度在整体上升;耦合协调度与低碳效应呈现正相关,在时间序列上存在长期稳定关系;耦合协调度对低碳效应的解释程度达到88.7%。研究结果对促进城市轨道交通与绿色经济高水平协调发展,持续推进低碳进程具有一定理论意义和实践应用价值。

关键词　城市轨道交通　绿色经济　耦合协调度　低碳效应　向量自回归模型

0 引言

作为低能耗、大运量的快速旅客运输系统,城市轨道交通一直具有公认的绿色属性,凭借其高度的可靠性与可达性,吸引大量的人流、物流和信息流在沿线与站点周边集聚,更多的商机也应运而生;而由此带来的经济增长为城市轨道交通产业链条提供了资金保障,与此同时,居民日益多样化的出行需求也推动了城市轨道交通进一步规划与建设。因此,越来越多的城市在不断打造以城市轨道交通带动当地绿色经济发展的新格局。绿色经济的概念最早由英国学者Pearce提出,其核心便是将传统经济与环境生态相结合,并提出经济发展不能以破坏环境为代价。近年来不断被推广和尝试的TOD(Transit-Oriented Development)与PPP(Public-Private Partnership)组合模式,便是探索城市轨道交通客流与区域绿色经济流互相转化的途径之一,其优势在于不仅拓展了基础设施投融资渠道,还在建设运营、土地增值、布局优化等方面形成积极反馈。可见,城市轨道交通与绿色经济的发展不是两个独立变量,而是存在一定的交互效应。

关于城市轨道交通与经济理论的探讨在国内外已有较为丰富的研究成果。张保留等[1]建立城市"碳达峰"和"碳中和"行动指数评估体系,证实城市轨道交通与绿色经济本身都可引发低碳效应;龙俊仁等[2]对全国主要城市的实例数据进行分析,提出城市轨道交通绿色发展在体制机制和政策标准上应起到引领作用;濮海建等[3]则运用生态学视角从生存和发展两个维度构建城市轨道交通建设适宜度评价指标体系,得到出行需求、经济水平和土地开发是主要影响因素。城市轨道交通运营里程及线路密度应与当地经济、人口和财政指标呈正相关。而目前,各大城市的轨道交通与当地绿色经济发展并非都是相互促进的良性局面。焦柳丹等[4]考虑超效率和全要素生产指数组合模型,发现城市轨道交通运营效率受经济政策和能源环境等多种因素影响,城市间发展差距明显并在未来有扩大趋势;游俊雄[5]采用残差分析指出部分城市地铁建设与当地GDP(Gross Domestic Product)体量不匹配,存在过于保守或超前的现象;王志恒等[6]以开通地铁的38个城市的各类数据为样本,回归结果显示在不同时期,地方政府财力与地铁运营能力略显不足。近年来,在此领域不断有学者引入物理学中用以呈现系统之间相互作用关系的耦合协调度概念。而目前关于城市轨道交通与经济发展的耦合协调关系研究较少,局限在从运营管理或供需平衡等单一角度分析与传统宏观经济之间存在的联系[7,8]。随着绿色低碳观念的倡导,需要探讨生态环境与交通运输、区域经济三者之间的耦合协调关系并诊断障碍因子,但研究对象多为沿线区域或城市群[9,10]。国外研究则侧重城市轨道交通对经济的单方面影响:Nelson 等[11]对比美国经济大衰退发生时期的前后,发现轻轨车站周围 0.5 英里范围内的经济活动与整个大都市区相比更具有韧性;Mejia 等[12]以马德里地铁 12 号线延长段为例,得出新开通区段增加了可达性并对该扩建区域的商业经济活动模式产生影响。

综上所述,为了更好地探究城市轨道交通与绿色经济的相互作用关系及其对低碳效应的影响,本文以北京市为研究对象,利用其 2008—2020 年各项统计数据,构建城市轨道交通与绿色经济耦合协调的两大子系统评价指标。同时,以每年的万元地区生产总值能耗(指一个地区生产每万元地区生产总值所消费的能源总量)作为低碳效应表征变量(即能源消耗代表折算为标准煤之后的碳排放量,与低碳效应呈负相关),将其数值代入向量自回归模型作时间序列分析,进一步分析在受到耦合协调度冲击后的影响。本文结合国家"双碳目标"和可持续发展战略,在当前各地城市

轨道交通建设受地方财政普遍收紧的态势下,综合考虑城市轨道交通与绿色经济对低碳效应的作用过程,试图以一种新视角揭示三者之间的内部机理。

1 研究方法

1.1 评价指标选取

评价指标选取过程可概括为两阶段法。第一阶段,借鉴已有相关文献的研究成果[13~15],综合考虑使用频率、获取难度及可操作性,初步筛选出符合本文要求的大量指标;第二阶段,将以上指标通过 SPSS(Statistical Product and Service Solutions)进行因子分析和偏相关系数检验后,保留具有独立性、代表性和区分性的指标建立评价体系,城市轨道交通与绿色经济耦合协调度评价指标如表 1 所示。城市轨道交通,主要分为前期建设和后期运营两大部分,建设规模 A_1 用以反映每年新开通线路的具体特征,运营服务 A_2 则主要体现车站资源配置和列车运输能力等服务水平;在绿色经济中,生产消费 B_1 是国民经济传统生产消费指数,资源环境 B_2 则引入城市资源利用与绿色环境质量等生态指标,社会发展 B_3 可看出社会基础设施建设与文明和谐发展等变化情况。

城市轨道交通与绿色经济耦合协调度评价指标 表1

目标层	准则层	指标层	单位	性质
城市轨道交通 A	建设规模 A_1	运营线路总数量 A_{11}	条	正向
		运营总里程长度 A_{12}	km	正向
		线网车站总数量 A_{13}	座	正向
		具备换乘功能车站总数量 A_{14}	座	正向
		批复建设投资总额度 A_{15}	亿元	正向
		车站出入口总数量 A_{16}	个	正向
	运营服务 A_2	站内呼叫援助设备总数量 A_{21}	台	正向
		站内工作服务人员总数量 A_{22}	人	正向
		年输送客运量 A_{23}	亿人次	正向
		日均输送客运量 A_{24}	万人次	正向
		运营车辆数 A_{25}	辆	正向
		平均每百千米牵引能耗 A_{26}	度/百车千米	负向
		行驶总里程 A_{27}	万车千米	正向
		平均全年列车正点率 A_{28}	%	正向
		平均最小发车间隔 A_{29}	s	负向

目标层	准则层	指标层	单位	性质
绿色经济 B	生产消费 B_1	全市人均地区生产总值 B_{11}	元	正向
		全市居民家庭恩格尔系数 B_{12}	%	负向
		社会劳动生产率 B_{13}	元/人	正向
		人均可支配收入 B_{14}	元	正向
	资源环境 B_2	生活垃圾清运量 B_{21}	万吨	负向
		人均公园绿地面积 B_{22}	m^2	正向
		污水处理率 B_{23}	%	负向
		城市绿化覆盖率 B_{24}	%	正向
		道路交通干线噪声平均值 B_{25}	dB	负向
		工业废水排放量 B_{26}	万吨	负向
	社会发展 B_3	城市行人过街天桥数 B_{31}	座	正向
		城市道路卡口监控点位 B_{32}	台	正向
		城市道路面积 B_{33}	万平方米	正向
		居民绿色出行比例 B_{34}	%	正向
		中心城区高峰时段交通拥堵指数 B_{35}	%	负向

1.2　理论模型构建

在构建评价指标体系后,用熵值法-变异系数法组合模型对每项指标赋以权重。原始数据的性质和类型不同,会导致指标间不可直接比较,选择正向或负向极差法进行无量纲的归一化处理。由于处理后的同类型数据最小值为0,故采用平移法以确保各项数据运算的有效性。权重强调指标的相对重要程度,考虑应减少人为主观判断,采用主观和客观相结合评价的方法。其中,熵值法取决于信息熵的大小,即信息的有效性越强则指标权重越大;而变异系数法利用指标取值差异反映评价对象之间的差距。以上两种方法各有优缺点,最终对该两种方法作算术加权后定为权重确定值,由此可计算出评价系统每年的综合指数得分。

随后,引入耦合协调度模型计算城市轨道交通与绿色经济发展水平之间的耦合协调关系,再建立向量自回归模型分析与低碳效应的关联性。具体方法及步骤如下。

1.2.1　熵值法-变异系数法组合赋权模型

（1）数据归一化处理

对于正向相关性指标:

$$S'_{ij} = 0.1 + 0.9 \times \frac{S_{ij} - S_{ij\min}}{S_{ij\max} - S_{ij\min}} \tag{1}$$

对于负向相关性指标:

$$S'_{ij} = 0.1 + 0.9 \times \frac{S_{ij\max} - S_{ij}}{S_{ij\max} - S_{ij\min}} \tag{2}$$

式中: S'_{ij}——第 i 年第 j 项指标归一化后的数值;

S_{ij}——第 i 年第 j 项指标的原始数值;

$S_{ij\max}$——第 j 项指标评价数值中的最大值;

$S_{ij\min}$——第 j 项指标评价数值中的最小值。

（2）熵值法

测算第 j 项指标在第 i 年占比 P_{ij}:

$$P_{ij} = \frac{S_{ij}}{\sum_{i=2008}^{2020} S_{ij}} \tag{3}$$

测算第 j 项指标的熵值 E_j:

$$E_j = -\frac{1}{\ln h} \sum_{i=2008}^{2020} (P_{ij} \times \ln P_{ij}) \tag{4}$$

式中: h——样本容量。

测算第 j 项指标在熵值法下的权重 W_j:

$$W_j = \frac{1 - E_j}{\sum_{j=1}^{q} (1 - E_j)} \tag{5}$$

式中: q——指标数量。

（3）变异系数法

$$V_j = \frac{G_j}{S_j} \tag{6}$$

$$W'_j = \frac{V_j}{\sum_{j=1}^{n} V_j} \tag{7}$$

式中：W_j'——第 j 项指标在变异系数法下的权重；

$\quad V_j$——离散系数；

$\quad G_j$——标准差；

$\quad S_j$——数据归一化后的平均值；

$\quad n$——指标数量。

（4）综合指数得分

$$U_1 = \sum S_{ij}' \times \frac{W_j + W_j'}{2} \tag{8}$$

$$U_2 = \sum S_{ij}' \times \frac{W_j + W_j'}{2} \tag{9}$$

式中：U_1——城市轨道交通发展水平；

$\quad U_2$——绿色经济发展水平。

1.2.2　耦合协调度模型

$$C = \frac{2\sqrt{(U_1 \times U_2)}}{U_1 + U_2} \tag{10}$$

$$F = \alpha U_1 + \beta U_2 \tag{11}$$

$$D = \sqrt{C \times F} \tag{12}$$

式中：C——耦合度指数；

$\quad \alpha$、β——权重系数，且 $\alpha + \beta = 1$，取 $\alpha = \beta = 0.5$；

$\quad F$——协调指数；

$\quad D$——耦合协调度。耦合协调度评价标准如表 2 所示。

耦合协调度评价标准　　表 2

耦合协调度	协调等级	协调类型	协调程度
(0,0.1)	1	极度失调	严重失调
[0.1,0.2)	2	严重失调	
[0.2,0.3)	3	中度失调	中度失调
[0.3,0.4)	4	轻度失调	
[0.4,0.5)	5	濒临失调	基本协调
[0.5,0.6)	6	勉强协调	
[0.6,0.7)	7	初级协调	中度协调
[0.7,0.8)	8	中级协调	
[0.8,0.9)	9	良好协调	高度协调
[0.9,1.0)	10	优质协调	

1.2.3　向量自回归模型

$$y_z = A_1 y_{z-1} + A_2 y_{z-2} + \cdots + A_{g-1} y_{z-g+1} +$$
$$A_g y_{z-g} + B x_z + \varepsilon_z \quad z = 1, 2, \cdots, Z \tag{13}$$

式中：y_z——z 时期的 n 维内生变量组成的列向量，$Y_z = \begin{bmatrix} REC \\ CCD \end{bmatrix}$，其中 REC（Regional Energy Consumption）——每年万元地

区生产总值能耗数值（以下简称：地区能耗），CCD（Coupling Coordination Degree）——城市轨道交通与绿色经济的耦合协调度（以下简称：耦合协调度）；

$\quad x_z$——m 项外生变量组成的列向量；

$\quad g$——滞后阶数；

$\quad Z$——样本个数；

$\quad \varepsilon_z$——随机扰动列向量；

$\quad A_1 \sim A_g$——k 维参数矩阵；

$\quad B$——估计系数矩阵。

2　实证分析

2.1　研究对象及数据来源

在 20 世纪 50 年代，北京在全国率先开展地铁线路规划。截至 2020 年底，北京城市轨道交通线路共有 24 条，运营里程达 727 千米。此外，地铁 4 号线开创了我国城市轨道交通领域引入 PPP 模式的先例，京港地铁与北京市政府在 2006 年签署协议，参与其中的投资、建设和运营。北京城市轨道交通建设历程统计如表 3 所示。对于绿色经济，在北京工商大学世界经济研究中心和北京智能经济研究院联合发布的《中国 300 个省市绿色经济与绿色 GDP 指数》报告中，北京的资源环境效率和绿色经济指数均居全国首位。因此，选取北京作为实证案例对象具有较高的研究价值。北京在 2008 年成功举办夏季奥运会，之后进入快速发展时期，而 2020 年在全球范围暴发了疫情，故将 2008-2020 年定为研究时序，便于合理分析问题。

北京城市轨道交通建设历程统计　　表 3

年份	开通的运营线路及区段
2008	1 号线（苹果园-四惠东）、2 号线（环线，西直门-积水潭）、5 号线（宋家庄-天通苑北）、13 号线（西直门-东直门）、八通线（四惠-土桥）
2008	8 号线（朱辛庄-中国美术馆）、10 号线（环线，巴沟-火器营）、机场线（东直门-首都机场 T2 航站楼）
2009	4 号线（安河桥北-公益西桥）、八通线南延段（土桥-花庄）
2010	15 号线（清华东路西口-俸伯）、大兴线（公益西桥-天宫院）、昌平线（西二旗-昌平西山口）、房山线（阎村东-郭公庄）、亦庄线（宋家庄-亦庄火车站）

续上表

年份	开通的运营线路及区段
2011	9 号线（国家图书馆-郭公庄）
2012	6 号线（金安桥-潞城）
2013	14 号线西段（西局-张郭庄）
2014	7 号线（北京西站-焦化厂）、14 号线东段（善各庄-北京南站）
2015	无新线路开通
2016	16 号线北段（北安河-西苑）
2017	S1 线（金安桥-石厂）、西郊线（巴沟-香山）、燕房线（阎村东-燕山）
2018	8 号线南延段（珠市口-瀛海）
2019	7 号线东延段（焦化厂-花庄）、大兴机场线（草桥-大兴机场）、八通线南延段（土桥-花庄）
2020	房山线北延段（郭公庄-东管头南）

本文基础数据主要来源于北京市统计局《北京市统计年鉴》（2008—2020 年）、北京交通发展研究院《北京交通发展年度报告》（2008—2020 年）、《北京市生态环境状况公报》（2008—2020 年）及北京地铁的官方网站（https：// www. bjsubway. com/）等。

2.2　评价指标权重

根据式（1）和式（2）将原始基础数据处理，式（3）至式（5）可计算出熵值法权重结果，式（6）和式（7）可计算出变异系数法权重结果，城市轨道交通与绿色经济耦合协调度评价指标权重如表 4 所示。

城市轨道交通与绿色经济耦合协调度评价指标权重　　　　　　　表4

指标序号	最小值	最大值	平均值	熵值法	变异系数法	平均权重
A_{11}	8.00	24.00	17.31	5.84%	6.19%	6.02%
A_{12}	200.00	727.00	489.92	6.63%	6.66%	6.65%
A_{13}	123.00	428.00	292.92	6.60%	6.71%	6.65%
A_{14}	16.00	64.00	42.46	8.42%	7.55%	7.99%
A_{15}	126.70	381.66	296.62	3.66%	4.85%	4.25%
A_{16}	524.00	1515.00	1157.23	5.31%	5.92%	5.62%
A_{21}	12.20	39.60	28.15	5.90%	6.37%	6.13%
A_{22}	332.00	1085.60	770.82	5.72%	6.14%	5.93%
A_{23}	465.00	1287.00	975.23	6.93%	6.93%	6.93%
A_{24}	13622.00	39192.00	29326.08	6.87%	6.90%	6.88%
A_{25}	1714.00	6736.00	4291.00	7.72%	7.26%	7.49%
A_{26}	62.68	204.50	155.78	5.93%	10.60%	8.26%
A_{27}	14629.30	67346.00	42758.10	7.89%	7.39%	7.64%
A_{28}	99.75	99.98	99.92	3.66%	4.73%	4.19%
A_{29}	220.71	323.85	256.82	14.25%	5.16%	9.70%
B_{11}	68541.00	164889.00	111930.31	7.89%	8.07%	7.98%
B_{12}	19.70	29.60	23.72	8.24%	6.03%	7.13%
B_{13}	122823.00	285128.00	203007.77	6.55%	7.34%	6.94%
B_{14}	24371.00	69434.00	45634.69	7.19%	7.69%	7.44%
B_{21}	633.00	1011.20	769.69	12.65%	6.31%	9.48%
B_{22}	13.60	16.60	15.62	3.00%	4.71%	3.85%
B_{23}	78.90	95.00	86.85	6.97%	7.53%	7.25%
B_{24}	43.50	49.00	46.92	4.36%	5.90%	5.13%
B_{25}	69.00	70.00	69.41	6.80%	5.49%	6.14%
B_{26}	7345.70	9653.26	8669.19	3.77%	6.89%	5.33%
B_{31}	399.00	550.00	502.54	5.20%	6.15%	5.67%
B_{32}	537.00	1455.00	1154.38	2.80%	4.37%	3.59%

续上表

指标序号	最小值	最大值	平均值	熵值法	变异系数法	平均权重
B_{33}	9164.00	10654.00	9851.85	8.89%	8.26%	8.57%
B_{34}	0.59	0.74	0.66	12.07%	9.79%	10.93%
B_{35}	4.85	6.14	5.51	3.66%	5.48%	4.57%

2.3 耦合协调关系

根据式(8)和式(9)计算得到北京市2008—2020年的城市轨道交通和绿色经济综合发展水平指数,再运用式(10)~式(12)分别计算每年的耦合协调度,北京城市轨道交通与绿色经济耦合协调度如图1所示。

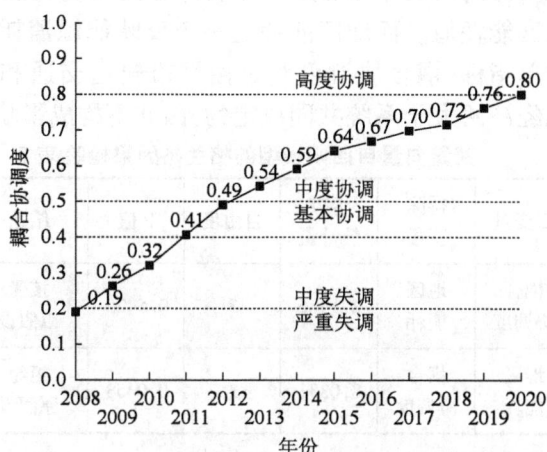

图1 北京城市轨道交通与绿色经济耦合协调度

由图1可见,自2008年以来,北京市城市轨道交通与绿色经济的耦合协调度呈稳步上升态势,在2020年更是达到了高度协调水平。从增长速度看,耦合协调度在2008—2015年提升幅度较大,随后放缓,主要是由于前期城市轨道交通建设处于快速发展时期,网络化运营效果凸显,使得

城市轨道交通客流持续增长,并逐渐成为城市公共交通系统的骨干,其间,国家对首都生态环境提出了更高的要求,打赢"蓝天保卫战",控制各种污染气体排放量成效明显。同时,推进产业结构优化升级,注重科技创新水平对绿色经济的发展效率。在中后期,城市轨道交通线网在中心城区已形成一定规模,建设重心转移至郊区线路,而绿色经济发展格局也已初步实现,两大子系统逐渐形成相互促进、有序推进的良好局面。

2.4 低碳效应分析

2.4.1 数据平稳性检验

为检验耦合协调度变化和低碳效应间的潜在关系,在对时间序列数据做分析时,为防止因间接和时间相关因素而导致原本不存在的回归关系即"伪回归"的发生,需要进行ADF（Augmented Dickey-Fuller test）检验,变量的单位根检验如表5所示。在实际应用中,按照同时包含截距项和趋势项、仅包含截距项、不包含截距项和趋势项三种检验形式依次进行,只要其中一个检验结果在某显著性水平上拒绝原假设,则接受被检时间序列是平稳的备择假设。结果显示,耦合谐调度与地区能耗的原始数据序列都拒绝原假设,说明本研究全部样本变量均是平稳的。

变量的单位根检验 表5

变量	检验形式(c,t,l)	T统计量	1%临界值	3%临界值	5%临界值	P值	平稳性
	$(c,t,3)$	−1.0041	−4.9923	−3.8753	−3.3883	0.9024	不平稳
耦合协调度	$(c,0,3)$	−4.3138	−4.1220	−3.1450	−2.7138	0.0073	平稳
	$(0,0,3)$	0.4688	−2.7922	−1.9777	−1.6021	0.7987	不平稳
	$(c,t,3)$	−0.7774	−4.9923	−3.8753	−3.3883	0.9370	不平稳
地区能耗	$(c,0,3)$	−3.0406	−4.1220	−3.1449	−2.7138	0.0593	不平稳
	$(0,0,3)$	−10.6591	−2.7719	−1.9740	−1.6029	0.0001	平稳

注:c为截距项,t为时间趋势项,l为检验中的差分滞后阶数。

2.4.2 最佳滞后阶数

变量向量自回归模型的最佳滞后期选择如

表6所示,当$L=3$时,FPE、AIC、SC与HQ的取值均最小,即最佳滞后阶数应为3。

变量向量自回归模型的最佳滞后期选择　　　　　　表6

滞后期 (Lag)	对数似然函数值 (LogL)	对数似然比检验 (LR)	最终预测误差 (FPE)	赤池信息量准则 (AIC)	施瓦茨信息检验 (SC)	汉南-奎因信息准则 (HQ)
0	51.18070	NA	1.84e-07	-9.836141	-9.775624	-9.902528
1	79.43694	39.55874*	1.49e-09	-14.68739	-14.50584	-14.88655
2	86.48936	7.052416	9.48e-10	-15.29787	-14.99529	-15.62981
3	98.57508	7.251434	3.02e-10*	-16.91502*	-16.49140*	-17.37973*

2.4.3　单位根检验及模型构建

以 3 阶为滞后阶数,构建样本变量的 VAR(3) 向量自回归模型,为保证模型的稳定性,进行 AR 单位根检验,AR 特征根倒数的模的单位圆如图 2 所示。所有 AR 特征根倒数的模全都落在单位圆内,说明此时 VAR 模型是平稳的,可以进一步做脉冲响应函数分析和方差分析。同时,利用得到的 VAR 模型回归结果构建估计方程如公式(14) 所示:

$$Y_t = \begin{bmatrix} -1.5147 & 1.2428 \\ -1.2645 & 1.1604 \end{bmatrix} Y_{t-1} + \begin{bmatrix} -0.5416 & 2.5940 \\ -0.2572 & 1.1742 \end{bmatrix} Y_{t-2} + \begin{bmatrix} 0.2524 & 0.9907 \\ 0.1642 & 0.8843 \end{bmatrix} Y_{t-3} + \begin{bmatrix} 1.6623 \\ -2.7438 \end{bmatrix}$$

$$(14)$$

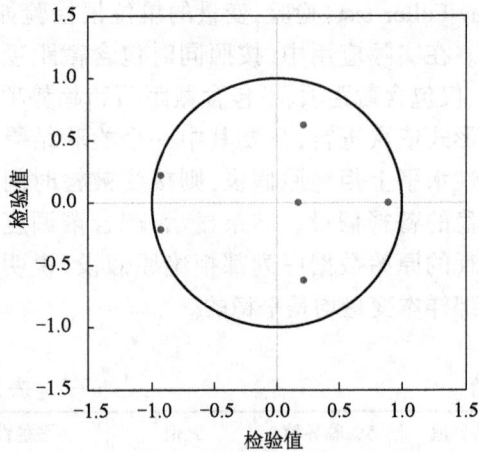

图2　AR 特征根倒数的模的单位圆

2.4.4　格兰杰因果关系检验

格兰杰因果检验可区分变量为内生还是外生,变量向量自回归模型的格兰杰因果检验如表 7 所示。在滞后阶段为 3 时,排除变量耦合协调度的伴随概率为 0.0453(<0.05),拒绝原假设,表明在滞后 3 期和显著性水平为 5% 的情况下,耦合协调度是地区能耗的单向格兰杰原因,耦合协调度的变化会引起地区能耗的浮动;而排除变量地区

能耗的伴随概率为 0.5425(>0.05),接受原假设,表明在滞后 3 期和显著性水平为 5% 的情况下,地区能耗不是耦合协调度的格兰杰原因。城市轨道交通是低能耗的环保运输载具,绿色经济是在低碳友好的前提下发展,二者耦合协调程度可影响地区能耗值。而地区能耗是一个反映能源消耗值的单指标,耦合协调度则是由城市轨道交通和绿色经济两大子系统共同决定的,因此不构成影响。

变量向量自回归模型的格兰杰因果检验　表7

因变量	排除变量	卡方统计量	自由度	P 值	结论
耦合协调度	地区能耗	2.1466	3	0.5425	接受原假设
地区能耗	耦合协调度	8.0331	3	0.0453	拒绝原假设

2.4.5　脉冲响应函数分析

脉冲响应函数可以衡量随机扰动项产生的单位标准差冲击对内生变量当前和未来取值的影响变化,直观表现变量间的相互作用。对上述 VAR 模型的两个变量间的关系选取 20 期进行脉冲响应分析,脉冲响应函数如图 3 所示。

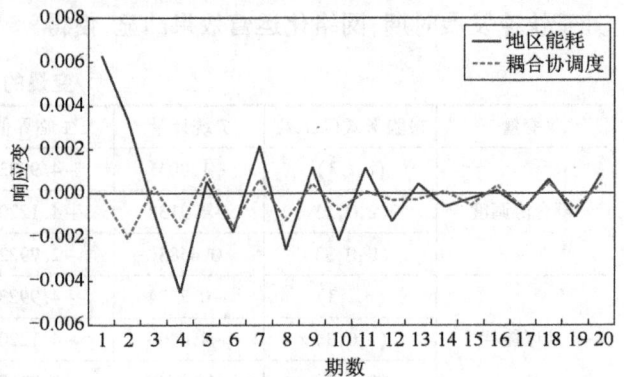

图3　脉冲响应函数

从图 3 可以看出,地区能耗对自身的冲击情况在第 2 ～ 4 期波动较大,随后虽有小幅波动但最终趋于平稳;而耦合协调度对地区能耗的冲击则

为,当给耦合协调度一个正向冲击后,地区能耗从第1期便开始产生负效应,随后虽然也有正向冲击波动,但最终累计效应为负向冲击,这说明耦合协调度的提升有利于能源消耗的减少,即推动低碳效应正向增长。在早期,城市轨道交通建设处于初步阶段,考虑生态环境保护的经济发展意识尚未深入人心,绿色发展效率指数处于较低水平,地区能耗的降低主要依靠自身。而后期城市轨道交通建设步伐加快,经济发展向绿色低碳型转化,地区能耗治理与经济发展水平相融合,二者耦合协调度持续增长。脉冲响应函数逐渐收敛的结果表明,北京市每年地区能耗已相对平稳,城市轨道交通与绿色经济耦合协调发展相对成熟并向更高水平迈进。

2.4.6 方差分解分析

进一步利用方差分解法分析耦合协调度对地区能耗的相对重要程度,如图4所示。由此可以看出,耦合协调度对地区能耗贡献率由低向高在逐步增加,第2~4期波动幅度较大,第17期以后基本稳定在88.7%左右;地区能耗自身的贡献率在第1期最高,达100%,从第2期开始下降,到第17期以后基本稳定在11.3%左右。耦合协调度对地区能耗方差分解的解释贡献率显著,城市轨道交通与绿色经济共同协调发展,带动了地区能耗的减少,是影响低碳效应的核心因素。这反映出北京市耦合协调度对低碳效应冲击作用的显著特征,在未来持续打造低碳城市的进程中有很大发展潜力。

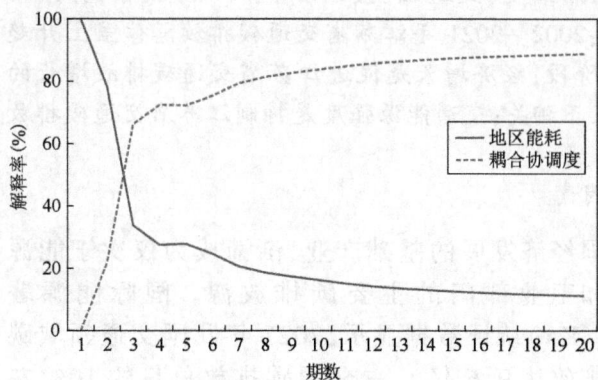

图4 方差分解函数

3 结语

北京城市轨道交通与绿色经济的耦合协调度在2008—2020年间,从数值为0.19的严重失调到整体稳定上升至数值为0.8的高度协调,表明两大子系统不仅在各自发展,不断形成合力,而且在未来仍然有小幅提升空间;耦合协调度对地区能耗的脉冲响应呈单方面负向冲击,其方差分解的解释贡献率稳定值达到88.7%,表明耦合协调度对地区能耗降低及引发的低碳效应起到正向推动作用;耦合协调度并不受地区能耗影响,从而佐证耦合协调度由两大子系统共同决定。

为提升城市轨道交通与绿色经济的耦合协调水平,应加强城市轨道交通车站、线路及线网各层级"客流-经济流"的衔接关系。结合车站客流时空特征,建立属性画像,合理开发周边用地;做好运输能力供给与客运需求相匹配的行车组织方案,提高运营效率、减少资源消耗;对于城市轨道交通在公共交通体系中分担率较低的地区,倡导居民低碳出行,探寻票价补贴策略;识别网络化运营条件下的瓶颈节点及区段,优化夜间经济下轨道交通线网可达性;推动城市轨道交通系统绿色节能技术研发创新,以智能建造、智能运维为基础打造一体化科技产业链条,带动绿色经济协调发展。

参考文献

[1] 张保留,白梓函,张楠,等.城市碳达峰碳中和行动评估方法与应用[J].环境科学,2023,44(7):3649-3659.

[2] 龙俊仁,邵源,牛雄.城市轨道交通绿色发展问题思考[J].城市交通,2022,20(5):60-66.

[3] 濮海建,韩宝睿,朱震军.生态位视角下城市轨道交通建设适宜度评价[J].交通运输研究,2021,7(6):61-68.

[4] 焦柳丹,吴奉彦,张羽,等.基于超效率SBM-Malmquist模型的城市轨道交通运营效率评价[J].铁道运输与经济,2022,44(5):99-106.

[5] 游俊雄.宏观视角下地铁建设与城市经济的关联分析[J].铁道运输与经济,2022,44(6):114-121.

[6] 王志恒,李晓昭,潘进礼,等.城市地铁建设与社会经济因素的相关性研究[J].都市快轨交通,2022,35(1):17-27.

[7] 李明明.城市轨道交通运营规模与经济发展的耦合协调性分析[J].数学的实践与认识,2021,51(5):302-308.

[8] ZHU Y H, JIAO L D, ZHANG Y, et al. Sustainable Development of Urban Metro System: Perspective of Coordination between Supply and Demand[J]. International Journal of Environmental Research and Public Health, 2021,18(19):10349.

[9] 肖红,胡宇航,王孝坤,等.西部陆海新通道区域经济-交通运输-生态环境耦合协调发展及障碍度研究[J].铁道运输与经济,2022,44(7):1-7.

[10] 冯晓兵.成渝地区交通运输与区域经济耦合协调发展研究[J].铁道运输与经济,2022,44(3):92-98.

[11] NELSON A C, STOKER P, HIBBERD R. Light rail transit and economic recovery: a case of resilience or transformation? [J]. Research in Transportation Economics,2019,74:2-9.

[12] MEJIA-DORANTES L, PAEZ A, VASSALLO J M. Transportation infrastructure impacts on firm location: the effect of a new metro line in the suburbs of madrid[J]. Journal of Transport Geography,2012,22:236-250.

[13] 王才雪,陈坚,傅志妍,等.基于社交网络数据的城市轨道交通服务质量评价模型[J].铁道科学与工程学报,2023,20(5):1871-1879.

[14] 王飞,谭征,张锦川,等.基于直觉模糊熵法的城市轨道交通乘客满意度评价研究[J].城市轨道交通研究,2022,25(7):65-69.

[15] 张薇.我国绿色经济评价指标体系的构建与实证[J].统计与决策,2021,37(16):126-129.

江苏省交通运输业碳排放测算及驱动因素分析

梁新月 涂 敏*
(武汉理工大学交通与物流工程学院)

摘 要 为深入分析江苏省的交通碳排放及驱动因素,通过 IPCC 提供的"自上而下"的方法,利用 2002-2021 年江苏省交通运输业的能源消费量测算出碳排放总量;然后在 Kaya 恒等式的基础上将目标变量江苏省交通碳排放分解为碳排放因子、能源结构、能源强度、交通强度、经济和人口等因素,并采用 LMDI 分解法计算出每个驱动因素的贡献值。结果表明:2002—2021 年江苏省交通碳排放总体呈上升趋势,可随时间分为"快速上升-波动上升-低速上升"三个阶段;经济增长是促进江苏省交通碳排放增长的重要因素,且交通强度、人口规模和能源结构与碳排放呈正相关;交通能源强度是抑制江苏省交通碳排放增长的关键因素,对碳排放增长有明显的抑制作用。

关键词 交通运输 碳排放 Kaya LMDI 驱动因素

0 引言

经济的快速发展消耗了大量能源,导致了碳排放的持续增长,给生态环境带来了不可逆转的损害,由此引发的全球变暖问题被越来越多的人关注。自 2006 年以来,我国一直是世界上第一碳排放大国,根据《BP 世界能源统计年鉴》(第 70 版)统计数据显示,2020 年我国碳排放量约占全球碳排放总量的 30.7%。交通运输业作为我国经济发展的基础产业,渐渐成为仅次于能源和工业部门的主要碳排放源。国际能源署(IEA)统计数据显示,2021 年我国交通领域碳排放达 9.6 亿 t,占全国碳排放总量的 10% 左右。江苏省作为我国经济第二大省,伴随经济发展带来的交通碳排放问题不容忽视,对江苏省交通碳排放的深入分析对我国发展低碳交通有重要的研究价值和意义。

目前已有很多国内外学者从不同角度对交通

碳排放进行了研究。Alam 等[1]采用"自下而上"法测算了爱尔兰公路运输的碳排放量；Timilsina 等[2]采用 LMDI 分解法研究了亚洲国家碳排放增长的驱动因素；Gao 等[3]提出一种基于灰色联合算法的绿色交通碳排放预测方法；杜强等[4]基于多元回归分析方法，提出通径分析法对国内碳排放的驱动因素进行研究；田春林等[5]研究了运输结构对国内交通运输碳排放的影响机制、影响效应及其区域和时间的异质性特征；田泽等[6]采用扩展的 STIRPAT 模型预测长江经济带碳排放峰值。其中交通碳排放增长的驱动因素分析是研究的热点，常用因素分解法研究碳排放的驱动因素。

本文以江苏省交通碳排放为研究对象，基于 2002—2021 年江苏省交通运输各类能源的消费量，测算了交通运输业的碳排放总量，应用 LMDI 模型将江苏省碳排放增长的驱动因素分解为碳排放因子、能源结构、能源强度、交通强度、经济和人口等因素，并算出各驱动因素对江苏省交通碳排放增长的贡献值，从而助力江苏省推行交通碳减排，实现可持续发展。

1 研究方法

1.1 江苏省交通运输业碳排放测算

本文研究的是交通运输业二氧化碳排放，文中关于碳排放的描述均代表二氧化碳排放。交通运输碳排放测算方法分为"自上而下"法和"自下而上"法，后者需要车辆类型和数量、行驶距离、单位能耗等数据，这些数据不包含在我国现有的统计体系内，一般需要通过调查获得，所以仅限于较小的地理区域[7]。此外，一类交通工具的燃料消耗可能不止一种，单位里程燃料消耗量数据往往也无法做到精确[8]。为了保证测算结果的准确性，本文采用基于交通能源消费的"自上而下"法来计算江苏省交通运输业的碳排放总量，计算公式如下：

$$C = \sum_{i=1} C_i = \sum_{i=1} E_i \times F_i \quad (1)$$

$$F_i = NCV_i \times CEF_i \times COF_i \times \frac{44}{12} \quad (2)$$

式中：C——碳排放总量；
i——能源的种类；
C_i——第 i 类能源的碳排放量；
E_i——第 i 种能源消费量；

F_i——第 i 种能源的碳排放系数；
NCV_i——第 i 种能源的平均低位发热值；
CEF_i——第 i 种能源的含碳量；
COF_i——第 i 种能源的碳氧化率。

在选择能源种类时，根据《中国能源统计年鉴》可知江苏省交通运输业的能源消费主要由原煤、汽油、煤油、柴油、燃料油、液化石油气、天然气和电力这八类能源构成，所以本文选择这八类能源消费量来计算江苏省交通运输业的碳排放总量。

1.2 江苏省交通运输业碳排放因素分解模型

本文借鉴文献[9]对 Kaya 恒等式进行扩展，将目标变量交通碳排放分解为碳排放因子、能源结构、能源强度、交通强度、经济和人口等因素，构建江苏省交通碳排放因素分解模型，模型表达公式如下：

$$C = \sum_i \frac{C_i}{E_i} \times \frac{E_i}{E} \times \frac{E}{V} \times \frac{V}{GDP} \times \frac{GDP}{P} \times P \quad (3)$$

式中：V——换算后的运输周转量；
C_i/E_i——交通运输单位能源消耗所释放的碳排放量，即碳排放因子；
E_i/E——各能源在总能源消耗中的比例，即能源结构；
E/V——单位运输周转量能耗，即能源强度；
V/GDP——单位地区生产总值产生的运输周转量，即交通运输强度；
GDP/P——江苏省的人均地区生产总值，即经济产出；
P——江苏省常住人口，即人口规模。

由 w_i、e_i、s、t、g、p 分别表示 C_i/E_i、E_i/E、E/V、V/GDP、GDP/P、P，则公式简化为

$$C = \sum_i w_i \times e_i \times s \times t \times g \times p \quad (4)$$

为了研究每个驱动因素对江苏省交通碳排放的贡献程度，本文采用 LMDI 分解法计算每个驱动因素的贡献值，判断各因素的作用情况。以 2002 年为研究基期，设基期的交通运输碳排放量为 C^0，T 期的碳排放量为 C^T，则江苏省交通碳排放量的变化可以表示为

$$\Delta C = C^T - C^0$$
$$= \Delta C_w + \Delta C_e + \Delta C_s + \Delta C_t + \Delta C_g + \Delta C_p \quad (5)$$

式中，ΔC_w、ΔC_e、ΔC_s、ΔC_t、ΔC_g、ΔC_p 分别表示各因素对江苏省交通碳排放变化量的贡献值，由于碳排放因子的取值为固定常数，所以 ΔC_w 数值为 0，而 ΔC_e、ΔC_s、ΔC_t、ΔC_g、ΔC_p 的表达式为

$$\Delta C_e = \sum_i \frac{C_i^T - C_i^0}{\ln C_i^T - \ln C_i^0} \ln \frac{e^T}{e^0} \quad (6)$$

$$\Delta C_s = \sum_i \frac{C_i^T - C_i^0}{\ln C_i^T - \ln C_i^0} \ln \frac{s^T}{s^0} \quad (7)$$

$$\Delta C_t = \sum_i \frac{C_i^T - C_i^0}{\ln C_i^T - \ln C_i^0} \ln \frac{t^T}{t^0} \quad (8)$$

$$\Delta C_g = \sum_i \frac{C_i^T - C_i^0}{\ln C_i^T - \ln C_i^0} \ln \frac{g^T}{g^0} \quad (9)$$

$$\Delta C_p = \sum_i \frac{C_i^T - C_i^0}{\ln C_i^T - \ln C_i^0} \ln \frac{P^T}{P^0} \quad (10)$$

1.3　数据来源

本文研究所使用的 2002—2021 年江苏省的交通运输业各类能源消费量，来自《中国能源统计年鉴》中江苏省的能源平衡表。由于国内相关统计中将交通运输、仓储及邮政业三者的能源消费量合并统计，缺乏交通运输业单独的能源消费量数据，但仓储和邮政业所占的比例较小且大部分能源消费都用于交通运输，因此本文选择交通运输、仓储及邮政业的相关数据代替[10]。江苏省客货运周转量、地区生产总值（GDP）、常住人口等数据均来自《江苏省统计年鉴》。为了确保数据的可靠性，江苏省 GDP 均以 2000 年不变价为基期进行计算。碳排放系数及华东电网单位供电平均碳排放系数均来自《省级温室气体清单编制指南》和《综合能耗计算通则》（GB/T 2589—2020），如表 1 所示。客货运周转量系数来自交通运输部，如表 2 所示。

各类能源碳排放系数（kg/m³、kg/kW·h、kg/kg）　　　　　　表 1

原煤	汽油	煤油	柴油	燃料油	液化石油气	天然气	电力
1.903	2.929	3.037	3.010	3.105	3.165	2.165	0.928

客货运周转量换算系数　　　　　　表 2

运输方式	公路	水路	铁路	民航
换算系数	0.10	0.33	1.00	0.072

2　结果分析

2.1　江苏省交通碳排放分析

从 2002 到 2021 年，江苏省交通运输碳排放总量呈逐年上升趋势，从 2002 年的 1149.54 万吨增长至 2021 年的 5621.96 万吨，年平均增长率为 8.9%，其中 2003 年的交通运输碳排放增长率最大，达到 31.05%。2003 年碳排放量的大幅增长主要是由于客运车辆的使用量迅速增长，消耗了更多的汽油和柴油，排放出更多的 CO_2。图 1 展示了江苏省碳排放总量及碳排放增长率的变化，结合江苏省的政策及经济发展状况，江苏省的碳排放变化大致可以分为三个时间段：

第一个时间段为 2002—2004 年，该阶段碳排放量快速上升，碳排放增长率均高于其他年份，年均增长率为 26.94%。2002 年为我国实施国民经济与社会发展第十个五年计划期间，江苏省在"十五"计划期间不仅坚持扩大内需也积极推进改革开放，全省经济飞速增长，但经济增长主要依靠大量的能源消耗，资源环境压力加大，碳排放量持续增加。

第二个时间段为 2005—2011 年，该阶段碳排放量波动上升，碳排放增长率波动起伏大，年均增长率为 8.64%。在 2004—2005 年，江苏省根据国家颁布的《全国生态环境保护"十五"计划》中的目标和任务，以提高和改善环境质量为根本出发点，大力开展工业污染防治和流域环境综合整治，环境保护工作取得明显成效，碳排放增长率由 22.83% 降至 1.65%，同时在 2008—2009 年，经济危机的爆发让交通出行的需求减少，碳排放增长率由 14.03% 降至 4.61%。所以该阶段碳排放量呈波动增加的趋势。

第三个时间段为 2012—2021 年，该阶段碳排放量基本处于低速上升阶段，甚至在 2021 年出现轻微下滑，碳排放增长率总体呈下降趋势，年均增长率为 5.56%。在 2011 年，江苏省出台了《江苏省公路水路交通运输节能减排"十二五"规划纲要》（以下简称纲要），纲要以提高能源利用率为目

标,低碳交通运输体系建设取得明显进展。其中2017—2020年碳排放增长率由6.52%降至0.79%,主要是因为2017年《江苏省交通运输节能环保"十三五"发展规划》(以下简称规划)的发布与实施,规划以建成绿色交通运输体系为目标,使交通运输业的污染物排放得到有效控制。2021年碳排放增长率为-0.31%,碳排放量出现下滑,这主要是受疫情影响,江苏省实施了管控措施,使得交通出行有所减少。

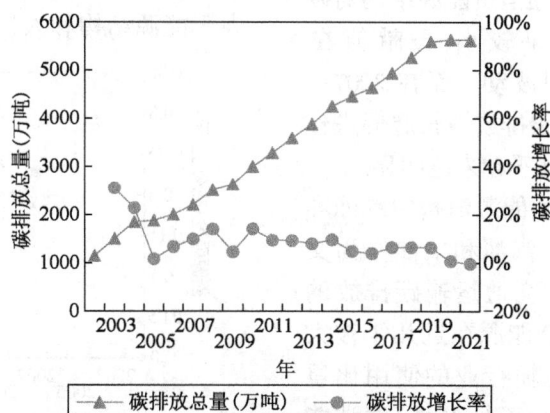

图1 2002—2021年江苏省交通运输业碳排放总量及碳排放增长率

2.2 江苏省交通碳排放分解

使用LMDI分解法将影响江苏省交通碳排放的因素进行分解,得到的结果如表3所示。从基期2002到2021年,能源结构、交通强度、经济产出和人口规模的累计贡献值为正数,表明这四个因素对江苏省交通运输碳排放增长产生正效应,即促进碳排放增长,其中经济产出对江苏省交通碳排放的促进效果最为明显。而能源强度的累计贡献值为负数,表明能源强度对江苏省交通碳排放增长产生负效应,即抑制碳排放增长。接下来将对每个驱动因素做具体分析。

2002—2021年江苏省交通运输碳排放影响因素的贡献值(万吨) 表3

年份	ΔC_e	ΔC_s	ΔC_t	ΔC_g	ΔC_p
2002—2003	-4.77	171.96	22.85	158.20	9.21
2003—2004	-10.88	104.68	227.01	355.84	22.98
2004—2005	-19.35	-207.58	363.85	544.36	35.83
2005—2006	11.52	-348.57	406.26	748.69	49.68
2006—2007	-195.47	-417.70	402.11	1007.22	67.02
2007—2008	23.43	-325.54	333.30	1280.05	80.82
2008—2009	26.64	-396.66	270.58	1509.01	93.72
2009—2010	56.66	-513.21	393.95	1834.25	114.99
2010—2011	265.61	-774.71	616.93	2064.16	156.78
2011—2012	233.07	-910.33	709.22	2351.83	189.98
2012—2013	297.18	-1250.37	1000.80	2634.87	217.44
2013—2014	495.97	-1213.35	979.87	2911.39	251.15
2014—2015	577.84	-646.90	323.72	3158.09	266.30
2015—2016	601.08	-435.49	2.71	3385.85	290.87
2016—2017	677.60	-724.03	228.02	3660.94	313.20
2017—2018	802.82	-587.83	63.15	3945.85	330.95
2018—2019	1162.97	-788.43	278.08	4172.76	345.27
2019—2020	805.41	-827.05	218.31	4352.12	355.04
2020—2021	865.94	-1136.25	229.59	4518.80	360.53

2.2.1 能源结构效应

根据LMDI分解模型得到了交通能源消费结构对江苏省交通碳排放的影响情况。能源结构是指各类能源消费占总能源消费的比例。由表3可知,在2002—2005年,江苏省的交通消费能源结构对碳排放增长起抑制作用且效果较小,贡献值在－4.77万～－19.35万t之间波动。而在2007—2021年,交通能源消费结构对碳排放增长起促进作用,且促进效果随着时间变化几乎越来越明显。

从2002年到2021年,交通能源消费中汽油和柴油的比例之和都超过70%,汽油和柴油作为交通工具的主要动力,是江苏省交通运输碳排放的主要来源。虽然清洁能源及新能源在近几年被大力推广,但其在江苏省交通运输行业的使用比重仍较低,天然气和电力使用占比不足10%,清洁能源及新能源运输车辆的保有量也较少。因此如何提高清洁能源及新能源的使用比重是改善能源结构的关键。

2.2.2 能源强度效应

根据LMDI分解模型得到了交通能源强度对江苏省交通碳排放的影响情况。能源强度是指江苏省交通单位周转量的能耗,代表交通能源的利用效率。由表3可知,在2002—2021年,交通能源强度对碳排放的累计效应贡献值为－11227.36万吨,是抑制江苏省碳排放增长的主力军。其中2012—2014年交通能源强度对碳排放的抑制效果最佳,能源的利用效率高,原因可能是这两年的水运货物周转量远远高于其他年份,分别为7753.02亿吨公里和8087.07亿t·km,而水运具有能耗低、运量大的特点,水运货物周转量占比越大,单位周转量的能耗就越低。

图2为江苏省2002—2021年交通能源强度和能源强度贡献值的变化情况,能源强度贡献值的变化趋势与能源强度一致,且能源强度微小的降低会引起能源强度贡献值的明显降低,这会对江苏省交通碳排放增长带来较大的负效应。由此可见,大力发展水运改善交通能源强度,是抑制江苏省交通碳排放增长的关键。

2.2.3 交通强度效应

根据LMDI分解模型得到了交通强度对江苏省交通碳排放的影响情况。交通强度是指产生单位地区生产总值消耗的运输周转量,即单位地区

生产总值产出需要投入的运输周转量。一般来说,产生单位地区生产总值消耗的运输周转量越高,能耗越高,反之则越低。从表3可知,交通强度对碳排放增长的累计贡献值为7070.31万t,对江苏省交通碳排放增长起促进作用,且促进效果大于能源结构和人口规模,小于经济产出。

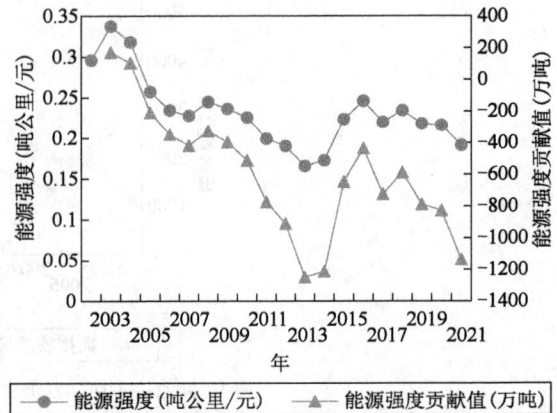

图2　能源强度和能源强度贡献值的变化

图3为江苏省2002—2021年的交通强度和交通强度贡献值的变化情况,在2013—2016年,交通强度由统计区间最高值0.27吨公里/元降为0.17t·km/元,交通强度对江苏省碳排放的贡献值也由统计区间最高值1000.80万吨降为2.71万吨,交通强度贡献值随交通强度的降低而大幅降低。由此可见,降低交通强度,即降低单位地区生产总值产生所需的运输周转量有利于江苏省发展低碳交通。

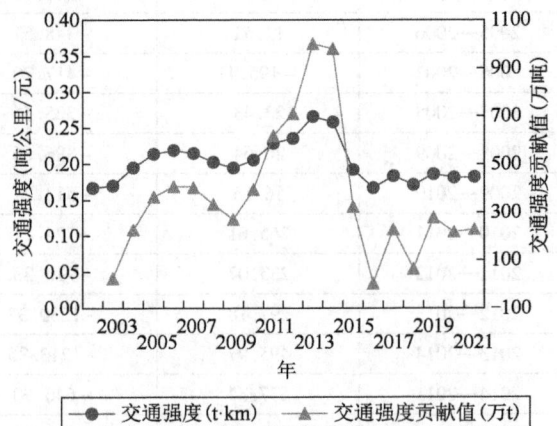

图3　交通强度和交通强度贡献值的变化

2.2.4 经济和人口效应

根据LMDI分解模型得到了经济产出和人口规模对江苏省交通碳排放的影响情况。经济产出是指江苏省的人均地区生产总值,人口规模是指

江苏省的常住人口。改革开放以来,江苏省经济飞速发展。从2002—2021年,江苏省地区生产总值由10521.02亿元增长到68545.10亿元,人口数量由7405.51万人增长到8505.43万人,人均地区生产总值也由1.42万元/人增长到8.06万元/人。从表3可知,经济产出和人口规模对江苏省交通碳排放增长的累计贡献值分别为44594.28万吨和3551.76万吨,均对江苏省交通碳排放增长起到促进作用。

人均地区生产总值的增长是江苏省交通碳排放增长的主要促进因素,累计贡献值远远大于能源结构、交通强度和人口规模等因素。图4为江苏省2002—2021年人均地区生产总值和碳排放总量的变化趋势,可以看出人均地区生产总值和碳排放总量的变化趋势相近,由此可知,人均地区生产总值是造成江苏省碳排放增长的主要原因。江苏省经济的快速发展,不仅提升了居民的收入,也刺激了交通需求,从而使江苏省交通碳排放迅速增加。相较于经济产出,人口规模对江苏省交通碳排放的促进作用较小,累计贡献值仅大于能源结构。虽然人口规模对江苏省交通碳排放增长的促进效果不明显,但却能影响人均地区生产总值的大小,因此合理协调经济、人口和碳排放的关系将是江苏省实现交通低碳发展的关键。

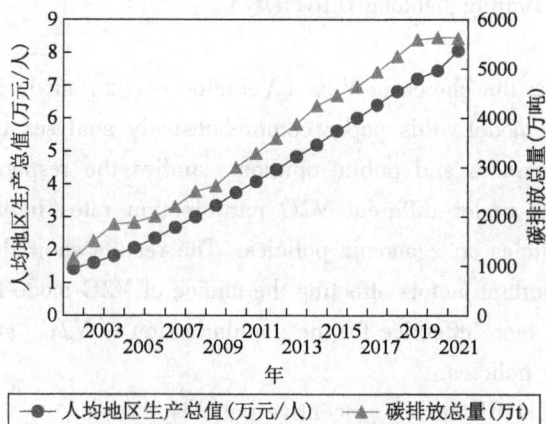

图4 人均地区生产总值和碳排放总量的变化情况

3 结语

在我国提出碳达峰目标的背景下,交通运输业作为主要的碳排放源,深入研究江苏省交通碳排放及驱动因素,对江苏省制定交通减排政策具有重要意义。本文选取"自上而下"法测算出江苏省交通运输业的碳排放总量,然后采用LMDI模型分解法计算出驱动江苏省交通碳排放增长的各因素贡献值,从结果出发,得到的主要结论和针对性建议如下:

(1)2002—2021年江苏省交通运输业碳排放总量呈持续增长趋势,经济产出、能源结构、交通强度和人口规模对江苏省交通碳排放增长有促进作用。其中经济产出,即人均地区生产总值是促进交通碳排放增长的主要因素。经济发展和环境保护是辩证统一的,因此需要遵循新发展理念,推动经济的绿色高质量发展,升级改造传统产业,从根本上解决碳排放量大等问题,实现经济和环境的共赢。而人口规模对碳排放增长的正效应可以从培养人们的环保意识,倡导绿色出行等方面改善。

(2)交通强度对江苏省交通碳排放增长的促进作用仅次于经济产出,可以优化交通运输组织,大力发展多式联运,以提高运输效率,降低单位地区生产总值产生所消耗的运输周转量。同时优化产业结构以提升高附加值产业的占比,降低交通强度,减少交通运输业碳排放。另外,能源结构也对江苏省交通碳排放产生影响,主要原因是石油占总能源消费的比例较高,是碳排放的主要来源。可以加快推广绿色智能船舶及新能源汽车等低碳运输装备的使用,以优化交通运输业的能源消费结构来减少碳排放。

(3)交通能源强度对江苏省交通碳排放增长具有显著的抑制效果,是江苏省推进交通碳减排的关键。能源强度是指单位运输周转量的能耗,因此提高能源的使用效率、推广清洁能源和优化运输结构至关重要。可以通过创新技术来提高能源的使用效率,同时给予清洁能源的使用者更多的优惠政策,健全清洁能源的配套设施以提高清洁能源的使用率。在多种交通方式中,水运具有能耗小且运量大的特点,所以要建设现代化水运体系,提高水运的客货运分担率,助力江苏省实现交通碳减排。

参考文献

[1] ALAM M S,HYDE B,DUFFY P,et al. Assessment of pathways to reduce CO₂ emissions from passenger car fleets:Case study in Ireland[J]. Applied energy,2017,189:283-300.

[2] TIMILSINA G R,SHRESTHA A. Factors affecting transport sector CO₂ emissions growth in Latin

American and Caribbean countries: an LMDI decomposition analysis[J]. International Journal of Energy Research,2009,33(4):396-414.

[3] GAO R, LI X, YU H. Prediction method of green transportation carbon emission in smart city based on gray joint algorithm [C]//2021 6th International Conference on Smart Grid and Electrical Automation (ICSGEA), 出版地:出版社 2021.

[4] 杜强,孙强,杨琦,等. 中国交通运输业碳排放驱动因素的途径分析方法[J]. 交通运输工程学报,2017,17(2):143-150.

[5] 田春林,杨东. 运输结构对交通运输碳排放影响的实证分析[J]. 交通运输研究,2022,8
(6):10-18,39.

[6] 田泽,张宏阳,纽文婕. 长江经济带碳排放峰值预测与减排策略[J]. 资源与产业,2021,23(1):97-105.

[7] 蒋文韬,吴兵. 道路交通碳排放测算方法研究综述[J]. 综合运输,2023,45(3):93-97,109.

[8] 江辰星. 城市低碳交通测算模型及策略研究——以上海市为例[D]. 上海:华东理工大学,2022.

[9] 白娟. 交通运输业碳排放脱钩效应及其脱钩路径分析[D]. 西安:长安大学,2017.

[10] 杨君. 中国交通运输业碳排放测度及减排路径研究[D]. 南昌:江西财经大学,2022.

Research on V2G Usage Intention and Incentive Mechanism for Electric Vehicle Users

Enjian Yao[*1] Chenyang Shao[2] Tianyu Zhang[2]

(1. Key Laboratory of Transport Industry of Big Data Application Technologies for Comprehensive Transport, Beijing Jiaotong University;

2. School of Traffic and Transportation, Beijing Jiaotong University)

Abstract In order to explore the mechanism that drives the choice of V2G (Vehicle-to-Grid) mode for electric vehicle users, based on the results of the SEM-BL model, this paper comprehensively analyses the incentive policies in four aspects: economy, technology, business and public opinion, studies the response effect of economic policies by measuring the economic costs under different V2G participation rates in the future, and estimates the substitution effect of technology policies on economic policies. The results show that attitude, personal attributes and incentive policies are all important factors affecting the choice of V2G mode for electric vehicle users. Setting up parking discount policies is more effective for the popularization of V2G, and technical policies have a good substitution effect on economic policies.

Keywords V2G usage intention Latent variables SEM-BL model Incentive policies

0 Introduction

V2G technology will promote the rational use of EV batteries and support the stable operation of the power grid. At present, many scholars at home and abroad have carried out surveys on the willingness of electric vehicle (EV) users to use V2G. Some scholars have carried out research on the willingness

to use V2G technology from the social dimension, and conducted interviews and other forms of research and qualitative analysis of the factors influencing the acceptance of V2G technology by electric vehicle users or potential electric vehicle users [1-3].

Some scholars studied the interactive relationship between electric vehicle choice preference and V2G acceptance[4-5]. Beyond the policy on electricity pricing, broadening the range of advisory policies to enable sufficient vehicles to integrate into the power grid and serve as its final stop is crucial in advancing energy transition and the electrification of transportation.[6]

Comparing with the existing research work, this paper considers the personal attributes, attitude and potential variables of incentive policies of electric vehicle users, and combines the parameters of behavior model to analyse the effect of three kinds of incentive policies incentive electricity price, parking discount and car purchase subsidy.

1 Data

In this study, electric vehicle users were examined by questionnaires. A total of 13 statements are used to gauge respondents' level of agreement. A five-point Likert Scale was utilized for measuring respondents' agreement or disagreement with each attitude question, where a score of 5 indicates complete agreement and a score of 1 represents complete disagreement.

The second part is the survey of incentive policy response. This paper assumes that reasonable incentive policies can stimulate users' willingness to accept the influence of V2G, so it puts forward seven incentive policies The charging tariff on benchmark scenario is set at 0. 5 yuan/kWh, without car purchase subsidies and parking discounts, and the battery life of the benchmark scenario is 10 years and the driving range is 400km.

From December 2022 to March 2023, a survey of private car users in 34 provinces and autonomous regions in China was conducted. In order to avoid too many questions in a questionnaire, which may interfere with each other and affect respondents' answers, this Finally, a total of questionnaires were collected, including 549 valid questionnaires and 587 invalid questionnaires.

2 Model establishment

Based on the questionnaire-gathered survey data regarding personal characteristics and attitudes, a

structural equation model was developed. The connection between personal characteristics and latent variables, leading to the creation of the SEM-BL model to explain the intention to use electric vehicles in V2G.

2.1 Structural model

In this study, the interaction between the latent variables and the personal attributes of EV users and the latent variables is shown in the following formula:

$$\eta_n = \sum_{t \in T} \gamma_{n,t} Y_{n,t} + \sum_{n \in M} v_{n,m} \eta_m + \xi_n \quad (1)$$

Where: η_n — the latent variable;

$Y_{n,t}$ —explicit variable, that is personal attribute variable;

$\gamma_{n,t}$ and $v_{n,m}$ —path parameters with estimates;

ξ_n — error term.

2.2 Measurement model

The indicator relationship between the observed variable and the latent variable is expressed linearly, and the measurement model is shown below:

$$I_{n,p} = \lambda_{n,p} \eta_n + \mu_{n,p} \quad (2)$$

Where: $I_{n,p}$ —observable measures of attitude for latent variables;

$\lambda_{n,p}$ —the load amount of the corresponding measurement in the factor load matrix of the latent variable η_n;

$\mu_{n,p}$ —error term.

2.3 SEM-BL model

Under the premise of stochastic utility theory, the utility function is usually divided into non-randomly varying stationary phase V_m^k and randomly varying probability terms, and the linear relationship between the stationary phase and the probability term is given, and the utility function can be expressed by the formula:

$$V_m^k = \sum_{t \in T} \theta_t X_{m,t}^k \quad (3)$$

Where: V_m^k —non-randomly varying stationary phase in stochastic utility function;

θ_t —the parameter to be calibrated;

$X_{m,t}^k$ —explanatory variable. The set of explanatory variables is T.

The model considers introducing the panel effect. Among them, the utility function not only includes policy variables, individual attribute variables and attitude latent variables, but also considers the panel data effect. The formula for the utility function that introduces the panel effect is as follows:

$$U_m^k = V(X_{m,t}^k, \eta_m^k) + \varepsilon_m^k + \varepsilon_m^{k'} \tag{4}$$

Where: U_m^k—the stochastic utility function of the EV users;

η_m^k— latent variables from Eq. (1) and Eq. (2);

ε_m^k—error term;

$\varepsilon_m^{k'}$—the panel effect error term. The random error term follows a double exponential distribution.

Assuming that the EV user chooses the option with the greatest utility (V2G or no V2G), the probability that the user will choose V2G can be expressed as the following formula according to the stochastic utility theory:

$$P_{V2G}^{BL} = \frac{e^{V_{V2G}}}{e^{V_{V2G}+V_{noV2G}}} \tag{5}$$

Where: V_{V2G}—the non-randomly varying stationary phase of users who will choose V2G;

V_{noV2G}— the n-randomly varying stationary phase of users who will not choose V2G;

P_{V2G}^{BL}— the probability for EV users to choose V2G.

3 Model results

By using Biogeme package, different model structures and variable combinations are tried respectively, and the calibration results are finally determined by gradually adjusting according to the model testing standards. Parameter estimates in different discrete choice models are solved based on maximum likelihood estimation method.

3.1 Reliability and validity test

Principal component analysis was used to explore the number and composition of factors by SPSS. The factor loads corresponding to the principal component factors of the measurement items under the corresponding factors were all greaterthan 0.5, indicating that the questionnaire structure of this study was good.

Through principal component analysis, the maximum orthogonal rotation of variance was carried out, and four main factors were extracted according to the eigenvalues: perceived risk, technical trust, battery health concern, and perceived value, and the relationship between potential attitude variables and explicit indicators was determined.

3.2 Path analysis

AMOS software was used to estimate the path coefficients of structural equation models. After the adjustment of the value of the final model, the fit evaluation indicators are in a reasonable range, and the significance of each path coefficient is high. The values were all greater than 1.65, and the significance level reached more than 90%.

The parameters in measurement model of each indicator variable are in line with the expectation, and the P-value is less than 0.001. The signs of the four latent variables are all positive, indicating that the greater the respondents' answers to the indicators, the higher the corresponding latent variables of attitude.

Structural equation model normalized path coefficient and significance are as shown in Table 1. The results show that higher-income users tend to have higher trust in the technology; Female users will be more able to capture the value that V2G technology brings to life and society; People with higher education are more concerned about this risk; The higher the user's concern about battery health, the higher the user's trust in V2G technology and perceived value will be correspondingly improved. The higher the user's trust in technology, the more they can increase their recognition of the perceived value of V2G.

Normalized path coefficient and significance Table 1

Path	Path coefficient	P-value
Battery health concern < — Age	0.126	0.048
Battery health concern < —Income	0.130	0.041
Perceived risk < — Education	0.116	0.052
Technology Trust < —Income	0.143	0.053
Perceived risk < —Income	−0.165	0.009
Technology Trust < —Battery health concern	0.286	0.000
Perceived value < —Gender	0.114	0.029
Perceived value < —Battery health concern	0.242	0.002
Perceived value < —Technology Trust	0.441	0.000
Perceived value < —Perceived risk	−0.253	0.000

3.3 Parametric analysis

The SEM-BL model results are shown in Table 2. For most variables in the model, the absolute value of the T-test value is greater than 1.96, indicating that 95% can be reached. The values of $\rho2$ and $\rho2$ after model calibration are 0.385 and 0.378, indicating that the SEM-BL model constructed in this study has a good fitting effect and can better explain the characteristics of drivers' choice behavior.

Based on the unwillingness of users to accept V2G, the constant term of the model is estimated to be positive, indicating that the utility value has a significant impact on users' willingness to accept V2G, and electric vehicle users at this stage prefer the emerging V2G technology.

Estimation results of SEM-BL model Table 2

Explanatory variables	Parameter value	t- value
Constant		
Willingness	3.33	3.83
Error	1.71	12
Policy variables		
Battery life	5	14.2
Discharge tariff	4.1	13.4
Discounts on parking	−14.8	−16.2
Cruising range	9.58	17
Car purchase subsidy	2.96	16.6
Commercial promotion	6.91	14
Government propaganda	7.2	13.1
Attitude latent variables		
Battery health concern	−6.96	−3.23
Technical trust	4.13	1.94
Perceived value	0.354	0.869
Perceived risk	−0.839	−0.72
Personal attribute variables		
Age (18-30 years)	−0.829	−2.22
Education (Master's degree or above)	−0.439	−1.25

continued

Explanatory variables	Parameter value	t- value
Occupation (Workers in Enterprises and Government Units)	−0.389	−1.44
Occupation (Individual)	−0.432	−0.854
Average daily mileage driven (short distance)	−0.901	−3.27
Sample size	4392	
Parameters number	20	
ρ^2	0.385	
Adjusted ρ^2	0.378	
AIC	3619.434	
BIC	3698.91	

Battery attention and technology trust are significant, indicating that individuals with lower battery attention and higher technology trust are more likely to recognize and accept V2G technology. Users who clearly recognize perceived value will be more receptive to V2G, they may have a higher level of technology trust or risk-taking, and generally have a higher sense of novelty in new technologies.

Users under the age of 30, with a master's degree or above, and shorter daily driving miles show a negative impact on V2G, while women and high-income groups hold a positive attitude, they tend to be more able to recognize the value of V2G, and are more optimistic about the future development of V2G.

4 Incentive policy analysis

The marginal rate of substitution is introduced, indicating the change amount of one explanatory variable that can replace another variable under the unit change. The results are shown in Table 3.

Marginal rate of substitution results

Table 3

Incentive policy variables	Marginal Rate of Substitution
Discharge tariff	1.00
Battery life	1.21
Discounts on parking	−3.61
Cruising range	2.34
Car purchase subsidy	0.72
Commercial promotion	1.69
Government propaganda	1.76

The marginal substitution rate of battery life and cruising range is greater than 1, indicating that the importance of the two is higher than the compensation price. The reason may be that compared with the direct benefits obtained by participating in V2G, users are more concerned about the electric vehicle itself and whether its battery range and battery condition can travel smoothly. It can be inferred that when the technical breakthroughs such as insufficient driving range and battery loss are made and the infrastructure such as charging piles is relatively complete, the usage rate of V2G can be greatly improved when the mileage anxiety of users is alleviated and the convenience of V2G is recognized.

4.1 Economic policy analysis

In the process of V2G charging pile planning, it is necessary to deeply consider the factors and mechanisms that affect consumers' willingness to use V2G mode. This study analyses the economic subsidy under different V2G participation rates in the future and studies the response effect of economic policies. In order to compare the applicability and economy of three policies, this paper calculates the optimal total subsidy for each vehicle under different V2G participation rates, and gives the optimal subsidy scheme.

The electricity price subsidy over a five-year period is the product of the average daily discharge, the participation rate, the annual discharge time, and the difference between the discharge price and the charging price. Parking subsidy over a five-year period, multiplied by annual parking time, parking fees, parking discounts, and participation rates. Parking time is to 2.5h/day, 250 days/year, and parking fee is to 10yuan/hour. The calculation dimension is five years, and the average annual interest rate is 1.5%. The total subsidy is the sum of the electricity price subsidy, the parking subsidy, and the car purchase subsidy. The amount of subsidy is related to factors such as the average daily discharge and parking fee.

Table 4 shows the optimal subsidy scheme for different participation rates, regardless of the expected participation rate, the car purchase subsidy is not as low as the incentive electricity price and parking discount can bring a lower total subsidy. In the optimal subsidy scheme, as the V2G participation rate increases from 20% to 90%, the parking discount needs to be changed from no discount to 30% off, and the incentive electricity price only increases with the participation rate when the parking discount cannot meet the demand.

Optimal total subsidy scheme   Table 4

V2G participation rate	Discharge price (yuan)	Discounts on parking	Car purchase subsidy(yuan)
20%	0.73	0	0
30%	0.86	0	0
40%	0.61	10% off	0
50%	0.71	10% off	0
60%	0.8	10% off	0
70%	0.55	20% off	0
80%	0.68	20% off	0
90%	0.52	30% off	0

4.2 Technology policy analysis

It is assumed that in the future, with the iterative update of electric vehicle technology, the battery life and cruising range will continue to increase, which is the effect of technical policies. Taking the average daily discharge intensity of 25 kWh/day as the parameter, and judging from the trend of the minimum discharge price discount and the minimum total subsidy in Figure 1.

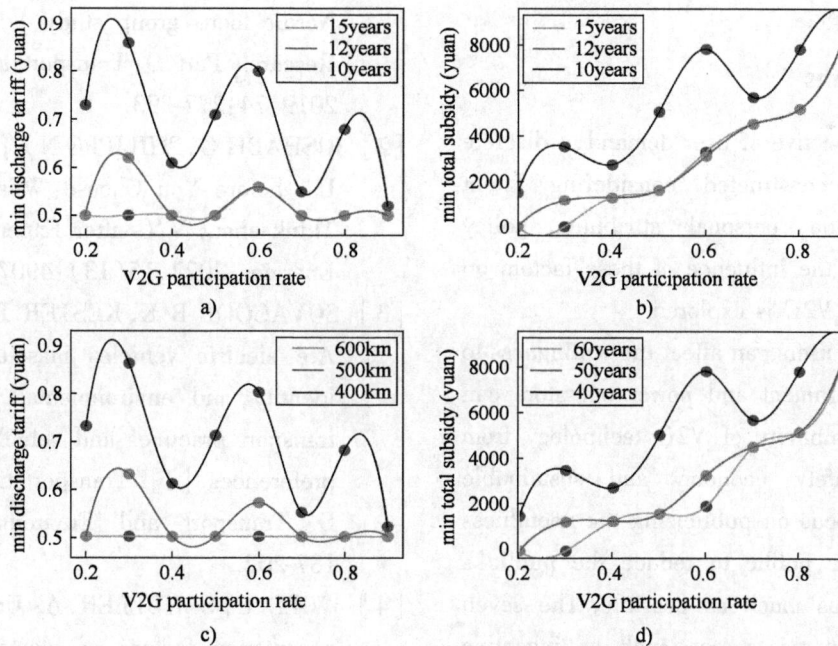

Figure 1   Changes in discharge tariffs and total subsidies under different V2G participation rate

When the cruising range rises from the current 400 km to 600 km, and the battery service life increases from the current 10 years to 15 years, the minimum subsidy under the same V2G penetration rate becomes smaller, and the electricity price subsidy corresponding to the optimal scheme becomes smaller, or even maintains the current 0.5 yuan/kWh, and no electricity price subsidy is required.

The chart shows a wave-like decline, this is because in order to fit the reality, the parking discount policy can only be taken 10% off, 20% off, 30% off and other integers, in the calculation process of the optimal subsidy scheme, if the parking discount under a certain participation rate can not be taken as an integer.

Under the premise of increasing the battery life and cruising range, the amount of subsidies required can be reduced, and the two technical policies of increasing the cruising range and increasing the battery service life have a good alternative effect to the first three economic policies. That is, under the premise of continuous decline in battery cost and continuous growth in mileage, the willingness of electric vehicle users to participate in V2G will be guaranteed, so as to achieve large-scale development of V2G. Therefore, from a technical point of view, we can consider increasing scientific research efforts to solve the range anxiety and charging convenience problems that electric users are worried about. These analysis results provide a quantitative reference for the formulation of V2G popularization incentive policies in the future.

5 Conclusions

From the perspective of user demand, a discrete choice model is constructed considering latent variables of attitude, personal attributes, policy variables, etc., and the influence of these factors on the intention to use V2G is explored.

The attitude of users can affect the willingness to use V2G. The government and power operators can strengthen public publicity of V2G technology from the aspects of safety, economy and sustainable development, and focus on publicizing the usefulness of technology to the public to reduce the public's perception of risk as much as possible. The seven policies proposed in this paper, such as incentive electricity price and car purchase subsidy, stimulate the willingness to use V2G and contribute to the penetration rate of V2G in China. In general, in order to better promote V2G technology, government departments, power operators and car companies jointly develop favorable policies for V2G, establish a more flexible power trading mechanism, improve the driving range of electric vehicles, and study V2G operating models that are more attractive to users, so as to increase users' willingness to use.

The development of new technologies such as new energy sources will lead to a range of new mobility options, and future research could focus on the impact of more attractive incentives on V2G penetration. The seven alternative incentive policies proposed in this paper and the results of their analysis are applicable to large and medium-sized cities where the data is collected; however, with technological advances and economic prosperity, there may be more appropriate incentive policies, such as tax subsidies or priority for the use of charging piles. The impact of these policies on the popularity of electric vehicles needs to be further analyzed in the future.

References

[1] KESTER J, DERUBENS G Z, SOVACOOL B K, et al. Public perceptions of electric vehicles and vehicle-to-grid (V2G): Insights from a Nordic focus group study. [J]. Transportation Research Part D: Transport and Environment, 2019, 74:277-293.

[2] RISHABH G, PHILIPPE N K, ANNE A J, et al. Use before You Choose: What Do EV Drivers Think about V2G after Experiencing It? [J]. Energies, 2022, 15(13):4907.

[3] SOVACOOL B K, KESTER J, NOEL L, et al. Are electric vehicles masculinized? Gender, identity, and environmental values in Nordic transport practices and vehicle-to-grid (V2G) preferences. [J]. Transportation Research Part D: Transport and Environment, 2019, 72: 187-202.

[4] WILL C, SCHULLER A. Understanding user acceptance factors of electric vehicle smart charging [J]. Transportation Research Part C: Emerging Technologies, 2016, 71:198-214.

[5] GESKE J, DIANA S. Willing to participate in vehicle-to-grid (V2G)? Why not! [J]. Energy Policy, 2018, 120:392-401.

[6] VAN DER KAM M, VAN SARK W, ALKEMAOE

F. Multiple roads ahead: How charging behavior can guide charging infrastructure roll-out policy [J]. Transportation Research Part D: Transport and Environment, 2020, 85.

A Cost-Aware Optimal Charging Time Algorithm for Electric Vehicles Charging in a Parking Lot

Adil Hussain [*1]   Ayesha Aslam [2]

(1. School of Electronics and Control Engineering, Chang'an University;

2. School of Information Engineering, Chang'an University)

Abstract   Electric Vehicles (EVs) have emerged as a viable alternative to Internal Combustion Engine (IC engine) vehicles due to their potential to substantially decrease reliance on fossil fuels. This reduction in fossil fuel consumption directly addresses environmental concerns, including the production of CO_2 and the resulting global warming associated with the combustion of such fuels. EVs are typically connected to charging stations in parking lots to recharge their batteries. The charging process is typically arranged to optimize the charging efficiency, considering certain parameters. The scheduling algorithm generates EVs charging profile to fulfill the scheduling objectives by effectively replenishing the battery charge. This work introduces an Optimal Charging Time algorithm for low-cost EV charging in parking lots. The primary aim of the algorithm is to optimize the charging process to reduce overall charging costs for multiple charging levels. The study evaluates the scheduling algorithm's effectiveness and accuracy by selecting EVs with varying power ratings and charging rates. The analysis focuses on the charging scheduling of certain vehicles, examining it within the tariff plan of the Time of Use (ToU) framework.

Keywords   Electric vehicles   EV charging   Cost-aware charging   Optimal charging time

0   Introduction

Electric vehicles (EVs) are becoming increasingly popular as a sustainable energy source because of their capacity to reduce reliance on fossil fuels and mitigate air pollution caused by carbon dioxide emissions[1]. Currently, a considerable number of countries have successfully integrated electric vehicles (EVs) into their public transportation systems. Furthermore, they also serve as a substantial component within the context of the Internet of Energy (IoE)[2]. EVs are gaining market share at the expense of conventional internal combustion engine (ICE) automobiles. The emergence of an envisioned future centered around EVs is now becoming discernible, mostly propelled by the diminishing costs of batteries[3,4], progressive policy[5], growing consumer demand[6,7], and the active involvement of major global manufacturers. This vision holds the potential to materialize within a few decades. According to a recent study conducted by the International Energy Agency, it is projected that the global number of EVs in operation will range from 140 million to 245 million by the year 2030. The increasing popularity of EVs has resulted in a proportional rise in the accessibility of charging infrastructure, hence having significant effects on the power grid[8]. However, EVs present a promising option to provide stability to the power grid because of the rapid expansion of EV infrastructure[9].

基金项目:湖南省交通运输厅科技创新计划项目(202303-4-2)。

The benefits to society and the economy have grown in energy and transportation as EV technology has improved. Notwithstanding the advantages mentioned, the widespread adoption of EVs continues to be impeded by significant challenges in battery technology, including restrictions in weight, longevity, storage capacity, and the considerable cost of batteries[10]. Despite the presence of various advantages, such as the capacity of EVs to operate as ESS and send power to the grid during periods of high demand, the integration of EVs into the utility system also brings new challenges. Many EVs are predicted to be linked to the electrical grid for charging reasons at any given moment throughout the day. Each EV's charging process is expected to be for long hours [11]. The integration of multiple EVs into the electrical grid in an unanticipated manner can lead to adverse consequences, including distortion, voltage instability, and a range of technical, economic, and security issues[12]. An economically efficient approach to mitigating the adverse effects of EVs on the power grid involves the utilization of a dedicated scheduling algorithm designed specifically for EV charging purposes[13].

Using the scheduling mechanism makes communication between EVs and the power grid easier. The phenomenon of supplying electricity to the power system at instances of heightened demand is frequently denoted as peak shaving. On the other hand, the phenomenon of recharging batteries during periods of reduced demand is widely recognized as valley filling. The charging and discharging profile for EVs is intentionally intended to ensure that the batteries are charged or discharged under the limits set by the grid when the vehicles are connected to a charging station in the parking lots. Integrating renewable energy sources (RESs) with EVs presents numerous problems that hinder the extensive implementation of the smart grid. For instance, it has been observed that wind and photovoltaic (PV) resources exhibit significant irregularities[14]. Moreover, integrating EVs into the smart grid introduces additional intermittency in

demand and supply, resulting in energy losses within the distribution system[15]. Therefore, determining Distributed Generator (DG) size, location, and EV charging scheduling presents intricate challenges in the context of unit commitment problems, characterized by diverse and conflicting constraints and objectives. Hence, optimization techniques are employed to address these challenges. In this research, an EV scheduling algorithm is presented to provide an optimal time suggestion for the low-cost charging of EVs based on the charging type i. e. charging level, and to provide stability in the grid operations by shifting EVs from peak hours to valley hours for charging using the ToU tariff.

The paper structure is as follows: Section Ⅱ provides an overview of EV Scheduling Algorithms. Section Ⅲ has the Problem Statement, the Optimal Charging Time algorithm. In Section Ⅳ, the Implementation ofthe Algorithm is explained. Section Ⅴ contains the results and analysis. Section Ⅵ concludes the research work.

1　EV scheduling algorithm

Multiple constraints must be considered during the development of scheduling algorithms. Several significant restrictions must be considered: vehicle configuration, vehicle profile, grid, and aggregator configurations. The vehicle profiles encompass pertinent vehicle details such as their rating, estimated arrival and departure times, State of Charge (SOC), and energy demands. These pieces of information are crucial for effective charge scheduling. Numerous charge scheduling techniques have been suggested and implemented. Most algorithms rely on a centralized charge structure[16-20]. Previous studies have introduced decentralized charge scheduling methods[21-24]. The scheduling technique utilizes V2G arrangement, namely bidirectional power flow[17] and[20]. On the other hand, the systems provided in[17] and[21] address the G2V configuration. Various optimization strategies are employed in the creation of efficient charge schemes. Fuzzy Optimization, Particle Swarm Optimization (PSO), and Genetic Algorithm (GA)-based algorithms are among the soft computing techniques introduced in [18,19]. A charging method for plug-in electric vehicles (PEVs) employing the Pursuit algorithm was proposed in[25]. A comprehensive review of various configurations, approaches, and scheduling techniques may be found in[26,27].

In addition, the electricity rate structure has been considered. Various tariff schemes are utilized to establish the pricing structure for electricity. There are several commonly employed methods of implementing time-varying tariffs, namely Real Time Pricing (RTP), Critical Peak Pricing, and Time of Use Pricing (ToUP). The ToUP is a frequently implemented pricing structure that has gained significant popularity in several contexts[25,28,29]. The concept of Time-of-Use Pricing (ToUP) means dividing hours into distinct time slots and assigning different prices to each time slot. The time intervals are classified into peak, off-peak, and shoulder periods. The tariff exhibits an increase during peak hours, a reasonable level during the shoulder period, and a decrease during non-peak hours.

The study of EV scheduling is conducted using the placement algorithm and ToUP tariff structure as described in[30]. The schedule period in this study is limited to the time frame of 7 AM to 7 PM, with time slots designated as 1 (7 AM) through 12 (7 PM). One further limitation of this study is the temporal constraints imposed on the vehicle connection to the charging station in parking lots. Specifically, the vehicle can only be connected to the recharge station between 7 AM and 9 AM. Also, leaving the charging point is only allowed between 5 PM and 7 PM. The author examines the ToUP system and posits the existence of a tariff.

The existing work using the Modified Placement Algorithm only considers fixed charging prices for the charging station. This research work is the extended version of the Modified Placement Algorithm by using multi-level charging consideration and implementing

the ToU tariff of Fujian Province of China, which can be used to plan charging times for EVs. The scheduling method has been specifically designed for the G2V setup and utilizes the ToU tariff scheme. The primary goal of the algorithm is to reduce the expenses associated with billing and to lower the grid load during peak hours.

2 Charge scheduling algorithm

Considering the time-of-use tariff, the proposed model presents an optimal charging time for electric vehicles to minimize consumer charging costs using multiple charging types including levels 1, 2, and 3. The calculation of charging expenses is based on a Time-of-Use tariff, wherein predetermined costs are maintained at a consistent level over a certain duration. Tariffs generally tend to be higher during high-load stages than low-load periods. As a result, the practice of deferring charging to low-cost hours facilitates the redistribution of a portion of electricity consumption to off-peak periods. This approach offers economic benefits and contributes to the overall stability of grid operations.

2.1 Problem statement

Electric vehicles (EVs) are considered mobility loads. The fundamental limitations related to EVs include Vehicle arrival time (S_t), Vehicle departure time (F_t), Vehicle Power Rating (Pev), Vehicle State of Charge (SoC), Vehicle Charging Rate (R), Vehicle Charging Hour (H) and Charging Cost during the Hour (C_H).

The temporal progression of a day, shown as $H = [1,2,3,\cdots,23,24]$, is structured hourly. In this representation, the time slot labeled "1" corresponds to the interval from 12:00 AM to 12:59 AM. Slot 2 refers to the interval between 1:00 AM and 1:59 AM, and subsequent slots follow a similar pattern. The time interval labeled as "24" represents the temporal span between 11:00 PM and 11:59 PM. The arrival and departure times of the i-th vehicle at the station are analyzed, which are marked as $S_t = 10:00$ AM and $F_t = 6:00$ PM, respectively. The temporal progression of the in-charge station, designated as "i" can be denoted as $H = [11, 12, 13, \cdots, 18]$, with S_{ti} representing the starting time as 11 and F_{ti} is the ending time as 18. The representation of the cost associated with charging the i-th vehicle that is linked to the charging station in the parking lots can be established as

$$cost(i) = \sum_{H=S_{ij}}^{S_i + F_{ij} - 1} C_H R_i \qquad (1)$$

The primary aim is to optimize vehicle charging by implementing a scheduling system that considers the pricing scheme to save costs. The minimum cost associated with the charging of the vehicle is.

$$min\{ \sum_{H=S_{ij}}^{S_i + F_{ij} - 1} C_H R_i \} \qquad (2)$$

Various charging slots can be generated based on factors such as the required charge amount or charging duration and charging type, as well as the arrival and departure times of the vehicle based on the charging type i. e. charging level. Given a vehicle charging rate of 1 kilowatt (kW), a battery capacity of 10 kilowatt-hours (kWh), and a desired charge of 5 kilowatt-hours (kWh), the duration of the charging process (L) can be determined to be 5 hours. Consequently, the quantity of potential charging slots is,

$$M_i = F_{ti} + S_{ti} - L_i + 2 \qquad (3)$$

Another element to consider is the best time to start the charging process. The beginning of the charging process is dependent upon the arrival time of the vehicle.

$$H = S_{ti} + A_i - 1 \qquad (4)$$

A_i denotes the initiation time of the charging process, where a value of 1 signifies that charging commences promptly upon the vehicle's connection to the charging unit. Hence, the minimum cost of charging is:

$$min\{ \sum_{H=S_{ii}+A_{ii}-1}^{S_{ii}+A_{ii}+L_i-2} C_H R_i \} \qquad (5)$$

The overall cost of charge may vary for each option from $A_i = 1$ to M_i depending on the rate of the specific hour. Hence, it is imperative to compute the cost associated with each potential starting time to determine the ideal selection that results in the lowest charge cost. The cost associated with charging the i-th entity, corresponding to the initial time, is provided by:

$$EC_i(A_i) = \sum_{H=S_{ij}+A_i-1}^{S_{ii}+A_{ii}+L_i-2} C_H R_i \qquad (6)$$

The best slot to start the chargingis

$$A_{gi} = \arg min\ EC_i(A_i) \qquad (7)$$

The charging state of a specific hour is denoted by the vector "K", where each element $K_i^H \in \{0, 1\}$ takes on a value of either 0 or 1. The vehicle undergoes a charging process during the designated time interval "H" when the condition $K_i^H = 1$ is satisfied. Conversely, if the condition $K_i^H = 0$ is met, the vehicle does not engage in the charging process during the interval "H".

2.2　Optimal charging time algorithm

To find the optimal charging time for EVs with minimum cost, the algorithm loads the EV data, along with the ToU tariff, and finds the possible charging scenarios based on the charging level, considering ToU tariffs for the level type. Then, the charging scenario is decided whether to charge immediately after a few hours or at least after one hour based on the charging level, the charging cost is computed, and the scenarios with the lowest charging costs are identified. The suggested pricing schedule includes beginning and ending periods and an estimated total cost. As shown in Figure. 1, the Optimal Charging Time Algorithm is implemented sequentially.

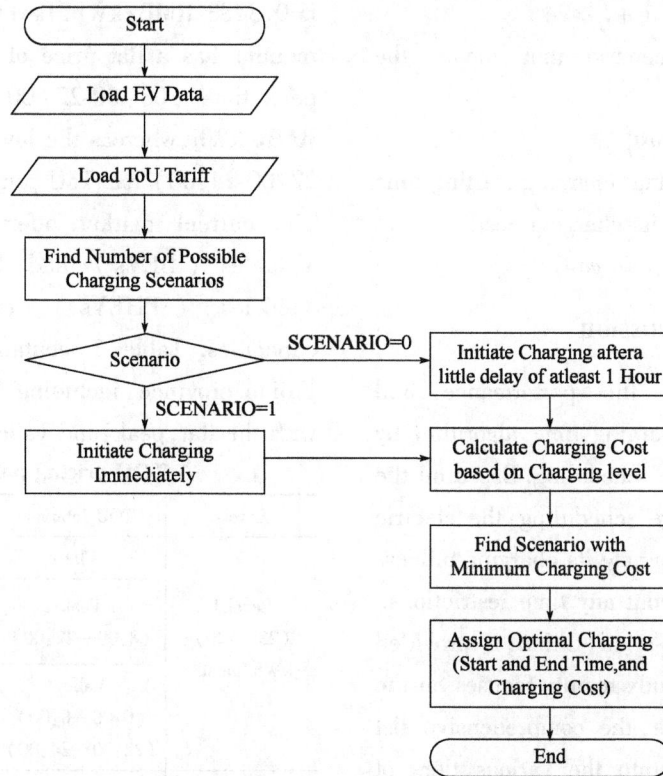

Figure 1 Optimal Charging Time Algorithm Flow

3 Design and implementation

The user provides the necessary input data, including arrival and departure times, charging rate, desired charge level, and charging type. The program utilizes the provided inputs including vehicle arrival and departure time, connection length, charging duration, charging power, and charging level to compute the charging cost for each available option among the given slots. It then identifies the optimal slot that has the lowest charging cost. The optimal charging time algorithm steps are as follows.

The steps involved in the algorithm implementation are as follows:

Step 1: The charging control process starts by loading EVs' data, which includes the arrival a_i and departure time d_j, the charging length l_j, and the charging power r_j and charging level C_t into its system.

$$EV_i(a_i, d_i, l_j, r_j, c_t)$$

Step 2: After that, the algorithm loads the ToU tariff for all charging levels, including levels 1, 2, and 3, with base, peak, and valley prices. The tariff includes 24 prices corresponding to 24-time blocks of a day.

Step 3: Find the number of possible charging scenarios ($scen_j$). If $scen_j = 1$, the charging process must initiate immediately. If $scen_j = 2$, the EV can start charging when it arrives or is delayed by 1 hour.

$$scen_i = (d_i - a_i - l_j + 1) \, where \, d_j > a_j)$$
$$scen_i = (24 + d_i - a_i - l_j + 1)$$
$$where \, d_j < a_j)$$

Step 4: Calculate the charging cost for each scenario based on the charging type c_t and ToU tariff for the charging type. Determine the start charge time st_j^i and respective ending charging time et_j^i to retrieve the corresponding tariff set for the charging cost calculation.

Calculate the charging cost for each scenario, such as for charging type $c_t = 1$:

For i to $scen_j$:

if = 1:

If $et_i^j > t$
$$st_i^j = a_j + i - 1$$

else
$$et_i^j = a_j + i - 1 + l_j - 24$$

where $a_j + i - 1 + l_j \geqslant 24$

Step 5: Find the scenario that incurs the minimum charging cost.

$$min\ cost_j^i$$

Step 6: Assign the optimal charging starting time and ending time and report its charging cost.

$$opt_j^i cost_j^i, et_j^i, min\ cost_j^i$$

4　Results and discussion

This work examines the performance and accuracy of the optimal charging time algorithm by investigating 24-hour charge scheduling. Based on the principles of 24-hour charge scheduling, the electric vehicle can initiate and terminate its charging process anytime during the day without any time restrictions. TheToU tariff in different Fujian, China, is provided in Table 1. Although this study mainly focuses on the tariff plan of a single state, the comprehensive list provides valuable insights into the various tiers of ToU schemes within the province of Fujian. The province of Fujian has implemented a comprehensive three-year strategy known as the "Electric Fujian" initiative, which aims to enhance the development of sustainable transportation. The power generating composition in Fujian province encompasses various energy sources such as coal, nuclear, and gas, which enables the examination of scaling limitations on thermal power plants. The Fujian case offers a compelling opportunity to examine the interplay between generation, ramping, storage, vehicle, and price in the context of an electricity system.

The information provided in Table 1 is interpreted in the following manner. For example, Level 1 is 230kWh/month, where the FlatToU is 0.4983 RMB/kWh as the base price, whereas the Peak ToU is for the time interval of (08:00-22:00) with 0.5283 RMB/kWh, whereas the Valley prices which is the low peak includes (0:00-08:00 and 22:00-24:00) have a lower price of 0.2983 RMB/kWh. Level 2 (231-420kWh/month) has a flat price of 0.5483 as the base price. The peak time (08:00-22:00) has a price of 0.5783 RMB/kWh, whereas the low peak time (0:00-08:00 and 22:00-22:00)

is 0.3483 RMB/kWh. Level 3 (more than 421kWh/month) has a flat price of 0.7983 RMB/kWh. The peak time (08:00-22:00) ToU price is 0.8283 RMB/kWh, whereas the low peak (0:00-08:00 and 22:00-24:00) has ToU price of 0.5983 RMB/kWh. The current market offerings of Battery Electric Vehicles (BEVs) and Plug-in Hybrid Electric Vehicles (PHEVs) exhibit varying storage capacities. Table 1 contains the ToU pricing for Fujian province, including levels 1, 2, and 3, along with the flat, peak, and valley time intervals.

TOU pricing policy in Fujian　Table 1

Levels	TOU interval	RMB/KWh	Calculation
Level 1 (231-420) kWh/month	Flat	0.4983	base price
	Peak (8:00—22:00)	0.5283	base price + 0.03
	Valley (0:00—8:00) (22:00—24:00)	0.2983	base price - 0.2
Level 2 230 kWh/month	Flat	0.5483	base price + 0.05
	Peak (8:00—22:00)	0.5783	(base price + 0.05) + 0.03
	Valley (0:00—8:00) (22:00—24:00)	0.3483	(base price + 0.05) - 0.2
Level 3 (420 +) kWh/month	Flat	0.7983	base price + 0.3
	Peak (8:00—22:00)	0.8283	(base price + 0.3) + 0.03
	Valley (0:00—8:00) (22:00—24:00)	0.5983	(base price + 0.3) - 0.2
Fixed price		0.5330	

Base, Peak, and Valley pricing for Levels 1, 2, and 3 are shown in Figure 2 for the comparison.

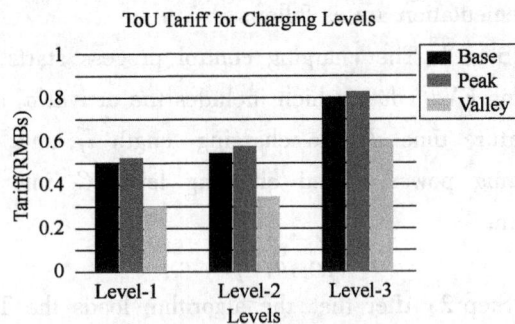

Figure 2　ToU Tariff for Charging Levels

In our case, the ToU tariff is based on the peak and valley hours, so the hourly charging rate rates for all the models are shown in Figure 3. This shows that Level 3 charging has the high tariff, followed by Level 2 and Level 1 charging.

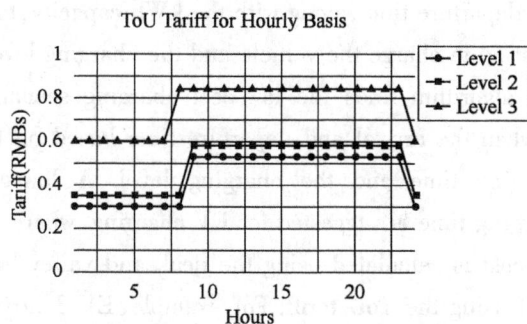

Figure 3　ToU Tariff for Hourly Basis

The algorithm has been designed to compute the hourly price, considering EVs' hourly charging duration. The algorithm is responsible for generating a timetable that ensures uninterrupted charging. Hence, the charging process ceases upon reaching the designated period for charging once initiated. Table 2 overviews the data, showing 11 vehicles used for the algorithm during the implementation, including arrival time, departure time, connection length, charge duration, and charging power.

EV Charging Data　　　Table 2

Vehicles	1st	2nd	3rd	4th	5th	6th	7th	8th	9th	10th	11th
Arrival Time (h)	9	7	11	7	17	13	19	15	2	12	23
Departure Time(h)	21	19	24	6	8	3	24	6	11	24	6
Connection Length(h)	12	12	13	23	15	14	5	17	9	12	7
Charge Duration(h)	4	5	3	10	5	2	4	10	6	9	3
Charging Power(kW·h)	3	3	7	3	6	7	4	3	4	3	5
Charging Level	2	2	3	1	2	3	2	1	2	1	3

Table 2 shows the arrival and departure time, Vehicle and Charging Station in parking lots for the connection length, charge duration and charging power, and the charging level i. e., Level 1,2, or 3.

For example, Vehicle 1 takes 4h to charge between the arrival time of 9 (9 AM) and departure time of 21 (9 PM) using charging level 2 at the rate of 3kW·h per hour. In contrast, the algorithm has scheduled the vehicle for charging between 9 (9 AM) and 13 (1 PM), with the total charge at 12 kW·h, However, the uncontrolled charging for Vehicle 1 also starts the charging immediately after the vehicle's arrival. However, for controlled charging using the algorithm, the charging time is like the uncontrolled charging time, based on the low-cost charging scenarios and the vehicle data. Also, Vehicle 2, where the arrival time is 7 (7 AM) and the departure time is 19 (7 PM), using charging level 2. The algorithm schedules the Vehicle for charging between 7 (7 AM) and 12 (12 PM). The charging times for Vehicles 1 and 2 are similar in the case of uncontrolled charging and controlled charging. However, Vehicle 3 arrival time is 7 (7 AM) and departure time is 24 (12 AM); the uncontrolled charging time for Vehicle 3 is 11 ~ 24, whereas the controlled charging time is 21 ~ 24, which results in low-cost charging. Similar is the case of Vehicle 4, Vehicle 5, and so on. Optimal Charging Time and Cost for EVs is shewn in Table 3.

Optimal Charging Time and Cost for EVs

Table 3

Vehicle	Charging Time (h)	Total kW·h per hour	Charging Level	Total Cost (RMB)
1st	9 ~ 13 (4 h)	12 (3 kW·h)	2	6.9396
2nd	7 ~ 12 (5 h)	15 (3 kW·h)	2	7.9844
3rd	21 ~ 24 (3 h)	21 (7 kW·h)	3	14.17
4th	20 ~ 6 (10 h)	30 (3 kW·h)	1	9.63
5th	23 ~ 4 (5 h)	30 (6 kW·h)	2	12.19
6th	23 ~ 1 (2 h)	14 (7 kW·h)	3	8.37
7th	20 ~ 24 (4 h)	16 (4 kW·h)	2	7.41

continued

Vehicle	Charging Time (h)	Total kW·h per hour	Charging Level	Total Cost (RMB)
8th	20~6 (10 h)	60 (6 kW·h)	1	7.41
9th	2~8 (6 h)	24 (4 kW·h)	2	8.39
10th	15~24 (9 h)	27 (3 kW·h)	1	12.88
11th	23~2 (3 h)	15 (5 kW·h)	3	8.97

The algorithm results can be analyzed in two parts. Same-day charging and overnight charging for both uncoordinated and coordinated charging methods.

a. Uncontrolled charging

In uncoordinated charging, the vehicle starts charging immediately after it is connected to the charging portal. It subsequently occupies the time blocks during the start hours, which may be peak or valley hours, depending on the arrival time, where peak hours are, which are the costliest periods of the day. Uncontrolled charging can result in a high cost due to starting the charging process immediately upon the vehicle's arrival without even considering the low cost for EV users. For example, in EV 3, EV 4 and EV 5, where the charging is started upon the vehicle's arrival, the charging cost is high compared to the cost for controlled charging time. However, in some cases like EV 1 and EV 2, where the vehicle arrives at the valley hours i. e., low peak hours, the uncontrolled cost for EV charging is the same as the controlled charging cost.

b. Controlled Charging

The vehicle charging process starts with controlled charging based on the lowest charging cost scenarios. In controlled charging, when a vehicle arrives at the charging station, it provides the arrival and departure time, along with the kWh capacity, total duration to charge the vehicle and the charging level. The algorithm finds the low-cost charging scenarios between the arrival and departure time based on the charging time and the charging level. A low-cost charging time is suggested for EV charging, where the EV cost is calculated using the peak and valley hour tariff using the ToU tariff. For example, EV 3 arrives at the charging station at 11 and departs at 24, where the total kWh required is 21kWh, at a 3kWh rate per hour. In uncontrolled charging, the vehicle starts charging immediately, whether peak or valley hour, which results in high cost, i. e., 17.39 RMB for EV 4 using uncontrolled charging. The controlled charging finds the low-cost charging time between the arrival and departure time, which is a 21-24-hour time slot, which results in a low cost of 14.17 RMB, which is lower than the uncontrolled charging cost. The same scenario is with EV 4, EV 5, EV 6, and so on. Table 4 compares each vehicle's Uncoordinated and Coordinated Charging cost and the total cost saved for each vehicle.

Uncontrolled and Controlled Charging Time and Cost Comparison is shown in Table 4.

Uncontrolled and Controlled Charging Time and Cost Comparison　　　Table 4

#	Arrival-Departure Time (h)	Total kW·h	Uncontrolled Time (h)	Uncontrolled Cost (RMB)	Controlled Time (h)	Controlled Cost (RMB)
1	9-21	12	9-13	6.93	9-13	6.93
2	7-19	15	7-12	7.98	7-12	7.98
3	11-24	21	11-14	17.39	21-24	14.17
4	7-6	30	20-6	10.32	7-5	9.63
5	23-4	35	17-22	20.24	23-4	12.19
6	13-3	14	13-3	11.59	23-1	8.37
7	19-24	16	20-24	8.33	19-23	7.41
8	15-6	30	20-6	13.77	2-8	7.41
9	2-11	24	2-8	8.39	2-8	8.39
10	12-24	24	12-24	14.26	15-24	12.88
11	23-6	15	23-2	8.97	23-2	8.97

The results show that the algorithm can efficiently schedule any vehicle's charging within the specified time frame while simultaneously achieving the objective of minimizing costs compared to all other potential schedules. Furthermore, the algorithm produces precise outcomes when the departure is planned for the following day, aligning with the intended goal. The cost comparison is also shown in the graphical form in Figure 4.

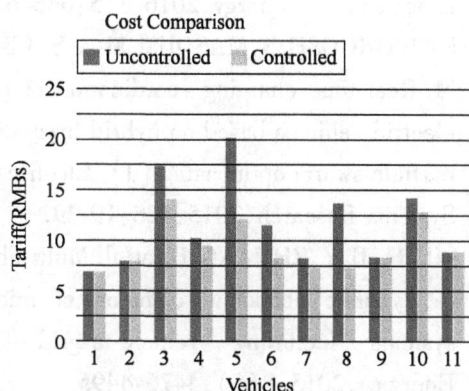

Figure 4   Comparison of Charging Cost

5   Conclusions

This work introduces the Optimal Charging Time Algorithm using multiple charging levels to suggest low-cost charging times for Electric Vehicles (EVs). The EV information such as, vehicle arrival and departure time, connection length, charging duration, charging power, and charging level are provided to the algorithm as input. This study uses the ToU tariff in Fujian, China, to implement all the charging levels, including levels 1, 2 and 3. The algorithm's output for the controlled charging is compared with the uncontrolled charging, including the charging process time between the arrival and departure time and the cost. The results show that controlled charging results in low-cost charging based on the EV data, whereas uncontrolled charging results in high cost or the same as controlled charging cost in some cases. The Optimal Charging Time Algorithm has successfully produced precise charging slots for the chosen vehicles within the specified time frame while minimizing scheduling costs among all available slots. This study is limited to only one ToU tariff and a few numbers of EVs data. The future work of this study can include a large fleet of EVs and using a large dataset.

References

[1]   CASALS L C, GARCÍA B A, AGUESSE F, et al. Second life of electric vehicle batteries: relation between materials degradation and environmental impact [J]. The International Journal of Life Cycle Assessment, 2017, 22: 82-93.

[2]   LIN C C, DENG D J, KUO C C, et al. Optimal charging control of energy storage and electric vehicle of an individual in the internet of energy with energy trading[J]. IEEE Transactions on Industrial Informatics, 2017, 14 (6): 2570-2578.

[3]   LUTSEY N, NICHOLAS M. Update on electric vehicle costs in the United States through 2030 [J]. Int. Counc. Clean Transp, 2019, 12:1-12.

[4]   BLOOMBERG N E F. Hitting the EV Inflection Point: electric vehicles price parity and phasing out combustion vehicles sales in Europe[J]. 2021:5.

[5]   Grandoni D, Siddiqui F, Dennis B. California to phase out sales of new gas-powered cars by 2035[J]. The Washington Post, 2020: [s. n.].

[6]   DARAMY-WILLIAMS E, ANABLE J, GRANT-MULLER S. A systematic review of the evidence on plug-in electric vehicle user experience [J]. Transportation Research Part D: Transport and Environment, 2019, 71: 22-36.

[7]   PARKER N, BREETZ H L, SALON D, et al. Who saves money buying electric vehicles? Heterogeneity in total cost of ownership [J]. Transportation Research Part D: Transport and Environment, 2021, 96:102893.

[8]   DAS H S, RAHMAN M M, LI S, et al. Electric vehicles standards, charging infrastructure, and impact on grid integration: A technological review[J]. Renewable and Sustainable Energy Reviews, 2020, 120:109618.

［9］ SOLANKE T U，RAMACHANDARAMURTHY V K，YONG J Y，et al. A review of strategic charging-discharging control of grid-connected electric vehicles［J］. Journal of Energy Storage，2020，28：101193.

［10］ LANDER L，KALLITSIS E，HALES A，et al. Cost and carbon footprint reduction of electric vehicle lithium-ion batteries through efficient thermal management［J］. Applied Energy，2021，289：116737.

［11］ GONG Q，MIDLAM-MOHLER S，MARANO V，et al. Study of PEV charging on residential distribution transformer life［J］. IEEE Transactions on Smart Grid，2011，3（1）：404-412.

［12］ CLEMENT-NYNS K，HAESEN E，DRIESEN J. The impact of charging plug-in hybrid electric vehicles on a residential distribution grid［J］. IEEE Transactions on power systems，2009，25（1）：371-380.

［13］ RUAYARIYASUB S，THAMMASIRIROJ W. The impact of unexpected power demand from electric vehicles on future load profiles：Case study on Thailand［C］//ISGT 2011. IEEE，2011：1-7.

［14］ YOLDAŞ Y，ÖNEN A，MUYEEN S M，et al. Enhancing smart grid with microgrids：Challenges and opportunities［J］. Renewable and Sustainable Energy Reviews，2017，72：205-214.

［15］ AYYADI S，BILIL H，MAAROUFI M. Optimal charging of Electric Vehicles in residential area［J］. Sustainable Energy，Grids and Networks，2019，19：100240.

［16］ XU C，SHI J，HAN X，et al. Research on coordinated charging and influence of EV based on distributed charge control［C］// 2017 Chinese Automation Congress（CAC）. IEEE，2017：5766-5769.

［17］ MOHAMMADI J，HUG G，KAR S. A fully distributed cooperative charging approach for plug-in electric vehicles［J］. IEEE Transactions on Smart Grid，2016，9（4）：3507-3518.

［18］ ZALNIDZAM W，MOHAMAD H，SALIM N A，et al. Optimal charging schedule coordination of electric vehicles in smart grid［J］. Indonesian Journal of Electrical Engineering and Computer Science，2018，11（1）：82-89.

［19］ HOEHNE C G，CHESTER M V. Optimizing plug-in electric vehicle and vehicle-to-grid charge scheduling to minimize carbon emissions［J］. Energy，2016，115：646-657.

［20］ HAJFOROOSH S，MASOUM M A S，ISLAM S M. Real-time charging coordination of plug-in electric vehicles based on hybrid fuzzy discrete particle swarm optimization［J］. Electric Power Systems Research，2015，128：19-29.

［21］ LIU H，JI Y，ZHUANG H，et al. Multi-objective dynamic economic dispatch of microgrid systems including vehicle-to-grid［J］. Energies，2015，8（5）：4476-4495.

［22］ ZHANG K，XU L，OUYANG M，et al. Optimal decentralized valley-filling charging strategy for electric vehicles［J］. Energy conversion and management，2014，78：537-550.

［23］ MA T，MOHAMMED O A. Optimal charging of plug-in electric vehicles for a car-park infrastructure［J］. IEEE Transactions on Industry Applications，2014，50（4）：2323-2330.

［24］ CAO Y，KAIWARTYA O，ZHUANG Y，et al. A decentralized deadline-driven electric vehicle charging recommendation［J］. IEEE Systems Journal，2018，13（3）：3410-3421.

［25］ LI Q，CUI T，NEGI R，et al. On-line decentralized charging of plug-in electric vehicles in power systems［J］. arxiv preprint arxiv：1106. 5063，2011.

［26］ MUKHERJEE J C，GUPTA A. A review of charge scheduling of electric vehicles in smart grid［J］. IEEE Systems Journal，2015，9（4）：1541-1553.

［27］ BHATTI A R，SALAM Z，AZIZ M J B A，et al. A critical review of electric vehicle charging using solar photovoltaic［J］. International

Journal of Energy Research, 2016, 40 (4): 439-461.

[28] ARIF A I, AHAMED T I, AL-AMMAR E A. Pursuit algorithm for scheduling PEV charging in 4th International Conference on Power Engineering, Energy and Electrical Drives. IEEE,2013:915-920.

[29] CAO Y,TANG S,LI C B,et al. An optimized EV charging model considering TOU price and SOC curve [J]. IEEE Transactions on smart grid,2012,3(1):388-393.

[30] ARIF A I,BABAR M,AHAMED T P I,et al. Online scheduling of plug-in vehicles in dynamic pricing schemes [J]. Sustainable Energy,Grids and Networks,2016,7:25-36.

基于轨迹数据的货车自发编队组织优化

王浩溥[1] 杨 扬[*1,2] 姚恩建[1,2]
(1.北京交通大学综合交通运输大数据应用技术交通运输行业重点实验室；
2.北京交通大学交通运输学院)

摘 要 货车排列成队的编组行驶模式已经被证实可以在一定程度上降低参与车辆的耗油量。本文针对区域货运自发编队的驾驶情景,为降低大规模路网下车辆编队方案求解的复杂度,提出一种自发编队组织优化方法。首先,基于地理信息数据(GIS),提出了二阶时空相交的可行编队方案搜索算法,求解自发编队可行解,挖掘可行的车辆两两编队方案;然后,以编队形成和疏解时间戳,建立编队组织优化的分时段整数规划模型,提出了基于图论的编队方案求解算法;最后,依托河北省唐山市范围内的重型货车轨迹数据开展实例验证,并分析了不同时空阈值下编队情况的节油潜力变化情况。结果表明:相比于空间阈值,增加自发编队的时间阈值更易于形成编队,并且随着时空阈值搜索范围扩大,编队节油量的上升速率会大幅增加。该研究方法可以在更大区域规模中计算车辆自发编队情况,具有较好的应用前景。

关键词 公路运输 货车自发编队 整数规划 图论 轨迹数据

0 引言

公路货运不但在我国货物运输体系中占有重要地位,更是交通领域碳减排的主要方向。在公路运输系统智能化、信息化发展的背景下,货车编队被认为是一种能够有效节能降碳的运输模式。货车编队指多个货车通过无线通信或自适应巡航系统实现较小间距成排行驶的一种公路货运协调组织模式;货车编队在形成的过程中,在保证行驶安全的同时可以使车辆间距更小,使得车辆之间的空气流动与单独行驶时有所不同,即减少跟随车辆与领头车辆所承受的空气阻力[1],最终通过保持车辆编队状态的稳定来降低编队系统的总燃油消耗。

目前很多国内外学者已对编队的节油能力加以验证。其中,Chen 等人[2]通过风洞试验和流体力学模型对编队过程中的车间阻力变化进行验证,证明编队结构可以在一定程度上减少车辆油耗;姜涛等人[3]通过流体力学模型仿真计算不同位置车辆的风阻变化,证明在编队时跟车节油率优于头车。

区域路网中不同起讫点货车的编队组成过程与系统节能效率具有密切关系。焦运昌[4]建立京津冀范围内 20 量货车的虚拟配送网络,使用 GAMS 优化求解,并加入等待时间成本系数,结果显示编队形式可以减少 4% ~7% 的油耗量;Ting Bai 等人[5]提出一种能够安排车辆在交通枢纽等待的分布式框架,以解决大型运输网络中的编队协调问题,并使用动态规划求解,最后在拥有

基金项目:国家重点研发计划项目(2022YFC3702900);国家自然科学基金资助项目 (52172312)。

5000辆货车的瑞典道路网中进行模拟验证,结果表明这种方式可实现5.5%的碳减排。但上述研究多使用虚拟数据建立节点网络进行规划求解,而未考虑货车在实际道路上的真实轨迹情况。

当前积累了大量的货车轨迹数据,在此基础上开展的自发编队研究,更易于在企业或个体车辆之间形成临时队列而不会额外占用调度资源。谭二龙等人[1]将自发编队定义为编队车辆距离较近,经过小范围的协调能够快速形成编队行驶的目标车辆,并通过LCSS算法和整数规划算法探究货车轨迹的可编队性。但是上述研究仅对不同编队长度的求解结果进行了探究,而未考虑不同时空搜索阈值对编队形成的影响。

因此,本文针对区域内公路货运多点和多线路的特点,基于轨迹数据提出一种自发编队组织优化方法。第一阶段,运用二阶时空相交的可行编队方案搜索算法求解自发编队可行解,挖掘可能的编队形成与疏散时间戳;第二阶段,建立分时段整数规划模型,并使用基于图论的编队优化算法求解最优结果;最终,依托真实数据对不同时空阈值下的编队情况进行了探讨。

1 问题描述

1.1 货车自发编队情景

本文研究的自发编队指路网中的多个车辆在行驶过程中的相对距离较近,或到达某道路位置的时间相近,可通过车-车通信或车-路通信等交互行为形成一种即时协调的车辆编队模式,从而使系统整体油耗最小,且无须改变车辆的路径或发车时间,避免产生额外的经济损耗。

为使编队油耗最小,通常需要增加编队的参与车辆数目及编队行驶长度,但在自发编队情境中,为使车辆小范围协调变动对车辆及道路环境造成的影响最小,需要设置一定空间阈值及时间阈值来进行约束;并且由于编队行为大多形成于高速道路、一级道路等高等级道路,出于安全性考虑,并为减小编队行为对其他车辆的影响,需要对车辆编队的长度加以约束,故本文设定在符合编队长度最大值的条件下使编队效益最大化。

在使用轨迹数据对车辆进行自发编队求解时,需要确定多个车辆到达某节点的时空条件是否满足阈值,进而确定车辆间的可能编队方案,并以使系统油耗最小为目标在编队长度约束下求解最优编队组合。图1模拟了由四辆货车参与的自发编队的形成与疏散过程,其中车辆A、B、C和D均存在共同的满足时空阈值条件的可编队路段。在设定编队最大长度为3时,车A和车B在行驶于节点a时满足时空阈值条件形成编队;在编队经过节点b时,由于车C在该节点与编队满足时空阈值条件,且未超过编队长度上限,则加入编队;在编队到达节点c时,车D与编队满足时空阈值条件,但由于车辆编队长度处于上限,车D无法直接加入编队,故在此时需要对编队方案进行优化求解,最后根据求解结果选择最优编队组合继续编队,从而实现系统能耗最小的目标。

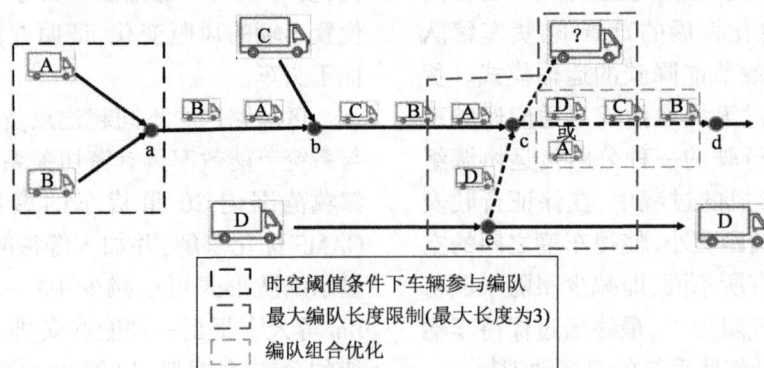

图1 自发编队情景

1.2 研究框架

本研究将使用货车轨迹数据获取可行编队轨迹的形成与疏散时间点，并建立模型获取最优的自发编队协调方案。研究框架分为以下三个部分：数据预处理、可行编队方案搜索和编队方案优化。研究框架如图2所示。

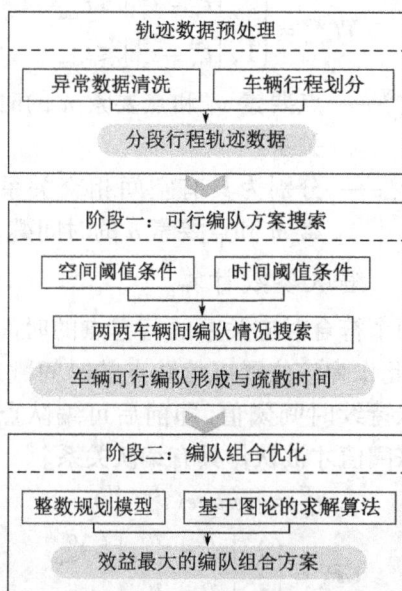

图2 研究框架

数据预处理包括对GPS轨迹数据的纠偏、去重以及对缺失或异常值的删除，并对清洗后的轨迹数据集和车辆行程进行划分，以获取车辆的分段行程轨迹数据。

可行编队方案通过设置轨迹点之间的时空搜索范围，使用一种二阶时空相交的可行编队方案搜索算法求解编队的可行解，确定两两车辆间的可能编队方案，最终得到车辆可行编队形成与疏散时间表。

编队方案优化部分将建立分时段整数规划模型，设置编队长度约束，并使用一种基于图论的编队组合求解算法，按照编队的形成与疏散时间计算不同时段下的最优编队方案，以达到系统节油量最大化的目标。

2 轨迹预处理

2.1 异常数据清洗

对轨迹数据的清洗是开展研究工作的基础，目的是保证后续实验能够准确地进行行程划分，主要包括对不同类型的异常数据进行剔除、去重、

修正等操作，异常数据主要分为如下部分：

（1）数据缺失。数据缺失的原因可能为异常天气、经过隧道或GPS传输装置短暂失效等，本文对该类异常数据主要进行剔除。

（2）数据异常。主要包括经纬度在研究范围之外、GPS数据大幅度漂移、速度过大等异常数据，该类数据对实验影响较大，需进行剔除或修正。

（3）数据重复。部分数据的字段属性会出现重复，需要进行去重处理。

2.2 行程划分

货车临时休息、服务区停靠、装卸货等短暂或长期停留行为，往往导致其在一段时间内的轨迹数据会包含多段行程，并且相邻行程之间的轨迹数据多为停留点，与本文研究的自发编队行为不具备相关关系，可认定为无效数据，故需要剔除掉轨迹数据中的停留点并进行行程划分，为后续研究提供数据支持。

目前多数既有研究将停留速度阈值设定为1km/h[6,7]，即速度小于1km/h的轨迹点将被认定为停留点，速度大于1km/h的轨迹点则为行驶点。对于货车的行程划分过程，一般可依据上一行程的结束时间与下一行程的开始时间进行切分，李颖等[6]得出15min时间间隔为货车GPS轨迹数据的最佳划分阈值。

因此，本文选择1km/h作为停留点识别的速度阈值，选择15min作为行程划分的拆分阈值，将所有轨迹数据拆分为不同的行程。

3 可行编队搜索

由于既有文献对于可行编队的挖掘较少，部分研究通过离散弗雷歇距离（DFD）、动态时间规整（DTW）、最长公共序列（LCS）[1,6]等轨迹相似性度量算法求解车辆的重复轨迹，但该类算法求解复杂，耗时长。故本文针对轨迹相似性度量算法的缺陷，并考虑轨迹数据的三维尺度（经度、纬度和时间），基于GIS提出一种在时空阈值条件下的二阶时空相交可行编队方案搜索算法，挖掘GPS轨迹数据中两两货车的可行编队方案，相比于其他轨迹相似度度量算法，该算法具有求解时间短和解释性强等优点。

该算法主要包含两步，第一部分为线要素交叉阶段，第二部分为点要素交叉阶段。

3.1　线要素交叉阶段

该步骤的主要目的是减少搜索时间,避免不必要的轨迹点搜索。其使用 GIS 的缓冲区思想,将两段行程以线要素为目标判断时空相交关系。

（1）空间相交

若存在空间重叠,即符合空间阈值,则保留两段行程的对应关系,即

$$SI_{i,j}^l = \begin{cases} 0, l_i \cap l_j = \varnothing \\ 1, l_i \cap l_j \neq \varnothing \end{cases} \qquad (1)$$

$$r_k^l \leqslant r_{\max} \qquad (2)$$

式中:$SI_{i,j}^l$——行程 i 与行程 j 的线型空间对应关系;

l_i、l_j——分为行程 i 和行程 j 所在的空间范围;

r_k^l——行程 k 的空间搜索半径;

$r_{\max}$——空间阈值。

（2）时间相交

若两端行程的空间重叠部分具有时间相交关系,即时间阈值,则保留,即

$$TI_{i,j}^{SI} = \begin{cases} 0, t_{e,j}^{SI} - t_{s,i}^{SI} > t_{\max} \text{ 或 } t_{e,i}^{SI} - t_{s,j}^{SI} > t_{\max} \\ 1 \end{cases} \qquad (3)$$

式中:　$TI_{i,j}^{SI}$——行程 i 与行程 j 空间相交部分的时间对应关系;

$t_{s,i}^{SI}$、$t_{s,j}^{SI}$、$t_{e,i}^{SI}$、$t_{e,j}^{SI}$——分别为行程 i 和行程 j 在空间相交部分的起始位置时间戳和结束位置时间戳;

$t_{\max}$——时间阈值。

3.2　点要素交叉阶段

该步骤的目的是搜索两个行程中具有时空对应关系的轨迹点,符合时空阈值条件的轨迹点即被认作可编队点。

（1）空间相交

判断符合线要素时空交叉要求的点要素之间是否满足空间阈值,保留具有空间交叉部分的行程点,即

$$SI_{i,j}^{GPS} = \begin{cases} 0, P_n^i \cap P_m^j = \varnothing \\ 1, P_n^i \cap P_m^j \neq \varnothing \end{cases} \qquad (4)$$

$$r_q^{GPS} \leqslant r_{\max} \qquad (5)$$

式中:$SI_{n,m}^{GPS}$——点要素 n 和点要素 m 的空间对应关系;

P_n^i、P_m^j——分别为行程 i 和行程 j 中点要素 n

和点要素 m 的空间范围;

r_q^{GPS}——GPS 点 q 的空间搜索半径。

（2）时间相交

对具有空间对应关系 GPS 点计算时间戳之差,若符合时间阈值,则保留具有时间对应关系的行程点,即

$$TI_{m,n}^{GPS} = \begin{cases} 0, |t_m^{SI} - t_n^{SI}| > t_{\max} \\ 1, |t_m^{SI} - t_n^{SI}| \leqslant t_{\max} \end{cases} \qquad (6)$$

式中:$TI_{m,n}^{GPS}$——点要素 m 和点要素 n 的时间相交关系;

t_m^{SI}、t_n^{SI}——分别为具有空间相交关系的点要素 m 和点要素 n 的时间戳。

3.3　编队参数计算

将两个符合对应关系的行程点的时间戳取平均值,以此作为该位置可编队点的时间戳,且需要定义编队持续时间阈值,即前后可编队点的时间差小于该阈值才被认作具有编队关系。

$$t_u^{TI} = average(t_m^{SI}, t_n^{SI}) \qquad (7)$$

$$CP_u = \begin{cases} 0, |t_u^{TI} - t_{u+1}^{TI}| > t_{\max}^C \\ 1, |t_u^{TI} - t_{u+1}^{TI}| \leqslant t_{\max}^C \end{cases} \qquad (8)$$

式中:t_u^{TI}——符合时间相交关系的可编队点 u 的时间戳;

CP_u——可编队点 u 的编队持续情况,若取值为 1 则表明持续形成编队,取值为 0 则表明编队消散或无法形成编队;

t_{max}^C——编队持续时间阈值。

最终对结果进行统计汇总,获得两两车辆间每一可能编队方案的编队形成时间戳、编队消散时间戳及编队行驶距离。

4　编队组合优化

4.1　分时段整数规划模型

基于第三章中经计算得到的每一编队可能的形成与疏散时间戳,将研究时间范围划分为不同时段,此时各个时段的编队情况相互独立,编队组合求解问题可以替换为求出每一时段下的最优编队组合情况,整合后即为全局最优解。

将所有初始编队情况集合定义为 P,每一两两车辆间初始可能编队情况定义为 p,即 $P = \{p_1, p_2, p_3, \cdots\}$;将每个时间戳定义为 t;将所有时间戳排列即可将研究时间范围拆分为不同的编队时间

段，即 s，研究范围内的时间段集合定义为 S，即 $S = \{s_1, s_2, s_3, \cdots\}$，其中，每一时间段 s 下都具有多种编队方案组合；将最大编队长度为 n 的编队方案组合定义为 $p_{s,n}$，且 $p_{s,n}$ 为包含多个存在于 s 时段下的可行编队情况的集合，该编队方案中的第 k 个可能编队定义为 p_k^s，即 $p_{s,n} = \{p_1^s, p_2^s, p_3^s, \cdots\}$，其中，$s$ 时段下存在多个编队方案组，每个编队方案组的最大编队长度为定义为 n，其编队方案的集合定义为 P_s，即 $P_s = \{p_{s,n_1,1}, p_{s,n_2,2}, p_{s,n_3,3}, \cdots\}$。

本研究因不讨论车辆不参与编队时的油耗情况，故优化目标设置为使系统节油量最大。

建立求解编队组合的分时段整数规划模型：

$$\max \sum_{s \in S} \sum_{p_{s,n,k} \in P_s} x_{p_{s,n,k}} * D_{p_{s,n,k}} * f(p_{s,n,k}) \quad (9)$$

$$x_{p_{s,n,k}} = \{0,1\}; p_{s,n,k} \in P_s; s \in S \quad (10)$$

$$P_s = \{p_{s,n_1,1}, p_{s,n_2,2}, p_{s,n_3,3}, \cdots\} \quad (11)$$

$$p_{s,n,k} = \{p_1^s, p_2^s, p_3^s, \cdots\} \quad (12)$$

$$\forall n \leqslant N_{\max} \quad (13)$$

式中：$p_{s,n,k}$——时段 s 下的第 k 个编队组合方案，且该方案最大编队长度为 n；

$x_{p_{s,n,k}}$——决策变量，表示若在时段 s 下存在编队方案 $p_{s,n,k}$，则取 1，否则取 0；

$N_{\max}$——编队最大长度约束；

$D_{p_{s,n,k}}$——编队方案 $p_{s,n,k}$ 的编队行驶距离；

$f(p_{s,n,k})$——编队方案 $p_{s,n,k}$ 的单位距离节油量计算函数，单位为升（L）。

本文选用线型节油函数[8]，具体的单位距离节油量计算函数如下：

$$f(p_{s,n,k}) = D_{p_{s,n,k}} \cdot F_{KM} \cdot [SF_h + (n-1) \cdot SF_f] \quad (14)$$

式中：$D_{p_{s,n,k}}$——编队组合方案 $p_{s,n,k}$ 的编队行驶距离；

F_{KM}——货车单位公里耗油量，取定值，单位为 L/km；

SF_h 和 SF_f——分别为领头车辆和跟随车辆的节油率，取定值。

既有研究得出货车的平均燃油消耗率为 43. 5L/100km^{-1}[9]，故本文设置 $F_{KM} = 0.435$L/km。根据既有研究，设置 $SF_h = 0.02$，$SF_f = 0.10$[9]，即领头车辆和跟随车辆的节油率分别为 2% 和 10%。

4.2 基于图论的编队组合求解算法

该整数规划模型的关键在于求解出各编队方案的行驶距离 $D_{p_{s,n,k}}$。本文提出一种基于图论的

编队组合求解算法，将各时段的所有编队情况建立无向图网络，即 $G = (V, E, g)$；车辆即为节点网络中的所有节点 $V(G)$，而两两车辆间的编队关系则为网络中的边 $E(G)$，$g(G)$ 则表示网络中边的权重，即表示编队情况的行驶距离。

在每个时段的图网络中，将存在 m 个连通子图，本文将编队图网络中的连通分量定义为编队子图，为 $G' = (V', E', g')$，$V' \in V$，$E' \in E$，$g' \in g$，即在该编队子图中，具有边相连的节点（即车辆）可以进行编队，并且在子图中编队具有可传递性；但由于连通分量的特性，任一编队子图与其他编队子图不存在边连通，即不可形成编队，且每一编队子图中均至少存在一种编队情况。

假设编队长度上限为 n，编队子图的节点数为 $n_{G'}$，每一编队子图中均会按照编队节油量最大的目标，在子图中选择编队组合方案，每一编组方案可能均为该编队组团的生成树，定义为 T，即

$$w(T) = \sum_{(u,v) \in G'}^{n} g'(u,v) \quad (15)$$

$$n_T \leqslant n; T \in G' \quad (16)$$

式中：$w(T)$——该编队子图生成树的总权重；

$g'(u,v)$——G' 的边权重，即编队行驶距离；

n_T——T 包含的节点数量。

根据编队车辆行驶的实际情况，将 T 中边权重最大值，即编队距离最长的可行编队作为该编队方案下的编队距离 $D_{p_{s,n,k}}$，即

$$D_{p_{s,n,k}} = \max\{g'(u,v)\}; (u,v) \in T \quad (17)$$

因本文研究内容为小范围内形成的自发编队，为避免在同一时间小范围内形成多个编队组而干扰其他车流，故在一个编队子图只输出一个最优编组方案。该编组方案为该编队子图的符合编队长度约束的最大生成树，定义为 $T^{\max}$，即

$$w(T^{\max}) = \max\{w(T_1), w(T_2), w(T_3), \cdots\} \quad (18)$$

此时决策变量取值为

$$x_{p_{s,n,k}} = \begin{cases} 0, w(T) < w(T_{\max}) \\ 1, w(T) = w(T_{\max}) \end{cases} \quad (19)$$

图 3 为某一时段内编队子图 a、b、c 和 d 的编队求解过程示意，假设编队长度上限为 3，如编队子图 a 中共有三种编队方案，为 {1,2}、{2,3} 和 {1,2,3}，按照编队行驶距离最大的原则，最优结果为 {1,2,3}，即为该编队子图的最大生成树。右侧展示了该时段下的编队结果，此时存在四个编

组方案,分别为{1,2,3}、{4,5,6}、{10,11}和{14,15,16},均为各编队组团下节点数为3的最

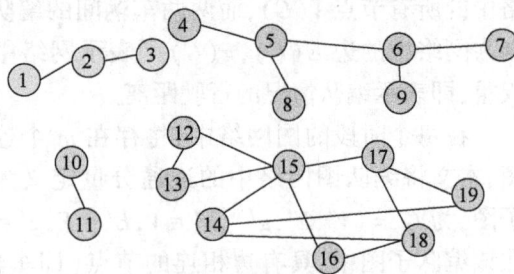

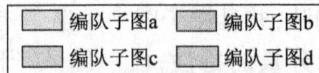

大生成树。

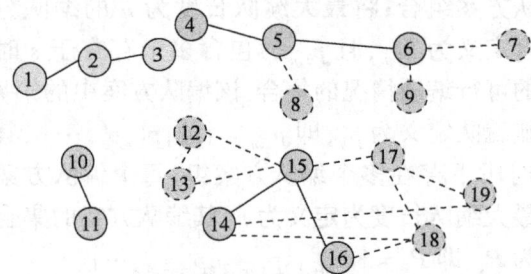

a)可行编队组团　　　　b)优化后的编队组团

图3　某一时段下初始可行编队组团(a)与优化后的编队组团(b)示意

5 算例分析

5.1 实验数据

本研究所用货车轨迹数据来自全国道路货运车辆公共监管与服务平台,选取河北省唐山市境内243辆重型货车在2019年某日全天24小时的行程轨迹数据,经过数据清洗后共计约60万个行程点,采样间隔为15~60s。

使用15min的时间阈值对车辆的轨迹数据行程划分后,为排除过短行程对编队的干扰,去除行驶时间小于3min或行驶距离小于3km的行程,最终共得到236辆车的240段行程数据,如图4所示,多数编队长度在100km~400km之间。

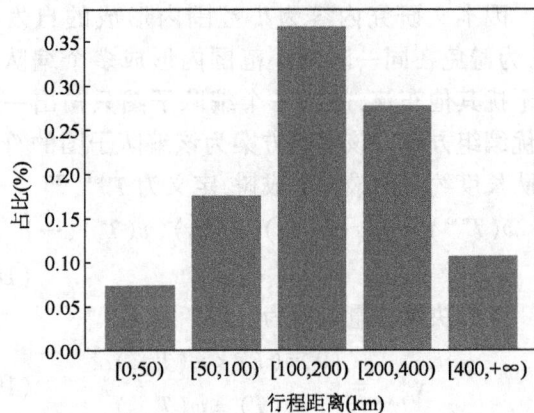

图4　行程距离分布

5.2 实验参数

本文主要研究在不同时空阈值下自发编队的编队情况和节油情况,故将设置不同的时空阈值讨论结果,一般当时空阈值足够小时,即车辆之间

在某一个较小时间段内距离足够接近,才能够满足条件形成自发编队。

另外,考虑到编队的经济情况,并且排除非编队情况的干扰点,轨迹之间同时符合以下条件才能够形成可行编队情况:

①两个轨迹点之间满足第三章中的时空阈值关系才能够形成自发编队,根据货车速度与实际情况将时间阈值取值为 $t_{max} = \{30s,60s,180s,300s\}$,空间阈值取值为 $r_{max} = \{100m,250m,500m,1000m\}$。

②一个可行编队情况的编队GPS点数目必须大于2,且相邻可行编队点的时间差小于编队持续时间阈值才认为可以形成编队,取值为300s,即 $t_{max}^C = 300s$。

③编队持续距离大于3km才可被认作可行编队[1]。

④为减小道路环境中货车编队对其他车辆的影响,将编队最大长度约束设置为5,即 $n=5$。

5.3 灵敏度分析

5.3.1 可行编队方案统计

本文使用第三章中的算法进行求解,获得不同时空阈值下两两车辆编队的可行方案,统计可行编队数目与参与编队车辆数目如图5和图6所示。

由图5可知,在30s、60s和180s的时间阈值时,可行编队数目并没有出现较大程度波动,且不同空间阈值条件下差距并不大;但当时间阈值由180s变为300s时,编队数目出现大幅增长,且不同空间阈值下数值差异很大,在时间阈值为300s

空间阈值为1000m时编队方案数量甚至大于700个。这说明在时间阈值达到一定数值，且时空阈值同时增大时，编队方案数目变化较显著。

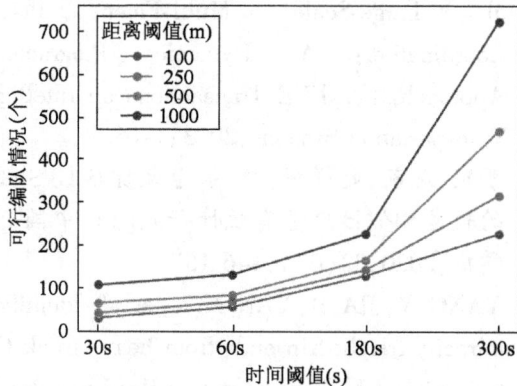

图5　可行编队情况数目

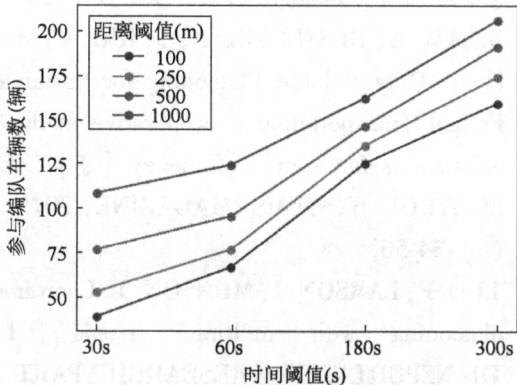

图6　可行编队参与车辆数目

图6中显示的可行编队参与车辆数目在不同时空阈值下变化相似，呈现近似线性函数的关系，在设定的时空阈值下并无明显波动；但随着时空阈值的增加，大部分车辆都具有参与编队的可能。

5.3.2　编队节省油耗统计

使用第四章中的算法对全天的编队方案组合优化进行求解，不同时空阈值的编队总节省油耗情况统计如图7所示。

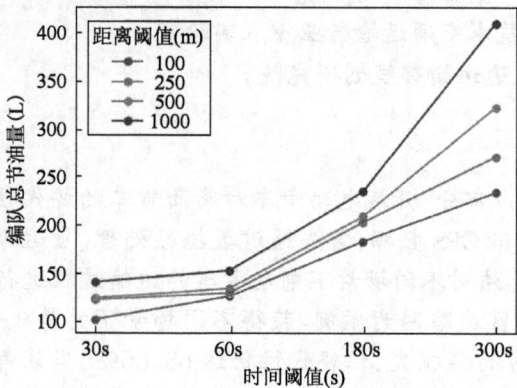

图7　编队总节省油耗统计

不同时空阈值下总节省油耗的变化与可行编队数目的变化情况相似，在时间阈值较小时不同空间阈值的结果差距并不大，而当时间阈值达到180s后，在相同时间阈值时改变空间阈值，会使节油效果产生较大变化。本研究范围的编队总节省油耗的最高值为410L，最低值为103.48L，表明自发编队形式对区域内的货运体系具有较大的预期经济收益。

5.3.3　车辆参与编队情况统计

使用第四章中的算法对全天的编队方案组合优化进行求解，分别统计车辆的平均参与编队时长和平均参与编队距离，如表1和表2所示。

车辆平均参与编队时长统计（min）　　表1

时间阈值（s）	空间阈值（m）			
	100	250	500	1000
30	19.4	22.1	23.6	27.8
60	22.6	24.8	26.2	31.7
180	32.1	36.3	39.1	46.9
300	41.6	47.9	57.1	73.6

车辆平均参与编队行驶距离统计（km）　表2

时间阈值（s）	空间阈值（m）			
	100	250	500	1000
30	16.7	20.1	20.2	22.7
60	20.6	21.0	21.8	24.5
180	29.4	32.4	33.3	37.2
300	36.6	41.8	49.0	61.1

在时间阈值固定，仅空间阈值变化时，在空间阈值小于1000m时，车辆参与编队时长变化并不大，但在空间阈值变为1000m时发生较大幅度的增加；并且对于空间阈值固定，仅时间阈值变化时编队时长差别不大，表明对于编队时长，距离的影响相对于时间更加显著。

不同时空阈值下，车辆平均参与编队距离与编队时长的变化规律相似。在某一阈值较小时，另一阈值的增大对行驶距离的变化影响不显著，但二者都增大到一定程度时，行驶距离的提升速率出现大幅增加的情况。

6　结语

本研究基于货车轨迹数据探索不同时空阈值对自发编队的影响，与其他研究相比，本文的主要贡献在于：

(1)本文提出了一种理解性强、计算效率高的二阶时空相交的可行编队搜索算法,以提取出轨迹数据中两两车辆间可行编队方案。

(2)以编队形成和疏解时间戳建立编队组织优化的分时段整数规划模型,提出一种基于图论的编队组合算法计算模型结果,最终对不同时空阈值下的求解结果进行灵敏度分析。

(3)通过对不同时空阈值的讨论,发现相比于空间阈值,增加自发编队的时间阈值更易于形成编队;并且随着时空阈值搜索范围扩大,编队节油量的上升速率会大幅增加。

本文暂未考虑货车编组形成与疏散时车辆加减速等微观操作对系统油耗造成的影响,将在未来的研究中进一步探讨。

参考文献

[1] 谭二龙,李宏海,钟厚岳,等.基于轨迹数据的货车自发编队节油潜力估计[J].交通运输系统工程与信息,2022,22(1):74-84.

[2] CHEN G,LIANG X F,LI X B,et al. Dynamic analysis of the effect of platoon configuration on train aerodynamic performance[J]. Journal of Wind Engineering and Industrial Aerodynamics,2021,211:104564.

[3] 姜涛,石岩,许佩佩,等.重卡编队行驶风阻仿真分析与节油率计算[J].内燃机与动力装置,2022,39(03):81-85.

[4] 焦运昌.网络化条件下的车辆编队路径问题[D].北京交通大学,2021.

[5] BAI T,JOHANSSON A,JOHANSSON K H,et al. Large-Scale Multi-Fleet Platoon Coordination:A Dynamic Programming Approach[J]. IEEE Transactions on Intelligent Transportation Systems,2023:1-16.

[6] 李颖,赵莉,赵祥模,等.基于大货车 GPS 数据的轨迹相似性度量有效性研究[J].中国公路学报,2020,33(02):146-157.

[7] YANG Y,JIA B,YAN X Y,et al. Identifying intracity freight trip ends from heavy truck GPS trajectories[J]. Transportation Research Part C:Emerging Technologies,2022,136:103564.

[8] ALAM A,BESSELINK B,TURRI V,et al. Heavy-Duty Vehicle Platooning for Sustainable Freight Transportation a cooperative method to enhance safety and efficiency[J]. IEEE CONTROL SYSTEMS MAGAZINE,2015,35(6):34-56.

[9] LUO F,LARSON J,MUNSON T. Coordinated platooning with multiple speeds[J]. TRANSPORTATION RESEARCH PART C-EMERGING TECHNOLOGIES,2018,90:213-225.

区域路网公路货运电动卡车替代性分析

秦子怡[1]　杨　扬[*1,2]　姚恩建[1,2]　宋媛媛[3]　吴　睿[3]
(1.北京交通大学综合交通运输大数据应用技术交通运输行业重点实验室;
2.北京交通大学交通运输学院;3.交通运输部规划研究院)

摘　要　区域货运碳排放是交通领域碳排放的重要组成部分,开展电动卡车对柴油货车的替代性研究,是节能减排、促进货运电动化发展的关键。本文基于货车 GPS 数据,首先通过数据预处理、货运停留点识别和行程划分构建重卡出行数据集。然后,构建模拟算法对不同场景下电动卡车的运输过程进行仿真。最后,以北京、天津、廊坊、保定和唐山五个城市组成的区域路网为案例,获得不同场景下的替代性。研究结果表明,使用电动卡车全部替代柴油货车后虽有部分行程损失,但替代性仍达68.06%,当装卸货

基金项目:国家重点研发计划项目(2022YFC3702900);国家自然科学基金资助项目(52172312)。

物停留点和服务区均有补能条件时替代性为85.38%,提升电动卡车电池性能后替代性高达91.06%。研究发现电动卡车的替代性较高,且在布局规划补能设施时应首先考虑设在装卸货物停留点。

关键词 电动卡车 替代分析 轨迹数据 补能场景 模拟仿真

0 引言

柴油货车凭借机动灵活、适应性强等特点,作为主要中坚力量普遍应用于我国货物运输的各种流转方式和环节中。而柴油重卡作为污染源大户,对重卡进行电能替代是交通领域减碳的关键切入点,分析电动卡车的替代性对开展货运节能减排研究至关重要[1]。

既有研究中,车辆的行驶里程经常被视作推断其是否适合电动化的指标。Khan[2]等利用西雅图有车家庭一年出行的GPS数据,阐明了电动汽车如何满足家庭出行需求的问题。Hu[3]等基于纽约市燃油出租车的出行数据,将电动出租车的可行性量化为可完成的行程占给定行程的百分比。Pearre[4]等基于亚特兰大地区的私家车GPS数据,发现电动汽车可以满足大部分家庭的出行需求。Taylor[5]等研究发现,100公里续航里程的纯电动汽车足以覆盖悉尼85%～90%和阿德莱德95%～99%的日常汽车出行。

从全生命周期的角度分析电动车辆的环境效益也是车辆电动化分析的重要内容之一。梅雪东[6]发现在全生命周期内,电动汽车在能耗、缓解温室效应、使用成本上具有巨大优势。程冬宏[7]等计算得出纯电动汽车的能量消耗与温室气体排放仅占传统汽车的41.5%和6.1%。Mccleese和Lapuma[8]基于蒙特卡罗模拟方法分析得出电动汽车在减少二氧化碳排放方面效果显著。

然而上述研究所选用的指标多是宏观统计指标,难以反映出租、货车等营运车辆电动化带来的业务损失。Tseng等[9]基于马尔科夫决策过程,从不同电池容量和补能条件下的盈利能力角度揭示电动出租车的可行性。Baek[10]等从成本效益角度评估电动汽车的经济可行性。廖雨婷[11]和舒晗[12]分别构建了汽车生命周期和百公里的成本模型,分析电动汽车替代的经济性。

目前少有研究涉及电动卡车的替代性。公路卡车的运输距离较长,且存在由于安全、生活需要等引发的停留行为,与城市内车辆具有显著的差异。因此,本文依托货车时空轨迹数据,在深入解析区域路网中货运卡车运输特征的基础上,针对电动卡车出行行为设定补能场景和模拟算法,仿真其对柴油货车的替代过程,为电动重卡补能设施的规划提供思路,为货运卡车电动化提供支撑。

1 数据及预处理

1.1 数据预处理

本文所采用的数据主要为车辆GPS数据、电子地图数据和POI数据。受GPS数据采集设备故障、信号不稳定、障碍物遮挡等因素的影响,部分数据存在重复、漂移、缺失等多种问题,同时GPS基本数据信息的不完整将影响后续数据挖掘、分析等工作的进行。

对于货车k,其时空轨迹序列为轨迹点按照时间先后的有序排列,表示为$l_k = \{p_0, p_1, \cdots, p_i, \cdots, p_n\}$,$0 \leq i \leq n$,$n$为轨迹点的数量,其中$p_i$表示出租车在$time$时刻的位置信息,表示为$p_i(truck\text{-}id, time, longitude, latitude, location)$,且$p_i \cdot time < p_{i+1} \cdot time$。本文首先针对轨迹点$p_i$剔除经纬度越界、字段缺失及重复数据;接着基于地理坐标系统,利用半正矢公式,在PYTHON3.7中载入math模块计算相邻轨迹点p_i和p_{i+1}间的距离;最后,根据轨迹点间的距离$\Delta distance$和时间间隔$\Delta time$,计算货车的行驶速度,为后续停留点的识别做准备。

1.2 货车停留点识别

停留点识别的主要目的是识别出重卡在运输过程中的停留行为及停留特征。依据离散GPS数据,在一定时间范围内停留的区域为货车停留位置。因此本文采用经验识别法,设定速度阈值和时间阈值后识别停留点。

首先设定速度阈值$speed = 1\text{km/h}$初步筛选停留点,获得停留点集合$T_s = (P_1, P_2, \cdots, P_n)$;其次,将停留点集合按照时间的连续性进行划分,得到多个互不相交的停留序列$T_s^i = \{P_1^i, P_2^i, \cdots, P_n^i\}$,其中$i \in [1, n]$,重卡的停留区域为多个停留序列组成的空间区域集合$S$:

$$S = \{T_s^{\ 1}, T_s^{\ 2}, \cdots, T_s^{\ n}\} = \begin{Bmatrix} \{P_1^{\ 1}, P_2^{\ 1}, \cdots, P_{n_1}^{\ 1}\}, \\ \{P_1^{\ 2}, P_2^{\ 2}, \cdots, P_{n_2}^{\ 2}\}, \\ \cdots, \\ \{P_1^{\ n}, P_2^{\ n}, \cdots, P_{n_m}^{\ n}\}, \end{Bmatrix}$$

$$(1)$$

其中 n_i 表示停留序列中轨迹点的数量；接着，设定停留时间阈值 $time = 20\text{min}$，根据计算每个停留序列的停留时长 $T_t^{\ i} = P_n^{\ \alpha} \cdot time \text{-} P_1^{\ \alpha} \cdot time$，其中 $\alpha \in [1, i]$，以 $T_t^{\ i} \leq \Delta t$ 为条件更新停留序列。

1.3 货运行程划分

对更新后的每个停留序列中的停留点进行聚类，获得聚类后的停留点集合 $\phi_k = \{\phi_1, \phi_2, \cdots, \phi_n\}$。对于货运行程来说，行程结束后的停留点为装卸货物停留点即当前行程的终点和下一行程的起点，而行程中的停留行为往往由驾驶员在服务区的休息而引发。在高德地图开放平台爬取服务区信息后判别停留点类型，获得装卸货物停留点集合 $\psi_j = \{\psi_1, \psi_2, \cdots, \psi_n\}$ 和服务区内的停留点集合 $\varphi_s = \{\varphi_1, \varphi_2, \cdots, \varphi_n\}$，其中 $\varphi_s \cup \psi_j = \phi_k$。将装卸货物停留点作为货运行程的起终点完成行程划分。考虑货车在物流园区内行驶时的车速有可能超过阈值，导致误将其视作一次货运出行，故以 $distance = 1\text{km}$ 为距离阈值对行程剔除。

2 电动卡车替代过程仿真

2.1 变量设置

本文用到的主要变量如表 1 所示。

主要变量及其释义 表1

变量	含义
G_k	行程 k 的距离
T_k	行程 k 结束后的装卸货物停留时间
S_k	行程 k 内服务区的总停留时间
R_k	电动卡车行程 k 结束时的剩余电量（将电量等效转换为可供行驶的里程）
A_k	补能后的电量（将电量等效转换为可供行驶的里程）
$Alternative$	电动重型货车的替代率
$N_{i,j}$	重型货车 i 的第 j 个订单
N_i	重型货车 i 的订单数
w	若第 $N_{i,j}$ 个订单可完成，则 $w=1$，否则 $w=0$
O_k	行程 k 的起点

续上表

变量	含义
D_k	行程 k 的讫点
S_k	行程 k 中的服务区
C_k	行程 k 中的临时停留点

2.2 运输过程分析

2.2.1 补能过程解析

货车驾驶员在行程起点装货，完成该货运订单后在行程终点卸货。电动货车驾驶员的补能决策取决于剩余电量、停留时间、补能速度、补能设施等因素。为防止货车行驶过程中出现电量耗尽而被迫路边停车的现象，驾驶员需要提前估计当前电池剩余电量是否大于下个行程所需电量，再做是否出发完成下一单的决定。当剩余电量无法满足下个行程所需时，考虑在行程起终点的停留时间较长，利用该时间补能将为驾驶员带来最小的不便。故驾驶员可利用当前停留时间进行补能，此时则需要综合考虑停留时间和补能速度。

2.2.2 电动货车运输过程解析

考虑将补能设施布设在行程起终点，图 1 为电动货车出行时空图。在路径 $D_{k-1} \rightarrow O_k \rightarrow S_k \rightarrow S'_k \rightarrow C_k \rightarrow C'_k \rightarrow D_k$ 中，$D_{k-1} \rightarrow O_k$ 表示车辆在行程 $k-1$ 的终点处接受补能服务的过程。

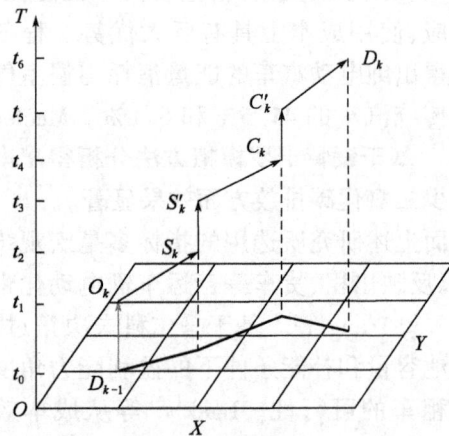

图1　电动货车运输过程模拟时空图

在电动货车出行模拟的过程中给出了如下假定：①每辆电动重卡在开始当天的行程前为满电状态；②驾驶员能够评估剩余电量是否满足下个订单。若驾驶员已知下个订单将损失，则直接放弃下一单；③车辆类型和动力蓄电池类型均相同。

2.2.3 电动货车替代仿真

电动货车替代柴油货车的具体仿真步骤如下：

步骤一：判断 $R_k \geq G_{k+1}$ 是否成立。若成立则进行步骤二，否则跳转至步骤三。

步骤二：说明未产生补能需求将直接开始下个行程。此时 $R_k = R_k - G_k$，$k = k+1$，返回步骤一。

步骤三：说明需要利用 T_k 补能，计算补能后的电量 $A_k = \min\{R_k + T_k \times r, R\}$。进行步骤四。

步骤四：判断 $A_k \geq G_{k+1}$ 是否成立。若成立则进行步骤五，否则跳转至步骤六。

步骤五：说明利用 T_k 补能后可完成下个行程，此时 $R_k = A_k - G_k$，$k = k+1$，跳转至步骤一。

步骤六：说明补能后仍不能完成下个行程，则行程 $k+1$ 损失，顺延至行程 $k+2$。$R_k = A_k$，$k = k+2$，跳转至步骤一。

3 实例分析

3.1 数据源与研究区域

本文以北京市、天津市及河北保定市、廊坊市、唐山市共五个城市组成的区域路网为研究对象，研究数据为2018年5月9日全天的货车GPS数据，包含五个城市的共500辆货车轨迹点。轨迹数据包括车辆编号、经纬度、采集时间、位置五个特征，采集频率为25s。

通过数据预处理、停留点识别、行程特征提取过程，共得到286辆车的1074个行程，其中38个行程出现服务区停留现象。将货车出行分为城市内出行和城际出行两大类。根据货车出行的不同类型，分类统计货车数量和行程数量，如图2所示。

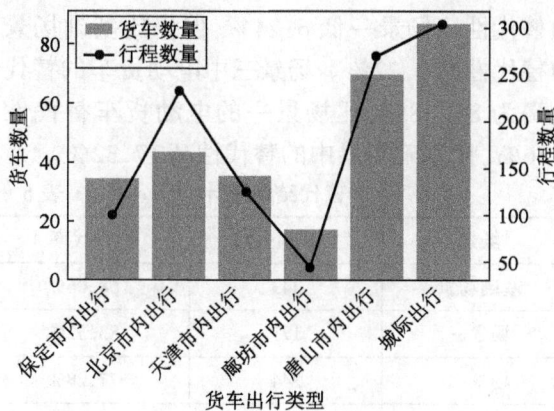

图2 货车行程分类统计

3.2 仿真场景设计

动力蓄电池性能和补能条件是影响电动货车正常运输的主要因素。其中，电动货车的电池性能可以由续驶里程、补能功率、百公里耗电量等进行描述，本文结合目前市场上电动货车的实际数据，设置了高、低两种动力蓄电池性能参数，如表2所示。

仿真过程参数设置			表2
参数	单位	高性能	低性能
续驶里程 R	km	150	200
补能功率 P	kW	60	120
电动货车百公里耗电量 e	kW·h/100km	80	100
补能速度 $r = \dfrac{P}{e}$	km/h	75	120

同时，考虑部分电动货车驾驶员在货运行程中，因疲劳、吃饭等而选择在服务区停留休息。该时间往往较长，故补能设施位置可设在服务区，以供电动货车货运途中补充能量。因此，电动货车补能设施可布设在货物装卸点和服务区。

因此，为对比不同动力蓄电池性能、沿途不同的补能条件等对于其替代性的影响，本文设计了四种电动货车替代场景（表3）。四种场景下均假定电动货车出发前均为100%电量，并选用替代率指标作为对比指标，其计算公式如式(2)所示。

仿真场景			表3
场景	补能条件	电池性能	目的
基础场景	沿途无补能设施	高、低	对比电池性能
场景一	仅装卸点	高、低	
场景二	仅服务区	低	对比补能条件
场景三	装卸点和服务区均可	低	

$$Alternative = \frac{\sum\limits_{1}^{i=n}\sum\limits_{1}^{j=m} w \times N_{i,j}}{\sum\limits_{1}^{n} N_i} \times 100\% \qquad (2)$$

3.3 不同动力蓄电池性能的对比分析

运用第2节所述的仿真方法，开展电动卡车替代性分析。基础场景和场景一结果如表4所示。将基础场景设计为电动货车在一天内无法补能即仅依靠初始满电量来完成货运任务，其替代率最低。在使装卸货物停留点具备补能条件和选用高性能动力蓄电池后，替代率明显提高。

不同动力蓄电池性能下替代率　表4

场景	行程损失数	替代率
基础场景	343	68.06%
场景一（低性能）	177	83.52%
场景一（高性能）	96	91.06%

分别统计市内出行及城际出行的电动货车行程损失，得到电池高、低性能下市内出行的电动卡车替代性分别为 88.30%、93.63%，城际出行 71.48%、84.59%。可知改良动力蓄电池性能后，电动卡车替代性明显提高，且对城际出行替代性的促进更显著。

研究进一步将电动货车出行分为 6 组，如图 3 所示，廊坊市内出行的电动货车无行程损失，且除城际出行外，各出行的替代性均在 90% 左右，替代性极高。高性能动力蓄电池下城际出行的行程损失显著降低，其余各组出行的替代性也均有提高。

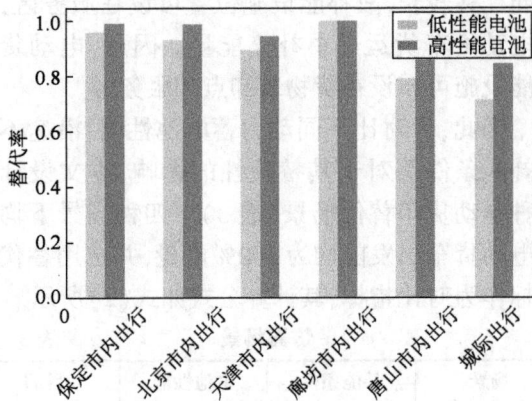

图3　动力蓄电池性能提升前后电动货车替代性

3.4　不同补能条件的对比分析

3.4.1　场景二仿真过程

场景二设计为仅服务区有补能条件。当前行程结束时，若剩余电量无法满足下一个行程所需，则首先考虑利用下个行程的服务区停留时间补能；若仍无法满足，则延长在下个行程服务区的停留时间以完成补能，此时将透支在下个行程终点的停留时间。图 4 为补能设施设在服务区时的电动卡车出行时空图。$S_k \rightarrow S_k'$ 表示车辆在服务区 S 处接受补能服务的过程。

3.4.2　场景三仿真过程

场景三设计为装卸货物点和服务区同时具备补能条件。当前行程结束时，若剩余电量无法满足下一个行程所需电量，则依次利用当前行程结

束后的停留时间、下个行程的服务区停留时间、下个行程结束后的停留时间进行补能。图 5 为补能设施同时设在行程起终点和服务区时的电动卡车出行时空图。$D_{k-1} \rightarrow O_k$ 和 $S_k \rightarrow S_k'$ 分别表示车辆在行程 $k-1$ 的终点和行程 k 的服务区 S 处接受补能服务的过程。

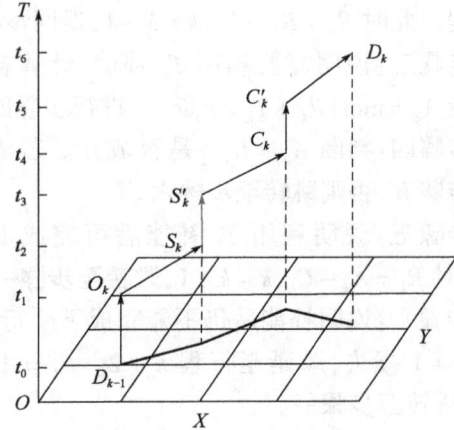

图4　场景二电动货车出行模拟时空图

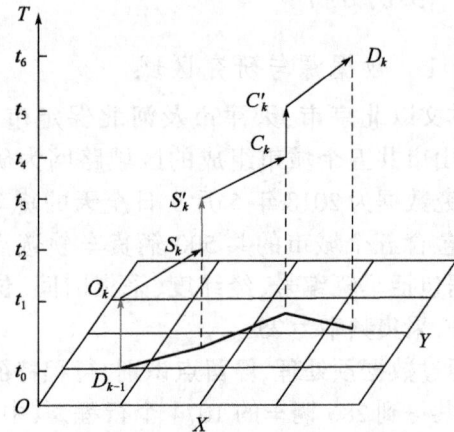

图5　场景三电动货车出行模拟时空图

3.4.3　三种场景对比分析

统计汇总基础场景与三个补能场景下的电动货车替代性结果如表 5 所示。场景二中电动货车的替代性比场景一低 6.24%，但仍比基础场景中的替代性高 9.22%。场景三中电动货车的替代性最高为 85.38%，比场景一的电动货车替代性高 1.86%，比基础场景中的替代性高 17.32%。

替代结果统计　表5

场景	行程损失数	替代率
基础场景	343	68.06%
场景一	177	83.52%
场景二	244	77.28%
场景三	157	85.38%

进一步统计 6 组出行的结果,如图 6 所示。不同场景下的替代性分布均相同,且设置补能设施对城际出行电动货车替代性的提高效果最明显。因区域路网中,货车出行以短距离的市内出行为主,故除距离较长的城际出行外,不设置补能设施时各类出行的替代性也能保持在 50% 以上。司机通常选择直接到达目的地以保证货运的时效性与经济性,少数在服务区停留,故将补能设施设在装卸货物点时的替代性较高,仅有服务区具备补能条件时的行程损失明显较大,且在装卸货物点具备补能条件的基础上使服务区也具备补能条件时,替代性的提高不明显。

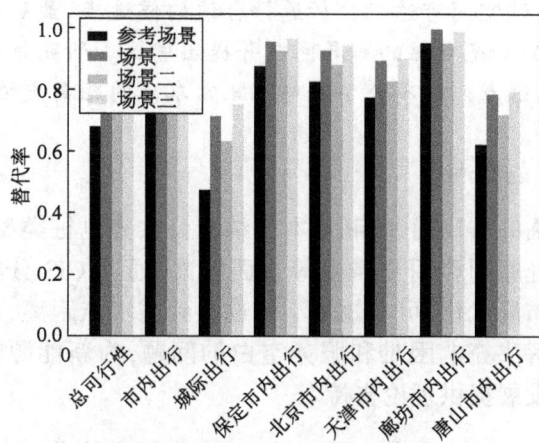

图6 不同场景下的电动货车替代性

4 结语

充分利用货车时空轨迹数据,在识别货运停留点及其类型的基础上完成货运行程划分,提出一种电动货车替代柴油货车的模拟仿真算法,基于替代性的量化和不同补能场景的设计,完成电动货车的替代仿真过程。

选取北京、天津、廊坊、保定和唐山五个城市为实际案例,发现区域路网下电动货车的替代性为 68.06%,当装卸货物停留点具备补能条件时替代性增大至 83.52%,进一步在服务区也设置补能设施后替代性为 85.38%,而仅有服务区具备补能条件时替代性为 77.28%。结果表明,区域路网下电动货车替代柴油货车是十分可行的,且补能设施应在货物装卸点和服务区等位置尽可能进行配置。

参考文献

[1] 孟庆阔,戴淼,齐涛.货车电动化发展现状及趋势分析 [J].专用汽车,2018,11:86-90.

[2] KHAN M,KOCKELMAN K M. Predicting the market potential of plug-in electric vehicles using multiday GPS data [J]. Energy Policy, 2012,46:225-233.

[3] HU L,DONG J,LIN Z,et al. Analyzing battery electric vehicle feasibility from taxi travel patterns:The case study of New York City,USA [J]. Transportation Research Part C:Emerging Technologies,2018,87:91-104.

[4] PEARRE N S,KEMPTON W,GUENSLER R L, et al. Electric vehicles:How much range is required for a day's driving? [J]. Transportation Research Part C:Emerging Technologies,2011,19(6):1171-1184.

[5] 梅雪东.电动汽车与燃油汽车环境影响对比研究 [D]西安:长安大学,2022.

[6] 程冬宏,高有山,弓旭峰,等.电动汽车与燃油汽车能耗排放对比分析 [J].太原科技大学学报,2019,40(6):458-461.

[7] MCCLEESE D L,LAPUMA P T. USING monte carlo simulation in life cycle assessment for electric and internal combustion vehicles [J]. International Journal of Life Cycle Assessment, 2002,7(4):230-236.

[8] TSENG C-M,CHAU S C-K,LIU X. Improving Viability of Electric Taxis by Taxi Service Strategy Optimization:A Big Data Study of New York City [J]. IEEE Transactions on Intelligent Transportation Systems,2019,20(3):817-829.

[9] BAEK S,KIM H,CHANG H. A Feasibility Test on Adopting Electric Vehicles to Serve as Taxis in Daejeon Metropolitan City of South Korea [J]. Sustainability,2016,8(9):964.

[10] 廖雨婷,吴亮,侯婷婷.纯电动汽车与燃油汽车经济性比较研究 [J].汽车工程师,2021,(1):40-44.

[11] 舒晗,何永秀.纯电动汽车替代方案及经济性分析 [J].电力科学与工程,2017,33(4):26-31.

基于空间分析法的新能源汽车
公共充电桩布局研究

鲁甜静[1]　　王科峰*[1]　　黎　明[2]

（1. 河南理工大学；2. 山东交通学院）

摘　要　新能源汽车逐渐进入大众的日常生活中，针对其充电桩在城市中因布局不合理、资源分配不均衡而造成的利用率低下等问题，本文以驻马店市充电桩为研究对象，利用地理信息系统（GIS）的空间分析技术，对驻马店市目前的充电设施布局进行分析，通过空间可达性分析选择合适的候选点，最后通过最短距离模型将两种方案进行对比分析，发现驻马店市公共充电桩的布局问题并提出建议。研究结果表明：驻马店市公共充电桩存在大量的服务空白区域，且候选点比现有公共充电桩距需求点的距离更近。论文研究结果可为驻马店市充电桩空间布局决策提供支持。

关键词　最短距离模型　空间分析　公共充电桩　新能源汽车

0　引言

近年来，全球范围内对新能源汽车产业的推动力度不断增强，中国新能源汽车市场也呈现蓬勃发展的势头，在政策与市场的共同推动下，新能源汽车销量持续增长。然而，据中国充电联盟数据显示，充电基础设施建设滞后于新能源汽车数量增长的现状导致充电桩供需不平衡，公共充电桩服务空白区域的问题亟待解决。

在国内外部分学者关于充电桩布局选址的研究中，刘志鹏等[1]主要构建了充电桩的建设投资成本、充电桩的运营和维护成本、网损成本三者总成本最小的目标规划模型；徐青山等[2]考虑新能源汽车用户的行为习惯，以充电需求为衡量指标，利用免疫算法构建充电桩的布局规划；王露[3]根据新能源汽车的用户实际要求、充电桩的投资资本等要素建立了城市快速充电桩的布局优化模型；韩煜东等[4]主要考虑了运用快慢速充电桩的充电所需的时间差，构建了排队论研究模型；Mariz等[5]运用马尔可夫链和时空模型预测城市新能源汽车充电需求，探讨布局规划。

研究发现，国内外新能源汽车公共充电桩所面临的布局问题相似，本文结合公共充电桩类型、选址原则和用户需求等方面因素，通过 GIS 分析和布局优化，可有效减小候选点到需求点距离，从而解决充电困难和服务空白的问题，为新能源汽车发展提供理论支持。

1　驻马店市公共充电桩布局现状分析

1.1　数据处理

本文以驻马店市新能源汽车公共充电桩为研究对象，通过高德地图 API 平台获取充电桩经纬度和边界坐标，利用 PyCharm 进行兴趣点（POI）处理。将数据导入 ArcMap，统计驻马店市新能源汽车公共充电桩位置，见表1。

驻马店市新能源汽车充电桩分布情况表 表1

区域	数量（个）	区域	数量（个）
驿城区	46	正阳县	6
西平县	11	上蔡县	14
新蔡县	12	汝南县	11
遂平县	7	泌阳县	16
平舆县	19	确山县	5

基金项目：河南省高校基本科研业务费专项资金资助项目"中西部地区农村共享物流网络设计及运行机制"（NSFRF23045），河南省科技厅软科学研究项目中原区域应急物流网络空间布局规划研究（242400410292）。河南省交通运输厅项目"传统巡游出租车市场化数字化转型发展关键技术与政策研究"（2023-2-1），河南省自然科学基金资助项目（232300420333）。

1.2 缓冲区分析

1.2.1 影响因子分析

本文根据驻马店市充电桩的布局规划原则，以及充电桩本身的公共性质，主要选择了以下四项作为充电桩选址分析的单个因素[6]：商场人流量大，电容大，适合建设充电桩；幼儿园校车多为电动车，建设快充桩提高接送效率；停车场具有公共性质，适合建设充电桩；公园自然基础好，空间宽阔，是建设大型公共充电桩的首选。

1.2.2 缓冲区的建立

通过线上收集驻马店市的所有公共设施的POI数据并筛选得到6万多条数据，只选取其中四类公共设施（商场、幼儿园、停车场、公园）进行缓冲区的建立，得到适合的366条数据（图1），并将其在GIS中可视化。根据驻马店市充电桩的布局规划原则，以及充电桩本身的公共性质，结合其余网络数据调查，大部分车主在充电结束后，再次步行到达充电桩取车的满意距离是1000m以内，两者间的步行距离越短越好，因此，对于停车场、幼儿园等有特殊需求的场所，将缓冲区半径设置在800m以内，百货商场、公园的缓冲区半径设为1000m。

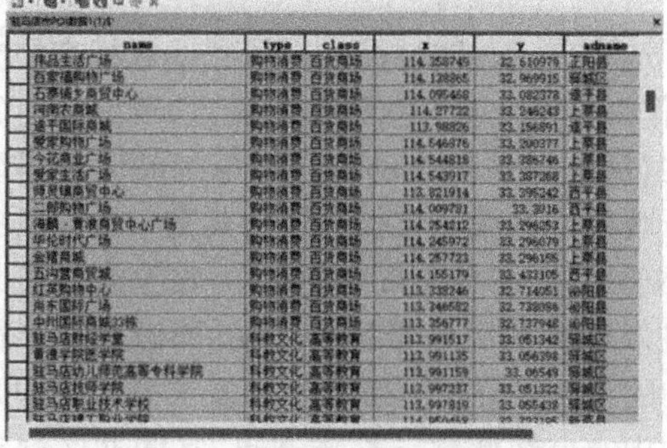

name	type	class	x	y	adname
伟品生活广场	购物消费	百货商场	114.358749	32.610976	正阳县
百家福购物广场	购物消费	百货商场	114.128865	32.969915	驿城区
石寨铺乡商贸中心	购物消费	百货商场	114.095468	33.082378	遂平县
河南衣商城	购物消费	百货商场	114.27722	33.246243	上蔡县
遂平国际商城	购物消费	百货商场	113.98826	33.156891	遂平县
爱家购物广场	购物消费	百货商场	114.546876	33.290377	上蔡县
今花商业广场	购物消费	百货商场	114.544818	33.286746	上蔡县
爱家生活广场	购物消费	百货商场	114.543917	33.287268	上蔡县
师灵镇商贸中心	购物消费	百货商场	113.821914	33.295242	西平县
二郎购物广场	购物消费	百货商场	114.009781	33.3016	西平县
海麟·曹渡商贸中心广场	购物消费	百货商场	114.254212	33.296052	上蔡县
华伦时代广场	购物消费	百货商场	114.245972	33.296079	上蔡县
金楷商城	购物消费	百货商场	114.257723	33.296155	上蔡县
五沟营商贸城	购物消费	百货商场	114.155179	33.423105	西平县
红苹购物中心	购物消费	百货商场	113.338246	32.714051	泌阳县
尚东国际广场	购物消费	百货商场	113.346582	32.738098	泌阳县
中州国际商城33栋	购物消费	百货商场	113.356777	32.737948	泌阳县
驻马店财经学院	科教文化	高等教育	113.991517	33.051342	驿城区
黄淮学院医学院	科教文化	高等教育	113.991135	33.056398	驿城区
驻马店幼儿师范高等专科学院	科教文化	高等教育	113.991159	33.06549	驿城区
驻马店技师学院	科教文化	高等教育	113.997237	33.051322	驿城区
驻马店职业技术学校	科教文化	高等教育	113.997819	33.055438	驿城区

图1 驻马店市POI数据属性表

通过缓冲区分析，对驿城区而言，有92%的现有公共充电桩处于四种缓冲区域的中心，但仍有少量现有公共充电桩零散分布在区域外，导致部分充电桩出现服务空白区域，造成资源浪费。

对百货商场而言，以1000m作为百货商场缓冲区的需求半径，在此需求范围内并未放置公共充电桩的现象在上蔡县和西平县北部有明显体现。

对公园而言，除了其余区县现有公共充电桩存在服务空白现象之外，在确山县中，并无现有充电桩出现在公园的需求范围之内。

1.3 叠加分析

以驻马店市为例，以充电桩为点元素，将其与原有的几个元素相结合，构建出一个新的元素图层，利用叠加在空间位置的空间特征信息和属性信息之间的相互关系，再结合对点元素的提取，确定相应的图斑信息，充电桩就会产生新的空间属性关系和新的特征关系，并进行叠加分析[7]。

任意两个缓冲区相交得出的黄色区域，可以得出有部分黄色区域内并无充电桩覆盖，而在其他地区，新能源汽车公共充电桩存在较大的服务空白区域，充电桩存在建设选址不合理的情况。

将百货商场、公园、幼儿园以及停车场四种需求点所构成的缓冲区进行相交，可以发现仍有大量新能源汽车公共充电桩并不在相交区域内，表明公共充电桩的服务范围并不覆盖四种缓冲区域相交所得到的需求范围，除驿城区主城区之外，其余区县均能看到明显的该现象，而驿城区主城区的公共充电桩覆盖情况明显高于其他地区。

1.4 分析结果

利用GIS的缓冲区分析与叠加分析，再结合四种需求点（百货商场、公园、幼儿园、停车场）的要求，通过上述方法，对驻马店市现有的新能源汽车公共充电桩进行布局分析，结果表明：驻马店市现有的新能源汽车公共充电桩中85%存在集中分布的情况，其余少量现有公共充电桩存在较大的服务空白区域，各个区域之间公共充电桩布局不平衡，存在资源浪费情况。

2 驻马店市公共充电桩布局优化

2.1 现有公共充电桩的筛选

首先，以驿城区为例，筛选现有公共充电桩，利用OSM地图路网数据导入GIS，结合实际情况排除政府内部、物流园等弱公共充电桩。再排除暂停或不对外开放的充电桩，最终选出14个新能源汽车公共充电桩作为研究对象，并通过Python爬取经纬度信息导入GIS中显示（图2）。

图2　驿城区14个现有充电桩的属性数据表

2.2　选取新建充电桩的候选点

同一类要素的缓冲区确定中心点时，其中心点在整个驻马店市的地图上出现，因研究区域仅选取在驿城区，且一类要素缓冲区只有一个中心点，因此为了保证同一类要素不同位置缓冲区的中心点计算的准确性，需要在前期把每个独立的缓冲区拆分成单个图层，再将每个独立的缓冲区利用叠置分析的相交功能依次进行叠加相交，即可得到独立的中心点，这样才能得到同一类要素中不同缓冲区的全部中心点，见表2。

需求因子缓冲区相交所确定的中心点数量表

表2

需求因子缓冲区相交情况	驿城区	驻马店市
两种需求因子缓冲区相交	10	81
三种需求因子缓冲区相交	5	47
四种需求因子缓冲区相交	5	26

通过四个缓冲区的相交，相交区域所得到的中心点即为适合建造驿城区充电桩的位置，即四交候选点。分别将其中三个缓冲区进行相交，相交区域所得到的中心点即为特别适合建造驿城区充电桩的位置，即三交候选点。利用两个因子相交得到的中心点即为较适合建造驿城区充电桩的位置，即二交候选点。单个因子则是一般的建造驿城区充电桩的位置。为了保证新建公共充电桩的候选点能够满足周围的需求，也是为了保证新建公共充电桩具有较高的公共性，因而只考虑二交、三交、四交缓冲区所确定的中心点，不考虑单个因子缓冲区所确定的中心点。

2.3　选取合适的需求点

公共充电桩设施选址过程复杂是多种因素综合影响的结果，不同种类的公共服务设施的影响因素相似[8]。在前期布局分析时，提到了四种需求因子：百货商场、公园、幼儿园、停车场。为了方便做优化分析，通过查阅相关文献、网络采访数据统计以及实际走访，制定出该需求因子重要性强度值[9]，见表3。这里选择有公共性质较强的百货

商场和有特殊需求的幼儿园两种作为需求参考点，将驿城区内的百货商场和幼儿园单独提取出来作为本次布局优化的需求参考点。

需求因子的重要性强度　　　　表3

需求因子	重要性等级	强度值
停车场	比较重要	2
幼儿园	特别重要	4
百货商场	绝对重要	5
公园	重要	3

2.4　空间可达性分析

空间可达性是一个与充电桩布局紧密联系的概念。简单地说，空间可达性是指从一个地点到达另一个地点的便利程度，它与起点、终点以及交通条件相关，通常用距离、旅行时间或旅行费用来表示[10]。空间可达性在公共设施的空间规划中得到了广泛的应用。

空间可达性指标能更好地体现用户获得公共充电桩的便利程度和公平性，考虑公共充电桩布局规划需求点到充电桩的最短行驶距离，服务半径尽可能大，覆盖需求点数量越多越好。这些准则有助于提高公共基础充电设施的资源利用率和布局规划的可达性。

2.5　候选点的缓冲区分析

选取二、三、四种需求因子缓冲区相交的中心点，作为新建公共充电桩的候选点，根据河南省发布的《河南省加快电动汽车充电基础设施建设的若干政策》，其他城市核心区公共充电设施服务半径小于2km，在本次布局优化中，设置新建公共充电桩候选点的服务半径为2km，即做缓冲半径为2km的缓冲区分析。所有两种需求因子缓冲区相交的中心点在此称二交候选点，其缓冲区称二类缓冲区，因研究区域仅在驿城区，因此对驿城区之外的缓冲区域均采取切割操作。

2.6　最短距离模型

为了更好地采用空间可达性概念对新建公共充电桩的候选点进行布局分析，选取空间可达模型中的最短距离模型进行分析，最短距离模型是从需求点出发到达最近公共充电桩的距离、时间或费用。对居民而言，距离是一个重要的阻碍因素。距离成本会影响居民对服务设施的选择[11]。ArcGIS的邻近度分析能够确定离任何一个需求点

最近的公共充电桩,并计算两者之间的距离。为了能够更准确地体现新建充电桩对需求点的服务公平性和便捷程度,在使用最短距离模型分析时,需提前对数据进行预处理,选取筛选后的数据进行对比分析。

需求点为百货商场时,二交、三交、四交候选点分别10个、5个、5个,所生成的二交、三交、四交缓冲区包括的百货商场的数量分别为15个、16个、33个,选取3号、9号、15号百货商场进行对比分析(表4)。

候选点和现有公共充电桩到需求点的距离对比表

表4

商场序号	3号商场	9号商场	15号商场
二交候选点	无	无	302.731m
三交候选点	884.776m	无	417.694m
四交候选点	768.546m	718.381m	565.816m
现有充电桩	1454.271m	1383.501m	1318.944m

由表4可知,表中"无"指当前缓冲区内并无该商场。二交、三交、四交候选点距3个百货商场的距离均小于驿城区现有公共充电桩距3个百货商场的平均距离,说明新建公共充电桩的便捷程度要高于现有公共充电桩。

需求点为幼儿园时,二交、三交、四交候选点分别10个、5个、5个,所生成的二交、三交、四交缓冲区包括的幼儿园的数量分别为83个、84个、158个,选取192号、204号、205号、214号幼儿园进行对比分析(表5)。

候选点和现有公共充电桩到需求点的距离对比表(m)

表5

幼儿园序号	192号幼儿园	204号幼儿园	205号幼儿园	214号幼儿园
二交候选点	469.0	312.934	560.596	701.872
三交候选点	382.750	270.110	602.583	825.137
四交候选点	208.285	500.047	805.244	603.949
现有充电桩	1390.805	1522.933	1447.721	1146.531

由表5可知,二交、三交、四交候选点距4个幼儿园的距离均小于驿城区现有公共充电桩距4个幼儿园的平均距离,说明新建公共充电桩的便捷程度要高于现有公共充电桩。

3 结语

3.1 总结

实例表明,本文所运用的方法和模型对公共充电桩的布局优化是具有一定可行性和合理性的。本文剖析国内外充电桩的现状和影响要素,采用空间分析法对驻马店市新能源汽车现有公共充电桩布局进行分析。并且,将理论和实践联系起来,利用空间可达性分析原理,在分析新能源汽车公共充电桩现状的基础上,结合最短距离模型,探索优化新能源汽车充电桩布局的相关方案。根据本文测算结果,将在驿城区主城区的公共充电桩数量减少至20个,并重新规划公共充电桩的位置,可以有效减少现有公共充电桩出现服务空白的现象,也可以降低公共充电桩的建设成本与用电成本,避免资源浪费。本文的研究结果也可为优化驻马店市新能源汽车公共充电桩的布局提供一定的决策参考。

3.2 展望

在研究中,本文仅从用户使用需求和新能源汽车充电桩服务角度出发,未考虑其他因素对公共充电桩布局的影响。下一步需综合考虑区域交通状况、居民出行时间等因素。驻马店市的充电设施布局需以满足市民需求为核心,结合市场需求与出行情况,实现充电设施平衡合理分布,最大化作用于城市建设。

参考文献

[1] 刘志鹏,文福拴,薛禹胜,等.电动汽车充电站的最优选址和配置[J].电力系统自动化,2012,36(3):54-58.

[2] 徐青山,蔡婷婷,刘瑜俊,等.考虑驾驶人行为习惯及出行链的电动汽车充电站站址规划[J].电力系统自动化,2016,40(4):59-65.

[3] 王露.城市纯电动汽车快速充电设施的布局选址优化模型研究[D].北京:北京交通大学,2016.

[4] 韩煜东,任瑞丽,许茂增.目的地充电站电动汽车充电设施优化配置[J].运筹与管理,2017,26(8):76-84.

[5] MARIZ B, MYUNGCHIN K, SUNGWOO B. Prediction of electric vehicle charging-power demand in realistic urban traffic networks[J].

Applied Energy,2017,195:738-753.

[6] 韩泽臻,杭慧.宿迁市电动汽车充电桩布局与规划建设研究[J].教育教学论坛,2020(6):82-83.

[7] 杨笑寒,季民,瞿渝,等.徐州市新能源汽车充电桩空间特征分析[J].测绘与空间地理信息,2022,45(3):24-27.

[8] 黎倩婷.电动汽车充电站充电基础设施的布局规则研究[J].机电信息,2018(18):

172-173.

[9] 向栩.基于GIS汉阳区充电桩选址分析[J].地理科学研究,2022,11(6):568-576.

[10] 任思源,李思齐.可达性分析在北京电动汽车充电设施布局上的应用[J].供用电,2018,35(5):75-78.

[11] 何舒.新能源汽车公共充电桩的布局优化研究[D].广州:华南理工大学,2019.

基于运输补贴的煤炭通道运输结构调整优化研究

王诗然[2]　杨扬[1,2]　宋媛媛[*3]　姚恩建[1,2]　刘胜强[3]

(1.北京交通大学综合交通运输大数据应用技术交通运输行业重点实验室;
2.北京交通大学交通运输学院;3.交通运输部规划研究院)

摘　要　调整优化运输结构是实现"双碳"目标任务、推进交通领域减污降碳协同增效的重点工作。本文以大宗货物运输通道为对象,充分考虑公路运输电动化发展趋势,考虑运输补贴策略,基于铁路运费补贴、公路混入电动货车运输、节点转运混入电动货车以及增加电动货车运输线路四种情景,建立通道运输结构优化模型,并设计算法求解,最后以山西吕梁至江苏张家港的煤运通道为对象,展开实例分析。结果显示,考虑铁路运费补贴情况下,最优补贴比例为23.53%;公路混入电动货车运输情景下,最优补贴比例为30%;节点转运混入电动货车情景下,对路网碳排放的影响较小;增加电动货车运输线路情景下,最优补贴比例为23.53%。综合考虑各种效益,相对于电动货车补贴,对铁路运价进行补贴具有较好的效果。

关键词　运输结构　补贴策略　多目标策略　电动货车混入　煤运通道

0　引言

调整优化运输结构是实现"双碳"目标任务、推进交通领域减污降碳协同增效的重点工作,对提升综合运输效率、降低社会物流成本、支撑交通强国建设具有重要意义。

运输结构优化的主要内容是要均衡各种运输方式间的货流分配从而减少运输活动成本与缓解对环境的负外部影响[1]。模式转移在多方面具有有效性,如减少温室气体排放[2]、减少颗粒物排放[3]等。从各种交通方式的碳排放强度以及综合交通运输的实践来看,铁路和水路是较为低碳的运输方式[3-5],从公路转向水路、铁路成为货运模式转移和运输结构优化的主要方向。我国在2018

年也提出了推进大宗货物运输"公路转铁路、公路转水路"的运输结构调整战略。

货物运输通道一直是运输结构优化研究的重要对象。目前的货运通道结构优化研究多集中于两方面,一方面是在模型构建中考虑方式选择因素的影响,另一方面是对优化过程中模式转移引导策略的研究。李玉民等[6]根据多式联运参与者的差异化需求,建立运输通道路径优选模型,对南京到柏林的集装箱运输进行计算。马蓉[7]构建多通道运输方案选择决策模型,研究不同时间价值的货物从宁波到汉堡的运输方案选择决策问题。吴稳玉等[8]建立考虑客户不同偏好的多式联运路径优化模型,并通过马鞍山至无锡的运输实例进行分析。冯芬玲等[9]建立考虑货物时间价值的路

基金项目:国家重点研发计划项目(2022YFC3702900)。

径选择模型,求解长沙—德班的货物运输算例。卢霞等[10]考虑公铁运量目标比值和碳排放空间目标值等政策引导约束对货流分配的影响,陈维亚等[11]考虑对不同交通方式施加碳税的多式联运路径优化,蒋琦玮等[12]探究了碳税值变化下的路径优化问题研究。

但现有的运输通道结构优化对于新能源车辆引入的研究尚显不足。因此,本研究以大宗货物运输通道为对象,从铁路运营补贴和新能源重卡运营补贴等角度出发,考虑政府、托运人等多方利益,构建多目标优化模型并设计求解算法,探究针对不同类型运输方式的补贴策略对通道货运结构的优化调整作用以及通道运输碳排放量的影响。最后,以山西昌梁至江苏张家港间的煤炭运输通道为例展开实例研究。

1 参数说明

本文中具体参数和变量的说明见表1。

参数解释

表 1

参数名称	参数解释	参数名称	参数解释
i	交通方式,1-铁路运输;2-公路运输;3-水路运输	E	现交通碳排放量
j	燃料类型,1-柴油;2-电力	τ	碳排放下降比例
n	路径编号	Q_{rs}	起讫点 rs 之间货运总量
d_{in}	i 种交通方式在路径 n 上的行驶距离(km)	P_n	起讫点 rs 之间第 i 条路经的选择概率
α_{ij}	j 类型燃料的 i 种交通方式的运营成本(元/t·km)	M	所有路径的合计
β_{ij}	j 类型燃料的 i 种交通方式的碳排放因子[g·(km·t)$^{-1}$]	μ_1	成本效用系,-0.12421(t 元)
φ_k	交通方式之间的转运成本,$k=1$,公转铁;$k=2$,铁转水;$k=3$,公转水	μ_2	时间效用系数,0.042978(h)
δ_i	铁路运输政府补贴(元/t·km),$i\neq1$,则 $\delta_i=0$	U_n	第 n 条道路的效用值
V_n	第 n 条道路的道路容量	t_n	第 n 条路线运输时间(h)
α_{ij}	j 类型燃料的 i 种交通方式的运费(元/t·km)	ϑ_i	电动卡车运输政府补贴(元/t·km),$j=1$,则 $\vartheta_j=0$
x_{ijn}	j 类型燃料的 i 种交通方式在路径 n 上的货运量(t)		

2 基于补贴的运输结构优化模型

2.1 铁路运价补贴优化模型

2.1.1 目标函数

目标函数为求解通道运输总成本与铁路运费补贴之和最小,即社会总成本最小。

$$\min Z_1 = \sum_n \left[\sum_i \sum_j (\alpha_{ij} - \delta_i) x_{ijn} d_{in} + \sum_k \varphi_k x_n \right] + \sum_n \left[\sum_j \delta_i x_{1jn} d_{1n} \right] \quad (1)$$

2.1.2 约束条件

(1)流量分配约束:本研究对于各运输线路的货运选择概率可以通过路径选择的模型计算得到,效用函数考虑时间效用和成本效用,参照文献[13]获得货运方式选择模型标定系数。

$$P_n = \frac{\exp(U_n)}{\sum \exp(U_n)} \quad (2)$$

$$U_n = \sum_i \sum_j \alpha_{ij} d_{in} \mu_1 + \mu_2 t_n \quad (3)$$

(2)路线货运量约束:各运输路线的货运量由通道货运需求总量和选择概率计算得到。

$$x_n = Q_{rs} P_n \quad (4)$$

$$x_{in} = x_n \quad (5)$$

$$\sum_j x_{ijn} = x_{in} \quad (6)$$

(3)路线运输能力约束:各运输线路货运量不能超过其运输能力。

$$x_n \leq V_n \quad (7)$$

(4)碳排放约束:通道内各运输方式的碳排放总和应小于设定的碳排放阈值。

$$\sum_i \sum_j \sum_n \beta_{ij} x_{ijn} d_{in} \leqslant \tau E \qquad (8)$$

2.2 电动重型货车混入补贴优化模型

2.2.1 补贴策略

（1）公路混入电动货车运输。

路网中公路运输阶段混入电动货车运输，并对电动货车运输费用进行补贴，探究不同路网碳排放要求和补贴幅度下，使得总运输成本和总补贴成本之和最小的电动货车混入率。

（2）节点转运混入电动货车。

节点换乘之间的短距离运输混入电动货车，探究不同比例的电动货车混入对路网碳排放的影响。

（3）增加电动货车运输线路。

在路网中新增一条电动货车运输路线，并对此路线上电动货车的运输费用进行补贴，探究补贴幅度从1%~100%变化下路网碳排放总量、政

府总补贴以及路网运输总成本的变化趋势。

2.2.2 目标函数和约束条件

目标函数为求解通道运输总成本电动卡车运费补贴之和最小化。其受电动货车混入率、政府补贴等运输结构调整策略的影响。

$$\min Z_1 = \sum_n \left[\sum_i \sum_j (\alpha_{ij} - \vartheta_j) x_{ijn} d_{in} + \sum_k \varphi_k x_n \right] + \sum_n \left[\sum_j \vartheta_i x_{1jn} d_{1n} \right] \qquad (9)$$

模型约束条件同2.1.2中铁路运价补贴优化模型约束条件。

3 运输通道应用实例

3.1 路径选取

选取山西吕梁至江苏张家港的货物运输路线进行优化，选取的5条从山西吕梁至江苏张家港的运输路径信息见表2。

山西吕梁至江苏张家港运输路径信息　　表2

线路	线路重要节点	线路运输方式
线路	山西吕梁—山东梁山港—江苏张家港	公路—瓦日铁路—内河—公路
线路	山西吕梁—山东日照—江苏张家港	公路—瓦日铁路—沿海—公路
线路	山西吕梁—江苏南通—江苏张家港	公路—铁路—铁路—公路
线路	山西吕梁—江苏张家港(高速公路)	公路
线路	山西吕梁—江苏张家港(普通公路)	公路

3.2 数据准备

本研究所使用到的数据包含路径数据、碳排放测算数据、山西吕梁至江苏张家港煤炭货总量运量以及流量分配效用函数系数。

路径数据包括运输能力、运输距离、运输费用和运输时间，各条路径的运输能力由港口吞吐量计算得到。经计算，山东梁山港至江苏张家港内河货运吞吐量较小，无法满足全部货运需求，按照梁山港货运中煤炭比例，可计算出路线六的煤炭运输能力约为300万t/年。各种交通方式的运输距离来自百度地图的测量结果。运输时间计算方式使用距离除以速度，其中公路运输时间参照百度地图给出的运输时间，铁路和水路的运输速度参照文献[14]，铁路运输速度为55km/h，水路运输速度为25km/h，参考文献[14]得到各种交通方式之间的转运时间。铁路运输费用直接从铁路货运网上进行查询为0.17元/t·km，根据行业内部文献调研，公路运输费为0.32元/t·km，沿海运

费为0.02元/t·km，内河运费参考长江货运运费行情，取值为0.08元/t·km。参考文献[14]得到各种交通方式之间的单位转运成本。碳排放测算数据由各种交通方式碳排放因子计算而得，各交通方式转运碳排放因子参考文献[15]、文献[16]，单位为g/(km·t)。

各条线路运输里程见表3，各运输方式碳排放因子见表4，转运数据见表5。

路线运输里程　　表3

路径	铁路里程(km)	公路里程(km)	水路里程(km)
路线一	759	65	712.4
路线二	1453	50	640
路线三	1782	65	0
路线四	0	1345.8	0
路线五	0	1471.6	0

各运输方式碳排放因子			表4
运输方式	铁路	公路(油/电)	水路
因子 [g/(km·t)]	11.67	32.83/ 29.77	17.6

转运数据		表5
路径	单位转运成本 (元/t)	转运碳排放因子 (g/t)
公转铁	20.1	128
公转水	17.2	117
水转铁	34.68	113
水转公	26.1	117
铁转水	26	113
铁转公	12.3	128

吕梁市运往张家港沙钢集团的煤炭货运总量根据吕梁市煤炭年产量、山西省运往外省的煤炭比例，以及吕梁产煤量占山西总产煤量的比例计算得到，为3165.97438万t。

3.3 基于铁路补贴优化结果分析

基于铁路补贴模型，采用遗传算法进行求解。设计算法种群为300，交叉概率为0.8，变异概率为0.003，迭代200次，采用Python求出最优值。

碳排放下降比例分别取0、5%、7%、9%、11%、13%、15%，探究不同碳排放约束下铁路的补贴价格的最优解变化情况，结果如图1所示。

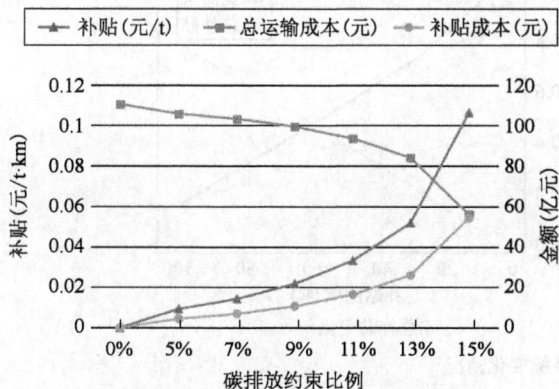

图1   不同碳排放下降比例下的最优铁路补贴、总运输成本、总补贴

根据图1结果，补贴在0.04元/t·km、补贴比例约为23.53%时，能达到结果相对最优。随着碳排放下降比例的增加，最优铁路补贴单价和铁路补贴随之上升，而总运输成本则不断下降，当碳排放量下降比例要求超过13%后，需要的铁路补贴已经超过总运输成本。原因在于，未进行补贴的情况下，铁路的市场份额已经占有较大比例，随

着碳排放下降要求的提高，需要更高的补贴成本，才能实现运输方式从公路向铁路的转换。

3.4 电动卡车模型结果分析

（1）公路混入电动卡车运输。

路网中线路四与线路五的运输方式为公路运输，并假定两条线路均有电动卡车运输过程中所需要的配套设施。碳排放下降比例分别取5%、6%、7%、8%、9%、10%，采用遗传算法对不同比例约束下的混入结果进行优化。对电动货车运费的补贴比例分别为10%、20%、30%、40%、50%。探究不同情况下最优的电动货车混入率，结果如图2所示。

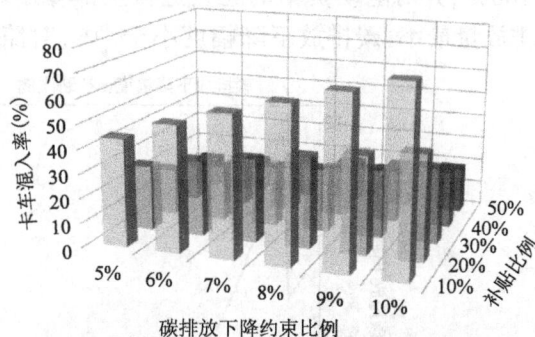

a)不同碳排放约束及补贴比例下电动卡车混入率

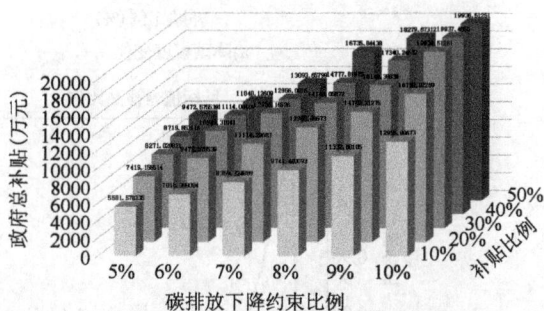

b)不同碳排放约束及补贴比例下的总补贴

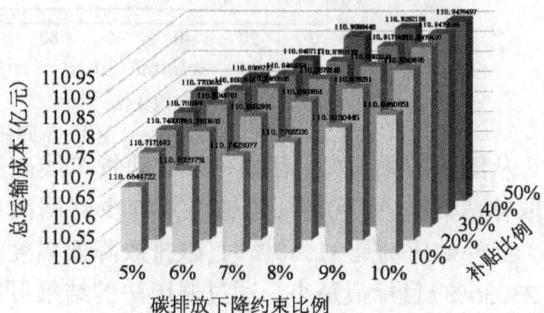

c)不同碳排放约束及补贴比例下的总补贴

图2   不同碳排放约束及补贴比例下变化情况

从图2结果来看，补贴比例为30%时，达到结果相对最优。随着碳排放约束的加强，对电动卡车的混入率要求逐渐增高，但当补贴比例超过

30%时,碳排放约束的加强对于电动货车的混入率需求变化不大。路网的运输成本随着补贴比例的增高逐渐增加,原因在于长距离运输下,公路的运费要高于铁路,当货运方式更多地向公路转移时,路网碳排放量虽然下降了,但总运输成本呈上升趋势,政府的总补贴成本随着补贴比例的增高和路网碳排放量约束的加强逐渐增加。

（2）节点转运混入电动货车。

不同交通方式转运和路线末端短距离运输环节混入电动货车,探究使得路网碳排放量最小的电动卡车混入率及补贴值。结果显示,当混入率为100%,并对电动货车的运费进行全部补贴时,碳排放量最小,碳排放下降幅度小于1%,对路网

碳排放量减少影响效果较差,但对物流节点绿色转型具有一定的积极意义。

（3）增加电动货车运输线路。

增加线路六公水联运路线,从吕梁经忻州至黄骅港路段为公路运输,从黄骅港至张家港路段为水路运输。其中,忻州至黄骅港公路路段为规划的电动重型货车公路货运路段,在研究中认为从吕梁至黄骅港的公路运输路段均使用电动重型货车。

采用遍历法对模型进行求解。将补贴比例取值从1%开始,以1%为步长至100%,分别计算不同补贴比例下的模型目标值,总运输成本和总补贴成本的变化情况如图3所示。

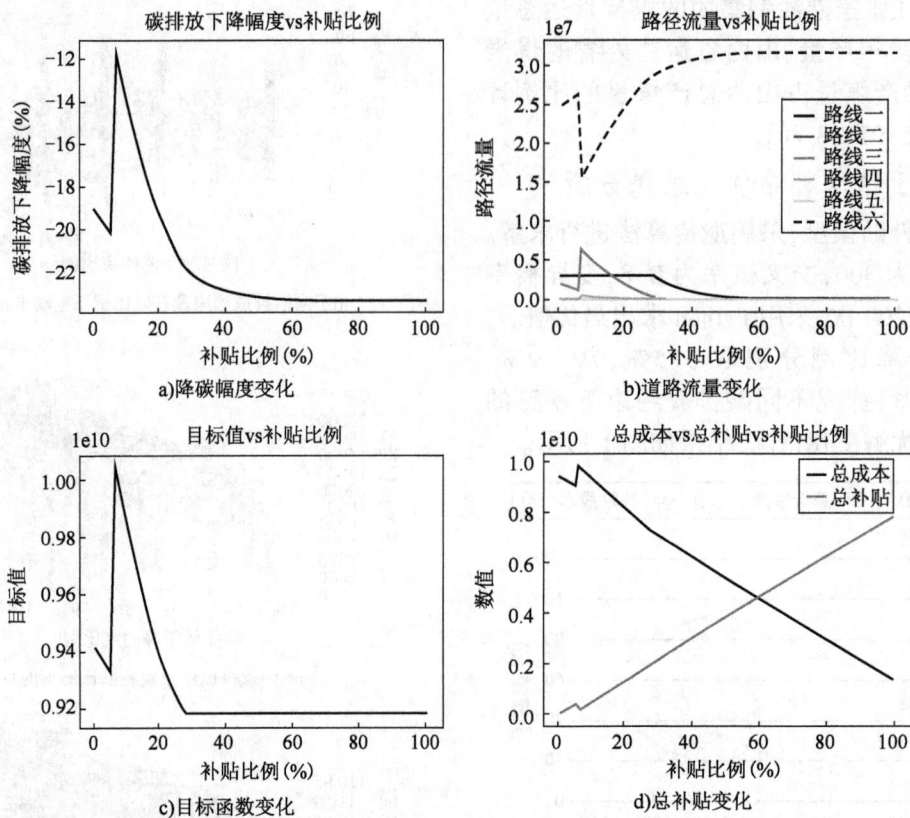

图3　不同补贴比例下目标变化情况

从图3结果可知,增加一条电动货车线路并采取补贴策略进行引导,能够有效减少路网碳排放。当补贴比例是31.68%时,碳排放降低幅度达到23.36%,目标值最小。通过遍历法的结果可以发现,整个路网的碳排放下降比例在12%～24%之间,但当补贴比例大于30%时,继续提高补贴比例,路网总体碳排放下降幅度变化不大。主要原因在于,当补贴比例大于30%时,对各条路径的流量影响变化不大。

4　结语

本文探究了山西吕梁至江苏张家港的煤炭货运结构优化策略,从政府、企业、社会的角度,探究铁路补贴和电动货车混入补贴策略对货运结构调整的影响。综合来看,对比不同情景下达到最优情况时的路网碳排放下降比例、总运输成本以及总补贴成本,对铁路运价进行补贴具有较好的结果,并且可行性较高。模型综合考虑路网碳排放

总量、货运成本和政府补贴的利益,在满足环境效益的情况下,为政府补贴政策的制定提供依据。

参考文献

[1] 刘沛.港口干散货陆路集疏运系统可持续发展研究[D].北京:北京交通大学,2016.

[2] RAMANI T,JAIKUMAR R,KHREIS H,et al. Air quality and health impacts of freight modal shifts: Review and assessment [J]. Transportation Research Record, 2019, 2673 (3):153-164.

[3] PALADUGULA A L,KHOLOD N,CHATURVEDI V,et al. A multi-model assessment of energy and emissions for India's transportation sector through 2050 [J]. Energy Policy,2018,116:10-18.

[4] WANG X ,WANG Z ,ZHAO S ,et al. Transportation structural optimization based on the evaluation of comprehensive transportation efficiency [J]. Journal of Computational Methods in Sciences and Engineering,2021,21 (3):685-702.

[5] 张迪,陈雷,何守慧.低碳运输下大宗货流"公转铁"对策研究[J].中国市场,2022,1102 (3):151-152.

[6] 李玉民,郭晓燕,杨露.考虑多目标的中欧集装箱多式联运路径选择[J].铁道科学与工程学报,2017,14(10):2239-2248.

[7] 马蓉.多通道下中欧集装箱运输方案选择决策[J].物流科技,2023,46(18):110-114,125.

[8] 吴稳玉,李渺.考虑客户需求偏好的多式联运路径优化研究[J].物流工程与管理,2023,45 (7):120-124.

[9] 冯芬玲,孙楠佳.考虑时间价值的中非多式联运路径与出海港选择[J].交通运输系统工程与信息,2022,22(2):45-53.

[10] 卢霞,黄俊生,毛保华,等.考虑碳税成本的综合运输网络货流分配优化[J].交通运输研究,2023,9(3):107-115.

[11] 陈维亚,龚浩,方晓平.考虑运输碳税与质量承诺的多式联运路径优化[J].铁道科学与工程学报,2022,19(1):34-41.

[12] 蒋琦玮,林艺,冯芬玲.模糊时间下考虑碳税值变化的多式联运路径优化问题研究[J].工业技术经济,2020,39(4):81-88.

[13] 宋力.考虑碳税的集装箱货运方式选择模型研究[D].哈尔滨:哈尔滨工业大学,2019.

[14] 王丹丹.低碳约束下煤炭多式联运建模优化研究[D].北京:华北电力大学,2022.

[15] ZHU Y T,MA H,SHA C,et al. Which strategy among avoid, shift, or improve is the best to reduce CO_2 emissions from sand and gravel aggregate transportation? [J]. Journal of Cleaner Production,2023,391:136089.

[16] 喻声频,刘杰.考虑碳排放的多式联运路径优化[J].交通节能与环保,2018,14(6):38-41,78.

考虑机会充电的电动公交系统资源配置与车辆调度协同优化

王 鑫[1] 姚恩建[*2] 刘莎莎[2] 杨 扬[2] 李 成[3]

(1.北京交通大学交通运输学院;2.北京交通大学综合交通运输大数据应用技术交通运输行业重点实验室;
3.交通运输部科学研究院城市公共交通智能化交通运输行业重点实验室)

摘 要 为节约电动公交系统投资运营成本并保障电动公交服务水平,本文提出一种考虑机会充电

基金项目:国家自然科学基金(52172312,52302382);交通运输部科学研究院城市公共交通智能化交通运输行业重点实验室开放课题(2022-APTS-03)。

模式的电动公交系统资源配置与车辆调度协同优化方法。综合考虑规划阶段的设备购置成本和运营阶段的用电成本，构建了以最小化公交系统总成本为目标的混合整数规划模型，并采用遗传算法进行求解。结果表明：本文提出的方法能够协同优化车队规模、电池容量、充电桩数量、充电功率和车辆调度方案；相较于传统的场站模式，机会充电模式最大程度能使总成本降低22.3%；机会充电模式在配备小容量电池的电动公交系统中更能凸显成本优势；模型优化效果和设定的最短充电时间呈现负相关，公交企业在进行调度方案优化时应合理设置最短充电时间。

关键词 城市交通　电动公交调度　协同优化　资源配置　机会充电

0　引言

近年来，我国城市规模不断扩大、机动车保有量持续上升，环境污染和交通拥堵等问题日益凸显，发展公共交通成为解决上述难题的有效途径[1]。电动公交作为一种绿色出行工具，具有零排放、低能耗等优势，可以有效降低对化石燃料的依赖，减少有害气体排放[2]。我国各大城市正大力推进城市公交电动化并取得了一系列显著成效。不同于燃油车辆，电动公交具有续航里程短、充电时间长等特点，往往要在白天充电以满足运营需求[3]。对电动公交系统而言，合理规划车辆及充电资源配置，科学制订车辆调度计划，优化充电策略，对提高公交系统的运营经济性、促进城市公交电气化具有重要意义。

目前，电动公交车辆调度相关研究得到了国内外学者的广泛关注。Bie 等[4]提出了一种考虑行程时间和能耗随机波动的电动公交调度方法。姚恩建等[5]在多场站区域调度模式下，建立了电动公交区域行车计划模型，并采用遗传算法和贪婪算法进行求解。慈玉生等[6]构建了一个兼顾乘客候车时间和运营车辆数目最优的双层规划模型来实现区域公交行车计划编制优化。He 等[7]充分考虑延误传播效应，以公交系统总成本最小为目标提出一种车辆动态调度方法来应对行程时间的随机性。Lu 等[8]为实现电动公交和燃油公交的混合调度，构建了微驾驶条件下混合公交车队的联合优化调度模型。唐春艳等[9]以公交车辆运营总成本最小为目标，建立了允许存在误时发车的纯电动公交车辆柔性调度优化模型。值得注意的是，上述研究大多围绕电动公交车辆调度进行优化，未将公交系统的资源配置纳入优化范畴，限制了模型的优化效果。而在实际中，车辆调度也通常在公交车队和基础设施部署完成之后进行，容易造成资源利用率低或浪费[10]。本文则考虑将资源配置与车辆调度进行协同优化，构建一个

更加合理的优化模型。

随着充电桩技术的日渐成熟，部分学者开始关注充电策略，通过考虑不同的充电策略对调度优化产生的影响，从而实现公交系统更优的运营效果。高佳宁[11]提出了考虑分时电价的有序充电策略，在此基础上优化了车辆的行车计划。He 等[12]以总充电成本最小为目标建立模型，优化了快速充电下的电动公交车的充电调度和管理。张明业等[13]提出一种有序充电策略，能够响应分时电价机制，在空闲时间为车辆充电，减小车队规模，协同优化行车计划和充电方案。Zhu 等[14]以最小化车队规模和备用电池数量为目标，建立了换电运营模式下的电动公交车调度优化模型。Lajunen 等[15]的研究表明，对电动公交运营而言，机会充电比夜间集中充电更具经济性。Ji 等[16]提出一种充电设施分时共享策略，并建立电动公交线路车辆调度与充电设施运营的协同优化模型。Estrada 等[17]通过对比场站充电和机会充电两种模式，发现在线路始末站附近进行机会充电的模式比在公交场站充电更具成本效益。本文将考虑在线路的始末站布置快速充电桩，供车辆利用车次接续时间进行机会充电，通过及时补电，不仅可以缓解驾驶员的电量焦虑，还能有效减少车辆白天返场充电的频率，提高车辆利用率。

综上所述，既有的电动公交调度相关研究多关注调度方案优化和充电策略，未考虑将规划阶段的公交系统资源配置与运营阶段的车辆调度和充电方案进行协同优化，容易造成资源浪费。考虑机会充电的电动公交系统资源配置与车辆调度协同优化，一方面能够更好地满足车辆在运营期间的充电需求，另一方面也能够将规划和运营阶段联系起来，协同优化车队规模、充电资源、车辆调度和充电方案，提高资源利用率，减少资源浪费，同时保证公交系统的运营效率并降低企业成本。

1 问题描述与模型构建

1.1 问题描述

本研究的问题可以分为公交系统的资源配置和车辆调度方案编制两个部分。如图1所示,公交系统的资源配置包括车队资源和充电资源,资源配置影响车辆调度方案的编制。为了协同优化公交系统资源配置和车辆调度,本研究将综合考虑公交系统规划阶段的基础设施设备投入成本和运营阶段的用电成本,构建机会充电模式下的电动公交系统资源配置与车辆调度协同优化模型。

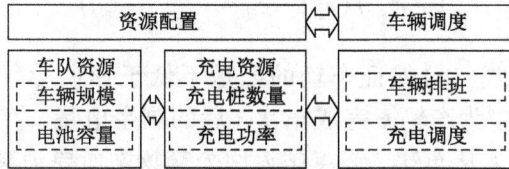

图1 资源配置与车辆调度协同优化示意图

为简化问题,本文做出以下假设:①公交场站拥有充足的普通慢充充电桩用于车辆的夜间补电,保证车辆以满电状态开始白天的运营;②时刻表固定,车辆调度方案严格按照时刻表执行;③公交线路的行程时间固定,不受其他因素的影响。

1.2 协同优化模型构建

1.2.1 机会充电模式

机会充电模式下快速充电桩的布置如图2所示,线路的始末站需各配备一台充电桩用于车辆的机会充电,场站应配备适当数量的充电桩用于车辆电量不足时返回场站进行应急补电。

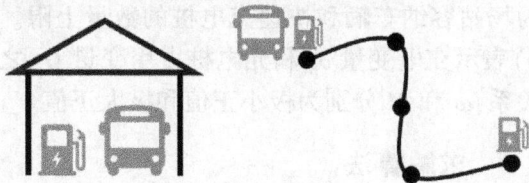

图2 机会充电模式下快速充电桩布置图

车辆在白天执行任务车次时,可以利用发车前的等待时间在线路始发站进行机会充电。进行机会充电需要满足的前提条件为:等待发车的时间段内充电桩处于空闲状态,能够用来充电的时间大于最短充电时长 θ_{min}。若不满足,则无法进行机会充电。车辆在白天运营期间,若剩余电量过低,导致车辆无法继续完成后续任务并以不低于电池荷电状态(SOC)水平下限的状态顺利返回场

站,则车辆需要立即返回场站进行补电,待完成充电后继续上线参与运营。车辆在结束当日运营任务后,全部返回公交场站,利用场站配备的普通充电桩将电池充电至设定的SOC上限值。本文对于充电资源配置的优化仅关注白天运营期间场站和线路始末站所需配备的快速充电桩。

1.2.2 目标函数与约束条件

本文构建的优化模型以公交系统总成本最小为目标函数,如式(1)所示。总成本 C 包含公交企业的日均车辆购置成本 C_v、日均充电桩购置成本 C_p、日均电池购置成本 C_b 和每日用电成本 C_e。

$$\min C = C_v + C_p + C_b + C_e \tag{1}$$

(1)日均车辆购置成本。

$$C_v = \alpha \sum_{k\in K}\sum_{j\in S} x_{k0j}c_v/365 \tag{2}$$

式中:α——将车辆购置成本转化为年值的年化系数,按照复利公式 $\alpha = p/(1+p)^m - 1$ 计算[18];

K——公交车辆的集合,车辆 $k\in K$;

S——线路任务车次的集合,车次 $i,j\in S$;

x_{k0j}——0-1变量,若车辆 k 从场站出发后执行车次 j 取1,否则为0;

c_v——公交车辆的购置价格(元)。

(2)日均充电桩购置成本。

$$C_p = \alpha(\sum_{p\in P}c_p O_p + 2nc_p)/365 \tag{3}$$

式中:P——场站快速充电桩的集合,充电桩 $p\in P$;

c_p——充电桩购置成本(元);

O_p——0-1变量,若场站内的快速充电桩 p 处于占用状态取1,否则为0;

n——公交线路条数。

(3)日均电池购置成本。

$$C_b = \sum_{k\in K}\sum_{j\in S} x_{k0j}c_b B/365 \tag{4}$$

式中:c_b——电池的购置单价(元/kW·h);

B——电池容量(kW·h)。

(4)日均用电成本。

$$C_e = [\sum_{p\in P}\sum_{t\in T} c_e(t)o_p^t + \sum_{o\in O}\sum_{t\in T} c_e(t)o_{op}^t]\varepsilon/60 \tag{5}$$

式中:T——离散化时间序列,时间粒度为1min,$t\in T$;

$c_e(t)$——分时电价函数(元/kW·h);

o_p^t——0-1变量,若场站充电桩 p 在 t 时刻处于占用状态取1,否则为0;

O——线路始末站点集合,站点 $o\in O$;

o_{op}^t——0-1变量,若站点 o 的充电桩在 t 时刻

被占用取1,否则为0;

ε——快速充电桩的充电功率(kW)。

电动公交调度问题要考虑的约束条件主要有车次衔接约束、时间约束、电量约束、场站容量约束等,本文模型的约束条件如下。

(1)车次衔接约束。

$$\sum_{k\in K}\sum_{j\in S}x_{kij} + \sum_{k\in K}x_{kiD} = 1 \qquad \forall i \in S \qquad (6)$$

$$\sum_{k\in K}\sum_{i\in S}x_{kij} + \sum_{k\in K}x_{kOj} = 1 \qquad \forall j \in S \qquad (7)$$

$$\sum_{k\in K}\sum_{j\in S}x_{kOj} = \sum_{k\in K}\sum_{i\in S}x_{kiD} \qquad (8)$$

$$\sum_{i\in S}x_{kij} + x_{kOj} = \sum_{i\in S}x_{kji} + x_{kjD} \qquad \forall k \in K, \forall j \in S, i\neq j \qquad (9)$$

$$\begin{cases} x_{kij} \leq 1 + M(1-\varphi_{kij}) & \forall k\in K, \forall i,j\in S \\ x_{kij} \geq 1 - M(1-\varphi_{kij}) & \forall k\in K, \forall i,j\in S \end{cases} \qquad (10)$$

式(6)和式(7)保证每个任务车次均被执行,x_{kij}为0-1变量,若车辆k执行可衔接车次i与车次j取1,否则为0;x_{kiD}为0-1变量,若车辆k执行完车次i后返回场站取1,否则为0。式(8)表示从场站出发的车辆数等于返回场站的车辆数。式(9)保证每个任务车次仅被一辆公交车执行。式(10)表示车次衔接变量和返场充电变量之间的约束关系,即车次i和车次j之间若插入一次返场充电,则两个车次必定衔接,其中φ_{kij}为0-1变量,若车辆k在执行车次i和车次j之间返回场站充电取1,否则为0;M为极大正值。

(2)时间约束。

$$T_i^e + (1-\varphi_{kij})t_{ij} + \varphi_{kij}(t_{id} + t_{kij}^c + t_{dj}) + \gamma_{kj}t_{kj}^o + t^b \leq T_j^s \qquad (11)$$

$$t_{kj}^o \geq \gamma_{kj}\theta_{\min} \qquad (12)$$

$$t_{kij}^c = \varphi_{kij}\frac{\delta^{ub}B - e_{ki}^{end} + e_{ki}^{back}}{\varepsilon} \times 60 \qquad (13)$$

式(11)表示车次衔接的时间可行性约束,其中T_i^e和T_j^s分别为车次i的时刻表发车时刻和到达时刻;t_{ij}为车辆从车次i终点站空驶至车次j起点站消耗的时间;t_{id}和t_{di}分别为车辆从车次i终点站空驶到场站的时间和从场站空驶到车次i起点站的时间;t_{kij}^c为车辆在车次i和车次j之间返回场站后的充电时间,计算方法如式(13)所示;γ_{kj}为0-1变量,若车辆k在车次j的始发站进行机会充电取1,否则为0;t^b为车次衔接的缓冲时间,可以减少行程时波动对调度方案的影响[19];式(8)表示

机会充电的时长t_{kj}^o不低于所设置的最短充电时长$\theta_{\min}$。

(3)电量约束。

$$e_{ki}^{end} - e_{ki}^{back} \geq \delta^{lb}B \qquad i\in S, \forall k\in K \qquad (14)$$

$$e_{kj}^{end} = x_{kOj}e_1 + x_{kij}e_2 \qquad \forall i,j\in S, \forall k\in K \qquad (15)$$

$$e_1 = \delta^{ub}B - e_{kOj} + \frac{\gamma_{kj}t_{kj}^o\varepsilon}{60} - e_{kj} \qquad (16)$$

$$e_2 = \varphi_{kij}\left(\delta^{ub}B - e_{kj}^{go} + \frac{\gamma_{kj}t_{kj}^o\varepsilon}{60} - e_{kj}\right) + \qquad (17)$$

$$(1-\varphi_{kij})\left(e_{ki}^{end} - e_{kij} + \frac{\gamma_{kj}t_{kj}^o\varepsilon}{60} - e_{kj}\right)$$

式(14)保证车辆的电量不低于SOC水平下限,e_{ki}^{end}为车辆k完成车次i后的剩余电量,e_{ki}^{back}为车辆k从车次i终点站返回公交场站所要消耗的电量,e_{kj}^{go}为车辆前往车次j始发站所消耗的电量,δ^{lb}和δ^{ub}分别为设定的SOC水平下限和上限。式(15)为e_{ki}^{end}的计算公式,e_1和e_2分别为车辆执行首个任务和非执行首个任务情况下的e_{ki}^{end}值,计算方法如式(16)、式(17)所示。

(4)容量约束。

$$\sum_{k\in K}\sum_{j\in S}x_{kOj} \leq L_{bus} \qquad (18)$$

$$\sum_{p\in P}O_p \leq L_{pile} \qquad (19)$$

$$\omega O_p \leq \sum_{t\in T}o_p^t \leq MO_p \qquad \forall p\in P \qquad (20)$$

式(18)、式(19)分别表示场站的车辆和快速充电桩数量要满足相应的容量限制,L_{bus}和L_{pile}分别为场站容纳车辆和快速充电桩的数量上限。式(20)表示充电变量o_p^t和充电桩占用变量O_p之间的关系,ω和M分别为极小正值和极大正值。

2　求解算法

电动公交调度优化属于典型的NP-hard问题,本文建立的考虑机会充电的电动公交系统资源配置和车辆调度协同优化模型中,决策变量规模较大,传统的线性规划方法对模型的求解不再适用。遗传算法作为一种求解优化问题的启发式算法,求解速度快、解集收敛性好[14],可以用来求解本文建立的协同优化模型。求解算法流程如图3所示。

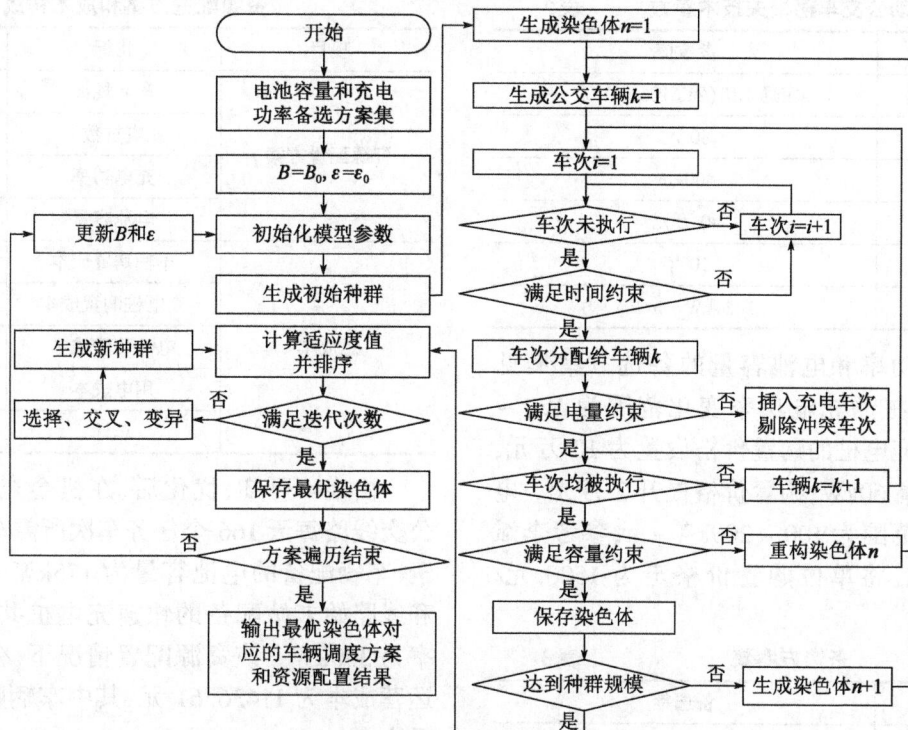

图3　算法流程图

对于资源配置中公交车电池容量和充电功率的设置,本文采用穷举法的思想。首先建立备选集合,遍历备选集中所有电池容量与充电功率的组合,在特定组合下,基于调度优化模型优化公交系统所需车队规模、充电桩数量,并同时得到车辆调度方案和充电方案。遍历结束后,根据公交系统总成本最小的优化目标得到最优的资源配置方案和车辆调度方案。

下面对算法中的关键步骤进行说明:

(1)遗传算法的编码方式采用整数编码,每条染色体代表所有任务车次的随机排序,根据该排序生成车辆排班方案后,再制定出与之对应的车辆充电方案。

(2)选择过程采用精英选择策略,根据适应度值的排序结果将优良个体按照一定比例复制到下一代。

(3)交叉过程中采用部分匹配交叉算子使每个染色体中的基因仅出现一次。

(4)变异操作按照变异概率随机选取个体,根据互换策略随机选取染色体上的两个基因进行互换完成变异操作,保证变异之后仍为可行解。

3　案例分析

3.1　案例数据

本文以北京市大兴区兴11路公交线路为例,验证所提方法的可行性和有效性。兴11路线路总长28.2km,始发站距公交场站1.2km。根据收集到的2019年10月线路运营数据得到线路行程时间均值为90min。兴11路时刻表的制定依据客流情况按照上下行方向分别制定,根据调研获取到线路的车次信息见表1,一天内该线路上下行方向共计166个任务车次,运营时间为5:50—19:50。

线路车次信息　　　　　　表1

线路	兴11路	
方向	上行	下行
发车时刻	5:50,5:58…19:49	5:58,6:08…19:50
车次数量	85	81
车次编号	1~85	86~166

本文选用的公交车辆相关技术参数及购置价格见表2。

电动公交车辆相关技术参数　　表2

参数	参数值
车辆型号	宇通E10(ZK6106BEVG)
最大载客量	80人
续航里程	400km
购置成本	80万元
使用寿命	10年
能耗率	1.24kW·h/km

设置充电功率和电池容量的备选方案集见表3。快速充电桩的充电功率变化范围为120~360kW,120kW充电桩的购置价格设置为10万元,充电功率每提高60kW,购置价格提升2万元。电池容量的变化范围为100~200kW·h,参考李斌等人[20]的研究,将单位购置价格定为1500元/kW·h。

备选方案集　　表3

参数	备选集
充电功率(kW)	{120,180,240,300,360}
电池容量(kW·h)	{100,125,150,175,200}

假设公交车辆和充电桩的使用寿命均为10年,资金回收率为5%,根据复利公式计算得到的年化系数 α 为0.0795。电动公交车空驶的平均运行速度为25km/h。设置最短机会充电时间 θ_{min} 为10min,缓冲时间 t^b 为2min。电池SOC的上限 δ^{ub} 和下限 δ^{lb} 分别为90%和10%。北京市采用分时电价,一天内各时段的电价见式(21):

$$c_e(t) = \begin{cases} 0.89 & (10 \leq t < 13, 17 \leq t < 22) \\ 0.64 & (7 \leq t < 10, 13 \leq t < 17, 22 \leq t < 23) \\ 0.39 & (23 \leq t < 24, 0 \leq t < 7) \end{cases}$$

(21)

本文的实验平台是CPU为2.80GHz i7-7700HQ、内存8GB、64位Windows10操作系统的计算机,编程平台为Python 3.8。

3.2　结果分析

本文采用遗传算法对1.2节的协同优化模型进行求解。遗传算法参数设置如下:种群规模为100,选择操作中优良个体保留率为0.2,交叉概率0.7,变异概率为0.1,遗传算法中设置的最大迭代次数为200次。考虑机会充电的公交系统资源配置和车辆调度协同优化结果见表4、表5。

资源配置方案和成本构成　　表4

项目	指标	最优值
资源配置方案	车队规模	29辆
	充电桩数量	4台
	充电功率	300kW
	电池容量	175kW·h
总成本	车辆购置成本	5053.15元
	充电桩购置成本	104.55元
	电池购置成本	1658.07元
	用电成本	4620.84元
	总计	11436.61元

由表4可知,优化后,在机会充电模式下,该公交线路每天166个任务车次所需车队规模为29辆,车辆配备的电池容量为175kW·h,公交场站和线路始末站配备的快速充电桩共4台,充电功率为300kW。该资源配置情况下,公交线路每天运营成本为11436.61元,其中车辆购置成本占比最大。

表5是优化后的车辆调度方案,包括车辆的排班方案和车辆充电方案。充电方案中"O(n)"表示车辆在车次 n 的始发站进行机会充电,"C(m—n)"表示车辆在执行完车次 m 后返回场站充电,完成充电后继续执行车次 n。以车辆1为例,白天从公交场站出发后首先执行下行任务车次89,一天共执行7个任务车次,最后返回公交场站,其中,在车次111、40、65和159的始发站分别进行机会充电。大多数车辆仅通过机会充电即可完成其一天的运营任务。

车辆调度方案　　表5

车辆	车辆排班方案
1	89—15—111—40—134—65—159
2	2—98—26—124—50—140—71—165
3	90—16—116—48—139—72—162
…	…
29	3—100—28—121—49—138—70—161

车辆	充电方案
1	O(111)、O(40)、O(65)、O(159)
2	O(98)、O(124)、O(50)、O(71)、O(165)
3	C(16—116)、O(139)、O(72)
…	…
29	O(100)、C(28—121)、O(138)、O(70)

为验证模型的有效性,本文考虑将机会充电

模式的协同优化结果与传统的场站充电模式优化结果进行对比分析。在不同的电池容量和充电功率配置方案下,机会充电模式相较于传统场站充电模式给公交企业带来的成本节约程度如图4所示。

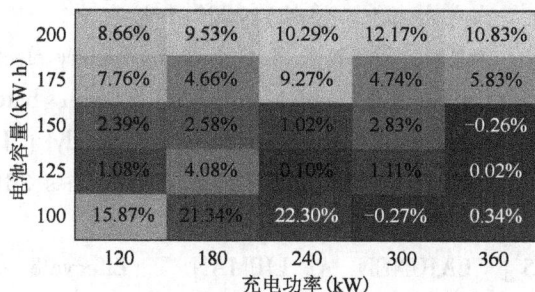

图4　机会充电模式下总成本的节约程度

可以发现,当电池容量为100kW·h,充电功率小于240kW时,机会充电模式带来的成本节约十分显著,进而也印证了机会充电模式相较于场站充电模式更具成本效益,说明机会充电模式更适用于配备小容量电池的电动公交系统。从图4中可以看出,机会充电模式相较于场站充电模式,最大能够使公交系统的总成本降低22.3%。

3.3　灵敏度分析

电池寿命不仅和充放电深度相关,频繁的拔插电操作也会影响电池寿命,加速电池容量的衰减[20]。因此,在机会充电模式中,需要合理设置最短机会充电时间,在保证机会充电能带来成本效益的同时尽可能减少频繁充电对电池的影响。本文对最短充电时间参数θ_{min}进行灵敏度分析,结果如图5所示。

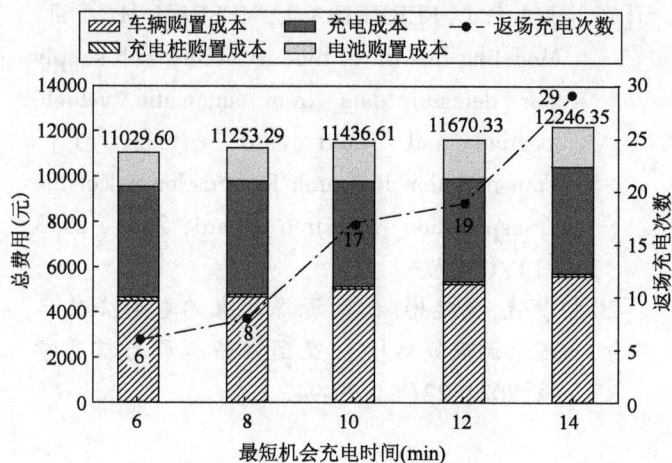

图5　最短机会充电时间灵敏度分析

由图5可知,随着设定的最短机会充电时间

的增大,电动公交系统总成本随之升高,其中车辆购置成本和电池购置成本的增长最为显著。另外,车辆返场充电的次数和最短机会充电时间呈现显著正相关,说明设定较小的最短充电时间更能发挥机会充电模式的成本优势,在降低企业成本的同时减少车辆的返场充电导致的服务中断。但是考虑到过小的最短充电时间会增大电动公交充电频率进而缩短电池寿命,因此在部署机会充电方案时,公交企业应合理设定最短充电时间。

4　结语

本文提出了一种考虑机会充电的电动公交系统资源配置与车辆调度协同优化方法,结合电动公交运营特点,综合考虑规划阶段的设备购置成本和运营阶段的用电成本,构建了以公交系统总成本最小为目标的混合整数规划模型,并设计遗传算法进行求解;最后以北京市一条实际公交线路为例对模型和算法进行验证。结果表明:

(1)本文提出的模型和算法能够协同优化电动公交系统的车辆资源、充电资源、车辆排班方案和充电方案,在求解资源配置与车辆调度协同优化问题方面是可行有效的。

(2)机会充电模式能够更好地节约企业成本,相较于传统的场站充电模式,最大程度上能够使公交企业总成本降低22.3%。机会充电更加适用于配备小容量电池的电动公交系统,且充电功率小于240kW时机会充电模式带来的成本节约最为显著。

(3)灵敏度分析结果表明,最短充电时间的设置能够显著影响模型的优化效果,模型优化效果和最短充电时间呈现负相关。考虑到设置较小的最短充电时间会导致车辆出现频繁的拔插电操作影响电池寿命,公交企业在编制车辆调度方案时应合理设定最短充电时间的取值。

未来的研究可考虑公交车辆能耗和行程时间的随机波动对建模的影响,并加入环境效益和社会效益等方面的效益评估,使模型更加贴合实际。

参考文献

[1]　别一鸣,朱奥泽,丛远.电池健康程度差异下的电动公交线路车辆调度方法[J].华南理工大学学报(自然科学版),2023,51(10):11-21.

[2]　曲小波,刘亚君,陈雨薇,等.城市电动公交车

辆运营管理:综述与展望[J].汽车安全与节能学报,2022,13(3):407-420.

[3] 杨敏,黎彧,王建,等.动力能源差异下混合公交车队调度方案生成方法[J].同济大学学报:(自然科学版),2022,50(3):328-338.

[4] BIE Y M,JI J H,WANG X Y,et al. Optimization of electric bus scheduling considering stochastic volatilities in trip travel time and energy consumption [J]. Computer-Aided Civil and Infrastructure Engineering, 2021, 36 (12): 1530-1548.

[5] 姚恩建,卢沐阳,刘宇环,等.考虑充电约束的电动公交区域行车计划编制[J].华南理工大学学报(自然科学版),2019,47(9):68-73.

[6] 慈玉生,韩张宇,吴丽娜.城市公交区域调度双层优化方法研究[J].中国公路学报,2021,34(6):196-204.

[7] HE F,YANG J,LI M. Vehicle scheduling under stochastic trip times:An approximate dynamic programming approach [J]. Transportation Research Part C:Emerging Technologies,2018, 96:144-159.

[8] LU T W,YAO E J,ZHANG Y S,et al. Joint optimal scheduling for a mixed bus fleet under micro driving conditions[J]. IEEE Transactions on Intelligent Transportation Systems, 2021, 22 (4):2464-2475.

[9] 唐春艳,杨凯强,邬娜.单线纯电动公交车辆柔性调度优化[J].交通运输系统工程与信息,2020,20(3):156-162.

[10] ZENG Z L,WANG S A,QU X B. Consolidating bus charger deployment and fleet management for public transit electrification:A life-cycle cost analysis framework [J]. Engineering, 2023,21:45-60.

[11] 高佳宁.考虑分时电价的纯电动公交行车计划编制方法研究[D].北京:北京交通大学,2018.

[12] HE Y,LIU Z,SONG Z. Optimal charging scheduling and management for a fast-charging battery electric bus system[J]. Transportation Research Part E:Logistics and Transportation Review,2020,142:102056.1-102056.24.

[13] 张明业,杨敏,黎彧,等.考虑有序充电策略的多车型电动公交调度优化[J/OL].吉林大学学报(工学版),2022:1-9.

[14] ZHU C,CHEN X H. Optimizing battery electric bus transit vehicle scheduling with battery exchanging: Model and case study [J]. Procedia-Social and Behavioral Sciences,2013, 96:2725-2736.

[15] LAJUNEN A, LIPMAN T. Lifecycle cost assessment and carbon dioxide emissions of diesel, natural gas, hybrid electric, fuel cell hybrid and electric transit buses[J]. Energy, 2016,106:329-342.

[16] JI J,BIE Y M,WANG L. Optimal electric bus fleet scheduling for a route with charging facility sharing [J]. Transportation Research Part C:Emerging Technologies, 2023, 147: 104010.1-104010.21.

[17] ESTRADA M, MENSIÓN J, SALICRÚ M, et al. Charging operations in battery electric bus systems considering fleet size variability along the service[J]. Transportation Research Part C:Emerging Technologies,2022,138:103609. 1-103609.28.

[18] 苑佳欣,蒋洋.考虑充电连续的电动公交充电调度优化[J/OL].系统工程,2023:1-12.

[19] MA Z L, FERREIRA L, MESBAH M, et al. Modeling bus travel time reliability with supply and demand data from automatic vehicle location and smart card systems [J]. Transportation Research Record:Journal of the Transportation Research Board, 2015, 2533 (1):17-27.

[20] 李斌,黄起彬.面向资源约束的电动公交车充电调度策略[J].交通运输工程与信息学报,2024,22(1):79-94.

山地社区老年步行活动特征及空间环境影响研究

赵峪淅 陈 琦* 张 旭

(重庆交通大学建筑与城市规划学院)

摘 要 人口深度老龄化背景下,社区公共空间适老化问题凸显,复杂环境的山地社区中该问题更为突出。从老年步行活动视角出发,探索老年步行活动与社区公共空间的关系,对山地社区公共空间适老化改造具有重要意义。论文以重庆市典型山地特征的老旧社区为研究范围,以社区内分布的 8 处公共活动空间为具体研究对象。通过实地测量、行为观测和问卷访谈的方式,获取建成环境和老年行为特征;基于定性与定量相结合方法解析公共空间环境模式,以及老年人的活动模式和主观偏好;通过对比分析空间模式与老年活动模式,识别出山地社区公共空间存在的适老化问题;最终从老年人活动需求角度,以山地环境为约束,为社区公共空间适老化更新提供决策依据。研究成果对于理解老年群体的适老化需求,识别山地社区适老化问题具有重要意义。

关键词 山地城市 公共空间 步行环境 老年人户外活动 适老化更新

0 引言

积极应对人口老龄化是我国的长期战略。第七次全国人口普查数据显示,2020 年底,我国 65 岁及以上高龄人口占比 13.50%,已经步入深度老龄化社会。在此背景下,党的十九届五中全会提出了"实施积极应对人口老龄化国家战略",以应对快速老龄化带来的社会保障、医疗卫生、持续发展等多方面问题。2022 年 2 月,国务院印发《"十四五"国家老龄事业发展和养老服务体系规划》,明确要求推进公共环境无障碍和适老化改造,提供便捷舒适的老年人出行环境。

随着年龄增长,人的身体活动能力不断下降,对外界环境的感知和理解持续衰退,活动效率降低的同时安全风险增大。相较于平原城市,山地城市对老年人户外步行活动面临的阻碍和风险更为突出。以典型特大山地城市重庆市为例,老旧山地社区呈现出地势起伏高差大、空间碎片化、路网结构复杂等特点,这些环境因素不仅在客观上限制了老年人的户外活动行为,也在主观上抑制了老年人的外出活动意愿。然而从出行需求上来看,老年人空闲时间较多,在生活出行、身体锻炼和社会交往等方面呈现出更强的步行出行需求。

一项关于老年健康的实证研究表明,重庆市老年人日常出行中选择步行的比例高达 78.5%,说明山地城市中步行出行是老年人最主要的出行方式[1]。理解山地社区的老年人步行活动规律、环境感知和需求特征,对于改善老年人步行环境、缓解山地城市老年人步行难问题具有重要意义。

从环境行为的互动关系视角来看,步行活动的特征是出行个体在建成环境要素的影响和制约下作出的决策结果[2]。一般情景下的步行行为特征的研究,学者们通常从步行频率[3]、步行范围[4]、步行时间[5]等几个维度来进行量化描述,关注焦点在于步行作为出行行为的特征和场景。对老年人而言,步行出行是日常社区活动的重要组成,具有实现主观情绪、社会交往、自我展示等目的的强烈需求,而这些需求难以通过一般性的步行出行特征来描述[6]。关于城市建成环境的研究,学者们广泛借鉴了城市建成环境的 5D 框架(Density、Diversity、Design、Destination accessibility、Distance to transit)来量化测度,在中宏观层面的环境行为研究中取得了丰硕成果[7]。然而,5D 作为一个描述城市建成环境的通用框架,在社区微观层面的研究上存在针对性不足的问题,难以准确反映特定群体的微观行为特征。

基金项目:重庆市教育委员会,科学技术研究计划项目(编号 KJQN202300719);国家外国专家局,高端外国专家引进计划(编号 G2023035002L)。

针对上述步行活动与建成环境描述上存在的问题,学者们尝试提出更具针对性的描述指标框架,并采用更加微观的分析手法来分析社区尺度的老年步行活动。李斌等[8]对上海市3个高度老龄化社区进行老年人步行活动调查,从步行距离、移动时间和滞留时间的角度,将老年人的步行活动分为大范围滞留型、小范围移动型、小范围滞留型、均衡型和大范围移动型。牟燕川等[9]以重庆市一老龄化社区为研究区域,从老年人的行为心理需求角度出发,分析了老年人的户外步行活动规律及其与环境特征的关联性,提出针对性的微观层面适老化改造策略。

更加安全、舒适、便捷的步行活动空间能够增强老年人步行意愿,提升老年人的步行品质,有助于改善老年人的健康状况。尽管已有研究对于建成环境与老年步行行为的关系和影响机制已经进行了深入探索,学者们也开始关注山地社区老年人的活动特征,但鉴于山地社区的空间复杂性和异质性,适老化改造实践仍然缺少针对性的科学指导,导致存在山地社区适老改造目标不明、效果欠佳等问题。本文以重庆市典型山地社区为例,尝试总结微观环境下老年人步行活动的规律,并提出针对性的社区适老化改造路径和策略。

1 山地社区公共空间环境特征

1.1 研究范围和对象

研究以典型山地城市重庆为实例,在以老旧社区为主的核心主城渝中区内,选取了山地特征显著的新都巷社区作为研究对象。新都巷背靠鹅岭悬崖,面临嘉陵江,被李子坝正街、上清寺路、桂花园路和体育路包围,地势南高北低,上下高差将近40m。新都巷社区民居建筑落成时间普遍在20年以上,目前在住群体以高龄老人为主。社区内部机动车通道匮乏,主要生活服务设施均在社区外围分布,社区内外主要空间和设施通过行人步道串联,因此步行出行和步行活动几乎是该社区在住老年人的唯一选择。

社区内重屋累居,受地形限制和建筑环境影响,形成了多种类型的公共空间,供居民步行出行和户外活动。笔者沿社区内部步道进行踩点,选择了其中8处面积较大、空间完整的公共活动空间作为研究对象,其空间分布、地形高差如图1所示。

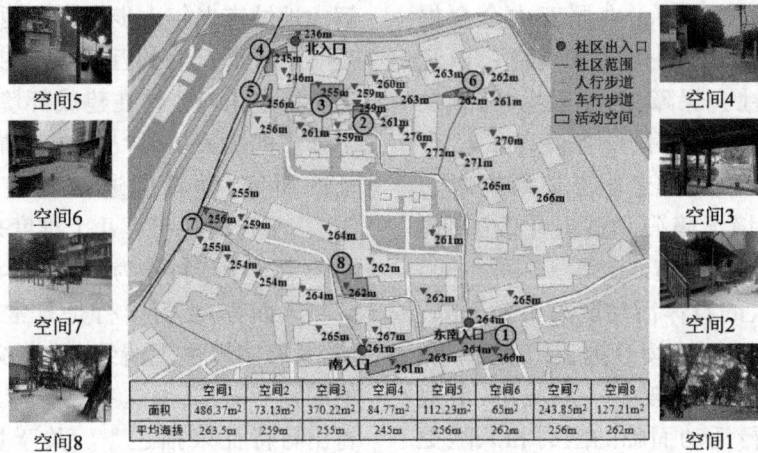

图1　新都巷步道空间布局

1.2 公共空间环境评价指标

为保证本研究的科学性和可操作性,笔者在公共空间客观指标上选择参考《建筑与市政工程无障碍通用规范》(GB 55019—2021),同时结合已有研究文献中关于公共空间评价的指标体系,最终设定通行环境、空间形态、景观绿化、公共设施四类要素维度,并结合实际调研区域情况,提炼出25个具体的环境要素(表1)作为山地社区户外公共空间环境的描述和评价指标。

多数指标通过现场观察及计数进行量化显示。而界面围合度中底层建筑边长、空间围合边长以及硬地面积通过GPS获取;建筑面积率、天空面积率和绿视率以空间中心拍摄东南西北四个方向照片,通过相关小程序计算而知;界面高差利用卷尺现场测量得到。

户外公共空间客观建成环境指标　　　　　表1

类别	步道环境要素	值	类别	步道环境要素	值
通行环境	路面平整	是为1、否为0	景观绿化	绿视率	绿化占总视野
	路面防滑	是为1、否为0			面积百分比
	人车隔离	是为1、否为0		环境卫生	干净为1、积灰为0
	空间相连路径	到空间路径数		花台	有为1、无为0
空间形态	界面围合程度	底层建筑边长	公共设施	标志景观	有为1、无为0
		与总边长之比		装饰元素	数量
	建筑面积率	建筑占总视野		栏杆扶手	有为1、无为0
		面积百分比		照明设施	数量
	天空面积率	天空占总视野		座椅设施	数量
		面积百分比		桌椅组合	数量
	界面高差等级	无高差=0		健身设施	类型
		0.15m以下为1		标识系统	有为1、无为0
		0.15~0.3m为2		垃圾桶	数量
	界面坡道	0.3~1.5m为3		亭廊	有为1、无为0
		1.5m以上为4		公共卫生间	有为1、无为0
	硬地面积	有为1、无为0		监控设施	数量
		活动空间面积		商业业态	种类

1.3 各公共空间环境特征

(1)通行环境

根据调研情况(表2),各空间地面平整度、防滑效果以及场地人车隔离情况整体呈现效果较好,对老年群体的出行体验和安全性有一定保障;但空间3中仍存在一小部分区域利用石条装饰铺装,表面光滑,缝隙中有苔藓滋生,防滑性能差,存在安全隐患。而此维度的主要差异在于到达各空间的路径数量,空间1相连路径最多,通达性高;空间3、空间6、空间7和空间8次之;而空间2、空间4和空间5服务范围小且有限,连通性差。

各空间通行环境要素量化情况　　　　　表2

空间编号	空间1	空间2	空间3	空间4	空间5	空间6	空间7	空间8
路面平整	1	1	1	1	1	1	1	1
路面防滑	1	1	0	1	1	1	1	1
人车隔离	1	1	1	1	1	1	1	1
空间相连路径	7	2	5	3	3	4	4	4

(2)空间形态

各空间侧界面由于不同的围合方式和天空视野的通透程度形成了风格各异的空间(图2)。由调研数据可得(表3),面积最大的空间1围合感适中,视线通透程度高,营造了具有空间安全感又不失舒适性的空间氛围;空间3、空间4、空间5、空间6、空间7和空间8数据结果均处于中等水平,虽相较于空间1周围建筑增多,但是光线射入良好,视野开阔,开放程度较为良好;而空间2四面围合,首层建筑围合率及建筑面积率分别高达0.92和80.8%,空间私密感强但较为局促拥挤,加之天空面积率低至0.57%,空间自然光线弱,存在一定压迫感。除此之外,各空间还存在一些共性问题。山地城市虽无法避免界面高差的存在,但相关无障碍设施布置也相当匮乏,仅2处空间设置坡道,社区内更无电梯等垂直交通设备,对于腿脚不便的老年群体,也在一定程度上降低了其空间可达性,限制了部分老年人出行活动的意愿。

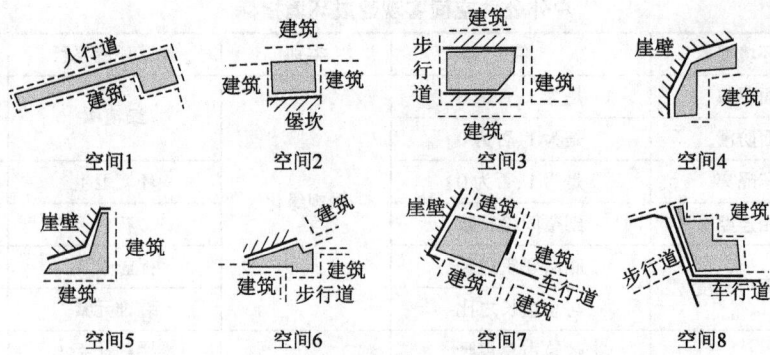

注：堡坎是指用块石（石材）、水泥混凝土块等长方形的硬质块状建筑材料砌筑的保护体。

图 2　各空间形态示意图

各空间形态要素量化情况　　　　　　　　　　　　　　　　　表 3

空间编号	空间 1	空间 2	空间 3	空间 4	空间 5	空间 6	空间 7	空间 8
界面围合程度	0.47	0.92	0.62	0.43	0.62	0.46	0.63	0.45
建筑面积率	13.27%	80.80%	59.97%	51.24%	57.05%	73.10%	63.79%	66.36%
天空面积率	8.00%	0.57%	13.65%	22.54%	12.65%	14.14%	6.58%	5.72%
界面高差等级	3	4	4	3	3	2	2	4
界面坡道	1	0	0	0	0	0	0	0
硬地面积	486.37m²	73.13m²	370.22m²	84.77m²	112.23m²	65m²	243.85m²	127.21m²

（3）景观绿化

空间 1 绿植分布及类型最为丰富，绿化遮阴效果好，景观及花台的设计丰富了视觉效果，环境舒适性高。而其余空间整体缺乏绿化布置，装饰景观严重不足，空间层次单一枯燥，还存在部分设施积灰、破损等情况，环境条件差，缺乏管理与维护(表 4)。

各空间景观绿化要素量化情况　　　　　　　　　　　　　　　表 4

空间编号	空间 1	空间 2	空间 3	空间 4	空间 5	空间 6	空间 7	空间 8
绿视率	56.79%	1.18%	24.41%	13.17%	20.68%	4.71%	18.01%	17.54%
环境卫生	1	0	0	1	1	1	1	0
花台	1	0	0	1	0	0	0	0
标志景观	1	0	0	0	0	0	0	0
装饰元素	0	0	4	0	0	0	0	0

（4）公共设施

空间 3、空间 5 和空间 6 的设施种类最为单一且数量相对较少；空间 2 和空间 4 在上述空间设施基础上增设了健身设施，为丰富空间活动类型、提高空间活力增加了可能性；而空间 1、空间 7 和空间 8 的设施种类齐全、数量分布均匀，此类空间独有的商业娱乐设施不仅吸引了老年人进行室内活动，其摊贩或棋牌室门口的桌椅板凳也为老年人户外活动提供了机会(图 3)。另外，各空间内公共设施整体布置也存在一定共性特征。休憩设施多为单个无靠背、无扶手板凳，缺乏桌椅组合、亭廊等遮雨设施；健身设施单一，仅以健身器材为主，且部分设施的安放与管理上也缺乏对老年群体心理上的照顾；栏杆扶手、照明及监控等辅助设施得到了老年群体的一致肯定，满意度高，但多层次标识系统完全缺失，更无智能型指示牌、语音提示等应用，可识别性差。

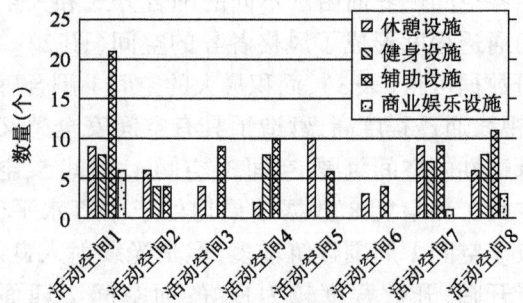

图 3　各空间内公共设施分类统计

2 老年人对空间的使用分析

论文通过居民访谈和拍摄记录收集老年人户外活动数据，用以分析不同时间和不同物质环境空间对老年群体活动的影响及差异。调查在2024年1月下旬进行，以各空间内老年使用者为中心，按时段分别对交通性出行和休闲性出行的各类活动(图4)进行现场记录。

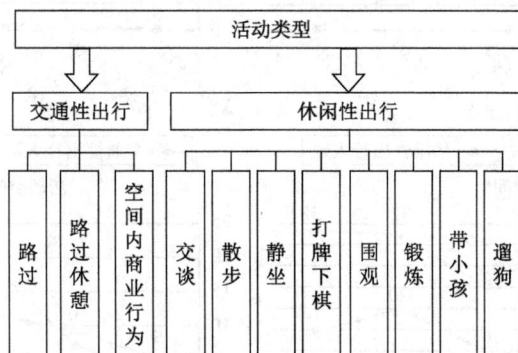

图4 活动类型

2.1 空间使用的时间特征分析

老年人日常出行在时间上整体呈现时段集中的特征。虽各空间的活动时间分布并不完全一致(图5)，但根据人流量数据，总体上交通性出行集中在9:00—11:00，多为老年人买菜购物等日常必要性活动;休闲性出行集中在14:00—17:00,其中在15:00—17:00时段更为显著,主要为棋牌和交谈等休闲活动。另外,由于调查时间为冬季,天气寒冷,夜晚活动人数少,因此未纳入考虑。

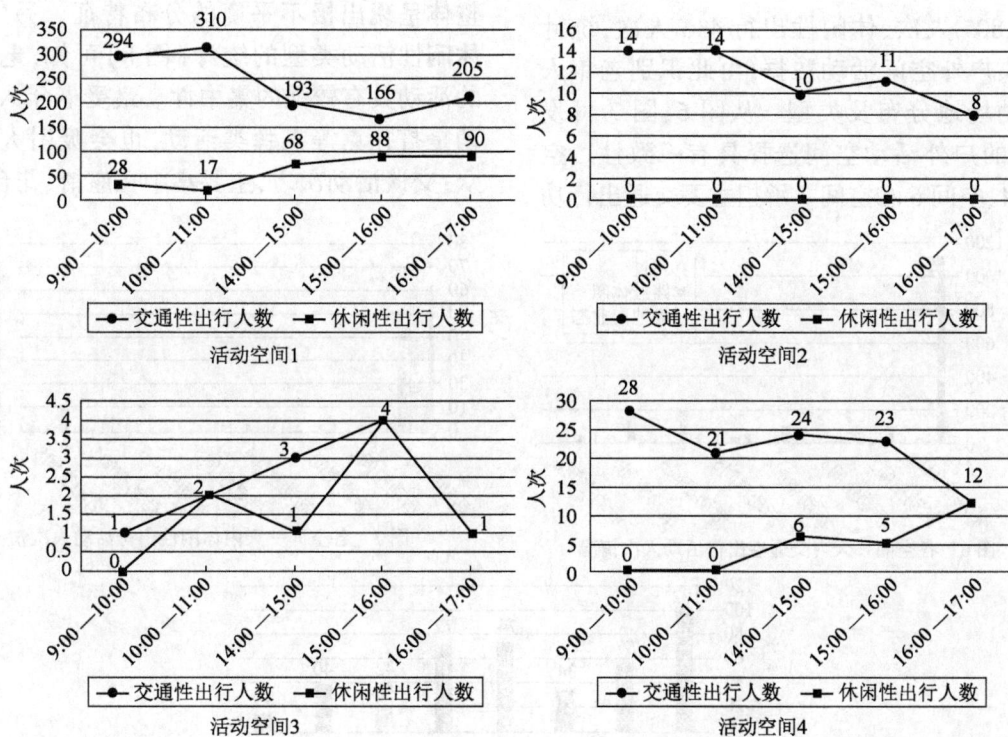

图 5

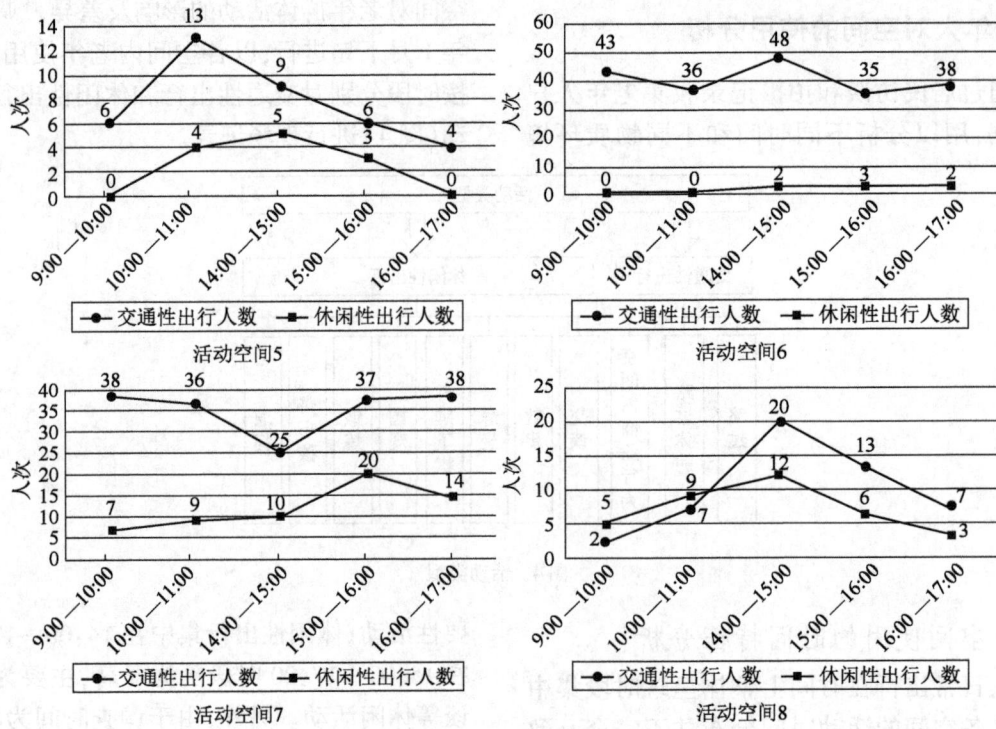

图 5   各空间各时段交通性、休闲性出行人数情况

2.2   老年人活动的空间分布特征分析

调查一共记录老年人活动 2241 人次，其中交通性出行 1805 人次、休闲性出行 436 人次，统计整理老年人户外空间活动数据，由此识别老年人的主要活动场地分布及类型。从图 6、图 7 可发现，老年人的户外活动空间选择具有一致性。空间 1、空间 4、空间 6 和空间 7 承担主要交通出行功能，空间 1、空间 7 和空间 8 则是老年人休闲活动聚集中心，而超过一半的公共空间使用人数极低，整体呈现出极不平衡的分布特征。另外，通过对休闲性活动类型的统计（图 8）可知，老年人喜爱的活动具有较强的集中性。最受老年人欢迎的活动是打扑克等棋牌类活动，也会吸引大量围观群众；交谈活动次之，主要集中在座椅、花台边等。

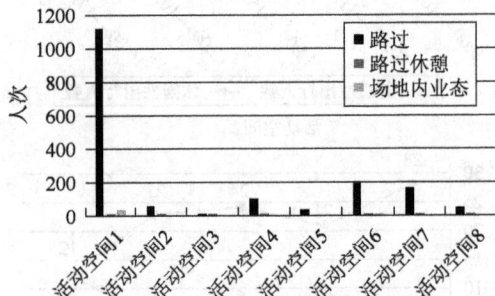

图 6   各空间一天内交通性出行活动人次情况

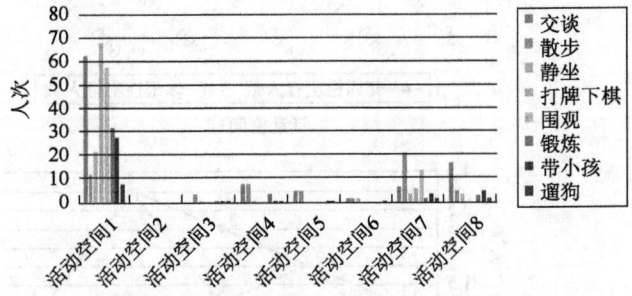

图 7   各空间一天内休闲性出行活动人次情况

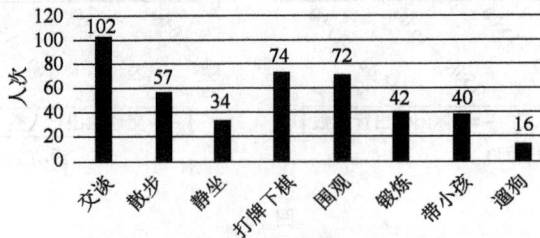

图 8   各类休闲活动人次占比

3 行为-空间要素关联性关系

3.1 交通性出行关联分析

(1)强度关联

对各空间老年人户外交通性出行强度和研究范围步行路径进行叠加分析,将空间按使用频率分为高中低三类。高频使用的空间1位于城市道路交叉路路口处,周边用地类型丰富,业态集中,路径连通性好;人流集中在9:00—11:00,以买菜购物为主。中频使用的空间4、空间6和空间7则位于社区内各路径交叉路口处,其中空间4同时位于步道出入路口一侧,在9:00—10:00时段出行人数达到顶峰,也多为外出购物行为;空间6和空间7连通路径多,各时段外出人流量分布平均。而其余低频空间中,空间2和空间5相连路径少,通达性差,空间3和空间8均由建筑下沉围合建造而成,远离了主要步行路径,这类空间鲜有老年人前往。因此,老年人交通性步行活动青睐生活业态集中、位于主要步行路径且路径通达性高的空间(表5)。

典型特征在各空间的分布情况及空间使用频次 表5

空间编号	空间1	空间2	空间3	空间4	空间5	空间6	空间7	空间8
位于主要路径	√			√		√	√	
连通性高	√		√			√	√	√
有生活业态	√							
紧邻车行道	√						√	√
围合程度适中	√		√		√	√	√	√
面积较大	√		√				√	√
绿化程度高	√							
可观景	√						√	
设施种类齐全	√						√	√
设施布局满足老年人需求	√						√	√
设施后期管理维护和卫生条件好	√				√	√		
交通性出行频次	1168	57	11	108	38	200	174	49
休闲性活动频次	291	0	8	23	12	7	60	35

(2)类型关联

路过行为占据全部空间,是最普遍、发生区域最为广泛的行为;同时,各空间内配有休憩设施或具有一定宽度的花台边,也成了老年人提重物路过进行短暂停留休憩的场所;另外,空间1中长期存在6种移动摊贩,如修手机、补鞋等,也成了该社区部分老年人出行的必要性商业行为。

3.2 休闲性出行关联分析

(1)强度关联

通过老年人主要活动场地和分布模式呈现的差异性,同样将空间按使用强度分为高中低三类。高强度公共空间为空间1,其老年人步行活动强度显著高于其他公共空间;从时间分布上看,14:00—17:00时段活动强度较大,以棋牌、交谈和围观活动为主;从环境特征上看,空间1主要特征为:紧邻车行道、周围业态丰富、硬地面积大、围合程度适中、绿化程度高、景观设计丰富、公共设施齐全,整体布置效果好。中强度公共空间包含空间7和空间8,其老年步行活动强度相对较大;时间分布上主要集中在14:00—16:00,由散步和交谈行为构成主体;空间环境上主要特征为紧邻车行道、硬地面积较大、围合程度适中、公共设施齐全,此外,空间7位于临江崖壁一侧,具有天然的观景优势,吸引了大量散步行为的发生。低强度公共空间包含空间2、空间3、空间4、空间5、空间6,从环境的共同特征上看,这些公共空间均远离车行道,位于住区内部,由阶梯和建筑围合成相对私密的空间。从环境特征的不同点上看,空间4和空间5面积小,凭借临崖能观江的地理位置,能够吸引少量老年人前来散步和闲谈;空间3和空间6设施种类匮乏、活动类型单一,几乎无法吸引老年人前来活动;空间2四面围合、视野封闭、面积小、绿化程度低且设施陈旧积灰,空间使用率远低于其他公共空间。从活动强度与环境特性的定性关联性来看,空间区位、围合程度、硬地面积、景观绿化、公共设施种类及数量对各空间老年群体进行休闲性活动频率具有显著影响(表5)。

(2)类型关联

老年群体户外休闲活动类型丰富(图9),根据交互属性,将老年人能独立完成的活动归纳为个体活动,而具有社交属性的活动概括为社交活动。在个体活动中,散步行为多发生在临崖观江或景观绿化丰富的空间;静坐行为分布较广,对空间休憩设施的后期管理维护、卫生条件等具有一定要求;锻炼行为基本以器材锻炼为主,多发生在设施干净、背靠墙体、视野开阔的空间;而遛狗行为发生频率最低,通过定点观察可知,大多发生在自家住宅楼下的公共空间,以邻近性为主。在社交活动中,户外棋牌及围观活动仅发生在L形座椅转角、具有一定宽度的长条形木凳和花台边缘凸起处,并利用自带座凳结合周围空地围合形成此类活动的最佳场所;交谈行为则多依赖休憩设施,就休憩设施的设计而言,采用转角式或对向式布置的座椅以及有摊贩或店铺提供桌椅板凳的活动空间交谈行为发生人数最多,此类要素与交谈行为存在较强关联;由于空间内缺乏儿童娱乐设施,因此带小孩行为一方面集中于健身器材处,另一方面则多在硬地面积大的空地开展打羽毛球、追逐等行为活动。因此,空间的景观绿化、空地面积、设施布局、后期维护和卫生条件对各空间老年群体进行休闲活动的类型具有主要影响。

图9　老年群体各类行为活动分布

4　基于老年步行活动规律的社区适老问题识别

4.1　交通性出行需求的适老问题识别

根据上述空间环境与交通出行行为关联的定性分析,笔者根据老年人步行活动的时间和空间差异,总结出山地社区环境中一些显性问题:①社区内部过渡空间利用效率低。位于主要步行路径上的公共空间更受老年人欢迎,如空间1和空间6通行使用频率最高,但通过调研可知,在主要路径两侧单元楼附近自然形成的过渡空间多为空地,资源使用效率低。②路径连通性不足。山地交通空间以线性空间为主,如空间2、空间4、空间5,单向流动特征显著,导致连通空间路径有限,支路系统不足。③缺乏生活业态。老年群体必要性出行多为买菜购物等,但商业集中于空间1及附近街道,而住区内部无商业化开发,生活便利性不足。除此之外,新都巷社区各空间环境特征具有一定共性,根据访谈结果,笔者推断该社区还具有以下两项典型适老化问题:一是路径可辨识性低。步道出入口、沿线分向和位于社区内部交叉路口承担主要交通功能的空间均未设置指示牌;而楼栋标识牌小且缺乏差异性,对老年群体的清晰辨识不友好。二是无障碍设计缺乏。新都巷建成区域原为山地荒坡,存在巨大高差,梯坎台阶多,无坡道,更无扶梯、电梯等垂直升降设备,不利于便捷的步行到达。

4.2　休闲性出行需求的适老问题识别

根据上述空间环境与休闲活动关联分析,笔者依据老年人步行活动特征和偏好,总结出新都巷山地社区的典型适老化问题:①街道缝隙空间开发不足。中高强度休闲活动空间均紧邻机动车道,此类空间辐射范围广,人流量多,易发生社交活动;但山地城市在有限的土地资源情况下,现有街道缝隙空间仍并未挖掘建造。②缺乏开放空间。无论是棋牌和围观等强聚集性社交活动还是相对独立的散步行为,需面积较大、视野开阔的开放空间与之匹配,如空间1和空间7。但现有空间较封闭,开放程度有限,不符合老年人活动意愿。③绿化程度低,缺乏景观设计。除空间1外,其余空间绿化严重不足,无多样化景观及装饰元素,空间层次单一;并结合访谈中老年人对景观绿化的评价持不满意的态度可知,空间整体呈现的环境舒适度和美观性均较低,对休闲活动吸引力不足。④健身娱乐设施未能匹配老年人的需求。首先,各空间健身设施仅以锻炼器材为主,缺乏多样化健身设施布置;同时仅有空间1、空间7、空间8存在商业行为,其余空间缺乏商业娱乐设施,更无能便于老人与儿童交互活动的配套设施空间,空间可娱乐活动类型单一。其次,设施布局缺乏对老年群体心理上的照顾;休憩设施中座椅常沿空间边缘而设,以单个长条形板凳为主,如空间5和空间8,缺乏面对面交流的机会;健身器材常被安置于角落,被楼栋和堡坎遮挡阳光,其中空间2最为典型,导致环境舒适性差、设施闲置。最后,社区后期管理维护差,空间2和空间3设施积灰严重且部分存在破损,利用率低,既占空间又不能发挥原有价值。

5 山地社区公共空间环境提升策略

综上所述,空间区位、路径可达、空间围合、硬地面积、景观绿化、卫生条件、休憩健身设施的数量、类型、布局和后期维护对于老年人出行活动均有影响。同时,通过观察发现,老年人对空间使用具有稳定性,易产生磁场效应。正如扬·盖尔所说,城市生活是一个潜在的自我加强的过程,人们自发地受到活动和他人存在的鼓舞、驱使和吸引[10]。新都巷社区在长期发展中不同老年人对各空间的活动选择具有固定性;因此,为提升步行品质,打造更加舒适、安全、便捷的公共空间,促进老年人进行户外活动,笔者从老年人活动需求角度对山地城市老旧住区公共空间的优化提出以下建议。

交通性出行有关策略具体包括:①充分挖掘社区步行通道潜力,开拓建筑与主要通道之间的过渡带步行空间,增设桌椅板凳,为远距离出行及提重物路过的老年人提供休息场所。②优化居住地与公共空间的步行路径,根据复杂的山地地势,合理规划社区内部机动车道和空间与住宅的通行步道体系,构建高密度、高连通度路网,提高老年人出行路径通达性。③在各出入口、交叉路口完善引导标识,增强路径可识别性;对于空间6和空间7的小高差,可在入口台阶旁增设无障碍坡道;而对于空间4至空间3约有10m大高差的可达性差的节点,可考虑增设无障碍电梯,提高路径舒适性和可达性。④鼓励摊贩深入社区,减少老年人生活出行距离,提高空间出行使用率,同时间接增强空间活力以吸引老年人聚集。

休闲性出行改造建议包括:①由于界面开放度难以改变,因此类似空间2这类私密性强的空间可通过修剪空间顶部枝叶,增强自然光线渗入;建筑底层立面及堡坎可增加油画或壁画等设计,改良空间单一的形式,增加视野的通透和舒适性。②结合崖壁临江景观资源,增加绿化形式,融入因"新都旅馆"而得名和"重庆小面"起源有关的新都巷历史文化装饰要素,丰富景观层次,提升老年人步行舒适性和归属感。③根据各空间区位及环境特征,对已形成的功能区域进行强化,而对低强度活动空间设施要素全面更新,以匹配老年人的活动需求。在较为开放的空间1、空间3、空间7、空间8加设便于交流的L形、U形的座椅设施,提供供老年人进行棋牌活动的桌椅板凳,便于聚集性活动开展;增设乒乓球台等健身设施,丰富老年人锻炼活动种类,提高老年人户外活动选择;同时考虑带小孩行为的活动需求,配备儿童娱乐设施,打造全龄共享的友好型社区,增强老年人对场所的愉悦性和认同感。④加强社区物业管理,对空间2、空间3、空间8积灰严重的公共设施进行打扫和破损的石质桌椅组织维护更新,且未来定期进行检查及更新,保障老年人出行体验的舒适性和安全性。

本文以山地社区适老化改造实践为例,以更加微观的分析手法建立环境特征与行为特征的关联性,总结各行为类别与空间要素的共性与差异。但本研究的不足之处在于调研时间受限,空间样本数量少,缺乏高级统计量化分析,无法明确适宜老年人出行活动的空间要素值的阈值范围;其次,未考虑不同行动能力老年群体的需求,没有进行差异化适配;最后,调研发生在冬季且局限于新都巷步道区域,因此研究结果一定程度上也受到了季节性和地域范围的影响。

参考文献

[1] 陈春,陈勇,于立,等.为健康城市而规划:建成环境与老年人身体质量指数关系研究[J].城市发展研究,2017,24(4):7-13.

[2] 李康康,杨东峰.影响老年人步行效能的关键性建成环境要素识别[J].交通运输系统工程与信息,2021,21(2):245-250.

[3] CHAN E T H,LI T E. The effects of neighbourhood attachment and built environment on walking and life satisfaction:A case study of Shenzhen[J]. Cities,2022,130:1-12.

[4] GUAN J,HIRSCH J A,TABB L P,et al. The association between changes in built environment and changes in walking among older women in Portland, Oregon[J]. International Journal of Environmental Research and Public Health,2022,19(21):14168.

[5] ZHANG W,GAO Y,LI S,et al. Accessibility measurements for urban parks considering age-grouped walkers' sectorial travel behavior and built environment[J]. Urban Forestry & Urban Greening,2022,76:127715.

[6] 周燕珉,王春彧.营造良好社交氛围的老年友好型社区室外环境设计研究——以北京某社区的持续跟踪调研为例[J].上海城市规划,2020(6):15-21.

[7] 张昊,尹力.建成环境对行人安全性和步行性的影响:文献综述和案例分析[J].上海城市规划,2020,2:44-48.

[8] 李斌,王尧田,李雪.社区环境中老年人的步行行为类型及场景[J].建筑学报,2018(S1):1-6.

[9] 牟燕川,郭雨寒,黄瓴.基于行动能力差异的山地城市老旧社区老年人户外活动特征及更新启示[J].西部人居环境学刊,2023,38(6):82-88.

[10] 扬·盖尔.人性化的城市[M].欧阳文,徐哲文,译.北京:中国建筑工业出版社,2010.

基于雷达数据的信号交叉口车辆轨迹重构

叶 萌 岳 昊* 洪 妍 胡洪彬
(北京交通大学综合交通运输大数据应用技术交通运输行业重点实验室)

摘 要 交叉口车辆时空轨迹数据近来被广泛运用,交叉口评价指标计算等交通研究都离不开车辆时空运行信息。当前,已有的获取车辆时空轨迹数据的方法难以获得准确全面的轨迹数据。为解决该问题,本文根据相控阵雷达数据集构建车辆轨迹重构模型。首先,介绍分析了相控阵雷达数据集,并对数据进行筛选、去噪和补全;然后,根据预处理后的数据构建交叉口重构轨迹数量计算模型,将信号交叉口车辆轨迹根据是否停车进行分类,结合跟驰模型、交通波模型等重构不同类型车辆轨迹;最后,将重构轨迹数据与实际数据进行对比分析验证。结果表明:轨迹重构模型位置较实际雷达数据平均绝对百分比误差为0.3%,速度较实际雷达数据平均绝对百分比误差为3.67%,重构效果较好;三类轨迹中,不经停车通过交叉口车辆位置平均绝对百分比误差较停车车辆约大0.2%。

关键词 信号交叉口 跟驰模型 交通波理论 轨迹重构

0 引言

随着智能网联汽车等技术的快速发展,在一定区域内获得某些车辆运行时空轨迹成为现实,

当前,常规车辆、智能网联汽车组成的混合交通流在城市交通大量存在。交叉口信号配时可以依靠智能网联汽车GPS数据进行轨迹读取与预测,但常规车缺乏设备,无法提供运行轨迹,因此,获得

基金项目:中央高校基本科研业务费专项项目(2019JBM341);国家自然科学基金项目(71771013)。

城市路网中所有车辆运行时空轨迹数据仍是一个难题。相控阵雷达作为城市道路中的新型检测工具,可以得到路网中在运动的所有车辆时空轨迹数据,但雷达只能检测运动物体时空特征,对单个车辆全阶段运动过程记录精确程度较 GPS 差。因此,本文运用相控阵雷达数据,研究交叉口附近车辆的运行规律,补充重构部分交叉口时空轨迹数据,解决城市交叉口 GPS 数据部分缺失问题,为信号交叉口配时优化提供数据支撑。

对于车辆轨迹重构方法,已有较多研究。Coifman 等[1]以冲击波理论为基础,通过描述交通流时空变化规律,进行全车辆轨迹重构。为提高原始轨迹数据准确性,运用插值法重构轨迹数据,Xing 等[2]采用单位四元数曲线对特定轨迹进行局部插值重构,但计算量过大适用性较差;轨迹重构另一类重要方法为滤波法,Lu 等[3]运用低通滤波技术和 NGSIM 数据,分析高速公路上交通波的影响;Wang 等[4]利用 CAV 轨迹数据估计路网交通密度,运用元胞自动机重构非智能车时空轨迹。针对信号控制交叉口,Yu 等[5]研究在自动驾驶条件下,通过优化车辆轨迹,提高交叉口通行能力的方法;Yao 等[6]将轨迹视为一个分段函数,提出单点交叉口混合交通流车辆轨迹优化模型。Rameazni[7]及其团队利用车辆轨迹数据,对排队和解散过程进行拟合,从而绘制了排队轮廓曲线,以达到估计排队长度的目的。

总结当前研究发现,现有的研究车辆轨迹重构方法主要依靠轨迹曲线拟合,且对城市道路交叉口轨迹重构主要基于智能网联汽车数据,存在车辆渗透率低、数据不全面等问题,无法获得人工驾驶车辆轨迹完整数据,对轨迹重构模型的准确度影响较大。

为解决该问题,本文运用相控阵雷达数据,研究了城市道路交叉口车辆运行轨迹重构方法。运用跟驰模型、交通波理论,基于相控阵雷达获得全样本车辆轨迹,建立轨迹重构模型,最后通过与实际数据对比验证,分析了该模型的准确性。

1 数据处理

1.1 数据来源

本研究以山东省胶州市某交叉口为例,交叉口各方向进出口车道分布和方向如图 1 所示。

采用相控阵雷达数据,布置于交叉口四个进

口道前,最远能检测到停车线上游约 300m 的位置。相控阵雷达获取数据的时间间隔大概为100ms,每次获取的数据包含采集数据的具体时间、该时刻下每辆车的位置和速度、当下周期下信号配时等相关数据指标,取得的数据量为一天 24h 经过该交叉口的所有车辆数据。

图 1   交叉口车道分布图

1.2 数据预处理

交叉口车辆轨迹数据约以每 0.1s 的时间间隔报告轨迹的车辆 ID、目标类型、x 坐标、y 坐标、瞬时速度等实时信息,原始数据格式及内容见表 1。

车辆轨迹数据结构   表 1

字段	含义	实例	备注
VEHICLE_ID	车辆 ID	3763	
VEHICLE_TYPE	目标类型	0	0-小型车,1-中型车 2-大型车,4-骑行车
X_COORDINATE	x 坐标	14.0	
Y_COORDINATE	y 坐标	112.4	
SPEED	瞬时速度	−7.4	

获得构建轨迹重构模型所需数据,应从进口道所有车辆轨迹数据中提取筛选出某一车道某一完整周期中所有车辆通过轨迹数据,处理过程如下:

(1)数据清洗。

原数据中包含非机动车、出口道车辆轨迹、因停车等导致中途雷达跟踪丢失等数据,剔除以上无效车辆数据。

(2)选择车道和车型。

根据所选区域实际交叉口物理条件,左右转车道、进口道展宽段、交叉口功能区等车辆轨迹影响因素,本文以直行车道为例构建轨迹重构模型。为避免不同车型跟驰特性的差异,本文选择小型车为研究目标。

（3）校正车辆ID。

由相控阵雷达识别车辆的工作原理可知，当车辆长时间处于静止状态时，易丢失当前车辆，车辆再次启动会获得新的车辆ID，导致该车辆时空轨迹断开，根据断开两点的车辆位置坐标，补全该车辆时空轨迹数据。

（4）补全车辆轨迹。

根据预处理后交叉口轨迹数据，计算测得交叉口部分基本参数，由于雷达检测过程中存在周边树木遮挡等因素导致的部分车辆数据缺失情况，运用已有筛选后轨迹数据，与原数据进行对比分析，得出当前处理后车辆轨迹数据渗透率达到70%~75%，基于交通波理论，采用最小二乘法拟合排队累计冲击波线和排队消散冲击波线，根据交通波线确定剩余车辆停车和启动时间，通过车头间距确定需要插入车辆数量，运用均值法补全缺失轨迹，从而获得该交叉口全部车辆运行轨迹。

为观察检验数据预处理效果，本研究利用Python绘制时空轨迹图观察车辆的运行态势，以东进口道为例，预处理前后交叉口单周期单车道时空轨迹图（图2），为将不同车辆时空轨迹更为清楚地表示，每辆车尽量用不同颜色绘制，横坐标为时间，纵坐标为y坐标值（停车线处y坐标值为25m）。

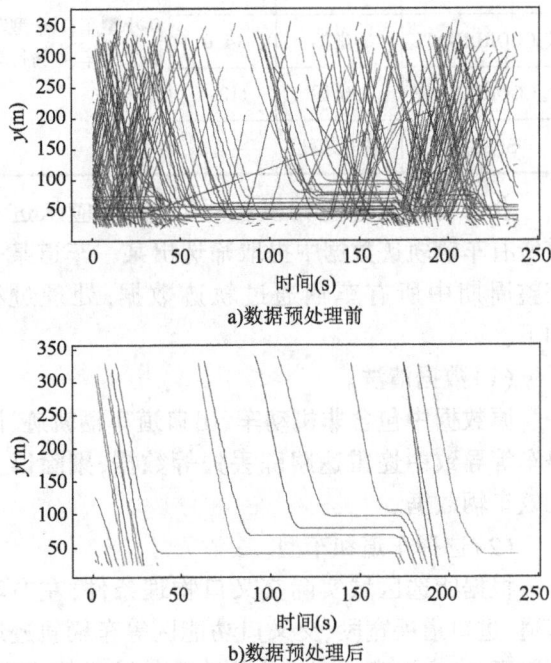

a)数据预处理前

b)数据预处理后

图2　数据预处理前后车辆时空轨迹图

通过与原交叉口数据进行对比，得到此数据

车辆渗透率达到87%以上。本文车辆渗透率为拥有完整时空轨迹车辆占全部车辆的比例。覆盖该交叉口绝大部分车辆时空轨迹数据，用来标定轨迹重构模型精度较高。

2　轨迹重构方法与模型标定

2.1　重构车辆轨迹数量、初始时间

本文基于预处理后车辆时空轨迹数据，研究基于已有车辆轨迹数据，计算中间缺失的车辆时空轨迹数据，以已有的不同渗透率车辆轨迹数据为输入，为简化计算过程，本文前后两辆车不同到达间隔换算成渗透率。

重构缺失车辆轨迹，首先需要确定重构的轨迹数量，根据轨迹形态对车辆轨迹分类，将需重构轨迹车辆分为经排队通过车辆和未经排队通过车辆。

（1）未经排队通过车辆。

对于未经排队通过交叉口的车辆，计算检测到的两辆车中间需要重构的车辆轨迹数量，应根据车头间距来确定，车头间距根据当前周期中车辆进入进口道时连续车流平均车头时距计算得到，平均车头时距为h，车流速度为v，第n辆车在第t时刻出现，需要插入的车辆数为车辆间距除平均车头间距取整，如式（1）所示：

$$m = \left[\frac{y_{n-1}(t) - y_n(t)}{h \times v}\right] \quad (1)$$

（2）经排队通过车辆。

对于经排队通过交叉口的车辆，根据前后两车之间排队车头间距，以及雷达数据集测算的排队车头间距计算，第n辆车停车位置为$y_n(t)$，第$n-1$辆车停车位置为$y_{n-1}(t)$，停车安全距离为s_0，车辆长度为l，则第$n-1$辆车与第n辆车之间需要重构轨迹的车辆数如式（2）所示：

$$m = \left[\frac{y_{n-1}(t) - y_n(t)}{s_0 + l}\right] \quad (2)$$

根据需要重构的车辆数，将m辆车平均插入需要重构轨迹的两车之间，$t_n(0)$为第n辆车第一次出现的时间，则第m辆车插入的初始时间$t_{n,m}(0)$如式（3）所示：

$$t_{n,m}(0) = t_n(0) - \frac{|t_n(0) - t_{n-1}(0)|}{m+1} \quad (3)$$

重构车辆的初始位置为雷达数据集开始检测到的初始位置,取距离交叉口停车线300m远位置为初始线。

2.2 轨迹重构模型构建

本文针对非饱和交叉口车辆运行时空轨迹运行规律,将车辆分为未排队经过交叉口车辆和需要经过减速、停车、加速通过交叉口车辆两类。

2.2.1 未排队通过交叉口车辆

针对未排队车辆轨迹重构,需根据前车运行轨迹数据,计算与前车位置差和速度差,代入相应跟驰模型,求得下一时刻车辆运行加速度,假设在足够短的时间内车辆做匀加(减)速运动,计算下一时刻位置和速度,循环计算,直至车辆驶出交叉口。为保证车辆安全行驶,并根据预处理后轨迹数据集,插入车辆每一时刻位置、初速度的约束和计算公式如式(4)、式(5)所示:

$$y_n(t) + s_0 + l \leqslant y_{n,m}(t) \leqslant y_{n-1}(t) - s_0 - l \quad (4)$$

$$v_{n,m}(y_0) = v_n(y_0) - \frac{|v_n(y_0) - v_{n-1}(y_0)|}{m+1} \quad (5)$$

其中,y_0 为开始计算的初始线,根据测量和计算的车辆进入进口道初速度、初位置、初始时间,以及与前车在当前时刻速度差、距离差,代入跟驰模型,计算下一时刻该车辆位置、速度、加速度等信息,循环计算,直至该车辆进入交叉口出口道,即 y 小于或等于 25m 位置,求得插入车辆行驶轨迹。

2.2.2 排队通过交叉口车辆

将排队通过交叉口车辆分为头车和跟驰车,其中,头车识别为距离上一辆车距离超过相互影响最大距离值的车辆,跟驰车为距同车道前一车辆距离小于相互影响最大距离值的车辆。

(1)头车运行轨迹重构。

从相控阵雷达数据中,提取与前车距离足够大的头车减速、停车时空轨迹分析运行规律,结合交通波理论和已有研究成果可知,头车经过交叉口时空轨迹只与信号灯配时和初始速度有关,某一周期下一头车时空轨迹以及速度变化曲线如图3所示,可看出头车位置和速度变化规律。

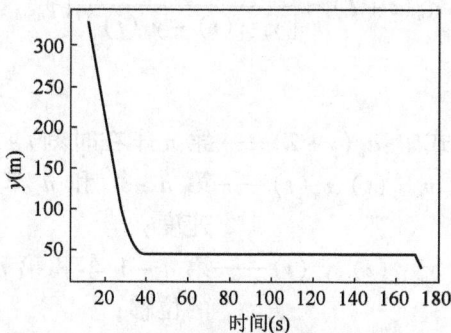

a)某头车时空轨迹图

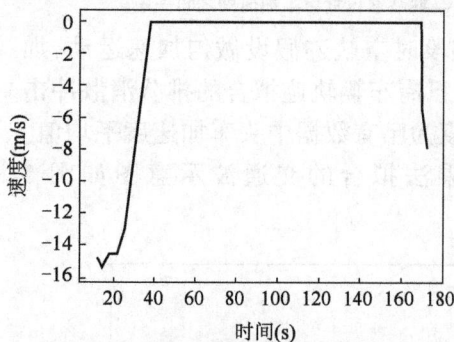

b)某头车速度-时间图

图3 某头车时空轨迹图和速度-时间图

通过对交叉口数据处理分析,选取 20 辆头车数据,以驾驶员第一次刹车为减速节点,分析得出头车开始减速停车的位置和时间(表2),由此可得到车辆减速开始点位置与车辆速度关系,进而预测头车时空轨迹。

头车开始减速的速度和与停车线之间的距离 表2

车辆序号	1	2	3	4	5	6	7	8	9	10
速度(m/s)	14.5	10.6	12.8	13.6	13.5	18.6	7.6	6.9	16.5	21.8
距离(m)	129.6	57.3	87.8	71.0	79.5	192.6	29.8	31.8	153	241

通过数据分析可得,车辆减速位置(停车线位置为40m处)与车辆速度之间关系如图4所示。

头车进入交叉口进口道初位置、初速度、初始时间计算与不经排队通过交叉口车辆相同,根据式(5)计算出车辆初速度代入式(6),确定开始减速位置,并假设车辆减速阶段进行匀减速运动,设停车位置为 y_{mod},可得车辆减速经过时间如式(7)所示:

$$y_{mod} = 14.66 * v_{n,m}(t) - 92.63 \tag{6}$$

$$t_{mod} = \frac{2|y_{mod} - y_{stop}|}{v_{n,m}(t)} \tag{7}$$

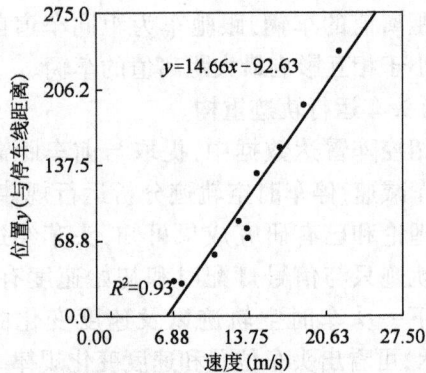

图4　车辆减速位置与车辆速度之间关系

头车加速段时空轨迹假设做匀加速运动,加速开始时间由已有车辆轨迹拟合的排队消散冲击波确定,加速度为已有数据中头车加速度平均值。运用最小二乘法拟合的交通波示意图如图5所示。

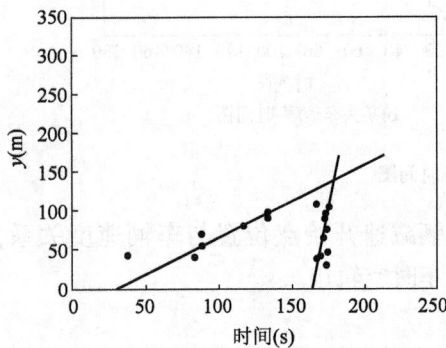

图5　交通波拟合示意图

排队消散冲击波表达式为式(8),则重构车辆开始启动时间为 $t_{n,m}^s$,计算公式如式(9)所示,其中,y_n^t 为第 n 辆车最后停车位置坐标。

$$y_e = k_e t_e + b_e \tag{8}$$

$$t_{n,m}^s = \frac{y_n^t - m*(s_0+l) - b_e}{k_e} \tag{9}$$

(2)跟驰车运行轨迹重构。

跟驰车为距同车道上一车辆小于相互影响最大距离值的车辆。因此,跟驰车辆轨迹重构会全程受前车影响,做跟驰运动直至驶出交叉口。

经排队的跟驰车运行轨迹重构方法需要分为减速、停车和加速三部分,首先,减速段通过将初始时间、速度、位置代入跟驰模型,然后,根据前后车停车位置得出重构车辆最后停车位置和时间,最后,加速段启动时间的确定与头车相同,根据排队消散冲击波计算得出。其中,雷达数据集测算得到该交叉口平均停车车头时距为9.28m。

2.3　跟驰模型标定

根据已有跟驰模型相关研究可知,GHR 模型是跟驰模型研究中最经典的模型,其中采用的刺激-反应思想至今仍被广泛使用。GHR 模型应用于本研究的具体公式如式(10)所示。

$$a_n(t+T) = \frac{\lambda v_n^m(t+T)}{[y_{n-1}(t) - y_n(t)]^l}[v_{n-1}(t) - v_n(t)] \tag{10}$$

式中:$a_n(t+T)$——第 n 车在时刻 $t+T$ 的加速度;

$v_{n-1}(t)$、$v_n(t)$——第 $n-1$ 和 n 车在时间 t 的速度;

$y_{n-1}(t)$、$y_n(t)$——第 $n-1$ 车和第 n 车在时间 t 的位移;

T——驾驶员的反应时间;

λ——敏感系数;

m、l——待定参数。

根据已有公式,从本研究数据中选出符合跟驰要求的 20 组跟驰车辆数据,主要取交叉口进口道减速停车过程数据,因由图2中处理后时空轨迹图可知,交叉口启动加速状态中受前后车运行状态的影响较小,因此,本文中更关注减速停车过程中车辆行为的变化。

基于跟驰模型的基本公式和已有数据组成的输入变量和输出变量,运用遗传算法,以均方根百分比误差 E 最小为目标函数,如式(11)所示,计算出待定参数的近似最优解。根据交叉口车辆加速状态数据,将驾驶员的反应时间取为 0.6s。

$$E = \sqrt{\frac{\sum_{i=1}^{N}(a_i^s - a_i^0)^2}{\sum_{i=1}^{N}(a_i^0)^2}} \qquad (11)$$

式中：a_i^0——实际加速度；

a_i^s——标定后模型输出的加速度。

使用 Python 软件，采用遗传算法作为优化算法，对跟驰模型参数进行优化求解。设定遗传算法参数，交叉率 0.85，变异率 0.01，最大迭代次数 999，经遗传算法求解后，跟驰模型各参数标定结果见表 3。

交叉口车辆跟驰模型参数标定结果　表 3

参数	λ	m	l
数值	0.61	0.73	0.58

3　实测数据验证

为验证模型准确性，本文选取该交叉口雷达数据中高峰时段完整一周期数据，抽取部分车辆轨迹进行重构验证，将重构车辆轨迹数据与实际数据进行对比，计算模型误差。

根据车辆轨迹重构模型分类，将车辆分为两类进行轨迹重构：不经停车经过交叉口车辆；经停车通过信号灯车辆。其中，停车后通过交叉口车辆又分为头车和跟驰车，重构车辆轨迹效果如图 6 所示。

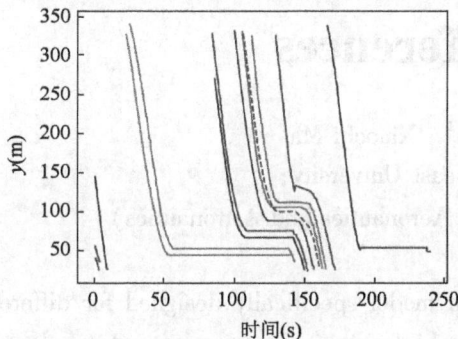

a)经停车通过信号灯车辆

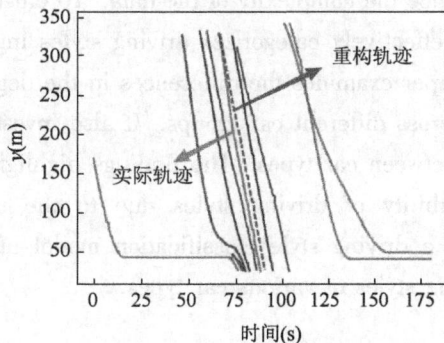

b)不经停车经过交叉口车辆

图 6　重构轨迹效果

由图 6 知，重构轨迹与真实车辆轨迹趋势大致相同，误差较小。由表 4 可知，三种重构轨迹与实际轨迹之间位置最大平均绝对误差为 3.56m，最大均方根误差为 4.95m，平均绝对百分比误差为 0.30%；由表 5 可知，速度最大平均绝对误差为 0.94m/s，最大均方根误差为 1.78m/s，平均绝对百分比误差为 3.67%。由误差分析结果可以看出，未停车的车辆轨迹位置和速度误差相对需停车车辆较大。

交叉口车辆轨迹重构位置误差　表 4

重构轨迹类型	重构轨迹数量	MAE（m）	RMSE（m）	MAPE（%）
不停车	12	3.56	4.95	0.30
头车	18	1.01	3.78	0.08
跟驰车	17	2.02	4.06	0.12

交叉口车辆轨迹重构速度误差　表 5

重构轨迹类型	重构轨迹数量	MAE（m/s）	RMSE（m/s）	MAPE（%）
不停车	12	0.94	1.78	3.67
头车	18	0.56	1.63	1.26
跟驰车	17	0.67	2.49	1.77

与之前研究相比，本文轨迹重构模型与实际车辆轨迹更接近，相较于普通曲线拟合，基于跟驰模型的重构轨迹与驾驶员实际操作更相近，重构效果好。且根据绿灯时段通过车辆轨迹重构效果，本文信号控制交叉口轨迹重构方法在连续路段也有较好效果。

4　结语

本文根据信号控制交叉口相控阵雷达数据，根据车辆运行特征，对不同类型车辆轨迹进行重构。首先，确定需重构轨迹数量，然后，运用遗传算法标定跟驰模型，并拟合交通波模型，提高重构轨迹位置精度，并采用实际交叉口轨迹数据验证模型的准确性，三类车辆轨迹重构位置和速度误差均在较小范围内，说明该轨迹重构模型可以较准确估算缺失轨迹数据。

该模型在实际交叉口验证中有较高准确性，但未考虑实际中车辆换道情况，未将换道模型加入轨迹重构模型。未来将结合换道模型，构建考虑换道情况的信号控制交叉口轨迹重构模型；且未来考虑将交叉口轨迹重构模型应用于交叉口评价指标计算等过程中,用于交叉口参数计算。

参考文献

[1] COIFMAN B. Estimating travel times and vehicle trajectories on freeways using dual loop detectors [J]. Transportation Research Part A: Policy and Practice,2002,36(4):351-364.

[2] XING Y, XU R Z, TAN J Q, et al. A Class of generalized B-spline quaternion curves [J]. Applied Mathematics and Computation, 2015, 271:288-300.

[3] LU X Y, SKABARDONIS A. Freeway traffic shockwave analysis: Exploring the NGSIM trajectory data [C] // Transportation Research Board 86th Annual Meeting. Washington, D. C, 2006:1-4.

[4] WANG Y, WEI L, CHEN P. Trajectory reconstruction for freeway traffic mixed with human-driven vehicles and connected and automated vehicles [J]. Transportation Research Part C: Emerging Technologies,2020,111:135-155.

[5] YU C H, FENG Y, LIU X H, et al. Integrated optimization of traffic signals and vehicle trajectories at isolated urban intersections [J]. Transportation Research Part B: Methodology, 2018,112:89-112.

[6] YAO H D, LI X P. Decentralized control of connected automated vehicle trajectories in mixed traffic at an isolated signalized intersection [J]. Transportation Research Part C: Emerging Technologies, 2020, 121:102846. 1-102846. 19.

[7] RAMEZANI M, GEROLIMINIS N. Queue profile estimation in congested urban networks with probe data [J]. Computer-Aided Civil and Infrastructure Engineering, 2015, 30 (6): 414-432.

Driving Style Recognition Model Based on Car Type Differences

Zhuolun Li[1]   Jian Lu[*1]   Shan Li[2]   Xiaochi Ma[1]

(1. School of Transportation, Southeast University;

2. College of Civil Aviation, Nanjing University of Aeronautics and Astronautics)

Abstract   This paper introduces a driving style recognition model specifically designed for different car types. The study involves selecting 4000 trajectories, from which 11 feature parameters are extracted to define driving styles. Principal component analysis is then applied to reduce the complexity of the data. To cluster the driving styles, a self-organizing neural network is used, which effectively categorizes driving styles into four distinct types based on driver aggressiveness. Additionally, the paper examines the differences in the degree of aggressiveness within the same driving style and its distribution across different car groups. It also investigates the clustering labels obtained without considering the distinction between car types. The findings highlight that using uniform criteria fails to effectively differentiate the variability of driving styles due to the unique characteristics of different car types. Lastly, this paper presents a driving style classification model utilizing optimizable neural networks, which accurately recognize the driving styles of various car types.

Funding:Supported by the National Key Research and Development Program of China (2023YFC3009602).

Keywords Driving style Clustering Neural network Classification

0 Introduction

Vehicle driving style pertains to the distinct behaviours and attitudes exhibited by drivers while operating a vehicle. These patterns are gradually established through long-term driving experiences. By extracting and clustering vehicle driving data, it becomes possible to effectively and intuitively identify the driving style of the driver (Hou et al.).

Researchers have extensively studied driving style, employing various approaches to data collection. Some scholars use questionnaires to allow drivers to assess their own driving style (Hartwich et al., 2018); Others gather driver behavioural data through in-vehicle sensors (Gallus et al.) (Mohammadnazar et al.) or driving simulation platform (Xu et al.; Chen et al.); Additionally, researchers connect vehicle trajectory data obtained from GPS devices with driving style analysis (Tang et al.). Regarding the focus of investigation, some scholars primarily study the driving styles exhibited by bus drivers (Huang et al.); while others concentrate on heavy truck drivers (Qin et al.); and comparisons of driving styles among taxi drivers (Fan et al.) or online car-hailing (Ma et al.) in different cities have also been explored; Some scholars have also linked driving style to physical emotion (Habibifar and Salmanzadeh,). For the clustering methods, the analysis generally revolves around driver aggressiveness, resulting in at least three identifiable driving styles (Liu et al.); Some scholars propose an unsupervised framework for extracting driver features and performing accurate clustering (Li et al.); A framework based on spatial-temporal differences and scenario heterogeneity is proposed to build a driving operating condition-based framework to recognize driver styles (Lyu et al.); Some scholars develop a dynamic clustering structure that assigns drivers to a sequence of clusters rather than a single cluster (de Zepeda et al.).

While current research tools for studying driving styles have made significant progress, they often fail to consider the influence of different car types on driver styles. It is crucial to acknowledge that there are notable discrepancies in legal constraints, vehicle performance, and manoeuvring difficulty when comparing large and medium-sized passenger vehicles with small cars. To overcome this limitation, this study extensively examines driving styles across various car types, including large and medium-sized passenger cars as well as small cars, by utilizing vehicle trajectory data. This research aims to establish a basis for evaluating driving styles associated with different car types.

As depicted in Figure 1, this paper follows a two-part technical approach. The first part involves extracting key features from the driving trajectory data and reducing the dimensionality of the feature parameters. The second part utilizes these feature parameters to conduct clustering analysis and develop a driving style classification model tailored to different car types.

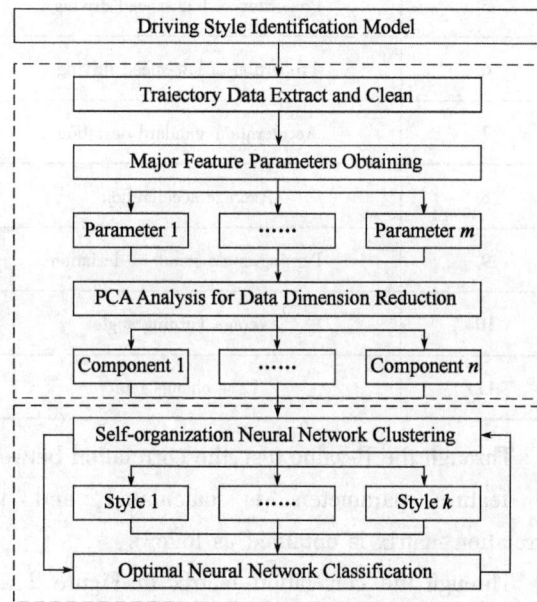

Figure 1 Technical Route

1 Parameter selection and principal component analysis

In this paper, 4000 driving tracks collected on

aspecific expressway are extracted and analysed. Among them, 2,000 tracks are large vehicles (large and medium-sized passenger/cargo trucks with a length of 4.8 meters to 12.8 meters, hereinafter referred to as "big car"), and 2,000 tracks are small vehicles (cars with a vehicle length of less than 4.8 meters, hereinafter referred to as "small car"). Eleven parameters are extracted as characteristic parameters to define driving style. Finally, principal component analysis is used to reorganize and downscale the feature parameters.

1.1　Parameter selection

Thefeature parameters are shown in the Table 1.

Parameter Selection　　　Table 1

Node	Parameter
1	Velocity standard deviation
2	Average velocity
3	Velocity maximum
4	Velocity minimum
5	Proportion of high-speed driving
6	Proportion of low-speed driving
7	Acceleration standard deviation
8	Average acceleration
9	Turning angle standard deviation
10	Average Turning angle
11	Lane change rate

Through the P-value test, the correlation between the feature parameters is calculated, and the correlation matrix is obtained as follows:

Through the correlation matrix in Figure 2 and Figure 3, it is found that there is some linear correlation between the feature parameters, indicating that there is a potential data structure that can be simplified between them, so principal component analysis (PCA) is introduced to reduce the data dimensionality

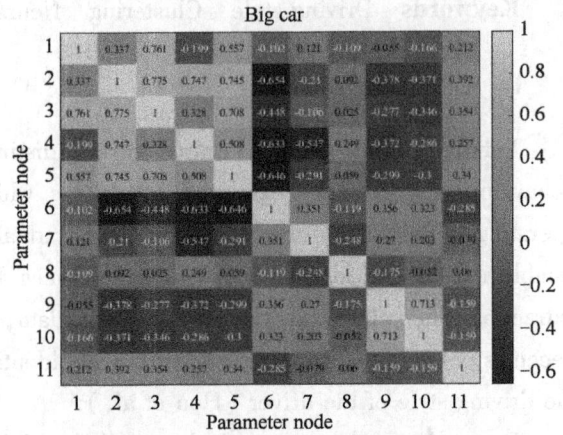

Figure 2　Big Car P-value Test Matrix

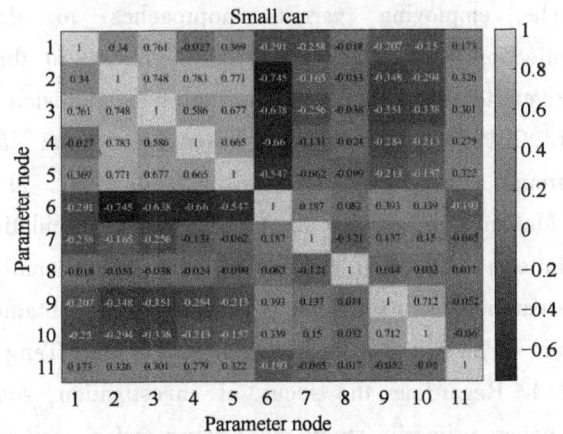

Figure 3　Small Car P-value Test Matrix

1.2　Principal component analysis

PCA is a common data analysis method, which can obtain new combination factors by linear changes of the original characteristic parameters.

First, the groups of feature parameters are standardized. The standardization is calculated as

$$\hat{X}_{kji} = \frac{X_{kji} - \overline{X}_{ki}}{Std(X_{ki})} \quad (1)$$

Where, $\hat{X}_{kij}$ denotes the normalized value of the feature parameter i for the vehicle j in the cars of type k; X_{kij} denotes the original value of $\hat{X}_{kij}$; $\overline{X}_{ki}$ represents the average value of the feature parameter i in the cars of type k; $Std(X_{ki})$ represents the standard deviation of the feature parameter i.

Assuming that, for the vehicle j in the cars of type k, the coefficient of the feature parameter i in the principal component q is P_{kqi}, then the score F_{kjq} of the principal component q can be expressed as

$$F_{kjq} = \sum_{i=1}^{m} P_{kqi}\hat{X}_{kji} \quad (2)$$

This results in a driving style score for vehicle j:

$$F_{kj} = \sum_{q=1}^{n} F_{kjq} \qquad (3)$$

In this paper, SPSS is used to analyse the data for principal component analysis. According to the results of KMO and Bartlett's test, the principal component analysis shows that the selected characteristic parameters can be effectively extracted and analysed(Table 2).

KMO and Bartlett Test result   Table 2

Type	KMO Test	Bartlett Test
Big	0.633 > 0.6	< 0.01
Small	0.710 > 0.6	< 0.01

With a cumulative total variance explained of 85%, five principal component resultsare obtained for big and small cars respectively as shown in Table 3.

Principal Component Coefficient P_{kqi}

Table 3

Type	Para. Node	Principal Component				
		1	2	3	4	5
Big car	1	0.438	0.176	-0.111	0.073	-0.088
	2	0.423	0.051	0.259	-0.161	-0.036
	3	-0.376	-0.034	0.126	-0.073	0.213
	4	0.368	0.245	-0.044	-0.103	0.026
	5	0.367	0.221	-0.333	0.283	-0.136
	6	-0.24	0.575	0.157	0.014	-0.163
	7	-0.257	0.546	0.211	-0.035	-0.133
	8	0.245	-0.099	0.605	-0.403	0.056
	9	-0.129	0.137	-0.447	-0.372	0.427
	10	-0.029	-0.043	0.259	0.863	0.202
	11	0.178	0.206	0.105	0.075	0.829
Small car	1	0.435	0.191	-0.115	0.067	-0.087
	2	0.42	0.056	0.27	-0.148	-0.035
	3	-0.373	-0.037	0.131	-0.067	0.209
	4	0.365	0.266	-0.046	-0.095	0.026
	5	0.364	0.24	-0.347	0.261	-0.134
	6	-0.238	0.625	0.163	0.013	-0.161
	7	-0.255	0.594	0.22	-0.032	-0.131
	8	0.243	-0.108	0.63	-0.371	0.055
	9	-0.128	0.149	-0.466	-0.342	0.42
	10	-0.029	-0.047	0.27	0.794	0.198
	11	0.177	0.224	0.109	0.069	0.816

2 Driving style cluster analysis

2.1 Driving style cluster

This paper uses self-organizing neural network (SOM) clustering to cluster the driving styles of big cars and small cars. Compared with traditional clustering algorithms, neural network-based clustering algorithms have stronger nonlinear modelling capabilities and adaptivity to handle complex data distributions and high-dimensional data. The structure of SOM is shown in Figure 4.

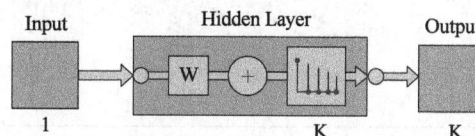

Figure 4   SOM Structure

The optimal number of clusters is determined based on the sum of squared intra-cluster errors (SSE). The SSE is calculated as follows:

$$SSE = \frac{\sum_{k=1}^{n} \sum_{x_i \in C_k} |x_i - u_k|^2}{n} \qquad (4)$$

where x_i denotes the value of sample point i; u_k denotes the centre of the cluster k; C_k denotes the set of the cluster k; n denotes the number of clusters. The SSE result is shown in Figure 5.

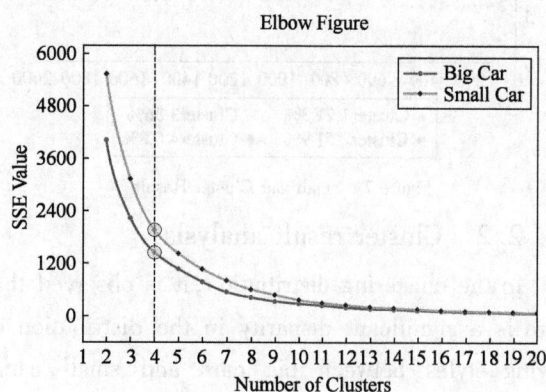

Figure 5   SSE Line

According to the rules of the elbow method, driving stylesare categorized into four categories based on the degree of aggressiveness of the driver as shown in Figure 6 and Figure 7:

Cluster 1:Ultra-conservative (UC).

Cluster 2:Conservative (C).

Cluster 3:Aggressive(A).

Cluster 4:Ultra- aggressive (UA).

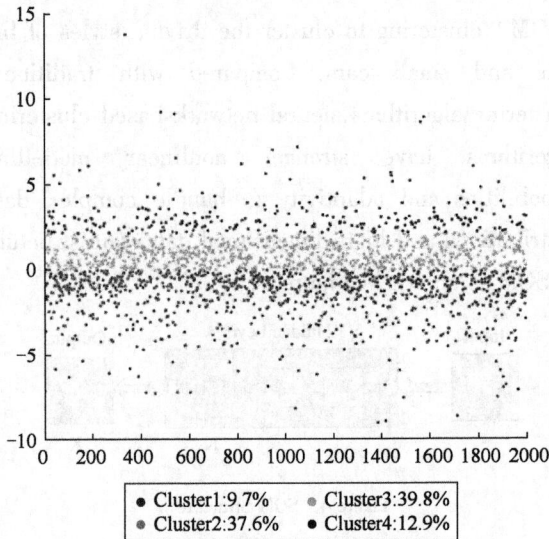

- Cluster1:9.7%　- Cluster3:39.8%
- Cluster2:37.6%　- Cluster4:12.9%

Figure 6　Big Car Cluster Result

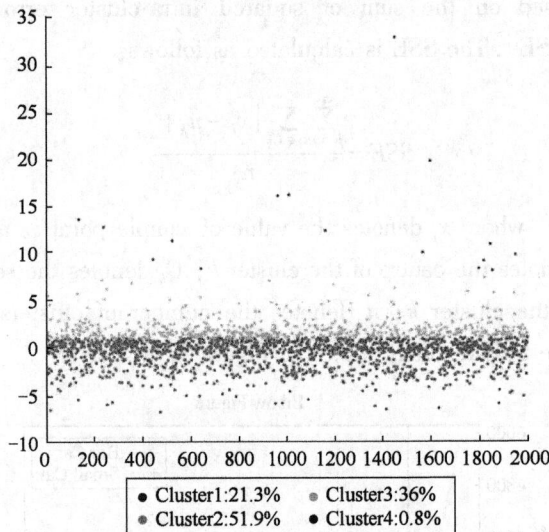

- Cluster1:21.3%　- Cluster3:36%
- Cluster2:51.9%　- Cluster4:0.8%

Figure 7　Small Car Cluster Result

2.2　Cluster result analysis

In the clustering distribution, it is observed that there is a significant disparity in the distribution of driving styles between big cars and small cars. Through longitudinal comparison, it is found that among big cars, categories C and A have relatively higher proportions, accounting for 37.9% and 39.8%, respectively. Conversely, the proportions of categories UC and UA are relatively low. For small cars, the majority of drivers belong to category C,

representing 51.9% of the total. Interestingly, the percentage of drivers in category UA is extremely low, occupying only 0.8% of the sample.

Through horizontal comparison, it is found that in the proportion of UA drivers, the number of big cars is more than that of small cars; in the proportion of UC drivers, the proportion of small cars is much higher than that of big cars. Therefore, it can be concluded that on highways, drivers of big cars are much more aggressive than drivers of small cars, and drivers of small cars tend to be more conservative in their driving strategies. The average values of each feature parameter for the four styles of drivers are presented in Table 4. The extreme values for each parameter are marked in bold.

Feature Parameter Comparison　Table 4

Type	Para. Node	Cluster			
		UC	C	A	UA
Big car	1	2.055	4.559	5.095	4.784
	2	12.043	19.109	20.862	21.836
	3	16.871	29.903	32.089	31.751
	4	8.621	11.549	13.324	15.575
	5	0.003	0.104	0.164	0.194
	6	0.739	0.611	0.495	0.389
	7	1.423	1.489	1.42	1.319
	8	−0.401	−0.311	−0.171	0.004
	9	31.413	23.904	25.814	36.829
	10	4.709	3.131	3.796	7.027
	11	0.04	0.213	0.351	0.546
Small car	1	4.537	4.48	4.734	4.494
	2	19.172	19.397	19.82	21.103
	3	29.469	29.493	30.43	31.47
	4	12.169	12.462	12.757	14.24
	5	0.123	0.126	0.142	0.151
	6	0.561	0.556	0.528	0.46
	7	1.433	1.452	1.398	1.407
	8	−0.238	−0.219	−0.217	−0.332
	9	27.97	27.804	25.079	18.916
	10	4.088	4.244	3.693	2.23
	11	0.271	0.299	0.303	0.343

In the same car types, there is a significant distinction in the driving characterization of different styles of drivers. Observations from parameter 2 indicate that drivers with a UA style have a higher average velocity compared to those with a UC style. This suggests that more aggressive driving styles are associated with higher driving speeds. Regarding the turning angle standard deviation, feature parameter 9 reveals that among small car drivers, those with a UC style exhibit a significantly greater frequency of direction angle changes compared to drivers with a UA style. This implies that conservative driving styles among small car drivers involve more uncertainty in controlling vehicle direction. Conversely, for big car drivers, aggressive driving styles show a higher frequency of steering angle changes. Furthermore, for lane change frequency, more aggressive driving styles are correlated with higher frequencies of lane changes.

When comparing different car types within the same driving styles, noticeable differences can be observed. In terms of average maximum velocity, parameter 3 suggests that drivers of small cars have significantly higher speeds than drivers of big cars. Additionally, parameters 5 and 6 indicate that drivers of big cars tend to have a much greater inclination towards driving at lower speeds compared to those of small cars. Furthermore, parameter 10 reveals that drivers of large cars experience relatively larger changes in the angle of direction compared to drivers of small cars.

In summary, with the increase in the level of driving aggressiveness, each feature parameter exhibits a more pronounced divergence. Within the same driving style, small cars generally display a higher degree of aggressiveness compared to big cars. Longitudinal and horizontal comparisons reveal both similarities and significant differences in the driving styles of big and small cars, further demonstrating that the same criteria cannot be used to assess the driving styles of big and small car drivers.

2.3 Cross-validation

In order to further illustrate the rationality of distinguishing vehicle types in assessing driving styles, this paper utilizes the above method to cluster

4000 trajectory data into driving styles without distinguishing vehicle types and compares them with driving styles of distinguishing vehicle types, with the following results.

As indicated in Table 5, "Yes" denotes differentiation between car types, while "No" implies the lack of such differentiation. Within the big car group, the proportions of UC, C, and UA categories all experience a decrease, whereas the proportion of category A significantly increases. Conversely, within the small car group, the proportions of UA and A categories decrease, while the proportions of C and UA types increase substantially. Figure 8 and Figure 9 illustrate that both big and small vehicles exhibit a notable shift towards specific styles.

Feature Parameter Comparison Table 5

Style	Big Car		Small Car	
	Yes	No	Yes	No
UC	194(9.7%)	119(5.9%)	426(21.3%)	411(20.6%)
C	752(37.6%)	692(34.6%)	1038(51.9%)	1103(55.2%)
A	796(39.8%)	1015(50.8%)	520(26%)	395(19.8%)
UA	258(12.9%)	174(8.7%)	16(0.8%)	91(4.4%)

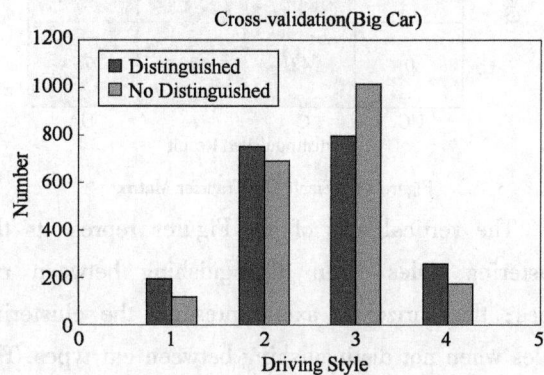

Figure 8　Big Car Transfer Situation

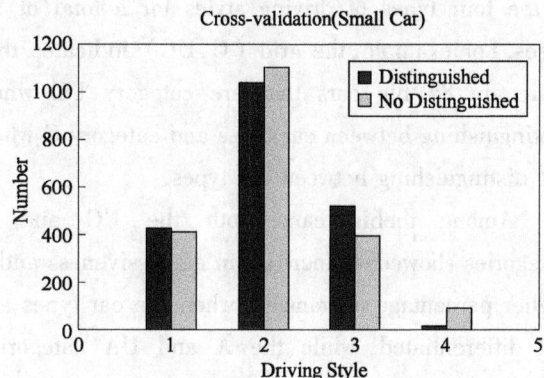

Figure 9　Small Car Transfer Situation

Further considering the transfer of driving styles when distinguishing between car types and when not distinguishing between types, the following transfer matrix is obtained in Figure 10 and Figure 11.

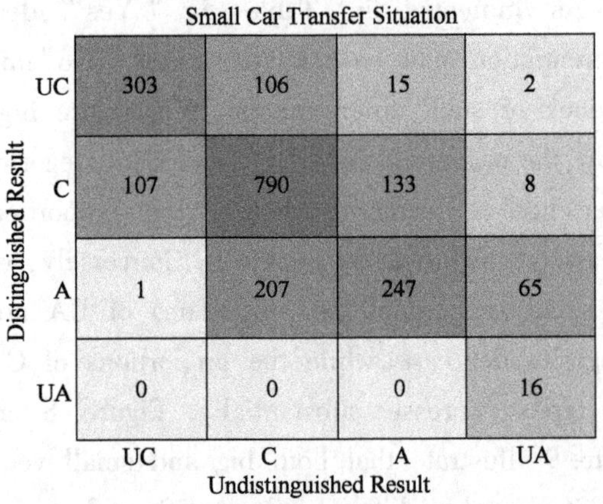

Figure 10　Big Car Transfer Matrix

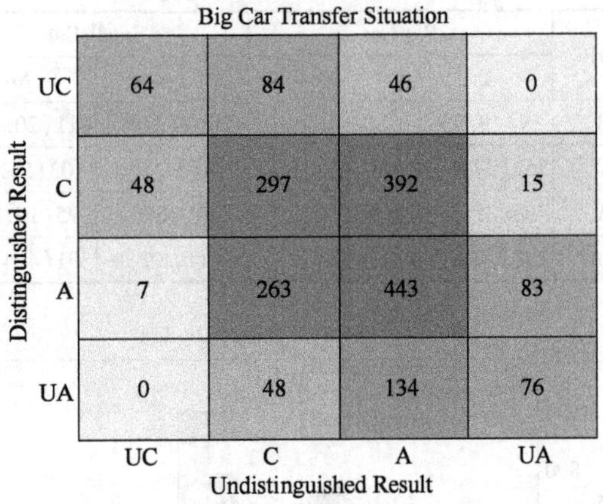

Figure 11　Small Car Transfer Matrix

The vertical axis of the Figures represents the clustering styles when distinguishing between car types; the horizontal axis represents the clustering styles when not distinguishing between car types. The transfer matrix is able to represent the transformation of the four types of driving styles for a total of 16 cases. For example, the grid (C, UC) indicates that there are 84 big cars that are category UC when distinguishing between car types and category C when not distinguishing between car types.

Among the big cars, both the UC and C categories showed an increase in aggressiveness and a higher percentage of transfers when the car types are not differentiated, while the A and UA categories showed a trend towards a decrease in aggressiveness and a higher percentage of transfers. In mutual transformation, the categories mainly shifted to category A, while there is no mutual transformation between categories UC and UA.

In small cars, compared to distinguishing between car types, when not distinguishing between car types, both UC and C categories show a small increase in the degree of aggressiveness, but the transfer proportions are both lower; the degree of aggressiveness of category A decreased and the transfer proportions are higher. In contrast, the degree of aggressiveness of category UC is unchanged and the transfer proportion is very low. In the mutual transformation, the categories mainly shift to category C, while the proportion of conversion between categories UC and UA is extremely low.

The results indicate that when driving styles are assessed by uniform criterion, the degree of influence is much higher for big cars than for small cars. There are several reasons:

(1) The group size of small cars is larger than the big cars in actual traffic flow. Generally, drivers of big cars tend to have higher driving skills compared to those of small cars. When using a unified standard for assessment, the UC and C categories of original big cars appear to be more aggressive compared to their counterparts in small cars. This leads to an increase in the degree of aggressiveness observed in the UC and C categories for big cars.

(2) The UA category of the small cars raises the standard of aggressiveness, whereas the big cars are subject to the constraints of the vehicle performance and the laws and regulations, the big car drivers who are originally relatively aggressive in the big car group become more conservative under the union standards.

This shows that there is under-classification in assessing driving styles under uniform criteria. It proves once again that differences in car types and potential driver groups should be taken into account when assessing driving styles so that the clustering of driving styles obtained can be more effective and realistic.

3 Classification verification

In this paper, we further validate the reasonableness of the obtained clustering labels by means of a classification algorithm. Assuming that the driving style labels are reasonable, for any given set of feature parameters, the driving style predicted by the classification model should match the clustering labels; if the driving style labels lack reasonableness, the labels predicted by the classification model will not match the clustering labels.

Therefore, a driving style classification model is trained based on optimizable neural networks. First, 1500 trajectory data from each of the large and small cars are randomly extracted as the training set, and the clustering labels obtained in the previous section are used as the response variables; the remaining 500 trajectory data and clustering labels from each them are used as the test set to evaluate the merits of the results obtained by the driving style classification model.

As indicated in Table 6, the driving style classification model for big cars achieves a training set accuracy of 99.4% and a test set accuracy of 99.8%. Similarly, the driving style classification model for small cars achieves a training set accuracy of 99.5% and a test set accuracy of 100%. However, when using the classification model for small cars to classify the test set of big cars, the accuracy drops to only 50.5%. Conversely, when employing the classification model for big cars on the test set of small cars, the classification accuracy decreases to a mere 36.4%.

Classification Accuracy   Table 6

Type	Train	Test	Exchange
Big	99.4%	99.8%	36.4%
Small	99.5%	100%	50.5%

Apart from evaluating the accuracy of the model exchange test results, an additional intriguing observation can be drawn from Figure 12 and Figure 13. It becomes evident that when it comes to driving style classification, the model for big cars tends to assign small cars to more aggressive styles, whereas the model for small cars categorizes big cars as more conservative. This finding further strengthens the previous conclusion that, within the same driving style, small cars display higher levels of aggressiveness compared to big cars. Additionally, it highlights that the proportion of conservative driving styles is significantly greater among small cars than among large cars across all groups.

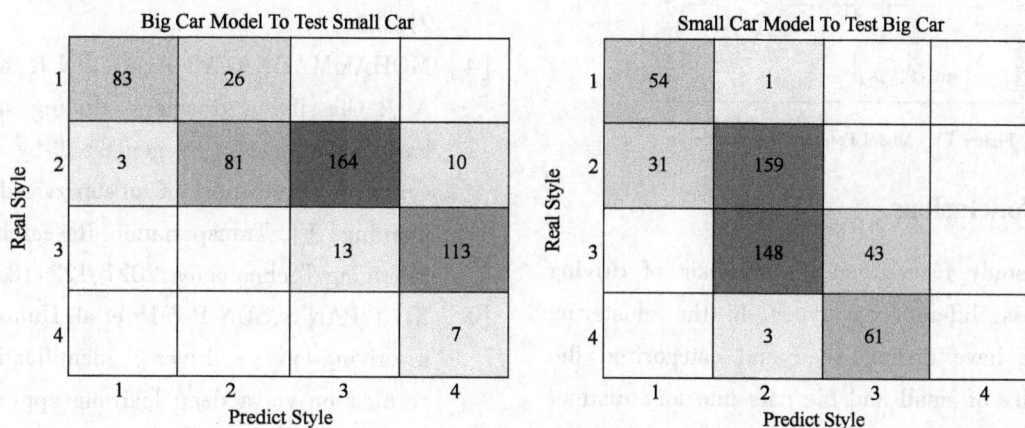

Figure 12   Cross-testing Result

4 Suggestions

By recognizing the styles of drivers of different car models, some suggestions for improving safety are given as follows:

(1) In the group of big car drivers, it's beneficial to encourage a shift from aggressive to more moderate driving behaviors. For example, monitoring the driving behavior of large vehicle drivers through on-board instruments. For aggressive drivers,

reminding them to reduce their speed and the frequency and angle of drastic changes in direction can help improve traffic safety.

（2）For the group of small car drivers, overly conservative drivers should be promoted to increase their speed to avoid becoming an obstacle in the traffic flow.

（3）As shown in Figure 13, during the brief interaction period between two cars, the sensing equipment can capture essential parameters. Utilizing the driver style recognition model introduced in this paper, it's possible to ascertain the potential driving style of the other vehicle's driver. This information can then serve as a foundation for proposing tailored strategies to the driver, enhancing the decision-making process for safer driving practices.

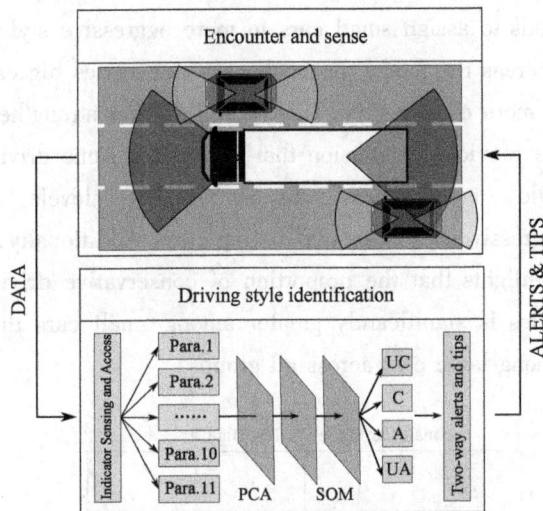

Figure 13　Model Potential Application

5　Conclusions

This study focuses on the analysis of driving styles across different car types. In the clustering section, we have distinguished and categorized the driving styles of small and big cars into four distinct groups based on driver aggressiveness levels. Results indicate that although small cars tend to exhibit higher aggression levels compared to big cars within the same styles, the distribution of these groups reveals that the majority of small cars lean towards a more conservative style, while big cars tend to embrace a more aggressive style.

Furthermore, we stress the significance of avoiding a uniform criterion for clustering driving styles between big and small cars. Applying such an approach would result in inadequate classification of driving styles among different car models. Consequently, the classification model developed in this study effectively identifies the unique driving styles displayed by drivers of various car models. This finding holds great relevance in facilitating subsequent assessments of diverse risks associated with driving.

References

[1] HOU H, JIN L, GUAN Z, et al. Effects of driving style on driver behavior[J]. China Journal of Highway and Transport, 2018, 31(4):18-27.

[2] HARTWICH F, BEGGIATO M, KREMS J F. Driving comfort, enjoyment and acceptance of automated driving - effects of drivers' age and driving style familiarity[J]. Ergonomics, 2018, 61(8):1017-1032.

[3] GALLUS J, KIRCHNER U, VOGT R, et al. Impact of driving style and road grade on gaseous exhaust emissions of passenger vehicles measured by a portable emission measurement system (PEMS)[J]. Transportation Research Part D: Transport and Environment, 2017, 52: 215-226.

[4] MOHAMMADNAZAR A, ARVIN R, KHATTAK A J. Classifying travelers' driving style using basic safety messages generated by connected vehicles: application of unsupervised machine learning[J]. Transportation Research Part C: Emerging Technologies, 2021, 122:102917.

[5] XU J, PAN S, SUN P Z H, et al. Human-factors-in-driving-loop: driver identification and verification via a deep learning approach using psychological behavioral data [J]. IEEE Transactions on Intelligent Transportation Systems, 2023, 24(3):3383-3394.

[6] CHEN S, FANG C, TIEN C. Driving behaviour modelling system based on graph construction [J]. Transportation Research Part C: Emerging Technologies, 2013, 26:314-330.

[7] TANG K, YANG B, XU K, et al. Prediction of driver's risky behaviors based on vehicle trajectory data at signalized intersections [J]. Journal of Tongji University (Natural Science), 2017,45(10):1454-1461.

[8] HUANG J, JI Z, PENG X, et al. Driving style adaptive lane-changing trajectory planning and control [J]. China Journal of Highway and Transport, 2019,32(6):226-239,247.

[9] QIN W, YAN Q, GU J, et al. Driving style recognition and quantification for heavy-duty truck drivers [J]. Journal of Transportation Systems Engineering and Information Technology,2022,22(4):137-148.

[10] FAN J, LI Y, LIU Y, et al. Analysis of taxi driving behavior and driving risk based on trajectory data[C], New York:IEEE,2019.

[11] MA Y F, LI W L, Tang K, et al. Driving style recognition and comparisons among driving tasks based on driver behavior in the online car-hailing industry[J]. Accident Analysis & Prevention,2021,154:106096.

[12] HABIBIFAR N, SALMANZADEH H. Relationship between driving styles and biological behavior of drivers in negative emotional state [J]. Transportation Research Part F:Traffic Psychology and Behaviour,2022,85:245-258.

[13] LIU T, FU R, MA Y, et al. Car-following warning rules considering driving styles[J]. China Journal of Highway and Transport, 2020,33(2):170-180.

[14] LI G F, CHEN Y Y, CAO D P, et al. Extraction of descriptive driving patterns from driving data using unsupervised algorithms [J]. Mechanical Systems and Signal Processing, 2021,156:107589.

[15] LYU N, WANG Y G, WU C Z, et al. Using naturalistic driving data to identify driving style based on longitudinal driving operation conditions [J]. Journal of Intelligent and Connected Vehicles,2022,5(1):17-35.

[16] DE ZEPEDA M V N, MENG F, SU J, et al. Dynamic clustering analysis for driving styles identification[J]. Engineering Applications of Artificial Intelligence,2021,97:104096.

基于 CarSim 仿真的长大下坡路段安全策略研究

潘 硕 严 海 眭欣禹* 孙智源
(北京工业大学交通工程北京市重点实验室)

摘 要 为了研究长大下坡路段交通安全管理控制策略,本研究在对事故成因分析的基础上,设置多种长大下坡路段场景,提出车辆制动行为管理控制方案;并使用 CarSim 仿真软件,监测轮胎垂向力,以此判断车辆的爆胎风险,进而确定不同场景下适宜的安全管理控制策略。结果表明,车辆在长大下坡路段急刹车会导致前轮轮胎垂向力瞬间大幅增加,易发生爆胎事故,最有效的应对策略为限制车辆减速度,相应的管理控制方案为限定车辆间距至少为100m,并提醒驾驶员缓慢减速。

关键词 交通安全 管理控制策略 事故成因 轮胎垂向力 车辆间距控制

0 引言

我国山区公路里程漫长,长大下坡路段众多。据统计,在长大下坡路段,交通事故多发且情节较为严重[1]。因此,通过有效的交通管理措施保障长大下坡路段行车安全尤为重要。

针对这一问题,国内外学者进行了广泛的研究。覃勤等[2]分析了长大下坡路段交通事故中人为、车辆、环境和管理这四个风险因素的耦合情况。张航等[3]通过分析不同速度和坡度情况下货车下坡时制动效果,讨论了坡长与车辆安全间的关系。张书豪等[4]对比了长大下坡路段不同制动鼓温升模型和货车实测制动鼓温升的变化规律。Gang等[5]研究了长大下坡道路坡度、车重、制动速度阈值和制动压力对车辆制动效果的影响。

使用车辆仿真软件进行车辆安全行驶管理策略研究是业内常用方法。车辆仿真软件包括CarSim、ADAMS、Cruise 等,其中 CarSim 是专门针对车辆动力学的仿真软件。CarSim 模型可以模仿车辆对驾驶员和道路输入的响应,主要用来预测和模仿汽车整车的操纵稳定性、制动性、平顺性、动力性等。

国内外学者利用 CarSim 软件开展了许多工作。黄晓明等[6]采用 CarSim 软件建立匝道上的车辆模型,以研究匝道路面的摩擦系数和车速与坡度间的关系。张静等[7]在 CarSim 软件中搭建汽车的动力系统模型,从而检验了汽车底盘侧向稳定系统控制方法。Phadke 等[8]基于 CarSim 软件提出来一种车辆在轮胎-路面摩擦系数与车轮滑移率关系不确定的情况下,防抱死制动系统的控制策略。

本文旨在研究不同长大下坡路段场景中,车辆可能引发交通事故的条件,并研究相应的交通管理方案以避免发生此类事故。考虑到实地开展实验具有较高的安全风险和经济成本,且 CarSim 仿真软件可满足仿真实验需求,因此本文基于 CarSim 仿真软件进行分析与验证。

1 事故影响因素分析

长大下坡路段易发生交通事故。由于轮胎爆胎引起的交通事故多发且危害巨大[9,10],本研究重点关注长大下坡路段预防爆胎的方案。引发车辆爆胎的重要因素之一是轮胎垂向力。我们通过监测轮胎垂向力的变化情况可以衡量爆胎事故发生可能性,当轮胎垂向力较大、变化较明显时,车辆易发生爆胎事故。

对车辆事故影响因素进行分析,道路线形是影响车辆行驶安全的重要因素,对于直线下坡路段和曲线下坡路段,车辆轮胎垂向力与其他指标均有明显不同;并且,在不同天气条件下(如晴天、雨天、雪天),路面附着系数不同,轮胎垂向力也可能不同;同样重要的是,车辆采用不同的制动策略会直接影响轮胎垂向力。

综合以上分析,本文通过讨论不同道路场景和制动策略下车辆轮胎垂向力的变化情况,预估车辆安全风险,并提出相应交通安全管理方案。

2 CarSim 仿真模型

在 CarSim 仿真软件中设置车辆与道路参数:设置车辆类型为 E-Class,Sedan,车辆参数设置界面如图 1 所示,主要参数如表 1 所示;并选取典型长大下坡路段,基本参数如表 2 所示。

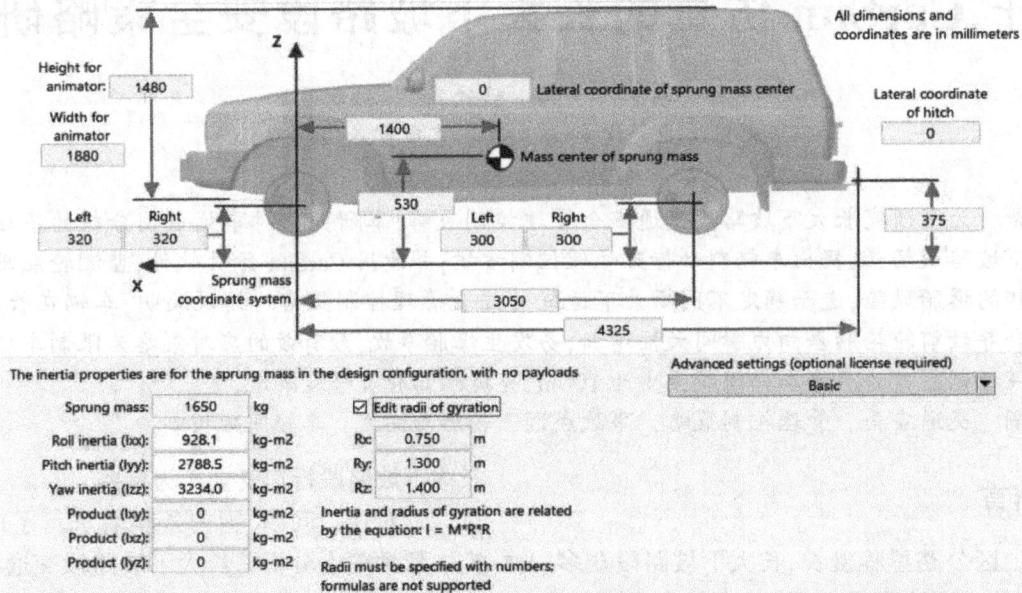

图 1 车辆参数设置

车辆主要参数	表1
参数	数值
质量（kg）	1650
质心高度（mm）	530
轴距（mm）	3050
转动惯量（kg·m²）	928.1
俯仰惯量（kg·m²）	2788.5
横摆惯量（kg·m²）	3234.0

道路基本参数	表2
参数	数值
路段长度（km）	4
坡度（%）	5
仿真步长（s）	0.0005

道路场景的选取包括直线段与圆曲线两种线形以及晴天、雨天、雪天三种天气条件下不同的路面附着系数。晴天时设路面附着系数为0.8，雨天时设路面附着系数为0.5，雪天时设路面附着系数为0.3。参数取值如表3所示。

道路场景 表3

参数	场景1	场景2	场景3	场景4	场景5	场景6
道路线形	直线	直线	直线	R=800/m	R=800/m	R=800/m
路面附着系数	0.8	0.5	0.3	0.8	0.5	0.3
道路展示图						

制动策略是在不同的初始速度，选择不同的减速度、减速时间、间隔时间、加速度、加速时间在本车道内进行车辆行驶调整。参数取值如表4所示。

制动策略 表4

参数	制动策略1	制动策略2	制动策略3	制动策略4	制动策略5	制动策略6	制动策略7
初始速度（km/h）	100	100	100	100	80	60	60
减速度（m/s²）	0	−9	−9	−9	−9	−9	−3
减速时长（s）	0	1	1	2	1	1	3
间隔时间（s）	0	3	3	3	3	3	3
加速度（m/s²）	0	1.5	1.5	1.5	1.5	1.5	1.5
加速时长（s）	0	6	6	12	6	6	6

结合不同的道路场景与制动策略，进行多组仿真实验。各组仿真实验设置如表5所示。

仿真实验 表5

实验	场景	制动策略	实验	场景	制动策略
1	1	1	7	1	7
2	1	2	8	2	7
3	1	3	9	3	7
4	1	4	10	4	2
5	1	5	11	5	7
6	1	6	12	6	7

3 仿真实验结果分析

车辆在制动与加速过程中，在不同道路情况与管理控制方案下，车辆爆胎可能性评估实验对比分析结果如下：

①实验1、2，比较直线路段车辆在制动与加速过程中轮胎垂向力的变化。本组对比实验相同条件为：道路线形为直线，路面附着系数为0.8，车辆初始速度为100km/h；对比条件为：实验1中车辆匀速行驶，实验2中车辆以9m/s²的减速度减速1s，间隔3s后以1.5m/s²的加速度加速6s。实验结果如图2所示。

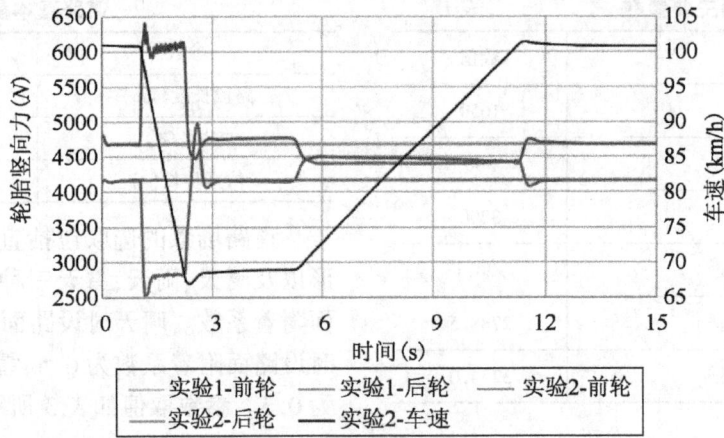

图 2　实验 1 与实验 2 对比图

　　由实验 1、2 对比分析可知，车辆匀速行驶通过下坡路段过程中，轮胎垂向力基本保持不变。车辆减速时，前轮轮胎垂向力瞬间增加，最大增加 1718N，增加至 6398N，增加幅度 36.7%，有较大爆胎风险；车辆由减速变为匀速时，前轮轮胎垂向力瞬间减小，后轮轮胎垂向力瞬间增大，前后轮轮胎垂向力恢复至接近减速前大小；车辆由匀速变为加速与加速恢复匀速时，轮胎垂向力有小幅变化，加速过程中轮胎垂向力基本保持不变。

　　②实验 2、3，比较车辆制动后立即加速与匀速行驶一段时间后加速的情况下，车辆轮胎垂向力变化。本组对比实验相同条件为：道路线形为直线，路面附着系数为 0.8，车辆初始速度为 100/km·h，减速度为 9m/s²，减速时长为 1s，加速度为 1.5m/s²，加速时长为 6s；对比条件为：实验 2 中车辆减速后间隔 3s 再加速，实验 3 中车辆减速后立即加速。实验结果如图 3 所示。

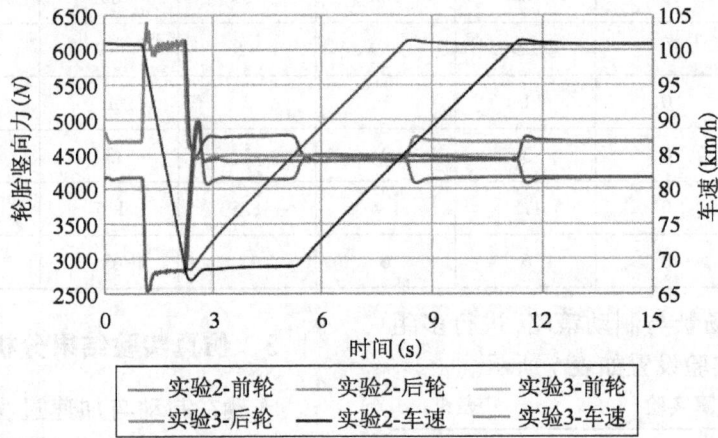

图 3　实验 2 与实验 3 对比图

　　由实验 2、3 对比分析可知，车辆是否立即加速对轮胎垂向力变化没有明显影响。

　　③实验 2、4，比较车辆不同减速时长与加速时长情况下，车辆轮胎垂向力变化。本组对比实验相同条件为：道路线形为直线，路面附着系数为

0.8，初始速度为 100km/h，减速度为 9m/s²，间隔时间为 3s，加速度为 1.5m/s²；对比条件为：实验 2 中减速时长为 1s，加速时长为 6s；实验 3 中减速时长为 2s，加速时长为 12s。实验结果如图 4 所示。

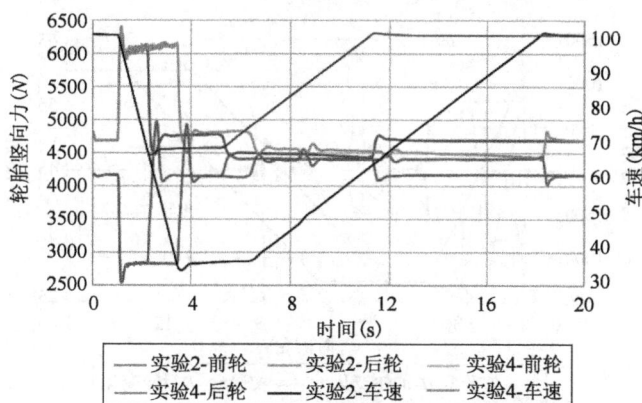

图 4　实验 2 与实验 4 对比图

由实验 2、4 对比分析可知,不同减速时长情况下,轮胎垂向力变化幅度基本相同。

④实验 2、5、6,比较车辆不同初始速度情况下,车辆轮胎垂向力变化。本组对比实验相同条件为:道路线形为直线,路面附着系数为 0.8,减速

度为 9m/s²,减速时长为 1s,间隔时间为 3s,加速度为 1.5m/s²,加速时长为 6s;对比条件为:实验 2 中初始速度为 100km/h,实验 5 中初始速度为 80km/h,实验 6 中初始速度为 60km/h。实验结果如图 5 所示。

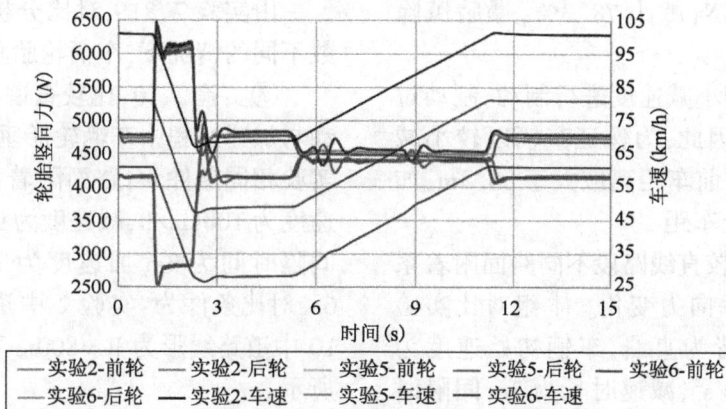

图 5　实验 2、实验 5、实验 6 对比图

由实验 2、5、6 对比分析可知,不同车辆初始速度情况下,轮胎垂向力变化幅度基本相同。

⑤实验 6、7,比较车辆不同减速度与加速度大小情况下,车辆轮胎垂向力变化。本组对比实验相同条件为:道路线形为直线,路面附着系数为

0.8,车辆初始速度为 60km/h,间隔时间为 3s,加速度为 1.5m/s²,加速时长为 6s;对比条件为:实验 6 中减速度为 9m/s²,减速时长为 1s,实验 7 中减速度为 3m/s²,减速时长为 3s。实验结果如图 6、图 7 所示。

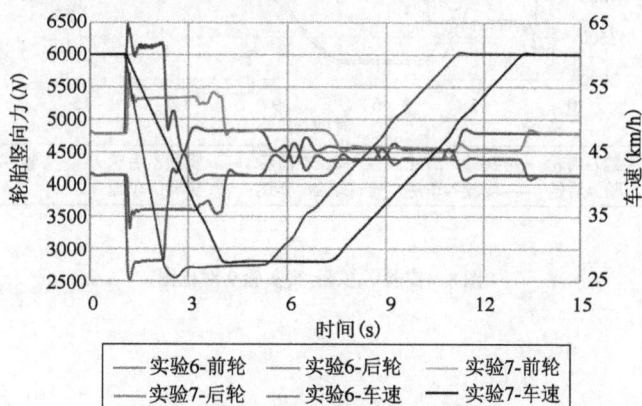

图 6　实验 6 与实验 7 对比图

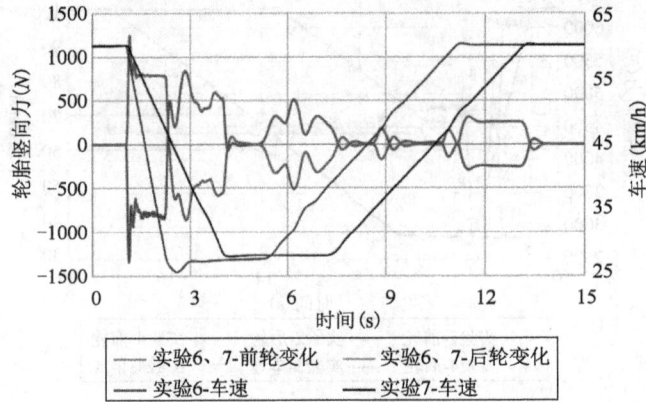

图 7   实验 6 与实验 7 车辆后轮轮胎垂向力对比图

由实验 6、7 对比分析可知，车辆以较小减速度减速时，轮胎垂向力变化较小，相比于 9m/s² 减速度，以 3m/s² 减速度减速，车辆前轮轮胎垂向力瞬间增加值减小 1346N，减小 78.3%，爆胎风险降低。

计算得，车辆以较小减速度进行制动，制动过程距离约为 86.5m。因此，为保证车辆以较小减速度及时制动，车辆与前车距离应大于 86.5m，如规定保持 100m 及以上车距。

⑥实验 7、8、9，比较直线路段不同路面附着系数情况下，车辆轮胎垂向力变化。本组对比实验相同条件为：道路线形为直线，车辆初始速度为 60km/h，减速度为 3m/s²，减速时长为 3s，间隔时间为 3s，加速度为 1.5m/s²，加速时长为 6s；对比

条件为：实验 7 中路面附着系数为 0.8，实验 8 中路面附着系数为 0.5，实验 9 中路面附着系数为 0.3。实验结果如图 8 所示。

由实验 7、8、9 对比分析可知，在路面附着系数不同的情况下，车辆轮胎垂向力变化基本相当。

⑦实验 2、10，比较直道与弯道情况下，车辆制动与加速过程中车辆轮胎垂向力变化。本组对比实验相同条件为：路面附着系数为 0.8，车辆初始速度为 100km/h，减速度为 9m/s²，减速时长为 1s，间隔时间为 3s，加速度为 1.5m/s²，加速时长为 6s；对比条件为：实验 2 中道路线形为直线，实验 10 中道路线形为 R=800m 弯道。实验结果如图 9 所示。

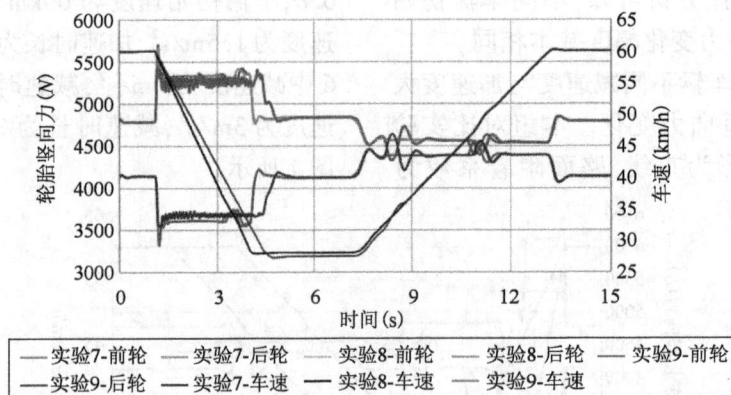

图 8   实验 7、实验 8、实验 9 对比图

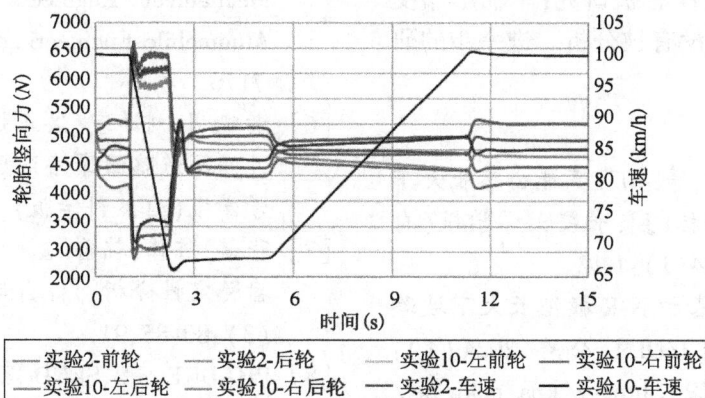

图9 实验2与实验10对比图

由实验2、10对比分析可知,车辆转弯过程中,包括减速瞬间,外侧车轮轮胎垂向力稍大于内侧车轮。

⑧实验11、12,比较弯道路段路面附着系数不同的情况下,车辆轮胎垂向力变化。本组对比实验相同条件为:道路线形为 R = 800m 的弯道,车辆初始速度为60km/h,减速度为3m/s²,减速时长为3s,间隔时间为3s,加速度为 1.5m/s²,加速时长为6s;对比条件为:实验11中路面附着系数为0.5,实验12中路面附着系数为0.3。实验结果如图10所示。

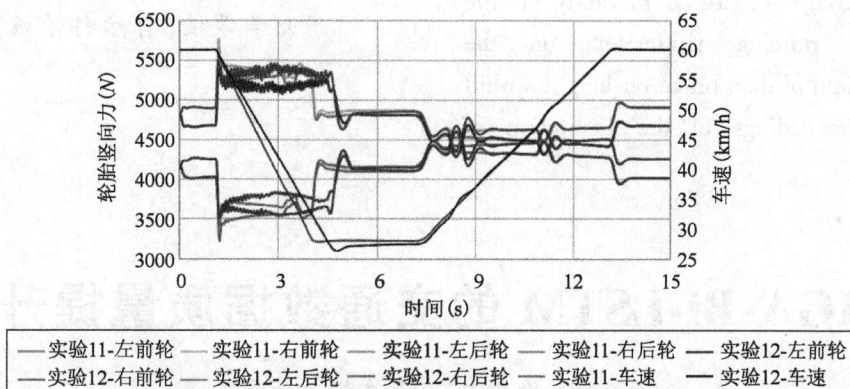

图10 实验11与实验12对比图

由实验11、12对比分析可知,在雪天路面附着系数较低的情况下,减速过程中的车辆的轮胎垂向力频繁波动,易产生轮胎疲劳。

综上所述,本文研究发现,车辆在长大下坡路段减速与加速时的减速度和加速度大小会对轮胎受力产生显著影响,较大的减速度使车辆前轮受力瞬间增大,易引发爆胎事故。

4 结语

本文研究了长大下坡路段不同道路条件下的车辆行驶过程中存在的安全风险与相应的安全行驶管理策略,即不同道路线形和天气条件下的制动策略,利用 CarSim 软件进行仿真,通过监测轮胎垂向力预测车辆爆胎风险,得出的结论如下:车辆在长大下坡路段加速或减速瞬间轮胎垂向力发生显著变化,其中车辆减速瞬间前轮轮胎垂向力显著增大;影响减速瞬间车辆轮胎垂向力变化的主要因素是减速度大小,减速度绝对值越小则轮胎垂向力增加值越小。

基于以上分析验证,对于长大下坡路段,为减少因爆胎而产生的交通事故,得出交通管理措施如下:限制长大下坡路段车辆间距离至少为100m,提示车辆在减速时以较小减速度减速,建议不超过 −3/(m/s²)。

但是本研究也存在着不足之处,如包括不同的坡度场景对车辆安全行驶的影响没有被讨论;

大型车的安全行驶策略没有被研究；车辆爆胎受温度与压力的耦合影响没有被分析。进一步的研究将关注这些问题。

参考文献

[1] 张驰,王韩,富志鹏,等.山区高速公路长大下坡路段缓坡设计指标[J].长安大学学报(自然科学版),2024,44(1):1-12.

[2] 覃勤,李靖,卢锋.基于 N-K 模型长大下坡路段安全风险研究[J/OL].公路,2024(1):276-281[2024-01-29]. http://kns.cnki.net/kcms/detail/11.1668.U.20240111.1155.082.html.

[3] 张航,贺洪伟.基于可靠度理论的高速公路长大下坡坡长研究[J].公路交通科技,2023,40(10):43-50.

[4] 张书豪,张曦,梅本强,等.基于实车试验的长大下坡安全提升措施研究[J].山西建筑,2023,49(20):115-118.

[5] GANG W, CHEN T, LIU Z P. Study on the influence of running parameters on the temperature field of disc brake on long downhill road [J]. Proceedings of the Institution of Mechanical Engineers, Part D: Journal of Automobile Engineering,2023,0954407023117 7176.

[6] 黄晓明,刘泽宇,洪正强.基于 CarSim 仿真软件的匝道路面摩擦系数研究[J].重庆交通大学学报(自然科学版),2023,42(9):27-35.

[7] 张静,陈伟,韩雪.基于 CarSim 仿真的汽车底盘稳定性分析[J].自动化与仪器仪表,2023,(3):80-85,91.

[8] PHADKE,S B,SENDGE P D,WANASKAR V S. Control of antilock braking systems using disturbance observer with a novel nonlinear sliding surface [J]. IEEE Transactions on Industrial Electronics,2020,67(8):6815-6823.

[9] 韩泽璇,路永婕,张俊宁,等.驾驶员在环的爆胎车辆主动安全控制研究[J].石家庄铁道大学学报(自然科学版),2023,36(2):89-95.

[10] 夏志昊,龚俊杰,韦源源,等.基于热力耦合的爆胎应急装置的热应力与热变形[J].扬州大学学报(自然科学版),2023,26(5):72-78.

基于 IGA-Bi-LSTM 的交通数据质量提升模型

李 岩　徐良杰*　秦文蝶　李明杰
（武汉理工大学交通与物流工程学院）

摘 要 随着智能交通时代的到来,对交通数据的运用愈加频繁,也对高质量的交通数据提出了更为严苛的需求。本研究针对数据缺失具有双向时序性的特点,提出 IGA-Bi-LSTM 神经网络模型,然后将改进的自适应遗传算法引入,使用 Pearson 相关系数选取高相关数据作为输入,从全局最优的角度更新迭代神经网络最优参数,建立交通数据质量填补模型,提升交通数据质量,并将模型结果与 HA、RF、ARIMA 方法进行比较,结果显示,IGA-Bi-LSTM 数据插补模型相比其他模型更具可靠性。
关键词 交通数据质量提升　改进自适应遗传算法　Bi-LSTM 模型

0 引言

数据质量提升在交通领域具有重要意义。首先,高质量的交通数据是建立准确可信交通模型的基础,确保模型在解析交通系统运行机制、预测流动态和优化管理策略时具备真实性。其次,数据质量的提升有助于更精确地刻画交通流的特征,包括流速、密度、流量等,为深入研究交通流理论提供可靠的数据支持。最后,应用优质数据不仅有助于科学合理地制定拥堵缓解策略,提高交通系统的鲁棒性,还为规划智能交通系统提供了准确分析交通需求和预测未来趋势的基础。

数据填充的相关研究分为三类，第一类为机器学习方法：邵毅明等[1]针对低缺失比例的交通流数据修复，采用遗传算法对随机森林模型进行优化调参，用优化后的 GA-RF 模型修复交通流缺失数据；但该研究使用传统遗传算法而易出现局部收敛问题。Zhao Zhang 等[2]使用随机森林模型进行回归分析，运用传感器探测速度，进行回归速度估计；上述结果表明随机森林方法具有较好的准确性和鲁棒性。Xia 等[3]提出了一种基于改进的随机森林模型的异常检测算法，然后对传统特征进行分类，并分别提取时空特征，最后提出了一种基于 xgboost 的数据估计算法来修复异常数据。虽然上述传统机器学习方法取得了一些成果，但在处理非线性问题上相对较差，且其可解释性也较弱。第二类为数学或者交通流理论方法：吴智力[4]结合时空相关性理论和算法，利用具有空间或时间相关性的数据作为样本，对道路平均速度数据缺失的时段进行插值补全。陆文琦等[5]充分利用交通流时空特性，提出一种基于自适应秩 Tucker 分解的插补方法，用于多车道交通流数据修复。但由于交通流数据具有复杂的非线性关系，某一时间点或时间段的理论存在适用性差的问题。第三类为神经网络算法，其长处是学习能力、并行分布处理能力强，并具有联想记忆功能，且噪声神经有较强的鲁棒性，非线性关系能够进行表示。应用其进行交通流数据修复的有：邵鑫等[6]根据交通流内在的变化规律建立粒子群多层前馈神经网络回归预测模型，对异常数据进行识别、更正及填补；Han Zhao 等[7]使用图卷积网络提取空间特征，使用双向长短期记忆网络来捕获时间依赖性，合成基于注意力的图 Bi-LSTM 网络来执行流量预测任务。上述研究取得了一些成果，但神经网络模型需要大量的参数，如网络拓扑、权重和初始阈值，在神经网络参数选择的效率和误差准确率上有待提升。

并且神经网络学习过程是无法观察的，并且其生产结果难以解释，影响结果的可靠性。而遗传算法对模型运行过程具有一定的可解释性，基于自然选择原理和自然遗传机制的搜索寻优算法，通过群体搜索技术，根据"优胜劣汰"的原则逐代进化，最终得到最优解或准最优解[8]。近年来，遗传算法在众多领域广泛应用[9]。但传统的遗传算法采用固定的控制参数，不能保证收敛到全局最优解，而交叉概率 p_c 和变异概率 p_m 是影响遗传算法性能及收敛的两个关键参数。为此，Srinivas 等[10]提出线性自适应地调整交叉概率和变异概率，提高了算法的收敛速度。但算法在演化初期存在停滞现象，无法很好地发挥交叉算子和变异算子的作用。为此，吴志远等人设计了新的自适应确定交叉概率和变异概率的计算公式，并提出了先进行变异操作，保持群体的多样性，之后再通过交叉操作[11]。

在前人研究的基础上，本文提出了一种改进的自适应遗传算法，根据种群适应度的离散程度判断种群的集中分散程度，从而自适应地确定遗传算法流程及交叉概率和变异概率的值。且结合两种模型的优点，将改进的自适应遗传算法（Improved Genetic Algorithm, IGA）更新参数，然后输入 Bi-LSTM 模型对数据质量进行提升。

1 数据质量提升相关模型

1.1 传统与自适应遗传算法

传统的遗传算法是按照基因选择—交叉—变异顺序实现群体的逐代进化。在这个过程中，交叉算子通过基因重组来获取具有优良特性的个体，而变异算子则确保了群体的多样性。然而，这种先交叉再变异的操作方式容易导致后期种群适应度过于集中，同时变异算子对个体的改变相对较小，从而导致局部收敛。为解决此问题，本文使用自适应的算法流程，以避免算法陷入局部最优解（图1）。

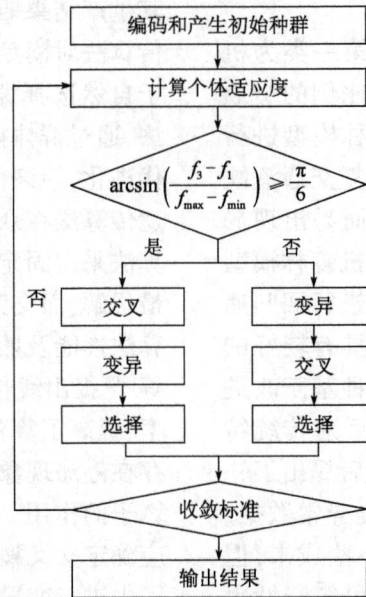

图 1　自适应遗传算法流程

（1）染色体编码和初始群体生成。

（2）计算个体的适应度，并计算种群适应度的四分之三和四分之一分位数值、最大值。

（3）自适应确定交叉概率和变异概率。将不同个体进行差异化分析，将交叉概率和变异概率进行个体选择处理，其计算公式见式（1）、式（2），其中 k_1 和 k_2 为常数。

$$
p_c = \begin{cases} k_2\left[1 - \dfrac{\arcsin\left(\dfrac{f_3 - f_1}{f_{\max} - f_{\min}}\right)}{\pi/2}\right] & \arcsin\left(\dfrac{f_3 - f_1}{f_{\max} - f_{\min}}\right) < \dfrac{\pi}{6} \\[4ex] k_2\dfrac{\arcsin\left(\dfrac{f_3 - f_1}{f_{\max} - f_{\min}}\right)}{\pi/2} & \arcsin\left(\dfrac{f_3 - f_1}{f_{\max} - f_{\min}}\right) \geqslant \dfrac{\pi}{6} \end{cases} \tag{1}
$$

$$
p_c = \begin{cases} k_1\dfrac{\arcsin\left(\dfrac{f_3 - f_1}{f_{\max} - f_{\min}}\right)}{\pi/2} & \arcsin\left(\dfrac{f_3 - f_1}{f_{\max} - f_{\min}}\right) < \dfrac{\pi}{6} \\[4ex] k_1\left[1 - \dfrac{\arcsin\left(\dfrac{f_3 - f_1}{f_{\max} - f_{\min}}\right)}{\pi/2}\right] & \arcsin\left(\dfrac{f_3 - f_1}{f_{\max} - f_{\min}}\right) \geqslant \dfrac{\pi}{6} \end{cases} \tag{2}
$$

（4）判断种群是否满足收敛条件，若满足，则输出，若不满足，则继续向下执行。

（5）判断 $\arcsin\left(\dfrac{f_3 - f_1}{f_{\max} - f_{\min}}\right) < \dfrac{\pi}{6}$ 是否成立，如果上式成立，表明种群的适应度平均值与种群的最大适应度非常接近，并且比 $\pi/6$ 大。这种情况下，可以判断种群适应度值比较集中。因此，建议先执行变异操作，以增加种群的多样性，然后再执行交叉操作，最后进行选择操作。相反，如果上式不成立，说明种群的适应度平均值与种群的最大适应度之间的差距较大，比 $\pi/6$ 小，这表明种群的适应度值比较分散，保持了较大的多样性。在这种情况下，建议先执行交叉操作，以促进信息交流和基因重组，然后再执行变异操作，最后进行选择操作。这样的调整有助于维持较大的种群差异度，提高算法的全局搜索性能。

（6）回到步骤（2）。

1.2　Bi-LSTM 模型

1.2.1　LSTM 模型框架

长短期神经网络（long short term memory，LSTM）是循环神经网络（RNN）的一种。实际应用中发现 RNN 存在诸如梯度消失、梯度爆炸以及长距离依赖信息能力差等问题，因此引入了 LSTM。

LSTM 的基本结构与 RNN 相似,但其主要不同在于隐藏层 h 中引入了三个门控结构,分别是遗忘门、输入门和输出门,同时新增了一个隐藏状态。LSTM 隐藏层结构的原理如图 2 所示。

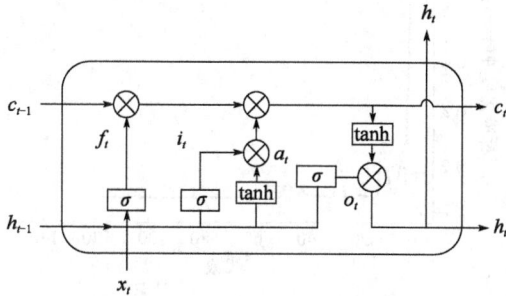

图 2　LSTM 模型信息传输

f_t:遗忘门决定了前一时刻的细胞状态中哪些信息将被遗忘。

i_t:输入门决定了当前时刻新输入的信息对细胞状态的影响。

o_t:输出门决定了当前时刻隐藏状态 h_t 中哪些信息将被输出。

a_t:表示 t 时刻对 h_{t-1} 和 x_t 的初步特征提取。

LSTM 通过引入这些门控结构,使得网络能够更有效地捕捉和处理时间序列数据中的长期依赖关系,从而提高了其在各种任务中的性能表现。

1.2.2　Bi-LSTM 模型流程

双向 LSTM 接受序列 $X = \{x_1, x_2, \cdots x_T\}$,其中 T 为时间序列的长度,对于每个时间步 t,输入计算如下:

$$i_t = \sigma(W_{ii}x_t + b_{ii} + W_{hi}h_{t-1}^{(f)} + b_{hi}) \quad (3)$$

$$f_t = \sigma(W_{if}x_t + b_{if} + W_{hf}h_{t-1}^{(f)} + b_{hf}) \quad (4)$$

$$g_t = \tanh(W_{ig}x_t + b_{ig} + W_{hg}h_{t-1}^{(f)} + b_{hg}) \quad (5)$$

$$o_t = \sigma(W_{io}x_t + b_{io} + W_{ho}h_{t-1}^{(f)} + b_{ho}) \quad (6)$$

式中:i_t、f_t、g_t、o_t——输入、遗忘、输入门和输出门的门控向量;

σ——Sigmoid 函数;

tanh——双曲正切函数;

W、b——权重矩阵和偏置向量。

细胞更新和隐藏状态更新计算如下:

$$c_t^{(f)} = f_t \odot c_{t-1}^{(f)} + i_t \odot g_t \quad (7)$$

$$h_t^{(f)} = o_t \odot \tanh(c_t^{(f)}) \quad (8)$$

式中:$\odot$——逐元素相乘。

反向 LSTM(表示为 $h_t^{(b)}$)的计算与前向 LSTM 类似,其使用反向的输入序列。将双向 LSTM 的最终输出的前向和反向 LSTM 输出进行拼接:$h_t = [h_t^{(f)}, h_t^{(b)}]$,然后进行预测。

2　实验验证

2.1　数据来源

实验数据来自美国联邦公路局(FHWA)提供的某地区高速公路数据集,该数据集包含了 2011 年 9 月 15 日至 2011 年 11 月 15 日期间某地区高速公路主干道车道和匝道上的双环探测器所得的 20s 速度、流量和占有率数据。数据集中的每个检测器一天包含 4320 个交通数据样本。在研究中,我们从中选择了 I-205 北线路段的数据,时长为一个月,且仅包含非节假日的连续数据,用于进行实验分析。本研究选取流量数据进行分析。

2.2　数据处理与筛选

2.2.1　数据填充预处理

为解决交通流数据中由于恶劣环境扰动引起的异常值,必须在数据填充之前进行数据填充预处理,以提升数据质量。在数据异常处理过程中,重点包括异常数据和重复值的智能检测与剔除,以便后续对缺失数据的精确处理。数据处理根据交通流理论、数据质量标志、常识进行判断。

2.2.2　数据筛选

本研究选择相邻处左右侧相邻车道以及数据缺失处历史数据,然后使用 Pearson 相关性系数计算并选择相关性强的三条相关数据,计算同一时间下的平均值历史时间数据作为模型的输入。例如,将三个周每周五的所有每个时刻的数据取平均值,提取数据的空间周期特征和历史时间特征。计算公式见式(9),其中 x_{ij}、$\overline{x_{ij}}$ 为分别为相关数据的值和平均值,x_i、$\overline{x_i}$ 分别为填充数据的值和平均值。

$$r_j = \frac{\sum(x_{ij} - \overline{x_{ij}})(x_i - \overline{x_i})}{\sqrt{\sum(x_{ij} - \overline{x_{ij}})^2 \sum(x_i - \overline{x_i})^2}} \quad (9)$$

2.3　实验结果

经过上述数据填充预处理后,计算 Pearson 相关性系数,以周五数据为例,得到相关性系数见表1。

相邻处相关性系数　　　　　表 1

日期	左相邻车道	右相邻车道	历史数据
周五	0.7134	0.7260	0.8360
周一	0.6085	0.7333	0.7412
周二	0.6096	0.7324	0.7389
周三	0.6161	0.7284	0.7422
周四	0.6294	0.7343	0.7533
周六	0.6413	0.6290	0.6833
周日	0.5877	0.6000	0.6443

计算相关性系数,选择左侧相邻车道为周五、周四、周二对应的数据,右侧相邻车道为周五、周四、周二对应的数据,时间历史数据为周五、周三、周四对应数据。将数据缺失临近处和历史数据相关性强的三列数据并取其平均值。

然后对交通流数据归一化,交通流数据归一化公式见式(10):

$$normalized\_q = \frac{q - q_{min}}{q_{max} - q_{min}} \qquad (10)$$

公式中,q 为交通流量,也可使用 Speed 和 Occupancy 等其他交通参数进行替代。

将 k_1 和 k_2 设置为 1 和 0.5 以确定变异概率和交叉概率,利用改进的自适应遗传算法确定模型超参数,确定的模型超参数有神经元数量、学习率、溢出率。且利用种群平均误差作为评价指标来评价 IGA,其与未改进遗传算法在误差水平上更具优势,而未改进的遗传算法陷入了局部寻优循环,结果如图3、图4所示。

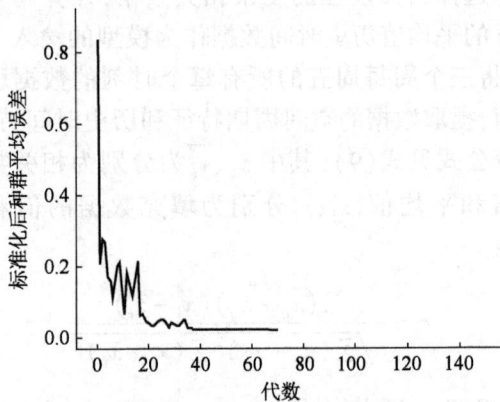

图 3　IGA 种群平均误差迭代图

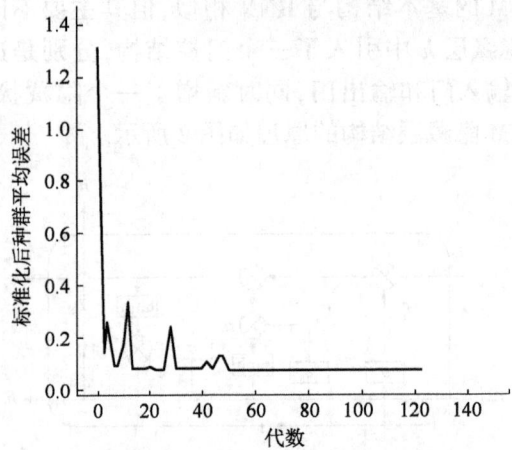

图 4　GA 种群平均误差迭代图

由图3、图4可以发现,IGA 算法在 35 代达到误差最小,而 GA 算法达到误差最小为 50 代,且两者最终达到的误差最小值相比较 IGA 算法的误差更优。

将得到的模型超参数输入交通流模型中。设置随机种子,确定 5 个随机缺失数组,进行数据填充,得到数据填充结果如图5所示。

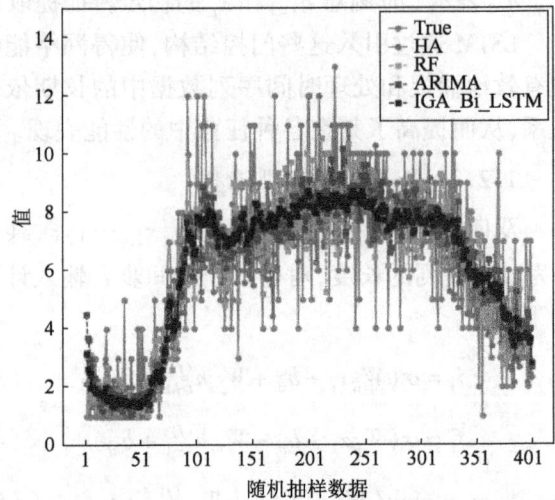

图 5　IGA-LSTM 模型预测结果图

根据 mse 公式计算各个模型的评价指标,计算结果见表2。

mse 指标对比　　　　　表 2

方法	mse
HA	3.7351
RF	3.29842
ARIMA	3.21572
IGA-LSTM	3.04732

3 结语

文章将变异概率和交叉概率进行非线性自适应确定，并且对遗传算法流程作出改进，实验证明该自适应遗传算法具有较好的成效，具有一定应用价值；针对数据缺失具有双向时序性的特点，引用 Bi-LSTM 模型，符合实际需求；最后，研究大多数是针对 5min、10min、15min 等较长的时间段历史统计数据展开研究，本研究使用了 20s 的更短时间段历史数据进行研究。

从研究可以看出，20s 历史数据存在较大不确定性，后续可以从此方面深入研究；对于遗传算法交叉概率和变异概率非线性敏感性较差。

参考文献

[1] 邵毅明,甘元艺,侯雨彤,等.基于交通流数据修复的 GA-RF 方法研究[J].重庆理工大学学报(自然科学),2021,35(6):29-36.

[2] ZHAO Z,YANG X F. Freeway traffic speed estimation by regression machine-learning techniques using probe vehicle and sensor detector data[J]. Journal of Transportation Engineering,Part A:Systems,2020,146(12):4020138.1-4020138.10.

[3] XIA Y J,ZHANG F,QU J. STAP:A spatio-temporal correlative estimating model for improving quality of traffic data[J]. IEEE Transactions on Intelligent Transportation Systems,2022,23(3):1746-1754.

[4] 吴智力.基于时空相关性的路网交通流缺失数据插值方法研究[D].深圳:深圳大学,2020.

[5] 陆文琦,周天,谷远利,等.基于张量分解理论的车道级交通流数据修复算法[J].吉林大学学报(工学版),2021,51(05):1708-1715.

[6] 邵鑫,黄晓红,董斯琛.改进神经回归算法的数据质量优化与预测[J].科学技术与工程,2021,21(22):9418-9424.

[7] ZHAO H,YANG H,WANG Y,et al. Attention based graph Bi-LSTM networks for traffic forecasting[C]//2020 IEEE 23rd International Conference on Intelligent Transportation Systems(ITSC). 论文集合称,出版地:出版社,2020:1378-1383.

[8] 司守奎,孙玺菁.数学建模算法与应用[M].3版.北京:国防工业出版社,2021.

[9] 葛继科,邱玉辉,吴春明,等.遗传算法研究综述[J].计算机应用研究,2008(10):2911-2916.

[10] SRINIVAS M,PATNAIK L M. Adaptive probabilities of crossover and mutation in genetic algorithms[J]. IEEE Transactions on System,Man,and Cybernetics,1994,24(4):656-667.

[11] 吴志远,邵惠鹤,吴新余.一种新的自适应遗传算法及其在多峰值函数优化中的应用[J].控制理论与应用,1999(01):127-129.

基于 BWM-CRITIC-TOPSIS 的邮轮建造物资物流集配质量风险评价

黄 蓉 王海燕*
(武汉理工大学交通与物流工程学院)

摘 要 本文旨在分析影响邮轮建造物资物流集配质量的主要风险因素,从人员、组织管理、设施设备和外部环境四个方面出发,进行风险因素的识别和分析。借鉴 FMEA 方法,采用多个风险表征参数来

基金项目:工信部大型邮轮研发专项项目(项目编号:MC-202009-Z03)。

描述和评估风险事件的危害性，其中包括风险发生概率、风险可控性、风险可预测性以及质量损失后果严重性。在主客观赋权方面，结合 BWM 法与 CRITIC 法，通过博弈论计算最佳组合权重，以更准确地评估参数的权重；接着，利用 TOPSIS 法对质量风险因素进行排序；最终，根据风险评价结果，提出了针对性的风险管控措施。这对邮轮建造物资物流集配流程中的质量风险管理具有重要意义。

关键词 邮轮建造 物流集配 质量风险识别 TOPSIS 法

0 引言

现代邮轮产业是以大型豪华邮轮为依托、以跨国旅游为核心的新兴产业，具有经济效益好、产业链长、带动力强等特点，被誉为"漂浮在海上的黄金产业"[1]。大部分学者对邮轮的研究多集中在邮轮供应链[2~4]、邮轮旅游[5,6]、物资配送路径优化[7]、邮轮物资成本[8~10]等领域。邮轮建造是典型的复合型、定制型、巨系统工程，具有定制性需求高、物流集配层级复杂、设计建造周期长、生产全过程控制难及工作量大的特点。相较于一般商船建造，邮轮建造在设计理念、建造工艺、项目管控等方面有着更高的难度和要求，所需进口材料种类也更为多元、数量也更为庞大，因而涉及众多材料供应商，且这些供应商分布广泛。在此背景下，部分学者对邮轮建造物流风险展开研究。郑凌垚等[11]考虑到轮建造钢板物资物流集配的不确定性、模糊性以及专家打分的犹豫性，构建了犹豫模糊语言集与风险矩阵相结合的风险评估模型。Zheng 等[12]从采购、仓储、托盘集配、配送和生产等五种计划分析了邮轮建造物流集配计划体系的构成，建立了系统动力学模型模拟风险传播，其中风险因素的权重由层次分析法和变异系数确定。姜莱[13]阐明了邮轮建造缺损风险管控的必要性，规划设计物资缺损风险管控体系，并通过体系和机制的设计，规范缺损管理流程，明确缺损责任，以降低缺损风险。

Liu 等[14]使用变异系数法（CV）和熵权法（EWM）计算了影响食品质量安全的风险指标权重，并通过拉格朗日乘数法耦合，得到组合权重，基于最小信息熵原理，建立了基于 CV-EWM 的风险评估模型。Yu 等[15]考虑了水质指标与水质状态的相互作用，构建了 CBN 模型，用于进行饮用水水质风险评估。Li 等[16]基于 CN 与 SOV 构建了复杂产品协同制造供应链网络的质量风险传播模型，旨在量化供应链网络节点间质量风险的传播机制，识别导致产品质量波动的关键质量风险因素。张宏斌等[17]基于信息熵理论，考虑主客观因素，利用信度因子修正指标权重，实现了直升机质量特性评估指标权重的确定。

通过对现有相关文献的归纳与整理可知，目前关于邮轮建造风险的研究尚处于起步阶段。此外，当前的质量风险评估研究主要集中于水质、工程项目、农产品、药品等领域，关于邮轮建造物资物流集配质量风险存在空白。本文结合邮轮建造物资物流集配特点辨识质量风险因素，提出结合 BWM 法与 CRITIC 法计算风险表征参数的主客观权重，并通过博弈论计算风险表征参数的最佳组合权重，引入 TOPSIS 法对质量风险因素进行排序，这一方法不仅能够丰富物流风险管理的研究方法和范围，而且有助于企业识别和理解潜在的质量问题，并及时采取相应的措施进行预防和控制，同时也有助于优化邮轮建造产业链条，提升整个产业的发展水平和竞争力。

1 质量风险因素识别

邮轮建造物资物流集配牵涉的部门众多，工程量巨大，业务流程复杂，存在许多潜在的安全风险，因此风险因素的识别应全面、系统。本文根据邮轮建造物资物流集配调研资料，并结合现有文献，从人员、组织管理、设施设备、外部风险四个方面进行风险识别与风险分析，最终确定的风险因素如图1所示。

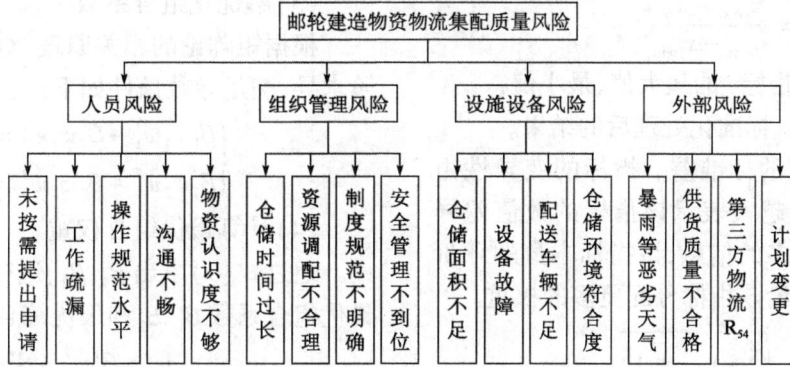

图 1　邮轮建造物资物流集配质量风险

2　质量风险评价模型的建立

2.1　最优最劣法（BWM）确定主观权重

主观赋权法中的 BWM 法是一种多准则决策方法，由荷兰学者 Rezaei[18] 在 2015 年提出。相较于 AHP 的烦琐，BWM 确定最优、最劣指标之后，用这两个指标与剩余的指标比较，简化了评估过程，减轻了专家的认知负担，并降低了主观误差的可能性。该方法实现如下：

（1）确定评价准则集合：使用一组评价准则集合 {C1，C2，C3，…，Cn} 表示评价准则。

（2）确定最优准则 C_B 和最劣准则 C_w：最优、最劣准则都是由专家根据经验认知和实际工作需要确定的，其中最优准则是在所有影响因素中确定出的相对最重要、对决策结果有最突出影响的准则；同理，最劣准则是在所有影响因素中确定出的相对最不重要、对决策结果影响最小的准则。

（3）将最佳准则与其余准则两两比较，确定最佳准则相对于其他准则的重要程度，用 0 ~ 9 对其偏好程度打分，得出比较向量 $C_B = \{ C_{B1}, C_{B2}, C_{B3}, \cdots, C_{Bn} \}$，1 表示同等重要，数字越大表示重要程度越大。

（4）将最劣准则与其余准则两两比较，确定其他准则相对于最劣准则的重要程度，用 0 ~ 9 对其偏好程度打分，得出比较向量 $C_w = \{ C_{w1}, C_{w2}, C_{w3}, \cdots, C_{wn} \}$，1 表示同等重要，数字越大表示重要程度越大。

（5）求解最优权重 w_j，其中 ξ 是一致性指数，其值越接近 0，则一致性越高。

$$s.t. \begin{cases} \xi_{\min} \\ \left| \dfrac{w_B}{w_j} - a_{Bj} \right| \leq \xi \\ \left| \dfrac{w_j}{w_j} - a_{wj} \right| \leq \xi \\ \sum w_j = 1 \\ w_j \geq 0 \\ j = 1, 2, \cdots, n \end{cases} \tag{1}$$

式中：w_B、w_j——最优、最劣准则权重值；

a_{Bj}——C_B 对 C_j 的重要程度值；

a_{wj}——c_j 对 C_w 的重要程度值。

2.2　CRITIC 法确定客观权重

CRITIC 法是由 Diakoulaki 等[19] 提出的一种客观权重赋值法，该方法是一种比熵权法和标准离差法更好的客观赋权法，是基于评价指标的对比强度和指标之间的冲突性来综合衡量指标的客观权重的一种方法。该方法在考虑指标变异性大小的同时兼顾指标之间的相关性，强调并非数字越大就说明越重要，而是完全利用数据自身的客观属性进行科学评价，具体步骤如下：

（1）无量纲化处理：为消除因量纲不同对评价结果的影响，需要对各指标进行无量纲化处理。

对效益型指标进行预处理：

$$y = \frac{x_{ij} - \min(x_j)}{x_{j\max} - x_{j\min}} \tag{2}$$

对成本型指标进行预处理：

$$y = \frac{x_{j\max} - x_{ij}}{x_{j\max} - x_{j\min}} \quad (3)$$

式中：$x_{j\max}$、$x_{j\min}$——指标 j 的最大值、最小值；

　　　　y——x_{ij} 标准化处理后的结果。

（2）计算指标间的标准差。指标的变异性由标准差表示，标准差越大表示该指标的数值差异越大，越能反映出更多的信息，该指标本身的评价强度也就越强，应该给该指标分配更多的权重。

$$\sigma_j = \sqrt{\frac{\sum_{i=1}^{m}(x_{ij} - \overline{x_j})^2}{m-1}} \quad (4)$$

（3）计算指标间的相关系数

$$r_{ik} = \frac{\sum_{i=1}^{n}(x_{ij} - \overline{x_j})(x_{ik} - \overline{x_k})}{\sqrt{\sum_{i=1}^{m}(x_{ij} - \overline{x_j})^2 \sum_{k=1}^{n}(x_{ik} - \overline{x_k})^2}} \quad (5)$$

式中：r_{ik}——评价指标 i 和 k 之间的皮尔逊线性相关系数。

（4）计算客观权重

$$w_{2j} = \frac{c_j}{\sum_{j=1}^{n} c_j}, \text{其中} c_j = \sigma_j \sum_{i=1}^{n}(1 - r_{ij}) \quad (6)$$

式中：c_j——第 j 个评价指标所包含的信息量，c_j 越大，第 j 个评价指标在整个评价指标体系中的作用越大，就应该给其分配更多的权重。

2.3　确定组合权重

博弈论组合赋权模型致力于在各种权重之间寻求一致与妥协，以最小化可能权重与各基础权重的差异，这反映了权重确定方法之间的相互竞争和协调一致的思想。采用 BWM 法和 CRITIC 法结合的方式，可有效避免单一赋权存在的不足，博弈论组合赋权的步骤如下：

（1）建立主客观权重的线性组合

$$w = \beta_1 w_1^T + \beta_2 w_2^T \quad (7)$$

式中：w——组合权重向量，w_1、w_2 分别为 BWM 法、CRITIC 法确定的权重结果；

　　　　β_1、β_2——线性组合系数。

（2）优化组合

利用博弈论理论模型对线性组合系数进行优化，使 w 和 w_1、w_2 偏差极小化，进而从综合权重集中找寻到最合理的权重。

$$\min(\parallel w - w_1 \parallel_2 + \parallel w - w_1 \parallel_2) \quad (8)$$

（3）解优化组合系数

根据矩阵论的相关原理，对式（7）（8）进行一阶求导，满足导数条件如下：

$$\begin{cases} \beta_1 w_1 w_1^T + \beta_2 w_1 w_2^T = w_1 w_1^T \\ \beta_1 w_2 w_1^T + \beta_2 w_2 w_2^T = w_2 w_2^T \end{cases} \quad (9)$$

（4）计算最优组合权重

通过式（9）求出 β_1、β_2，进行归一化处理，得出最优组合系数 β_1'、β_2' 和最优综合权重 w'。

$$w' = \beta_1' w_1^T + \beta_2' w_2^T \quad (10)$$

2.4　TOPSIS 法

TOPSIS 方法又称优劣解距离法，是一种多指标评价方法，通过构造评价问题的正理想解和负理想解，进而计算每个对象到理想评价对象的相对贴进度，最后实现对评价对象的综合排序，具体计算步骤如下：

（1）设有 m 个风险因子，风险因子的评价指标数为 n。建立初始评价矩阵 $A = (a_{ij})_{m \times n}$，将其标准化处理得到规范化矩阵 $B = (b_{ij})_{m \times n}$，同上述 CRITIC 法一样。

（2）计算加权规范化决策矩阵，将规范化矩阵与组合权重 w' 点乘，即可算出加权规范化决策矩阵 Z。

$$Z = BH$$

$$[Z_1 Z_2 \cdots Z_m] = \begin{bmatrix} b_{11} & \cdots & b_{1n} \\ \vdots & \ddots & \vdots \\ b_{m1} & \cdots & b_{mn} \end{bmatrix} \begin{bmatrix} w_1 \\ \vdots \\ w_2 \end{bmatrix} \quad (11)$$

（3）计算风险因素的最优理想解 Z^+ 和最差理想解 Z^-。

$$Z^+ = \begin{cases} x_{ij\max}, & j \text{ 为效益型指标} \\ x_{ij\min}, & j \text{ 为成本型指标} \end{cases} \quad (12)$$

$$Z^- = \begin{cases} x_{ij\min}, & j \text{ 为成本型指标} \\ x_{ij\max}, & j \text{ 为效益型指标} \end{cases} \quad (13)$$

（4）计算样本指标到最优理想解和最差理想解的欧式距离。

$$\begin{cases} d_i^+ = \sqrt{\sum_{j=1}^{n}(z_{ij} - z_j^+)^2} \\ d_i^- = \sqrt{\sum_{j=1}^{n}(z_{ij} - z_j^-)^2} \end{cases} \quad (14)$$

式中：d_i^+、d_i^-——样本指标到最优解、最劣解的欧式距离。

（5）计算每个风险因子的相对接近度。

$$E_i = \frac{d_i^-}{d_i^+ + d_i^-} \qquad (15)$$

式中：E_i——贴近度，取值区间为$[0,1]$，E_i越大，则风险因素i离正理想点越近，离负理想点越远，风险程度越高。

3 案例分析

本文选取国产首艘大型邮轮建造物资作为研究对象，采用建立的质量风险识别模型分析风险，以验证该模型的正确性和科学性。

3.1 数据来源

本文邀请五位对邮轮建造物资物流集配有充分了解的专家对本文所研究的问题进行分析和打分，因为他们有多年的商船建造物流集配工作经验，且对船舶建造工艺及配套物流管理工作有透彻的了解。由于所邀请的专家背景相似，因此专家的权重定为$w_p = \{0.2, 0.2, 0.2, 0.2, 0.2\}$。

3.2 风险表征参数权重的确定

专家根据自身工作经验和专业知识，对风险发生概率、风险可控性、风险可预测性、质量损失后果严重性四个风险表征参数之间的重要性进行评判，采用BWM法和CRITIC法分别计算风险表征参数的主、客观权重，通过博弈论模型计算得到组合权重，计算结果如表1所示。

风险表征参数权重计算结果　　表1

风险表征参数	主观权重	客观权重	组合权重
风险发生概率	0.315	0.221	0.282
风险可控性	0.119	0.233	0.158
风险可预测性	0.1850	0.141	0.166
质量损失后果严重性	0.387	0.406	0.393

3.3 邮轮建造物资风险评价结果

邮轮建造物资质量风险因子的相对接近度计算结果如图2所示。由此可知，邮轮建造物资物流集配质量的主要影响因素是C_{17}（设计、生产计划变更）、C_3（员工操作规范水平）和C_{10}（仓储面积不足），这几项因素一旦发生风险，将给邮轮建造物资物流集配质量带来巨大损失。因此，针对这三项主要风险因素，提出以下防范措施：从外部提前识别潜在的变更风险，并采取相应的预防措施；从内部加强与生产部门的沟通，提高生产部门领用率，降低仓储库存压力；设立严格的操作标准和流程，提高员工对物资管理的专业性、业务熟练

度，并定期进行评估和监督，及时发现并纠正操作不规范的行为；定期进行库存管理和仓储设施的评估，及时调整和优化仓储结构，确保仓储面积能够适应需求的变化；加强信息化建设，以信息化手段，严格把控物资进度，促进物资合理到货；统计物资发放率，加强与生产部门联系，促进到货物资及时发放，减少库存压力，降低场地成本。

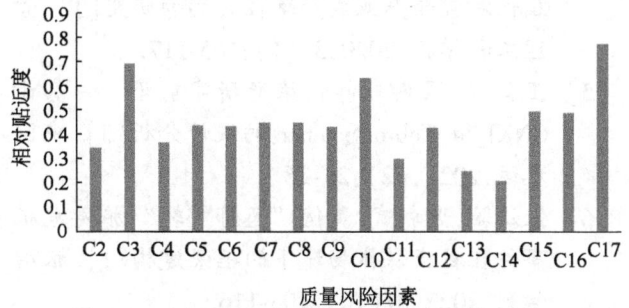

图2　邮轮建造物资物流集配质量风险因素相对贴近度

4 结语

（1）借鉴FMEA方法，综合考虑风险发生概率、风险可控性、风险可预测性以及质量损失后果严重性四个风险表征参数，有助于形成更为准确和客观的风险评估结果。

（2）主观赋权法可以考虑到决策者的主观偏好和经验，而客观赋权法则可以基于数据和科学分析减少主观因素的影响。本文采用BWM法、CRITIC法确定风险表征参数的主客观权重，并使用博弈论确定最优组合权重，有助于减少决策风险并提高决策的可靠性。

（3）将BWM和CRITIC方法结合以改进TOPSIS法，可提高评估结果的可信度和全面性，为邮轮建造行业的风险管理提供了一种新的思路和方法。本文提出的BWM-CRITIC-TOPSIS质量风险评价模型可确定关键质量风险因素，针对关键质量风险因素提出了相应的防范措施，以降低风险因素对邮轮建造项目的影响，保证建造质量和项目进度的稳定。对风险因素的分析和评价，可以更好地指导企业制定相应的管理策略，提高风险防范的效果，降低项目实施过程中的不确定性和风险。

参考文献

[1] 易国伟,陈刚,刘佩,等.国产首制大型邮轮总装能力建设与产业发展研究[J].中国工程科学,2022,24(2):113-122.

[2] 杜尊峰,文树吉,李鑫.基于质量激励的邮船建造供应链质量模型优化[J].船舶与海洋工程,2021,37(3):80-86.

[3] 沈静,闫国东,王微,等.基于供应链视角的我国邮轮制造业发展研究[J].中国水运(下半月),2020,20(1):30-32.

[4] 孙领,刘伟,冉小松,等.邮轮服务供应链网络属性对邮轮产业成长路径的影响研究[J].管理工程学报,2020,34(1):105-117.

[5] 王仁鑫.国内外邮轮旅游研究前沿——基于CNKI和Web of Science的统计分析[J].中国水运,2022,(2):23-26.

[6] 张江驰,谢朝武,黄倩."恐怖邮轮":旅游危机事件在社交媒体场域下的框架建构[J].旅游学刊,2022,37(10):103-116.

[7] 邓逸群,杨家其.邮轮舾装托盘配送路径优化研究[J].中国物流与采购,2023,(1):59-60.

[8] 顾杨阳.基于区块链技术对邮轮产业成本控制研究[J].物流科技,2021,44(4):31-33.

[9] 蒋闯,苏翔,曹志兵,等.基于AHP-VE的国产首制邮轮内装成本优化研究[J].船舶物资与市场,2024,32(1):1-5.

[10] 潘燕华,张高萍,王平,等.基于DEMATEL-ISM的大型邮轮物资采购成本关键影响因素识别[J].物流技术,2022,41(9):71-77.

[11] 郑凌垚,徐靖,王海燕.邮轮建造钢板物资物流集配风险评估[J].安全与环境工程,2022,29(3):37-46+54.

[12] ZHENG Y H, KE J C, WANG H Y. Risk Propagation of Concentralized Distribution Logistics Plan Change in Cruise Construction[J]. Processes,2021,9(8):1398.

[13] 姜菜.邮轮建造物资缺损风险管控研究[J].江苏船舶,2021,38(5):42-44.

[14] HAN Y M,LIU J X,LI J T,et al. Novel risk assessment model of food quality and safety considering physical-chemical and pollutant indexes based on coefficient of variance integrating entropy weight[J]. Science of The Total Environment,2023,877:162730.

[15] YU R,ZHANG C. Early warning of water quality degradation:A copula-based Bayesian network model for highly efficient water quality risk assessment [J]. Journal of Environmental Management,2021,292:112749.

[16] LI T,CHEN H,YUAN J,et al. Quality Risk Propagation of Complex Product Collaborative Manufacturing Supply Chain Network Based on CN and SoV[J]. Discrete Dynamics in Nature and Society,2020,2020:8889903.

[17] 张宏斌,翁兴国,孙世霞.基于信息熵的直升机通用质量特性评估指标权重确定方法[J].直升机技术,2024,(1):16-19.

[18] REZAEI J. Best-worst multi-criteria decision-making method[J]. Omega,2015,53:49-57.

[19] DIAKOULAKI D,MAVROTAS G,PAPAYANNAKIS L. Determining objective weights in multiple criteria problems:The critic method[J]. Computers & Operations Research,1995,22(7):763-770.

不停车超限超载检测系统布局优化研究

詹斌 胡玉* 陈宇峰
(武汉理工大学交通运输与物流工程学院)

摘要 为实现超限超载的长效治理,充分发扬科技优势,应积极推进不停车超限超载检测系统的使用,科学研究不停车超限超载检测系统的布局问题,提升治超监管覆盖率。本文提出了考虑路段重要度的不停车超限超载检测系统多目标布局优化问题,综合考虑检测点布局影响因素,以覆盖的路段重要度最大化和建设检测点数目最小化为目标函数,将OD覆盖作为约束条件,通过NSGA-II算法求解该检测点布局的多目标优化模型,采用MATLAB进行编程计算求得帕累托最优解集,并通过对评价指标的计算选出最优布设方案,使其在减少检测点建设数量的同时,尽可能优化检测点的布设位置,最大化地发挥不停车超限超载检测点的效益,在理论上为不停车超限超载检测系统的布局优化提供了新的思路和方法。

关键词 不停车超限超载检测 路段重要度 布局优化 多目标优化

0 引言

交通运输产业是推动国民经济和社会发展的一项基础性、战略性、引领性产业。近年来路网规模不断扩大,促进经济社会快速发展,带动道路运输需求不断上升。与公路交通迅速发展壮大相伴而来的是日益增长的治超压力,依靠传统的治超模式已不能满足当前的治超要求,需要发挥科技优势。因此,科学研究不停车超限超载检测系统的布局优化问题,提升治超监管覆盖率势在必行。

目前关于不停车超限超载检测系统的布局研究大多从分析其布局影响因素的角度出发。周锐等[1]通过"先路段,后布点"的思路,重点考虑超限发生率、货车流量指数、货源地规模等影响因素,通过评价方法选择优先布设路段,最后形成布局方案。王振民[2]采用基于变异系数法——TOPSIS评价模型对河南省现有及规划的公路超限检测站点布局进行了评价。葛亮等[3]基于模糊综合评价法从土地利用特征、道路基础设施、交通运行情况等维度对超限超载检测站点布局方案进行比选。蒋劲羽等[4]提出了考虑移动治超模式的治超站选址,通过对构建的选址——路径优化模型求解,在确定治超站点位置的同时,确定基于该点的移动治超车巡游路径。

现有站点布局方案研究中,除了从超限超载检测点布局出发以外,还可以参考交通检测点布局方案。钱琳琳等[5]研究了公路交通情况调查站点的布局问题,分析了当前站点的发展现状和未来发展需求,研究了站点的布设要求和布局方法,最后结合重要节点和重要路段识别,考虑了省市界及城市出入口、过江通道、港口、机场以及运输通道和物流园区、矿产资源区等影响因素,制定了江苏省公路交通情况调查站点的布局方案。孙佳妮[6]提出了基于路段重要度的交通检测点优化布设方法,以路网中各路段等级作为交通检测点布设的量化指标,在降低布设成本的同时,尽可能优化交通检测点的布设位置。

综上,有关不停车超限超载检测点的布局问题研究较少,包括治超点建设规模的确定、具体布设位置的确定等,现有研究更多从布局影响因素角度出发,通过对相应的备选站点进行评价来确定相应的布局方案,缺乏全局性的考虑。本文在现有研究基础上综合考虑布局影响因素,构建相应的布局优化模型,求解不停车超限超载检测点的布局方案。

1 考虑路段重要度的不停车超限超载检测系统布局评价

1.1 路段重要度

通过对不停车超限超载检测系统工作流程的了解,确定布设路段对治理超限超载起决定性作用,所以在此将不同路段的重要程度作为不停车超限超载检测点的布局研究过程中的一个重要决策指标,即路段重要度。

1.2 路段重要度评价指标选取

路段重要度主要是由道路的自身属性、交通运行状况以及周围土地利用情况等决定。针对不停车超限超载检测系统布局的路段重要度影响因素分析有其自身特殊性,所以选取路段重要度评价指标如下:

(1)道路等级。

道路等级决定了道路的设计标准,高等级的道路通常具有更宽的车道、更高的设计速度和通行能力,同时道路等级还影响道路的连接性和交通网络的完整性,所以选取道路等级作为道路重要度评价指标之一。

(2)货车流量。

路段上的货车流量反映了道路在物流运输中的重要性,道路上货车流量较大,可能是连接重要物流节点或者货物源头企业的主要通道,货车流量越大,可能发生超限次数也会增大。因此,选取道路货车流量作为评价路段功能重要度的指标之一。

(3)桥梁数。

桥梁在交通运输中具有重要作用;同时超限超载运输容易造成桥梁坍塌,危害行车安全,对于整个运输路网来说也会产生相当大的影响。因此,选取路段上的桥梁个数作为评价路段重要度的指标之一。

(4)可绕行道路数。

货运司机在运输过程中,往往为提高单次货物运输的收益而选择超限超载运输,但为减少被处罚的风险,常常选择绕行来躲避治超检测点检测。因此,本文选取可绕行道路条数作为路段重要度的评价指标之一。

(5)货源地。

货源地的分布情况直接影响着运输车辆的出发和流向,通过考虑货源地的分布,可以更准确地确定超限超载检测点的布局位置,以便有效监测和拦截超载车辆。因此,选取路段临近货源地作为评价路段重要度的指标之一。

(6)跨省市道。

跨省市道是重要的交通干线,对于促进区域内外的交通运输起到了至关重要的作用,承担了公路运输中跨省运输的大部分货流。因此选取跨省市道作为评价路段重要度的指标之一。

1.3　路段重要度评价指标权重确定

本文使用熵权法[7]进行评价指标的权重计算,熵权法是通过熵值来度量系统的无序程度,将熵值与各个指标相对变异程度相结合,从而计算得出各指标熵权值。熵权法的计算依靠的是数据本身的信息量,该评价方法能显著提升指标权重的客观性。具体计算步骤如下:

(1)构建评价矩阵。

依据评价对象的数据信息,在路网中选取 n 个路段,m 个路段重要度的评价指标,各路段不同指标的评价值为 $a_{ij}(i=1,2,\cdots,n;j=1,2,\cdots,m)$,即 a_{ij} 为第 i 个路段的 j 指标值,由其构成一个 $m\times n$ 的评价矩阵,可记为:

$$A=\begin{bmatrix} a_{11} & a_{12} & \cdots & a_{1m} \\ a_{21} & a_{22} & \cdots & a_{2m} \\ \vdots & \vdots & & \vdots \\ a_{n1} & a_{n2} & \cdots & a_{nm} \end{bmatrix} \quad (1)$$

(2)指标正向化处理。

指标正向化处理是指将所有的指标转化为极大型指标(指标数值越大越好),在本文中除道路等级为极小型指标外,均为极大型指标。在此极小型指标转化为极大型指标的转化公式为:

$$a_{ij}=\frac{1}{a_{ij}} \quad (2)$$

(3)矩阵标准化处理。

采用线性比例变换法将评价矩阵进行初等变换,得到归一化矩阵进而解决不同指标值的同质化问题。

原始矩阵转化为标准矩阵 B,可记为:

$$B=\begin{bmatrix} b_{11} & b_{12} & \cdots & b_{1m} \\ b_{21} & b_{22} & \cdots & b_{2m} \\ \vdots & \vdots & & \vdots \\ b_{n1} & b_{n2} & \cdots & b_{nm} \end{bmatrix} \quad (3)$$

(4)矩阵归一化处理。

计算第 j 项指标下第 i 个样本值占该指标的比重 P_{ij}。

$$p_{ij}=\frac{b_{ij}}{\sum_{i=1}^{n}b_{ij}} \quad (4)$$

(5)计算指标信息熵值。

对于第 j 个指标而言,其信息熵的计算公式如下:

$$D_j=-\frac{1}{\ln m}\sum_{i=1}^{n}p_{ij}\ln p_{ij} \quad (5)$$

(6)计算各指标权重。

$$W_j=\frac{1-D_j}{\sum_{j=1}^{m}(1-D_j)} \quad (6)$$

1.4　路段重要度评价计算

路段重要度计算采用 TOPSIS 评价法,TOPSIS 法(Technique for Order Preference by Similarity to Ideal Solution)即为逼近理想解排序法,也简称为优劣解距离法。它适用于解决多属性决策问题,通过构造评价问题的正理想解和负理想解来计算出每个方案与理想方案的相对贴近度,具体计算步骤如下:

(1)计算加权矩阵。

在熵权法数据预处理基础上,将标准化矩阵按式(7)进行归一化处理得到矩阵 C,根据权重求出加权矩阵 D,即用 C 矩阵的第 j 列乘上其对应权重 w_j。

$$c_{ij}=\frac{b_{ij}}{\sqrt{\sum_{i=1}^{m}b_{ij}^2}} \quad (7)$$

(2)确定正理想解和负理想解。

从加权矩阵 D 中取出每一列中的最大数,构成理想最优解向量,即 D^+;同理,取出每一列中的最小数构成理想最劣解向量 D^-。

（3）计算每个待评价方案到正理想解 e_i^+ 和负理想解 e_i^- 的距离。

$$e_i^+ = \sqrt{\sum_{j=1}^{m}(D_j^+ - d_{ij})^2} \quad (8)$$

$$e_i^- = \sqrt{\sum_{j=1}^{m}(D_j^- - d_{ij})^2} \quad (9)$$

（4）计算评价结果。

f_i 值越大表示第 i 个样本到正理想解的距离越近，即路段 i 的路段重要度越高，反之，路段重要度越大。

$$f_i = \frac{e_i^-}{e_i^- + e_i^+} \quad (10)$$

2 不停车超限超载检测系统布局优化模型构建及求解

2.1 布局原则

不停车超限超载检测系统的布局应结合具体路网情况，从全局性、前瞻性出发，综合考虑未来路网发展情况和货运发展趋势，以科技治超为手段，形成一张覆盖全面、规模适度的治超网，有效监管超限超载车辆。不停车超限超载检测系统布局具有总体布局科学化、要道覆盖全面化、布局规划重点化、规模布置合理化等原则。

2.2 布局优化模型构建

根据布局原则分析，将现有布局方法进行整合，既考虑关键节点识别过程中的各影响因素，也满足用尽可能少的检测点实现 OD 覆盖，并构建相应的布局优化模型，来寻求检测点布设效益最大和数目最小的平衡。构建布局优化模型如下：

$$\max f_1 = \sum_{i=1}^{n} c_i \times x_i \quad (11)$$

$$\min f_2 = \sum_{i=1}^{n} x_i \quad (12)$$

$$\text{st} \quad \sum_{i=1}^{n} y_{id} x_i \geq 1, d \in D \quad (13)$$

$$y_{id} \in \{0,1\} \quad (14)$$

$$x_i \in \{0,1\} \quad (15)$$

式中：f_1——布设路段的总体路段重要度得分；

f_2——检测点布设总数目；

n——路段总条数；

i——第 i 个路段；

c_i——路段 i 的路段重要度得分；

D——OD 对集合，d 为其中任意一对 OD 对，即 $d \in D$；

y_{id}——OD 对中 d 的行驶路径是否经过路段 i，若是则为 1，反之则为 0，即某一 OD 对 d 行驶路径为路段 1、2、3，则 y_{1d}、y_{2d}、$y_{3d} = 1$，其余 $y_{(4-64)d} = 0$。

式（11）为整体路段重要度最大，式（12）为建设检测点数目最小，式（13）为约束条件，满足 OD 覆盖约束，即确保在路网中布设的检测点具备全面性，使路网中任意一对 OD 对中必须包含一个检测点。

2.3 布局优化模型求解

本文采用多目标遗传算法（NSGA-II 算法）求解该布局优化模型。NSGA-II 算法（Non-dominated Sorting Genetic Algorithm-II）是一种保留精英策略的非支配排序遗传算法[8-9]。它的基本思想是通过交叉、变异和选择操作迭代生成新的种群来寻找问题的 Pareto 最优解集。主要运算步骤如下。

（1）初始化种群：随机生成一组解作为初始种群，其中每个个体是问题解空间中的一个候选解。

（2）适应度评估：对于每个个体计算其在各个目标函数上的值，即适应度，以此来评价个体优劣性。

（3）非支配排序：根据个体的非支配关系，将种群中的个体划分为多个等级，识别出在当前种群中占据 Pareto 前沿的不同位置的个体。

（4）拥挤度计算：拥挤度是指个体在目标空间中的密集程度，较大的拥挤度值表示个体所在区域较为稀疏，为了保持 Pareto 前沿上的均匀分布，对每个个体的拥挤度进行计算。

（5）选择操作：基于非支配排序和拥挤度计算选择出下一代的个体，选择操作常使用二元锦标赛策略，通过比较个体的非支配级别和拥挤度来做出选择。

（6）遗传操作：对选择出来的个体进行遗传操作，包括交叉和变异，以此来增加种群的多样性，有助于算法在搜索空间中探索更多的潜在解。

（7）精英保留策略：引入精英策略，在每一代中都保留前一代中的精英个体，防止父代种群中优秀个体的流失。

（8）替换操作：用新生成的个体替换原来的个体，形成下一代种群。

重复上述步骤，直到达到预设的终止条件时停止迭代。

3　实例分析

以澧县为实例对本文提出的布局优化模型的可行性进行验证。

3.1　澧县现状概述

澧县地处湘鄂边界、华中腹地,区内交通网络发达,2022 年公路通车里程 2673.3km。通过澧县公路建设养护中心的交通情况调查观测站数据,县域内国省道路线上货车平均日交通量数据如表1所示由表 1 可知,G207 线路承担了绝大部分的货车流量,是超限超载治理的核心线路。

澧县国省道货车流量(辆)　　　表1

路线名称	小型货车	中型货车	大型货车	特大货车
G207	1137	169	767	897
G353	165	172	103	46
S234	114	126	106	44
S514	263	271	146	51

3.2　澧县不停车超限超载检测系统布局优化模型求解

根据行政区划边界将澧县划分为 26 个交通小区,其中包括外部交通小区 8 个,路段共划分为 64 段,路段划分考虑路段长度和交叉口情况。具体路网结构如图 1 所示。以 64 个路段为对象,收集其所属的道路等级、货车流量、桥梁数、可绕行道路数、临近货源地数、是否为跨省市道 6 个指标数据。其中,路段货车流量由 TransCAD 交通分配到路网上,通过现有观测站的平均日交通量反推现状 OD,最后将交通预测的未来交通量分配到路网上得出各路段的货车流量。

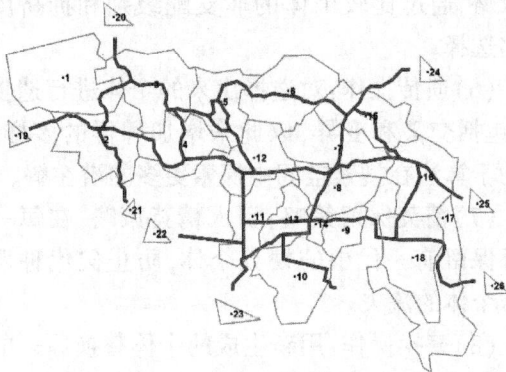

图1　澧县路段划分图

据收集数据求解评价指标权重,使用 TOPSIS

评价法利用 Matlab 编程软件对路段重要度进行求解,在此基础上结合 TransCAD 交通分配以及其二次开发获得模型中参数 y_{id}。

最后,通过 Matlab 编程软件采用 NSGA-II 算法求解澧县不停车超限超载检测系统布局优化问题,为使运算结果与全局最优解更为接近,对算法进行了控制参数设置。本文种群规模设为 100;个体长度是与所选路网中路段的数量相关,在此为 64;遗传算法中的交叉、变异概率极大程度影响了算法的性能及收敛程度,本文交叉概率取 0.8,变异概率取 0.09;迭代次数决定了算法终止条件的判定,本文取 200。通过计算找到满足布设数目少以及布设道路重要度大的不停车超限超载检测系统布局方案,即帕累托优化解集,具体帕累托优化解结果如图 2 所示。

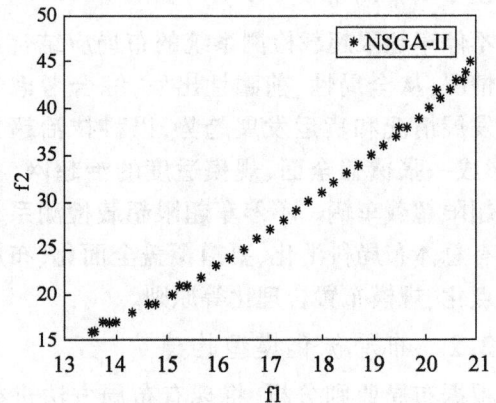

图2　帕累托解集

从解集中优先选择其中几组作为备选方案进行最终评价,如表 2 所示。

布局备选方案　　　表2

方案	检测点数(个)	总体路段重要度
方案1	16	13.562
方案2	17	13.909
方案3	18	14.178
方案4	19	14.897

3.3　布局优化结果评价

4 组布局优化方案布设的检测点数和总计路段重要度各不相同,为从中找出相对更优解,针对表 2 中列出的几组 Pareto 解,选取以下指标来评价布局优化方案的优劣性,以此来对求解出的方案进行综合评判分析。

(1)桥梁覆盖率 Q_1。

桥梁覆盖率是指区域内不停车超限超载检测

系统所能监测到的桥梁数量占研究区域范围内桥梁总数的比值,计算公式见式(16),式中 B_1 为不停车超限超载检测系统能检测的桥梁数,B 为研究区域全部的桥梁数。

$$Q_1 = \frac{B_1}{B} \qquad (16)$$

(2)重要路段占比 Q_2。

重要路段是指在交通货物运输网络中承担输运任务大的货运通道,通常是路网中的货运车辆流量较大的路段。这些道路中布设的治超检测站点的数量越多,说明超限超载治理检测站点的布局更有效益。计算公式见式(17),式中 $\bar{L}$ 表示所选路段中货车流量大于所有路段均值货车流量的设施数,L 表示区域内布设的检测点总数。

$$Q_2 = \frac{\bar{L}}{L} \qquad (17)$$

通过上述评价指标,对备选方案的4组帕累托解进行评价,评价结果如表3所示。

备选方案评价 表3

方案	布设个数	路段重要度	桥梁覆盖率(%)	重要路段占比(%)
方案1	27	9.055	78.49	64.44
方案2	29	9.689	75.27	68.10
方案3	32	10.651	74.19	73.25
方案4	35	11.571	74.73	72.00

根据上述判断,在4组帕累托解中根据评价指标计算结果选择方案2为最优方案,该方案布设点位数为29个,设施桥梁覆盖率为75.27%,重要路段占比为68.1%。

4 结语

基于不停车超限超载检测系统的优化布设的理论与方法,在对当前交通检测点布设方法系统总结与探讨的基础上,重点研究了基于路段重要度的交通检测点优化布设的理论、建模及求解过程,提出了一种综合考虑布局影响因素的路段重要度计算方法,并采用TOPSIS综合评价法获得路段重要度的计算结果,提出了基于路段重要度的布局优化方法,以路段重要度最大化和检测点布设数目最小化为目标,建立了多目标规划模型。采用NSGA-Ⅱ算法的多目标优化问题求解方法,结合Matlab编程语言求解布局优化模型,并选取澧县为实例进行模型验证分析,通过评价指标对求解的多个布设方案进行评价,择出较优方案,对澧县不停车超限超载检测点布局提供参考。但是该研究仍存在一些不足,基于NSGA-Ⅱ算法的多目标优化问题求解一般不存在最优解,得到的可行解可能是一个Pareto解,但Pareto解与实际最优解的差距尚不明确,因此有待研究者提出更为优越的求解算法。

参考文献

[1] 周锐,袁敏贤,吴德馨.公路国省道治超非现场执法设施布点研究——以广州市为例[J].交通与运输(学术版),2018(2):151-155.

[2] 王振民.基于TOPSIS河南省公路超限检测站布局调整评价[J].公路交通科技(应用技术版),2018,14(5):294-296.

[3] 葛亮,林莉贤,张志学.基于模糊综合评价的超限超载检测站点布局方案比选[J].公路,2022,67(6):273-277.

[4] 蒋劲羽,杨忠振.基于移动治超模式的农村公路治超站选址[J].公路交通科技,2020,37(4):125-132.

[5] 钱琳琳,凌建彬,钟世浩.公路交通情况调查站点布局研究[J].交通节能与环保,2023,19(1):99-103.

[6] 孙佳妮.基于路段重要度的交通检测点布局优化方法研究[D].南京:东南大学,2019.

[7] 徐士伟,苏业辉,李慧文,等.基于熵权法的枢纽内公交站场布局评价研究[J].交通运输系统工程与信息,2023,23(5):104-112.

[8] 尹传忠,彭海红,陶学宗,等.基于改进NSGA-Ⅱ的多式联运协同优化[J].上海海事大学学报,2023,44(4):39-44,116.

[9] 李昊昌,张燕,张雨馨,等.基于改进NSGA-Ⅱ的多目标路面养护决策优化研究[J].兰州交通大学学报,2023,42(06):29-36.

多区间中断场景下城市轨道交通系统韧性评估

孙昱平[1]　　赵婷婷*[2]

（1.北京交通大学交通运输学院；2.北京交通大学系统科学学院）

摘　要　城市轨道交通系统服务的中断，特别是多区间中断，将对列车运行和旅客出行产生重大影响。本文在考虑运营管理者对区间中断时长预测准确性的基础上，提出了一个多区间中断场景下的、以乘客为中心的城市轨道交通系统韧性评估方法。为评估韧性，本文以使系统中累计的乘客数量最小化为目标，对中断场景下的网络中乘客的出行路径进行建模。该优化模型能够为乘客提供新的最优应急路径，以实现客流的重新分配。本文提出了应考虑系统满足、损失及累计乘客总数等多方面的评估指标，从而对网络韧性进行综合度量。最后，以北京部分城市轨道交通网络为例进行案例分析。结果表明，该方法能够有效地对中断期间的客流进行重新分配，并实现对系统韧性的综合度量分析。另外，该方法还量化了区间中断时长预测的准确性对乘客出行及网络性能恢复的影响，分析了多中断区间修复序列对系统韧性的影响。本文所提出的方法为管理者在应对多区间中断场景的修复方案优化等方面提供了决策依据。

关键词　城市轨道交通系统　韧性评估　优化模型　应急路径　区间中断时长

0　引言

随着城市轨道交通线网规模的扩大，路网结构日益复杂，日常突发事件也不断增多[1]。为评估风险事件下交通网络的性能，传统做法多从鲁棒性、脆弱性等角度出发，注重网络在风险事件下保持正常状态的能力或遭受不利影响的程度[2,3]。但上述研究缺乏对系统偏离正常状态后快速恢复到预期状态这一过程的描述。在此背景下，已有文献利用"韧性"这一概念度量风险事件下交通网络性能的变化，其核心内涵从以下一个或两个角度量化了交通系统的韧性[4]：①交通系统抵抗风险事件的能力；②交通系统快速恢复到风险事件出现前的状态的能力。

城市轨道交通系统韧性评估指标主要分为两类。首先，网络拓扑的角度。例如，Chopra 等[5]将网络节点度的同配性系数作为衡量伦敦地铁网络韧性的指标；Zhang 等[6]将连通性作为地铁网络性能度量指标，并将网络韧性定义为节点遭到破坏后网络的连通性及采取适当措施后网络连通性快速恢复到可接受水平的能力。其次，考虑流量和

需求满足的系统服务性能指标通常利用流量加权的度量指标或利用优化的方法计算出系统在中断期间满足需求数、乘客出行时间等指标，并以其作为系统韧性度量指标。例如，吕彪等[7]在地铁网络效率的基础上考虑到线路流量的影响，构建了网络服务韧性指标；Adjetey-Bahun 等[8]提出了一个基于列车及乘客仿真的韧性评估方法，通过计算乘客延误情况来量化轨道交通系统在干扰下的韧性。

然而，现有成果多假定中断时长为已知且确定的数据，未考虑运营管理者所预测的中断时长的准确性对于客流以及网络性能恢复的影响。针对上述问题，本文在考虑中断时长预测准确性的基础上，对乘客在中断场景下的出行路径进行建模。基于模型求解结果，考虑系统满足、损失乘客数及系统负载等指标对城市轨道交通网络韧性进行综合度量。

1　城市轨道交通系统韧性评估方法

1.1　问题描述

本文在考虑运营管理者对区间中断时长预测准确性的基础上，以最小化网络负载为目标，以流

基金项目：国家自然科学基金资助项目（72171020）；国家自然科学基金资助项目（72201028）；中央高校基本科研业务费专项资金（2022RC019）。

量守恒、列车容量等为约束条件,建立一个优化模型,从而为中断场景下网络中的乘客提供最优出行路径。模型的输出作为下一步量化城市轨道交通系统韧性的时间序列输入。本文选择了基于累计性能损失的韧性度量。最后,在案例研究中量化了区间修复序列和中断时长预测准确性对系统性能恢复的影响。

本文假设在中断场景下,乘客依赖于运营管理者提供的信息,遵循给定的路径建议。另外,假设受影响乘客在中断发生后存在三种出行行为:(1)仍乘城市轨道交通出行,但会根据中断情况变更路径;(2)原地等待中断修复;(3)放弃轨道交通,其指中断发生期间新产生的但无法连通的 OD 需求或中断发生时在受影响列车内的部分乘客的行为。

1.2 韧性评估指标及其量化方法

1.2.1 韧性评估指标

本文采用的是基于性能变化曲线的韧性度量方法。韧性值通过中断与正常场景网络性能曲线下的面积比值计算得到,具体计算如式(1)所示。

$$R = \frac{\int_{t_0}^{t_1} P(t)\,\mathrm{d}t}{\int_{t_0}^{t_1} P_0(t)\,\mathrm{d}t} \qquad (1)$$

式中: t_0、t_1——中断开始时间和修复完成时间;
$P_0(t)$、$P(t)$——正常与中断情景下 t 时刻系统的服务性能。

根据不同的研究目的,性能指标 $P(t)$ 可以被量化为满足的乘客数、乘客出行时间等。本文综合考虑了系统满足、损失乘客数及累计乘客数等指标,提出如式(2)所示的城市轨道交通系统韧性评估指标。该指标值越大,说明系统性能越高。

$$P(t) = \frac{I_t}{H_t + E_t} \qquad (2)$$

式中: I_t、H_t——t 时刻轨道交通系统满足和累计乘客数,两者通过求解后续优化模型可得;

E_t——t 时刻系统累计损失乘客数,计算公式如下:

$$E_t = \sum_{\omega \in \Omega} \sum_{k}^{(t,\,k+\alpha Z^\omega)\min} A^{\omega k}_{loss} \qquad (3)$$

式中: $A^{\omega k}_{loss}$——在 k 时 OD 对 ω 放弃轨道交通出行的乘客数,k 的范围在中断期间;

Z^ω——OD 对 ω 在无中断场景下乘坐轨道

交通时的出行时间。

本文假设放弃系统损失的乘客仍会选择公共交通出行,即公交车。通常情况下,相较于轨道交通方式,相同 OD 对的乘客选择公交车的出行时间要更长。因此,本文设置 α 用于表示轨道交通系统损失乘客出行时间的惩罚系数。

1.2.2 中断场景下乘客出行路径建模

该模型求解过程得到的网络中实时的站点、列车内及到达目的地的乘客数,为 1.2.1 中系统韧性值计算提供了数据输入。模型相关符号定义如表 1 所示。

符号说明表 表1

符号	说明
\multicolumn{2}{c}{集合}
Ω_0	不受中断影响的 OD 对集合
Ω_1	受中断影响的 OD 对集合
Ω	所有 OD 对集合,$\Omega = \Omega_0 \cup \Omega_1$
N	地铁站点集合
V	列车集合
T	时间集合
L_{transfer}	换乘通道集合
\multicolumn{2}{c}{索引}
ω	OD 对索引,$\omega\varepsilon \in$,$s(\omega)$ 为 OD 对 ω 起点,$e(w)$ 为 OD 对 ω 终点
v	列车索引,$v \in V$
j	地铁站点索引,$j \in N$
t	时间索引,$t \in T$
\multicolumn{2}{c}{参数}
$D^\omega_{j,t}$	t 时从 j 站出发 OD 为 ω 的乘客需求
C_v	列车 v 的容量限制
$I_{v,j,t}$	t 时列车 v 在 j 站停为1;否则,为0
δ_{ij}	换乘弧 (i,j) 的通行时间
$\Delta t_{(i,j)}$	区间 (i,j) 实际的中断持续时长
$t^{\omega j,t}_{jin}$	OD 对 ω 进入地铁系统的时刻
$\bar{t}^{\omega j,t}_{原}$	中断前,t 时以 j 为起始站的 OD 对 ω 的出行总时间
$\bar{t}^{\omega j,t}_0$	t 时以 j 为起始站的 OD 对 ω 受中断影响且等待修复时,感知出行总时间
$\bar{t}^{\omega j,t}_1$	t 时以 j 为起始站的 OD 对 ω 受中断影响且进行绕路时的出行总时间
$\bar{t}^{\omega j,t}_2$	t 时以 j 为起始站的 OD 对 ω 受中断影响且原地等待修复的实际出行总时间
$\lambda_{(i,j)}$	与区间中断时长相关的参数
θ	与乘客出行时间相关的惩罚系数

续上表

符号	说明
	变量
$q_{j,t}^{\omega}$	t 时 OD 对 ω 在 j 站的排队乘客数
$l_{v,t}^{\omega}$	t 时 OD 对 ω 在列车 v 内的乘客数
$h_{i,j,t}^{\omega}$	t 时 OD 对 ω 在换乘弧 (i,j) 的乘客数
$a_{v,j,t}^{\omega}$	t 时 OD 对 ω 在 j 站离开列车 v 的乘客数
$b_{v,j,t}^{\omega}$	t 时 OD 对 ω 在 j 站登上列车 v 的乘客数
$d_{j,i,t}^{\omega}$	t 时 OD 对 ω 离开 j 站前往 i 站的乘客数
$o_{j,t}^{\omega}$	t 时 OD 对 ω 在站点 j 离开系统的乘客数
$t_{chu}^{\omega,j,t}$	t 时 j 为起始站的受中断影响的 OD 对 ω 出地铁系统的时刻
$\beta_{j,t}^{\omega}$	t 时 j 为起始站点的 OD 对 ω 的惩罚值
$F_{j,t}^{\omega}$	与 $t_{jin}^{\omega,j,t}$ 相关的中间变量

本文提出了与区间中断时长相关的参数——估计偏差参数 $\lambda_{(i,j)}$，$\lambda_{(i,j)} \in (0, +\infty)$，用于表示运营部门对中断时长预测的准确性。定义 $\bar{t}_0^{\omega,j,t}$ 为受中断影响且原地等待修复的感知出行总时间，计算公式如式(4)所示。当 $\lambda_{(i,j)} < 1$ 时，则运营部门预测的区间中断时长低于实际中断时长；当 $\lambda_{(i,j)} > 1$ 时，则反之；当 $\lambda_{(i,j)} = 1$ 时，$\bar{t}_0^{\omega,j,t} = \bar{t}_2^{\omega,j,t}$，即管理者准确预测出区间的中断时长。

$$\beta_{j,t}^{\omega} = \begin{cases} D_{j,t}^{\omega} \times \theta(\bar{t}_3^{\omega,j,t} - \bar{t}_1^{\omega,j,t}), if\ \bar{t}_0^{\omega,j,t} < \bar{t}_1^{\omega,j,t}\ and\ t^{\omega,j,tchu} < \bar{t}_2^{\omega,j,t} + t^{\omega,j,tjin}\ \omega \in \Omega_1 ① \\ D_{j,t}^{\omega} \times \theta(\bar{t}_1^{\omega,j,t} - \bar{t}_3^{\omega,j,t}), if\ \bar{t}_0^{\omega,j,t} > \bar{t}_1^{\omega,j,t}\ and\ t^{\omega,j,tchu} < \bar{t}_1^{\omega,j,t} + t^{\omega,j,tjin}\ \omega \in \Omega_1 ② \quad \forall j \in N, t \in T \\ 0, 其他 ③ \end{cases}$$
(12)

$$F_{j,k}^{\omega} = \begin{cases} 0, \sum_{t=0}^{k} o_{j,k}^{\omega} = 0 \\ 1, \sum_{t=0}^{k} o_{j,k}^{\omega} > 0 \end{cases} \quad \forall \omega \in \Omega, j \in N, k \in T$$
(13)

$$t_{chu}^{\omega,j,t} = k + 1 \quad if\ F_{j,k+1}^{\omega} > F_{j,k}^{\omega} \quad \forall \omega \in \Omega, j \in N, t \in T$$
(14)

$$q_{j,t}^{\omega}, l_{v,t}^{\omega}, a_{v,j,t}^{\omega}, b_{v,j,t}^{\omega}, d_{i,j,t}^{\omega}, h_{i,j,t}^{\omega}, o_{j,t}^{\omega} \geq 0$$
(15)
$$\forall \omega \in \Omega, v \in V, j \in N, t \in T$$

该优化模型目标函数为最小化系统累计总人数。$\beta_{j,t}^{\omega}$ 为惩罚项，用于体现在参数 $\lambda_{(i,j)}$ 变化下的乘客出行路径调整。该值能够促使乘客在运营管理者低估或高估中断时长的情况下，选择感知最短路径。约束(5)~(7)分别为站台上、列车内及换乘通道内的流量守恒约束。约束(8)是对列车内的容量限制。约束(9)~(10)是限制乘客只能在列车停靠的站台实现上下车的动作。约束(11)是确保乘坐轨道交通出行的乘客只在其目的地站

$$\bar{t}_0^{\omega,j,t} = \bar{t}_{原}^{\omega,j,t} + \lambda_{(i,j)} \Delta t_{(i,j)} \quad \forall \omega \in \Omega_1, j \in N, t \in T$$
(4)

为捕获乘客在网络中的出行路径，建立如下优化模型：

$$\min \sum_{\omega \in \Omega_j} \sum_{j \in N} \sum_{t \in T} q_{j,t}^{\omega} + \sum_{\omega \in \Omega} \sum_{v \in V} \sum_{t \in T} l_{v,t}^{\omega} + \sum_{\omega \in \Omega} \sum_{i:(i,j) \in L_{transfer}} \sum_{j \in N} \sum_{t \in T} h_{i,j,t}^{\omega} +$$
$$\sum_{\omega \in \Omega_j} \sum_{j \in N} \sum_{t \in T} \beta_{j,t}^{\omega} q_{j,t}^{\omega} = q_{j,t-1}^{\omega} + D_{j,t}^{\omega} + \sum_{i:(i,j) \in L_{transfer}} d_{i,j,t-\delta_{ij}}^{\omega} -$$
$$\sum_{i:(i,j) \in L_{transfer}} d_{j,i,t}^{\omega} + \sum_{v \in V} a_{v,j,t}^{\omega} - \sum_{v \in V} b_{v,j,t}^{\omega} - o_{j,t}^{\omega}$$
$$\forall \omega \in \Omega, j \in N, t \in T$$
(5)

$$l_{v,t}^{\omega} = l_{v,t-1}^{\omega} + \sum_{j \in N} b_{v,j,t}^{\omega} - \sum_{j \in N} a_{v,j,t}^{\omega} \quad \forall \omega \in \Omega, v \in V, t \in T$$
(6)

$$h_{i,j,t}^{\omega} = h_{i,j,t-1}^{\omega} + d_{i,j,t}^{\omega} - d_{i,j,t-\delta_{ij}}^{\omega}$$
$$\forall \omega \in \Omega, i:(i,j) \in L_{transfer}, j \in N, t \in T$$
(7)

$$\sum_{\omega \in \Omega} l_{v,t}^{\omega} \leq C_v \quad \forall v \in V, t \in T$$
(8)

$$a_{v,j,t}^{\omega} \leq I_{v,j,t} \sum_{t' \leq t} D_{s(\omega),t'}^{\omega} \quad \forall \omega \in \Omega, v \in V, j \in N, t \in T$$
(9)

$$b_{v,j,t}^{\omega} \leq I_{v,j,t} \sum_{t' \leq t} D_{s(\omega),t'}^{\omega} \quad \forall \omega \in \Omega, v \in V, j \in N, t \in T$$
(10)

$$o_{j,t}^{\omega} = 0 \quad \forall \omega \in \Omega, v \in V, T \in T \& j \neq e(w)$$
(11)

点离开地铁系统。约束(12)用于计算惩罚值 $\beta_{j,t}^{\omega}$：条件①表示运营管理者低估区间中断时长，即受中断影响乘客等待中断修复的感知出行总时间小于绕路的出行总时间，但实际上等待修复的出行总时间要大于绕路的出行总时间；条件②则相反。约束(12)中 $t_{chu}^{\omega,j,t}$ 是与 $o_{j,t}^{\omega}$ 相关的变量，用于表示 OD 对 ω 到达终点的时刻，其由约束(13)、(14)计算得到。约束(15)是对变量的非负约束。

通过对上述模型求解得到变量 $o_{j,t}^{\omega}$、$q_{j,t}^{\omega}$、$l_{v,t}^{\omega}$、$h_{i,j,t}^{\omega}$ 的值，进而对性能指标 I_t 和 H_t 进行计算，具体计算公式如下：

$$I_t = \sum_{\omega \in \Omega} \sum_{j \in N} o_{j,t}^{\omega}$$
(16)

$$H_t = \sum_{\omega \in \Omega} \sum_{j \in N} q_{j,t}^{\omega} + \sum_{\omega \in \Omega} \sum_{v \in V} l_{v,t}^{\omega} + \sum_{\omega \in \Omega} \sum_{i:(i,j) \in L_{transfer}} \sum_{j \in N} h_{i,j,t}^{\omega}$$
(17)

2 案例分析

2.1 案例网络

选取北京市 4 条地铁线、35 个地铁站，构成简

化地铁网络。该案例网络包括 40 个 OD 对需求，在上午 7：30—8：30 共有 26695 人次均匀到达起点。图 1 为案例网络及 40 个 OD 对的需求分布示意图，图中紫色实线箭头表示本文所设置的中断区间，英文字母表示站点名称。本文假设三个区间在上午 7：40 同时中断，于 7：55 每隔 10min 完成一个中断区间的修复。为分析不同的区间修复序列对系统性能的影响，本文列举了三个中断区间不同的修复序列。本文所提出的优化模型经线性化处理后使用求解器 CPLEX 进行求解。

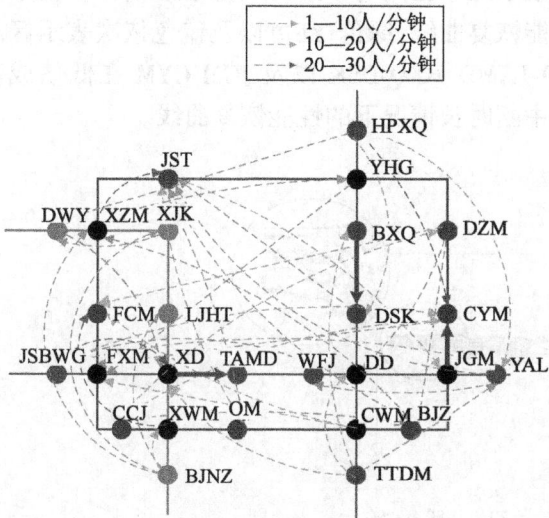

图 1　出行需求分布示意图

2.2　结果与分析

本文首先将参数 $\lambda_{(i,j)}$ 设为 1，以分析多中断区间的最优修复序列。表 2 为不同修复序列下系统服务性能指标的对比。可见，当采用不同网络性能指标时可得到不同的最优修复序列。针对本文所提出的性能指标，对多中断区间的最优修复序列进行展示分析。由表 2 和图 2 可见，修复序列 2 的网络韧性值最高，达 0.803。结合图 1 需求分布对实验结果进行分析，受区间 XD-TAMD 和 BXQ-DSK 中断影响的乘客的出行替代路径较少，且绕路成本较高。因此，受影响的大部分乘客等待中断修复或换乘其他交通方式到达目的地。相较于区间 XD-TAMD，经过区间 BXQ-DSK 的乘客需求略低，因此区间 BXQ-DSK 中断对系统性能的影响稍低。JGM-CYM 位于环线，受该区间中断影响的乘客的替代路径较多，损失乘客数较少，因此相较于其他中断区间而言，

该区间恢复时刻的延后对系统性能的影响较少。

不同修复序列下网络性能对比　表 2

场景	满足乘客数	损失乘客数	累计乘客数	韧性值
无中断场景	25202	—	414583	—
修复序列 1	22747	2546	456149	0.756
修复序列 2	23418	**2424**	441663	**0.803**
修复序列 3	23136	2622	450402	0.733
修复序列 4	22913	3432	**429613**	0.689
修复序列 5	**23432**	3316	433008	0.721
修复序列 6	23311	2732	447090	0.781

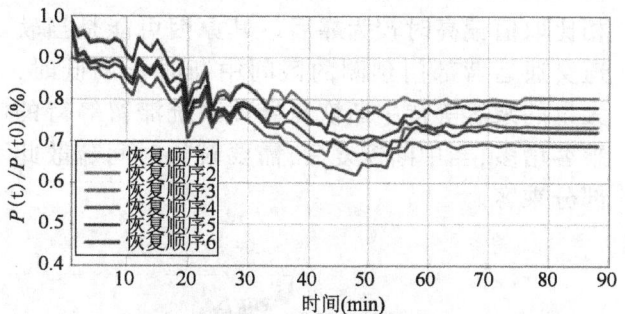

图 2　系统韧性曲线

为分析运营管理者低估与高估区间中断时长对客流及网络性能恢复的影响，本文以上述修复序列 2 作为案例分析场景。首先，将三个中断区间的 λ 值分别同时设置为 0.8 和 1.2（图 3、图 4）。

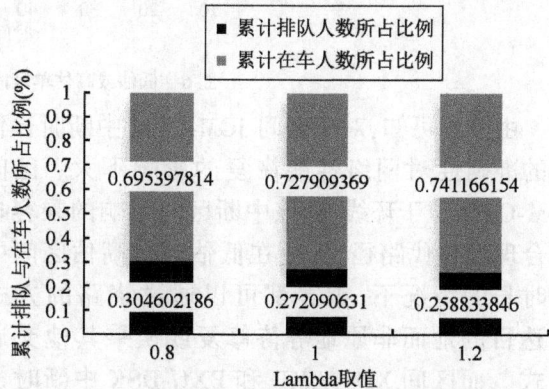

图 3　不同 λ 值下累计排队与在车人数占比

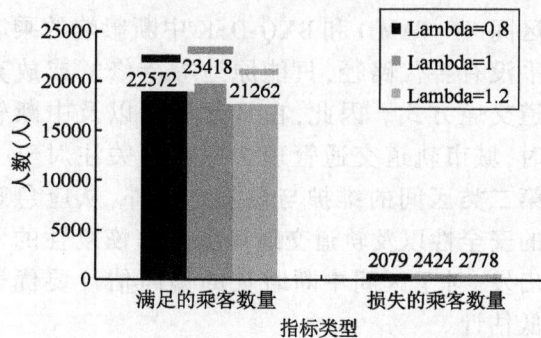

图 4　不同 λ 值下满足与损失乘客数比较

由上述两个柱状图可以看出,当 λ 取值 0.8时,即轨道交通运营部门预测的区间中断时长偏低,系统损失的乘客数降低,原地等待修复的比例增多;当 λ 取值 1.2 时,轨道交通运营部门预测的中断时长偏高,此时系统损失的乘客数增加,而等候中断恢复的乘客比例降低。另外, λ 取值偏高或偏低时,系统在研究范围内满足的乘客数量在一定程度上都有所减少。

如图 5 可见, λ 取值偏高或偏低都会使系统在应对区间中断时的韧性降低。另外,当 λ 取值偏低时,系统性能恢复到相对稳定状态的时间节点相比取值偏高时较为靠后。其原因可能是当轨道交通运营部门预测的区间中断时长偏低时,大量的乘客等待中断恢复导致系统滞留等待的乘客增多,当中断恢复后,需要较长时间疏散此部分乘客。

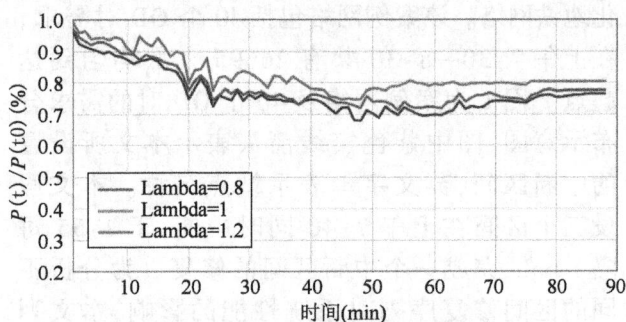

图5 不同 λ 取值时的系统韧性曲线

下面针对单个区间中断时长的低估与高估对网络性能恢复的影响进行分析,如图 6 中黑色曲线表示三个区间的中断时长都准确估计情况下的性能恢复曲线,绿色、红色以及蓝色依次表示区间 XD-TAMD、BXQ-DSK 以及 JGM-CYM 在低估或高估中断时长情况下的性能恢复曲线。

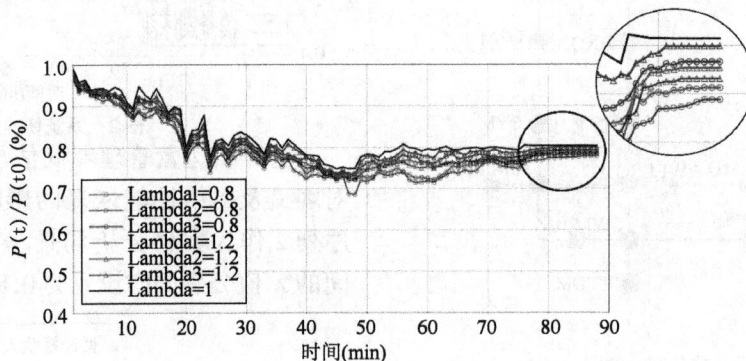

图6 低估或高估单区间中断时长情景下的系统韧性曲线

由图 6 可知,对于区间 JGM-CYM 中断时长估计的准确性对网络性能恢复的影响不大。区间 JGM-CYM 位于环线,受该中断区间影响的乘客拥有合理的替代路径,无论在低估还是高估区间中断时长的情况下,乘客都可以通过绕路的方式到达目的地而非原地等待修复或换乘其他交通方式。而区间 XD-TAMD 和 BXQ-DSK 中断时长估计的准确性对于网络性能恢复的影响较大,受区间 XD-TAMD 和 BXQ-DSK 中断影响的乘客几乎没有替代路径,只能原地等待修复或放弃轨道交通方式。因此,在日常运营以及中断管理时,城市轨道交通管理者应重点关注对于上述第二类区间的维护与修复。另外,从应急疏散的安全性以及轨道交通系统快速恢复性的角度出发,对于区间中断时长的偏高估计要优于偏低估计。

3 结语

本文在考虑运营管理者对中断时长预测准确性的基础上提出了一种以乘客需求为导向的城市轨道交通网络韧性评估方法。通过案例研究发现,在多区间中断场景下,采用不同的性能度量指标将得到不同的最优修复序列,应根据研究目的以及应用场景进行设定。另外,多中断区间的最优修复序列与网络拓扑特征及网络中的需求分布紧密相关。最后,案例分析结果还揭示了在无法准确预测区间中断时长的情况下,中断时长被高估时,系统在乘客疏散安全性以及系统恢复快速性方面的表现要优于中断时长被低估的情况。

本文的研究还可以在以下方面进行改进。本文针对多中断区间的最优修复序列的确定采用了可行序列的枚举法,当中断区间数量较多时计算负担过重,后续计划开展基于启发式算法求解该优化问题的研究工作。

参考文献

[1] 夏泽郁,汤育春,李启明.基于韧性理论的中国城市轨道交通事故统计分析[J].都市快轨交通,2020,33(3):148-156.

[2] CATS O,KOPPENOL G,WARNIER M. Robustness assessment of link capacity reduction for complex networks:Application for public transport systems [J]. Reliability Engineering & System Safety,2017, 167:544-553.

[3] SZYMULA C,BEŠINOVIĆ N. Passenger-centered vulnerability assessment of railway networks[J]. Transportation Research Part B: Methodological,2020,136:30-61.

[4] BEŠINOVIĆ N. Resilience in railway transport systems:a literature review and research agenda [J]. Transport Reviews, 2020, 40 (4): 457-478.

[5] CHOPRA S S,DILLON T,BILEC M M,et al. A network based framework for assessing infrastructure resilience:A case study of the London metro system[J]. Journal of the Royal Society Interface,2016,13(118).

[6] ZHANG D,DU F,HUANG H,et al. Resiliency assessment of urban rail transit networks: Shanghai metro as an example [J]. Safety Science,2018,106:230-243.

[7] 吕彪,管心怡,高自强.地铁网络服务韧性评估与最优恢复策略[J].交通运输系统工程与信息,2021,21(5):198-205,221.

[8] ADJETEY-BAHUN K,BIRREGAH B,CHÂTELET E,et al. A model to quantify the resilience of mass railway transportation systems [J]. Reliability Engineering & System Safety,2016,153:1-14.

公共交通系统脆弱性和韧性研究综述

胡子萱* 孟 旭 任永全 陈 凡

(长安大学电子与控制工程学院)

摘　要　随着自然灾害的频繁发生,公共交通系统的安全性和稳定性日益受到关注。本文选取公共交通系统中两个具有代表性的概念——脆弱性和韧性,回顾了这两个性能评估的研究方法现状。首先对研究中脆弱性和韧性的概念进行了总结,然后回顾了脆弱性和韧性的研究方法,主要分为基于拓扑的方法和基于系统的方法。本文比较了单模式网络和多模式网络的研究方法,发现多模式网络的研究方法与单模式网络类似,但是多模式网络更多地考虑到了网络之间的依赖关系。最后,文章对未来的交通网络性能评估方向进行了展望。

关键词　公共交通系统　脆弱性　韧性　综述

0　引言

公共交通系统是基础设施的重要组成部分,包括公路、铁路、地铁、航空和水路,其运行效率的关键在于客货流畅。自然灾害与意外事件(如2021年郑州暴雨)的发生可能严重影响此系统,导致大规模的乘客出行困难和经济损失。因此,提高公共交通系统的抗灾能力及评估其灾后恢复能力是至关重要的。

在公共交通领域性能评估研究中,存在鲁棒性、脆弱性、可靠性、韧性等多个概念[1]。前三者分别指交通网络在受到扰动时剩余的服务能力[2,3]、受到扰动后的性能损失[4]、乘客在 OD 对上完成出行的可能性[5]。然而,这些概念只能反映系统被扰动后性能的变化,并不能反映系统恢复时性能的变化。因此,韧性评估在公共交通性能评估领域得到了发展[6]。

在评估交通系统性能的文献中,很多都是关

于交通系统脆弱性和韧性的。例如,Reggiani 等[3]关注连通性或可达性是否可以成为解释韧性和脆弱性概念的统一框架,Pan 等[7]对脆弱性和韧性评估的研究方法进行了具体分类。

现有研究多集中于对单一模式网络的脆弱性和韧性评估,但随着公共交通系统的发展,研究逐渐转向更现实的多模式网络[8]。本文旨在综述多模式网络韧性评估方法,为该领域研究提供方向。

1　公共交通系统脆弱性和韧性研究现状

1.1　公共交通系统脆弱性和韧性定义

脆弱性多用于道路网络,用来描述道路网络受到干扰时服务能力降低的程度[9,10],后来被用于评估轨道交通网络等其他网络的脆弱性。与道路网络类似,轨道交通网络评估仍然关注网络受到干扰后的性能损失[11,12]。

韧性概念最初由 Holling[13]在生态学领域提出,用以描述生态系统的恢复能力,后来扩展至运输领域,用于描述灾后运输系统与基础设施的性能变化和恢复[14,15]能力。目前的韧性定义主要涵盖两个方面:一是在中断时保持功能的能力;二是性能恢复的时间与速度。不同学者对交通网络韧性的定义如表 1 所示。

不同学者对交通网络韧性的定义　　　　　　　　　　表 1

交通网络	韧性的定义	参考文献
交通网络	运输系统在受到运输中断影响后,在可接受的时间和费用范围内吸收中断、维持其基本结构和功能并恢复到所需服务水平的能力	Zhang 等[16]
道路网络	运输系统中的冗余	Xu 等[17]
轨道网络	系统从破坏性事件或冲击中恢复的速度	Lu[18]
水路网络	系统在受到扰动影响后,在合理的时间内恢复到预期运行水平的能力	Hossain 等[19]
航空网络	灾难发生后系统的性能变化和恢复能力	Dunn 等[20]
高铁和航空网络	韧性表示为灾后系统恢复的速度	Zhou 和 Chen[21]
地铁和公交网络	在可接受的服务范围内承受中断的能力	Jin 等[22]
铁路、公路和航空网络	韧性定义为运输网络在合理的时间框架内从中断中恢复正常运输功能的能力	Guo 等[23]
交通网络与电网	韧性包括性能降解和性能恢复	Pan 等[24]

Bruneau 等[14]提出韧性应包括以下四个属性:鲁棒性、冗余性、智能性和快速性。图 1 是基于 Bruneau 的"韧性三角形模型"和"R4 框架"总结出的目前应用较广泛的韧性三角形模型。

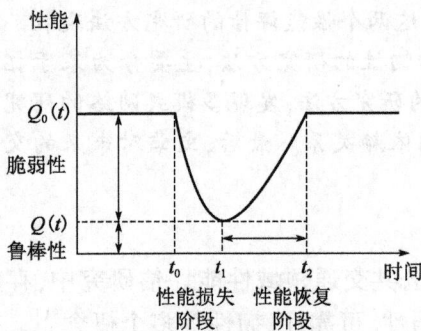

图 1　韧性三角形模型

1.2　公共交通系统脆弱性和韧性评估方法

通过阅读文献,我们可以将评估方法分为基于拓扑的方法、基于功能的方法、基于优化的方法、基于仿真的方法和基于数据驱动的方法。

1.2.1　基于拓扑的方法

拓扑指标是基于复杂的网络理论提出的,该理论描述了网络的拓扑特征[25]。作为网络研究的基石,复杂的网络理论在促进公共交通系统性能研究中起着重要作用。常用的拓扑指标包括网络效率[26]、巨型组件的大小[27]、平均最短路径[16,20]等。这些指标反映了 PT 的连通性。研究中常见的拓扑指标如表 2 所示。

常见拓扑指标　　　　　　表 2

拓扑指标	参考文献
平均节点度	马超群等[28]
介数	Akbarzadeh 等[29]
最短路径	Dunn 等[20];Zhang 等[16]
聚类系数	Testa 等[30]
网络效率	Zhang 等[26];Osei-Asamoah 等[31]
最大连通子图	Dunn 等[20];Aydin 等[27]
全局连通性	Zhang 等[32];Zhang 等[33]

未加权网络不能反映网络的动态特性,因此许多研究将客流和出行时间加权到静态拓扑网络中,然后再研究网络的韧性。多模式网络中,关于韧性的研究比较少,但是也有一些相关的研究对脆弱性等概念使用拓扑指标进行评估。例如,Li等[34]使用乘客出行成本作为权重来定义网络效率,并将其作为可达性指标。由于拓扑指标往往反映网络结构的变化,因此通常用于评估公共交通系统的脆弱性。

1.2.2 基于功能的方法

在基于功能的方法中,学者们往往侧重于客流量、出行时间等特征指标。

(1)系统性能指标

无论是单一模式网络还是多模式网络的研究,很多指标都是基于乘客的。Adjetey-Bahun等[35]将乘客延误和载客量作为系统性能指标,测量了城市轨道交通网络的韧性。Liu等[36]将使用公交-轨道交通网络上乘客的损失时间作为韧性评估指标。

旅行成本主要是指乘客在旅行上花费的时间、距离和金钱。Erath等[37]将乘客的旅行时间和旅行距离作为乘客的旅行阻抗,然后量化事故后道路网络的脆弱性。Zhang等[38]将乘客的最小出行时间作为选择路径的原则。

(2)数学模型

数学模型是基于乘客的网络性能公共交通系统的功能脆弱性和韧性评估的模型。在脆弱性评估中广泛使用的基于可达性的评估方法大多采用以乘客为中心的方法,可以评估网络的动态脆弱性。Lu等人[39]将佛罗里达州划分为不同的交通区域,并基于可达性研究了不同道路基础设施类型(如桥梁和隧道)对高速公路网络脆弱性的影响。Jiang等[40]研究了不同土地利用类型对地铁网络脆弱性的影响。

在公共交通系统韧性评估指标中,除了拓扑指标外,还有基于特征和基于性能的指标。基于特征的指标包括脆弱性、鲁棒性、适应性、快速性等。

基于性能的方法大多基于图1的韧性三角形模型,数学表达如下:

$$R = \int_{t_1}^{t_2} [100 - Q(t)] dt \qquad (1)$$

式中: $Q(t)$——系统的性能;

t_1——系统的干扰开始时间;

t_2——系统的恢复完成时间。

$Q(t)$作为系统性能指标,也会按照乘客出行时间选取。

在多模式网络中,突发事件通常不会直接导致网络失效,因为其他功能冗余的网络可以替代补充受影响的网络[41]。Jin等[22]使用网络受攻击后的乘客需求变化来评估网络韧性,考虑公交对地铁网络韧性的补充作用。Lu等[42]研究地铁网络失效时公交的补充效应,并提出用站点可达性指标评估脆弱性,发现公交补充可减少地铁脆弱性。Ouyang等[43]研究铁路和航空网络,并引入动态互补强度度量来帮助乘客从脆弱性角度设计或选择更好的互补拓扑。

为更全面地反映多模式网络的静态与动态特性,部分研究从拓扑和功能两方面进行评估。Hong等[8]定义了代表地铁与公交转换便利性的乘客出行偏好距离,并将可达性基于拓扑、出行时间和范围进行三种分类,以此评估网络脆弱性。Hong等[44]以时间、最短路径和往返效率评估不同城市间高铁和地铁乘客的往返效率。Liu等[36]提出动态韧性评估方法,用拓扑指标描述网络结构的连通性,以及用功能指标(如鲁棒性和恢复速度)衡量乘客运输影响,以西安的地铁和公交网络为例验证评估的有效性。Ferrari和Santagata[45]用网络效率和最大连通子图的相对大小分别衡量意大利北部高速与铁路网络的脆弱性和鲁棒性。

除了性能评估,学者们还将这些方法于其他研究。例如Lu等[41]用拓扑和功能指标衡量西安地铁和公交网络的相互依赖性。

综上所述,多模式网络可采用单一模式网络的评估指标,虽然建模更复杂,但评估方法相似。

1.2.3 基于优化的方法

基于优化的方法在实验中作为处理问题的手段。这类方法主要是基于算法来寻找最优解。它主要用于交通分配、紧急救援点的选择、救援物资的分配以及修复策略的制定。

Capacci等[46]根据一个以最小化总旅行时间为目标的用户均衡模型,确定了道路网络的实际交通分配。在传统的用户均衡模型上,学者们进行了改进。Zhao等[47]考虑了一个弹性均衡模型来描述旅行者的路线行为选择,该模型考虑了出行成本变化时乘客出行需求的变化。

Faturechi 等[48]提出了一个具有均衡约束的两层三阶段随机数学过程(SMPEC),以最小化道路网络中的出行时间。Guo 等[23]研究了多模式交通网络中应急救援设施的位置策略,以提高网络的弹性。基于优化方法,从一个整体的视角提出了一个合作覆盖模型。一方面,它提高了多模式交通网络的恢复速度,另一方面,它最大化了政府管理者的救援成本效益。

当研究对象是多模式网络时,基于优化的方法在许多研究中仍然被使用。Goldbeck 等[49]使用了一个网络流模型,其生成元素是一个随机资产故障模型、一个情景树生成算法和一个最小成本流分配模型,以评估相互依赖的基础设施的弹性。Auad 等[50]使用了固定和变动成本的加权组合以及将出行时间作为目标函数来评估网络弹性。

1.2.4　基于仿真的方法

基于仿真的方法主要用于实验环节,几乎所有案例验证都需要用到该方法。以下是关于灾害场景建模和仿真方法的回顾。

(1)灾难场景建模

公共交通系统对各种干扰特别敏感,如自然灾害、运营故障、恐怖袭击等。不同的干扰类别仿真方法也不同。例如自然灾害和运营故障,往往采用随机攻击的方法;但是恐怖袭击等就会采用攻击特定的节点或者边的方法。

还有许多基于历史数据对灾害场景进行建模的研究。Voltes-Dorta 等[51]使用了 2013 年 2 月的乘客出行 MIDT 数据集,模拟了单个欧洲机场的关闭,然后根据最小出行延迟原则分配受影响的乘客。Ganin 等[52]使用历史数据对网络进行仿真,对一个城市的系统进行随机和蓄意攻击。Singh 等[53]使用了一个综合框架,将气象信息、土地利用函数和水动力模型与安全速度功能联系起来,以将洪水深度与速度减少联系起来,以确定道路网络的脆弱性。

(2)仿真模型

级联失效是交通系统中的常见现象,许多研究基于此来研究网络性能。Chen 等[54]采用了多种攻击策略进行仿真并通过模拟级联失效的情形来分析系统的脆弱性。在多模式网络中(如地铁和公交网络),网络之间存在明显的相互依赖性,因此需要考虑网络的地理和运营的相互依赖性来重新建模级联失效模型。Zhang 等[55]提出了一个整合运营和非线性地理依赖性的相互依赖关系,以修改节点状态演化函数和跨层级级联失效模型。

1.2.5　基于数据的方法

近年来,由于机器学习和深度学习算法的发展,数据驱动方法逐渐应用于网络性能,尤其是韧性研究。Wang 等[56]基于深度学习的方法,使用实际数据测量道路网络的韧性。Xu 等[57]将系统性能变化视为一个周期,并使用历史数据模拟未来情况,以评估网络在性能恢复后是否能够适应下一阶段。

基于数据的方法可使用实际数据来描述过去或预测未来的情况,但是这种方法存在数据难以获得和难以处理的问题。

2　结语

本文讨论了公共交通网络的脆弱性和韧性研究,尤其是多模式网络和单一模式网络的研究方法,并得出以下结论:

(1)目前的研究表明,多模式公共交通系统的韧性关注于系统在面对不同类型的扰动时(如自然灾害、人为攻击或技术故障)如何维持运营效率和服务质量。其中,系统的冗余、灵活性和快速响应能力是提高韧性的关键因素。

(2)目前的研究主要采用了上述五种方法来评估脆弱性和韧性,这些方法可以帮助识别关键节点以及优化资源配置。

(3)实证研究揭示了多模式交通网络在实际中如何应对各种扰动,如调整运营策略和增强基础设施的实例对于理论与实践的结合尤为重要。

通过本篇综述,我们可以对未来的研究提供一些思路。

(1)综合模型的发展:未来研究可以开发更为综合的模型,结合物理网络的特性与乘客行为模式,以更全面地评估系统韧性。

(2)数据驱动的研究:随着数据获取技术的进步,应用大数据和实时数据分析,可以更准确地监测网络状态和预测潜在风险,从而提前采取应对措施。

(3)跨学科方法:交通系统脆弱性和韧性的研究可以借鉴生态系统、社会科学和工程技术等领域的理论和方法,通过跨学科合作来解决复杂的问题。

参考文献

[1] ZHOU Y, WANG J, YANG H. Resilience of transportation systems: concepts and comprehensive review[J]. IEEE Transactions on Intelligent Transportation Systems, 2019, 20 (12): 4262-4276.

[2] MATTSSON L G, JENELIUS E. Vulnerability and resilience of transport systems-a discussion of recent research[J]. Transportation Research Part A: Policy and Practice, 2015, 81: 16-34.

[3] REGGIANI A, NIJKAMP P, LANZI D. Transport resilience and vulnerability: the role of connectivity[J]. Transportation Research Part A, 2015, 81: 4-15.

[4] TAYLOR M. Vulnerability analysis for transportation networks[M]. Amsterdam Elsevier, 2017.

[5] DE OLIVEIRA E L, DA SILVA PORTUGAL L, JUNIOR W P. Indicators of reliability and vulnerability: similarities and differences in ranking links of a complex road system[J]. Transportation Research Part A: Policy and Practice, 2016, 88: 195-208.

[6] GU Y, FU X, LIU Z Y, et al. Performance of transportation network under perturbations: reliability, vulnerability, and resilience[J]. Transportation Research Part E: Logistics and Transportation Review, 2020, 133: 101809.

[7] PAN S Z, YAN H, HE J, et al. Vulnerability and resilience of transportation systems: a recent literature review[J]. Physica A: Statistical Mechanics and Its Applications, 2021, 581: 126235.

[8] HONG L, YAN Y Z, OUYANG M, et al. Vulnerability effects of passengers' intermodal transfer distance preference and subway expansion on complementary urban public transportation systems[J]. Reliability Engineering & System Safety, 2017, 158: 58-72.

[9] JENELIUS E, MATTSSON L G. Road network vulnerability analysis of area-covering disruptions: a grid-based approach with case study[J]. Transportation Research Part A: Policy and Practice, 2012, 46(5): 746-760.

[10] MORELLI A B, CUNHA A L. Measuring urban road network vulnerability to extreme events: an application for urban floods[J]. Transportation Research Part D: Transport and Environment, 2021, 93: 102770.

[11] BALIJEPALLI C, OPPONG O. Measuring vulnerability of road network considering the extent of serviceability of critical road links in urban areas[J]. Journal of Transport Geography, 2014, 39: 145-155.

[12] NIAN G Y, CHEN F X, LI Z, et al. Evaluating the dlignment of new metro line considering network vulnerability with passenger ridership[J]. Transportmetrica A: Transport Science, 2019, 15(2): 1402-1418.

[13] HOLLING C S. Resilience and stability of ecological systems[J]. Annual Review of Ecology and Systematics, 1973, 4(1): 1-23.

[14] BRUNEAU M, CHANG S E, EGUCHI R T, et al. A Framework to quantitatively assess and enhance the seismic resilience of communities[J]. Earthquake Spectra, 2003, 19(4): 733-752.

[15] TA C, GOODCHILD A V, PITERA K. Structuring A Definition of resilience for the freight transportation system[J]. Transportation Research Record, 2009, 2097(1): 19-25.

[16] ZHANG X, MILLER-HOOKS E, DENNY K. Assessing the role of network topology in transportation network resilience[J]. Journal of Transport Geography, 2015, 46: 35-45.

[17] XU X D, CHEN A, XU G M, et al. Enhancing network resilience by adding redundancy to road networks[J]. Transportation Research Part E: Logistics and Transportation Review, 2021, 154: 102448.

[18] LU Q C. Modeling network resilience of rail transit under operational incidents[J]. Transportation Research Part A: Policy and Practice, 2018, 117: 227-237.

[19] HOSSAIN N U I, NUR F, HOSSEINI S, et al. A Bayesian network based approach for

modeling and assessing resilience: a case study of a full service deep water port[J]. Reliability Engineering & System Safety, 2019, 189: 378-396.

[20] DUNN S, WILKINSON S M. Increasing the resilience of air traffic networks using anetwork graph theory approach [J]. Transportation Research Part E: Logistics and Transportation Review, 2016, 90: 39-50.

[21] ZHOU L, CHEN Z H. Measuring the performance of airport resilience to severe weather events[J]. Transportation Research Part D: Transport and Environment, 2020, 83: 102362.

[22] JIN J G, TANG L C, SUN L, et al. Enhancing metro network resilience via localized integration with bus services[J]. Transportation Research Part E: Logistics and Transportation Review, 2014, 63: 17-30.

[23] GUO J N, DU Q, HE Z G. A Method to improve the resilience of multimodal transport network: location selection strategy of emergency rescue facilities[J]. Computers & Industrial Engineering, 2021, 161: 107678.

[24] PAN X, DANG Y H, WANG H X, et al. Resilience model and recovery strategy of transportation network based on travel OD-grid analysis[J]. Reliability Engineering & System Safety, 2022, 223: 108483.

[25] LIU D, JI X, WANG B, et al. Topological vulnerability analysis and countermeasures of electrical communication network based on complex network theory [J]. Power System Technology, 2015.

[26] ZHANG J H, WANG S L, WANG X Y. Comparison analysis on vulnerability of metro networks based on complex network [J]. Physica A: Statistical Mechanics and Its Applications, 2018, 496: 72-78.

[27] AYDIN N Y, DUZGUN H S, HEINIMANN H R, et al. Framework for improving the esilience and recovery of transportation networks under geohazard Risks [J]. International Journal of Disaster Risk Reduction, 2018, 31: 832-843.

[28] 马超群,张爽,陈权等. 客流特征视角下的轨道交通网络特征及其脆弱性[J]. 交通运输工程学报, 2020, 20(05): 208-216.

[29] AKBARZADEH M, MEMARMONTAZERIN S, DERRIBLE S, et al. Correction to: The role of travel demand and network centrality on the connectivity and resilience of an urban street system [J]. Transportation, 2019, 46: 1969.

[30] TESTA A C, FURTADO M N, ALIPOUR A. Resilience of coastal transportation networks faced with extreme climatic events [J]. Transportation Research Record, 2015, 2532(1): 29-36.

[31] OSEI-ASAMOAH A, LOWNES N E. Complex network method of evaluating resilience in surface transportation networks [J]. Transportation Research Record, 2014, 2467(1): 120-128.

[32] ZHANG D M, DU F, HUANG H W, et al. Resiliency assessment of urban rail transit networks: shanghai metro as an example[J]. Safety Science, 2018, 106: 230-243.

[33] ZHANG J H, WANG M. Transportation functionality vulnerability of urban rail transit networks based on movingblock: the case of nanjing metro [J]. Physica A: Statistical Mechanics and Its Applications, 2019, 535: 122367.

[34] LI T, RONG L L, YAN K S. Vulnerability analysis and critical area identification of public transport system: a case of high-speed rail and air transport coupling system in china[J]. Transportation Research Part A: Policy and Practice, 2019, 127: 55-70.

[35] ADJETEY-BAHUN K, BIRREGAH B, CHÂTELET E, et al. A Model to quantify the resilience of mass railway transportation systems[J]. Reliability Engineering & System Safety, 2016, 153: 1-14.

[36] LIU B, LIU X Y, YANG Y, et al. Resilience Assessment framework toward Interdependent bus-rail transit network: structure, critical

components, and coupling mechanism [J]. Communications In Transportation Research, 2023,3:100098.

[37] ERATH A,BIRDSALL J,AXHAUSEN K W,et al. Vulnerability assessment methodology for swiss road network [J]. Transportation Research Record,2009,2137(1):118-126.

[38] ZHANG X G,MAHADEVAN S,GOEBEL K. Network reconfiguration for increasing transportation system resilience under extreme events [J]. Risk Analysis, 2019, 39 (9): 2054-2075.

[39] LU Q C,XU P C,ZHANG J. Infrastructure-based transportation network vulnerability modeling and analysis [J]. Physica A: Statistical Mechanics and Its Applications, 2021,584:126350.

[40] JIANG R Y,LU Q C,PENG Z R. A Station-based rail transit network vulnerability measure considering land use dependency[J]. Journal of Transport Geography,2018,66:10-18.

[41] LU Q C,XU P C,ZHAO X,et al. Measuring network interdependency between dependent networks: a supply-demand-based approach [J]. Reliability Engineering & System Safety, 2022,225:108611.

[42] LU Q C,LIN S. Vulnerability Analysis of urban rail transit network within multi-modal public transport networks[J]. Sustainability,2019,11 (7):2109.

[43] OUYANG M,PAN Z Z,HONG L,et al. Vulnerability analysis of complementary transportation systems with applications to railway and airline systems in china [J]. Reliability Engineering & System Safety,2015, 142:248-257.

[44] HONG L, OUYANG M, XU M, et al. Time-varied accessibility and vulnerability analysis of integrated metro and high-speed rail systems [J]. Reliability Engineering & System Safety, 2020,193:106622.

[45] FERRARI C,SANTAGATA M. Vulnerability and robustness of interdependent transport networks in north-western italy[J]. European Transport Research Review, 2023, 15 (1): 1-21.

[46] CAPACCI L,BIONDINI F,TITI A. Lifetime Seismic resilience of aging bridges and road networks [J]. Structure and Infrastructure Engineering,2020,16(2):266-286.

[47] ZHAO T T,ZHANG Y. Transportation Infrastructure restoration optimization considering mobility and accessibility in resilience measures[J]. Transportation Research Part C: Emerging Technologies,2020,117:102700.

[48] FATURECHI R,MILLER-HOOKS E. Travel Time resilience of roadway networks under disaster[J]. Transportation Research Part B: Methodological,2014,70:47-64.

[49] GOLDBECK N, ANGELOUDIS P, OCHIENG W Y. Resilience assessment for interdependent urban infrastructure systems using dynamic network flow models [J]. Reliability Engineering & System Safety, 2019, 188: 62-79.

[50] AUAD R,DALMEIJER K,RILEY C,et al. Resiliency of on-demand multimodal transit systems during a pandemic[J]. Transportation Research Part C: Emerging Technologies, 2021,133:103418.

[51] VOLTES-DORTA A,RODRÍGUEZ-DÉNIZ H, SUAU-SANCHEZ P. Vulnerability of the european air transport network to major airport closures from the perspective of passenger delays:ranking the most critical airports[J]. Transportation Research Part A: Policy and Practice,2017,96:119-145.

[52] GANIN A A,MERSKY A C,JIN A S,et al. Resilience in intelligent transportation systems (ITS) [J]. Transportation Research Part C: Emerging Technologies,2019,100:318-329.

[53] SINGH P,SINHA V S P,VIJHANI A,et al. Vulnerability assessment of urban road network from urban flood[J]. International Journal of Disaster Risk Reduction,2018,28:237-250.

[54] CHEN H Y,ZHANG L M,LIU Q,et al. Simu-

lation-based vulnerability assessment in transit systems with cascade failures [J]. Journal of Cleaner Production,2021,295:126441.

[55] ZHANG L,XU M,WANG S A. Quantifying bus route service disruptions under interdependent cascading failures of a multimodal public transit system based on an improved coupled map lattice model [J]. Reliability Engineering & System Safety,2023, 235:109250.

[56] WANG H W,PENG Z R,WANG D S,et al. Evaluation and prediction of transportation resilience under extreme weather events：a diffusion graph convolutional approach [J]. Transportation Research Part C：Emerging Technologies,2020,115:102619.

[57] XU Z,CHOPRA S S,LEE H. Resilient urban public transportation infrastructure：a comparison of five flow-weighted metro networks in terms of the resilience cycle framework [J]. IEEE Transactions on Intelligent Transportation Systems,2021,23 (8):12688-12699.

面向折返能力下降的地铁列车运行调整方法

刘鑫健　柏赟*　陈垚

（北京交通大学综合交通运输大数据应用技术交通运输行业重点实验室）

摘　要　地铁折返站轨道电路等设备故障会不同程度地影响折返站折返能力和列车运行计划，因此，有必要及时制定适配的列车运行调整方案，以减少对乘客服务质量的影响。本文以单条城市轨道交通线路为研究对象，针对折返站折返能力下降情况，采取小交路折返、加开列车、运行时分调整组合策略，考虑安全行车间隔、流入流出平衡等约束，以乘客站台总等待时长最小为目标，构建基于事件活动图（Event-activity Network）的列车运行调整优化模型，设计自适应大邻域搜索算法求解模型。以某城市地铁线路为例的分析结果表明：本文模型可有效缓解乘客滞留情况，相较于模型求解得到的固定折返站调整方案，灵活小交路折返与加开列车的组合策略可为乘客减少 9.6% 以上的等待时间，有效提升线路上列车运行效率，缓解线路因折返能力下降产生的客流压力。

关键词　城市轨道交通　列车运行调整　事件活动图　小交路折返　加开列车

0　引言

地铁是具有大运量、运输快等特点的公共交通方式，然而在运营过程中难免会遇到轨道电路设备故障等突发事件。该类故障会对折返站折返能力造成不同程度的影响，进而影响原有列车的运行计划。故障场景下的列车运行计划偏离，则会导致列车延误、乘客等待时间延长、出行计划滞后等，从而影响企业运营指标，降低乘客服务质量。因此有必要针对折返能力下降情况，研究列车运行调整策略，生成适配的列车运行调整方案。

列车运行调整策略包括小交路折返[1]、加开列车[2]、取消车次[3]、跳停运行[4]、反向运行[5]等，各类策略在不同延误和故障情景下的适用性存在差异。江志彬[6]基于对各调整策略的优缺点分析，列举了加开列车与跳停、小交路折返等策略，并对其进行组合的调整方式。叶茂[7]等人针对地铁大客流车站，研究备用列车的加开车站，选择优化方案，定量化判定备用列车投放时机，求解后考虑空驶跳停列车的加开方案。跳停运行对于部分站突发大客流压力，可较快缓解乘客滞留情况[8]，

基金项目：国家自然科学基金资助项目（71971016）、北京市自然科学基金（L221020）。

也常与小交路折返策略组合使用[9]；针对单向中断情景，采用反向运行策略[10]可有效利用未故障方向轨道；针对区间通过能力下降情景，小交路折返与取消车次策略组合[11]，可提高与相连线路间的换乘效率。

折返能力下降，主要影响列车在折返站的通过效率，影响结果根据列车折返能力下降程度的变化而变化，并不一定导致线路中断或列车救援。因此，既有模型刻画的线路条件和调整策略不完全适用。

本文以轨道电路故障为背景，考虑该类故障对折返站折返作业的影响，提出适用于折返能力下降情景的行车调整优化模型。基于所生成的故障持续阶段行车调整方案，分析调整策略对故障线路的调整效果。

1　问题描述

1.1　研究问题

考虑发生折返站附近轨道电路等设备故障的单条地铁线路，D、J、J_{sturn}、I 分别表示车辆段、车站、可折返中间站和列车集合。j 为车站编号，$j \in J$，由上行始发站至下行终点站依次为 $1 \sim 2N$。

如图 1 所示，车站 j_N 和 j_{N+1} 处折返能力下降，折返能力下降程度直接影响到达折返站的待折返列车，严重时将间接造成后续列车的二次延误。j_N 和 j_{N+1} 站的折返效率降低，将导致另一方向（下行）行车间隔逐渐增大甚至失衡，增加站台乘客等待时间。中间站 j_2 和 j_{N-2} 及相应对向车站具备折返条件，可为更改小交路提供折返站备选，即 j_2、j_{2N-1}、j_{N-2}、$j_{N+3} \in J_{sturn}$。

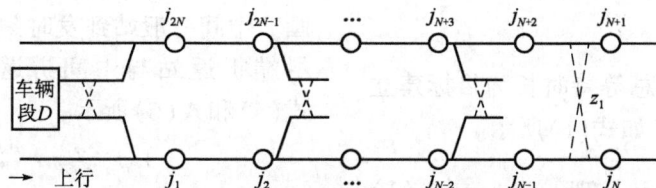

图 1　轨道电路故障情景示意图

针对上述列车折返能力下降情景，对线路上列车考虑采用以下策略及策略组合进行调整：

（1）加开列车：从车辆段选择原行车计划外的车底，安排其驶入正线运行。

（2）小交路折返：列车在原交路终点站之前的中间折返站进行清客，并提前折返至对向运行。

为便于研究问题展开，提出如下假设：

（1）各列车在各区间运行时分和各站停站时分固定不变；

（2）车辆段内存车数量满足调整策略所需备车数量；

（3）故障持续时长已知。

1.2　事件活动图

列车运行调整优化具有一定的时空动态推演特征，本文采用事件活动图（Event-activity Network）对列车运行及调整过程进行刻画。

事件活动图 $G = (E, A)$ 由节点 E 和有向弧 A 组成，定义列车到站节点集合 E_a、列车发车节点集合 E_d。活动 $a = (e_1, e_2) \in A$ 由前事件 e_1 指向后事件 e_2，构建 6 种行车弧集合，包括列车运行弧 A_{run}、停站弧 A_{dwe}、小交路折返弧 A_{sturn}、大交路折返弧 A_{odturn}、加开弧 A_{addtr} 和行车间隔弧 $A_{headway}$。相关弧的时间属性包括区间运行时间 t_{run}、停站时间 t_{dwe}、折返作业时间 t_{turn} 等。

基于列车网络，定义乘客到站节点集合 E_w 与离站节点集合 E_l，构建乘客上车弧集合 A_{board} 与下车弧集合 A_{alight}。通过乘客上车弧 a_{board} 连接乘客到站 e_w 与列车到站 e_a；通过列车运行弧 a_{run}、列车停站弧 a_{dwe} 承载客流量，构成完整客流路径。乘客与列车网络连接示意图如图 2 所示。

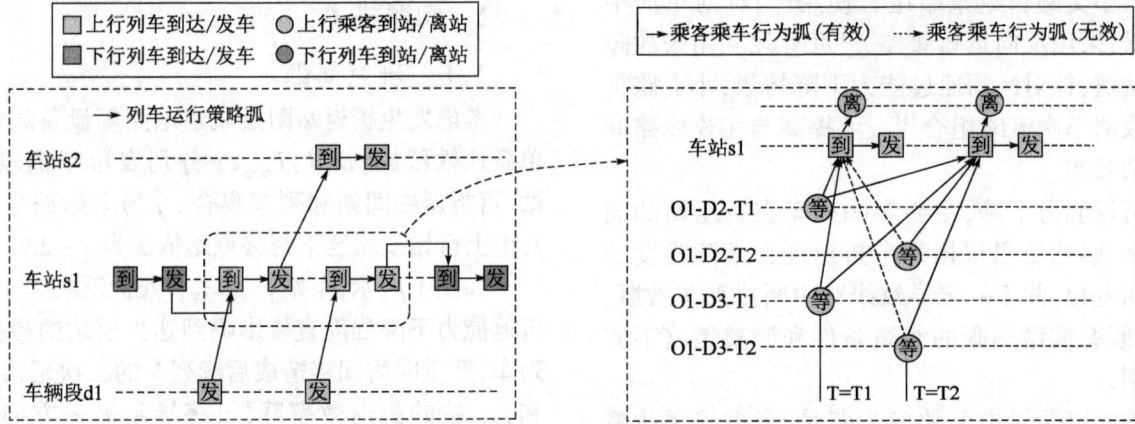

图2　乘客与列车网络连接示意图

2　行车调整优化模型

2.1　模型构建

2.1.1　目标函数

以最小化线路上乘客总等待时长为目标建立优化模型。目标函数 TTW 如式(1)所示。

$$\min TTW = \min \sum_{e_a}^{E_a} TW_{e_a} \tag{1}$$

式中：TW_{e_a}——列车到站 e_a 对应站台乘客等待时间。

2.1.2　决策变量

决策变量包括发车时刻、折返作业时长、行车策略及乘客行为选择，如表1所示。

决策变量定义　　　　　　　　　表1

决策变量	含义
z_e	连续变量,表示车次首站发车时刻
t_{turn}	连续变量,表示折返作业时长
x_a	0-1变量,表示列车弧上的列车流量,1表示被选择,0表示不被选择
p_a	连续变量,表示列车弧上乘客流量

定义中间变量 y_e，表示除首站与折返站外的中间站到站与发车时刻，由变量 z_e 和 x_a 推算得到；定义辅助变量 cpc_a，表示各上车弧的弧容量，如式(2)所示。

$$cpc_a = \begin{cases} 1, & t_{e_w}^j \leqslant t_{e_d}^{i,j} \\ & \qquad\qquad (a \in A_{board}) \\ 0, & \text{otherwise} \end{cases} \tag{2}$$

式中：$t_{e_w}^j$——e_w 对应乘客组到达车站 j 时刻；

$t_{e_d}^{i,j}$——车次 i 在车站 j 发车时刻。

2.1.3　约束条件

(1)列车到发时刻约束

列车运行过程可用区间运行、停站两部分刻画。中间一般站到发时刻如式(3)和式(4)所示；尽端折返站与中间折返站的到站时刻分别如式(5)和式(6)所示。

$$y_{e_d^{i,j}} = y_{e_a^{i,j}} + t_{dwe}^{i,j}, i \in I, j \in J \tag{3}$$

$$y_{e_a^{i,j}} = y_{e_d^{i,j-1}} + t_{run}^{i,j-1}, i \in I, j \in J \tag{4}$$

$$y_{e_a^{i,j+1}} = \sum_{a \in a_{odturn}} x_{a(e_a,e_d)} (z_{e_d^{i,j}} + t_{run}^{i,j}), i \in I, j \in J \tag{5}$$

$$y_{e_a^{i,j+1}} = \sum_{a \in a_{sturn}} x_{a(e_a,e_d)} (z_{e_d^{i,j}} + t_{run}^{i,j}), i \in I, j \in J \tag{6}$$

(2)行车安全间隔约束

为保证行车安全,构建列车间的到到、发到间隔及折返间隔约束,如式(7)至式(9)所示。式中,h_{a-a}^{min}、h_{a-a}^{max} 分别表示到到间隔最小、最大值,h_{a-d}^{min}、h_{a-d}^{max} 分别表示到发间隔最小、最大值,I_{turn} 表示到达折返站进行折返作业列车集合。

$$y_{e_a^{i,j}} \leqslant y_{e_d^{i,j}} \tag{7}$$

$$\begin{cases} h_{a-a}^{min} \leqslant y_{e_a^{i,j}} - y_{e_a^{i-1,j}} \leqslant h_{a-a}^{max} \\ \qquad\qquad\qquad\qquad (i \in I, j \in J) \\ h_{a-d}^{min} \leqslant y_{e_a^{i,j}} - y_{e_d^{i-1,j}} \leqslant h_{a-d}^{max} \end{cases} \tag{8}$$

$$\begin{cases} x_{a_{turn}} \cdot h_{d-d}^{min} \leqslant y_{e_d^{i,j}} - z_{e_d^{i^*,j}} \leqslant x_{a_{turn}} \cdot h_{d-d}^{max} \\ x_{a_{turn}} \cdot h_{a-d}^{min} \leqslant y_{e_d^{i,j}} - z_{e_d^{i^*,j}} \leqslant x_{a_{turn}} \cdot h_{a-d}^{max} \end{cases}$$

$$(i^* \in I_{turn}, i \in I, j \in J) \tag{9}$$

列车折返作业时间约束如式(10)所示;为保证加开列车策略可行,构建加开列车与其他列车间的到到、发到间隔约束,如式(11)所示。式中,I_{addtr} 表示加开列车集合。

$$x_a \cdot t_{\text{turn}}^{\min} \leqslant y_{e_i^{i^*}, j+1} - z_{e_d^{i^*}, j} \leqslant x_a \cdot t_{\text{turn}}^{\max}$$

$$(a \in A_{\text{turn}}, i^* \in I_{\text{turn}}, j \in J_{\text{turn}}) \quad (10)$$

$$\begin{cases} h_{a-a}^{\min} \leqslant x_{a_{\text{addtr}}} \cdot (y_{e_i^{i^*}, j} - y_{e_d^{i}, j}) \leqslant h_{a-a}^{\max} \\ h_{a-a}^{\min} \leqslant x_{a_{\text{addtr}}} \cdot (y_{e_{i2}, j} - y_{e_i^{i^*}, j}) \leqslant h_{a-a}^{\max} \\ (i^* \in I_{\text{addtr}}, i \in I, j \in J) \\ h_{a-d}^{\min} \leqslant x_{a_{\text{addtr}}} \cdot (y_{e_i^{i^*}, j} - y_{e_{d1}^{i}, j}) \leqslant h_{a-d}^{\max} \end{cases}$$

$$(11)$$

(3)车底接续约束

从车辆段发出的车底数量应不大于车辆段内可用车底数量,以式(12)表示。式中,c_{depot} 为车辆段内可用车底数量。

$$\sum_i^I x_{\text{addtr}}^i \leqslant c_{\text{depot}} \quad (i \in I_{\text{addtr}}) \quad (12)$$

(4)行车调整策略约束

为提高策略可行性,同一车底不宜反复执行小交路折返策略。构建相关约束如式(13)所示,以保证小交路折返车次不在连续2站内频繁折返。

$$\sum_j^{j+2} x_{\text{sturn}}^{i, j} \leqslant 1 \quad (i \in I, j \in J_{\text{sturn}}) \quad (13)$$

列车网络中,流入或流出同一节点的列车活动弧存在多条,应保证列车流经过每个节点时选择唯一行车弧段转移。构建相关约束如式(14)至式(17)所示。

$$\sum_{\text{tail}(a) = e_d} x_{a_{\text{dwe}}} \leqslant 1 \quad (14)$$

$$\sum_{\text{tail}(a) = e_a} x_{a_{\text{run}}} + x_{a_{\text{turn}}} + x_{a_{\text{addtr}}} \leqslant 1 \quad (15)$$

$$\sum_{\text{head}(a) = e_d} x_{a_{\text{run}}} + x_{a_{\text{turn}}} \leqslant 1 \quad (16)$$

$$\sum_{\text{head}(a) = e_d} x_{a_{\text{dwe}}} \leqslant 1 \quad (17)$$

(5)列车流平衡约束

为保证列车网络路径顺通、无断点,构建列车流平衡约束,使从起始点 $ori(k)$ 发出的列车经过各节点的流入与流出量一致,如式(18)和式(19)所示。

$$\sum_{\text{head}(a) = e_d} x_{a_{\text{run}}} + x_{a_{\text{sturn}}} - \sum_{\text{tail}(a) = e_d} x_{a_{\text{dwe}}} = \begin{cases} 1, e_d = ori(k) \\ 0, \text{otherwise} \end{cases}$$

$$(18)$$

$$\sum_{\text{head}(a) = e_a} x_{a_{\text{dwe}}} - \sum_{\text{tail}(a) = e_a} x_{a_{\text{run}}} + x_{a_{\text{sturn}}} = \begin{cases} 1, e_a = ori(k) \\ 0, \text{otherwise} \end{cases}$$

$$(19)$$

(6)乘客上下车约束

对上车弧流量、乘客等待时间、上下车后站台滞留人数、列车剩余容量等进行计算,构建乘客上下车相关约束。

乘客组 p_i 的有效上车弧流量计算方式如式(20)所示;节点 e_a 处上车人数、上车弧 A_{board} 上客流量依次如式(21)和式(22)所示。

$$NB_{a_{\text{board}} = (e_w, e_a)}^{p_i} = \min \left\{ N_{e_w}^{p_i}, \frac{N_{e_w}^{p_i}}{\sum_{p_i} N_{e_w}^{p_i}} \times P_{a_{\text{board}}} \right\} \quad (20)$$

$$NB_{e_a} = \sum_{tail(a_{\text{board}}) = e_a} NB_{a_{\text{board}} = (e_w, e_a)} \quad (21)$$

$$NB_{a_{\text{board}} = (e_w, e_a)} = \sum_{p_i} NB_{a_{\text{board}} = (e_w, e_a)}^{p_i} \quad (22)$$

节点 e_a 处乘客等待时长如式(23)所示,累加得到乘客总等待时长如式(24)所示。

$$TW_{e_a} = (T_{e_a}^i - T_{e_w}) \cdot NB_{e_a}, a_{\text{board}} = (e_w, e_a), p_{a_{\text{board}}} > 0$$

$$(23)$$

$$TTW = \sum_{e_a}^{E_a} TW_{e_a} \quad (24)$$

式中:$T_{e(a)}^{tr = i} - T_{e(w)}$ —— e_w 处乘客组等待车次 i 的时间。

ctc_{e_a} 和 ctc_{e_d} 分别表示乘客完成上下车行为前、后的列车剩余容量,如式(25)和式(26)所示;未成功上车的各乘客组滞留数 $NS_{e_w}^{p_i}$ 如式(27)所示,累加得到总滞留数 NS_{e_w} 如式(28)所示;当前站被滞留乘客的等待时间 TS_{e_a} 如式(29)所示。

$$ctc_{e_a} = ctc_{e_d}, a = (e_d, e_a) \in A_{run} \quad (25)$$

$$ctc_{e_d} = ctc_{e_a} + NA_{e_a} - NB_{e_a}, a = (e_a, e_d) \in A_{\text{dwe}}$$

$$(26)$$

$$NS_{e_w}^{p_i} = NW_{e_w}^{p_i} - NB_{a_{\text{board}} = (e_w, e_a)}^{p_i} \quad (27)$$

$$NS_{e_w} = \sum_{p_i} NS_{e_w}^{p_i} \quad (28)$$

$$TS_{e_a} = (T_{e_a}^{i+1} - T_{e_w}^{p_i, t}) \times NS_{e_w}, a = (e_w, e_a) \in A_{\text{board}}$$

$$(29)$$

(7)乘客流平衡约束

为保证乘客组乘车路径连通,建立乘客流平衡约束,如式(30)和式(31)所示。

$$\sum_{\text{tail}(a) = e_a} p_{a_{\text{board}}} = \sum_{\text{head}(a) = e_a} p_{a_{\text{alight}}} + p_{a_{\text{dwe}}}, a \in A_{psg}$$

$$(30)$$

$$\sum_{\text{tail}(a) = e_d} p_{a_{\text{dwe}}} = \sum_{\text{head}(a) = e_d} p_{a_{\text{run}}} + p_{a_{\text{sturn}}} + p_{a_{\text{odturn}}}, a \in A_{psg}$$

$$(31)$$

(8)乘客流量有效分配约束

为保证乘客所乘车次均上线运行,建立约束使乘客上车时仅可选择弧容量为1的上车弧,如式(32)所示。

$$M \cdot cpc_a - p_a - M \leqslant 0, a = (e_w, e_a) \in A_{board} \quad (32)$$

(9)列车和乘客耦合约束

为保证未被执行的运行线对应车次上不存在乘客,即仅允许列车流量为1的行车弧被乘客选择,构建约束如式(33)所示。

$$M \cdot cpc_a - p_a - M \leqslant 0, a \in A_{train} \quad (33)$$

3　求解算法

上述模型涉及行车调整与客流分配,问题规模大、决策变量较多,本文采用定制自适应大邻域搜索算法进行求解。

3.1　算子设计

本文设计两类破坏算子和三类修复算子,基于原始时刻表进行行车方案调整,具体算子设计如表2所示。

破坏及修复算子　　　表2

算子编号	算子设计
破坏算子1	随机删除一个车次
破坏算子2	删除违反发车间隔约束最严重车次
修复算子1	随机插入一个小交路车次

算子编号	算子设计
修复算子2	在被删除车次附近,随机插入一个车次
修复算子3	在行车间隔最大的位置,随机选择折返站插入一个车次

3.2　自适应规则

结合算子设计,共可产生六种车次破坏后修复方式。若得到解为新最优解,则算子分数增加λ_1;若得到可行解优于当前解,则算子分数增加λ_2;若得到可行解劣于当前解,按照模拟退火算法Metropoils准则,以一定概率接受新的解,算子分数增加λ_3。更新算子权重ω_{dr}如式(34)所示。

$$\omega_{dr} = (1 - \alpha) \cdot \omega_{dr} + \alpha \cdot \frac{\gamma_{dr}}{\beta_{dr}} \quad (34)$$

式中:α——权重影响因子;

　　　γ_{dr}——迭代后算子分数;

　　　β_{dr}——迭代过程中算子被选次数。

3.3　算法流程

生成初始解并初始化相关参数,迭代破坏修复算子选择,得到行车调整方案;进行客流分配,通过对有效弧上流量累加计算,得到各弧的弧成本,进而求得当前解的目标函数,评估方案优化效果。具体算法流程如图3所示。

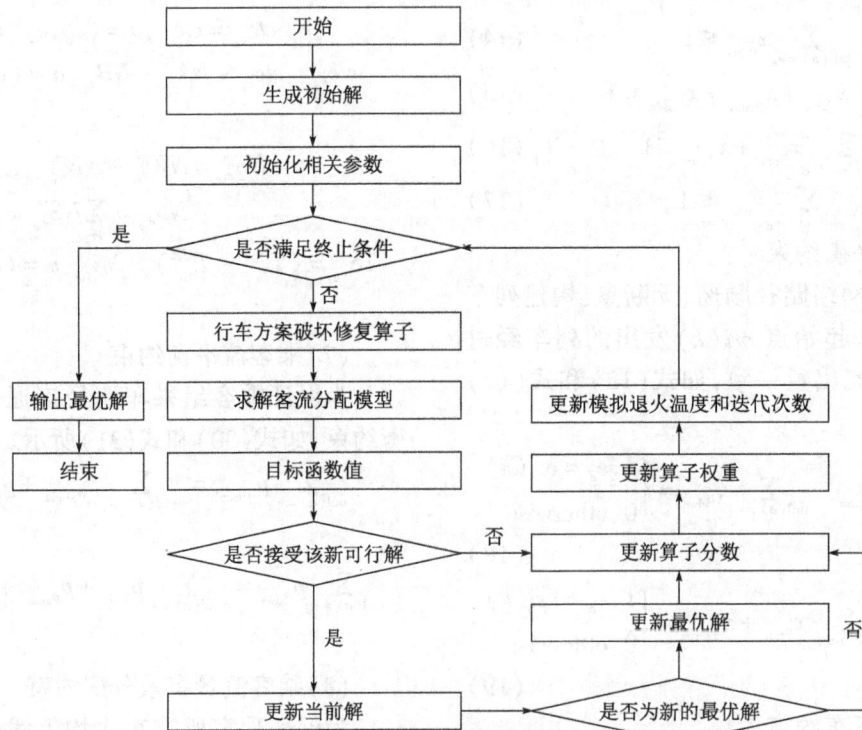

图3　算法流程图

4 案例分析

4.1 案例基础数据

本文以某市地铁 1 号线为例进行案例研究，线路上具备 10 座车站，上行首站连接车辆段，列车定员 1440 人。故障情景为 8:00 在上行终点站附近轨道电路发生故障，持续时长为 1 小时，导致上行终点站折返能力下降。

本研究选取研究时段为 8:00-9:00，自适应大邻域搜索算法中模拟退火初始温度、终止温度分别为 100℃、0.01℃，λ_1、λ_2、λ_3 依次取 1.5、1、0.5，最大迭代次数为 100 次。其他参数取值如表 3 所示。

相关参数取值　　表 3

参数	取值	参数	取值
$h_{a\text{-}a}^{min}$	150s	$h_{a\text{-}a}^{max}$	600s
t_{sturn}^{min}	90s	t_{sturn}^{max}	300s
$h_{a\text{-}d}^{min}$	90s	$h_{a\text{-}d}^{max}$	300s
ctc	1440 人	t_{dwe}	30s

4.2 算例优化结果分析

故障持续阶段（8:00-9:00）内，故障处所允许最小发车间隔由 150s 改为 450s；根据折返能力下降程度，折返作业时长改为 720s。

故障持续阶段优化运行图如图 4 所示。调整方案为：故障持续阶段内六列上行方向列车改为小交路，其中四列通过 08 站折返、两列通过 05 站折返，以缓解尽端站 10 站折返压力；三列加开列车从车辆段出发，延上行方向补充运行。

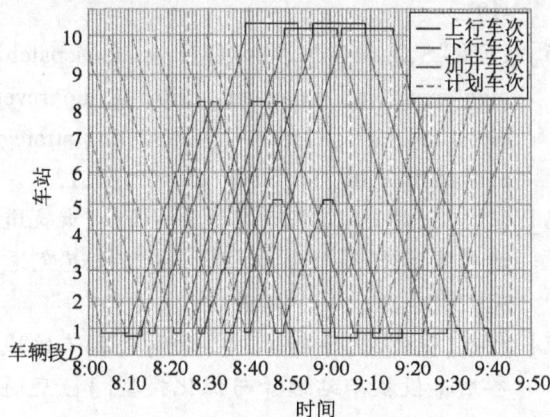

图 4　故障持续阶段优化运行图

乘客平均等待时间 Tw_{avg}、滞留乘客平均等待时间 Ts_{avg}、被滞留乘客总数 Ns_{total} 等乘客出行指标

如表 4 所示。

乘客服务相关指标对比　　表 4

方案	Tw_{avg}/s	Ts_{avg}/s	$Ns_{total}/$人
方案 1（不做调整）	465	766	546
方案 2（08 站折返）	342	501	298
方案 3（优化调整）	309	509	218

由表 4 可知，相较于不做调整的方案 1，固定 08 站提前折返的方案 2，优化调整方案可使乘客平均等待时间分别减少 33.5%、9.6%。

乘客滞留方面，采取调整措施的方案均可有效减少滞留人数；相较于方案 2，优化调整方案在 Ts_{avg} 变化小于 10s 的情况下，使被滞留数由 298 人降至 218 人。这组数据表明小交路折返与加开列车组合策略可有效缓解因折返能力下降带来的客流压力，保证故障发生后的乘客服务水平。

4.3 小交路折返站选择影响分析

使小交路折返站分别固定为距故障位置第一近、第二近的中间折返站（08 站、05 站），分别得到方案 2 与方案 4。分析小交路折返站选择对调整效果的影响，结果如表 5 所示。

不同小交路折返站优化结果　　表 5

方案	Tw_{avg}/s	Ts_{avg}/s	$Ns_{total}/$人
方案 1（不做调整）	465	766	546
方案 2（08 站折返）	342	501	298
方案 3（优化调整）	309	509	218
方案 4（05 站折返）	406	707	259

方案 2 的小交路折返站均选择距故障位置最近的 08 站，有效减少滞留人数；该折返站距车辆段较远，导致靠近车辆段的下行车站积累乘客较多，乘客总等待时间优化效果不突出。方案 4 的小交路折返站均选择距故障位置远、距车辆段近的 05 站，不能较好满足在上行 05~09 站等待的乘客需求，但高效率满足了上行 01~05 站及下行相应车站的短距离客流需求。

相较于方案 2 和方案 4，优化调整方案灵活安排车次在 05 站、08 站提前折返，全线乘客等待和滞留情况明显减少，使乘客平均等待时长分别减少了 9.6%、23.8%，被滞留人数分别下降了 26.8%、15.8%。

4.4 加开列车影响分析

基于 05 与 08 站灵活折返策略，进一步比较优化调整方案与不加开列车的调整方案,分析加开列车策略对调整效果的影响,乘客出行指标及上、下行平均行车间隔 H_{avg}^{up} 和 H_{avg}^{dn} 如表6所示。

不同加开列车方案优化结果　　表6

指标	方案1(不加开)	方案2(优化调整)
小交路折返站	05、08 站	05、08 站
加开方案	不加开	加开 3 列
Tw_{avg}/s	378	309
Ts_{avg}/s	613	509
Ns_{total}/人	276	218
H_{avg}^{up}/s	459	331
H_{avg}^{dn}/s	505	436

由表6可知,在小交路折返站均选择05、08站灵活折返的情况下,优化调整方案从车辆段 D 延上行方向发出 3 列加开列车,分别承担08 站与05 站小交路折返车次。相较于不加开列车,优化调整方案可在乘客服务质量提高的同时,使上、下行平均行车间隔分别降低 27.8%、13.6%,促进恢复故障线路上的行车间隔均衡。因此在折返能力下降后交路方案相近的情况下,加开列车可较快速地满足下行远离故障端车站的乘客需求。

5　结语

本文旨在针对城市轨道交通因轨道电路设备故障导致的折返能力下降情景,研究行车调整优化方案,以保障故障发生后乘客服务水平。本文基于事件活动网络,构建以最小化乘客等待时长为目标的行车调整优化模型。采用定制自适应大邻域搜索算法,设计适用于行车调整的破坏及修复算子并求解;基于客流分配计算调整后乘客出行成本,得到使乘客等待时长最小的行车调整优化方案。最后以某市地铁 1 号线为例,进行模型有效性验证,结果表明:

(1)相较于故障发生后不做调整或固定折返站调整方案,本文模型求解所得优化调整方案结合灵活交路折返与加开列车策略,有效减少乘客等待时间 9.6% 以上,降低被滞留乘客数 15.8% 以上。

(2)针对近端站折返能力下降情景,小交路折返站的选择会影响运行调整效果。折返站选择距离故障端近的调整方案有利于快速缓解滞留情况;利用多个折返站提前折返可较好满足故障

生后的不同区段客流需求,节省全线乘客等待时间。

当发生故障的折返站连接车辆段时,车辆段出车效率也将受故障影响,后续研究将进一步考虑出车能力和折返能力同时下降情景下的运行调整优化方法。在调整策略选择方面,跳停运行与加开备车相结合的调整策略在补充运力方面更具针对性,可作为未来研究方向之一。此外,本文针对单条地铁线路折返能力下降构建列车运行调整优化模型,后续研究可以考虑折返能力下降对换乘站及其他线路的影响,并扩展为多线路的列车运行调整优化模型。

参考文献

[1] GHAEMI N,CATS O,GOVERDE R. Macroscopic multiple-station short-turning model in case of complete railway blockages [J]. Transportation Research Part C:Emerging Technologies, 2018,(89):113-132.

[2] 朱巧珍,柏赟,闫冬阳,等.故障救援情形下的地铁列车调度调整模型[J].中国铁道科学,2021,42(1):166-174.

[3] ZHU Y Q, GOVERDE R. Dynamic railway timetable rescheduling for multiple connected disruptions [J]. Transportation Research Part C,2021,125:1-26.

[4] ZHU Y Q, GOVERDE R. Railway timetable rescheduling with flexible stopping and flexible short-turning during disruptions [J]. Transportation Research Part B,2019,123:149-181.

[5] PENG S,YANG X,WANG H,et al. Dispatching high-speed rail trains via utilizing the reverse direction track:adaptive rescheduling strategies and application[J]. 2019,11(8):2351.

[6] 江志彬,季婷婷.基于客流影响的城市轨道交通列车运行调整策略[J].城市轨道交通研究,2014,17(1):39-42.

[7] 叶茂,钱钟文,李俊铖,等.面向大客流的城轨备用车投放车站选择与优化模型[J].交通运输工程学报,2021, 21(5):227-237.

[8] GAO Y,KROON L,SCHMIDT M,et al. Rescheduling a metro line in an over-crowded situation after disruptions [J]. Transportation

Research Part B,2016,93:425 -449.

[9] WANG Y H,ZHAO K Q,D'ARIANO A,et al. Real-time integrated train rescheduling and rolling stock circulation planning for a metro line under disruptions [J]. Transportation Research Part B,2021,(152):87-117.

[10] HUANG Y R,MANNINO C,YANG L X,et al.

Coupling time-indexed and Big-M formulations for real-time train scheduling during metro service disruptions [J]. Transportation Research Part B,2020,(133):38-61.

[11] 张翕然,安爱民,陈绍宽,等.应对通过能力下降的地铁列车运行协同调整优化方法[J].铁道学报,2023,45(5):12-20.

地铁突发事件延误时间预测

熊浩伟　张抒扬*

（武汉理工大学交通与物流工程学院交通信息与安全教育部工程研究中心）

摘　要　地铁突发事件的延误时间预测对地铁公司及乘客都非常重要。本文提出了一种考虑不同信息状态的延误时间预测方法,在地铁突发事件信息缺乏与完备状态下分别预测延误时间。本文利用社交平台数据展开研究,包括上海、北京、广州、武汉、南京五座城市的地铁突发事件。研究结果表明:地铁突发事件的发生呈现工作日相较于周末更高发、早高峰相较于平峰更高发的现象;通过参数分类的改进得到延误时间服从对数正态分布,可实现信息缺乏情况下的延误时间初步预测;基于自然断点法的改进下的随机森林模型可获得预测有效性达78%,满足信息完备状态下对于延误时间预测的需求。

关键词　地铁突发事件　社交媒体数据　统计分析　延误时间预测

0 引言

地铁系统作为城市公共交通的支柱,一旦发生故障,往往会导致地铁站滞留乘客激增,有着较大的安全隐患。因此在出现地铁系统故障时,需要对延误时间进行预测,根据预测结果评估地铁突发事件的影响程度,从而实施适宜的应急策略对乘客进行疏散分流,以免地铁站滞留乘客过多。

目前对地铁突发事件延误预测的研究差异主要体现在研究方法上,如张建华[1]等人在对于地铁突发事件延误的预测上主要采用了回归模型,而 Liu F Z[2]等人则选择将延误进行分类,并采用加速失效时间模型对地铁突发事件延误时间进行预测。上述研究都采用的是可解释性较高的数学模型。此外,还有研究采用不具备可解释性的机器学习算法,如 Luca O 等人[3]利用一种用于浅层和深度极限学习机的快速学习算法构建了一个数据驱动的列车延误预测系统,而欧冬秀[4]等人则采用随机采样方法建立了基于梯度提升决策树的级联分类模型,并对突发事件引起的列车延误时间进行分级预测。

这两类方法各自存在问题,前者不需要大量数据信息,但预测范围较广;后者预测精度较高,但需要完整信息输入。在实际运营中,地铁突发事件的信息收集是需要大量时间的,为了能够针对不同延误时长的地铁突发事件及时给出适宜的应急方案,本文构建了考虑不同信息状态的预测方法,依据实时地铁突发事件的已知信息,分两个层次对地铁突发事件进行预测。在信息缺乏的情况下,利用参数分类对地铁突发事件的属性参数进行聚类,在此基础上使用概率分布模型进行拟合,得到初步的延误时间概率预测模型;在信息完备的状态下,选取自然断点法对延误时间赋予区间类别标签,在此基础上使用基于随机森林算法的预测模型,进一步提升预测精度,并缩小结果范围,得到误差更小的延误时间区间预测。

基金项目:国家自然科学基金项目(72001162)、湖北省重点研发计划项目(2023BAB076)。

1 模型构建与评价

1.1 基于参数分类的概率分布预测

在对高铁列车延误的研究中,事故持续时间的分析并不近似于正态分布。然而在对高速铁路事故按故障类型、严重等级划分子类后,子类的事故持续时间却服从对数正态分布[5]。因此本文基于此研究,根据地铁突发事件的属性参数对其进行分类,并进行相应的对数正态分布拟合。

参数分类需要对各子类下的延误时间进行数据比较,利用单因素方差分析方法检验各组间是否存在差异,将组间差异较小的子类划分为同一类别,从而减少子类划分量。

在参数分类的基础上对地铁突发事件的延误时间进行预测时,概率分布是一种较为直观的预测方法。基于地铁突发事件的延误时间是取值均为连续性随机变量的假设,可以对地铁突发事件的延误时间进行分布拟合,利用其概率密度函数对地铁突发事件的延误时间做出预测。

概率分布预测基于对长期历史数据的描述性分析,给出指定的对数正态分布;通过置信度指标来保证预测方差范围,限制预测的可能波动程度,计算得到延误时间的预测范围。

1.2 基于自然断点法的延误区间预测

延误时间作为连续型变量,如果直接作为类标签,预测结果是偏差较大的点估计,则对实际运营的指导意义不大。因此本文引入了自然断点法,对延误时间进行聚类,减少延误时间的子类划分量,将点估计转换为区间估计,从而提升预测模型的精度。

自然断点法通过对所有地铁突发事件所对应的延误时间进行迭代,比较每个分组和分组中元素的均值与观测值之间的平方差之和来确定分组中的最佳排列,使每一组内部的相似性最大,而外部组与组之间的相异性最大。在设定方差拟合优度 GVF 为某一固定值的情况下,利用地铁突发事件延误时间的历史数据进行断点的迭代寻优,从而得到延误时间的最佳分类区间。

在自然断点法的基础上对地铁突发事件的延误区间进行预测时,随机森林(Random Forest,RF)是一种较为典型的预测方法。作为聚合集成学习算法,随机森林使用决策树作为弱学习器。常规

的决策树模型由于没有限制最大深度,导致叶子节点不断分隔,很容易造成过拟合。而随机森林则保证了各决策树间的独立性,每个决策树在进行训练时都通过重抽样抽取一部分特征和样本进行训练,从而进一步提升模型的泛化能力。

OPTUNA 是一个超参数优化框架,通过评估不同参数值下的指标来得到局部最优解,选择 OPTUNA 对模型的超参数进行优化。

为了评价预测模型的好坏,本文选取了准确率(Accuracy)、召回率(Recall)、精确率(Precision)、F1-score 这四种评价指标,指标值越高,说明模型的识别准确度越高,精度越高[6]。四项指标的计算公式分别为:

$$A_{cc} = \frac{TP+TN}{TP+FP+TN+FN} \quad (1)$$

$$AR = \frac{TP}{TP+FN} \quad (2)$$

$$AP = \frac{TP}{TP+FP} \quad (3)$$

$$F_1 = \frac{2 \times AR \times AP}{AR+AP} \quad (4)$$

式中:TP——真阳性,即把正样本判断为正的数目;

TN——真阴性,即把负样本判断为负的数目;

FP——假阳性,即把负样本判断为正的数目;

FN——假阴性,即把正样本判断为负的数目。

2 数据准备

2.1 数据来源

本文所需要的地铁突发事件信息主要由地铁公司在新浪微博上进行发布。选择上海、北京、广州、武汉、南京这五座城市作为地铁突发事件历史数据采集的对象。根据研究要求,关键词设置为"突发运营信息",时间范围设置为"2017.01.01—2021.12.31"。通过爬虫得到这五座城市地铁突发事件运营信息数据,进行数据清洗后删除重复数据和无效数据,得到有效结构化数据915条。除了地铁突发运营信息外,地铁运营年限、换乘站类型等交通特征也具有较大影响,因此本文还采集了每起地铁突发事件发生时的站点属性信息。每个地铁突发事件包含9个特征数据,如表1所示。

事故特征数据　表1

名称	取值
延误时长	$[0,+\infty]$
月份	$[1,12]$
星期	{周一,周二,…,周六,周日}
时间	00:00:00-23:59:59
故障类型	{车辆故障,信号设备故障,…}
是否换乘站	{是,否}
是否起终点站	{是,否}
是否地面/高架站	{是,否}
运营年限	$[1,50]$

2.2 数据预处理

在数据采集过程中,由于信息缺失或人为失误可能造成数据缺失的情况,因此需要对其进行剔除。同时为了保证结果的准确性,本文对异常值进行了处理,引入最大估计值及最小估计值的概念,界定数据的上下限范围,将限界外的极端异常值排除。最大估计值及最小估计值的表达式如下所示。

$$Q_{max}=Q_3+3(Q_3-Q_1) \quad (5)$$
$$Q_{min}=Q_1-3(Q_3-Q_1) \quad (6)$$

式中:Q_{max}——最大估计值;

Q_{min}——最小估计值;

Q_3——上四分位数;

Q_1——下四分位数。

3 地铁突发事件特征分析

3.1 延误时间分析

将五个城市地铁突发事件延误时间的极度异常值筛除后,为了更为直观地展现出延误时间的离散分布情况,本研究采用绘制箱形图的方式,结果如图1所示。图中显示各个城市之间的延误时间均值差别并不是很大,但方差较大;其整体上呈现偏态分布,而不是对称分布。

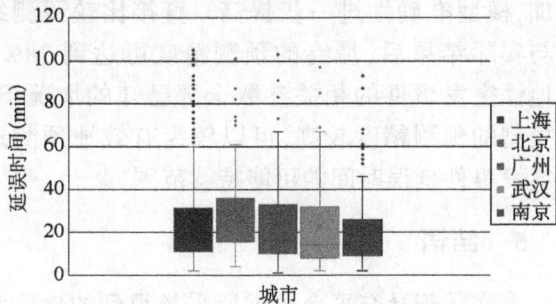

图1　五城突发事件延误时间统计

3.2 事故数量分析

一天24小时之间,五城地铁运营阶段发生的地铁突发事件数量呈现较明显的规律性波动,如图2所示。由此可以看出这五城的地铁突发事件基本呈现出两个高峰时段,分别为8:00-9:00和18:00-19:00。同时早高峰的突发事件数显著多于晚高峰的突发事件数,这与地铁早高峰客流量显著高于晚高峰客流量相关。

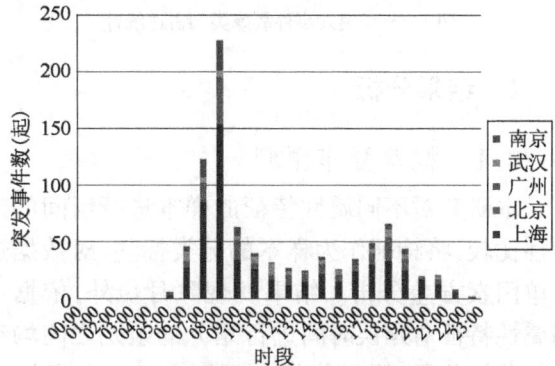

图2　五城一天内地铁突发事件数统计

星期一至星期日间,五城地铁突发事件数量呈现较强的规律性波动,如图3所示。由此可以看出五城突发事件基本呈现出工作日较周末更为高发的现象。

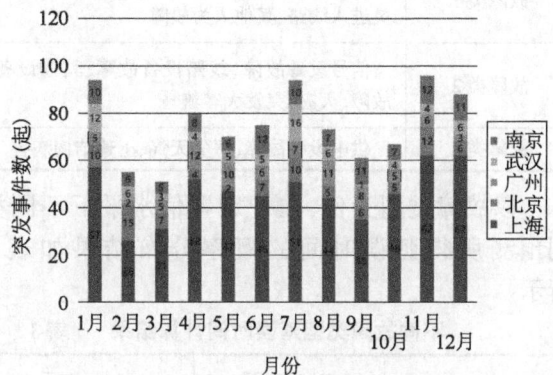

图3　五城一星期间突发事件数统计

3.3 故障类型分析

由于不同城市间事故数量差异较大,本文为对比不同城市之间相同故障类型的占比大小进行绘图,结果如图4所示,五个城市主要的频发故障类型均为车辆故障以及信号设备故障,两者之和占比在60%到80%,这两组较大的占比数据说明这两个方面是地铁运营管理方需要特别关注的地方。

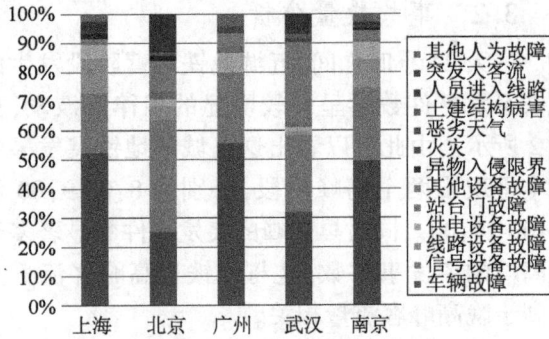

图 4　五城突发事件故障类型占比统计

4　结果分析

4.1　概率分布预测

本研究对不同属性特征的样本进行组间的差异性比较,将特征作为样本的分类标签,对数据进行单因素方差分析。结果发现除月份外,依据不同属性特征对延误时间进行划分的组别之间均存在显著性差异,同时依据各组别之间的差异性大小,可分为不同子类别。以故障类型为例,可分为三个子类,如表 2 所示。

不同故障类型划分子集　　　　　表 2

类别	故障类型
故障类 1	车辆故障、站台门故障、异物入侵限界、人员进入线路、其他人为故障
故障类 2	信号设备故障、线路设备故障、其他设备故障、火灾、突发大客流
故障类 3	供电设备故障、恶劣天气、土建结构病害

以故障类型为例,在一定置信水平下不同类别预测所得延误时间的概率分布结果如表 3 所示。

不同故障类型延误时间计算结果　表 3

类别	68.26%下延误时间区间	95.44%下延误时间区间
故障类 1	(7.35,30.57)	(3.60,62.36)
故障类 2	(11.87,57.64)	(5.38,127.05)
故障类 3	(16.80,115.57)	(6.40,303.18)

从表中数据我们可以看出,无论何种类别的地铁突发事件,其延误时间的最小值之间区别不大,而区间上限存在较大差异。大致可以归因为,不同类别的地铁突发事件由于其自身存在的固有特性,而出现处理难度大等差异,导致不同类别下延误时间的最大值存在较大的差别。

4.2　延误区间预测

通过设定 GVF 的值为 0.85,将五城地铁突发事件延误时间代入自然断点法的相关公式进行迭代计算,最终把延误时间分为 5 类,具体的延误时间的分类区间为:

$$(0,22],(22,46],(46,79],(79,132],(132,+\infty)$$

为避免模型的随机性给模型识别结果带来误差,保证评估模型的稳健性,本次研究将数据分为训练集及测试集,分类比例设置为 7 : 3。为验证模型的有效性和准确性,本次研究将 RF 与其他常用的预测模型朴素贝叶斯(Naive Bayes,NB)、支持向量机(Support Vector Machine,SVM)、决策树(Decision Tree,DT)进行实验对比。评价指标如表 4 所示。

各预测模型评价指标对比　　　　表 4

评价指标	NB	SVM	DT	RF
A_{cc}	0.250	0.643	0.643	0.688
AR	0.313	0.214	0.529	0.583
AP	0.368	0.333	0.513	0.532
F_1	0.236	0.261	0.514	0.541

由表 4 可知,RF 模型在以上模型中表现最佳,其次是 DT、SVM、NB。

采用 OPTUNA 对 RF 模型进行超参数调优,得到的主要的优化超参数如表 5 所示。

最优超参数　　　　　　　　　　表 5

参数名称	取值范围	最终参数值
树个数	[1,1000]	659
最大叶子节点数	[2,1000]	519
裂点的最小样本数	[2,50]	9
节点最少样本数	[1,50]	1
最大树深	[1,100]	66

对模型参数进行优化后,模型各项指标均有增加,模型准确性进一步提高。直接比较预测结果与实际结果后,最终的预测精度可达到 78%。在地铁突发事件的相关参数全部已知的情况下,该模型的预测精度较高,可以较为有效地预测地铁突发事件延误时间的可能持续范围。

5　结语

本文基于社交平台数据所采集得到的地铁突发事件信息,从延误时间、事故数量、故障类型三个方面进行对比,并提炼出地铁突发事件存在的共性问题:在工作日及早高峰时段,地铁运营管理方需要针对性地的加强巡逻检修力度,以避免事故频发,还需要特别关注地铁主体及站点内部相关设备的日常运营维护,从而减少故障。

本研究提出了考虑不同信息状态下的地铁突发事件延误时间预测方法,在突发事件信息缺乏的状态下,采用概率分布拟合对延误时间进行预测,而在突发事件信息完备的状态下,建立了基于自然断点法改进的随机森林预测模型,提高了地铁突发事件影响时间预测的适用性,可以更为有效地解决地铁乘客在遭遇地铁突发事件时的痛点问题,还可以辅助优化地铁应急管理策略。

由于描述地铁突发事件的指标有限,在对延误时间进行预测时,本研究所采集的地铁突发事件仅从事故日期等时间维度信息以及故障站点等地理空间信息进行研究,未考虑气象条件、客流量等外部环境影响因素,未来可以融合多源数据,进一步提升延误时间的预测精度,为地铁公司和乘客提供更可靠的决策依据。

参考文献

[1] 张建华,陈德旺.基于回归分析的乘客平均延误时间模型研究[J].现代城市轨道交通, 2019,(5):110-114.

[2] LIU F Z, WANG S Y. Predicting subway incident delays using text analysis based accelerated failure time model[J]. Journal of Transportation Safety & Security,2021(13):340-356.

[3] LUCA O, EMANUELE F, GIORGIO C, et al. Train delay prediction systems: A big data analytics perspective[J]. Big Data Research, 2018,(11):54-64.

[4] 欧冬秀,张馨尹,赵源,等.基于梯度提升决策树级联分类方法的城市轨道交通列车突发事件延误时间预测[J].城市轨道交通研究, 2022,25(10):65-70.

[5] YANG Y X, HUANG P, PENG Q Y, et al. Statistical delay distribution analysis on high-speed railway trains[J]. Journal of Modern Transportation,2019,27 (3):188-197.

[6] HAMAD K, OBAID L, NASSIF A B, et al. Comprehensive evaluation of multiple machine learning classifiers for predicting freeway incident duration[J]. Innovative Infrastructure Solutions,2023,8(6):177.

基于问卷调查的上海交通限行政策研究

宁志浩　林志阳*

(上海应用技术大学经济与管理学院)

摘　要　为了缓解愈发严重的交通拥堵等问题,上海市于2020年11月和2021年5月开始,实施更加严格的交通限行规定。针对限行政策了解度、满意度等方面,研究收集了上海市区内458份有效问卷,本文采用卡方检验、秩和检验等方法进行数据分析,并通过雷达图、热力图等实现数据可视化,从而对上海市限行政策的效果和影响进行评估。研究结果表明:在限行政策的影响下,外地车主的出行方式有所改变,公共交通需求量增加,交通拥堵在一定程度上得到了缓解;超八成的人对限行政策表示满意,但未来在新能源汽车政策等方面仍有一定的改进空间,需要继续优化规则,并加强公共交通等配套设施的建设。

关键词　上海交通限行　限行政策　交通拥堵　数据分析　新能源汽车　公共交通

基金项目:上海市哲学社会科学规划课题(2021EGL009)。

0 引言

0.1 研究背景

城市交通供需矛盾是导致交通拥堵、交通事故和交通污染等问题产生的主要原因,从而直接影响群众的出行满意度和幸福感。解决交通问题的有效途径,是增加交通供给和减少交通需求。受成本和道路空间等诸多限制,交通基础设施无法随意增加。因此,通过交通限行措施限制车辆在特定时段和区域的行驶权,从而迅速降低私家车时空出行需求,缓解城市交通压力,已在多个国家广泛使用,是目前最有效的交通需求管理手段。

上海市自2011年开始对部分高架道路实施限行,随后多次调整交通限行政策,增加了限行车辆类型,扩大了限行范围,延长了限行时间。尤其是从2021年5月开始,上海市内环地面道路高峰时期对外地牌照限行,不仅对路面交通运行产生影响,还会对居民交通出行方式、交通相关领域等产生重要影响。

因此,基于问卷调查等数据分析,科学评估上海交通限行政策的综合影响,对进一步制定优化交通限行及配套措施、改善交通运行状况、提升政府公信力具有重要意义。

0.2 国内外研究现状

目前,交通限行政策影响的研究主要关注交通系统本身,如交通拥堵、交通污染和交通出行方式等,一般采用基于数据的统计分析方法,通过问卷调查和限行政策实施前后的相关数据,采用统计分析模型,对限行影响进行分析。在交通拥堵和交通污染影响方面,Sun等[1]分析了北京市交通限行政策实施后的交通和污染数据,发现交通拥堵得到明显缓解,但污染物排放无明显变化。Eskeland等[2]采用时间序列分析方法对墨西哥尾号限行政策进行研究,发现限行措施会刺激市民购买第二辆私家车以及在非限行日对私家车的使用,从而产生负向效果。出行方式选择影响方面,Cheng等[3]采用回归分析方法,研究了西安市交通限行政策下交通需求转移情况,发现部分私家车需求向出租汽车出行转移,但公共交通需求未发生明显变化。李庚等[4]通过问卷调查和数据分析方法对天津市限行政策的效果进行评价,发现限

行政策取得了一定效果,但会引发一些个体出行行为的改变,导致交通结构的变化。Grange等[5]采用回归模型对圣地亚哥的私家车、公交车和地铁客流数据进行分析,发现地铁客流量增加了3.5%,公交客流量并无明显增长。高浩然等[6]采用层次分析法,发现限行政策可以减少机动车的使用,增加公共交通需求。周鲁露[7]分析了2016年上海市限行政策调整前后的交通运行数据,发现各区域指数未发生明显改变,区域交通改善程度有限。

0.3 主要研究内容

本研究基于问卷调查和数据分析,对上海市限行政策效果和影响进行评估,并提出政策改进和优化策略,为未来的限行政策制定提供一定的科学依据。

1 问卷设计和调查对象

问卷从基本情况、对限行政策的了解程度、出行情况、对限行政策的主观感受、对限行政策的满意度和限行政策的改进六个方面进行设计,题型包括判断题、单选题、多选题、李克特量表、简答题等,于2024年1月27日至31日开展实地调查。

调查范围为上海市区,在商场、公园、居民楼等地采取随机抽样的方法,共回收问卷472份,其中有效问卷458份。在有效问卷中,年龄结构、性别结构等基本情况见表1。

问卷基本情况 表1

基本情况		频率	占比
年龄	18~30岁	196	42.79%
	31~45岁	176	38.43%
	46~60岁	75	16.38%
	60岁以上	11	2.40%
性别	男	240	52.40%
	女	218	47.60%
私家车情况	无	85	18.56%
	1辆	274	59.83%
	2辆及以上	99	21.61%
车牌情况	非新能源沪牌(沪C除外)	160	34.93%
	新能源沪牌	117	25.55%
	沪C	79	17.25%
	外地牌照	45	9.83%

续上表

基本情况		频率	占比
居住地	内环内	89	19.43%
	内环中环之间	151	32.97%
	中环外环之间	104	22.71%
	外环外	113	24.67%
	其他	1	0.22%
工作地	内环内	130	28.38%
	内环中环之间	140	30.57%
	中环外环之间	82	17.90%
	外环外	95	20.74%
	其他	11	2.40%

2　数据分析

2.1　市民对限行政策的认知

2.1.1　市民的了解程度

市民对限行政策的了解程度,对政策的平稳有效实施至关重要,根据问卷调查结果,市民的了解程度见表2,分别将其与基本情况进行卡方检验,得到卡方统计量(x^2)、p 值、自由度(DOF)见表3。其中,性别、私家车情况 p 值小于0.001,拒绝原假设,即市民对限行政策的了解程度与性别、私家车情况存在较强的相关性。

市民对政策的了解程度表　　　表2

了解程度	占比(%)	均值	标准差
非常了解	25.33		
比较了解	36.24		
一般了解	22.49	3.67	1.11
不太了解	11.57		
完全不了解	4.37		

注:在进行数值计算时,非常了解记为5,完全不了解记为1,以此类推,下同。

了解程度与各个基本情况卡方检验表　表3

类型	x^2	p	DOF
年龄	11.886	0.455	12
性别	19.236	<0.001	4
私家车情况	55.699	<0.001	8
车牌情况	50.119	0.022	32
居住地	26.733	0.045	16
工作地	21.309	0.167	16

在性别方面,对不同性别的了解程度进行 t 检验,得到均值(mean)、方差(std)、t 值、p 值,见表4,其中 p 值小于0.001,拒绝原假设,认为性别与了解程度之间存在明显差异,男性均值大于女性,即男性对限行政策的了解程度高于女性。在私家车情况方面,对不同私家车情况的了解程度分别进行 t 检验,结果见表5～表7,同理可得,有私家车的对限行政策的了解程度高于无私家车的,拥有私家车的数量对限行政策的了解程度无明显差异。

不同性别与了解程度 Welch's T 检验表 表4

	mean	std	t	p
男性	3.88	1.02	4.39	<0.001
女性	3.43	1.15		

不同私家车情况(无和1辆)与了解程度
Welch's T 检验表　　　表5

	mean	std	t	p
无私家车	2.94	1.13	-6.61	<0.001
1辆私家车	3.84	0.98		

不同私家车情况(无和2辆及以上)与了解程度
Welch's T 检验表　　　表6

	mean	std	t	p
无私家车	2.94	1.13	-5.1	<0.001
2辆及以上私家车	3.81	1.18		

不同私家车情况(1辆和2辆及以上)与了解程度
Welch's T 检验表　　　表7

	mean	std	t	p
1辆私家车	3.84	0.98	0.24	0.813
2辆及以上私家车	3.81	1.18		

2.1.2　市民的了解途径

对限行政策有所了解的群体(除完全不了解外的其他选项),分析其了解途径,结果见表8。随着互联网的迅速发展,网络和社交媒体已经成为宣传的主要方式。除表8内的了解途径外,还有部分人通过导航、路标、驾驶员考试等渠道了解到限行政策。

各个渠道了解途径所占百分比表　表8

了解途径	占比(%)
网络、社交媒体	70.09
电视、广播	45.41
朋友、家人	50.22
公共场所的宣传	39.74

整体上看,限行政策的宣传已取得较大成果,仅有部分群体对限行政策了解程度较低。政府应继续加大宣传力度,提供更多的信息,利用好网络和社交媒体渠道,成立交通资讯中心,以便人们更好地理解政策。

2.2　限行政策对出行方式的影响

2.2.1　本地车主的通勤方式

本地车主的通勤方式如图1所示,其中,选择私家车的比例为55.52%,选择公共交通的比例为25.67%。

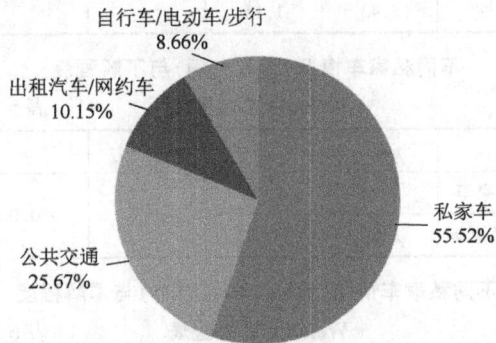

图1　本地车主通勤方式扇形图

2.2.2　外地车主限行前的通勤方式

当前限行政策实施前,外地车主通勤方式如图2所示,其中,选择私家车的比例为44.93%,选择公共交通的比例为36.23%。

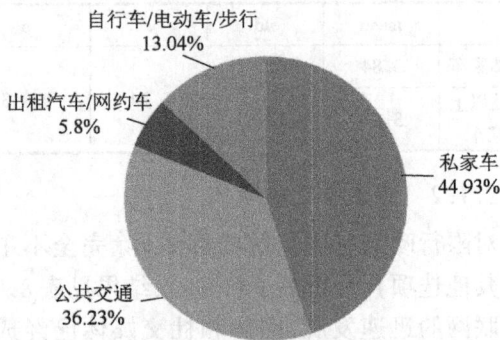

图2　外地车主限行前的通勤方式扇形图

2.2.3　外地车主限行后通勤方式的改变

2021年上海限行政策调整后,外省(自治区、直辖市)小客车上下班高峰期时无法在部分高架道路和内环内地道路行驶,对车主的出行方式产生了一定影响。

其中,有将近一半的人更多地使用公共交通出行;18.84%的人因不经过限行区域或限行时段,不受影响;14.49%的人选择了其他私人出行方式,如电动车、出租汽车等;还有不足20%的人拍沪牌、购买新能源汽车、改变出行时间继续私家车出行,如图3所示。

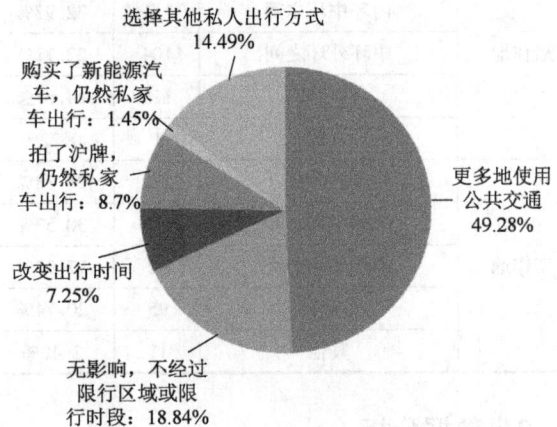

图3　外地车主限行后的改变措施扇形图

在限行政策的影响下,公共交通已成为外地车主的主要出行方式。

2.3　限行政策的效果评估

限行政策对缓解交通拥堵的短期和长期效果进行秩和检验,得到U统计量和P值,U统计量为84749.5,P值为0.481,P值大于0.05,不能否定原假设,认为短期和长期效果分布上没有明显差异。

市民的主观感受见表9,认为有效果的(效果不明显、有一定效果、非常有效)占比超过9成,均值为3.8左右。

限行政策对缓解交通拥堵的短长期效果　表9

效果	短期	长期
非常有效	15.26%	15.78%
有一定效果	56.57%	57.31%
效果不明显	18.31%	22.51%
没有效果	5.87%	3.25%
加剧了交通拥堵	3.99%	1.16%
均值	3.73	3.83

由此看来,限行政策对缓解交通拥堵短期和长期效果基本一致,均有一定的效果。

2.4　市民对限行政策的态度

2.4.1　合理性与支持度

市民对限行政策的支持度和合理性如图4所示,数据基本集中在右上角,即二者均处于较高的水平。

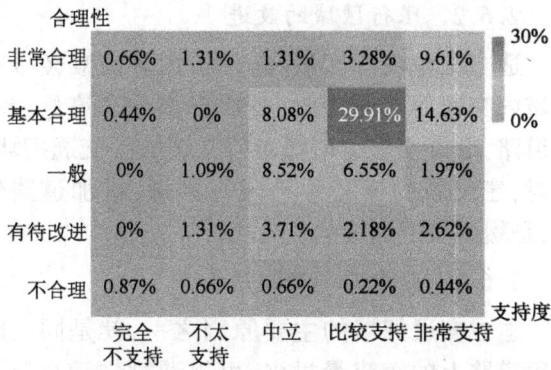
图 4 限行政策支持度与合理性频率分布热力图

计算合理性和支持度的斯皮尔曼秩相关系数，得出的相关系数（corr）和相关系数 p 值（p）见表 10。根据 corr 和 p 值，可以得出合理性和支持度二者存在较弱的正相关，且显著性非常强（$p < 0.001$）。合理性和支持度均值均处于较高的水平，其中支持度略高于合理性，二者标准差较小，数据较集中。

合理性和支持度的斯皮尔曼秩相关系数表

表 10

指标	合理性	支持度
均值	3.699	3.924
标准差	0.950	0.929
corr	0.349	
p	< 0.001	

整体来看，限行政策的合理性和支持度存在一定的关系，大多数人认为当前限行政策较为合理且支持限行政策，部分人虽然对限行政策的合理性持消极态度，但仍表示支持该政策，只有少数人对限行政策持消极态度。

2.4.2 支持度与其代价

在对限行政策持非常支持、比较支持、中立态度的人中，为了支持限行政策而增加出行费用或接受一定不便的意愿分别如图 5 ~ 图 7 所示。随着对限行政策支持度的降低，愿意接受其代价所占的比例也逐渐降低。

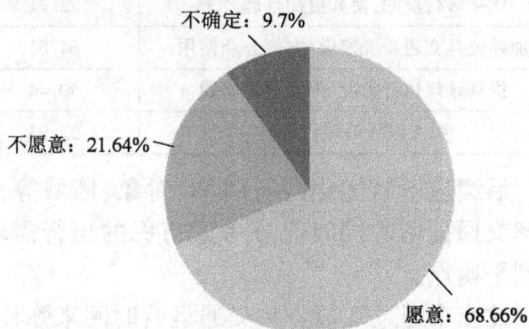
图 5 非常支持限行政策与愿意接受其代价扇形图

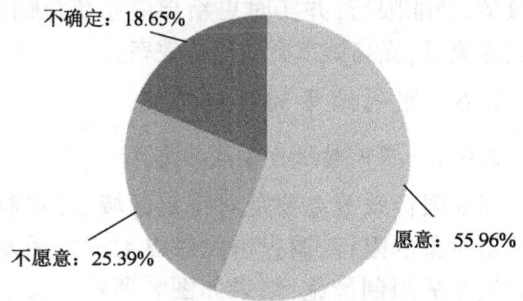
图 6 比较支持限行政策与愿意接受其代价扇形图

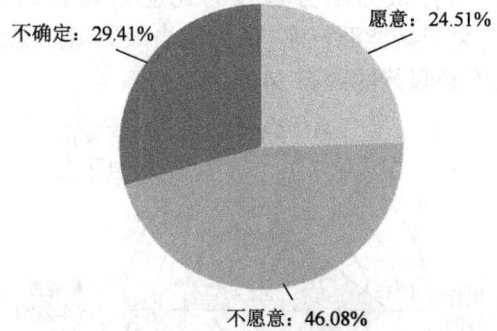
图 7 中立态度与愿意接受其代价扇形图

在制定限行政策时，应充分考虑市民的出行需求和利益，增加市场调研，听取意见，特别是对限行政策不太满意的市民意见，制定合理、公正、透明的政策。

2.5 限行政策存在的问题

市民认为当前限行政策存在的问题见表 11。表 11 中的各个问题占比均为五成左右，即信息宣传不足、监管不力、规则过于复杂、对生活影响较大，为当前限行政策存在的主要问题。

当前限行政策存在的问题所占百分比表

表 11

存在的问题	占比（%）
信息宣传不足，公众了解程度不高	52.40
监管不力，违反规定的情况频发	47.16
限行规则过于复杂，难以理解	44.76
对居民生活影响较大，不便之处较多	40.83

后续应加大宣传和监管力度，不断优化限行政策，并通过在限行区域周边完善停车、充电等配套设施，降低限行政策对生活的影响。

除此之外，当前限行政策还存在智能化程度不高等问题。未来，道路建设应利用人工智能、大数据等新一代信息技术，加强智能交通系统的建设，例如传感器监测、智能交通信号灯、车辆管理系统等，通过数据积累，根据交通状况实时调整限

706 世界交通运输大会(WTC2024)论文集(运输规划与航空运输)

行政策,精准限行,并实时更新导航系统,优化道路交通流量,提高城市交通运行效率。

2.6 限行政策的改进措施

2.6.1 市民对限行政策的意见

当前限行政策主要是对特定区域、特定时间和特定对象的限行,调查市民对以上三方面及新能源汽车的限制措施,结果如图8所示。关于限行区域和限行对象,正反双方比例基本一致;关于限行时间,认为不必延长的比应当延长的约高10%;关于新能源汽车,认为应当限制新能源汽车的比不必限行的约高24%。

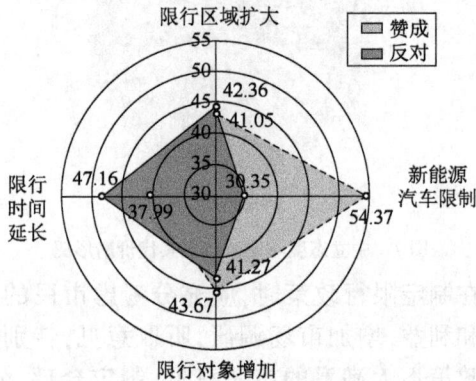

图8 限行区域、限行时间、限行对象和新能源汽车的限行改进百分比雷达图

综合来看,以上四个方面选择最高的三个进行排列组合见表12。

限行区域、时间、对象和新能源汽车的
限行选择组合所占百分比表　表12

选项	占比(%)
限行区域应当扩大、限行时间应当延长、限行对象应当增加、新能源汽车应当限制	17.47
限行区域不必扩大、限行时间不必延长、限行对象不必增加、新能源汽车不必限制	11.35
限行区域不必扩大、限行时间不必延长、限行对象不必增加、新能源汽车应当限制	8.52

使用卡方检验检验上述前两个选项与其他之间变量的关系,得出与限行政策的支持度存在较强相关性(p值小于0.001),即认为限行区域应当扩大、限行时间应当延长、限行对象应当增加、新能源汽车应当限制的大多对限行政策的支持度较高;而认为限行区域不必扩大、限行时间不必延长、限行对象不必增加、新能源汽车不必限制大多对限行政策的支持度较低。

2.6.2 限行区域的改进

适当调整限行区域,向外扩大从而减轻限行区域内交通压力的同时,开放出部分车流量较小的道路,既方便外地车牌通行又缓解了交通拥堵。同时,建设新的道路弥补限行区域,增加道路供给,是缓解交通拥堵的长久之计[8]。

2.6.3 限行时间的改进

造成交通拥堵的主要原因之一,就是同一时间段道路上的车流量过多,可以通过鼓励企业实行弹性工作制度,错峰上下班,从而减少早晚高峰期间交通负荷。

根据道路的实际情况,科学动态地调整限行时间,同时避免在节假日限行,以提高道路的使用效率和人们的满意度。

2.6.4 限行对象的改进

针对不同车型进行限行,如在高峰期限制卡车、货车(不包括紧急车辆、物流配送车辆等特殊车辆)在拥堵路段的通行,减少道路拥堵;放宽旅游及商务限行出行;非高峰期适当放松对沪C牌照的限行,以更好地发挥限行政策的效果。

2.6.5 新能源汽车的限制

新能源汽车数量越来越多,虽然目前已经对新能源汽车牌照有所限制,但当前的限行政策仍不能很好解决高峰期的拥堵情况,未来的限行政策应当对新能源汽车有所限制。

2.7 限行政策的优化建议

市民希望看到的政策的优化措施见表13,占比超过五成的有优化限行规则、加强公共交通系统建设、提高政策执行力度,未来限行政策应主要从以上三个方面进行优化。

各个政策优化的措施所占百分比表　表13

政策优化措施	占比(%)
优化限行规则,使其更加合理公平	72.71
加强公共交通系统建设,方便公众使用	64.63
提高政策执行力度,严格违规惩罚	50.44
引入限号等限行策略	22.93

后续应不断优化限行时间、对象、区域等,在缓解交通拥堵的同时充分考虑市民的出行需求,找到平衡点。

北京市通过延长公共交通运营时间来弥补限行政策带来的不便[9],起到了一定的作用。上海市也应加大投资新的公交和地铁建设,合理规划线路,完善公共交通系统,提高便捷程度,扩大覆盖范围和运营频次,加大优惠政策,增强公共交通和私家车的衔接,鼓励人们使用公共交通,从而减少对私家车的需求,缓解道路拥堵。

健全交通法律法规,提高执行和治理力度,完善违法行为监管和处罚制度,真正发挥限行效果,例如在交通违规扣掉一定分数后,限制其驾驶私家车出行等。

3 结语

本研究基于问卷调查和数据分析,将市民对限行政策的认知与态度、出行方式的影响及对交通拥堵的缓解、政策的改进和优化等方面进行梳理。当前限行政策已被广大市民所熟知且获得了较高的满意度,限行后半数外地车主选择公共交通出行,对交通拥堵起到了一定的缓解作用,但限行政策仍需要在新能源汽车等方面不断完善,未来需要加强完善公共交通等配套设施,以弥补限行政策对市民出行带来的不便。

本研究对未来的上海限行政策的优化及配套措施的完善,提供了科学的依据。但仍有许多不足之处,如数据量过少,后续将通过线上问卷形式增加数据量;对数据的分析仅停留在表面,且多为定性分析,缺少模型的建立,后续将进一步收集相关数据,对限行政策进行深入分析。

参考文献

[1] SUN C, ZHENG S, WANG R. Restricting driving for better traffic and clearer skies: Did it work in Beijing? [J]. Transport Policy, 2014, 32: 34-41.

[2] ESKELAND G S, FEYZIOGLU T. Rationing can backfire: the "day without a car" in Mexico City [J]. The World Bank Economic Review, 1997, 11(3): 383-408.

[3] CHEN X Y, HUANG K, QU L, et al. Effects of vehicle restriction policies on urban travel demand change from a built environment perspective [J]. Journal of Advanced Transportation, 2020, 2020 (5): 9848095.1-9848095.13.

[4] 李庚, 马寿峰, 贾宁. 大型城市小汽车限行政策对城市交通系统影响的分析——以天津市为例[J]. 综合运输, 2017, 39(3): 8-12.

[5] GRANGE D L, TRONCOSO R. Impacts of vehicle restrictions on urban transport flows: The case of Santiago, Chile [J]. Transport Policy, 2011, 18(6): 862-869.

[6] 高浩然, 陈瀚, 李沁鲜. 基于层次分析法的小汽车尾号限行政策评价[J]. 公路与汽运, 2011, (5): 39-41.

[7] 周鲁露. 上海市机动车限行政策对交通拥堵的影响研究[J]. 复旦城市治理评论, 2018, (1): 105-145.

[8] 钱江. 尾号限行不宜常态化[J]. 中国经济周刊, 2009, (5): 60.

[9] 黄凯. 小汽车限行政策实践评述与反思[J]. 时代汽车, 2022, (2): 21-22.

青年对共享自动驾驶汽车合乘意向研究

董志铭 陈鹏*
(武汉理工大学交通与物流工程学院)

摘要 为探究不同年龄段青年群体的共享自动驾驶汽车(Shared Autonomous Vehicles, SAV)合乘意向与心理潜变量之间的关系,本文基于计划行为理论、技术接受模型和感知理论,构建了居民SAV合乘意向的结构方程模型(Structural Equation Modelling, SEM),并对年龄这一异质性变量进行了多群组分析。结果表明,18~22岁和23~29岁青年群体的SAV合乘意向受态度、感知有用性的影响,较30~35岁年龄群体更为明显;对30~35岁青年群体而言,SAV合乘意向受主观规范影响,比其余年龄段青年群组更为明显。

关键词 共享自动驾驶汽车 合乘意向 结构方程模型 多群组分析

0 引言

随着科学技术的发展,自动驾驶汽车成为未来汽车发展趋势。在共享经济理念的普及下,以共享自动驾驶汽车(Shared Autonomous Vehicles,SAV)为依托的共享出行模式正孕育而生。研究表明,90%的交通事故与人为操作失误有关。高等级自动驾驶汽车无须乘员参与,便可为乘客提供安全、便利、舒适的出行服务。SAV 的推广能显著改善交通安全问题,避免交通事故,保障人身和财产安全,改善交通环境,提高交通效率[1]。

目前,SAV 接受度相关研究主要基于计划行为理论(Theory of Planned Behavior,TPB)和技术接受模型(Technology Acceptance Model,TAM)等基础理论进行,并通过问卷调查形式采集相关数据,利用结构方程模型(Structural Equation Modelling,SEM)分析解释居民意向。

Panagiotopoulos 等[2]基于扩展原始的 TAM 解释预测消费者对自动驾驶汽车(Autonmous Vehicles,AV)的接受程度和使用意图,发现感知有用性对共享自动驾驶汽车使用意愿的影响最大。Krueger 等[3]采用混合 Logit 模型研究了 SAV 偏好,发现没有驾驶执照、受教育程度较高、技术熟练的人和年轻人对 SAV 支付有更强烈的支付意愿。Kolarova 等[4]研究了自动驾驶对出行时间节省价值(VTTS)的影响,并发现使用 SAV 被认为不如使用私人拥有的自动驾驶汽车,揭示了个体受益与社会目标之间的潜在冲突。Gurumurthy 等[5]基于扩展 TAM 解释和预测消费者对 AV 的意图,并发现随着时间的推移,愿意共乘的意愿将会增加,而且 SAV 的共享乘车时间短,可以吸引多个乘客。Paddeu 等[6]采用了一种新颖的实验方式,在非虚拟环境中进行用户实验研究,探讨用户对 SAV 使用偏好,发现舒适性高、年轻人、高学历以及倾向汽车出行等特征的人群更容易接受 SAV 合乘。Abbasi[7]在探究心理和社会人口学因素对 SAV 合乘意愿的影响时,发现态度、性别、教育水平、汽车拥有量、驾照情况等个人属性,是影响消费者 SAV 合乘意愿的重要因素。

国内学者霍月英[1]、姚荣涵[8]、胡晓伟[9]等研究发现,个人属性、出行特征、心理特征、经济属性等因素,会影响用户对 SAV 的使用意向。任海林[10]和李慧有[11]研究发现高学历、高收入、年轻、男性、私家车用户更愿意接受 SAV。张金果[12]考虑用户异质性,通过使用时机和使用频率体现公众对 SAV 的使用意愿,探究潜在类别消费者个人属性对各个潜变量的影响。

综上所述,大多数研究证明,年轻人、高学历、高收入等用户群体对 SAV 具有显著的使用意愿,然而鲜有研究探讨针对某一类群体对 SAV 合乘出行的意向。青年用户作为未来 SAV 合乘出行的主要消费群体,探究不同年龄段青年的 SAV 合乘意向,可以更好地挖掘青年个体异质性的影响因素,相关部门和企业可以针对不同年龄段青年 SAV 合乘的特点和需求,提供针对性的 SAV 服务和宣传策略,从而促进 SAV 的推广和发展。本研究结合计划行为理论(TPB)、技术接受模型(TAM)和感知风险理论(Perceived Risk,PR),构建居民合乘意向结构方程模型,探究青年用户 SAV 合乘意向与心理潜变量之间的影响机理,为验证各年龄段青年对 SAV 合乘意向的影响,对三个年龄段青年用户进行多群组分析,探究三者之间 SAV 合乘意向模型的路径差异。

1 居民合乘意向的结构方程模型构建

本文构建了一个居民合乘意向的理论模型框架,基于计划行为理论(TPB)、技术接受模型(TAM)和感知风险理论(PR),模型框架如图1所示。其中,计划行为理论在探讨个体行为时会考虑到三个主要因素:态度、主观规范和感知行为控制,解释了个体行为意向和决策是如何受到三个因素的影响。技术接受理论探讨了个体对新技术接纳程度的影响因素,包括感知有用性和感知易用性。感知风险理论则强调了在决策中个体对风险的感知,个体在决定是否使用某产品或服务时,会考虑潜在的负面后果和可能的风险[13]。

本文根据 TPB、TAM、PR 基本框架,结合前人的研究成果,提出 11 个研究假设,(Hypothesis,H)分析影响青年 SAV 合乘意向的因素,具体见表1。

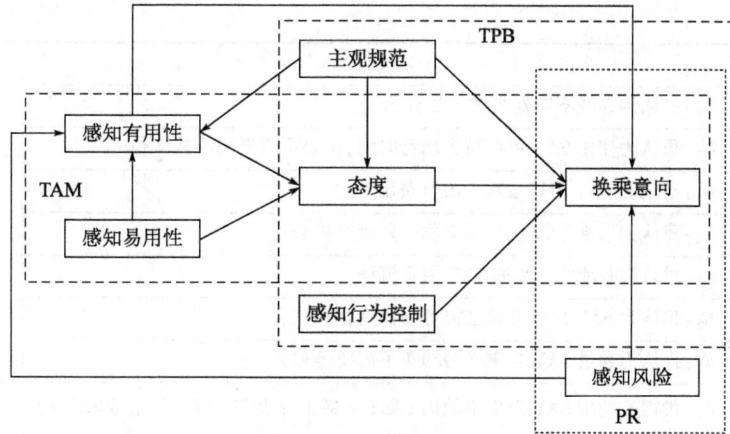

图 1　理论模型框架

研究假设　　　　　　　　　　　　　　　　　　表 1

假设	假设内容	文献来源
H_{11}	态度直接影响合乘意向	[18]
H_{12}	感知有用性直接影响合乘意向	[9]
H_{13}	主观规范直接影响合乘意向	[12][16]
H_{14}	感知行为控制直接影响合乘意向	[9]
H_{15}	感知风险直接影响合乘意向	[12][13]
H_{21}	感知有用性通过态度间接影响合乘意向	[12]
H_{22}	感知易用性通过态度间接影响合乘意向	[12]
H_{23}	感知易用性通过感知有用性间接影响合乘意向	[12]
H_{24}	主观规范通过态度间接影响合乘意向	[16]
H_{25}	主观规范通过感知有用性间接影响合乘意向	[16]
H_{26}	感知风险通过感知有用性间接影响合乘意向	[13]

2　调查问卷设计与数据收集

2.1　调查问卷设计

本文的调查问卷内容主要涉及社会个体三个方面的信息,包括个人社会经济属性、出行特征以及心理感知因素。在个人社会经济属性模块,涵盖性别、年龄、学历、职业、月收入、是否拥有小汽车以及是否持有驾照等信息;出行特征模块主要调查社会个体的出行目的、出行方式、出行距离、出行时长、出行费用以及打车经历等方面内容;心理感知模块主要为调查社会个体 7 个心理潜在变量数据,具体见表 2。

心理潜变量对应量表　　　　　　　　　　　　表 2

类别	变量	文献来源
态度 A	A_1:我认为 SAV 是一种很有吸引力的出行方式	[11][13][14]
	A_2:我认为 SAV 的普及有利于社会的发展	
	A_3:使用 SAV 出行对我来说是潮流的,会让我感到兴奋	
主观规范 B	B_1:周围人认为使用 SAV 很好	[12][13][15]
	B_2:朋友会支持我选择 SAV 出行方式	
	B_3:朋友使用 SAV 的看法会影响我的选择	
感知行为控制 C	C_1:我具备学习使用 SAV 合乘出行模式的能力	[13][15]
	C_2:是否选择 SAV 出行方式完全取决于我自己	
	C_3:我有足够的资源、知识使用 SAV 合乘出行模式	

续上表

类别	变量	文献来源
感知有用性 D	D_1:我认为在我不能驾车时非常有用	[1][10]
	D_2:我认为使用 SAV 可以减少出行时间,比如不再需要寻找车位	
	D_3:我认为 SAV 出行会减少出行费用	
	D_4:我认为合乘 SAV 能为我提供一些社交机会	
感知易用性 E	E_1:我认为我能快速掌握 SAV 租赁流程	[9][12]
	E_2:我认为 SAV 出行方式会很容易找到合乘信息	
	E_3:我认为通过 SAV 合乘平台约车不需要等很久	
感知风险 F	F_1:我担心使用 SAV 发生事故时,乘车人需要承担法律责任,造成额外的财产损失	[11][12]
	F_2:我担心合乘 SAV 出行时泄露个人信息	
	F_3:我担心合乘 SAV 会对安全产生威胁	
	F_4:我担心使用 SAV 功能体验达不到预期	
合乘意向 G	G_1:在未来 SAV 投入使用后,我愿意尝试使用 SAV 合乘	[10]
	G_2:在未来 SAV 投入使用后,我会推荐 SAV 合乘出行给周围人	
	G_3:我愿意在日常生活中经常选择 SAV 合乘	

2.2　数据收集

采用网络问卷调查方式进行数据收集,对象为武汉市居民。调查时间为 2024 年 1 月 12 日至 24 日,总计收集 381 份问卷,其中有效问卷为 326 份,有效率约为 85.6% ,满足 SEM 分析所需的最小样本数量为 200 份的要求。

2.3　样本的描述性统计分析

由图 2 所示个人社会经济属性调查情况可知,男女受访比例基本相当;23 ~ 29 岁的居多,其次是 30 ~ 35 岁调查对象;65% 的调查对象的学历为专科或本科,其次有 31% 的调查对象为硕士及以上学历,体现了大部分受访者具有较高的认知能力水平;49% 的调查对象是学生,其次有 28% 的调查对象为企业职员;有驾照、拥有 1 辆小汽车的受访者超过 60% 。

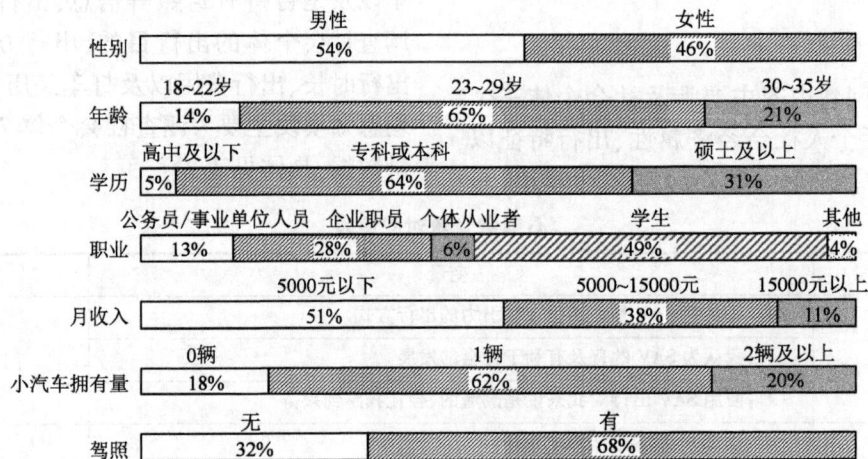

图 2　受访者个人社会经济属性百分比分布

3　结果分析

3.1　信度和效度检验结果

在本次研究中,采用 SPSS 25 软件分析采集样本的数据质量,检验各维度潜变量的信度和效度。首先在信度检验中,一般各维度变量的 Cronbach's α 系数大于 0.7 就具有良好一致性,系数值越大,信度越高[16]。在各潜变量内部具有良好一致性前提下,通过计算各维度潜变量的组合信度(Composite Reliability, CR)和平均方差提取值(Average Variance Extracted, AVE)验证潜变量的收敛性。一般当 CR 值大于 0.6,AVE 值大于 0.5 时,各个潜变量就具有良好的收敛性。根据表 3 的分析结果可以看出,所有潜变量的各个参数均满足要求,说明各维度均具有良好的信度与效度。

信度和效度检验　　表3

潜变量	Cronbach's α	CR	AVE
态度	0.844	0.850	0.653
主观规范	0.873	0.836	0.631
感知行为控制	0.836	0.823	0.607
感知有用性	0.847	0.869	0.626
感知易用性	0.861	0.844	0.644
感知风险	0.883	0.873	0.632
合乘意向	0.885	0.790	0.56

3.2　结构方程模型的估计和检验

使用 SEM 研究各维度潜变量之间的路径关系时,首先要对模型中的参数进行估计,然后选择模型拟合指标评估模型的适配度。本文选取的指标包括卡方与自由度比(χ^2/df)、比较拟合指数(Comparative Fit Index, CFI)、标准化均方根残差(Root Mean Square Error of Approximation, RMSEA)、标准化残差平方和的平方根(Standardized Root Mean Square Residual, SRMR)和非规准适配指数(Tucker-Lewis Index, TLI)5 个指标。评价标准[17-18]和检验结果见表4。据表4模型检验结果显示,构建的居民 SAV 合乘意向的结构方程模型的拟合效果较好。

结构方程模型拟合检验结果　　表4

指标	接受范围	评价	拟合结果
χ^2/df	(0,3]	拟合较好	
	(3,5]	基本拟合	1.376
	(5,$+\infty$)	拟合较差	
CFI	(0.9,1.0)	拟合较好	0.968
SRMR	(0,0.05)	拟合较好	0.042
RMSEA	(0,0.08)	拟合较好	0.056
TLI	(0.9,1.0)	拟合较好	0.933

如图 3 所示,为观察各潜变量间的路径关系及其显著性,采用 AMOS 软件对构建的结构方程模型进行求解。表 5 整理的模型拟合检验结果显示,感知行为控制对合乘意向的直接影响并不显著,因此假设 H_{14} 被否定;感知风险对合乘意向也没有影响,因此假设 H_{15} 被否定;其余路径均达到了统计学上的显著水平,证实了研究假设。

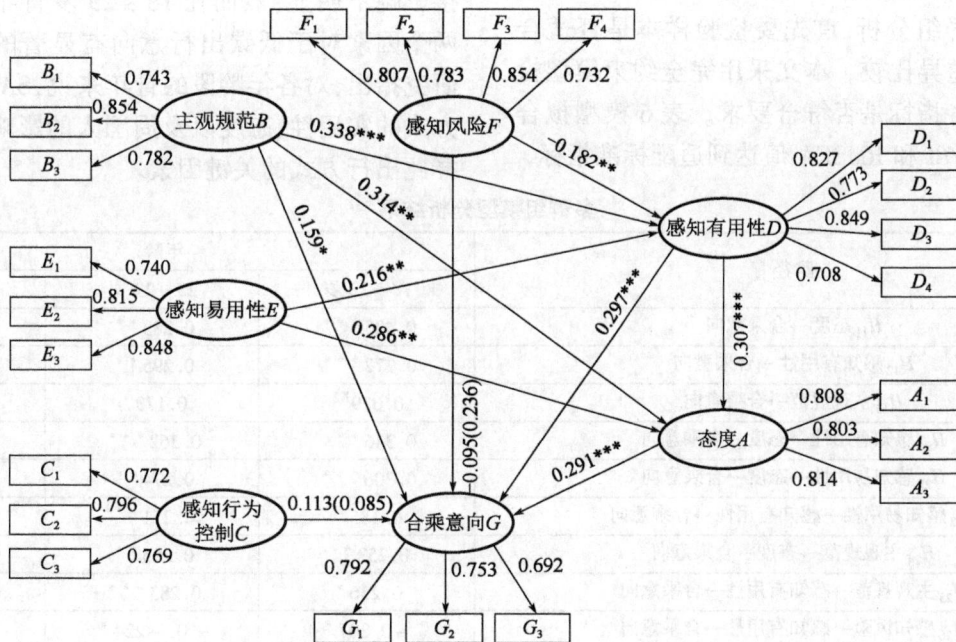

图3　潜变量路径分析结果

注:＊表示 $p<0.05$,＊＊表示 $p<0.01$,＊＊＊表示 $p<0.001$。

结构方程模型的拟合检验结果　　　　　表5

假设路径	系数估计值	p 值	假设是否成立
H_{11} 态度→合乘意向	0.291	* * *	是
H_{12} 感知有用性→合乘意向	0.297	* * *	是
H_{13} 主观规范→合乘意向	0.159	*	是
H_{14} 感知行为控制→合乘意向	0.113	0.085	否
H_{15} 感知风险→合乘意向	−0.095	0.236	否
H_{21} 感知有用性→态度→合乘意向	0.307	* * *	是
H_{22} 感知易用性→态度→合乘意向	0.286	* *	是
H_{23} 感知易用性→感知有用性→合乘意向	0.216	* *	是
H_{24} 主观规范→态度→合乘意向	0.314	* *	是
H_{25} 主观规范→感知有用性→合乘意向	0.338	* * *	是
H_{26} 感知风险→感知有用性→合乘意向	−0.182	* *	是

3.3　多群组分析

本文结合相关研究[19]，将青年群体进一步划分为三个阶段：青年前期(18~22岁)，该阶段的青年消费观和价值观念新颖，出行习惯具有良好的可塑性；青年中期(23~29岁)是青年步入社会后最活跃的年龄阶段，经济收入普遍较低，主要面临就业选择并积累社会经验，相关交通政策和经济实力对他们的出行选择起到一定的约束作用；青年后期(30~35岁)，社会经验丰富，工作生活方式趋于稳定，有一定的财富积累。将年龄作为异质性变量，分析不同青年年龄段对青年SAV换乘意向的影响，利用多群组分析探究不同年龄群组间合乘意向的差异。

进行多群组分析，首先要检验样本是否适用于多群组差异比较。本文采用完全约束模型检验群组模型各指标是否符合要求。表6模型拟合结果显示 χ^2/df 和 RMSEA 值达到适配标准指标，

且 IFI、TLI 和 CFI 值均大于宽松值 0.7，接近 $0.9^{[20]}$，因此整体结果表明可以进行多群组分析。

多群组模型拟合结果　　表6

模型	χ^2/df	IFI	TLI	CFI	RMSEA
标准值	(0,3]	(0.9,1.0)	(0.9,1.0)	(0.9,1.0)	(0,0.08)
年龄	2.039	0.894	0.907	0.873	0.057

由表7可知，在年龄属性中，感知有用性对18~22岁、23~29岁和30~35岁群体的SAV合乘意向皆有显著影响，而且年龄越小，感知有用性的影响越大；各年龄段青年用户的SAV合乘意向受主观规范的间接影响显著，且随着年龄增长，这种影响越加明显。而对于30岁以上青年后期用户而言，感知风险和态度对其SAV合乘意向的间接影响不明显；然而在18~29岁青年用户中，这两个因素对于低碳出行意向有显著的间接影响。研究指出，对各年龄段的青年来说，SAV合乘出行方式的实用性、态度以及周围人的影响，是他们选择此出行方式的关键因素。

多群组模型分析结果　　　　　表7

路径	年龄		
	18~22岁	23~29岁	30~35岁
H_{11} 态度→合乘意向	0.425 * * *	0.283 * *	0.256 NS
H_{12} 感知有用性→合乘意向	0.372 * * *	0.295 * *	0.214 * *
H_{13} 主观规范→合乘意向	0.079 NS	0.173 *	0.018 NS
H_{21} 感知有用性→态度→合乘意向	0.346 * * *	0.362 * * *	0.249 *
H_{22} 感知易用性→态度→合乘意向	0.306 * * *	0.274 * *	0.252 * *
H_{23} 感知易用性→感知有用性→合乘意向	0.185 *	0.211 * *	0.147 NS
H_{24} 主观规范→态度→合乘意向	0.253 * *	0.295 * *	0.326 * * *
H_{25} 主观规范→感知有用性→合乘意向	0.236 * *	0.283 * * *	0.347 * * *
H_{26} 感知风险→感知有用性→合乘意向	−0.207 *	−0.−224 *	−0.192 NS

注：* 表示 $p<0.05$，* * 表示 $p<0.01$，* * * 表示 $p<0.001$，NS 表示无显著性影响。

4 结语

本文考虑年龄对青年群体SAV合乘意向的异质性,构建SEM求解各潜变量之间系数,分析青年的SAV合乘意向与其他心理潜变量之间的关系,并针对3个年龄段青年群体进行多群组分析。研究发现,18~22岁和23~29岁青年群体的SAV合乘意向受态度、感知有用性的影响较30~35岁年龄群体更大。相比之下,对于30岁~35岁年龄群体来说,SUV合乘意愿受主观规范影响更为显著。

参考文献

[1] 霍月英,郭晨,朱援,等.共享自动驾驶汽车使用意愿模型及其影响因素[J].东北大学学报(自然科学版),2021,42(7):1057-1064.

[2] PANAGIOTOPOULOS L, DIMITRAKOPOULOS G. An empirical investigation on consumers intentions towards autonomous driving [J]. Transportation Research Part C：Emerging Technologies,2018,95:773-784.

[3] KRUEGER R, RASHIDI T H, ROSE J M. Preferences for shared autonomous vehicles [J]. Transportation Research Part C：Emerging Technologies,2019,69:343-355.

[4] KOLAROVA V, STECK F, BAHAMONDE-BIRKE F J. Assessing the effect of autonomous driving on value of travel time savings：A comparison between current and future preferences[J]. Transportation Research Part A：Policy and Practice,2019,129:155-169.

[5] GURUMURTHY K M, KOCKELMAN K M. Modeling Americans' autonomous vehicle preferences: a focus on dynamic ride-sharing, privacy & long-distance mode choices [J]. Technological Forecasting and Social Change,2020,150:119792.1-119792.10.

[6] PADDEU D, TSOUROS I, PARKHURST G, et al. A study of users' preferences after a brief exposure in a Shared Autonomous Vehicle (SAV)[J]. Transportation Research Procedia,2021,52(6):533-540.

[7] MOHAMMADHOSSEIN A. Usage intention of shared autonomous vehicles with dynamic ride sharing on long-distance trips [J]. Sustainability,2023,15(2):1649-1649.

[8] 姚荣涵,梁亚林,刘锴,等.考虑合乘的共享自动驾驶汽车选择行为实证分析[J].交通运输系统工程与信息,2020,20(1):228-233.

[9] 胡晓伟,石腾跃,于璐,等.基于扩展技术接受度模型的共享自动驾驶汽车用户使用意愿研究[J].交通运输工程与信息学报,2021,19(3):1-12.

[10] 任海林.基于混合Logit模型的共享自动驾驶汽车选择偏好分析[J].贵州大学学报(自然科学版),2022,39(5):105-110.

[11] 李慧有.共享自动驾驶汽车使用意愿及共享模式研究[D].大连:大连交通大学,2023.

[12] 张金果.共享自动驾驶汽车合乘意愿研究[D].桂林:桂林电子科技大学,2023.

[13] 毕宇明,马颖,冯丹,等.基于SEM-Logit模型的互联网租赁电动自行车使用行为研究[J].交通运输研究,2023,9(6):119-131.

[14] 汤心怡.共享自动驾驶汽车的使用意向异质性及其影响机理研究[D].杭州:浙江大学,2022.

[15] 袁玉娟,刘清春,周平,等.城市居民低碳交通意愿与行为一致性研究[J].城市问题,2021(8):93-102.

[16] 马壮林,毕宇明,张锐.换乘优惠政策下公共交通乘客换乘决策行为分析[J].浙江大学学报(工学版),2023,57(12):2513-2523.

[17] DASH G, PAUL J. CB-SEM vs PLS-SEM methods for research in social sciences and technology forecasting [J]. Technological Forecasting and Social Change,2021,173:121092.1-121092.11.

[18] 张昱,孙岩,刘学敏.基于TPB的北京市居民低碳通勤选择机制研究[J].北京师范大学学报(自然科学版),2020,56(6):831-837.

[19] 丁臻楠.网约车条件下青年群体购车意向的影响因素研究[D].成都:西南交通大学,2020.

[20] 胡含,李昕光,孙崇效,等.城市居民低碳出行意向异质性分析[J].交通运输工程与信息学报,2024,22(1):128-138.

Factors Influencing the Pairing Potentials of Dynamic Ridepooling Orders

Siwei Sun   Xiaolei Wang*

(School of Economics and Management, Tongji University)

Abstract   As an eco-friendly transportation mode, dynamic en-route ridepooling, e. g. , Uber Pool, Didi Pinche, is gaining more and more attention in recent years. In such dynamic ridepooling services, orders between different Origin-Destination (OD) pairs could exhibit quite different pairing potential. This paper explores the factors that affect the pairing probability and the average detour/shared distance of orders between each OD pair. Since the detour and shared distance are unavailable in the currently public datasets, we employ simulation data based on the Haikou road network and Haikou's ridesourcing demand rate. A hierarchical linear model (HLM) shows that for each OD pair, factors like trip length, trip demand rate, number of high-demand arcs along the route, demand rate and trip length of its associated (pairing and competing) OD pairs and system variables (e. g. , pairing conditions) all play important roles in determining the pairing probability and the average detour/shared distance. A machine learning model is also employed to measure the importance of each variable and predict the target variables, and yields satisfactory prediction accuracy (with R^2 of more than 90%). The feature importance shows that ridepooling demand around the origin is the most important predictor for pairing probability, and trip length shows significant importance in detour and shared distance prediction.

Keywords   Ridepooling   Pairing probability   Detour distance   Shared distance

0   Introduction

DynamicRidepooling is a variation of ridesourcing that involves volunteering to share a ridesourcing ride with someone at a reduced cost (Shaheen and Cohen,2019),intending to serve more trips with fewer miles. The popularity of dynamic ridepooling services has been driven by the development of mobile internet, wireless communication, and the widespread adoption of smartphones in the sharing economy era. Meanwhile, the feasibility and great social value of dynamic ridepooling have also been strongly confirmed in academic research. Studies show that dynamic ridepooling,as a form of shared mobility,has the potential to address traffic congestion while also contributing to energy conservation and emission reduction targets (Seyedabrishami et al. , 2012; Santi et al. , 2014; Pelzer et al. ,2015).

In the dynamic ridepooling service process, the pairing potential of orders on each Origin-Destination (OD) pair (pairing probability, expected detour distance, and expected sharing distance, etc.) is critical to the ridepooling platforms for making decisions on pricing, dispatching, and route planning before the appearance of the ridepooling patterners. Therefore,understanding the mechanisms influencing pairing potential can help the platform identify the most promising OD pairs in ridepooling services, thereby enhancing the operational efficiency of the ridepooling platform. On the one hand, the platform can optimize resource utilization by offering higher discounts to passengers on OD pairs with greater pairing potential, based on anticipated mileage savings,encouraging them to choose ridepooling. On the other hand, in the dynamic ridepooling dispatch process,accurate predictions of pooling potential can assist the system in making dispatch decisions based on potential matching opportunities that may arise in the future.

Consequently, there has been a growing interest in researching the pairing potential, especially in terms of pairing probability, the average detour, and shared distance in ridepooling service. From the perspective of OD pairs, Wang et al. (2021) proposed a mathematical modelling approach to forecast the pairing probability, shared distance, and detour distance during the dynamic ridepooling process under a "first-come-first-serve" strategy, achieving exceptional outcomes. In a forecast encompassing 9455 OD pairs, the absolute (relative) mean errors for the predicted pairing probability were 3.77% (4.51%), validated against results obtained from a 30 × 30 grid simulation and simulations conducted in Haikou city. The absolute (relative) error for the expected detour distance was 64meters (1.58%), and the average absolute (relative) error for the expected shared distance was 301meters (11.57%).

In recent years, major cities like New York and Chicago have implemented data authorization requirements for active Transportation Network Companies (TNCs) to better regulate ridepooling services (Monahan, 2020). As a result, an increasing amount of large-scale travel data has become publicly available, and the research of ridepooling on data-driven methods has also advanced. However, most studies have focused on the adoption rates and demand rates of ridepooling (Chen et al., 2017; Hou et al., 2020; Dean et al., 2021; Xu et al., 2021; Zwick et al., 2022), rather than observing the specific ridepooling outcomes (e.g., whether the trip is matched) corresponding to the trips. Only a handful of studies have attempted to describe the association betweenridepooling potentials and OD pairs characteristics. Concerning the pairing probability, Taiebat et al. (2022) utilized trip data from Chicago to collect variables related to travel impedance, spatial and temporal attributes, socio-economic and population factors, built environment characteristics, and transit supply at the individual trip level. Ensemble machine learning methods were employed to predict the binary outcome signifying trip pairing success. The study's findings indicated that travel impedance variables, specifically travel cost, distance, and duration, contributed to 91% of the predictive capability for successful trip pairing. Young et al. (2020) also utilized a probit model at the trip level and found that shorter distance from the trip to the city center, longer trip distance, and longer driver arrival time all increase the pairing probability. Since TNCs often provide information without specific ridepooling and route information, several articles compare the distances of successfully shared trips to the distances of non-shared trips to estimate detour distances. Liu et al. (2023) used data from Chicago to estimate the average detour distance for OD pairs, revealing the scale effect in ridepooling. Through regression analysis, they discovered that as the number of authorized shared trips increases, the pairing probability of OD pairs will rise, and the average detour distance will decrease. Young (2020) similarly estimated detour distances for OD and found that areas furthest from the city center appeared to show short detour distances, which could be attributed to higher levels of congestion in the city center area. The largest detour distance associated with pooling occurs in areas outside of the downtown, which have lower levels of ridepooling demand than the downtown, but similar congestion ranges. Li (2019) used data from Chengdu to investigate factors affecting ridepooling delays using multiple linear regression and found correlations with expected travel time, diversions distance, average speed, distance from the nearest metro and bus stops to the drop-off and pick-up locations for each ride, and built environment factors. In addition to the estimate methods, there are also studies using the simulation data. Ke et al. (2021) utilized simulation data from Chengdu, Haikou, and Manhattan to derive equations capturing the relationships between pairing probability, average detour distance, and average travel distance for passengers. In general, there is a lack of research on ridepooling potential, and little is known about the reasons for the different ridepooling potential exhibited by different orders. Meanwhile, the lack of specific ride and route information from TNCs has contributed to the gap in research addressing the factors that influence and predict detour distance and shared distance.

This paper is devoted to investigating the factors that influence disparities in Origin-Destination (OD) pairing potential and making predictions of pairing potential, encompassing pairing probability, average detour distance, and average shared distance using both a traditional statistical model and an adaptable machine learning model. Utilizing the simulation data based on Haikou City, we gather variables related to OD length, OD path and demand spatial distribution information for analysis. Furthermore, we integrate the pairing conditions and the characteristics of OD clusters, whether in direct or indirect connection with the OD pairs, into the framework of influencing factors. The findings of our study contribute to a more profound comprehension of the mechanisms underlying distinct ridepooling outcomes among OD pairs, a critical factor in augmenting ridepooling efficiency and realizing a mutually advantageous outcome for both service providers and passengers throughout the entirety of the urban network.

The remainder of the article is organized as follows. Section1 describes the data sources and the variables selected for this paper. Section 2 describes the methodology used in this paper. Section 3 investigates the factors influencing the pairing probabilities, average detour distance, and average

shared distance between orders of different OD pairs using traditional statistical models, and applies a machine learning model to predict the pairing potential. Finally, in Section 4 the findings are summarised and the main limitations of the data and modelling techniques applied in this study are elucidated.

1 Data and variables

1.1 Data source

As none of the currently accessible public datasets from TNC include specific information like trip routes and matching details, precise values for the detour and shared distance of orders are unavailable. Therefore, this study resorts to the data derived from the simulation model based on Haikou City, as introduced by Wang et al. (2021), to facilitate our analysis, extracting OD pairs and demand information from Didi's publicly available dataset. Haikou's prominence as a Chinese tourist destination leads to distinct demand patterns during summer vacation, as illustrated in Figure 1. Specifically, the order volume from 8:00 to 16:30 during this period exhibits remarkable stability. In this paper, we designate the interval between this period across 38 weekdays spanning July 1 to September 10, 2017, as a single period. By meticulously aggregating these orders, we eventually found 7358 unique OD pairs and their corresponding demand rates. A representation of the Haikou network and OD distribution is shown in Figure 2.

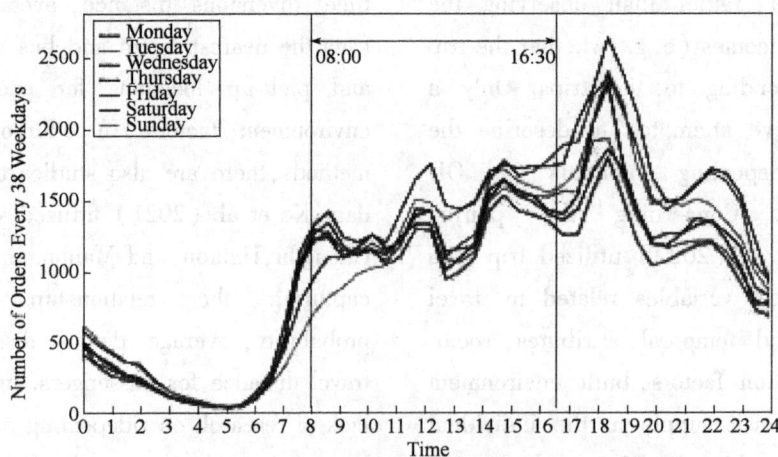

Figure 1 The fluctuation of the average number of orders

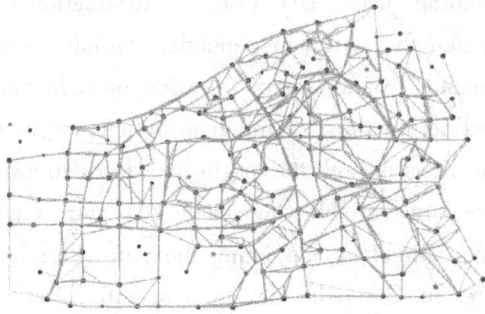

Figure 2   The network and distribution of OD

The simulation experiment is based on the following assumptions:

(1) The traffic conditions are assumed to be stationary, so the travel time on each link is treated as a constant.

(2) It is assumed that the arrival of ridepooling trips on each OD follows a Poisson process determined by a fixed average arrival rate (i. e., demand rate).

(3) It is assumed that each ridepooling ride can involve up to two trips, i. e., each trip can match with at most one other trip.

(4) The average waiting time of empty vehicles is an endogenous variable determined by the demand and supply within each region. In this simulation, it is assumed that the waiting time for vacant vehicles is a given constant, denoted by t^{pk}.

(5) Two trips can be pooled together if and only if they meet the following conditions.

Condition 1: The distance between the current positions of the two trips does not exceed a given distance R.

Condition 2: The detour caused by ridepooling does not exceed the given maximum detour distance D for two trips.

Based on the above assumptions, the simulation is conducted with varying passenger waiting times (t^{pk}), and pairing conditions (including max detour and search radius, (D,R)), the values of which are shown in Table 1. Let Z be the set of all scenarios, and each running scenario is denoted as $z = (t^{pk}, D, R)$, with the parameters of each scenario being t^{pk}_z, D_z, R_z, $z \in Z$, respectively. Leveraging these defined parameters and a series of underlying assumptions, a

series of 27 simulations were executed encompassing various permutations of simulation parameters. In each scenario, the order generation, movement, and matching process for 7358 pairs of ODs was simulated, and the matching outcomes were generated for each OD, facilitating to compute the pairing probability, average detour distance, and average shared distance over the simulation interval.

The setup of parameters for the simulation

Table 1

No.	Pickup Time(min)	Max detour (km)	Search radius(km)
1	1	1	1
2	3	1.5	1.5
3	5	2	2

1.2   Variables

The target variables in this study are the pairing probability, average detour distance and shared distance of OD pairs, which are obtained by calculating the information of each OD's trips during the simulation period in each scenario.

Let $n_w(z)$ be the total number of trips for OD pair $w \in W$ occurring in scenario $z \in Z$ and $\hat{n}_w(z)$ the number of trips which were successfully pooled. The pairing probability of ridepooling for OD $w \in W$ in scenario z is denoted by $p_w(z)$ and is calculated as follows:

$$p_w(z) = \frac{\hat{n}_w(z)}{n_w(z)} \qquad (w \in W, z \in Z) \qquad (1)$$

Let $r^k_w(z)$ be the ride distance of the trip k on OD pair $w \in W$ in scenario $z \in Z$. The expected detour distance of the is denoted by $d_w(z)$ which is obtained by subtracting the length l_w of the OD pair $w \in W$ from the average ride distance of the trips $\bar{r}_w(z)$:

$$\begin{cases} d_w(z) = \bar{r}_w(z) - l_w \\ \bar{r}_w(z) = \frac{1}{n_w(z)}\sum_{k=1}^{n_w(z)} r^k_w(z) \quad (w \in W, z \in Z) \end{cases} \quad (2)$$

Let $s^k_w(z)$ be the shared distance of the trip k on OD pair $w \in W$ in scenario z. The expected shared distance of OD pair $w \in W$ is denoted by $s_w(z)$ and is the average of the shared distance of all trips on it, calculated by:

$$s_w(z) = \frac{1}{n_w(z)}\sum_{k=1}^{n_w(z)} s^k{}_w(z) \quad (w \in W, z \in Z) \quad (3)$$

As for the independent variables, we focus more on the characteristics of OD pairs, such as OD trip length and demand rate, and we also extract relevant variables from the demand distribution, path, and pairing in- formation of each OD pair. Figure 3 presents a heatmap illustrating the aggregate demand distribution across different origin and destination points. It is posited that, beyond the intrinsic demand rate of Origin-Destination (OD) pairs, the demand in the proximity of their respective origins or destinations significantly impacts their potential for ride-sharing. Consequently, we conducted calculations for the total demand within the matching radius surrounding each OD origin (destination) and designated this as an in dependent variable, denoted as demand_around_origin (destination). In addition to considering the demand distribution, we included the locations of both the origin and destination in our independent variables for each OD pair. Figure 4 presents a heatmap depicting the pairing probability of different OD pairs during a specific simulation, highlighting a notably elevated probability for OD pairs situated at the central locations. Consequently, we calculated the distances from the origins and destinations of OD pairs to the network center, incorporating these values as independent variables.

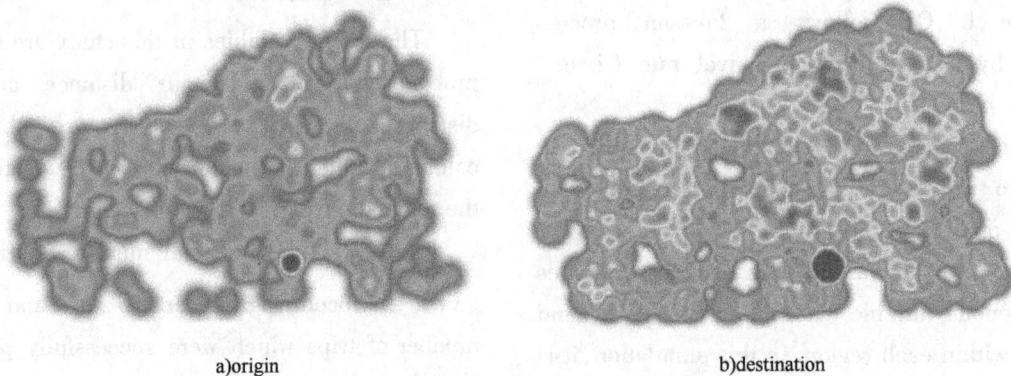

a)origin　　b)destination

Figure 3　Heat map of demand at the origin and destination points

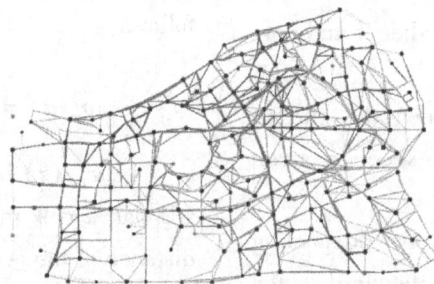

Figure 4　Heat map of pairing probability for each OD (in one simulation)

From the simulation we can extract information about the paths of each OD pair. To explore whether the characteristics of the OD's path affect its pairing probability, average detour distance and average shared distance, we introduce the definition of hot arc. In the simulation, an OD has a predetermined path, and each edge is an arc. An arc is identified by its two endpoints, a unit length edge, and direction. In ridepooling services, passengers are not always matched at their origin. Instead, they are picked up by an empty vehicle that seeks compatible passengers enroute. Throughout this journey, a demand for pairing persists on each arc until a match is found. Upon completing each simulation, we aggregate the cumulative pairing demands across all arcs, identifying the top 10% as "hot arc." Figure 5 shows the difference in pairing demand on different arcs in one simulation. We counted the number of hot arcs on each OD pair as the independent variable, to measure whether an OD travels along arcs with higher pairing demand and how many of these arcs it goes through.

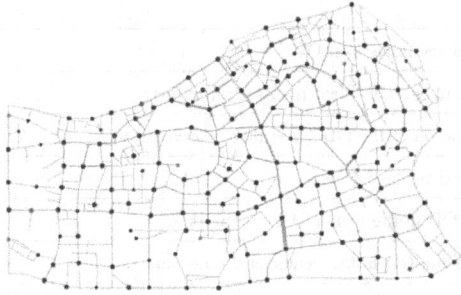

Figure 5　Paring demand on each arc (in one simulation)

In this paper, we introduce an innovative exploration of cooperation and competition among OD pairs. We tally OD pairs whose orders can form ridepooling trips with orders between the current OD pair as "pairing OD pairs". And the OD pairs whose orders can form ridepooling trips with orders between these "pairing OD pairs" are denoted as "competing OD pairs" (excluding the initial pairing ODs) for the current OD pair. Since some ODs may have both cooperative and competitive relationships, to avoid multimillionaire caused by the existence of the same subset in both groups, we only consider their more direct cooperative relationship for this type of ODs. Take $I_w(z)$ as the set of OD pairs in scenario $z \in Z$ that have previously engaged in ridepooling with OD pair $w \in W$, and $J_w(z)$ as the set of OD pairs in scenario $z \in Z$ that have a competitive relationship with OD $w \in W$. Based on the above descriptions, $J_w(z)$ can be represented by the following formula.

$$J_w(z) = \bigcup_{i \in I_w(z)} I_i(z) - I_w(z) \qquad (4)$$

We computed variables for the weighted demand rates and weighted lengths of both the pairing ODs and the competing ODs. The weights are determined by the count of trip matches. Let $n^w_i(z)$ denote the number of ridepooling occurrences between OD w and OD $i, i \in I_w(z)$ during simulation $z \in Z$, which is used as a weighted factor. Let $r_i(z)$ and l_i denote the demand rate and the length of OD i. Then, the calculation formula for the weighted demand rate as $I^{\text{rate}}_w(z)$ and the weighted length $I^{\text{length}}_w(z)$ for pairing ODs are given as follows:

$$I^{\text{rate}}_w(z) = \frac{\sum_{i \in I_w(z)} r_i(z) * n^w_i(z)}{\sum_{i \in I_w(z)} n^w_i(z)} \qquad (w \in W, z \in Z)$$

$$(5)$$

$$I^{\text{length}}_w(z) = \frac{\sum_{i \in I_w(z)} l_i * n^w_i(z)}{\sum_{i \in I_w(z)} n^w_i(z)} \qquad (w \in W, z \in Z) \qquad (6)$$

For the competing ODs, let $n^j_i(w,z)$ denote the number of ridepooling occurrences between OD $i, i \in I_w(z)$ and OD $j, j \in J_w(z)$ during simulation $z \in Z$, and $\sum_{i \in I_{w(z)}} n^i_j(w,z)$ is used as a weighted factor. Let $r_j(z)$ and l_j denote the demand rate and the length of OD j. The weighted demand rate denoted by $J^{\text{rate}}_w(z)$ and the weighted length denoted by $J^{\text{length}}_w(z)$ for competing ODs of OD $w \in W$ in scenario z are calculated as follows:

$$J^{\text{rate}}_w(z) = \frac{\sum_{j \in J_w(z)} \sum_{i \in I_w(z)} n^i_j(w,z) * r_j(z)}{\sum_{j \in J_w(z)} \sum_{i \in I_w(z)} n^i_j(w,z)} \qquad (7)$$

$$(w \in W, z \in Z)$$

$$J^{\text{length}}_w(z) = \frac{\sum_{j \in J_w(z)} \sum_{i \in I_w(z)} n^i_j(w,z) * l_j}{\sum_{j \in J_w(z)} \sum_{i \in I_w(z)} n^i_j(w,z)} \qquad (8)$$

$$(w \in W, z \in Z)$$

Finally, we consider three scenario variables, including search radius, max detour, and pickup time, to explore whether there is a difference in the pairing probability, average detour distance, and shared distance of each OD in different ridepooling scenarios. For convenience, Table 2 provides a summary of variables.

List of variables　　　　　　　　　　　　　　Table 2

Variables	Description
Dependent variables	
OD_pairing_probability	The ratio of the number of trips paired successfully to the number of all trips for the OD
OD_detour_distance	Average detour distance for the OD

continued

Variables	Description
OD_shared_distance	Average shared distance for the OD
Individual variables	
length	The length of the OD
demand_rate	Represents the frequency of trips generated on OD
demand_around_origin	Total demand around the origin of the OD (less than search radius)
demand_around_destination	Total demand around the destination of the OD (less than search radius)
hot_arc_num	The number of hot arcs contained in the OD
dis_origin_to_center	Distance from the origin of the OD to the center of the network
dis_destination_to_center	Distance from the destination of the OD to the center of the network
pairing_ODs_demand	Weighted demand rate for ODs that have been paired with the OD
competing_ODs_demand	Weighted demand rate for ODs in competition with the OD
pairing_ODs_length	Weighted length for ODs that have been paired with the OD
competing_ODs_length	Weighted length for ODs in competition with the OD
Scenario variables	
search_radius	Maximum matching radius for ridepooling
max_detour	Maximum detour distance allowed for ridepooling
pickup_time	Passengers' waiting time for a vacant vehicle at the origin point

2 Methodology

2.1 Hierarchical linear model

Since the simulated dataset contains 27 different scenarios, in which observations within the same scenario are influenced and constrained by the same systematic variables, resulting in a high degree of similarity. This situationviolate the assumption that residuals are independent of each other in traditional regression (OLS), the use of the classical approach may lead to parameter estimation failures and irrational conclusions of inference. Therefore, this study employed the hierarchical linear model (HLM) to handle the data. A hierarchical linear model can effectively handle the interaction between variables at different levels, avoid the aggregation bias caused by traditional regression analysis, and improve the accuracy of data analysis results compared to traditional regression analysis methods.

we established a 2-level hierarchical linear model, in which the independent variables at the individual level (Level 1) were individual variables, and the variables measured at the group level (Level

2) were scenario parameters. The full model can be written as:

$$\text{Level 1}: y_{ij} = \beta_{0j} + \beta_{1j} \times x_{1ij} + \beta_{2j} \times x_{2ij} + \cdots + \beta_{pj} \times x_{pij} + \varepsilon_{ij} \quad (9)$$

$$\text{Level 2}: \beta_{0j} = \gamma_{00} + \gamma_{01} \times w_{1j} + \gamma_{02} \times w_{2j} + \cdots + \gamma_{0q} \times w_{qj} + \mu_{0j}\beta_{nj} = \gamma_{n0} + \mu_{nj}, n = 1, 2, \cdots, p \quad (10)$$

where y_{ij} is the dependent variable, x_n ($n = 1, 2, \cdots, p$) is the independent variable of level 1 (individual variables), while the w_m ($m = 1, 2, \cdots, q$) is the independent variable of level 2 (scenario variables). β_{nj} is the coefficient of x_{nij} ($n = 1, 2, \cdots, p$), representing the impact of independent variables on the dependent variable in scenario j, and γ_{n0} represents the intercept effect of scenario factors on β_{nj}. γ_{0m} is the coefficient of w_{mj} ($m = 1, 2, \cdots, q$) in scenario j, representing the impact of scenario factors on β_{0j}. ε_{ij} and μ_{nj} ($n = 0, 1, \cdots, p$) are the random effects at the individual and scenario levels, respectively.

2.2 XGBoost regression

Machine learning models are often better suited than statistical models for addressing unsolvable, non-linear problems, which can improve prediction accuracy and provide more precise estimates for unknown data. For this analysis, the XGBoost regression model was employed to predict the pairing probability, average detour, and shared distance in the simulated data, which employs an incremental learning and updating approach to optimize accuracy by minimizing residual errors. Significantly, XGBoost can usefully convey the contribution of each feature to the model output, providing a more informative and deeper understanding of the dataset.

To compare the performance of traditional statistical models and machine learning models, we randomly divided our full dataset at a 9:1 ratio, where 90% was used for model training and the remaining 10% was used for model testing. We also computed several widely-used indicators including root mean square error (RMSE), mean absolute error (MAE), and coefficient of determination (R^2). These calculations help to provide a comprehensi veview of the accuracy and precision of each model.

$$RMSE = \sqrt{\frac{1}{N}\sum(y_i - \hat{y}_i)^2} \quad (11)$$

$$MAE = \frac{1}{N}\sum|y_i - \hat{y}_i| \quad (12)$$

$$R^2 = 1 - \frac{\sum(y_i - \hat{y}_i)^2}{\sum(y_i - \bar{y})^2} \quad (13)$$

where y_i represents the true value of the sample i, $\hat{y}_i$ represents the predicted value of the sample i, $\bar{y}$ represents the average value of the true values, and N is the total number of observations.

3 Results

3.1 HLM analysis results

Table 3 demonstrates the fixed effects regression results for the HLM analysis, revealing the linear relationship between the independent and dependent variables. The variables we have chosen mostly exhibit impacts on statistical significance over all the three dependent variables.

Fixed effects estimation results for HLM Table 3

Variables	Coef. OD pairing probability	Coef. OD detour distance	Coef. OD shared distance
Const	0.094029 *	−0.169670 *	0.171809
Individual variables			
length	0.025601 *	0.037784 *	0.323994 *
demand_rate	1.361570 *	−1.503882 *	9.824870 *
demand_around_origin	0.022024 *	0.010161 *	0.148155 *
demand_around_destination	0.010486 *	0.002486	0.042124
hot_arc_num	0.006446 *	0.002173 *	0.023105 *
dis_origin_to_center	−0.008614 *	−0.003019 *	−0.022572 *
dis_destination_to_center	−0.031217 *	−0.002927 *	−0.077613 *
pairing_ODs_demand	10.502474 *	1.229414 *	37.079950 *
competing_ODs_demand	−1.548659 *	−0.937045 *	−16.110305 *
pairing_ODs_length	0.063486 *	−0.001263	0.344239 *
competing_ODs_length	−0.055279 *	−0.035534 *	−0.072970 *
Scenario variables			
search_radius	0.236901 *	0.102069 *	0.695653 *
max_detour	0.165977 *	0.252949 *	0.744477 *
pickup_time	0.021251 *	0.001912	0.096781 *
Model evaluation			
Marginal R^2	60.75%	65.93%	79.69%
Conditional R^2	67.43%	77.80%	86.27%

Note: *, $p < 0.05$; All variables in the final model have a varianceinflation factor (VIF) less than 10.

The results shows that the probability of pairing is positively affected by length, demand rate, number of hot arcs, and demand around the origin and destination points. This is attributed to their direct or indirect contribution to increase the chances of pairing. In terms of the spatial distribution of ODs, it can be inferred from the results that the farther the origin and destination of the OD are from the network center, the lower the pairing probability becomes.

Regarding the detour distance, the length of OD, the total demand rate around the origin and the number of hot arcs all positively influence the detour distance, whereas the demand rate of the OD itself has a negative effect on the detour distance. We speculate that this is because as the first few variables increase, they enhance the opportunities for OD to match with other ODs, thereby resulting in detours. In contrast, the higher demand ratesleads to higher pairing probability with orders between the same OD pair, of which the detour distance is zero. Therefore, the demand rate has a negative effect on the detour distance. The influence of these variables on average shared distance is analogous to their impact on the pairing probability, because the shared distance only occurs when the trip is paired successfully. It is noteworthy that the demand rate around the destination has no significant impact on either detour distance or shared distance. The coefficients of weighted demand rates and lengths for both pairing and competing ODs distinctly signify the intricate interplay of cooperation and competition within OD pairs. The weighted length and weighted demand rate of pairing ODs yields notable positive outcomes for the pairing probability, average detour distance (wherein the weighted length of pairing ODs has no significant impact on detour distance), and average shared distance. Conversely, the weighted length and demand rate of competing ODs exert adverse effects on all the three dependent variables.

The influence of system parameters is also notably significant. This is manifested by the fact that as pairing condition is relaxed, including an increase in search radius and maximum detour allowance, the pairing probability, detour distance, and shared distance all increase. Moreover, an escalation in passenger waiting time results in heightened pairing probability and shared distance.

Most of these regression coefficients can be intuitively understood. However, the results indicate that as the distance between the origin and destination points and the network center increases, the detour distance becomes smaller. This contradicts our impression that "more distant OD pairs would involve longer detours." This may because the relationship between the independent variables and dependent variables is not entirely linear, requiring further exploration and research on non-linear relationships.

3.2 XGBoost regression

In the XGBoost regression fitting process, the grid search and cross-validation were used for optimal hyperparameter exploration. Additionally, the feature importance was computed and presented in Figure5. Regarding the pairing probability, the most important factor at the individual level is the demand around the origin point, succeeded by the quantity of high-demand arcs (hot arcs). Concerning detour distance, the foremost determining factor is the maximum allowable detour, succeeded by the length of the OD pairs. For the shared distance, the pivotal factors include the length of OD pairs and the weighted length of pairing ODs, jointly contributing to 75% of the predictive capacity in the model. Unexpectedly, the demand rate of OD pairs has low importance for all the three dependent variables. The analysis of feature importance also reveals that, in terms of the pairing probability, attributes linked to pairing ODs hold greater significance than those associated with competing ODs. This observation suggests that as the relationship between attributes becomes more distant, its impact on the pairing probability diminishes.

Machine learning models can also be used to explore non-linear relationships between variables. Taking the relationship between the distance from the origin and destination to the center of the network and the detour distance mentioned in the previous section as an example, we introduce here a Partial Dependence Plot (PDP) generated by XGBoost regression to explore the non-linear relationship between them, as shown in Figure 6. PDP plots facilitate comprehension of the influence of variations in a specific feature's value on predictions while maintaining constancy in other features. From the PDP plot of a single feature, it can be observed that the detour distance exhibits a non-linear relationship

with the distance from these two variables, with the detour distance increasing as the destination moves further away from the network center. Additionally, two-dimensional PDP plots can demonstrate the impact of interactions between variables on the target variable. The two-dimensional PDP plot (Figure 7) shows that when the destination is far from the network center and the origin is close to the network center, the detour distance is maximum.

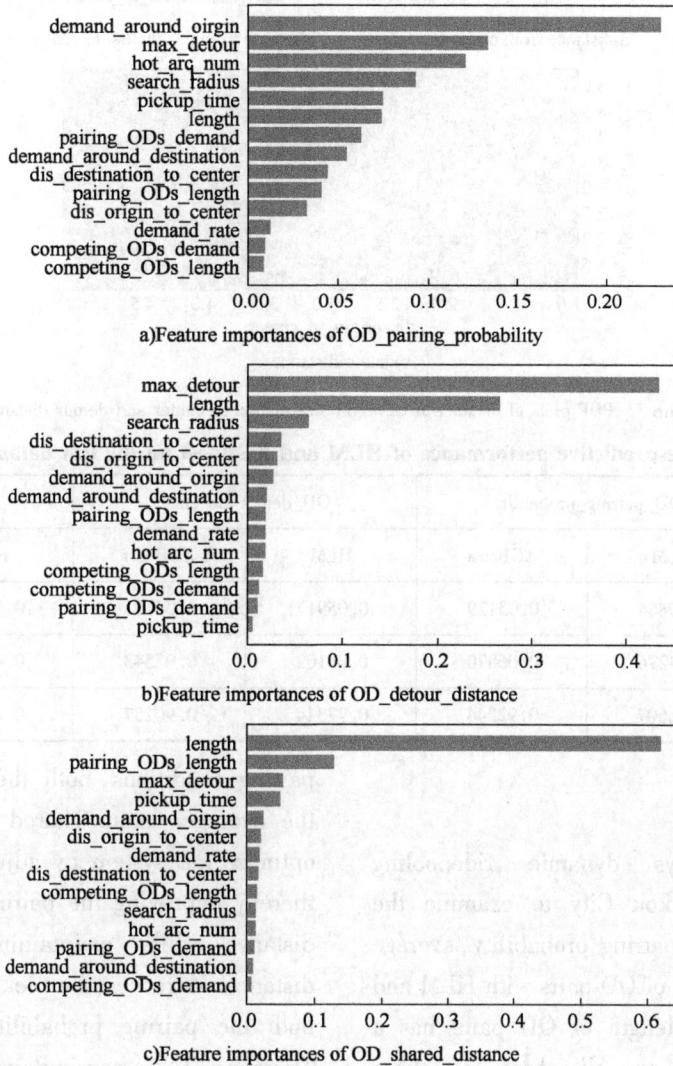

a)Feature importances of OD_pairing_probability

b)Feature importances of OD_detour_distance

c)Feature importances of OD_shared_distance

Figure 6 Feature importance of XGBoost regression

We employed both the HLM and XGBoost regression to make predictions on the test set. Table 4 presents a comparison between the predicted and actual values, measured in terms of MAE, RMSE, and R^2. The predictive accuracy of the machine learning

model notably surpasses that of the traditional statistical model. Regarding the three target variables, all R^2 values exceed 90%, notably achieving a remarkable 97% accuracy in predicting the shared distance.

a)distance from origin to center　　b)distance from destination to center

c)detour distance

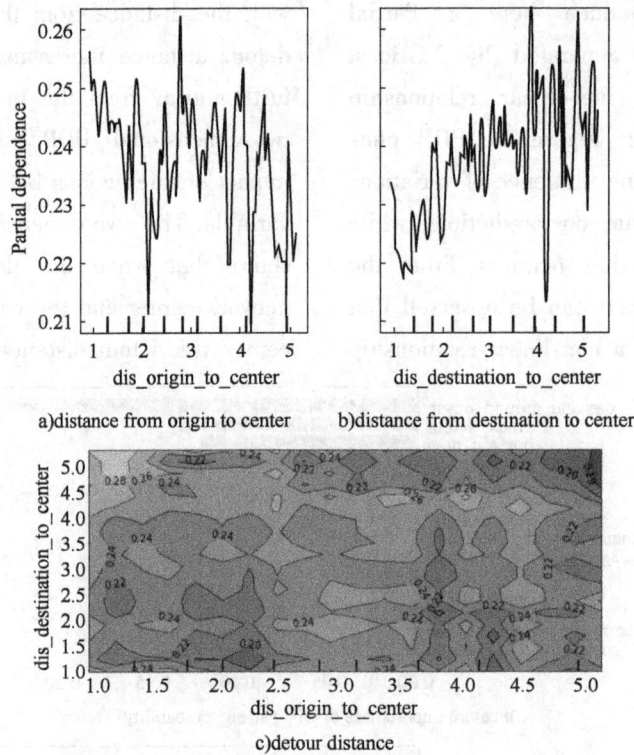

Figure 7　PDP plots of distance from origin/destination to center and detour distance

The predictive performance of HLM and XGBoost on the test dataset　　　　Table 4

Model	OD_pairing_probablity		OD_detour_distance		OD_shared_distance	
	HLM	XGBoost	HLM	XGBoost	HLM	XGBoost
MAE	0.10804	0.05129	0.05917	0.04111	0.31052	0.11538
RMSE	0.14276	0.06870	0.08102	0.05543	0.40575	0.15944
R-square	0.66607	0.92244	0.77314	0.90257	0.85705	0.97109

4　Conclusions

This study employs dynamic ridepooling simulation data from Haikou City to examine the variables that impact the pairing probability, average detour and shared distance of OD pairs with HLM and XGBoost regression. The length of OD pairs has a notably positive impact on all three of these variables, and the demand rate of OD pairs negatively affects detour distance, consistent with the findings of Liu et al. (2023). Additionally, we found that the cooperative and competitive relationships among OD pairs significantly influence these variables. Characteristics of pairing OD pairs exhibit a positive impact, while those of competing OD pairs exert a negative influence. With the relaxation of system pairing conditions, both the pairing probability and the average detour/shared distance increase. TNCs optimize the system by adjusting pairing conditions, thereby improving the pairing probability and shared distance while maintaining control over detour distance. Moreover, the pick-up time positively affects both the pairing probability and shared distance. Therefore, TNCs can improve efficiency of ridepooling by modestly extending waiting times for passengers, achieving a balance with customer satisfaction. XGBoost analysis reveals that the demand around OD origins primarily affects the pairing probability. The primary determinant for average detour distance is the maximum detour distance, whereas the OD trip length significantly impacts shared distance. While much of the existing research centers on the interplay among demand rate, the pairing probability, and detour distance (Ke et al. , 2021; Liu et al. , 2023), our findings suggest that the demand rate of OD pairs does not hold significant predictive importance for these variables. This study further highlights the superiority of machine learning models in predicting ridepooling outcomes for OD pairs, with R-squared values of 92. 24% , 90. 26% , and 97. 11% for the pairing probability, average detour distance and average shared distance, respectively.

In future research, we can consider analysing the trip data provided by TNCs, estimating detour distances, and incorporating socio-economic variables for analysis. Explainable Artificial Intelligence (XAI), such as Shapley Additive Explanations (SHAP) and Local Interpretable Model-agnostic Explanation (LIME), can also be introduced in upcoming analyses to explore nonlinear relationships and interaction effects among various variables. For instance, the impact of OD length on pairing probability might vary under different pairing conditions, yielding potentially interesting insights.

References

[1] CHEN X M,ZAHIRI M,ZHANG S. Understanding ridesplitting behavior of on-demand ride services: An ensemble learning approach[J]. Transportation Research Part C:Emerging Technologies,2017,76: 51-70.

[2] DEAN M D,KOCKELMAN K M. Spatial varia-tion in shared ride-hail trip demand and factors contributing to sharing: Lessons from Chicago [J]. Journal of Transport Geography, 2021, 91:102944.

[3] HOU Y,GARIKAPATI V,WEIGL D,et al. Factors influencing willingness to pool in ride-hailing trips [J]. Transportation Research Record,2020,2674 (5):419-429.

[4] KE J,ZHENG Z,YANG H, et al. Data-driven analysis on matching probability, routing distance and detour distance in ride-pooling services[J]. Transportation Research Part C: Emerging Technologies,2021,124:102922.

[5] LI W,PU Z,LI Y, et al. Characterization of ride-splitting based on observed data:A case study of Chengdu, China [J]. Transportation Research Part C: Emerging Technologies, 2019, 100: 330-353.

[6] LI W,PU Z,LI Y,et al. How does ridesplitting reduce emissions from ridesourcing? A spatiotemporal analysis in Chengdu, China[J]. Transportation Research Part D: Transport and Environment,2021,95:102885.

[7] LIU H, DEVUNURI S, LEHE L, et al. Scale effects in ridesplitting:A case study of the City of Chicago[J]. Transportation Research Part A: Policy and Practice,2023,173:103690.

[8] MONAHAN T. Monopolizing mobilities:The data politics of ride-hailing platforms in US cities [J]. Telematics and informatics, 2020, 55:101436.

[9] PELZER D,XIAO J,ZEHE D,et al. A partition-based match making algorithm for dynamic ridesharing [J]. IEEE Transactions on Intelligent Transportation Systems, 2015, 16 (5):2587-2598.

[10] SANTI P,RESTA G,SZELL M,et al. Quantifying the benefits of vehicle pooling with shareability networks [J]. Proceedings of the National Academy of Sciences, 2014, 111 (37): 13290-13294.

[11] SEYEDABRISHAMI S,MAMDOOHI A,BAR-ZEGAR A,et al. Impact of carpooling on fuel saving in urban transportation: case study of Tehran [J]. Procedia-Social and Behavioral Sciences,2012,54:323-331.

[12] SHAHEEN S,COHEN A. Shared ride services in North America:definitions,impacts,and the future of pooling[J]. Transport reviews,2019, 39(4):427-442.

[13] STORCH D M, TIMME M, SCHRÖDER M. Incentive-driven transition to high ride-sharing adoption[J]. Nature communications,2021,12 (1):1-10.

[14] TAIEBAT M,AMINI E,XU M. Sharing behavior in ride-hailing trips: A machine learning inference approach[J]. Transportation Research

Part D：Transport and Environment, 2022, 103：103166.

[15] WANG J, WANG X, YANG S, et al. Predicting the matching probability and the expected ride/shared distance for each dynamic ridepooling order：A mathematical modeling approach[J]. Transportation Research Part B：Methodological,2021,154:125-146.

[16] XU Y, YAN X, LIU X, et al. Identifying key factors associated with ridesplitting adoption rate and modeling their nonlinear relationships

[J]. Transportation Research Part A：Policy and Practice,2021,144:170-188.

[17] YOUNG M, FARBER S, PALM M. The true cost of sharing：A detour penalty analysis between UberPool and UberX trips in Toronto [J]. Transportation Research Part D：Transport and Environment,2020,87:102540.

[18] ZWICK F, AXHAUSEN K W. Ride-pooling demand prediction：A spatiotemporal assessment in Germany [J]. Journal of Transport Geography,2022,100:103307.

国内城市动态拼车发展潜力评估
——以海口市为例

胡洛涵[1]　王晓蕾[*1]　杨兴[2]　孙宇晨[2]　刘岚[2]　李群[2]
(1. 同济大学经济与管理学院；2. 滴滴出行)

摘　要　拼车是通过匹配时空属性相似的出行订单,能够用较少的运营车辆满足同等规模的出行需求,对于缓解城市交通压力、减少碳排放有积极作用。但目前国内拼车订单在网约车订单中的占比还很小,人们对拼车的潜力缺乏认识,推广拼车出行能够实现的社会效益没有得到充分挖掘。本文以海南省海口市为例,借鉴已有文献中提出的基于可共享网络的最大匹配算法,计算了海口市 2017 年 7—9 月约 150 万次公开脱敏的独乘订单转换为拼车模式能够达到的拼车成功率和由此节约的出行里程。研究结果表明,海口市的拼车发展潜力巨大,现有出行需求在乘客出行延误不超过 3min 时拼车成功率的理论上限达到 99% 以上,能够节约整体 13% 左右的出行里程。

关键词　拼车　可共享网络　最大匹配算法

0　引言

动态拼车,是由出行时间和路径匹配的网约车/出租汽车乘客共享车内空间、分摊出行费用的拼车模式的一种。它区别于传统拼车服务的主要特点,是服务和需求的实时性。在传统拼车服务下,乘客使用拼车服务一般需要提前一天预约,因此在车辆出发前所有需求信息都是已知的;而在动态拼车服务下,乘客只需在出行前的几分钟发布出行需求,即使在没有可拼乘客的情况下平台也会迅速派车,并在服务乘客的沿途持续地为其寻找拼车伙伴。由于服务实时性的提升,动

态拼车相比于传统拼车拥有更为广大的出行需求。发展动态拼车对于提升小汽车使用效率、改善城市交通和环境具有重要意义。在网约车准入门槛提高的背景下,部分地区的网约车数量受到限制,各大网约车平台也纷纷将发展动态拼车作为应对运力下降、树立绿色出行形象的主要手段。

随着出行大数据的丰富,动态拼车在许多城市的可行性已经得到有力证实。2014 年,美国麻省理工学院(MIT)的可感知城市实验室(Senseable City Laboratory)对纽约 2011 年 1.7 亿条出租汽车订单数据进行了深入研究,发现即使在乘客的最

基金项目:国家自然科学基金(72022013,72021002);CCF-滴滴盖亚学者科研基金(CCF-DiDi GAIA 202308)。

大容许延误时间很小(如2min)的情况下,纽约市出租汽车乘客的拼车成功率都能够达到接近100%。而通过拼车,纽约市仅需要现有出租汽车的70%,就能在没有任何延迟的情况下服务现有的所有乘客[1]。Tachet等[2]使用可共享网络研究旧金山、新加坡和维也纳的拼车潜力,发现这些城市在适当的拼车延误下,都能实现可观的拼车成功率,并且不同城市的拼车潜力存在相似规律。Zhang等[3]使用东京地区智能手机的GPS轨迹数据,考虑行程之间的相似度,认为东京地区人们的出行模式具有显著相似性,共享出行平均可以节省近26.97%的出行距离。

但目前,拼车订单在我国网约车市场中的占比十分有限。由于拼车是服务质量高度依赖需求规模的产品,使用的人越多,拼车的成功率越高,乘客因为拼车所导致的绕行成本越小;而在需求规模较小时,拼车成功率低、绕行里程长又会进一步导致用户体验差,降低拼车需求。要突破这一局面,首先要提升广大出行者对国内城市拼车发展潜力的认知。因此,本文以海口市为例,应用Santi等人提出的可共享网络框架,研究国内城市的拼车成功率,评估推广拼车带来的社会价值,以期提升大众对拼车服务的认识,使更多人参与到拼车出行中,形成需求规模与服务质量良性循环。

1 模型描述

为了评估城市拼车发展潜力,本文借鉴Santi等人提出的方法,基于非拼车网约车的订单数据,计算当这些订单全部或部分转化为拼车订单时所能达到的拼车成功率、拼车节约里程等指标。该方法首先根据拼车匹配条件,构建由订单间可匹配关系组成的可共享网络,然后对该可共享网络使用最大匹配算法求解,得到最佳拼车策略。

1.1 拼车匹配条件

在动态拼车服务中,拼车匹配条件涉及可拼车乘客数和乘客可接受最大延误两个方面。可拼车乘客数表示一个共享行程最多由几个单次行程组成。由于可拼车乘客数大于2时,对运营车辆的载客容量有一定要求,也会降低乘客的拼车体验,并且增加求解的时间复杂度,因此本文仅讨论两位乘客拼车的情况。乘客可接受最大延误Δ表示乘客在共享行程中相对于其原本的单独出行而

言可以接受的最大延误时间。计算行程之间可行的拼车匹配关系时,Δ是重要约束条件,Δ取值变大,共享行程的机会增加。但是,Δ取值变大对乘客出行预期而言,意味着更久的行程延误,从拼车系统的角度,会导致服务水平降低。因此,在分析城市拼车情况时,乘客可接受最大延误是一个需要权衡的参数。本文研究多种Δ取值下的最佳拼车策略,分析结果之间的差异,理解拼车出行的潜在效益。

定义$T_i=(o_i,d_i,t_i^o,t_i^d)$为出行数据集$T$中的一个出行行程,其中$o_i$表示行程起点,$d_i$表示行程目的地,$t_i^o$和$t_i^d$分别表示行程的最早开始和期望抵达时间。对于$T$中任意两个不同的出行行程$T_m$和$T_n$,考虑它们是否能够形成拼车匹配,首先需要规划共享行程的路线,有先上先下和先上后下两种模式,对应T_m和T_n起止点的四种排列顺序,见表1。为了实现严格的拼车关系,对于先上先下模式,不允许先上乘客的目的地与后上乘客的起点相同。

共享行程路线规划 表1

排列情况	路线规划
1	$o_m \to o_n \to d_m \to d_n$
2	$o_m \to o_n \to d_n \to d_m$
3	$o_n \to o_m \to d_n \to d_m$
4	$o_n \to o_m \to d_m \to d_n$

两个出行行程T_m和T_n之间的拼车匹配条件,表现为共享行程到达原行程起止点的时间受到乘客可接受最大延误Δ约束。st_i^o和st_i^d分别表示共享行程中到达出行起止点o_i和d_i的时间,时间约束表现为式(1):

$$\begin{cases} t_m^o \le st_m^o \le t_m^o+\Delta \\ t_n^o \le st_n^o \le t_n^o+\Delta \\ st_m^d \le t_m^d+\Delta \\ st_n^d \le t_n^d+\Delta. \end{cases} \quad (1)$$

其中,st_i^o和st_i^d由两点之间的最短距离和每小时平均车速计算得到。本文使用城市路网数据建立仿真街道网络,通过最短路算法得到两点之间的路程;根据原始非拼车网约车数据集中每个订单的出行距离和时间关系,计算得到每小

时平均车速。若存在至少一种拼车路线符合上述时间约束,则行程 T_m 和 T_n 之间可以形成拼车匹配关系。

1.2　可共享网络

对于一个出行数据集,将出行行程作为节点,根据 1.1 中的匹配条件,用无向边连接满足匹配条件的行程节点,可以建立如图 1 所示的可共享网络。利用最大匹配算法[4]求解可共享网络的最大基数匹配,可得到最大化共享行程数量的最佳拼车策略。基于该最佳拼车策略,可分析城市现有出行需求在一定服务水平下能够实现的拼车成功率,以及拼车带来的社会效益。

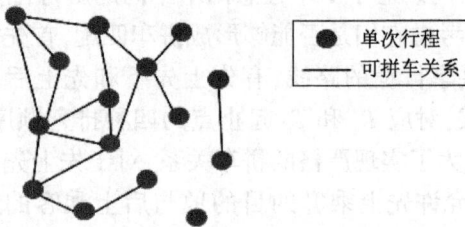

图 1　可共享网络示意图

1.3　全知模型和在线模型

根据 1.1 中的匹配条件所构建的可共享网络是针对所有订单信息全部已知的情形,本文称该模型为全知模型(Oracle Model)。而在实际拼车调度中,进行拼车决策时才能获得相对较短时间窗口内发出的出行需求,两个出发时间相距较远的订单一般不会被匹配在一起。为了反映动态拼车实际运营所能达到的拼车效率,本文构建在线模型(Online Model)所对应的可共享网络,研究在线模式下的最佳拼车策略。令 θ 表示时间窗口参数。在线模型对应的可共享网络中,任意两个行程节点 T_m 和 T_n 需要额外满足 $|t_m^o - t_n^o| \leq \theta$ 才可被连接。在本文中,设置 θ 为 1min,即只有发生时间相距小于 1min 的订单才可能被匹配。

将拼车匹配的对象拓展到未来出行需求,能够增加形成拼车的机会。本文通过全知模型研究城市最大拼车成功率的理论上限,用在线模型评估城市拼车效率的实际能力。

2　数据介绍与预处理

2.1　行程数据

本文使用的行程数据来自滴滴平台公开脱敏的 2017 年 7—9 月部分日期(共 54d)内的海口市网约车历史订单数据。数据集包含近 267 万条脱敏后的订单记录,平均每天近 5 万条订单。每条记录包含订单起止点的经纬度、订单起止时间、实际行程距离。

在数据清洗阶段,删除了数据集中存在缺失值和异常值的订单记录。该数据集中的数据缺失主要发生在订单起止时间,数据异常主要包括订单出行速度不合理、起终点距离过近等。数据清洗后有约 154 万条订单记录,平均每天约 2.8 万条订单,可用数据量占原数据量的比例约为 57%。每天的出行行程数据量汇总如图 2 所示。

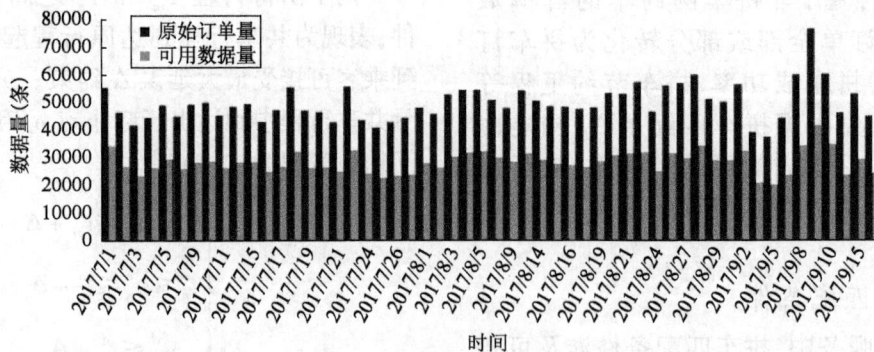

图 2　出行行程数据量汇总

2.2　路网数据

探究出行行程之间能否实现拼车需要基于城市实际路网规划拼车路线,并计算拼车行程时间,从而与原始行程进行比较,来判断是否符合给定的乘客可接受最大延误约束。本文使用 Open Street Map 的数据,仿真海口市街道网络,将订单起止点的经纬度对应到仿真路网中最近的路口,进一步计算匹配条件建立可共享网络。

2.3　稀释订单

为了评估分析结果在多大程度上可以推广到

出行需求密度较低或者拼车出行意愿较低的场景,本文通过稀释订单生成低密度的出行数据集。以一天的数据为分析样本,通过随机删除构建了数据量为原订单量1%～99%的99个数据子集。

3　结果分析

3.1　拼车成功率

对于上述公开脱敏的海口市历史出行数据,在乘客可接受最大延误 $\Delta = 0s,60s,120s,180s,240s,300s$ 的设定下,分别构建每一天订单构成的全知模型和在线模型的可共享网络,并基于最大匹配算法求解两种模型下的最佳匹配策略。根据每天的数据,可以计算得到每天的拼车成功率 $=\dfrac{最佳拼车策略包含行程数}{参与评估行程数}$。

54d 的出行数据集在不同模型设定下计算出的最佳拼车策略结果各不相同,取 54d 的平均值,得到不同参数下的拼车成功率均值。

拼车成功率均值在不同乘客可接受最大延误 Δ 下的情况如图3所示。全知模型和在线模型中,拼车成功率都随着 Δ 增加而增加。$\Delta > 180s$ 后,全知模型能够实现99%以上的拼车成功率,在线模型能够实现90%以上的拼车成功率。$\Delta = 300s$ 时,在线模型能够实现的拼车成功率达到98.72%。对于目前设定的乘客可接受最大延误,全知模型的拼车成功率始终高于在线模型。随着 Δ 增加,在线模型能够达成的拼车成功率逐渐接近全知模型代表的拼车成功率理论上限。

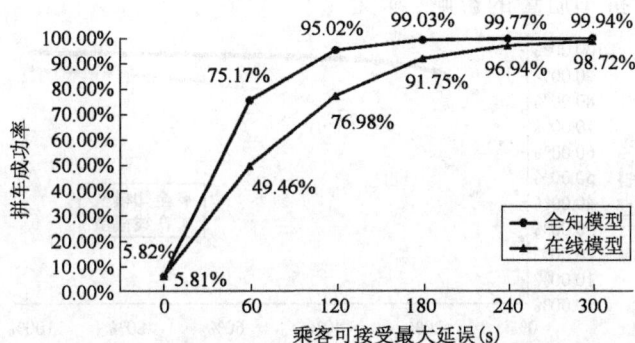

图3　拼车成功率均值随乘客可接受最大延误的变化情况

这一结果表明,海口市目前的出行需求能够在乘客可接受最大延误较小时实现较高的拼车成功率,拼车发展潜力可观。

3.2　拼车节约里程

从出行整体的角度看,拼车出行相较于乘客独立出行,能够节约出行总里程。本文使用拼车节约总里程占原出行总里程的比例(简称"拼车节约里程占比")来分析最佳拼车策略在节约出行里程方面的表现,完善评估城市拼车潜力的视角。

假设最佳拼车策略中一个拼车匹配关联两个实际行程 T_m 和 T_n,l_m 和 l_n 是这两个行程在原出行数据集中的实际出行里程,l_{mn} 是这个拼车匹配的出行里程,定义这两个行程拼车的节约里程为:

$$save_{mn} = l_m + l_n - l_{mn} \qquad (2)$$

最佳拼车策略中拼车节约里程占比的均值如图4所示。在不同的模型设定下,最佳拼车策略都能通过拼车节约一定的出行里程。无论是全知

模型还是在线模型,随着乘客可接受最大延误 Δ 增加,拼车节约里程占比都呈现先增加后减少的趋势。$\Delta = 120s$ 时,拼车节约里程占比最高,达到近14%。结合拼车成功率的分析,$\Delta > 120s$ 后,拼车成功率增加,拼车节约里程反而出现了一定程度的降低。这是因为乘客可接受最大延误增加,放宽了拼车匹配条件,节约里程为负的拼车匹配加入可共享网络的可能性增加,新增的拼车匹配增加了最大匹配数量,但也导致拼车节约总里程减少。在图4中,全知模型与在线模型得到的拼车里程节约十分接近,这是因为本文所采用的方法在全知和在线模型下,均是以最大化匹配数量而非里程节约为目标求解最佳匹配。若要求解节约里程最大化时的最佳匹配,可用每两个行程拼车所带来的里程节约作为可共享网络中每条边的权重,并基于该带权重的可共享网络求解加权最大匹配问题。

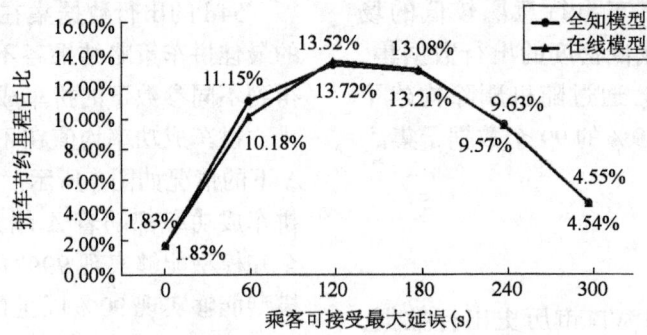

图4　拼车节约里程占比随乘客可接受最大延误的变化情况

需要注意的是,本文只分析了运营车辆行驶过程中非空行程节约的出行里程,最佳拼车策略对于运营车辆空载行程有怎样的影响,有待结合相关数据进一步分析。

3.3　订单量对拼车质量的影响

为了观察拼车需求对拼车质量的影响,本文研究了固定一天中最大拼车成功率随总出行需求量的变化,按照本文2.3节中的方法进行订单稀释获得仿真低密度出行场景的数据集。设置 $\Delta = 180s$,计算稀释后各出行数据集的最佳拼车策略,拼车成功率如图5所示。

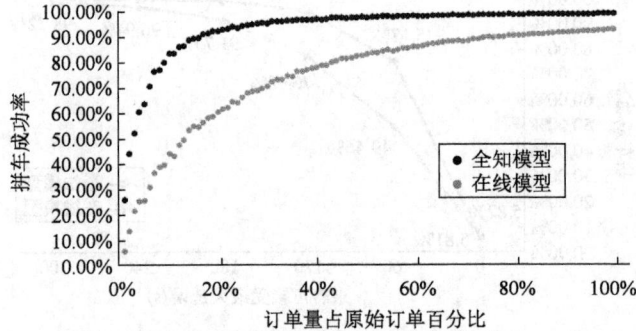

图5　拼车成功率随订单量的变化情况

全知模型中,订单量超过原始订单量17%时最大拼车成功率已经达到90%以上。随着订单量增加,拼车成功率快速接近原始订单量能够达到的水平,这意味着海口市低出行密度场景仍然有可观的拼车潜力。对比全知模型和在线模型,订单量减少扩大了在线模型与全知模型之间拼车成功率的差距。当出行需求较低时,拼车系统可以通过预测未来出行需求,拓展出行订单匹配的可能性,使拼车调度接近城市拼车潜力的理论上限。

4　结语

本文引入评估城市拼车潜力的成熟方法,以海口市为例,研究了国内城市现有出行需求转化为拼车出行能够实现的最大拼车成功率。分析结果表明,以海口市现有的出行规模,当乘客可接受拼车延误大于或等于3min时,全知模型和在线模型下的拼车成功率均可达到90%以上。无论是全知模型还是在线模型,随着乘客可接受最大延误 Δ 增加,拼车节约里程占比都呈现先增加后减少的趋势。在低密度出行场景下,在线模型和全知模型所能得到的拼车成功率差别较大,但随着需求的增加,在线模型所能达到的最大拼车成功率与全知模型迅速接近。本研究有助于提升公众对拼车潜力的认识,推动拼车模式在我国城市交通低碳发展中发挥更大的作用。

参考文献

[1] SANTI P,RESTA G,SZELL M,et al. Quantifying the benefits of vehicle pooling with shareability networks [J]. Proceedings of the National Academy of Sciences, 2014, 111 (37): 13290-13294.

[2] TACHET R,SAGARRA O,SANTI P,et al. Scaling law of urban ride sharing[J]. Scientific reports, 2017,7(1):1-6.

[3] ZHANG H,CHEN J,LI W,et al. Mobile phone GPS data in urban ride-sharing:An assessment method for emission reduction potential[J]. Applied Energy,2020,269:115038.

[4] GALIL Z . Efficient Algorithms for Finding Maximal Matching in Graphs[J]. ACM Computing Surveys, 1986,18(1):23-38.

基于双阶段图注意力网络的交通分布预测

鲍钱涵[1] 金 盛[*1,2] 张 静[3] 赵 剑[4]

(1. 浙江大学建筑工程学院;2. 浙江大学平衡建筑研究中心;

3. 浙江公路水运工程咨询有限责任公司;4. 杭州恒生云擎网络科技有限公司)

摘 要 随着高速公路检测数据和管理系统的日益完善,通过高速公路产生的人口流动数据越发精确,为进一步研究高速公路交通需求提供了有力的数据支撑。重力模型作为研究交通分布的传统方法,仅依赖人口和空间距离两个变量,缺乏土地利用、社会经济属性和交通网络等特征,对实际交通需求的预测准确性受到限制。为生成更真实的交通需求,本文提出基于双阶段图注意力网络多源数据融合的区县高速公路起讫点(Origin-Destination,OD)分布预测模型。模型融合重力模型与深度神经网络进行交通分布预测,实验对比不同模型的精度以及车辆类型对结果的影响。结果表明,本文模型CPC(Common Part of Commuters)评价指标为0.897,相较重力模型提高44%;加权平均绝对百分比误差20.64%,相较重力模型下降72.75%。实验验证土地利用和经济要素对于吸引地区之间的交通流互通至关重要,通过引入多源数据并使用深度神经网络拟合,极大提高了交通分布流的生成及预测精度,为高速公路长期规划管理提供了有力支撑。

关键词 交通信息工程及控制 交通分布 深度学习 高速公路交通流 空间相关性

0 引言

高速公路是区域城际交通快速进行的重要手段,高速公路交通出行量分布在一定程度上反映城市经济社会活动强度,其建设对于城市现代化进程产生着日益深远的影响。因此,随着经济、人口、土地利用等因素的快速变化发展,高速公路的发展也不断遇到新的要求。截至2022年,中国的高速公路里程达到17.73万公里,全年高速公路车流量95.32亿辆。资料显示,在城际出行中,高速公路与其他出行方式相比占有重要地位。国家统计局和交通运输部数据显示,高速公路在城市间转移旅客和货物中所占比例最大。高速公路网是各级城市实现高效、高频社会经济联系的重要纽带。从高速公路网出发,深入分析城市特征对城市之间的交通流量影响,有助于宏观政策的提出和高速公路交通运输的未来发展。

高速公路节点检测器(如ETC收费检测器、雷视检测器等)的部署日益完善,监测数据能够更加精确地反映交通流量特征、高速公路网总体状态和模式。传统的OD数据调查方法工作成本高、样本规模小、存在有偏性。ETC数据可以低成本获取每一辆车在高速公路网中的起讫点从而生成数据完备、时效性强、精确度高的OD出行数据,为交通规划的进一步研究提供充分完备的数据基础。

交通规划中最常用的交通流分配模型,是由Casey提出的重力模型,Zipf等[1]通过研究城市之间的人口流动,发现OD出行流量与两地人口的数量成正比,且和两地距离成反比。重力模型在设计上考虑了人口基数和出行距离这两个简单直观的变量,结构合理、解释性强。但在实际应用中,重力模型仍存在较大的缺陷,这是由于解释变量较少,缺少对起讫点更深层次特征(如经济、土地

基金项目:浙江省交通运输厅科技计划项目(202212)。

利用、路网结构等)的挖掘,参数拟合效果较差[2-5]。

深度神经网络近年来以其强大的非线性拟合能力大放异彩,它能够从大量的数据特征中提取到最能表示目标结果的权重参数,相较于传统的权重参数标定方法更高效、精准。Filippo S 等[6]将深度神经网络线性层引入重力模型,实现更多特征变量的权重参数拟合,证明多维特征能提高OD 预测精度。深度神经网络中的图注意力网络(Graph Attention Network,GAT)具备图论内核且适配交通小区划分的数理本质[7,8],对于 OD 出行的预测有更高的相关性。

综上所述,本文以浙江省所有区县之间的高速公路交通流分布为对象,提出一种基于重力模型和图注意力深度神经网络的分配模型,实现高精度的交通流分布预测。

1 融合模型机理及结构

1.1 融合模型机理

单约束重力模型中作为 L_i、L_j 两点之间单向流动交通流量 $q_{i,j}$ 由式(1)、式(2)生成:

$$q_{i,j} = O_i \frac{D_j e^{-\beta r_{i,j}}}{\sum_j D_j e^{-\beta r_{i,j}}} \quad (1)$$

$$q_{i,j} = D_j \frac{O_i e^{-\beta r_{i,j}}}{\sum_i O_i e^{-\beta r_{i,j}}} \quad (2)$$

其中,O_i 是 L_i 点的流出流量,D_j 是 L_j 点的流入流量,$e^{-\beta r_{i,j}}$ 表示 L_i、L_j 两点交通阻抗函数,$r_{i,j}$ 是两点路程实际距离,β 是权重参数。阻抗函数以自然对数 e 为底数,符合深度神经网络中 softmax 操作的要求,令 $D_j = e^{\ln(D_j)}$ 或 $O_i = e^{\ln(O_i)}$ 则可将单约束重力模型转化为类 Softmax 概率模型,如式(3)、式(4),其中 $\ln(D_j) - \beta r_{i,j} = [1, -\beta]^T [\ln(D_j), r_{i,j}]$ 项定义为模型 L_i、L_j 两点吸引力系数,$[1, -\beta]^T$ 为 $[\ln(D_j), r_{i,j}]$ 的权重参数,也是在神经网络参数学习中需要求取的对象。值得注意的是,对于两种守恒原则推导出的概率模型,分别对应行 Softmax 方法和列 Softmax 方法。

$$p_{i,j,O} = \frac{q_{i,j}}{O_i} = \frac{e^{\ln(D_j) - \beta r_{i,j}}}{\sum_j e^{\ln(D_j) - \beta r_{i,j}}} \quad (3)$$

$$p_{i,j,D} = \frac{q_{i,j}}{D_j} = \frac{e^{\ln(O_i) - \beta r_{i,j}}}{\sum_i e^{\ln(O_i) - \beta r_{i,j}}} \quad (4)$$

使用交叉熵损失函数定义概率分布之间的差异。以真实概率分布 $p_{i,j,O}$、$p_{i,j,D}$ 和预测概率分布 $\hat{p}_{i,j,O}$、$\hat{p}_{i,j,D}$ 构建式(5)的损失函数。

$$\begin{cases} loss = -\sum_i \sum_j p_{i,j,D} \ln(\hat{P}_{i,j,D}) \\ loss = -\sum_i \sum_j p_{i,j,O} \ln(\hat{P}_{i,j,O}) \end{cases} \quad (5)$$

至此,实现单约束重力模型与深度神经网络融合。后续特征值添加类比距离要素,仅需为其添加权重参数并线性加入 $[1, -\beta]^T$ 式中即可。

1.2 模型结构

以 GAT 为基础,本文提出基于双阶段图注意力网络多源数据融合的区县高速公路 OD 分布预测模型(Traffic Distribution Prediction-Multi-source Data Fusion of Two-stage Graph Attention Network,TDP-MDFGAT)。双阶段中第一阶段使用图注意力网络使每一个区县捕获与它相邻区县的特征,对应城市对周边辐射或被辐射的经济现象;第二阶段则使用图注意力网络以及线性层对所有区县之间的吸引力系数进行评估、概率分配,最终结合总 OD 流量实现交通分布预测。

1.2.1 阶段一:特征聚合

对于任意 m 个具有 n 个特征的交通小区其特征为 $\vec{x} \in R^{1 \times n}$,根据式(6)计算任意两点 L_i、L_j 的关联分数为 e_{ij}。用邻接矩阵 A 约束关联分数可行范围并计算最终的注意力权重参数 $\alpha_{i,j}$,如式(7)。最后,使用多头注意力式(8)计算得到融合周边城市特征信息的新城市特征矩阵 X',如图1所示。

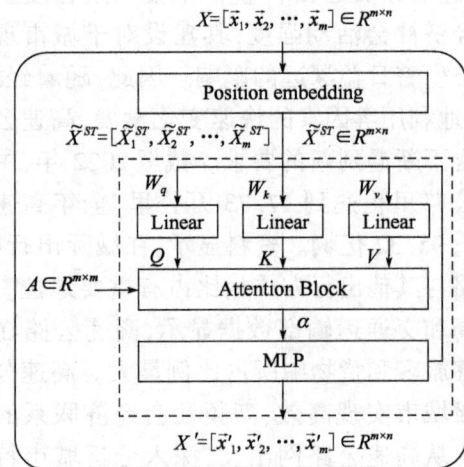

图1 图注意力特征强化模块

$$e_{ij} = ReLU(\beta[W\vec{x}_i \| W\vec{x}_j]) \quad (6)$$

$$\alpha_{i,j} = \text{softmax}(e_{ij}A) = \frac{\exp(e_{ij}A)}{\sum_{k=1}^{m}\exp(e_{ik}A)} \quad (7)$$

$$X' = ||_{k=1}^{K}\sigma(\alpha WX) \quad (8)$$

$$X = [\vec{x}_1, \vec{x}_2, \cdots, \vec{x}_m] \quad (9)$$

$$X' = [\vec{x}_1', \vec{x}_2', \cdots, \vec{x}_m'] \quad (10)$$

1.2.2 阶段二:概率预测

基于更新后的城市特征矩阵 X' 构建任意 OD 对 L_i、L_j 的输入参数 $f_{i,j} = [\vec{x}_i', \vec{x}_j', r_{i,j}]$,式(11)堆叠多个一维卷积模块,计算此时的关联分数 e_{ij},再对 e_{ij} 进行图注意力卷积得到 OD 对之间的吸引力系数。对应前文提到的行列方向 Softmax 操作,本研究中采用双维度 Softmax 操作计算最终的多头注意力概率分布预测输出结果,如式(12)、式(13)。其中,行方向概率为 $\hat{P}_{i,j,O}$,每一行的概率总和为 1,列方向概率为 $\hat{P}_{i,j,D}$,每一列的概率总和为 1。整体流程如图 2 所示。

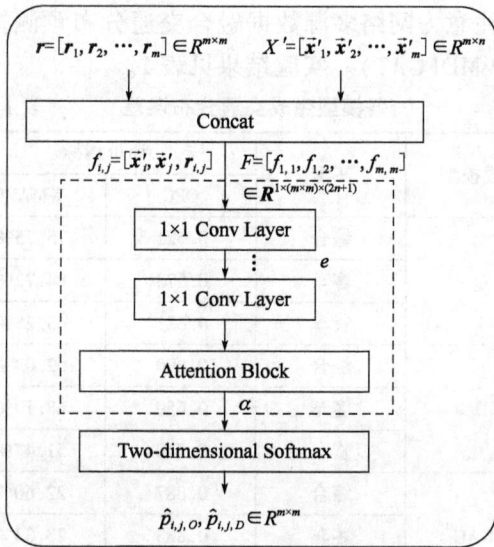

图 2 双维 softmax 图注意力概率计算模块

$$e_{ij} = \text{ReLU}(\beta[W\vec{x}_i \| W\vec{x}_j \| r_{ij}]) \quad (11)$$

$$\alpha_{i,j} = \text{softmax}(e_{ij}) = \frac{\exp(e_{ij})}{\sum_{k=1}^{m}\exp(e_{ik})} \quad (11)$$

$$\hat{P}_{i,j,O} = \alpha_{ij,R} = ||_{k=1}^{K}\frac{\exp(e_{ij})}{\sum_{k=1}^{m}\exp(e_{ik})} \quad (12)$$

$$\hat{P}_{i,j,D} = \alpha_{ij,C} = ||_{k=1}^{K}\frac{\exp(e_{ij})}{\sum_{l=1}^{m}\exp(e_{lj})} \quad (13)$$

$$\sum_{j=1}^{m}\hat{P}_{i,j,O} = 1 \quad (14)$$

$$\sum_{i=1}^{m}\hat{P}_{i,j,D} = 1 \quad (15)$$

损失函数式(16)、交通分布预测结果计算式(17)如下:

$$\text{Loss} = -\sum_{i}\sum_{j}\begin{bmatrix} p_{i,j,o}\ln(\hat{P}_{i,j,o}) \\ + p_{i,j,D}\ln(\hat{P}_{i,j,D}) \end{bmatrix} \quad (16)$$

$$\hat{q}_{i,j} = \frac{\hat{P}_{i,j,O}O_i + \hat{P}_{i,j,D}D_j}{2} \quad (17)$$

单约束重力模型的计算结果需遵守 OD 总流量守恒原则,本文使用 Furniss 法对预测结果 $\hat{q}_{i,j}$ 进行交通需求迭代。

1.3 评价指标

面向交通分布流生成预测结果常用评价指标是 CPC(Common Part of Commuters)指数,这种衡量方法用来计算实际流量分布与预测流量分布之间的相似性。由于单约束重力模型采取流量守恒规则,CPC 指标可以进一步得到式(18)形式:

$$\begin{aligned} \text{CPC} &= \frac{2\sum_{i,j}\min(\tilde{q}_{i,j}, q_{i,j})}{\sum_{i,j}\tilde{q}_{i,j} + \sum_{i,j}q_{i,j}} \\ &= \frac{\sum_{i,j}\min(\tilde{q}_{i,j}, q_{i,j})}{\sum_{i,j}q_{i,j}} \end{aligned} \quad (18)$$

式中:$q_{i,j}$——实际流量;

$\tilde{q}_{i,j}$——预测流量。

CPC 指数介于 0 和 1 之间,越趋向于 1 则表示性能优秀,其表示生成模型结果预测正确数占总数的比例。

采用加权平均绝对百分比误差(WMAPE)表示预测结果整体的预测误差波动,见式(19):

$$\text{WMAPE} = \sum_{i,j}w_{ij}\frac{|\tilde{q}_{i,j} - q_{i,j}|}{q_{i,j}}$$

$$w_{ij} = \frac{q_{i,j}}{\sum_{i,j}q_{i,j}} \quad (19)$$

2 数据构成及特征获取

本文面向浙江省连通高速公路网的 87 个市区县级城市的高速公路交通分布展开研究。通过 ETC 门架在 1 年内检测到的车辆收费信息以及路径信息得到维度为 87×87 的交通分布 OD 矩阵,由于车辆属性也是检测数据的一部分,故可以分离出不同车型的 OD 矩阵。研究过程采用全样本、客车和货车三类样本数据,具体分布如图 3 ~ 图 5 所示。

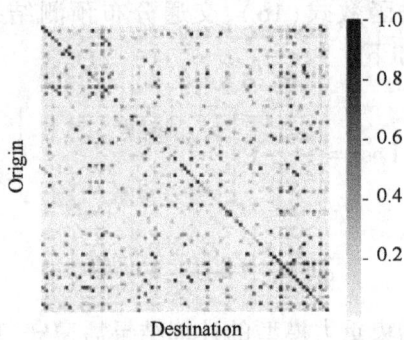

图 3　全样本车流 OD 分布

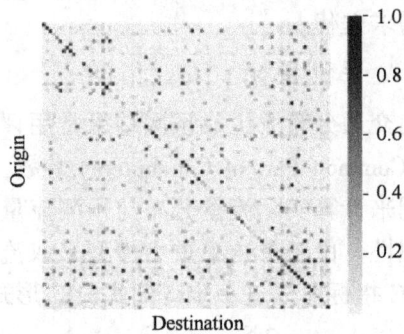

图 4　客车车流 OD 分布

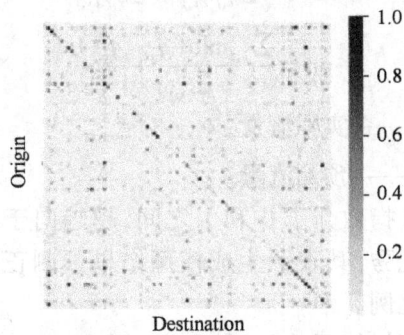

图 5　货车车流 OD 分布

在本研究中，将交通小区划分范围扩大到区县级别，收集数据如下：

（1）根据民政部发布的行政区划信息查询平台，获取所需区县的人口数量、人口增长速率以及土地面积。

（2）根据浙江省人民政府政务服务网发布的国民经济和社会发展统计公报可获取浙江省地区生产总值、第一产业、第二产业、第三产业等公开权威的信息。

（3）根据区县行政划分获得各自邻接信息以及高速公路实际最短距离。对于两省交界处区县，在统计时增加虚拟收费站特征。

本研究中采取的特征不包括各区县的兴趣点（POI）、路网结构、医疗教育等特征。第一点，预测模型输入维度希望是尽量简单的，过多的维度不仅会带来倍数增长的统计难度，而且容易使模型产生过拟合，降低鲁棒性。第二点，对于中长期交通分布预测而言，这些变量相对来说较难实现精确的预测，尽管可能提升已知情况下的模型精度，却不利于未来的模型应用。

3　实验

为了评估本交通分布预测模型在交通流 OD 生成方面的效果，本文设计了以下几个对比实验进行评价：①传统的重力模型方法（G）。使用最小二乘法标定原始模型参数，拟合大量的 OD 点对数据。②非线性深度学习重力模型方法（NDG）。仅使用简单的前馈神经网络进行非线性拟合，输入特征仅为人口数量和 OD 距离。③无图注意力网络重力模型（NGAG）。割舍第一阶段图注意力网络的本研究模型，不具备周边城市辐射效益捕获能力，输入特征保持一致。④本文提出的双阶段图注意力网络多源数据融合交通分布预测模型（TDP-MDFGAT）。实验结果见表 1。

各模型生成交通分布误差　　表 1

生成模型	车型	评价指标	
		CPC	WMAPE
G	综合	0.621	75.75%
	客车	0.573	84.72%
	货车	0.681	63.25%
NDG	综合	0.690	62.03%
	客车	0.659	68.10%
	货车	0.740	51.47%
NGAG	综合	0.887	22.60%
	客车	0.883	23.33%
	货车	0.910	17.40%
TDP-MDFGAT	综合	0.897	20.64%
	客车	0.886	22.86%
	货车	0.914	16.60%

显而易见的是，TDP-MDFGAT 在本 OD 数据集上的表现均达到最好。其中全样本车流 CPC ＝ 0.897，比 NGAG（CPC ＝ 0.887）提升 1.13%，相较 NDG（CPC ＝ 0.690）提升 30%，与 G（CPC ＝ 0.621）相比提升 44%。在 WMAPE 方面的提升更明显，综合车流 20.64%，比 NGAG（WMAPE ＝ 22.60%）降低 8.67%，相较 NDG（WMAPE ＝

62.03%)降低 66.73%,与 G(WMAPE = 75.75%)相比更是下降 72.75%。模型预测得到的交通分布综合车流 CPC 达到 0.897,说明生成模型已经能基本实现区县级高速公路交通流动的模拟,大致把握交通流趋势。从 WMAPE = 20.64% 也可以看出,整体交通流分布的预测误差偏离较小,结果贴近真实值。相较于传统交通分布中由于交通小区更小的划分范围使得人口流动随机性大,进而导致交通分布更加难以预测的问题,本文通过对城市级高速公路网出行的研究,从更宏观的角度对交通流进行分析预测,对象更加明确,预测精度更高。

TDP-MDFGAT 和 NGAG 模型在引入土地、经济以及产业组成等特征之后的预测效果大大优于 NDG 和 G 模型。这说明,人口和距离因素并不能很好表示城际高速公路交通流运行机制,土地、经济元素也是吸引两地区之间交通流互通的原因。

可以解释为以下几点:①产业结构的不同使得不同区县之间的城市功能定位不同,区域互补原则令交通流需要突破距离这一因素的限制,产生更多强需求交通出行行为。②人们的出行意愿并非只受限于出行距离,比如著名旅游城市对交通的吸引或在节假日人们出于家庭团圆的目的进行的跨区域出行。更多的影响因素分析在后文的可解释性结果部分展开。最后需要注意到,TDP-MDFGAT 在第一阶段使用到 GAT 网络在模型效果上的提升,平均 CPC 提升 0.006,平均 WMAPE 下降 1.1%。

研究也预测了不同车型的交通分布。不论何种模型,货车交通分布的精度都要高于客车,说明货车相比于客车具有更高的可预测性。这可能是由于货车承担较大的货运经济责任,出行更多的是经济因素导向,相对来说出行行为更稳定。而客车则具有更多的随机属性,出行波动较大。图 6~图 8 分别展示了不同车型真实 OD 分布以及两种模型生成结果。

a)综合车型　　　　　b)客车　　　　　c)货车

图 6　真实交通分布

a)综合车型　　　　　b)客车　　　　　c)货车

图 7　TDP-MDFGAT 模型预测

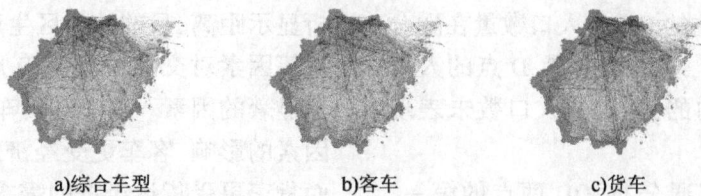

a)综合车型　　　　　b)客车　　　　　c)货车

图 8　G 模型预测

4　可解释性结果

虽然混合模型基于重力模型演变而来,具有一定的物理含义,但是使用可解释工具对多种特征进行贡献度分析,依旧是深度理解模型的关键。这里使用沙普利加和解释模型(SHapley Additive explanations,SHAP)对模型进行可解释性分析。图 9、图 10 展示了多种因素对不同车型高速公路 OD 分布的影响程度。

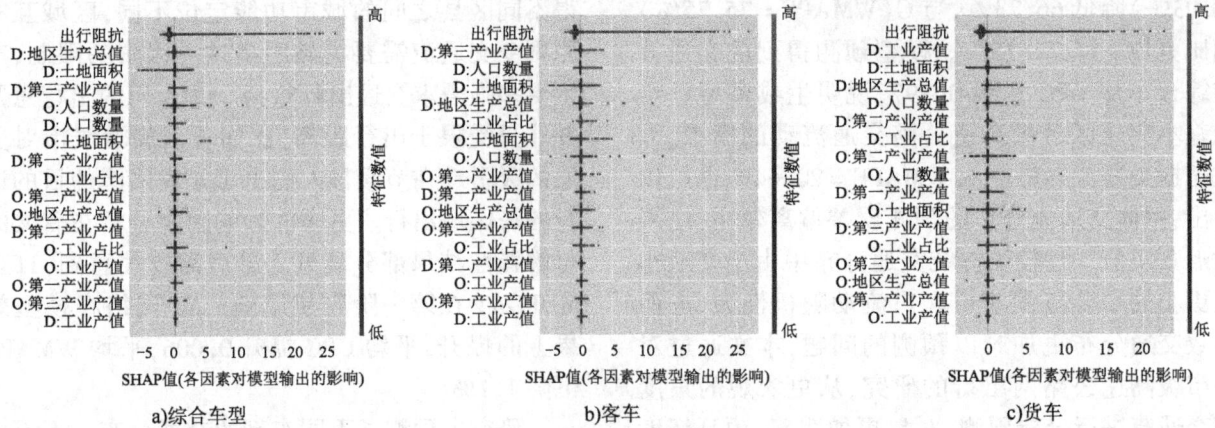

图9 样本特征贡献度

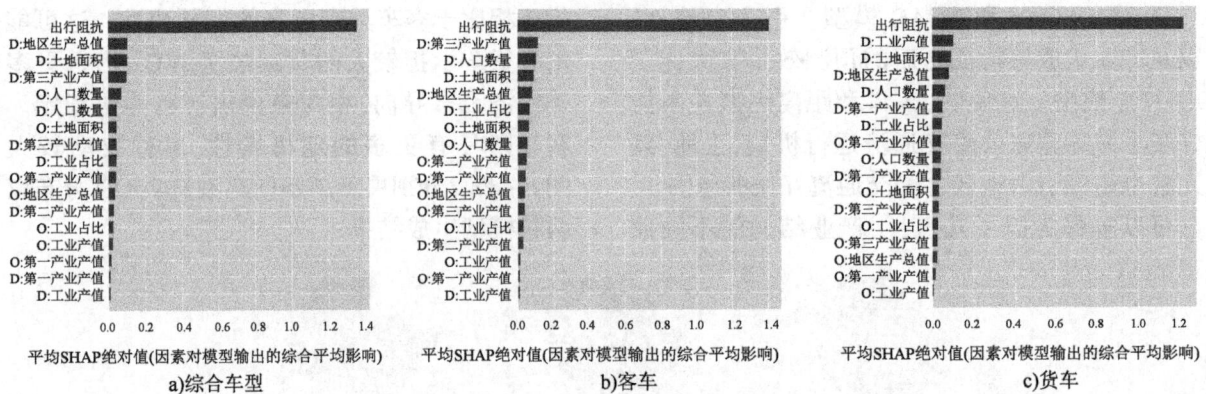

图10 各个特征的重要性系数

最明显的是，对于城际高速公路出行，距离依旧是影响程度最大的一个因素，距离越远，出行阻抗越高，对交通出行分布产生负向贡献，对出行者而言，更加偏向于短距离的出行方式，对于客车和货车均是如此。影响全样本车流分布的第二因素是目的地的地区生产总值，结合起始点的地区生产总值因素判断整体的车流倾向于从低地区生产总值的区域流向高地区生产总值的区域，反映经济、人口属性向发达区域流动的社会发展趋势。其次，重力模型中受关注的OD点人口数量在融合模型中也产生较大作用，从结果来看，D点的人口数对交通的吸引是正向的，O点的人口数未表现出明显的正负性影响。

对于客车车型的交通分布，OD两点的第一、二产业及工业发展状态对模型的贡献最少，影响较大的是第三产业以及经济发展等特征属性。这表明客车出行更加倾向于经济及服务因素：客车人群选择高速公路出行更多是出于经济、服务型目的。货车分布的影响因素更加突出货运经济的需求，即工业发展水平高、工业用地经济以及产品市场广阔等，因此对该类车工业生产、土地面积以及地区生产总值属性具有更加显著的作用。

5 结语

本研究针对交通分布预测模型展开了综合评估与解释性分析。通过对比发现 TDP-MDFGAT 模型在交通流 OD 生成方面表现最佳，通过引入区县多源数据并使用深度神经网络拟合，极大地提高了对交通分布流的生成及预测精度。解释性分析显示距离、目的地地区生产总值和 OD 点人口数量等因素对交通分布具有重要影响，其中距离是最显著的因素。客车和货车的交通分布受到不同因素的影响，客车更受经济和服务型因素的影响，而货车更受货运经济的需求特征影响。本研究还采用了 SHAP 方法对模型进行可解释性分析，结果进一步验证了出行距离对交通分布的重要性。总体而言，本研究为交通分布预测模型的发展提供了重要参考，TDP-MDFGAT 模型在预测效果和解释性方面均表现出色，具有广泛的应用前景。日后研究中也可以深层次考虑其他影响因素以及模型可迁移性相关的问题。

参考文献

[1] ZIPF G K. The P1 P2/D hypothesis: On the intercity movement of persons[J]. American Sociological Review, 1946, 11(6): 677-686.

[2] 姚宏伟. TransCAD 软件在高速公路交通量预测中的应用[J]. 沈阳工程学院学报(自然科学版), 2005, (4): 70-72, 75.

[3] 赵鹏军, 万婕. 城市交通与土地利用一体化模型的理论基础与发展趋势[J]. 地理科学, 2020, 40(1): 12-21.

[4] 马书红, 葛永, 胡美芳, 等. 基于重力模型的公路网可达性测算模型[J]. 公路交通科技, 2018, 35(1): 105-111, 120.

[5] 韩紫鹃, 彭辉, 姬萱, 等. 流动空间视角下城市群城际出行分布模型预测研究综述[C]//世界交通运输大会执委会. 2022 世界交通运输大会(WTC2022)论文集(运输规划与交叉学科篇). 北京: 人民交通出版社股份有限公司, 2022: 18-22.

[6] FILIPPO S, GIANNI B, MASSIMILANO L, et al. A deep gravity model for mobility flows generation[J]. Nature Communications, 2021, 12(1): 6576-6576.

[7] LV M, HONG Z, CHEN L, et al. Temporal multi-graph convolutional network for traffic flow prediction[J]. IEEE Transactions on Intelligent Transportation Systems, 2020, 22(6): 3337-3348.

[8] LAN S, MA Y, HUANG W, et al. Dstagnn: Dynamic spatial-temporal aware graph neural network for traffic flow forecasting[C]// Proceedings of the 39th International Conference on Machine Learning. 2022, 162: 11906-11917.

基于预约出行策略的地铁早高峰通勤客流调控研究

唐 婕 吴建军* 张 萍

(北京交通大学系统科学学院)

摘　要　针对地铁线路早高峰多起点单终点的通勤行为,本文提出了一种基于预约机制的地铁高峰期客流调控优化策略。从乘客角度出发,以乘客总出行成本最小为目标,考虑下游站点乘客构建混合整数规划非线性模型。通过大 M 法重构模型复杂约束,提高模型求解效率,并针对模型特点,设计了一种结合 GUROBI 求解器的全局迭代搜索算法进行求解。北京地铁 5 号线的案例结果表明,与其他场景求解结果相比,基于预约出行策略的客流联合模型乘客出行再分配更加合理,能有效减少线路乘客滞留情况。

关键词　城市轨道交通　出行即服务　预约策略　客流控制　出行时间选择

0　引言

随着地铁路网规模的扩大,网络化运营的地铁系统吸引的客流数量剧增,高峰时段集中到达的通勤客流使地铁站出现超负荷的运营状态,部分乘客无法及时乘车,被滞留在站台,甚至出现站外排队现象。

为缓解因供需不匹配引发的交通拥堵问题,国内外学者从多个角度进行了研究。限流是实际运营中常用的客流调控方式。康崇仁等[1]针对过饱和的地铁网络,基于最短路径法,以最小化乘客平均等待时间为目标,建立了地铁网络限流控制

基金项目:国家自然科学基金委资助项目(No. 72288101)。

优化模型。Zhang 等[2]为减少在站台滞留的乘客,提出一种动态约束的流量控制二次规划优化模型,增加乘客上车数量。为提升服务质量,学者们研究通过激励策略引导乘客修改出行时间。基于奖惩的差异化票价是常用且主流的手段。Graham 等[3]研究早鸟折扣的票价干预策略,通过分析智能卡数据,量化地铁差异化定价对通勤者行程安排的影响。Zhou 等[4]分别基于时间与路线提出了两种票价激励策略,应用于上海地铁的仿真结果表明,提出的策略能使高峰客流量下降5%。拥挤及票价是影响乘客出行的主要因素。Tian 等[5]矫正了车内拥挤成本函数,考虑了不同拥挤敏感度的多类乘客。为减少因票价变动对乘客接受度及运营商收入的不利影响,Tang 等[6]在保证运营商收入总数不变的前提下,改进了传统的票价策略。

为响应交通智慧化转型,推进出行即服务(Mobility as a Service, MaaS)发展,预约出行在城市公共交通系统中获得了广泛应用。预约在公交系统中应用较多,Tong 等[7]针对定制化公交服务网络设计问题,制定了人车分配及车辆路线联合优化模型。预约在地铁系统中起步较晚,目前仅有北京地铁及重庆地铁开展了预约进站试点实践[8]。在理论研究方面,针对地铁预约策略的研究较少,且主要聚焦于分析预约需求。Yin 等[9]基于乘客预约信息,通过分析预约系统中已知的乘客出行需求,构建了列车调度与客流控制联合模型。

地铁系统中,预约出行策略属于起步阶段,目前缺乏对预约策略制定方案的具体数学研究。本文针对过饱和地铁线路高峰期客流拥堵滞留问题,引入预约进站策略,构建多站点客流联合优化模型,对预约出行方案开展精细化研究,得到乘客均衡出行成本最小情况下的预约策略具体实施方案。

1　地铁客流预约调控模型

1.1　问题描述

本文以单条单方向地铁线路上的多起点单终点通勤客流为研究对象。如图1所示,线路共有 I 个站点,按照列车运行方向可编号为 $i=\{1,2,\cdots,I\}$,站点的乘客总出行需求为 N_i,终点站位于城市中央商务区,是所有通勤者的目的地。站点1为实施预约出行机制的车站。

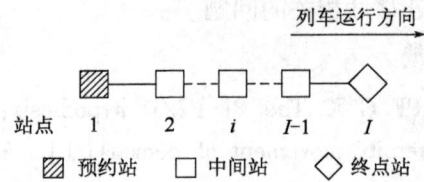

图1　线路示意图

以站点1至站点2为例(图2),站点1共发出 M 趟最大容量为 S 的列车,编号为 $m=\{1,2,\cdots,M\}$,发车间隔为 $h\min$。列车对应的开行时刻为 t_m,乘客的理想乘车时间为 t^*,站点间的列车行驶时间为 $f_{(i-1)i}$。

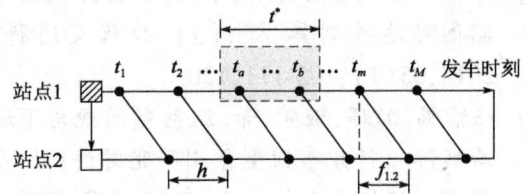

图2　站点间基础情况示意图

对于实行预约策略的站点,乘客预约时仅需选择预期进站时段。预约时段 ERI(Entry Reservation Interval)如图3所示,与起点 e 及预约时段长度 l 相关,已预约乘客只能选择在预约时段 $[t_e, t_{e+l-1}]$ 内出行。预约时段集合为 $H=\{e, e+1, e+l-1\}$。

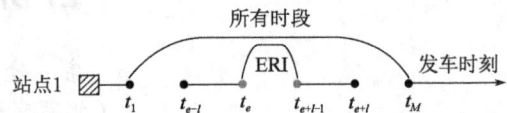

图3　预约时段示意图

本文模型在以下假设的基础上构建:系统内乘客总量固定;异质乘客拥挤敏感度不同;预约不可取消,预约乘客均在其预约时段内按时到达;已预约乘客的乘车优先级高于未预约乘客。

1.2　乘客广义出行成本构成

考虑一般情况下的乘客广义出行成本,包括票价成本 p、车内时间成本 ζ、早到晚到惩罚 $\delta(m)$、车内拥挤成本 $c(m^k)$、滞留等待成本 $q(m)$ 及预约成本 $\sigma(m)$,其中票价成本与车内时间成本为常数。

早到晚到惩罚成本 $\delta(m)$ 可视为分段线性函数,如式(1)所示,$\alpha、\beta$ 分别为早到与晚到的单位时间成本系数。

$$\begin{cases} \delta(m) = \alpha(t_a - t_m) & t^* < t_i \\ \delta(m) = 0 & t_m = t^* \\ \delta(m) = \beta(t_m - t_b) & t_m > t^* \end{cases} \quad (1)$$

$c(m^k)$ 表示第 i 站搭乘列车 m 的 k 类乘客的车内拥挤成本，计算公式见式(2)，ω_k 为 k 类乘客对应的拥挤成本系数，$x_{a,m}$ 为在站点 a 搭乘列车 m 的乘客总数。

$$c(m^k) = \omega_k \cdot \left(\sum_{i=1}^{I-1} \left(f_{i,i+1} \cdot \sum_{a=1}^{i} x_{a,m} \right) \right) \quad (2)$$

第 m 趟列车对应的乘客滞留成本 $q(m)$ 与单位滞留成本系数 μ、发车间隔 h 相关，可表示为式(3)。

$$q(m) = \begin{cases} \phi \cdot h & x_m < s \\ 0 & x_m = s \end{cases} \quad (3)$$

预约成本 $\sigma(m)$ 与预约成本系数 γ 相关，计算公式如式(4)。

$$\sigma(m) = \begin{cases} 0 & \text{乘客未预约} \\ \gamma & \text{乘客已预约} \end{cases} \quad (4)$$

1.3 地铁客流预约调控模型构建

1.3.1 目标函数

此模型同时考虑预约站点乘客及中间站乘客利益，以线路乘客总成本最低为目标，模型目标函数如下所示。

$$\min \sum_{m=1}^{M} \delta(m) \cdot \sum_{k=1}^{K} x_{1,m,k} + \sum_{k=1}^{k} \sum_{m=1}^{M} c(m^k) \cdot x_{1,m,k} + \sum_{k=1}^{K} \sum_{m=1}^{M} \sum_{n=e}^{e+l-1} \sigma(m) \cdot r_{1,nm}^k + \sum_{i=1}^{I-1} \sum_{m=1}^{M} q(m) \cdot s_{i,m}$$

1.3.2 预约站相关约束

式(5)~式(16)为预约站点相关约束，约束中除特殊标注外，$m \in \{1,2,\cdots,M\}$。

预约名额的实际利用率为 ρ，$\rho \cdot l \cdot S$ 为预约乘客的总数。$r_{1,nm}^k$ 为站点 1 通过预约将出行计划从搭乘第 m 趟列车改至搭乘第 n 趟列车的乘客 k 类总数，数量满足式(5)。

$$\sum_{k=1}^{K} \sum_{m=1}^{M} \sum_{n=e}^{e+l-1} r_{1,nm}^k = \rho \cdot l \cdot S \quad (5)$$

$(r_{1,m}^o)^k$ 为列车 m 对应的乘客需求中未改变出行计划的 k 类乘客数，数量满足式(6)，其中 $\rho \in [0,1]$。

$$\sum_{k=1}^{K} \sum_{m=1}^{M} (r_{1,m}^o)^k = N_1 - \rho \cdot l \cdot S \quad (6)$$

为了防止预约乘客集中搭乘影响正常运营，单趟列车可接纳的最大预约乘客数量满足式(7)，其中 φ 为列车可接纳预约乘客数比例，$\varphi \in [0,1]$。

$$\sum_{k=1}^{K} \sum_{m=1}^{M} r_{1,mn} \leqslant \varphi \cdot S \quad n \in H \quad (7)$$

通勤者对列车拥挤的敏感度不同，θ_k 为第 k 类乘客数量占总乘客数的比例，$\theta_k \in [0,1]$，各类乘客比例和满足式(8)。$d_{i,m}^k$ 表示在站点 i 搭乘列车 m 的乘客需求数，求解如式(9)所示。

$$\sum_{k=1}^{K} \theta_k = 1 \quad (8)$$

$$d_{i,m}^k = \theta_k \cdot d_{i,m} \quad (9)$$

预约后的乘客需求 $(d_{1,m}^r)^k$ 为未改变出行计划的乘客 $(r_{1,m}^o)^k$ 及从其他时刻改动至 t_m 出行的乘客之和，满足式(10)。

$$(d_{1,m}^r)^k = (r_{1,m}^o)^k + \sum_{k=1}^{K} \sum_{n=1}^{M} r_{1,nm}^k \quad (10)$$

实际等待乘客数量满足式(11)。第一趟车对应的等待乘客数为乘客需求，其他列车对应的等待乘客数为此趟车的乘客需求与上一趟车滞留的乘客数之和。

$$w_{1,m}^k = \begin{cases} (d_{1,m}^r)^k & m = 1 \\ (d_{1,m}^r)^k + s_{1,m-1}^k & 1 < m \leqslant M \end{cases} \quad (11)$$

$z_{i,m}$ 为第 m 趟列车行驶至 i 站后列车所剩的容量。当列车开行时间属于预约区间时，预约乘客享有优先乘车权，预约站点列车的剩余容量 $z_{1,m}$ 满足式(12)。

$$z_{1,m} = \begin{cases} S - \sum_{n=1}^{M} r_{1,nm} & m \in H \\ S & \text{其他} \end{cases} \quad (12)$$

无乘车优先权的乘客为未改变出行计划的乘客 $r_{i,m}^o$ 与滞留人次 $s_{1,m-1}$ 之和，大小满足式(13)、式(14)。

$$(w_{1,m}^k)^* = \begin{cases} (r_{1,m}^o)^k & m = 1 \\ (r_{1,m}^o)^k + s_{1,m-1}^k & 1 < m \leqslant M \end{cases} \quad (13)$$

$$w_{1,m}^* = r_{1,m}^o + s_{1,m-1} \quad (14)$$

当列车剩余容量 $z_{1,m}$ 大于等于无乘车优先权的乘客数量时，乘客可以全部上车。相反，若 $z_{1,m}$ 小于乘车优先权的乘客数量，此时按照异质乘客所占比例乘车。未改变出行计划的乘客实际上车人数足式(15)。

$$(x_{1,m}^o)^k = \begin{cases} (w_{1,m}^k)^* & w_{1,m}^* \leqslant z_{1,m} \\ \dfrac{(w_{1,m}^k)^*}{w_{1,m}^*} \cdot z_{1,m} & w_{1,m}^* > z_{1,m} \end{cases} \quad (15)$$

第 m 趟列车的实际上车人数为预约乘客及未改变出行乘客的实际上车人数之和,满足式(16)。

$$x_{1,m}^k = \begin{cases} r_{1,m}^k + (x_{1,m}^o)^k & m \in H \\ (x_{1,m}^o)^k & \text{其他} \end{cases} \quad (16)$$

1.3.3　中间站相关约束

式(17) ~ 式(20)为预约站点相关约束,除特殊标注外, $i \in \{2,3,\cdots,I\}$, $m \in \{1,2,\cdots,M\}$ 。中间站不对客流分布宏观调控,只需满足涉及客流管控的限流约束。

式(17)为中间站涉及不同目的地的等待乘客的计算公式。

$$w_{i,m} = \begin{cases} d_{i,m} & m = 1 \\ d_{i,m} + s_{i,m-1} & 1 < m \leqslant M \end{cases} \quad (17)$$

列车到达 i 站时的剩余容量 $z_{i,m}$ 随车次及站点的改变而动态改变。剩余容量 $z_{i,m}$ 计算公式见式(18)。

$$z_{i,m} = S - \sum_{j=1}^{i-1} x_{j,m} \quad (18)$$

中间站的实际上车人数 $x_{i,m}$ 与等待乘客数 $w_{i,m}$ 及列车到站的剩余容量 $z_{i,m}$ 相关。计算公式如式(19)所示。

$$x_{i,m} = \begin{cases} w_{i,m} & w_{i,m} \leqslant z_{1,m} \\ z_{i,m} & w_{i,m} > z_{1,m} \end{cases} \quad (19)$$

$$\begin{cases} x_{1,m}^o \leqslant w_{1,m}^* \\ x_{1,m}^o \leqslant z_{1,m} \\ w_{1,m}^* - \varepsilon \cdot \alpha_{i,m} \leqslant x_{1,m}^o \\ z_{1,m} - \varepsilon \cdot \alpha_{i,m}^* \leqslant x_{1,m}^o \\ (w_{1,m}^k)^* - \varepsilon \cdot \alpha_{i,m} \leqslant (x_{1,m}^o)^k \leqslant (w_{1,m}^k)^* + \varepsilon \cdot \alpha_{i,m} \\ (x_{1,m}^o)^k \cdot w_{1,m}^* \leqslant (w_{1,m}^k)^* \cdot z_{1,m} + \varepsilon \cdot (\alpha_{i,m}^* + \beta_{i,m}) \\ (w_{1,m}^k)^* \cdot z_{1,m} - (x_{1,m}^o)^k \cdot w_{1,m}^* \leqslant 0.5 * w_{1,m}^* + \varepsilon \cdot (\alpha_{i,m}^* + \beta_{i,m}) \\ (x_{1,m}^o)^k \cdot w_{1,m}^* \geqslant (w_{1,m}^k)^* \cdot z_{1,m} - \varepsilon \cdot (\alpha_{i,m}^* + \beta_{i,m}^*) \\ (x_{1,m}^o)^k \cdot w_{1,m}^* - (w_{1,m}^k)^* \cdot z_{1,m} \leqslant 0.5 * w_{1,m}^* + \varepsilon \cdot (\alpha_{i,m}^* + \beta_{i,m}^*) \end{cases} \quad (23)$$

2.2　全局迭代算法设计

通过 big-M 法重构模型后,模型转变为求解效率更高的混合整数非线性模型。本文设计了结合迭代与 GUROBI 商业求解器的全局搜索算法,算法具体步骤如下:

步骤一:输入客流数据及列车参数,初始化问题预约参数。

步骤二:对每个预约时段长度 l 循环迭代,步

对于线路所有站点,滞留乘客 $s_{i,m}$ 满足约束(20),式中 $i \in \{1,2,\cdots,I\}$ 。

$$s_{i,m} = \begin{cases} 0 & w_{i,m} \leqslant z_{1,m} \\ w_{i,m} - x_{i,m} & w_{i,m} > z_{1,m} \end{cases} \quad (20)$$

2　复杂约束重构及算法设计

2.1　复杂约束重构

为提升模型求解效率,利用 big-M 法将模型中的复杂非线性约束重构为求解器可解析的版本。针对复杂非线性约束式(15)、式(19)及式(20),引入四类 0-1 变量,变量取值满足式(21)。 $\alpha_{i,m}$ 及 $\alpha_{i,m}^*$ 用于线性化 if 条件语句, $\beta_{i,m}$ 及 $\beta_{i,m}^*$ 用于确保 $(x_{1,m}^o)^k$ 四舍五入后的总和不变。

$$\begin{cases} \alpha_{i,m} + \alpha_{i,m}^* \leqslant 1 \\ \beta_{i,m} + \beta_{i,m}^* \leqslant 1 \end{cases} \quad (21)$$

重构后,式(15)变为式(23),其中 ε 为一个极大值。式(19)可转变为式(22)。式(20)重构后的公式可参考式(22)的结构。

$$\begin{cases} x_{i,m} \leqslant w_{i,m} \\ x_{i,m} \leqslant z_{i,m} \\ w_{i,m} - \varepsilon \cdot \alpha_{i,m} \leqslant x_{i,m} \leqslant w_{i,m} + \varepsilon \cdot \alpha_{i,m} \\ z_{i,m} - \varepsilon \cdot \alpha_{i,m}^* \leqslant x_{i,m} \leqslant z_{i,m} + \varepsilon \cdot \alpha_{i,m}^* \end{cases} \quad (22)$$

长为1,设定最大预约时段长度 l_{max} 为列车总趟数。求得 l 对应的最优预约起点 e^* 及最大预约实际利用率 ρ_{max} 。

步骤三:基于步骤二循环的 l ,循环迭代预约比例,设定 $0 < \rho < \rho_{max}$,设定迭代步长为 0.01。在此循环中将模型代入 GUROBI 商业求解器。

步骤四:记录各循环对应的有效优化解,对比有效优化解,输出总成本最小的全局最优解、最优

解对应的预约参数值及各站点乘客分布。

3 北京地铁5号线案例分析

3.1 参数设置

本文以北京地铁5号线为研究背景,考虑天通苑北站、天通苑站、立水桥站及大屯路东站4个通勤起点站(即后文中的站点1至站点4),雍和宫站为工作地。以工作日的7:14—8:35为研究时段,列车服务参数及客流参数设置如下所示:

$h = 3\min$,$S = 600$,$N_1 = 5213$,$\varphi = 0.6$,$k = 3$,$t^* = [7:47, 7:59]$。

$\alpha = 30$ 元/min,$\beta = 0.6$ 元/min,$\Phi = 1$ 元/min,$\gamma = 0.5$ 元/min。$\omega_1 = 0.02$ 元/min,$\omega_2 = 0.2$ 元/min,$\omega_3 = 0.7$ 元/min,$\theta_1 = 20\%$,$\theta_2 = 60\%$,$\theta_3 = 20\%$。

3.2 结果分析

3.2.1 全局最优解分析

代入需求数据及已知参数后,通过全局迭代算法对前文所提模型进行求解,不同的预约策略参数下求得的模型最优解不同。选取5个不同的预约时段长度进行对比,各时段最优解信息见表1。

不同预约时段对应最优解对比 表1

l	最优 ρ	滞留总数	总成本(元)
5	0.2	10261	94339.96
10	0.12	5900	82378.96
15	0.12	2404	74079.76
23	0.13	0	67425.46
27	0.10	91	67541.26

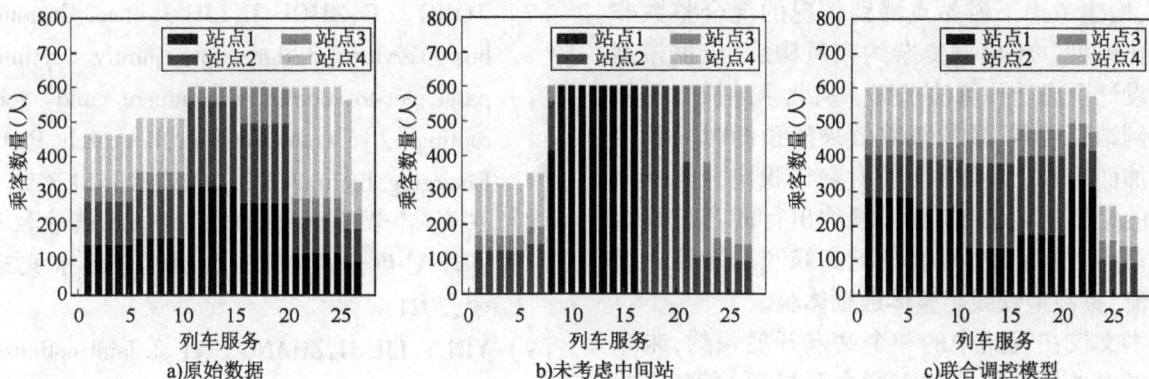

模型最终的全局最优解为总成本67425.46元,对应预约时段长度$l = 23$,最优预约时段起点为车次1,实际预约比例$\rho = 0.13$。为观察最优解特点,选取这5段不同预约时段长度对应不同预约比例下的最优解结果进行可视化对比,如图4所示。

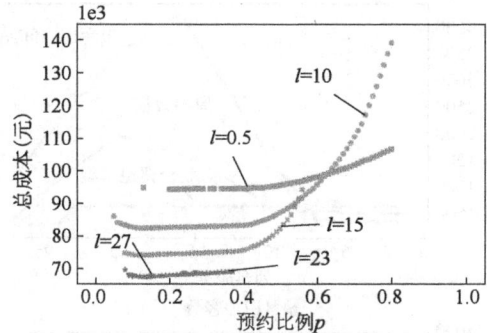

图4 最优解迭代结果对比图

观察图4信息可知,不同预约时段对应最优解的总成本大小随着预约比例的增加呈现先减少后增加的趋势,因此模型存在唯一的最优解。

3.2.2 不同情景结果对比

为更好地对比本文构建的客流联合优化模型的求解优势,将全局最优解与原始需求数据下的场景及只考虑单对单站点情况的场景结果进行对比。不同场景下各站点每车次的实际上车乘客数量对比如图5所示。观察图5可知,客流联合优化模型对应的客流分布更加合理均衡,可以更好地利用列车容量,提高线路运营效率,使得乘客乘车更加公平,有利于乘客乘车满意度提升。

a)原始数据

b)未考虑中间站

c)联合调控模型

图5 最优解迭代结果对比图

不同场景下的客流需求动态详细对比如图6所示。图6a)为累积乘客数对比曲线图,图6b)为滞留乘客数对比曲线图。

观察图6可知,发车时间较早的列车,在不同场景下基本没有乘客滞留,此时累积的乘客为列车对应的乘客需求。随着列车发车时间靠近高峰时段,累积的乘客数量走势受滞留乘客影响较大。原始自动售票检票系统(AFC)出行数据下,线路总滞留人次为 11795 人,仅考虑单站点的客流再分配模型的最优解下,线路总滞留人次为 39888 人。本文提出的联合优化模型通过合理的乘客再分布调控,可大大缓解线路滞留情况。

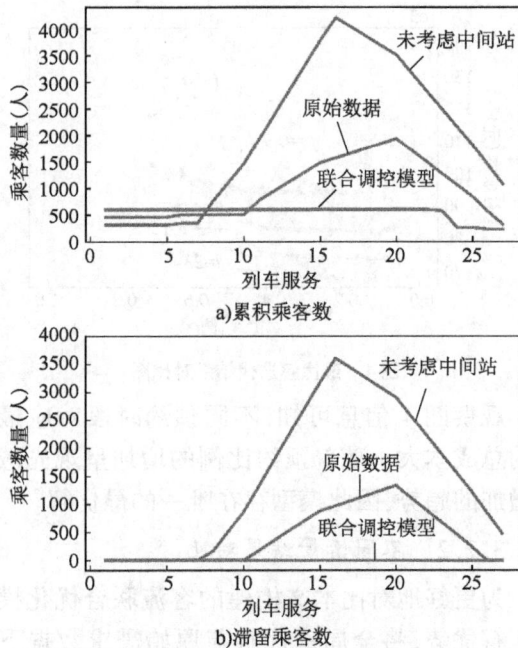

a)累积乘客数

b)滞留乘客数

图6　多场景下客流需求动态详细对比图

4　结语

乘客出行时间再分配是缓解地铁高峰期拥堵的有效措施,本文引入可使乘客提前安排出行计划的预约出行策略,对预约乘客出行时间进行再分配,构建考虑下游站点滞留情况的混合整数非线性化模型。将模型复杂约束重构后,依据模型特点设计全局迭代算法求解。从北京地铁 5 号线的案例结果可得,预约策略效果随预约时段长度的增加而增加,达到临界值时趋于稳定。与其他场景的结果对比表明,引入预约出行的客流联合优化模型,有助于更均衡分配高峰和非高峰时段的客流,提高地铁线路整体通勤体验。

本文仅在线路中的一个站点开展预约,未来可以考虑地铁网络多站点联合开展预约策略,为地铁网络化运营提供新的优化角度。此外,可以将预约策略与列车时刻表优化结合,实行供给需求端同步优化。

参考文献

[1]　康崇仁,杨欣,张萍,等.地铁乘客限流控制与列车运行图协同优化方法研究[J].交通运输工程与信息学报,2023,21(1):94-112.

[2]　ZHANG P, SUN H, QU Y, et al. Model and algorithm of coordinated flow controlling with station-based constraints in a metro system[J]. Transportation Research Part E: Logistics and Transportation Review, 2021, 148: 102274. 1-102274. 23.

[3]　GRAHAM D J, HÖRCHER D, ANDERSON R J, et al. Quantifying the ex-post causal impact of differential pricing on commuter trip scheduling in Hong Kong[J]. Transportation Research Part A: Policy and Practice, 2020, 141: 16-34.

[4]　ZHOU F, LI C, HUANG Z, et al. Fare incentive strategies for managing peak-hour congestion in urban rail transit networks[J]. Transportmetrica A: Transport Science, 2022, 18(1): 166-187.

[5]　TIAN Q, LIU P, ONG G P, et al. Morning commuting pattern and crowding pricing in a many-to-one public transit system with heterogeneous users[J]. Transportation Research Part E: Logistics and Transportation Review, 2021, 145: 102182. 1-102182. 20

[6]　TANG Y, JIANG Y, YANG H, et al. Modeling and optimizing a fare incentive strategy to manage queuing and crowding in mass transit systems[J]. Transportation Research Part B: Methodological, 2020, 138: 247-267.

[7]　TONG L C, ZHOU L, LIU J, et al. Customized bus service design for jointly optimizing passenger-to-vehicle assignment and vehicle routing[J]. Transportation Research Part C: Emerging Technologies, 2017, 85: 451-475.

[8]　庄黄蕊.考虑预约需求的地铁客流管控与行车计划协同优化[D].北京:北京交通大学,2021.

[9]　YIN Y, LIU H, ZHANG S, et al. Joint optimization of modular vehicle schedule and fair passenger flow control under heterogeneous passenger demand in a rail transit system[J]. Computers & Industrial Engineering, 2022, 173: 108749. 1-108749. 22.

基于强化学习的多模式出行路径规划算法

颜建强* 李银香 高 原 曲博婷

（西北大学信息科学与技术学院）

摘 要 近年来,出行即服务(MaaS)通过整合多种交通方式,提供一体化的出行服务,受到了越来越多的关注。在多模式出行实际环境中,如何有效地衔接各种出行方式,给用户规划一条最优的出行路径是多模式出行的难点。首先,本文针对地铁、公交、共享汽车、步行这四种出行模式,构建了基于图的多模式一体化出行超网。其次,基于 Q_EDQ 算法进行多模式出行路径推荐。最后,基于陕西省西安市真实的公交站点、地铁站点数据进行试验。将 Q_EDQ 算法与传统的遗传算法进行对比,经过对运行时间和最优路径的比较,结果表明,改进后的 Q 算法可以成功解决多模式出行中一体化路径规划问题,该算法在多模式出行中路径规划效果更优;将 Q_EDQ 算法与传统的 Q 算法对比,经过对损失值、奖励值、最优路径值的比较,结果表明传统的 Q 算法在多模式出行中对于路径以及交通模式的选择存在高估偏差,导致算法在收敛时,模型表现出不稳定状态,通过提出双表学习以及改进探索策略的 Q_EDQ 算法能有效解决该问题。

关键词 MaaS 多模式出行 路径规划 Q 算法 GA 算法

0 引言

在新一代信息技术的推动下,出行即服务(MaaS)[1]概念于 2014 年在芬兰举行的欧盟 ITS 大会上首次提出并得到了快速发展。在 MaaS 模式下,既节约成本又节省时间,比单一交通模式的出行具有更好的经济性和便捷性[2]。

国内外对于出行路径推荐的研究包括基于单模式交通网络和基于多模式交通网络。单模式交通网络主要依赖于一种交通模式,基于单模式交通网络的研究和应用已经成熟。Xiang[3]、Hao[4]等采用蚁群算法进行单模式路径规划,Han[5]、Cao[6]利用遗传算法寻找最佳路线。Liu[7]、LYU[8]等通过改进 Dijkstra 算法运用到单模式出行路径规划中。Kim[9]、Low[10]等通过实现基于 Q 学习的路径规划,展示了强化学习在自动驾驶领域的应用。

多模式交通出行,需要考虑不同模式之间换乘问题、等待的时间问题、成本问题,以及用户体验等。基于多模式交通网络的研究随着 MaaS 的出现逐步成为热点。Dib 等[11]针对优化目标包含时间、碳排放进行路径决策,并提出了一种将遗传算法与变邻域搜索相结合的方法,以解决多准则最短路径问题在多模式网络中的应用。LIU[12]将多模式出行行为转化为多阶段决策过程,引入了动态规划理论,得出最佳旅行路径。Shao[13]通过改进传统的蚁群算法,分别以时间和花费为单一优化目标,展示了该算法在路径寻优上良好的性能。李浩楠[14]等考虑到时间的波动性与突发事件的影响,以马尔可夫为理论基础,建立了多模式交通出行的决策模型和求解算法。

通过上述研究可以发现,针对多模式出行的研究大多采用启发式算法,诸如遗传算法、蚁群算法等。此外还有考虑动态规划、传统机器学习,如马尔可夫链等。然而,首先由于其道路情况复杂,启发式算法只能基于静态的先验规则进行决策,难以适应动态变化。其次,启发式算法需要对问题领域进行先验建模或手动设计启发式规则,在解决多目标优化这类非线性优化问题时具有局限性。最后,在进行路径决策时,启发式搜索算法通常只关注短期的目标,容易陷入局部最优。

为了解决上述问题,本文提出在多模式一体化出行路径规划中运用强化学习中的 Q 算法去解决该路径规划问题。相对于启发式算法,强化学习在机器人路径规划中表现出了良好的性能。因此,本文针对地铁、公交、共享汽车、步行这四种出行方式,构建基于图的多模式出行超网,在此基础上以出行时间、费用成本和换乘次数作为优化目标函数进行路径规划。传统的 Q 算法在收敛时表现出不稳定性,即损失函数变化、奖励函数变化以及最优路径值振幅较大,以及的损失值、奖励值、最优路径收敛值较大,Hasselt[15]首次提出了双 Q 表学习作为一种修改,以避免高估 QL 算法产生的动作值。因此,本文采用双 Q 表学习和贪心探索策略对 Q 学习算法进行改进,以解决多模式出行路径规划路况环境复杂多变和传统 Q 学习收敛不稳定的问题。

1　问题描述

在 MaaS(Mobility as a Service)出行模式中,乘客希望在起点到终点的整个出行过程中,能够充分利用多种交通模式,如图 1 所示。他们的关注点主要集中在最小化出行时间、降低出行费用以及减少换乘次数上。因此,总体出行成本可以被表达为:

$$F(x) = F_1(x) + F_2(x) + F_3(x) \quad (1)$$

式中:$F_1(x)$——出行所需的时间成本;

　　　$F_2(x)$——出行的经济成本;

　　　$F_3(x)$——用于衡量换乘的惩罚成本。

图1　多模式出行

1.1　出行时间成本

出行时间成本指的是为实现其出行目的而消耗的时间价值[16]。总的出行时间是指乘客从起点出发到达终点所花费的总时间,包括换乘时间、行驶时间。本文的换乘又分为同站换乘和异站换乘。在本文中考虑使用收入法[17]来计算单位时间价值。该方法假设节省的时间全部投入生产,但节省的时间并不能全部投入生产制造,因此估算结果会普遍偏大[18]。本文中采取世界银行南亚地区报告中的单位时间价值的修正指数 μ,取值为 0.4~0.5。那么,总出行成本可以表示为:

$$F_1(x) = V_T \times (T_h^\Delta + T_h^\nabla + T_x) \quad (2)$$

$$V_T = \frac{IC}{T} \times \mu \quad (3)$$

式中:V_T——乘客的单位时间价值;

　　　T_h^Δ——同站换乘花费时间;

　　　T_h^∇——异站换乘花费时间;

　　　T_x——出行中乘坐交通的行驶时间;

　　　IC——年平均收入;

　　　T——年平均工作时间;

　　　μ——单位时间价值修正指数。

同站换乘只会发生在同一交通模式中,在公交出行和地铁出行模式中,同站换乘所需的总时间成本为:

$$T_h^\Delta = \sum_i^\alpha (t_i^{out} - t_i^{in}) \times \omega_i + \sum_i^\beta (t_i^{out} - t_i^{in}) \times \omega_i \quad (4)$$

$$\omega_i = \begin{cases} 1 & i \text{ 站点同站点换乘} \\ 0 & \text{其他} \end{cases} \quad (5)$$

式中:α——公交交通模式;

　　　β——地铁交通模式;

　　　t_i^{in}——乘客到达 i 站点的时间;

　　　t_i^{out}——乘客离开 i 站点的时间;

　　　ω_i——是否在 i 同一站点换乘路线。

异站换乘只会出现在不同交通模式之间,包括公交和地铁、公交和共享汽车、地铁和共享汽车之间的换乘。因此,异站换乘所需的总时间可以被表达为:

$$T_{\mathrm{h}}^{\nabla} = \sum_{i,i+1}^{\alpha\leftrightarrow\beta} t_{i,i+1} \times \omega_{i,i+1} + \sum_{i,i+1}^{\alpha\leftrightarrow\alpha} t_{i,i+1} \times \omega_{i,i+1} +$$
$$\sum_{i,i+1}^{\beta\leftrightarrow\beta} t_{i,i+1} \times \omega_{i,i+1} + \sum_{i,i+1}^{\alpha\rightarrow\gamma} t_{i,i+1} \times \omega_{i,i+1} +$$
$$\sum_{i,i+1}^{\beta\leftrightarrow\gamma} t_{i,i+1} \times \omega_{i,i+1} \tag{6}$$

$$t_{i,i+1} = s_{i,i+1}/v_{\mathrm{walk}} \tag{7}$$

$$\omega_{i,i+1} = \begin{cases} 1 & i\ \text{站到}\ i+1\ \text{站发生异站换乘} \\ 0 & \text{其他} \end{cases} \tag{8}$$

式中：$t_{i,i+1}$——i 站到 $i+1$ 站异站换乘时间；

$\omega_{i,i+1}$——i 到 $i+1$ 站是否异站换乘；

$\alpha\leftrightarrow\beta$——公交地铁之间换乘；

$\alpha\leftrightarrow\alpha$——公交模式内异站换乘；

$\beta\leftrightarrow\beta$——地铁模式内异站换乘；

$\alpha\leftrightarrow\gamma$——公交与共享汽车之间换乘；

$\beta\leftrightarrow\gamma$——地铁与共享汽车之间换乘；

$s_{i,i+1}$——站点 i 到站点 $i+1$ 之间距离；

v_{walk}——平均步行速度。

换乘均是通过步行实现的，因此本文采用步行的平均速度计算异站换乘时间。乘客乘坐交通工具，行驶过程中所花费的时间可以表示为：

$$T_x = \sum_{i,i+1}^{\alpha} s_{i,i+1}/v_{\alpha} + \sum_{i,i+1}^{\beta} s_{i,i+1}/v_{\beta} +$$
$$\sum_{i,i+1}^{\gamma} s_{i,i+1}/v_{\gamma} \tag{9}$$

$$S_{i,i+1} = R \times C \tag{10}$$

$$C = 2 \times \arctan2(\sqrt{a}, \sqrt{1-a}) \tag{11}$$

$$a = \sin^2\left(\frac{\Delta\mathrm{lat}}{2}\right) + \cos(\mathrm{lat}_i) \times$$
$$\cos(\mathrm{lat}_{i+1}) \times \sin^2\left(\frac{\Delta\mathrm{lon}}{2}\right) \tag{12}$$

式中：v_{α}——公交速度；

v_{β}——地铁速度；

v_{γ}——共享汽车速度；

C——两个站点之间的弧线距离；

a——站点之间的角度差；

$\Delta\mathrm{lat}$——站点之间的纬度差；

$\Delta\mathrm{lon}$——站点之间的经度差；

lat_i——i 站点纬度；

lat_{i+1}——$i+1$ 站点纬度。

在实际的地理空间中，公交站点之间的距离通常是在地球表面上的，但地球不是一个完全平坦的二维平面，而是一个近似于椭球形的三维球体。Roy[19]论述了球面三角学公式在地球上估计距离的应用。因此，为了更准确地计算公交站点之间的距离，本文采用球面三角学公式（Haversine Formula）计算两站点之间路径长度。

1.2　出行费用成本

出行费用由三部分组成，包括共享汽车的出行费用、轨道交通的出行费用、公交出行费用、总的出行费用成本可以表示为：

$$F_2(x) = \sum_{i,i+1}^{\alpha} s_{i,i+1} \times c_{\alpha} +$$
$$\sum_{i,i+1}^{\beta} s_{i,i+1} \times c_{\beta} + \sum_{i,i+1}^{\gamma} s_{i,i+1} \times c_{\gamma} \tag{13}$$

式中：c_{α}——公交单价（元/km）；

c_{β}——地铁单价（元/km）；

c_{γ}——共享汽车单价（元/km）。

1.3　换乘成本

换乘会发生在同种出行模式之间，也会发生在不同出行模式之间，本文中将因换乘增加的心理费用称为换乘惩罚成本[20]。目前，普遍将换乘惩罚成本转化为换乘惩罚时间进行成本的换算。采用国际公认值作为换乘惩罚时间，换乘单次惩罚时间 T_{cf} 取值为 2.5～10min，在本文中取 5min。总的换乘成本可以表示为：

$$F_3(x) = G(x) \times T_{\mathrm{cf}} \times V_{\mathrm{T}} \tag{14}$$

$$G(x) = \sum_{i,i+1}^{\alpha\leftrightarrow\beta} \omega_{i,i+1} + \sum_{i,i+1}^{\alpha\leftrightarrow\alpha} \omega_{i,i+1} +$$
$$\sum_{i,i+1}^{\beta\leftrightarrow\beta} \omega_{i,i+1} + \sum_{i,i+1}^{\alpha\rightarrow\gamma} \omega_{i,i+1} +$$
$$\sum_{i,i+1}^{\beta\rightarrow\gamma} \omega_{i,i+1} \tag{15}$$

式中：$G(x)$——换乘次数的统计；

T_{cf}——换乘单次惩罚时间。

2　本文方法

本文介绍了一种基于双 Q 表和改进探索策略的 Q 学习算法的多模式交通网络路径规划方法，即 Q_EDQ。该方法是对传统 Q 算法的改进，通过使用双 Q 表来选择动作和改进探索策略，以防止陷入局部最优和提高收敛速度。Q_EDQ 的总体框架如图 2 所示。在这个框架中，本文将多模式交通网络作为强化学习的环境，并将各站点和站点之间的信息作为 Q_EDQ 算法的输入。Q_EDQ 学习模块包含了五个部分：环境模块、状态观察模块、计算奖励模块、动作选择模块、代理。

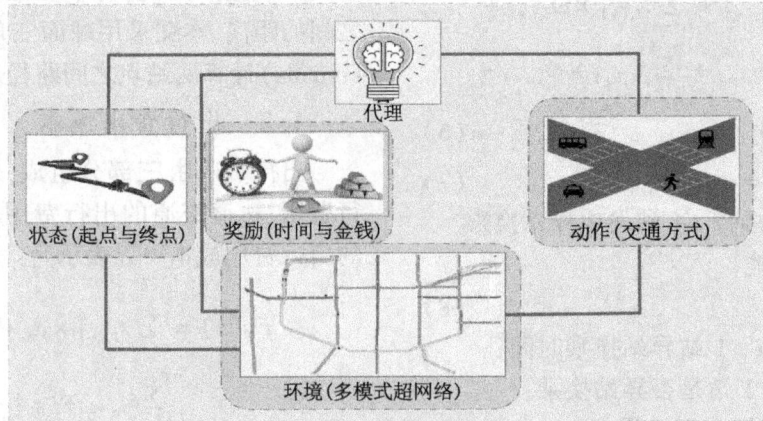

图2　总体框架图

2.1　环境模块

多模式交通出行过程由不同的交通子系统组合而成。具体而言,环境模块包含地铁网络、公交网络和共享汽车网络的融合交通系统。图3展示了构建的多模式出行超网络结构。代理需要与这个环境进行实时互动来进行算法学习。

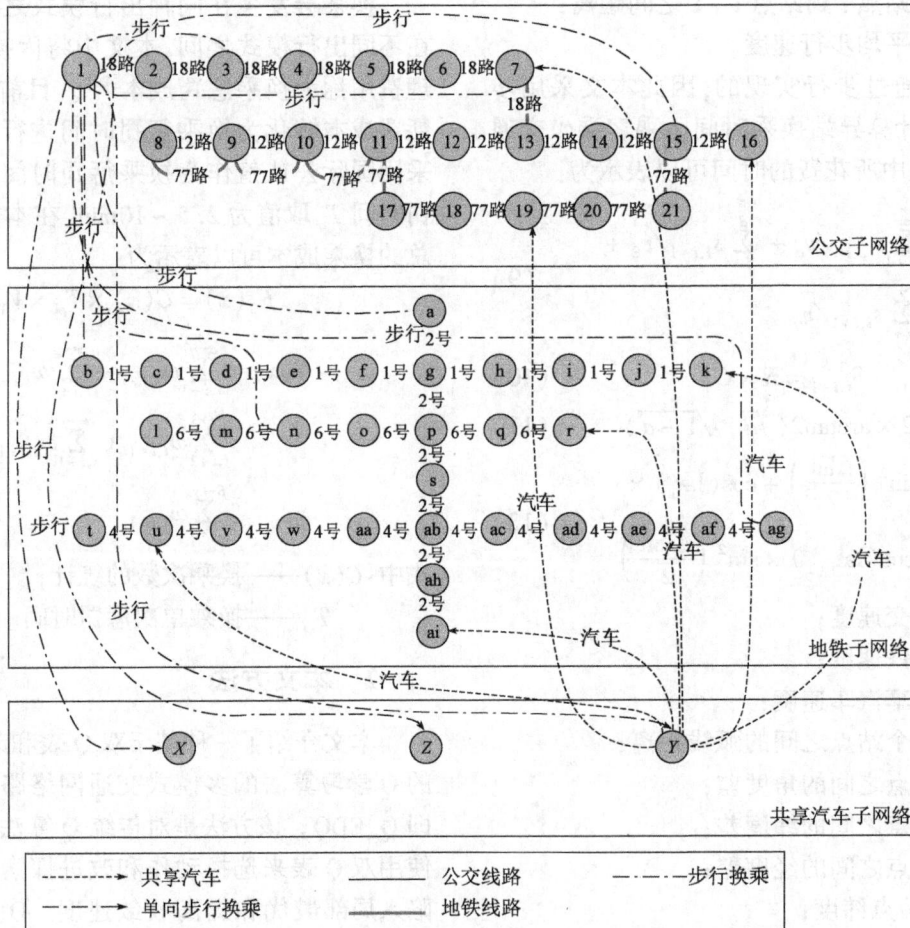

图3　多模式出行超网络结构图

2.2　状态观察模块

根据起点、终点位置和其他信息的不同,在不同时间段,代理从环境中观察到的状态也会有所不同。图4表示的是代理在不同时间下观察到的不同起点和终点环境状态。

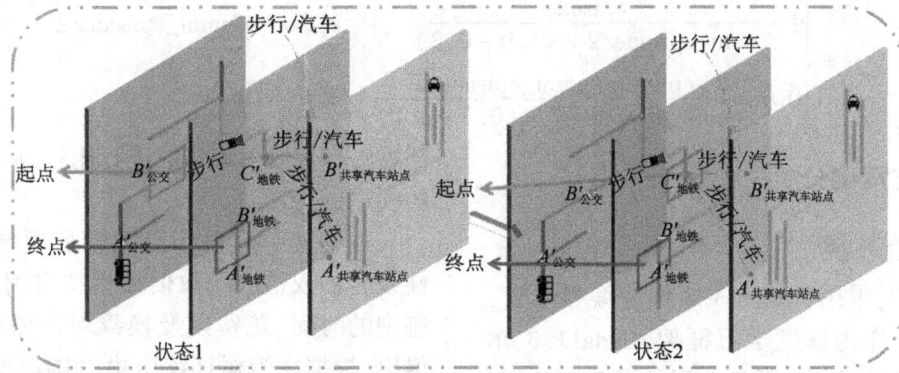

图4 状态观察模块

2.3 计算奖励模块

在这一阶段,代理需要根据路径的时间、成本和换乘次数来评估奖励,这个过程由计算奖励模块完成。

2.4 动作选择模块

基于当前状态和奖励计算,代理需要选择适当的动作,包括选择路线和交通工具。该动作选择模块如图5所示。

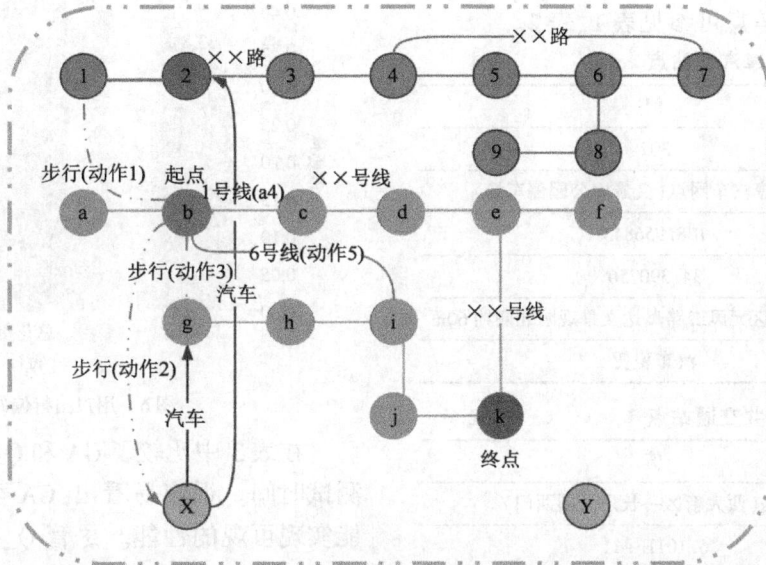

图5 动作选择模块

2.5 双Q表设置

传统的Q算法通常采用一个Q表同时进行更新和动作的选择。而在实验过程中发现,一个Q表的设定,让智能体在学习过程中收敛时,震荡幅度较大。Hasselt[15]首次提出了双Q表学习作为一种修改,以避免高估Q算法产生的动作值。因此考虑初始化两个Q表,即Q_1和Q_2。Q_2表用于在每一步动作确定,而在每次对下一状态的动作评估时则使用Q_1表进行评估。使用双Q表后的Q-learning算法更新公式如下:

$$Q_1(s_t,a_t) \leftarrow Q_1(s_t,a_t) + \alpha[r_{t+1} + \gamma \max_{a_{t+1} \in A} Q_2(s_{t+1},a_{t+1}) - Q_1(s_t,a_t)] \quad (16)$$

$$r_{t+1} = \max_{a_t \in A} Q_1(s_t,a_t) \quad (17)$$

2.6 探索策略设置

在Q算法中,智能体通常根据某种策略选择动作,传统的Q算法中ε一般设置为固定值。然而,在本文的实验中,ε会随着实验的迭代而逐渐增大。这样做可以在前期节约大量不必要的Q值比较,而在后期则减小探索的概率,从而加快收敛速度并提高稳定性:

$$\mu = \begin{cases} 1 - \dfrac{episode}{num\_episode/2 \times (1.0 - 0.3)} & episode \leqslant num\_episode/2 \\ 0.3 - \dfrac{episode - num\_episode/2}{num\_episodes/2 \times (0.3 - 0.1)} & 其他 \end{cases} \quad (18)$$

3　试验与案例分析

3.1　试验环境

本次试验中,采用 Python 3.8 作为编程语言, PyTorch 1.10.0 作为深度学习框架,Cuda11.3 作为 GPU 加速计算的版本,服务器配备了 RTX 3080 Ti 显卡(12GB 显存)、90GB 内存以及 30GB 系统硬盘。

3.2　数据来源

本试验所用的地铁站点及路线、公交站点及路线来自试验室数据,共享汽车站点则是通过爬虫程序获取的,具体信息可参见表1、表2。

共享汽车站点　　表1

站点	值
站点 id	302
名字	烽鸟共享汽车网点(文景山公园停车场)
经度	108.956843
纬度	34.390756
地点	西安市未央区元凤二路奥达文景观园北侧约60m
类型	汽车租赁

公共交通站点　　表2

站点	值
公交名称	10路(西大新区—长乐公园西门)
公交 id	6.101E+11
城市代码	29
运营公司	西安公交集团第三客运分公司第三车队
起始站	西大新区
终点站	长乐公园西门
距离	13.3315
路线	[[108.89368503441996, 34.24180549555616]……]
路过的公交站	[{'id':'BV10070522','location': '108.89368503441996, 34.24180549555616','name':'西大新区', 'sequence':'1'}……]

3.3　试验案例分析

3.3.1　GA 算法与 Q_EDQ 算法的对比

试验中,本文在测试时间、最优路径值方面将 Q 算法与传统 GA 算法进行比较,从而评估所提出的模型的性能。

本论文中多目标函数转换为单目标函数,线性组合的权值大小取值根据特定用户历史出行轨迹中的时间、花费以及换乘对其路径选择的影响得出,根据决策树训练历史轨迹数据,得到用户的出行偏好占比如图6所示,时间、花费和换乘次数权值大小分别为33.8%、42.4%和23.8%,在后面的实验中均采用了该权值大小占比。根据不同的用户,进行个性化出行路径推荐。

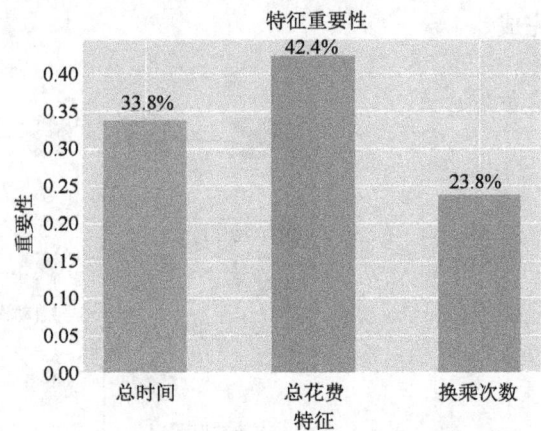

图6　用户出行偏好占比

在表3中比较了 GA 和 Q_EDQ 的执行时间和测试时间。很容易看出,GA 至少需要 5s 左右才能实现可观的性能。尽管 Q_EDQ 在训练过程中需要更长的时间,但在测试中只需要大约 0.05s 以内。

GA 和 Q_EDQ 执行时间对比　　表3

例子	GA	Q_EDQ	
	执行(s)	训练(s)	测试(s)
例1	4.7695		0.0199
例2	3.4913	2180.3568	0.0280
例3	3.3494		0.0279
例4	4.0573		0.0504

表4中给出了五个实例最终规划的最优路径的试验结果,比较了 GA 算法和规划的路径总成本以及提升的百分比。可以看出,Q_EDQ 算法相比于 GA 算法寻优能力提升在 10% ~ 30% 之间。

GA 和 Q_EDQ 算法最优路径对比　表4

例子	平均最优路径(元)		
	GA(元)	Q_EDQ(元)	提升百分比(%)
例1	56.57	36.53	35.43
例2	59.16	40.56	31.44
例3	63.68	55.71	12.52
例4	88.76	65.31	26.42

3.3.2　Q 和 Q_EDQ 算法的试验对比

这部分试验仍采用上述 4 个实例进行,对 Q_EDQ 算法与传统的 Q 算法收敛稳定时的损失值、奖励值、最优路径值进行了平均值计算,并进行了对比。从表 5 可以看出,Q_EDQ 算法表现出更稳定的性能以及收敛后得到的值更优。

传统 Q 算法与 Q_EDQ 算法对比　表5

测试例子	平均损失值			平均奖励值			平均最优路径值		
	Q	Q_EDQ	提升(%)	Q	Q_EDQ	提升(%)	Q	Q_EDQ	提升(%)
例1	187.29	59.86	68.04	−211.69	−171.23	23.62	65.44	36.53	44.18
例2	114.46	69.24	39.51	−178.46	−149.54	16.21	60.04	40.56	32.44
例3	139.00	52.28	62.39	−181.94	−149.96	17.58	64.33	55.77	13.31
例4	168.06	67.67	59.73	−275.77	−172.89	37.31	110.10	65.31	40.68

图 7 分别展示了上述随机的四个实例在迭代期间,后 200 次迭代内的损失值、奖励值和最优路径值随着逐渐收敛时的变化,可以看出,Q_EDQ 算法在四个随机实例上相比 Q 算法表现的都更为稳定一些,证明了其鲁棒性。从图 7 可以看出,Q_EDQ 算法收敛函数振幅较小,最终收敛时寻找到的路径也更优,证明了 Q_EDQ 算法的全局搜索路径的能力更优。

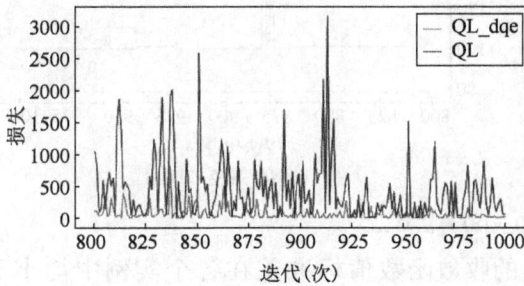

a)例1_损失

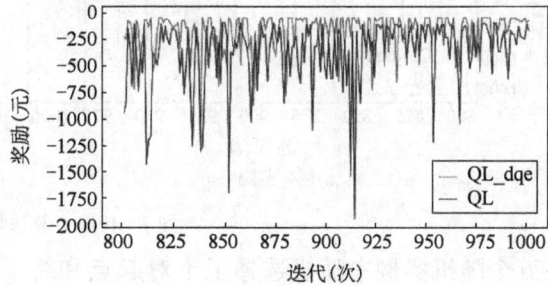

b)例1_奖励

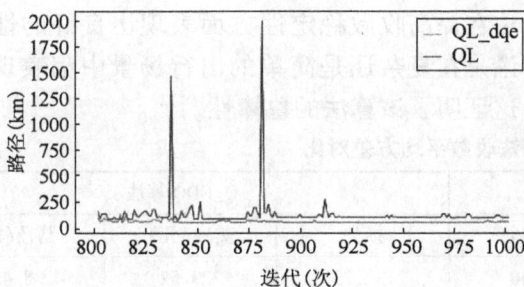

c)例1_路径

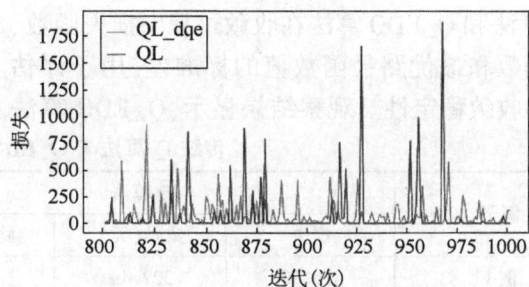

d)例2_损失

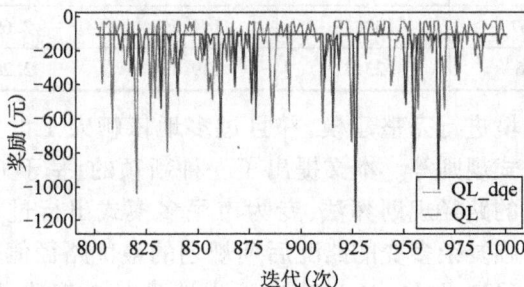

e)例2_奖励

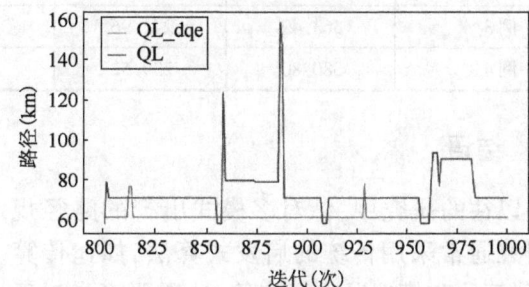

f)例2_路径

图　7

g)例3_损失

h)例3_奖励

i)例3_路径

j)例4_损失

k)例4_奖励

l)例4_路径

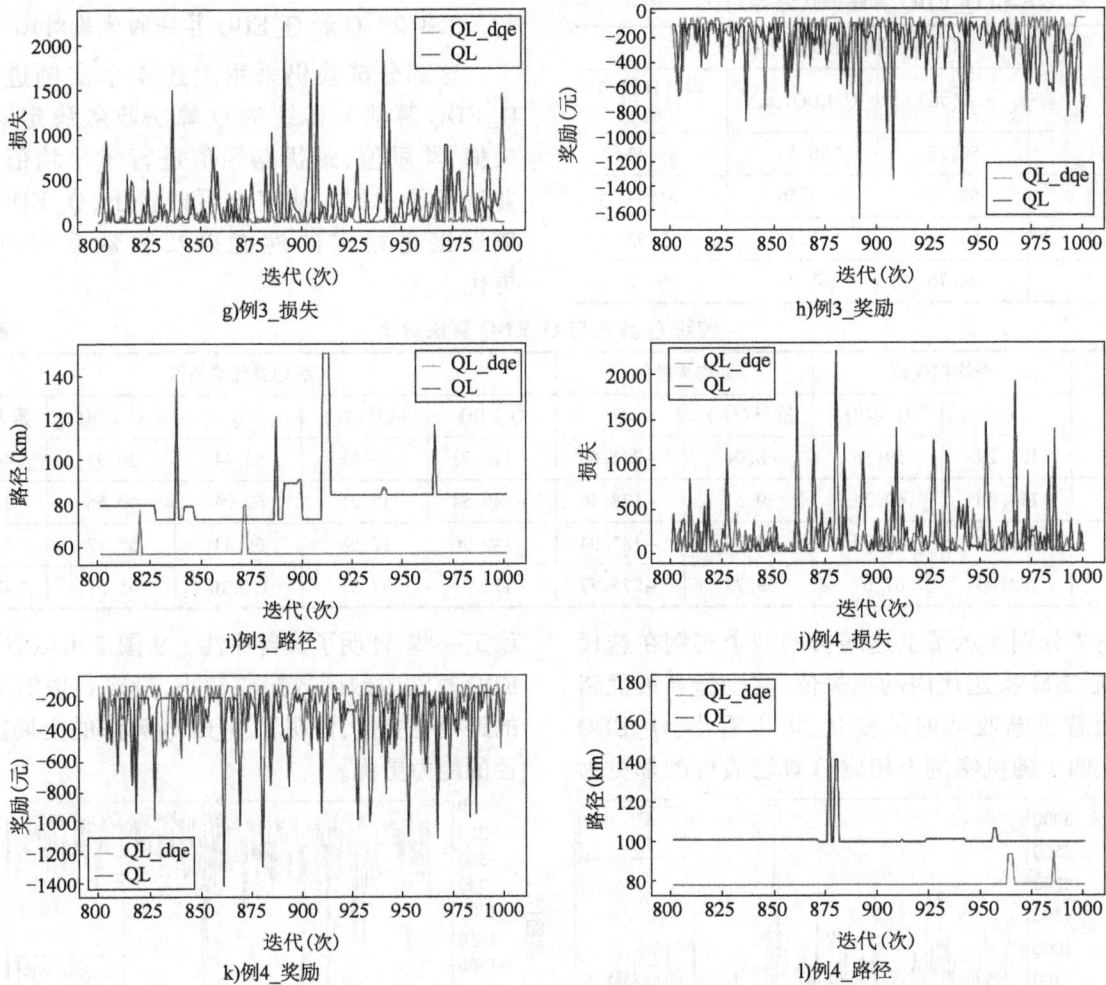

图7　传统 Q 算法与 Q_EDQ 算法对比

在五个随机实例中随机选择了十对起点和终点进行试验，并得到了表 6 中的结果。表 6 列出了 Q 算法和 Q_EDQ 算法在收敛过程中损失函数、奖励函数和最优路径函数值的标准差，用于评估算法的收敛稳定性。观察结果显示，Q_EDQ 算法的收敛函数值标准差在各个实例中均小于 Q 算法，这包括了复杂和简单的出行场景。因此，该算法在提高收敛稳定性方面表现出良好的性能，无论是在复杂还是简单的出行场景中都表现出色，这证明了该算法的鲁棒性。

传统 Q 算法与 Q_EDQ 算法收敛平均方差对比　　　　　　　　　表6

例子	Q 算法			Q_EDQ 算法		
	损失	奖励（元）	路径（km）	损失	奖励（元）	路径（km）
例 1	475.50	322.49	90.30	132.79	229.52	8.45
例 2	226.56	239.16	11.36	131.77	153.28	1.92
例 3	363.49	241.96	12.67	109.18	144.75	2.69
例 4	380.80	239.52	7.06	123.31	139.12	2.20

4　结语

在以往的研究中，针对多模式出行的路径规划的研究通常采用传统的启发式算法，如遗传算法、蚁群算法和模拟退火算法等，这需要事先对环境进行完整建模，并且过多地依赖人工设置启发式规则等。本文提出了一种新颖的、基于 Q_EDQ 的路径规划算法，专为市民多模式出行过程中面临复杂多变的路况后期规划的最优路径值收敛不稳定设计。通过改进强化学习中 Q 算法，即采用双 Q 表学习和探索策略的改进,提出一种新的算法 Q_EDQ 算法,解决了市民日常多模式出行中的路径规划问题,实现了对多种出行方式(如公共交通、共享汽车、步行等)的整合利用。同时,设计了一种新的多目标优化函数,考虑出行时间成本、花费成本以及换乘成本,为用户提供更加便捷、经济和高效的出行方式。最后,在西安真实的公共交通站点、共享汽车站点数据集上进行实验,并验证了本文所提出方法的有效性。

但仍存在以下不足:首先,本文使用线性比例方法将三个优化目标转换为单一目标,难以精确反映 MaaS 出行中的多目标优化,在后续的研究中,可以设计更加符合实际的目标函数,提供更精准的路径途径算法;其次,在多模式出行的场景中,本文的研究仅限于市内的通勤出行,组合的交通模式未包含共享单车和动态拼车等其他出行模式,后续的研究还可以在该方面进行改进;最后,该路径规划算法进行路径推荐时,仅考虑了时间、花费和换乘影响因素在出行者出行过程中的影响,还应该动态考虑出行过程中在具体的出行区域用户对某种交通工具的偏好占比。

参考文献

[1] LI Y,VOEGE T. Mobility as a service (MaaS): Challenges of implementation and policy required [J]. Journal of Transportation Technologies,2017, 7(2):95-106.

[2] ZHU H,SHEN L,REN Y. How can smart city shape a happier life? The mechanism for developing a happiness driven smart city [J]. Sustainable Cities and Society,2022,80:103791.

[3] XIANG X,TIAN Y,ZHANG X,et al. A pairwise proximity learning-based ant colony algorithm for dynamic vehicle routing problems[J]. IEEE Transactions on Intelligent Transportation Systems,2021,23(6):5275-5286.

[4] HAO J,HOU H,ZHANG Y,et al. Integrated Electric Vehicle Charging Path Planning Considering Traffic Network and Power Grid [C] // 2022 4th Asia Energy and Electrical Engineering Symposium (AEEES). IEEE, 2022:379-383.

[5] HAN Z,WANG D,LIU F,et al. Multi-AGV path planning with double-path constraints by using

an improved genetic algorithm [J]. PloS one, 2017,12(7):e0181747.

[6] CAO S. An optimal round-trip route planning method for tourism based on improved genetic algorithm [J]. Computational Intelligence and Neuroscience,2022,2022:7665874-7665881.

[7] LIU X,CHANG G,TIAN J,et al. Flexible path planning-based reconfiguration strategy for maximum capacity utilization of battery pack [J]. Journal of Energy Chemistry, 2023, 86: 362-372.

[8] LV H X,LIU K,JIANG X Y,et al. Safe travel path planning method for railway passengers during pandemic [J]. China Safety Science Journal,2023,33(6):128-134.

[9] KIM H W,LEE W C. Real-Time path planning through Q-learning's exploration strategy adjustment[C] // 2021 International Conference on Electronics,Information,and Communication (ICEIC). IEEE,2021:1-3.

[10] LOW E S,ONG P,CHEAH K C. Solving the optimal path planning of a mobile robot using improved Q-learning [J]. Robotics and Autonomous Systems,2019,115:143-161.

[11] DID O,MOALIC L,MANIER M A,et al. An advanced GA-VNS combination for multicriteria route planning in public transit networks [J]. Expert Systems with Applications,2017,72:67-82.

[12] WANG Y,YAO E J,HAO H. Low-carbon-oriented pricing strategy of multi-mode transportation service[J]. Journal of Tsinghua University (Science and Technology),2023, 63(11):1741-1749.

[13] SHAO H,ZHAO J,XIE S,et al. A Combined Travel Planning Model of Shared Car and Public Transportation Based on Improved Ant Colony Algorithm [C] // COTA International Conference on Transportation Professionals. Beijing,2023:2208-2218.

[14] 李浩楠,曹成铉,柳雨彤,等.考虑不确定因素的多模式城市交通网络路径决策[J].科学技术与工程,2019,19(12):319-324.

[15] HASSELT H. Double Q-learning[J]. Advances in neural information processing systems, 2010,23:2613-2621.

[16] 王涛,杨孝宽,刘小明. 出行时间成本的测算方法及其影响因素分析[J]. 道路交通与安全,2006,(4):19-22.

[17] 宗芳,隽志才,张慧永,等. 出行时间价值计算及应用研究[J]. 交通运输系统工程与信息,2009,9(3):114-119.

[18] 邵长桥,陈映临. 行程时间价值研究综述. 北京工业大学学报,2018,44(3):417-423.

[19] ROY M. Great circle theorem and the application of the spherical cosine rule to estimate distances on a globe[J]. International Journal of Applied Math, 2022,7(3):136-142.

[20] SHEFFI Y. Urban transportation networks:Equilibrium analysis with mathematical programming methods [M]. Englewood Cliffs, State of New Jersey:Prentice Hall,1984.

航空运输

基于跟驰行为的空中高速路通行能力计算研究

王莉莉 刘鑫宇*

（中国民航大学空中交通管理学院）

摘 要 空中高速路是独立高效的运行空域，可使空中交通流高效有序地流通。对空中高速路通行能力的研究是缓解空域拥挤、平衡空域资源供需矛盾，实现空域资源最优配置的有效途径。针对空中高速路交通流表现出的明显空中跟驰现象，首先运用跟驰理论对空中交通流跟驰稳定性进行推导，得出了适用于空中高速路交通流的稳定跟驰条件。其次针对传统通行能力模型未经过稳定性推导，忽略扰动对空中交通流影响的问题，基于空中高速路交通流的稳定跟驰行为，建立其通行能力计算模型，把干扰在前机和后机之间以及航空器队列中的传播和消散情况纳入模型，计算出更符合空中高速路实际运行情况的通行能力值。最后以无锡—邳州市段空中高速路进行实例验证。结果表明所建模型更能反映实际交通运行情况，发挥空中高速路最大效能。结合仿真结果建立了空中高速路通行能力与航空器调速范围以及通行能力与航空器机型比例的联系，可以为空管部门制定精准的管制指挥预案提供依据并为航空器放行辅助决策提供支持。

关键词 航空运输 空域管理 空中高速路 跟驰模型 通行能力

0 引言

不同于一般航路，空中高速路连接中远程、繁忙城市起讫点。它的概念类似地面交通中的高速公路，旨在为满足性能限制的航空器提供独立高效的运行空域，使空中交通流高效有序地流通[1]。由于空中高速路通常设置在对流层顶以上，受气候、地形地貌影响很小，并且对运行的航空器有速度方面的要求，单向无交叉的设计相比于常规交叉航路，减少了飞行冲突，提高了民航运行效率，同时也降低了管制员的工作负荷。

目前，国外研究主要针对空中高速路的结构设计和布局：文献[2]给出了空中高速路的结构和位置设置建议；文献[3]基于历史数据说明了空中高速路应连接主要机场群；国内，文献[4-6]分别研究了空中高速路的动态激活关闭、换道模式、航空器运行模式，但是对空中高速路的通行能力研究还未见报道。

空中高速路具备高密度运行、单向无交叉的特点，表现出明显空中跟驰现象[7-8]。当空中高速路的航空器队列中某架航空器开始减速并报告给管制员时，后机为防止危险接近，将采取相应的减速措施。其运动状态的改变将以"刺激"的方式往后传递，后续队列中的航空器接收到该种"刺激"后，快速表现出有效"反应"。以上过程符合经典跟驰模型中"刺激-反应"特征。因此，本文对空中高速交通流的跟驰行为进行分析，结合空中高速路的运行特征，将空中交通流的反应过程归结为感知阶段、认知阶段、决策阶段和执行阶段。在此基础上，基于"刺激-反应"类跟驰模型对空中高速路交通流的跟驰行为进行建模及稳定性推导。针对一般航路通行能力模型忽略扰动影响的问题，基于空中高速路交通流的稳定跟驰行为建立通行能力计算模型，考虑干扰行为对前后机之间以及航空器队列中的影响，计算出更符合实际运行情况的通行能力值。最后以无锡-邳州市段空中高速路进行实例验证。结果表明所建模型更能精确量化空中高速路通行能力，挖掘空中高速路潜在的交通服务能力，促进空中交通朝着安全高效的目标运行。

1 跟驰理论

道路跟驰现象描绘出在无法超越的单向无交叉道路上排队行驶队列中前后车之间的相互作用，可通过从不同视角分析这一过程，并以此建立相应的数学模型。因此，跟驰模型主要分为：

基金项目：国家自然科学基金委员会与中国民用航空局联合基金（U1633124）。

(1)"刺激-反应"类跟驰模型[9]。

"刺激-反应"模型将前车对后车的作用抽象成一种"刺激",后车面对"刺激"表现出跟驰反应特性。该种经典跟驰模型基本表达式为：

$$a_{n+1}(t+T) = \lambda[V_n(t) - V_{n+1}(t)] \quad (1)$$

式中：$a_{n+1}(t+T)$——第 $n+1$ 辆车在 $t+T$ 时刻的加速度；

$V_n(t)$、$V_{n+1}(t)$——第 n 辆车和第 $n+1$ 辆车在 t 时刻的速度；

λ——反应强度系数。

(2)安全距离类跟驰模型[10]。

考虑前后车安全车头间距约束,当前车运动状态突然发生改变时,后车在一段时间内作出相应变化来防止发生碰撞。该种跟驰模型基本表达式为：

$$x_n(t) - x_{n+1}(t) = \alpha_0 v_n^2(t) + \beta_0 v_{n+1}^2(t+T) + \beta_1 v_{n+1}(t+T) + b_0 \quad (2)$$

式中：$x_n(t)$、$x_{n+1}(t)$——第 n 辆车和第 $n+1$ 辆车在 t 时刻的位移；

α_0、β_0、β_1、b_0——待标定参数。

(3)优化速度类跟驰模型[11]。

该种跟驰模型基本表达式为：

$$a_{n+1}(t) = \alpha_1\{V[\Delta x_{n+1}(t)] - V_{n+1}(t)\} \quad (3)$$

式中： α_1——敏感系数；

$V[\Delta x_{n+1}(t)]$——第 $n+1$ 辆车的优化速度,取决于两车车头间距。

上述跟驰模型不能很好地解释某一现象,即前车车速远大于后车车速时,尽管车头间距小于最小安全车头间距,后车仍按照原状态行驶,于是提出了考虑了正速度差影响的全速度差跟驰模型[12],其基本表达式为：

$$a_{n+1}(t) = \alpha_1\{V[\Delta x_{n+1}(t)] - V_{n+1}(t)\} + \lambda\Delta v_{n+1}(t) \quad (4)$$

空中高速路的航空器从开始减速并报告给管制员,到后机为防止危险接近,将采取相应的减速措施,产生的扰动传递的过程符合经典跟驰模型中"刺激-反应"特征。因此,基于地面交通的"刺激-反应"类跟驰模型对空中交通流进行建模分析。

2 空中高速路跟驰行为分析

空中交通具备区别于其他交通运输方式的特殊性,而空中高速路又明显不同于传统航路,如图1所示。空中高速路的运行特点主要表现为：

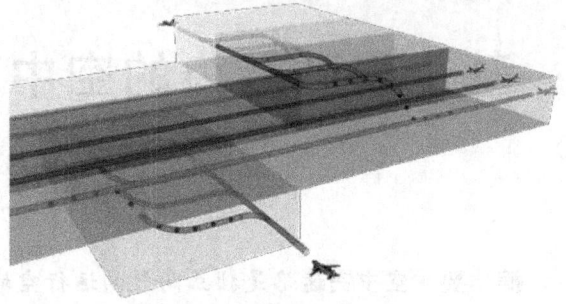

图1 空中高速路示意图

(1)航空器运行统一接受管制员的指挥调度和监控协调,不允许随意上升或下降高度,一般情况下,航空器驾驶员仅负责执行管制员发布的相关指令。

(2)航空器运行环境有异于地面交通,并且航空器之间的性能差异不大,区别于地面道路交通可减速至停车,空中交通则是需要减速至失速速度之上的某一速度从而继续保持飞行姿态[12]。

(3)空中高速路跟驰飞行是一个相互作用的动态过程,在前机突发减速时,前后机之间的间隔变化呈现先减小后增大的趋势,直至符合雷达管制下的空中安全间隔标准。

(4)当空中高速路出现航空器队列跟驰现象时,因为空管部门对航空器提供的空中交通管制服务是一对多的形式,故某架航空器运动状态发生变化并报告管制员时,后续飞机通过无线电接收其速度变化信息,并同时执行相应飞行操纵来避免危险接近。

空中高速路航空器队列跟驰现象是一种空中交通流宏观现象[13],当队列中某架航空器飞行运动状态发生变化时,后机受限于航空器驾驶员和管制员的反应能力,需要一定反应时间来采取相应措施,其反应过程可归结为以下四个阶段：

(1)感知阶段:通过感知来收集相关航空情报,包括空中安全间隔、机头间距、前机空速和相对速度等。

(2)认知阶段:对外界输入的航空情报的性质、意义进行加工处理,进而转换成内在的心理活动。

(3)决策阶段:经过信息收集、加工处理和经验分析后,制定出相应飞行预策略。

(4)执行阶段:根据当下的空中交通态势来执行最终的飞行策略,并对航空器进行相关的飞行操纵。

航空器在空中高速路运行使用仪表飞行规则并接受统一的空中交通管制。在该种运行条件下,一般由管制员承担前三阶段任务,航空器驾驶员承担执行阶段任务,故管制员和航空器驾驶员在此过程中的总耗时即为反应时间。

3 跟驰行为建模及稳定性推导

基于地面交通的"刺激-反应"类跟驰模型,结合空中高速路的运行特点,建立空中高速路运行条件下的空中交通流跟驰模型。

3.1 空中交通流跟驰模型

空中交通流跟驰特性表现出"刺激-反应"的特点。为使跟驰模型更好地适应空中交通的特殊性以便进行研究,现作出如下假设:

(1)运行在空中高速路上的航空器根据尾流等级划分为重、中型两类,并且满足 $P_H + P_M = 1$(P_H 为重型机所占比例,P_M 为中型机所占比例),航空器跟驰行为示意图如图 2 所示。

(2)运行环境处于无恶劣天气、军航活动的高密度运行状态,且使用仪表飞行规则。

(3)管制员和航空器驾驶员在反应能力方面均处于同等水平,且不考虑存在的个体差异。另在反应时间内,航空器速度保持不变。

(4)在 t 时刻,$x_n(t)$、$v_n(t)$ 和 $a_n(t)$ 分别为前机(第 n 架航空器)的位置、速度和加速度,$x_{n+1}(t)$、$v_{n+1}(t)$ 和 $a_{n+1}(t)$ 分别为后机(第 $n+1$ 架航空器)的位置、速度和加速度,$s(t)$ 为前后两机的机头间距。

(5)t_k 为反应时间,d_1 为反应时间 t_k 内后机的飞行距离,d_2 为后机开始减速直至 v_s 的减速距离,d_3 为前机减速至 v_s 的减速距离,L 为前后两机的最小空中安全间隔。

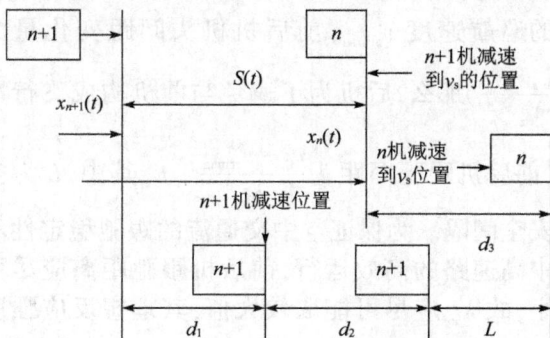

图 2 航空器跟驰行为示意图

根据图 2 可知:

$$s(t) = x_n(t) - x_{n+1}(t) = d_1 + d_2 + L - d_3 \tag{5}$$

$$d_1 = v_{n+1}(t) \times t_k = v_{n+1}(t + t_k) \times t_k \tag{6}$$

$$d_2 = \frac{v_s^2 - v_{n+1}^2(t)}{2a_{n+1}} \tag{7}$$

$$d_3 = \frac{v_s^2 - v_n^2(t)}{2a_n} \tag{8}$$

把式(6)代入式(5),对两边求导,有:

$$v_n(t) - v_{n+1}(t) = v'_{n+1}(t + t_k) \times t_k + d'_2 - d'_3 \tag{9}$$

$$\begin{cases} d'_2 = -\frac{v_{n+1}(t)v'_{n+1}(t)}{a_{n+1}} \\ d'_3 = -\frac{v_n(t)v'_n(t)}{a_n} \end{cases} \tag{10}$$

$v'_n(t)$、$v'_{n+1}(t)$ 分别表征第 n 架和第 $n+1$ 架航空器加速性能。再把方程组(10)代入式(9),有:

$$v_n(t) - v_{n+1}(t) = v'_{n+1}(t + t_k) \times t_k + \frac{v_n(t)v'_n(t)}{a_n} - \frac{v_{n+1}(t)v'_{n+1}(t)}{a_{n+1}} \tag{11}$$

加速度与加速性能成正相关,设比例系数为 η,由式(11)可得:

$$v_n(t) - v_{n+1}(t) = \frac{a_{n+1}(t + t_k)}{\eta} \times t_k + \frac{v_n(t)}{\eta} - \frac{v_{n+1}(t)}{\eta} \tag{12}$$

$$\left(1 - \frac{1}{\eta}\right)[v_n(t) - v_{n+1}(t)] = \frac{a_{n+1}(t + t_k)}{\eta} \times t_k \tag{13}$$

$$(\eta - 1)[v_n(t) - v_{n+1}(t)] = a_{n+1}(t + t_k) \times t_k \tag{14}$$

$$a_{n+1}(t + t_k) = \frac{\eta - 1}{t_k}[v_n(t) - v_{n+1}(t)] \tag{15}$$

令 $\lambda_k = \frac{\eta - 1}{t_k}$ 为反应强度系数,用于描述航空器驾驶员和管制员反应能力,量纲为 s^{-1}。由式(15)可得空中交通流跟驰模型基本表达式为:

$$a_{n+1}(t + t_k) = \lambda_k[v_n(t) - v_{n+1}(t)] \tag{16}$$

3.2 跟驰稳定性推导

航空器队列在空中高速路保持跟驰飞行,当

前机运动状态发生变化时,后机由于反应时间 t_k 的影响,未及时进行相应飞行操纵,随即产生不稳定跟驰飞行现象,导致飞行冲突甚至发生空中相撞事故。为此,需要对空中交通流跟驰模型展开跟驰稳定性推导,以确定能够保持稳定跟驰飞行的理想反应强度系数阈值和反应时间。

空中交通跟驰稳定性可分为局部稳定性和渐进稳定性,前者考察的是干扰在前机和后机之间的传播和消散情况,后者则是考察干扰在航空器队列中的传播和消散情况[14]。

(1)局部稳定性[15]。

对式(16)进行拉氏变换和反变换,跟机加速度的解为:

$$L^{-1}\left[\lambda_k t_k \left(\lambda_k t_k + se^s\right)^{-1}s\right] \tag{17}$$

根据式(17),分析可知:

①假如 $0 < \lambda_k t_k \leqslant e^{-1}$,加速度的曲线是非振荡的;

②假如 $e^{-1} < \lambda_k t_k < \dfrac{\pi}{2}$,加速度的曲线呈现振幅减小的振荡;

③假如 $\lambda_k t_k = \dfrac{\pi}{2}$,加速度的曲线呈现振幅不变的振荡;

④假如 $\lambda_k t_k > \dfrac{\pi}{2}$,加速度的曲线呈现振幅增大的振荡。

类似地推广到判断前后机之间距离是否振荡,有:

①假如 $0 < \lambda_k t_k \leqslant e^{-1}$,前后机跟驰间距是非振荡的;

②假如 $e^{-1} < \lambda_k t_k < \dfrac{\pi}{2}$,前后机跟驰间距呈现振幅减小的振荡;

③假如 $\lambda_k t_k = \dfrac{\pi}{2}$,前后机跟驰间距呈现振幅不变的振荡;

④假如 $\lambda_k t_k > \dfrac{\pi}{2}$,前后机跟驰间距呈现振幅增大的振荡。

为保持航空器队列局部间的稳定跟驰飞行,故需要 $\lambda_k t_k \in (0, e^{-1})$。当 $\lambda_k t_k \in \left(e^{-1}, \dfrac{\pi}{2}\right)$ 时,干扰会导致振幅减小的振荡运动直至振荡消失,也可以称之为局部稳定[16]。

(2)渐进稳定性[17]。

根据现有研究可知渐进稳定性条件为:

$$\lambda_k t_k < \frac{1}{2}\left[\lim_{\omega \to 0} \frac{(\omega t_k)}{\sin(\omega t_k)}\right] \tag{18}$$

式中:ω——航空器真实航行速度的振荡频率。

由于等价无穷小是计算未定型极限的常用方法,可知当 $\omega \to 0$ 时,$\sin(\omega t_k) \sim \omega t_k$。故式(18)右端极限值等于 $\dfrac{1}{2}$,当 $\lambda_k t_k < \dfrac{1}{2}$ 时,航空器队列整体的跟驰状态是渐进稳定的。

根据上述两个稳定性条件绘制空中交通稳定跟驰条件如图3所示,可知当 $0 < \lambda_k t_k \leqslant e^{-1}$ 时既满足局部稳定性又满足渐进稳定性,即为空中交通稳定跟驰条件。

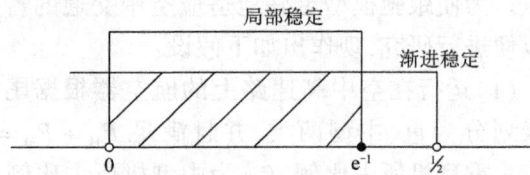

图3　空中交通稳定跟驰条件图

假设后机的起始速度和最终稳定跟驰速度分别为 v_0 和 v_s,有:

$$\int_0^\infty a_{n+1}(t + t_k)\mathrm{d}t = v_s - v_0 \tag{19}$$

那么前后机机头间距变化量 Δs 为:

$$\Delta s = \int_0^\infty \left[v_n(t) - v_{n+1}(t)\right]\mathrm{d}t \tag{20}$$

联立式(16)和式(19),有:

$$
\begin{aligned}
\Delta s &= \int_0^\infty \left[v_n(t) - v_{n+1}(t)\right]\mathrm{d}t \\
&= \frac{1}{\lambda_k}\int_0^\infty a_{n+1}(t + t_k)\mathrm{d}t = \frac{v_s - v_0}{\lambda_k}
\end{aligned}
\tag{21}
$$

当满足稳定跟驰条件 $0 < \lambda_k t_k < e^{-1}$ 时,前后机跟驰间距变化量呈现非振荡运动。令后机最终稳定跟驰速度 v_s 为所属 i 型航空器在空中高速路飞行的巡航速度 v_{cruise}^i,前后机机头间距变化量为 $\dfrac{v_{\text{cruise}}^i - v_0}{\lambda_k}$,那么,后机为了避免与前机构成飞行冲突,前后机跟驰间距为 $\dfrac{v_0 - v_{\text{cruise}}^i}{\lambda_k} + L$,其中,$L$ 为空中安全间隔。为保证空中交通流的跟驰稳定性和空中高速路的高效运行,前后机跟驰距离应尽可能小,故 λ_k 应尽可能取较大值,其理想反应强度系数取值为 $(et_k)^{-1}$。

4 基于跟驰行为的空中高速路通行能力

4.1 空中高速路通行能力计算模型

在空中高速路跟驰稳定前提下,上节中推导出前后机跟驰间距为$\dfrac{v_0 - v_{\mathrm{cruise}}^i}{\lambda_k} + L$,那么,前后机的机头间距为:

$$H_{ij} = (v_0 - v_{\mathrm{cruise}}^i) \times et_k + L + l_j \qquad (22)$$

式中:v_0——后机所属i型航空器的起始速度;

v_{cruise}^i——后机所属i型航空器的巡航速度;

t_k——反应时间;

L——空中安全间隔(雷达管制间隔和尾流间隔二者中取较大值);

l_j——前机所属j型航空器的机身长($i,j = 1,2$分别代表尾流等级为重型、中型的航空器)。

设i型航空器在空中高速路飞行的平均速度为v_i,整个航空器队列中i型航空器跟身j型航空器的概率为p_{ij},则航空器时距和航空器平均时距分别为:

$$T_{ij} = \frac{H_{ij}}{v_i} = \frac{(v_0 - v_{\mathrm{cruise}}^i) \times et_k + L + l_j}{v_i} \qquad (23)$$

$$\bar{T} = \sum_{i,j} p_{ij} T_{ij} \qquad (24)$$

通过单位时间除以航空器平均时距来计算空中高速路稳定通行能力,空中高速路通行能力计算模型如下:

$$Q_{\mathrm{highway}} = \frac{T_u}{\bar{T}} = \frac{1}{\sum_{i,j} p_{ij} T_{ij}} \qquad (25)$$

4.2 实例分析

选取 A593 无锡—邳州市段空中高速路构造仿真算例,工具为 MATLAB 2018a。通过对历史飞行数据统计可得各类航空器平均飞行速度和机队中不同机型跟驰组合比例。现行航空器尾流等级是依据最大起飞重量进行分类:最大起飞重量≥136t 为重型(H);7t <最大起飞重量<136t 为中型(M)。

表 1 给出了国际民航组织(International Civil Aviation Organization, ICAO)针对不同等级类别组合下的航空器尾流间隔划分标准。

ICAO 尾流间隔划分标准　　　表 1

尾流间隔 (n/mile(n mile≈2km))	后机	
	H	M
前机　H	4(8)	5(10)
前机　M	3(6)	3(6)

由于空中高速路对航空器性能要求高,普遍情况下仅有重型机和中型机运行,根据表 1,取雷达管制下空中安全间隔 $L = 10\text{km}$,设重型机和中型机平均机身长度分别为 65m 和 40m,反应时间 $t_k = 30\text{s}$。由式(25)求得空中高速路稳定通行能力 $Q_{\mathrm{highway}} = 58$ 架次/h。

现有的航路容量模型如下[18]:

$$C_r = \frac{N}{T} \qquad (26)$$

式中:C_r——航路容量;

N——所服务航空器的总架次;

T——服务的总时间。

当 $N = 1$ 时,T 可以理解为放行一架航空器的时间间隔,航空器之间的雷达管制间隔为 S。

根据传统的航路通行能力模型求出空中高速路理论通行能力 $Q_R = 60$ 架次/h。

基于跟驰行为建模计算出的空中高速路稳定通行能力值低于传统模型计算出的理论通行能力值,这是因为运用跟驰理论建模可以真实反映交通运行状况,能体现出干扰在前机和后机之间以及航空器队列中的传播和消散情况,相应计算得出的通行能力值也更加贴近空中高速路实际运行情况。另外,传统模型未经过稳定性推导,当交通需求达到传统模型计算的通行能力水平时,交通流的细微扰动可能导致交通拥堵的发生,这将会大大降低通行能力在实际运行中的应用意义。

空中高速路不同于一般航路,具有高密度、快速运行的交通特性,航空器队列在空中高速路飞行通常保持一定的马赫数巡航。为探究空中交通流调速范围对空中高速路通行能力的影响,以期为实际运行提供指导。图 4 给出了空中交通流调速范围和空中高速路通行能力的关系。

图 4 表明,调速范围越大,空中高速路通行能力呈现下降趋势。当前机突发减速时,要求管制员和航空器驾驶员必须能迅速反应,且调速范围不宜过大,为使空中交通高效运行,当航空器队列维持最小安全间隔并以一致的速度飞行,这时的空中高速路运行效率优势得到充分发挥。

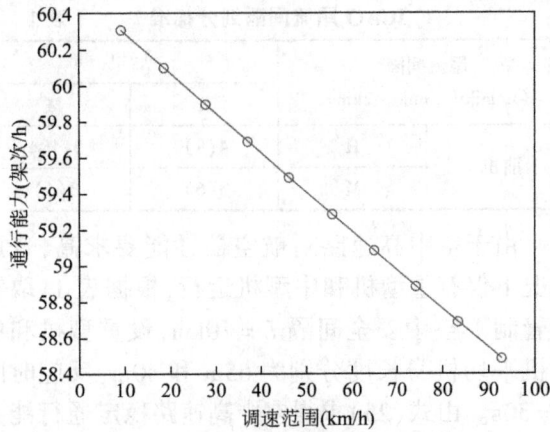

图4 调速范围的影响

图5量化了空中高速路交通流的中型机和重型机的比例对通行能力的影响。随着高速路交通流中的同质化程度增加,高速路通行能力逐渐增大,当空中交通流包含的机型种类增多时,通行能力下降。此外,可以看出重型机对通行能力的影响要大于比中型机对通行能力的影响,当空中高速路全部运行中型机时,空中高速路的通行能力可达到最高水平 $Q_{highwaymax}=62$ 架次/h。因此,当空管部门进行空中高速路匝口流量控制时,需要考虑进入高速路的机型比例和高速路通行能力,以达到最佳运行水平。

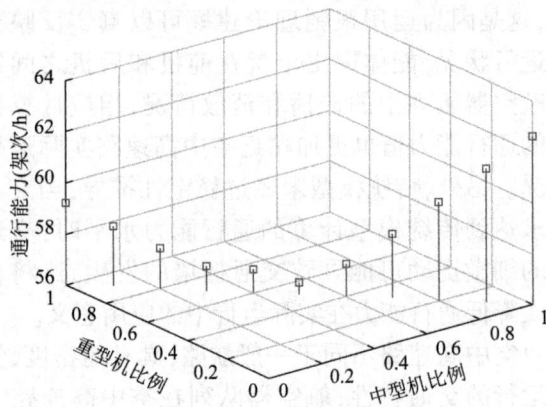

图5 机型比例的影响

5 结语

本文运用跟驰理论深入分析了空中交通流跟驰现象,经跟驰稳定性推导,得出了适用于空中交通流的稳定跟驰条件,基于空中跟驰行为建立空中高速路通行能力计算模型,并以实例分析指出其在实际运行中更有应用意义。所建模型不仅能为空中交通流量管理提供更为精确的空中高速路通行能力值,以确保流量管理实施的有效性,还能在特定情况下通过调整适宜调速范围和机型比例来挖掘空中高速路潜在的交通服务能力,从而提高空域运行效率。

参考文献

[1] 刘洋.空中高速路换道行为研究[D].天津:中国民航大学,2015.

[2] HERRING H. Air traffic freeway system for Europe[J]. Eurocontrol experimental centre technical note, 2005,3(5):29-36.

[3] SRIDHAR B, GRABBE S, SHETH K, et al. Initial study of tube networks for flexible airspace utilization[C]//AIAA Guidance, Navigation, and Control Conference and Exhibit. 2006:67-68.

[4] 倪超,叶博嘉,姚虹翔.华东地区管型航路鲁棒动态激活关闭方法[J].科学技术与工程,2021,21(29):12781-12786.

[5] 王莉莉,刘洋.基于冲突距离的空中高速路换道模型[J].飞行力学,2015,33(1):48-51,56.

[6] 叶博嘉,薛奥林,伍小元,等.管型航路中航空器自主运行模式[J].西南交通大学学报.2020,55(4):873-881.

[7] 薛奥林,叶博嘉,田勇,等.我国管型航路网络布局方法研究[J].武汉理工大学学报(交通科学与工程版),2019,43(1):153-158.

[8] 王莉莉,张新瑜,张兆宁.空中高速路交通流的跟驰现象及流量模型[J].西南交通大学学报,2012,47(1):158-162.

[9] 王道意,宇仁德,闫兴奎,等.车辆跟驰模型的发展综述[J].山东理工大学学报(自然科学版),2022,36(5):75-80.

[10] 曲昭伟,潘昭天,陈永恒,等.基于最优速度模型的改进安全距离跟驰模型[J].吉林大学学报(工学版),2019,49(4):1092-1099.

[11] 刘中华,舒思朝,吴子强,等.车辆跟驰的随机优化速度模型及其稳定性分析[J].交通运输系统工程与信息,2021,21(6):153-159.

[12] SUN Y, GE H, CHENG R. An extended car-following model considering driver's desire for smooth driving on the curved road[J]. Physica A: Statistical Mechanics and its Applications, 2019,527:121-133.

[13] 黎新华,张兆宁,王莉莉. 基于跟驰稳定的终端区容量评估方法[J]. 系统工程理论与实践, 2009, 29(2):1.

[14] YOUSEFI A, LARD J, TIMMERMAN J. Nextgen flow corridors initial design, procedures, and display functionalities[C]//29th Digital Avionics Systems Conference. IEEE, 2010:4.

[15] 岳永恒,肖凌云,吴凯丽. 基于刺激反应车辆跟驰模型的交通流稳定性分析[J]. 森林工程, 2020, 36(3):92-97.

[16] KHOUND P, WILL P, TORDEUX A, et al. Extending the adaptive time gap car-following model to enhance local and string stability for adaptive cruise control systems[J]. Journal of Intelligent Transportation Systems, 2023, 27(1):36-56.

[17] 金春霞,王慧. 跟车模型及其稳定性分析综述[J]. 交通运输系统工程与信息, 2001, (3):220-225.

[18] 王莉莉,王航臣. 突发事件下大规模空中交通流量管理的组合优化模型[J]. 航空学报, 2019, 40(8):228-240.

考虑管制员工作负荷的机场航班时刻分配

王莉莉* 潘越

(中国民航大学空中交通管理学院)

摘 要 航班时刻优化是解决机场客流平衡的关键措施,一直是空中交通领域的研究焦点。现有研究大多从机场运营和管理者的角度出发,对进出港航班进行时刻分配,但缺乏从双方利益角度协同优化离场航班的研究。本文针对此问题提出了一种多目标航班时刻优化模型,旨在最小化管制员工作负荷和离场航班总延误。通过改进的遗传算法对模型进行求解,并以深圳宝安国际机场实际航班数据验证了模型的有效性。研究结果显示,优化后平均管制员工作负荷公平性偏差系数相对下降了19.62%,离港总延误时间下降了24.18%。这为各利益相关方提供了重要的理论指导和技术支持,对航班时刻优化及空中交通管理具有积极意义。

关键词 空中交通流量管理 航班时刻优化 多目标算法 公平性

0 引言

近年来,随着现代社会经济的持续发展,民航业面临着航空出行需求显著增长的挑战,这导致了有限的航空资源与不断增长的市场需求之间的矛盾日益突出。特别是随着航班数量的迅速增加,这一问题变得尤为紧迫。关键资源如机场容量、跑道容量以及服务人员的稀缺性,不仅导致离场航班频繁延误,而且要求机场、空中交通管理和航空公司等多个相关单位在调度过程中进行有效的协同配合。因此,如何在这一复杂系统中协调平衡各个相关部门,充分利用有限的资源,以提升综合保障服务水平,并实现更安全有序的航班运行,已成为解决当前资源矛盾的关键。

在航班时刻优化问题上,其核心目标是有效配置机场的航班时刻资源,以在容量与需求不平衡的现实约束下,最大化整个航空运行系统的综合效益。对这一优化问题的研究,可以根据研究对象的差异性,分别从机场运营和管理者的视角进行深入分析与探讨。

在机场运营领域,学者们主要关注在遵守运行限制条件下,如何更加公平合理地分配航班时刻,以减少航班延误。刘田野等[1]开创性地研究了航班的撤轮挡时间和轮挡时间,并首次引入泰尔指数作为衡量公平性的目标函数。Tan等[2]则考虑到航空公司与机场间的公平性问题,提出了一种机场群协同优化模型。水笑雨等[3]则从更广泛的角度出发,考虑机场和空域资源的综合利用,

基金项目:国家自然科学基金委员会与中国民用航空局联合资助项目(U1633124)。

构建了基于高峰时刻需求的机场公平性指标,同时兼顾了机场群内各成员机场的功能定位。

从管理者的视角来看,国内外学者主要从时刻偏移角度来对航班时刻进行研究。国外方面,Zografos等[4]提出了一个双目标时刻分配模型,旨在最小化最大偏移量和总偏移量,改进了调度的可接受性度量,而不牺牲调度效率。Ribeiro等[5]则开发了一个基于优先级的多目标时刻分配模型,量化时刻分配的优先级,以更好地匹配航空公司的需求。Jacquillat等[6]提出了一个综合机场网络调度与运行模型,该模型在不确定性条件下紧密结合战略和战术决策,提高了网络系统的整体效率。国内方面,聂建雄等[7]提出了一种机场容量和空域容量一体化的配置方法,旨在最小化时刻配置成本,同时满足航班运行、机场和空域容量等多重约束。曾维理等[8]考虑了延误传播因素,根据延误传播的因果关系强度来衡量延误成本,提出了一个旨在最小化延误传播成本和最大化公平性的双目标函数。

虽然以上研究取得了一定成果,但目前尚未见到综合研究涉及机场运营和管理者双方的相互影响。因此,本文旨在研究离场航班协同调度优化,以实现机场和时刻资源的公平分配和高效利用,进而提升机场运行效率并减轻管制员的工作负担。

1　模型构建

1.1　决策变量

定义模型的决策变量为:

$$x_r^t = \begin{cases} 1 & (\text{航班 } r \text{ 被分配到时刻 } t) \\ 0 & (\text{其他}) \end{cases} \quad (1)$$

式中:$t \in T, T = \{1, 2, \cdots, n\}$——时刻集合(以 15 min 为一个时间片,则 6:00—22:00 共 64 个时间片);

$r \in R, R$——所有离港航班的集合。

1.2　优化目标

(1)最小化管制员工作负荷公平性偏差。

本文旨在精确评估空中交通管制员的工作负荷。工作负荷的评估基于对管制指挥现场的详细观察,主要涉及管制员的语音通话数据。数据收集方法包括从不同时间段获取的语音通话记录、人员访谈以及现场调研,以全面捕捉语音通话活动中的负荷。具体而言,本文收集了塔台管制扇区至少一周时长的每 0.5 h 一次的管制录音数据。这些数据与相对应时间段的每半小时离港航班架次数相结合,以及通过现场实时数据收集和口述信息的形式,确保了研究数据的全面性和多维度。

管制员的工作负荷被视为完成管制空域内航空器飞行任务时所承受的身体和心理压力。这些压力表现为时间消耗,其长度代表了工作负荷的程度。工作负荷主要由三个方面构成:语音通话负荷、非语音通话负荷(如进程单操作、鼠标和键盘操作)以及思考负荷。这些负荷的总和最终以时间消耗来量化。

本文认为,管制员工作负荷由三部分组成,分别为管制员语言负荷、管制员非语音负荷和思考负荷。为了得到管制负荷与飞机架数之间的关系式,选用最小二乘法回归分析。即:

$$F(a, b) = \sum_{i=1}^{n} \left[y_i^* - (a x_i^* + b) \right]^2 \quad (2)$$

式中:a、b——常数;

x_i^*、y_i^*——每 30 min 时间段内的飞机架数和管制员工作负荷。

函数 F 分别对 a、b 求偏导,令偏导等于零,得到方程组可求出 a、b,得到最小二乘法拟合的函数。

本文通过函数拟合确定管制员工作负荷与飞机架数之间的关系,在保证实际运行的前提下,应让管制员每个时间段内的工作负荷偏差尽可能小,保证一天的工作负荷不会出现较大的波动,即:

$$Z_1 = \min\{\max | \omega_{t^*} - \sum_{t^* \in T^*} \omega_{t^*} / | T^* | |\}$$
$$(3)$$

$$\omega_{t^*} = \frac{y_{t^*}}{f_{t^*}} \quad (4)$$

式中:　　　　y_{t^*}——30min 时间段内的管制员工作负荷;

f_{t^*}——30min 时间段内的飞机架数;

$t^* \in T^*, T^* = \{1, 2, \cdots, n\}$——时刻集合(以 30min 为一个时间段,则 6:00—22:00 共 32 个时间段)。

（2）最小化离场航班总延误。

本文综合考虑机场实际运行能力,优化航班时刻,使航班时刻表中总的航班延误量最小,尽可能满足各个航空公司的需求,即:

$$Z_2 = \min \sum_{r \in R} \sum_{t \in T} f_r^t x_r^t \qquad (5)$$

式中:$f_r^t = t - \mathrm{ETD}_r$——航班 r 分配到时刻 t 的延误时间,其中 ETD_r 为航班 r 申请的航班时刻。

1.3 约束条件

（1）航班时刻的唯一性约束,即每个航班请求只能分配一个时刻。

$$\sum_{t \in T} x_r^t = 1 \quad (r \in R) \qquad (6)$$

（2）离场航班的实际起飞时间不得早于航空公司计划的起飞时间,同时延误时间不能超过航空公司所能接受的最大延误时间,即:

$$\mathrm{ETD}_r \leq f_r^t \leq \mathrm{ETD}_r + D_{\max} \qquad (7)$$

式中:$D_{\max}$——离场航班的最大允许延误时间。

（3）机场离场总容量约束。式（8）、式（9）分别表示机场的 15min、60min 离场总容量约束。

$$\sum_{r \in R} \sum_{t=k}^{} x_r^t \leq C_{15}^d \qquad (8)$$

$$\sum_{r \in R} \sum_{t=k}^{k+3} x_r^t \leq C_{60}^d \qquad (9)$$

2 模型求解

2.1 数据预处理

通过去空中交通管制单位调研,得到认为的各种负荷的定义。首先,管制员语音负荷主要为管制员与飞行员之间或者管制员和管制员之间的通话时长;其次,管制员非语音工作负荷主要包括每架航空器的指令次数,鼠标、键盘操作次数,进程单的书写、摆放操作次数;思考负荷是指管制员在发布各条管制指令前所需要的思考时间,通常状态下每发出一个指令思考2s。通过数据采集和数据整理分析,得到管制员工作负荷情况,见表1。

管制员工作负荷统计表 表1

日期	时间	0.5h航班离港架次	语音负荷（s）	非语音负荷（s）	思考负荷（s）	工作负荷（s）
10月1日	6:00—6:30	17	1614	201	125	1940
10月1日	6:30—7:00	16	1623	189	124	1936
10月1日	7:00—7:30	18	1618	206	165	1989
10月1日	7:30—8:00	14	1647	162	109	1918
10月1日	8:00—8:30	14	1821	165	109	2095
10月1日	8:30—9:00	18	1548	213	138	1899
10月1日	9:00—9:30	18	1538	209	131	1878
	……					
10月7日	18:30—19:00	11	1461	107	101	1669
10月7日	19:00—19:30	14	1581	171	118	1870
10月7日	19:30—20:00	14	1521	166	111	1798
10月7日	20:00—20:30	14	1578	170	114	1862
10月7日	20:30—21:00	15	1530	179	123	1832
10月7日	21:00—21:30	14	1514	162	116	1792
10月7日	21:30—22:00	13	1411	148	109	1668

通过将管制员工作负荷看作是飞机架数的函数,利用函数拟合得到管制员工作总负荷与飞机架数之间的关系,即:

$$y_{t*} = 0.1039 (f_{t*})^2 + 99.376 f_{t*} + 22.08 \qquad (10)$$

2.2 算法改进

航班时刻优化问题维度高,复杂性大,属于一个非确定性多项式（Non-Deterministic Polynomial, NP）问题,因此,本文采用改进的遗传算法对模型进行求解。

传统非支配排序遗传算法(Non-dominated Sorting Genetic Algorithm, NSGA-Ⅱ)采用 Pareto 排序策略确定解的 Pareto 等级,但存在无法准确反映种群个体范围内密度大小的缺陷。例如,如图 1 所示,在个体 a、b 和 c 中,它们的 Pareto 等级均为 2,但 c 的范围内密度远低于 a 和 b。这导致 NSGA-Ⅱ算法在演化下一代时未考虑个体周围种群大小的差异,影响了种群多样性[9]。

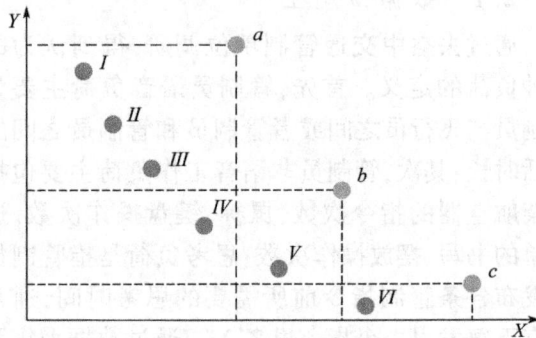

图 1   个体周围种群密度信息

为解决此问题,本文重新定义了同等级非支配排序分配操作。通过类似于 NSGA-Ⅱ算法对所有个体的操作,获得每个个体的 Pareto 等级值。假设第 g 代种群中支配个体 x 的个体集为:zx_1,zx_2,$\cdots$,zx_n,则个体 x 的累积等级可用式(11)表示:

$$r(x,g)' = r(x,g) + \sum_{j=1}^{n} r(zx_j,g) \qquad (11)$$

式中:$r(x,g)$——第 g 代中的个体 x 的 Pareto 等级。

该策略融合了个体的非支配等级和个体所在范围内其他个体密度信息,通过考虑个体所在范围内的密度值来分配适应度值,有效保障了群体分布的多样性。测试结果表明,改进的排序策略能够更好地反映种群结构,提高了算法的性能和收敛速度。

2.3   算法步骤

采用本文提出的改进 NSGA-Ⅱ算法进行离场航班调度多目标优化求解流程如图 2 所示。

(1)算法初始化,选择好编码方式,初始化 N 为种群规模的个体,形成父代种群 P_t。

(2)对父代种群进行累积非支配排序、交叉和变异操作,产生新一代种群规模也为 N 的子代种群 Q_t。

(3)将父代种群 P_t 和子代种群 Q_t 合并,形成新种群 R_t,R_t 是规模为 $2N$ 的新父代种群。

(4)计算 R_t 中全部个体的非支配等级以及拥挤度。

(5)按照拥挤度,从大到小选择合适的个体放入子代种群,直到子代种群放满 N 为止。

(6)达到最大迭代次数停止迭代,输出结果。

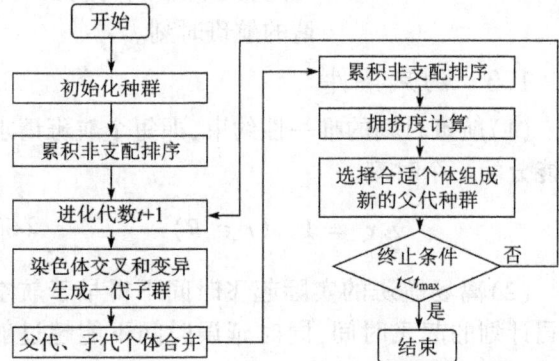

图 2   改进 NSGA-Ⅱ算法流程图

3   实例分析

本文以深圳宝安机场 2021 年 10 月 1 日的离港航班历史数据为研究对象,以 15min 为一个时间片,研究了当天 6:00—22:00(UTC 时间),共 64 个时间片,450 架离港航班的计划起飞时间[10]。

其中,模型数据包括航班号、航空公司、计划起飞时间、机票价格、载客人数、飞机注册号。模型参数包括:

(1)深圳宝安机场的公布容量由空中交通管制单位提供,其中 15min 的离港容量为 15 架次,60min 的进离港总容量为 55 架次。

(2)本文的航班最大允许延误时间是经过去空中交通管制单位调研的一个航空公司平均可接受的最大延误时间。经过调研,本文将航班最大延误时间设置为 30min。

4   实验结果

经过迭代计算得到的 Pareto 最优解集如图 3 所示。

表 2 展示了改进的 NSGA-Ⅱ算法算出的各方案最优结果的平均值与传统的时刻表分配方案结果的对比。根据表 2 对比结果可知,平均管制员工作负荷公平性偏差系数相对下降了 19.62%,离港总延误时间下降了 24.18%。由此验证了改进的

NSGA-Ⅱ算法的有效性。该算法为各利益相关方提供了多种选择,可以根据实际的运行情况选择合适的方案。

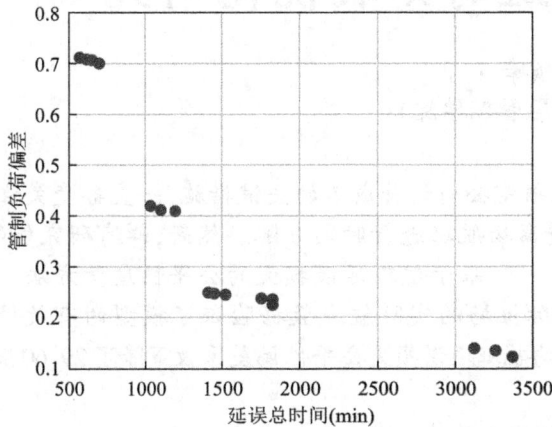

图3 Pareto 最优解集

优化前后结果对比 表2

类别	优化前	优化后
离港总延误时间(min)	1960	1486
管制员工作负荷公平性偏差	0.5042	0.4053

5 结语

(1)本文从管制单位和机场运行角度出发,以最小化管制员工作负荷公平性偏差和离港总延误时间为目标,建立了多目标航班时刻优化模型,并采用改进的 NSGA-Ⅱ算法对模型进行求解,以降低管制员工作负荷并提高机场运行效率。

(2)本文主要关注单个机场的离港航班时刻优化。下一步将考虑机场群系统的相互影响,并同时考虑进出港航班情况。通过考虑空域结构和机场群运行特征,将本文提出的模型推广到多个机场航班时刻的协同优化,以更好地实现航空资源的合理配置。

参考文献

[1] 刘田野,翟文鹏.考虑飞机轮挡事件相关时间的航班时刻优化[J].科学技术与工程,2021,21(36):15661-15668.

[2] TAN X, WANG S, ZENG W, et al. A Collaborative Optimization Method of Flight Slots Considering Fairness Among Airports[J]. Mathematical Problems in Engineering, 2022:1.

[3] 水笑雨,王艳军,王子明等.考虑机场公平性的机场群航班时刻分配[J].航空学报,2023,44(8):165-181.

[4] ZOGRAFOS K G, ANDROUTSOPOULOS K N, MADAS M A. Minding the gap: Optimizing airport schedule displacement and acceptability [J]. Transportation Research Part A: Policy and Practice, 2018, 114: 203-221.

[5] RIBEIRO N A, JACQUILLAT A, ANTUNES A P, et al. An optimization approach for airport slot allocation under IATA guidelines [J]. Transportation Research Part B: Methodological, 2018, 112: 132-156.

[6] WANG K, JACQUILLAT A. A Stochastic Integer Programming Approach to Air Traffic Scheduling and Operations [J]. Operations Research, 2020, 68(5): 1375-1402.

[7] 聂建雄,刘畅,王艳军.机场群容量资源战略一体化配置方法[J].交通运输工程与信息学报,2023,21(04):115-128.

[8] 曾维理,刘丹丹,杨磊,等.考虑延误传播的枢纽机场航班时刻优化方法[J].交通运输工程学报,2023,23(1):242-255.

[9] 郑夏,马良.一种多目标非线性优化的 NSGA-Ⅱ改进算法[J].微电子学与计算机,2020,37(7):47-53.

[10] 王莉莉,潘越.基于航班收益最大化的机场航班时刻分配[J].飞行力学,2024,42(2):89-94.

考虑航班延误损失的航班时刻表优化研究

王莉莉*　殷硕峰

(中国民航大学空中交通管理学院)

摘　要　航班时刻优化作为提升机场运行效率、降低航空公司运营成本的关键措施,一直备受关注。现有研究多从机场运营和航空公司单方面视角出发,对进离场航班进行时刻分配。然而,鲜有研究能够综合考虑双方利益,协同优化离场航班时刻。本研究提出一种基于航班延误损失的公平性度量方法,引入 Gaussian-MOPSO 算法对模型进行求解,以深圳宝安国际机场的实际航班数据验证了模型的有效性。研究结果表明,优化后离港总延误时间下降了 26.22%,平均航班延误损失公平性偏差系数下降了 29.60%,有助于推动航班时刻优化工作的进一步深入。

关键词　空中交通流量管理　航班时刻优化　多目标优化算法

0 引言

随着现代经济的不断推进,民航业正遭遇前所未有的挑战,即航空出行需求的急剧攀升与航空资源供给之间的失衡日益加剧。此种失衡在航班量迅猛增长的背景下尤为显著,凸显出关键资源如机场容量、跑道容量及服务人员配置的稀缺性。此等资源短缺不仅引发了离场航班延误的频发,更要求机场管理机构、空中交通管理部门及航空公司等多元主体在调度层面实现高效协同。鉴于此,如何在错综复杂的系统中有效协调各方力量,最大化利用有限资源,进而提升整体保障服务效能,确保航班运行的安全与有序,成为当下破解资源供需矛盾的核心所在。

优化航班时刻作为解决航空资源供需矛盾的关键所在,旨在实现机场航班时刻资源的高效配置。在容量与需求不匹配的现实挑战下,其追求的目标是最大化整个航空运行系统的综合效益。针对此优化问题的研究,可根据研究主体的不同特点,分别从机场运营层面和航空公司运营层面进行深入剖析与探讨,以达到理论与实践的有效结合。

在航班时刻优化的研究领域中,国内外学者主要聚焦于调整前后的航班时刻偏移这一核心要素进行深入探讨。通过对这一指标的细致分析,研究人员旨在寻求优化航班时刻分配的策略,以提高航空运输的效率与准确性。Kenan 等[1]将航班调度、机队分配和飞机航线结合,提出了一个两阶段随机规划模型。Zografos 等[2]提出了一个最小最大化和总位移量目标的双目标时刻分配模型(SAM),该模型能够在不牺牲调度效率的情况下,实现调度可接受性度量的实质性改进。Androutsopoulos 等[3]在战略层面提出了解决机场时刻分配问题的一个双目标公式,并提供了一种新颖的求解方法,该方法能合理精确地逼近问题的帕累托最优解。Miranda 等[4]开发了一个航班中断的计量经济学模型,允许综合管理航班延误、取消、飞机尺寸、定价和每次航班的乘客数。Pellegrini 等[5]人提出了一种机场时刻分配模型,其显著之处在于,在遵循现行规章制度和操作惯例的前提下,能够对欧洲所有机场的机位进行同步分配。王莉莉等[6]考虑到实际运营中不同流量的时刻调整需求差异,引入了时刻调整范围成本限制系数,建立了一个最小化航班时刻调整总成本的优化模型。

以上研究主要立足机场与航空公司的视角,通过实施系列策略,在减少航班延误、契合航空公司运营需求以及纾解机场拥堵等核心领域取得了显著成果。然而,当前研究尚未深入剖析机场运营与航空公司需求之间的交互机制及其整体效应。鉴于此,本文致力于研究离场航班的协同调度优化问题,旨在通过实现机场与空域时刻资源

基金项目:国家自然科学基金委员会与中国民用航空局联合资助项目(U1633124)。

的公正分配与高效利用,进一步提升机场的运行效能,并有效降低航空公司的延误损失。

本文在研究过程中充分考虑航空公司的实际运营成本与收益情况,提出一种基于航班延误损失的公平性度量方法。随后,在构建相关数学模型的基础上,以深圳宝安国际机场的实际运营数据为案例,进行深入的实例分析,验证所提出模型的有效性。

1 模型建立

1.1 决策要素

定义模型的决策要素为:

$$x_r^t = \begin{cases} 1 & (\text{航班 } r \text{ 被分配到时刻 } t) \\ 0 & (\text{其他}) \end{cases} \quad (1)$$

式中:$t \in T$,T——由一系列时刻构成的集合,具体为$\{1,2,\cdots,n\}$,其中,每一个时刻代表一个 15min 的时间片,6:00—22:00 则被划分为 64 个时间片;

$r \in R$,R——离港航班全集。

1.2 设定待优化目标

1.2.1 离场航班延误总和最小化

本文基于机场的实际运行能力进行全面考量,通过精心优化航班时刻表,致力于将总航班延误量降至最低,并努力兼顾各航空公司的运营需求,以实现整体运行的高效与协调,即:

$$Z_1 = \min \sum_{r \in R} \sum_{t \in T} f_r^t x_r^t \quad (2)$$

定义 f_r^t 为航班 r 在分配时刻 t 时的延误时长,该时长是通过计算分配时刻 t 与航班 r 所申请的航班时刻 ETD 之间的差值所得。

1.2.2 航班延误损失公平性偏差最小化

航空公司的盈利状况受到多方面因素的共同作用,特别是机票价格、载客量以及航班飞行时长等因素尤为关键。在航班延误的背景下,以上因素直接决定了航空公司所承受的实际经济损失。因此,本文提出了航班延误损失公平性的概念,旨在通过量化手段比较任意航空公司航班延误损失与整体行业平均水平之间的偏差程度,确保最不公平的情况与整体延误损失平均水平之间的偏差达到最小化,即:

$$Z_2 = \min\{\max|\rho_i - \sum_{i \in I} \rho_i / |I||\} \quad (3)$$

$$\rho_i = \frac{\sum_{r \in R_i} \sum_{t \in T} f_r^t x_r^t \times \left(D_r + \frac{K_r \times S_r}{t_r^f}\right)}{R_i} \quad (4)$$

式中:I——全部航司的集合,$i \in I$;

R_i——某个航司 i 的航班数目集合;

D_r——航班 r 延误导致的每小时运营损失;

K_r——航班 r 的乘机人数;

S_r——航班 r 的机票价格;

t_r^f——航班 r 的飞行时间。

1.3 边界条件

(1)航班时刻分配需遵循唯一性原则,即每个航班请求仅可获得单一时刻的分配,确保时刻资源的独占性和不重复性。

$$\sum_{t \in T} x_r^t = 1 \quad (r \in R) \quad (5)$$

(2)离场航班的实际起飞时刻应确保不早于航空公司所规划的起飞时间点,同时,其延误时长需严格限制在航空公司所能接受的延误时间上限之内,从而保障航班运行的规范性与高效性。

$$\text{ETD}_r \leqslant f_r^t \leqslant \text{ETD}_r + D_{\max} \quad (6)$$

式中:$D_{\max}$——离场航班所允许的最大延误时长上限。

(3)机场的离场总容量受到一定的限制,其中,式(8)和式(9)分别对应机场在 15min 和 60min 时间段内的离场总容量边界条件。

$$\sum_{r \in R} \sum_{t = k} x_r^t \leqslant C_{15}^d \quad (7)$$

$$\sum_{r \in R} \sum_{t = k}^{k+3} x_r^t \leqslant C_{60}^d \quad (8)$$

2 模型求解

2.1 算法改进

航班时刻优化问题因其具有高度多维性和内在复杂性,常被视为一个典型的 NP 问题。鉴于此特点,本文提出使用 Gaussian-MOPSO 算法来有效求解该模型。

粒子群算法作为一种基于群体的智能算法,其在进化过程中,随着粒子种群的逐渐趋同,其多样性不断减少,这往往导致算法过早地收敛到局部最优解,而非全局最优解[7]。

为了克服这一局限性,本文对传统的粒子群算法从两个方面进行了改进:一是惯性权重的自适应调整,二是位置更新策略的优化。通过这两方面的改进,旨在增强粒子种群的多样性,避免过早收敛到局部最优解,从而更有可能找到全局最优解。

2.1.1　惯性权重自适应优化

在粒子群算法中,惯性权重起着关键作用,它决定了粒子根据其历史经验对当前运动速度的影响程度。选择合适的惯性权重值 ω 对于平衡算法的全局与局部搜索能力至关重要,这有助于提升算法求解的质量。为了优化算法收敛性能,并缓解迭代时局部最优的情况,本文引入了自适应优化策略来动态调整惯性权重 ω。具体来说,定义粒子位置向量与种群全局最优解之间的差值作为偏差程度[8],以此来指导惯性权重 ω 的调整。

该算法通过动态自适应调整惯性权重 ω 数值,以确保第 i 个粒子在时刻 t 与种群全局最优解之间的偏差程度 $X_i(t)$ 能够通过下式计算得到:

$$X_i(t) = \frac{1}{x_{max} - x_{min}} \frac{1}{D} \sum_{d=1}^{D} |g_d(t) - x_{id}(t)| \quad (9)$$

$$\omega_i(t) = \omega_{start} - (\omega_{start} - \omega_{end})(X_i(t) - 1)^2 \quad (10)$$

式中:$\omega_i(t)$——第 i 个粒子于 t 时刻的惯性权重;

　　　D——解空间的维度数;

　　　x_{max}、x_{min}——粒子位置变量的上界和下界;

　　　ω_{start}、ω_{end}——ω 的起始值和终止值。

2.1.2　位置更新策略优化

为了缓解算法过早收敛等问题,本文将 Gaussian perturbation 的思想引入 MOPSO 算法的位置更新策略,以更好地寻找最佳结果[8]。这一改进旨在确保粒子个体在限制的空间内,在进行迭代搜索过程中,种群的多样性能够得到有效保持。

Gaussian perturbation 即在位置更新策略上,对原有粒子使用服从 Gaussian 分布的随机扰动算子,来实现位置的调整与优化,其中,扰动算子 $N_i = (n_{i1}, n_{i2}, n_{i3}, \cdots, n_{iD})$ 表示 D 维高斯扰动算子,其中 N_i 服从期望为 0、标准差为 1 的标准正态分布,对个体位置 $x_i = (x_{i1}, x_{i2}, x_{i3}, \cdots, x_{iD})$ 进行高斯扰动,如下式所示:

$$x_i = x_i + N_i \cdot x_i \quad (11)$$

$$x_i = (n_{i1} \times x_{i1}, n_{i2} \times x_{i2}, n_{i3} \times x_{i3}, \cdots n_{iD} \times x_{iD}) \quad (12)$$

式中:x_i——经过高斯扰动后的个体位置,该改进

方式可以避免种群个体之间相互影响,从而提高了种群的多样性。

2.2　算法步骤

采用本文提出的改进 Gaussian-MOPSO 算法进行离场航班调度多目标优化求解,如图1所示。

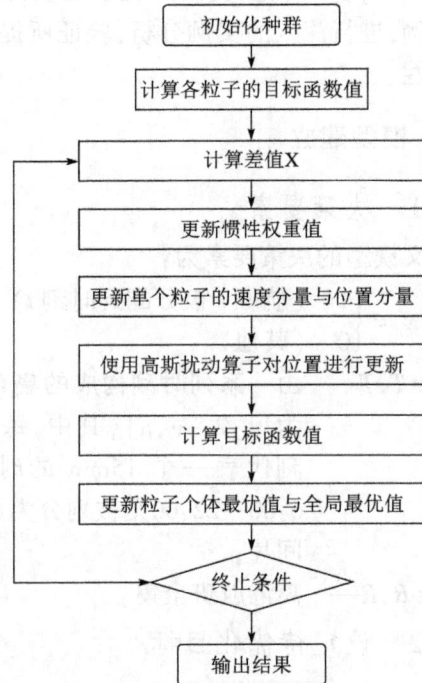

图1　改进 Gaussian-MOPSO 算法流程

3　数据分析

本文采用深圳宝安国际机场 2021 年 10 月 1 日当天的离港航班历史数据作为研究样本,将 6:00—22:00 的时间段,以 15min 为时间间隔划分共计 64 个时间片,其中包含 450 架离港航班的计划起飞时间[9]。对以上数据进行可视化,如图2所示,以便更直观地展示机场的离港流量变化。

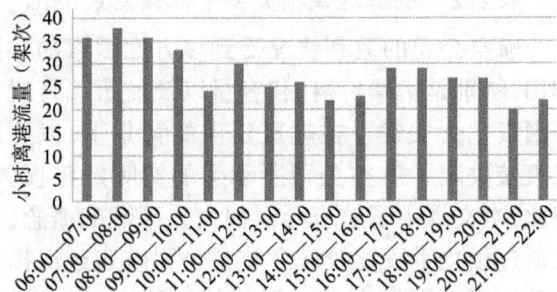

图2　深圳宝安国际机场小时离港流量

其中,实例数据涵盖了航班号、航空公司名称、预定的起飞时刻、票价、载客数量以及飞机的

注册号等关键信息。

模型参数包括：

（1）深圳宝安国际机场 15min 离港容量限制为 15 架次，60min 的进离港总容量为 55 架次。

（2）本文设定航班最大延误时间设定为 30min。

（3）本文的航空器延误运营损失是经过去航空公司调研得到。表 1 给出了不同机型由于延误所造成的运营损失。

航空器延误运营损失　　　　表 1

机型	延误运营损失（元/h）
重型（H）	4167
中型（M）	2916
轻型（L）	208

（4）当日离港航班共计 450 架，涉及执飞航空公司 30 家。其中，航班申请数量超过 10 架的航空公司共有 8 家，依次为 ZH、CZ、HU、MU、CA、DZ、FM 以及 9C（航空公司二字代码），其余 22 家航空公司的航班申请数量均未达到 10 架，因此它们对优化目标函数的影响较为有限。为简化分析，可以将这些航空公司视为统一的整体进行考虑。

4 实验结果

经过多轮迭代计算，获得了 Pareto 最优解集，具体见图 3。

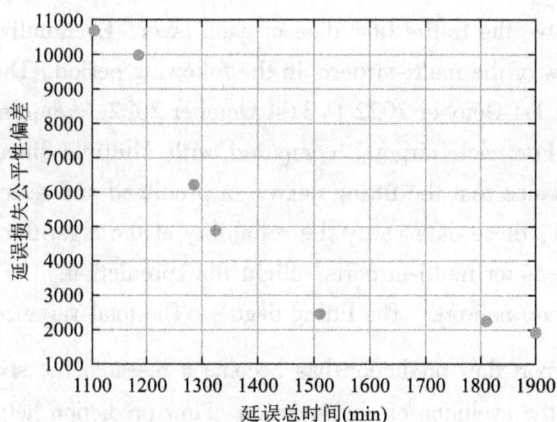

图 3　Pareto 最优解集

通过使用 Gaussian-MOPSO 算法，将各方案最优结果求出并计算平均值，将结果与传统时刻表的分配结果进行分析对比，具体见表 2。对比结果显示，离港航班的总延误时间显著下降了 26.22%。同时，平均航班延误损失公平性偏差系数也降低了 29.60%。此外，该算法为各利益相关方提供了多样化的选择方案，使得决策者可以根据实际的运行情况灵活选择合适的优化策略。不仅增强了决策过程的灵活性和适应性，也为提升整个航空运输系统的运行效率提供了有力的支持。

优化前后结果对比　　　　表 2

参数	优化前	优化后
航班延误损失公平性偏差	7797.199	5488.882
离港总延误时间（min）	1960	1446

5 结语

（1）本文从机场运行与航空公司视角出发，通过比较任意航空公司航班延误损失与整体行业平均水平之间的偏差程度，确保最不公平的情况与整体延误损失平均水平之间的偏差达到最小化，构建了一个航班时刻优化模型。为求解该模型，本文采用了 Gaussian-MOPSO 算法，旨在有效降低航班延误损失并提升机场运行效率。

（2）本文主要聚焦于单一机场离港航班时刻的优化问题，在未来的研究中，将进一步拓展至相互关联的机场群系统，并同时纳入进港和离港航班的综合情况。通过深入分析空域结构以及机场群运行特性，旨在将本文所建立的模型推广应用于多个机场航班时刻的协同优化。这一研究方向不仅有助于提升整个机场群系统的运行效率和协同性，更能为航空运输领域的持续发展提供强有力的支撑和推动。

参考文献

[1] KENAN N, JEBALI A, DIABAT A. The integrated aircraft routing problem with optional flights and delay considerations[J]. Transportation Research Part E：Logistics and Transportation Review, 2018, 118：355-375.

[2] ZOGRAFOS K G, ANDROUTSOPOULOS K N, MADAS M A. Minding the gap：Optimizing airport schedule displacement and acceptability[J]. Transportation Research Part A：Policy and Practice, 2018, 114：203-21.

[3] ANDROUTSOPOULOS K N, MANOUSAKIS E G, MADAS M A. Modeling and solving a bi-

objective airport slot scheduling problem [J]. European Journal of Operational Research, 2020, 284(1): 135-51.

[4] MIRANDA V A P, OLIVEIRA A V M. Airport slots and the internalization of congestion by airlines: An empirical model of integrated flight disruption management in Brazil[J]. Transportation Research Part A: Policy and Practice, 2018, 116: 201-219.

[5] PELLEGRINI P, BOLIĆ T, CASTELLI L, et al. SOSTA: An effective model for the Simultaneous Optimisation of airport SloT Allocation [J]. Transportation Research Part E: Logistics and Transportation Review, 2017, 99: 34-53.

[6] 王莉莉, 侯鉴虓. 时刻调整范围不确定的机场群航班时刻优化[J]. 计算机仿真, 2023, 40(10): 61-65.

[7] 汪玉凤, 仝昊. 风-光-热-水互补发电优化调度策略[J]. 控制工程, 2023, 30(2): 324-331.

[8] 刘悦成, 吴定会, 陆申鑫, 等. 基于改进MOPSO算法的钢铁行业多能源介质调配[J]. 控制工程, 2024: 1-7.

[9] 王莉莉, 潘越. 基于航班收益最大化的机场航班时刻分配[J]. 飞行力学, 2024, 42(2): 89-94.

Spatial-temporal Graph Convolution Algorithm-based Flight Flow Prediction of Multi-airports

Li Lu* Chen Li Yuqian Huang Jiayi Nie Junjie Yao Mike Li

(School of Air Traffic Management, Civil Aviation Flight University of China)

Abstract Airport flow prediction is the focus of research in the field of civil aviation at this stage, which is of great significance for ensuring the resource allocation of flights in advance. Presently, majorities of research concentrate on single airport flow prediction, which with indeterminacy and inaccuracy. In this study, flight flow prediction of multi-airports is implemented by the Spatial-Temporal Graph Convolutional algorithm (STGCA). Layering the flight flow at different times. Process and convolve the traffic flow data of each layer. Eventually, the model is proved to have the ability to predict the flight flow of the multi-airports in the following period. This study collects the dynamic flight flow data of 39 airports from 1st October 2022 to 31st October 2022. Adopting Pytorch to process data and conduct simulation research. For each airport, compared with Multiple linear regression algorithm (MLR), the results show better performance that the fitting degree of predicted and tested flow data is up to 93.744%, and the total variance is 0.055, these data verify the reliability of the algorithm, therefore this study provide effective and feasible research ideas for multi-airports' flight flow prediction.

Keywords Airport flow prediction STGCA Airport group network The fitting degree The total variance

0 Introduction

With the 21st Century coming, global civil aviation industry is expanding, domestic and international airports sprout rapidly, flight flow and the number of routes had also increased with each passing year.

Airport flow prediction has become a research hot spot in the evolution of civil aviation. Flow prediction helps airport reasonably allocate infrastructure and staff in advance. Relieve the pressure of sudden increase of passenger flow and the waste of resources caused by sharp reduction of flights. Meanwhile, airline route

Fundation: This research is supported by the China Scholarship Council [Grant Nos. 202108510115].

plans can be reasonably deployed in advance. Ensure full utilization of resources. What's more, management branch can reasonably project the airspace in advance according to the prediction results to refrain from airspace waste.

For mostly current airport flow prediction. Domestic and abroad scholars mostly use statistical algorithms, such as linear regression, these algorithms have great fit for short-term prediction results, however, long-term flight flow prediction results are unreliable. In this study, Spatial-Temporal Graph Convolutional Algorithm will be used to predict flight flow, this algorithm is more logical compared with the statistical algorithm. STGCA is mainly to perform matrix convolution hierarchically according to the flight data of each airport of the network at different times, results are more fit with the actual situation, highly enclosed of airport network, and more accurate.

Before the STGCA is mostly used, ARIMA algorithm applied to predict the road traffic conditions in the 1970s, which is mainly relies on continuous time series data, but not applicable to other discontinuous time series data, that is when the data fluctuates greatly, the prediction effect of ARIMA model is unsatisfactory[1-5]. Then, Kalman filtering model and dynamic differential formula modeling[6-7] are occurred to the field of traffic flow prediction, However, the calculation with complexity and the stability is unsatisfactory.

Recently, convolutional neural network (CNN) is widely used in the field of traffic prediction[8]. Yu et al. propose a space-time graph convolution network STGCN, using GCN to capture the spatial characteristics of traffic flow combined with the time characteristics of traffic flow to achieve traffic flow prediction[9]. Zhao et al. proposed a traffic flow prediction model T-GCN combining GCN and Gated Recurrent Unit (GRU)[10]. Later, Lai et al. [11] extracted the periodic characteristics of hidden states in GRU networks. Fusing time series characteristics to predict time series. Bogaerts et al. used GCN to capture the spatial characteristics of traffic flow. LSTM to capture the temporal characteristics of traffic flow[12].

Inspired by Graph Convolution Network (GCN), flight flow prediction needs to take both the time and spatial characteristics of the data into account, therefore, the quality of time space relationship is essential, by adopting a deep learning method to make full use of time and space information, STGCA is an excellent way to predict flight flow, through the combination of the convolution layer[13] and the convolution sequence learning layer[14], record and simulate flights every hour in 31 days at 39 airports. Results show that the model has high accuracy and reliability in the multi-airports' flight flow prediction research.

In conclusion, by collecting the flow data of 39 airports, this research adopt STGCA to establish prediction model and finally predict the flow data in future time, the process of flow data prediction is shown in the Figure 1, the result can provide data analysis reference for traffic control departments.

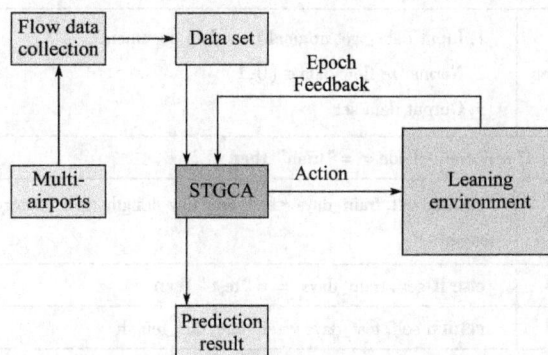

Figure 1   The flow chart of STGCA process

1   STGCA model data establishment

This study adopted 39 domestic airport networks as the example to do the model simulation. Programming with Pytorch by using the departure and arrival flight flow data which is sampled each airport every hour for 31 days. Before talking about the STGCA theoretical algorithm, processing the sampled flight flow data of multi-airports is necessary, therefore, normalization method will be adopted before simulating, this step will prevent data overflow, shown in Formula 1:

$$x_{scale} = \frac{x_{ij} - x_{min}}{x_{max} - x_{min}} \qquad (1)$$

where x_{max} is the maximum one of data matrix x_{min} is the minimum one of data matrix. x_{scale} is the normalized index x_{ij}, therefore $x_{scale} \in (0,1)$. After all the data is normalized, the model will compute the length of the data. The training sample length $L1$ is equal to the total sample length $H + L1$ minus the historical training length H, shown in Figure 2. Therefore, the exploring range of training sample length is $(H, L1 - H + 1)$, the exploring window will overlap a unit length data when it moves a forward step, according to Figure 1, the test length is the total test length $L2$. This process corresponds to step 1 to 5 of the dataset algorithm process in Table 1.

H
L1
L2

Figure 2　Diagram of sampled data.

Dataset algorithm process diagram

Table 1

Algorithm: Dataset dealing	
Step	1. Input data: get original flow data document 2. Normalize flow data $\in (0,1)$ 3. Output data set
1	**if** self. train_mode = = "trian" **then**
2	**return** self. train_days * self. one_day_length- self. history_length
3	**else if** self. train_days = = "test" **then**
4	**return** self. test_days * self. one_day_length
5	**else** raise Value Error
Get the length of dataset！	
6	**if** self. train_mode = = "trian" **then**
7	start_index = index; end_index = index + history_length
8	**else if** self. train_days = = "test" **then**
9	start_index = index − history_length; end_index = index
Get the data_x and data_y	

Then, store the training samples in x index space and test data in y index, this step aims to prepare the graphical display of the result and normalize the data for the subsequent prediction algorithm. This process corresponds to step 6 to 9 of the dataset algorithm process in Table 1.

For instance, the data sampled from 2022-10-1 to 2022-10-5 are historical sampling data, the length

is H, total sample length is 31 days, total training length is 20 days, total test sample length is 10 days. Therefore, the exploring range of training sample length is $(H, 21-H)$. After data processing, all sample data in x and y can be obtained. Build coordinate system for prediction algorithm[15-20].

2　Theoretical Model of Spatial Convolution

Graph convolution can be simply regarded as the weighted processing of each eigenvalue in the graph matrix. For example, the original data matrix can be convolved with the changing matrix (a unit time after) and weighted to predict the future flight flow data graph. Usually, the matrix formed by a graph has complex and irregular eigenvalue, which will be troublesome to process data in time domain, adopting Laplace algorithm to transform into frequency domain is available, then process the data shown in formula 2:

$$P = UAU^{T} \qquad (2)$$

where P matrix is the Laplace matrix of graph matrix A, which is a diagonal matrix, the diagonal data in the matrix is the eigenvalue of the P. U is the eigenvector of P.

$$(\vartheta * P)X = U\vartheta(A)U^{T}X \qquad (3)$$

Adopting formula 3, convolve the graph matrix with the transmission matrix, normalize the output value shown in formula 3. In formula 3, ϑ is a convolution unit, $*$ is a convolution symbol, assuming that the multi-airports has n airports, then the convolution dimension of the graph matrix is $n \times n$, therefore, $\vartheta \in R^{n \times n}$, $\vartheta *$ can normalize matrix data. X matrix is a graph matrix, normolized the graph data by Fourier transform of convolution.

STGCA model not only concentrate on the influence of time dimension, but also on spatial dimension on prediction. The amount of data in a graph is too huge, so it's hard to directly processed by convolution unit, therefore, the convolution unit can be express by Chebyshev Polynomial, then formula 4 explain how to convert convolution unit $\vartheta(A)$ to k-term expansion.

$$\vartheta(A) \approx \sum_{i=0}^{i=k-1} \partial_{i}A^{i} \qquad (4)$$

Eventually, the graph convolution formula expressed by Chebyshev polynomials is shown in formula 5:

$$(\vartheta * P)X = \sum_{i=0}^{i=k-1} \partial_i T_i(C)X \qquad (5)$$

where T_i is the coefficient of Chebyshev polynomial. After data processed, graph matrix A is converted to matrix C.

3 Theoretical Model of Time Convolution

The multi-airports have the enclosed character, with a more enclosed multi-airports network structure, all the flight flow data of the previous time will be totally conveyed to the next time, therefore, the more precise the prediction result used by STGCA will be.

Assuming that the initial flight flow of the multi-airports network is matrix B which can be represented as the formula 6:

$$B = \begin{pmatrix} b_{11} & \cdots & b_{1n} \\ \vdots & \ddots & \vdots \\ b_{n1} & \cdots & b_{nn} \end{pmatrix} \qquad (6)$$

where b_{ij} represents the initial flight flow between i and j airports.

Flight flow of the multi-airports network will be transferred to the next time network. So the result will be affected by the weight between two airports, the weight can be used the adjacency matrix W, which is shown in formula 7:

$$W = \begin{pmatrix} w_{11} & \cdots & w_{1n} \\ \vdots & \ddots & \vdots \\ w_{n1} & \cdots & w_{nn} \end{pmatrix} \qquad (7)$$

where w_{ij} stands for the connectivity between i and j airports, also can be known as inter airports' weight, with more flight flow between two airports indicates that the weight between them is more significant, otherwise, the weight is very small. w_{ij} represents the weight between airports, which is shown in formula 8:

$$w_{ij} = \frac{\text{flow}_{ij} - \text{flow}_{min}}{\text{flow}_{max} - \text{flow}_{min}} \qquad (8)$$

where i, j stands for different two airports, flow_{ij} represents the flight flow per unit time (per hour) between the two airports, flow_{max}, flow_{min} represents the maximum and minimum flight flow, when there are no flights between the two airports, the weight w_{ij} is 0.

Matrix K include the historical time loss data of the airport from time 0 to time t, shown in formula 9, the time loss can be conveyed layer by layer to assure the precise of prediction.

$$K = \begin{pmatrix} k_{11} & \cdots & k_{1t} \\ \vdots & \ddots & \vdots \\ k_{n1} & \cdots & k_{nt} \end{pmatrix} \qquad (9)$$

Through the time convolution model, the initial multi-airports' time matrix is convolved with the time loss matrix, the subsequent time flight flow data can be outputted for all the airports.

The layer by layer transfer formula is shown in formula 10.

$$K^{(l+1)} = \sigma(\widetilde{D}^{-\frac{1}{2}} \widetilde{B} \widetilde{D}^{-\frac{1}{2}} K^{(l)} W^{(l)}) \qquad (10)$$

Due to the influence of the airport itself on its next state, therefore, $\widetilde{B} = B + l$. $\widetilde{D}$ represent diagonal matrix, diagonal data is the frequency domain eigenvalue data. Eventually, predicting the flight flow data of multi-airports at the subsequent time by two-layer convolution. Prediction Algorithm diagram is shown in Table 2.

Flow chart of prediction algorithm

Table 2

Algorithm: Airflow prediction
1. Input data: data set;
2. divide days = (train = 28, test = 3);
3. history_length = 5;
4. Epoch = 200;
5. Output prediction result

Run GCN model	
1	**for** epoch ∈ range (Epoch)
2	**do** GCN prediction
3	training rate no more then e^{-3}
4	denormalization the prediction data
5	**return** the prediction and target data

Notice: Epoch = 200 means that sampled data is transmitted 200 times through the model

4 Model Validation

This study selects 39 domestic airports as the

multi-airports network, the domestic regional airports are selected as the research targets owing to they are the more enclosed network of flights. These airports are located in most provinces in China, collecting the flight flow data of each airport by every hour.

4.1　The STGCA algorithm resolution

According to the algorithm of weight between two airports, using the heatmap chart to express the weight of 39 airport nodes, which is shown in the Figure 3.

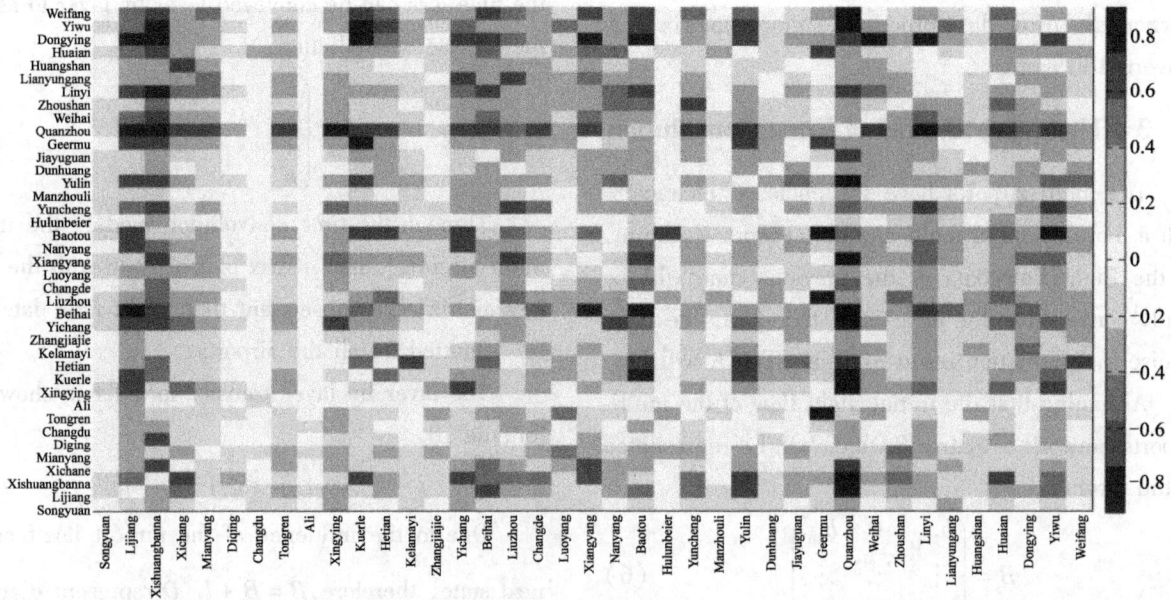

Figure 3　Heatmap of multi-airports network

This study split the 31 day flight flow data of multi-airports network into two parts, the first 28 days as training data, the last 3 days as test data, which is totally 72 hours, simulated through the prediction of STGCA, the prediction results of 39 airports (72h) can be obtained respectively.

However, in the process of machine learning, the sample data will be transmitted to the algorithm model for calculations to reduce the loss, therefore, the proportional relationship between the number of transfers epoch and loss is shown in Figure 4, set the epoch up to 200, with the increase of epoch, loss is decreasing.

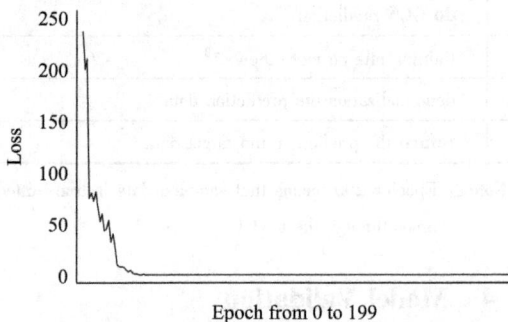

Figure 4　Relationship between epoch and loss

Run out the prediction result with 200 epochs, there are four sets of flow prediction figures, 39 multi-airports for one group. The first group of figures has a bad performance with a big calculating loss, no doubt that predicted results are not ideal (Figure 5).

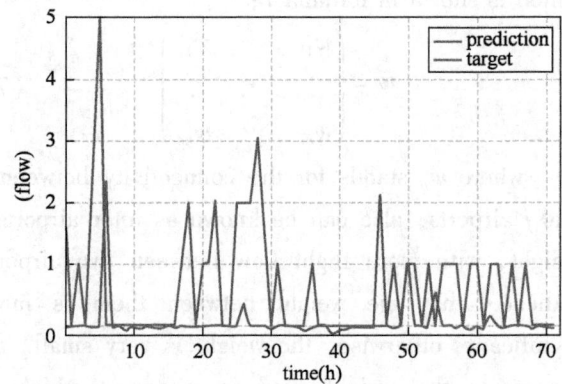

Figure 5　Prediction figure with big loss by STGCA

The fourth group of figures shows high data fitting oppositely. Selecting one airport (Quanzhou) of 39 multi-airports among the first and the fourth group of prediction figures, which can be shown in Figure 6.

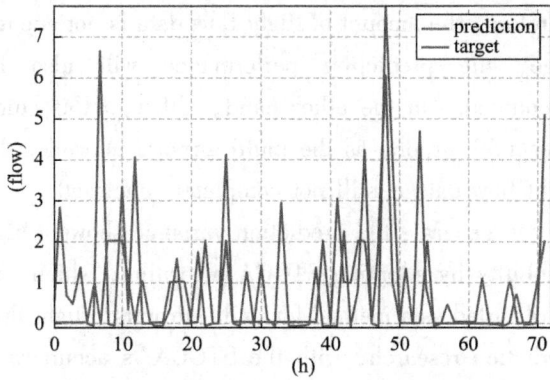

Figure 6 Prediction figure with least loss by STGCA

4.2 The MLR algorithm resolution

Multiple linear regression adopt the previous flow data of the airport and establish the internal relationship with the prediction flow data in the future time. The formula is established as follows:

$$Y = X \times W$$

The X matrix represents the flow data of 39 airport networks every hour.

$$X = \begin{pmatrix} x_{11} & \cdots & x_{1m} \\ \vdots & \ddots & \vdots \\ x_{n1} & \cdots & x_{nm} \end{pmatrix}$$

The W matrix represents the internal relationship between the hourly flow data of each airport.

$$W = \begin{pmatrix} w_{11} & \cdots & w_{1n} \\ \vdots & \ddots & \vdots \\ w_{m1} & \cdots & w_{mn} \end{pmatrix}$$

With the leading-in flow data, the simulated prediction flow data with the best performance of Quanzhou Airport is shown in the Figure 7.

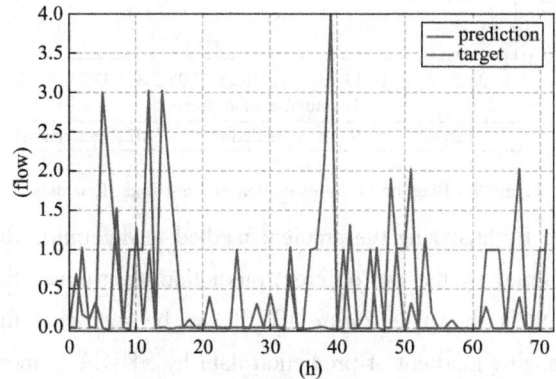

Figure 7 Prediction figure by MLR

According to the two algorithms' results, It can be seen that there are much difference exists in the red prediction figures. Therefore, the variance between the prediction and test data should be analyzed. In order to calculate the variance, this study selected the fourth group figures which with high fitting of 39 multi-airports to compare the variance of different time during 72 hours flow prediction, variance calculation algorithm can be expressed by Formula 11:

$$\text{RMSE} = \sqrt{\frac{1}{n} \sum_{i=1}^{n} (\widehat{y_i} - y_i)^2} \qquad (11)$$

n represents the number of airports, $\widehat{y_i}$ represents the predicted flight flow value, y_i represents the test value. The variance at every ten-hour time during the three test days is shown in Table 3.

The variance indicated table Table 3

point of time(h)	0	10	20	30	40	50	60	70	Total
Variance value STGCA	0.082	0.045	0.031	0.063	0.072	0.053	0.061	0.036	0.055
Variance value MLR	0.543	0.256	0.279	0.354	0.213	0.332	0.435	0.098	0.314

Variance result can be visually represented by a diagram shown as Figure 8, it can be intuitively seen that the total variance of STGCA make better performance than MLR, and the best prediction time is at the 20th hour.

Finally, this study extracted the prediction and test flight flow data of 39 airports at the 20th hour, which with the minimum variance 0.031, comparing the prediction and test flight flow data respectively with STGCA and MLR shown as the Figure 9.

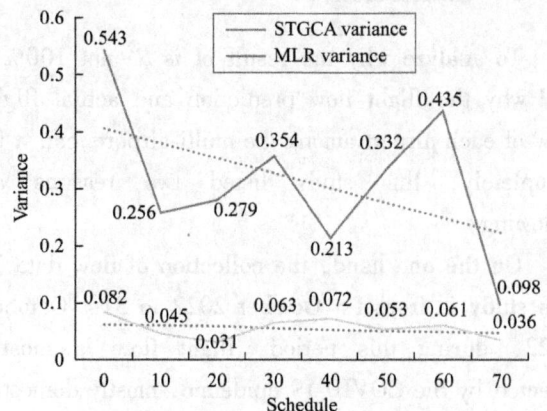

Figure 8 Variance result diagram

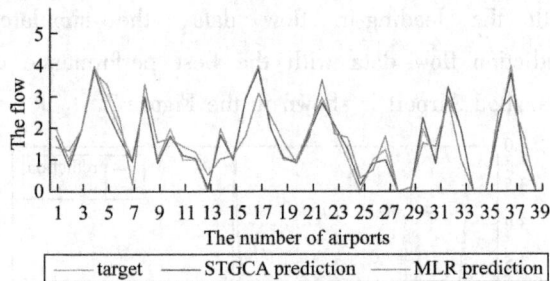

Figure 9　Diagram of the prediction and test flight flow data

By analyzing the gradient method to determine the accuracy by the two different prediction algorithms, the result is shown as Figure 10. It can be seen that the changing gradient of prediction data by STGCA is more greater than MLR, which indicate that STGCA has a more sensitive character to predict the flight flow data.

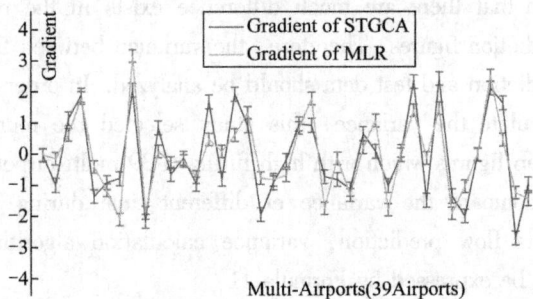

Figure 10　Gradient of STGCA and MLR

Above all, the STGCA algorithm have better performance than MLR. In order to verify the reliability of STGCA, this study used formula 12 to calculate, the result is $R^2 = 0.937436$, highly prove the accuracy and reliability of STGCA.

$$R^2 = \frac{\text{RMSE}}{\text{SST}} = 1 - \frac{\frac{1}{n}\sum_{i=1}^{n}(\widehat{y_i} - y_i)^2}{\sum_{i=1}^{n}(\overline{y}_i - y_i)^2} \quad (12)$$

5　Conclusions

To analyze why the result of is R^2 not 100%, and why the flight flow prediction and actual flight flow of each airport among the multi-airports can't fit completely, this study listed two reasons as following.

On the one hand, the collection of flow data in this study is from 1st October 2022 to 31st October 2022, during this period, flight flow is mostly affected by the COVID-19 epidemic, mostly domestic airport traffic in China has decreased sharply,

therefore, the amount of flight flow data is not enough huge, the prediction performance will also be discounted. On the other hand, although this study selects 39 airports as the multi-airports network, the flight flow data is still not completely enclosed.

In general, the prediction variance shows a high reliability by adopting STGCA algorithm, which can be regarded as a method for multi-airports' flight flow prediction research, with the STGCA's accuracy of flight flow prediction, it can reduce the aviation resource waste to the most degree.

References

[1] LI Y Y, XU W X. Short-term traffic flow predictioning based on SVR Advances in Engineering Research [J]. 2018,166 (1):57-61.

[2] ZHU J. Prediction of Vehicle Registration Quantity Based on ARIMA Model Proceedings of the 2020 9th International Conference on Computing and Pattern Recognition [J]. 2020: 508-512.

[3] YAMAK P T. Comparison between ARIMA, LSTM, and GRU for Time Series Predictioning Proceedings of the 2019 2nd International Conference on Algorithms, Computing and Artificial Intelligence[J].2019:49-55.

[4] LI Y X. Traffic prediction in a bike-sharing system Sig-spatial International Conference on Advances in Geographic Information Systems ACM [C].2015,33.

[5] HOANG M X. FCCF predictioning citywide crowd flows based on big data The 24th ACM SIGSPATIAL International Conference Article 6 [C]2020:1-10.

[6] CAI L. A noise-immune Kalman filter for short-term traffic flow predictioning Physical A: Statistical Mechanics and its Applications,2019 [C]. 2019:122-601.

[7] VLAHOGIANNI E I. Computational intelligence and optimization for transportation big data: challenges and opportunities In Engineering and Applied Sciences Optimization 2015[C]. 2015: 107-128

[8] LE C. Deep learning Nature[M]. 2015.

［9］ YU B. Spatial-temporal graph convolutional networks：a deep learning framework for traffic predictioning Proceedings of the 27th International Joint Conference on Artificial Intelligence［J］2018：3634-3640.

［10］ ZHAO L. T-GCN：A Temporal Graph Convolutional Network for Traffic Prediction. IEEE Transactions on Intelligent Transportation Systems［J］.2020，21（9）：3848-3858.

［11］ LAI G. Modeling long-and short-term temporal patterns with deep neural networks［C］. The 41st International ACM SIGIR Conference on Research & Development in Information Retrieval New York USA：ACM，2018：95-104.

［12］ BOGAERTS T. A graph CNN-LSTM neural network for short and long-term traffic predictioning based on trajectory data Transportation Research Part C：Emerging Technologies［C］.2020（112）：62-77.

［13］ CHENG T. Spatial-temporal autocorrelation of road network data j［J］. Geography. Syst 2012，14（4）：389-413.

［14］ YU B. Spatial-Temporal Graph Convolutional Networks：A Deep Learing Framewok for Traffic Predictioning［D］.Beijing：Peking University,2018.

［15］ HUANG W. Deep architecture for traffic flow prediction：Deep belief networks with multitask learning［J］IEEE Trans. Intell. Transp. Syst 2014，15（5）：2191-2201.

［16］ LV Y. Traffic flow prediction with big data：A deep learning approach IEEE Trans. Intell［J］. Transp. Syst. 2015，16（2）：865-873

［17］ YANG H F. Optimized structure of the traffic flow predictioning model with a deep learning approach IEEE Trans. Neural Netw. Learn［J］. 2017，28（10）：436-444.

［18］ ZHANG Y. Deep spatial-temporal residual networks for citywide crowd flows prediction Proc. 31st AAAI Conf. Artif［J］. Intell 2017：1655-1661.

［19］ LI Y. Diffusion convolutional recurrent neural network：data-driven traffic predictioning ar Xiv preprint ar Xiv［J］. 2017，1707（1）：926.

［20］ LIU Y. Short-term traffic flow prediction with Conv-LSTM 2017 9th International Conference on Wireless Communications and Signal Processing（WCSP）IEEE 2017［C］.2017：1-6.

颠簸指数有效性评估研究

李克南[*1]　闫　鑫[1]　陈镜旭[2]　王红勇[1]　刘海文[1]
（1. 中国民航大学空中交通管理学院；2. 中山大学大气科学学院）

摘　要　为了验证颠簸指数有效性，本文以飞行员语音报为颠簸实况，检验基于 EAR5 数据计算的各颠簸指数。首先，统计 2016 年中国区域颠簸空间分布特征，并获取颠簸发生位置时刻的 ERA5 气象数据。其次，计算 Ri 指数、TI1 指数、MOSCAT 指数、曲率方法指数、HTG 指数、S 指数、DIV 指数等 7 个颠簸指数，并根据所设定的阈值，划分重、中和轻度颠簸。最后，将指数计算的颠簸强度与实际案例的强度进行有效性评分。结果显示，重颠簸案例中预报效果最好的为 Ri 指数，正确预报率可达 76%；中度颠簸案例中预报效果最好的是 S 指数，正确预报率为 44%。在此基础上，选择天津滨海国际机场附近的一个固定位置进行连续观测，并利用 PODY、PODN、POD、TS、ETS 五种评估方法再对不同颠簸指数的预报效果进行评估。结果表明，Ri 指数在颠簸预报中表现最为优越，其对实际情况的拟合度较高，可靠性更强。

关键词　飞行颠簸　颠簸指数　航空气象

基金项目：国家重点研发计划课题（2023YFB4302903）；国家自然科学基金委员会-中国民用航空局民航联合研究基金项目资助（U2033207）；中央高校基本科研业务费（3122015C023）。

0　引言

空中颠簸常见于航路上,主要是由急流、对流、地形等因素导致空气不稳定而引起的[1]。颠簸时飞机机体会出现上下、左右晃动的现象,过于强烈颠簸可能导致人员受伤。颠簸作为民航业重点关注的危险现象之一,对其的监测与预报具有重要的实际意义和应用价值。

目前颠簸监测资料可通过飞行员话音报(PIREPs)和机载探测设备获取。语音报作为最早的颠簸实况,高可信度和实用性使其沿用至今,但主观描述的颠簸位置及对经纬度的提取有一定误差,信息具有局限性。机载探测获取的客观颠簸实况主要为湍能耗散(Energy Dissipation Rate,EDR)和垂直过载(通常用 n 来表示)。EDR 用于研究大气中的湍流结构,被国际民航组织(ICAO)认定为衡量颠簸的标准,但由于 EDR 可能与飞机负载有关,其数据可能在特定条件下受到限制而导致出现无法匹配问题[2];我国使用垂直过载增量(Δn)作为颠簸强度分级标准,其根据快速存取记录器(Quick Access Recorder,QAR)获取得出,QAR 提供了关于飞机各个方面的全面信息,包括位置、速度、高度等,但参数众多,而数据之间的关系目前尚未得到充分研究,存在着统计处理数据的精度和速度不能满足数据量不断增加的需求问题。

飞机颠簸的预报通常依赖于数值模式预报,国内外学者在考虑到涉及影响飞机升力的因素后,提出了 S 指数(SI)法[3]、湍流指数(TI)[4]等。早期民航部门主要采用理查森等指数(Ri),以获取可能引发湍流的大尺度特征信息,这些指数用于表征大气的不稳定性。

不同的颠簸指数计算方法,其侧重的气象条件有很大不同,所以对于飞机航行不同时段的颠簸预测都是极为重要的,而这就需要对效果进行评估。现阶段,研究人员致力于将各个颠簸指数的预报结果与实际飞行情况的颠簸实例进行分析,通过将实际颠簸观测资料,结合高精度气象资料绘制相关气象要场,提出一种基于评分加权方法的集成颠簸指数模型[5]。MOSCAT 概率预报因子[6]对高空重度颠簸具有较好的预报效果。为了得出适用于中国地区的颠簸定量诊断方法,得出效果较好的 3 种,分别是布朗指数、TI1 和 HTG 指数[7];计算的颠簸区范围偏大,空报率较高,适用效果较差的是 MOSCAT 和 L-P 指数[8]。

目前在国内,有关飞行颠簸的研究和预报主要以单一指标的等级预报为主,且未能充分考虑不同的颠簸指数对于各程度颠簸的预报效果存在差异这一问题,如水平温度梯度指数(HTG)、水平散度指数(DIV)等这类单一物理量的指数预报存在局限性,TI1 指数等多物理量的指数预报,又因物理量之间数值差异过大,容易造成漏报等问题。本文以 2016 年飞行员语音报为颠簸实况,检验基于 EAR5 数据的 7 种颠簸指数预报效果。根据局地颠簸案例,采用 PODY、PODN、POD、TS、ETS 5 种评估方法对不同颠簸指数的预报效果进行评估。本文从不同的指数视角探索,再从区域到局地,为空中颠簸事件选取更为有效的颠簸指数,提高民航安全、优化民航业运营等方面提供了知识信息支撑。

1　研究数据介绍

1.1　飞行员语音报

本文使用数据为 2016 年发生在中国地区的 PIREPs,其是由飞行员提供的详细描述飞行经历的文本,记录了发生时间、机型、飞位置、高度层、颠簸原因等内容。部分节选如表 1 所示。

飞行员预报颠簸报示例　　　　　　　　　　　　表 1

记录日期	报告时间	航班号	机型	造成原因	位置	高度 (m)	强度
2016/1/1	6:55	—	—	高空风向 变化较大	临汝至洛阳	9500	中
2016/1/2	12:05	—	A320	未知	29.96N 113.72E 湖北龙口上空	8100	中
2016/1/2	7:50			急流	周口以南 50~100km	8400	强

由于 PIREPs 可能受到格式不一致、缺失信息等的影响,本文首先对原始数据进行预处理,确保数据的质量和一致性,以使其更适于进一步的分析和应用。本文将原始数据中的位置信息转换为经度、纬度。如表 1 中的临汝至洛阳,为尽可能地减小误差,取两地的中间位置的经纬度;对于周口以南 50~100km,同样以中间点作为颠簸位置;亦可以通过查找航图数据来确定颠簸发生时的经纬度。

1.2 ERA5 数据

ERA5 是一种综合性的再分析数据,它同化了卫星、雷达、探空等多种观测探测资料,确保降低在高空间和时间分辨率时所有气象要素的不确定性信息[9]。其时间分辨率可达小时,垂直分辨率为 37 个压力等级(1~1000hPa),水平分辨率为 0.25°×0.25°,每层的数据包括 u 风、v 风、垂直速度、位势高度等要素。

2 研究方法

基于 PIREPs 的经度、纬度、气压层、时间,

提取各颠簸点周围三层的 ERA5 资料(提取颠簸位置附近 6×6 个 0.25°×0.25° 的方格上的气象要素)。同时确保读出来的范围使得颠簸点经纬度及高度处于其间,利用不同高度层在颠簸记录发生时的风速、温度、位势高度等计算风切变、散度、温度梯度、水平形变项、拉伸效应项等。在此基础上,完成对案例的数据提取和指数计算工作(由于存在一定误差,所以计算颠簸点及其周边的颠簸指数),最后将方格区域内任一点的指数与 PIREPs 指示的颠簸强度范围进行比较,以实现颠簸指数计算结果的准确性判定。

2.1 各指数及阈值认定准则

如表 2 所示,在比较各阈值时,TI1、Ri、HTG 指数应转换到数值的 10^{-5} 倍,MOSCAT 指数与曲率方法(ζ^2)指数分别转换到 10^{-4}、10^{-9} 倍。Ri 无单位,数值越小表示颠簸强度增大。例如,Ri 大于 5.0 表示几乎无颠簸;对于 S 指数,数值越大表示颠簸强度增大,其他指数同理。

各颠簸指数简介 表2

指数	描述	单位	无颠簸	轻度颠簸	中度颠簸	重度颠簸	严重颠簸
Ri	$\left(\frac{g}{\theta}\right)\frac{\frac{\partial\theta}{\partial z}}{\left[\frac{\partial V}{\partial z}\right]^2}$	—	20.0	5.0	2.0	0.5	−0.5
Ellrod1_TI1	总形变×垂直风切变	S^{-2}	2	5	8	11	—
MOSCAT	合成风速×总形变	m/s^2	3	11	17	27	33
ζ^2	$\left(\frac{\partial v}{\partial x}-\frac{\partial u}{\partial y}\right)^2$	S^{-2}	1	1.5	3	6	9
HTG	$\left|\left(\frac{\partial T}{\partial x}+\frac{\partial T}{\partial y}\right)\right|$	K/m	0.8	1.3	1.8	2.3	2.8
S	$(u^2+v^2)^{\frac{1}{2}}$	m/s	25	30	35	40	45
DIV	$\left|\frac{\partial u}{\partial x}+\frac{\partial v}{\partial y}\right|$	S^{-1}	3	4	5	6	7

注:θ-位温;v-u 风和 v 风的矢量和;u-风的东西分量;v-风的南北分量;z-垂直高度。

2.2 预报效果评分

TS 评分是当前通用的气象评估预报能力的评分指标,物理意义为发生颠簸时和无颠簸时的预报正确率之间的差值。ETS 评分用来评估颠簸指数的阈值变化对其预报能力的影响,以此判定颠簸指数有效性。对比计算结果与观测数据,得到以下四种情况,如表 3 所示。

颠簸指数评分判定　　　　表 3

状况	解释	案例	颠簸指数预报
TP（True Position）	正确肯定数目	发生颠簸	正确预报
FN（False Negatives）	错误否定数目	发生颠簸	错误预报
TN（True Negatives）	正确否定数目	未发生颠簸	正确预报
FP（False Position）	错误肯定数目	未发生颠簸	错误预报

发生颠簸时预报正确率：$PODY = \dfrac{TP}{TP+FN}$；

未发生颠簸时预报正确率：$PODN = \dfrac{TN}{TN+FP}$；

总体预报正确率：$PODA = \dfrac{TP+TN}{TP+TN+FP+FN}$；

TS 评分：$TS = PODY + PODN - 1$；

ETS 评分表达式为：$ETS = \dfrac{TP-e}{TP+FN+FP-e}$；

其中，$e = \left[\dfrac{(TP+FN)\times(TP+FP)}{TP+TN+FP+FN}\right]$。

TP + FP + FN + TN 是总预报次数，PIREPs 指发生颠簸数为 TP + FN，颠簸预报指数正确预报数为 TP + FP。PODY 越大，漏报率越低；PODN 越大，空报率越小；PODA 越大，就认为预报效果越好，三种评分的大小都处于[0,1]。

3　区域颠簸预报准确率

2016 年时段内总样本为 760 例，其中重度颠簸 345 例，中度颠簸 391 例，轻度颠簸 24 例。飞机颠簸主要集中在 0：00—17：00 之间，且冬季发生频率最高，夏季最低。对比实况(图 1)的初步统计结果，颠簸主要分布位于我国中纬度地区，发生于华北和中南区域上空的颠簸数量明显较多，这同副热带急流和温带急流位置对应较好，高空飞行时更容易遇到不稳定气流，导致飞机速度和姿态失衡，增加重度颠簸概率有关。

如图 2 所示，对于 345 次重度颠簸案例，Ri 指数预报效果最佳，其次是 DIV 指数，湍流强烈时，Ri 指数中的 S_v 使得结果为最小值，DIV 指数中的 u、v 风偏导在重度颠簸时增大，超过阈值即指示为重度颠簸。

如图 3 所示，对于 391 次中度颠簸案例，S 指数和 MOSCAT 指数预报效果最佳；Ri 指数对中度颠簸呈现出偏向重度颠簸的结果，可能是由于 S_v 较小，导致 Ri 指数计算结果偏低，即颠簸更强。7 种指数对中度颠簸的预报效果不佳，可能在于这些颠簸与晴空湍流(CAT)或高空飞行中的飞机积冰情况相关，需要综合气象要素等手段进行预测。

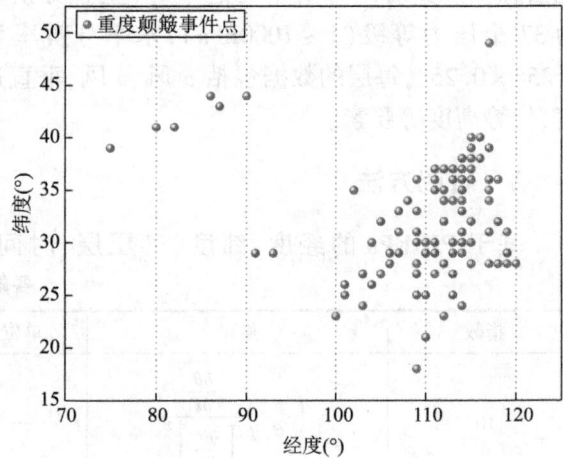

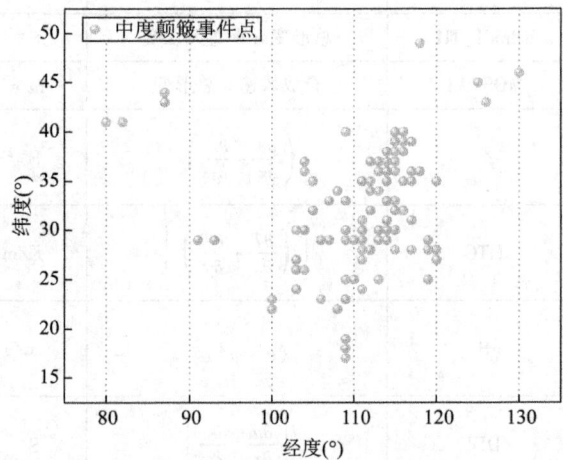

图 1　颠簸空间分布特征

由于轻度颠簸往往受到多种气象因素的综合影响，考虑到实际情况，PIREPs 中轻度颠簸案例最少，包括局部气流、地形等，使得其产生机制相对复杂，所以预测结果有待商榷。

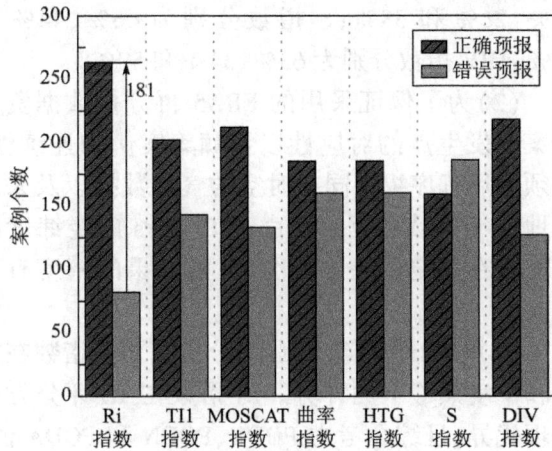

图2 重度颠簸下7种指数的预报效果

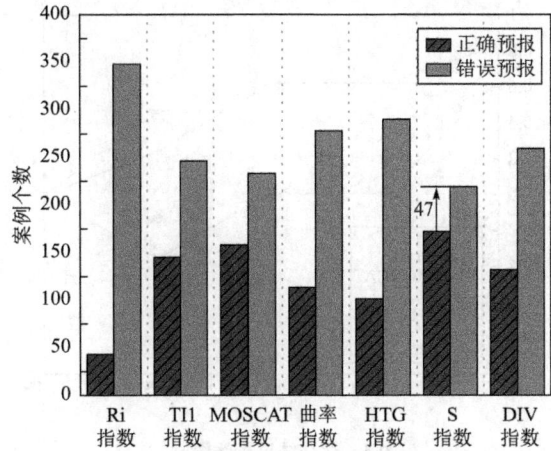

图3 中度颠簸下7种指数的预报效果

4 局地颠簸案例预报效果

4.1 局地颠簸观测序列建立

PIREPs 记录是飞机碰到颠簸之后发布的报告,是离散的,对于一定地区,若航班量较大且无颠簸报告,则本文假定该地区未发生颠簸。基于此,以天津滨海国际机场上空的 4 × 4 网格区域(经纬度范围为 N39°25′ ~ N40°25′,W117°25′ ~ W118°25′)为研究区域。

通过统计 2016 全年 8:00—20:00 天津地区 8000m 高度上的飞机颠簸报告,建立 2016 年天津地区逐小时颠簸观测数据系列。

4.2 局地重度颠簸的预报效果

在重度颠簸情况下,Ri 指数在各评分项目中表现最佳,漏报率最低;MOSCAT 指数的整体预报效果最差,空报率较高;TI1 指数与 DIV 指数的预报效果相近;S 指数在 PODN 和 PODA 项目中与 Ri 指数接近,但在其他评分项目中表现较差。因此,Ri 指数在重度颠簸预报中效果最好,结果如表4、表5和图4所示。

重度颠簸下统计结果 表4

事件分类	指数名称						
	Ri 指数	TI1 指数	MOSCAT 指数	曲率指数	HTG 指数	S 指数	DIV 指数
TP	25	11	11	17	14	20	8
FN	5	19	19	13	16	10	22
TN	2926	984	36	1583	65	2915	783
FP	1745	3687	4635	3088	4606	1756	3888

重度颠簸下评分结果 表5

项目名称	指数名称						
	Ri 指数	TI1 指数	MOSCAT 指数	曲率指数	HTG 指数	S 指数	DIV 指数
PODY	0.83	0.37	0.37	0.57	0.47	0.67	0.27
PODN	0.63	0.21	0.007	0.34	0.01	0.62	0.17
PODA	0.63	0.21	0.009	0.34	0.02	0.62	0.17
TS	0.46	-0.42	-0.63	-0.09	-0.52	0.29	-0.57
ETS	-0.003	-0.005	-0.004	-0.004	-0.003	-0.006	-0.005

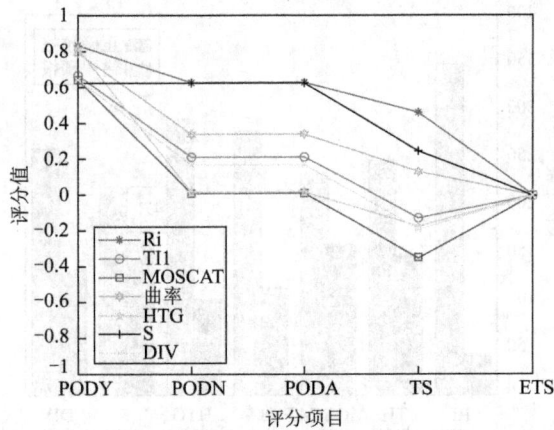

图4 评分结果折线图

4.3 局地中度颠簸的预报效果

同理,中度颠簸下的评分结果如图5所示:Ri指数在各项目评分中仍均为最高,预报效果最佳;HTG指数除PODY外得分较低,存在TI1指数和DIV指数的预报效果接近;S指数偶然性;在PODY中表现较差。

总体而言,Ri指数在中度颠簸的预报中效果最佳,如图5所示。

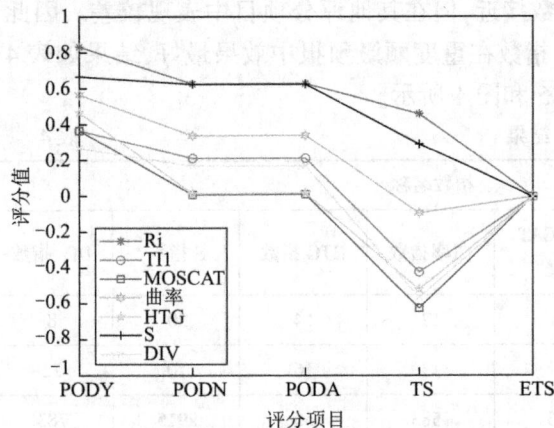

图5 评分结果折线图

5 结语

本文验证了不同颠簸指数的有效性,此外,针对2016年天津部分区域的所有案例,使用了5种方法对指数预报结果进行总结,确定最优的颠簸预报指数,研究还发现不同的颠簸指数在各颠簸程度的预报中表现差异。本文也得到如下结论:

(1)通过对三种颠簸案例进行预报的统计分析,Ri指数的正确预报率分别为76%、11%和29%;同样,TI1指数分别为59%、37%和38%;MOSCAT指数分别为61%、40%和58%;曲率指数分别为54%、29%和42%;HTG指数分别为

54%、26%和38%;S指数分别为46%、44%和71%;DIV指数分别为63%、34%和50%。

(2)为了保证采用的ERA5再分析数据资料与案例发生点的对应性以及颠簸案例的连续性,必须利用程序提取同一时空的气象数据以及采用局地整年连续数据。但由于PIREPs的经纬度的选取存在一定偏差,因此计算的结果的精度有待提高。

(3)在局地颠簸观测中,分析了预报指数在重度和中度颠簸下的评分。Ri指数在TS评分方面表现优异,且综合考虑PODY、PODN和PODA值,证明其对颠簸有较强预报能力。

参考文献

[1] SHARMAN R D, TRIER S B, LANE T P, et al. Sources and dynamics of turbulence in the upper troposphere and lower stratosphere: A review[J]. Geophysical Research Letters, Vol. 39. L12803.

[2] 蔡雪薇,万子为,吴文辉,等. 基于湍能耗散率的航空颠簸集成预报方法[J]. 大气科学, 2023, 47(4): 1085-1098.

[3] SHI X K, LIU J W, et al. A diagnostic method for aircraft turbulence based on high-resolution numerical weather prediction products[J]. Nat Hazards, 2015, 77: 867-881.

[4] KELLER, J L. CLEAR Air Turbulence as a Response to Meso-and Synoptic-Scale Dynamic Processes [J]. Monthly Weather Review, 1990, 118(10): 2228-2243.

[5] 林嘉希. 飞机颠簸的环境气象特征及预测研究[D]. 江苏:南京航空航天大学, 2021.

[6] 苏腾. 应用AMDAR数据探寻高空颠簸区的方法研究[D]. 四川:中国民用航空飞行学院, 2016.

[7] 徐佳男. 中国地区飞机颠簸的气候特征及定量诊断[D]. 四川:成都信息工程大学, 2018.

[8] 陈春元,罗义. 中南地区航空器空中颠簸指数适用分析[J]. 气象科技, 2022,50(03): 412-419.

[9] 陈君芝,施晓晖. ERA5再分析10m风速数据在"两洋一海"的适用性分析[J]. 气象, 2023,49(1): 39-51.

二维矩形切割排样问题研究

李云飞[1] 徐吉辉[*1] 闫志刚[2] 田文杰[1] 陈璐[1] 杭宇[3] 赵向领[4]

(1.空军工程大学装备管理与无人机工程学院;2.中国人民解放军93525部队;

3.江苏航运职业技术学院智能制造与信息学院;4.中国民航大学空中交通管理学院)

摘 要 为了提高板材资源利用率,减少浪费,通过建立二维切割排样整数规划模型,获得可行的排样方案。模型以矩形板块利用率最大和排样价值最大为目标函数,综合考虑实际排样操作过程中的限制条件,包括待排样矩形块不超边界限制、两两间不重叠限制、平行于坐标轴正交分配的限制,以及松弛了待排样矩形板块不可正交旋转的限制,以经典的 Benchmark 作为实验数据,运用 Gurobi 和商用排样软件 CutLogic2D,进行求解、验证和对比。实验结果表明,Gurobi 面积利用率和分配的价值要弱于专业切割排样软件 CutLogic2D。但该模型为运输机装载重型装备的装载配平提供了参考价值,将从重心重量两方面有效保证飞机的安全运行。

关键词 二维切割排样 混合整数规划模型 Gurobi CutLogic2D

0 引言

二维切割作为一种常用的资源分配理论方法,在大量的实际问题中具有重要作用[1],应用于生产生活中的多种场景。矩形块的分配便是其中一种。好的二维切割方案不仅提高了资源利用率,减少了浪费,降低了成本,还可以增加利润。本文研究的是二维切割排样问题,即通过建立模型,实现矩形块合理分配,以及分配价值和利用率最大。

二维切割问题具有较高的计算复杂度,属于是经典的 NP-难问题[2-4],难以在多项式时间内寻找到可行解。随着问题规模的增大,求解时间将会呈爆发式指数模式增长。通常按照求解方法可分为精确方法和近似方法。

基于数学规划的方法[5-8]、递归[9-10]、分支定界法、割平面法、穷举法、商业求解器 Cplex[12,15] 和 Gurobi[16] 等这些常见的方法均属于精确方法。

树搜索算法作为一种精确算法,Nicos C 等[11]、Beasley J E[12]、Nicos C[13] 均使用此算法研究解决二维切割问题,但模型目标和考虑的约束具有差异,不重叠、不超边界等常见的切割约束,切割价值最大和利用率最大为常见的目标。Elsa S[14] 提出求解二维切割下料问题的整数规划模型,调用商业求解器 Cplex 求解模型,实现使用的矩形板总数最小。Mateus M[15] 提出一种基于二叉树的自顶向下的切割方法,通过建立混合整数规划模型,解决有约束的二维切割问题,使用 Cplex 求解器寻求价值最大的切割方案。Mateus M[16] 针对有限开维的两阶段和三阶段的二维一刀切切割下料问题,提出了整数线性规划模型,考虑了几何、技术、调度等约束,调用商业求解器 Gurobi 求解模型。Gabriel G[17] 提出了解决二维有限开维问题的整数线性规划模型,增加对切割模式集合排序,消除了解对称性,减小了搜索空间,使用商业求解器 Cplex 求解验证了模型的可行性。Manuel I[18] 针对含有二维装载约束的车辆路径问题,考虑货物不旋转方向固定的情况,提出了一种分支定界的精确算法,使用了商业求解器 Cplex 求解模型与算法。Kenmochi M[19] 提出了一种基于分支定界的精确算法,将其应用到二维条带装箱问题中,并考虑了货物旋转和不旋转的两种情况,可有效解决问题规模为 200 个的待装载矩形实例。Lodi A[20] 针对二维背包问题,提出了线性整数规划模型,并考虑了货物方向固定和消除解的对称性不等式约束,通过调用 Cplex,在分支定界算法框架中求解最优解。Hatefi M[21] 提出了一种基于列生成法求解二维单背包问题不旋转的不同

基金项目:国家科学自然基金项目(52074309)。

尺寸的固定背包问题，目标是实现装载价值最大。Yohei A[22]针对矩形块不旋转的二维矩形条带装箱问题，提出了基于分支定界方法的精确方法和启发式方法，实现了装箱高度最小。Gleb B[23]针对货物不旋转的二维正交装箱问题，提出了一种生成线性规划的可行区间图算法，使用 Cplex 求解问题模型。Mohammad D[24]使用了基于递归方法的精确算法求解二维正交一刀切背包问题，考虑了矩形块不旋转、不重叠、平行于箱子的边装载的约束，实现利润最大的目标。Silvano M[25]提出了一种精确算法，以解决正交的二维条形装箱问题，并考虑了矩形板块不重叠、方向固定不旋转，使得所用高度最小。

精确方法虽然可以得到精确解，但适用于小规模的问题，对于大规模问题，由于往往受求解时间的制约，故不适宜采用。而近似方法的近似解虽然不是精确解，但往往接近最优解，在解的质量和求解时间上是可接受的，受到了广泛的关注和研究。一般通过构造基于启发式搜索算法得到近似解。基于启发式搜索的近似方法可分为启发式算法和元启发式算法。

启发式算法往往是依据经验和主观判断所构造的算法，可在计算机的开销时间范围内得到组合优化问题的一个可行解。Kanokwatt S[26]提出了一种求解二维矩形背包布局问题的双向启发式布局算法，考虑了货物的不重叠、不旋转、不超边界的约束，以最大化空间使用率为目标。Waldo G[27]提出了一种通过 L 装箱方法构造了 1.89 近似算法，用于解决二维几何背包问题，考虑了货物不重叠不旋转和可旋转两种情况，实现装箱背包利润最大。Sandy H[28]提出了一种快速近似方案解决二维背包问题，考虑货物不旋转约束，实现总利润最大的目标。

元启发式方法是通过模拟自然界发生的现象的一种演化算法，可有效解决大规模问题，获得全局近似解，一般有遗传算法、模拟退火算法、禁忌搜索算法、粒子群算法、混合算法等。Leung S C H[29]针对方向固定、非一刀切的二维正交条形包装问题，提出了两阶段智能搜索算法，在第一阶段使用启发式算法选择矩形，第二阶段是使用局部搜索和模拟退火算法改进问题的解。Omar A[30]为解决二维下料问题，建立整数规划模型使用自适应粒子群优化方法与混合启发式

算法结合的方法求解问题的可行解，使得在每个周期内总的浪费率最小。Omar A[31]针对二维不定向切割下料问题，从固定长宽的大矩形板中切割预定尺寸的小矩形片，最大限度地减小未使用面积，提出粒子群优化方法和启发式准则相结合的新算法。Thiago A[32]针对二维可分离约束的背包问题考虑货物不能同时装载、不旋转等约束，提出了分支切断算法的整数规划和禁忌搜索算法模拟退火算法相结合的启发式算法求解模型。Jose F G[33]等提出一种具有缺陷的二维切割问题的混合整数规划模型，考虑了矩形块间不重叠、矩形块与缺陷不重叠、不超边界、唯一性等约束，将模型与偏随机密钥遗传算法方法相结合求解问题，实现价值最大。Eleni H 等[34]提出了贪婪算法和遗传算法混合的启发式算法，解决二维单个大矩形放置问题，考虑了非一刀切、矩形块不旋转、矩形块边平行于大矩形等约束，实现价值最大的目标。

综合分析上述文献得知，二维矩形板的切割排样往往是考虑小矩形板在大矩形板中不超出边界、不重叠约束，而往往忽视了正交旋转这一约束，该约束限制了可能最优切割方案的形成。对此，本文针对矩形板的二维切割排样问题，考虑了矩形块可正交旋转的关键约束和其他相关约束，拟通过建立混合整数规划模型研究解决。

1 建立模型

1.1 模型概述

二维矩形块分配问题目标是将给定长与宽的矩形块按照要求放置到矩形板上，提高矩形板的利用率，尽可能减少矩形板的面积浪费，达到节约矩形板的目的。

假设当前这样的矩形块有 R 个，现需要将其按照约束要求放置到固定长宽的矩形板平面上。设待分配矩形板块为 $R = \{R_1, R_2, \cdots, R_n\}$，长宽分别为 $l = \{l_1, l_2, \cdots, l_n\}$，$w = \{w_1, w_2, \cdots, w_n\}$，价值 $V = \{V_1, V_2, V_3, \cdots, V_n\}$，并假设重心在矩形块的中心。为了明确清晰表示所排货物在矩形板中的位置，设置图 1 所示的坐标，以矩形板的长 L 为横轴 X 轴，矩形板的宽 W 为纵轴 Y 轴，矩形块的位置则是以左下角坐标点 (x_i, y_i) 表示。

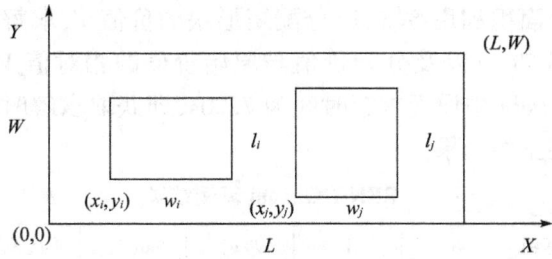

图1　矩形板平面坐标系

1.2　矩形块分配模型

矩形块的分配问题是具有背包问题和指派问题的特征,首先需要考虑是否分配到矩形板中。用 i 表示矩形块,可设一维决策变量 t_i 矩形块是否分配到矩形块中为 1 或 0,即:

$$t_i = \begin{cases} 1, \text{如果第 } i \text{ 个矩形块分配到矩形板中} \\ 0, \text{其他} \end{cases}, \forall i \in R$$
(1)

其次需要考虑放置位置,用矩形块左下角坐标 (x_i, y_i) 表示矩形块的放置位置。

为使得矩形块可正交旋转放置,引入辅助变量式(2)~式(5):

$$l_{xi} = \begin{cases} 1, \text{矩形板块 } i \text{ 的 } l \text{ 边平行于 } x \text{ 轴} \\ 0, \text{其他} \end{cases}, \forall i \in R$$
(2)

$$w_{xi} = \begin{cases} 1, \text{矩形板块 } i \text{ 的 } w \text{ 边平行于 } x \text{ 轴} \\ 0, \text{其他} \end{cases}, \forall i \in R$$
(3)

$$l_{yi} = \begin{cases} 1, \text{矩形板块 } i \text{ 的 } l \text{ 边平行于 } y \text{ 轴} \\ 0, \text{其他} \end{cases}, \forall i \in R$$
(4)

$$w_{yi} = \begin{cases} 1, \text{矩形板块 } i \text{ 的 } w \text{ 边平行于 } y \text{ 轴} \\ 0, \text{其他} \end{cases}, \forall i \in R$$
(5)

如图 2 所示,本文默认矩形块放置方向为长边 L 平行于 X 轴,宽边 W 平行于 Y 轴,如果放置方向发生变化即长边平行于 Y 轴,宽边平行于 X 轴,表明矩形块发生正交旋转。

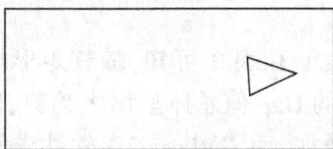

图2　默认放置方向

为防止矩形块 i 和 j 两两间重叠,引入辅助变量式(6)~式(9):

$$a_{ij} = \begin{cases} 1, \text{矩形板块 } i \text{ 在矩形块 } j \text{ 的左边} \\ 0, \text{其他} \end{cases}, \forall i \in R$$
(6)

$$b_{ij} = \begin{cases} 1, \text{矩形板块 } i \text{ 在矩形块 } j \text{ 的右边} \\ 0, \text{其他} \end{cases}, \forall i \in R$$
(7)

$$c_{ij} = \begin{cases} 1, \text{矩形板块 } i \text{ 在矩形块 } j \text{ 的下边} \\ 0, \text{其他} \end{cases}, \forall i \in R$$
(8)

$$d_{ij} = \begin{cases} 1, \text{矩形板块 } i \text{ 在矩形块 } j \text{ 的上边} \\ 0, \text{其他} \end{cases}, \forall i \in R$$
(9)

通常,单板块矩形的排样问题是实现板块利用率最大和排样价值最大,因此矩形块分配模型如下:

$$\max \quad f = (\alpha \sum_{i=1}^{n} l_i \cdot w_i \cdot t_i + \beta \sum_{i=1}^{n} V_i \cdot t_i)$$
(10)

$$x_i + l_i l_{xi} + w_i w_{xi} \leq x_j + (1 - a_{ij})M$$
(11-a)

$$x_j + l_j l_{xj} + w_j w_{xj} \leq x_i + (1 - b_{ij})M$$
(11-b)

$$y_i + w_i w_{yi} + l_i l_{yi} \leq y_j + (1 - c_{ij})M$$
(11-c)

$$y_j + w_j w_{yj} + l_j l_{yj} \leq y_i + (1 - d_{ij})M$$
(11-d)

$$a_{ij} + b_{ij} + c_{ij} + d_{ij} \geq t_i + t_j - 1$$
(11-e)

$$a_{ij} + b_{ij} \leq 1$$
(11-f)

$$c_{ij} + d_{ij} \leq 1$$
(11-g)

$$\forall i, j \in R, i \,! = j$$

$$\begin{cases} (a)\, x_i + p_i l_{xi} + q_i w_{xi} \leq L + (1 - t_i)M \\ (b)\, y_i + p_i l_{yi} + q_i w_{yi} \leq W + (1 - t_i)M \end{cases},$$
$$\forall i, j \in R, i \,! = j$$
(12)

$$\begin{cases} (a)\, l_{xi} + l_{yi} = 1 \\ (b)\, w_{xi} + w_{yi} = 1 \\ (c)\, l_{xi} + w_{xi} = 1 \\ (d)\, l_{yi} + w_{yi} = 1 \end{cases}, \forall i \in R$$
(13)

$$\sum_{i=1}^{n} l_i \cdot w_i \cdot t_i \leq L \cdot W, \forall i \in R$$
(14)

$$t_i \cdot M > x_i, i \in R$$
(15)

式(10)为目标函数,要求最小化平面切割面积的浪费,提高矩形板平面利用率,同时实现所分配矩形块价值最大。

式(11)表示矩形块 i 与 j 两两间不重叠,阻止占用相同位置,式(11e)中左侧变量 a_{ij}、b_{ij}、c_{ij}、d_{ij} 至少其中一个必须等于 1,则两小矩形板 i 和 j 在 x 轴和 y 轴上都不会发生重叠;式(11e)右侧表示只有当第 i、j 两个小矩形板块都被分配到大矩形板块中,才会发生重叠的可能。M为一个大数。

式(12)确保分配的矩形块必须位于矩形板内,即在长与宽两个方向上的长度均不超出矩形板块的长与宽。

式(13)为松弛了方向固定的约束,矩形块可以发生正交旋转,即可以长边平行于X轴或者Y轴,宽边亦是如此。

式(14)保证分配到矩形板上的货物面积之和小于矩形板的面积。

式(15)确保分配到矩形板上的货物都有位置。

由于所给模型中方向不固定,但给出了小矩形板块的朝向即横向、纵向两种放置方向,故要求货物排列方式长宽边必须平行于矩形板的长宽边。

2 算例分析仿真计算

2.1 算例数据

为验证模型的有效性,采用了博洛尼亚大学运筹学网站 https://site. unibo. it/operations-research/en/research/library-of-codes-and-instances-1 的 Benchmarks 切割与装箱实例,表1为经典的BENG Benchmarks 测试数据集特征,其中 N 为矩形块的数量,L/W 为矩形板的长/宽,V 为矩形块的总价值。

BENG 数据集特征　　　　　表1

算例	N	L/W	V
1	20	25/30	1801
2	40	25/57	2948
3	60	25/84	4658
4	80	25/107	6023
5	100	25/134	7561
6	40	40/36	2723
7	80	40/67	4905
8	120	40/101	6841
9	160	40/126	8750
10	200	40/156	8117

2.2 算例分析

表2和表3分别是商业求解器 Gurobi 和专业切割下料软件 CutLogic 2D 求解算例 BENG 的结果,BENG 是中等规模的样例。表2和表3中包含

了面积利用率 S、所分配矩形块的价值 V、求解时间 $T(s)$ 以及分配价值与原始价值的相对值 V_R。Gurobi 中设置求解时间为7200s,即获取求解时间终止的结果。

BENG Gurobi 算例结果　　　表2

算例	S	V	$T(s)$	Gap(%)	$V_R(\%)$
1-1	97.60%	1681	7320.39	1.21	6.66
1-2	96.34%	2810	7217.33	3.80	4.68
1-3	95.12%	4293	7210.25	5.13	7.84
1-4	90.61%	5447	7203.25	10.36	9.56
1-5	90.00%	6919	7242.72	10.74	8.49
1-6	95.78%	2512	7201.30	4.41	7.75
1-7	89.34%	4235	7520.56	11.26	13.66
1-8	87.21%	6262	7241.22	14.66	8.46
1-9	75.08%	7077	7219.74	33.19	19.12
1-10	73.67%	6382	7202.49	35.74	21.37
均值	89.08%	4761.80	7257.93	13.05	10.76

BENG CutLogic 2D 算例结果　　　表3

算例	S	V	$T(s)$	$V_R(\%)$
1-1	98.80%	1801	35	0.00
1-2	97.26%	2720	59	7.73
1-3	96.38%	4433	123	4.83
1-4	96.93%	5575	104	7.44
1-5	95.31%	6579	47	12.99
1-6	97.84%	2642	46	2.97
1-7	95.78%	4468	110	8.91
1-8	93.41%	6146	44	10.16
1-9	93.98%	8304	29	5.10
1-10	94.26%	7714	43	4.96
均值	96.00%	5038.20	64	6.51

由表2和表3可知,在矩形板面积利用率方面 Gurobi 和 CutLogic2D 平均分别为89.08%和96%;在价值分配方面两种方法平均分别为4761.80和5038.20;在求解时间方面平均分别为7257.93s和64s。

结合表1和表2可知,随着矩形块数量的增多,Gurobi 的 Gap 值总体呈增大趋势,所需求解时间将大幅增加,而 CutLogic2D 软件求解时间并没有大幅变化,求解时间最多接近2min,平均仅为1min。

图3是依据表2和表3绘制的面积利用率使

用情况。由图3可知,Gurobi 矩形板面积利用率呈下降趋势,而专业的切割软件 CutLogic2D 具有较好的结果,矩形板面积利用率稳定在 93.41% 以上,但 Gurobi 中部分算例的面积利用率接近于 CutLogic 2D,表明 Gurobi 方法也具有一定的有效性。

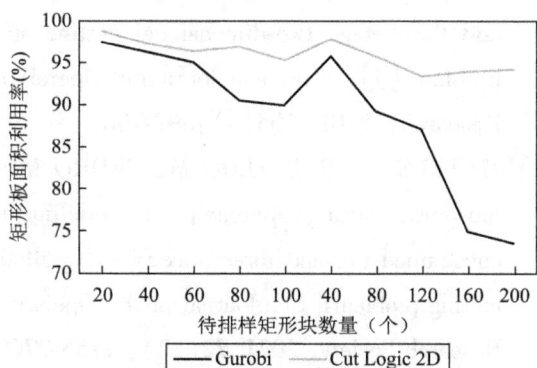

图3 矩形板面积利用率

图4是依据矩形板所分配的价值的相对值 V_R 所绘制的箱线图,相对值越小表明解的结果越好,由图4可知 Gurobi 要弱于专业的切割下料软件 CutLogic 2D,但部分算例如 1-2、1-5、1-8 要稍优于 CutLogic 2D。

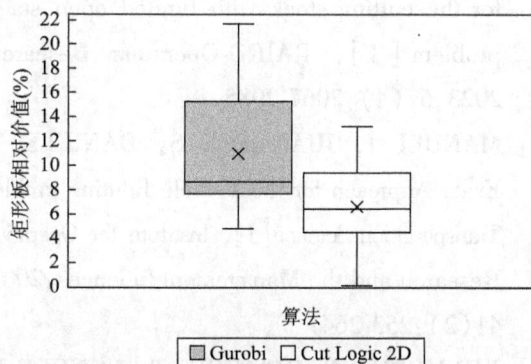

图4 矩形块价值相对值箱线图

图5、图6分别是 Gurobi 和 CutLogic 的矩形块的分配位置,各矩形块平行于矩形板放置,按照给定的默认方向,可以确定矩形块的放置方向,矩形块两两间无重叠发生。

3 结语

二维切割排样属于是经典的 NP-难问题,模型中变量较多,随着待排样矩形块数量的增加,求解难度将迅速增大。本文研究了二维切割排样问题,在前人研究基础中增加了矩形块可正交旋转的约束,并与切割下料软件 CutLogic 2D 作了对比。未来,此模型可以与运输机的装载配平模型相结合用于确定重型装备的装载位置及方向。重心重量是飞机安全运行的因素之一,也是评估飞机安全的指标之一。该方法在利用二维切割提高空间利用率的同时,考虑了运输机的重心重量等约束,使得优化后的装载方案更加接近于理想重心,确保了运输机的安全运行,与纯粹的装载方法相比,不仅提高了装载业载量和空间利用率,而且增加了运输机的安全性和稳定性,还可以减少燃油消耗减低环境中碳排放强度。该方法也可以应用于汽车装箱、码头堆垛、特别是船舶配载等问题。

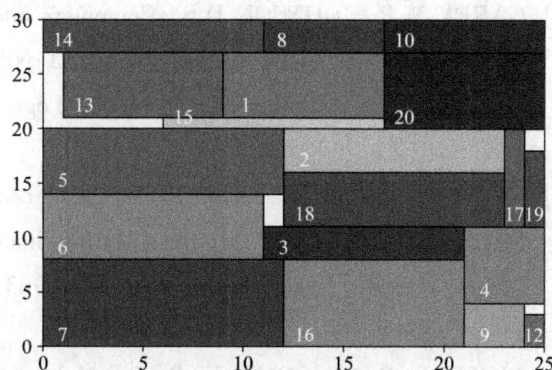

图5 算例 1-1 Gurobi 矩形块分配结果

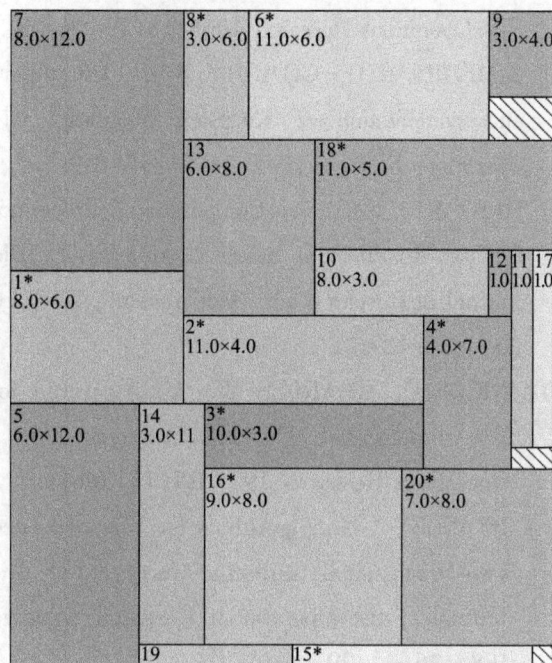

图6 算例 1-1 CutLogic2D 矩形块分配结果

参考文献

[1] KANTOROVICH L V. Mathematical methods of organizing and planning production [J].

Management Science, 1960, 6(4): 366-422.

[2] CLAIRE K, ERIC R. A Near-Optimal Solution to a Two-Dimensional Cutting Stock Problem [J]. Mathematics of Operations Research, 2000, 25(4):645-656.

[3] CONNOLLY D, MARTELLO S, TOTH P. Knapsack Problems: Algorithms and Computer Implementations [J]. The Journal of the Operational Research Society, 1991,42(6):513.

[4] KELLERER H, PFERSCHY U, PISINGER D. Knapsack Problems[M]. Springer, Berlin,2004.

[5] GAREY M R, JOHNSON D S. Computers and Intractability. A Guide to the Theory of NP-Completeness [J]. Journal of Symbolic Logic, 1983, 48(2): 498-500.

[6] GILMORE P C, GOMORY R E. A Linear Programming Approach to the Cutting-Stock Program-Part II [J]. Operation Research,1963, 11:863-888.

[7] GIMLORE P C, GOMORY R E. Multistage cutting stock problems of two or more dimensions [J]. Operations Research,1965,13(1):94-120.

[8] GIMLORE P C, GOMORY R E. The theory and computation of Knapsack fuctions [J]. Operations Research,1966,14(5):849-859.

[9] HERZ J C. Recursive Computational Procedure for Two-dimensional Stock Cutting [J]. IBM Journal of Research and Development, 1972,16(5):462-469.

[10] NICOS C, CHARLES W. An Algorithm for Two-Dimensional Cutting Problems [J]. Operations Research,1977,25(1):30-44.

[11] BEASLEY J E. Algorithms for Unconstrained Two-Dimensional Guillotine Cutting[J]. The Journal of the Operational Research Society, 1985,36(4):297.

[12] BEASLEY J E. An Exact Two-Dimensional Non-Guillotine Cutting Tree Search Procedure [J]. Operations Research. 1985,33(1):49-64.

[13] NICOS C, HADJICONSTANTINOU E. An exact algorithm for orthogonal 2-D cutting problems using guillotine cuts [J]. European Journal of Operational Research, 1995, 83(1):21-38.

[14] SILVA E, ALVELOS F, VALÉRIO DE CARVALHO J M. An integer programming model for two- and three-stage two-dimensional cutting stock problems[J]. European Journal of Operational Research, 2010, 205(3):699-708.

[15] MATEUS M, REINALDO M, PEDRO M. A top-down cutting approach for modeling the constrained two-and three-dimensional guillotine cutting problems[J]. Journal of the Operational Research Society, 2021,72(12): 2755-2769.

[16] MATEUS M, YANASSE H, SANTOS M, et al. Models for two-and three-stage two-dimensional cutting stock problems with a limited number of open stacks [J]. International Journal of Production Research, 2023, 61(9), 2895-2916

[17] GABRIEL G, KELLY C. Mathematical models for the cutting stock with limited open stacks problem [J], RAIRO-Operation Research. 2023,57(4):2067-2085.

[18] MANUEL I, JUAN-JOSÉ S, DANIELE V. Exact Approach for the Vehicle Routing Problem Transportation Science[J], Institute for Operations Research and the Management Sciences,2007, 41(2):253-264.

[19] KENMOCHI M, IMAMICHI T, NONOBE K, et al. Exact algorithms for the two-dimensional strip packing problem with and without rotations[J]. European Journal of Operational Research, 2009,198(1): 73-83.

[20] LODI A, MONACI M. Integer linear programming models for 2-staged two-dimensional Knapsack problems[J]. Mathematical Programming, 2003, 94(2-3): 257-278.

[21] HATEFI M. Developing Column Generation Approach to Solve the Rectangular Two-dimensional Single Knapsack Problem [J].

Scientia Iranica ,2017,24: 3287-3296.

[22] YOHEI A, IMAMICHI T, NAGAMOCHI H. An exact strip packing algorithm based on canonical forms [J]. Computers Operations Research,2012, 39(12): 2991-3011.

[23] GLEB B, HEIDE R. LP Bounds in an Interval-Graph Algorithm for Orthogonal-Packing Feasibility [J]. Operations Research, 2013, 61 (2): 483-497.

[24] MOHAMMAD D, LODI A, MONACI M. Exact algorithms for the two-dimensional guillotine knapsack [J]. Computers Operations Research, 2012, 39(1):48-53.

[25] SILVANO M, MICHELE M, DANIELE V. An Exact Approach to the Strip-Packing Problem[J]. informs Journal on Computing, 2003, 15(3):310-319.

[26] KANOKWATT S, JEERAYUT C, WIJAK S, et al. An iterative bidirectional heuristic placement algorithm for solving the two-dimensional knapsack packing problem [J], Engineering Optimization, 2017:1029-0273.

[27] WALDO G, GRANDONI F, HEYDRICH S, et al. Approximating Geometric Knapsack via L-Packings[C]. In 2017 IEEE 58th Annual Symposium on Foundations of Computer Science (FOCS), Berkeley, CA, USA, 2017: 260-271.

[28] SANDY H, ANDREAS W. Faster Approximation Schemes for the Two-Dimensional Knapsack Problem[J]. ACM Transactions on Algorithms

2019. 15(4):1-28.

[29] LEUNG S C H, ZHANG D, SIM K M. A two-stage intelligent search algorithm for the two-dimensional strip packing problem [J]. European Journal of Operational Research, 2011,215(1): 57-69.

[30] OMAR A, BARKALLAH M. An adapted particle swarm optimization approach for a 2D guillotine cutting stock problem[J]. Mechanics Industry, 2016,17(5): 508.

[31] OMAR A, MALEK M, MARIEM B A,et al. A New PSO-based Algorithm for Two-Dimensional Non-Guillotine Non-Oriented Cutting Stock Problem[J], Applied Artificial Intelligence. 2017 ,31(4):376-393.

[32] THIAGO A, HOKAMA P H D B, SCHOUERY R C S, et al. Two-dimensional Disjunctively Constrained Knapsack Problem: Heuristic and exact approaches [J]. Computers Industrial Engineering, 2017,105: 313-328.

[33] JOSÉ F G ,GERHARD W . A MIP model and a biased random-key genetic algorithm based approach for a two-dimensional cutting problem with defects[J]. European Journal of Operational Research,2020,286(3):867-882.

[34] ELENI H, MANUEL I. A hybrid genetic algorithm for the two-dimensional single large object placement problem [J]. European Journal of Operational Research, 2007: 183 (3), 1150-1166.

基于横纵向延误扩散的航班延误波及效应分析

韦 薇*1 王效俐2

(1.上海工程技术大学航空运输学院;2.同济大学经济与管理学院)

摘 要 航空网络中的航班延误波及效应呈涟漪式扩散,导致整个航空运输网络的混乱和不便。因此,科学预测与分析航班延误带来的波及效应,成为航空公司和相关决策者迫切需要解决的难题。本文基于横向和纵向共同影响下的延误空间扩散研究视角,采用修正延误波及树–贝叶斯网络组合模型,以预测下游节点受延误波及后的延误时间作为特征指标来衡量航班延误在航空网络中的波及效应,旨在为航空网络中延误波及效应的分析预测提供新的思路,提高航班运行效率和减少经济损失。研究结果表明,横纵向延误扩散综合分析视角下显著提高了航班延误波及效应预测的准确性。其中航班串的平均预测误差值从单一视角下的8.03%和16.27%分别降至2.43%和8.67%,所有综合分析后的航班串的平均误差值均小于10%。

关键词 航班延误 延误波及 航空网络 贝叶斯网络 修正延误波及树

0 引言

航空网络中的航班延误波及效应呈涟漪式扩散,由于航空网络的复杂性,航班延误的波及效应往往会导致整个航空运输网络的混乱和不便[1]。在航班延误波及效应的研究问题上,国内外学者们多结合航班延误传播规律[2-6]、航班延误预测方法优化[7-13]等进行研究。通常航班延误波及效应的影响因素根据空间扩散来源的不同,主要分为纵向波及和横向波及。传统研究思路仅考虑横向[14,15]或纵向单一影响下的波及效应[16],同时缺少对整体航空网络枢纽节点之间航班延误以及受机场运行随机因素影响引发延误的考虑(Joan Calzada,2023)[17]。因此,本文以横纵向共同影响下的延误空间扩散为研究视角,科学分析航空网络航班的延误波及效应,旨在为航空网络中延误波及效应的分析预测提供新的思路,以提高航班运行效率和减少经济损失。

1 航班延误的空间扩散分析

航班延误的生命周期由航班延误的产生、航班延误的扩散以及航班延误的消除三个过程组成。航班延误波及效应的影响因素根据空间扩散来源的不同,主要分为纵向扩散影响因素和横向扩散影响因素。

纵向扩散主要指前序航班延误状态、起飞降落时间和空中飞行时间等因素对航班延误时间的作用。强调针对航班本身的运行进行影响。采用时空网络图中描述航班运行的特点,时间顺序自上而下,起点为机场A的航班,纵向扩散作用特点如图1所示。

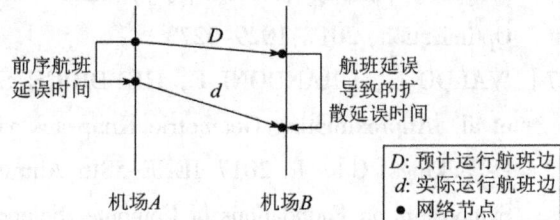

图1 纵向扩散作用示意图

横向扩散影响因素主要是航班在机场范围内,受到机场跑道资源、安全因素、天气状况、流量控制等因素影响,航班离港时间产生延误。横向影响因素强调机场本身的问题。采用时空网络图中描述航班运行的特点,时间顺序自左到右,起点为机场A的航班,则横向扩散作用特点如图2所示。

将纵向扩散因素和横向扩散因素影响下的波及形式称为机场间的纵向波及和在机场内的横向波及。纵向影响因素和横向影响因素往往伴随出现,延误波及问题难以依靠单一视角进行探讨和缓解。如多个前序航班延误导致机场跑道资源占用饱和,造成流量过载问题,从而使得航班延误问题加剧,产生的延误波及效应将对下游节点机场进行二次传播。因此,研究延误波及问题时,应当兼顾纵向和横向影响因素进行综合分析探讨。

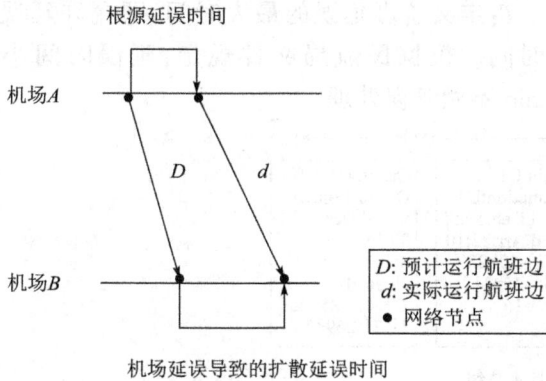

图2　横向扩散作用示意图

2　航空网络结构描述

航空网络结构中根节点作为根延误时间产生的来源，与横向因素产生附加延误时间无关，因此无须限定具体的机场作为根节点。而中间节点机场是探讨横向影响因素的关键，且为机场随机因素数据的来源，则需要以具体的机场作为研究对象，因此本文将选取具有代表性的三大门户枢纽机场作为航班串的中间枢纽节点，抽象出全国航空大网络的一部分，以三字码首字母命名为 P-S-C 航空网络。

构建的航空网络结构如图3所示。由延误波及的路径可将航班串中的机场分为根节点机场、中间节点机场和叶子节点机场。其中由根节点机场出发的航班为产生延误的源头，在航空网络图中以字母 R(Root)开头命名航班号；中间节点机场的航班受上游节点所波及的延误时间影响，并将延误时间波及下游节点，在航空网络图中以字母 M(Middle)开头命名航班号。图中所示的航班号的作用为区分根节点航班与中间节点航班，并非实际航空公司运营航班号。

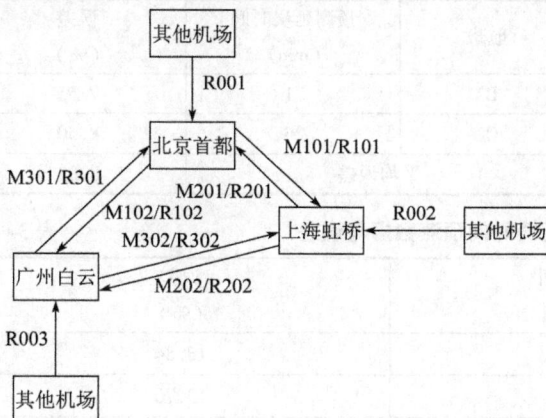

图3　以三大机场为核心的 P-S-C 航空网络示意图

3　航空网络中航班延误波及效应实证分析

3.1　分析方法及思路

为缩小不同航季可能导致航班延误的影响因素范围，本文以 2019 年 6 月选取 P-S-C 航空网络中的航班数据进行抽取。其中关键的样本属性包括航班号、起飞机场/到达机场、计划起飞时刻/到达时刻、实际起飞时刻/到达时刻、延误因素、延误时间。本文将选取航班延误时间作为航班延误波及效应的特征，以此进行量化分析研究 P-S-C 航空网络结构中航班延误时间在航班串下游节点的波及情况。

波及树是针对航班串中延误传播情况的一种推断方法。贝叶斯网络则是基于条件概率的一种预测方法。其能够推断出多因素综合影响下可能导致的延误情况。因此，波及树方法与贝叶斯网络应用具有优势互补的特点。

本文对航班延误波及效应的分析预测研究分为三个步骤。首先，选取航班串数据，进行航班延误波及树的构建和预测数值的计算。其次，采用贝叶斯网络方法，对各节点机场的随机因素进行分析，并修正航班延误波及树。最后，根据修正延误波及树进行预测数值的检验，通过误差数据对比分析延误波及树的预测效果。

3.2　基于波及树的纵向扩散延误波及效应分析

选取 2019 年 6 月以北京首都机场、上海虹桥机场和广州白云机场为中间节点的 3 条航班串数据进行延误波及树的构建，分别如图4、图5、图6所示。构建延误波及树的相关符号如下：

Origin：起飞机场。

Destination：目的机场。

Sched. Dep：航班计划离场时间(schdual departure time)。

Sched. Arr：航班计划到达时间(schdual arrive time)。

RtD：根延误时间(root delay time)，也称初始延误时间。

T_Z^{RD}：机场 Z 的随机延误时间(random delay time)，即机场随机因素造成的延误时间。机场随机因素会对航班运营产生影响，并引起不同程度的延误附加，故二者的潜在关系是分析航班延误传播问题的关键与难点。

T_{ij}^{SL}:航班i在机场j的松弛时间(slack time),即过站时间与周转时间之差,反映航班在机场的计划安排对于该航班延误时间的吸收程度。

T_i^D:延误时间(delay time)。

T:定义航班延误的最大时间,即允许延误最大时间。根据民航局文件规定,延误时间小于15min不做延误处理。

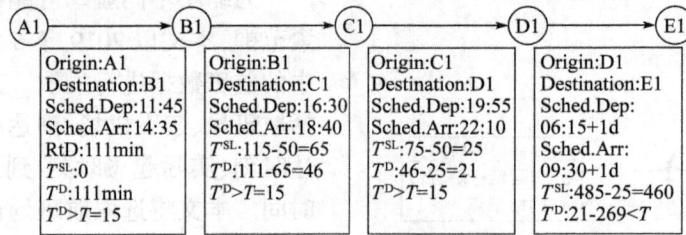

图4　航班串一的延误波及树

A1-福州机场;B1-北京首都机场;C1-上海虹桥机场;D1-北京首都机场

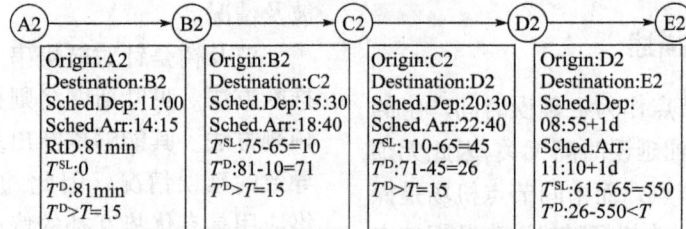

图5　航班串二的延误波及树

A2-北京首都机场;B2-广州白云机场;C2-北京首都机场;D2-上海虹桥机场

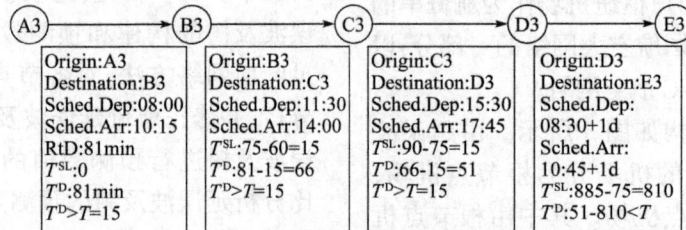

图6　航班串三的延误波及树

A3-北京首都机场;B3-广州白云机场;C3-北京首都机场;D3-上海虹桥机场

由此,结合三条航线的延误波及树求得的预测延误时间与真实延误时间的误差值的比较,衡量延误波及树方法预测的准确度。三条航班串根据延误波及树求得的航班延误预测及误差值分别见表1、表2、表3。

航班串一基于航班延误波及树的延误时间预测数据与误差　　表1

航班	预测延误时间 (min)	误差 (%)
B1	46	3.20
C1	21	7.03
平均误差		5.12

航班串二基于航班延误波及树的延误时间预测数据与误差　　表2

航班	预测延误时间 (min)	误差 (%)
B2	71	7.55
C2	26	8.50
平均误差		8.03

航班串三基于航班延误波及树的延误时间预测数据与误差　　　表3

航班	预测延误时间 (min)	误差 (%)
B3	66	18.84
C3	51	13.70
平均误差		16.27

3.3 基于贝叶斯网络的横纵向扩散延误波及效应分析

根据航班延误时间的扩散路径,结合附加延误时间对延误波及树进行修正,解决横纵向扩散延误波及效应分析。过程如图7所示。

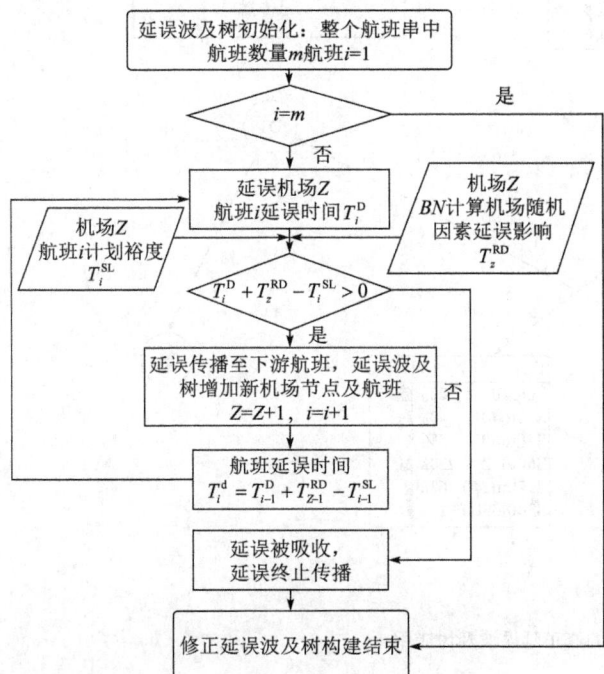

图7 利用贝叶斯网络修正延误波及树流程

由于机场的准点率主要用离港时间进行衡量,因此针对抽取航班的离港延误时间进行概率计算,并将延误时段、延误因素和延误时间进行条件概率关联,使用 Genie 软件分析得到图8所示机场随机因素的贝叶斯网络图,用于分析在机场 Z 的影响范围内由单一或组合因素引起的附加延误时间 T_Z^{RD},即机场随机因素与航班延误的潜在关系。

附加延误时间计算如式(1)所示:

$$T_Z^{RD} = \sum_k \sum_i \sum_j p_{ij}^k \times t_{ij} \tag{1}$$

式中:p_{ij}^k——k 时段下第 i 种因素引起延误时间在区间 j 范围内的概率,$0 < p_{ij}^k < 1$;

t_{ij}——i 因素在时段 j 引起的延误时间。

航班计划裕度计算如式(2)所示:

$$T_{ij}^{SL} = T_{ij}^{CS} - T_{ij}^{TR} \tag{2}$$

式中:T_{ij}^{TR}——航班 i 在机场 j 的周转时间,即航班从停机到卸载完行李货物和旅客离机时间;

T_{ij}^{CS}——航班 i 在机场 j 的过站时间。

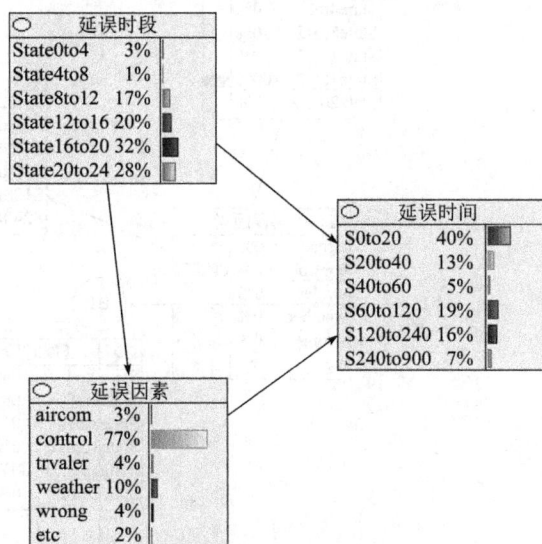

图8 机场随机因素的贝叶斯网络图

根据之前构建的三条航班串的延误波及树数据,结合贝叶斯网络每个节点的随机延误时间 T_Z^{RD},并通过流程图计算得到下一节点的延误时间,以此进行延误波及树的修正,得到三条航班串的贝叶斯网络应用图,如图9~图11所示。

3.4 结果对比分析

根据图9~图11中的数据进行修正后的延误波及树时间预测,并对三条航班串进行误差分析,如表4~表6所示。从表中可以看出,误差水平均处于较低水平,因此修正延误波及树具备有效性,但是不同情况下的延误时间预测准确率并不完全稳定。流程图7中的 T_{ij}^{SL} 和新引入的随机延误时间 T_Z^{RD} 是并列计算的,因此,并不对修正延误波及树的分析效率造成影响。

这种组合方法以修正延误波及树模型为基础,并引入贝叶斯网络决策树方法,以探究航班延误与机场随机因素之间的潜在关系。经过检验,除6月15日航线外,其余两条航线使用修正后的延误波及树结合贝叶斯网络的预测误差仅为2.43%和8.67%,预测精度分别提高了5.60%和7.60%。在此过程中,新引入的时间指标 T_Z^{RD} 并不会降低修正延误波及树的分析效率。因此,该组合方法在航班计划中航班延误预测问题方面具有普适性和实际性。

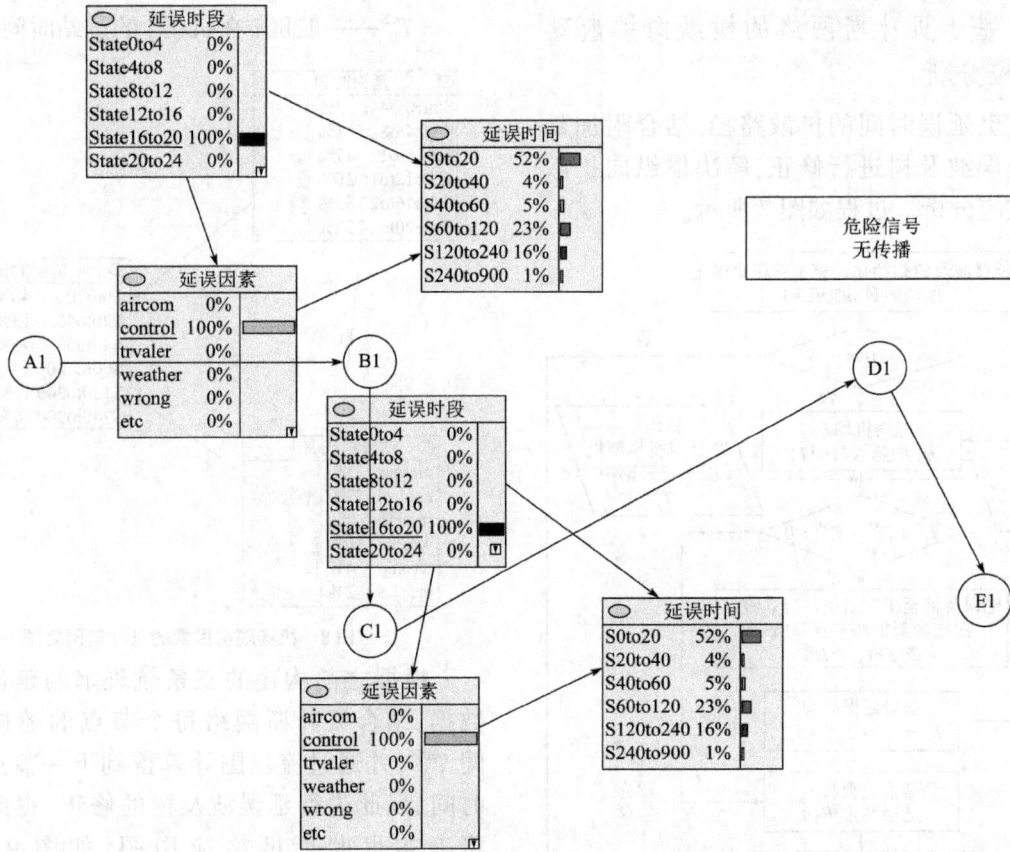

图9　某年6月15日某航班串的修正延误波及树应用

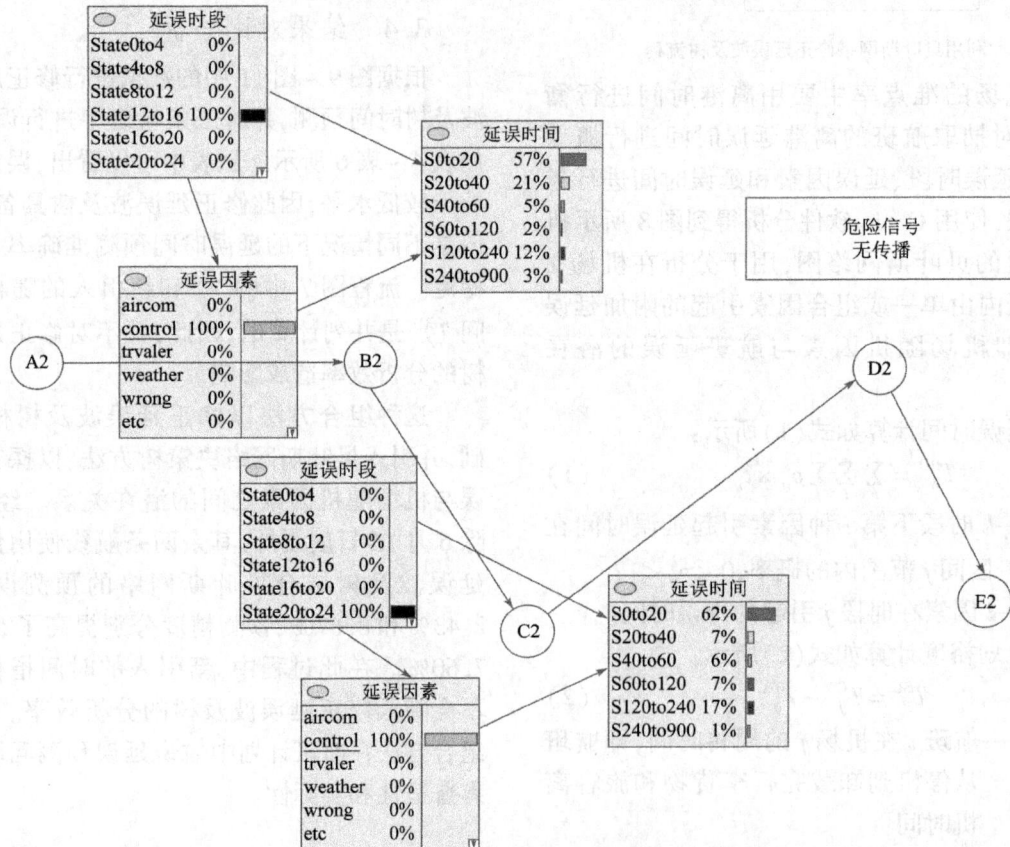

图10　某年6月11日某航班串的修正延误波及树应用

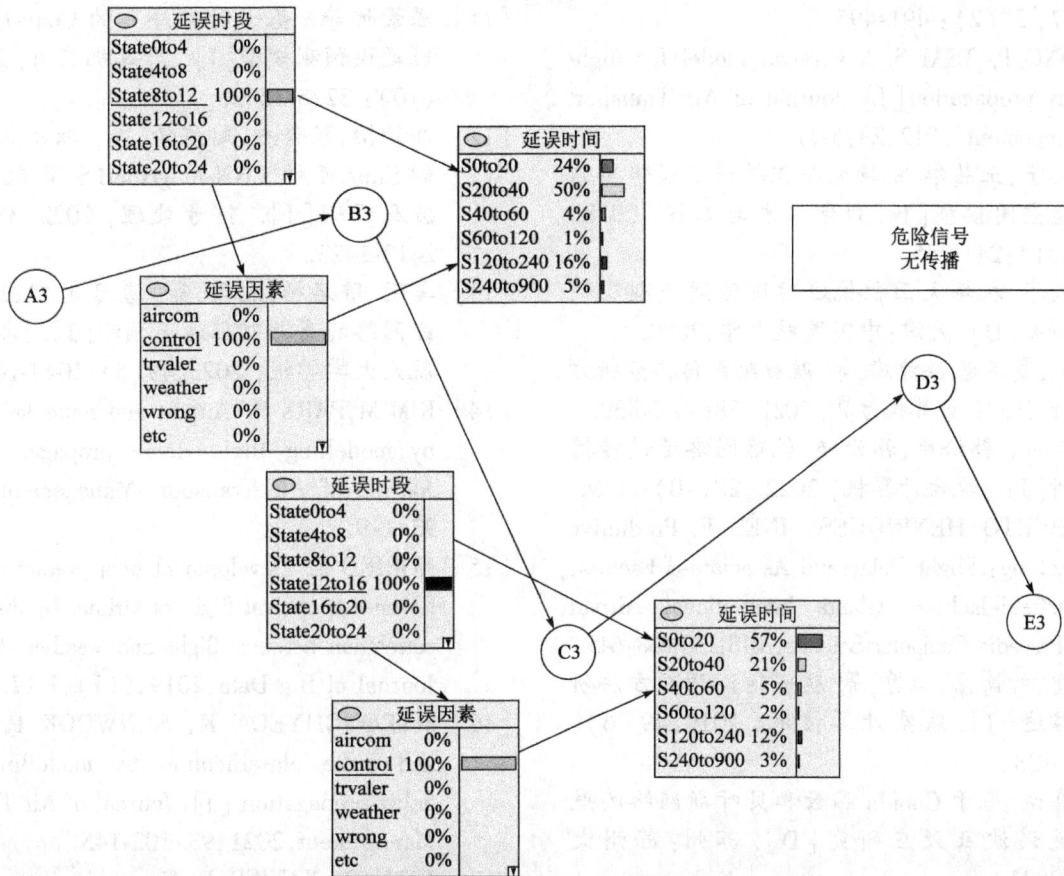

图11　某年6月18日某航班串的修正延误波及树应用

航班串一基于修正航班延误波及树预测时间与实际延误时间的对比分析　表4

航班	预测延误时间 （min）	误差 （%）
B1	56.4	8.86
C1	31	1.62
平均误差		5.24

航班串二基于修正航班延误波及树预测时间与实际延误时间的对比分析　表5

航班	预测延误时间 （min）	误差 （%）
B2	82.4	2.17
C2	49.8	2.74
平均误差		2.43

航班串三基于修正航班延误波及树预测时间与实际延误时间的对比分析　表6

航班	预测延误时间 （min）	误差 （%）
B3	86	11.99
C3	82.4	5.34
平均误差		8.67

4　结语

本文针对航班延误波及效应问题提出了一种受横纵向延误扩散影响视角下基于修正波及树-贝叶斯网络组合的航班延误波及预测方法。通过构建延误波及树模型预测纵向扩散下每个下游节点的航班延误时间，并综合考虑根节点延误和横向视角下的下游节点延误因素，采用修正后的延误波及树-贝叶斯网络组合模型再次对下游节点的延误时间进行预测。通过对比分析，验证了该方法的有效性。

采用修正波及树-贝叶斯网络组合模型对延误横纵向扩散影响下的航班延误波及进行预测，可以有效提高航班运行效率和减少经济损失。在下一阶段，将进一步探讨航班延误扩散影响因素关系，旨在提高航班延误波及效应预测精度。

参考文献

[1] MASSIMILIANO Z, SEDDIK B, ZHU Y. Network analysis of Chinese a-ir transport delay propagation[J] Chinese Journal of Aeronautics,

2017，30（2）：491-495.

［2］ WONG J, TSAI S. A survival model for flight delay propagation［J］. Journal of Air Transport Management，2012，23：5-11.

［3］ 张兆宁，王晶华.机场大面积航班延误传播的状态空间模型［J］.科学技术与工程. 2018，18（31）：241-245.

［4］ 王晶华.机场大面积航班延误传播模型及预测研究［D］.天津：中国民航大学，2020.

［5］ 田文，高海超，梁津津，等.航班延误传播分析方法研究［J］.计算机仿真，2021. 38（7）：36-39.

［6］ 杜天成，韩松臣，韩云祥.航路网络延误传播分析［J］.现代计算机，2022. 28（10）：1-9.

［7］ ROBERTO HENRIQUES, INÊS F. Predictive Modelling：Flight Delaysand Associate-d Factors，Hartsfield-Jackson Atlanta International Airport［J］Procedia Computer Science，2018，138：638-645.

［8］ 刘博，叶博嘉，田勇，等 航班延误预测方法研究综述［J］.航空计算技术. 2019，49（6）：124-128.

［9］ 闵嘉诚.基于 Copula 函数和贝叶斯网络的航班延误波及效应研究［D］.苏州：苏州大学，2021.

［10］ 吴仁彪，赵娅倩，屈景怡，等，基于 CBAM-CondenseNet 的航班延误波及预测模型. 电子与信息学报，2021. 43（1）：187-195.

［11］ 屈景怡等，基于时空序列的 Conv-LSTM 航班延误预测模型［J］.计算机应用，2022，42（10）：3275-3282.

［12］ 屈景怡，张金杰，赵娅倩，等，融合注意力机制 SimAM 的 CNN-MogrifierLSTM 航班延误波及预测［J］. 信号处理，2022，38（11）：2412-2423.

［13］ 姜雨，陈名杨，袁琪，等，基于时空图卷积神经网络的离港航班延误预测［J］. 北京航空航天大学学报，2023，49（5）：1044-1052.

［14］ KIM M，PARK S. Airport and routeclassification by modelling flight delay propagation［J］. Journal of Air Transport Management，2021，93：1-9.

［15］ NORIKO E. Development of a predictive model for on-time arrival flight of airliner by discovering correlation between flight and weather data［J］. Journal of Big Data，2019，6（1）：1-17.

［16］ MYEONGHYEON K, SUNWOOK P. Airport and route classification by modelling flight delay propagation［J］. Journal of Air Transport Management，2021，93：102-145.

［17］ JOAN C, XAVIER F. Airport dominance, route network design and flight delays［J］. Transportation Research Part E，2023，170：103.

美国机场道面结构评价方法 PCR-ACR 与 PCN-ACN 分析比较

赵胜前* 游庆龙 王家兴

（长安大学公路学院）

摘 要 为研究美国机场道面结构评价方法 PCR-ACR 与 PCN-ACN 的区别,分析两种结构评价方法的优缺点,通过调查文献资料,参考美国 FAA 出台的标准规定,对两种方法从不同方面进行比较分析,得到结论:PCR-ACR 计算方法比较简便,需要的参数较少;虽然 PCN-ACN 计算方法比较灵活,但计算结果的准确度不如 PCR-ACR;ICAO-ACR 软件的推出,促进了 PCR-ACR 计算方法的实施;与目前过于保守的基于 CBR 的系统不同,新的 PCR-ACR 系统有望通过优化操作重量和频率来帮助航空公司进步,并最终帮助整个航空业进步。此外,机场管理部门可以采用这种新技术来协助路面管理系统及检查和维修程序。PCR-ACR 与 PCN-ACN 计算方法各有优缺点,具体的应用结果应通过实际的计算结果构建一个可以相互比较的指标。

关键词 机场道面结构评价方法 PCR-ACR PCN-ACN

0　引言

自从 1983 年首次发布咨询通知 AC150/5335-5[1]以来,美国联邦航空管理局(FAA)提供了标准化的道面强度评定方法,即在机场道面承载能力 5700kg 或以上使用国际民航组织(ICAO)飞机分类编号-路面分类编号标准系统(PCN-ACN)进行道面强度评定[2]。2009 年,国际民航组织成立了一个研究小组,研究更新评价路面强度的国际方法,以更好地符合现代路面设计原则。研究小组开发了飞机分类评级-路面分类评级(PCR-ACR)方法,并于 2020 年 7 月被国际民航组织采用。与早期的 PCN-ACN 方法类似,PCR-ACR 方法作为一种便于路面强度信息交换的国际标准被采用。

AC 150/5335-5D[3]提供了关于使用更新的国际民航组织报告跑道、滑行道和停机坪路面强度的标准化方法的指导。PCR-ACR 方法与以前的 PCN-ACN 方法有一些相似之处。例如,可以使用一个唯一的数字,即飞机分类等级评级(ACR)来表示单架飞机对不同路面的影响。此外,一个独特的数字,即路面分类等级(PCR),可以表示路面的承载能力,而不需要指定特定的飞机或关于路面结构的详细信息。与 PCN 类似,PCR 分为五部分代码:数字 PCR 值、路面类型、路基类别、允许轮胎压力、PCR 值的确定方法。PCR 值表示路面相对于标准单轮负载的承载能力。

本研究对新的 ACR-PCR 方法进行了总体概述,并强调了其与现有的 ACN-PCN 方法的异同。

1　ACR-PCR 方法介绍

PCR 的估计是通过将使用路面的飞机交通混合转换为等效的最大允许毛重(MAGW)飞机,然后在评估的路面上产生 1.0 的 CDF 的路基。首先,计算交通组合中每架飞机在其运行重量下的 ACR,并记录最大 ACR 飞机。然后,确定飞机混合物的最大 CDF 路基,对最大 CDF 路基贡献最大的飞机被视为关键飞机。对关键飞机的年起飞量进行修改,直到最大飞机 CDF 路基等于总 CDF 路基。调整临界飞机重量,使该年起飞次数的最大基准密度为 1.0。这是关键飞机的最大允许总重(MAGW),在此之后确定关键飞机的 ACR,得到的值为 PCR。

1.1　PCR 数值的测定

对给定路面,PCR 值的确定可以基于两种方法,即"使用飞机方法"或"技术评估方法"。技术评估的准确性优于使用飞机程序方法的准确性,但需要以下附加信息:

(1)空中交通的组成和频率。

(2)路面结构每层的厚度、材料类型和强度。

(3)路基的弹性模量。

这些信息可以通过现场检查、荷载测试和工程判断来获得。

以下路面 PCR 技术测定程序符合 AC 150/5335-5D 标准:

(1)使用最佳的可用数据源收集所有相关的路面数据(层厚度、所有层的弹性模量、泊松比和使用或预测的飞机交通量)。

(2)根据飞机类型、起飞次数(或与路面设计实践相一致的操作)来定义飞机组合,以及被评估的路面在其设计或预计的剩余结构寿命中预期会经历的飞机重量。

(3)按飞机组合的运行重量计算每架飞机的 ACR,并记录最大 ACR 飞机。ACR 的计算必须遵循 AC 150/5335-5D 的第 3.5 条中的程序。

(4)计算飞机组合的最大 CDF,并记录该值。CDF 的计算与任何损伤/失效模型一致。

(5)选择对最大 CDF 贡献最大的飞机作为关键飞机。这架飞机被记为 AC(i),其中 i 是一个初始值为 1 的索引值。从交通列表中删除除当前关键飞机(i)以外的所有飞机。

(6)调整关键飞机的年偏离量,直到最大飞机 CDF 等于(4)中记录的值。记录关键飞机的同等年起飞情况。

(7)调整临界飞机重量,获得步骤(6)获得的年起飞数的最大 CDF 为 1.0。这是关键飞机的最大允许毛重(MAGW)。

(8)计算其 MAGW 下的关键飞机的 ACR。所得值被指定为 PCR(i)。同样,ACR 的计算必须遵循 AC 150/5335-5D 的第 3.5 条中的程序。

(9)如果飞机(i)是从步骤(3)开始的最大 ACR 飞机,则跳到步骤(13);否则,继续执行步骤 10。

(10)从交通列表中删除当前的关键飞机(i),并重新引入以前未被视为关键飞机的其他飞机。新的交通列表不包括任何以前的关键飞机,被称为移除了关键飞机的交通列表。增加索引值($i=i+1$)。

(11)计算移除了关键飞机(i)的飞机列表中的最大CDF值,并选择新的关键飞机(i)。

(12)重复步骤(5)~(9)。在步骤(6)中,使用与初始飞机组合计算相同的最大CDF来计算简化交通列表的等效年偏离量。

(13)所报告的PCR是所有计算得到的PCR的最大值(i)。关键飞机是与PCR(i)最大值相关的飞机。

上述流程的流程图如图1所示。

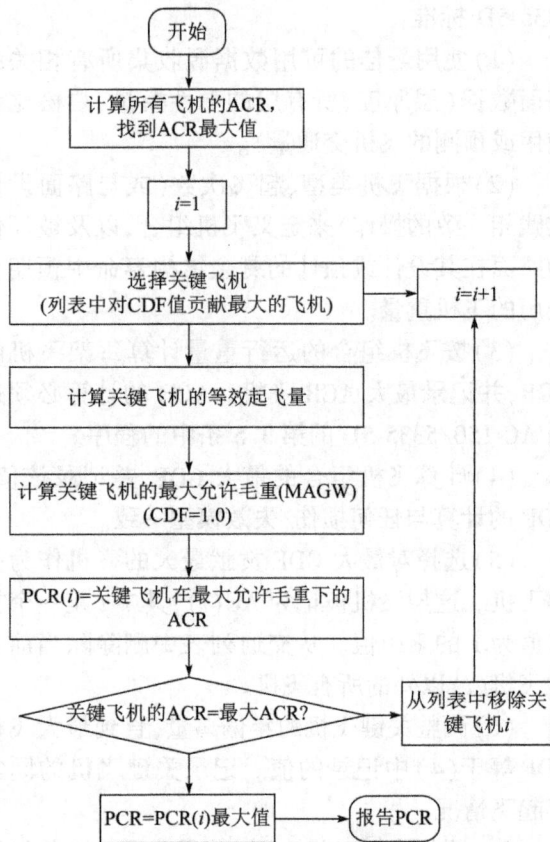

图1　PCR数值的测定步骤

为了便于ACR-PCR方法的实施,FAA开发了一个软件应用程序(ICAO-ACR 1.3),使用ICAO[3]建立的程序和条件计算ACR值,并可以使用上述程序来确定PCR值。该应用程序是美国联邦航空管理局路面设计计划法尔菲尔德2.0的一部分。在美国联邦航空管理局2020年发布的概述[4]中详细描述了使用FAARFIELD 2.0程序来确定ACR和PCR的一般结构和实施步骤。

1.2　PCR结果报告

为了优化包含在有限数量字符中的信息数量

并实现计算机化,PCR系统使用编码格式。以下代码通过正向斜线进行排序和分离,形成PCR报告的五个部分:PCR的数值/路面类型/路基分类/允许的轮胎压力/用于计算PCR的方法。

在报告PCR值时,任何小数都要四舍五入,以整数表示。路面最弱部分的适用PCR值通常表示为具有不同强度的路面强度。根据PCR值,路面类型分为柔性(F)或刚性(R)结构。ACR-PCR系统采用一种特殊的土壤表征技术(弹性模量为E)来表示路基的强度[5],其强度为高、中、低或极低,见表1。

ACR 或 PCR 的标准路基强度　　表1

路基强度类别	路基弹性模量(MPa)	弹性模量 E(MPa)范围	规定代码
高	200	$E \geqslant 150$	A
中	120	$100 \leqslant E < 150$	B
低	80	$60 \leqslant E < 100$	C
极低	50	$E < 60$	D

根据AC 150/5335-5D,计算和报告ACR或PCR值的允许轮胎压力列于表2。飞机轮胎压力对刚性路面的影响很小,通常被归类为代码W,本质上足够承受比现在商用飞机更高的轮胎压力。相比之下,根据沥青混合料的质量和天气情况,沥青路面上的轮胎压力可能会有不同的等级。

报告 PCR 的胎压代码　　表2

种类	代码	胎压范围
无限大	W	—
高	X	≤1.75
中	Y	≤1.25
低	Z	≤0.5

PCR报告中的最终代码表明了用于确定PCR的方法。如果评估是技术研究的结果,则评估方法应编码为T。但是,如果评估是基于飞机使用的经验,则评估方法应编码为U。

2　PCN-ACN 与 PCR-ACR 方法对比

PCR-ACR方法是一种报告路面承载强度的新方法,它将在2024年11月28日之前取代现有的PCN-ACN系统[5]。PCN是表示路面不受限制操作的最大承载能力的数值,而PCR是基于PCR-ACR方法表示路面强度的等级。根据美国联邦航空管理局提供的消息，PCR-ACR 方法与之前的 PCN-ACN 方法相似，它被作为一种国际标准采用，以促进路面强度信息国际交流[6]。PCN-ACN 系统被认为是过时的，因为它不能准确地与最近的路面设计方法[7]的演变相关联。PCN-ACN 系统是基于 CBR 方法，这是一种未考虑路面实际的力学（应力-应变）响应的经验方法。目前的路面设计方法正逐渐走向一种更合理的力学-经验方法，该方法考虑了路面对飞机荷载的机械响应以及使用线弹性分析（LEA）的路面性能。此外，与目前的路面设计方法相反，PCN-ACN 系统使用等效因子将多轮起落架表示为单轮，并将标准材料表示为路面材料特性。此外，新的 PCR-ACR 方法减少了异常现象，在路面厚度设计上更加复杂。它使用与 FAARFIELD 相同的计算，这是基于 LEA 的 FAA 设计软件。表3给出了这两个系统在计算方法和软件、输入变量、报告格式、优势和局限性方面的汇总比较。

如表3所示，PCR-ACR 系统在计算的输入变量、测定方法和报告格式等方面，都是在与 PCN-ACN 方法相同的基础上构建的。PCR-ACR 系统使用 ACR 来表示单架飞机对不同路面的影响，并使用 PCR 来表示路面的承载能力。通过充分考虑该领域的最新发展，克服了当前 PCN-ACN 系统的局限性，消除了对等价因子或 α 因子的需要，其定义可能会有争议。机场运营商将从该系统中获益良多，包括优化路面的使用，路面设计和飞机允许性参数之间的一致性，提高路面寿命的可预测性，以及柔性和刚性路面的一致路面表征方法。

PCN-ACN 与 PCR-ACR 系统的比较 表3

评价系统	计算所需的变量	测定方法	程序	报告格式	优点	缺点
ACN-PCN	（1）飞机重量、飞机配置（例如轮胎压力、齿轮几何形状、最大尾部重心等）、固定飞机运行频率为10000次；（2）路面横截面（材料类型和层厚）、路基强度、混凝土强度	（1）使用飞机方法（U）；（2）技术评价方法（T）	ICAO-ACN 和 COMFAA 程序	PCN 值/路面类型/路基类别/允许的轮胎压力/用于确定 PCN 的方法	（1）为评估机场路面的强度和耐久性提供了一种标准化的方法；（2）系统灵活，可用于多种路面类型，包括刚性路面和柔性路面；（3）相对容易使用，只需要较少的培训，这使得广泛的机场利益相关者，包括工程师、规划人员和机场经理；（4）为评估机场路面的强度和耐久性提供了一种具有成本效益的方法，这使得机场能够优化其路面维护和维修计划，并确保安全和高效地运行；（5）已被广泛测试，并被航空业广泛接受	（1）仅用于评估飞机可接受的操作，而未考虑路面的维护和维修要求，这可能会影响其长期性能和安全；（2）其路面强度报告仅适用于承载强度为5700kg 或以上的公共使用机场的路面；（3）ACN-PCN 系统与当前的路面设计方法没有很好的相关性；（4）ACN-PCN 系统没有考虑到温度、湿度、降水等环境因素，这些因素会影响路面的强度和耐久性

续上表

评价系统	计算所需的变量	测定方法		报告格式	优点	缺点
ACR-PCR	(1)飞机重量、飞机配置(例如轮胎压力、齿轮几何形状、最大尾部重心等)和飞机的操作频率; (2)路面横截面(材料类型及层厚)、路基强度、混凝土强度	(1)使用飞机方法(U); (2)技术评价方法(T)	ICAO-ACR 和 FAARFIELD 程序	PCR 值/路面类型/路基类别/允许的轮胎压力/用于确定 PCR 的方法	(1)保持与当前系统相同的外观、灵活性、简单性和成本效益; (2)允许充分考虑路面设计方法的最新演变; (3)消除了对现有的等价因素或 α 因子[8]的需要,其定义可能会有争议; (4)将通过优化使用为机场业主提供一些好处	(1)仅用于评估飞机的可接受操作,而不是作为路面设计或路面评估程序; (2)其路面强度报告仅适用于承载强度为 5700kg 或以上的公共使用机场的路面

然而,正如标准中明确规定的那样,PCR-ACR 系统并非没有局限性。PCR-ACR 系统只能确定路面施工的承载能力及其适应预期飞机交通的能力。与 PCN-ACN 一样,它并不意味着适用于路面设计或评估过程中。应该进一步强调的是,它没有提供机场路面表面损坏具体原因。表面损坏可能由许多因素引起,包括环境、材料的特性和施工方法。PCN-ACN 和 PCR-ACR 系统可以识别路面上的结构弱点,但它们无法查明表面压力或故障的根本原因。为了确定表面损坏的根本原因,机场运营商和工程师使用其他的工具和技术至关重要。在这里可以通过目视检查、材料测试和其他评价方法。机场管理人员和工程师可以制定更有效的维护和维修计划,通过判断表面损坏的根本原因,以保证路面结构的安全性和耐久性。

3　结语

(1)新的 ACR-PCR 系统使用与现有 ACN-PCN 方法相同的概念,但完全基于分层弹性,使用沥青和刚性路面的统一标准路基类别,并且不需要 α 因子、层等效因子、基顶 k 等。

(2)ACN-PCN 有几个优点,包括灵活性、易用性、成本效益好和标准化。然而,ACN-PCN 系统被认为是过时的,因为它不能准确地解释 ACN-PCN 系统与最近的路面设计方法之间的不一致性。ACR-PCR 方法与 ACN-PCN 系统的主要区别在于,ACR-PCR 方法在路面厚度设计上更加精确和复杂,减少了异常。

(3)美国联邦航空局开发的 ICAO-ACR 软件促进了 ACR-PCR 方法的实施。该应用程序是 FAA 路面程序 FAARFIELD 2.0 的一部分,将取代现有的 ICAO-ACN 和 COMFAA 程序,成为确定路面强度的主要软件。

(4)与目前过于保守的基于 CBR 的系统不同,新的 ACR-PCR 系统有望通过优化操作重量和频率来帮助航空公司进步,并最终帮助整个航空业进步。此外,机场管理部门可以采用这种新技术来协助路面管理系统和随后的检查和维修程序。

参考文献

[1] International Civil Aviation Organization. Aeorodome Design Manual-Part 3: Pavements [C]. // ICAO, Montreal, Canada, 1983, Doc 9157-AN/901.

[2] Standardized Method of Reporting Airport Pavement Strength-PCN (2014), AC No: 150/5335-5C[S]. Federal Aviation Administration, Washington D.C.

[3] Standardized Method of Reporting Airport Pavement Strength-PCR (2022), AC No: 150/5335-5D[S]. Federal Aviation Administration, Washington D.C..

[4] BRILL D. Aircraft Classification Rating/Pavement Classification Rating (ACR/PCR) Overview (2020)[R]. Washington D.C: Federal Aviation Administration:15.

[5] TARLIE S, New Method to Report Pavement Strength (ACR-PCR) (2022)[R]. in EASA

ACR-PCR Webinar online 2022/10/06, Online: European Union Aviation Safety Agency 2022:87.

[6] Airport Sponsor Letter on AC 150-5335-5D-PCR Reporting[EB/OL]. [2024-01-05] https://www. faa. gov/documentLibrary/media/Advisory_Circular/Airport-Sponsor-Letter-on-AC-150-5335-5D-PCR-Reporting. pdf

[7] FABRE C. The Aircraft Classification Rating-Pavement Classification Rating ACR-PCR (2018) in XIV ALACPA Seminar on Airport Pavements; XII Federal Aviation Administration Workshop; and VII Rapid Maintenance Course of Aerodrome Pavements, City of Quito, Ecuador, 28 May to 1 June, 2018: ALACPA. [C/OL]. Available: https://www. alacpa. org/ACR-PCR% 20ALACPA-2018% 20Cyril% 20Fabre. pdf. [Online]. Available: https://www. alacpa. org/ACR-PCR% 20ALACPA-2018%20Cyril%20Fabre. pdf

ACR-PCR Method of Reporting Airport Pavement Strength Comparison with Existing ACN-PCN System

Jiaxing Wang*

(School of Highway, Chang'an University)

Abstract   In order to study the difference between PCR-ACR and PCN-ACN, the advantages and disadvantages of the two methods were analyzed. Through the investigation of the literature and the reference of the FAA standard, the two methods are compared and analyzed from different aspects. The calculation method of PCR-ACR is simple and requires fewer parameters. Although the calculation method of PCN-ACN is more flexible, the accuracy of the calculation results is inferior to that of PCR-ACR. The introduction of ICAO-ACR software promotes the implementation of PCR-ACR calculation method. Unlike current CBR-based systems, which are too conservative, the new ACR-PCR system is expected to help airlines, and ultimately the aviation industry as a whole, by optimizing operating weight and frequency. In addition, airport authorities can adopt this new technology to assist with pavement management systems and subsequent inspection and repair procedures. PCR-ACR and PCN-ACN have their own advantages and disadvantages, and the specific application results should be based on the actual calculation results to build an index that can be compared with each other.

Keywords   Airport pavement structure evaluation method   PCR-ACR   PCN-ACN

0   Introduction

Since the initial publication of Advisory Circular (AC) 150/5335-5 in 1983[1], the Federal Aviation Administration (FAA) has provided guidance to standardize the method of reporting pavement strength only for pavements at public-use airports with a load-carrying capacity of 12500 pounds (5700 kg) or more using the International Civil Aviation Organization (ICAO) Aircraft Classification Number-Pavement Classification Number standard system (ACN-PCN)[2]. In 2009, the ICAO established a study group to investigate updating the international method for specifying pavement strengths to better align with modern pavement design principles. The study group developed the Aircraft Classification Rating-Pavement Classification Rating (ACR-PCR) method, which was adopted by ICAO in July 2020. Similar to the earlier ACN-PCN method, the ACR-PCR method was developed and adopted as an international standard that facilitates the exchange of pavement strength information.

AC 150/5335-5D[3] provides guidance on the use of the updated ICAO standardized method of reporting runway, taxiway, and apron pavement strength. The ACR-PCR method has some similarities to the previous ACN-PCN method. For example, it is possible to express the impact of a single aircraft on different pavements using a single unique number, the Aircraft Classification Rating (ACR). In addition, a single unique number, the Pavement Classification Rating (PCR), can express the bearing capacity of a pavement without the need to specify a particular aircraft or detailed information about the pavement structure. Similar to the PCN, the PCR is given as a five-part code with the following information separated by slashes: Numeric PCR value / Pavement type / Subgrade category / Allowable tire pressure / Method used to determine the PCR value. The numeric PCR value indicates the load-bearing capacity of a pavement in relation to a standard single wheel load.

The present study gives a general overview on the new ACR-PCR methodology and highlights its similarities and differences with the existing ACN-PCN method.

1　ACR-PCR methodology

According to the FAA, PCR is estimated by converting the mix of aircraft traffic using the pavement to an equivalent maximum allowable gross weight (MAGW) aircraft, which then yields a CDF subgrade of 1.0 on the assessed pavement. First, the ACR of each aircraft in the traffic mix at its operating weight is calculated and the maximum ACR aircraft is recorded. Then, the maximum CDFsubgrade of the aircraft mix is determined and the aircraft with the highest contribution to the maximum CDFsubgrade is considered the critical aircraft. The annual departures of the critical aircraft are modified until the maximum aircraft CDFsubgrade equals the total CDFsubgrade. The critical aircraft weight is adjusted to obtain a maximum CDFsubgrade of 1.0 for that

number of annual departures. This is the Maximum Allowable Gross Weight (MAGW) for the critical aircraft, at which the ACR of the critical aircraft is then determined. The value obtained is the PCR

1.1　Determination of PCR numerical value

Determination of the numerical PCR value for a given pavement can be based on one of two methods: the "Using aircraft method" or the "Technical evaluation method". The accuracy of the technical evaluation is better than that produced with the Using Aircraft procedure but requires additional information on: (1) composition and frequency of air traffic, (2) thickness, material type, and strength of each layer of the pavement structure, and (3) elastic modulus of the subgrade. This information can be obtained through a combination of on-site inspections, load testing, and engineering judgment.

The following technical PCR determination procedure for pavements are in accordance withAC 150/5335-5D[3]:

(1) Collect all relevant pavement data (layer thicknesses, elastic moduli and Poisson's ratio of all layers, using or projected aircraft traffic) using the best available data sources.

(2) Define the aircraft mix by aircraft type, number of departures (or operations consistent with pavement design practices), and aircraft weight that the evaluated pavement is expected to experience over its design or estimated remaining structural life

(3) Compute the ACRs for each aircraft in the aircraft mix at its operating weight and record the maximum ACR aircraft. ACR computations must follow the procedure in paragraph 3.5 of AC 150/5335-5D.

(4) Compute the maximum CDF of the aircraft mix and record the value. The CDF is computed with any damage/failure model consistent with the procedure used for pavement design.

(5) Select the aircraft with the highest contribution to the maximum CDF as the critical aircraft. This aircraft is designated AC(i), where i is an index value with an initial value 1. Remove all aircraft other than the current critical aircraft AC(i) from the traffic list.

（6）Adjust the annual departures of the critical aircraft until the maximum aircraft CDF is equal to the value recorded in （4）. Record the equivalent annual departures of the critical aircraft.

（7）Adjust the critical aircraft weight to obtain a maximum CDF of 1. 0 for the number of annual departures obtained at step （6）. This is the Maximum Allowable Gross Weight （MAGW） for the critical aircraft.

（8）Compute the ACR of the critical aircraft at its MAGW. The value obtained is designated as PCR （i）. Again, ACR computations must follow the procedure in paragraph 3.5 of AC 150/5335-5D.

（9）If aircraft （i） is the maximum ACR aircraft from step 3, then skip to step 13. If not continue to Step 10.

（10）Remove the current critical aircraft AC（i） from the traffic list and re-introduce the other aircraft not previously considered as critical aircraft. The new aircraft list, which does not contain any of the previous critical aircraft, is referred to as the reduced aircraft list. Increment the index value （$i = i + 1$）.

（11）Compute the maximum CDF of the reduced aircraft list and select the new critical aircraft AC（i）.

（12）Repeat steps 5-9 for AC（i）. In step 6, use the same maximum CDF as computed for the initial aircraft mix to compute the equivalent annual departures for the reduced list.

（13）The PCR to be reported is the maximum value of all computed PCR（i）. The critical aircraft is the aircraft associated with this maximum value of PCR（i）.

A flowchart of the above procedure is shown in Figure 1.

To facilitate implementation of the ACR-PCR methodology, the FAA has developed a software application （ICAO-ACR 1. 3） that calculates ACR values using the procedures and conditions established by ICAO［3］ and can be used to determine PCR values using the procedure described above. The application is part of the FAA pavement design program FAARFIELD 2. 0. The general structure and implementation steps for using the FAARFIELD 2. 0 program to determine ACR and PCR are described in detail in[3-4].

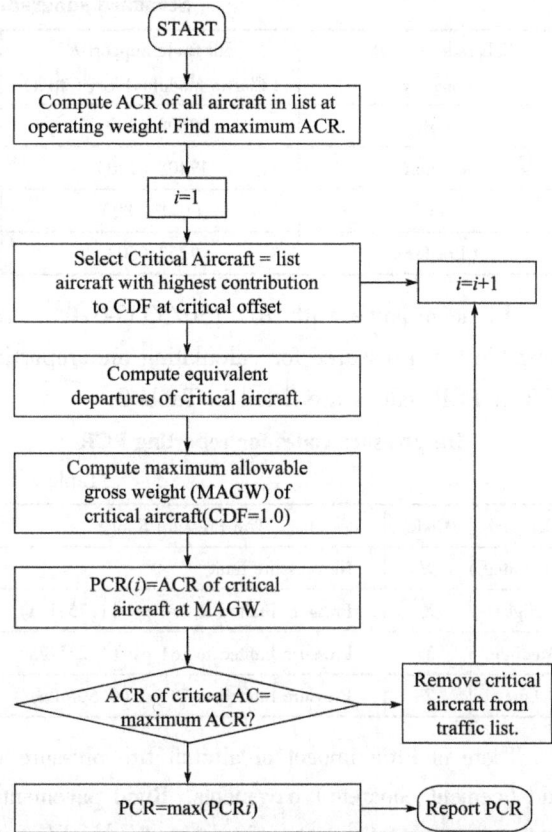

Figure 1　Determination steps for PCR numerical value

1.2　Reporting the PCR

In order to optimize the quantity of information contained in a limited number of characters and to enable computerization, the PCR system uses a coded format. The following codes are sorted and separated by forward slashes to form the five parts of the PCR report: Number of the PCR/ the kind of pavement/ the subgrade classification/ the permitted tire pressure/ the method used to calculate the PCR.

Any fractions are rounded to the next whole number when reporting the PCR value, which is expressed in whole numbers. The applicable PCR value for the weakest portion of the pavement is typically stated as the pavement strength for pavements with varying strengths. Pavement types are classified as either flexible （F） or rigid （R） constructions for the purposes of PCR values. The ACR-PCR system uses a special soil characterization technique （modulus of elasticity, E） to indicate the strength of the subgrade[4], which is stated as either high, medium, low, or extremely low, as shown in Table 1.

Standard subgrade strengths for ACR or PCR　　Table 1

Subgrade Strength Category	Subgrade Support E (Elastic Modulus) psi (MPa)	Represents E (Elastic Modulus) psi (MPa)	Code designation
High	29008 (200)	$E \geqslant 21,756 (\geqslant 150)$	A
Medium	17405 (120)	$E \geqslant 14,504 < 21,756 (\geqslant 100 < 150)$	B
Low	11603 (80)	$E \geqslant 8,702 < 4,504 (\geqslant 60 < 100)$	C
Ultra-Low	7252 (50)	$E < 8,702 (< 60)$	D

In accordance with AC 150/5335-5D[3], the allowable tire pressures for calculating and reporting ACR or PCR values are listed in Table 2.

Tire pressure codes for reporting PCR

Table 2

Category	Code	Tire Pressure Range
Unlimited	W	No pressure limit
High	X	Pressure limited to 254 psi (1.75MPa)
Medium	Y	Pressure limited to 181 psi (1.25MPa)
Low	Z	Pressure limited to 73 psi (0.50MPa)

There is little impact of aircraft tire pressure on rigid (cement concrete) pavements. Rigid pavements, which are typically categorized as Code W, are intrinsically strong enough to sustain tire pressures higher than those now utilized by commercial airplanes. In contrast, depending on the quality of the asphalt mixture and the weather, tire pressures on asphalt pavements may be rated differently.

The final code in the PCR report indicates the method used to determine the PCR. If the assessment is the results of a technical study, the method of assessment should be coded T. However, if the assessment is based on experience from aircraft use, the assessment method should be coded U.

An example of a PCR code is 600/F/B/X/T, where,

600 expresses the PCR numerical value,

F for flexible pavement,

B for medium strength subgrade,

X for high allowable tire pressure, and

T for a PCR value obtained by a technical evaluation.

2　Comparison between ACN-PCN and ACR-PCR systems

The ACR-PCR method is a new method for reporting pavement bearing strength that will replace the current ACN-PCN system by 28 November, 2024[5]. The PCN is a numerical value that represents the maximum load-carrying capacity of the pavement for unrestricted operations, while the PCR is a rating that indicates the strength of the pavement based on the ACR-PCR method. According to a source provided by the Federal Aviation Administration, the ACR-PCR method is similar to the previous ACN-PCN method in that it was developed and adopted as an international standard to facilitate the exchange of pavement strength information[6]. However, the ACN-PCN system is deemed outdated as it fails to accurately correlate with the evolutions in the recent pavement design methods[7]. The ACN-PCN system is based on the CBR method which is an empirical method that does not consider the actual mechanical (stress-strain) response of the pavement. Current pavement design methods are gradually moving towards a more rational approach of mechanistic-empirical method that considers the pavement mechanical response to aircraft loads as well as the pavement performance using linear elastic analysis (LEA). Also, contrary to current pavement design methods, the ACN-PCN system uses equivalency factors to express multi-wheels landing gears to single wheels and pavement material characteristics to a standard material[2]. The new ACR-PCR method, on the other hand, reduces anomalies and is more sophisticated in pavement thickness design. It uses the same calculations as FAARFIELD, which is the FAA design software that is based on LEA. Table 3 gives a summary comparison of both systems in terms of their calculation methods and software, input variables, reporting format, strengths and limitations.

Table 3

Comparison between ACN-PCN and ACR-PCR systems

Rating system	Variables required for calculation[1]	Determination Method(s)	Implementation software	Reporting format	Strengths	Limitations	Ref(s)
ACN-PCN	■ Aircraft weight, aircraft configuration (e.g., tire pressure, gear geometry, maximum aft center of gravity etc.), fixed aircraft operational frequency of 10000 coverages ■ Pavement cross-section (material type and layer thicknesses), subgrade strength, concrete strength[2]	■ Using aircraft method (U) ■ Technical evaluation method (T)	ICAO-ACN and COMFAA program	Numerical PCN value / Pavement type / Subgrade category / Allowable tire pressure / Method used to determine the PCN	■ The ACN-PCN system provides a standardized method for evaluating the strength and durability of airfield pavements. ■ The ACN-PCN system is flexible and can be used for a variety of pavement types, including rigid and flexible pavements ■ Relatively easy to use and requires minimal training. This makes it accessible to a wide range of airport stake-holders, including engineers, planners, and airport managers. ■ Provides a cost-effective method for evaluating the strength and durability of airfield pavements. This allows airports to optimize their pavement maintenance and repair programs and ensure safe and efficient operations ■ Has been extensively tested and is widely accepted by the aviation industry	■ Only used for evaluating acceptable operations of aircraft anddoes not take into account the maintenance and repair requirements of the pavement, which can affect its long-term performance and safety. ■ Its reporting of pavement strength applies only to pavements at public use airports with bearing strengths of 12,500 pounds (5,700 kg) or greater. ■ The ACN-PCN system does not correlate well with the current pavement design methods ■ The ACN-PCN system does not account for environmental factors such as temperature, humidity, and precipitation, which can affect the strength and durability of the pavement.	[1,2,7]

continued

Rating system	Variables required for calculation[1]	Determination Method(s)	Implementation software	Reporting format	Strengths	Limitations	Ref(s)
ACR-PCR	■ Aircraft weight, aircraft configuration (e. g. , tire pressure, gear geometry, maximum aft center of gravity etc.), and aircraft operational frequency ■ Pavement cross-section (material type and layer thicknesses), subgrade strength, concrete strength[2]	■ Using aircraft method (U) ■ Technical evaluation method (T)	ICAO-ACR and FAARFIELD[3] program	Numerical PCR value / Pavement type / Subgrade category / Allowable tire pressure / Method used to determine the PCR	■ Retains the same appearance, flexibility, simplicity, and cost-effectiveness of the current system ■ Allows the full considerations of the latest evolutions in pavement design methods ■ Removes the need for existing equivalency factors or alpha-factors, whose definition might be controversial ■ Will provide several benefits to airport owners through an optimized usage of their pavements	■ Only used for evaluating acceptable operations of aircraft and not as a pavement design or pavement evaluation procedure ■ Its reporting of pavement strength applies only to pavements at public use airports with bearing strengths of 12500 pounds (5700 kg) or greater.	[3-7]

Note:1. For flexible and rigid pavement types;
2. Only for rigid pavements;
3. FAA Rigid and Flexible Iterative Elastic Layer Design (FAARFIELD) .

As shown in Table 3, the ACR-PCR system is built on the same basis as the ACN-PCN method in terms of input variables for calculations, determination methods, and report format. The ACR-PCR system uses ACR to express the impact of individual aircraft on different pavements and uses PCR to express the load carrying capacity of the pavement. It overcomes the identified limitations of the current ACN-PCN system by allowing full consideration of the latest developments in the field. It also eliminates the need for equivalence factors or alpha factors, whose definition could be controversial. Airport operators will benefit greatly from this new system in terms of optimized use of their pavements, consistency between pavement design and aircraft allowability parameters, improved predictability of pavement life, and a consistent method of pavement characterization for both flexible and rigid pavements.

However, as stated expressly in the standards [2-3], the ACR-PCR system is not without limitations. Only the load-carrying capability of the pavement construction and its ability to accommodate the anticipated aircraft traffic can be determined by the ACR-PCR system. Like the ACN-PCN, it is not meant to be applied during pavement design or evaluation processes. It should be further highlighted that it does not offer details on what causes surface failures or distresses on airfield pavements. Surface distresses and failures can result from a number of things, including the environment, a material's characteristics, and construction methods. The ACN-PCN and ACR-PCR systems can identify structurally weak spots in the pavement, but they are unable to pinpoint the root causes of surface distresses or breakdowns. In order to determine the root causes of surface distresses and failures, it is crucial for airport operators and engineers to employ extra tools and techniques. Visual inspections, material testing, and other diagnostic methods may be used in this. Airport managers and engineers may create more efficient maintenance and repair plans to guarantee the security and durability of the pavement structure by identifying the underlying causes of pavement distresses and failures.

3　Conclusions

(1) The following conclusions can be drawn based on this study.

(2) The new ACR-PCR system uses the same concepts as current ACN-PCN method, but is fully layered elastic-based, uses uniform standard subgrade categories for asphalt and rigid pavements, and does not require alpha factors, layer equivalence factors, top-of-base k, etc.

(3) The ACN-PCN has several strengths, includ-ing flexibility, ease of use, cost-effectiveness, standardization, and establishment. However, the ACN-PCN system is considered outdated because it does not accurately account for the inconsistencies between the ACN-PCN system and more recent pavement design methods. The main difference between the ACR-PCR method and the ACN-PCN system is that the ACR-PCR method is more accurate and sophisticated in pavement thickness design and reduces anomalies.

(4) Implementation of the ACR-PCR methodology is facilitated by the FAA-developed ICAO-ACR software. This application is part of the FAA pavement program FAARFIELD 2.0 and will replace the existing ICAO-ACN and COMFAA programs as the primary software for determining pavement strength.

(5) Instead of the present overly conservative CBR-based system, the new ACR-PCR system is anticipated to assist airlines and ultimately the entire aviation industry by permitting optimized operating weights and frequencies. Additionally, airport administrations might employ the novel technique to assist the pavement management system and subsequent inspection and repair procedures.

References

[1] International Civil Aviation Organization Aeorodome Design Manual-Part 3: Pavements [R]. ICAO, Montreal, Canada, Doc 9157-AN/901,1983.

[2] Standardized Method of Reporting Airport Pavement Strength-PCN[R]. AC No: 150/5335-5C, Federal Aviation Administration, Washington D. C. ,2014.

[3] Standardized Method of Reporting Airport Pavement Strength-PCR[R]. AC No: 150/5335-5D, Federal Aviation Administration, Washington D. C. ,2022.

[4] BRILL D R. Aircraft Classification Rating/Pavement Classification Rating (ACR/PCR) Overview [R]. Washington D. C: Federal Aviation Administration, 2020:15.

[5] TARLIE S, New Method to Report Pavement Strength (ACR-PCR) (2022) in EASA[R]. ACR-PCR Webinar online 2022/10/06, Online: European Union Aviation Safety Agency,2022:87.

[6] Airport Sponsor Letter on AC 150-5335-5D-PCR Reporting[J/OL]. Available: https://www.faa.gov/documentLibrary/media/Advisory _ Circular/Airport-Sponsor-Letter-on-AC-150-5335-5D-PCR-Reporting. pdf.

[7] FABRE C The Aircraft Classification Rating-Pavement Classification Rating ACR-PCR in XIV ALACPA Seminar on Airport Pavements; XII Federal Aviation Administration Workshop; and VII Rapid Maintenance Course of Aerodrome Pavements[J/OL], City of Quito, Ecuador, 28 May to 1 June, 2018: ALACPA. [Online]. Available: https://www. alacpa. org/ACR-PCR% 20ALACPA-2018% 20Cyril% 20Fabre. pdf. [Online]. Available: https://www. alacpa. org/ACR-PCR% 20ALACPA-2018% 20Cyril% 20Fabre. pdf.

Research on Run-Time Assurance Architecture for Single-Pilot Operations Mode

Lei Dong[1]　Jiachen Liu[2]　Boyao Liang[2]　Peng Wang*[1]

(1. Department of Science and Technology, Civil Aviation University of China;

2. College of Safety Science and Engineering, Civil Aviation University of China)

Abstract　To address the new safety issues such as unpredictable, uninterpreted and unintended outcomes of system behavior brought by the intelligent upgrade of avionics equipment/systems in single-pilot operations mode. In this paper, based on the study of the principles of run-time assurance technology and ConOps for single-pilot operations mode, a risk mitigation architecture containing complex function, input manager, safety monitor, RTA switcher and recovery function. Next, by analyzing the run-time assurance scenarios for the four single-pilot operations modes, it is shown that this research has ability to maintain the safe operation of the system, and provides a technical framework and standard basis for the implementation of the program.

Keywords　Single-pilot operations　Run-time assurance　AI-based avionics　Safety

0　Introduction

Under the development trend of civil aircraft intelligence and low cost, domestic and international civil aviation industry is actively exploring and developing Single-Pilot Operations (SPO) mode (WANG GQ et al., 2023). With the help of advanced AI-based avionics and/or remote support provided by ground operators, this technology can reduce the number of pilots under the condition of meeting the maneuvering efficiency and quality of the current two-pilot mode of civil aircraft, which can not only bring the benefits of reducing the allocation of cockpit resources and cockpit space, but also eliminate the conflict of pilots' decision-making and shorten the response time (Chen Y et al., 2022).

A necessary condition for realizing SPO is to enhance the capabilities of existing avionics equipment/systems, and to ensure as much as possible that the system functions are intelligently matched to dynamic SPO operational scenarios, so as to reduce the pilot's workload through the collaboration between the pilot and the system (Sprengart S M et al., 2018). For example, Tokadli et al. (2021) developed a "Playbook interface" to assess the level of human-autonomous teaming in SPO cockpits, which is based on a domain knowledge base and a decision-behavioral architecture to assist a single pilot to achieve a mission in a number of operational scenarios. This device is based on the domain knowledge base and decision-behavior architecture, and can assist a single pilot to achieve mission objectives in some operational scenarios. Lim Y et al (2017) proposed a "Virtual Pilot Assistant (VPA)" system architecture in SPO mode, which is designed to reduce the workload and cockpit complexity of a single pilot, and improve human-machine collaboration and cooperation, as well as to improve the human-machine cooperation in SPO cockpit. The system is designed to reduce the workload and cockpit complexity of a single pilot and improve the ability of human-machine collaboration and information sharing. Dong L et al. (2023a) constructed a framework of SPO mode coalition tasking method based on DQN, which solves the SPO mode tasking scheduling problem by considering constraints such as the task load resource demand, the space limitation of intelligent body resources, and the execution window. However, with the increasing intelligence of avionics systems, their black-box characteristics also bring new safety risk problems such as difficult to predict and explain system behaviors as well as unintended results (Dong L et al., 2023b).

In summary, this paper builds a risk mitigation architecture based on Run-Time Assurance (RTA) technology for the intelligent development direction of SPO modes, and analyzes the run-time assurance

scenarios of SPO mode, which illustrates that the method proposed in this paper has the ability to maintain the safe operation of the system in SPO mode.

1　Basic concepts

1.1　Run-time assurance technology

Run-time assurance technology was formalized by the American Society for Testing and Materials (ASTM) in the F3269-17 standard published in 2017 and further refined in 2021. This standard provides standard implementation protocols for specific methods of safely constraining aircraft systems containing complex functionality using RTA.

In the past 20 years, the development process guidelines, represented by ARP 4754B, ARP 4761A, and DO-178C, have served as a good guide to improve the quality of airborne products. However, with the rapid development of intelligent technologies, many algorithms, components, functions, or systems (Fuller J G et al., 2016; Cofer D et al., 2020; Ghori S et al., 2022) that contain complex functionalities are difficult or impossible to be verified by traditional methods, i. e., the feasibility of using such techniques in critical aerospace application scenarios is ruled out due to the consideration of system safety. Aiming at the above problems, RTA technology can effectively reduce the development level and development verification cost of systems containing complex functions, quickly build non-similar application channels, improve system safety and airworthiness confidence, and aim to solve the dilemma that complex functions are difficult to be practically applied and successfully landed in the industry. Typical run-time assurance architecture mainly consists of input management module, complex functions, safety monitoring module, RTA switcher, and Recovery functions, which are summarized as follows.

(1) Complex Function: any function, algorithm, component, or system that does not pass the aeronautical development process guide practices (e. g., DO-178C, DO-254, ARP4754B, ARP4761A, etc.).

（2）Input Management Module: receives guaranteed and unguaranteed data and ensures that other RTA components receive the correct data by performing data dynamic conformance checks, details of the dynamic conformance checks can be found in Section 5 of the standard ASTM AC377 TR2-EB.

（3）Safety Monitoring Module: Used to monitor the complex function and the overall behavior of the system. If the Safety Monitoring Module determines that the complex function violates the system safety attributes or results in unsafe outputs from the system, it will cause the RTA switcher to disconnect the complex function and activate the Recovery function in order to ensure the overall safety of the RTA system.

（4）RTA switcher: The module that receives control commands from the safety monitoring module and switches the output source between functions （complex function andRecovery function）.

（5）Recovery Function: When an error occurs in the complex function, the Recovery function is used to maintain the safe operation of the RTA system, and the output can be returned to the complex function after the complex function returns to normal.

The primary means by which RTA technology mitigates system risks is by monitoring the system for unsafebehavior and switching control of complex functions to Recovery functions in a timely manner. However, the Recovery function coverage includes, but is not limited to, the predefined behavioral boundaries of the complex function. As shown in Figure 1, the RTA coverage of a system can be defined as:

$$D_{\mathrm{RTA}} = (\bigcup_{i=1}^{n_{\mathrm{RF}}} D_{\mathrm{RF}_i}) \cap (\bigcup_{j=1}^{n_{\mathrm{M}}} D_{M_j})$$

where D_{RF_i} denotes the coverage of the i th recovery function, and D_{M_j} denotes the coverage of the j th function monitored by the safety monitor. The safety monitor may include multiple monitoring functions that may use functionally different methods and input parameters for meeting the necessary monitoring coverage or achieving the desired assurance level.

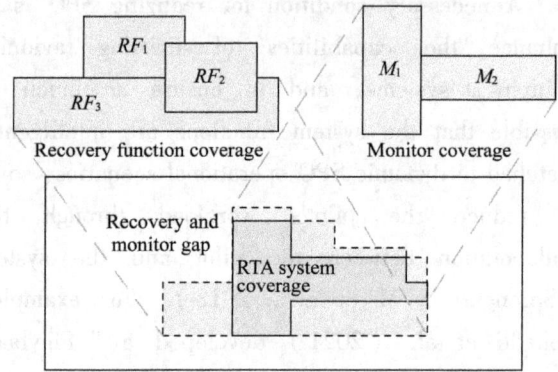

Figure 1　RTA system coverage

1.2　Single-pilot operations mode

Given that the human-machine interaction design of the existing two-passenger cockpit is mainly based on a function allocation scheme between the human and the automation system. This design is based on the concept of "technology-centered", which assigns some flight operation tasks to the automation system as a whole, resulting in placing the pilot in a "human outside the loop" situation, which tends to reduce situational awareness, and is unable to deal with complex accidental situations quickly and effectively.

In recent years, SPO has become an important area of airworthiness concern for the National Aeronautics and Space Administration （NASA）, the Federal Aviation Administration （FAA）, and the European Aviation Safety Agency （EASA） in the United States, and the International Civil Aviation Organization （ICAO） has planned SPO to be the core development direction of the next-generation civil aircraft piloting mode by 2030（Li M et al., 2022）. Complex flight piloting conditions （nominal/off-nominal） and single pilot control capability （healthy/incapacitated）, the pilot's knowledge and cognitive space, and the machine's rule and logic space are interactively deduced （intelligently） to construct the flight process organization and capability covering dual-crew piloting modes. The SPO mode realizes the balance between the pilot and the AI-based avionics through the monitoring, evaluation, and reconfiguration process shown in Figure 2.

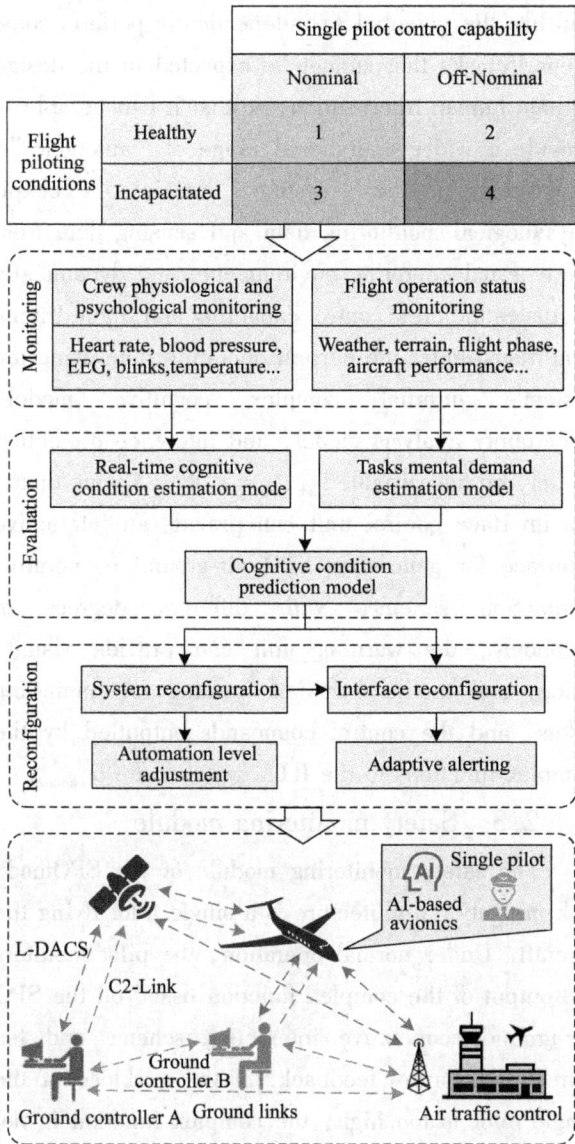

Figure 2　SPO air-ground cooperative interaction process

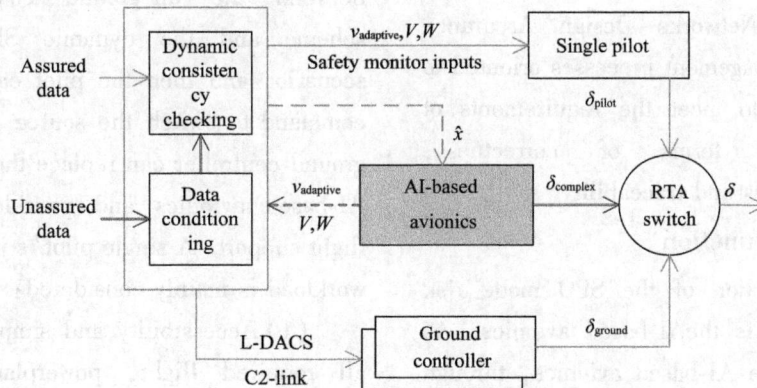

Figure 3　RTA architecture for SPO mode

2　Run-time assurance architecture design for SPO mode

Based on the study of the principles ofrun-time assurance technology and the concept of SPO mode operation, the risk mitigation architecture established in this paper is shown in Figure 3. The input management module first analyzes the dynamic validity of the unassured data, and then performs high-level data fusion with the assured data; next, it passes the data to the AI-based avionics integrated with artificial intelligence algorithms (complex function); the single pilot, as the safety monitoring module, monitors the output of the complex function based on the SPO air-ground collaborative interaction scheme of the complex function's output and its own direct control feedback If the workload of the single pilot is too high, the duty of the complex function will be manually switched to the ground controller (recovery function) to control the overall operational risk of the SPO mode within an acceptable range to prevent the SPO mode from exceeding the operational design domain, and each module in the SPO run-time assurance architecture will be described in detail in the following.

2.1　Input management module

The input management module automatically analyzes and processes multi-sensor information obtained from different time series, spatial series and frequency series. On the one hand, it improves the credibility of the data source, and more accurately obtains a single or a group of relevant features of the environmental data, so as to improve the accuracy and reliability of the comprehensive information obtained by the system; on the other hand, it increases the dimensions of the target feature vectors, which, due to the effective utilization of the redundancy and complementarity of the information, significantly improves the performance of the system, effectively reduces the objective damage of the natural phenomena and the human interference, and ensures that the other RTA components can receive the correct data. Other RTA components can receive correct data.

Among them, the assured data should meet the aeronautical data quality requirements defined by the DO-200B standard, and the data types include navigation, flight planning, terrain and obstacle sensing, cockpit displays, etc., and the extent to which the data elements meet the data quality requirements determines their suitability for the intended use. Unassured data comes from deep vision sensors and wearable physiological monitoring devices, etc. Image data collected by deep vision sensors may be affected by atmospheric conditions, image shift compensation residuals, exposure bias, etc., and wearable physiological monitoring data may be affected by human factors, both of which are subject to a certain degree of uncertainty, and such data should be referenced to theSAE AIR 6988 and the EASA's Neural Networks Design Assurance Concepts" for data management processes oriented to aviation AI, and try to meet the requirements of unassured data in terms of correctness, completeness, timeliness and traceability

2.2 Complex function

The complex function of the SPO mode risk mitigation architecture is theAI-based avionics. As shown in Figure 4, the AI-based avionics, through learning and training based on AI algorithms, big data, and expert knowledge base (especially to deal with abnormal and emergency operation scenarios), has been made to have certain learning and self-adaptive capabilities in some operation scenarios,

and has the potential to independently perform some scenario tasks that cannot be expected in the design without human intervention, so that it can be able to provide a wider operational range of "autonomy". Specifically, the system receives cockpit physiological monitoring data and sensing data from the external operating environment, and dynamically evaluates the crew control capability and flight driving conditions under the current operating state using the system's internal complex cognitive model, uncertainty analysis model, and inference prediction model, output variable $v_{adaptive} = V^T W^T$. Among them, the interface control unit can provide an interactive interface for generating SPO air-ground cooperative interaction schemes with different degrees of autonomy, the warning unit can provide visual, voice, and tactile forms of warning for reminding pilots, and the control commands outputted by the complex functions to the RTA switcher are $\delta_{complex}$.

2.3 Safety monitoring module

The safety monitoring module of the SPOmode risk mitigation architecture is a single pilot flying the aircraft. Under normal operation, the pilot monitors the output of the complex function based on the SPO air-ground cooperative interaction scheme and his own direct control feedback. If the workload of the single pilot is too high, the complex function is not considered to have realized the intelligent matching between the air-ground cooperative interaction scheme and the dynamic SPO mode operation scenario, and then the pilot can output the control command to switch the source of RTA, so that the ground controller can replace the responsibility of the AI-based avionics and provide the corresponding flight support. A single pilot's judgment of his or her workload is mainly considered:

(1) Accessibility and simplicity of operation of all required flight, powerplant, and equipment maneuvering devices;

(2) The accessibility and conspicuousness of all required instrumentation and malfunction warning devices;

(3) The number, urgency, and complexity of

operating procedures；

（4）The amount and duration of energy and physical effort expended in normal operations and in judging and coping with malfunctions and contingencies；

（5）The extent to which fuel, hydraulic, pressurization, electrical, electronic, deicing, and other systems need to be monitored during enroute flights；

（6）The workload of communications and navigation；

（7）The likelihood of increased workload due to the fact that any one contingency can lead to other contingencies.

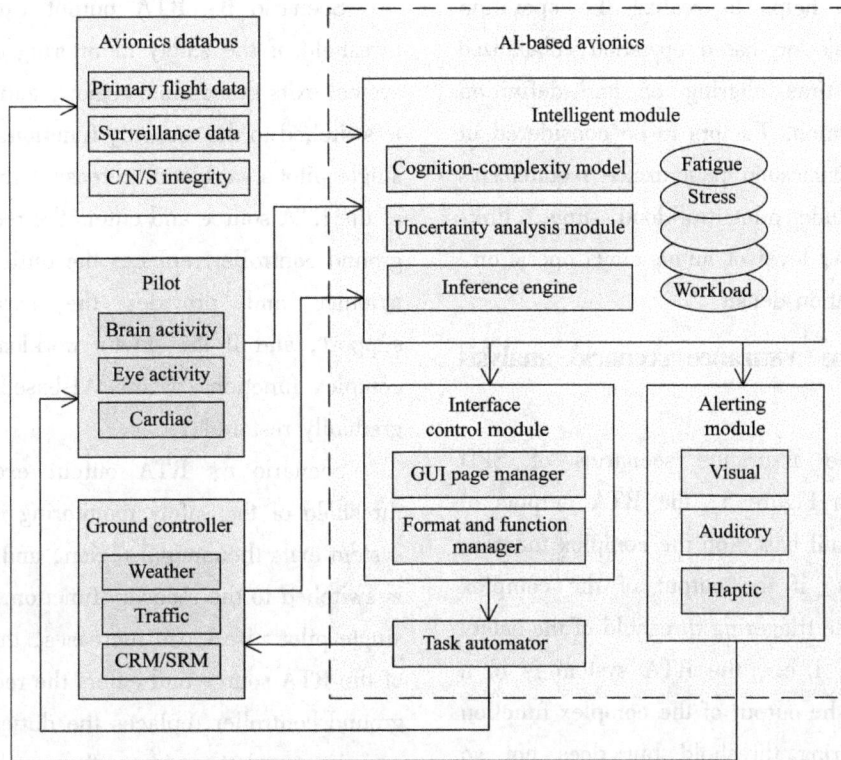

Figure 4　AI-based avionics in SPO mode

2.4　Recovery function

Therecovery function of the SPO mode risk mitigation architecture is the ground controller, which consists of the Airline Operational Center Operator （AOCO） and the Ground Operator （GO）. The AOCO is typically required to monitor multiple aircraft to improve operational efficiency, assist a single The AOCO typically monitors multiple aircraft to improve operational efficiency, and assists a single pilot with tasks, such as scheduling, optimal route planning, and coordinating with air traffic controllers. The GO, on the other hand, assists a single pilot with emergency tasks and controls only a limited number of aircraft to ensure the required level of safety. In case of crew incapacitation, the GO will take over the pilot's duties and work with the AI-based avionics on board to accomplish the execution of the emergency mission （Martins A et al. , 2022）.

The concept of operation of a singlee pilot mode airplane is predicated on reliable data communication between the aircraft and theground controller to provide the single pilot and the ground controller with flight intent information, operational posture information, and real-time control command information. The European Civil Aviation Equipment Organization Working Group WG-73 has developed a C2 link for remote aircraft maneuvering systems that can provide support for recovery functions of the SPO mode risk mitigation architecture. Its Command function can be used to support command communication between pilots and ground operators and to support real-time on-board command, and in combination with the control function, it can support remote command and control of the aircraft by the ground controller. L-

DACS（L-band digital aeronautical communication system）ensures the quality of communication service on the basis of safe communication, which can meet the demand for large bandwidth and high throughput of the system during SPO mode aircraft operation, and also realize the reliable transmission of large data information, which helps to realize the operation services such as trajectory-based operation, digitalized control, and real-time sharing of high-definition surveillance information. Factors to be considered in evaluating the communication performance requirements of SPO mode include pilot workload surge, link-carrying information, level of autonomous operation, and regional population density.

3   Run-time assurance scenario analysis for SPO mode

Typicalrun-time assurance scenarios of SPO mode are shown in Figure 5, the RTA outputs of these scenarios are all based on the complex function as a starting point, if the output of the complex function is within the triggering threshold of the safety monitoring module, i. e., the RTA system is in a nominal region; if the output of the complex function exceeds the triggering threshold but does not go beyond the recovery region of the RTA system, at this time, the RTA system is switched to the recovery function; if the output of the RTA exceeds the recovery region, it is considered to be a failure of the RTA system, and each of the scenarios will be analyzed in detail in the following sections.

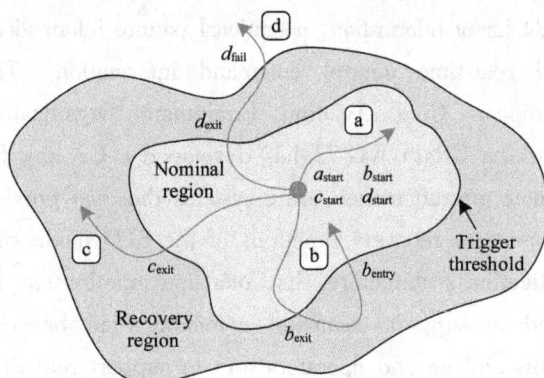

Figure 5   Run-time assurance scenarios of SPO mode

Scenario a: the RTA output remains within the trigger threshold of the safety monitoring module, the

AI-based avionics is able to ensure the intelligent matching of the air-ground cooperative interaction scheme with the dynamic SPO mode operation scenario. At this time, the RTA system is in the nominal region regardless of the level of flight piloting conditions and single pilot control capability;

Scenario b: RTA output exceeds the trigger threshold of the safety monitoring module, the RTA system exits thenominal region, and the output source is switched to the recovery function. At this time, the single pilot's workload increases, the active switching of the RTA source and enters the recovery region, the ground controller replaces the duties of the AI-based avionics and provides the corresponding flight support, and if the pilot's workload decreases, the complex functions of the AI-based avionics can be gradually restored;

Scenario c: RTA output exceeds the trigger threshold of the safety monitoring module, the RTA system exits thenominal region, and the output source is switched to the recovery function. At this time, the single pilot's workload increases, the active switching of the RTA source and enters the recovery region, the ground controller replaces the duties of the AI-based avionics and provides the corresponding flight support, if the pilot's workload still has not been reduced or even incapacitated, then the RTA system continues to be in the recovery region and the output of the RTA is still the recovery function;

Scenario d: The RTA output exceeds the trigger threshold of the safety monitoring module, the RTA system exits the safety zone, and the output source is switched to therecovery function, but the recovery function also fails to restore the RTA output to within the trigger threshold, and even fails to keep it within the recovery zone, and the RTA system fails. At this point, the single pilot is incapacitated, the AI-based avionics are lost, and the C2 link of the remote aircraft maneuvering system cannot meet the minimum communication performance requirements. This type of scenario is very extreme and has a very low probability of occurrence, but from the considerations of the special characteristics of single-pilot driving, public acceptance of SPO, and civil aviation safety, further research on pilot incapacitation monitoring, automatic takeover of airborne systems (automated/intelligent autonomous systems), emergency flight support from the ground station, and situational awareness and role change of the ground station operator is needed.

4 Conclusions

(1) Combining run-time assurance technology and single-pilot operations mode, a risk mitigation architecture can be constructed that includes input management module, complex function, safety monitoring module, RTA switcher and recovery function, and the operation mechanism and requirements of each module are also clearly given in this paper.

(2) Thesingle-pilot operations mode can be categorized into four typical run-time assurance scenarios according to the different nominal regions, recovery regions, and trigger thresholds, and except for extreme failure scenarios, all other scenarios can be based on the risk mitigation architecture constructed in this paper to maintain safe and stable operation.

References

[1] WANG G Q, LI M, WANG M, et al. A systematic literature review of human-centered design approach in single pilot operations[J]. Chinese Journal of Aeronautics, 2023, 36 (11): 1-23.

[2] YONG C, YUE L, MIAO W, et al. DFCluster: An efficient algorithm to mine maximal differential biclusters for single pilot operations task synthesis safety analysis [J]. Chinese Journal of Aeronautics, 2022, 35 (5): 400-418.

[3] SPRENGART S M, NEIS S M, SCHIEFELE J. Role of the human operator in future commercial reduced crew operations [C]//2018 IEEE/ AIAA 37th Digital Avionics Systems Conference (DASC). IEEE, 2018: 1-10.

[4] TOKADLI G, DORNEICH M C, MATESSA M. Evaluation of playbook delegation approach in human-autonomy teaming for single pilot operations [J]. International Journal of Human-Computer Interaction, 2021, 37(7): 703-716.

[5] LIM Y, BASSIEN-CAPSA V, RAMASAMY S, et al. Commercial airline single-pilot operations: System design and pathways to certification[J]. IEEE Aerospace and Electronic Systems Magazine, 2017, 32(7): 4-21.

[6] DONG L, CHEN H B, CHEN X, et al. Distributed multi-agent coalition task allocation strategy for single pilot operation mode based on DQN[J]. Acta Aeronautica et Astronautica Sinica, 2023,44(13): 180-195.

[7] DONG L, LIU J C, CHEN X, et al. Research Progress of AI-based Avionics System Certification for Airworthiness Compliance[J]. Advances in Aeronautical Science and Engineering, 2023,14 (03):26-40.

[8] FULLER J G, HOOK L, HUTCHINS N, et al. Toward run-time assurance in general aviation and unmanned aircraft vehicle autopilots[C]// 2016 IEEE/AIAA 35th Digital Avionics Systems Conference (DASC). IEEE, 2016: 1-9.

[9] COFER D, AMUNDSON I, SATTIGERI R, et al. Run-time assurance for learning-based aircraft taxiing [C]//2020 AIAA/IEEE 39th Digital Avionics Systems Conference (DASC). IEEE, 2020: 1-9.

[10] GHORI S, KHAMVILAI T, FERON E, et al. Runtime Assurance for Distributed Avionics Architecture[C]//2022 IEEE/AIAA 41st Digital Avionics Systems Conference (DASC). IEEE, 2022: 1-6.

[11] LI M, WANG M, DING D, et al. Development and Evaluation of Single Pilot Operations with the Human-Centered Design Approach [J]. Aerospace, 2022, 9(10): 601.

[12] MARTINS A, LIEB J, FRIEDRICH M. The Ground Station Operator in Single Pilot Operation-Active or Passive role? [J]. Advances in Transportation, 2022, 60:615-621.

基于 MAVLink 协议的无人机链路安全防护方案研究

幸立城　郭　伟*

(西南交通大学信息科学与技术学院)

摘　要　MAVLink 协议是目前在民用无人机指挥控制链路所广泛使用的报文传输协议,已有研究表明,其安全防护机制和后续改进方案在安全性和效率方面仍然有进一步提升的空间。本文提出采用带有关联数据的认证加密方案,来改进 MAVLink 协议的安全防护机制,通过对 4 种典型认证加密方案的对比分析,最终选择了 Ascon 和 OCB3 算法来分别满足轻量化和高性能两类应用场景需求。测试结果表明,所选方案在安全性和效率方面较现有方案有较大提升,可在进一步增强无人机指挥控制链路安全防护水平的同时,最大限度降低安全机制带来的额外通信延时。

关键词　无人机　认证加密　MAVLink　链路防护

0　引言

无人机具有成本低、灵活度高和易部署等特点,应用场景日益丰富。军用无人机的常见应用场景包括情报收集、电子干扰和战术攻击等;民用无人机则被广泛应用于航拍、巡检和应急救援等场景。无人机与地面控制站(Ground Control Station,GCS)间主要依靠指挥控制链路(Command and Control,C2)进行双向通信。其上行链路为地面控制站发送命令和控制报文给无人机以控制其飞行高度、航线、姿态等;下行链路为无人机将自己当前的位置、高度、姿态、状态以及采集到的数据等信息回传到地面控制站,为地面控制站作出下一步决策提供数据参考。因此,无人机与 GCS 之间 C2 链路的安全性不仅直接关系到任务的成功与否,还关系到无人机自身的飞行安全。

本文围绕无人机 C2 链路的安全性展开研究,针对目前在民用无人机领域广泛使用的 MAVLink 协议[1],在调研和分析其已知安全风险及现有改进方案局限性基础之上,提出了采用带有关联数据的认证加密(Authentication Encryption with Associated Data,AEAD)方案来同时保障 C2 链路传输报文的机密性和完整性,并提供数据来源认证。针对无人机应用场景的轻量化和低延时的需求,本文对数种已标准化或者近期国际密码竞赛的获胜方案进行了对比分析。理论分析和实验结果表明,所提 AEAD 方案在安全性和效率两方面均优于目前已知改进方案,可在降低计算开销的同时减少安全方案所带来的额外链路延时,并实现对无人机与 GCS 之间 C2 链路安全性的全面提升。

1　MAVLink 协议简介

MAVLink 协议是一种开源、灵活轻量的无人机通信协议,该协议目前有两个版本。1.0 版本[1]于 2009 年发布,其中仅使用了如表 1 所示的 16 位 CRC 校验和字段,无法防御攻击者对链路传输报文的恶意篡改。

MAVLink 1.0 版本校验和字段　　表 1

字段名	定义	长度
CHECKSUM	16 位冗余校验码(CRC16)	2 Bytes

MAVLink 2.0 版本[2]于 2017 年初发布,是当前推荐使用的版本,它向前兼容 1.0 版本,并对 1.0 版本进行了多项改进,共新增了 3 个字段(结构如图 1 所示)。其中 6 字节的 SIGNATURE 字段主要是为了解决 1.0 版本无法抵御对 C2 链路传输报文恶意伪造和篡改问题,选择基于秘密前缀的 SHA256 算法来生成消息认证码(Massage Authentication Code,MAC),从而提供完整性保护和数据来源认证。然而,为了适应无人机平台,最大限度降低安全机制开销,该方案将标准 HMAC 的两轮 Hash 迭代结构缩减到了一轮,因此该方案

基金项目:航空科学基金(2023Z074109001)。

的安全性仍存在一定疑问。

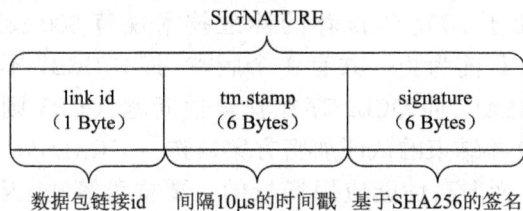

图 1 SIGNATURE 的结构

2 MAVLink 安全现状与改进方案

2.1 安全现状分析

已有的漏洞报告指出,目前的 MAVLink 协议存在严重的安全隐患。CVE-2020-10281[3] 指出该协议(无论是 1.0 还是 2.0 版本)为了提高传输和接收效率,报文信息均采用明文传输,这会给远程攻击者访问敏感信息提供可乘之机,从而造成重要隐私信息泄露;CVE-2020-10282[4] 指出 MAVLink 1.0 版本没有提供身份验证机制,这会导致包括身份欺骗和未经授权的访问等各种攻击;CVE-2020-10283[5] 指出,虽然 MAVLink 2.0 版本通过新增一个签名字段来提供身份验证机制,但是为了保持向前的兼容性,该协议需要通过 AUTOPILOT_VERSION 字段来协商协议版本,这意味着攻击者能够通过该字段来强制使用 1.0 版本,从而绕过身份验证和屏蔽完整性保护功能。除此之外,文献[6]还进一步指出了 2.0 版本的签名字段采用基于秘密前缀的 SHA256 算法来生成消息认证码,且将认证码由 256 位截断为 48 位,容易受到碰撞和伪造攻击。综上所述,目前的 MAVLink 协议在机密性和完整性方面均存在安全隐患,亟须提升其安全性,以保证无人机和 GCS 之间的 C2 链路的安全。

2.2 针对 MAVLink 协议的已知改进方案

为了解决 MAVLink 协议存在的上述安全隐患,一系列改进方案被相继提出。其中,文献[7]提出使用古典密码算法中的凯撒密码作为 MAVLink 协议的机密性保护方案,虽然该方案的计算开销远低于常见的分组密码方案,但由于凯撒密码的密钥空间过小,显然无法提供足够的安全性。文献[8]为 MAVLink 协议增加了机密性保护,选择 SM4、ZUC、AES 和 ChaCha20 共 4 个常见加密算法进行对比测试,最终选用了基于 ZUC 算法构建链路防护方案,但是该方案所选择的 ZUC

算法为序列密码,在无完整性保护方案情况下,传输报文仍可能遭到比特翻转攻击,从而破坏传输报文的完整性。文献[9]选择 CBC 加密模式保证了机密性,同时通过 CBC-MAC 消息认证方案保障了消息的完整性和真实性。但该方案仅仅只是简单采用 EtM(Encrypt then MAC)结构将分组密码的加密和认证工作模式组合在了一起,且认证模块和加密模块均选用了 CBC 的结构,这存在一定安全隐患。同时,由于 CBC 模式为全串行迭代结构,且对同一个明文分组需要分组密码处理两次,导致方案整体效率较差。

3 针对 MAVLink 协议安全防护方案的改进

本文基于集成认证加密方案对 MAVLink 协议的安全防护方案进行了改进,这不仅弥补了 MAVLink 协议在机密性和完整性保护上的缺陷,且所提方案的安全性和效率均较已有改进方案有较大提升。

3.1 认证加密算法的适用性

认证加密(Authenticated Encryption, AE)这一概念最早由 Bellare 等人[10]提出,其核心思想是将加密和认证模块集成在同一算法中。与单独使用加密或认证算法相比,AE 方案不仅可同时为传输数据提供机密性和完整性保护,而且是唯一能够达到 CCA 安全的对称密码方案;与此同时,与 EtM、MtE 和 E&M 等直接组合方案相比,设计良好的 AE 方案可极大地提升算法效率,且提供对多种类型安全特性的支持。MAVLink 协议报文中的报头信息,需要以明文形式传输,从而便于接收方通过源地址目的地址等相关信息去获取对应会话密钥,但报头信息仍需受到完整性保护,防止攻击者非法篡改相关内容。面向类似需求场景,文献[11]提出的 AEAD 方案,能在为有效载荷数据提供机密性和完整性的同时,对报头信息提供完整性保护,便于接收方读取报头信息。因此,综合认证加密在安全性和效率两方面的优势,它是提升无人机与 GCS 之间 C2 链路安全的最佳选择。

3.2 基于认证加密提升链路安全

目前的认证加密算法大致可以归纳为两类:基于分组密码的工作模式类方案和直接设计类方案。工作模式类 AE 方案由于底层是基于分组密码构造,因此具有可证安全的优点,同时可兼容如SM4等国密算法,但此类方案无法突破工作模式的性能上限,且较难以进行轻量化改造。直接设计类方案可根据需要进行定制,从而在性能或者轻量化方面获得更好的效果,但此类方案通常较难给出可证安全结论。

在无人机C2链路防护这一应用场景中,对方案性能、轻量化和国密算法兼容性这三方面均有需求。对于低端民用无人机而言,其硬件平台通常配置较低,预留给安全实现模块的计算、存储开销较小,因此,对方案有较迫切的轻量化需求。而一些中、高端无人机平台,通常在C2链路中还整合了图传等一些更加复杂的功能,因此对于方案的性能有较为迫切的需求,需要尽可能地降低安全机制所带来的额外链路通信延时。此外,根据《中华人民共和国密码法》的要求,面向国内销售的产品还需考虑提供对国密算法的支持。

根据上述需求,本文从两类AE方案中各选择了两种典型候选算法,其中,GCM和OCB都是One-pass结构的分组密码工作模式。GCM是NIST于2007年推荐的标准技术规范800-38D。OCB目前为止一共有3个版本,其中OCB1不支持AEAD,而OCB2存在安全性问题,OCB3则是2019年结束的认证加密方案遴选——CAESAR竞赛中面向高性能应用场景的主要推荐算法,因此本文选择OCB3作为候选方案之一。Ascon和ACORN则是CAESAR竞赛中面向资源受限场景所推荐的两个轻量化直接设计算法,Ascon还成为2023年结束的NIST轻量密码竞赛(Lightweight Cryptography Competition,LWC)的获胜算法。根据无人机应用场景的特点,本文选取了GCM、OCB3、ACORN和Ascon(选择Ascon-128版本),并与文献[9]中方案进行对比分析,从安全性、实现代价、执行效率等方面选出适合于不同无人机平台的算法,将之集成到MAVLink协议中,以提升其安全性。表2从设计特点、轻量化特性、安全特性和效率特性等维度对上述5种方案进行了对比分析。

候选算法特性分析　　　　　　　　　　表2

候选算法		设计特点		轻量化特性		安全特性	效率特性		
		底层原语	兼容国密算法	是否采用轻量化设计	无须实现解密算法	可证安全	支持并行	支持指令集加速	短消息高效
工作模式类	文献[9]	分组密码	√	×	×	×	×	√	×
	GCM方案	分组密码	√	×	√	√	√	√	×
	OCB3	分组密码	√	×	×	√	√	√	√
直接设计类	Ascon	Sponge	×	√	√	√	×	√	√
	ACORN	LFSR	×	√	√	×	×	×	×

注:×表示不支持该特性,√表示支持该特性。

GCM、OCB3和文献[9]方案均属于分组密码的工作模式,因此底层的密码模块可更换为SM4国密算法;而Ascon和ACORN算法均是专门面向轻量化场景设计,底层分别基于Sponge结构和LFSR构造的流密码。与此同时,GCM、Ascon和ACORN算法的加解密过程完全相同,无须实现解密算法,这一定程度上降低了软硬件实现代价。

从安全性角度而言,GCM、OCB3、Ascon方案均在底层的分组密码或Sponge结构满足随机函数前提下,给出了可证安全的结论,而文献[9]方案是将CBC加密模式和CBC-MAC认证模式组合在了一起,虽然两个模式均有可证安全结论,但CBC加密模式会暴露CBC-MAC的中间输出,导致攻击者可进行伪造攻击,因此两个方案的简单组合存在严重安全隐患。

在方案效率方面,算法是否可支持并行处理对方案的软硬件实现效率有着重要意义。文献[9]方案的加密和认证模块都采用了CBC结构,因此均不支持分组间的全并行处理;GCM和OCB3的加密模块分别采用了CTR和ECB结构,因此均支持分组间的全并行处理,而在认证模块方面,OCB3仅是对各个分组的密文累加和额外增加一次分组加密运算,而GCM则采用代价较小的伽罗华域Hash运算来处理,所以虽然两个算法的认证模块并不支持并行,但代价仍然非常低。ACORN和Ascon虽然并不支持分组间的并行处理,但 ACORN 的 32 步基本运算间可采用并行处理,而 Ascon 则在置换运算的每一步中,支持 5 条指令并行执行。在软件平台上采用指令集加速可极大提高算法实现效率,文献[9]方案、GCM 和 OCB 三个算法受益于底层采用的 AES 或者 SM4 算法,可分别采用 AES-NI 或者 AVX 指令集加速,Ascon 算法则可支持 SIMD 指令集加速。与大多数基于分组密码、流密码和大状态海绵相比,Ascon 在初始化与最终化的开销更小,并且当关联数据为空时,不需要额外的置换调用,同时该算法分组大小仅为 8Bytes 或 16Bytes,因此其对于短消息处理的效率较高。

4 不同认证加密算法的性能仿真测试

为满足不同类型无人机的需求,本节选择了多种方案进行仿真测试。国内无人机上搭载的密码模块只能选择国密算法,而 SM4 是唯一公开的国密分组密码算法;另外,鉴于 AES 算法在许多国际标准和安全协议中的广泛使用,在出口产品上可以选择基于该算法的方案;而对于一些微型无人机,受限于自身有限的资源,需要选择具有轻量化设计特性的算法,如 Ascon 和 ACORN 算法。因此,本节选取 GCM-AES、GCM-SM4、OCB3-AES、OCB3-SM4、ACORN、Ascon 与文献[9]中的方案进行性能对比测试。

4.1 实验测试

本节对上述所选方案进行仿真测试,为保证实验结果的参考性,针对 OCB 和 GCM 的统一测试平台参数见表 3。

测试平台参数   表 3

处理器	微架构	主频(GHz)	内存(GB)	核心数	密码库
AMD Ryzen 7	Dragon Range	3.6	16	8 核/16 线程	GmSSL 3.1.0

测试消息包结构如图 2 所示,关联数据和消息认证码长度分别固定为 17Bytes 和 8Bytes,用户载荷的长度在 0 ~ 256Bytes 之间可调。为模拟不同长度报文长度情况下各种算法的软件性能,测试过程以 32Bytes 为步长递增,分别进行了 0 ~ 256Bytes 有效载荷的模拟测试,每个方案独立进行 10000 次重复测试,实验结果取平均值来保证数据的准确性。

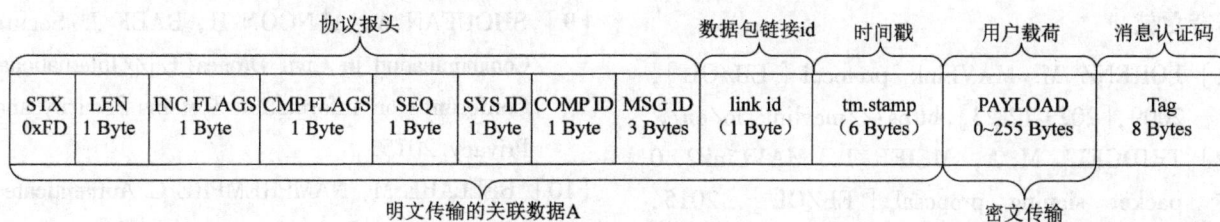

| 协议报头 | | | | | | | | 数据包链接id | 时间戳 | 用户载荷 | 消息认证码 |

| STX 0xFD | LEN 1 Byte | INC FLAGS 1 Byte | CMP FLAGS 1 Byte | SEQ 1 Byte | SYS ID 1 Byte | COMP ID 1 Byte | MSG ID 3 Bytes | link id (1 Byte) | tm.stamp (6 Bytes) | PAYLOAD 0~255 Bytes | Tag 8 Bytes |

明文传输的关联数据A   密文传输

图 2　测试消息报结构

在测试中,对于基于工作模式的 OCB、GCM 和文献[9]方案均分别选择了 AES 和 SM4 算法进行了测试,其中对 AES 算法开启 AES-NI 优化,对 SM4 算法开启 AVX 指令集加速。Ascon 和 ACORN 则参考了 CAESAR 竞赛提交的优化代码。用认证加密消息所需要的 CPU 周期数除以消息长度,得到每字节所需机器周期数(cycles per byte,cpb),以此来表示算法效率,随消息长度的变化而绘制的曲线如图 3 所示。

4.2 测试结果分析

根据测试结果,轻量化方案性能均低于基于工作模式的方案,这主要是由于 AES 和 SM4 算法实现中均采用了指令集加速。以 AES 为例,实测数据表明,开启和关闭 AES-NI 指令集情况下的算法性能差距可达到 7 ~ 30 倍。与此同时,虽然相较于轻量化方案,基于分组密码方案的效率更高,但其实现代价同样远高于 Ascon 和 ACORN 算法,后两者甚至可运行在 8 位处理器平台。轻量级算法中,ACORN 的性能仅为 Ascon 算法的一半。在工作模式方案中,性能最高的 OCB 方案,其性能可达到文献[9]方案的 3 倍。综上所述,本文建议在低端民用无人机采用轻量化的 Ascon 算法,在中高端民用无人机平台采用 OCB3 方案实现对 MAVLink 协议所传输控制报文的安全防护。

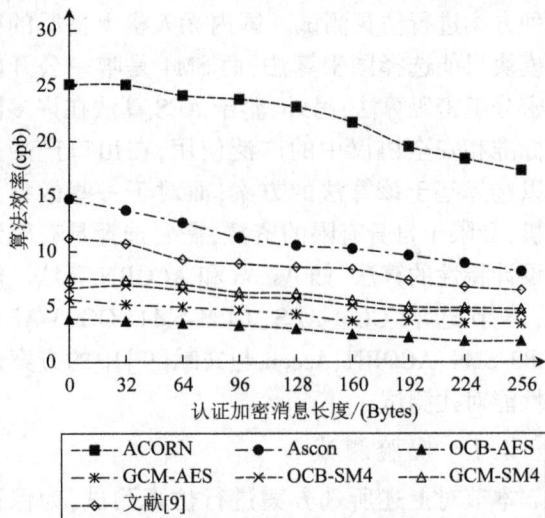

图3　不同长度消息的认证加密测试结果

5　结语

本文提出了基于认证加密方案改进 MAVLink 协议安全防护机制,解决 MAVLink 协议本身安全机制的缺陷问题。为符合密码法的相关规定,建议在未来国内中、大型无人机与 GCS 之间的 C2 链路防护方案中采用 OCB3-SM4 方案,以实现核心模块自主可控,而对出口型小型民用产品,建议使用 Ascon 方案以达到效率最优。

参考文献

[1] LORENZ M. MAVLink protocol [EB/OL], 2009, [2023-12-23]. https://mavlink.io/en/.

[2] TRIDGELL M A, MEIER L. MAVLink2.0 packet signing proposal [EB/OL], 2015, [2023-12-23]. https://mavlink.io/en/.

[3] ALIAS R. Information Technology Laboratory, NATIONAL VULNERABILITY DATABASE (NVD) [EB/OL]. (2021-12-21) [2023-12-23]. https://nvd.nist.gov/vuln/detail/CVE-2020-10281.

[4] ALIAS ROBOTICS. Information Technology Laboratory, NATIONAL VULNERABILITY DATABASE(NVD). [EB/OL] (2020-10-23) [2023-12-23]. https://nvd.nist.gov/vuln/detail/CVE-2020-10282.

[5] ALIAS R. Information Technology Laboratory, NATIONAL VULNERABILITY DATABASE (NVD) [EB/OL]. (2022-10-28) [2023-12-23]. https://nvd.nist.gov/vuln/detail/CVE-2020-10283.

[6] FICCO M, PALMIERO R, RAK M. MAVLink Protocol for Unmanned Aerial Vehicle: Vulnerabilities Analysis [C]//IEEE Intl Conf on Dependable, Autonomic and Secure Computing, Intl Conf on Pervasive Intelligence and Computing, Intl Conf on Cloud and Big Data Computing, Intl Conf on Cyber Science and Technology Congress (DASC/PiCom/CBDCom/CyberSciTech), 2022: 1-6.

[7] RAJATHA B S, ANANDA C M, NAGARAJ S. Authentication of MAV communication using Caesar Cipher cryptography [C]//International Conference on Smart Technologies and Management for Computing, Communication, Controls, Energy and Materials (ICSTM), 2015: 58-63.

[8] 靳文京, 郑学欣, 孟玉飞. 基于不同密码算法的 MAVSec 安全协议性能研究[J]. 信息安全研究, 2023, 9(8): 771-776.

[9] SHOUFAN A, ALNOON H, BAEK J. Secure Communication in Civil Drones [C]//International Conference on Information Systems Security and Privacy. 2015.

[10] BELLARE M, NAMPREMPRE C. Authenticated Encryption: Relations among Notions and Analysis of the Generic Composition Paradigm [J]. Lecture Notes in Computer Science, vol 1976. Springer, Berlin, Heidelberg. ASIACRYPT 2000: Advances in Cryptology-ASIACRYPT 2000: 531-545

[11] ROGAWAY, PHILLIP. Authenticated-encryption with associated-data[C]. Conference on Computer and Communications Security, 2002: 1.

基于城市人群安全的无人机运行地面风险评估

陈艺君[1]　余莎莎[*1]　张学军[2]

(1. 西华大学航空航天学院;2. 北京航空航天大学电子信息工程学院)

摘　要　本文对无人机(Unmanned Aerial Vehicle,UAV)在城市区域运行将给地面人群带来的伤亡风险展开研究。首先,考虑到城市真实环境特征要素和无人机失效坠落过程的变量参数对风险量化评估准确性的影响,构建了地面风险量化评估模型;然后,以风险分布地图的形式,实现了城市不同区域的无人机运行对地风险可视化;最后,以真实算例,验证风险评估方法的可行性。结果表明:风险大小与城市地表遮蔽效应、人口分布以及无人机坠地影响区域有关;基于无人机坠地过程受力分析,可得到地面不同区域撞击概率分布特征,反映无人机实际撞击影响区域;风险分布地图能够直观反映城市各区域的安全水平,为低空无人机安全运行提供评估工具。

关键词　城市区域　地面人群安全　风险评估　风险分布地图

0　引言

随着无人机(Unmanned Aerial Vehicle,UAV)的应用发展,其运行给地面造成的安全威胁得到关注,尤其对于人口密度较高的城市复杂区域,更增加了潜在风险。低空经济的快速发展或将带来城市 UAV 数量的大规模增长,为此,开展无人机运行风险研究具有重要意义。

UAV 运行的地面风险主要指 UAV 失效后撞击地面造成的伤亡、损失等相关风险[1-2]。风险评估[3-5]主要是指在无人机作业之前或事故之后,对其潜在的或实际的事故发生概率及其相关影响后果的严重程度,利用科学的计算方法和精确的模型进行量化估计[6]。

Hu[7]基于成本-效益对城市环境下无人机的运行风险进行了量化评估。但未考虑到城市人口密度分布特征。Jiao[8]利用卷积神经网络和深度学习联合模型(CSNET 模型)预测地面人口密度时空分布特征,以人群伤亡率的形式,量化了地面风险,为地面风险量化研究提供了重要参考价值。钟罡等[1]聚焦物流无人机坠地后造成的死亡人数和经济损失,利用风险矩阵进行地面风险评估。其中,对 UAV 地面撞击区域从垂直区域和水平区域进行了全面定义,但缺乏 UAV 坠落过程动力学的考虑。胡莘婷[2]以简单的风险数学模型,提出

定义事故发生率和严重程度对 UAV 运行风险进行评估,但仅考虑了 UAV 对地面的垂直影响面积,Liu[9]结合无人机下降动力学中的随机不确定性,计算出了 UAV 坠地撞击位置概率分布情况,证明了无人机地面坠毁区域的精确分析,是提高无人机安全风险评估的精确性和置信度的重要问题。随后,韩鹏[10]、王文涛[11]提出根据无人机下降过程动力学模型来推导无人机突发故障的坠落影响区域。此外,奥尔堡大学 Anders[12-13]研究团队,近年来致力于无人机坠毁模式对地面风险的影响研究。2020 年,都灵理工大学研究团队的 Primatesta 等人[14]提出了使用风险地图来定义与 UAV 飞行作业相关的地面风险。随后,提出考虑城市环境中风险影响因素的量化,依据人口密度、庇护因素和禁飞区来精确量化 UAV 作业区域人口伤亡风险[15]。Shao[16]在未建立具体的风险评估模型的情况下,基于 2015 年美国联邦航空局(Federal Aviation Administration,FAA)公开的无人机系统管理报告展开地面风险评估。为提升 UAV 运行航路的安全性,张宏宏[17]提出了考虑区域风险的无人机路径规划方法,为路径规划提出新的思路。

从当前研究现状来看,UAV 运行地面风险研究取得了重要进展,但由于忽略了城市环境影响因素的量化和 UAV 坠落过程动力学对地面撞击

基金项目:国家空管监视与通信系统工程技术研究中心开放研究基金(w222394)。

区域的影响,以定值进行风险计算,与实际风险存在较大误差。在城市地面风险评估和安全路径规划方面尚存在不足。

基于以上考虑,本文充分考虑城市场景风险影响因素的量化和动力学参数对地面撞击区域的影响,构建地面人群伤亡风险评估模型,并生成风险分布地图。最后,选取真实城市研究区域,进行地面风险量化评估,验证风险评估模型的可行性。

1 UAV运行地面风险评估模型

1.1 模型构建

假设无人机在城市场景低空运行,讨论其失控坠地给地面人群带来的伤亡风险。不同地理参考位置对应的风险大小将以风险代价值的方式量化表示,包含于风险分布地图中。

依据UAV撞击地面人群的事故因果链分析,UAV失控坠地主要地面风险对象是地面人群,尤其是城市密集区域。以复杂的城市区域作为研究场景,考虑城市真实场景特征,以城市区域典型环境特征、城市人口分布密度以及UAV撞击地面影响区域作为地面风险影响因素。基于当前研究现状,对多风险影响参数进行量化,缩小确定性参数值计算带来的过大误差。最后,通过风险可视化,以风险分布地图的形式反映UAV城市运行中不同区域安全性水平。

1.2 地面风险评估模型

本文使用UAV事故伤亡率对地面风险进行量化表达。

$$P_1 = \lambda N_{exp} P(f) \qquad (1)$$

式中:λ——无人机坠地事故发生率,依据文献[18]取为6.71×10^{-6};

N_{exp}——无人机坠地事故发生区域所覆盖的人数;

$P(f)$——致死概率。

坠地撞击致死概率$P(f)$可表示为:

$$P(f) = \cfrac{1}{1 + \sqrt{\cfrac{\alpha}{\beta}} \left(\cfrac{\beta}{E_{imp}} \right) \cfrac{1}{4P_S}} \qquad (2)$$

式中:α——$P_S = 0.5$时,死亡率达到50%所需要的撞击能量,J;

β——P_S趋于0时发生死亡所需要撞击能量阈值,J;

P_S——遮蔽系数,取值为[0,1]之间的数值。

数值越接近0代表着地面遮蔽效果越差,各类型区域遮蔽参数设置如图1所示,城市地面无遮蔽物、被稀疏树木遮蔽、被树丛或低矮建筑物覆盖、高耸建筑物区域以及工业区五个环境的遮蔽系数,依据研究区的地面真实特征,分别定义为0、0.25、0.50、0.75和1。

根据动能定理,撞击动能E_{imp}与撞击点处的撞击速度正相关。

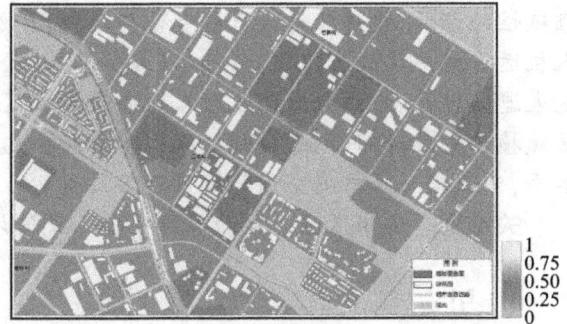

图1 城市地面遮蔽效果示例图

N_{exp}与撞击地面的影响区域以及城市区域人口分布特征密切相关。可被表示为:

$$N_{exp} = A_{exp} \rho_{pop} \qquad (3)$$

式中:A_{exp}——无人机坠落地面的影响区域面积/m³;

ρ_{pop}——影响区域的人口密度分布。

UAV下坠轨迹类似于抛体下坠运动,如图2所示,展现了UAV在离地表h_0高度的空中以速度v_0向前方飞行时,由于失控而做抛体坠落的过程和受力情况。

从垂直和水平两个方向进行UAV失效坠落过程的运动动力学建模。忽略风的影响,可表达为:

$$\begin{cases} m \dfrac{d^2 x}{dt^2} = -\dfrac{1}{2} C_d U_x \rho_a \left(\dfrac{dx}{dt} \right)^2 \\ m \dfrac{d^2 z}{dt^2} = mg - \dfrac{1}{2} C_d U_z \rho_a \left(\dfrac{dz}{dt} \right)^2 \end{cases} \qquad (4)$$

式中:m——UAV质量(kg);

x、z——无人机水平和垂直方向的运行距离(m);

t——UAV从h_0高度坠地所用时间(s)。

空气阻力由空气阻力系数C_d、空气密度ρ_a以及UAV水平和垂直面迎风面积U_x和U_z共同定义;g为重力加速度,m/s²。

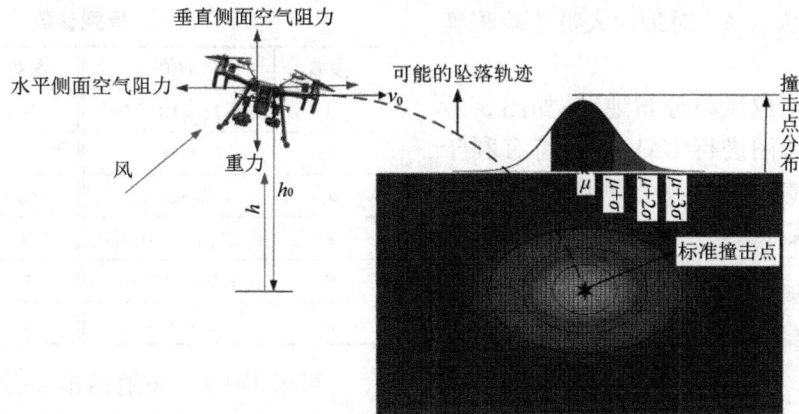

图2 UAV 抛体坠落过程示意图

根据式(4)可推导出 UAV 坠落地面撞击点位置 x。如图2所示,UAV 坠地冲击点分布以标准撞击点为基准,距离服从正态分布。为了充分考虑 UAV 失效后对地面不同地区的撞击概率,精确量化 UAV 在城市空域内任意运行位置的风险值,以1倍标准差、2倍标准差和3倍标准差为准则,划分不同概率分布密度下的冲击区域,得到 UAV 坠落地面冲击点分布图。

基于 UAV 地面撞击点的概率密度函数和飞行误差分布规律[10],在 MATLAB 软件中,随机生成 100000 个 UAV 失控初始位置点,仿真 UAV 在各故障点对应的地面落点,如图3所示。根据标准差准则,假设1倍标准差覆盖范围大小为 A_σ 且落地点在该区域的概率为 P_σ;2倍标准差覆盖范围大小为 $A_{2\sigma}$,该区间撞击点分布概率为 $P_{2\sigma}$;3倍标准差覆盖范围大小为 $A_{3\sigma}$,落点位于该区间的可能性为 $P_{3\sigma}$,则 UAV 坠地后的影响区域面积 A_{exp} 可计算为:

$$A_{exp} = A_\sigma P_\sigma + \\ (A_{2\sigma} - A_\sigma) \times (P_{2\sigma} - P_\sigma) + \\ (A_{3\sigma} - A_{2\sigma}) \times (P_{3\sigma} - P_{2\sigma}) \quad (5)$$

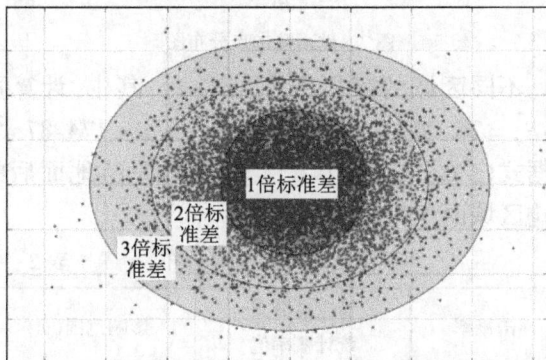

图3 不同概率密度函数下的撞击影响区域分布特征

城市区域的真实人口密度分布特征也是提高地面风险评估精确性的关键参数之一。依据中国民航局空域栅格划分标准,本文相对应地进行了城市 100m 分辨率下的人口密度分布数据处理,结果如图4所示。

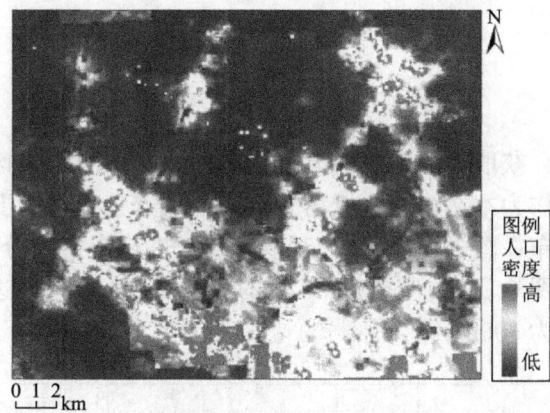

图4 人口密度分布图

1.3 风险分布地图

风险分布地图中的关键信息和安全风险评估的重要组成部分是风险代价,可表达为:

$$C = \begin{cases} \dfrac{P_1 \tau (1 + \mu)}{P'}, & \text{高密度分布区} \\ \dfrac{P_1 \tau}{P'}, & \text{一般密度分布区} \end{cases} \quad (6)$$

式中:C——风险代价(成本)值;

τ——调节参数;

μ——发生事故时,在人口高密度分布区需要考虑的威胁系数;

P'——需要满足的最大安全水平,人/h。

下文 P' 的取值为 1.0×10^{-6}/h,这是 2017 年《无人飞机系统适航要求(USAR)》中规定的无人机安全适航要求。代价值 P_1 与 P' 比较,比值越大,表示潜在威胁越大,UAV 对地面人员危险程度越高。

模型求解后可生成风险分布地图,如图 5 所示。基于风险分布地图进行 UAV 运行将有利于避开风险高的区域、减少地面伤亡风险,在实际应用中具有一定的现实意义。

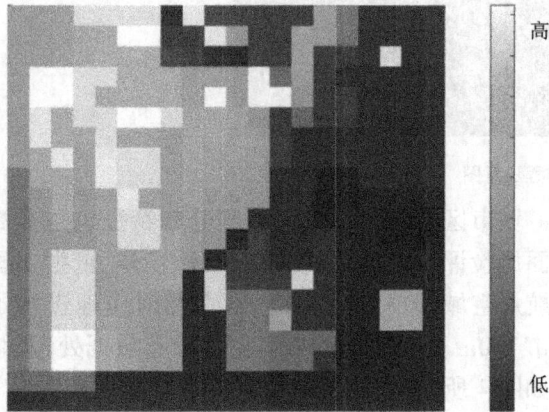

图5　风险分布地图

2　算例分析

获取地图中规格大小为 $2km \times 2km$ 的城市区域作为本文算例分析场景。该区域密集人口主要散布在图中 3 个区域,对该研究区进行栅格划分,如图 6 所示,形成 20×20 的网格图,每个网格边长为 100m。

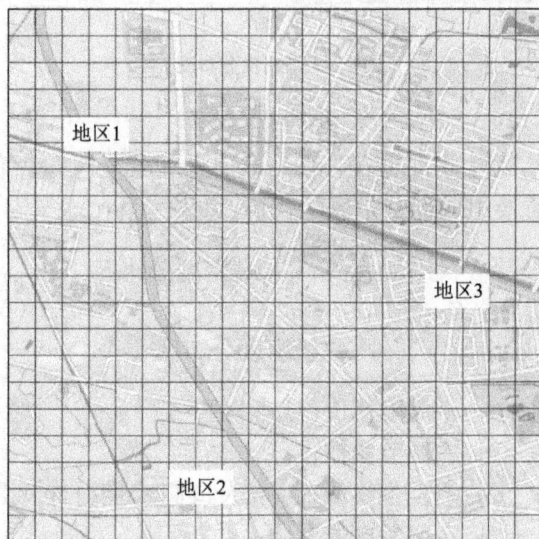

图6　栅格化的研究区域环境

利用常见的 UAV 机型 M210-RTK 进行算例分析,相关参数设置见表1。

模型参数　　　　表1

参数	数值	参数	数值
λ	$6.71 \times 10^{-6}/h$	V_0	$20m/s$
C_d	0.4	m	6.14kg
ρ_a	$1.225kg/m^3$	h_0	90m
U_x/U_z	$0.234m^2/0.035m^2$	β	34J
P'	$1.0 \times 10^{-6}/h$	τ	5×10^4
μ	0.6	g	$9.8m/s^2$

可求得 UAV 坠地撞击点分布服从正态分布,以 x 坐标方向为例,其平均值为 70.39,标准差为 2.44。图 7a) 为撞击点正态分布图,图 7b) 为撞击点影响区域图。

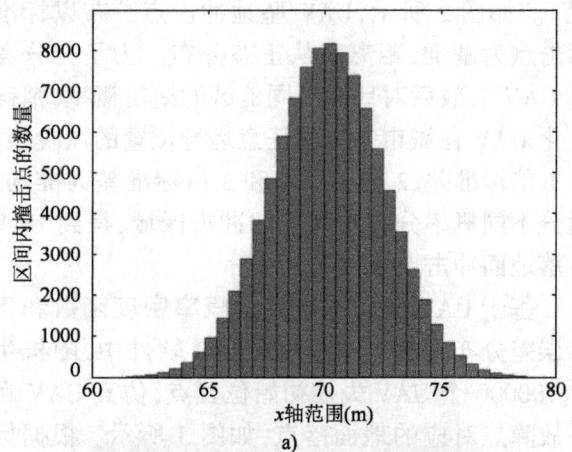

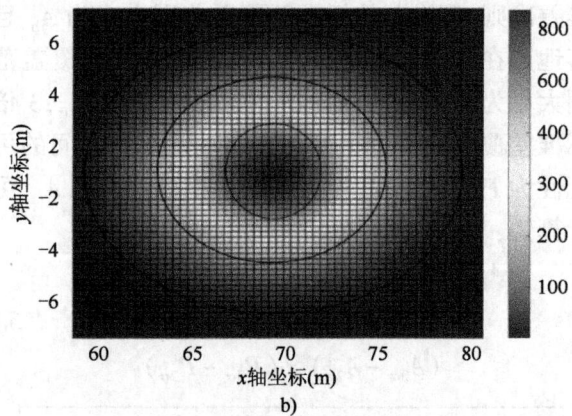

图7　地面撞击点分布图

不同区域的撞击概率见表 2。其中,计算可得:$S_\sigma = 26.24m^2$,$S_{2\sigma} = 76.81m^2$,$S_{3\sigma} = 174.87m^2$,根据式(5)求得 M210-RTK 无人机坠落地面后的影响区域面积为 $46.45m^2$。

不同区域撞击概率分布　　　　表2

撞击概率	撞击点分布统计概率值	影响范围(m)
P_σ	39.2%	(67.5,73.28)

续上表

撞击概率	撞击点分布统计概率值	影响范围(m)
$P_{2\sigma}$	86.6%	(67.5,75.27)
$P_{3\sigma}$	99.04%	(63.71,78.16)

基于 UAV 失效坠地动力学模型,分析模型参数对 UAV 撞击地面冲击区域的影响,不仅可以真实计得 UAV 撞击地面影响区域面积,而且相较于基于 UAV 物理参数条件下,垂直和水平影响面积的计算,还可以反映出 UAV 可能撞击点分布处不同区域的撞击概率分布。

依据上述风险评估模型,通过城市真实环境特征、研究区域地表遮蔽因素、区域人口密度分布多层风险影响因素叠加,如图8所示,可计得研究区地面不同区域的风险代价值,包含于风险分布地图中。

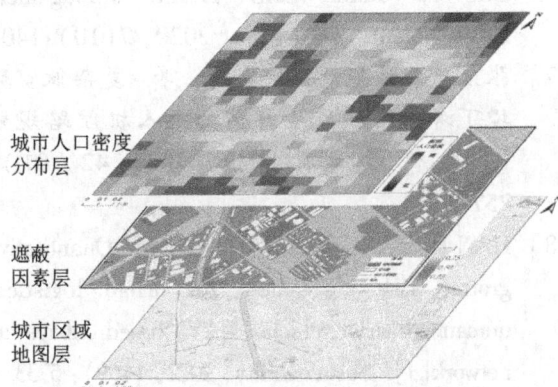

图8 生成风险分布地图的多因素框架层

生成风险分布地图,如图9所示。

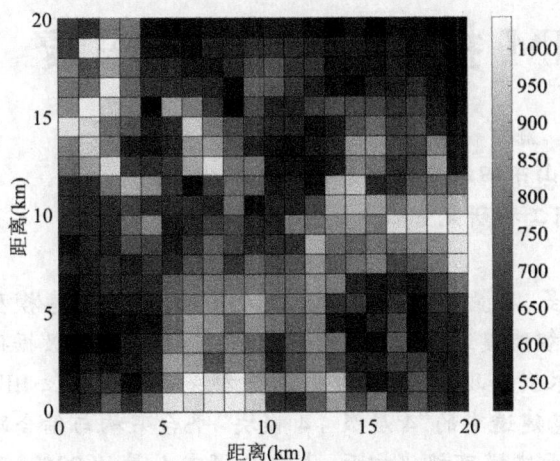

图9 风险分布地图

依据风险分布地图中的风险代价值,可得到:UAV 在城市场景运行时,对地面人群产生的伤亡风险与城市区域的地表遮蔽因素和人口分布密度密切相关。地面遮蔽效果越弱、区域人口密度越高,UAV 运行给地面人群带来的伤亡风险越大。

3 结语

本文针对 UAV 在城市场景运行给地面人群带来的伤亡风险进行量化评估,构建了地面人员伤亡风险评估模型,考虑了城市真实环境特征和 UAV 坠落过程作用参数对风险评估准确性的影响,实现了地面不同区域的风险分布可视化。

(1)考虑城市环境特征和 UAV 坠落动力学模型,量化城市遮蔽效果和城市人口分布密度,通过风险多因素层叠加的方式,量化了 UAV 在城市不同区域运行的安全水平。

(2)动力学模型下得到的 UAV 撞击影响区域概率分布,相较于基于 UAV 尺寸参数得到的地面杀伤面积数值,更贴合实际,缩小了最终风险评估值与实际风险程度的误差。

在未来城市 UAV 的发展和应用中,对风险的评估和量化将是一个重要课题。未来的研究点将需要更加接近真实的复杂城市低空环境,规划出能满足实际需求的安全路径。本文还存在未考虑 UAV 在城市低空运行场景下,空中风险和地面风险相匹配问题,以及城市复杂风场对坠落 UAV 地面撞击位置的影响,这将为下一步的研究提供思路。

参考文献

[1] 钟罡,励瑾,张晓玮,等. 物流无人机对地风险评估方法研究[J]. 交通运输系统工程与信息,2022,22(4):246-254.

[2] 胡莘婷,戴福青. 基于城区行人安全的无人机运行风险评估[J]. 中国安全科学学报,2020,30(8):137-142.

[3] DENNEY, EWEN, GANESH J, et al. Towards a Rigorous Basis for Specific Operations Risk Assessment of UAS [C] // IEEE/AIAA 37th Digital Avionics Systems Conference (DASC) (2018):1-10.

[4] MARTÍNEZ, CAROL. SORA Methodology for Multi-UAS Airframe Inspections in an Airport [J]. Drones (2021).

[5] WYSZYWACZ, WIKTOR. Easy Risk Assessment for Unmanned Aircraft Systems:Outline of the

Method[J]. Transactions on Aerospace Research, 2022:32-47.

[6] 王文涛,甘旭升,吴亚荣,等.考虑不确定性的低空无人机运行风险评估方法[J].现代防御技术,2022,50(5):14-21.

[7] HU X, PANG B Z, DAI F Q and Kin Huat Low. Risk Assessment Model for UAV Cost-Effective Path Planning in Urban Environments [C]//IEEE Access 8 (2020): 150162-150173.

[8] JIAO Q, LIU Y, ZHENG Z, et al. Ground risk assessment for unmanned aircraft systems based on dynamic model[J]. Drones, 2022, 6(11): 324.

[9] LIU YANG, ZHANG X J, WANG Z, et al. Ground Risk Assessment of UAV Operations Based on Horizontal Distance Estimation under Uncertain Conditions [J]. Mathematical Problems in Engineering (2021): n. pag.

[10] 韩鹏,张冰玉.航迹误差对无人机坠地伤人风险评估的影响[J].中国安全科学学报,2021,31(2):106-111.

[11] 王文涛,甘旭升,吴亚荣,等.考虑不确定性的低空无人机运行风险评估方法[J].现代防御技术,2022,50(5):14.

[12] COUR-HARBO, ANDERS L. Quantifying Risk of Ground Impact Fatalities for Small Unmanned Aircraft[J]. Journal of Intelligent & Robotic Systems 2019(93): 367-384.

[13] COUR-HARBO L A. Ground impact probability distribution for small unmanned aircraft in ballistic descent [C]//2020 International Conference on Unmanned Aircraft Systems (ICUAS). IEEE, 2020: 1442-1451.

[14] PRIMATESTA S, RIZZO A, COUR-HARBO L A. Ground risk map for unmanned aircraft in urban environments[J]. Journal of Intelligent & Robotic Systems, 2020, 97: 489-509.

[15] MILANO M, PRIMATESTA S, GUGLIERI G. Air risk maps for unmanned aircraft in urban environments[C]//2022 International Conference on Unmanned Aircraft Systems (ICUAS). IEEE, 2022: 1073-1082.

[16] SHAO P C. Risk Assessment for UAS Logistic Delivery under UAS Traffic Management Environment. Aerospace. 2020, 7(10):140.

[17] 张宏宏,甘旭升,李双峰,等.复杂低空环境下考虑区域风险评估的无人机航路规划[J].仪器仪表学报,2021,42(01):257-266.

[18] HAN P, YANG X, ZHAO Y, et al. Quantitative ground risk assessment for urban logistical unmanned aerial vehicle (UAV) based onbayesian network[J]. Sustainability, 2022, 14(9):5733.

机场工程智能建造中的 BIM 技术融合路径探索

戴 轩[1,3] 乔 洋[1] 蔡 靖[*1] 刘 磊[2,3] 李 岳[1] 李士攀[2,3]
(1.中国民航大学交通科学与工程学院;2.山东四维卓识信息技术有限公司;
3.民航数字化创新山东省工程研究中心)

摘 要 机场工程具有建造周期长、参与协同方众多、质量要求高的特点。近年来,建筑信息模型(BIM)技术在机场工程中已得到应用,然而,目前 BIM 与智能建造过程的融合深度不足,形成多个数据孤岛,影响全生命周期信息协同。本文基于国内外 BIM 技术发展现状,通过数据调查方法对参建单位 BIM 应用方式进行调研分析,并在此基础上提出了 BIM 在智慧建造中的"4 层级 +4 模块"平台架构与结合路径。研究表明:机场参建单位应用 BIM 技术仍主要集中于建模可视化方面,占参与调查人员的 93%,而基于 BIM 模型的民航专业化信息应用仍较为缺乏;本文所提出的 BIM 在智慧建造中的应用路径可在设

基金项目:中央高校基本科研业务费中国民航大学专项(3122022043);中国民航大学研究生教育教学改革与研究项目(2023YJSJG003)。

计阶段和施工阶段发挥作用,通过 BIM 与智能压实结合进行案例分析证明该路径具有可行性。

关键词 机场工程 建筑信息模型 智能建造协同管理平台 智能压实 场道施工

0 引言

BIM 是一种基于三维数字技术,将建筑项目中各种信息集成在一起的数字化表达,是将数字技术直接应用于设计、施工、管理等施工过程的一种方法。根据联合研究中心(JRC)欧盟委员会技术报告的定义,BIM 是一种集成设计、建模、资产规划和合作的数字化工具,它为所有利益相关方提供了建筑在其整个生命周期内特征的数字化表示[1]。在过去几年中,BIM 的普及程度越来越高,在建筑、工程、施工和运营专业人员中得到了广泛采用[2]。其中,关于 BIM 技术在施工建造中的应用主要集中在模型管理[3]、协同设计[4]、碰撞检测[5]、电子交付[6]和可持续能源使用和管理[7-8]等方面。我国 BIM 技术应用推广应用较晚,近年来相关部门出台了一系列重要文件鼓励 BIM 技术的发展,其中,2020 年,中国民用航空局在内的十三部委联合发布的《住房和城乡建设部等部门关于推动智能建造与建筑工业化协同发展的指导意见》指出,在建造全过程加强及深化 BIM 技术的应用,为我国建筑行业注入了新的活力。

对于建筑项目,特别是在机场工程中,能够在建筑物的全生命周期中作出准确及时的决策十分重要,基于此,国内外的众多学者依托于 BIM 平台在设计、施工和管理阶段进行了诸多研究。Tory 和 Swindells[9]开发了可视化的模型管理系统,以增强传统网络图所呈现的施工精度;Akinci 和 Fischer[10]建立了三维建筑设计模型,通过添加建筑信息和临时设施来监测施工进度。Chhabra[11]和 Arditi[12]利用激光扫描技术实现了施工现场的自动控制,并与施工进度控制系统相连。Chen 等[13]描述了一种基于 BIM 结构框架的优化与仿真系统,用于管理施工计划调度,根据优化后的进度计划,进行动态施工过程可视化,并能确定主要施工工序所需的工作量。戴轩等[14]探讨了 BIM 技术在运维管理阶段中的信息传递方式。付斌[15]以鄂州花湖机场为例,探究了 BIM 技术在项目设计和施工准备阶段的数字化应用路线,重视模型深化设计;陈奕才[16]基于大型机场建设工程特点,应用 BIM + 三维扫描技术对项目结构、地形等进行数据采集分析,从而指导现场施工。

目前,国内很多知名机场都应用 BIM 和数字化结合的平台进行设计建造,例如广州白云机场[17]、厦门翔安机场[18]、成都天府机场[19]等。然而现有研究大多为基于 BIM 应用特点的平台开发,与数字化施工管控、物联网、空间定位等智能建造手段融入不足,也缺乏对设计、施工的深入指导。本文基于大量数据调查,对目前我国机场 BIM 技术的应用现状进行分析,探索 BIM 技术与智能建造技术在机场工程中的结合路径。

1 我国民用运输机场 BIM 技术发展现状

在政府政策引导,各行业协会、团队组织和企事业单位等相关方共同努力下,BIM 技术在国内工程中的运用越来越广泛。从发展水平来看,BIM 技术在项目管理、方案模拟、三维建模、管线综合、性能分析等方面的应用已覆盖项目全生命周期,其中与智能建造技术的结合使得 BIM 技术在机场工程中的优势更加凸显。

例如,使用 BIM 技术与智能建造技术进行智能压实控制,属于智能建造平台在施工阶段中的具体应用,可以直观看到监测区域的压实情况,多维度数据分析结果可以帮助施工人员对症下药,提高施工效率和工程质量。

除此之外,BIM 技术可以融合建筑全生命周期设计管理,大致可分为设计阶段、施工阶段、运维阶段应用等,每个阶段根据工程所需又包含许多技术细节,例如在施工阶段需对施工设备和施工人员等信息进行管理,建立工程项目数字化施工集成管理系统[20]。

通过数据调查法对企业在建造项目中使用 BIM 技术实现什么目标进行了数据调查,共收回 117 份有效数据,得到的 BIM 技术应用类型如图 1 所示。可以看出,机场工程参建企业使用 BIM 技术进行智能建造的过程中,数字化程度已基本覆盖建筑全生命周期。尤其是在三维建模方面,约 93% 的受调查人员都使用 BIM 平台进行模型管理,以实现协同设计和深化设计。其次,在 BIM 平台进行管线综合设计也是超 70% 从业人员的选择,通过 BIM 平台的可视化效果呈现能直观地指导设计施工。总体而言,依托于 BIM 思想的各类技术已经融入建设工程的全阶段。然而噪声分析、灾害应急模拟和设计评审等需要进行 BIM 模　　块扩展的应用还较为缺乏。

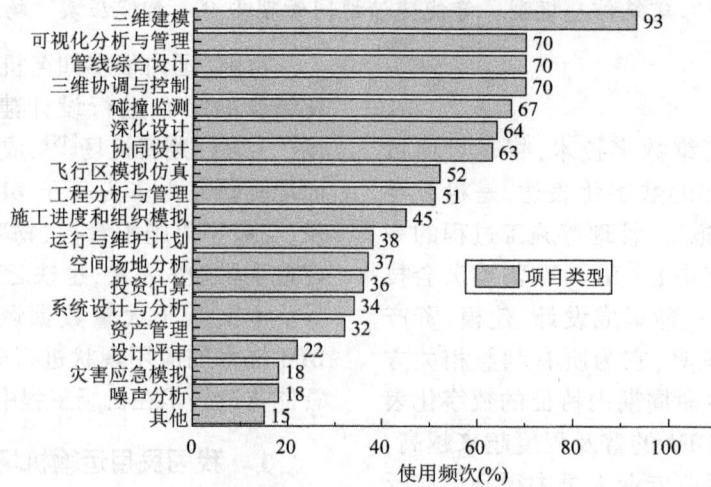

图1　参建单位 BIM 技术应用类型调查

随着民航行业标准的推出,BIM 技术目前在大型机场建设工程中的应用愈加广泛。以广州白云机场[21]为例,利用 BIM 技术在流量监测、协同设计和能源优化三方面取得了良好的效果。在建造过程中实时监测施工进度与质量,可视化呈现施工效果,对点对治。

北京大兴国际机场[22]作为规模最大的交通基础建设之一,其智能建造管理平台则重点关注模型的轻量化设计,通过集成各子系统信息,集中监控,统一管理,实现系统的全生命周期统一维护管理。

民航相关企业使用 BIM 软件进行项目设计建造的调查结果如图2所示。其中,使用设计类工具

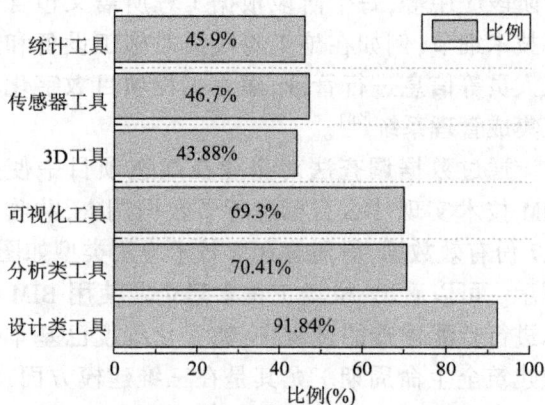

设计类工具（例如：Revit、CAD、Civil3D）；
分析类工具（例如：navisworks）；
可视化工具（例如：3Dmax、lumion）；
增强现实,混合模型的3D工具（例：Tekla）；
传感器工具：激光扫描捕捉与模型集成工具；
工程量统计与进度管理（例：鲁班、广联达）

图2　BIM 技术应用软件调查

（例如：Revit、CAD、Civil 3D）等进行三维建模占比最多,参建单位通过创造机场三维模型并进行可视化展示,以辅助现场施工和实现精细化设计;使用 BIM 工具进行管线综合控制和数据分析的企业在 70% 左右,说明 BIM 强大的数据集成能力正在被发掘和应用;但使用增强现实的 3D 工具、传感器类工具以及工程量统计和进度管理类工具的企业还未超过一半,这说明 BIM 软件与物联网、感知技术的结合程度还有待加强,基于 BIM 技术进行施工过程的智能化控制与评估具有广阔应用前景。

2　BIM 技术在智能建造中的路径探索

2.1　数字化运维平台架构探索

通过分析国内大型机场在基于 BIM 的智能建造平台中的应用情况可以发现,协同设计平台的总体架构和核心框架因地制宜,还未提出一个通用平台供参建单位进行统一组织设计管理。为推动项目单位以 BIM 驱动建筑全生命周期项目管理,以 BIM 数据、感知数据、定位数据、状态数据等为核心,提出"4 层级 +4 模块"组织架构,如图3所示。

欲实现与智能建造深入融合,BIM 平台的搭建需融入感知、分析、决策和执行四大模块。基于 BIM 的智能建造协同管理平台涉及数据层、应用层和输出层三个层级,旨在实现数据管理、功能应用和信息展示的一体化管理,提高工程的建设效率和质量。其中,数据层主要负责数据的采集、存储和管理,通过与现在应用比较广泛的地理信息

系统(GIS)数据集成,实现对施工现场的动态采集和实时管控。应用层为各种功能和业务逻辑的核心层级,通过对数据层的数据进行分析和处理,提供一系列的应用功能,如进度管理、任务分配、资源调度、冲突检测等,可以帮助项目团队更好地协同工作和管理工程进度。输出层则主要负责数据可视化和信息展示,可以帮助用户直观地查看和理解机场工程的状态和进展。通过提供各种视图和报表,如三维模型、平面图、进度图、报告等,并提供交互式操作的功能。

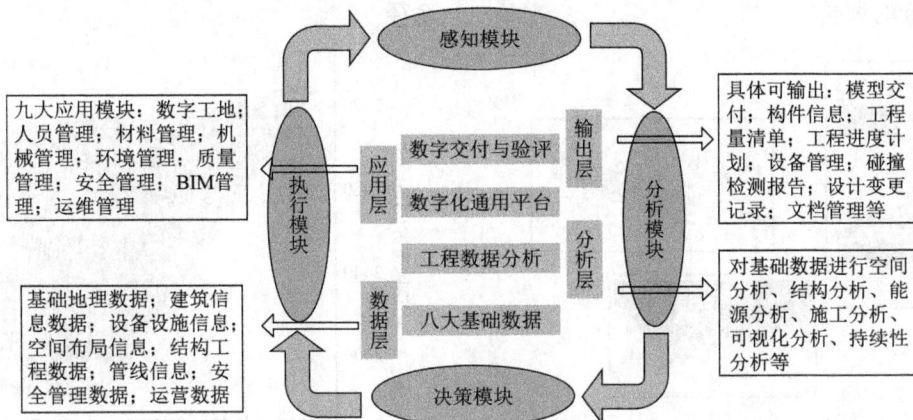

图3 基于BIM的智能建造平台"4+4"架构

2.2 BIM技术与智能建造结合方式

首先,选择Revit建模工具进行机场跑道的三维建模,并使用Dynamo(可视化编程)技术进行模型与结构设计的联动分析。在施工阶段,将施工设备与传感器进行设备集成,通过采集施工现场的数据,将其反馈到智能建造平台中,工程团队即可根据实时数据进行调整和优化,保证施工质量达到预期要求。

利用图4所示的技术路径,可进行BIM技术与智能建造的应用集成。建立一个统一的BIM平台,用于整合和管理各个项目阶段的数据,包括地理位置数据、建筑信息数据、空间布局信息等。设计阶段可促进各参建单位之间的信息共享和沟通协作,之后在BIM平台进行满足设计要求的机场跑道的三维建模;施工阶段则将智能设备与BIM模型进行集成,实现数据的实时监测和分析。例如,在跑道道基压实施工中,通过智能压实控制设备实时规划路段的压实质量并反馈给工程管理人员,根据压实质量调整设计方法,实现动态设计。

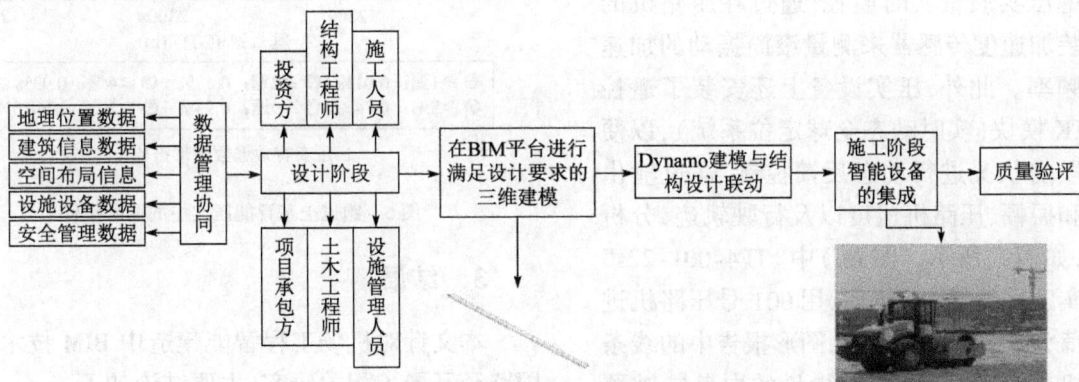

图4 BIM在智能建造过程中的应用路径

2.3 应用实例

以某机场跑道在建造过程中进行的智能压实为例,基于图4提出的技术路径,探索BIM技术与智能压实深度融合路径。首先,选择某机场长为100m的一段机场滑行道为设计案例,在BIM平台进行三维建模研究,并使用Dynamo进行模型与结构设计的联动分析。如图5a)所示,区别于传统的计算机辅助设计(CAD)二维建模方法,参数化建模仅需根据GIS坐标数据换算成控制点坐标,并使用内置的节点滑块扫掠成实际的滑行道曲线。

Dynamo内置可视化选项,可通过"color"节点进行横断面的渲染,区分路基、基层和面层。通过内嵌跑道设计算法,可以利用数字滑块快速进行不同厚度设计方案下的计算图5b),通过在模型中增加跑道压实度等属性信息,结合评价方法,可以实现对道面压实质量的评价。

a)参数化建模过程

输出寿命预估结果（大约为57年）

b)跑道寿命计算过程

图5　反映压实数据的数字化跑道模型建立

在机场跑道实施智能压实技术的过程中,压实控制主要基于GIS数据,采用智能压实监测系统进行路基压实质量实时监控,通过在压路机的滚筒上安装加速度传感器来测量滚筒振动的加速度和振动频率。此外,压实设备上还安装了遥控模块和RTK模块(实时动态全球定位系统),以便对压实路段的状况进行动态反馈控制,通过输出振动频率和振幅、压路机速度以及行驶轨迹,分析压实遍数,如图6所示。图6a)中"TF4-001-22t"表示该压实区域编号为"TF4",用001号压路机进行工作负荷为22t的压实操作,图形报告中的线条代表压路机走过的痕迹,其中少量的白色未被覆盖区域则为未进行压实路段,施工人员可根据实际情况进行检查和复压,并可实时控制不同区域的压实遍数(图6b)。

在实际机场工程中,图6中的信息主要用于现场施工管控,还未与运维联动分析。结合图5中的BIM模型,通过BIM-GIS融合技术,将压实度

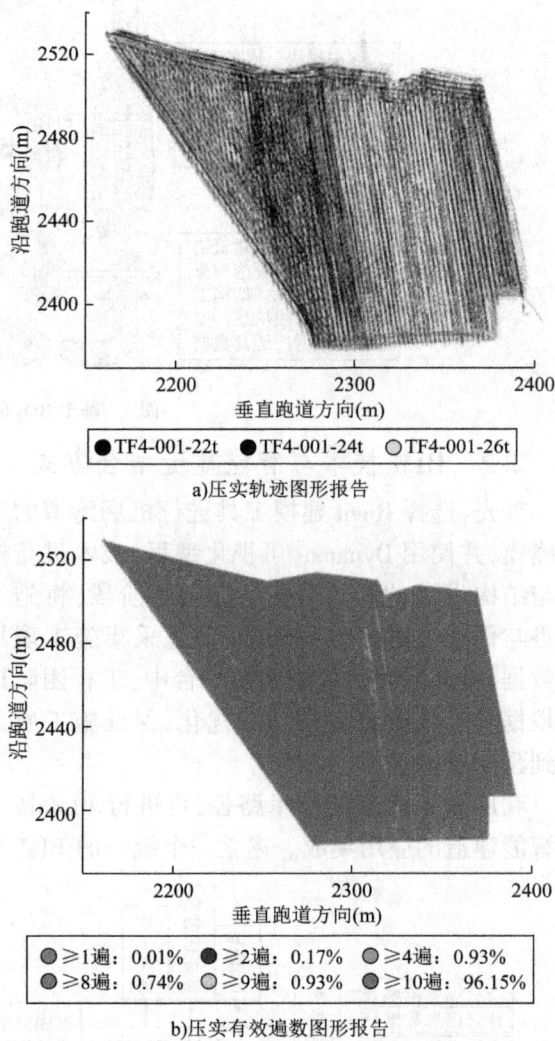

数据存储至模型信息中,在Dynamo中借助模型算法,完成对道面压实程度的综合分析,进而对跑道的服役寿命进行预测,再对压实施工进行控制,实现感知—分析—决策—执行的逻辑闭环,是机场工程智能建造技术进一步发挥数据加载的有效途径。

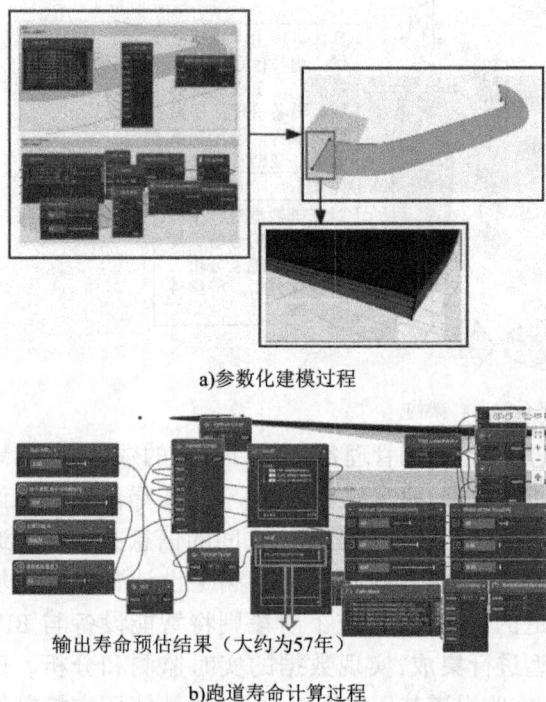

● TF4-001-22t　● TF4-001-24t　○ TF4-001-26t

a)压实轨迹图形报告

● ≥1遍:0.01%　● ≥2遍:0.17%　● ≥4遍:0.93%
● ≥8遍:0.74%　○ ≥9遍:0.93%　● ≥10遍:96.15%

b)压实有效遍数图形报告

图6　跑道土基智能压实中的图形报告

3　结语

本文针对机场工程智能建造中BIM技术的应用路径开展了相关研究,主要结论如下:

(1)通过调研发现国内机场普遍存在BIM技术与智能建造技术融合深度不足的问题,BIM平台与智能建造平台彼此分立,导致存在信息孤岛,制约了信息价值的充分利用;BIM技术在机场领域的应用主要集中于三维建模、碰撞检查等传统领域,而噪声分析、飞行区仿真模拟等特色应用较

为缺乏。

（2）为实现 BIM 技术与智能建造平台的深度融合，提出了智能建造管理平台"4 层级＋4 模块"组织架构，它以数字化建模和协同平台为基础，特点是通过智能化技术和协同设计方法，在机场工程的全生命周期中实现各个参与方之间的紧密协作和信息共享，可以为机场工程智能建造标准化平台的搭建提供参考。

（3）基于跑道智能压实实例，通过在设计阶段进行跑道 BIM 模型的参数化建模，借助 Dynamo 平台与结构设计初步联动，在建造阶段将智能压实信息与 BIM-GIS 数据进行融合，利用 Dynamo 平台运算分析、评价压实数据，可以实现工程建造数据的深度挖掘与利用，并为数字孪生机场建设提供基础数据。

目前，BIM 与机场工程智能建造深度融合的实例较为有限，本文所提路径与方法尚待更多工程进行验证与分析。

参考文献

[1] SALMAN H, HAMMA-ADAMA M, KOUIDER T. Diffusion of Innovations: The Status of Building Information Modelling Uptake in Nigeria [J]. Journal Information: ISSN: Frequency: Journal DOI: Peer-review model: NAAS Score (2017): Digital Archiving, 2017:1.

[2] 王克俭, 李怀建, 胡成军, 等. BIM 技术在机场建设工程中的应用研究[J]. 智能建筑与智慧城市, 2023(9):103-105.

[3] 蔡靖, 刘昱, 戴轩, 等. 基于可视化编程技术的道面裂缝信息模型动态管理方法研究[J]. 土木建筑工程信息技术, 2023, 15（6）: 57-63.

[4] 任斌, 王晓颖, 冯亦军. BIM 技术在北京大兴国际机场东航维修机库中的应用[J]. 建筑科学, 2019, 35(11):133-137.

[5] 孙殿璞. BIM 技术在城市建设机电工程管理中的应用[J]. 科技创新与应用, 2024, 14 (2):177-180.

[6] 王欣亮. 建设工程机电安装中的 BIM 协同与轻量化应用[J]. 中国建设信息化, 2023 (21):74-78.

[7] 于野, 王士鹏. 绿色机场建设之能源管理的推进与思考[J]. 智能建筑, 2019(9):19-21.

[8] 贺春丽, 施红鎏, 许刚, 等. 基于精细化计量的民用机场能源管理系统建设[J]. 现代建筑电气, 2018, 9(7):13-18.

[9] WANG W, HUANG S, WU X, et al. Calculation and Management for Mining Loss and Dilution under 3D Visualization Technical Condition[J]. Journal of Software Engineering and Applications, 2011:329-334.

[10] BOOK T, WITICK M, WALLACH D S. Automated generation of web server fingerprints [J]. Computer Science, 2013:1.

[11] CHHABRA M, GUPTA B, ALMOMANI A. A Novel Solution to Handle DDOS Attack in MANET[J]. Journal of Information Security, 2013:165-179.

[12] WALDHAUSER C, HOCHREITER R, OTEPKA J, et al. Automated Classification of Airborne Laser Scanning Point Clouds [J]. Computer Science, 2014:1.

[13] CHEN C, TANG L. Development of BIM-Based Innovative Workflow for Architecture, Engineering and Construction Projects in China [J]. International Journal of Engineering and Technology, 2019:1.

[14] 戴轩, 王瀚雪, 蔡靖, 等. 我国机场 BIM 技术应用现状及运维阶段信息传递方法初探: 2022 世界交通运输大会（WTC2022）[C]// 武汉, 2022:1.

[15] 付斌, 严洋, 柳子通, 等. 基于 BIM 技术的数字化结构设计与数字建造应用——以鄂州花湖机场转运中心工程为例[J]. 建筑结构, 2023, 53(13):135-141.

[16] 陈奕才, 蔡庆军, 蔡文浩, 等. BIM＋三维扫描技术在大型机场施工监测中的应用[J]. 施工技术（中英文）, 2022, 51(17): 45-47.

[17] 纪晓鹏, 李奋杰, 莫钧全, 等. BIM 技术在白云机场小平山二期项目设计全过程集成与创新应用: 2023 全国 BIM 高峰论坛暨第十三届"龙图杯"启动会及第十二届"龙图杯"颁奖会[C]// 长沙, 2023:1.

[18] 黄清钊, 陈迫进, 洪棋松, 等. 符合清单定额规范的大型建筑及交通综合体 BIM 算量

平台研究——以厦门新机场航站区工程为例[J]. 中国建设信息化, 2023(22):56-60.

[19] 卢喜成, 吕皓, 李晓亮, 等. 基于 BIM 的项目数字化管理在天府机场 GTC 的应用实践[J]. 四川建筑, 2022,42(S1):154-155.

[20] 戴慧丽. 基于 BIM 的轨道交通数字化施工集成管理研究[J]. 城市道桥与防洪, 2017(4):168-171.

[21] 肖金水, 黄健. BIM 技术在大型复杂公共建筑进度管理中的研究应用——以广州白云国际机场 T2 航站楼为例[J]. 建筑施工, 2019,41(6):1179-1181.

[22] 张晋勋, 段先军, 李建华, 等. 北京大兴国际机场航站楼工程建造技术创新与应用[J]. 创新世界周刊, 2021(9):14-23.

Re-constructing Aircraft Turnaround Procedure Based on Digital Twin

Jiaxin Ji*　Jing Lu　Weiwei Wu

(College of Civil Aviation, Nanjing University of Aeronautics and Astronautics)

Abstract　Automated aircraft turnaround operations offer high efficiency and safety, but they also entail the complexity of numerous nodes and multi-dimensional information stacking. Therefore, the existing methods of designing and optimizing aircraft turnaround procedures based on manual operations are no longer suitable. To address this issue, our paper applies Digital Twin (DT) technology to reconstruct the automated aircraft turnaround procedure and to investigate the feasibility of intelligent aircraft turnaround operations. First, we decompose the aircraft turnaround operations and construct a virtual-real interactive aircraft turnaround procedure based on DT. Then, we propose a flat control method for automated aircraft turnaround operations. Finally, we compare the operation efficiency of manual and automatic support using network planning technology. The results show that, compared with manual operations, the time consumption of automated aircraft turnaround based on DT is reduced by 37.68%, which is significant for enhancing the punctuality rate of flights, lowering the work intensity of ground crew, and developing smart airports. Moreover, the decrease in the labor participation rate in aircraft turnaround operations can mitigate the harm of adverse weather conditions and large-scale health incidents to support personnel.

Keywords　Ground support　Aircraft turnaround operations　Digital twin　Virtual-real interaction　Network planning technology

0　Introduction

The transition from manual to automated mode in aircraft turnaround operations aims to enhance the efficiency and safety of air transportation. However, it poses challenges for optimizing the procedure of automated aircraft turnaround operations, which involves complex nodes and multi-dimensional information stacking. Existing researches focus on process optimization, vehicle scheduling, and simulation analysis (Xia and Ren, 2016), among others. Schmidt (2017) proposes that changing the cabin layout could reduce the boarding time of passengers. Kolukisa (2011) employs multiple correspondence analysis to examine airport ground support activities and flight delay data. Some

Fund project: The Fundamental Research Funds for the Central Universities (Grant No. NS2022068).

researchers also established STN models of service time (Chen et al., 2022) and dynamic Bayesian networks to optimize the service process and predict the time. However, these studies rely on historical manual operation data, which are not suitable for automated aircraft turnaround operations, and they lack real-time perception and visual interaction of service data.

Currently, the manual operations of the airport face many challenges and the improvement of operational efficiency is limited (Kabongo et al., 2016). Hence, it is of great importance to explore automated aircraft turnaround operations. However, automated aircraft turnaround operations also involve many problems, such as numerous nodes and information stacking. Thus, it is essential to implement flat intelligent control on each service node, and optimize the automated aircraft turnaround operations. Digital Twin (DT) is one of the effective solutions (Rosen et al., 2015). There have been many studies on workshop management, product condition monitoring and fault diagnosis, smart city (Francisco et al., 2020; White et al., 2021), etc. There is still a lack of research on the application of DT technology to the complex procedure of automated aircraft turnaround operations in air transportation (Wang et al., 2020).

This paper aims to construct a virtual-real interactive aircraft turnaround procedure based onDT technology and to facilitate the flat control of automated aircraft turnaround operations. We decompose the aircraft turnaround operations, describe the current aircraft turnaround process in detail, and create the aircraft turnaround operations flow chart that includes the service vehicles. We also design the architecture of the DT system and the virtual-real interactive aircraft turnaround procedure based on DT technology. Furthermore, we use network planning technology to compare and analyze the operation efficiency of the manual and the virtual-real interaction procedures.

1 Decomposition of the aircraft turnaround procedure

Aircraft turnaround operations are strictly required in time and space, and are restricted by many conditions, which involve complex management problems of multi-department personnel, vehicles, and equipment. In terms of service targets, the service of aircraft turnaround operations can be divided into three categories: the service for passengers, the service for luggage and cargo, and the service for aircraft. The general types of aircraft turnaround operations services are shown in Figure 1.

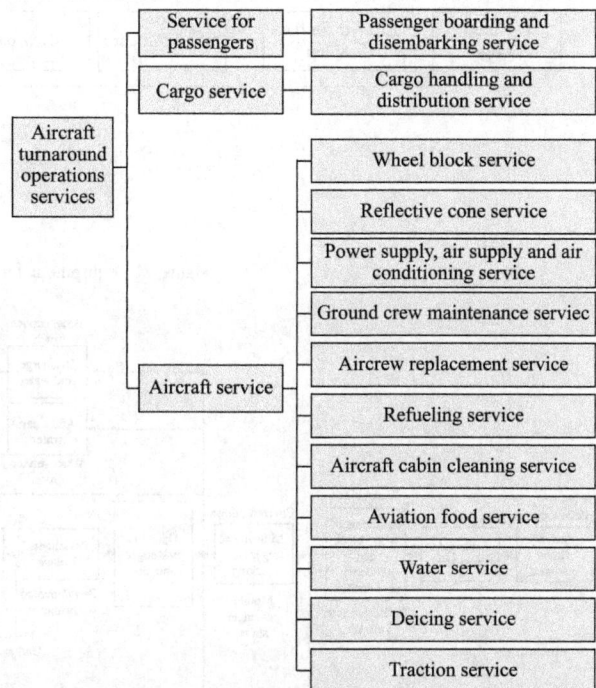

Figure 1　Classification of Aircraft Turnaround Operations

The service needs of aircraft turnaround operations vary depending on the type of aircraft and the level of service required. These operations involve a complex set of vehicles and equipment, which can number over 20 different kinds, each performing a specific support task and adhering to different operation standards. Figure 2 shows the classification of vehicles and equipment for aircraft turnaround operations.

The operation sequence can be either serial or parallel. Serial services are those that cannot overlap in time, and they can be further classified into interval or continuous. For instance, cabin cleaning and boarding services are continuous serials, as the former must follow the latter. Parallel services are those that can occur concurrently within a period. For example, baggage and cargo services can be parallel with boarding services. Most services are performed by the support vehicles, while some require manual intervention, such as passenger disembarkation and aircraft inspection. Based on this analysis and the actual aircraft turnaround operations, the aircraft turnaround procedure is presented in Figure 3.

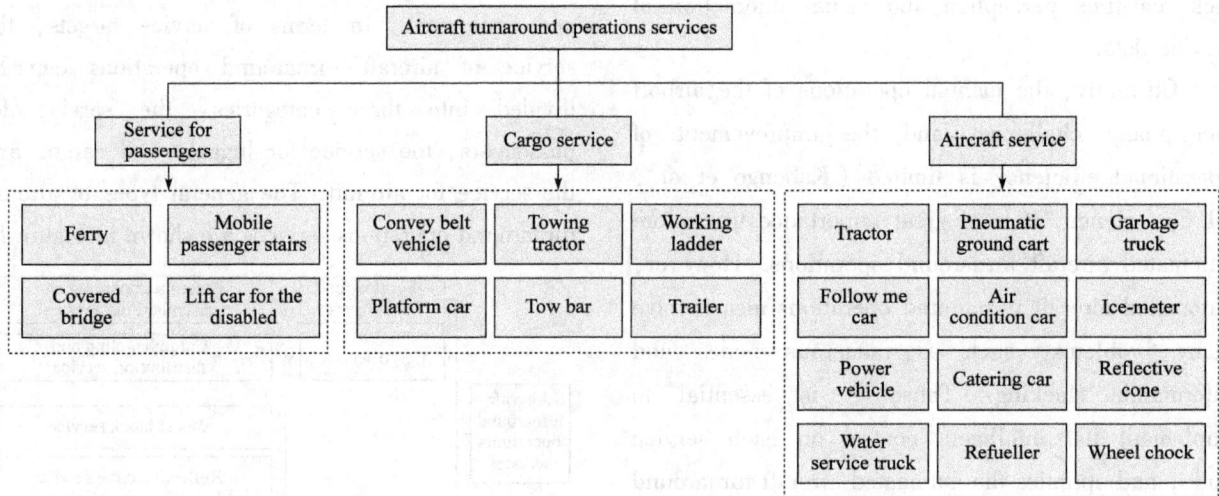

Figure 2　Equipment for Aircraft Turnaround Operations

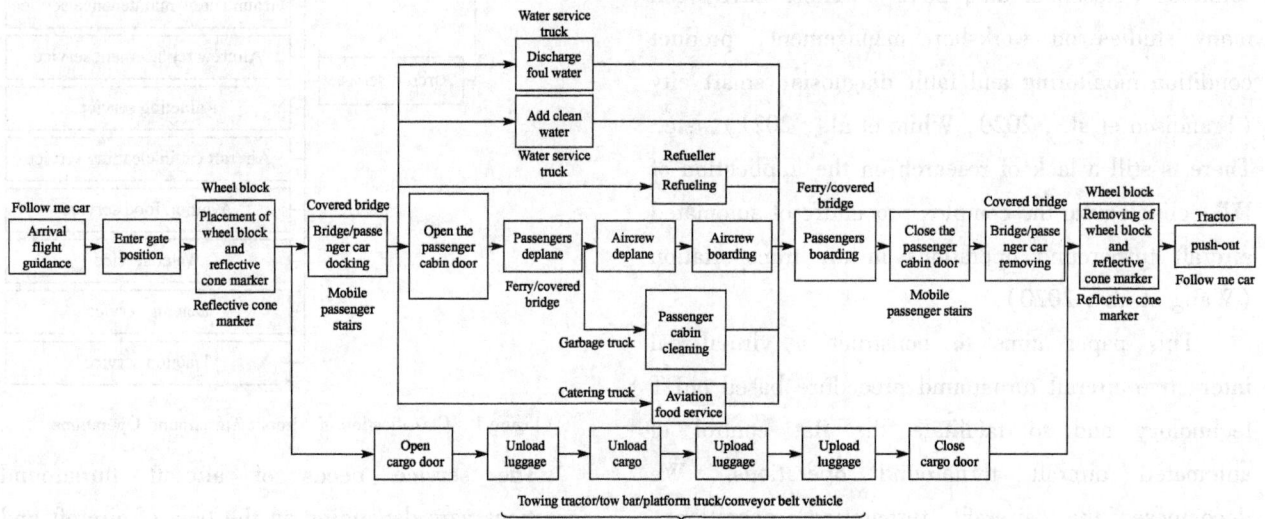

Figure 3　Flow Chart of Aircraft Turnaround Procedure

2　Architecture of aircraft turnaround operation management system

2.1　DT five-dimensional model

We propose the virtual-real interaction procedure architecture of aircraft turnaround operations with reference to the five-dimensional DT model (Tao et al., 2019), and the model definition is as follows:

$$M_{DT} = (PE, VE, Ss, DD, CN)$$

Where PE is the physical model, VE represents the virtual model, Ss is all kinds of virtual services, DD is twin data, CN is the connection between modules of the system. Figure 4 shows the architecture of the virtual-real interaction procedure.

(1) Physical entity layer.

The physical layer consists of the complex system and its subsystems of aircraft turnaround procedure, which include various devices for data acquisition and transmission, such as aircraft, support vehicles and equipment, sensors, and the physical activities. The environmental, state, and motion data that are collected and transmitted in the real world can enable the DT model to execute its mapping and control functions.

(2) Virtual model layer.

The virtual model layer represents the virtual process of aircraft turnaround operations, which consists of the virtual aircrafts, equipment, and their associated activities. P5 Max and Web Services are used to create a three-dimensional support scene, mimic the real flight support activities, and control the physical layer in the virtual model.

(3) Twin data layer.

Twin data is the essential component that links the physical layer, virtual model layer, and operation service layer. It provides services such as twin data collection, processing, analysis, and integration.

(4) Operation service layer.

The operation layer provides operation monitoring and control functions to ensure the virtual-real integration. It helps to achieve the real-time mapping in the digital world, monitor and control the virtual aircraft turnaround operations to reverse-control the physical entities.

(5) Data connection layer.

The data connection layer transmits twin data among the physical entity layer, virtual model layer, and operation service layer. This layer relies on the fast processing, transmission, integration and storage of multi-source heterogeneous data.

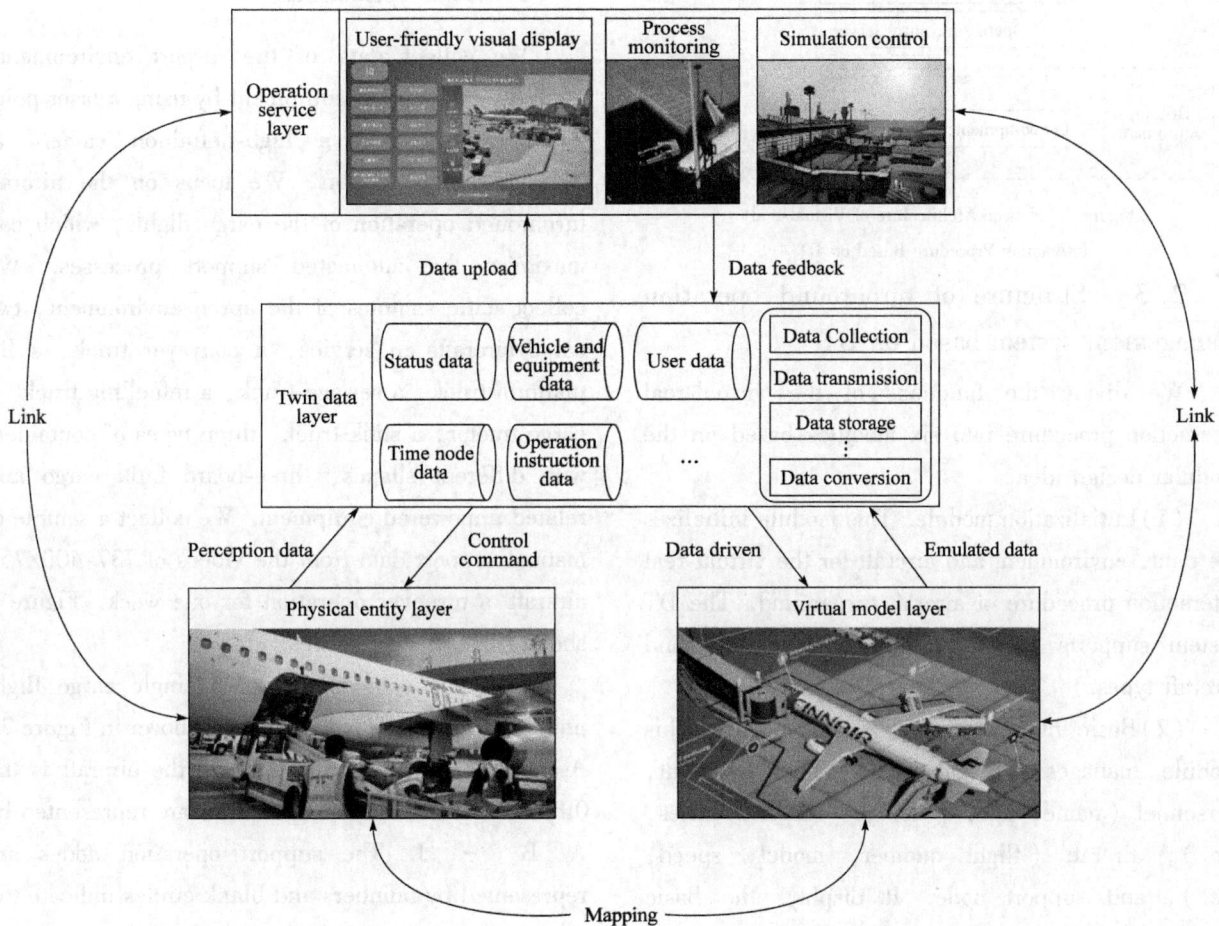

Figure 4   Architecture of Virtual-real Interaction Procedure of Turnaround Operations Based on DT

2.2 DT system network architecture

The network architecture of the virtual-real interaction procedure of aircraft turnaround operations is shown in Figure 5. The bottom equipment is the physical entities, which performs the real operations and responds to the control instruction of the system at the upper layer. The middle layer consists of a server, a message middleware, and a MySQL database. The message middleware can isolate the equipment layer from the client network, which facilitates future equipment expansion. The middle layer is connected with the client by LAN or WAN. The bottom data, status data and location data processed by the server are stored in the dedicated database for flight support, which can be accessed at any time（Figure 5）.

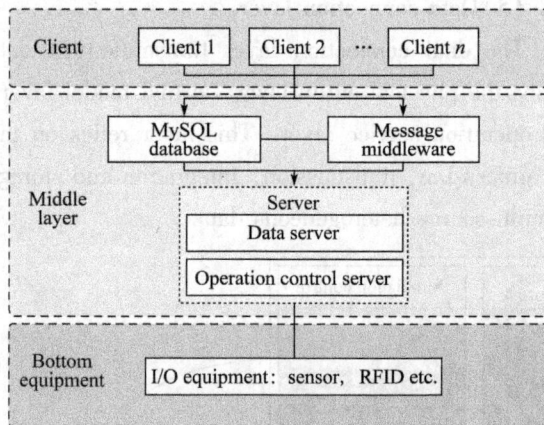

Figure 5　Network Architecture of Virtual-real Interaction Procedure Based on DT

2. 3　Structure of turnaround operation management system based on DT

We divide the functions of the virtual-real interaction procedure into six modules based on the modular design idea.

（1）Initialization module. This module initializes the data, environment and aircraft for the virtual-real interaction procedure of aircraft turnaround. The DT system supports various airport environments and aircraft types.

（2）Basic information management module. This module manages the information of equipment, personnel（name, age, post, job responsibilities, etc.）, aircraft（flight number, model, speed, etc.）, and support node. It displays the basic situation of turnaround.

（3）Data communication module. This module collects and transmits real-time data, and links the virtual-real interaction of aircraft turnaround operations.

（4）Simulation module. This module simulates the operation action, support data visualization, and support environment. It describes the automatic aircraft turnaround operations one-to-one.

（5）3D visual monitoring module. This module depends on the data communication module and simulation module and uses real-time data to monitor and simulate the state of aircraft, personnel, and support equipment.

（6）Operation control module. This module designs the function of virtual control panel interaction and virtual roaming, which aims to manage the movement of real support equipment by operating the virtual flight support equipment control panel.

3　Data collection

We collect data of the airport environment, aircraft, and support equipment by using a laser point cloud scanner and a high-definition camera at Nanjing Lukou Airport. We focus on the aircraft turnaround operation of the cargo flights, which can maximize the automated support processes. We collect static samples of the apron environment, two cargo aircrafts in service, a conveyor truck, a lift platform truck, a sewage truck, a refuelling truck, a cargo tractor, a stick truck, three types of containers with different shapes, three-board bulk cargo and related unpowered equipment. We collect a sample of manual support data from the videos of 737-400/757 aircraft's turnover operation for one week. Figure 6 shows some cloud pictures.

The time consumption of a single cargo flight under manual support operation is shown in Figure 7. Assuming that the landing time of the aircraft is the 0th second, the support operations are represented by A, B, …, J. The support operation nodes are represented by numbers and blank circles indicate the absence of corresponding nodes in the operation room.

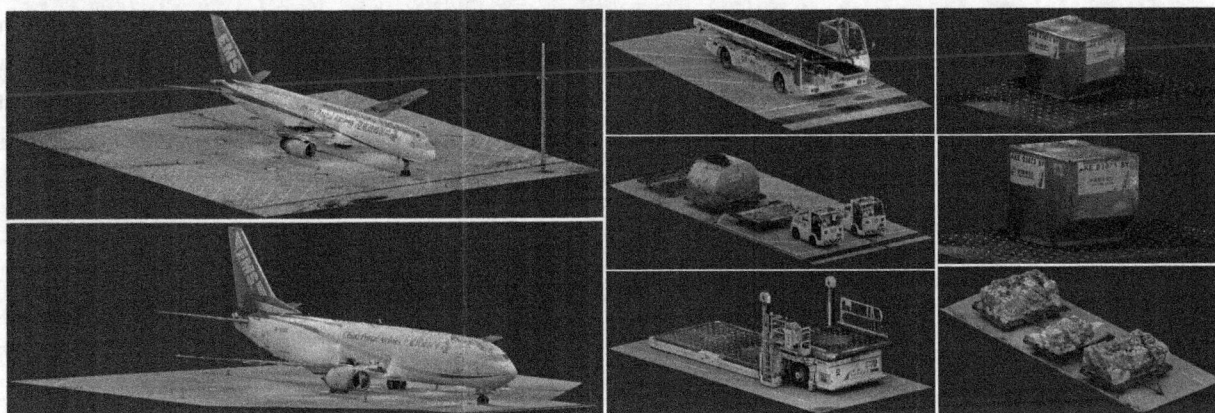

Figure 6   3D Point Cloud Picture

Operations	Immediate Operation	Nodes	Time Consuming/s
A	-	1	180
B	A	2	120
C	B	○	1500
D	-	○	900
E	-	3	720
F	C	4	120
G	F, D, E	○	519
H	G	5	180
I	H	○	180
J	I	6	180

Operations	Nodes
A: Placement of wheel block and reflective cone marker;	1: Aircraft in place;
B: Openingning the cargo door;	2: Power supply and air supply equipped;
C: Unloading;	3: The airline representative provides the required oil quantity;
D: Sewage operation;	
E: Refuelling;	
F: Cargo door closed;	4: The aircrew in place;
G: Aircrew support;	5: Tractor, ground crew and push rod are in place;
H: Tractor docking;	6: The controller gives the push-out notice.
I: Evacuation of wheel block and reflective cone marker;	
J: Aircraft pushing-out.	

Figure 7   Sequence and Time Interval of
Single Aircraft Turnaround Operations

4   Reconstruction of aircraft turnaround procedure based on DT

Based on the above operating system, we reconstruct the virtual-real interaction procedure of freight aircraft turnaround, assuming that the cargo tractor, conveyor belt vehicle, and platform truck have automatic driving and support operation functions. The unmanned cargo tractor automatically obtains cargo transportation tasks from the cloud and executes them according to the planned route. Equipping the trailer with an automatic driving chassis can achieve the autonomous transportation of containers and crates, and enhance the loading and unloading efficiency. Based on the automatic driving, the conveyor belt and the lift platform truck can perform automatic docking, autonomous start-stop, transmission control, and so on. The virtual-real interaction procedure of a single aircraft turnaround operation is shown in Figure 8.

4.1   Arrival and docking

Before the aircraft arrives, vehicles and airport gates are allocated through the virtual-real interactive system. The unmanned vehicles proceed to the parking space according to the pre-planned route and traffic scene and reach the precise waiting position. After receiving start instructions, the conveyor belt vehicle and the platform truck approach and dock independently. Distance measurement and environmental perception are performed by sensors such as on-board camera, laser, radar, etc. The data is sent to the DT system for synchronous simulation, and the approaching and docking operations are accomplished independently according to the pre-set speed and distance. The system issues an instruction to the unmanned tractor, and the unmanned tractor conducts autonomous path planning to finish the docking operation.

4.2   Delivery and placement

The RIFD label can wirelessly identify the type and name of the goods, and report to the DT system for goods tracking and operation progress monitoring. The container cargo can move independently from the cargo hold to the bridge platform through the fully automatic pulley system. For aircraft without a fully automatic pulley system, manual or mechanical arms are needed to drag it to the platform or conveyor belt. After the goods are aligned to the pre-set position, the main platform descends automatically, and the delivery device is activated to send the container to the unmanned cargo tractor. The built-in sensor detects the position of goods to verify the loading situation and feedback to the system. When the loading is done, the unmanned tractor changes its position to enable the next trailer to connect with the transfer vehicle for repeated operation.

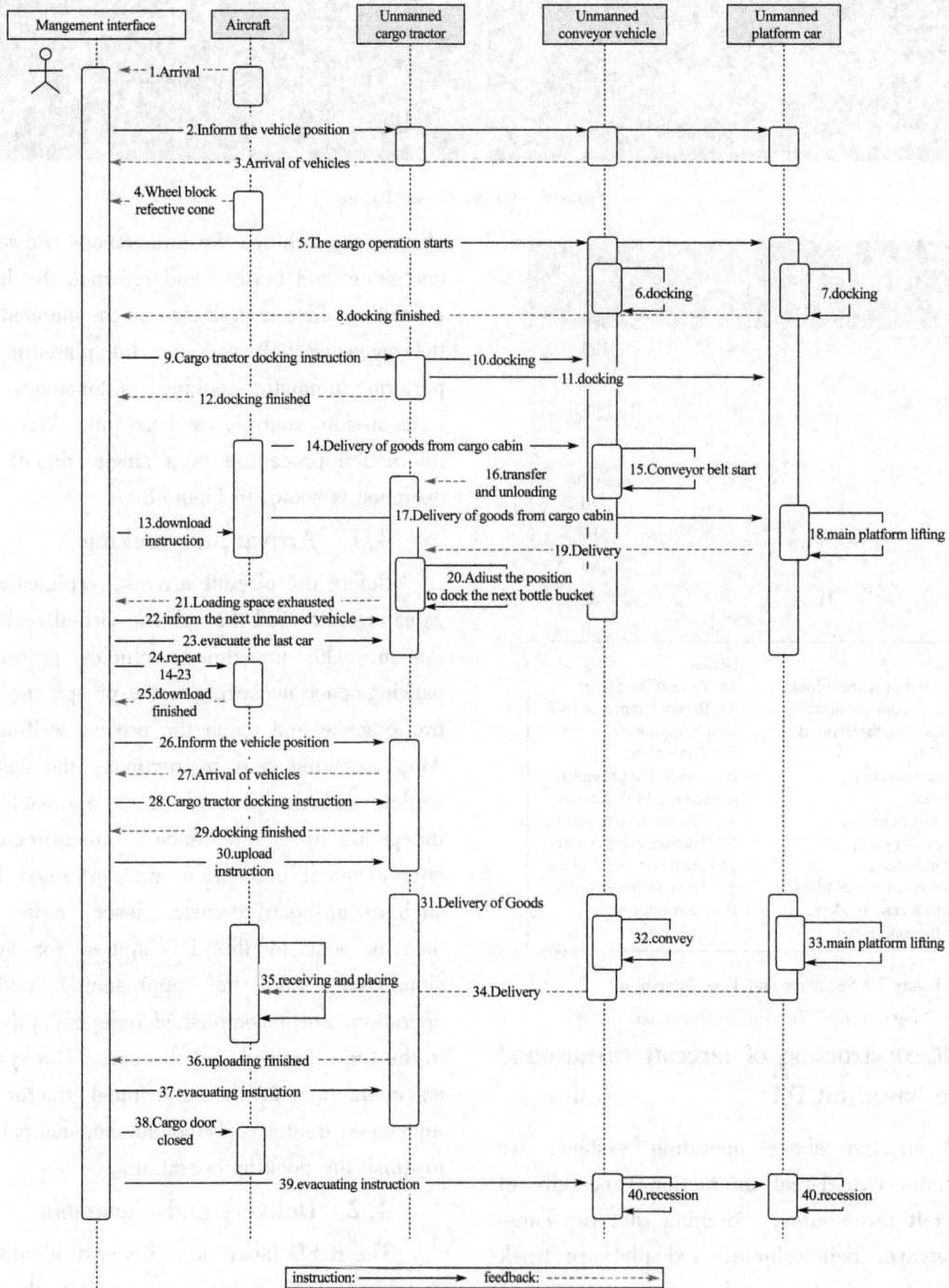

Figure 8　SequenceDiagram of Virtual-real Procedure

For loading, the trailer connected to the platform truck follows the system loading instruction, activates the pulley system to move the goods to the main platform independently, and the platform truck detects the loading situation by sensors, adjusts itself and executes the transfer task.

4.3　Evacuation operation

After the last cargo is loaded, the unmanned trailer gets instruction, leaving according to the preset route. The conveyor belt truck and the lift platform truck withdraw and lower the conveyor belt or platform. After reaching the specified distance from the aircraft, they depart from the airport gate autonomously.

4.4　The sequence and time interval of reconstructed aircraft turnaround operations based on DT

We decompose each support action into several standard operation links, such as entering the aircraft position, approaching the aircraft to a specified distance, and docking the cargo door of the aircraft with the platform truck. According to the sequence diagram of the virtual-real interaction procedure, we estimate the support time of using DT virtual-real interaction procedure in the automatic support state, as shown in Figure 9. The edge weight represents the completion time of each operation of cargo and mail support, and the digital vertex represents the instruction transmission of the virtual-real interaction procedure and the state of support equipment. Assuming that the docking time of the aircraft is the 0th second, the support operation in the support operation flow is denoted by A, B, ⋯, G2. We label the instruction transmission and the support equipment status as numbers, and we use a blank circle when there is no corresponding instruction or equipment status in the operation room.

Operations	Immediate Operation	Nodes	Time Consuming/s	Operations	Immediate Operation	Nodes	Time Consuming/s
A	-	2	180	R	Q	19	29
B	A	4	58	S	O	20	51.5
C	B	5	52.5	T	S	21	200
D	A	4	16	U	T	22	20
E	D	6	50	V	U	23	35
F	E	7	42	W	V	24	198.5
G	F	8	349.5	X	W	25	25
H	G	9	33.5	Y	R	26	50
I	C	10	25	Z	X	27	53.5
J	I	11	136	A2	Z	○	41
K	J	12	26	B2	Y	○	11
L	K	13	20.5	C2	A2, B2	○	180
M	L	14	120	D2	C2	○	180
N	M	15	29	E2	D2	28	180
O	N	16	45	F2	-	○	900
P	O	17	65.5	G2	-	○	720
Q	P	18	275.5				

A: Placement of wheel block and reflective cone marker;
B: Opening the main cargo door;
C: Docking platform truck;
D: Opening the belly door;
E: Docking conveyor car;
F: Docking the conveyor car;
G: Unloading bulk cargo;
H: Evacuating unmanned cargo tractor a;
I: Cargo tractor b adjusts the position;
I: Unloading container 1-3;
K: Evacuate unmanned cargo tractor b;
L: Cargo tractor c adjusts the position;
M: Unloading container 4-6;
N: Evacuate unmanned cargo tractor c;
O: Unmanned cargo tractors e and f transport cargo to the waiting position;
P: Cargo tractor d adjusts the position of bulk cargo trailer to dock the conveyor belt vehicle.

Q: Loading bulk cargo into the belly compartment;
R: Evacuate unmanned cargo tractor d;
S: Cargo tractor e adjusts the position;
T: Loading container 1-3;
U: Evacuate unmanned cargo tractor e;
V: Cargo tractor f adjusts the position;
W: Loading container 4-6;
X: Evacuate unmanned cargo tractor f;
Y: Conveyor car evacuation;
Z: Evacuating the platform truck;
A2: Main cargo door closed;
B2: Belly door closed;
C2: Tractor docking;
D2: Wheel block and reflective cone marker evacuation;
E2: Aircraft pushing-out;
F2: Sewage operation;
G2: Refuelling operation.

Figure 9　Sequence and Time Interval of Virtual-real Interaction Procedure

5 Results

We construct the AOE network for single aircraft turnaround operations, as shown in Figure 10. The critical path is A→B→C→F→G→H→I→J. The total time of manual aircraft turnaround operations of 737-400 is 2979 seconds.

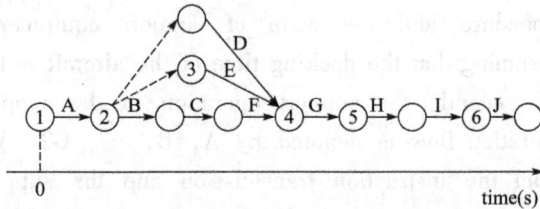

Figure 10 AOE Network for Single Aircraft Turnaround Operations

According to Figure 10, the AOE network of virtual-real interaction procedure of single aircraft turna-

round operations is constructed as shown in Figure 12. The key activity is: A→B→C→I→J→K→L→M→N→O→S→T→U→V→W→X→Z→A2→C2→D2→E2.

The virtual-real interaction procedure reduces the critical path time to 1856.5 seconds, compared to 2979 seconds for the manual process. This implies a 37.68% decrease in the support time of freight flights and a significant improvement in the efficiency of aircraft turnaround. As shown in Figure 11, by comparing the AOE networks of both procedures, we find that the key activities that affect the turnaround time are cargo loading and unloading. The virtual-real interaction procedure reduces the time of these activities from 1740 seconds to 1136.5 seconds.

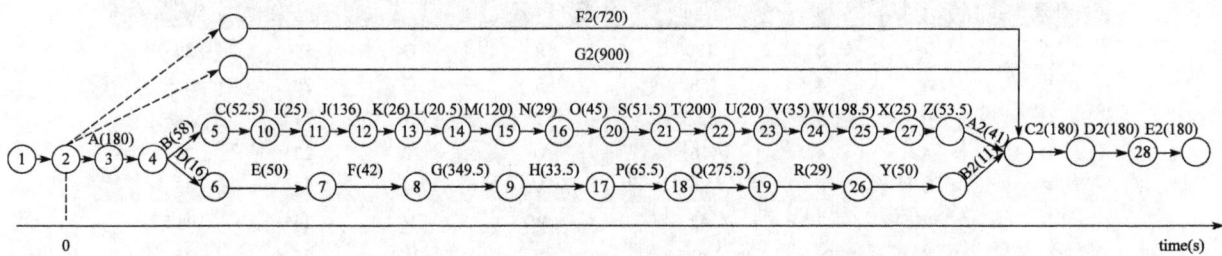

Figure 11 AOE Network of Virtual-Real Interaction Procedure for Support Operations

6 Conclusions

This article applies DT technology to the redesign of aircraft turnaround processes in the context of smart airport development. Automatic aircraft turnaround operation, which offers higher security efficiency and safety, will be one of the key directions for future smart airports.

We decompose the manual aircraft turnaround process and describe the existing process in detail based on the support equipment characteristics. Then, we design the overall framework of an automatic aircraft turnaround operation system and build a DT system. We construct a virtual-real interactive aircraft turnaround process based on DT, which serves as a reference for the plane control of automatic aircraft turnaround operations. We use network planning technology for efficiency analysis.

The results show that the virtual-real interactive

aircraft turnaround system based on DT outperforms the existing manual service methods in terms of service status feedback, operation connectivity, and service efficiency. Moreover, automatic aircraft turnaround operations can overcome many limitations of manual services and enhance the safety of ground personnel.

References

[1] CHEN B, LIU Y, YANG Y. Airport flight transit support time collaborative planning modeling based on STN[J]. Journal of System Simulation, 2022, 34(6):1196.

[2] FRANCISCO A, MOHAMMADI N, TAYLOR J E. Smart city digital twin-enabled energy management: Toward real-time urban building energy benchmarking[J]. Journal of Management in Engineering, 2020, 36(2):1.

[3] KABONGO P C, RAMOS T M F, LEITE A F, et al. A multi-agent planning model for airport

ground handling management [C] // 2016 IEEE 19th International Conference on Intelligent Transpor-tation Systems (ITSC). IEEE, 2016: 2354-2359.

[4] KOLUKISA A. Evaluating aircraft turnaround process in the framework of airport design and airline behaviour [D]. Porto: University of Porto, 2011.

[5] ROSEN R, VON W G, LO G, et al. About the importance of autonomy and digital twin for the future of manufacturing[J]. Ifac-papersonline, 2015, 48(3): 567-572.

[6] SCHMIDT M. A review of aircraft turnaround operations and simulations [J]. Progress in Aerospace Sciences, 2017, 92:25-38.

[7] TAO F, LIU W R, ZHANG M, et al. Twin five-dimensional model and its application in ten fields [J]. Computer integrated manufacturing system, 2019, 25(1), 1-18.

[8] WHITE G, ZINK A, CODECÁ L, et al. A digital twin smart city for citizen feedback[J]. Cities, 2021, 110: 103-164.

[9] XIA F, REN Z Y. Collaborative scheduling of fuelling vehicle and ferry vehicle based on genetic algorithm[J]. Journal of Transportation Systems Engineering and Information Technology, 2016, 16(2):155.

[10] WANG H, YANG P, JIN H, et al. Flightsupport early warning system architecture based on digital twins[J]. Science Technology and Engineering, 2020, 20(24): 9954-9962.

考虑降噪的机场群航班时刻优化

李亚飞 刘玉曦*

(中国民航大学空中交通管理学院)

摘 要 随着航班量的增加,机场噪声污染问题日益凸显。本文采用昼夜等效声级替代现行噪声指标,建立以时刻偏移量最小及降噪最大为目标的航班时刻优化模型,研究时刻优化与机场群降噪的权衡。求解验证表明,通过调整各机场昼夜航班占比,增加总偏移量可实现机场群降噪目标。

关键词 机场群 航班时刻优化 降噪 昼夜等效声级

0 引言

随着民航需求升高,航班量也持续增加。一方面,有限的机场和空域资源与高涨的航班时刻需求间的矛盾日益显著,不合理的时刻分配会造成航班延误。尤其是一些大型国际机场,延误会降低运输效率,给旅客出行造成不便,给航空公司带来损失。因此,近年来航班时刻优化成为研究热点。另一方面,航班增加也带来环境污染,如飞机起降产生的噪声影响居民日常生活,对居民身心健康造成负面影响。因此,在航班时刻优化中考虑降噪有利于机场绿色持续发展。

在航班时刻方面,由单机场到多机场,由单目标模型到多目标模型,由航空公司的公平性到机场的公平性,时刻优化的研究不断完善。对于单机场,Zografos首次构建单机场航班时刻优化模型,以机场容量和周转时间为约束,总偏移量最小为目标,提高了时刻分配效率[1]。Ribeiro提出包含四个目标的航班时刻优化模型,用优先级思想赋予各目标权重后加和求最优[2]。多机场领域,吴刚应用运输需求管理理论,建立机场群航班时刻优化模型,缓解枢纽机场拥堵[3]。朱金福建立了以准点率、航司市场份额、旅客损失和航班功能定位为目标的时刻优化模型,将枢纽机场中运行效果差的航班分到其他机场,提高机场群运行效率[4]。考虑公平性后,时刻分配模型再次改进,

基金项目:教育部人文社科基金项目(21YJCZH075);天津市自然科学基金项目(21JCYBJC00720)。

Zografos构建公平性指标,即各航司的时刻偏移量占总偏移量的比等于其航班请求比例,将时刻偏移量在航司间公平分配[5]。Zografos构建了衡量效率和公平的双目标时刻优化模型,并提出三种公平性度量[6]。Fairbrother提出基于高峰需求的公平性,构建结合效率、公平和航司偏好的两阶段时刻分配机制[7]。水笑雨将基于高峰需求的公平性用于机场群时刻分配,证明考虑高峰需求能更好地权衡公共航路点的公平和效率[8]。

关于机场噪声评估,根据测量事件数飞机噪声评价指标分为单事件和累积噪声指标。单事件噪声指标衡量飞机在特定飞行事件中产生的噪声对地面的影响,包括基于响度和基于噪度的指标。基于响度的噪声指标有A声级、等效连续声级、暴露声级;基于噪度的指标有感觉噪声级、有效感觉噪声级。累积噪声指标衡量多次飞行事件对周围环境产生的累积影响,包括计权等效连续感觉噪声级(L_{WECPN})、噪声事件数指标、昼夜等效声级。

一些学者针对机场噪声评价指标展开研究,以提高噪声评价准确性。李玉文采用最大噪声级及航空噪声对不同人群的影响来调整L_{WECPN},并提出机场噪声评价程序,全面评估机场噪声状况[9]。许跃凤针对我国L_{WECPN}与环境噪声指标不一致而导致噪声评估存在偏差的问题,提出新累积事件噪声指标,并根据现有指标在评估夜间噪声时存在的不足,增加了夜间噪声评价指标[10]。朱志聪提出LDN代替L_{WECPN},可较好地反映飞机噪声大小及影响程度。

为降低飞机噪声的影响,国家鼓励通过合理规划和管理机场周围土地、优化航线和飞行程序、调整起降时间和起降架次等方法降低噪声。从优化飞行程序或航线角度,Paullin提出飞机离场时减少推力或选择噪声小的跑道降低噪声[11]。Zaporozhets建立考虑降噪和航线优化的模型,通过建立多种可能航线,优化控制噪声[12]。胡荣提出用持续爬升运行程序降低离场噪声[13]。还有人从航班时刻的角度出发,通过优化起降时间实现降噪。如Feng建立了考虑调度效率和降噪的双目标模型,实现单机场航班时刻的优化[14]。

综上,国内外关于航班时刻优化和机场降噪的研究丰富,但未有研究人员在机场群的航班时刻优化中考虑降噪。本文在前人研究基础上,以L_{dn}作为噪声指标建立降噪目标用到机场群航班时刻优化中,以时刻偏移量最小和机场群降噪最大为目标建立航班时刻优化模型,并以京津地区三座机场为例,进行模型验证。

1　机场噪声评价指标

我国现行机场噪声评价指标是计权等效连续感觉噪声级L_{WECPN},测量一段时间通过一固定点的飞行总噪声。虽为国际民航组织推荐,但很多国家并未用此指标,如英国的噪声事件指数、法国的等干扰指数。由于评价指标不同,我们难以参考他国的发展经验和评价标准进行民航相关环境治理。

我国《声环境质量标准》中采用的是基于响度的昼间等效声级和夜间等效声级。L_{WECPN}基于噪度,数值间有一定差距,不易换算。按标准监测机场噪声时,居民易产生误解,不利于执行标准。

基于上述问题,一些人提出昼夜等效声级L_{dn}作为机场噪声评价指标。一方面,L_{dn}基于等效声级,在我国声环境管理中广泛应用,较成熟和方便。另一方面,一些国家用L_{dn}多年并取得一定成果,用L_{dn}有利于我国参考其成熟的噪声管理经验,加快噪声管理进度。因此,本文用L_{dn}作评价指标衡量机场群噪声,计算公式如下:

$$L_{dn} = \bar{L}_{AE} + 10\lg(N_d + 10N_n) - 49.4 \qquad (1)$$

$$\bar{L}_{AE} = 10\lg\left[\left(\frac{1}{N'}\right) \times \left(\sum_{i=1}^{N'} 10^{L_{AEi}/10}\right)\right] \qquad (2)$$

式中:$\bar{L}_{AE}$——1天内飞机噪声的平均暴露声级;

L_{AEi}——第i次飞机噪声事件的暴露声级;

N_d——1天内昼间(6:00—22:00)航班架次;

N_n——1天内夜间(22:00—次日6:00)航班架次;

N'——1天内航班总架次。

很多因素影响飞机噪声暴露声级,如航班自身因素(航班类型、飞行程序等)、气象因素(气温、气压、湿度等)、环境因素(机场周边地形、人口密度等)。本文分析降噪与机场群航班时刻优化的权衡,时刻调整前后航班自身及环境因素不变。同时限制时刻调整量不超15min,假设短时段内没有影响暴露声级的气象变化。综上,不考虑优化前后暴露声级变化,机场群降噪公式如下:

$$\begin{aligned}
\Delta L_{dn} &= L_{dn} - L'_{dn} \\
&= \left[\bar{L}_{AE} + 10\lg(N_d + 10N_n) - 49.4\right] - \\
&\quad \left[\bar{L}'_{AE} + 10\lg(N'_d + 10N'_n) - 49.4\right] \\
&= 10\lg\left(\frac{N_d + 10N_n}{N'_d + 10N'_n}\right)
\end{aligned}$$

$$(3)$$

式中：L_{dn}、L'_{dn}——时刻优化前和优化后机场群的昼夜等效声级；

ΔL_{dn}——机场群昼夜等效声级变化量；

N_d、N'_d——优化前和优化后 1 天内昼间航班量；

N_n、N'_n——优化前后 1 天内夜间航班量。

2 模型建立

2.1 基础参数

基础参数见表 1。

基础参数 表 1

参数	含义
t	航班 m 实际分到的时刻
t_m	航班 m 计划申请的时刻
T	以 5min 为时间区间长度的时间段集合，$t \in T$，$T = \{1, 2, \cdots, |T|\}$
m	机场群内的航班
M	机场群内所有航班集合，$m \in M$，$M = \{1, 2, \cdots, |M|\}$
a	机场群内的机场
A	机场群内所有机场集合，$a \in A$，$A = \{1, 2, \cdots, |A|\}$
u	机场群内进行公平性建模的航路点
w	机场群内即可进场又可离场的航路点
W	机场群内所有即可进场又可离场的航路点集合，$w \in W$，$W = \{1, 2, \cdots, |W|\}$
i	机场群内共用机场航路点
I	机场群内所有共用进场航路点的集合，$i \in I$，$I = \{1, 2, \cdots, |I|\}$
d	机场群内共用离场航路点
D	机场群内所有共用离场航路点的集合，$d \in D$，$D = \{1, 2, \cdots, |D|\}$

2.2 决策变量

$$x_{t,m}^a = \begin{cases} 1, & \text{机场 } a \text{ 的航班 } m \text{ 分配到时刻 } t \\ 0, & \text{其他} \end{cases} \quad (4)$$

2.3 目标函数

(1)时刻总偏移量最小。

航班时刻偏移量指航班申请时刻与实际分配时刻间差值的绝对值。机场群所有航班的时刻偏移量最小为：

$$\min \sum_{a \in A} \sum_{m \in M} \sum_{t \in T} |t - t_m| x_{t,m}^a \quad (5)$$

(2)机场群总降噪最大。

$$\max \Delta L_{dn} = \max(L_{dn} - L'_{dn}) \quad (6)$$

2.4 约束条件

(1)容量约束。

基于研究[15]，考虑机场和航路点的 5min 容量约束及 15min 和 60min 滚动容量约束。

$$\sum_{m \in M_a^k} \sum_{t \in T} x_{t,m}^a \leqslant C_a^k \quad (\forall a \in A, k \in K) \quad (7)$$

$$\sum_{a \in A} \sum_{m \in M_i^{Arr}} \sum_{t - l_{a,i}^{Arr}} x_{t,m}^a \leqslant C_i \quad (\forall t \in T, \forall a \in A, i \in I) \quad (8)$$

$$\sum_{a \in A} \sum_{m \in M_d^{Dep}} \sum_{t + l_{a,d}^{Dep}} x_{t,m}^a \leqslant C_d \quad (\forall t \in T, \forall a \in A, d \in D) \quad (9)$$

$$\sum_{m \in M_w^{Dep}} \sum_{t + l_{a,w}^{Dep}} x_{t,m}^a + \sum_{a \in A} \sum_{m \in M_w^{Arr}} \sum_{t - l_{a,w}^{Arr}} x_{t,m}^a \leqslant C_w \quad (\forall t \in T, \forall a \in A, w \in W) \quad (10)$$

其中式(7)为机场容量约束。$K = \{Arr、Dep、All\}$ 为航班运行类型集合，有进场、离场、所有航班三类。Mk_a 为机场 a 内所有类型为 k 的航班的集合。C_a^k 表示一定时间内，机场 a 中运行类型为 k 的机场容量。式(8)为进场航路点容量约束，M_i^{Arr} 表示经过进场航路点 i 的航班集合；C_i^{Arr} 为一定时间内，进场航路点 i 处能通过的最大航班数；$l_{a,i}^{Arr}$ 表示从进场航路点 i 到机场 a 所需飞行时间。式(9)为离场航路点容量约束。M_d^{Dep} 为经过离场航路点 d 的航班；C_d 为离场航路点 d，一定时间内能通过的最大航班数；$l_{a,d}^{Dep}$ 为从机场 a 到离场航路点 d 所需飞行时间。式(10)为同时存在进离场航班的航路点容量约束，C_w 为同时有进离场航班的航路点 w，一定时间内能通过的最大航班量。

(2)周转时间约束。

联程航班离场和进场时刻间的间隔位于最小中转时间和最大中转时间之间：

$$\sum_{a \in A} \sum_{t \in T} (t \times x_{t,m_{dep}^z}^a) - \sum_{a \in A} \sum_{t \in T} (t \times x_{t,m_{Arr}^z}^a) \leqslant TF_{max} \quad (11)$$

$$\sum_{a \in A} \sum_{t \in T} (t \times x_{t,m_{dep}^z}^a) - \sum_{a \in A} \sum_{t \in T} (t \times x_{t,m_{Arr}^z}^a) \geqslant TF_{min} \quad (12)$$

式中：TF_{min}——联程航班 z 的最小周转时间；

TF_{max}——最大周转时间；

m_{dep}^z——联程航班离场；

m_{Arr}^z——联程航班进场。

（3）各航班在机场群内一个机场分配且只分配一个时刻。

$$\sum_{t \in T} x_{t,m}^a = 1 \quad (\forall a \in A, m \in M) \quad (13)$$

（4）机场群公平性约束。

结合文献[15]，将机场群公平性目标作为约束进行建模：

$$r_u^{MMA} = \max_{a \in A} |\mu_{a,u} - 1| \leqslant 0.05 \quad (14)$$

式中：$\mu_{a,u}$——机场 a 在共享航路点 u 处基于高峰需求的公平性指标；

r_u^{MMA}——机场群在共用航路点 u 处的绝对公平性目标值，本文中用于衡量高峰时刻航路点 u 处机场群公平性的整体度量，值越小该航路点的公平性越好。

根据已有研究，设定该值小于 0.05，$\mu_{a,u}$ 和 r_u^{MMA} 的求解方法参考文献[15]。

2.5　模型求解

为比较考虑降噪与否对机场群航班时刻优化的影响，本文根据目标函数不同分两个模型分别求解，并分析求解结果。模型一：只考虑时刻总偏移量最小；模型二：考虑时刻总偏移量最小和降噪最大。

模型二中将航班时刻偏移量转换为约束条件进行求解。使各航班时刻的最大调整量不超过定值 ε，ε 为模型一求解结果中单个航班时刻调整量的最大值。

3　实例分析

3.1　模型验证

与已开展的研究一致[15]，本文选京津地区机场群内的北京首都国际机场、北京大兴国际机场、天津滨海国际机场为例进行模型验证。人们对噪声的昼夜敏感性有差异，不同时段噪声对人们的影响程度不同。为分析考虑降噪对机场群航班时刻优化的影响，本文不再只优化一天中的某段时间，而优化一整天的时刻。因此，取 2023 年 1 月 16 日上述三座机场的 2121 架航班为研究对象。信息获取和参数设置方法同文献[15]。根据模型一的结果，单架航班时刻最大调整量为 15min。

为提高机场群时刻分配公平性，本文进一步改进了已有研究[15]，不只对 AVBOX 航路点进行公平性建模，而考虑所有共用航路点时刻分配的公平性。

3.2　结果分析

通过求解分析得到以下结论：

第一，模型中考虑降噪目标会增加航班时刻总偏移量。表 2 为各模型的计算结果，可看出考虑降噪后，为实现降噪目的，机场群航班时刻总偏移量大幅增加。

航班时刻偏移量结果　　　表 2

项目	不考虑降噪	考虑降噪
航班时刻偏移量	181	3837

第二，各模型优化后的航班时刻分布都更平稳。

图 1 为各机场优化前后的航班时刻表变化情况。可看到，优化前一些时刻航班量超过机场最大容量；优化后为满足容量约束，航班量低的时刻分担了部分相邻高峰时刻的航班，航班分布更均匀。

第三，考虑降噪后，噪声影响大的时段航班量显著减少，时刻分割点处航班时刻调整明显。

不同时段的噪声产生的社会影响不同。模型二中昼夜转换时刻为 6:00 和 22:00，本文将这些转换时刻称为时刻分割点。根据式 1 不同时段的加权指标可知，由于夜间噪声影响大于昼间，夜间的噪声补偿大于昼间。为减少机场群总噪度，用考虑降噪的模型进行时刻优化后，夜间航班会向昼间进行调整。从图 1 可看到考虑降噪后 6:00 后和 22:00 前的航班量显著增加。

由图 2 也可看出，除了高峰时刻由于容量饱和使超出机场容量的航班向周围时刻分散而引起较大航班变动外，时刻分割点处前后 0.5h 内的航班调整也相对较大。

4　结语

本文建立了考虑降噪的机场群航班时刻优化模型，分析了考虑降噪与否对机场群航班时刻优化的影响。得出以下结论：

第一，机场群航班时刻优化中也能考虑降噪目标，通过调整各时段的航班量可实现降低机场群总噪声的目标。

第二,考虑降噪目标会增加航班时刻总调整量。

第三,考虑降噪后,噪声影响大的时段航班量显著减少,时刻分割点处航班调整明显。

本文仍存在一定的不足,如本文将机场群视为整体进行降噪,在以后的研究中可根据机场周围环境、居民对噪声的敏感程度差异分别计算各机场的噪度,再加权求和得到机场群总降噪。

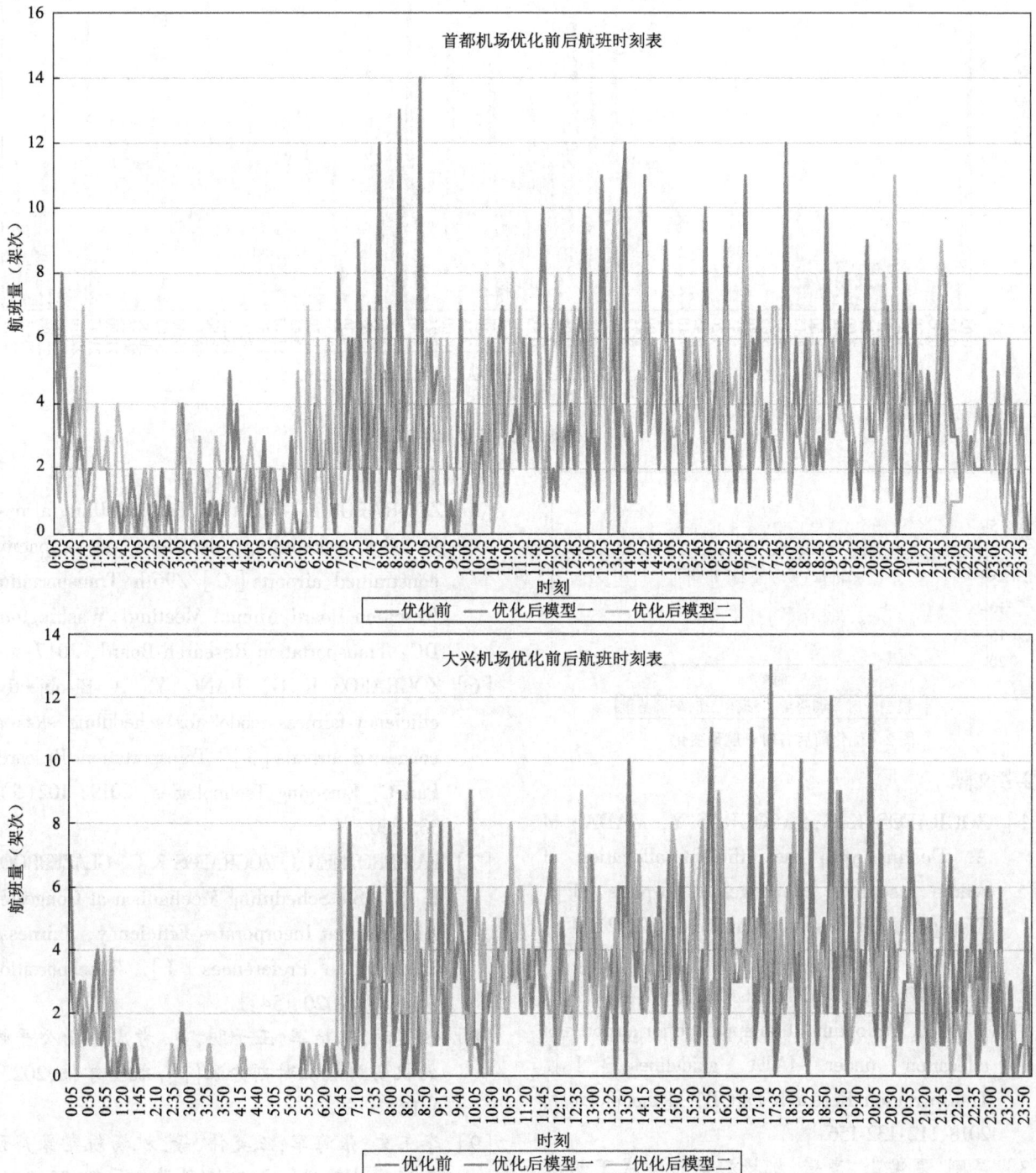

图 1

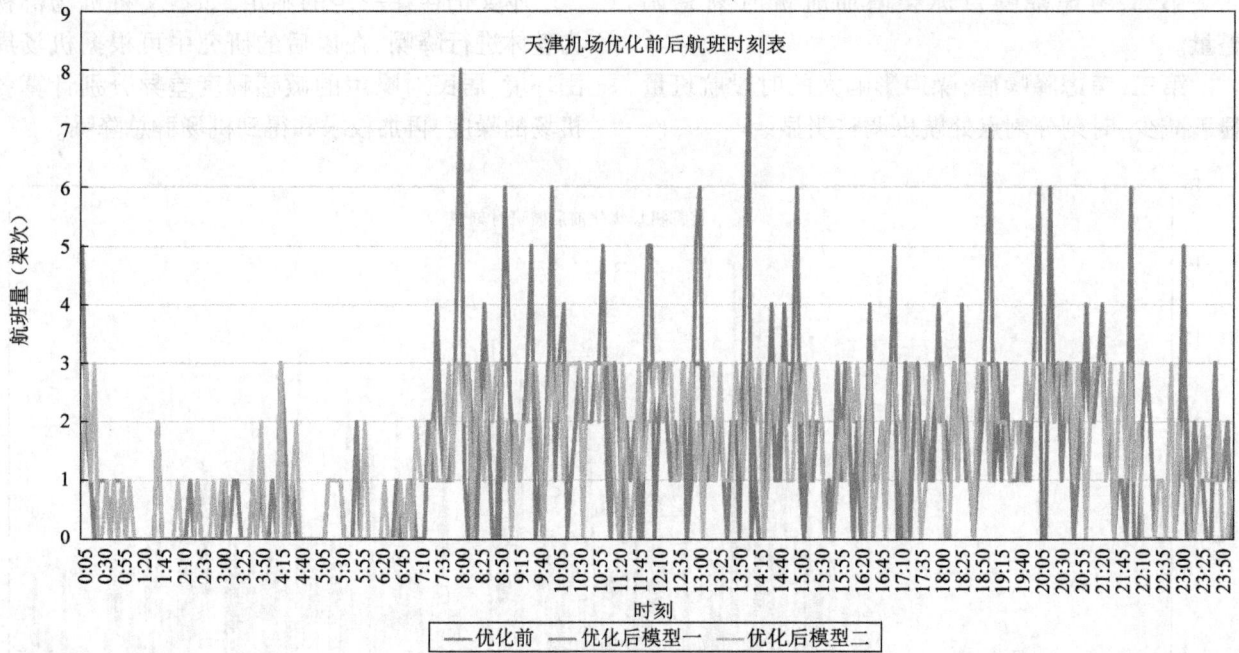

图1　各机场优化前后航班时刻表

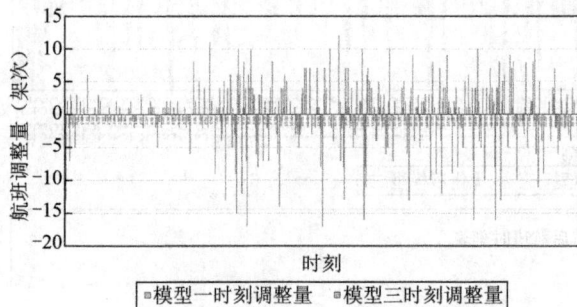

图2　优化前后各时刻航班变化

参考文献

[1] ZOGRAFOS K G, SALOURAS Y, MADAS M A. Dealing with the efficient allocation of scarce resources at congested airports [J]. Transportation Research Part C, 2012, 21(1): 244-256.

[2] RIBEIRO N A, JACQUILLAT A, ANTUNES A P, et al. An optimization approach for airport slot allocation under IATA guidelines [J]. Transportation Research Part B: Methodological, 2018,112:132-156.

[3] 吴刚,夏洪山,高强. 机场群运行方式下的航班时刻与频率优化模型[J]. 交通运输工程学报,2013,13(4):79-86.

[4] 朱金福,马睿馨,彭安娜,等. 基于粒子群优化算法的机场群航班优化配置研究[J]. 重庆交通大学学报(自然科学版),2021,40

(9):1-8.

[5] ZOGRAFOS K G, JIANG Y. Modelling fairness in slot scheduling decisions at capacity-constrained airports [C]//96th Transportation Research Board Annual Meeting. Washington, DC: Transportation Research Board, 2017.

[6] ZOGRAFOS K G, JIANG Y. A Bi-objective efficiency-fairness model for scheduling slots at congested airports [J]. Transportation Research Part C: Emerging Technologies, 2019, 102(5): 336-350.

[7] FAIRBROTHER J, ZOGRAFOS K G, GLAZEBROOK K D. ASlotScheduling Mechanism at Congested Airports that Incorporates Efficiency, Fairness, and Airline Preferences [J]. Transportation Science, 2020, 54:1.

[8] 水笑雨,王艳军,王子明,等.考虑机场公平性的机场群航班时刻分配[J].航空学报,2023:1-18.

[9] 李玉文,张海军,王英伟,等.机场航空噪声预测及方法改进[J].环境科学与管理,2008,4:167-169.

[10] 许跃凤,胡荣,陈琳,等.累积事件飞机噪声评价指标改进研究[J].华东交通大学学报,2017,34(06):90-96.

[11] PAULLIN R L. Capacity and noise relationships for major hub airports [J]. Proceedings of the IEEE, 1970, 58(3): 307-313.

[12] ZAPOROZHETS OLEKSANDER I, TOKAREV V I. Predicted flight procedures for minimum noise impact [J]. Journal of applied acoustics, 1998, 55(2): 129-143.

[13] 胡荣,许跃凤,陈琳,等. 基于绿色飞行的航空器离场累积事件噪声控制研究[J]. 交通运输系统工程与信息, 2017, 17 (5): 221-227.

[14] HUILIN F, RONG H, DEYUN W, et al. Bi-objective airport slot scheduling considering scheduling efficiency and noise abatement[J]. Transportation Research Part D, 2023, 115:1.

[15] LI Y, LIU Y. Multi-airport system flight slot optimization method based on absolute fairness [J]. Mathematical biosciences and engineering: MBE, 2023, 20(10): 17919-17948.

浙江省航空物流高质量发展思路举措研究

王贤卫* 楼小明

（浙江省发展规划研究院）

摘 要 为把握航空物流高质量发展的形势要求,支撑浙江省民航强省、开放强省建设,本文采用特征指标的时间序列、横向对比方法,分析了浙江省及主要机场航空货运规模、机场航点数量、外贸与跨境电商发展需求、航空货机规模等发展水平,发现浙江省机场货邮吞吐量整体位居前列,主要短板体现在国际运量及航点数量不足,与国际航空物流关联密切的外贸总额、跨境电商总值需求大,行业全货机规模处于起步发展阶段。下一步,浙江省航空物流发展重点需要把握综合机场扩能、专业货运机场建设契机,构建"综合＋专业＋特色"的枢纽格局体系;支撑现代化产业链供应链,深度推进航空物流与跨境电商、生鲜冷链、高端制造产业融合;加强完善管理服务与政策保障,培育壮大具有国际竞争力的航空物流龙头企业,发挥枢纽关联产业带动作用,打造航空物流城。

关键词 航空物流 货邮吞吐量 货运机场 跨境电商

0 引言

2024年全国民航工作会议通报,2023年我国共完成航空货邮量735.4万t,恢复至2019年的97.6%,会议部署2024年重点任务,包括支持快递、跨境电商企业加强航空货运能力建设,鼓励航空物流企业加强与先进制造业、跨境电商、生鲜冷链等产业对接,引导企业加快航空货运站布局建设等。面对复杂的国际形势,航空物流高质量发展是弥补国际航空物流服务能力不足、完善供应链,提升我国产业链安全韧性和高效率运行能力的重要支撑。浙江省作为外贸大省,重视航空物流发展,并提出要在高水平对外开放、激发新质生产力中发挥更大作用。

相关研究上,陈峰[1]总结了我国航空物流目前仍主要存在经营理念缺乏、体系协调性不足、缺乏统一开放的信息平台和价格缺乏灵活性等问题,相应提出了进行服务理念创新、完善航空物流网络等主要对策。黄健威和江雅静[2]围绕跨境电商的物流需求崛起,指出我国跨境电商物流海外服务网络体系搭建能力较弱,存在时效不稳定等痛点,提出打造实现跨境运输稳定运力供给、增强海外端关键要素可控性等建议。范晓萱[3]聚焦航空冷链物流,指出存在基础设施不完善、信息化水平不高、缺乏相关专业人才等问题,并相应提出发展对策。杨枭和王涵[4]围绕我国国际航空物流发展,分析了航空物流空运服务网络有待完善、货运枢纽机场建设不足、航权时刻配置优化不足等方面的问题,相应提出了培育有世界竞争力的航空物流企业、加强重点区域服务网络布局、引导发展综合供应链解决方案等发展建议。部分学者对浙江航空物流开展了实践研究。郁景雯和郁志翔[5]

主要以机场货量为指标分析了浙江省机场航空货运状况，并从地区生产总值、进出口贸易、跨境电商发展指出航空物流发展机遇，提出包括明确中长期规划、引入供应链管理、做强综合服务、推进省域协同等主要建议。曹更永等人[6]聚焦国际航空货运，对浙江省四大口岸机场国际货运量以及航线、基础设施等情况进行了分析，指出了基础设施保障不足、航线网络支撑不足、信息数据未有效整合等问题，相应提出确立发展定位、推进设施建设、完善航线网络、科学配置时刻等对策建议。

综上所述，现有文献对航空物流发展理念进行了较好的探索，对浙江省进行了一定的实际分析，但在新的发展阶段，面对航空物流的高质量发展要求，同时，国内专业货运机场建设起步加速，支撑现代化产业链供应链物流需求迫切，有必要对航空物流发展的思路举措开展进一步研究。本文以浙江省为例，首先剖析航空物流高质量发展浙江省面临新的机遇形势，多维度分析浙江省航空物流发展特征，特别考虑嘉兴货运机场建设带来格局变化、跨境电商产业融合发展需求，最后提出浙江省航空物流高质量发展的思考举措。

1　浙江省航空物流发展新形势

1.1　构建新发展格局提高对外开放水平的战略要求

国家重点推进加快构建以国内大循环为主体、国内国际双循环相互促进的新发展格局，进一步扩大对外开放水平。浙江省正处于构建更高层次对外开放新格局的关键阶段，为推进在更大范围、更高层次参与全球竞争和区域合作，需要民航发挥更高质量的国际往来纽带作用，构建与浙江高水平对外开放相匹配的国际航空运输与物流网络。

1.2　民航强国及民航强省建设的关键内容

党的二十大报告明确提出要加快建设航天强国、交通强国。中国民用航空局出台了《新时代民航强国建设行动纲要》，提出要打造"具有国际化、大众化的航空市场空间、具有国际竞争力较强的大型网络型航空公司、具有布局功能合理的国际航空枢纽及国内机场网络"的民航强国。浙江省出台《关于建设民航强省的若干意见》，提出要建设"基础设施现代化、航空运输全球化、通航运营

常态化、保障服务品质化、航空产业规模化"的民航强省。航空物流高质量发展是支撑民航强国、民航强省建设的重要组成部分。

1.3　专业货运机场建设带动枢纽重塑的重要契机

发达国家专业货运机场发展较早，其中，孟菲斯机场作为典型代表，依托与国际快递业巨头联邦快递协同，打造成为全球领先的专业货运机场枢纽，同时吸引相关产业头部企业集聚，发展成为全球航空物流城。湖北鄂州花湖机场作为国内首座专业货运枢纽机场，已于2022年正式通航，取得快速发展。浙江省正重点推进嘉兴航空物流枢纽项目建设，项目建成后，将弥补长三角地区专业货运机场枢纽不足，服务构建长三角客货运机场群和长三角一体化发展。

2　浙江省航空物流发展现状特征与产业需求

2.1　全省航空物流规模与机场构成

2.1.1　全省货邮规模发展及省际比较

根据民航机场生产统计数据，2022年浙江省机场货邮吞吐量99.5万t，位列全国第四，前二名分别是广东、上海、北京。对比2019年，前四名总体上保持不变，上海和广东排名互换；其中，北京、上海未恢复至2019年水平，广东和浙江已经超过2019年水平（表1）。

全国各省（自治区、直辖市）机场货邮吞吐量前10名

表1

省（自治区、直辖市）	2022年排名	货邮吞吐量（万t）2022年	与2019年水平比例	货邮吞吐量（万t）2019年	2019年排名
广东	1	345.6	104.79%	329.8	2
上海	2	330.2	81.37%	405.8	1
北京	3	111.6	56.42%	197.8	3
浙江	4	99.5	110.56%	90	4
四川	5	63	90.13%	69.9	5
河南	6	62.6	119.47%	52.4	6
江苏	7	59.5	92.68%	64.2	7
山东	8	45.6	93.63%	48.7	8
重庆	9	41.6	100.73%	41.3	11
福建	10	41.1	76.39%	53.8	7

从近十年的发展来看,浙江省机场货邮量呈较快发展态势,增长趋势高于全国水平,已从2013年占全国比例4%增长至2023年占比达6.85%（图1）。但对比排名前三位来看,仍然存在量级上的差距(图2)。

图1　浙江省与全国机场货邮吞吐量及占比

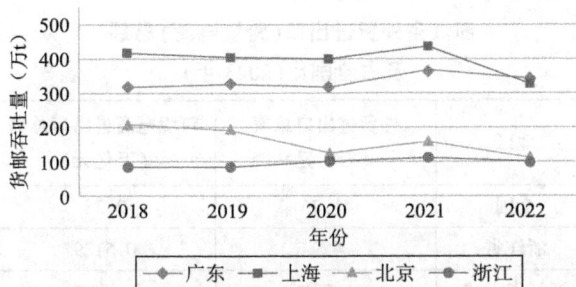

图2　全国排名前四名机场货邮吞吐量比较

2.1.2　全省各机场发展规模

目前,浙江省共有7个民用机场,从货邮吞吐量发展来看,杭州萧山机场占了大部分比例,并且增长量也最大。在结构比例上,2022年,杭州萧山机场货邮吞吐量占全省比83.4%,宁波栎社机场、温州龙湾机场分别占比8.6%和6.2%,其余四座机场占比均小于1%。（图3）

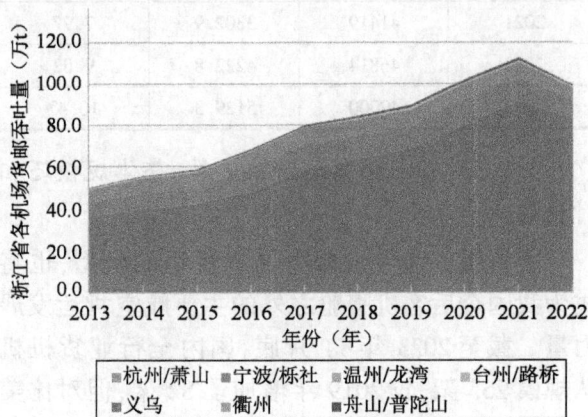

图3　浙江省各机场货邮吞吐量

2.2　主要机场的发展规模比较

2.2.1　主要机场的货邮规模及国际货运能力比较

从全国机场货邮吞吐量来看(表2),2022年排名与2019年前七位总体保持不变。但是,从国际能力来看(2019年),杭州萧山机场国际货邮量占比少,仅为13.8%,明显低于其他机场。

2022年全国机场货邮吞吐量前8名　表2

机场	2022年排名	2022年货邮吞吐量（万t）	2019年排名	2019年货邮吞吐量（万t）	2019年国际货邮吞吐量（万t）	国际货邮占比
上海浦东机场	1	312	1	363	330	90.7%
广州白云机场	2	188	3	192	118	61.2%
深圳宝安机场	3	151	4	128	41.1	32.0%
北京首都机场	4	99	2	196	100	50.9%
杭州萧山机场	5	83	5	69	9.5	13.8%
郑州新郑机场	6	62	7	52	30.5	58.5%
成都双流机场	7	53	6	67	12.8	19.1%
重庆江北机场	8	41	10	41	13.5	32.9%

通过对比航点数量,发现杭州萧山机场国际及地区航点明显不足,国际货运辐射供给能力偏弱(图4)。

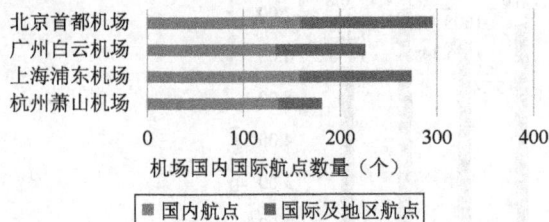

图4　杭州萧山与主要枢纽机场国内国际航点数量

2.2.2　同规模等级机场比较及专业货运机场发展情况

目前,杭州萧山机场、郑州新郑机场、成都双流机场货邮吞吐量规模处在同一梯度水平。从近十年的发展趋势看,杭州萧山机场和郑州新郑机场货邮吞吐量增长较快,成都双流机场货邮吞吐量较为平稳;成都市目前已经形成双机场格局,杭州萧山机场货邮吞吐规模仍具有一定领先优势,但迫切需要增强国际货运能力(图5)。

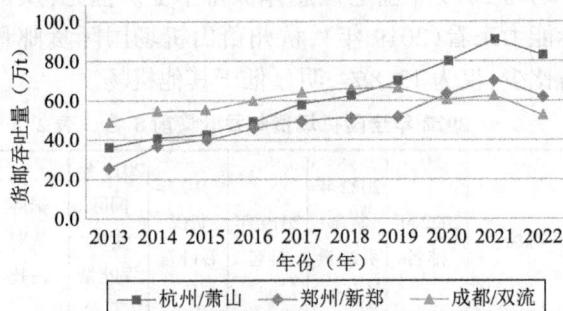

图5　杭州萧山机场与同梯度机场货邮吞吐量比较

湖北省鄂州花湖机场于2022年建成投运,当年完成货邮吞吐量46.8t,2023年发展迅速,全年完成23万t,占湖北省机场总货邮吞吐量超过50%(图6)。

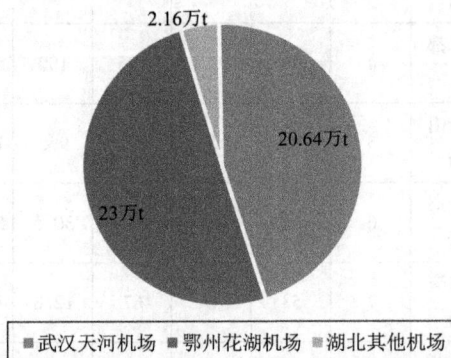

图6　2023年湖北省航空货邮吞吐量机场构成(单位:万t)

2.3　航空物流融合产业需求与行业全货机发展态势

2.3.1　外贸与跨境电商需求快速增长

国际航空货运与外贸需求,特别是跨境电商需求关系密切。浙江是外贸大省,跨境电商发展迅速,2023年浙江省外贸进出口总值4.9万亿元,占全国比例为11.73%,其中跨境电商进出口总额5129亿元,占全国比达到21.55%(表3)。从近年来发展趋势看,2017年以来,外贸进出口总值年均增长11.5%,跨境电商年均增长47.2%,跨境电商占外贸总额的比重从2.36%跃升至10.47%(表4、图7)。同时,浙江先进制造业等重点产业加快发展,居民消费品质提升促进生鲜冷链产品需求增长,国际航空物流需求旺盛,发展潜力大。

浙江省外贸进出口(跨境电商)总额及占全国比(2023年)　表3

地区	外贸进出口总值（万亿元）	跨境电商进出口总额（万亿元）
全国	41.76	2.38
浙江省	4.9	0.5129
浙江省占比	11.73%	21.55%

浙江省外贸进出口与跨境电商总值(2017—2023年)　表4

年份	进出口总值（亿元）	跨境电商进出口总值（亿元）	跨境电商占比（%）
2017	25605	603.9	2.36
2018	28512	810.4	2.84
2019	30838	1051.5	3.41
2020	33838	1387.1	4.10
2021	41419	3302.9	7.97
2022	46814	4222.8	9.02
2023	49000	5129.3	10.47

2.3.2　行业全货机加快发展,整体规模还相对较弱

全货机作为专业服务航空货运的机型,也将成为我国今后客机腹舱之外的主要航空货运发展力量。截至2023年11月底,国内全行业货机机队规模255架,较2019年增加了82架,但对比美国规模仍然较小,美国仅联邦快递一家就有货机710架(截至2023年2月)。国内情况,顺丰航空

作为龙头企业,拥有货机84架(截至2023年7月),排名第二的中国邮政航空货机规模33架,圆通货运航空机队规模12架,浙江长龙航空拥有3架货机(图8)。

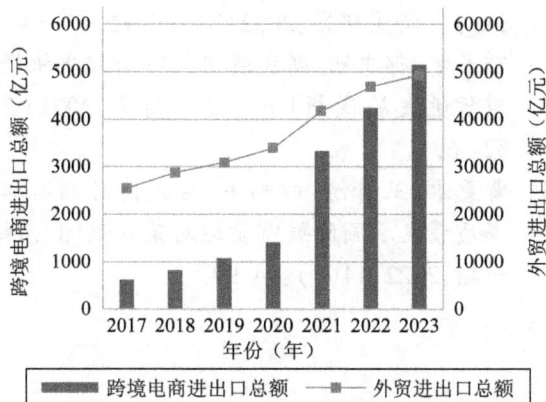

图7 浙江省外贸进出口与跨境电商总值趋势

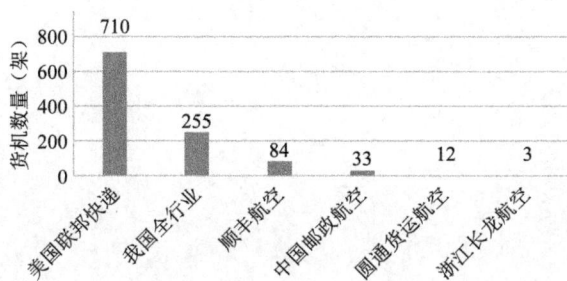

图8 航空货机规模数量的部分比较

3 浙江省航空物流高质量发展对策建议

3.1 构建区域协调的机场枢纽体系

立足全国机场枢纽体系和长三角一体化,坚持省域统筹,构建"综合+专业+特色"货运机场新格局。优化提升杭州萧山航空货运枢纽能级,积极推进争取航线航班资源,重点面向"一带一路"、RCEP地区增开国际货运航线,拓展优化国内货运航线网络;高质量建设嘉兴货运机场枢纽,支撑长三角地区增长需求,辐射国际国内大市场;发展壮大宁波、温州区域枢纽机场,打造义乌特色货运机场,促进发挥衢州、丽水机场货运功能,优化塑造机场功能错位协同发展格局。

3.2 提升航空物流融合产业服务水平

支持航空物流企业与先进制造、跨境电商、冷链生鲜等产业进行深度合作,围绕细分行业需求,通过优化服务流程、提升效能,提高整体供应链效益,提升整体服务能力和竞争力。支持航空物流企业协同跨境电商企业抱团出海,完善海外货站

等设施布局,加强全流程服务提升,形成"干线+末端""专业+综合""物流+产业"的多元化产品服务。提升航空物流智慧化能力,补齐冷链物流设施短板,提高绿色化发展水平。

3.3 完善管理服务与政策支持保障

加强机场航权与时刻保障,积极扩大与"一带一路"共建国家航权安排,对杭州萧山机场、宁波栎社机场合理增加货运时刻供给。进一步提升管理服务效率,推动国际中转、国际国内互转的海关查验流程优化和模式创新,建立更高效的货物通关环境。研究设立专项资金,支持快递和跨境电商企业引入先进的航空货机,为跨境电商企业提供进口货物的税收减免政策以鼓励选择航空运输。拓展无人机物流场景创新应用,出台配套法规支持。

3.4 培育壮大具有国际竞争力的航空物流龙头企业

国际航空物流的高质量发展主要得益于航空物流龙头企业及其与属地机场的协同共生。浙江省需加大培育壮大基地货运航司,扩增货机规模,提升航空货运能力。引导航空公司向第三方物流端延伸,鼓励快递企业、货代企业、电商贸易企业向航空承运端延伸;支持完善国际货物网络能力,推动企业服务链条从"机场到机场"向"门到门"转变,满足客户对全程服务的需求,推动企业向综合物流集成服务商转变。

3.5 重视关联带动,发挥机场外溢带动作用,聚力打造航空物流城

国际地区的经验表明,航空货运枢纽机场带动产业集聚对弥补机场自身建设运营亏损,提高整体经济社会效益具有重要意义。在航空物流枢纽建设的同时,需要同步谋划临港产业,充分发挥溢出效应。其中,以杭州萧山临空经济示范区、嘉兴机场货运枢纽为重点,加强龙头企业引进,形成关联产业集聚,打造航空物流、商贸零售、临空制造等协同共生的产业生态,推进港城融合高质量发展。

4 结语

本文首先明确基于我国处在推进航空物流高质量发展的关键时期,在梳理了相关研究文献基础上,重点聚焦浙江省研究了航空物流发展现状

情况、存在短板和产业机遇,指出专业货运机场建设带来的航空物流枢纽格局转变契机,提出了构建"综合+专业+特色"货运机场枢纽新格局,深度推进航空物流融合产业发展等相关思路举措。受限于目前资料和论文篇幅,本研究未对航空物流枢纽协同分工格局、航空物流服务模式、智慧化绿色化发展等展开研究,将在下一步研究中进一步深化。

参考文献

[1] 陈峰. 我国航空物流发展现状及对策分析[J]. 中国物流与采购, 2023(18): 88-89.

[2] 黄健威,江雅静.论跨境电商航空物流服务能力的构建[J].空运商务,2021(6):39-43.

[3] 范晓萱. 航空冷链物流发展现状及对策研究[J]. 中国储运, 2023(12): 193.

[4] 杨枭,王涵.促进我国国际航空物流发展的建议[J].物流研究,2022(3):86-92.

[5] 郁景雯,郁志翔.新发展格局下浙江省机场航空货运发展浅析[J].空运商务,2021(2):32-36.

[6] 曹更永,王倩倩,白鸿宇.后疫情时期浙江省高质量发展国际航空货运对策建议[J].综合运输,2022,44(7):94-99.